Reinhold Kreile, Jürgen Becker, Karl Riesenhuber (Hrsg.)
Recht und Praxis der GEMA

Recht und Praxis der GEMA

Handbuch und Kommentar

Herausgegeben von

Reinhold Kreile, Jürgen Becker, Karl Riesenhuber

RECHT

De Gruyter Recht · Berlin

Herausgeber:
Professor Dr. *Reinhold Kreile*, Vorstandsvorsitzender und Generaldirektor der GEMA, München
Professor Dr. *Jürgen Becker*, Stellvertretender Vorstandsvorsitzender und Chefsyndikus der GEMA, Professor an der Albert-Ludwigs-Universität Freiburg i. Br.
Professor Dr. *Karl Riesenhuber*, Professor an der Europa-Universität Viadrina, Frankfurt (Oder)

∞ Gedruckt auf säurefreiem Papier,
das die US-ANSI-Norm über Haltbarkeit erfüllt

ISBN-13: 978-3-89949-181-4
ISBN-10: 3-89949-181-5

Bibliografische Information der Deutschen Bibliothek

Die Deutsche Bibliothek verzeichnet diese Publikation in der Deutschen Nationalbibliografie; detaillierte bibliografische Daten sind im Internet über http://dnb.ddb.de abrufbar.

Printed in Germany

Umschlaggestaltung: Christopher Schneider, Berlin
Datenkonvertierung/Satz: WERKSATZ Schmidt & Schulz, Gräfenhainichen
Druck und Bindung: Hubert & Co., Göttingen

Vorwort

Die kollektive Rechtewahrnehmung, der sich im Bereich der Musik die GEMA als Treuhänderin der Komponisten, Textdichter und beider Verleger in Deutschland seit nunmehr über 100 Jahren erfolgreich angenommen hat, erfordert Transparenz: gegenüber der Öffentlichkeit, gegenüber den Nutzern und gegenüber den eigenen Mitgliedern. Gerade zur Sicherung dieser Transparenz unterliegt die GEMA als Treuhänderin ihrer Mitglieder behördlicher Aufsicht. Auch die Mitglieder der GEMA erwarten diese Transparenz von der GEMA und für sich selbst. Dem kommt die GEMA auf vielfältige Weise nach, durch Veröffentlichung ihres Jahresabschlusses, also des gesamten Rechenwerks der Lizenzierung und der Ausschüttung, durch Veröffentlichung der Tarife und der gesamten Verteilungsplanregelungen. Hierzu dienen die verschiedensten laufenden Publikationen, wie der GEMA-Brief, die GEMA-Nachrichten, insbesondere aber die seit 1991 erscheinenden GEMA-Jahrbücher. Transparenz ist Voraussetzung für die Kontrolle, aber auch Grundlage der Legitimation der GEMA.

Mit dem vorliegenden Buch wollen die Herausgeber einen weiteren Beitrag zur Transparenz der Wahrnehmungstätigkeit leisten. Es werden die wesentlichen Rahmenbedingungen für die kollektive Rechtewahrnehmung des deutschen und europäischen Rechts vorgestellt, erstmals aber auch die autonom gesetzten Regelwerke der GEMA im einzelnen erläutert. Die Herausgeber hoffen, damit einem in der Praxis oft geäußerten Bedürfnis zu entsprechen.

Die Herausgeber danken allen Mitwirkenden an diesem Buch, insbesondere den Mitarbeitern von Professor Riesenhuber an der Europa-Universität Viadrina, Frankfurt (Oder).

Berlin und München, im September 2005

Reinhold Kreile
Jürgen Becker
Karl Riesenhuber

Inhalt

Autorenverzeichnis

Jürgen Becker	Dr. iur., apl. Professor an der Albert-Ludwigs-Universität, Freiburg i. Br., Stellvertretender Vorsitzender des Vorstands und Chefsyndikus der GEMA
Mathias Czapla	Juristischer Mitarbeiter der GEMA, Berlin
Ulrich Himmelmann	Dr. iur., Regierungsdirektor beim Deutschen Patent- und Markenamt in München
Michael Karbaum	Dr. phil., Hon.-Professor an der Hochschule für Musik und Theater München, Geschäftsführender Direktor der GEMA, München
Reinhold Kreile	Dr. rer.pol., Hon.-Professor an der Hochschule für Fernsehen und Film (Leiter der Abteilung V Produktion und Medienwirtschaft), Vorsitzender des Vorstands und Generaldirektor der GEMA, München
Christian Kröber	Dr. iur., Direktor und Geschäftsbereichsleiter der GEMA, München
Peter Lerche	Dr. iur., Dr. iur. h.c., em. o. Professor an der Ludwig-Maximilians-Universität, München
Ernst-Joachim Mestmäcker	Dr. iur., Dr. iur. h.c., em. Direktor am Max-Planck-Institut für ausländisches und internationales Privatrecht, em. o. Professor an der Universität Hamburg
Raik Mickler	Juristischer Mitarbeiter, Haufe Mediengruppe, Freiburg i.Br.
Stefan Müller	Dr. iur., Direktor der GEMA, München
Reinhard Nicklas	Direktor der GEMA, München
Georg Oeller	Direktor der GEMA, München
Urban Pappi	Dr. iur., Abteilungsdirektor der GEMA, München
Karl Riesenhuber	Dr. iur., M.C.J., o. Professor an der Europa-Universität Viadrina, Frankfurt (Oder)
Manuela Maria Schmidt	Dr. iur., Dipl.-jur., Merzig
Gernot Schulze	Dr. iur., Rechtsanwalt in München
Jürgen Schwarze	Dr. iur., o. Professor an der Albert-Ludwigs-Universität, Freiburg i. Br., Direktor des Instituts für Öffentliches Recht
Monika Staudt	Dr. iur., Fachreferentin Recht, GEMA, Berlin

Robert v. Steinau-Steinrück Dr. iur., Rechtsanwalt in Berlin
Alexander v. Vogel Dr. iur., wissenschaftlicher Mitarbeiter an der Europa-Universität Viadrina, Frankfurt (Oder)

Stefan Wohlgemuth Abteilungsleiter der GEMA, Berlin
Alexander Wolf Abteilungsdirektor der GEMA, München

Abkürzungsverzeichnis

a.A.	anderer Ansicht
aaO	am angegebenen Ort
abgedr.	abgedruckt
ABl.	Amtsblatt der Europäischen Gemeinschaft
abl.	ablehnend
Abs.	Absatz
AB-VP-A	Ausführungsbestimmungen zum Verteilungsplan für das Aufführungs- und Senderecht
a.E.	am Ende
a.F.	alte Fassung
AfP	Archiv für Presserecht
AGB	Allgemeine Geschäftsbedingungen
AGICOA	Association de Gestion Internationale Collective de Œuvres Audiovisuelles
Alt.	Alternative
a.M.	anderer Meinung
AöR	Archiv für öffentliches Recht
ArbuR	Arbeit und Recht – Zeitschrift für Arbeitsrechtspraxis
Art.	Artikel
Aufl.	Auflage
AWA	Anstalt zur Wahrung der Aufführungsrechte auf dem Gebiet der Musik
Az.	Aktenzeichen
BB	Betriebs-Berater
Bd.	Band
Begr.	Begründung
BerV	Berechtigungsvertrag
BGB	Bürgerliches Gesetzbuch
BGBl.	Bundesgesetzblatt
BGH	Bundesgerichtshof
BGHZ	Entscheidungen des Bundesgerichtshofs in Zivilsachen
BKartA	Bundeskartellamt
BKR	Bank- und Kapitalmarktrecht
BMJ	Bundesministerium der Justiz
BPatG	Bundespatentgericht
BR-Drs.	Bundesrats-Drucksache
BT-Drs.	Bundestags-Drucksache

BÜ	Berner Übereinkunft zum Schutz von Werken der Literatur und Kunst vom 9. September 1886, s.a. RBÜ
BVerfG	Bundesverfassungsgericht
BVerfGE	Entscheidungen des Bundesverfassungsgerichts (amtliche Sammlung)
BVerwG	Bundesverwaltungsgericht
BVerwGE	Entscheidungen des Bundesverwaltungsgerichts (amtliche Sammlung)
bzgl.	bezüglich
bzw.	beziehungsweise
CD	Compact Disc
CISAC	Confédération Internationale des Sociétés d'Auteurs et Compositeurs
CMMV	Clearingstelle Multimedia für Verwertungsgesellschaften von Urheber- und Leistungsschutzrechten GmbH
CR	Computer und Recht
DB	Der Betrieb
DDR	Deutsche Demokratische Republik
ders.	derselbe
d.h.	das heißt
dies.	dieselbe/n
DJZ	Deutsche Juristen-Zeitung
DPMA	Deutsches Patent- und Markenamt (vgl. auch § 18 UrhWG)
DRM	Digital Rights Management
DVBl.	Deutsches Verwaltungsblatt
DVD	Digital Versatile Disc
DZWiR	Deutsche Zeitschrift für Wirtschaftsrecht
ebd.	ebenda
EG	1. Europäische Gemeinschaft; 2. Nach Bezeichnung eines Artikels: EG-Vertrag, Vertrag zur Gründung der Europäischen Gemeinschaft, Konsolidierte Fassung mit den Änderungen durch den Vertrag von Amsterdam vom 2.10.1997 idF des Vertrags von Nizza vom 26.2.2001
EGV	EG-Vertrag, Vertrag zur Gründung der Europäischen Gemeinschaft in der Fassung des Vertrags über die Europäische Union vom 7.2.1992 (Maastrichter Fassung)
Einf.	Einführung
Einl.	Einleitung
EIPR	European Intellectual Property Review
E.L.Rev.	European Law Review
Ent.L.R.	Entertainment Law Review
ERPL	European Review of Private Law – Revue européenne de droit privé – Europäische Zeitschrift für Privatrecht
EU	1. Europäische Union; 2. Nach Bezeichnung eines Artikels: EU-Vertrag, Vertrag über die Europäische Union, Konsolidierte Fassung mit den Änderungen durch den Vertrag von Amsterdam vom 2.10.1997 idF des Vertrags von Nizza vom 26.2.2001
EuGH	Europäischer Gerichtshof

EUV	EU-Vertrag, Vertrag über die Europäische Union vom 7.2.1992 (Maastricht-Vertrag)
EuZW	Europäische Zeitschrift für Wirtschaftsrecht
EWiR	Entscheidungen zum Wirtschaftsrecht
EWR	Europäischer Wirtschaftsraum
EWS	Europäisches Wirtschafts- und Steuerrecht
f., ff.	folgende
Fn.	Fußnote
FS	Festschrift
FuR	Film und Recht
GEMA	Gesellschaft für musikalische Aufführungs- und mechanische Vervielfältigungsrechte
GG	Grundgesetz
Ggf./ggf.	gegebenenfalls
GmbH	Gesellschaft mit begrenzter Haftung
GO	Geschäftsordnung
GO AR	Geschäftsordnung Aufsichtsrat
GO Schätzung B	Geschäftsordnung für das Schätzungsverfahren der Bearbeiter
GO Wertung KE	Geschäftsordnung Wertungsverfahren der Komponisten in der Sparte E
GO Wertung TE	Geschäftsordnung Wertungsverfahren der Textdichter in der Sparte E
GO Wertung VE	Geschäftsordnung Wertungsverfahren der Verleger in der Sparte E
GO Wertung U	Geschäftsordnung Wertungsverfahren in der Unterhaltungs- und Tanzmusik
GRUR	Gewerblicher Rechtsschutz und Urheberrecht
GRUR Int.	Gewerblicher Rechtsschutz und Urheberrecht Internationaler Teil
GÜFA	Gesellschaft zur Übernahme und Wahrnehmung von Filmaufführungsrechten
GVL	Gesellschaft zur Verwertung von Leistungsschutzrechten
GWB	Gesetz gegen Wettbewerbsbeschränkungen
GWFF	Gesellschaft zur Wahrnehmung von Film und Fernsehrechten
h.M.	herrschende Meinung
Hrsg.	Herausgeber
Hs.	Halbsatz
idF	in der Fassung
idR	in der Regel
idS	in diesem Sinne
i.e.	im einzelnen
i.E.	im Ergebnis
ieS	im engeren Sinne
i.O.	im Original
IFPI	International Federation of the Photographic Industry
insb.	insbesondere
IPR	Internationales Privatrecht

IPRax	Praxis des Internationalen Privat- und Verfahrensrechts
iSd	im Sinne der/des
iSv	im Sinne von
iVm	in Verbindung mit
iwS	im weiteren Sinne
JBl.	Juristische Blätter
JR	Juristische Rundschau
JuS	Juristische Schulung
JW	Juristische Wochenschrift
JZ	Juristenzeitung
KG	Kammergericht
K&R	Kommunikation und Recht, Betriebsberater für Medien, Telekommunikation, Multimedia
krit.	kritisch
KUG	Gesetz betreffend das Urheberrecht an Werken der bildenden Künste und der Photographie
KUR	Kunstrecht und Urheberrecht
KVO	Kartellverordnung v. 2.11.1923
LG	Landgericht
lit.	litera
LS	Leitsatz
l.Sp.	linke Spalte (s.a. r.Sp.)
LUG	Gesetz betreffend das Urheberrecht an Werken der Literatur und der Tonkunst
maW	mit anderen Worten
MDR	Monatsschrift für Deutsches Recht
MMR	Multimedia und Recht, Zeitschrift für Informations- Telekommunikations- und Medienrecht
m.N.	mit Nachweisen
MR	Medien und Recht
mwN	mit weiteren Nachweisen
n.F.	neue Fassung
NJW	Neue Juristische Wochenschrift
n.rkr.	nicht rechtskräftig
NZA	Neue Zeitschrift für Arbeitsrecht
ÖJZ	Österreichische Juristenzeitung
OLG	Oberlandesgericht
OVG	Oberverwaltungsgericht
PC	Personal Computer
p.m.a.	post mortem auctoris
RabelsZ	Rabels Zeitschrift für ausländisches und internationals Privatrecht
RBÜ	Revidierte Berner Übereinkunft zum Schutz von Werken der Literatur und der Kunst in der Fassung vom 24. Juli 1971 (Pariser Fassung), s.a. BÜ
RefE	Referentenentwurf

RegE	Regierungsentwurf
RG	Reichsgericht
RGBl.	Reichsgesetzblatt
RGZ	Entscheidungen des Reichsgerichts in Zivilsachen
RIDA	Revue International du Droit d'Auteur
RIW	Recht der Internationalen Wirtschaft – Betriebs-Berater International
rkr.	Rechtskräftig
Rn.	Randnummer; im Zusammenhang mit Entscheidungen des EuGH regelmäßig (außer bei älteren Entscheidungen) zur Verweisung auf die Absätze der Entscheidungsgründe verwandt (s.a. Tz.)
r.Sp.	rechte Spalte (s.a. l.Sp.)
RStV	Rundfunkstaatsvertrag
S.	Seite
s.	siehe
Satzung SK	Satzung Sozialkasse
s.a.	siehe auch
SchLA	Schlußanträge
SMS	Short Message Service
s.o.	siehe oben
sog.	sogenannte/r
STAGMA	Staatlich genehmigte Gesellschaft zur Verwertung musikalischer Urheberrechte
str.	strittig
st.Rspr.	ständige Rechtsprechung
TRIPS	Übereinkommen über handelsbezogene Aspekte der Rechte des geistigen Eigentums
TÜV	Technischer Überwachungsverein
Tz.	Textziffer; im Zusammenhang mit Entscheidungen des EuGH regelmäßig zur Verweisung auf Ausführungen in den Schlußanträgen des Generalanwaltes verwandt (s.a. Rn.)
u.a.	unter anderem
UAbs.	Unterabsatz
uam	und andere(s) mehr
UFITA	Archiv für Urheber- und Medienrecht
UrhG	Urheberrechtsgesetz vom 9. September 1965
UrhWG	Urheberrechtswahrnehmungsgesetz vom 9. September 1965
v.	von/vom
Verf.	Verfasser
VerlG	Gesetz über das Verlagsrecht (Verlagsgesetz) vom 19. Juni 1901
VFF	Verwertungsgesellschaft der Film- und Fernsehproduzenten
VG	Verwertungsgesellschaft
VGF	Verwertungsgesellschaft für Nutzungsrechte an Filmwerken
vgl.	vergleiche
VG Wort	Verwertungsgesellschaft Wort
VP	Verteilungsplan

VuR	Verbraucher und Recht
VVDStRL	Veröffentlichungen der Vereinigung der Deutschen Staatsrechtslehrer
WAP	Wireless Application Protocol
WiB	Wirtschaftsrechtliche Beratung
WIPO	World Intellectual Property Organization
WPPT	WIPO-Vertrag über Darbietungen und Tonträger
WRP	Wettbewerb in Recht und Praxis
WuW	Wirtschaft und Wettbewerb
ZaöRV	Zeitschrift für ausländisches öffentliches Recht und Völkerrecht
z.B.	zum Beispiel
ZBT	Zentralstelle Bibliothekstantieme
ZEuP	Zeitschrift für Europäisches Privatrecht
ZEuS	Zeitschrift für europarechtliche Studien
ZfRV	Zeitschrift für Rechtsvergleichung
ZFS	Zentralstelle Fotokopieren an Schulen
ZGR	Zeitschrift für Unternehmens- und Gesellschaftsrecht
ZHR	Zeitschrift für das gesamte Handelsrecht und Wirtschaftsrecht
Ziff.	Ziffer
ZIP	Zeitschrift für Wirtschaftsrecht
ZPÜ	Zentralstelle für Private Überspielungsrechte
z.T.	zum Teil
ZUM	Zeitschrift für Urheber- und Medienrecht
ZUM-RD	Rechtsprechungsdienst der Zeitschrift für Urheber- und Medienrecht
zust.	zustimmend
zutr.	Zutreffend
ZVglRWiss	Zeitschrift für vergleichende Rechtswissenschaft
ZWF	Zentralstelle für die Wiedergabe von Fernsehwerken
ZVV	Zentralstelle für Videovermietung

Kapitel 1
Einführung

Inhaltsübersicht Rn.

I. Verwertungsgesellschaften und Grundfragen der kollektiven Rechtewahrnehmung

„Die GEMA ist ein Unternehmen wie jedes andere – nur ganz anders“, so ist die größte und älteste deutsche Verwertungsgesellschaft oft beschrieben worden. Tatsächlich ist sie zunächst ein privates Unternehmen. Als die Urheber durch das Gesetz betreffend das Urheberrecht an Werken der Literatur und der Tonkunst (LUG) von 1901 das Aufführungsrecht an erschienenen Werken der Tonkunst ohne das zusätzliche Erfordernis eines Vorbehalts als Ausschließlichkeitsrecht zuerkannt bekamen, war die individuelle Rechtewahrnehmung faktisch nicht mehr möglich. Der Gesetzgeber hatte aber darauf verzichtet, die kollektive Rechtewahrnehmung selbst – etwa durch eine Verwaltungsbehörde – einzurichten. Statt dessen vertraute er auf die **Eigeninitiative der Betroffenen**. Auf dem Boden des Privatrechtes gründeten sie die Genossenschaft der deutschen Tonsetzer (GDT), die mit ihrer Anstalt für Musikalisches Aufführungsrecht (AFMA) die erste deutsche Verwertungsgesellschaft darstellte **(Kap. 2)**. 1

Von Beginn an war damit die kollektive Rechtewahrnehmung privat organisiert. Verwertungsgesellschaften nehmen als Unternehmen am Geschäftsverkehr teil wie andere Unternehmen auch. Doch macht schon das eingangs zitierte Wort auch auf die Besonderheiten aufmerksam, die sich aus dem Unternehmensgegenstand ergeben. Sie sind zuerst der Grund dafür, Verwertungsgesellschaften als **Unternehmen *sui generis*** zu bezeichnen **(Kap. 3)**. Der Grund dafür liegt aber ebenso darin, daß die Verwertungsgesellschaften mit der kollektiven Wahrnehmung Aufgaben übernommen haben, die zur Durchsetzung des materiellen Urheberrechts unentbehrlich sind. Ihre Tätigkeit trägt so zur Gewährleistung des verfassungsrechtlich als (geistiges) Eigentum (Art. 14 GG) geschützten Urheberrechts bei. Dieser Umstand und die Tatsache, daß die Verwertungsgesellschaften von Anfang auch die kulturelle Förderung als ihre Aufgabe definiert haben, lassen Verwertungsgesellschaften ungeachtet ihrer privaten Organisation als **Träger öffentlicher Aufgaben** erscheinen **(Kap. 4)**. 2

Nicht von ungefähr wirft diese Kombination privater Organisation und öffentlicher Aufgaben zahlreiche Fragen auf. Wegen der faktischen Monopolstellung der meisten 3

Verwertungsgesellschaften in Deutschland – in anderen Mitgliedstaaten besteht teilweise auch ein rechtliches Monopol – stellen sich diese vor allem im Rahmen des Kartellrechts. Anders als das deutsche Kartellrecht, das die Sonderstellung der Verwertungsgesellschaften ausdrücklich anerkannt hat, nimmt das Europäische Kartellrecht auf die Besonderheiten des Wahrnehmungsrechts keine Rücksicht. Die kollektive Wahrnehmung von Urheberrechten wirft daher zahlreiche grundsätzliche Fragen des **Europäischen Kartellrechts** auf **(Kap. 5)**. Um die Grundsätze der Marktordnung in diesem Bereich geht es insbesondere im Hinblick auf die grenzüberschreitende Zusammenarbeit durch **Gegenseitigkeitsverträge (Kap. 6)**.

II. Transparenz der Wahrnehmungstätigkeit

4 Die Unentbehrlichkeit der Verwertungsgesellschaften zur Verwirklichung des Urheberrechts und die vielfältige Nützlichkeit ihrer Tätigkeit stehen daher ebenso außer Frage wie die Notwendigkeit, sie als nationale Monopole und marktstarke Unternehmen im Binnenmarkt zu kontrollieren. Daher ist es verständlich, daß schon das nationale Recht von den Verwertungsgesellschaften ein hohes Maß an **Transparenz** ihrer Tätigkeit erwartet. Die Forderung nach Transparenz hat aber in jüngerer Zeit insbesondere die Europäische Gemeinschaft artikuliert. Die GEMA trägt dem schon bislang Rechnung. Bereits seit langem veröffentlicht sie jährlich eine Sammlung mit Informationen über den rechtlichen Rahmen ihrer Tätigkeit, die wichtigsten Wirtschaftsdaten aus ihrem Tätigkeitsbericht, die von ihr aufgestellten Regelwerke und weitere Information (das GEMA-Jahrbuch).

5 Indes zeigt die Praxis zunehmend, daß darüber hinaus ein weitergehendes Informationsbedürfnis besteht. Dabei geht es um beides, den rechtlichen Rahmen der Wahrnehmungstätigkeit und seine autonome Ausfüllung durch die GEMA: in einer Kurzformel um **„Recht und Praxis der GEMA“**.

6 Die Rechteinhaber selbst – Komponisten, Textdichter und Verleger – entwarfen **die Organisationsformen**, die ihnen für die Durchsetzung ihrer ideellen und wirtschaftlichen Interessen am besten erschienen: Die GDT wurde als Verein gegründet, die österreichische Gesellschaft der Autoren, Komponisten und Musikverleger (AKM), ab 1913 ebenfalls in Deutschland tätig, war als Genossenschaft organisiert. Die später zunächst autonom vereinbarten Zusammenschlüsse zum Musikschutzverband erfolgten in Form der Gesellschaft bürgerlichen Rechts. Mit der staatlich durch das sogenannte Stagma-Gesetz veranlaßten Vereinigung zu einer Monopolgesellschaft erfolgte die Organisation als wirtschaftlicher Verein. Diese Rechtsform hat die GEMA als Nachfolgerin der Stagma beibehalten. Sie hat auf dieser Grundlage im Laufe der Jahre eine Organisation gewählt, die den Bedürfnissen der kollektiven Wahrnehmung musikalischer Rechte entspricht. Die **Satzung** der GEMA **(Kap. 8)** bildet die Grundlage ihrer Existenz und Tätigkeit.

7 Das **Rechtsverhältnis zwischen der GEMA und den Berechtigten (3. Teil)** ist teilweise schon in der Satzung geregelt, wird aber in weiteren Regelungen näher ausgeformt. Der **rechtliche Rahmen** dafür ergibt sich vor allem aus den §§ 6–9 UrhWG, ergänzend aber auch aus dem Vertrags- und Kartellrecht **(Kap. 9)**. Grundlage der Rechtsbezie-

hungen zwischen dem einzelnen Berechtigten und der GEMA ist der **Berechtigungsvertrag (Kap. 10)**. Davon unterscheidet schon das Gesetz die Regeln über die Verteilung der Einnahmen. Da die kollektive Rechtewahrnehmung sich weithin nicht in einem schlichten Inkasso erschöpft, wird die Verteilung in besonderen Bestimmungen näher geregelt, im **Verteilungsplan (Kap. 11)**. Dabei werden die primär ertragsabhängigen Verteilungsregeln unterschieden von den Bestimmungen über die kulturelle und soziale Förderung. Die kulturelle Förderung erfolgt bei der GEMA vor allem im Rahmen der so genannten **Wertung (Kap. 12)**. Der sozialen Förderung dient insbesondere die **GEMA-Sozialkasse (Kap. 13)**.

Auch das **Rechtsverhältnis zu den Nutzern (4. Teil)** ist vor allem im Urheberrechts- **8**
wahrnehmungsgesetz geregelt (§§ 10–17 UrhWG). Zu den **rechtlichen Grundlagen (Kap. 14)** gehört insbesondere der Zugang der Nutzer zu den Urheberrechten, der Kontrahierungszwang und die Kontrolle der Vertragsbedingungen auf ihre Angemessenheit sowie die Streitschlichtung durch die Schiedsstelle. Für den Nutzer ist über den rechtlichen Rahmen hinaus die **Lizenzierungspraxis der GEMA (Kap. 15)** von Bedeutung.

Rechtsbeziehungen unterhält die GEMA nicht nur zu den Berechtigten einerseits und **9**
den Nutzern andererseits, sondern auch zu anderen Verwertungsgesellschaften. Eine **Zusammenarbeit der Verwertungsgesellschaften** ist – gerade auch im Interesse der Nutzer – schon **auf nationaler Ebene** erforderlich **(Kap. 16)**, besonders um gesetzliche Vergütungsansprüche wahrzunehmen (zur privaten Vervielfältigung **Kap. 7**). Darüber hinaus ist aber auch **international** eine Zusammenarbeit zwischen den Verwertungsgesellschaften erforderlich **(Kap. 17)**: Erst das Netz von Gegenseitigkeitsverträgen ermöglicht es jeder einzelnen nationalen Gesellschaft, das Produkt „Gesamtrepertoire" anzubieten.

Bei alledem unterliegen die Verwertungsgesellschaften zu Recht einer **Aufsicht** **10**
(Kap. 18). Sie wird auch in der Europäischen Gemeinschaft vor allem auf nationaler Ebene geleistet, und zwar vom Deutschen Patent- und Markenamt (DPMA).

Die innere Aufsicht, der sich eine musikalische Verwertungsgesellschaft wie die **11**
GEMA in ihrer täglichen Arbeit nachhaltig und gerne unterzieht, ist die Liebe zur Musik und den Schöpfungen der Musik. Zwar ist für die Durchsetzung des Urheberrechts der Musik keine musikalische Bildung, kein Kompositionsstudium erforderlich, wohl aber die Kenntnis, daß das Recht des Urhebers und das Recht der Verwertungsgesellschaften Teil der Kultur sind, auf der sich – um im Schillerjahr 2005 das schöne Wort zu zitieren – eine „gesittete Gesellschaftsordnung" gründet.

1. Teil: Grundlagen

Kapitel 2
Geschichte der musikalischen Verwertungsgesellschaften in Deutschland

Inhaltsübersicht

A. Von der Leipziger Anstalt zur Genossenschaft Deutscher Tonsetzer

I. Einleitung

1 Die Geschichte der kollektiven Verwertung musikalischer Aufführungsrechte in Deutschland beginnt bereits einige Jahre vor der Gründung der *Genossenschaft Deutscher Tonsetzer (GDT)* und der von ihr getragenen *Anstalt für musikalisches Aufführungsrecht (AFMA)* am 14. Januar 1903. Ihre Errichtung war das Ergebnis einer bewegten und von einem zähen Ringen begleiteten Entwicklung, die Antwort auf zwei vorangegangene Versuche zur Errichtung einer sog. *Anstalt für musikalisches Aufführungsrecht*, die von den damaligen Zeitgenossen meist kurz als Verwertungs*anstalt* bezeichnet wurde.[1]

II. Der Anstoß zur Errichtung einer deutschen Verwertungsanstalt

2 Der Gedanke, auch in Deutschland musikalische Aufführungsrechte von einer Verwertungsgesellschaft wahrnehmen zu lassen – in Frankreich war die *SACEM* bereits seit dem Jahre 1851 erfolgreich tätig –, wurde erstmals auf zwei Kongressen der *Association Littéraire et Artistique Internationale* in Dresden (1895) und Paris (1896) diskutiert. Als sich daraufhin auch die deutsche Reichsregierung für die Gründung einer deutschen Verwertungsanstalt ausgesprochen hatte, kam auch in Deutschland eine sog. **Tantiemenbewegung** in Gang.

III. Die Leipziger Anstalt als Ergebnis des ersten Versuches

3 Vorreiter in der Tantiemenbewegung wurde der *Verein der Deutschen Musikalienhändler zu Leipzig*, der im Jahre 1829 gegründete Berufsverband der Musikalienhändler. Sein Vorsteher *Oskar von Hase* (Verlagshaus *Breitkopf & Härtel*), der ursprünglich die Errichtung einer deutschen Verwertungsanstalt vor einer Novellierung der gesetzlichen Regelung des Aufführungsrechts (§§ 50 ff. UrhG 1870[2]) abgelehnt hatte, nahm nunmehr die Haltung der Reichsregierung zum Anlaß, in der Tantiemenfrage die

---

1 Die damalige Entwicklung war außerordentlich komplex und verworren. Sie kann hier nur in groben Umrissen geschildert werden. Eine ausführliche, archivarisch belegte Schilderung und Bewertung der damaligen Entwicklung findet sich in meiner Abhandlung „Die Anfänge der musikalischen Tantiemenbewegung in Deutschland. Eine Studie über den langen Weg bis zur Errichtung der Genossenschaft Deutscher Tonsetzer (GDT) im Jahre 1903 und zum Wirken des Komponisten Richard Strauss (1864–1949) für Verbesserungen des Urheberrechts", Berlin 2005 (mit Wiedergabe der wichtigsten Dokumente im Anhang II).

2 Gesetz betreffend das Urheberrecht an Schriftwerken, Abbildungen, musikalischen Kompositionen und dramatischen Werken vom 11. Juni 1870, BGBl. des Norddeutschen Bundes 1870, Nr. 19, S. 339–353.

Initiative zu ergreifen. Mit ins Boot genommen wurde der *Allgemeine Deutsche Musikverein,* ein im Jahre 1861 u.a. von *Franz Liszt* (1811–1886) gegründeter Verein aller deutschen Tonkünstler. Nach Abschluß der Vorarbeiten verabschiedeten die Hauptversammlung des Musikalienhändlervereins am 10. Mai 1898 in Leipzig und die des Musikvereins am 27. Juni 1898 in Mainz die Satzung einer **Anstalt für musikalisches Aufführungsrecht**[3]. Diese Anstalt, die wegen ihres Sitzes als **Leipziger Anstalt** bezeichnet wurde, nahm ihre Tätigkeit am 1. Oktober 1898 auf. Ihre Aufgabe bestand in der Verwertung musikalischer Aufführungsrechte.

Allerdings war der Leipziger Anstalt kein Erfolg vergönnt; sie mußte vor dem massiven Widerstand von Komponisten, Verlegern und Veranstaltern kapitulieren: Ihre außerordentliche Hauptversammlung verabschiedete am 21. Januar 1899 den Beschluß, die Gebührenerhebung vorläufig einzustellen und bereits erhobene Gebühren wieder zurückzuzahlen. Damit war der erste Versuch zur Errichtung einer deutschen Verwertungsanstalt kläglich gescheitert. 4

Die **Gründe für den Widerstand** waren vielfältig. Die Veranstalter wollten auch weiterhin wie bisher musikalische Werke öffentlich aufführen, ohne hierfür eine Lizenz gegen Entgelt erwerben zu müssen; sie vertraten die Auffassung, im Kaufpreis für die Noten sei bereits die Gebühr für öffentliche Aufführungen des Werkes inbegriffen. Ein Teil der Musikverleger wollte nicht mehr die ihnen zugedachte Kontrolltätigkeit für die Leipziger Anstalt wahrnehmen: Als sog. *Pfleger* sollten sie prüfen, ob die Veranstalter bei der Aufführung rechtmäßig käuflich erworbenes Notenmaterial verwendeten. Auf diese Weise wollte die Leipziger Anstalt den Kampf gegen das damals weit verbreitete unerlaubte Abschreiben oder Nachdrucken von Noten aufnehmen – ein zentrales Anliegen der Musikverleger. Der entscheidende Nachteil dieses Systems lag darin, daß die Pfleger bei ihrer Kontrolltätigkeit gegen ihre Kunden vorgehen mußten. Durch ihren Widerstand wurde die Leipziger Anstalt besonders schwer getroffen, denn dadurch begann die Verwaltungsstruktur der Anstalt an einer entscheidenden Stelle zu bröckeln. 5

Die deutschen **Komponisten** leisteten bereits seit der Gründung der Leipziger Anstalt auf der Mainzer Hauptversammlung des Allgemeinen Deutschen Musikvereins, d.h. sogar noch vor ihrem Tätigkeitsbeginn, erbitterten Widerstand gegen die Anstalt. Die Komponisten kritisierten das Übergewicht der Verleger in der Verwaltung der Anstalt und beim Verteilungsmodus. Da die Tonsetzer aus ihrem Anteil noch den Textdichter berücksichtigen müßten, sei der Verteilungsmodus von 1 : 1 im Verhältnis zwischen Komponist und Verleger für sie ungünstig. Das Gleiche gelte für die fehlende Einbeziehung gemeinfreier Werke in die Gebührenerhebung. 6

Um den Widerstand besser organisieren zu können und um ihre Belange bei der bevorstehenden Reform des Urheberrechts besser geltend machen zu können, gründeten deutsche Komponisten am 30. September 1898 einen Berufsverband, die **Genos-** 7

---

3 Die Satzung ist abgedruckt bei *M. M. Schmidt,* Die Anfänge der musikalischen Tantiemenbewegung in Deutschland, S. 741 ff.

senschaft Deutscher Komponisten. Treibende Kräfte waren *Richard Strauss* (1864–1949) und seine beiden Freunde *Hans Sommer* (1837–1922) und *Friedrich Rösch* (1862–1925) gewesen. Die auf der Gründungsversammlung der Genossenschaft ausgesprochene Kampfansage an die Leipziger Anstalt manifestierte sich in der Folgezeit besonders eindrucksvoll in einem öffentlichen Boykottaufruf gegen sie. Der Kampf zeigte sich aber auch darin, daß nahezu alle Komponisten der Leipziger Anstalt ihre Unterstützung versagten und ihre Ämter in der Verwaltung der Anstalt – als Mitglieder des sog. Urheberausschusses des Allgemeinen Deutschen Musikvereins – niederlegten. Das Scheitern der Leipziger Anstalt war ein wichtiger Erfolg für die Genossenschaft. Hierdurch wurde ihre Position für die weitere Tantiemenbewegung in bedeutender Weise gestärkt.

8 Bei vordergründiger Betrachtung erscheint es sehr bedauerlich, daß das „Pionierwerk" der Leipziger Anstalt gescheitert ist, war doch der Gedanke, die Aufführungsrechte kollektiv durch eine Verwertungsanstalt zu verwerten, mehr als lobenswert. Im Ergebnis ist ihr Scheitern gleichwohl zu begrüßen, da die Leipziger Anstalt an mehreren rechtlichen Mängeln litt. Diese führten dazu, daß ihre Tätigkeit teilweise rechtswidrig war. Die Anstalt glaubte, über öffentlich-rechtliche Normsetzungsbefugnisse zu verfügen, die ihr aber niemals verliehen worden waren. In Ausübung dieser vermeintlichen Befugnisse verwertete sie die Aufführungsrechte unabhängig von einer Ermächtigung des Rechtsinhabers. Kraft dieser Befugnisse glaubte die Leipziger Anstalt auch, das geltende Urheberrecht umgehen und bereits jetzt schon von einer Rechtslage ausgehen zu können, wie sie der Gesetzgeber erst schaffen sollte: Die Anstalt setzte sich bewußt über die Wertung des § 50 II UrhG 1870 hinweg, wonach das Aufführungsrecht an musikalischen Werken (z.B. Sinfonien oder Liedern) mit der Veröffentlichung im Wege des Drucks erlosch, wenn der Komponist es sich nicht auf den Noten vorbehalten hatte.[4] Dies war bei nahezu allen musikalischen Werken der Fall, da die Verleger sich bislang stets geweigert hatten, den Vermerk aufzudrucken. Sie befürchteten Absatzschwierigkeiten, wenn ein Veranstalter zusätzlich zum Kaufpreis noch eine Lizenzvergütung für die öffentliche Aufführung entrichten mußte.

IV. Der zweite Versuch zur Errichtung einer Verwertungsanstalt

9 Trotz des massiven Widerstandes gegen die Leipziger Anstalt faßten sowohl die Genossenschaft Deutscher Komponisten als auch der Verein der Deutschen Musikalienhändler unmittelbar nach ihrem Scheitern einen **zweiten Versuch** zur Errichtung einer deutschen Verwertungsanstalt ins Auge. Der Allgemeine Deutsche Musikverein da-

---

4 § 50 II UrhG 1870 lautet wie folgt: „In Betreff der dramatischen und dramatisch-musikalischen Werke ist es hierbei (sc.: das ausschließliche Aufführungsrecht; Anm. der Verfasserin) gleichgültig, ob das Werk bereits durch den Druck etc. veröffentlicht worden ist oder nicht. Musikalische Werke, welche durch Druck veröffentlicht worden sind, können ohne Genehmigung des Urhebers öffentlich aufgeführt werden, falls nicht der Urheber auf dem Titelblatt oder an der Spitze des Werks sich das Recht der öffentlichen Aufführung vorbehalten hat."

gegen war an den weiteren Bemühungen zur Errichtung einer neuen Verwertungsanstalt nicht mehr beteiligt. Nach einer äußerst heftigen Auseinandersetzung mit der Genossenschaft Deutscher Komponisten mußte er dieser zugestehen, daß sie als reine Vereinigung von Komponisten das bessere Recht zur Vertretung des Komponistenstandes hatte als der Musikverein, der außer Komponisten auch alle anderen am Musikleben Interessierten in sich aufnahm.

Die Führung der Genossenschaft Deutscher Komponisten hatte sich etwa seit Beginn **10**
des Jahres 1899 dazu entschlossen, die ablehnende Protesthaltung aufzugeben und künftig die Führungsrolle in der Tantiemenbewegung zu übernehmen. Getragen war dies von der Erkenntnis, auch die Komponisten könnten eine Verwertungsanstalt errichten, und zwar sogar bereits vor der Reform des Urheberrechts. Gleichwohl strebte die Genossenschaft eine Partnerschaft mit dem Verein der Deutschen Musikalienhändler an, da *Rösch* der Auffassung war, die Gründung sei ohne Unterstützung der Verleger nicht erfolgversprechend.

Der zweite Versuch scheiterte noch schneller als der erste. Bereits am 5. Mai 1899 **11**
brach der geschäftsführende Ausschuß der Genossenschaft Deutscher Komponisten die Verhandlungen mit dem Verein der Deutschen Musikalienhändler ab. Getragen war dies von der Erkenntnis, daß Oskar *von Hase,* der Vorsteher des Musikalienhändlervereins, die ganze Zeit die Verhandlungen mit dem alleinigen Ziel geführt hatte, die soeben so kläglich gescheiterte Leipziger Anstalt aufrechtzuerhalten – unter Beteiligung der Genossenschaft anstelle des Allgemeinen Deutschen Musikvereins. So hatte er zunächst die Zustimmung des Vereins der Deutschen Musikalienhändler zum Verständigungsprogramm hinausgezögert. Dann hatte die Hauptversammlung des Musikalienhändlervereins am 2. Mai 1899 das Programm doch noch angenommen, gleichzeitig aber auch *Ausführungsbestimmungen für die Wahrnehmung des Aufführungsrechtes an Werken der Tonkunst.* Diese – nicht mehr erhaltenen – Regelungen hatten die Aufgabe, das Verständigungsprogramm zu unterlaufen und die Leipziger Anstalt aufrechtzuerhalten.

V. Die Gründung von GDT und AFMA

In dieser Situation sah es so aus, als würde die deutsche Tantiemenbewegung ohne **12**
Errichtung einer Verwertungsanstalt enden. Den Ausschlag für einen erneuten Versuch bildete diesmal die bereits mehrfach erwähnte **Reform des Urheberrechts**, deren Vorarbeiten im Herbst des Jahres 1898 angelaufen waren. Mit dem zweiten Gründungsversuch war zugleich die geplante gemeinsame Petition der Genossenschaft und des Musikalienhändlervereins gescheitert, obwohl das Reichsjustizamt in mehreren Sachverständigenkonferenzen sowohl Komponisten als auch Musikverleger eindringlich zu einem gemeinsamen Vorgehen aufgefordert hatte. Daraufhin hatte das Reichsjustizamt die Verlängerung der Schutzfrist, an der beide Seiten ein Interesse hatten, wieder aus dem neuen Gesetzentwurf gestrichen. Getragen von der Erkenntnis, daß die Belange der Musikverleger bei der Reform nur durch ein gemeinsames Vorgehen mit den Komponisten gewahrt werden könnten, entschloß sich daraufhin eine Gruppe hochrangiger Berliner Musikverleger (*Bock, Challier, Erler, Fürstner, Lienau,*

Simrock) im Mai/Juni 1899 zu einer gemeinsamen Petition mit der Genossenschaft Deutscher Komponisten zur Verlängerung der Schutzfrist und zur Streichung des Aufführungsrechtsvorbehaltes. Dieser am 9. Juni 1899 eingereichten Petition schlossen sich dank eines Aufrufes der Verleger zahlreiche weitere Musikverleger an – sehr zum Ärger der Führung des Vereins der Deutschen Musikalienhändler.

13 Außerdem faßten die Genossenschaft und ihre verbündeten Verleger die Errichtung einer Verwertungsanstalt nach den Plänen der Genossenschaft ins Auge, allerdings erst für die Zeit nach Verabschiedung des neuen Urhebergesetzes. Hierbei konnten sie bereits an eine Verständigungskonferenz vom 13. April 1899 anknüpfen, die bereits damals – noch während des zweiten Versuches – zu einer vollständigen Einigung in der Tantiemenfrage geführt hatte. Seit Beginn des Jahres 1899 hatte die Genossenschaft Deutscher Komponisten ihre Pläne für die von ihr getragene Verwertungsanstalt immer mehr präzisiert. Sie orientierte sich dabei an der französischen SACEM, versuchte aber deren Mißstände bei der Auslandstätigkeit zu vermeiden. Besonders *Friedrich Rösch,* der Generalsekretär der Genossenschaft, hat sich hier durch ein ungeheures Engagement hervorgetan. Da er nicht nur Komponist, sondern auch Jurist war, war er geradezu dazu prädestiniert, die juristischen Details auszuarbeiten.

14 In dem am 19. Juni 1901 verkündeten neuen **Gesetz, betreffend das Urheberrecht an Werken der Literatur und Tonkunst** (LUG)[5] blieben zwei zentrale Forderungen, die die Genossenschaft in vielen Petitionen dem Gesetzgeber angetragen hatte, unberücksichtigt: So wurde die Schutzfrist nicht von 30 auf 50 Jahre p. m. a. verlängert; auch wurden Ausnahmebestimmungen für bestimmte öffentliche Aufführungen nicht gestrichen (§ 27 LUG). Die Genossenschaft aber hatte beides zur Entstehungsbedingung für die geplante Verwertungsanstalt erklärt: Nur im Falle der Verlängerung der Schutzfrist würde die deutsche Verwertungsanstalt über ein annähernd gleich großes Repertoire wie die anderen europäischen Verwertungsgesellschaften verfügen. Nur dann sei ein Anschluß der deutschen Anstalt an das internationale Kartell der europäischen Verwertungsgesellschaften möglich. Dieser Anschluß wiederum sei Voraussetzung dafür, daß die deutsche Anstalt Tantiemen für Aufführungen deutscher Werke im Ausland an die eigenen Bezugsberechtigten weiterleiten könne. Die Streichung der Ausnahmebestimmungen war in den Augen der Genossenschaft notwendig, um die finanzielle Leistungsfähigkeit der deutschen Anstalt zu sichern: Nur wenn für alle öffentlichen Aufführungen urheberrechtlich geschützter Werke eine Gebühr für die Erteilung der Aufführungsgenehmigung gezahlt werden müsse, würde die Anstalt kostendeckend arbeiten können.

15 Unmittelbar nach Verabschiedung des LUG machte das Bündnis von Genossenschaft und hochrangigen Musikverlegern seine erstmals im März 1901 ausgesprochene Drohung wahr und gab den Plan zur Errichtung der Verwertungsanstalt vollständig auf. Es trat ein **vollständiger Stillstand in der Tantiemenbewegung** ein. Erst als im November des Jahres 1902, d.h. mehr als ein Jahr nach Verabschiedung des LUG, die öster-

5 RGBl. 1901, S. 227–239.

reichische *Gesellschaft der Autoren, Komponisten und Musikverleger (AKM)* ihre Ausdehnung ins Deutsche Reich ankündigte und dies ausgerechnet mit der unterbliebenen Gründung der deutschen Anstalt begründete, trat eine **Wende** ein. Die Führung der Genossenschaft und ihre verbündeten Verleger beschlossen in Konferenzen am 8. und 13./14. Dezember 1902 die Gründung der Verwertungsanstalt – nach den bisherigen Plänen. Daraufhin beschloß die Hauptversammlung der Genossenschaft Deutscher Komponisten am 14. Januar 1903 die **Errichtung einer Anstalt für musikalisches Aufführungsrecht,** die ihre Tätigkeit im Juli desselben Jahres aufnahm. Außerdem wurde die *Genossenschaft Deutscher Tonsetzer* als rechtsfähiger wirtschaftlicher Verein gegründet und die Genossenschaft Deutscher Komponisten aufgelöst. Die AFMA, wie die Verwertungsanstalt auch genannt wurde, war der wirtschaftliche Geschäftsbetrieb der GDT.[6]

Im Gegensatz zur Leipziger Anstalt waren GDT und AFMA **nahezu perfekt organisiert** und am großen Vorbild der französischen SACEM orientiert. Viele ihrer Strukturen haben sich bis zum heutigen Tage erhalten, so etwa das System der Berechtigungsverträge, der Pauschalgebühren (d.h. die Zahlung einer Gebühr für eine Vielzahl von Aufführungen), die Unterstützungskasse oder die Rechtsform des wirtschaftlichen Vereins. **16**

Gleichwohl war die AFMA ebenso wie seinerzeit die Leipziger Anstalt einem massiven **Widerstand** von Komponisten, Verlegern und Veranstaltern ausgesetzt: Letztere wollten nach wie vor keine Aufführungsgebühren zahlen. Die Verleger sahen ihre Interessen in der AFMA nur in unzureichender Weise verwirklicht. Höhepunkte des Widerstandes waren beispielsweise ein Boykottaufruf des Leipziger *Gewandhauses* und die Veröffentlichung einer sog. *Verleger-Erklärung* durch den Verein der Deutschen Musikalienhändler, die die Verleger auflistete, die die AFMA ablehnten. Die GDT ging von Anfang an entschlossen gegen diesen Widerstand vor, sei es durch Aufklärungsarbeit, sei es durch Prozesse. Ihr gelang es in der Tat, den Widerstand so weit zu reduzieren, daß sie die Arbeit der AFMA festigen und Gewinne ausschütten konnte. **17**

VI. Schlußwort

GDT und AFMA stehen am Ende eines langen und zähen Ringens. Drei Versuche waren nötig, ehe eine erfolgreiche Verwertungsanstalt in Deutschland etabliert werden konnte. Gleichzeitig stehen sie am Anfang einer erfolgreichen Geschichte der kollektiven Verwertung der Aufführungsrechte in Deutschland. Erstmals konnten Komponisten, Textdichter und Musikverleger vom wirtschaftlichen Wert ihrer geistigen Schöpfung profitieren. Ermöglicht wurde dies durch das gemeinsame Vorgehen von Komponisten und Musikverlegern. **18**

---

6 Die Satzung und die Geschäftsordnung der GDT sowie die Grundordnung der AFMA vom 14. Januar 1903 sind abgedruckt bei *M. M. Schmidt,* Die Anfänge der musikalischen Tantiemenbewegung in Deutschland, S. 777ff., 785ff., 789ff.

B. Wahrnehmungsrecht und Verwertungsgesellschaften von 1903 bis 1933[7]

I. Verwertungsgesellschaften

1. Vereinigungen zur Wahrnehmung von Urheberrechten

a) Die Genossenschaft Deutscher Tonsetzer (GDT) und die Anstalt für Musikalisches Aufführungsrecht (AFMA) von 1903

19 Am 14. Januar 1903 wurde in Berlin die Genossenschaft Deutscher Tonsetzer als wirtschaftlicher Verein von Komponisten gegründet. Sie richtete am 1. Juli 1903 die – vereinsähnlich organisierte, aber rechtlich unselbständige – Anstalt für Musikalisches Aufführungsrecht (AFMA) ein.[8] Als von der GDT betriebene Anstalt sollte sie die Rechte der Urheber und Verleger wahrnehmen.

20 Die GDT/AFMA war die Pionierorganisation – und hatte wohl nicht zuletzt deswegen mit Kinderkrankheiten der Verwertungsgesellschaften zu kämpfen. Die historisch bedingte gemeinsame Rechtewahrnehmung für Urheber und Verleger durch eine Organisation (AFMA) führte – nicht überraschend – zu Auseinandersetzungen über die Verteilung der Einnahmen. Die Einsicht, daß die Geschlossenheit der Rechtewahrnehmung durch eine einzige Verwertungsgesellschaft gerade auch im Interesse der Berechtigten geboten ist, wurde erst durch die Erfahrung der Nachteile konkurrierender Verwertungsgesellschaften gewonnen. Bereits 1913 zog sich eine Gruppe von Verlegern und Komponisten aus der GDT/AFMA zurück. Der Versuch der GDT/AFMA, diesen Auszug zu verhindern, jedenfalls aber die einmal übertragenen Rechte zu behalten, erwies sich als zwecklos.[9] In der Folge gründete eine Gruppe von Verlegern und Urhebern die (Alte) Gema (sogleich e), es gab konkurrierende Verwertungsgesellschaften.

b) Die österreichische Gesellschaft der Autoren, Komponisten und Musikverleger (AKM) von 1897

21 Neben der GDT/AFMA war auch die bereits am 5. Dezember 1897 gegründete österreichische Gesellschaft der Autoren, Komponisten und Musikverleger (AKM) frühzeitig in Deutschland tätig. Sie hatte zwar zunächst 1903 mit der GDT/AFMA ein Gegenseitigkeits-Abkommen geschlossen, kündigte dieses aber 1911 endgültig und übte ab 1913 durch eine selbständige Niederlassung ebenfalls eine Wahrnehmungstätigkeit in Deutschland aus.

---

7 Der Beitrag beruht auf der Ausarbeitung *Riesenhuber/Rosenkranz,* UFITA 2005 II, 467–519; an dieser Stelle können nur die wesentlichen Ergebnisse und Nachweise wiedergegeben werden.

8 Eingehend zu Gründung und Tätigkeit der GDT/AFMA *d'Albert,* Die Verwertung des musikalischen Aufführungsrechts in Deutschland, 1907, S. 62–125.

9 Zu dem aus dem Austritt entstandenen Rechtsstreit RGZ 87, 215–221.

c) Die Mechanische Abteilung der GDT von 1910

Mit der Anerkennung der mechanischen Vervielfältigung als ausschließlichem Recht des Urhebers durch die Revidierte Berner Übereinkunft (Berliner Revision von 1908, Art. 13), in Deutschland umgesetzt durch § 12 Abs. 2 Nr. 5 LUG i. d. F. v. 22. Mai 1910, suchten die Urheber nach Möglichkeiten, auch diese Rechte kollektiv wahrzunehmen. Schon die Gründung der (wohl) 1910 ins Leben gerufenen „Mechanischen Abteilung" bereitete indes Schwierigkeiten, da man sich über die Verteilung der Einnahmen zwischen Urhebern und Verlegern nicht einigen konnte. Erfolgreicher war die Anstalt für mechanisch-musikalische Rechte. **22**

d) Die Anstalt für mechanisch-musikalische Rechte GmbH (AMMRE) von 1909

Bereits am 4. November 1909 gründeten der Verein Deutscher Musikalienhändler und die *Société Générale Internationale de l'Édition Phonographique et Cinématographique* (EDIFO) die AMMRE. Die AMMRE arbeitete später eng mit der 1915 gegründeten Alten Gema (s. sogleich) zusammen, beiden Gesellschaften gehörten im wesentlichen die gleichen Mitglieder an. 1938 ging sie – im Ergebnis – in der Stagma auf, die, anfangs nur für das Aufführungsrecht zuständig, nun auch das Vervielfältigungsrecht wahrnahm. **23**

e) Die Genossenschaft zur Verwertung musikalischer Aufführungsrechte (Alte Gema) von 1915

Eine dritte Verwertungsgesellschaft auf dem Gebiet der „musikalischen Rechte" war schließlich die Genossenschaft zur Verwertung musikalischer Aufführungsrechte (nachfolgend – zur Unterscheidung von der heutigen GEMA – „Alte Gema"). Die in der Form einer eingetragenen Genossenschaft geführte Verwertungsgesellschaft wurde von den aus der GDT/AFMA ausgeschiedenen Komponisten – offenbar mit Unterstützung der AMMRE – am 16. Dezember 1915 gegründet. **24**

f) Der Verein zur Verwertung musikalischer Aufführungsrechte (VEVA) von 1928

Gleichsam eine Tochtergründung der Alten Gema war der Verein zur Verwertung musikalischer Aufführungsrechte von 1928. Die Alte Gema sah sich vor das Problem gestellt, daß sie einerseits die Rechte möglichst vieler Berechtigter wahrnehmen wollte, umgekehrt aber nicht allen Berechtigten, unabhängig von der wirtschaftlichen Bedeutung ihrer Rechte, eine volle Mitgliedschaftsstellung einräumen wollte. Da sie sich durch das Genossenschaftsrecht gehindert sah, eine „außerordentliche Mitgliedschaft" einzuführen, gründete sie den VEVA. Ihm konnten auch die Berechtigten beitreten, die wirtschaftlich nicht so leistungsfähig waren. Der VEVA wiederum übertrug die ihm zur Wahrnehmung überlassenen Rechte der Alten Gema zur Wahrnehmung weiter. Er war zugleich Genosse der Alten Gema und vermittelte so seinen Vereinsmitgliedern einen (geringen) Einfluß auf die Willensbildung in der Genossenschaft. **25**

2. Zusammenschlüsse: Die „Musikschutzverbände"

26 Die **Konkurrenz** mehrerer Verwertungsgesellschaften im Bereich der Musik hat zu den bekannten Schwierigkeiten geführt. Für die Nutzer war diese Konkurrenz lästig, weil sie das Gesamtrepertoire nur durch Lizenzen von mehreren Verwertungsgesellschaften erhalten konnten und faktisch oft gezwungen waren, auch von allen Verwertungsgesellschaften Lizenzen zu erwerben. Für die Berechtigten entstanden durch die Konkurrenz höhere Verwaltungskosten. Nicht nur mußte dieselbe Anzahl Berechtigter mehrere Verwaltungsapparate finanzieren. Die Rechtewahrnehmung war auch dadurch erschwert, daß jede Verwertungsgesellschaft dem einzelnen Nutzer nachweisen mußte, Werke aus *ihrem* Repertoire verwendet zu haben: ein mühseliges und aufwendiges Unterfangen, das wegen der besorgten Schlupflöcher für die Nutzer zu einem offenbar gelegentlich auch exzessiven Kontrollwesen führte. Zudem bestand die Gefahr, daß sich die Verwertungsgesellschaften im Bereich austauschbarer Musikwerke gegenseitig unterbieten würden. Und endlich verwandten die konkurrierenden Verwertungsgesellschaften offenbar einige Energie darauf, sich auf Kosten der jeweils anderen durchzusetzen. Daher verwundert es nicht, daß die Verwertungsgesellschaften schon frühzeitig die Zusammenarbeit suchten, bevor sie unter dem Gesetz von 1933[10] staatlich zum Zusammenschluß gezwungen waren (zur Stagma nachfolgend C).

27 So gründete die Alte Gema bereits am 20. Februar 1916, zwei Monate nach ihrer Gründung, zusammen mit der AKM einen (ersten) „Verband zum Schutze musikalischer Aufführungsrechte für Deutschland" ([erster] „Musikschutzverband"). Dabei handelte es sich freilich nicht um einen Zusammenschluß oder eine Verschmelzung, sondern um eine Gesellschaft bürgerlichen Rechts nach §§ 705–740 BGB.

28 Schließlich schlossen sich am 22. Juli 1930 GDT, Alte Gema und AKM zum (zweiten) Musikschutzverband zusammen. Auch dies war keine Fusion der Gesellschaften, sondern lediglich ein Zusammenschluß zu einer GbR. Der Verband übernahm zwar die „Verwaltung des jeder der drei Vertragsschließenden im Vertragsgebiet unterstehenden Werkebestandes", die Rechte blieben aber bei den einzelnen Verwertungsgesellschaften.[11]

---

10 Gesetz über die Vermittlung von Musikaufführungsrechten vom 7. Juli 1933, RGBl. 1933 I, 452; dazu weiterhin die Verordnung zur Durchführung des Gesetzes über die Vermittlung von Musikaufführungsrechten vom 15. 2. 1934, RGBl. I, 100.

11 Gesellschaftsvertrag v. 22. 7. 1930, (nebst Ergänzungsvereinbarungen) abgedruckt bei E. *Schulze,* Geschätzte und geschützte Noten, S. 162–168.

II. Wahrnehmungsrecht

1. Allgemeines Privatrecht als Wahrnehmungsrecht

Wahrnehmungsrecht i. S. eines besonderen Rechtsgebiets gab es in der Zeit von 1903 bis 1933 nicht. Verwertungsgesellschaften bildeten sich als staatsferne Organisationen. Als „Selbsthilfe“ der Rechteinhaber kamen sie auf deren Initiative und auf der Grundlage der Privatautonomie zustande. Geregelt war ihre Tätigkeit daher wie anderes privatwirtschaftliches Handeln nur durch das Privatrecht: Urheberrecht, Vertragsrecht, Gesellschaftsrecht, Deliktsrecht. Ein spezielles Wahrnehmungsgesetz entstand zuerst mit dem so genannten Stagma-Gesetz von 1933 (dazu nachfolgend C, Rn. 38–60) und dann 1965 mit dem Urheberrechtswahrnehmungsgesetz. Das Kartellrecht, das heute auf nationaler und auf Europäischer Ebene die Wahrnehmungstätigkeit reguliert, wurde zwar auch schon in der Frühzeit der Verwertungsgesellschaften ausgebildet, auf die Verwertungsgesellschaften aber nicht angewandt.[12] **29**

Die Sachfragen des Wahrnehmungsrechts waren indes seinerzeit weithin ähnlich wie heute, wenn auch manches mit Rücksicht auf die Konkurrenz mehrerer Verwertungsgesellschaften anders zu bewerten war als heute. Die Praxis – die Verwertungsgesellschaften durch privatautonome Gestaltung und die Gerichte durch die Anwendung des Privatrechts – entwickelte darauf Gestaltungen und Regeln, die jenen des heutigen Wahrnehmungsrechts entsprechen. **30**

2. Die Rechtsbeziehungen zu den Rechteinhabern

Für die Rechteinhaber ist die zentrale Frage, ob die Verwertungsgesellschaften gebunden sind, ihre Rechte auf Verlangen wahrzunehmen, ob es also einen **Kontrahierungszwang** gibt. Daß es ungeachtet der grundsätzlich herrschenden Vertragsfreiheit Fälle geben mußte, wo Privatrechtssubjekte zum Vertragsschluß verpflichtet sind, war schon seinerzeit anerkannt. Die Voraussetzungen dafür waren indes eng beschränkt, der Kontrahierungszwang setzte zumeist eine Monopolstellung des Verpflichteten voraus,[13] die die musikalischen Verwertungsgesellschaften praktisch von Anfang an bis 1933 nicht hatten. Tatsächlich waren die Verwertungsgesellschaften allerdings auch nicht in der Lage, Interessenten abzuweisen. Im Gegenteil mußten sie um Mitglieder werben und Austritte zu verhindern suchen. **31**

Wie das Beispiel der GDT zeigt (oben, Rn. 20), stellte sich die Situation geradezu umgekehrt dar: Konnten die Verwertungsgesellschaften einen **Austritt** der Rechteinhaber verhindern? Konnten Sie für den Fall der Vertragskündigung immerhin darauf bestehen, daß die ihnen einmal übertragenen Rechte nicht zurückgerufen werden? Das Reichsgericht hat das nach allgemeinen vertragsrechtlichen Grundsätzen verneint und gegenteilige Vereinbarungen für nichtig erklärt.[14] **32**

---

12 KG, Kart.Rdsch. 1930, 36, 37f. (zur Alten Gema).
13 RGZ 48, 114, 127; 62, 264, 266; 133, 388, 391.
14 RGZ 87, 215, 220f.

33 Eine heute noch in Einzelheiten umstrittene Frage ist, in welchem **Umfang** die Verwertungsgesellschaft die **Rechteübertragung** verlangen kann. Sie stellte sich 1903 bis 1933 nicht in derselben Weise. Erstens war die Aufgabe der Verwertungsgesellschaften zunächst auf die Wahrnehmung des (sog. „kleinen") Aufführungsrechts beschränkt, das individuell nicht wahrgenommen werden kann. Weitere Rechte kamen erst nach und nach dazu (mechanische Vervielfältigung (s.o. Rn. 22, Sendung[15]), und auch bei diesen bestand keine echte Wahl zwischen individueller und kollektiver Wahrnehmung. Zweitens aber sorgte auch hier die Konkurrenz für eine gewisse Kontrolle.

3. Die Rechtsbeziehungen zu den Nutzern

34 Für die Nutzer war bei konkurrierenden Verwertungsgesellschaften oft genug zuerst die Frage, welche Werke zum Repertoire der jeweiligen Verwertungsgesellschaft gehören. Einen entsprechenden **Auskunftsanspruch** (heute § 10 UrhWG) gab es indes noch nicht, aus allgemeinem Zivilrecht war er nicht zu begründen.

35 Ein **Kontrahierungszwang** konnte vor allem eine Rolle spielen, wenn die Verwertungsgesellschaft aus der Warte des Nutzungsinteressenten überhöhte Vergütungsforderungen stellte. Für diesen Fall ist zum einen eine **Angemessenheitskontrolle** erforderlich. Zum anderen ist zum Schutz der Nutzer ein Mechanismus geboten, der sicherstellt, daß sie die Werke (gegen Sicherheitsleistung) schon nutzen dürfen, während über die Angemessenheit der Vergütungshöhe entschieden wird. Mit dem zivilrechtlichen und zivilprozessualen Mitteln wurde die Problematik seinerzeit nur ansatzweise gelöst (heute § 11 UrhWG).

36 Die kollektive Rechtewahrnehmung wirft aber auch besondere Schutzbedürfnisse der Verwertungsgesellschaft auf. Um ihre Einnahmen möglichst individuell auf die Berechtigten zu verteilen, benötigt sie Angaben darüber, welche Werke in welchem Umfang genutzt wurden. Dafür gibt es heute einen gesetzlichen Anspruch (in § 13a Abs. 2 und 3 UrhWG; Programmpflicht). Ohne einen gesetzlichen Anspruch blieb den Verwertungsgesellschaften nur ein **vertraglicher Auskunftsanspruch**, der im Lizenzvertrag vereinbart wurde.

37 Nicht weniger wichtig sind für die Verwertungsgesellschaft schneidige Rechtsbehelfe gegen rechtswidrige Nutzungen, die ohne vorherige Einwilligung der Verwertungsgesellschaft erfolgen. Zumal bei konkurrierenden Verwertungsgesellschaften, die kein Gesamtrepertoire (gar Weltrepertoire) bilden können, war der Nachweis der **Aktivlegitimation** schwierig. Eine Vermutung für die Aktivlegitimation, wie sie heute in Form der GEMA-Vermutung besteht, kam den Verwertungsgesellschaften in der Zeit von 1903 bis 1933 nicht zugute,[16] die Rechtsverfolgung war dadurch erheblich erschwert. Auch die Pauschalierung des Schadensersatzes, die der GEMA von den Ge-

15 RGZ 113, 413–424 (Sendung von Schriftwerken im Rundfunk als gewerbsmäßige Verbreitung i. S. v. § 11 Abs. 1 LUG).

16 RGZ 123, 307–311.

richten heute in Form einer **doppelten Lizenzgebühr** zugestanden wird, gab es in dieser Zeit noch nicht.[17] Damit war der Anreiz, die Einwilligung im vorhinein von der Verwertungsgesellschaft einzuholen, nicht besonders hoch.

C. Wahrnehmungsrecht von 1933 bis 1945 und die Stagma[18]

Ein besonderes Wahrnehmungsrecht entstand in Deutschland erst 1933 mit dem so **38**
genannten „Gesetz über die Vermittlung von Musikaufführungsrechten". Im Hinblick auf seine Regelung wurde die „Staatlich genehmigte Gesellschaft zur Verwertung musikalischer Urheberrechte" (Stagma) gegründet, die von 1933 bis 1945 eine rechtliche Monopolstellung für die Wahrnehmung musikalischer Urheberrechte hatte.

I. Das Gesetz vom 4. Juli 1933 („Stagma-Gesetz")

Das „Gesetz über die Vermittlung von Musikaufführungsrechten" vom 4. Juli 1933 **39**
(RGBl. I, S. 452) gliederte sich in fünf Paragraphen. Eine jederzeitig widerrufbare **Genehmigung** (§ 1) des Reichsministers für Volksaufklärung und Propaganda wurde ab Inkrafttreten für die gewerbliche Vermittlung der sog. „kleinen Rechte" notwendig. Alle ohne eine solche Genehmigung geschlossenen Verträge über die Verwertung von Aufführungsrechten waren nichtig (§ 2). Nach § 3 mußte jeder Musikveranstalter nach Aufforderung sein Recht zur öffentlichen **Aufführung nachweisen**. Dieser Nachweis hatte in jedem Fall in schriftlicher Form zu erfolgen. Aufforderungsberechtigt gegenüber dem Musikveranstalter waren der Berechtigte selbst und die Polizei. In Fällen, in denen der Musikveranstalter das Recht zur öffentlichen Aufführung (idR durch Vertrag mit der Verwertungsgesellschaft oder dem Berechtigten) nicht nachweisen konnte, durfte die Polizei von Amts wegen oder der Berechtigte im Antragsverfahren die öffentliche Aufführung verhindern. Nach § 4 des Gesetzes entschied eine **Schiedsstelle** in den Fällen über Art und Höhe der Tarife, in denen sich der Vermittler und ein Verband von Musikveranstaltern nicht über die Höhe der Vergütung für die öffentliche Musikaufführung einigen konnten. Der Verband mußte, um Vertragspartner sein zu können, vom Reichsminister für Volksaufklärung und Propaganda anerkannt werden. In § 5 erhielt der Reichsminister für Volksaufklärung und Propaganda eine umfassende **Verordnungsermächtigung** (s. sogleich Rn. 41). Nach dieser konnte er Bestimmungen zur Durchführung des Gesetzes vom 4. Juli 1933 erlassen. Von der Er-

17 Die doppelte Lizenzgebühr wurde erst in den späten 1930er Jahren vorsichtig vom KG entwickelt.

18 Dazu etwa *Becker-Bender,* Das Urheberpersönlichkeitsrecht im musikalischen Urheberrecht; *Heister/Klein,* Musik und Musikpolitik im faschistischen Deutschland; *Hoffmann/Ritter,* Das Recht der Musik.

mächtigung war aber gleichzeitig auch das Recht umfaßt bereits geschlossene Verwertungsverträge aufzuheben. Einzige Voraussetzung für die Aufhebung der Verwertungsverträge war der Entzug der Genehmigung nach § 1 des Gesetzes.

40 Das „Stagma-Gesetz“ zentralisierte die Tätigkeit und erschwerte die Bildung von Verwertungsgesellschaften. Insoweit setzt es allerdings einen Weg fort, der seit dem Zusammenschluß von GDT und Alter Gema bereits faktisch begonnen wurde.

41 Bemerkenswert war die Berechtigung der Polizei nach § 3 des „Stagma-Gesetzes“. Vor Erlaß des Gesetzes lag die Kontrolle der Berechtigung zur Musikaufführung ausschließlich in den Händen des Berechtigten selbst. Er mußte im Konfliktfall seine Rechte zivilrechtlich durchsetzen. Nunmehr wurde ein direktes **Eingreifen der Polizei** ermöglicht. Durch diese starke polizeiliche Einbindung konnte man sich in der Folge eine große Anzahl zivilrechtlicher Prozesse zwischen Verwertungsgesellschaft und Veranstalter ersparen, die geführten Prozesse wurden drastisch weniger.

42 Das „Stagma-Gesetz“ wurde damals ganz überwiegend als positive staatliche Regulierung aufgenommen, da es die Existenz diverser Verwertungsgesellschaften und die damit einhergehenden Gefahren minimierte. Man erhoffte sich u.a. die Aufteilung einzelner Aufführungsrechte und die sich daraus ergebende Rechtsunsicherheit auf Seiten der Urheber und der Musikveranstalter zu verhindern.

43 Insbesondere die neu geschaffene Eingriffsbefugnis der Polizei ruft aus heutiger Sicht unmittelbare Bedenken hervor. Allerdings wirkte sich die geschaffene Befugnis, soweit ersichtlich, nicht mißbräuchlich aus. Zum einen wurde in der Praxis das nötige Antragserfordernis der Stagma nach § 3 des Gesetzes in den Vordergrund gerückt. Zum anderen erging 1936 ein Erlaß des Reichsministers für Volksaufklärung und Propaganda, der die bloße Hilfsstellung der Polizeibehörden ausdrücklich betonte.[19]

II. Verordnung zur Durchführung des „Stagma-Gesetzes“ vom 15. Februar 1934

44 Ergänzt wurde das Gesetz durch eine – aufgrund seines § 5 erlassene – „Verordnung zur Durchführung des Gesetz über die Vermittlung von Musikaufführungsrechten“ vom 15. Februar 1934.[20] Sie war ähnlich kurz wie das Gesetz und umfaßte nur drei Paragraphen. Im ersten Absatz des § 1 wurde die theoretische Möglichkeit der Zulassung weiterer Vermittler ausgeschlossen. Die Stagma erhielt als einzige Stelle eine, nunmehr auf Verordnungswege festgeschriebene Genehmigung, gewerbsmäßig die Vermittlung von Musikaufführungsrechten durchzuführen **(rechtliches Monopol)**. In Abs. 2 wurde die dazugehörige Berechtigung, sämtliche seit dem 1. Oktober 1933 fäl-

19 Erlaß X 9171/30. Juni 36/6002 5/1 vom 05.10.1936 zitiert nach LG Limburg, UFITA 14 (1941), S. 209: *„… polizeiliche Hilfe nur dort, wo sie unbedingt erforderlich ist, in Anspruch zu nehmen, und alle Ermittlungen, Kontrollen usw., so weit wie möglich durch eigenes Kontrollpersonal vornehmen zu lassen.“*

20 RGBl. I, S. 100.

lig gewordenen Forderungen gegen Musikveranstalter einzuziehen, geregelt. Von diesem Einziehungsrecht waren insbesondere die Verträge der Alten Gema und der GDT umfaßt. Durch § 2 wurde die im „Stagma-Gesetz" vorgesehene Schiedsstelle näher ausgestaltet und in § 3 der Schadenersatzanspruch der Verwerter in Fällen der unerlaubten Aufführung geregelt.

Betrachtet man das „Stagma-Gesetz" und die nachfolgende Verordnung einheitlich, so kommt man zur Einschätzung, daß durch diese Regelungen kein typisch nationalsozialistisches Recht gesetzt wurde.[21] Einen entgegengesetzten Schluß sollte man weder aus der (oben, Rn. 41) angesprochenen Polizeibefugnis noch aus der staatlich verordneten Alleinstellung der Stagma als Verwertungsgesellschaft ziehen. Zu dieser sei hier nur erwähnt, daß bereits weit vor 1933 das Reichskartell der Musikveranstalter e.V. eine zentrale Verwertungsgesellschaft gefordert hatte. Auch waren bereits in einigen anderen Ländern der Berner Übereinkunft, einem allgemeinen Trend folgend, zentrale Verwertungsgesellschaften eingerichtet worden. **45**

III. Die Verwertungsgesellschaft Stagma

1. Gründung und Entwicklung ab 1933

Unmittelbar nach Erlaß des „Stagma-Gesetzes" erhielten die Alte GEMA und die GDT durch Ermächtigung des Reichsministers für Volksaufklärung und Propaganda vom 12. Juli 1933 nach § 1 iVm § 5 des „Stagma-Gesetzes" die Genehmigung zur Vermittlung von Musikaufführungsrechten. In dieser Ermächtigung wurde zusätzlich bereits die Gründung der späteren Stagma angeordnet. Weiterhin wurden alle bestehenden Verwertungsverträge in Ausübung des Aufhebungsrechts nach § 5 „Stagma-Gesetz" längstens bis zum 30. Juni 1934 befristet. Mit Ablauf dieser Frist wurde deren Außerkrafttreten angeordnet. Auch alle bestehenden Tarife zwischen den Verwertungsgesellschaften und den Verbänden der Musikveranstalter wurden mit eigener Frist zum 31. Dezember 1933 außer Kraft gesetzt. **46**

In der Folge des Bestehens der Stagma konnte sie sich, wie alle staatlichen Organisationen, personell und organisatorisch einer schleichenden Einbindung in das Herrschaftssystem der Nationalsozialisten nicht entziehen. Die gesetzlichen Regelungen des „Stagma-Gesetzes" ermöglichten eine Überwachung und Einflußnahme der staatlichen Stellen auf die Stagma. In der Folge wurde sie, wenn auch als nur „korporatives Mitglied" in den politischen Apparat der Reichsmusikkammer, einer der Einzelkammern der Reichskulturkammer, eingegliedert. Trotz ihrer fachlich unangefochtenen Arbeitsweise sind von der Entlassung der jüdischen Vorstände und Beschäftigten bis hin zum vorauseilenden Gehorsam gegenüber den staatlichen Machthabern aus heutiger Sicht auch alle Zeichen eines angepaßten Wirkens feststellbar. **47**

---

21 So im Ergebnis der BGH, GRUR 1955, 351, 355.

2. Verhalten der Stagma gegenüber jüdischen Mitgliedern

48 Die jüdischen Mitglieder der Stagma hatten seit der Machtergreifung 1933 mit dramatisch sinkenden Einnahmen zu kämpfen. Dies war zum einen, ganz unabhängig von der Tätigkeit der Stagma selbst, Folge von Aufführungsverboten sowie der mehr und mehr stattfindenden Programmkontrolle durch die staatlichen Behörden. Zum anderen scheute sich die Stagma allerdings nicht, ihre zum Teil von Anfang an bestehenden **Satzungsregeln** formalisiert zum Nachteil der jüdischen Mitglieder anzuwenden.

49 Insbesondere diejenigen Satzungsbestimmungen, die an die Staatsbürgerschaft oder den Berufsstand anknüpften, hatten dramatische Auswirkungen. Nach § 9 Abs. 2 der ab dem 25. Januar 1934 gültigen Satzung war für natürliche Personen die deutsche **Staatsbürgerschaft** Voraussetzung für die Bezugsberechtigung bei der Stagma. Die Staatsbürgerschaft entfiel bei ausgewanderten Juden unmittelbar nach dem Reichsbürgergesetz. In der ab 1936 gültigen Fassung der Satzung wurde zusätzlich die **Zugehörigkeit zu einem Berufsstand** aufgenommen. Durch den konsequenten Ausschluß der Juden aus den Berufsständen der deutschen Komponisten, deutschen Musikverleger und deutschen Textdichter der Reichsmusikkammer war ihnen somit nicht nur die Berufsausübung an sich verboten, es entfiel auch die Voraussetzung für die Bezugsberechtigung bei der Stagma.

50 Die Stagma beendete aufgrund der beschriebenen Satzungsregeln lückenlos die Bezugsverhältnisse zu ihren jüdischen Mitgliedern. Den Gekündigten bot man als Ersatz reine Wahrnehmungsverträge an. Andererseits wurden insbesondere für die jüdischen Komponisten beträchtliche Einnahmen eingezogen, die aufgrund einer staatlichen Verordnung zum Reichsbürgergesetz nicht ausgeschüttet wurden, sondern an den Staat fielen.

3. Stagma-Tätigkeit in den besetzten Gebieten

51 Seit dem Zusammenschluß von GDT und Alter GEMA und der Ermächtigung des Reichsministers für Volksaufklärung und Propaganda vom 12. Juli 1933 begannen in **Österreich** Verdrängungsaktivitäten gegenüber der AKM. Mit dem Einmarsch deutscher Truppen in Österreich wurden im März 1938 in Wien die Vermögenswerte der AKM beschlagnahmt und eine neue Leitung eingesetzt. Im Juni 1938 wurde die Gültigkeit des „Stagma-Gesetzes“ dann auf Österreich ausgedehnt.

52 In **Polen** entstanden ab 1941, in Abhängigkeit der Eroberungen und Besetzungen von polnischem Hoheitsgebiet, neue Bezirksleitungen in Posen, Krakau, Danzig und Breslau.

53 Auf dem Gebiet der **Tschechoslowakei** wurde die Prager Autorenschutzvereinigung der Komponisten, Schriftsteller und Verleger (OSA) in eine „Gebietsdirektion“ umgewandelt und eine Bezirksleitung „Sudetenland“ installiert. Im Dezember 1938 wurde das „Stagma-Gesetz“ in der Tschechoslowakei in Kraft gesetzt.

54 In **Frankreich** wurde Lothringen 1941 der Stagma-Zweigstelle Saarbrücken, das Elsass der Bezirksleitung in Stuttgart und das Gebiet von Luxemburg der Bezirksleitung in Köln zugeordnet.

4. Die Tätigkeit der Stagma nach 1945

Das „Stagma-Gesetz“ war nach 1945 weiterhin **wirksam**, da im Ergebnis zu keiner Zeit ein Anwendungsverbot nach alliiertem Besatzungs- bzw. Kontrollratsrecht bestand. Dies hat die deutsche Rechtsprechung[22] später ausdrücklich festgestellt. Die Stagma war somit jederzeit zur ihrer Tätigkeit **berechtigt**. Allein der Genehmigungszwang nach § 1 des Stagma-Gesetzes entfiel nach alliiertem Recht aufgrund der Genehmigungsberechtigung des Reichsministers für Volksaufklärung und Propaganda. So blieb die Stagma faktisch die allein tätige deutsche Verwertungsgesellschaft in jener Zeit, dies aber **ohne** ihr bisheriges **gesetzliches Monopol**. 55

Da auch die **Tarife** der Stagma nach 1945 noch immer in Kraft waren, konnte sie diese unmittelbar, wie auch Schadensersatzansprüche bei Verletzung von Aufführungsrechten, geltend machen. 56

Die Stagma wurde, wie auch andere deutsche Organisationen, nach Ende des Krieges aufgrund der damaligen Militärregierungsgesetze kontrolliert. Es wurden **Treuhänder** und eine kommissarische Geschäftsführung bestellt, die ihre Tätigkeiten überwachten bzw. das Tagesgeschäft führten. 57

Durch die ununterbrochene Tätigkeit der Stagma, konnte die **GEMA** unter Weitergeltung des „Stagma-Gesetzes“ von 1933 **Rechtsnachfolgerin** der Stagma werden. Die zuständige britische Militärregierung genehmigte nach Beschluß des Alliierten Kontrollrates 1947 die Ausübung der zukünftigen Tätigkeit der Stagma unter der Bezeichnung „GEMA“. 58

Die GEMA wurde somit nicht neu gegründet, die Stagma änderte nur ihre Bezeichnung.[23] Unmittelbar und weiterhin faktisch **monopolartig** konnte die GEMA damit, da keine weitere Verwertungsgesellschaft existierte, die Rechte der Urheber wahrnehmen. Diese starke Stellung wurde zu jener Zeit vereinzelt angegriffen. Man sah alliiertes **Kartellrecht** verletzt. Von der deutschen Rechtsprechung[24] wurden diese Bedenken, gerade wegen der starken alliierten Kontrolle der GEMA und der bereits unter Geltung des Kartellrechts getroffenen Entscheidung der Alliierten Kontrollbehörde (dazu Rn. 57), nicht geteilt. 59

Eine zeitlang führte die GEMA noch den Namenszusatz **„vormals Stagma“**, danach war die Umbenennung vollständig vollzogen. 60

22 BGH, GRUR 1955, 351, 355.

23 Dazu die Feststellungen des LG Berlin, GRUR 1951, 522.

24 BGH, GRUR 1955, 353 mit weiteren Nachweisen auf Rechtsprechung und Literatur zu dieser Diskussion; KG WuW 1953, 175; KG, GRUR 1954, 525 mit Hinweis auf die entscheidende st. Rspr. des erkennenden Senates.

Kapitel 3
Verwertungsgesellschaften als Unternehmen „sui generis"*

Inhaltsübersicht Rn.

I. Das Prädikat „sui generis"

1 Das Prädikat „sui generis" bezeichnet oft nur die trotzige Verhüllung einer Verlegenheit, jener des Nichterklärenkönnens. In anderen Fällen drängt sich dieses Prädikat aber legitimerweise auf: dann, wenn ein rechtlich relevanter Sachverhalt durch derart einschneidende Besonderheiten gekennzeichnet ist, daß die Typisierungsmacht des Normgebers an ihre Grenzen stößt. In diesen Fällen hat entweder der Normgeber selbst diese Besonderheiten zu berücksichtigen oder die Rechtshandhabung, die Auslegung, muß dies für ihn besorgen.

2 Vieles spricht dafür, auch den Sachverhalt „Verwertungsgesellschaften im europäischen Rechtsrahmen" in diesem Licht zu sehen. Das lenkt den Blick zunächst auf jene Besonderheiten, die – zumal in ihrem Zusammenwirken – die Zuordnung der Verwertungsgesellschaften zum Begriff „sui generis" begründen, genauer: erzwingen. Da sich die einzelnen Verwertungsgesellschaften nicht völlig gleichen, auch soweit sie kontinentaleuropäischer Provenienz sind[1] – unbeschadet eines gemeinsamen Grundtypus –, müssen die jeweiligen Kennzeichen nicht stets in gleicher Weise ausgeprägt sein.

---

* Der Beitrag beruht auf den Ausführungen des Verfassers in ZUM 2003, 34–38.

1 Vergleichende Darstellung zur Situation in den USA bei *Goldmann,* Die kollektive Wahrnehmung musikalischer Rechte.

II. Die Eigentümlichkeiten der Verwertungsgesellschaften

1. Die marktschaffende Funktion

Als erste Quelle maßgeblicher Besonderheiten sei die **marktschaffende Funktion** von Verwertungsgesellschaften in Verbindung mit deren Grundausrichtung genannt. Von markteröffnender Funktion wird bei den Verwertungsgesellschaften, wie man weiß, in verschiedenen Beziehungen und auch mit unterschiedlichem Effekt gesprochen. *Mestmäcker*[2] etwa hatte mit Blick auf den Musikbereich konstatiert, daß der Unterschied zwischen der individuellen Lizenzierung von Urheberrechten und jener eines Gesamtrepertoirs so intensiv ausgeprägt sei, daß daraus ein neues Produkt und ein neuer Markt entstünden. Welche wettbewerbsrechtlichen Folgerungen je nach näherer Fragestellung hieraus auch immer gezogen werden mögen[3], eine gleichmacherische Lesart wettbewerbsrechtlicher Normen führt schon hier auf dünnes Eis. 3

Allerdings mag eben diese Marktproduzierung als eine unternehmerische Funktion der Gesellschaften bezeichnet werden[4]. Doch darf dies nicht darüber täuschen, daß es sich bei ihnen um Unternehmen sehr besonderer Art handelt: Sie richten sich **nicht auf Eigengewinn** aus. Nun wird man nicht so weit gehen können, Gewinnerzielungsabsicht als tatbestandliche Voraussetzung des maßgebenden Unternehmensbegriffs zu verstehen – auch *Ehlers*[5] scheint in seinem Gutachten zum 64. Deutschen Juristentag dieser Ansicht wohl nicht zu sein. Die Verwertungsgesellschaften operieren jedenfalls marktbezogen;[6] sie sind so gesehen Unternehmen. Aber sie werden bei ihrer kollektiven Vermittlung nur treuhänderisch tätig. Notwendigerweise erfolgt zwar bei diesem Tätigwerden eine Relativierung der individuellen treuhänderischen Beziehung angesichts der unternehmerischen Vergemeinschaftung; namentlich eine Relativierung der individuellen Zurechenbarkeit der Erträge aus der Verwaltung der Rechte; doch wird dadurch nicht aufgegeben die grundsätzliche Zuordnung der vermögenswerten Ergebnisse der schöpferischen Leistung an den Urheber, von der das Bundesverfas- 4

---

2 *Mestmäcker,* FS Lukes, 447f. mwN.

3 Übersicht über den Streitstand etwa bei *Wirtz,* Die Kontrolle von Verwertungsgesellschaften, S. 213f. *Wünschmann,* Kollektive Verwertung von Urheber- und Leistungsschutzrechten, S. 93f. insbesondere meint, die markteröffnende Funktion der Verwertungsgesellschaften sei für die Prüfung einer Wettbewerbsbeschränkung nach Art. 81 Abs. 1 EGV methodisch abzulehnen; zur markterschließenden Funktion im übrigen dort S. 95f. Der Autor spricht sich aber für die Freistellung vom Kartellrecht aus; vgl. dort S. 109f. Zur Wettbewerbseröffnungs- und Markterschließungstheorie bei den Gegenseitigkeitsverträgen siehe dort S. 177f., 178ff. Zum Ganzen aus der jungen Literatur *Popp,* Verwertungsgesellschaften, S. 106f., 112f; zur Freistellung S. 124ff.

4 Siehe *Mestmäcker*, FS Lukes, S. 447.

5 Vgl. *Ehlers,* Gutachten zum 64. Deutschen Juristentag, Thesen III Ziff. 6 und Ziff. 7 (S. E 157f.) in Verb. mit S. E 26f.

6 Zum weiten Unternehmensbegriff der europarechtlichen Praxis etwa *Popp,* Verwertungsgesellschaften, S. 76; *Wirtz,* Die Kontrolle von Verwertungsgesellschaften, S. 220, jeweils mwN.

sungsgericht spricht[7]. Die Verwertungsgesellschaften sind daher in der Tat Unternehmen höchst besonderer Art.

5 Die Ähnlichkeit, die hier etwa zur **Funktion der Gewerkschaften** hervortritt, ist unverkennbar[8]. Natürlich darf dies nicht übertrieben gesehen werden. Natürlich sind die Verwertungsgesellschaften nicht gleich den Gewerkschaften[9]; diesen fehlt schon die Unternehmenseigenschaft. Es leuchtet aber nicht ein zu sagen – so oder ähnlich,[10] – die Verwertungsgesellschaften könnten deshalb vorweg nicht eine vergleichbare Freistellung von europarechtlichen Wettbewerbsregeln beanspruchen wie die Gewerkschaften, weil sie sich von diesen maßgeblich unterscheiden. Das ist so nicht schlüssig, mag man auch allzu weitgehende Konsequenzen zu Recht scheuen. So wenig die Position der Verwertungsgesellschaften mit jener der Gewerkschaften schlicht gleichgesetzt werden kann, so wenig rechtfertigt es sich, die Grundähnlichkeit in der Art des treuhänderischen und kollektiv vermittelnden Wirkens zu übergehen; d.h. das Sachgewicht dieser beherrschenden Grundstruktur zu vernachlässigen. Dieses Sachgewicht muß bei der Frage der sinnvollen Handhabung der einschlägigen Normen des europäischen Primärrechtes jeweils voll zur Geltung kommen und darf nicht nur als einer unter den vielen anderen Auslegungsfaktoren gewertet werden.

2. Verwertungsgesellschaften als notwendiges Korrelat zum materiellen Urheberrecht

6 Als weitere prägende Besonderheit ist die **Notwendigkeit funktionierender Verwertungsgesellschaften** zu nennen; notwendig für die Effizienz der Verwirklichung der Urheberrechte. Diese Notwendigkeit ist mit den erstgenannten Besonderheiten eng verbunden, aber doch eigenständig. Durch die wirtschaftlich technischen Gegebenheiten bedingt ist sie in dieser Allgemeinheit seit jeher anerkannt[11] und wohl hauptsächliche Quelle des nationalen Wahrnehmungsrechts. Im häufig verwendeten Begriff der Notwendigkeit zeigt sich aber auch eine Art trojanisches Pferd; denn mit diesem Begriff verbindet sich allzu leicht zugleich eine bestimmte eng begrenzende Vorstellung: die Vorstellung, das Verhalten einer Verwertungsgesellschaft sei im Lichte einer

---

7 Vgl. BVerfGE 79, 29, 40. Daß die „Entindividualisierung" nur begrenzt sein kann, betont (nur) prinzipiell zutreffend etwa *Hauptmann,* Die Vergesellschaftung des Urheberrechts, S. 41ff., 55ff., 72ff. und passim mwN, der seinerseits freilich die individualrechtliche Substanz überbetont; dazu *Lerche,* in: GEMA Jahrbuch 1997/98, S. 80ff., bes. S. 95ff. sowie S. 103f.

8 Ausführlich zum Gewerkschaftsvergleich *Wünschmann,* Kollektive Verwertung von Urheber- und Leistungsschutzrechten, S. 61 ff. m.w.H., der selbst die Dinge differenzierend sieht, es aber doch für unbestreitbar hält, daß die Struktur der kollektiven Verwertung von Urheberrechten in bestimmten Aspekten mit Gewerkschaften vergleichbar ist (S. 64).

9 Zu Unterschieden siehe *Wünschmann,* Kollektive Verwertung von Urheber- und Leistungsschutzrechten, S. 65f.

10 Darauf läuft in etwa die Argumentation von *Wünschmann,* Kollektive Verwertung von Urheber- und Leistungsschutzrechten, S. 65f. m.w.H. hinaus.

11 Siehe nur etwa *Popp,* Verwertungsgesellschaften, S. 98ff., 104ff., 120ff. mwN.

allgemeineren Verbotsnorm im Einzelfall[12] nur dann rechtens, wenn dieses Verhalten zu effizienter Wahrnehmung der Rechte dringend erforderlich ist; andernfalls sei es etwa mißbräuchlich und könne sich daher nicht vom Zugriff der jeweiligen Verbotsnorm lösen. Allgemeine Notwendigkeit wandelt sich damit in Gestalt zwingender Erforderlichkeit zur Voraussetzung der Rechtmäßigkeit. Etwas ausführlicher gesagt: Die herrschende Sicht geht vielfach ohne sonderliche Vertiefung davon aus, daß auch Verwertungsgesellschaften von bestimmten wettbewerbsrechtlichen Verbotsnormen ergriffen werden, seien sie nationaler oder supranationaler Art. Dem Verbot, so meint man, könnten sie sich nur entziehen, wenn ihr konkretes Verhalten durch die Wahrnehmungsnotwendigkeiten zwingend gerechtfertigt werde[13]. Damit steuert man („auf schmalem Grat", wie *Fikentscher*[14] in allgemeinerem Zusammenhang ähnlich bemerkt) eine Art Kompromiß an, der einerseits die jeweilige etwa kartellrechtliche Verbotsnorm auch auf Verwertungsgesellschaften anwendet, andererseits diese Anwendung dadurch erträglich machen will, daß das Ventil des Notwendigen geöffnet wird. Ob aber die sui-generis-Struktur der Verwertungsgesellschaften es überhaupt gestattet, die jeweilige Verbotsnorm grundsätzlich auch auf sie anzuwenden, diese Frage gerät damit allzu leicht unter die Räder – zugunsten jenes nur scheinbar ausgewogenen Kompromisses. So überaus ausgewogen ist dieser ohnehin nicht; fällt es doch auf, daß sich jenes Ventil für die Verwertungsgesellschaften regelmäßig nur für das unbedingt Erforderliche, das Unerläßliche öffnen soll[15].

Wer unbedingte Notwendigkeit fordert, beansprucht regelmäßig die Prüfungskompe- **7**
tenz hierüber. Ist das sachgerecht? Kann die Praxis der Verwertungsgesellschaften wirklich ohne eigene Einschätzungsräume darüber auskommen, was eine effiziente Wahrnehmung im Konkreten verlangt? Ist nicht eher umgekehrt – so darf man fragen – ein gewisser **Gestaltungsraum notwendiger Bestandteil** wirksamer, kollektiver Rechtewahrnehmung? Und darüber hinaus: Soll gar auch etwa der jeweilige Verteilungsschlüssel bei Abzügen für kulturelle und soziale Zwecke am hyperschneidigen Maßstab des unbedingt Erforderlichen gemessen werden? Wie soll das funktionieren? Die gewisse Privilegierung kulturell wichtiger Werke insbesondere darf gewiß nicht am Altar des Begriffs vom unbedingt Erforderlichen geopfert werden[16].

---

12 Zur Einzelfallbezogenheit etwa *Fritzsche,* ZHR 160 (1996), S. 31ff., 58, worauf *Popp,* Verwertungsgesellschaften, S. 123 Bezug nimmt.

13 Vgl. schon etwa EuGH v. 27. 3. 1974 – Rs. 127/74 *SABAM./.BRT II,* Slg. 1974, 313.

14 *Fikentscher,* Urhebervertragsrecht und Kartellrecht, FG Schricker, S. 149ff., 184ff., 186; vgl. auch etwa *Wirtz,* Die Kontrolle von Verwertungsgesellschaften, S. 229f.

15 Zum unbedingt Notwendigen in diesem Sinn siehe aus junger Literatur etwa *Popp,* Verwertungsgesellschaften, S. 104ff., 156f.; *Wirtz,* Die Kontrolle von Verwertungsgesellschaften, S. 7 (mwN), 12 passim, auch S. 218, 221.

16 Das trifft teilweise auch die gelegentliche Kritik an der Praxis der Abzüge zu sozialen und kulturellen Zwecken; siehe etwa *Hauptmann,* Die Vergesellschaftung des Urheberrechts, S. 156f.; *Wirtz,* Die Kontrolle von Verwertungsgesellschaften, S. 76f. mwN.

3. Die Wahrnehmung von Allgemeininteressen

8 Mit dem Stichwort des Kulturellrelevanten ist zugleich eine dritte Quelle prägender Besonderheiten von Verwertungsgesellschaften bezeichnet. Das ist ihre spezifische und intensive **Nähe zu Allgemeininteressen**. In einer gewissen Abstraktheit ist dies wohl seit jeher klar und anerkannt. Konkreter zeigt sich diese Besonderheit, sieht man richtig[17], in dreifacher Form: Einmal dient die Effizienz der Verwertung dem Ziel, Kulturgüter für die Allgemeinheit verfügbar zu machen; zum anderen werden dadurch zugleich Anreize für die Produktion von Kulturgütern geschaffen; endlich führt die Solidarisierung der Beteiligten zur Erfüllung sozialer und kulturpolitischer Aufgaben, die an sich genuine Aufgaben der Allgemeinheit sind.

9 In wie überraschender Weise die Relevanz dieses kulturellen und sozialen Bezugs verkannt werden kann, lehrt beispielsweise die Judikatur des Europäischen Gerichtshofs zur Frage der Anwendung des Art. 86 Abs. 2 EG auf Verwertungsgesellschaften.[18] Diese Vorschrift enthält, wie man weiß, eine partielle Freistellung u.a. von „Unternehmen, die mit Dienstleistungen von allgemeinem wirtschaftlichem Interesse betraut sind". Was sind **„Dienstleistungen von allgemeinem wirtschaftlichem Interesse"**? Aus dem klaren Zweck der Vorschrift folgt, daß Unternehmen gemeint sind, die es gerade mit besonderen Aufgaben zu tun haben, wie denn die Vorschrift selbst ausdrücklich im selben Satz von den diesen Unternehmen übertragenen „besonderen" Aufgabe(n) spricht.

10 Die besonderen **kulturellen und sozialen Leistungen der Verwertungsgesellschaften** sprechen demnach für und nicht gegen die Erfüllung des Tatbestandes. Der Gerichtshof will aber das Merkmal des allgemeinen wirtschaftlichen Interesses deshalb verneinen, weil die Gesellschaften nur Privatinteressen wahrnähmen. Wie erstaunlich! Wird doch damit (und insoweit erneut etwa in den jungen Dissertationen von *Wünschmann*[19] und ähnlich *Popp*[20] erkannt –) das Entscheidende übergangen: Nämlich, daß hier nicht maßgeblich sein kann, ob die wahrgenommenen Rechte ihrerseits dem Allgemeininteresse dienen oder nicht (was zumindest teilweise ohnehin zu bejahen wäre); maßgeblich muß vielmehr sein, ob gerade die Tätigkeit der Verwertungsgesellschaften selbst, also primär ihre Vermittlungsleistung als solche, im Allgemeininteresse liegt.

11 Dies aber tut sie doch offensichtlich. Schon allein der bereits hervorgehobene Aspekt der Erschließung kultureller Güter für die Allgemeinheit hebt dies wohl außer Zwei-

---

17 Zu diesem Problemkreis aus der jungen Literatur etwa *Wirtz,* Die Kontrolle von Verwertungsgesellschaften, S. 9, 113; *Wünschmann,* Kollektive Verwertung von Urheber- und Leistungsschutzrechten, S. 18f.; für Österreich *Popp,* Verwertungsgesellschaften, S. 15f. Zur „staatsentlastenden" Tätigkeit schon *Herschel,* UFITA 50 (1967), S. 22ff.; vgl. ferner nur etwa *Rehbinder,* Urheberrecht, Rn. 449.

18 Näher referierend etwa *Wirtz,* Die Kontrolle von Verwertungsgesellschaften, S. 219f. mwN; *Wünschmann,* Kollektive Verwertung von Urheber- und Leistungsschutzrechten, S. 67ff.

19 *Wünschmann,* Kollektive Verwertung von Urheber- und Leistungsschutzrechten, S. 71.

20 *Popp,* Verwertungsgesellschaften, S. 73f. mwN.

fel. Damit ist der Gerichtshof einer Verwechslung des Maßgeblichen erlegen; dies sollte man ganz uneingeschränkt sagen.

Schwieriger liegt es wohl bei dem weiteren Tatbestandsmerkmal: des mit solchen Aufgaben Betrautseins. Aber auch bei ihm wird die hier ebenfalls negative Judikatur wohl überdacht werden müssen – auch ungeachtet des Umstands, daß bekanntlich eine Reihe von Ansprüchen nach deutschem Recht nur durch eine Verwertungsgesellschaft geltend gemacht werden kann. Nicht selten will man darauf abstellen[21], daß die Gesellschaften in ihren unternehmerischen Entscheidungen weitgehend selbständig bleiben. Wird damit aber wirklich eine „Betrauung" mit jenen besonderen Aufgaben ausgeschlossen? Zwar genügt Vorhandensein von Kontrolle allein nicht; das ist einzuräumen. Muß es aber für ein Betrautwerden nicht ausreichen, daß der jeweilige Normgeber das ganz spezifische rechtliche Instrumentarium schafft, um die von ihm als im spezifischen Allgemeininteresse liegend gewertete Vermittlungsfunktion der Gesellschaften erlaubnisgebunden unter spezifischer Kontrolle sowie mit Wahrnehmungszwang zu ermöglichen? – Das kann hier freilich nicht vertieft werden. **12**

4. Die faktische Monopolstellung im Inland

Unter den prägenden Besonderheiten sei endlich genannt die typische Ausrichtung der Verwertungsgesellschaften auf den weithin nationalen Zuschnitt der wahrgenommenen ausschließlichen Rechte in Verbindung mit faktischen oder u. U. auch rechtlichen **Monopolpositionen**. **13**

Für territorial zugeschnittene Monopolstrukturen dieser Art sprechen bekanntlich praktische Gründe und praktische Erfahrungen von Gewicht[22]. Der sui-generis-Charakter der Verwertungsgesellschaften widerstrebt unter diesem Aspekt besonders spürbar einer gleichmacherischen Betrachtung unter wettbewerbsrechtlichen Gesichtspunkten. Sehr deutlich war etwa in den – im übrigen vorsichtigen – Schlußanträgen des Generalanwalts *Jacobs* schon 1989 in Sachen der französischen Verwertungsgesellschaft zu lesen: Es handle sich „in jeder Hinsicht um einen **Markt mit Ausnahmecharakter**, und zwar wegen der ungewöhnlichen Natur der in Rede stehenden Rechte am geistigen Eigentum, die nicht nur ihrem Geltungsbereich nach territorial begrenzt sind, sich ausschließlich nach innerstaatlichen, von einander stark abweichenden Rechtsvorschriften richten und im übrigen sehr lange Schutzfristen genießen, sondern die auch, um wirksam ausgeübt werden zu können, innerhalb der je- **14**

---

21 Vgl. *Wünschmann,* Kollektive Verwertung von Urheber- und Leistungsschutzrechten, S. 74; ähnlich etwa *Popp,* Verwertungsgesellschaften, S. 74 mwN. Anders aber zu Recht *Götz,* FS Maurer, S. 921ff., S. 932f.; dort auch näher zur gestiegenen Bedeutung des Art. 86 Abs. 2 EGV in der sonstigen Judikatur des EuGH, S. 926ff.; zum Verhältnis zu Art. 16 EGV siehe auch *Ehlers,* Gutachten zum 64. Deutschen Juristentag, S. E 52ff. mwN.

22 Zu den ungünstigen Erfahrungen mit einer seinerzeitigen Konkurrenz von Verwertungsgesellschaften in Deutschland siehe nur etwa BT-Dr. IV/271, S. 11 (amtliche Begründung Urheberwahrnehmungsgesetz), neuerdings etwa *Goldmann,* Die kollektive Wahrnehmung musikalischer Rechte, S. 398ff. mwN; *Wirtz,* Die Kontrolle von Verwertungsgesellschaften, S. 9f., aber auch S. 224.

weiligen inländischen Territorien einer ständigen Überwachung und Verwaltung bedürfen“[23]. Man bemerkt, daß auch eine stärkere Harmonisierung der nationalen Rechte[24] vorweg allenfalls einen Teil dieser Gründe berühren könnte.

15 Die notwendige Internationalität wird, wie man weiß, namentlich durch das reichhaltige Intrumentarium der **Gegenseitigkeitsverträge** garantiert. Mit seiner Hilfe kann grundsätzlich auch auf neue grenzensprengende technische Entwicklungen angemessen reagiert werden. Beispiel simulcasting[25]. Dieses Instrumentarium ist offenbar entwicklungsfähig[26]. Sein Ausbau dürfte waghalsigen externen Einschnitten auf unsicherer Kompetenzgrundlage[27] vorzuziehen sein.

III. Die Berücksichtigung der Sonderstellung bei der Rechtsfindung

16 Abschließend seien einige Bemerkungen eher auslegungstheoretischer Art gemacht.

1. Die Stellung *sui generis* und die Natur der Sache

17 Nicht selten werden Besonderheiten eines Sachverhalts, die das Prädikat „sui generis“ rechtfertigen, mit der Auslegungsfigur der **„Natur der Sache“** aufzufangen gesucht. Daran schließt sich dann schnell eine Konsequenz – so mitunter auch in unserem Bereich[28] –, die die Dinge durchaus verfälschen kann: nämlich die angebliche Konsequenz, der Topos der Natur der Sache bezeichne lediglich eines der methodischen Auslegungskriterien; dieser Topos könne daher durch sonstige Auslegungskriterien, die ja in Fülle bereitstehen, bei der jeweiligen Einzelfrage überwunden werden. Kurz: Natur der Sache sei nur eines von vielen Auslegungskriterien.

18 Das ist zwar im Ansatz richtig, aber auch nur im Ansatz. Ein ganz anderes Bild zeigt sich dort, wo mangelnder Einbezug der Sachnatur zu einem derart sachfremden Ergebnis führen müßte, daß dieses gleichheitswidrig nivellierend oder als sonst rechts-

23 GA *Jacobs,* SchlA in: EuGH v. 13. 7. 1989 – Rs. 395/87 *Tournier,* Slg. 1989, 2521 Tz. 32.

24 Siehe dazu Richtlinie 2001/29/EG des Europäischen Parlaments und des Rates vom 22. 5. 2001 zur Harmonisierung bestimmter Aspekte des Urheberrechts und der verwandten Schutzrechte in der Informationsgesellschaft; abgedruckt in EuZW 2002, 335ff.

25 Dazu *Drauz,* in: Regulierung im Bereich von Medien und Kultur, S. 103ff., 110f.

26 Zum (unterschiedlich gesehenen) Fragenkreis der Gegenseitigkeitsverträge etwa *Goldmann,* Die kollektive Wahrnehmung musikalischer Rechte, bes. S. 341f., 349ff.; *Popp,* Verwertungsgesellschaften, S. 127ff.; *Wünschmann,* Kollektive Verwertung von Urheber- und Leistungsschutzrechten, S.188.

27 Vgl. nur *Goldmann,* Die kollektive Wahrnehmung musikalischer Rechte, S. 372 mwN. Dabei muß nicht zuletzt auch die Wirkung der Querschnittsklausel des Art. 151 Abs. 4 EGV eingerechnet werden; vgl. näher *Schwarze,* in: Geistiges Eigentum und Kultur im Spannungsfeld von nationaler Regelungskompetenz und europäischem Wirtschafts- und Wettbewerbsrecht, S. 125ff. 156.

28 Vgl. etwa ausdrücklich *Wünschmann,* Kollektive Verwertung von Urheber- und Leistungsschutzrechten, S. 63; zur „rule of reason“ kritisch dort S. 97ff.

staatlich angreifbar, insbesondere unverhältnismäßig zu beurteilen wäre[29]. Bekanntlich haben nationale Verfassungsrechte, namentlich auch das deutsche Verfassungsrecht, zu höchst ausgefeilten judikativen Linien geführt, die ein derartiges Maß an Sachfremdheit verwerfen[30]. (Das ist, nebenbei bemerkt, mit „rule of reason" nicht gleichzusetzen.)

Für die Anwendung des Gemeinschaftsrechts sollte im Ergebnis nichts anderes gelten. Zwar scheint hier der Reifegrad mancher nationaler Methodenlehren noch lange nicht erreicht zu sein. Aber diese verständlicherweise wohl eher noch rudimentäre Methodik der Handhabung des europäischen Rechts vermag nicht die Durchschlagskraft von Prinzipien wie Notwendigkeit sachlicher Rechtfertigung und Verhältnismäßigkeit zu verhüllen. Vor allem das letztere Prinzip ist seit längerem zu einem Schlüsselkriterium auch für das Verständnis des supranationalen Rechts geworden[31]. **19**

Diese Sicht sollte sich auch in unserem Felde durchsetzen. Näher besehen gilt es, den Effekt unberechtigter Fiktionen zu vermeiden; denn auf eine solche läuft es doch hinaus, wenn Normen auf Sachverhalte angewendet werden, deren ganz besondere Sachstruktur dem Normzweck widerstrebt, wobei sie künstlich, d.h. fiktiv, wie andere „passende" Sachverhalte behandelt werden. **20**

2. Die Stellung *sui generis* und die Auslegung von Ausnahmevorschriften

Kritischem Überdenken zugänglich sollte aber auch eine weitere methodische Vorstellung sein, die ebenfalls mit der sui-generis-Erwägung zu kollidieren droht. **21**

Gemeint ist der vorgebliche Auslegungsleitsatz, **Ausnahmevorschriften** seien **eng auszulegen**. Bei der Handhabung des Gemeinschaftsrechts wird dieser Satz geradezu gebetsmühlenhaft wiederholt. Im vorliegenden Zusammenhang spielt er – als Standardrepertoire – vor allem bei Auslegung des Art. 86 Abs. 2 EG eine verführende Rolle, auch in der Judikatur des Europäischen Gerichtshofs, zu Lasten der Geltung dieser partiellen Freistellungsvorschrift für die beteiligten Verwertungsgesellschaften[32]. Indessen: Die ständige Wiederholung des Satzes, Ausnahmevorschriften seien restriktiv zu lesen, macht ihn nicht richtig. **22**

---

29 Noch weiter geht wohl etwa *Esser,* Vorverständnis und Methodenwahl in der Rechtsfindung, S. 68, wenn er allgemein sagt: „... Entsprechend ist der Untersatz richtig gebildet, wenn die Sachverhaltseigenarten so gewürdigt werden, wie dies im Hinblick auf die Normaufgaben sachgerecht ist ...". Grundsätzliches zur Relevanz der „Natur der Sache" etwa bei *Canaris,* Die Feststellung von Lücken im Gesetz, S. 118ff. mwN; *Schneider,* Gesetzgebung, Rn. 56. Aus der jungen Literatur zum anomalen Einzelfall: *Isensee,* in: Grenzen als Thema der Rechts- und Sozialphilosophie, S. 51ff., 55f. – Zu Aristoteles siehe *Böckenförde,* Geschichte der Rechts- und Staatsphilosophie, S. 115, zugleich die Bedingtheiten dieses Denkens betonend.

30 Übersicht etwa bei Sachs-*Osterloh,* Art. 3 GG Rn. 8ff.

31 Aus der jungen Literatur siehe nur etwa *Kischel,* EuR 2000, S. 380ff. Zugleich findet das Verhältnismäßigkeitsprinzip via Europarecht Eingang in andere nationale Rechtsordnungen; vgl. bes. *Schwarze,* FS Everling, Bd. II, 1995, S. 1355ff., 1357 mwN.

32 Nachweise aus Judikatur und Literatur etwa bei *Wünschmann,* Kollektive Verwertung von Urheber- und Leistungsschutzrechten, S. 67, 70 und dieser selbst S. 74.

23 Wie in den maßgeblichen Methodenlehren seit langem anerkannt, vermag der Satz in dieser Allgemeinheit keineswegs zu überzeugen[33] Zumindest seit *Philipp Heck* ist das eine Binsenweisheit[34]. Unter Umständen sind Ausnahmevorschriften sogar **analogiefähig**[35]. Ob ein Sachverhalt von einer Ausnahmenorm erfaßt wird oder nicht, richtet sich nach dem erkennbaren Sinn dieser Norm im Verein mit den sonstigen anerkannten Auslegungsregeln, aber nicht nach einer vorgefertigten pauschalen Restriktionsvorstellung. Damit kann insbesondere, wie zum Schluß unterstrichen sei, Sachverhalten mit sui-generis-Charakter die notwendige Atemluft verschafft werden.

---

33 Siehe nur etwa *Engisch,* Einführung in das juristische Denken, S. 194f.; *Larenz,* Methodenlehre der Rechtswissenschaft, S. 355f., jeweils mwN.

34 *Heck,* Gesetzesauslegung und Interessenjurisprudenz, S. 186 ff.

35 In den „Grenzen des Grundgedankens der Ausnahmevorschrift", siehe *Engisch,* Einführung in das juristische Denken, S. 194.

Kapitel 4
Verwertungsgesellschaften als Träger öffentlicher und privater Aufgaben*

Inhaltsübersicht Rn.

I. Verwertungsgesellschaften zwischen der Erfüllung privater und öffentlicher Aufgaben

Verwertungsgesellschaften in Deutschland beziehen ihre **Legitimation** einmal aus dem verfassungsrechtlich garantierten Schutz des geistigen Eigentums und zum anderen aus der modernen Urheberrechtsgesetzgebung, die dem Urheber eine Reihe von Nutzungsrechten einräumt, die er jedoch ohne Hilfe von Verwertungsgesellschaften kaum wahrnehmen kann. Der Schöpfer von Werken der Musik ist im Zeitalter der Massennutzungen nicht mehr in der Lage, sein Aufführungsrecht, sein Senderecht oder sein Vervielfältigungs- und Verbreitungsrecht bei Aufnahmen seiner Werke auf Tonträger oder Bildtonträger oder den Vertrieb seiner Werke online so wahrzunehmen, daß er in den Genuß sämtlicher Früchte seiner Arbeit kommt. Er bedient sich deshalb einer Verwertungsgesellschaft, der er diese Rechte zur treuhänderischen Wahrnehmung überträgt. Im Bereich der Musik dient ihm dafür allein die GEMA, die in Deutschland ein faktisches Monopol besitzt. 1

Für den Nutzer musikalischer Werke hat die Monopolstellung der GEMA den Vorteil, daß er das musikalische **Weltrepertoire aus einer Hand**, schnell, unbürokratisch und zu kalkulierbaren Kosten erhält. Im Zeitalter des digitalen Online-Vertriebs von Musikwerken bzw. von Multimediaprodukten, die ein ganzes Bündel von Rechten in 2

* Der Beitrag beruht auf Ausführungen des Verfassers in FS Kreile, S. 27–51.

sich vereinen, gewinnt dies weiter an Gewicht. Die Bedeutung von Verwertungsgesellschaften wird deshalb im digitalen Zeitalter weiter zunehmen.

3 Die Initiative zur **Gründung** einer Verwertungsgesellschaft auf dem Gebiet der Musik in Deutschland geht zurück auf das Jahr 1903. Initiatoren waren Komponisten und Verleger. Besondere Verdienste hat sich dabei der Komponist Richard Strauss erworben, der deshalb als Vater der heutigen GEMA gelten darf.[1]

4 Ging der deutsche Urheberrechts-**Gesetzgeber** ursprünglich noch davon aus, daß der Urheber, wenn auch nur unter Schwierigkeiten, seine ihm durch die moderne Urheberrechtsgesetzgebung eingeräumten Nutzungsrechte selbst wahrnehmen kann, **setzt** er inzwischen auch im materiellen Urheberrecht das Bestehen von **Verwertungsgesellschaften voraus**, indem er z.B. bestimmt, daß Vergütungsansprüche für das Vermieten und Verleihen von Vervielfältigungsstücken (§ 27 UrhG) sowie für Vervielfältigungen zum privaten Gebrauch (§§ 53, 54 UrhG) nur durch Verwertungsgesellschaften geltend gemacht werden können.

5 Mit der **Vergütungsregelung** nach §§ 53, 54 UrhG durch Schaffung einer Vergütungspflicht für Geräte und Leerträger[2] verhilft der deutsche Gesetzgeber dem Urheber zu einem, wenn auch nur geringen Ausgleich für die Eingriffe in sein geistiges Eigentum und die Verluste, die ihm durch das technisch einfache, millionenfach praktizierte private Kopieren seiner Werke entstehen. „Da in diesen Bereichen im Gegensatz zur herkömmlichen Verwertung von Werken durch Unternehmen der sog. Kulturindustrie eine systematische Kontrolle von Urheberrechtsverletzungen nicht mehr möglich ist, andererseits aber eine Freistellung aller (privaten) Überspielungsvorgänge vom Urheberrecht wegen der auf der Hand liegenden Beeinträchtigung der herkömmlichen Urheberrechtsverwertung nicht hingenommen werden kann," hat der deutsche Gesetzgeber mit den gesetzlich festgelegten Vergütungsregelungen eine „indirekte Methode der Realisierung der Urheberansprüche gesucht", die für die Verwertungsgesellschaften eine unabdingbare Voraussetzung darstellen.[3]

6 Darüber hinaus weist der Gesetzgeber in §§ 7 und 8 UrhWG den Verwertungsgesellschaften in ihrer Eigenschaft als Solidargemeinschaften **kulturelle und soziale Aufgaben** zu, die diese, namentlich durch ihre Vorsorge- und Unterstützungseinrichtungen sowie durch die Förderung kulturell bedeutender Werke und Leistungen erfüllen. Im Jahr 2004 beliefen sich die sozialen und kulturellen Zuwendungen allein der GEMA über einen Betrag in Höhe von EUR 53,756 Mio. Verwertungsgesellschaften sind deshalb in Deutschland nicht nur Inkassoorganisationen, sondern sie haben darüber hinaus auch den gesetzlichen Auftrag, die schöpferischen Menschen zu fördern und zu schützen. Dem Staat nehmen sie damit einen nicht unbeträchtlichen Teil seiner sozialen und öffentlichen Kulturverantwortung ab.

---

1 Zur Entstehungsgeschichte von Verwertungsgesellschaften M.M. *Schmidt,* oben, **Kap. 2 Rn. 1–18**; *Kreile/Becker*, in: Handbuch der Musikwirtschaft, S. 593–598.; vgl. auch *von Rauscher auf Weeg*, FS 100 Jahre GRUR, Band II, S. 1265ff.; *Nordemann*, FS 100 Jahre GRUR, Band II, S. 1197ff.

2 Ausführlich *Kreile/Becker,* unten **Kap. 7**; *Kreile*, GRUR Int. 1992, 24ff.; *Kreile*, ZUM 1991, 101ff.; *Becker*, in: VG WORT (Hrsg.), Geist und Recht, S. 33ff.

3 *Dietz*, Das Urheberrecht in Spanien und Portugal, S. 136.

Mit einem so weiten Spektrum von Aufgaben, erhält die Tätigkeit von Verwertungsgesellschaften in Deutschland eine **besondere rechtliche Qualität**: Obwohl Verwertungsgesellschaften in den Formen des Privatrechts handeln – GEMA, VG WORT und VG BILD-KUNST sind rechtsfähige wirtschaftliche Vereine kraft staatlicher Verleihung gem. § 22 BGB – leisten sie neben ihrer aus dem Schutz des geistigen Eigentums fließenden Pflicht zur Realisierung von Urheberansprüchen traditionell **Aufgaben, denen sich der Staat selbst annehmen müßte**, wenn es Verwertungsgesellschaften nicht gäbe. Das Urheberrecht, das die wirtschaftliche Basis nahezu aller schöpferischen Menschen darstellt, ohne die es weder Kultur noch einen „Kulturstaat" gäbe, auf den Öffentlichkeit wie Politiker in Deutschland gleichermaßen stolz sein dürfen, liefe jedenfalls auf dem Gebiet der Musik ohne die GEMA ins Leere. Schutz und Sicherung der wirtschaftlichen Grundlage der schöpferischen Menschen liegen daher im Sozial- und Kulturstaat im unmittelbaren öffentlichen Interesse: sie haben **Gemeinwohlcharakter**.[4] Indem Verwertungsgesellschaften sich auf der Grundlage ihrer Satzungen, aber auch durch gesetzlichen Auftrag (u.a. auch §§ 7 und 8 UrhWG) dieser Bereiche annehmen, erfüllen sie öffentliche bzw. staatliche Aufgaben.[5] Nicht zu Unrecht werden Verwertungsgesellschaften im Hinblick auf ihre effektive und kostensparende Inkassotätigkeit auch mit der staatlichen Finanzverwaltung verglichen.[6] 7

Es entspricht der staatlichen Ordnung der Bundesrepublik Deutschland, die vor allem im Einzugsbereich des sozialen Staatszieles durch das **Subsidiaritätsprinzip** geprägt ist,[7] daß Aufgaben des Gemeinwohls auch von Individuen oder gesellschaftlichen Verbänden wahrgenommen werden, „wenn sie bereit und fähig sind, den öffentlichen Interessen, die auf dem Spiele stehen, zu genügen".[8] 8

Den Beweis dafür, daß sie dazu bereit und fähig ist, braucht die GEMA nicht anzutreten. Die Fakten sprechen für sich: Mit Erträgen, die im Geschäftsjahr 2004 EUR 806.207.708,96. betrugen, sichert die GEMA die materielle Lebensgrundlage tausender schöpferischer Menschen auf dem Gebiet der Musik (2004 zählte die GEMA 61.131 Mitglieder) vollständig oder partiell mit Hilfe einer effizienten und im Vergleich kostengünstigen Verwaltung (ihre Verwaltungskosten liegen stets zwischen 14 und 15%) und erbringt dabei, wie bereits beschrieben, soziale und kulturelle Leistungen in nicht unbeträchtlicher Höhe. Die Stellung der GEMA im Wirtschaftsleben Deutschlands wird deshalb mit **„Träger einer staatsentlastenden Tätigkeit"** umschrieben.[9] Korrelat der staatsentlastenden Tätigkeit von Verwertungsgesellschaften ist eine besondere Fürsorgepflicht des Staates für diese Institutionen und die in ihnen zusammengeschlossenen schöpferischen Menschen. 9

4 Vgl. *Steiner*, VVDStRL 42 (1984), 7, 16.

5 Zur Unterscheidung zwischen öffentlicher und staatlicher Aufgabe vgl. Isensee/Kirchhof-*Isensee*, Handbuch des Staatsrechts, Band III, § 57, Rn. 136ff.

6 So auch *Dietz*, Das Urheberrecht in der Europäischen Gemeinschaft, Tz. 46.

7 Vgl. Isensee/Kirchhof-*Isensee*, Handbuch des Staatsrechts, Band III, § 57, Rn. 165ff.

8 Isensee/Kirchhof-*Isensee*, Handbuch des Staatsrechts, Band III, § 57, Rn. 167.

9 Vgl. KG Berlin, Urteil vom 28. April 1989 (Krt U 5680/86), S. 38 unter Bezugnahme auf *Herschel*, UFITA Bd. 50, Teil A, (1967) II, 22ff.

10 Die Zuordnung einer Organisation zum bzw. in die Nähe des Staatlichen, schließt die Verwendung einer der **Organisationsformen des Privatrechts** nicht aus.[10] Es gibt in der deutschen Rechtsordnung eine Reihe von Beispielen, bei denen sich der Staat zur Erfüllung seiner Aufgaben Privater bedient. Prominentes Beispiel hierfür ist der Technische Überwachungsverein (TÜV), der den Staat bei seiner Aufgabe entlastet, für die Sicherheit der Bevölkerung Sorge zu tragen. In Anbetracht der Aufgaben, die durch Verwertungsgesellschaften erbracht werden, liegt das tertium comparationis nicht weit.

11 Verwertungsgesellschaften werden zwar nicht in die staatliche Organisation einbezogen und sind insofern auch kein „Trabant oder Satellit der öffentlichen Verwaltung",[11] sie sind aber aus der „Wahrnehmung bloß privater, wirtschaftlicher Interessen herausgehoben und mit der höheren Legitimität und Pflichtbindung einer Tätigkeit im öffentlichen Interesse ausgestattet".[12] Ihr Wirken vollzieht sich in der „Wahrnehmung einer aufgegebenen Verantwortung und in realisierbarer Verantwortlichkeit".[13]

12 Der hier für Verwertungsgesellschaften im allgemeinen und für die GEMA im Besonderen gewonnene Befund deckt sich mit den empirischen Erkenntnissen der Staats- und Verwaltungswissenschaft, die zwischen Privatem und Öffentlichem „Übergangs-, Grau- oder Zwischenzonen" zuläßt, da es sich im Bereich von „Private Government" und öffentlicher Verwaltung um ein Gebiet handelt, in dem es schwerfällt, „eindeutige Zuordnungen und Klassifizierungen vorzunehmen, es vielmehr darauf ankommen muß, nach Kriterien Ausschau zu halten, die inmitten all der fließenden Übergänge den jeweiligen Organisationen annähernd Konturen verleihen".[14]

II. Folgerungen aus der Staatsnähe von Verwertungsgesellschaften

1. Die Pflicht zu sozialen und kulturellen Leistungen

13 Für jedes der vier Subsysteme der urheberrechtlichen Gesamtordnung gelten vom Gesetzgeber festgelegte **Schranken**. Das ist nicht anders in anderen nationalen Urheberrechtsordnungen und wird durch die internationalen Urheberrechtskonventionen, namentlich die Revidierte Berner Übereinkunft (RBÜ) (z.B. Art. 2 bis 9 Abs. 2, 10 bis

---

10 Vgl. Isensee/Kirchhof-*Krebs*, Handbuch des Staatsrechts, Band III, § 69, Rn. 7.

11 *Schuppert*, Die Erfüllung öffentlicher Aufgaben durch verselbständigte Verwaltungseinheiten, S. 76.

12 Diese von *Bullinger* gefundene Umschreibung der „öffentlichen Aufgabe" der Presse läßt sich auch auf die besondere Stellung von Verwertungsgesellschaften übertragen. Vgl. dazu: Isensee/Kirchhof-*Bullinger*, Handbuch des Staatsrechts, Bd. VI, § 142, Rn. 67.

13 Für die Zugehörigkeit zum Bereich der Öffentlichkeit ist dies für *Hesse,* VVDStRL 17 (1959), 11ff., ein Kriterium.

14 *Schuppert*, Die Erfüllung öffentlicher Aufgaben durch verselbständigte Verwaltungseinheiten, S. 77 unter Bezugnahme auf *Werner Weber*, einen der besten Kenner des Bereichs staatlicher Organisationen, und mit weiteren Nachweisen.

11 bis Abs. 2, 13) sanktioniert. Das geistige Eigentum ist im Vergleich zum Sacheigentum für gesetzgeberische Ausgestaltungen besonders offen. Das ergibt sich aus seiner Eigentümlichkeit, denn „solange nicht der Gesetzgeber gesprochen hat", ist noch nichts „greifbar".[15] Der Gesetzgeber hat deshalb die Aufgabe, „bei der inhaltlichen Ausprägung des Urheberrechts sachgerechte Maßstäbe festzulegen, die eine der Natur und sozialen Bedeutung des Rechts entsprechende Nutzung und angemessen Verwertung sicherstellen".[16]

So obliegt es ihm, nicht nur den Inhalt, sondern auch die Schranken der urheber- **14**
rechtlichen Gewährleistungen, die die urheberrechtliche Gesamtordnung durchziehen, zu bestimmen. Für den Urheber bedeutet dies, daß seine Individualbelange, seine Berechtigungen und Befugnisse, sein „verfassungsrechtlich garantierter Anspruch auf eine angemessene Nutzung der schöpferischen Leistung und die schutzwürdigen Interessen der Allgemeinheit (vom Gesetzgeber) in einen gerechten Ausgleich und ein ausgewogenes Verhältnis" gebracht werden müssen.[17] Einen besonderen Rechtfertigungsgrund für Beschränkungen der urheberrechtlichen Befugnisse sieht das Bundesverfassungsgericht im „sozialen Bezug des geistigen Eigentums". Solche als „Sozialbindung" bezeichneten Beschränkungen begrenzen die umfassende Gebrauchs- und Verfügungsbefugnis des Urhebers an seinen Werken, so wie sie auch den an deren, „klassischen" Formen des Eigentums im Interesse den Gemeinwohls Grenzen ziehen. Sie müssen allerdings vom Gesetzgeber und von den Gerichten im Einzelfall konkretisiert werden.

Dem Konkretisierungsauftrag ist der deutsche Gesetzgeber mit den im Sechsten Ab- **15**
schnitt des UrhG (§§ 45ff.) näher spezifizierten Ausnahmen von der Ausschließlichkeit der Verwertungsrechte nachgekommen. Unabhängig davon, daß die Beschränkungen der Verwertungsrechte, die der Gesetzgeber auch mit dem Segen des Bundesverfassungsgerichts verfügt hat, von den Urhebern zuweilen als zu weitreichend angesehen werden,[18] darf das urheberrechtliche Schutzniveau und damit die Möglichkeit der wirtschaftlichen Verwertung geschützter Werke in Deutschland im internationalen Vergleich gut und gern als eines der höchsten angesehen werden. Nicht von ungefähr gehört Deutschland nach den USA und Japan zum drittgrößten Musikmarkt der Welt. Namentlich den Musikurhebern aus aller Welt, insbesondere aber denen aus dem anglo-amerikanischen Raum, die auf keine Übersetzungen ihrer Werke angewiesen sind, steht der 80 Mio. Verbraucher zählende deutsche Markt zur Verwertung ihrer Werke weit offen. Sie gehören damit zu den großen Nutznießern des hohen deutschen Urheberrechtsschutzes.

Schranken und Auflagen für den Gebrauch des geistigen Eigentums finden sich aber **16**
nicht nur im materiellen Urheberrecht, sondern insbesondere auch **im Recht der Verwertungsgesellschaften**, sub specie im Urheberrechtswahrnehmungsgesetz. Dazu

15 Vgl. *Kreile*, FS Lerche, S. 256.
16 BVerfGE 49, 382, 392.
17 BVerfGE 49, 382, 394.
18 Vgl. *Kreile*, FS Leche, S. 259ff.

gehören insbesondere die für die Verwertungsgesellschaften geltenden Auflagen und Beschränkungen wie Wahrnehmungszwang (§ 6), der sehr weitreichende Abschlußzwang (§ 11), die Pflicht zur Aufstellung von Tarifen (§ 13) sowie das gesamte Verfahren zur Beilegung von Tarifstreitigkeiten, das den Urheber in der Preisgestaltung für seine Werke stark beschränkt (§ 14ff.) und schließlich die Pflicht der Verwertungsgesellschaften zur Kulturförderung (§ 7, Satz 2) und zu Vorsorge- und Unterstützungseinrichtungen (§ 8).

17 Die rechtliche Zulässigkeit dieser Einschränkungen richtet sich nach den für das materielle Urheberrecht oben beschriebenen Kriterien, sie wurden bislang nicht in Frage gestellt. Sozial- und Förderungsfonds gehören zum Wesensmerkmal und zu den Grundprinzipien kontinental-europäischer Verwertungsgesellschaftstradition. In diesen Einrichtungen manifestiert sich eindrucksvoll die allen Verwertungsgesellschaften zugrundeliegende **Solidargemeinschaft**, von der der deutsche Gesetzgeber bei der Normierung des Rechts der Verwertungsgesellschaften im UrhWG ausgehen konnte, da er das Prinzip der Solidargemeinschaft als sog. „vorkonstitutionelles" Recht der Verwertungsgesellschaften vorgefunden hat.

18 In Deutschland ist die **Tradition** von Sozial- und Förderungsfonds so alt wie die GEMA selbst bzw. ihre Vorläufer-Gesellschaften. So gehörte es bereits zu den Grundlagen der 1903 u.a. von Richard Strauss gegründeten „Anstalt für Musikalische Aufführungsrechte", daß nach Abzug der Verwaltungskosten von den „eingegangenen Gebühren" ein Betrag von 10% für die Unterstützungskasse der Genossenschaft abgezogen wurde.[19] Auch der internationale Dachverband der Verwertungsgesellschaften, die CISAC (Confédération Internationale des Sociétés d'Auteurs et Compositeurs, Paris), hat in ihre Vetragstexte, die die Wahrnehmung von Urheberrechten durch Gegenseitigkeitsverträge betreffen, Bestimmungen aufgenommen, die es den Verwertungsgesellschaften erlauben, von dem Tantiemenaufkommen, das einer anderen nationalen Verwertungsgesellschaft zufällt, einen Abzug von 10% vorzunehmen, um sie eigenen Pensions-, Hilfs- oder Unterstützungskassen zuzuführen. Die CISAC-Vertragsbestimmung der Verwertungsgesellschaften ist eine ausdrückliche Bestätigung und Respektierung einer jahrzehntelang international geübten Praxis des Sozialabzuges[20] und muß auch im Zusammenhang mit der durch die RBÜ gewährleisteten Inländerbehandlung aller Urheber in den Mitgliedstaaten der Berner Konvention gesehen werden, die von den jeweiligen nationalen Urheberrechtsordnungen – wie das deutsche Beispiel eindrucksvoll zeigt – profitieren. Wer an dieser Praxis rührt, muß wissen, daß er damit gleichzeitig das Inländerprinzip in Frage stellt. Die Solidargemeinschaft der Urheber macht nämlich nicht vor nationalen Grenzen halt, sie gilt vielmehr weltweit.

19 Seit Erlaß des deutschen Urheberrechtswahrnehmungsgesetzes im Zuge der großen Urheberrechtsreform im Jahre 1965 bestimmen § 7 UrhWG, daß „kulturell bedeutende Werke und Leistungen zu fördern sind" und § 8 UrhWG, daß die Verwertungs-

---

19 Vgl. *Anstalt für Musikalisches Aufführungsrecht*, Denkschrift der Genossenschaft Deutscher Tonsetzer, S. 46f.

20 Vgl. *Hauptmann*, Die Vergesellschaftung des Urheberrechts, S. 76.

gesellschaft „Vorsorge- und Unterstützungseinrichtungen" einrichten „soll". Aus dem Umstand, daß Gesetzesaufträge in sog. **„Soll-Vorschriften"** gekleidet sind, folgern namhafte Urheberrechtler, daß diese Vorschriften keine verpflichtende Rechtsgrundlage für die kulturellen und sozialen Einrichtungen der Verwertungsgesellschaften enthielten, sondern lediglich moralische Appelle, Empfehlungen oder Ermunterungen zur Selbsthilfe darstellten.[21] Unter den strengen Kriterien des deutschen Verwaltungsrechts, die allein zur Auslegung von „Soll-Vorschriften" auch im Urheberrecht herangezogen werden müssen, ist diese Deutung falsch.

Die Schaffung kultureller und sozialer Einrichtungen steht ganz und gar nicht im freien Ermessen von Verwertungsgesellschaften. Wenn nämlich nach deutschem Verwaltungsrecht eine Verwaltungsbehörde tätig werden „soll", und insofern kann hier eine Verwertungsgesellschaft mit einer Verwaltungsbehörde verglichen bzw. gleichgesetzt werden, so ist sie dazu verpflichtet und kann nur in Ausnahmefällen bzw. atypischen Situationen davon absehen. Die atypischen Umstände unterliegen gerichtlicher Kontrolle, d.h. eine Verwertungsgesellschaft müßte dartun und beweisen, warum sie auf solche Einrichtungen verzichtet. Unter finanziellen Gesichtspunkten könnten die deutschen Verwertungsgesellschaften, die alle über ein beachtliches Urheberrechtsaufkommen verfügen, den Nachweis atypischer Umstände wohl nur schwer erbringen. Aus der Nichtbeachtung der §§ 7, 8 UrhWG können die Mitglieder von Verwertungsgesellschaften durchaus auch Ansprüche gegen die Verwertungsgesellschaften herleiten.[22] „‚Soll' in einer Rechtsvorschrift bedeutet daher für die typischen Fälle ein ‚muß'".[23] 20

Diese Deutung von „Soll-Vorschriften" findet ihre Grundlage insbesondere auch in der Rechtsprechung: In seinem Urteil vom 2. Dezember 1959 hat das Bundesverwaltungsgericht entschieden: „Soll-Vorschriften" sind – solange die Verwaltung nicht besondere Umstände dartun und beweisen kann, die ausnahmsweise ein Abweichen von der Regel zulassen – für die Verwaltung ebenso verbindlich wie Muß-Vorschriften".[24] Für *Karl Larenz* macht es sachlich „keinen Unterschied", ob der Gesetzgeber „die Formulierung wählt, der Verletzer ‚sei' zum Schadensersatz verpflichtet, oder er ‚solle' Schadensersatz leisten. Der Sinn ist in beiden Fällen der gleiche: es handelt sich um die Auferlegung (und nicht nur um die Konstatierung) eines Gebotes, einer Pflicht".[25] 21

Nach Auffassung der Bundesregierung, vertreten durch die frühere Bundesjustizministerin Sabine Leutheusser-Schnarrenberger, ist der „**10 %-Abzug** für kulturelle und so- 22

---

21 Vgl. Fromm/Nordemann-*Nordemann*, §§ 7, 8 WahrnG Rn. 1; Schricker-*Reinbothe*, § 8 UrhWG Rn. 2; *Hauptmann*, Die Vergesellschaftung des Urheberrechts, S. 71.

22 A. A. Fromm/Nordemann-*Nordemann*, §§ 7, 8 WahrnG Rn. 1.

23 Vgl. *Wolff/Bachof/Stober*, Verwaltungsrecht I, § 31 Rn. 34; *Maurer*, Allgemeines Verwaltungsrecht, § 7, Rn. 11; *Ossenbühl*, in: Erichsen/Ehlers, Allgemeines Verwaltungsrecht, § 10 Rn 13; *Eyermann/Rennert*, VwGO, § 114 Rn 14f.; *Kopp/Schenke*, VwGO, § 114 Rn. 21f.

24 BVerwG, DVBl. 1960, 252f. Gleichlautend BVerwGE 49, 16, 23; BVerwGE 40, 323, 330; BVerwGE 64, 318, 323.

25 *Larenz*, Methodenlehre der Rechtswissenschaft, S. 182.

ziale Zwecke ... durch das Urheberrechtswahrnehmungsgesetz ganz eindeutig gedeckt. Mehr als das: er entspricht sozusagen der Wunschvorstellung des Gesetzes. Lediglich bei der Ausgestaltung ihrer kulturellen und sozialen Einrichtungen sind die Verwertungsgesellschaften frei; hier hat der Gesetzgeber, so die Ministerin, bewußt darauf verzichtet, „den in den Entscheidungsorganen der Verwertungsgesellschaften vertretenen Urhebern darüber strikte Vorschriften zu machen". Dies wäre „aus liberaler Sicht eine Einbuße an Autonomie in der Regelung eigener Angelegenheiten".[26]

23 Die rechtliche Verortung der GEMA in der Grauzone zwischen Staat und Gesellschaft hat vor dem Hintergrund ihrer faktischen Monopolstellung Auswirkungen für die Erfüllung ihrer Aufgaben: Die Erfüllung sozialer und kultureller Aufgaben, deren finanzielle Grundlage bei der GEMA ein 10%iger Abzug von den Lizenzeinnahmen aus dem Aufführungsrecht ist, steht in engem Zusammenhang mit der verfassungsrechtlichen Verpflichtung des Staates zur Förderung der Kunst,[27] die sich natürlich nicht darin erschöpfen kann, daß der Staat nur für akzeptable Zugangsbedingungen zur öffentlichen Kultur sorgt. Sondern diese Verpflichtung besteht auch gegenüber denen, die den Kulturstaat überhaupt erst ermöglichen. Ein unmittelbarer Bezugspunkt zwischen der Staatsaufgabe „Kulturpflege" und dem verfassungsrechtlichen Sozialauftrag ist die Sorge um die materielle Versorgung und soziale Absicherung der schöpferischen Menschen, der sich auch die GEMA verpflichtet weiß.

2. Angemessene Vergütungen

24 Das in Deutschland geltende Prinzip der „kulturspezifischen Ausformung des verfassungsrechtlichen Sozialstaatsprinzips"[28] muß sich auch auf die Vergütungen auswirken, die die Urheber für die Nutzung ihrer Werke beanspruchen können, namentlich dort, wo die Vergütungshöhe vom Gesetzgeber selbst festgelegt wird, wie dies bei den Vergütungen für das private Vervielfältigen der Fall ist (vgl. Anlage zu § 54 Abs. 4 UrhG). Sind diese Sätze, was derzeit der Fall ist, zu niedrig,[29] dann kommt der Staat hier seinen verfassungsrechtlichen Verpflichtungen nicht mehr nach. Bleibt der Staat weiter säumig, dann ist der Weg der schöpferischen Menschen im Zweifel bis vor das Bundesverfassungsgericht vorgezeichnet.

25 Bei den sonstigen Tarifen, die die GEMA für die Nutzung der Werke ihrer Mitglieder aufstellt bzw. mit Nutzervereinigungen oder Rundfunk- und Fernsehveranstaltern aushandelt, wäre ein Eingreifen des Staates bzw. des Gesetzgebers erst dann erforderlich, wenn die „Tarifautonomie", die in diesem Bereich herrscht, nicht mehr greift und die GEMA auch mit Hilfe der Schiedsstelle beim Deutschen Patent- und Mar-

---

26 Vgl. Antworten der Ministerin auf Fragen der GEMA, in: GEMA-Nachrichten, Ausgabe 149, Mai 1994, S. 8.

27 Vgl. Isensee/Kirchhof-*Steiner*, Handbuch des Staatsrechts, Band III, § 86, Rn. 3.

28 Isensee/Kirchhof-*Steiner*, Handbuch des Staatsrechts, Band III, § 86, Rn. 6.

29 Näher *Kreile/Becker*, unten, **Kap. 7 Rn. 28**; *Becker*, in: VG WORT (Hrsg.) Geist und Recht, S. 33ff. Vgl. dort ebenfalls *Melichar*, Notwendige Maßnahmen auf dem Gebiet der Reprographieregelung, S. 61ff.

kenamt oder den Gerichten nicht mehr in der Lage wäre, Tarife für ihre Mitglieder zu angemessenen Bedingungen durchzusetzen. Die Intervention des Staates wäre vor allem deshalb geboten, weil das der Tarifautonomie immanente Instrument des Arbeitskampfes zur Durchsetzung einer (Tarif-) Forderung, für die in der GEMA zusammengeschlossenen schöpferischen Menschen, für die ein gesetzlicher Kontrahierungszwang besteht (§ 11 UrhWG), nicht in Frage kommt.

3. Kontrolle

a) Die Monopolstellung von Verwertungsgesellschaften

Das Urheberrecht gewährt dem Urheber das ausschließliche Recht, sein Werk zu nutzen; der Urheber hat also in bezug auf sein Werk eine gesetzlich gewährleistete Monopolstellung. Die Zusammenfassung aller Rechte in der Hand einer Verwertungsgesellschaft wie der GEMA auf musikalischem Gebiet hält der deutsche Gesetzgeber für notwendig. Sie dient gleichermaßen den Interessen der Urheber wie auch den Interessen der Verwerter. Nur auf diese Weise können die Rechte der Urheber wirtschaftlich effizient verwaltet und kann den Verwertern der Erwerb der erforderlichen Rechte erleichtert werden. Deshalb hält der Gesetzgeber die Monopolstellung der GEMA für **„zweckmäßig und wünschenswert"**. Von der bei der Urheberrechtsreform 1965 ursprünglich vorgesehenen gesetzlichen Monopolstellung der Verwertungsgesellschaften wurde Abstand genommen, weil dies im Hinblick auf eine mögliche Beschränkung des Grundrechts der freien Berufswahl (Art. 12 GG) auf verfassungsrechtliche Bedenken stieß. Da derzeit keine Gründe für die Einführung eines gesetzlichen Monopols ersichtlich sind, kann die Frage, ob der Gesetzgeber hier nicht übervorsichtig war, vorerst dahingestellt bleiben. Die Gründung einer Verwertungsgesellschaft als Ausübung eines Berufs gehört jedenfalls nicht zum Alltäglichen. **26**

Folgende **Mißbräuche** hält der Gesetzgeber für **möglich**: Die Verwertungsgesellschaft könne dadurch, daß sie einzelnen Urhebern oder Inhabern verwandter Schutzrechte die Wahrnehmung ihrer Rechte verweigert, die Betroffenen wirtschaftlich schwer schädigen, da diese in der Regel zu einer selbständigen Wahrnehmung ihrer Rechte nicht in der Lage sind. Auf der anderen Seite könne die Verwertungsgesellschaft in Ausnutzung ihrer Monopolstellung den Verwertern urheberrechtlich geschützter Werke, also etwa den Musikveranstaltern, den Rundfunkunternehmen etc. für die Einräumung der erforderlichen Rechte unangemessen hohe Vergütungen abfordern oder in sonstiger Weise unbillige Bedingungen stellen. Weitere Gefahren könnten sich aus der Treuhandstellung der Verwertungsgesellschaften ergeben. Die Urheber, die ihre Rechte der Verwertungsgesellschaft zur Wahrnehmung übertragen, vertrauten ihr damit auch den wesentlichen Teil ihres Vermögens an. Es müsse sichergestellt sein, daß dieses Vermögen sachgemäß verwaltet werde und die in Wahrnehmung der anvertrauten Rechte eingezogenen Vergütungen gerecht verteilt würden.[30] **27**

---

30 Begründung des Regierungsentwurfes zum Urheberrechtswahrnehmungsgesetz, in: UFITA Bd. 46 (1966) I, S. 273.

b) Der Einfluß der Verwaltung durch kartellrechtliche Kontrolle

28 Das juristische Problem der Macht – staatlicher oder wirtschaftlicher – ist neben ihrer Rechtfertigung (Legitimation) das ihrer Mäßigung durch Kontrolle. In der innerstaatlichen Rechtsordnung und darüber hinaus ist **Kontrolle als Substitut für fehlendes Gleichgewicht** (*checks and balances*) zwingend. Besonders erprobt und durch Rechtsprechung konkretisiert ist diese Relation von Kontrollen und Gleichgewichtsdefiziten im Wettbewerbsrecht. Der Sachverhalt ist in Art. 82 des EG-Vertrages einfach und klar formuliert: Eine beherrschende (d.h. eine durch Wettbewerb nicht hinreichend balancierte) „Stellung auf dem Gemeinsamen Markt oder auf einem wesentlichen Teil desselben" ist wettbewerbsrechtlich zwar nicht verboten, aber ihr Mißbrauch zieht Sanktionen nach sich, und der Verhängung solcher Folgen gehen natürlich entsprechende, verfahrensrechtlich normierte Kontrollen voraus. Auch am deutschen Gesetz gegen Wettbewerbsbeschränkung läßt sich das exemplifizieren (vgl. § 19 GWB – Marktbeherrschende Unternehmen).[31]

29 Gleichgewichtsdefizite können und müssen unter gewissen Voraussetzungen durch Kontrollen kompensiert werden, wie das Wettbewerbsrecht lehrt. Die wettbewerbsrechtlichen Regelungen des Gesetzes gegen Wettbewerbsbeschränkungen (GWB), namentlich das wettbewerbsrechtliche Diskriminierungsverbot (§ 20 GWB) und die Regeln über marktbeherrschende Unternehmen (§ 19 GWB), – die GEMA wurde bereits bei der Schaffung des GWB vom 27. 7. 1957 als typisches marktbeherrschendes Unternehmen angesehen[32] – finden deshalb Anwendung auf Verwertungsgesellschaften und zwar im Außenverhältnis zu den Werknutzern und im Innenverhältnis zu den Berechtigten.[33] Darüber hinaus unterliegen Verwertungsgesellschaften noch einer **kartellrechtlichen Mißbrauchsaufsicht** nach dem GWB, die das Bundeskartellamt berechtigt, Verwertungsgesellschaften Maßnahmen zu untersagen und Verträge und Beschlüsse für unwirksam zu erklären, die einen Mißbrauch ihrer Stellung im Markt darstellen.[34] In der Praxis ist die kartellrechtliche Aufsicht jedoch bislang eher bedeutungslos geblieben.[35] Neben der Aufsicht durch das Bundeskartellamt in Berlin unterliegen Verwertungsgesellschaften in Deutschland einer konkurrierenden, parallelen Aufsicht durch das **Deutsche Patent- und Markenamt** in München. Das Nebeneinander beider Aufsichtsinstitutionen wurde höchstrichterlich sowohl durch das Berliner Kammergericht, wie auch durch den Bundesgerichtshof bestätigt.[36] Ergänzt wird die nationale deutsche Kartellaufsicht durch das Europäische Wettbewerbsrecht. In Betracht kommt die Anwendung des Verbots wettbewerbsbeschränkender Vereinbarungen und abgestimmter Verhaltensweisen in Art. 81 EG und die des Verbots der miß-

---

31 *Becker*, Gewaltenteilung im Gruppenstaat, S. 250f.

32 Vgl. *Löhr*, Die Aufsicht über Verwertungsgesellschaften, S. 16.

33 Vgl. *Stockmann*, in: Die Verwertungsgesellschaften im Europäischen Binnenmarkt, S. 29, 31.

34 S. ausführlich *Menzel*, Die Aufsicht über die GEMA durch das Deutsche Patentamt, S. 90ff.

35 Vgl. Immenga/Mestmäcker-*Möschel*, § 30 GWB, Rn. 9.

36 Ausführlich *Stockmann*, in: Die Verwertungsgesellschaften im Europäischen Binnenmarkt, S. 33ff.

bräuchlichen Ausnutzung einer beherrschenden Stellung im Gemeinsamen Markt in Art. 82 EG. „Nach der Rechtsprechung des Europäischen Gerichtshofs verfügen Verwertungsgesellschaften über eine beherrschende Stellung auf einem wesentlichen Teil des Gemeinsamen Marktes für die Wahrnehmung der zu ihrem Tätigkeitsbereich gehörenden Nutzungsrechte, wenn sie ihre Dienstleistungen im Gebiet eines Mitgliedstaates als einziges Unternehmen anbieten." Für urheberrechtliche Verwertungsgesellschaften enthält der EG-Vertrag keine Sonderregelung. „Daraus folgt, daß Aufsichtsmaßnahmen des Patentamts nach § 18 UrhWG, angenommene Einigungsvorschläge der Schiedsstelle nach den §§ 14,15 UrhWG und selbst gerichtliche Entscheidungen über die Angemessenheit von Tarifen und Gesamtverträgen nach § 16 UrhWG der Beurteilung nach den (EG-) Wettbewerbsregeln unterliegen. Diese Vorschriften gelten ebenso wie das nationale Kartellrecht neben dem Gemeinschaftsrecht. Führt die Anwendung dieser Vorschriften im Einzelfall zu Konflikten, so daß die Gebote des Gemeinschaftsrechts nicht befolgt werden können, ohne gegen die des nationalen Rechts zu verstoßen, so kommt dem Gemeinschaftsrecht Vorrang zu".[37]

Das europäische Recht (Art. 82 Satz 2 EG) verfügt ebenso wie das deutsche Recht **30**
(§ 22 GWB) über das notwendige Instrumentarium, die Höhe von Urhebervergütungen, d.h. Tarife von Verwertungsgesellschaften, unter dem Gesichtspunkt des Mißbrauchs einer beherrschenden Stellung zu überprüfen. Der Europäische Gerichtshof hat von der Möglichkeit zur Überprüfung der Höhe von Tarifen einer Verwertungsgesellschaft im Rahmen des langjährigen Tarifstreits der französischen Verwertungsgesellschaft SACEM mit den Diskotheken in Frankreich Gebrauch gemacht und es als Indiz für den Mißbrauch einer beherrschenden Stellung angesehen, wenn eine Verwertungsgesellschaft für die von ihr erbrachten Leistungen Tarife anwendet, „die bei einer auf der gleichen Grundlage erfolgten Gegenüberstellung merklich höher sind als die in den anderen Mitgliedstaaten praktizierten Tarife".[38]

Die Konsequenz dieses Urteilsspruchs des EuGH kann nur eine europäische Tarif- **31**
harmonisierung sein – gem. dem europarechtlichen Harmonisierungsprinzip natürlich auf hohem Niveau –, die sich jedoch nur durch eine enge Zusammenarbeit der europäischen Verwertungsgesellschaften auch auf dem Gebiet der Tarifgestaltung realisieren läßt, was u. U. wiederum auf Bedenken der europäischen Wettbewerbshüter in der Generaldirektion Wettbewerb der Kommission stößt.

Daran wird deutlich, daß die Anwendung der reinen Lehre des Wettbewerbsrechts **32**
auf Verwertungsgesellschaften dem Sinn und Zweck von Verwertungsgesellschaften nur schwer gerecht werden kann. Aus solchen und ähnlichen Überlegungen hat bereits in den siebziger Jahren *Adolf Dietz* den Schluß gezogen, „daß es besser ist, auf dem Weg über eine besondere Regelung des Rechts der Verwertungsgesellschaften gewissen Gefahren aus deren Rechtsstellung gegenüber den Urhebern einerseits und gegenüber den Werknutzern andererseits zu begegnen, als diese Gefahren auf dem für

37 Vgl. *Mestmäcker*, FS Rittner, S. 291 f.

38 EuGH v. 13.07.1989 – Rs. 395/87 – *Tournier*, Slg. 1989, I-2521, Rn. 38; EuGH v. 13.07.1989 – vb. Rs. 110/88, 241/88 und 242/88 – *Lucazeau/SACEM*, Slg. 1989, I-2811, Rn. 25.

diese Zusammenschlüsse nur schwer tauglichen Weg des Wettbewerbs- und Kartellrechts zu bekämpfen".[39]

33 Ohne Änderung der geltenden nationalen und europäischen kartellrechtlichen Normen läßt sich dies jedoch kaum praktizieren. Ein Ausgleich zwischen den besonderen Bedürfnissen von Verwertungsgesellschaften und den strengen Regeln des Kartellrechts könnte jedoch in der Zwischenzeit über den durch den Vertrag von Maastricht neu in das Gemeinschaftsrecht aufgenommenen „Kultur-Artikel" (Art. 151 EG) gefunden werden, der die Kommission verpflichtet, „den kulturellen Aspekten bei ihrer Tätigkeit aufgrund anderen Bestimmungen dieses Vertrages", d.h. auch den Bestimmungen des Kartellrechts, Rechnung zu tragen.

34 Ein mißbräuchliches (Tarif-) Verhalten, das gem. § 22 Abs. 5 GWB ein Einschreiten des Bundeskartellamts erforderlich gemacht hätte, ist im Bereich der GEMA bisher noch nicht aktuell geworden. In diesem Bereich der Verwaltung gilt demzufolge der Grundsatz: Prävention geht vor Sanktion.

35 Wettbewerbsrechtliche Aufsicht und Preisaufsicht dienen der Sicherung grundlegender Verhaltensanforderungen im Wettbewerb und in der Vertragsgestaltung. Wirtschaftsaufsicht nach dem Kartellgesetz schützt die Wettbewerbsordnung und den marktwirtschaftlichen Wettbewerb.[40] Bei der Auslegung der Wettbewerbsregeln, ob nationale oder europäische, muß den wirtschaftlichen und rechtlichen Besonderheiten Rechnung getragen werden, die für die kollektive Wahrnehmung von Urheberrechten durch Verwertungsgesellschaften gelten.

36 Rechtsdogmatisch gehört die Kartellaufsicht zur „Wirtschaftseingriffsverwaltung".[41] Sie ist Teil der öffentlichen Verwaltung und bedient sich bei ihren Entscheidungen des Verwaltungsakts, dem klassischen Instrument des Verwaltungsrechts, der gerichtlich angefochten werden kann (§ 63 GWB). Eine Besonderheit dabei ist, daß hierfür nicht die Verwaltungsgerichte zuständig sind, sondern es eine besondere zivilrechtliche Verweisung zum Berliner Kammergericht und danach zum BGH gibt.

37 In einem Rechts- und Sozialstaat gibt es per definitionem keine Ausübung von Macht, gleichgültig ob wirtschaftliche oder staatliche, die nicht institutionell und verfahrensrechtlich durch staatliche Rechtssetzung reglementiert und durch staatliche Organe kontrolliert wäre, die nicht wenigstens marginal in das Staatsganze integriert und dem Ganzen verpflichtet wäre. Dafür gibt es ein historisch erprobtes, einfaches und unverzichtbares Prinzip: Je stärker die Macht, umso intensiver die Integration in das Staatsganze und umso gewichtiger die Kontrollen. Wegen ihrer wirtschaftlichen und kulturellen Bedeutung, aber auch wegen ihrer Staatsnähe gilt dies auch für Verwertungsgesellschaften.

---

39 *Dietz*, Das Urheberrecht in der Europäischen Gemeinschaft, (Fn. 6), Rn. 571.
40 Vgl. Münch/Schmidt-Aßmann- *Badura*, Besonderes Verwaltungsrecht, S. 224.
41 Vgl. Immenga/Mestmäcker- *Klaue*, § 48 GWB, Rn. 3.

c) *Ergänzende Kontrollinstrumente*

Angesichts der Monopolstellung von Verwertungsgesellschaften und ihrer spezifischen Tätigkeit, die in Deutschland bis zur Gründung der VG WORT 1958 allein durch die GEMA bestimmt war, galt das Kartellrecht als nicht ausreichend, um Verwertungsgesellschaften in das Staatsganze zu integrieren und hinreichend zu kontrollieren. 38

Der deutsche Gesetzgeber hat deshalb bei der großen Urheberrechtsreform 1965 die deutschen Verwertungsgesellschaften durch Erlaß des UrhWG einer zusätzlichen **besonderen staatlichen Aufsicht** durch das Deutsche Patentamt (jetzt: Deutsches Patent- und Markenamt) unterstellt und ihre Rechte und Pflichten gesetzlich definiert und abgegrenzt. Die gesetzliche Fixierung dient der Rechtssicherheit. Sie hat außerdem das Gesamtsystem der Urheberrechtsordnung im Dietz'schen Sinne vervollständigt. 39

Ergänzt wird die besondere Art der Aufsicht durch die Vereinsaufsicht des Bürgerlichen Gesetzbuches (§ 22, § 33 Abs. 2, § 43 BGB), der die vereinsrechtlich organisierten Verwertungsgesellschaften (GEMA, VG WORT, VG BILD-KUNST und VG MUSIKEDITION) unterliegen und durch die Aufsicht nach dem Gesellschaftsrecht, soweit Verwaltungsgesellschaften als Gesellschaften mit beschränkter Haftung (GmbH) organisiert sind (GVL sowie die Filmverwertungsgesellschaften). 40

Es ist jedoch von grundsätzlicher Bedeutung, daß sich die GEMA durch eine Vereinbarung mit dem Bundesministerium der Justiz schon 1952 **freiwillig einer staatlichen Aufsicht unterworfen** hatte, welche vom Deutschen Patentamt wahrgenommen wurde. Es ist verständlich und legitim, daß der Gesetzgeber angesichts sich neu bildender Verwertungsgesellschaften die Kontrolle auf eine gesicherte rechtliche Basis stellen wollte, und es lag nahe, die bereits funktionierende freiwillige Aufsicht über die GEMA, die ihre Bewährungsprobe bereits bestanden hatte, zum Vorbild für die allgemeine staatliche Aufsicht über die deutschen Verwertungsgesellschaften durch das Deutsche Patentamt zu wählen. 41

Die Unterstellung unter eine freiwillige Kontrolle hat dazu beigetragen, der GEMA, die durch das Urheberrecht und das in ihren Gremien praktizierte Demokratieprinzip bereits hinreichend legitimiert ist, auf eine weitere gesicherte Legitimationsgrundlage zu stellen und ihr Ansehen bei Komponisten, Textdichtern und Verlegern, bei den Musiknutzern sowie in der Öffentlichkeit zu stärken. 42

d) *Das Charakteristische der Kontrolle über Verwertungsgesellschaften in Deutschland*

Die Kontrolle über Verwertungsgesellschaften in Deutschland ist umfangreich, engmaschig und effizient. Nur wenige Institutionen in Deutschland, ob staatliche oder private, ob Monopolbetriebe oder solche, die dem Wettbewerb ausgesetzt sind, sind mit einem so dichten Kontrollnetz überzogen. Obwohl die Verwertungsgesellschaften dadurch „ungünstiger als andere Unternehmen“[42] gestellt werden, empfinden sie 43

42 *Hubmann*, Urheber- und Verlagsrecht, S. 72.

selbst dieses Kontrollsystem weniger als Behinderung, denn als wichtige Säule ihrer Legitimation. Es gibt nur wenige andere gesellschaftliche oder staatliche Institutionen, die wie Verwertungsgesellschaften ihren Legitimationsbeweis stets von neuem erbringen müssen, weil der Schutz des geistigen Eigentums und die Durchsetzung der Rechte der schöpferischen Menschen in breiten Kreisen der Bevölkerung und sogar bei Politikern wenig populär ist und zum Teil auf völliges Unverständnis stößt.

44 Charakteristisch für die Kontrolle über Verwertungsgesellschaften in Deutschland ist der **maßvolle Einfluß der öffentlichen Verwaltung** – d.h. durch Kartellamt und Deutsches Patent- und Markenamt – bei ihrer Überwachungstätigkeit sowie der lückenlose Rechtsschutz gegen die gesamte Breite der Tätigkeit von Verwertungsgesellschaften. So ist das Beziehungsgeflecht der Verwertungsgesellschaften zu ihren Mitgliedern und zu den Verwertern, aber auch das Netzwerk der Verwertungsgesellschaften (auf dem Gebiet der Musik) innerhalb der Europäischen Union geprägt durch (wenige) Verwaltungsentscheidungen sowie durch eine Fülle von Urteilen von Instanzgerichten sowie durch höchstrichterliche Rechtsprechung. Ein mißbräuchliches Verhalten von Verwertungsgesellschaften gegenüber Berechtigten durch unangemessene Mitgliedsvoraussetzungen oder gegenüber Verwertern durch überhöhte Tarife ist damit nahezu ausgeschlossen. Bei Streit hierüber ist das bestehende Kontrollsystem geeignet, auf schnelle Weise den Rechtsfrieden wieder herzustellen.

III. Schluß

45 Der Anteil des Staatlichen oder des Privaten an Verwertungsgesellschaften kann und muß nicht exakt quantifiziert zu werden. Der empirische Befund sollte die These belegen, daß Verwertungsgesellschaften bei all ihren Tätigkeiten sowohl private wie auch öffentliche Aufgaben erfüllen und deshalb auch der staatlichen Fürsorge unterliegen. Ihre Legitimation wird gestärkt durch das engmaschige Netz ineinander greifender und sich gegenseitig ergänzender Kontrollen, auf die die GEMA nicht nur nach Beanstandungen reagiert, sondern die der GEMA ihre Verantwortlichkeit[43] gegenüber ihren Mitgliedern, gegenüber Nutzern und gegenüber der Gesellschaft stets ins Bewußtsein rückt. So bildet jedenfalls auch die GEMA ein anschauliches Beispiel dafür, wie verwoben in Deutschland Staat und Gesellschaft sind.

---

43 Dazu *Schuppert*, Die Erfüllung öffentlicher Aufgaben durch verselbständigte Verwaltungseinheiten, S. 92.

Kapitel 5
Die Verwaltung von Urheberrechten im Lichte des europäischen Wettbewerbsrechts*

Inhaltsübersicht Rn.

I. Einleitung

Geistiges Eigentum und das **europäische Wettbewerbsrecht** stehen nicht beziehungslos nebeneinander. Vielmehr berühren sie sich und können sogar miteinander in Konflikt geraten. Mögliche Konflikte betreffen nicht nur das materielle Recht, sondern in gleichem Maße auch die Verwaltung der Urheberrechte. Dies illustrieren aus der jüng- **1**

---

* Die Abhandlung geht in ihren Grundlinien auf einen Beitrag des Verfassers in der ZUM 2003, 15ff. zurück. Sie ist für die Zwecke dieser Veröffentlichung erweitert und aktualisiert worden.

sten Rechtsprechungspraxis etwa der Fall *IMS Health*[1] oder auf rechtspolitischer Ebene die Harmonisierungsbestrebungen der Kommission im Hinblick auf die kollektive Wahrnehmung von Urheberrechten.[2]

2 Der Grund, warum es überhaupt zu diesem **Konflikt** des geistigen Eigentums mit den Geboten des europäischen Wirtschafts- und Wettbewerbsrechts kommen kann, wurde sehr treffend von Generalanwalt *Ruiz-Jarabo Colomer* in seinen Schlußanträgen vor dem EuGH in dem Verfahren um die Schutzdauer für *Puccinis* meisterliche Oper „La Bohème" in Erinnerung gerufen. Der mögliche Konflikt oder jedenfalls Abgrenzungsschwierigkeiten entstehen aus der „gemischt persönlichkeitsrechtlichen und vermögensrechtlichen Natur" des Urheberrechts[3], vom Generalanwalt plakativ mit den Stichworten „Ruhm und Geld" apostrophiert.[4]

3 Die **ökonomische Seite des Urheberrechts** hat den Gerichtshof veranlaßt, dieses Recht nicht grundsätzlich von den Regeln des EG-Vertrages über den Binnenmarkt, die grenzüberschreitenden Grundfreiheiten sowie den gemeinschaftsweiten Wettbewerb auszunehmen.

4 Im Hinblick auf mein engeres Thema – Urheberrechte und deren Verwaltung im Lichte des europäischen Wettbewerbsrechts – wird ein **Spannungsverhältnis zwischen dem Schutz des geistigen Eigentums und dem Wettbewerbsrecht** sichtbar: Einerseits begründet das Urheberrecht ein Ausschließlichkeits- bzw. Monopolrecht und auf diese Weise auch ein Recht zur Beschränkung des Wettbewerbs; andererseits schafft es selbst als Prämie oder Belohnung auf Zeit wiederum einen wesentlichen Anreiz für Innovationen und Investitionen und damit eine maßgebliche Voraussetzung für die Entstehung von Markt- und Wettbewerbsverhältnissen überhaupt.[5]

5 Das Spannungsverhältnis kommt nicht nur in den unterschiedlichen Schutzrichtungen des Urheber- und Wettbewerbsrechts zum Ausdruck, sondern auch in den **unterschiedlichen Kompetenzzuweisungen** im Rahmen des Gemeinschaftssystems. Während der Schutz der Urheberrechte den Mitgliedstaaten obliegt – nach Art. 295 EG läßt der EG-Vertrag die Eigentumsordnung in den Mitgliedstaaten und damit auch deren Verantwortung für den Schutz des geistigen Eigentums unberührt[6] –, ist die Gemein-

---

1 EuGH v. 29.4.2004 – Rs. C-418/01 *IMS Health*, Slg. 2004, I-5039. Zu Entwicklung und „Vorgeschichte" des Falls s. *Käller*, Die Verweigerung einer immaterialgüterrechtlich geschützten Leistung und das Mißbrauchsverbot des Art. 82 EG, S. 69ff.

2 So hat die Kommission am 16.4.2004 eine Mitteilung über die Wahrnehmung von Urheberrechten und verwandten Schutzrechten im Binnenmarkt herausgegeben, KOM(2004) 261 endg. Darauf wird später noch zurückzukommen sein.

3 Zu Begriff und Bedeutung des Urheberrechts in Geschichte und Gegenwart vgl. *Rehbinder*, Urheberrecht, bes. §§ 1, 3, 8 und 9 sowie *Reinbothe*, ZEuS 2004, 367, 370ff. Zum Wesen des Urheberrechts und der verwandten Schutzrechte siehe ebenfalls Schricker-*Schricker*, Einl. Rn. 1ff.

4 Schlußanträge des GA *Ruiz-Jarabo Colomer* vom 28.2.2002 – Rs. C-360/00, *Hessen./.G. Ricordi*, Rn. 33 (unter Verweis auf *de Gaulle* u.a., Droit d'auteur et droits voisins, S. 35ff.).

5 Siehe dazu ausführlich auch unter ökonomischen Gesichtspunkten *Mestmäcker*, FS Immenga, S. 261, 263ff.; *Mestmäcker/Schweitzer*, Europäisches Wettbewerbsrecht, § 28 Rn. 1ff.

6 Dazu *Schwarze*, in: Regulierung im Bereich von Medien und Kultur, S. 81f.

schaft dafür zuständig, daß der Wettbewerb auf dem europäischen Binnenmarkt vor Verfälschungen bewahrt wird.[7] Dies bedeutet freilich nicht, daß auf dem Feld des materiellen Urheberrechts rein nationales Recht dominierte. Vielmehr hat auf diesem Gebiet eine weitgehende Rechtsangleichung mit Hilfe gemeinschaftsrechtlicher Richtlinien stattgefunden.[8] Demgegenüber ist das (Urheber-)Wahrnehmungsrecht, d.h. das Recht der Verwertungsgesellschaften[9], als solches bislang nicht angeglichen.[10] Die letztgenannte Thematik ist jedoch spätestens seit der Mitteilung der Kommission zur Wahrnehmung von Urheberrechten und verwandten Schutzrechten im Binnenmarkt[11] Gegenstand einer breiten Diskussion.[12]

Zum **ökonomischen Hintergrund** der juristischen Abgrenzung von Urheberrecht und Wettbewerbsrecht hat die Kommission jüngst in ihrer Mitteilung über die Wahrnehmung von Urheberrechten Angaben für den europäischen Binnenmarkt gemacht: So liegt der Anteil der Urheberrechtsbranchen am Bruttoinlandsprodukt der EU bei mehr als 5%.[13] Zum Vergleich mit den USA hat der frühere Generaldirektor der Generaldirektion Binnenmarkt der EU-Kommission, *Mogg,* auf der vorletzten der alle zwei Jahre stattfindenden European Copyright Konferenzen in Santiago de Compostela vom 16. bis 18. Juni 2002 auf die von der amerikanischen Regierung vorgelegten Zahlen verwiesen, wonach in den USA 5% des Bruttosozialprodukts auf Urheberrechte zurückgehen und die Wachstumsrate der „copyright industries" gegenwärtig doppelt so hoch wie für alle übrigen Industriezweige sei.[14] 6

Generaldirektor *Mogg* hat in seinem Vortrag neben der wirtschaftlichen Bedeutung einen weiteren Grund genannt, warum das Thema des Schutzes der Urheberrechte im europäischen Wettbewerbsrecht heute besondere Beachtung verdient. Während traditionell das Recht des Urheberschutzes mit dem Wettbewerbsrecht in **Koexistenz** gelebt habe und die Grenzziehung zwischen beiden Rechtsordnungen allgemein anerkannt – „well-established" – sei, „is this co-existence" – so *Mogg* – „now being questioned by some". Diese Infragestellung erfolge insbesondere unter dem Blickwinkel des wett- 7

---

7 Vgl. Art. 3 Abs. 1 lit. g EG.

8 Eine Übersicht dazu bei *Schack*, Urheber- und Urhebervertragsrecht, Rn. 133ff.; Walter-*Walter,* Europäisches Urheberrecht, S. 1115ff.; Schricker-*Schricker*, Einl. Rn. 47; *Riesenhuber/v. Vogel*, EuZW 2004, 519; *Mestmäcker/Schweitzer*, Europäisches Wettbewerbsrecht, § 27 Rn. 8 (insb. Fn. 17); zur Harmonisierung des Urheberrechts siehe auch *Schippan*, Die Harmonisierung des Urheberrechts im Zeitalter von Internet und digitaler Technologie.

9 Zu den Verwertungsgesellschaften vgl. etwa *Schack*, Urheber- und Urhebervertragsrecht, Rn. 1153ff.; *Rehbinder*, Urheberrecht, §§ 64f.; *Mestmäcker/Schweitzer*, Europäisches Wettbewerbsrecht, § 30 Rn. 1ff.

10 Walter-*Walter,* Europäisches Urheberrecht, S. 1165.

11 KOM(2004) 261 endg. (im folgenden: „Mitteilung der Kommission über die Wahrnehmung von Urheberrechten").

12 Siehe etwa *Riesenhuber/v. Vogel*, EuZW 2004, 519ff.; *Mestmäcker*, WuW 2004, 754ff.; *Reinbothe*, ZEuS 2004, 367, 375ff.; *Ungerer*, Vortrag auf der Tagung der „Independent Music Companies Association (IMPALA)"; *ders.*, Vortrag beim „Regulatory Forum European Cable Communication Association (ECCA)".

13 KOM(2004) 261 endg., S. 6.

14 *Mogg*, Eröffnungsrede der Konferenz „European Copyright Revisited".

bewerbsrechtlichen Verbots des Mißbrauchs einer marktbeherrschenden Stellung (Art. 82 EG). Auf diese Weise sei das Urheberrecht in die Defensive geraten.[15] Zu den von *Mogg* nicht näher spezifizierten „some“, die das Urheberrecht einer verschärften Prüfung am Maßstab des europäischen Wettbewerbsrechts unterwerfen wollen, gehören durchaus auch eigene Kollegen aus der EU-Kommission, nämlich solche aus der Generaldirektion IV für Wettbewerb.

8 Auf diese **neuen Herausforderungen für das Urheberrecht** durch die Praxis der EU-Kommission wie die sie begleitenden konzeptionellen Äußerungen soll im Folgenden schwerpunktmäßig eingegangen werden. Da die Kommission ihre Versuche zu einer neuen Standortbestimmung des Urheberrechts im Wettbewerbsrecht in gleicher Weise für den materiellen Urheberrechtsschutz wie für die Wahrnehmung der Urheberrechte seitens der Verwertungsgesellschaften unternimmt, werde ich vor allem auf letztere Problematik – in meinem Thema bezeichnet als „Verwaltung“ der Urheberrechte – eingehen.

II. Grundlagen

9 Bevor ich mich allerdings näher mit der Änderung der Haltung der Kommission beim Schutz der Urheberrechte im europäischen Wettbewerbsrecht befasse, möchte ich mit wenigen Worten die **normativen Grundlagen des EG-Wettbewerbsrechts und die Grundsätze der Rechtsprechung** in Erinnerung rufen, die sich, wie erwähnt, als Zustand der „Koexistenz“[16] von Urheberrecht und Wettbewerbsrecht beschreiben lassen.[17]

10 Während **Art. 81 EG** bekanntlich ein Verbot der Kartellabsprachen mit grenzüberschreitender Wirkung statuiert, verbietet **Art. 82 EG** die einseitige mißbräuchliche Ausnutzung einer marktbeherrschenden Stellung im Gemeinsamen Markt. Diese beiden grundlegenden Vorschriften des europäischen Wettbewerbsrechts haben den Gerichtshof verschiedentlich auch in bezug auf urheberrechtliche Positionen und die zum Schutze des Urheberrechts berufenen Verwertungsgesellschaften beschäftigt. In der Mehrzahl der Fälle bildete Art. 82 EG den entscheidenden rechtlichen Maßstab.

---

15 „Copyright is seen by many as being on the defensive. There is an increasing tendency on the part of regulators in other fields, particularly those of competition law and new media technology, to raise questions on the role of copyright.“ „Copyright grants undeniably a monopoly right. Traditionally, competition law has co-existed with intellectual property law: the boundaries of the relationship have been well established. But this co-existence is now being questioned by some.“ *Mogg*, Eröffnungsrede der Konferenz „European Copyright Revisited“.

16 Vgl. *Mogg*, Eröffnungsrede der Konferenz „European Copyright Revisited“.

17 Zum Verhältnis von Urheberrechten und Wettbewerbsrecht allgemein *Mestmäcker*, FS Immenga, S. 261, 266ff.; *Mestmäcker/Schweitzer*, Europäisches Wettbewerbsrecht, § 28 Rn. 1ff. Siehe zum Verhältnis von Urheberrechten und europäischem Wettbewerbsrecht z.B. *Lane*, EC Competition Law, S. 317ff.; *Jones/Sufrin*, EC Competition Law, S. 400ff.

Im Hinblick auf Art. 81 EG hat der Gerichtshof zunächst festgestellt, daß das Gebrauchmachen von einer durch das Urheberrecht verliehenen Rechtsposition das Kartellverbot grundsätzlich nicht verletze, es sei denn, es lägen besondere wirtschaftliche oder rechtliche Begleitumstände vor, die eine spürbare Einschränkung oder Verfälschung des Wettbewerbs im Hinblick auf die Besonderheiten des jeweiligen Marktes bezwecken oder bewirken.[18] **11**

In bezug auf die **Wahrnehmung der Urheberrechte** hat der EuGH sodann anerkannt, daß die auf gegenseitige Vertretung gerichteten Verträge zwischen den nationalen Verwertungsgesellschaften der einzelnen Mitgliedstaaten „Verträge über die Erbringung von Dienstleistungen sind, die für sich allein den Wettbewerb nicht in einer Weise beschränken, die sie unter das Verbot von Artikel 81 Abs. 1 EG-Vertrag fallen ließen".[19] **12**

Auf die **spezifischen Bedürfnisse der Verwertungsgesellschaften** ist der EuGH eingegangen, als er ihre Aufgabe und die sich daraus ergebenden praktischen Konsequenzen wie folgt gekennzeichnet hat: **13**

> „Bei dem fraglichen Unternehmen [handelt es sich] um eine Vereinigung mit dem Zweck ..., die Rechte und Interessen ihrer Mitglieder vor allem gegenüber bedeutenden Musikverbrauchern und -verteilern, wie den Rundfunkanstalten und Schallplattenherstellern, zu wahren. Um diese Rechte und Interessen wirkungsvoll wahrnehmen zu können, muß die Vereinigung über eine Stellung verfügen, die voraussetzt, daß die der Vereinigung angeschlossenen Urheber ihre Rechte an sie abtreten, soweit das notwendig ist, um ihrer Tätigkeit das erforderliche Volumen und Gewicht zu verleihen."[20]

Die Rechtsprechung des Gerichtshofes nimmt hier zu Recht die Besonderheiten in den Blick, die das Urheberrecht im Vergleich zu anderen subjektiven Rechten kennzeichnen. Das Urheberrecht kann von dem einzelnen Rechtsinhaber allein meist schwerlich effektiv wahrgenommen werden, sondern dieser ist zur wirkungsvollen Ausübung seines Rechts auf einen kollektiven Schutz angewiesen, den die Verwertungsgesellschaften bieten. **14**

Allerdings hat der EuGH den Verwertungsgesellschaften auch **keine Vorzugsstellung gemäß Art. 86 Abs. 2 S. 1 EG** zuerkannt, wonach u.a. „Unternehmen, die mit Dienstleistungen von allgemeinem wirtschaftlichen Interesse betraut sind," von den Vorschriften des Vertrages, insbesondere den Wettbewerbsregeln, insofern befreit sind, als die Anwendung dieser Vorschriften „die Erfüllung der ihnen übertragenen besonderen Aufgabe rechtlich oder tatsächlich verhindert". Denn der Staat habe die Verwertungsgesellschaften nicht mit einer besonderen öffentlichen Aufgabe betraut.[21] Viel- **15**

---

18 EuGH v. 6.10.1982 – Rs. 262/81 *Coditel./.Cine-Vog Films*, Slg. 1982, 3381 Rn. 9ff., insb. Rn. 20 (Coditel II).

19 EuGH v. 13.7.1989 – Rs. 395/87 *Tournier*, Slg. 1989, 2565 Rn. 20.

20 EuGH v. 21.3.1974 – Rs. 127/73 *SABAM*, Slg. 1974, 313 Rn. 9, 11.

21 Zu den Aufgaben der Verwertungsgesellschaften siehe *Becker*, FS Kreile, S. 27ff.; *Mestmäcker/Schweitzer*, Europäisches Wettbewerbsrecht, § 30 Rn. 6ff.

mehr nähmen sie Privatinteressen wahr, „auch wenn es sich dabei um gesetzlich geschützte geistige Eigentumsrechte handelt."[22] Auf ähnlicher Linie liegt die Rechtsprechung des EuGH zu **Art. 82 EG.**[23] Auch diese Vorschrift wird nur ausnahmsweise in bezug auf die Ausübung des Urheberrechts und für die Wahrnehmung der Urheberrechte durch die Verwertungsgesellschaften angewendet.

16 In der trotz ihrer relativ beschränkten Sachaussage wohl mit am häufigsten kommentierten Entscheidung *Magill*[24] hatte der EuGH die **Vorenthaltung von Programminformationen** seitens der irischen Fernsehsender, die jeweils für ihr eigenes Programm einen Programmführer veröffentlichten, gegenüber dem Verlag *Magill*, der einen seinerzeit nicht existierenden umfassenden wöchentlichen Fernsehprogrammführer herausgeben wollte, als mißbräuchliche Ausnutzung einer marktbeherrschenden Stellung gewertet. Der Gerichtshof hatte im konkreten Fall „außergewöhnliche Umstände" angenommen, die eine Einschränkung des nach irischem Recht an den Programminformationen bestehenden Urheberrechts rechtfertigten.

17 So formuliert der EuGH in *Magill* wie folgt:

> „Zwar trifft es zu, daß sich die Voraussetzungen und die Modalitäten des Schutzes eines Immaterialgüterrechts (...) nach nationalem Recht bestimmen und daß das ausschließliche Recht der Vervielfältigung zu den Vorrechten des Urhebers gehört, so daß die Verweigerung einer Lizenz als solche keinen Mißbrauch einer beherrschenden Stellung darstellen kann. (...) Die Ausübung des ausschließlichen Rechts durch den Inhaber kann jedoch (...) unter außergewöhnlichen Umständen ein mißbräuchliches Verhalten darstellen."[25]

18 Diese Rechtsprechung nimmt insofern auf das Urheberrecht Rücksicht, als sie den bloßen Gebrauch dieses Rechts grundsätzlich als wettbewerbsrechtskonform einstuft. Andernfalls würde sie das Urheberrecht nämlich um seine Essenz und seinen wirtschaftlichen Wert bringen. Denn was nützte eine vom Recht anerkannte und garantierte exklusive Position, wenn von ihr gerade aus Gründen des Konkurrenzschutzes kein Gebrauch gemacht werden dürfte?

19 Es ist deshalb nur folgerichtig, wenn die Rechtsprechung allein bei Vorliegen außergewöhnlicher Umstände eine **Einschränkung des Urheberrechts** aus wettbewerbsrechtlichen Gesichtspunkten in Erwägung zieht. Inzwischen hat der EuGH die Anforde-

---

22 Vgl. EuGH v. 27.3.1974 – Rs. 127/73 *SABAM*, Slg. 1974, 313 Rn. 23; dazu insbesondere *Mestmäcker*, in: Geistiges Eigentum und Kultur im Spannungsfeld von nationaler Regelungskompetenz und europäischem Wirtschafts- und Wettbewerbsrecht; siehe auch *Mestmäcker/Schweitzer*, Europäisches Wettbewerbsrecht, § 30 Rn. 6.

23 Übersicht über die Rechtsprechung zu Art. 82 EG in bezug auf „intellectual property rights" bei *Mestmäcker/Schweitzer*, Europäisches Wettbewerbsrecht, § 28 Rn. 122ff.; *Vogelaar*, The European Competition Rules, S. 119ff.; *Coates/Finnegan* in: Faull/Nikpay (Hrsg.), The EC Law of Competition, Kapitel 8 Rn. 204ff.

24 Siehe zu „Magill" etwa *Jones/Sufrin*, EC Competition Law, S. 405ff.; *Pilny*, GRUR Int. 1995, 954ff.; *Mestmäcker/Schweitzer*, Europäisches Wettbewerbsrecht, § 28 Rn. 123ff.

25 EuGH v. 6.4.1995 – verb. Rs. C-241/91 P und C-242/91 P *RTE und ITP* Slg. 1995, I-743 Rn. 49f. (Magill).

rungen an die außergewöhnlichen Umstände im Vorabentscheidungsverfahren *IMS Health*[26] konkretisiert, dazu sogleich.

III. Neuere Entwicklungen

Die Kommission schickt sich allerdings neuestens an, von diesen **Grundsätzen der Koexistenz** und der Rücksichtnahme des Wettbewerbsrechts auf das Urheberrecht praktisch und konzeptionell in gewisser Weise **Abschied zu nehmen**, zumindest die Gewichte im Verhältnis von Wettbewerbsrecht und Urheberrecht neu auszutarieren und zu Lasten des Urheberrechts zu verschieben. Dies gilt sowohl für das materielle Urheberrecht als auch für die Verwaltung seitens der Verwertungsgesellschaften. 20

Eine Gemeinsamkeit beim strategischen Vorgehen besteht darin, daß die Kommission – jedenfalls ihre Generaldirektion Wettbewerb – zunächst den besonderen **Wert des Urheberrechts** und den Nutzen der Verwaltung durch die Verwertungsgesellschaften herausstellt, beide aber dann im weiteren Verlauf der Argumentation und auch der Verwaltungspraxis **deutlich einschränkt**. 21

1. Der Fall *IMS Health*

Für die **Einschränkung beim materiellen Urheberrecht** kann hier beispielhaft auf die einstweilige Anordnung verwiesen werden, die die Kommission im Fall *IMS Health* getroffen hatte.[27] 22

In diesem spektakulären Fall[28], der in der Öffentlichkeit als Test- bzw. Musterfall bezeichnet worden ist, hatte die Kommission im Wege einer (administrativen) einstweiligen Anordnung am 3. Juli 2001 verfügt, daß *IMS Health,* der Weltmarktführer bei der Sammlung von Daten über Verschreibungen und den Absatz von Arzneimitteln, konkurrierenden Unternehmen Lizenzen für die von ihm entwickelte Struktur „1860 Bausteine" zu erteilen hat. Mit dieser Struktur wird das Gebiet der Bundesrepublik in **geographische Absatzsegmente**, sog. Bausteine, unterteilt, mit deren Hilfe sich der Bestellverlauf für pharmazeutische Produkte systematisch nachverfolgen läßt. 23

---

26 EuGH v. 29.4.2004 – Rs. C-418/01 *IMS Health*, Slg. 2004, I-5039.

27 Kommissionsentscheidung, Case COMP D3/38.044 – NDC Health/IMS Health: Interim measures, ABl. Nr. L 59 v. 28.2.2002, S. 18. Diese einstweilige Anordnung wurde von der Kommission in der Zwischenzeit mangels Dringlichkeit des Falles aufgehoben, da eine der beiden betroffenen Konkurrentinnen ihre Marktstellung verbessert, die andere ihre Aktivitäten in Deutschland eingestellt hat, Kommissionsentscheidung vom 13.8.2003, 2003/741/EG, COMP D3/38.044 – NDC Health/IMS Health: Einstweilige Maßnahme, ABl. Nr. L 268 v. 18.10.2003, S. 69.

28 Der gesamte Komplex von Verfahren, die sich in Hauptsache- und einstweiligem Rechtsschutzverfahren zusätzlich entwickelt haben, kann hier verständlicherweise nicht behandelt werden. Siehe dazu den Überblick bei *Käller*, Die Verweigerung einer immaterialgüterrechtlich geschützten Leistung und das Mißbrauchsverbot des Art. 82 EG, S. 69ff.

24 Die **EU-Kommission** war in ihrer einstweiligen Anordnung zu dem Ergebnis gelangt, daß die Weigerung von *IMS Health prima facie* einen Mißbrauch einer marktbeherrschenden Stellung iSd Art. 82 EG darstelle. Das OLG Frankfurt[29] hatte zwei Wochen zuvor gerade gegenteilig entschieden. Es stellte im Verfahren des einstweiligen Rechtsschutzes in zweiter Instanz fest, daß der in Frage stehenden Bausteine-Struktur urheberrechtlicher Schutz zukomme.[30]

25 Kurz darauf hat der **Präsident des EuG** die Entscheidung der Kommission im Wege einer einstweiligen Anordnung bis zum Abschluß des Hauptsacheverfahrens ausgesetzt.[31] Diese Aussetzungsentscheidung ist im Beschwerdeverfahren vom **Präsidenten des EuGH** bestätigt worden.[32] Außerdem hat das LG Frankfurt a. M. dem EuGH am 22. Oktober 2001 ein Vorabentscheidungsersuchen unterbreitet, in dem speziell danach gefragt wird, welchen Einfluß es unter EG-Wettbewerbsrecht (Art. 82 EG) habe, wenn ein durch Urheberrecht geschütztes Werk unter einer gewissen Beteiligung einschlägiger industrieller Kreise entwickelt worden ist.[33] Nachdem das Vorabentscheidungsverfahren vor dem EuGH[34] abgeschlossen wurde, ist der Rechtsstreit in der Hauptsache durch das EuG für erledigt erklärt worden, da für *IMS Health* kein Interesse an einer Aufhebung der einstweiligen Anordnung der Kommission mehr bestehe.[35]

26 Der Präsident des EuG hat seine einstweilige Anordnung sehr ausführlich begründet und zu dem Verhältnis von Urheberrecht und Wettbewerbsrecht auch unter prinzipiellen Gesichtspunkten Stellung genommen. Aus diesem Grunde eignet sich, neben der Vorabentscheidung des EuGH, bereits dieser im Verfahren des einstweiligen Rechtsschutzes getroffene Beschluß ebenso wie die bestätigende Beschwerdeentscheidung des Präsidenten des EuGH sowohl für eine **grundsätzliche Erörterung des Verhältnisses von Urheberrecht und Wettbewerbsrecht** als auch als Beleg dafür, daß die Kommission in diesem Fall eine Neuorientierung beim Schutz des geistigen Eigen-

---

29 OLG Frankfurt v. 19. 6. 2001 – 11 U 66/2000; vgl. dazu *Schwarze*, EuZW 2002, 75 ff.

30 *IMS Health* handelt nach Auffassung des OLG Frankfurt auch nicht mißbräuchlich im Sinne des Art. 82 EG, wenn es nachahmenden Wettbewerbern gegenüber Unterlassungsansprüche geltend macht. Das OLG Frankfurt hat später mit Urteil vom 17. 9. 2002 (11 U 67/2000) abweichend von früheren Urteilen entschieden, daß *IMS Health* kein urheberrechtlicher Unterlassungsanspruch zustehe, da sie nicht alleinige Inhaberin bzw. Nutzungsberechtigte des Urheberrechts an der Segmentstruktur sei. Allerdings habe sie einen Unterlassungsanspruch aus § 1 UWG (a. F.) gegen die Verwendung der Segmentstruktur durch ihre Konkurrentinnen.

31 Beschluß des Präsidenten des EuG v. 10. 8. 2001 – Rs. T-184/01 R 1 und Beschluß des Präsidenten des EuG v. 26. 10. 2001 – Rs. T-184/01 R 2, *IMS Health*.

32 Beschluß des Präsidenten des EuGH v. 11. 4. 2002 – Rs. C-481/01 P (R), *IMS Health*.

33 Vgl. zur Beteiligung der Industrie an der Entwicklung der „1860 Bausteine-Struktur" EuGH v. 29. 4. 2004 – Rs. C-418/01 *IMS Health*, Slg. 2004, I-5039 Rn. 28 ff. Der EuGH kommt zu dem Ergebnis, daß die Beteiligung der Industrie bei der Beantwortung der Frage, ob sich ein Unternehmen in einer entsprechenden Situation mißbräuchlich im Sinne des Art. 82 EG verhält, zu berücksichtigen ist.

34 EuGH v. 29. 4. 2004 – Rs. C-418/01 *IMS Health*, Slg. 2004, I-5039.

35 Beschluß des EuG v. 10. 3. 2005 – Rs. T-184/01 3, *IMS Health*, noch nicht in Slg.; der Tenor ist veröffentlicht in ABl. Nr. C 155 v. 25. 6. 2005, S. 20 f.

tums im Wettbewerbsrecht vorgenommen hat. Dies gilt umso mehr, als sowohl die Kommission in ihrer Entscheidung als auch die beiden Beschlüsse im vorläufigen Rechtsschutzverfahren sich auf die bis dahin maßgeblichen Grundsatzurteile des Gerichtshofs zur Abgrenzung von Urheberrecht und Wettbewerbsrecht bezogen haben.

Worin besteht nun der neue Ansatz der Kommission in ihrer einstweiligen Anordnung? Die Kommission hat in ihrer Entscheidung zwar das Urheberrecht von *IMS Health* an der Segmentstruktur anerkannt, aber im Ergebnis auf einen Anspruch auf Erhalt von Lizenzgebühren reduziert. Sie ist der Auffassung, daß *IMS Health* im konkreten Fall ihre marktbeherrschende Stellung mißbrauche, wenn sie die Erteilung von Lizenzen an ihre Konkurrenten für die Verwendung ihrer Bausteine-Struktur verweigert. **27**

Zur Begründung beruft sich die Kommission[36] insbesondere auf die Urteile *Magill, Ladbroke* und *Bronner*.[37] Im Urteil *Bronner*[38] wurden die **Voraussetzungen des Art. 82 EG** weiter konkretisiert und das Urteil *Magill* **restriktiv ausgelegt**. Der Fall selbst beschäftigt sich nach seinem Sachverhalt zwar nicht ausdrücklich mit dem Urheberrecht, er ist aber hier gleichwohl zu nennen, weil zum einen der EuGH in dieser Entscheidung eine eigene nachfolgende, sozusagen authentische Interpretation des Urteils *Magill* vorgenommen hat und zum anderen die Kommission sich im Fall *IMS Health* auf *Bronner*[39] berufen hat. In diesem Vorabentscheidungsverfahren ging es darum, ob die Antragstellerin, die *Bronner GmbH & Co KG*, Herausgeberin der österreichischen Tageszeitung „Der Standard", gestützt auf Art. 82 EG, Zugang zu dem Hauszustellungssystem der Antragsgegnerin, der konkurrierenden *Mediaprint*, beanspruchen konnte. **28**

Die größere *Mediaprint* hatte für ihre Tageszeitungen ein landesweites Hauszustellungssystem geschaffen, das die direkte Auslieferung der Zeitungen an die Abonnenten in den frühen Morgenstunden garantierte. *Bronner* wollte gegen Entgelt ihre Zeitung über dieses Hauszustellungssystem verteilen. Dies lehnte die *Mediaprint* jedoch ab. **29**

Dem Urteil *Bronner* ist eine deutliche **Zurückhaltung** zu entnehmen, was die Annahme einer **Abschlußpflicht** auf Grund von Art. 82 EG betrifft. Zunächst betont das Urteil *Bronner* in seiner Bezugnahme auf den Fall *Magill* den nur sehr eingeschränkten Anwendungsbereich dieser Entscheidung. Der EuGH hebt, wie bereits in *Magill*, hervor, daß die Ausübung eines gewerblichen Schutzrechts als solche keinen Mißbrauch einer beherrschenden Stellung darstellt, sondern sie nur „unter außergewöhnlichen Umständen" mißbräuchlich sein könne.[40] **30**

---

36 Kommissionsentscheidung, Case COMP D3/38.044 – NDC Health/IMS Health: Interim measures, ABl. Nr. L 59 v. 28.2.2002, S. 18.

37 EuGH v. 6.4.1995 – verb. Rs. C-241/91 P und C-242/91 P *RTE und ITP*, Slg. 1995, I-743 Rn. 49f. (Magill); EuG v. 12.6.1997 – Rs. T-504/93 *Tiercé Ladbroke./.Kommission*, Slg. 1997, II-923; EuGH v. 26.11.1998 – Rs. C-7/97 *Bronner./.Mediaprint*, Slg. 1998, I-7817.

38 EuGH v. 26.11.1998 – Rs. C-7/97 *Bronner./.Mediaprint*, Slg. 1998, I-7817.

39 Siehe zum Fall *Bronner* auch *Jones/Sufrin*, EC Competition Law, S. 412ff.

40 EuGH v. 26.11.1998 – Rs. C-7/97 *Bronner./.Mediaprint*, Slg. 1998, I-7817 Rn. 39.

31 Wie eng der Anwendungsbereich des Art. 82 EG mit der Folge eines Kontrahierungszwanges gezogen wird, ergibt sich daraus, daß der EuGH einen Mißbrauch im Fall *Bronner* nur dann in Betracht zieht, wenn kumulativ **drei Voraussetzungen für die Annahme einer Abschlußpflicht** erfüllt sind:

1. Die Verweigerung der begehrten Leistung muß geeignet sein, jeglichen Wettbewerb auf dem betreffenden Markt durch den diese Leistung begehrenden Konkurrenten auszuschalten,
2. die Verweigerung darf nicht objektiv zu rechtfertigen sein, und
3. die verweigerte Leistung muß in dem Sinne unentbehrlich sein, daß sie weder tatsächlich noch – weitergehend sogar – potentiell ersetzbar wäre.[41]

32 Bei der Beurteilung einer Leistung als unentbehrlich geht der Gerichtshof von einem hohen Standard zumutbarer eigener Anstrengungen aus. So sei der Zugang nicht bereits dann unentbehrlich, wenn die Schaffung eines eigenen Hauszustellungssystems unrentabel sei.[42]

33 Generalanwalt *Jacobs*,[43] der den Fall in seinen Schlußanträgen auch im Lichte der so genannten Essential-Facilities-Doktrin[44] würdigte, hat auf das Bild eines „wagemutigen Unternehmers" hingewiesen, dessen Maßstäbe für die Frage der Zumutbarkeit des Aufbaus einer Alternativorganisation maßgeblich seien. Er hat die folgende prinzipielle Erwägung hinzugefügt:

> „Würde man dem Vorbringen von Bronner zustimmen, so würde dies dazu führen, daß die Gemeinschafts- und die nationalen Behörden und Gerichte die Gemeinschaftsmärkte umfassend regeln müßten, was in weiten Bereichen der Wirtschaft eine Festsetzung der Lieferpreise und eine Festlegung der Lieferbedingungen mit sich brächte. Ein solches Vorgehen wäre nicht nur undurchführbar, sondern langfristig auch dem Wettbewerb abträglich und wohl kaum mit einer freien Marktwirtschaft vereinbar."[45]

34 Zusammengenommen mit den Schlußanträgen des Generalanwalts in dieser Sache führt die Entscheidung des EuGH also zu einem ausgesprochen **restriktiven Ergebnis**, was einen Kontrahierungszwang wegen Mißbrauchs einer marktbeherrschenden Stellung anbelangt. Inzwischen hat der EuGH durch Bezugnahme auf o. g. Kriterien und deren Konkretisierung im Vorabentscheidungsverfahren *IMS Health* klargestellt, daß die wettbewerbsrechtlichen Standards bei der Interpretation des Art. 82 EG auch

---

41 EuGH v. 26.11.1998 – Rs. C-7/97 *Bronner./. Mediaprint*, Slg. 1998, I-7817 Rn. 41.

42 EuGH v. 26.11.1998 – Rs. C-7/97 *Bronner./. Mediaprint*, Slg. 1998, I-7817 Rn. 45.

43 Schlußanträge des GA *Jacobs* vom 28.5.1998 – Rs. C-7/97 *Bronner./.Mediaprint*, Slg. 1998, I-7794.

44 Zur Essential-Facilities-Doktrin siehe *Jacobi*, Third-Party Access im Europäischen Wettbewerbsrecht – Artikel 82 EG-Vertrag als Grundlage eines Zugangsanspruchs Dritter zu fremden Infrastruktureinrichtungen; Schwarze-*Brinker,* Art. 82 EG Rn. 37ff.; Lange-*Hübschle,* § 3 Rn. 73ff.; *Mestmäcker/Schweitzer*, Europäisches Wettbewerbsrecht, § 18 Rn. 30ff.; zu den Einzelheiten dieser auf amerikanisches Antitrust-Recht zurückgehenden Lehre mit dem Grundfall *United States./.Terminal Railroad Association of St. Louis*, 224 US 383 (1912) von 1912 siehe Rn. 45ff. der Schlußanträge des GA *Jacobs* in der Rechtssache *Bronner*.

45 Schlußanträge des GA *Jacobs* vom 28.5.1998 – Rs. C-7/97 *Bronner./.Mediaprint*, Slg. 1998, I-7794 Rn. 69.

dann gelten, wenn es sich um eine auf Urheberrecht beruhende Monopolsituation handelt.[46]

Im Fall **IMS Health** akzeptiert die Kommission in ihrer Entscheidung zwar den in der Rechtsprechung gebilligten Grundsatz, daß das Recht, die Erteilung von Lizenzen abzulehnen, vom spezifischen Gegenstand des Urheberrechts umfaßt werde und deshalb grundsätzlich keinen Mißbrauch einer beherrschenden Stellung bedeute. Allerdings nimmt sie hier „außergewöhnliche Umstände" an, die ihre Entscheidung in diesem Fall rechtfertigten. Die Verwendung der geographischen Segmentstruktur sei für die Konkurrenten von *IMS Health* unentbehrlich. 35

Auf diese Weise gelangt die **Kommission** – gemessen an den bisherigen Leitlinien und Wertungsmaßstäben der Rechtsprechung – zu einer **Einschränkung des Schutzes des geistigen Eigentums** im europäischen Wettbewerbsrecht, obwohl sie im Ausgangspunkt in ihrer Entscheidung im Fall *IMS Health* die wesentliche Rolle der Rechte an geistigem Eigentum bei der Förderung von Innovation und Wettbewerb hervorgehoben hat.[47] 36

Es verwundert deshalb nicht, daß auch in wissenschaftlichen Stellungnahmen die von der Kommission gegenüber *IMS Health* durch einstweilige Anordnung verfügte Zwangslizenz als eine nicht hinnehmbare Einschränkung des (geistigen) Eigentumsrechts gewertet worden ist.[48] Die Perspektive der EU-Kommission ist auf die Situation der Wettbewerber verengt, ohne in gleichem Maße die rechtlich geschützten Interessen des Urheberrechtsinhabers in den Blick zu nehmen. 37

Inzwischen hat der EuGH im Vorabentscheidungsverfahren *IMS Health* jedoch die Voraussetzungen konkretisiert, unter denen die **Verweigerung einer Lizenzerteilung mißbräuchlich** im Sinne des Art. 82 EG ist. Danach verstößt ein Unternehmen durch Verweigerung einer Lizenz gegen Art. 82 EG (und zwar nur dann), wenn: 38

1. keine Rechtfertigungsgründe vorliegen,
2. die Lizenz wesentlich für die beabsichtigte Tätigkeit auf dem nachgelagerten Markt ist (Geeignetheit der Lizenzverweigerung, jede Konkurrenz für den Schutzrechtsinhaber auf dem nachgelagerten Markt auszuschließen), und
3. durch die Verweigerung der Lizenzerteilung das Entstehen eines neuen Erzeugnisses bzw. einer neuen Dienstleistung, die der Schutzrechtsinhaber nicht anbietet, verhindert wird und für diese eine potentielle Verbrauchernachfrage besteht.[49]

---

46 EuGH v. 29.4.2004 – Rs. C-418/01 *IMS Health*, Slg. 2004, I-5039 insb. Rn. 28, 37f., 40ff.

47 Dieses Argumentationsmuster verfolgt auch *Ungerer* in seinem Vortrag auf der Tagung der „Independent Music Companies Association (IMPALA)" *ders.*, Vortrag beim „Regulatory Forum European Cable Communication Association (ECCA)".

48 Siehe Bericht über die Tagung der Turiner ICER in der FAZ vom 5.12.2001 mit Hinweis auf *v. Weizsäcker/Lober*, GRUR Int. 2002, 7ff.; kritisch auch *Mestmäcker/Schweitzer*, Europäisches Wettbewerbsrecht, § 28 Rn. 131.

49 EuGH v. 29.4.2004 – Rs. C-418/01 *IMS Health*, Slg. 2004, I-5039 Rn. 28ff., 34ff.; siehe dazu auch *Käller*, Die Verweigerung einer immaterialgüterrechtlich geschützten Leistung und das Mißbrauchsverbot des Art. 82 EG, S. 76ff.

39 Damit hat der Gerichtshof deutlich gemacht, daß es auf die Frage nach „realistischen Absatzmöglichkeiten“[50] für die Konkurrenten nicht ankommt und den entsprechenden Ansatz der Kommission zurückgewiesen. Für das Vorliegen außergewöhnlicher Umstände ist, neben den anderen o. g. Punkten, allein die Verhinderung eines neuen Erzeugnisses bzw. einer neuen Dienstleistung, wofür zumindest eine potentielle Verbrauchernachfrage besteht, maßgeblich. Damit dürfte der EuGH die Bestrebungen der Kommission nach einer Einschränkung des geistigen Eigentums im europäischen Wettbewerbsrecht (jedenfalls zum gegenwärtigen Zeitpunkt) zurückgewiesen und das Urheberrecht, wenn nicht gestärkt, so doch zumindest nicht weiter begrenzt haben.[51] Allerdings ist zu befürchten, daß die Kommission weiter bei ihrer rein wettbewerbsorientierten Haltung bleibt und auch in Zukunft versuchen wird, das Urheberrecht mit wettbewerbsrechtlichen Argumenten einzuschränken.

2. Fragen der kollektiven Rechtewahrnehmung

40 In Parallelität zu dieser Praxis der (versuchten) materiell-rechtlichen Neubestimmung des Urheberrechts im europäischen Wettbewerbsrecht greift die Kommission auch die **Wahrnehmung der Urheberrechte durch die Verwertungsgesellschaften** auf.

a) Tendenzen der Kommissionspolitik

41 In diesem Zusammenhang hat die FAZ über ein Gespräch mit dem damaligen Leiter der Generaldirektion IV für Wettbewerb Ende des Jahres 2001 wie folgt berichtet:

> „Die Europäische Kommission will verstärkt die marktbeherrschenden Inhaber exklusiver Schutzrechte ins Visier nehmen. So droht nach IMS Health, dem Weltmarktführer von Marktdaten pharmazeutischer Erzeugnisse, auch dem Musikrechteinhaber GEMA Ungemach aus Brüssel.“[52]

---

50 S. dazu *Schwarze*, EuZW 2002, 75, 80.

51 Auch GA *Jacobs* hat kürzlich in seinen Schlußanträgen vom 28. 10. 2004 in der Rs. C-53/03 *Syfait u. a. ./. Glaxosmithkline AEVE*, Rn. 64f. auf die o. g. Kriterien abgestellt, die der Gerichtshof in den Rs. C-7/97 (*Bronner*) und C-418/01 (*IMS Health*) zur Klärung der Frage, wann der Gebrauch eines gewerblichen Schutzrechts mißbräuchlich gem. Art. 82 EG ist und daraus ein Kontrahierungszwang resultiert, herausgearbeitet hat. In der Rs. C-53/03 geht es um die Frage, ob ein Pharmaunternehmen seine marktbeherrschende Stellung gem. Art. 82 EG mißbraucht, wenn es sich weigert, die bei ihm eingehenden Bestellungen von Arzneimittelgroßhändlern vollständig auszuführen, um den Parallelhandel mit seinen Erzeugnissen zu begrenzen. Generalanwalt *Jacobs* kommt zu dem Schluß, daß ein marktbeherrschendes Unternehmen zwar zur Lieferung einer Ware bzw. zur Erbringung einer Dienstleistung verpflichtet sein könne, diese Pflicht aber in mehrfacher Hinsicht begrenzt sei (Rn. 66f.). Weiter kommt *Jacobs* im vorliegenden Fall zu dem Ergebnis, daß die Absicht der Begrenzung des Parallelhandels durch ein marktbeherrschendes Pharmaunternehmen nicht zwingend gegen Art. 82 EG verstoße, daß ein solches Verhalten aber in der Regel mißbräuchlich sei und der Rechtfertigung bedürfe. *Jacobs* sieht im gegebenen Fall das Verhalten des Pharmaherstellers als gerechtfertigt an, da der europäische Arzneimittelmarkt wegen der staatlichen Regulierung von Preisen und Vertrieb, der besonderen Auswirkungen des Parallelhandels auf die wirtschaftlichen Verhältnisse der Pharmaunternehmen sowie der Auswirkungen auf die Verbraucher eine besondere Struktur aufweise (Rn. 69ff., 76ff.).

52 FAZ v. 18. 12. 2001 (S. 15).

Wie die FAZ weiter schreibt, will die EU-Behörde „mögliche Konflikte zwischen dem Schutz des geistigen Eigentums und dem Wettbewerbsrecht offenbar stärker zugunsten der Wettbewerbsfreiheit lösen".[53] 42

Nach Aussage des ehemaligen Generaldirektors der Generaldirektion Wettbewerb, *Schaub*, soll zwar die legitime Ausübung geistigen Eigentums nicht in Frage gestellt werden. Geprüft werden müßten jedoch die Fälle, in denen der **Markteintritt** nur unter Verwendung eines einzigen Systems möglich sei und dies dem Rechteinhaber einen enormen Vorsprung verschaffe. *Schaub* zieht dann ausdrücklich folgenden Vergleich: „Das ist durchaus ähnlich wie bei der Versorgung über die bislang von Monopolisten gehaltenen Versorgungsleitungen. Da kann der Leitungsinhaber auch nicht sagen, hier kommt kein anderer durch."[54] 43

Zudem hat *Drauz*, heute stellvertretender Generaldirektor und Direktor in der Generaldirektion Wettbewerb der EU-Kommission, in einem Beitrag zu einem Kolloquium des Europa-Instituts Freiburg vom 9./10. November 2001 angekündigt: „Die Struktur des Managements der Rechteverwertung wird uns jedenfalls in den nächsten Monaten verstärkt beschäftigen."[55] 44

b) Das Wood-Papier

Der Eindruck von einer beabsichtigten Politikänderung der EU-Kommission wird bestätigt durch einen Vortrag, den *Wood*, seinerzeit als *Deputy Head of Unit, Media and Music Publishing* der EU-Kommission, auf einer Tagung der SGAE vom 12. bis 14. November 2001 in Madrid unter dem Titel „Collective Management and EU Competition Law" gehalten hat. *Wood* hat seinen Vortrag ausdrücklich als „health warning of even greater strength than normal" bezeichnet.[56] 45

Am Besten wird man die Kommission künftig bei allen Schritten an den Grundsätzen messen, die *Wood* in seinem Papier eingangs wie folgt formuliert hat: 46

> "The first point is that collecting societies are absolutely necessary for the mass of authors and may be the only way of making copyright function for certain types of works. They are therefore in the frontline of efforts in the Community to promote creativity and cultural diversity. Community competition policy recognises the legitimate need to protect the interests of authors, composers and publishers of music, and should not intervene if the result of that intervention would be to increase the overall costs of managing contracts and monitoring the use of protected musical works."[57]

Hier werden also **drei Eckpfeiler** genannt, welche die Politik der Kommission tragen sollen: 47

1. Die Unverzichtbarkeit der Verwertungsgesellschaften für die Mehrzahl der Autoren zur Wahrnehmung der Urheberrechte,

53 FAZ v. 18.12.2001 (S. 15).
54 FAZ v. 18.12.2001 (S. 15).
55 *Drauz*, in: Regulierung im Bereich von Medien und Kultur, S. 111.
56 *Wood*, Collective Management and EU Competition Law, S. 3.
57 *Wood*, Collective Management and EU Competition Law, S. 2.

2. die außerordentlich wichtige Rolle des geistigen Eigentums zur Sicherung von Kreativität wie kultureller Vielfalt – und zu ergänzen wäre: von Innovation und Wettbewerb – und
3. sozusagen die Selbstverpflichtung der Kommission, nicht mit administrativen Mitteln einzugreifen, wenn sich durch die Intervention die Gesamtkosten für die Verwaltung und Nutzungsüberwachung der urheberrechtlich geschützten Werke erhöhen würden.

c) *Die Mitteilung „Wahrnehmung von Urheberrechten und verwandten Schutzrechten im Binnenmarkt"*

48 Mittlerweile hat die Kommission diese Gesichtspunkte in einer Mitteilung zur „Wahrnehmung von Urheberrechten und verwandten Schutzrechten im Binnenmarkt" aufgegriffen.[58] Sie kommt in der Mitteilung zu dem Ergebnis, daß in bezug auf die Verwertungsgesellschaften **Harmonisierungsbedarf** besteht.[59] Sie hat angekündigt, zu diesem Zweck ein Rechtsinstrument zu erlassen.[60] Die Mitteilung bringt zum Ausdruck, daß die Kommission einen weiteren Positionsausbau der Verwertungsgesellschaften bremsen bzw. deren Macht zurückdrängen möchte, indem sie verstärkt die Wettbewerbsregeln des EG-Vertrages auf ihr Verhalten anwendet.[61] Allerdings erkennt auch die Kommission, ähnlich wie *Wood*, die grundsätzlich unverzichtbare Rolle der Verwertungsgesellschaften zur Wahrnehmung von Urheberrechten[62] und die wichtige Funktion des geistigen Eigentums zur Sicherung von Kreativität und kultureller Vielfalt – zumindest im Grundsatz – ausdrücklich an.[63]

d) *Die Bewertung des geistigen Eigentums im Lichte des Art. 151 EG*

49 Diese grundsätzliche positive Bewertung der Bedeutung des geistigen Eigentums im System des europäischen Gemeinschaftsrechts und speziell des europäischen Kartellrechts ist zutreffend und sollte deshalb beibehalten werden.

50 Was speziell die Bedeutung des geistigen Eigentums für die **„cultural diversity"** anbelangt, von der *Wood* in seinem Papier eingangs spricht und die auch die Kommission in ihrer Mitteilung nennt, so wird diesem Gesichtspunkt in der neueren Rechtsprechung des Gerichtshofs nach Aufnahme des Kulturartikels in die Verträge (erst Art. 128 EGV; jetzt Art. 151 EG) besonders Rechnung getragen.

51 Hierfür bietet das Urteil in der Rechtssache *Metronome Musik GmbH ./. Music Point Hokamp GmbH*[64] das beste Beispiel. In diesem Urteil räumt der Gerichtshof unter

---

58 KOM(2004) 261 endg.

59 *Riesenhuber/v. Vogel*, EuZW 2004, 519, 520f. stehen den Harmonisierungsbestrebungen unter Hinweis auf die fehlenden Belege für einen Harmonisierungsbedarf sehr kritisch gegenüber. Aber auch *Reinbothe*, ZEuS 2004, 367, 377 sieht Bedarf für eine Harmonisierung der Regeln über die Wahrnehmung von Rechten.

60 KOM(2004) 261 endg., S. 23.

61 KOM(2004) 261 endg., S. 18ff.; s. dazu sogleich unter f., g.

62 KOM(2004) 261 endg., S. 4, 16.

63 KOM(2004) 261 endg., S. 7.

64 EuGH v. 28.4.1998 – Rs. C-200/96 *Metronome Musik GmbH./.Music Point Hokamp*, Slg. 1998, I-1971.

Berufung auf Art. 151 EG dem **„Gebot der kulturellen Rücksichtnahme"**[65] den Vorrang ein in dem Konflikt zwischen der möglichst konsequenten Durchsetzung der wirtschaftlichen Gebote des Binnenmarkts und dem Schutz der Vorbehaltsrechte der Mitgliedstaaten auf kulturellem Gebiet. Unter Bezugnahme auf Art. 151 EG bestärkt er die Feststellung, daß der Schutz des Urheberrechts an Werken der Literatur und Kunst zu den dem Gemeinwohl dienenden Zielen der Gemeinschaft zu zählen ist.[66]

e) *Verwertungsgesellschaften als verfahrensmäßige Sicherung des Urheberrechts*

Anders als es die Kommission beabsichtigt, wenn sie die Verwertungsgesellschaften stärker ins Visier nimmt, läßt sich der besondere Schutz, den das geistige Eigentum im europäischen Gemeinschaftsrecht materiell-rechtlich genießt, nicht von den Formen und Verfahren trennen, durch die es geschützt wird.[67] **52**

Die Anerkennung des **Zusammenhangs zwischen materiellem und verfahrensrechtlichem Schutz** zählt nicht nur im deutschen Verfassungsrecht zu den charakteristischen Merkmalen der jüngeren Rechtsentwicklung. So liegt beim Grundrechtsschutz für das Eigentum, der auch das geistige Eigentum umfaßt[68], der Schwerpunkt inzwischen nicht mehr allein bei der Sicherung der materiell-rechtlichen Rechtspositionen, sondern er wird auch auf den Schutz durch Organisation und Verfahren erstreckt.[69] **53**

Das BVerfG hat bezüglich der Eigentumsgarantie des Art. 14 GG den Zusammenhang von materieller Schutzgewähr und angemessener Verfahrensgestaltung anerkannt und das Recht des Eigentümers auf Verfolgung und Durchsetzung seiner Interessen betont.[70] Auch die Rechtsprechung des EuGH hat sich explizit davon leiten lassen, daß zum Schutz der Grundrechte und Grundfreiheiten eine angemessene Verfahrensgestaltung erforderlich ist.[71] **54**

Die verfahrensmäßige Wahrnehmung der als geistiges Eigentum geschützten Urheberrechte durch die Verwertungsgesellschaften hat sich bewährt. Deshalb kann in **55**

---

65 *Schwarze*, in: Geistiges Eigentum und Kultur im Spannungsfeld von nationaler Regelungskompetenz und europäischem Wirtschafts- und Wettbewerbsrecht, S. 125, 156; siehe auch *Hirsch*, Die Rechtsprechung des EuGH zum Binnenmarkt im Medien- und Kulturbereich, in: ebd., S. 159, 164; vgl. auch *Everling*, Buchpreisbindung im deutschen Sprachraum und Europäisches Gemeinschaftsrecht, S. 35: „Pflicht der Gemeinschaftsorgane zur Rücksichtnahme auf die nationalen kulturpolitischen Ziele".

66 EuGH v. 28.4.1998 – Rs. C-200/96 *Metronome Musik GmbH./.Music Point Hokamp*, Slg. 1998, I-1971, Rn. 23.

67 Siehe in diesem Zusammenhang *Reinbothe*, ZEuS 2004, 367, 374.

68 Dazu *Rehbinder*, Urheberrecht, Rn. 108ff.

69 So widmete etwa *Hesse* in seinem Lehrbuch Grundzüge des Verfassungsrechts der BRD, einen Abschnitt dem Thema „Grundrechtsverwirklichung und -sicherung durch Organisation und Verfahren", § 11 Abs. 3 Rn. 358ff.

70 Vgl. nur BVerfGE 46, 321, 333.

71 Siehe vor allem Urteil des EuGH v. 15.10.1987 – Rs. 222/86 *Unectef./.Heylens u. a.*, Slg. 1987, 4097, Rn. 14ff.; EuG v. 30.1.2002 – Rs. T-54/99 *max.mobil Telekommunikationsservice GmbH./.Kommission*, Slg. 2002, II-313; siehe dazu auch *Schwarze*, NVwZ 2000, 241ff.

diese Verfahrensgestaltung auch nicht ohne zwingenden rechtfertigenden Grund eingegriffen werden, dies umso weniger, als – worauf später noch näher eingegangen werden soll – der deutsche Gesetzgeber im Interesse des (Eigentums-)Schutzes der Urheber die treuhänderische Wahrnehmung dieser Rechte durch die Verwertungsgesellschaften vorgesehen hat.

56 Die Verpflichtung der Kommission zu einem sorgfältigen und unparteiischen Verwaltungsverfahren gerade auch in Wettbewerbssachen hat das EuG kürzlich in einer grundsätzlichen Entscheidung vom 30. Januar 2002[72] erneut unterstrichen[73]. Das **Recht auf eine geordnete Verwaltung** sei nämlich ein wesentliches rechtsstaatliches Element der gemeinsamen Verfassungstraditionen der Mitgliedstaaten und in Art. 41 Abs. 1 der am 7. Dezember 2000 in Nizza proklamierten Charta der Grundrechte der Europäischen Union[74] zum Ausdruck gebracht.

f) Die Bewertung der Gegenseitigkeitsverträge

57 Die Praxis der Gegenseitigkeitsverträge, die für die Kommission in erster Linie der Stein des Anstoßes zu sein scheint, ist von der Rechtsprechung im Grundsatz ausdrücklich **als zulässig anerkannt** worden.[75]

58 Dennoch wird diese Praxis von Seiten der Kommission auch und vor allem vor dem Hintergrund der neueren technologischen Entwicklung vermehrt rechtlich in Zweifel gezogen. Dies geschah zum einen im Papier von *Wood*[76]. Zum anderen sowohl in der Mitteilung der Kommission über die Wahrnehmung von Urheberrechten[77] als auch in diversen Vorträgen des *Head of Division Media* der Direktion C (Information, Kommunikation und Medien) der Generaldirektion Wettbewerb der EU-Kommission, *Ungerer*.[78] Die Kommission hat es sich zur Aufgabe gemacht, für mehr Transparenz und Effizienz bei größerem Wettbewerb unter den Verwertungsgesellschaften zu sor-

72 EuG v. 30. 1. 2002 – Rs. T-54/99 *max.mobil Telekommunikationsservice GmbH. /. Kommission*, Slg. 2002, II-313.

73 Grundsätzlich erkennt dies zwar auch Generalanwalt *Poiares Maduro* in seinen Schlußanträgen vom 21. 10. 2004 in dem Revisionsverfahren *max.mobil Telekommunikationsservice GmbH. /. Kommission* (Rs. C-141/02 P) an, Rn. 52 f. Im konkreten Fall lehnt er aber eine Herleitung eines Klagerechts im Rahmen des Art. 86 EG aus dem Recht auf ein sorgfältiges und unparteiisches Verwaltungsverfahren entschieden ab, s. Rn. 54 ff. Damit wendet er sich gegen die erstinstanzliche Entscheidung des EuG, s. vorherige Fn.

74 ABl. Nr. C 364 v. 18. 12. 2000, S. 1. Inzwischen wurden die Bestimmungen der Charta der Grundrechte der Europäischen Union als Teil II in den Vertrag über eine Verfassung für Europa übernommen.

75 Vgl. EuGH v. 13. 7. 1989 – Rs. 395/87 *Tournier*, Slg. 1989, 2565 Rn. 20; EuGH v. 13. 7. 1989 – verb. Rs. 110/88, 241/88 und 242/88 *Lucazeau u. a. /. SACEM*, Slg. 1989, 2823 Rn. 14.

76 *Wood*, Collective Management and EU Competition Law.

77 KOM(2004) 261 endg., S. 18 ff.; s. dazu allg. *Riesenhuber/v. Vogel*, EuZW 2004, 519, 520 ff.

78 *Ungerer*, Vortrag auf der Tagung der „Independent Music Companies Association (IMPALA)“, S. 5 ff.; *ders.*, Vortrag beim „Regulatory Forum European Cable Communication Association (ECCA)“ S. 5 ff.

gen. Dies geht sowohl aus Äußerungen der Kommission[79] als auch der Kommissionspraxis[80] hervor. So spricht sich die Kommission für eine verstärkte gemeinschaftsweite Lizenzerteilung aus. Sie schlägt insoweit vor, daß es zwar bei der Praxis der Gegenseitigkeitsverträge bleiben solle, daß aber jede Verwertungsgesellschaft berechtigt sein müsse, in jedem Mitgliedstaat gemeinschaftsweite Lizenzen zu vergeben, nicht nur – wie bisher – im eigenen Land. Somit entstünde für die Nutzer ein Wahlrecht, in welchem Mitgliedstaat sie eine Gemeinschaftslizenz erwerben.[81] Nach dem „Simulcasting"-Abkommen besteht diese Möglichkeit schon im dort geregelten Bereich der zeitgleichen Wiedergabe von Tonaufnahmen im Internet, die im Hörfunk bzw. Fernsehen ausgestrahlt werden. Die Schaffung eines solchen Wahlrechts ist das Ziel der Kommission. Sie will nach ihren Angaben so den Wettbewerb zwischen den Verwertungsgesellschaften fördern und die in ihren Augen bestehende künstliche Marktaufteilung sowie die faktischen Monopolstellungen der nationalen Verwertungsgesellschaften beseitigen.[82] Dazu paßt die Forderung nach getrennter Ausweisung der Verwaltungs- und der Lizenzgebühren bei der Vergabe von Lizenzen. Insoweit sollen ersichtlich die Grundsätze der Entscheidung „Simulcasting"[83], die nur einen kleinen, wirtschaftlich bis jetzt relativ unbedeutenden Ausschnitt aus dem Online-Bereich betreffen, verallgemeinert werden.[84] Der Kommission geht es auch darum, daß die derzeitigen Quasi-Monopolstellungen der Verwertungsgesellschaften nicht auf neue (Online-)Rechte bzw. Gebiete erstreckt werden.[85] Laut Kommission

---

79 KOM(2004) 261 endg., S. 21f.; *Ungerer*, vorige Fn.; s. dazu auch *Riesenhuber/v. Vogel*, EuZW 2004, 519, 521f., die dem Gemeinschaftsgesetzgeber die Rechtssetzungskompetenz absprechen.

80 So hat die Kommission in ihrer „Simulcasting"-Entscheidung, in der es um Gegenseitigkeitsverträge mehrerer nationaler Verwertungsgesellschaften betreffend die gleichzeitige Verbreitung von Tonbandaufnahmen im Internet mit der Übertragung der Rundfunk- und/oder Fernsehsignale durch Rundfunk- und Fernsehsender geht, die Freistellung gem. Art. 81 Abs. 3 EG davon abhängig gemacht, daß die Verwertungsgesellschaften Verwaltungs- und Lizenzgebühren getrennt ausweisen, um so die Transparenz für die Nutzer zu erhöhen, s. ABl. Nr. L 107 v. 30.4.2003, S. 58ff. (s. vor allem Rn. 69ff.). Zur „Simulcasting"-Entscheidung siehe ausführlich *Mestmäcker*, WuW 2004, 754ff. (insb. zur Trennung von Verwaltungs- u. Lizenzgebühr S. 761ff.), der das Vorgehen der Kommission kritisiert und ihr die Kompetenz zu einer derartigen Entscheidung abspricht. *Mestmäcker* kommt zu dem Ergebnis, daß die Kommission von den Verwertungsgesellschaften ein Verhalten einfordert, das gegen Art. 81 Abs. 1 EG verstößt (s. aaO S. 769).

81 KOM(2004) 261 endg., S. 11, 20; so auch *Riesenhuber/v. Vogel*, EuZW 2004, 519, 522.

82 Dies äußert ausdrücklich vor allem *Ungerer*, Vortrag auf der Tagung der „Independent Music Companies Association (IMPALA)" S. 5ff.; *ders.*, Vortrag beim „Regulatory Forum European Cable Communication Association (ECCA)" S. 5ff.

83 S. ABl. Nr. L 107 v. 30.4.2003, S. 58ff.

84 Siehe dazu *Mestmäcker*, WuW 2004, 754, 758. In diese Richtung gehen auch die Ausführungen von *Ungerer*, Vortrag beim „Regulatory Forum European Cable Communication Association (ECCA)" S. 6. Auch in der Mitteilung KOM(2004) 261 endg., S. 21 wird eine generelle Veröffentlichung der Gebührensätze der Verwertungsgesellschaften gefordert, was eine getrennte Ausweisung von Verwertungs- und Lizenzgebühr voraussetzen dürfte.

85 Aus diesem Grund steht die Kommission dem Santiago-Abkommen betreffend musikalische

seien die Gründe, die die Lizenzvergabe an nur im entsprechenden Mitgliedstaat lebende Personen rechtfertigen, durch den Technologiefortschritt hinfällig, da die Verwertungsgesellschaften nunmehr in der Lage seien, die Beachtung der von ihnen im Ausland vergebenen Lizenzen eigenständig zu kontrollieren.[86]

59 Allerdings ist zunächst darauf hinzuweisen, daß die von der Rechtsprechung herausgearbeiteten und anerkannten Grundsätze durch **tatsächliche Veränderungen**, so bedeutsam sie auch sein mögen, nicht aufgehoben oder obsolet werden. Die faktische Entwicklung kann schwerlich die Normativität des Wettbewerbsrechts beseitigen oder grundlegend verändern. Insbesondere ist die These mehr als zweifelhaft und allem Anschein nach eher ihr Gegenteil richtig, daß den heute verfügbaren praktisch unbegrenzten und rasanten Verbreitungsformen geschützter Werke eine parallel verlaufende Entwicklung neuer und effizienter Kontrollmöglichkeiten bei der Verwertung und Nutzung gegenüberstünde.[87]

60 Hier müßte die Kommission nicht nur den entsprechenden Nachweis erbringen, den sie aber auch in ihrer Mitteilung über die Wahrnehmung von Urheberrechten schuldig bleibt, sondern – wenn man sie an der Grundsatzerklärung im Papier *Wood* festhält[88] – auch überzeugend dartun, daß die dann auftretenden **Gesamtkosten für Verwaltung und Kontrolle** im Verhältnis zum bisherigen bewährten und effizienten System der Gegenseitigkeitsverträge nicht gesteigert würden.

g) Digital Rights Management (DRM)

61 Aber nicht nur die Praxis der Gegenseitigkeitsverträge stößt bei der Kommission auf Kritik. So wird immer wieder darauf hingewiesen, daß es z.B. bei den **Online-Diensten** und auf Grund der **Digital Rights Management-Systeme** (DRMs) einer Neubewertung der Rechtsprechung, insbesondere der GEMA-Grundsätze, bedürfe.[89]

62 Es sei nicht mehr hinnehmbar, daß Urheber sämtliche Rechte an einem Werk von einer Verwertungsgesellschaft bzw. daß sie ihre Rechte überhaupt von einer Verwertungsgesellschaft wahrnehmen lassen müssen. Nach dem Vorschlag der Kommission und den Thesen *Ungerers* soll eine größere Flexibilität für die Rechteinhaber geschaffen werden. Dank DRM-Systemen seien diese in der Lage, ihre Rechte individuell wahrzunehmen. Außerdem sei nicht einsehbar, warum die Rechte an der Online-Nutzung ebenfalls zwingend auf eine Verwertungsgesellschaft übertragen werden müßten. Es müsse für die Rechteinhaber z.B. möglich sein, die „klassischen" Rechte auf

---

Aufführungsrechte im Internet sehr ablehnend gegenüber, s. *Ungerer*, Vortrag beim „Regulatory Forum European Cable Communication Association (ECCA)" S. 9f.

86 S. KOM(2004) 261 endg., S. 20 sowie *Ungerer*, Vortrag beim „Regulatory Forum European Cable Communication Association (ECCA)", Brüssel, 23.6.2004 (S. 6), vgl. Fn. 12. Vgl. dazu auch *Mestmäcker*, WuW 2004, 754, 759.

87 So aber die Kommission, KOM(2004) 261 endg., S. 11f., 20. Ebenso *Ungerer*, Vortrag beim „Regulatory Forum European Cable Communication Association (ECCA)" S. 8f. Sowohl die Kommission als auch *Ungerer* berufen sich vor allem auf DRM-Systeme.

88 *Wood*, Collective Management and EU Competition Law.

89 KOM(2004) 261 endg., S. 19, 22.

die Verwertungsgesellschaften zu übertragen, Online-Rechte aber individuell wahrzunehmen. Ein mögliches **„bundling"** müsse verhindert werden.[90]

Allerdings erscheint die **Wirksamkeit von DRM-Systemen** fraglich. So hat die Kommission in ihrer Mitteilung selbst ausgeführt, daß DRM-Systeme erst dann effektiv sind, wenn eine interoperable technische Infrastruktur besteht, verschiedene DRM-Systeme also kompatibel sind, und auch eine ausreichende Verbraucherakzeptanz gegeben ist. Da das noch nicht der Fall sei, „bieten DRMs zum gegenwärtigen Zeitpunkt keine politische Lösung zur Gewährleistung eines angemessenen Gleichgewichts der beteiligten Interessen".[91] Dennoch hält die Kommission an ihren erwähnten Forderungen fest. **63**

Insgesamt gesehen pocht die Kommission also trotz gravierender Probleme auf mehr **Flexibilität für die Rechteinhaber** und auf einen (verstärkten) Wettbewerb der Verwertungsgesellschaften untereinander, der vor allem zu Gunsten der Nutzer zu mehr Transparenz und Effizienz führen soll. **64**

Das Vorgehen der Kommission ist jedoch erheblich zu kritisieren und abzulehnen, da DRM-Systeme wegen ihrer Unausgereiftheit nicht in der Lage sind, die Rechte der Urheber effektiv zu schützen. Im übrigen muß ein **Ausverkauf der Rechte**, der z.B. droht, wenn ein unerfahrener Rechteinhaber von einem (wirtschaftlich) mächtigen und erfahrenen Nutzer „überrumpelt" wird, in jedem Fall verhindert werden.[92] **65**

Für eine akzeptable Weiterentwicklung der für die treuhänderische Wahrnehmung der Urheberrechte geltenden kartellrechtlichen Grundsätze gehört nämlich auch der Nachweis, daß es sich dabei wiederum um einen **gerechten Interessenausgleich** aller Beteiligten (Urheber, Verwerter, Verbraucher) und nicht nur um eine besondere Rücksichtnahme auf eine Gruppe – etwa die Simulcasting-Betreiber[93] – handelt.[94] **66**

h) Gebot eines widerspruchsfreien Bewertungskonzepts

Es ist weiterhin zu beachten, daß die bisherigen Rechtsprechungsgrundsätze nicht beliebig zu Gunsten der Kommission und zu Lasten der Verwertungsgesellschaften aus- **67**

---

90 S. dazu insgesamt KOM(2004) 261 endg., S. 19, 22; *Ungerer*, Vortrag auf der Tagung der „Independent Music Companies Association (IMPALA)", S. 7f., *ders.*, Vortrag beim „Regulatory Forum European Cable Communication Association (ECCA)" S. 8f.

91 KOM(2004) 261 endg., S. 12f. Kritisch zu DRMs äußert sich auch *Reinbothe*, ZEuS 2004, 367, 380. Siehe zur fehlenden Verbraucherakzeptanz gegenüber Urheberrechten allg. *ders.*, aaO, S. 378f., 383. *Mestmäcker/Schweitzer*, Europäisches Wettbewerbsrecht, § 30 Rn. 3, gehen sogar davon aus, daß der Technologiefortschritt zu einer Verstärkung der kollektiven Rechtewahrnehmung führen wird.

92 So auch *Riesenhuber/v. Vogel*, EuZW 2004, 519, 522f.

93 Zum „Simulcasting" näher *Drauz*, in: Regulierung im Bereich von Medien und Kultur, S. 110f., mit Hinweis auf die Mitteilung der Kommission über einen Antrag zur Freistellung nach Art. 81 III EG der IFPI-Mustervereinbarung (ABl. Nr. C 231 v. 17.8.2001, S. 4) sowie *Mestmäcker*, WuW 2004, 754ff., der das Simulcasting als Testfall bzgl. der Leistungsschutzrechte von Tonträgerherstellern heranzieht.

94 *Riesenhuber/v. Vogel*, EuZW 2004, 519, 523, werfen der Kommission vor, sie habe sich die Interessen der Nutzer zu eigen gemacht.

gelegt werden dürfen. Insbesondere muß die Kommission die **Widerspruchsfreiheit** ihres Konzepts sicherstellen, um grundsätzlichen rechtlichen Geboten zu genügen.[95]

68 Wenn die Kommission praktisch die strengeren Regeln für Unternehmen der Daseinsvorsorge[96] hinsichtlich der Transparenzanforderungen auch auf die Verwertungsgesellschaften anwenden will – dies wird schon im Papier von *Wood* ausdrücklich in Erwägung gezogen[97], und auch die Ausführungen in der Mitteilung der Kommission über die Wahrnehmung von Urheberrechten sowie von *Ungerer* laufen darauf hinaus, wenn dies auch nicht explizit geäußert wird, – müßte sie ihnen zumindest aber auch den privilegierten Schutz nach Art. 86 Abs. 2 EG zuteil werden lassen.[98] Dies geschieht aber unter Berufung auf die gegenteilige Rechtsprechung des EuGH gerade nicht.[99]

i) Die Kompetenz der Gemeinschaft

69 Schließlich spricht für die Beibehaltung der bisherigen wettbewerbsrechtlichen Einordnung der Verwertungsgesellschaften und ihrer Praxis der Gegenseitigkeitsverträge die **Kompetenzverteilung** zwischen Gemeinschaft und Mitgliedstaaten beim Schutz des geistigen Eigentums.[100]

70 In Deutschland erfüllen die Verwertungsgesellschaften den auch verfassungsrechtlich legitimierten Auftrag, den Urheber und sein Werk zu schützen und die Nutzungsrechte auf der Grundlage und in Übereinstimmung mit dem nationalen Urheberrecht gegenüber den Musiknutzern wahrzunehmen.[101] Dieser Auftrag, in dem sich kulturelle, wirtschaftliche und soziale Komponenten miteinander verbinden, ist auf der

---

95 Vgl. dazu zuletzt *Jarras*, AÖR 2001, 588; *Brüning*, NVwZ 2002, 33ff.

96 Dazu näher die Mitteilung der Kommission v. 20.9.2000 zu den Leistungen der Daseinsvorsorge (KOM(2000) 580 endg., ABl. Nr. C 17 v. 19.1.2001, S. 4); eine nähere Erörterung der Problematik in: *Schwarze* (Hrsg.), Daseinsvorsorge im Lichte des Wettbewerbsrechts.

97 Dazu das Papier von *Wood*, Collective Management and EU Competition Law, S. 5 („a number of similarities“).

98 Ausführlich zur Frage der Einordnung der Verwertungsgesellschaften als Unternehmen, die Dienstleistungen von allgemeinem wirtschaftlichen Interesse erbringen, *Mestmäcker*, Urheberrechte und Verwertungsgesellschaften im europäischen Gemeinschaftsrecht, Sonderdruck aus *Mestmäcker/Schulze*, Kommentar zum deutschen Urheberrecht, S. 81ff.

99 EuGH v. 21.3.1974 – Rs. 127/73 *SABAM*, Slg. 1974, 313. Zu der im Schrifttum vertretenen Auffassung, die Tätigkeit der Verwertungsgesellschaften sei mit derjenigen von Gewerkschaften zu vergleichen, die grundsätzlich nicht den Wettbewerbsvorschriften unterliegen, siehe *Wünschmann*, Kollektive Verwertung von Urheber- und Leistungsschutzrechten, S. 61ff., mit Hinweisen u.a. auf Arbeiten von *Hubmann, Dietz* und *van Isacker*.

100 Siehe dazu auch *Mestmäcker*, in: Geistiges Eigentum und Kultur im Spannungsfeld; s. auch *Riesenhuber/v. Vogel*, EuZW 2004, 519, 521, die der Gemeinschaft die Rechtssetzungskompetenz auf dem Gebiet der Verwertungsgesellschaften absprechen.

101 Siehe *Lerche*, Rechtsfragen der Verwirklichung kultureller und sozialer Aufgaben bei der kollektiven Wahrnehmung von Urheberrechten, insbesondere mit Blick auf den sog. 10%-Abzug der GEMA, GEMA-Jahrbuch 1997/98, S. 80ff.; zu Status und Funktion von Verwertungsgesellschaften allg. s. *Mestmäcker/Schweitzer*, Europäisches Wettbewerbsrecht, §30 Rn. 6ff.

Basis mitgliedstaatlicher Kompetenz von der staatlichen Gesetzgebung erteilt und in Deutschland im **Urheberrechtswahrnehmungsgesetz** in Form treuhänderischer Rechtewahrnehmung ausgestaltet worden.

Aus der Entstehungsgeschichte des Urheberrechtswahrnehmungsgesetzes ist hervorzuheben, daß bereits damals die Praxis der Gegenseitigkeitsverträge bekannt war und ersichtlich vom deutschen Gesetzgeber gebilligt worden ist. So heißt es in der einschlägigen Bundestagsdrucksache:[102] **71**

> „Die wachsende Verbreitung der Werke der Literatur und der Kunst in aller Welt hat zur Folge, daß der einzelne Urheber nicht nur im Inland, sondern auch im Ausland auf die Wahrnehmung seiner Rechte bedacht sein muß. Diesem Bedürfnis der Urheber tragen die in den einzelnen Staaten bestehenden Verwertungsgesellschaften durch Abschluß sog. Gegenseitigkeitsverträge Rechnung."

Folgt man den Erläuterungen von *Reinbothe*[103] in dem von *Schricker* herausgegebenen Kommentar zum Urheberrecht, so ist „die kollektive Wahrnehmung durch Verwertungsgesellschaften (...) auch im Europäischen Binnenmarkt unerläßlicher Bestandteil von Urheber- und Leistungsschutzrechten." Es müßten zwingende Gründe vorhanden sein, diese bewährte Praxis, die das Prinzip eines angemessenen Interessenausgleichs mit einem kostengünstigen und effizienten Kontrollsystem verbindet, aufzugeben oder grundlegend zu ändern. Ich füge hinzu: Dies gilt auch in Zeiten des Wandels, die durch die Digitalisierung und das Aufkommen der neuen Dienste der Informationsgesellschaft charakterisiert sind. **72**

IV. Eckpunkte für die künftige Einordnung des Urheberrechts in das Wettbewerbsrecht

Welche Eckpunkte sind nun künftig zu beachten, wenn es um die Einordnung des Urheberrechts in das europäische Wettbewerbsrecht geht? **73**

1. Der grundrechtliche Schutz des geistigen Eigentums

Unter den neueren Rechtsentwicklungen, welche den Schutz des Urheberrechts allgemein im System des Gemeinschaftsrechts unterstreichen, ist zunächst Art. 17 Abs. 2 der **EU-Grundrechtecharta** bzw. Art. II-17 Abs. 2 des Entwurfs für einen Vertrag über eine **Verfassung für Europa**[104] zu nennen. Dort heißt es: „Geistiges Eigentum wird geschützt." **74**

102 BT-Dr. IV/271 (23. 3. 1962), S. 9 unter dem Stichwort „Internationale Verflechtung der Verwertungsgesellschaften".

103 Schricker-*Reinbothe,* vor §§ 1 ff. UrhWG Rn. 16.

104 S. zum Verfassungsentwurf ausführlich *Schwarze* (Hrsg.), Der Verfassungsentwurf des Europäischen Konvents; speziell zur Aufnahme der Grundrechtscharta in den Verfassungsvertrag siehe *Hirsch*, in: Der Verfassungsentwurf des Europäischen Konvents, S. 111 ff.

75 Zwar ist die Grundrechtecharta ebenso wie der Verfassungsentwurf bislang kein rechtsverbindlicher Bestandteil der Gemeinschaftsverträge. Die Grundrechtecharta ist aber bereits wiederholt in der Praxis des Europäischen Gerichtshofs von den Generalanwälten in ihren Schlußanträgen und auch vom Gericht Erster Instanz in einer Entscheidung vom 30. Januar 2002 ausdrücklich als zusätzliche Erkenntnisquelle für den Nachweis bestimmter allgemeiner Rechts- und Verfassungsgrundsätze im Gemeinschaftsrecht herangezogen worden.[105]

2. Geistiges Eigentum in der Rechtsprechung von EuG und EuGH

76 Auch die Rechtsprechung hat den Schutz des geistigen Eigentums in letzter Zeit besonders betont.

77 So hebt der Präsident des EuG in seiner einstweiligen Anordnung im Fall *IMS Health* zunächst die grundlegende Bedeutung des Urheberrechts sowohl für den einzelnen Rechtsinhaber als auch für die Gesellschaft insgesamt hervor.[106] Wie auch sonst in der Rechtsprechung des EuGH anerkannt, ist der Schutz durch das Urheberrecht nach Auffassung des Präsidenten des EuG die Belohnung für die zuvor auf eigenes Risiko getätigten Investitionen.[107] So werde der berechtigte Schutz für den Urheber auch nicht deshalb geschmälert, weil er das Urheberrecht verständlicherweise zu seinen eigenen wirtschaftlichen Interessen nutzt.[108] Dabei umfasse das Urheberrecht das ausschließliche Recht, darüber zu bestimmen, wie es genutzt werde:

> „Seine Reduzierung auf ein rein wirtschaftliches Recht, Gebühren einzunehmen, verkürzt den Wesensgehalt dieses Rechts und ist grundsätzlich geeignet, dem Rechtsinhaber einen potentiell schweren und nicht wieder gutzumachenden Schaden zuzufügen.“[109]

78 Nach Ansicht des Präsidenten des EuG besteht am Schutz des Eigentums im allgemeinen und des geistigen Eigentums im Besonderen zudem ein öffentliches und nicht nur ein privates Interesse.[110] Dieser Gesichtspunkt, der übrigens schon in den *Federa-*

---

105 EuG v. 30. 1. 2002 – Rs. T-54/99 *max.mobil Telekommunikationsservice GmbH./.Kommission*, Slg. 2002, II-313 Rn. 48, 57; siehe zum Status der Grundrechtecharta (vor Aufnahme in den Verfassungsvertrag) *Schwarze*, in: FS Kirchhoff, S. 245, 246ff.

106 Beschluß des Präsidenten des EuG v. 26. 10. 2001 – Rs. 184/01 R 2 Rn. 125.

107 Beschluß des Präsidenten des EuG v. 26. 10. 2001 – Rs. 184/01 R 2 Rn. 143.

108 Beschluß des Präsidenten des EuG v. 26. 10. 2001 – Rs. 184/01 R 2 Rn. 143.

109 Beschluß des Präsidenten des EuG v. 26. 10. 2001 – Rs. 184/01 R 2 Rn. 125; diese Sichtweise hat der EuGH, Urteil v. 29. 4. 2004 – Rs. C-418/01 *IMS Health*, Slg. 2004, I-5039 Rn 34f., erneut bestätigt, da er einen Lizenzerteilungszwang nur unter außergewöhnlichen Umständen bejaht, s. o. Die Kommission scheint in ihrer Mitteilung über die Wahrnehmung von Urheberrechten, KOM(2004) 261 endg., S. 9, jedoch davon auszugehen, daß Zwangslizenzen ganz allgemein weniger mit Gemeinschaftsrecht – allenfalls mit Art. 295 EG – als vielmehr mit internationalen Abkommen kollidieren könnten.

110 Beschluß des Präsidenten des EuG v. 26. 10. 2001 – Rs. 184/01 R 2 Rn. 143. Vgl. auch *Mestmäcker/Schweitzer*, Europäisches Wettbewerbsrecht, § 26 Rn. 2: „[Zu berücksichtigen sind] die öffentlichen Interessen, denen die nationalen Schutzrechtssysteme [für gewerbliche Schutzrechte und Urheberrechte] dienen.“

list Papers, die die Entstehung der Verfassung der Vereinigten Staaten vorbereitet und kommentiert haben, erwähnt wird[111] (Kap. 43), wird auch vom Präsidenten des EuGH in seiner bestätigenden Beschwerdeentscheidung anerkannt.[112]

Abgesehen von diesen gerichtlichen Entscheidungen hat sich der **ehemalige Präsident des EuGH Rodríguez Iglesias** auch abstrakt zu der Frage des Schutzes des geistigen Eigentums im europäischen Wettbewerbsrecht geäußert, so etwa auf einer Veranstaltung des Europa-Instituts Freiburg vom 16. Februar 1998. Dort hat er ausgeführt: **79**

> „Dem Gerichtshof ist vorgeworfen worden, das Ziel des Binnenmarktes zu sehr in den Vordergrund zu stellen und den gewerblichen Schutzrechten nicht die erforderliche Beachtung zu schenken. Kritisiert wurde auch die vom Gerichtshof betonte Unterscheidung zwischen Bestehen und der Ausübung eines gewerblichen Schutzrechts. Meiner Meinung nach war diese Kritik nicht ganz ungerechtfertigt. (…)
>
> Die Unterscheidung zwischen Bestehen und Ausübung von gewerblichen Schutzrechten findet sich übrigens seit 1990 nicht mehr in den Urteilen des Gerichtshofes. Ohne ein Beratungsgeheimnis preiszugeben, kann ich Ihnen versichern, daß dies kein Zufall, sondern ein bewußtes Abrücken von einem nicht angemessenen rechtlichen Ansatz ist."[113]

Die vom Präsidenten des EuGH dort ausdrücklich erwähnte „neue Sensibilität" für die Urheberrechte wird man auch von der Kommission bei ihrer künftigen Politik einfordern müssen. **80**

3. Resümee

Will man insbesondere aus der Rechtsprechung ein knappes Resümee ziehen, so sind es die folgenden **Eckpunkte**, die zu beachten sind, wenn es künftig darum geht, den Standort des Urheberrechts und dessen Verwaltung im europäischen Wettbewerbsrecht zu bestimmen. **81**

Zunächst gilt nach wie vor, wie es Generalanwalt *Jacobs* in seinen Schlußanträgen im Fall *Tournier*[114] dargelegt hat, daß es sich „wegen der ungewöhnlichen Natur der in Rede stehenden Rechte am geistigen Eigentum in jeder Hinsicht um einen Markt mit **Ausnahmecharakter** handelt". **82**

Zum Ausnahmecharakter des geistigen Eigentums tritt der **Kompetenzvorbehalt für die Mitgliedstaaten** hinzu, die, trotz aller zu verzeichnenden Rechtsangleichung auf diesem Gebiet in dem Mehrebenensystem der Europäischen Gemeinschaft, für die **83**

---

111 „The copyright of authors has been solemnly adjudged, in Great Britain, to be a right of common law. The right to useful inventions seems with equal reason to belong to the inventors. The public good fully coincides in both cases with the claims of individuals.", *Madison*, The Federalist No. 43, Abs. 1, vgl. die Ausgabe von *Earle*: *Hamilton/Jay/Madison*, The Federalist, A Commentary on the Constitution of the United States, S. 279.

112 Beschluß des Präsidenten des EuGH v. 11. 4. 2002 – Rs. 481/01 P (R) *IMS Health*, Rn. 82.

113 *Rodríguez Iglesias*, in: Unverfälschter Wettbewerb für Arzneimittel im europäischen Binnenmarkt, S. 9, 19f.

114 EuGH v. 13. 7. 1989 – Rs. 395/87 *Tournier*, Slg. 1989, 2565.

Gestaltung des materiellen Urheberrechtsschutzes wie der Urheberrechtswahrnehmung zuständig sind.[115]

84 Weiter gilt wegen des besonderen geistig-schöpferischen Gehaltes der geschützten Rechte das hier erwähnte **„Gebot der kulturellen Rücksichtnahme"**[116], das nicht nur die Interpretation der Grundfreiheiten, sondern auch die Auslegung der Wettbewerbsregeln des Vertrages bestimmen muß.

85 Es kommt ein letzter Gesichtspunkt hinzu, der aus der Rechtsprechung des EuGH abzuleiten und vom damaligen Präsidenten *Rodríguez Iglesias* in seiner erwähnten Beschwerdeentscheidung im Fall *IMS Health* sowie vom EuGH im Vorabentscheidungsverfahren *IMS Health* noch einmal hervorgehoben worden ist: Eine Einschränkung des Urheberrechts durch europäisches Wettbewerbsrecht kommt, wenn überhaupt, nur „unter außergewöhnlichen Umständen" in Betracht.[117] Dieser Gesichtspunkt kann auch für die Verwaltung der Urheberrechte Geltung beanspruchen.

V. Argumente für einen besonderen Schutz des Urheberrechts im europäischen Wettbewerbsrecht

86 Abschließend möchte ich noch auf einige **Einwände** eingehen, die neuerdings gegen einen besonderen Schutz des Urheberrechts im europäischen Wettbewerbsrecht ins Feld geführt werden.

87 So plädiert *Heinemann* in seiner umfassenden Untersuchung über „Immaterialgüterschutz in der Wettbewerbsordnung" dafür, für das geistige Eigentum die gleichen Einschränkungsgründe heranzuziehen, wie sie sonst nach den Regeln des BGB (§ 903) für das Eigentum gelten.[118] Auf diese Weise will er eine Einschränkungsmöglichkeit für das Urheberrecht auch durch das europäische Wettbewerbsrecht eröffnen.

88 Diesem Ansatz kann ich nicht zustimmen, da entscheidende **Unterschiede zwischen „normalem" und geistigem Eigentum** bestehen. Zunächst ist an die eingangs erwähnte gemischte rechtliche Natur des geistigen Eigentums – einerseits Persönlichkeitsrecht, andererseits Vermögensrecht – zu erinnern.[119] Weitere wesentliche Unterschiede lie-

---

115 S. zur Kompetenzfrage bzgl. Harmonisierungsmaßnahmen bei Verwertungsgesellschaften allg. *Riesenhuber/v. Vogel*, EuZW 2004, 519, 521 und speziell zur Frage der Kompetenz der Kommission, die Trennung von Lizenz- und Verwaltungsgebühr in der Simulcasting-Entscheidung zu fordern, *Mestmäcker*, WuW 2004, 754, 761 ff. Die Kommission geht in ihrer Mitteilung über die Wahrnehmung von Urheberrechten, KOM(2004) 261 endg., S. 20 ff., jedoch davon aus, die Gemeinschaft sei zu Harmonisierungsmaßnahmen berechtigt und hat sogar schon den Vorschlag eines entsprechenden Rechtsinstruments angekündigt.

116 Siehe oben III, 2. d.

117 Beschluß des Präsidenten des EuGH v. 11.4.2002 – Rs. 481/01 P (R) *IMS Health* Rn. 64; EuGH v. 29.4.2004 – Rs. C-418/01 *IMS Health*, Slg. 2004, I-5039 Rn. 35.

118 *Heinemann*, Immaterialgüterschutz in der Wettbewerbsordnung, S. 494.

119 Siehe oben I, am Anfang.

gen u.a. darin, daß geistiges Eigentum anders als normales Eigentum rechtlich nur auf Zeit geschützt[120] ist und auch sonst spezifischen gesetzlichen Einschränkungen unterliegt. Es kommt hinzu, daß es unkörperlich und das seinem Schutz unterliegende „Produkt" beliebig reproduzierbar ist. Insbesondere diese Aspekte sprechen dagegen, beim geistigen Eigentum die gleichen gesetzlichen Einschränkungsregeln heranzuziehen, wie sie für das „normale" Eigentum bestehen.

Auch **Konfliktauflösungsregeln**, wie sie sonst bei Normkonflikten in ein und demsel- **89**
ben Rechtssystem gelten, nämlich eine praktische Konkordanz (*Hesse*) oder einen schonenden Ausgleich (*Lerche*) vorzunehmen[121], **können nicht ohne weiteres angewandt werden**. Der Schutz des geistigen Eigentums findet nämlich auf einer anderen Normebene als dem Gemeinschaftsrecht statt, und das europäische Gemeinschaftsrecht erkennt dies mit dem Vorbehalt zugunsten der Mitgliedstaaten ausdrücklich an (Art. 295 EG).

Daraus ließe sich durchaus der Schluß ziehen, daß das Urheberrecht als zeitlich be- **90**
grenzte Belohnung für erfolgreiche Innovation von den Geboten des europäischen Wettbewerbsrechts gänzlich auszunehmen ist. Wenn man demgegenüber dem Ansatz der Rechtsprechung folgt und eine Einschränkung jedenfalls unter „außergewöhnlichen Umständen" gestattet, so besteht das entscheidende Problem darin, näher zu bestimmen, wann nun solche besonderen Umstände vorliegen.

Meines Erachtens kann hier nur eine Auflösung anhand **konkreter Fallgruppen** wei- **91**
terhelfen. Abstrakte Kategorien mögen zwar der Beschreibung des Problemfeldes dienen; sie sind aber nach meiner Auffassung schwerlich geeignet, die genaue Zuordnung von Urheberrecht und Wettbewerbsrecht im Einzelfall zu gewährleisten. So tragen die im Schrifttum vertretenen Ansichten, das Verhältnis von Urheberrecht und Wettbewerbsrecht als „komplementär" oder als „gegensätzlich" einzustufen[122], nur wenig zur Lösung bei. Das Gleiche gilt für die Annahme, Urheberrecht und Wettbewerbsrecht seien zumeist komplementär, könnten aber gelegentlich miteinander in Konflikt geraten.[123]

Die einstweilen erkennbaren Bestrebungen der Kommission, etwa aus Gründen tech- **92**
nischer Neuerungen wie der Digitalisierung oder auf Grund von **Parallelüberlegungen zu den „Durchleitungsfällen"** das Urheberrecht zu beschränken, stellen jedenfalls keine solchen „außergewöhnlichen Umstände" dar. „Durchleitungsfälle" haben, wie viele andere Fälle, in denen es um den Zugang zu besonders wichtigen Einrichtungen geht, die Besonderheit, daß diese Einrichtungen zumeist mittels staatlicher Subven-

120 Zur Bedeutung der Schutzdauer des Urhebeberrechts vgl. etwa Nordemann/Vinck/Hertin-*Nordemann* § 64 UrhG, Rn. 1ff. Allgemein zur Schutzdauer s. *Rehbinder*, Urheberrecht, Rn. 86ff.

121 Vgl. *Schwarze*, JZ 1993, 591ff.

122 Zu diesen Ansichten *Heinemann*, Immaterialgüterschutz in der Wettbewerbsordnung, S. 1.

123 So die Formulierung von *Vesterdorf*, The Role of Copyright and related Rights as a Policy as compared to other Policies.

tionen oder zu einem Zeitpunkt geschaffen wurden, zu dem das Unternehmen noch eine staatlich anerkannte Monopolstellung innehatte.[124]

93 Zudem zeigt das Urteil *Bronner*[125], daß hohe Anforderungen an eigene Anstrengungen des Konkurrenten zu stellen sind, bevor die Unentbehrlichkeit der geforderten Leistung bejaht werden darf.

94 Die Gleichstellung von Fällen urheberrechtlichen Zusammenhangs mit den „Durchleitungsfällen" würde das Urheberrecht als ein besonderes Recht in seinem Kern treffen. In gleicher Weise läßt sich die Ausübung des Urheberrechts nicht in Fällen direkter Konkurrenz wie im Fall *IMS Health* aus Wettbewerbsgründen beschränken.[126]

95 Die Kommission muß sich also fragen lassen, ob sie die Folgen bedenkt, wenn sie im Namen des Wettbewerbs ihre administrativen Kontrollkompetenzen deutlich ausdehnen will.

96 Es hat sicher gute Gründe gegeben, insbesondere in den Anfangszeiten der europäischen Integration der Kommission weitreichende Befugnisse zur Errichtung eines gemeinsamen Marktes und einer europäischen Wettbewerbsordnung einzuräumen. Nachdem ein gemeinsamer Markt seit längerem existiert und eine wirksame europäische Wettbewerbsordnung etabliert ist, muß allerdings auch die Kommission als Wettbewerbsbehörde beim Einsatz ihrer Instrumente streng darauf achten, daß dadurch die bestehende Kompetenzverteilung und Machtbalance zwischen europäischem Wettbewerbsrecht und dem nach wie vor vorrangig durch die mitgliedstaatlichen Rechtsordnungen und deren Gerichte garantierten Schutz des geistigen Eigentums nicht beeinträchtigt werden.

97 Als **Fazit** läßt sich festhalten, daß die Ausübung der mit dem Urheberrecht verbundenen Befugnisse durch das europäische Wettbewerbsrecht grundsätzlich nicht eingeschränkt wird. Da das Urheberrecht auf einigen Gebieten wie z.B. der Musik nur durch kollektive Rechtewahrnehmung[127] wirksam geltend gemacht werden kann, umfaßt diese Grundregel auch die kollektive Rechtewahrnehmung durch die Verwertungsgesellschaften.

98 Die Ausübung der aus dem Urheberrecht erwachsenen Befugnisse ist als zeitlich befristete Ausnahme von der Konkurrenz und als Belohnung für geistig-schöpferische Innovation aus Wettbewerbsgründen prinzipiell nicht einschränkbar, so wie es die Rechtsprechung anerkannt hat.

---

124 Dazu allgemein *Schwarze* (Hrsg.), Der Netzzugang für Dritte im Wirtschaftsrecht; *Mestmäcker/Schweitzer*, Europäisches Wettbewerbsrecht, § 18 Rn. 30ff.

125 EuGH v. 26.11.1998 – Rs. C-7/97 *Bronner./.Mediaprint*, Slg. 1998, I-7817.

126 *Schwarze*, EuZW 2002, 75, 80; *Mestmäcker/Schweitzer*, Europäisches Wettbewerbsrecht, §28 Rn. 131.

127 Zu den modernen Problemen der Wahrnehmung von Urheberrechten etwa durch Musiktauschbörsen (*Napster*) vgl. *Becker*, in: Regulierung im Bereich von Medien und Kultur, S. 57ff. Dennoch beruft sich die Kommission gerade auf Online-Dienste und Technologiefortschritt, wenn sie annimmt, Rechteinhaber seien nicht mehr zwingend auf Verwertungsgesellschaften angewiesen, s. KOM(2004) 261 endg., S. 19, 22; sowie *Ungerer*, Vortrag beim „Regulatory Forum European Cable Communication Association (ECCA)", S. 8f., 11.

Ob es doch einmal „außergewöhnliche Umstände“ geben mag, die ausnahmsweise eine andere Lösung rechtfertigen, bleibt gegenwärtig mehr oder minder Gegenstand spekulativer Einschätzungen. Der Ausnahmefall *Magill* eignet sich schon wegen seiner beschränkten sachlichen Reichweite und der nachfolgend im *Bronner*-Urteil vorgenommenen restriktiven Interpretation nicht zur Verallgemeinerung. Daran hat sich auch durch das Urteil des EuGH im Vorabentscheidungsverfahren *IMS Health*[128] nicht viel geändert, da noch nicht absehbar ist, wie die dort aufgestellten Kriterien interpretiert werden. 99

So will ich mich abschließend zwar nicht gegen den dargestellten Ausnahmevorbehalt der Rechtsprechung aussprechen; mir fallen aber gegenwärtig deutlich mehr Beispiele dafür ein, wann diese „außergewöhnlichen Umstände“ nicht vorliegen, als daß ich positiv Fälle wüßte, wann sie anzunehmen wären. Das Urheberrecht selbst und seine Verwaltung durch die Verwertungsgesellschaften dürfen allerdings durch das Gebrauchmachen von diesem Ausnahmevorbehalt auch nicht ansatzweise in Frage gestellt werden. 100

---

128 EuGH v. 29.4.2004 – Rs. C-418/01 *IMS Health*, Slg. 2004, I-5039.

Kapitel 6
Gegenseitigkeitsverträge von Verwertungsgesellschaften im Binnenmarkt*

– Die Leistungsschutzrechte der Tonträgerhersteller als Testfall (*Simulcasting*) –

Inhaltsübersicht Rn.

1 Die EG-Kommission will die Organisation und Praxis urheberrechtlicher Verwertungsgesellschaften an die Erfordernisse des Binnenmarktes anpassen.[1] Dazu gehört die **Überprüfung der Gegenseitigkeitsverträge**, durch die sich Verwertungsgesellschaften ihre Rechte zur Wahrnehmung in ihren jeweiligen Tätigkeitsbereichen übertragen. Die Kommission hält die Neubewertung für notwendig, um den durch das Internet und die Digitaltechnik veränderten Bedingungen der Wahrnehmung und Kontrolle von Urheberrechten Rechnung zu tragen. Für die neue wettbewerbsrechtliche Beurteilung der kollektiven Wahrnehmung von Urheberrechten beruft sich die Kommission u.a. auf ihre Entscheidung *Simulcasting*.[2]

2 Die Entscheidung stellt eine neue Art von Gegenseitigkeitsverträgen der Verwertungsgesellschaften der europäischen Tonträgerhersteller nach Art. 81 Abs. 3 von dem Verbot des Art. 81 Abs. 1 EG frei. Gegenstand der Verträge ist die gegenseitige Wahrnehmung der auf die Verwertungsgesellschaften der Tonträgerhersteller zur Wahrnehmung übertragenen Leistungsschutzrechte im Verhältnis zu Sendeanstalten im

---

* Der Beitrag beruht auf einer Untersuchung des Verfassers, die zuerst in WuW 2004, 754–769 veröffentlicht wurde.

1 Mitteilung der Kommission v. 16.4.2004 an den Rat, das Europäische Parlament und den Europäischen Wirtschafts- und Sozialausschuß: Die Wahrnehmung von Urheberrechten und verwandten Schutzrechten im Binnenmarkt, KOM(2004) 261 endg., im Folgenden zitiert als Mitteilung Verwertungsgesellschaften.

2 Kommission v. 8.10.2002, ABl. 2003 L 107/58 – IFPI./.Simulcasting.

Internet, den sog. *Simulcastern*. Danach soll jede der beteiligten Gesellschaften berechtigt sein, das Gesamtrepertoire dieser Gesellschaften mit Wirkung für den europäischen Wirtschaftsraum an Nutzer zu lizenzieren (*One-Stop-Shop*). Die Kommission folgert aus ihrer Entscheidung, daß die traditionelle territoriale Begrenzung der Wahrnehmung von Urheberrechten durch Verwertungsgesellschaften unter den neuen Bedingungen der Digitaltechnik überholt sei.[3] Die Praxis der Verwertungsgesellschaften könne so ausgestaltet werden, daß die Nutzer (*Simulcaster*) die Wahl hätten, von welcher Verwertungsgesellschaft im europäischen Wirtschaftsraum sie eine Gesamtlizenz für die Repertoires aller beteiligten Gesellschaften für den gesamten europäischen Wirtschaftsraum erwerben könnten.[4] Zu prüfen ist, ob die von den Verwertungsgesellschaften der Tonträgerhersteller in Aussicht genommenen und von der Kommission gebilligten oder geforderten Regelungen allgemein wichtige gemeinschaftsrechtliche Maßstäbe für die kollektive Wahrnehmung von Urheberrechten und verwandten Schutzrechten erkennen lassen. Die Kommission fügt den Sachverhalt der Entscheidung *Simulcasting* in einen technischen und rechtlichen Zusammenhang ein, der vorab darzustellen ist.

I. Die Wahrnehmung der Rechte der Tonträgerhersteller an Tonträgern im Internet

Das Internet hat die Bedingungen, unter denen die Tonträgerindustrie ihr Produkt – den Tonträger – vermarktet und vor unberechtigtem Eingriffen schützen kann, grundlegend verändert. Der unbefugte Zugriff richtet sich nicht mehr nur auf das Endprodukt, den Tonträger („Raubkopien"): Das Internet ermöglicht es, die auf Tonträger aufgenommene Musik ohne Träger im Ganzen oder getrennt nach einzelnen Titeln zu komprimieren, zu speichern, zu übermitteln, abzurufen, abzuhören oder erneut aufzuzeichnen. Urheber, Verwertungsgesellschaften, Musikverlage und Tonträgerhersteller haben die **unerlaubte Nutzung ihrer Produkte im Internet** von Anfang an nachhaltig bekämpft. Der Fall *Napster* ist repräsentativ für den Kampf gegen unbefugte Nutzung von Urheberrechten und Leistungsschutzrechten im Internet.[5] Die Ausbreitung immer neuer Formen des unentgeltlichen Zugriffs auf geschützte Tonträger war damit jedoch nicht beendet.[6] Es war deshalb unerläßlich, den Teilnehmern des Internet Möglichkeiten zur rechtmäßigen und entgeltlichen Nutzung urheberrechtlich geschützter Musik anzubieten. Das **Internet war als ein neuer Vertriebsweg** für das entgeltliche Angebot neuer Produkte (*streaming*, *downloading*, *burning*) zu nutzen. Zu diesem Zweck gründeten die großen Tonträgerhersteller in den USA zwei **3**

3 Zusammenfassende Stellungnahme der Kommission zur Bedeutung der Entscheidung im 22. Bericht über die Wettbewerbspolitik 2002, Rn. 146–150.

4 Mitteilung Verwertungsgesellschaften, sub 3.4.

5 A & M Records Inc. v. Napster Inc., 239 N. 3d 1004 (9th Cir. 2001).

6 Überblick über die Entwicklung in den USA bei *First*, Online Music Joint Ventures: Taken for a Song.

Portale[7], welche die Produkte der Mutterunternehmen im Internet vertreiben. Die Antitrust-Behörden prüften unter anderem, ob die Tonträgerindustrie damit den Zweck verfolgte, die Entwicklung eines Musikmarktes im Internet zu behindern, um ihre tradierte starke Stellung auf dem oligopolistischen Tonträgermarkt zu stabilisieren. Diese Bedenken erwiesen sich jedoch angesichts der Entwicklung der neuen Märkte als unbegründet.[8]

4 Eine Voraussetzung für die wirksame Wahrnehmung der Leistungsschutzrechte im Internet war deren rechtliche Anpassung an die neue technische Umwelt. Das ist in den letzten Jahren weltweit geschehen. Das **Schutzrecht der Hersteller von Tonträgern** wurde im Grundsatz als echtes Ausschließlichkeitsrecht ausgestaltet und auf das der digitalen Technik angepaßte Recht der öffentlichen Wiedergabe und des Senderechts erstreckt.[9] Der WPPT trat mit der Ratifizierung durch die Europäische Union und die Bundesrepublik am 20. Mai 2001 in Kraft.[10]

5 In Deutschland gewährten die §§ 85, 86 UrhG a. F. den Herstellern von Tonträgern nur ein Vervielfältigungs- und Verbreitungsrecht, aber kein Recht der öffentlichen Wiedergabe und kein Senderecht.[11] Das am 13. Dezember 2003 in Kraft getretene **Gesetz über die Regelung des Urheberrechts in der Informationsgesellschaft**[12] hat die für die Verwertungsrechte der Hersteller von Tonträgern geltenden Vorschriften in § 85 UrhG neu gefaßt. Der deutsche Gesetzgeber hat damit die Richtlinie 2001/29 EG vom 22. Mai 2001[13] in deutsches Recht umgesetzt. Artikel 3 Abs. 2 der Richtlinie begründet für die Tonträgerhersteller in bezug auf ihre Tonträger das ausschließliche Recht, zu erlauben oder zu verbieten, daß die Tonträger drahtgebunden oder drahtlos in einer Weise der Öffentlichkeit zugänglich gemacht werden, daß sie Mitgliedern der Öffentlichkeit von Orten und zu Zeiten ihrer Wahl zugänglich sind. Entsprechend begründet § 85 Abs. 1 UrhG das Recht, den Tonträger öffentlich zugänglich zu machen. Das Recht ist übertragbar und kann nach den für Urheberrechte geltenden Regeln lizenziert werden (§ 85 Abs. 2 UrhG). Von dieser Möglichkeit machen die am Freistellungsverfahren *Simulcasting* beteiligten Verwertungsgesellschaften in der im Folgenden darzustellenden Weise Gebrauch.

---

7 Musicnet und Pressplay.

8 Department of Justice, Antitrust Division: Statement Regarding the Closing of its Investigation into The Major Record Labels' Pressplay and MusicNet Joint Ventures, issued December 23, 2003, http://www.usdoj.gov/atr/public/press_releases/2003/201946.htm.

9 Zuerst der unter der Herrschaft der WIPO verhandelte WIPO Performances and Phonograms Treaty (WPPT).

10 Siehe dazu *Dünnwald*, ZUM 2004, 161; zur Entwicklung *Kreile*, ZUM 1996, 964–966. In den USA gilt für die Rechte am Tonträger der Digital Performance Right in Sound Recordings Act (DPRA), Public Law 104-39; Ergänzt durch den Digital Millennium Copyright Act (DMCA), 17 USC § 106–114.

11 Zur Rechtsentwicklung Schricker-*Vogel,* § 85 UrhG Rn. 1–9.

12 Gesetz v. 10. 9. 2003, BGBl. I 1774; Überblick bei *Lamber/Schwipps*, GRUR 2004, 293–300; auch *Dünnwald*, ZUM 2004, 161–181.

13 ABl. 2001 L 167/70.

II. Musiklizenzen *Online* – Ein Experiment

Durch die von der EU-Kommission freigestellte Vereinbarung ermächtigen sich die beteiligten Verwertungsgesellschaften gegenseitig, in ihrem jeweiligen Verwaltungsgebiet Lizenzen für die Simultanübertragung ihrer auf Tonträger aufgenommenen Werke an Sendeanstalten zu lizenzieren. Die **Simultanübertragung** wird definiert als „die gleichzeitige Verbreitung über das Internet von Tonbandaufzeichnungen mit der Übertragung der Rundfunk- und/oder Fernsehsignale durch Rundfunk- und Fernsehsender" (Entscheidung *Simulcasting*, Rn. 2). Diese Lizenz ist eine Mehrgebietslizenz, weil sie den beteiligten Verwertungsgesellschaften das Recht einräumt, Lizenzen nicht nur für ihr eigenes, sondern für die Verwertungsgebiete aller beteiligten Gesellschaften zu erteilen. 6

Sie ist ferner eine **Mehrprogrammlizenz**, weil sie jeder beteiligten Verwertungsgesellschaft das Recht einräumt, Lizenzen für Programme von *Simulcastern*, die in den Verwaltungsgebieten aller beteiligten Gesellschaften im europäischen Wirtschaftsraum ihre Niederlassung haben, zu erteilen. Die Kommission hat die Freistellung davon abhängig gemacht, daß die beteiligten Verwertungsgesellschaften gegenüber den Lizenznehmern ausweisen, welcher Teil der den *Simulcastern* berechneten Lizenzgebühr auf die Kosten entfällt, die der einzelnen Verwertungsgesellschaft durch die Verwaltung der Simultanübertragungslizenz entstehen (so genannte Verwaltungsgebühr, Rn. 103). In der den Sendeanstalten zu erteilenden Lizenz dürfen Lizenz- und Verwaltungsgebühren nicht vermischt werden (Entscheidung *Simulcasting*, Rn. 99). Die Kommission beurteilt die Märkte für die Verwaltung *und* Lizenzerteilung der Simultanübertragungsrechte als verschiedene neue Märkte (Entscheidung *Simulcasting*, Rn. 48). Die genannten Märkte sind zu unterscheiden von der Übertragung und Verwaltung der Leistungsschutzrechte im Verhältnis der Verwertungsgesellschaften zueinander. Die letztgenannten Vereinbarungen hält die Kommission für weitgehend unbedenklich, weil die Rechtsübertragungen nicht ausschließlichen Charakter haben (Entscheidung *Simulcasting*, Rn. 65). 7

Diese Teile der Entscheidung sind nur im Zusammenhang mit der **vertraglichen Regelung der Lizenzgebühren** verständlich. Die Lizenzgebühr, die jede Verwertungsgesellschaft ihren Lizenznehmern in Rechnung zu stellen hat, ergibt sich aus der Summe der von jeder beteiligten Verwertungsgesellschaft in ihrem Gebiet zugrunde gelegten Lizenzgebühr. Der Gesamttarif, der von einer Gesellschaft für die Erteilung einer Mehrprogramm/Mehrgebietslizenz berechnet wird, enthält mithin neben dem eigenen Tarif die verschiedenen, von jeder der teilnehmenden Gesellschaften festgesetzten nationalen Tarife (Entscheidung *Simulcasting*, Rn. 65). Dies sei die notwendige Folge des von der Rechtsprechung des EuGH anerkannten Rechts der Rechteinhaber, für jede öffentliche Wiedergabe eines geschützten Werkes eine Vergütung zu erhalten (Entscheidung *Simulcasting*, Rn. 66, 70). 8

Die Gesamtgebühr ist gegenwärtig unbekannt, weil sich die Gesellschaften zur Zeit der Entscheidung noch nicht über die Struktur des Tarifs geeinigt hatten. Die Kommission erklärt das mit dem Charakter des Vertrages als eines Experiments und verweist auf die von den Unternehmen erwogenen Möglichkeiten. Wegen der bisher nur 9 geringen Einnahmen aus der Lizenzierung von Simultanübertragungen komme ein Pauschalbetrag in Betracht. Dieser könne sich aus dem Prozentsatz der mit der Simultanübertragung in dem Gebiet jeder einzelnen Verwertungsgesellschaft erzielten Einnahmen ergeben. Eine andere Möglichkeit sei ein Gesamttarif, der einem auf der Tonspur beruhenden Satz entspreche, der an die Programmnutzung und die Auswahl der Musikwerke je *Site* gebunden wäre (Entscheidung *Simulcasting*, Rn. 25 in Verbindung mit Rn. 65). Bei dieser Art der Lizenzierung stehe die Gesamtgebühr (wenn sie einmal gefunden sein sollte) von Anfang an fest. Folglich werde der Preiswettbewerb spürbar eingeschränkt (Entscheidung *Simulcasting*, Rn. 67). Der eigentlich wettbewerbsbeschränkende Charakter des vorgesehenen Systems folge jedoch daraus, daß ein Preiswettbewerb auch bei dem Teil der Lizenzgebühren fehle, mit dem Verwaltungsdienste der erteilenden Gesellschaft bewertet würden. Wörtlich heißt es:

> „Durch die Vermischung zwischen den beiden Gebühren können die Benutzer nicht die Effizienz der einzelnen Gesellschaften ermitteln und werden daran gehindert, auf die Lizenzdienstleistungen derjenigen Gesellschaft zurückzugreifen, die sie zu den niedrigsten Kosten anbietet" (Entscheidung *Simulcasting*, Rn. 71).

10 Ähnlich wie bei der Gesamtlizenzgebühr handelt es sich auch hier um ein Experiment. Die Parteien haben nämlich „nachgewiesen, daß sie noch nicht über die Verwaltungs- und Buchhaltungsstrukturen verfügen, um die Trennung von Urheberrecht und Verwaltungsgebühr unverzüglich umsetzen zu können" (Entscheidung *Simulcasting*, Rn. 106). Die Parteien erkennen jedoch die besondere Bedeutung an, welche die Kommission dem Grundsatz der **Trennung von Lizenzgebühr und Verwaltungsgebühr** bei der Erbringung der Dienstleistungen an Mehrgebietsnutzer beimißt (Entscheidung *Simulcasting*, Rn. 104). Die Verwaltungsgebühr sei von jeder erteilenden Gesellschaft gemäß ihren Kosten zu berechnen. Auf diese Weise werde der Wettbewerb zwischen den Verwertungsgesellschaften gefördert, weil die Nutzer in die Lage versetzt würden, die Effizienz jeder Verwertungsgesellschaft, mit welcher sie in Vertragsbeziehungen treten können, besser zu beurteilen und „zu verstehen" (Entscheidung *Simulcasting*, Rn. 121).

11 Festzuhalten ist, daß es sich bei den Vereinbarungen, für welche die Kommission eine bis zum 31. Dezember 2004 **befristete Freistellung** unter der Bedingung der Trennung von Lizenzgebühr und Verwaltungsgebühr erteilt hat, um Absichtserklärungen der beteiligten Unternehmen handelte. Die Befristung der Entscheidung entspricht der Frist, die den beteiligten Unternehmen zur Verfügung steht, um die von der Kommission geforderten Vereinbarungen auch zu verwirklichen. Die wirtschaftliche Bedeutung der Simultanübertragungslizenz ist – wie die Kommission hervorhebt – bisher so gering, daß eine Einigung der Parteien noch nicht möglich war (Entscheidung *Simulcasting*, Rn. 25).

12 Trotz dieser rechtstatsächlichen Ungewissheiten sieht die Kommission in der Entscheidung *Simulcasting* ein Präjudiz von weitreichender, grundsätzlicher Bedeutung für die wettbewerbsrechtliche Beurteilung der kollektiven Wahrnehmung von Urheber- und Leistungsschutzrechten im Internet.[14] Diese Meinung wird von den Kommentatoren der Entscheidung *Simulcasting* gestützt.[15]

III. Gegenseitigkeitsverträge

Die Entscheidung *Simulcasting* soll die Grundsätze weiterentwickeln, welche für die Gegenseitigkeitsverträge von Verwertungsgesellschaften im Gemeinsamen Markt gelten. Durch diese Verträge übertragen sich Verwertungsgesellschaften gegenseitig die Gesamtheit ihrer Rechte zur Wahrnehmung und zwar zu den Bedingungen, zu denen sie ihre eigenen Rechte wahrnehmen. Den zur Wahrnehmung so übertragenen Rechten ist gemeinsam, daß sie zwar in der Regel ausländischen Staatsangehörigen gehören, die Administration der heimischen und übertragenen Rechte jedoch infolge des Territorialitätsprinzips nach Maßgabe der staatlichen Gesetzgebungen notwendig übereinstimmt. Diesen Grundsatz, der in Art. 5 der Berner Übereinkunft zum Schutz von Werken der Literatur und Kunst weltrechtlich normiert ist, nimmt der EuGH in bezug, um die Gegenseitigkeitsverträge der Verwertungsgesellschaften zu würdigen. Wörtlich heißt es: **13**

> „Somit streben die von den Verwertungsgesellschaften miteinander geschlossenen Verträge über die gegenseitige Vertretung ein doppeltes Ziel an: Zum einen bezwecken sie, in Einklang mit dem in den internationalen Übereinkommen niedergelegten Grundsatz die Gesamtheit der geschützten Musikwerke ohne Rücksicht auf deren Herkunft einheitlichen Bedingungen für die in ein und demselben Staat ansässigen Benutzer zu unterwerfen; zum anderen ermöglichen sie es den Verwertungsgesellschaften, sich für den Schutz ihrer Bestände in einem anderen Staat auf die von der dort tätigen Verwertungsgesellschaft aufgebaute Organisation zu stützen, ohne genötigt zu sein, diese Organisation durch ein eigenes Netzwerk von Verträgen mit den Benutzern und eigene, an Ort und Stelle vorgenommene Kontrollen zu ergänzen“ [16].

Läßt man zunächst die Gründe für diese positive gemeinschaftsrechtliche Beurteilung der Gegenseitigkeitsverträge unberücksichtigt, so ergibt sich rechtstatsächlich der folgende Befund: Die Gegenseitigkeitsverträge setzen die Verwertungsgesellschaften instand, den Nutzern der von ihnen wahrgenommenen Werke das Weltrepertoire urheberrechtlich geschützter Musik zu lizenzieren. Ermöglicht wird ein globaler, wenn auch **territorial begrenzter *One-Stop-Shop***. **14**

Die EG-Kommission sieht in der territorialen Begrenzung der von den Verwertungsgesellschaften erteilten Lizenzen einen Widerspruch zum Binnenmarkt. Auch wenn die Urheberrechte territorial begrenzt seien, so gelte dies doch nicht in gleicher Weise **15**

---

14 Mitteilung Verwertungsgesellschaften, sub 3.4; Wettbewerbsbericht 2002 Rn. 146–150.

15 *Mensching,* Committee on Legal Affairs and the Internal Market, Draft Report on a Community Framework for Collecting Societies in the Field of Copyright, and on the Commission Report to the Council, The European Parliament and the Economic and Social Committee on the Question of Authorship of Cinematographic or Audiovisual Works in the Community; *Pereira,* EC Competition Policy News Letter, 2003, 44–49; *Ungerer,* Application of Competition Law to Rights Management in the Music Market, Some Orientations, Brüssel 11. Juni 2003, COMP/C2/HO/rdo; *Wainwright,* IP Transactions and Infringements of Articles 81 and 82 – New Developments in EU Law, Alicante, 14. März 2003, Rn. 63–68; *Capubianco,* EIPR 2004, 113–121.

16 EuGH v. 13. 7. 1989 – Rs. 395/87 *Tournier*, Slg. 1989, 2521, 2572 Rn. 19; übereinstimmend EuGH v. 13. 7. 1989 – Rs. 110/88 *SACEM*, Slg. 1989, 2811, 2828 Rn. 13.

für die Verwertungsgesellschaften[17]. Das Territorialitätsprinzip, das für Urheberrechte gelte, sei auf die Leistungen der Verwertungsgesellschaften nicht anwendbar. Es gebe keine natürliche territoriale Begrenzung der Dienstleistungen dieser Gesellschaften, zumal die meisten grenzüberschreitenden Dienstleistungen auf der Grundlage verschiedener regionaler Gesetze erbracht würden. Die Verwertungsgesellschaften seien nicht gehindert, grenzüberschreitende Lizenzen zu erteilen und infolge neuer technischer Entwicklungen auch in der Lage, die Nutzung ihres Repertoires im Ausland grenzüberschreitend zu kontrollieren. Entfallen sei damit die vom Europäischen Gerichtshof betonte Notwendigkeit, für den Schutz der eigenen Werke in einem anderen Staat die Dienste einer anderen Verwertungsgesellschaft in Anspruch zu nehmen, ohne genötigt zu sein, dafür eine eigene Organisation aufzubauen. Das möge bei analoger Technik der Übertragung und Nutzung von Urheberrechten richtig gewesen sein. In der neuen Welt der Digitaltechnik seien Verwertungsgesellschaften in der Lage, ihre Lizenzierungs- und Kontrolltätigkeit grenzüberschreitend mit Hilfe technischer Mittel auszuüben.

16 Zum **spezifischen Gegenstand des Urheberrechts** gehört bei den Werken, die dem Publikum durch beliebig oft wiederholbare Vorführungen zugänglich gemacht werden (Aufführungsrecht), die Befugnis, für jede Vorführung eine Vergütung zu verlangen. Deshalb verstoßen Verträge der Rechteinhaber, die der Nutzung dieses Rechts dienen, nicht gegen die Vorschriften über den freien Dienstleistungsverkehr. Sie können rechtmäßig unter räumlichen Begrenzungen abgeschlossen werden. Das gilt auch dann, wenn die zugrunde gelegten räumlichen Grenzen Staatsgrenzen sind[18]. Artikel 85 Abs. 1 EGV (Art. 81 EG) steht solchen Lizenzverträgen nicht entgegen, die dem Lizenznehmer ein ausschließliches Recht für das vorbehaltene Gebiet einräumen. Wörtlich heißt es:

> „Der Umstand allein, daß der Inhaber des Urheberrechts an einem Film einem einzigen Lizenznehmer das ausschließliche Recht eingeräumt hat, diesen Film im Hoheitsgebiet eines Mitgliedstaats während eines bestimmten Zeitraums vorzuführen und somit dessen Verbreitung durch Dritte zu verbieten, reicht jedoch nicht für die Feststellung aus, daß eine derartige Vereinbarung als Gegenstand, Mittel oder Folge einer nach dem EWG-Vertrag verbotenen Kartellabsprache anzusehen ist“[19].

17 Diese Grundsätze sind auch dann zu beachten, wenn Urheberrechte durch Verwertungsgesellschaften wahrgenommen werden. Das erkennt die Kommission in der Entscheidung *Simulcasting* für die Berechnung der Lizenzgebühren ausdrücklich an (Rn. 67). Die Gegenseitigkeitsverträge urheberrechtlicher Verwertungsgesellschaften sind dafür wichtige Beispiele. Auf diese Verträge ist Art. 81 EG nur anwendbar, wenn sie bezwecken oder bewirken, ausländischen Nutzern systematisch den Zugang zu

---

17 *Mensching,* Draft Report on a Community Framework for Collecting Societies in the Field of Copyright, and on the Commission Report to the Council, the European Parliament and the Economic and Social Committee on the Question of the Authorship of Cinematographic or Audiovisual Works in the Community.

18 EuGH v. 18. 3. 1980 – Rs. 62/79 *Coditel ./. Cine-Vog Films*, Slg. 1980, 881, 902 Rn. 10–17.

19 EuGH v. 20. 6. 1982 – Rs. 262/81 *Coditel ./. Cine-Vog Films*, Slg. 1982, 3381, 3401 Rn. 15.

den eigenen Beständen dieser Gesellschaften zu verweigern[20]. Ein solcher Fall liegt nach der Rechtsprechung vor, wenn **Gegenseitigkeitsverträge mit Ausschließlichkeitsklauseln** vereinbart werden. Auch die **ohne Ausschließlichkeit** vereinbarten Gegenseitigkeitsverträge können gegen Art. 81 EG verstoßen, wenn die übereinstimmende Vertragspraxis einer Mehrzahl von Verwertungsgesellschaften als abgestimmte Verhaltensweise zu beurteilen sein sollte. Die Tatsache allein, daß das Verhalten der Verwertungsgesellschaften übereinstimmt, reicht dafür jedoch nicht aus. Nach ständiger Rechtsprechung kann ein Parallelverhalten von Unternehmen zwar ein Indiz für ein verbotenes abgestimmtes Verhalten sein. Dieses Indiz ist jedoch widerlegt, wenn das übereinstimmende Verhalten aus anderen Gründen als dem der wettbewerbsbeschränkenden Verhaltensabstimmung erklärbar ist[21]. Als einen solchen Grund hebt der EuGH hervor, daß es für Verwertungsgesellschaften unwirtschaftlich sei, bei grenzüberschreitender Lizenzierung ein eigenes Verwaltungs- und Kontrollsystem in anderen Ländern aufzubauen.

An diesen Teil des EuGH-Urteils knüpft die EG-Kommission an. Die vom EuGH **18**
anerkannte Erklärung für das übereinstimmende Verhalten der Verwertungsgesellschaften in der Lizenzierung ihres Repertoires treffe unter den durch die Digitaltechnik veränderten Umständen nicht mehr zu. Insoweit handelt es sich um eine Beweisfrage, die auf dem Gebiet der Tatsachenwürdigung liegt. Die Beweisfrage ist jedoch von dem Rechtsgrund zu trennen, aus dem sie überhaupt erheblich ist. Der Rechtsgrund verweist auf die treuhänderischen Pflichten der Verwertungsgesellschaft gegenüber ihren Mitgliedern.[22] Eine Verfügung über die ihr von den Mitgliedern anvertrauten Rechte ist nur rechtmäßig, wenn sie mit den Pflichten vereinbar ist, welche die Verwertungsgesellschaften gegenüber ihren Mitgliedern aufgrund Satzung oder Gesetz haben. Diese Pflichten und die ihr dienenden unternehmerischen Funktionen haben sich im internationalen und im neuen digitalen Kontext nur in dem Sinne verändert, daß sie unter dramatisch erschwerten Bedingungen wahrzunehmen sind. Auch an internationalen Gegenseitigkeitsverträgen dürfen sich Verwertungsgesellschaften nur beteiligen, wenn die Interessen ihrer Mitglieder an der wirksamen Wahrnehmung ihrer Rechte gewährleistet sind. Der vom EuGH in bezug genommene Grundsatz der Inländerbehandlung, den die Gegenseitigkeitsverträge verwirklichen, gewährleistet, daß die Mitgliederinteressen ohne Diskriminierung in Übereinstimmung mit den national verschiedenen Urhebergesetzen gewahrt werden.

Das *Digital Rights Management* (DRM) ist nach der zutreffenden Feststellung der **19**
EG-Kommission gegenwärtig nicht geeignet, ein angemessenes Gleichgewicht der beteiligten Interessen, nämlich der Interessen der Urheber und anderer Rechteinhaber oder derjenigen der rechtmäßigen Nutzer, Verbraucher und anderer beteiligter Dritter zu gewährleisten.[23]

---

20 EuGH v. 13.7.1989 – Rs. 395/87 *Tournier*, Slg. 1989, 2565, 2773 Rn. 23.

21 Urteil *Tournier,* Rn. 24. Näher Groeben/Schwarze-*Schröter*, Art. 81 EG Rn. 40–53. Kritisch zum Urteil *Tournier Wünschmann*, Kollektive Verwertung von Urheber- und Leistungsschutzrechten, S. 173ff.

22 Insoweit übereinstimmend die Entscheidung *Simulcasting*, Rn. 111.

23 Mitteilung Verwertungsgesellschaften, sub I.2.5.

20 Unter den Bedingungen des Internet ist die kollektive Wahrnehmung der Urheberrechte im Interesse der Urheber ähnlich unerläßlich, wie sie es zur Wahrnehmung der Aufführungsrechte von Anfang an gewesen ist. Ein Vergleich einzelner Funktionen anhand alter und neuer Techniken reicht nicht aus, um die Praxis der Gegenseitigkeitsverträge zutreffend zu beurteilen. Im **Internet** ist nämlich die wichtigste Aufgabe von Verwertungsgesellschaften noch zu bewältigen: die **Entwicklung von Märkten für urheberrechtlich geschützte Musik**. Soweit es sich um unternehmerisch nutzbare Urheberrechte handelt, wurde die Entwicklung von Märkten dadurch begünstigt, daß die Nutzer ein nachhaltiges Eigeninteresse daran haben, ihre Produktion bzw. ihr Programm ohne Einzellizenzierungen und ohne das Risiko von Schadensersatz- und Unterlassungsklagen planen und durchführen zu können. In der Mehrzahl der Fälle entstehen Märkte für Urheberrechte jedoch erst aus der Erfassungs- und Kontrolltätigkeit der Verwertungsgesellschaften. Diese Tätigkeit führt zur Herausbildung von Nutzergruppen, deren typisierte Nachfrage ihren Niederschlag in Tarifen und Gesamtverträgen findet. Es gehört zu den Aufgaben der Verwertungsgesellschaften, solche Nutzerbeziehungen, die sich als Märkte stabilisieren können, im Internet zu entwickeln. Der einzelne Urheber steht der Ubiquität des Internet und der Vielfalt der technischen Möglichkeiten, Urheberrechte unentdeckt zu nutzen, hilflos gegenüber. Diese Interessenlage ist so ausgeprägt, daß sie häufig in bezug genommen wird, um das Urheberrecht für faktisch obsolet zu erklären. Die Entscheidung *Simulcasting* ist für die genannte Interessenlage jedoch nicht repräsentativ. Die Simultanübertragungslizenzen knüpfen nämlich an die tradierten und stabilen Vertragsbeziehungen zu Sendeanstalten an. Deren Interesse an einem Gesamtrepertoire für die Planung ihrer Programme ist weitgehend unstreitig.

21 In der Entscheidung *Simulcasting* heißt es zum Sachverhalt, daß die beteiligten Unternehmen ihren Vereinbarungen das **Bestimmungslandprinzip** zugrunde legten (Rn. 63). Das ist zutreffend, soweit die Mehrgebietslizenz die Nutzung der lizenzierten Werke unabhängig vom Standort der lizenzierenden Gesellschaft zum Gegenstand hat. Aus der Berechnung der Gesamtlizenzgebühr anhand der Summe der von jeder Verwertungsgesellschaft in ihrem Gebiet festgesetzten Lizenz folgt jedoch, daß für die Vergütung das Ursprungslandprinzip gilt. Hier setzt sich das auch von der Kommission anerkannte Territorialitätsprinzip für Urheberrechte durch. Der Bezug auf das Territorium, auf das die wahrgenommenen Urheberrechte begrenzt sind, hat jedoch auch für ihre effektive Wahrnehmung durch Verwertungsgesellschaften maßgebliche Bedeutung. Die Ermittlung vergütungspflichtiger Nutzungen von Urheberrechten im Internet hat einen eindeutigen territorialen bezug. Die Urheber und ihre Verwertungsgesellschaften „konkurrieren" mit Anbietern, die urheberrechtlich geschützte Werke in technisch ganz verschiedener Weise zum Nulltarif verfügbar machen. Der rechtliche und faktische Zugriff auf solche Anbieter ist erfahrungsgemäß nur territorial möglich. Die rechtlichen, wirtschaftlichen und technischen Rahmenbedingungen fordern eine „physische Präsenz" der lizenzierenden Verwertungsgesellschaft im Verwaltungsgebiet, in dem der Lizenznehmer seinen wirtschaftlichen Sitz hat.

IV. Die Trennung von Lizenzgebühr und Verwaltungsgebühr

Mit dem System der Gegenseitigkeitsverträge ist die Lizenzierungspraxis der Verwertungsgesellschaften unmittelbar verbunden. Zu ihr gehört in der Regel die Berechnung einer umfassenden und pauschalen Gebühr. Im Urteil *Tournier* (Rn. 45) hatte der EuGH zu entscheiden, ob diese Art der Lizenzberechnung ein Indiz für einen Mißbrauch einer beherrschenden Stellung sei. Dazu heißt es wörtlich: 22

> „Die umfassende Natur der Gebühr könnte in der Tat nur insoweit unter dem Gesichtspunkt des in Art. 86 EGV (Art. 82 EG) ausgesprochenen Verbots beanstandet werden, als auch andere Methoden geeignet wären, das legitime Ziel des Schutzes der Interessen der Musikautoren, Komponisten und Musikverleger zu verwirklichen, ohne daß sie zugleich zu einer Erhöhung der Kosten der Verwaltung der Vertragsbestände und der Überwachung der Nutzung der geschützten Musikwerke führen würden."

Damit erweist sich die **Art und Weise der Berechnung der Lizenzgebühr** als Folgefrage zu den bereits erörterten grundlegenden Funktionen der Gegenseitigkeitsverträge von Verwertungsgesellschaften. Die Entscheidung *Simulcasting* führt jedoch durch die dort geforderte Trennung von Lizenzgebühr und Verwaltungsgebühr zu neuen Abgrenzungsfragen. Sie sind unter Beachtung des Grundsatzes zu beantworten, daß Verwertungsgesellschaften, auch wenn sie beherrschende Unternehmen sind, vom Wettbewerbsrecht der Gemeinschaft nicht gehindert werden dürfen, ihre legitimen unternehmerischen Interessen wahrzunehmen.[24] Bei Verwertungsgesellschaften gehört dazu die Möglichkeit, die Rechte ihrer Mitglieder gegenüber bedeutenden Musikverbrauchern und Musikherstellern zu wahren und dafür über das notwendige Volumen und Gewicht zu verfügen.[25] 23

Die Kommission hat die Freistellung der Gegenseitigkeitsverträge in der Entscheidung *Simulcasting* davon abhängig gemacht, daß die traditionell einheitliche Lizenzgebühr in eine Lizenzgebühr und eine Verwaltungsgebühr aufgeteilt wird (Rn. 100). Im Wettbewerbsbericht 2002 heißt es dazu (Rn. 149): 24

> „Da die Parteien einverstanden waren, zwischen den eigentlichen Tarifen für die Benutzung und ihren eigenen Verwaltungsgebühren, mit denen die Verwaltungskosten der Verwertungsgesellschaft gedeckt werden sollen, zu unterscheiden und beide gesondert zu berechnen, erhöht sich auch die Transparenz hinsichtlich der den Verwertungsgesellschaften entstehenden Kosten. Eine größere Kostentransparenz bedeutet, daß Rundfunkveranstalter im EWR die effizienteste EWR-Verwertungsgesellschaft für ihre *Simulcasting*-Lizenz auswählen können".

Einem Gebot der **Trennung von Lizenzgebühr und Verwaltungsgebühr** kann für die Lizenzierungspraxis urheberrechtlicher Verwertungsgesellschaften in der Zukunft grundlegende Bedeutung zukommen. Es ist deshalb geboten, die Vereinbarungen näher zu betrachten, die den Rechtsgrund für diese Berechnung der Gebühren bilden 25

---

24 EuG v. 22. 11. 2001 – Rs. T-139/98 *AAMS*, Slg. 2001, II-3413, 3450 Rn. 79.
25 EuGH v. 27. 3. 1974 – Rs. 127/73 *BRT/. SABAM*, Slg. 1974, 313, 317 Rn. 9/11.

sollen. Die vertragsrechtlichen Grundlagen sind dabei im Hinblick auf die Freistellung der Vereinbarung nach Art. 81 Abs. 3 EG ebenso zu berücksichtigen wie die Märkte, auf die sie sich beziehen und die sie teilweise schaffen sollen.

1. Relevante Märkte und relevante Verträge

26 Die Entscheidung *Simulcasting* unterscheidet als relevante Märkte Dienstleistungen zur Verwaltung von Rechten zwischen Verwertungsgesellschaften (Rn. 35–36) und den durch die Vereinbarung geschaffenen nachgeordneten Markt für Simultanübertragungslizenzen (Rn. 37–38). Innerhalb dieses Marktes unterscheidet die Kommission weiter **neue Märkte für Lizenzerteilung** und Verwaltung von Simultanübertragungsrechten (Rn. 48). Vertragliche Dienstleistungen, für die ein Entgelt in Betracht kommt, werden aufgrund der Gegenseitigkeitsverträge jedoch nur zwischen den beteiligten Verwertungsgesellschaften erbracht. Die hier entstehenden Kosten sollen, so die Kommission, aber nicht dort berechnet werden, wo sie entstehen, sondern als Teil der Verwaltungsgebühr, die den Nutzern auf dem Folgemarkt in Rechnung zu stellen ist. Das ergibt sich aus den Gründen, mit denen es die Unternehmen rechtfertigen, noch nicht in der Lage zu sein, die Trennung von Urheberrechts- und Verwaltungsgebühr auf der Grundlage der Dienstleistungen durchzuführen, „die sie sich gegenseitig“ im Rahmen ihrer Vereinbarungen erbringen (Rn. 105, 106). Die Verwaltungsgebühr, die getrennt auszuweisen ist, soll mithin auf dem Folgemarkt für eine Leistung berechnet werden, deren Kosten auf einem anderen relevanten Markt anfallen, nämlich zwischen den beteiligten Verwertungsgesellschaften. Auf Seiten der Nutzer – der Marktgegenseite des neuen Marktes – gibt es aber keine Nachfrage, die zwischen Lizenz- und Verwaltungsgebühr unterscheidet. Die Nachfrage richtet sich allein auf die Hauptleistung, nämlich auf die Lizenzierung der von den Verwertungsgesellschaften vertretenen Urheber- oder Leistungsschutzrechte (so auch die Entscheidung *Simulcasting*, Rn. 74).

27 Damit stellt sich die Frage nach der **Rechtsgrundlage** für die von der Kommission geforderte **gespaltene Lizenzgebühr**. Die Kommission selbst stellt zunächst fest, daß die Zusammenlegung von Lizenz- und Verwaltungsgebühren, die gegenüber den Benutzern zu einer nicht untergliederten Gesamtlizenz führt, nicht als unmittelbar an die angemeldete Vereinbarung gebunden oder für das Bestehen der Vereinbarung objektiv erforderlich angesehen werden könne (Rn. 72). Die Vermischung zwischen Urheberlizenz- und Verwaltungsgebühr stehe auch in keinem direkten Zusammenhang mit dem Zweck der angemeldeten Vereinbarung (Rn. 73). Die Kommission scheint damit dartun zu wollen, daß die Vermischung von Lizenzgebühr und Verwaltungsgebühr keine Nebenabrede sei, deren Beurteilung mit der an sich rechtmäßigen kollektiven Wahrnehmung von Urheberrechten notwendig übereinstimme. Diese fehlende „logische Verknüpfung“ verweist aber vor allem darauf, daß die Vereinbarung der Verwertungsgesellschaften und die mit Nutzern abzuschließenden Lizenzverträge rechtlich und wirtschaftlich selbständige Vereinbarungen sind. Das führt zu der Frage, wie die Verträge zu beurteilen sind, die Teilnehmer an einer wettbewerbsbeschränkenden Vereinbarung (hier die Verwertungsgesellschaften) auf Grund dieser Vereinbarung mit Dritten (hier die *Simulcaster*) abschließen. Einer Begründung bedurfte nicht der fehlende Zusammenhang von Gegenseitigkeitsverträgen und Nutzerverträgen, der Begründung bedarf die Befugnis der Kommission, die Nutzerverträge mit einem von ihr selbst festgesetzten Angebotsinhalt – der Offenlegung einer Verwaltungsgebühr – in die freizustellende Vereinbarung einzubeziehen. Diese Frage brauchte die Kommission nicht abschließend zu entscheiden, weil die beteiligten Unternehmen der entsprechenden vertraglichen Regelung auf Verlangen der Kommission zustimmen. Nicht beantwortet ist damit jedoch die Frage, ob die Kommission, wie sie erkennbar unterstellt, eine solche Regelung auch durch Auflagen oder Bedingungen erzwingen könnte.

Eine Freistellungsentscheidung kann nur im Hinblick auf Vereinbarungen ergehen, **28**
die gegen Art. 81 Abs. 1 EG verstoßen; Bedingungen und Auflagen nach Art. 8 VO 17 bzw. Art. 10 VO 1/2003 setzen außer einer solchen Vereinbarung voraus, daß sie unerläßlich sind, um auf diese Vereinbarung Art. 81 Abs. 3 EG anwenden zu können.[26] Diese scheinbar selbstverständlichen Voraussetzungen bedürfen hier einer gesonderten Prüfung, weil der Sachverhalt durch die Zustimmung der Unternehmen so verändert wurde, daß eine entsprechende Auflage nicht ergehen mußte. Das gilt auch deshalb, weil die von der Kommission gewollten Ergänzungen der Vereinbarung auf die Schaffung eines Produkts gerichtet sind, das in der wirtschaftlichen Wirklichkeit bisher nicht anzutreffen war. Auszugehen ist von der Frage, ob die Gegenseitigkeitsverträge eine Freistellung rechtfertigen, die mit der Auflage verbunden wird, in Verträgen mit Nutzern die Verwaltungsgebühr getrennt von der Lizenzgebühr auszuweisen.

2. Entscheidungsbefugnisse der Kommission im Freistellungsverfahren

Die Entscheidung *Simulcasting* ist auf Art. 8 Abs. 1 VO 17 gestützt, wonach Frei- **29**
stellungen für einen bestimmten Zeitraum gewährt werden können. Dieselbe Vorschrift ermächtigt die Kommission, eine **Freistellung mit Bedingungen und Auflagen** zu versehen. Nach der Verordnung 1/2003, die am 1. Mai 2004 in Kraft getreten ist, gibt es keine Freistellungsentscheidungen mehr. Ähnliche Befugnisse der Kommission folgen jedoch aus Art. 7 Abs. 1 iVm Art. 9 Abs. 1 VO 1/2003.[27] Diese Befugnisse sind ein wichtiges Instrument, um die Vereinbarungen, für die eine Freistellung in Betracht kommt, im Sinne der Kommission auszugestalten und zu verändern. Im Verfahren *Simulcasting* waren die Beteiligten auf Ersuchen der Kommission bereit, der Regelung zuzustimmen, wonach in den Gebühren für die Lizenznehmer der Mehrgebiets- und Mehrprogrammlizenzen der als Verwaltungsgebühr zu berechnende Teil gesondert auszuweisen sei (Rn. 4, 103–107). Die Bereitschaft der an einer wettbewerbsbeschränkenden Vereinbarung beteiligten Unternehmen, den Bedenken der Kommission Rechnung zu tragen, um die erstrebte Freistellungsentscheidung zu erhalten,

---

26 EuG v. 15.9.1998 – verb. Rs. T-374/94, T-375/94, T-384/94, T-388/94 *European Night Services,* Slg. 1998, II-3141, 3223 Rn. 206.

27 Näher dazu *Mestmäcker/Schweitzer*, Europäisches Wettbewerbsrecht, § 20 Rn. 34ff. und Rn. 44ff.

erlaubt jedoch nicht den Schluß, daß die Kommission in ähnlich gelagerten Fällen die entsprechende Regelung auch erzwingen kann. Das gilt zumal dann, wenn die von der Kommission gewünschten Ergänzungen der Vereinbarung auf die Schaffung eines neuen Marktes gerichtet sind, den es in dieser Form ohne die ergänzte Vereinbarung nicht geben würde.

30 Diese Befugnis setzt voraus, daß die Gegenseitigkeitsverträge gegen Art. 81 Abs. 1 EG verstoßen und die Freistellung nach Art. 81 Abs. 3 EG ohne die Trennung von Lizenzgebühr und Verwaltungsgebühr nicht gewährt werden könnte. Schon die erste Voraussetzung – der Verstoß der Gegenseitigkeitsverträge gegen Art. 81 Abs. 1 EG – begegnet nach den eigenen Feststellungen der Kommission erheblichen Zweifeln. Eine Wettbewerbsbeschränkung wird von der Kommission deshalb weitgehend ausgeschlossen, weil mit der Vergabe von **Mehrgebiets/Mehrprogrammlizenzen** ein **neues Produkt** geschaffen werde, daß es ohne die Zusammenarbeit der Verwertungsgesellschaften nicht geben würde (Rn. 62). Schließlich seien die schwerwiegendsten Bedenken mit Bezug auf den Markt der Verwaltungsdienstleistungen für Simultanübertragungsrechte weitgehend zerstreut, weil die bilateralen Vereinbarungen nicht ausschließlichen Charakter haben (Rn. 68). Ergänzend hebt die Kommission das berechtigte Interesse der Verwertungsgesellschaften hervor, ein Mindestmaß an Kontrolle über die Bedingungen zu haben, zu denen ihr Repertoire von anderen Verwertungsgesellschaften lizenziert wird (Rn. 10). Schließlich wird die Kumulation der Lizenzgebühr der beteiligten Gesellschaften zu einer Gesamtlizenz zutreffend mit der **territorialen Selbständigkeit der wahrgenommenen Rechte** und dem Anspruch der Rechteinhaber auf angemessene Vergütung für jede öffentliche Wiedergabe ihres Werkes begründet (Rn. 66). Verstoßen aber die Gegenseitigkeitsverträge nicht gegen Art. 81 Abs. 1, so entfällt, wie dargelegt, die Möglichkeit der Freistellung ebenso wie die Verbindung der Freistellung mit einer Auflage. Im Ergebnis nimmt die Kommission jedoch eine spürbare Einschränkung des Preiswettbewerbs an, weil die beteiligten Unternehmen durch die Gesamtlizenz in ihrer Freiheit beschränkt würden, selbst das Entgelt für die Mehrprogramm/Mehrgebietslizenz gegenüber den Nutzern festzusetzen (Rn. 67). Damit ist zwar der für Art. 81 Abs. 3 vorgreifliche Verstoß gegen Art. 81 Abs. 1 EG begründet, damit ist jedoch nicht entschieden, daß die Freistellung der Gegenseitigkeitsverträge mit einer Auflage verbunden werden darf, wonach die den Nutzern anzubietenden Lizenzverträge die Lizenzgebühr und Verwaltungsgebühr getrennt ausweisen müssen.

31 Bei den Verträgen, welche die Verwertungsgesellschaften auf Grundlage der Gegenseitigkeitsverträge mit *Simulcastern* abschließen, handelt es sich um Verträge, die rechtlich und wirtschaftlich von den Gegenseitigkeitsverträgen zu trennen sind. Insbesondere sind die Nutzer in keiner Weise an dem Abschluß der Gegenseitigkeitsverträge oder der Festlegung der Lizenzgebühren beteiligt. Das gemeinschaftsrechtlich maßgebliche Kriterium für die **Reichweite des Verbots in Art. 81 Abs. 1** und für eine Freistellung nach Art. 81 Abs. 3 ist die Nichtigkeitsfolge in Art. 81 Abs. 2 EG. Das folgt schon aus dem Wortlaut von Art. 81 Abs. 3. Generalanwalt *Mischo* hat diesen Zusammenhang knapp gekennzeichnet: „Die Freistellung verleiht Vereinbarungen Wirksamkeit, die ansonsten grundsätzlich verboten und gemäß Art. 85 Abs. 2

EGV (jetzt Art. 81 Abs. 2 EG) nichtig wären".[28] Ein der Freistellung zugänglicher Vertrag liegt mithin nur vor, wenn er ohne die Freistellung nach Art. 81 Abs. 2 EG nichtig wäre. In dem maßgeblichen Urteil heißt es dazu, daß sich „die Nichtigkeit nach Art. 85 Abs. 2 EGV (Art. 81 Abs. 2 EG) nur auf die mit Art. 85 Abs. 1 unvereinbaren vertraglichen Bestimmungen erstreckt. Die Auswirkungen dieser Nichtigkeit auf die übrigen Bestandteile des Vertrages, auf die aufgrund des Vertrages erteilten Aufträge und durchgeführten Lieferungen sowie auf die daraus folgenden Zahlungsverpflichtungen sind nicht nach Gemeinschaftsrecht zu beurteilen. Über diese Auswirkungen hat das nationale Gericht nach seinen eigenen Rechtsvorschriften zu entscheiden".[29]

Schon aus dem zitierten Wortlaut dieses Urteils folgt, daß das Gemeinschaftsrecht keine Geltung für die auf Grund einer wettbewerbsbeschränkenden Vereinbarung abgeschlossenen **Folgeverträge** beansprucht. Generalanwalt *Colomer* hat diese Konsequenz in Übereinstimmung mit der im Verfahren von der Kommission vertretenen Meinung gesondert hervorgehoben.[30] Auch im Schrifttum besteht Einigkeit darüber, daß sich die Nichtigkeit wettbewerbsbeschränkender Vereinbarungen nicht auf solche Verträge erstreckt, die auf dieser Grundlage mit Dritten abgeschlossen werden (Folgeverträge).[31] **32**

Die sich nach der Rechtsprechung aus dem Verhältnis von Gemeinschaftsrecht und nationalem Recht ergebenden Grenzen für die Reichweite des Kartellverbots stimmen mit der *ratio* von Art. 81 EG überein.[32] Die Personen, mit denen die Teilnehmer an einer wettbewerbsbeschränkenden Vereinbarung kontrahieren, haben auf diese Vereinbarung keinen Einfluß. Wirken sie aber an deren Zustandekommen oder an ihrer Organisation mit, so gilt auch für sie Art. 81 EG. Ferner schränkt die Unanwendbarkeit des Kartellverbots auf Folgeverträge den vom Gemeinschaftsrecht geforderten Rechtsschutz der nachteilig betroffenen Dritten im nationalen Recht nicht ein. Ihnen müssen nach der Rechtsprechung des EuGH vielmehr die Rechte und Rechtsschutzmöglichkeiten zur Verfügung stehen, die das nationale Recht für diese Fälle vorsieht. Dazu gehören insbesondere Schadensersatzansprüche der durch wettbewerbsbeschränkende Vereinbarungen Geschädigten.[33] **33**

---

28 Schlußanträge in EuGH v. 18.12.1986 – Rs. 10/86 *VAG France./.Magne,* Slg. 1986, 4071, 4079.

29 EuGH v. 14.12.1983 – Rs. 319/82 *SOC. de Vente de Ciments et Bétons./.Kerpen und Kerpen*, Slg. 1983, 4173, 4184 Rn. 12.

30 Schlußanträge in EuGH v. 21.1.1999 – verb. Rs. C-215/96, C-216/96 *Bagnasco*, Slg. 1999, I-135, 158 Rn. 56. Der EuGH brauchte die Frage nicht zu beantworten, weil er entschied, daß Art. 81 Abs. 1 wegen fehlender Beeinträchtigung des zwischenstaatlichen Handels nicht anwendbar sei (ebd. Rn. 62).

31 Groeben/Schwarze-*Schröter*, Art. 81 EG Rn. 234; Streinz-*Eilmannsberger*, Art. 81 EG Rn. 103; Immenga/Mestmäcker-*Schmidt,* Art. 85 EGV Rn. 59; *Mestmäcker/Schweitzer*, Europäisches Wettbewerbsrecht, § 22 Rn. 17, 18.

32 Im deutschen Recht gilt das Kartellverbot nicht für Folgeverträge. S. nur Immenga/Mestmäcker-*Emmerich*, § 33 GWB Rn. 63, 64.

33 EuGH v. 20.9.2001 – Rs. C-453/99 *Courage und Crehan*, Slg. 2001, I-6297, 6324 Rn. 29.

34 Zusammenfassend ist festzustellen, daß die Kommission keine Befugnis hat, auf der Grundlage von Art. 81 Abs. 3 iVm der Verordnung 17 oder der Verordnung 1/2003 die außerhalb des Anwendungsbereichs von Art. 81 liegenden Folgeverträge als wettbewerbsbeschränkende Verträge nach Art. 81 Abs. 1 EG zu beurteilen. Ebenso wenig kann sie eine Freistellung von der Aufgabe abhängig machen, daß in den Folgeverträgen Lizenzgebühr und Verwaltungsgebühr zu trennen sind. Ergänzend ist zu prüfen, ob es Besonderheiten gibt, die es rechtfertigen, die Nicht-Trennung von Lizenzgebühr und Verwaltungsgebühr in die Beurteilung der Gegenseitigkeitsverträge einzubeziehen.

3. Die unterlassene Trennung von Lizenz- und Verwaltungsgebühr

35 Die Kommission sieht in der unterlassenen Trennung von Lizenz- und Verwaltungsgebühr eine erhebliche Verstärkung der von den Gegenseitigkeitsverträgen ausgehenden Wettbewerbsbeschränkung (Entscheidung *Simulcasting*, Rn. 71). Die Mehrprogramm/Mehrgebietslizenz führe infolge der Kumulation der nationalen Tarife nicht zu einem Preiswettbewerb und bringe dem Nutzer keinerlei nützlichen Vorteil (Rn. 69). Nur bei Trennung von Verwaltungsgebühr und Lizenzgebühr seien die Nutzer in der Lage, die **Effizienz der Verwertungsgesellschaften** zu beurteilen (Rn. 71). Im Rahmen von Art. 81 Abs. 3 EG sei die Vereinbarung über die Zusammenlegung von Verwaltungsgebühr mit der Lizenzgebühr nicht unerläßlich und gehe über das hinaus, was erforderlich wäre, um dem berechtigten Anliegen der Parteien hinsichtlich eines ausreichenden Rechtsschutzes, einer angemessenen Vergütung der Rechteinhaber und einer Vergütungsregelung zu entsprechen, in der sich das Ausmaß an Verwertung der geschützten Werke niederschlägt (Rn. 100). Die hier unterstellte Vereinbarung über die Trennung oder Nicht-Trennung von Lizenz- und Verwaltungsgebühr findet jedoch in den Gegenseitigkeitsverträgen und in den auf Grund der Gegenseitigkeitsverträge abzuschließenden Lizenzverträgen keine Grundlage. Es findet nämlich hinsichtlich der Verwaltungskosten, die durch die Verwaltungsgebühr offengelegt werden sollen, **kein Leistungsaustausch zwischen Lizenzgeber und Nutzer** statt. Den Vorteil, den die Nutzer durch die Offenlegung der Verwaltungsgebühr in ihrer Verhandlungsposition gegenüber dem Lizenzgeber gewinnen – und nach dem Willen der Kommission gewinnen sollen – läßt sich vertraglich nur konstruieren, wenn man annimmt, daß die Gegenseitigkeitsverträge Verträge zugunsten Dritter, nämlich zugunsten der Nutzer, sind. Eine solche Annahme widerspricht jedoch nicht nur dem Eigeninteresse der Lizenzgeber und der wirtschaftlichen Erfahrung; sie widerspricht auch der Funktion und dem Wesen der Lizenzverträge. Lizenzverträge sind schuldrechtliche Verträge, die gegensätzliche Interessen von Lizenzgeber und Lizenznehmer ausgleichen sollen. Der Lizenzgeber verschafft dem Lizenznehmer die Nutzung des lizenzierten Rechts gegen Entgelt. Die Vorkehrungen, die der Lizenzgeber treffen muß, um die Lizenz erteilen zu können, sind nicht Gegenstand des Vertrages. Der für den Lizenzgeber mit dem Erwerb der Rechte und der Erteilung der Lizenz verbundene Verwaltungsaufwand ist Teil seiner internen Unternehmensorganisation. Vertragliche Ansprüche auf die Art und Weise, in der die übertragenen Rechte wahrzunehmen sind, bestehen, wie bereits hervorgehoben, auf Grund der Gegenseitigkeitsverträge allein zwischen den Vertragspartnern. Durch die Lizenzierung von Nutzern erfüllen die einzelnen

Verwertungsgesellschaften ihre vertraglichen Pflichten gegenüber den anderen Verwertungsgesellschaften. Es widerspricht dieser eindeutigen Rechts- und Interessenlage, wenn die Kommission die Verwaltungskosten, die in diesem Verhältnis entstehen und zu entgelten sind, zum Gegenstand einer Verwaltungsgebühr im Verhältnis zu den Nutzern machen will.

Eine solche Vereinbarung kann auch nicht daraus gefolgert werden, daß die Kommission die Verwaltung und Lizenzerteilung für Simultanübertragungsrechte gesonderten relevanten Märkten zurechnet (Rn. 48). Vertragsrechtlich könnte dies allenfalls zur Annahme eines Koppelungsvertrages führen. Aber die Kommission kann und will nicht begründen, daß das Angebot von Verwaltungsgebühr und Lizenzgebühr sachlich oder nach Handelsbrauch nicht zusammen gehören (Art. 81 Abs. 1 lit. e EG). Sie will vielmehr den „nützlichen Vorteil" der Nutzer befördern, um die Verwaltungsgebühr zu einem Wettbewerbselement auf dem Markt für Mehrprogramm/ Mehrgebietslizenzen zu machen. Der Zweck, die Verbraucher (hier: die *Simulcaster*) zu schützen, gehört zwar zu den Zwecken des Wettbewerbsrechts; dieser Zweck allein ist jedoch nicht geeignet, Befugnisse der Kommission zu begründen. **36**

Ein im Ansatz ähnlicher Sachverhalt war vom Europäischen Gericht anhand einer Entscheidung der Kommission zu beurteilen, welche die Freistellung eines kooperativen Gemeinschaftsunternehmens im Verkehrssektor zum Gegenstand hatte. Die Kommission verband die Freistellung des Gemeinschaftsunternehmens mit der Auflage für die Mutterunternehmen, einen neuen Markt für Verkehrsleistungen zu eröffnen, der von dem Markt für Bahnleistungen verschieden sein sollte. Damit sollte im Rahmen von Art. 81 Abs. 3 EG gewährleistet werden, daß die vertragliche Wettbewerbsbeschränkung zwischen den Müttern des Gemeinschaftsunternehmens nicht über das unerläßliche Mindestmaß hinausgehe. Das Gericht stellt jedoch fest, daß es den **von der Kommission gewünschten Markt in der Wirklichkeit nicht gab**. Die Entscheidung der Kommission wurde auch aus diesem Grunde aufgehoben.[34] Ohne auf die Besonderheiten dieses Falles einzugehen, ergibt sich als allgemeiner Grundsatz, daß eine Auflage der hier in Frage stehenden Art im Rahmen von Art. 81 Abs. 3 EG nur dann gerechtfertigt ist, wenn sie unerläßlich ist, um eine gegen Art. 81 Abs. 1 verstoßende Vereinbarung freistellungsfähig zu machen. Diese Voraussetzung ist jedoch nicht erfüllt, wenn es die Auflage selbst ist, welche die freizustellende Vereinbarung und den gesonderten Markt erst schaffen soll. **37**

Als Rechtsgrundlage für die **Eröffnung eines neuen Marktes kommt** Art. 82 EG in Betracht, wenn es sich bei der beherrschenden Stellung um eine „wesentliche Einrichtung" handelt. Das Gericht hat in dem zitierten Urteil hilfsweise eine analoge Anwendung dieser Grundsätze im Rahmen des Freistellungsverfahrens erwogen.[35] Die Voraussetzungen einer *essential facility* lagen jedoch in dem dortigen Fall nicht vor. **38**

---

34 EuG v. 15.9.1998 – verb. Rs. T-374/94, T-375/94, T-384/94, T-388/94 *European Night Services*, Slg. 1998, II-3141, 3223 Rn. 185 iVm Rn. 206

35 EuG ebd. Rn. 208–221. Näher zur *essential facility Mestmäcker/Schweitzer*, Europäisches Wettbewerbsrecht, § 18 Rn. 30–57.

Auch im Fall *Simulcasting* gibt es keine Anhaltspunkte dafür, daß Verwertungsgesellschaften als beherrschende Unternehmen die *Simulcaster* von einem Folgemarkt ausschließen. Wenn sich die am Freistellungsverfahren beteiligten Unternehmen auf Drängen der Kommission bereit erklärt haben, eine von der Lizenzgebühr zu trennende Verwaltungsgebühr gegenüber den Vertragspartnern auszuweisen, so folgt daraus nicht, daß eine solche Verpflichtung anderen Verwertungsgesellschaften im Gemeinsamen Markt im Rahmen von Gegenseitigkeitsverträgen auferlegt werden darf.

39 Zu beantworten bleibt jedoch die Frage nach den Interessen, welche die am Verfahren *Simulcasting* beteiligten Verwertungsgesellschaften veranlaßt haben, von ihrer Vertragsfreiheit in dem von der Kommission gewollten Sinne Gebrauch zu machen. Das wirtschaftliche Interesse der Verwertungsgesellschaften der Tonträgerhersteller an den *Simulcasting*-Lizenzen ist, wie die Kommission und die beteiligten Unternehmen wiederholt hervorheben, sehr gering. Umso nachhaltiger ist das Interesse der Tonträgerhersteller an der Lizenzierungspraxis von Verwertungsgesellschaften auf einem anderen Markt, nämlich auf dem Markt für die Lizenzierung des mechanischen Vervielfältigungsrechts. Auf diesem Markt entspricht die Interessenlage der Tonträgerhersteller derjenigen der *Simulcaster* im hier behandelten Verfahren.

4. Kosten und Preise

40 Das Gebot der Trennung von Lizenzgebühr und Verwaltungsgebühr, das sich vertragsrechtlich nicht begründen läßt, wird von der Kommission ergänzend auf allgemeine betriebswirtschaftliche Gründe gestützt. Wörtlich heißt es dazu:

> „Von einem Unternehmen wird erwartet, daß es in der Lage ist, die Kosten und Einnahmen in bezug auf die verschiedenen von ihm an unterschiedliche Kunden gelieferten Waren oder Leistungen zu ermitteln. Die Verwertungsgesellschaften müssen deshalb in der Lage sein, die Kosten für die von ihnen den Rechteinhabern einerseits und den Lizenznehmern andererseits erbrachten Leistungen festzustellen und dementsprechend getrennte Preise zu berechnen. Ohne eine solche Unterscheidung wäre es den Verwertungsgesellschaften unmöglich, ihre tatsächlichen Verwaltungskosten zu berücksichtigen" (Rn. 75).

41 Es ist jedoch nicht die Aufgabe des Wettbewerbsrechts, den Unternehmen **Hilfestellung für die Ermittlung der eigenen Kosten** zu geben. Auch ist es mit dem Eigeninteresse wirtschaftlich selbständiger Unternehmen unvereinbar, die eigenen Kosten der Marktgegenseite offen zu legen. Ein Unternehmen, das seine Kosten der Marktgegenseite offen legen muß, verliert damit seinen Verhandlungsspielraum. Der Kontrahent wird in die Lage versetzt, darüber zu entscheiden, welche „Kostenerstattung" er bei der Forderung seiner Preise für angemessen hält. Sieht man von behördlichen Preisregulierungen ab, so findet man in der wirtschaftlichen Wirklichkeit keine Unternehmen, die selbständig über ihre Preispolitik entscheiden und zugunsten ihrer Kunden einzelne Kostenbestandteile offen legen. Preise werden für Produkte festgesetzt, die auf dem Markt angeboten und nachgefragt werden. Es gibt aber **keine Nachfrage nach Lizenzen, die zwischen Lizenzen mit und ohne Verwaltungsgebühr** unterscheidet. Daß die Nutzer der Lizenzen, wie die Kommission mehrfach hervorhebt, an der Offenlegung der Kosten ein nachhaltiges Interesse haben würden, wenn diese von der Kommission durchgesetzt würde, liegt zutage, rechtfertigt die Maßnahme aber nicht.

Das Argument der Kommission, von jedem Unternehmen werde erwartet, daß es die auf die verschiedenen Leistungen entfallenden Kosten ermitteln könne, ist aus wirtschaftlichen und aus rechtlichen Gründen nicht geeignet, die Offenlegung der Verwaltungsgebühr zu begründen. Die Ermittlung der auf verschiedene Produkte entfallenden Kosten kann ein Gebot betriebswirtschaftlicher Rationalität sein. Daraus folgt jedoch nicht, daß die so ermittelten Kosten angeben, welche Preispolitik das Unternehmen betreiben sollte. Das gilt zumal dann, wenn es sich um **Gemeinkosten** (*overhead costs*) handelt. Deren Zurechnung ist stets eine unternehmerische Entscheidung, die in Auseinandersetzung mit der Wettbewerbssituation und der Elastizität der Nachfrage zu treffen ist.[36] Diese Zusammenhänge sind insbesondere für Verwertungsgesellschaften erheblich, weil die Kosten der vergemeinschafteten Wahrnehmung von Urheberrechten zu wesentlichen Teilen Gemeinkosten sind. Weil solche Kosten definitionsgemäß einzelnen Leistungen nicht zurechenbar sind, ist die Entscheidung über ihre Zurechnung eine unternehmerische Ermessensentscheidung. Verwertungsgesellschaften sind in dieser Entscheidung jedoch nicht frei. Sie sind nach Gesetz oder Satzung nämlich verpflichtet, alle zu ihrem Tätigkeitsbereich gehörenden Rechte wahrzunehmen, das heißt aber ohne Rücksicht darauf, ob die Wahrnehmung im Einzelfall wirtschaftlich lohnend ist. Der **Wahrnehmungszwang** folgt im deutschen Recht aus § 6 UrhWG. Die wichtigsten Kriterien für die Zurechnung der gemeinsamen Kosten der Wahrnehmung folgen aus dem Verteilungsplan der Verwertungsgesellschaft. 42

Abgesehen von den Besonderheiten des Rechts der Verwertungsgesellschaften sind die Normen des Wettbewerbsrechts grundsätzlich nicht bestimmt und nicht geeignet, in die betriebsinterne Ermittlung und Zurechnung von Kosten einzugreifen. Deshalb werden Kosten gemeinschaftsrechtlich nur erheblich, wenn ein beherrschendes Unternehmen wegen Preismißbrauchs nach Art. 82 EG zur Verantwortung gezogen werden soll. Ein Preismißbrauch kommt in Betracht bei überhöhten Preisen[37] oder bei künstlich niedrigen Kampfpreisen, die auf die Verdrängung von Wettbewerbern gerichtet sind[38]. In Art. 81 geht es dagegen, wie die Kommission in einem anderen Zusammenhang zutreffend feststellt, um die **Selbständigkeit der unternehmerischen Entscheidungen** über ihre Preispolitik (Rn. 78, 80). 43

Die Kommission weist anhand der Rechtsprechung des EuGH wiederholt auf den möglichen Zusammenhang von hohen Verwaltungskosten und hohen Lizenzgebühren hin (Fn. 39, Fn. 53). In dem dafür zitierten Urteil *Tournier* (Rn. 42) war jedoch über Kriterien für einen behaupteten Preismißbrauch nach Art. 82 EG zu urteilen.[39] 44

---

36 Überblick bei *Knieps*, Wettbewerbsökonomie, S. 230f.

37 EuGH v. 14.2.1978 – Rs. 27/76 *United Brands*, Slg. 1978, 207, 307 Rn. 267/268; auch Urteil *Tournier* Rn. 34.

38 EuGH v. 3.7.1991 – Rs. C-62/86 *AKZO*, Slg. 1991, I-3359, 3455 Rn. 72; übereinstimmend EuGH v. 14.11.1996 – Rs. C-333/94 P *Tetra Pak*, Slg. 1996, I-5951, 6013 Rn. 44.

39 Näher dazu *Tolkmitt*, Tauschgerechtigkeit im kollektiven Urheberrecht, S. 241ff.

Dem Urteil ist kein Hinweis darauf zu entnehmen, daß Verwertungsgesellschaften im Rahmen von Art. 82 oder von Art. 81 Abs. 3 EG verpflichtet werden könnten, in ihren Tarifen zwischen echten Lizenzgebühren und Verwaltungsgebühren zu unterscheiden. Das Urteil bestätigt im Gegenteil, daß die pauschale Berechnung von Lizenzgebühren mit den legitimen Funktionen von Verwertungsgesellschaften übereinstimmen (dazu oben Rn. 17).

45 Die Kommission begründet die Trennung von Lizenz- und Verwaltungsgebühr hauptsächlich mit dem Argument, diese Trennung sei eine notwendige Bedingung für Wettbewerb zwischen den Verwertungsgesellschaften. Die Gründe, die gegen die Verpflichtung zur Offenlegung der Kosten im Verhältnis von Verwertungsgesellschaft und Nutzern der Lizenz sprechen (oben Rn. 41 ff.), haben jedoch gleiches Gewicht unter dem Gesichtspunkt des von der Kommission gewollten Wettbewerbs der Verwertungsgesellschaften. Die Verpflichtung zur Offenlegung der Kosten ist mit dem von der Kommission an anderer Stelle hervorgehobenen **Selbständigkeitspostulat** (Rn. 80) unvereinbar. Die Kommission verpflichtet die beteiligten Unternehmen nämlich zu einem Verhalten, das gegen Art. 81 Abs. 1 EG verstoßen würde, wenn es die Unternehmen autonom vereinbarten. Die Kosten der Leistungserbringung gehören unter Bedingungen des Wettbewerbs und der selbständigen Teilnahme am Geschäftsverkehr zu den Geschäftsgeheimnissen. Die Offenlegung von Geschäftsgeheimnissen verringert im Verhältnis der Wettbewerber zueinander die Ungewissheit über deren Verhalten im Wettbewerb. Vereinbarungen, welche diese Wirkung haben, verstoßen deshalb gegen Art. 81 Abs. 1 EG.[40] Die Kosten, deren Offenlegung die Kommission verlangt, gehören zu den Geschäftsgeheimnissen, die im Wettbewerb von existentieller Bedeutung sind. Sie lassen nämlich die Grenzen für die Überlebensfähigkeit der Unternehmen erkennen. Es zeigt sich, daß der Wettbewerb, den die Kommission auf einem neuen Markt schaffen will, durch die geforderte Regelung nicht gefördert, sondern behindert wird.

46 Zusammenfassung: Die Entscheidung *Simulcasting* läßt den Regulierungswillen der EG-Kommission für Verwertungsgesellschaften im Binnenmarkt klar erkennen. Es bestehen jedoch die hier dargelegten Zweifel, ob die wettbewerbsrechtliche Begründung in anderen Fällen gerichtlicher Nachprüfung standhalten würde.

40 Zuerst Kommission, 7. Wettbewerbsbericht 1977, S. 20; grundlegend EuG v. 23.10.1994 – Rs. T-35/92 *DEERE*, Slg. 1994, II-957, 1010 Rn. 81; bestätigt EuGH v. 28.5.1998 – Rs. C-7/95 P *DEERE*, Slg. 1998, I-3111, 3164 Rn. 89.

Kapitel 7

Legitimation, Praxis und Zukunft der privaten Vervielfältigung*

– Dargestellt am System der privaten Vervielfältigung in Deutschland –

Inhaltsübersicht Rn.

---

* Der Beitrag beruht auf Ausführungen der Verfasser in FS Nordemann, S. 279–298.

I. Legitimation für die gesetzliche Regelung der privaten Vervielfältigung

1 Die Einführung einer gesetzlichen Vergütung für private Vervielfältigung war die Antwort des Gesetzgebers auf die Herausforderungen der Technik, um dem Schutz des **geistigen Eigentums**[1] gerecht zu werden. Jede der Rechtsordnungen der Mitgliedstaaten der Europäischen Union kennt den Rechtsbegriff „geistiges Eigentum". Der französische Rechtskreis spricht vom *propriété intellectuel,* der englische Rechtskreis vom *intellectual property,* der deutsche Rechtskreis – vom Grundgesetz her geprägt – vom geistigen Eigentum. Auch wenn manche Autoren versuchen, den Begriff des „geistigen Eigentums" nunmehr „seines metaphysischen Anspruchs" zu entkleiden – nicht zuletzt um seine Reduzierung auf das Naturrecht zu vermeiden und ihm damit einen größeren und umfassenderen Stellenwert in der juristischen, rechtstheoretischen und rechtspolitischen Diskussion zu geben[2] – wird niemand auf diesen einprägsamen Begriff verzichten wollen.[3]

2 Man wird getrost bei der Bedeutung des Topos „geistiges Eigentum" bleiben können.[4] Denn der „Begriff geistiges Eigentum soll den Grund des Rechtsschutzes kurz angeben. Er ist weiter erforderlich zur Einordnung des Urheberrechts unter die **Eigentumsgarantie** (...) Schließlich soll er zum Ausdruck bringen, daß die Urheberinteressen nicht geringer bewertet werden dürfen als die des Sacheigentümers"[5]. Dem braucht kaum etwas hinzugefügt werden. Und niemand verkennt, daß das Urheberrecht wegen seiner persönlichkeitsrechtlichen Seite kein reines Vermögensrecht ist und nicht „in jeder Hinsicht wie das Sacheigentum zu behandeln ist"[6].

3 Auch wenn die zur Legitimation des Urheberrechts ursprünglich herangezogene Naturrechtsdoktrin, deren Verdienste für die mühsame Durchsetzung der Interessen der Urheber unbestritten sind, sich einer neuen und vertieften Diskussion stellen muß, bleibt der von ihr hervorgebrachte realitätsbezogene Begriff „geistiges Eigentum" als eine für das Urheberrecht **unverzichtbare Idee** aktuell. Ein Verzicht wäre ein Rückschritt bei einem schon von Immuanuel *Kant* vorgezeichneten Entwicklungsprozeß, der auch für das Urheberrecht gilt: „So fängt denn alle menschliche Erkenntnis mit Anschauungen an, geht von da zu Begriffen und endigt mit Ideen".[7] Und dem geistigen Eigentum als Menschenrecht geht es wie jedem anderen Menschenrecht: daß es eine Dynamik entfalte und diese solange anhält, bis das geistige Eigentum überall in der Welt im positiven Recht Anerkennung gefunden hat.

4 Das Eigentumsrecht ist in allen zivilisierten Staaten ein **Menschenrecht**. Denn Eigentum und die Möglichkeit, darüber frei verfügen zu können, ist eine der wichtigsten

---

1 Dazu *Ohly*, JZ 1993, 545–554.
2 Vgl. *Kreile*, ZUM 1991, 101, 104.
3 Vgl. *Rehbinder*, Urheberrecht, 13. A., Rn. 74.
4 So noch *Hubmann*, Urheber- und Verlagsrecht, S. 54f.
5 *Hubmann*, Urheber- und Verlagsrecht, S. 54f.
6 *Hubmann*, Urheber- und Verlagsrecht, S. 55.
7 *Kant,* Kritik der reinen Vernunft (1781), S. 604.

Seiten der menschlichen Freiheit. Eigentum und Freiheit – die westlichen Demokratien haben dies eindrucksvoll bewiesen – sind der Humus für Inspiration und kulturelle Vielfalt, die letztendlich immer der Befriedigung ideeller und geistiger Bedürfnisse der Allgemeinheit dienen.

Traditionell und fundamental ist die Entscheidung für die **Einheit des Eigentumsbegriffs**. In erstaunlicher Kontinuität ist in der Judikatur z.B. aller deutschen obersten Gerichte auch stets von „*dem*" Eigentum die Rede. „Sacheigentum" oder „Bodeneigentum" oder „urheberrechtliches", d.h. „geistiges" Eigentum, sind demgegenüber – unabhängig von ihrer jeweiligen Nutzungsmöglichkeit – deutlich untergeordnete Spezialbegriffe. 5

Das Urheberrecht weist Werke der Kunst zwar als etwas Eigenes des Urhebers aus, es will aber andere von der Teilhabe an dem Werk nicht ausschließen. Vielmehr ist das schöpferische Werk gerade auf Mitteilung, auf Veröffentlichung und auf Akzeptanz durch das Publikum angelegt. Schöpfer und Werkvermittler haben jedoch ein Recht auf die vermögenswerten Ergebnisse ihrer Leistung, und geistige Leistung darf grundsätzlich den gleichen Schutz erwarten wie jede andere Leistung auch. Folgerichtig räumt das Urheberrecht dem Urheber grundsätzlich auch **das ausschließliche Recht** ein, über sein schöpferisch hervorgebrachtes Werk zu verfügen und sein Werk nach eigener Bestimmung zu nutzen. 6

Die Entwicklung moderner Aufzeichnungstechniken macht heute aber nicht mehr die Nutzung durch Erwerb, sondern die **Nutzung durch private Vervielfältigung** zum rechtlichen Problem. Mit der Verwendung von Aufzeichnungs- und Kopiergeräten sowie von Bild- und Tonträgern, können sich Hörer und Seher „im Zugriff auf die schöpferische Leistung selbst bedienen" und sich den Erwerb zum Beispiel von Büchern sowie bespielten Ton- und Bildtonträgern etc. ersparen. Durch die technische Entwicklung kann sich die Verfügungsbefugnis des Urhebers nicht mehr gegenüber jedem Nutzer voll durchsetzen.[8] 7

Die Gesetzgeber in den meisten Mitgliedstaaten der EU haben sehr früh erkannt, daß gegenüber dieser technischen Entwicklung die Rechtsfigur des urheberrechtlichen **Verbotsrechts versagt**, weil sich ein Verbot der Vervielfältigung im privaten Bereich nicht durchsetzen läßt. Ein solches Verbot würde die soziale Realität ignorieren und die Autorität und Glaubwürdigkeit der Rechtsordnung untergraben.[9] Etwa eine unmittelbare Inpflichtnahme der Nutzer muß an ihrer Vielzahl und Anonymität scheitern, und weder Gesetzgeber noch Urheber wollen den rechtlichen Schutz der Privatsphäre der Nutzer antasten. Also muß der Fortschritt der Technik durch ein fortschrittliches (Urheber-) Recht begleitet werden. 8

Dies haben die Gesetzgeber in den meisten EU-Mitgliedstaaten getan. Sie haben zunächst die rechtspolitisch allein richtige Entscheidung getroffen und Vervielfältigungen zu persönlichem und sonstigem Eigengebrauch gestattet, dann aber den 9

8 *Kirchhof*, FS Zeidler, S. 1646.
9 So auch *Schack*, FS Erdmann, S. 165, 170.

Verfügungsanspruch durch einen **Vergütungsanspruch als Surrogat** für die entzogene Vergütung des Urhebers ersetzt. So bestehen zur Zeit in der EU Vergütungsregelungen in allen Mitgliedstaaten außer in Großbritannien, Irland und Luxemburg.

II. Die Systematik des Rechts der privaten Vervielfältigung nach dem deutschen Urheberrechtsgesetz

1. Die Vervielfältigung zum eigenen Gebrauch (§ 53 UrhG)

10 Nach § 53 UrhG gilt der Grundsatz, daß es zuläßig ist, einzelne (Faustregel: nicht mehr als sieben) Vervielfältigungsstücke eines urheberrechtlich geschützten Werkes selbst zum privaten Gebrauch herzustellen oder durch einen anderen – der dies allerdings unentgeltlich tun muß – herstellen zu lassen.[10] Der deutsche Gesetzgeber ist hier vom Ausschließlichkeitsrecht des Urhebers zur Gestattung von Vervielfältigungen und Verbreitungen seiner Werke abgegangen und hat für private Vervielfältigungen eine „gesetzliche Lizenz" eingeführt, jedoch mit der entscheidenden Maßgabe der gleichzeitigen Gewährung eines Vergütungsanspruchs. Hierdurch sind die Interessen der Allgemeinheit mit den Interessen der Urheber in Einklang gebracht worden.

2. Der Vergütungsanspruch

a) Anspruchsberechtigte und Rechtsdurchsetzung

11 Der Grundsatz der Freiheit der privaten Vervielfältigung wird zwangsnotwendig ergänzt durch den in § 54 UrhG geregelten Vergütungsanspruch, der die Vergütungspflicht für alle Kopiermöglichkeiten, welche die modernen technischen Mittel (Geräte und Leerträger) ermöglichen, einführt. Solche Vergütungsansprüche bestehen seit 1965 gegen die Hersteller der Überspielungsgeräte und seit 1985 auch gegen die Hersteller von Leerträgern.

aa) Anspruchsberechtigte

12 **Anspruchsberechtigt** sind gem. § 54 Abs. 1 UrhG die Urheber. Ebenfalls anspruchsberechtigt sind aber auch diejenigen Leistungsschutzberechtigten, auf die § 54 UrhG für anwendbar erklärt wird: dies sind Verfasser wissenschaftlicher Ausgaben (§ 70 Abs. 1 UrhG), Herausgeber einer *editio princeps* (§ 71 Abs. 1 UrhG), ausübende Künstler und Veranstalter (§ 84 UrhG), Tonträgerhersteller (§ 85 Abs. 3 UrhG), Filmhersteller (§ 94 Abs. 4 UrhG) und Hersteller von Laufbildern (§ 95 iVm § 94 Abs. 4 UrhG).

Die Vergütungspflicht nach den gesetzlichen Regeln über die private Vervielfältigung (§§ 53 und 54 UrhG) betrifft alle Vorgänge privater Vervielfältigung von Ton und Bildtonträgern, Rundfunk- und Fernsehsendungen, etc. Der daneben bestehende gesamte Komplex der Reprographie, der ebenfalls einer EG-weiten Regelung bedarf, soll hier unberücksichtigt bleiben.

---

10 Schricker-*Loewenheim,* § 53 Rn. 14; *Schack,* Urheber- und Urhebervertragsrecht, Rn. 496.

An zum Mitschnitt geeigneten Werken, die von Ton- oder Bildtonträgern überspielt oder bei Sendungen im Rundfunk und Fernsehen aufgezeichnet werden können, sind nach deutschem Urheberrecht vornehmlich vier Rechtegruppen beteiligt: 13

- Urheberrechte am vorbestehenden Werk (Musik mit oder ohne Text, literarische und publizistische Texte, Romanvorlagen, Drehbücher, Übersetzungen des Drehbuchs, bildnerische Vorlagen),
- Urheberrechte am Film (hier insbesondere die durch den Regisseur geschaffenen Filmwerke und evtl. die Rechte der Kameraleute und Cutter u. ä.),
- Leistungsschutzrechte der ausübenden Künstler (Schauspieler, Tänzer, Musiker) und
- Leistungsschutzrechte der Schallplattenproduzenten gem. § 85 UrhG und der Filmproduzenten nach § 94 UrhG.

bb) Verwertungsgesellschaftenpflicht

Da nicht jeder einzelne Urheber oder Leistungsschutzberechtigte in der Lage ist, seine Ansprüche gegenüber den vergütungspflichtigen Herstellern geltend zu machen, hat der deutsche Gesetzgeber diese Aufgabe den **Verwertungsgesellschaften** übertragen (§ 54h Abs. 1 UrhG). Damit wird zugleich vermieden, daß die Vergütungspflichtigen es mit einer nicht überschaubaren Vielzahl von Anspruchsberechtigten zu tun haben. 14

cc) Die Zentralstelle für Private Überspielungsrechte (ZPÜ)

Zur besseren und effizienteren Durchsetzung der von ihnen wahrgenommenen Vergütungsansprüche haben sich die deutschen Verwertungsgesellschaften in der BGB-Gesellschaft **ZPÜ (Zentralstelle für Private Überspielungsrechte)** zusammengeschlossen.[11] Die ZPÜ wird satzungsgemäß durch den Vorstand der GEMA vertreten. Die GEMA stellt der ZPÜ die zur Geschäftsführung notwendigen Einrichtungen zur Verfügung. Das eingegangene Vergütungsaufkommen wird – nach Abzug der mit der Geschäftsführung verbundenen Kosten – nach einem zwischen den Verwertungsgesellschaften vereinbarten Schlüssel entsprechend dem Umfang der Rechteeinbringung durch die einzelnen Gesellschaften auf diese aufgeteilt.[12] 15

b) Anspruchsgegner

aa) Grundsatz: Haftung von Hersteller, Importeur und Händler

Der Vergütungsanspruch richtet sich gegen die **Hersteller** von Geräten sowie gegen die Hersteller von Bild- oder Tonträgern (§ 54 Abs. 1 UrhG). 16

Neben dem Hersteller haften der **Importeur** und der **Händler**. Die gesamtschuldnerische Mithaftung des Handels ist jedoch von vornherein gesetzlich ausgeschlossen, wenn der Händler im Kalenderhalbjahr Bild- oder Tonträger von weniger als 6000 Stunden Spieldauer und weniger als 100 Geräte bezieht. Hersteller von Geräten, die 17

---

11 Näher dazu unten, Kap. 16 Rn. 5–13.

12 Zur gegenwärtigen Verteilungspraxis vgl. *Kreile*, GEMA-Jahrbuch 2001/2002, S. 121ff.

auf urheberrechtsneutrale Nutzung angelegt sind, wie z.B. reine Diktiergeräte, sind von der Vergütungspflicht ausgenommen, ebenso die für den Export bestimmten Geräte und Leerträger. Auch bespielte Bänder sind nicht vergütungspflichtig, da sie nicht erkennbar zur Aufnahme bestimmt sind.

18 Als **Hersteller** wird von der Rechtsprechung angesehen, wer die Gegenstände tatsächlich herstellt (produziert). Ein inländisches Unternehmen, das die Geräte bzw. Kassetten von einem anderen Unternehmen produzieren läßt, wird nicht dadurch zum Hersteller, daß es die Geräte unter seinem Waren- oder Firmenzeichen erstmals im Inland in Verkehr bringt.[13] Neben dem Hersteller haftet der gewerblich handelnde Importeur als Gesamtschuldner. **Importeur** ist, wer die Geräte oder Bild- oder Tonträger in den Geltungsbereich des Urheberrechtsgesetzes gewerblich einführt oder wiedereinführt.

19 Die Erfassung vergütungspflichtiger Importe von Aufzeichnungsgeräten sowie Bild- und Tonträgern wird durch die Meldepflicht der gewerblichen Importeure und die **Auskunftspflicht** der Händler erleichtert.[14] Der gewerbliche Importeur ist grundsätzlich verpflichtet, Art und Stückzahl der eingeführten Gegenstände monatlich bis zum zehnten Tag nach Ablauf eines jeden Kalendermonats schriftlich mitzuteilen. Die Auskunftspflicht des Händlers erstreckt sich auch auf die Benennung seiner Bezugsquellen. Dieses Kontrollinstrument „Händlerauskünfte" hat sich als äußerst effektiv herausgestellt.

bb) Die Legitimation der Belastung der Hersteller von Geräten und Leerträgern

20 Nach dem Willen des deutschen Gesetzgebers soll mit der durch § 54 UrhG eingeführten Vergütung für Geräte und Leerträger ein **Ausgleich für Einbußen** gewährt werden, welcher der Absatz von Tonträgern und Bildtonträgern durch private Kopiertätigkeit erleidet. Grundsätzlich soll derjenige Privatmann belastet werden, der sich durch die private Kopiertätigkeit fremde Leistung aneignet. Er nimmt die urheberrechtliche Verletzungshandlung vor und soll daher wirtschaftlich die Abgabe tragen. Zweck der kombinierten Geräte- und Leerträgerabgabe ist aber die **mittelbare Erfassung des Endnutzers**.

21 Bereits 1965 hat der deutsche Bundesgerichtshof in einem Verfahren der GEMA gegen die Hersteller von Tonbandgeräten festgestellt, daß der Tonbandgerätehersteller zwar nicht der Nutzer einer urheberrechtlichen Leistung – d.h. einer privaten Vervielfältigung –, aber „Verursacher" des Eingriffs in den rechtlichen Bestand des Urheberrechts sei. Derjenige sei für die Verletzung des Urheberrechts mitverantwortlich, der im Rahmen seiner gewerblichen Tätigkeit dem privaten Vervielfältiger das Rüstzeug und die Möglichkeit zur mühelosen Vervielfältigung verschafft. Dem hat sich auch das deutsche Bundesverfassungsgericht angeschlossen und entschieden, daß die „Aneignung fremder Urheberleistung ... von Geräteherstellern und Leerkassettenprodu-

---

13 BGH, GRUR 1984, 518, 518.
14 Näher dazu Schricker-*Loewenheim*, § 54 UrhG Rn. 13 ff.

zenten unmittelbar zweckveranlaßt" wird.[15] Dogmatisch fügt sich nach Auffassung des Bundesverfassungsgerichts § 53 UrhG ein „in das auch sonst im Urheberrecht verwirklichte ‚Stufensystem zur mittelbaren Erfassung des Endverbrauchers', nach dem die Urhebervergütung für einen privaten Werkgenuß grundsätzlich durch einen unmittelbaren Anspruch gegen den Werkvermittler gewährleistet wird, dieser aber seinerseits die gezahlte Vergütung auf die Verbraucher umlegen kann". Solche Werkvermittler sind nach Ansicht des Bundesverfassungsgerichts auch die Produzenten von Geräten und Leerträgern.[16]

cc) Zur Notwendigkeit der Erfassung des Endnutzers in mittelbarer Weise

Nach dem Willen des deutschen Gesetzgebers[17] – und ähnlich argumentieren auch andere europäische Gesetzgeber – sollte mit der eingeführten Vergütung für Geräte „ein Ausgleich für die Einbußen gewährt werden, welche der Absatz von Schallplatten durch private Kopiertätigkeit erleidet". Die Urheberrechtsnovelle 1985 „hat an diesem Ziel festgehalten". „Zweck der kombinierten Leerkassetten- und Geräteabgabe ist die mittelbare Erfassung des Endnutzers. Derjenige soll belastet werden, der sich durch die private Kopiertätigkeit fremde Leistung vergegenständlichend aneignet. Er nimmt die Verletzungshandlung vor und soll daher wirtschaftlich die (abzuwälzende) Abgabe tragen". Der nunmehr in § 54 Abs. 1 UrhG normierte Anspruch verfolgt nach Auffassung des Bundesverfassungsgerichts das Ziel, „den am Vergütungsaufkommen Beteiligten einen angemessenen Ausgleich dafür zu gewähren, daß durch das Überspielen von Schallplatten auf einen anderen Tonträger (etwa Tonband, Leerkassette oder gar Compact-Disc) fremde Leistung, insbesondere die der Urheber und Tonträgerhersteller, genutzt wird"[18]. 22

Diese Sicht des Bundesverfassungsgerichts bedarf der Ergänzung. Die Umschreibung des mit § 54 Abs. 1 UrhG verfolgten Ziels, nämlich einen „angemessenen Ausgleich" für das Überspielen von Ton- und Bildtonträgern zu schaffen, ist gewiß richtig, sie deckt jedoch den gesamten Sachverhalt des privaten Kopierens nicht ab. Es wird nicht berücksichtigt, daß die bespiel- und löschbaren Speichermedien nicht allein zu diesem Zweck, sondern darüber hinaus in großem Maße auch zum Mitschnitt von Rundfunk- und Fernsehsendungen sowie öffentlichen Aufführungen unterschiedlichster Art Verwendung finden. Die in § 54 UrhG verankerte Vergütungsregelung schöpft damit ihre Legitimation aus zwei Quellen: einmal aus der Kompensation für Einbußen auf dem Absatzmarkt für bespielte Ton- und Bildtonträger, zum anderen aus dem durch Mitschnitt von Sendungen und Aufführungen gewonnenen Werkgenuß.[19] 23

---

15 BVerfG, ZUM 1989, 183, 189; s. auch *Rehbinder*, Urheberrecht, Rn. 82.

16 BVerfGE 31, 255, 267.

17 BT-Drucks. IV/270, abgedruckt in: UFITA 45 (1965), Band II, 240, 288.

18 So BVerfG, ZUM 1990, 351, 353f.

19 Die von Gerichten ebenso wie von der EU-Kommission vorgenommene rechtsdogmatische Einordnung des Vergütungsanspruchs nach § 54 UrhG als „Anspruch eigener Art" ist von Bedeutung für die Verteilung des Vergütungsaufkommens durch die Verwertungsgesellschaften, die damit das Vergütungsaufkommen sowohl im Aufführungsrecht als auch im mechanischen Recht auszuschütten haben.

24 Daraus folgt, daß der Gesetzgeber mit dem gesetzlichen Vergütungsanspruch dem Rechteinhaber allgemein einen **finanziellen Ausgleich** dafür zukommen lassen will, daß erfahrungsgemäß urheberrechtlich geschützte Werke im privaten Bereich vervielfältigt werden, ohne daß dem Rechteinhaber dafür ein Entgelt gezahlt wird. Dogmatisch unanfechtbar ist deshalb der vom Gesetzgeber gewählte Weg und der von ihm bestimmte Kreis von Vergütungsschuldnern, der zur Vergütung herangezogen wird, weil er die „Aneignung fremder Urheberleistung ... unmittelbar zweckveranlaßt“.[20]

dd) Mittelbare und überwälzbare Belastung beider Industriezweige

25 Man kann dem deutschen Gesetzgeber bescheinigen, daß er mit den Regeln zur privaten Vervielfältigung im deutschen Urheberrechtsgesetz einen schwierigen Sachverhalt auf die bestmögliche Weise gelöst und das **Interessenviereck**, Urheber – Geräteindustrie – Leerträgerproduzenten – Werknutzer, sachgerecht und **praktikabel ausgestaltet** hat und dabei auf „eine **gleichmäßige Belastung** beider Industriezweige bedacht“ war.[21] Ähnliches muß auch den Gesetzgebern in anderen Ländern bescheinigt werden, die vergleichbare Systeme eingeführt haben, auch wenn diese sich, wie z.B. in Frankreich, zum Teil auf eine Leerträgervergütung beschränken. Wegen der Verteilung der Last der Urhebervergütung auf beide Gruppen, die aus der Möglichkeit der Nutzung von urheberrechtlich geschützten Werken Vorteile ziehen, erscheint deshalb das „duale System“ sachgerechter und industriepolitisch ausgewogener als eine bloße Geräte- oder bloße Leerträgervergütung.

26 Angesichts des ungeheuren Vermögenswertes an Geisteswerken, die dem freien Zugriff durch privates Kopieren ausgesetzt sind, und gemessen an den Umsätzen von Geräten sowie den dazu gehörenden Leerträgern ist die im Jahr 2004 in Deutschland erzielte Gesamtsumme von EUR 146,8 Mio. aus der kombinierten Geräte- und Leerträgervergütung für alle privat überspielten Urheber- und Leistungsschutzrechte eher bescheiden. Dabei darf nicht übersehen werden, daß große Teile der Unterhaltungselektronik ihren wirtschaftlichen Nutzen gerade dadurch erzielen, daß die vertriebenen Geräte die Möglichkeit zum privaten Kopieren bieten. Es wäre falsch, sich von dem Gesamtaufkommen von EUR 146,8 Mio. blenden zu lassen. Angesichts des Milliardenwertes der geistigen Schöpfungen, die durch die Geräte und die Tonträger mitgeschnitten werden können und auch tatsächlich mitgeschnitten werden, stellt diese Summe nur einen marginalen Promillesatz des mitgeschnittenen Wertes dar und ist keinesfalls der wirklich angemessene Anteil für die Vervielfältigung zur privaten Nutzung.

27 Das Inkasso der ZPÜ wird zu ca. 85% (2005) auf der Grundlage von Gesamtverträgen mit Vereinigungen bzw. Verbänden von Herstellern und Importeuren von Geräten sowie Leerträgern abgewickelt. Die gesetzliche Pflicht liegt im wohlverstandenen Interesse der Verwertungsgesellschaften wie der Vereinigungen der Vergütungspflich-

---

20 So BVerfG, ZUM 1989, 183, 189.
21 BVerfG, ZUM 1989, 183, 189.

tigen. Während für die Verwertungsgesellschaften der Vorteil in der Verwaltungsvereinfachung liegt, ziehen die Mitglieder der Vereinigungen von Vergütungspflichtigen ihren Nutzen daraus, daß die ZPÜ einen Gesamtvertragsnachlaß in Höhe von 6% gewährt.

c) Gesetzliche Regelung der Höhe der Vergütung

In der Anlage zu § 54d Abs. 1 UrhG hat der deutsche **Gesetzgeber** im Jahre 1985 die **Höhe der Vergütung festgelegt**, die sich an der Art des Gerätes und an dessen Spieldauer orientiert. Der französische Gesetzgeber z.B. überläßt die Festlegung der Höhe der Vergütung einer eigens dazu gebildeten Kommission. Zum Mißfallen der deutschen Urheber ist die Höhe der Vergütung seit 1985 unverändert geblieben. **28**

Der deutsche Gesetzgeber hält folgende Vergütungssätze derzeit für angemessen: **29**

1. Für jedes Tonaufzeichnungsgerät EUR 1,28;
2. für jedes Bildaufzeichungsgerät mit oder ohne Tonteil EUR 9,21;
3. bei Tonträgern für jede Stunde Spieldauer bei üblicher Nutzung EUR 0,0614;
4. bei Bildträgern für jede Stunde Spieldauer bei üblicher Nutzung EUR 0,0870.

Die Orientierung der Vergütungssätze für Bild- und Tonträger an der Spieldauer hält das Schema offen auch für neue technische Entwicklungen im digitalen Bereich. **30**

Die nachfolgende Tabelle gibt einen Überblick über die derzeit auf dem Markt befindlichen digitalen Geräte und Leerträger, die bereits auf dem Verhandlungswege mit der Industrie in das o. g. Vergütungssystem einbezogen worden sind oder deren Einbezug kurz bevorsteht. **31**

Produktübersicht über derzeit auf dem Markt befindliche/angekündigte Aufnahmegeräte und Leerträger

Digitale Geräte	**Digitale Leerträger**
Mini-Disc-Recorder	Mini-Disc
MP3-Player	Multi-Media-Cards Smart-Media-Cards Memory-Sticks
MP3-Player in Mobiltelefonen	
CD-Recorder	Audio CD-R/RW
CD-Brenner iVm einem PC	Data CD-R/RW
SAT-Receiver mit integrierter Festplatte	
Digitale Videorecorder mit integrierter Festplatte	
DVD-Recorder	DVD + R/RW, – R/RW, RAM
DVD-Brenner iVm einem PC MPEG4-Geräte; Multimediaplayer	

32 Für die Bemessung der Vergütungssätze für die digitalen Leerträger kommt es derzeit nicht auf die Größe bzw. Technik des Speichermediums sondern auf dessen Speicherkapazität an, die zum Beispiel bei der Mini-Disc bis zu 74 Minuten beträgt.

33 Die in Rn. 29 zitierten Vergütungssätze für traditionelle Vervielfältigungsgeräte und das entsprechende Trägermaterial wurden von der Industrie bezahlt. Für neue Gerätetypen waren diese gesetzlich festgelegten Tarife wichtige Orientierungspunkte; dies galt sowohl für die Fälle einvernehmlicher Festlegung der Vergütungshöhe, als auch der Festlegung durch Gerichte. Im Referentenentwurf für ein Zweites Gesetz zur Regelung des Urheberrechts in der Informationsgesellschaft vom 27. September 2004 schlägt die Bundesregierung jedoch einen „Systemwechsel" vor. Das Gesetz gibt die bisher staatlich regulierten Vergütungssätze in die Hände der Beteiligten. Nicht mehr der Gesetzgeber soll die Vergütungssätze festlegen, sondern die Beteiligten selbst, also die Verbände der Gerätehersteller als Zahlungspflichtige und die Rechteinhaber durch ihre Verwertungsgesellschaften als Zahlungsempfänger. Allerdings sollen für die Zeit, bis die Beteiligten neue Tarife ausgehandelt haben, die bisherigen gesetzlichen Vergütungssätze als Tarife weiter gelten. In einem neu in das Urheberrechtsgesetz eingefügten § 54a sollen verbindliche Maßgaben gesetzlich festgeschrieben werden, wie die Höhe der Vergütung zu bemessen ist: Diese soll u.a. nach dem tatsächlichen Ausmaß der Nutzung bestimmt werden. Künftig soll es darauf ankommen, in welchem Maß die Geräte- und Speichermedien als Typen tatsächlich zur Vervielfältigung genutzt werden. Das soll durch Marktforschungsumfragen ermittelt werden. Bei der Bestimmung der Höhe der Vergütung ist zu berücksichtigen, in welchem Umfang Kopierschutzmaßnahmen verwendet werden. Es soll der Grundsatz gelten: Je mehr Kopierschutz, desto weniger Gerätevergütung. Darüber hinaus soll die Vergütungshöhe nach dem Willen der Bundesregierung so bemessen sein, daß der Hersteller „nicht unzumutbar beeinträchtigt wird". Der neue § 54a soll den Verwertungsgesellschaften vorgeben, die Tarife in „ein angemessenes Verhältnis zum Preisniveau des Geräts oder Speichermediums" zu setzen. Diese einseitige Anknüpfung übersieht nach Ferdinand *Melichar* „den verfassungsrechtlich gewährleisteten Anspruch der Urheber auf eine angemessene Vergütung für die Nutzung ihrer Werke, die nicht etwa nur Anspruch auf eine ‚Beteiligung' an einem Veräußerungserlös ist. Mit dem Kauf eines Vervielfältigungsgerätes erwirbt und bezahlt der Nutzer zum einen das Eigentum an der Maschine, zum anderem vor allem aber auch die gesetzliche Lizenz zum privaten Kopieren"[22]. Zu Recht weist Ferdinand *Melichar* darauf hin, daß damit zukünftig „große Handelshäuser mit ihrer dem Geiz als Dogma zugrundeliegenden Preispolitik die ‚Angemessenheit' der Urheberrechtsvergütung festlegen. Diese muß sich vielmehr daran orientieren, wie viele und welche Rechte der Nutzer im Rahmen der gesetzlichen Lizenz erwirbt".[23]

---

22 Vgl. *Melichar*, Musikforum 2005, 59.
23 *Melichar*, Musikforum 2005, 59.

3. Die Verteilung des Vergütungsaufkommens

a) Grundlagen

Bei der Regelung der Vergütung für die private Vervielfältigung mit der Urheberrechtsnovelle 1985 hat der deutsche Gesetzgeber bewußt auf gesetzliche Vorschriften zur Verteilung des Vergütungsaufkommens verzichtet und lediglich bestimmt, daß den Berechtigten jeweils ein **angemessener Anteil** an der Vergütung zusteht, § 54h Abs. 2 UrhG.[24] Für diese Zurückhaltung des Gesetzgebers gibt es gute Gründe. Es war praktisch kaum möglich, abstrakt und im voraus bindende Feststellungen für angemessene Verteilungsquoten zu treffen, da sich die Angemessenheit des Vergütungsanspruchs nach dem tatsächlichen Anteil der Werkschöpfung richtet. Die in diesem Zusammenhang auftretenden Fragen sind, namentlich im Filmbereich, außerordentlich kompliziert und waren (und sind) in tatsächlicher und rechtlicher Hinsicht Gegenstand von Auseinandersetzungen zwischen den Filmverwertungsgesellschaften und dann zwischen diesen und ihren Mitgesellschaftern innerhalb der ZPÜ. **34**

Der deutsche Bundesjustizminister ebenso wie das Deutsche Patent- und Markenamt als Aufsichtsbehörde über die deutschen Verwertungsgesellschaften vertreten die Auffassung, daß es in erster Linie **Aufgabe der beteiligten Verwertungsgesellschaften** ist, Kriterien für die angemessene Verteilung der Vergütung zu finden und für die Findung solcher Kriterien tragfähige Kompromisse einzugehen. Gegebenenfalls müßten streitige Rechtspositionen mit Hilfe der Gerichte geklärt werden. Bis jetzt aber haben die Beteiligten der Tragfähigkeit von in sachkundiger Interessenauseinandersetzung gefundenen Kompromissen den Vorzug gegenüber gerichtlichen Verfahren gegeben.[25] **35**

b) Die Verteilung des Aufkommens innerhalb der beteiligten Verwertungsgesellschaften

Die einzelnen, der ZPÜ angeschlossenen Verwertungsgesellschaften schütten die jeweils auf sie anfallende Quote nach ihren internen Satzungen und Verteilungsplänen an ihre Berechtigten aus. **36**

Die GEMA, deren Verteilungssystem nachfolgend beispielhaft vorgestellt werden soll, verteilt ihren Anteil sowohl aus dem Audio- als auch aus dem Videobereich an Komponisten, Textdichter und Verleger. Dabei wird die Verteilung getrennt nach Audio- und Videobereich jeweils im Wege von Zuschlägen auf die Aufkommen des vorangegangenen Geschäftsjahres in den Abrechnungssparten vorgenommen, in denen die private Vervielfältigung vorgenommen wird, also vornehmlich aus dem Bereich Rundfunk und dem Bereich der Tonträger. Damit wird der gesetzliche Auftrag erfüllt, daß der Urheber eine Vergütung erhält für das Werk, für das die Möglichkeit der Aufzeichnung (des Mitschnitts) besteht, und das nach seiner Art eine solche Aufzeichnung erwarten läßt. Dieses Verfahren stellt sicher, daß auf der Grundlage der **37**

---

24 Dazu *Riesenhuber,* Die Auslegung und Kontrolle des Wahrnehmungsvertrags, S. 18f.
25 Zur gegenwärtigen Verteilungspraxis *Kreile*, GEMA Jahrbuch 2001/2002, 94, 121f.

von den Berechtigten selbst aufgestellten Verteilungspläne der einzelnen Gesellschaften die gesetzlichen Vergütungen an jeden einzelnen Berechtigten gelangen.

4. Vereinbarkeit der Regeln über die private Vervielfältigung mit der RBÜ und den TRIPS

38 Zur Rechtfertigung ihrer Weigerung auch für digitale Geräte eine Vergütung nach den Regeln der privaten Vervielfältigung zu bezahlen, hat die Industrie immer wieder angeführt, dem stünde Art. 2 RBÜ bzw. Art. 9, 13 TRIPS entgegen. Dem ist das Landgericht Stuttgart zu Recht nicht gefolgt: Das Gericht ist richtigerweise davon ausgegangen, daß das Konventionsrecht von RBÜ und TRIPS bei der Auslegung der Normen des nationalen Urheberrechts als Auslegungshilfe heranzuziehen ist.[26] Es vertritt die Auffassung, daß die Anwendung der deutschen Regeln zur privaten Vervielfältigung (§§ 53, 54 UrhG) auch auf die digitale Vervielfältigung alle Erfordernisse des sog. „Dreistufentests" erfüllt. Denn die von nationalem Recht zugelassenen Ausnahmen (Verbotsrecht des Urhebers) betreffen einen abgegrenzten Sonderfall (Stufe 1), durch den die normale Auswertung des Werkes nicht beeinträchtigt (Stufe 2) und die Rechte des Urhebers nicht in unzumutbarer Weise verletzt werden (Stufe 3). Das Gericht führt aus: „Im Gegenteil: Solange der einzelne Berechtigte ein etwaiges vollständiges Verbotsrecht nicht im Weg flächendeckender und wirksamer Kopierschutzverfahren durchsetzen kann, erhält er im Weg der Pauschalvergütung (…) wenigstens eine gewisse Gegenleistung für die im privaten Bereich hergestellten Aufnahmen und Vervielfältigungen."[27]

III. Die Zukunft der privaten Vervielfältigung im digitalen Zeitalter

1. Die europäische Sicht

39 Die **Europäische Union**, unausweichlich der Beseitigung der Binnengrenzen zwischen den Mitgliedstaaten verpflichtet, wird auch nach der Verabschiedung der Richtlinie 2001/29/EG des Europäischen Parlaments und des Rates vom 22. Mai 2001 zur Harmonisierung bestimmter Aspekte des Urheberrechts und der verwandten Schutzrechte in der Informationsgesellschaft[28] nicht umhin können, ein besonders gewichtiges und sperriges Hindernis auf dem Weg zu einem freien, fairen und gerechten Europa aus dem Weg zu räumen: die unterschiedliche, **wettbewerbsverfälschende Behandlung der privaten Überspielung**. Zwischenzeitlich ist wohl jedem klar, daß es nicht angeht, wenn, um den Schutz der schöpferischen Menschen und ihrer Werke zu gewährleisten, zwar über die Hälfte der Bürger der EU eine Vergütung als Entgelt für die private Vervielfältigung entrichten müssen, andere Bürger aber nicht. Weiterhin

---

26 Zum Grundsatz der „konventionsfreundlichen Auslegung" (krit.) *Riesenhuber*, ZUM 2003, 333–342.
27 LG Stuttgart, ZUM 2001, 614, 619.
28 ABl. 2001 L 167/10.

ist auch zunehmend klar, daß diese geradezu paradigmatische Wettbewerbsverfälschung, unter der die Komponisten und Autoren sowie ihre Interpreten ebenso sehr leiden wie die geräte- und leerträgerherstellende Industrie, nicht dadurch beseitigt werden kann, daß diejenigen Mitgliedstaaten, die zum Teil seit über einem Vierteljahrhundert eine solche Vergütung für die private Vervielfältigung eingeführt haben, um der in ihren jeweiligen Verfassungen zum Ausdruck kommenden Eigentumsgarantie zu genügen, diese Vergütungsregelung aufgeben: Die Wettbewerbsverfälschung wird nur durch eine EU-weite, d.h. in allen Mitgliedstaaten geltende, Vergütungsregelung für die private Vervielfältigung beseitigt.

2. Andauernder Regelungsbedarf

Obwohl die Europäische Kommission bei ihren Harmonisierungsbemühungen auf dem Gebiet der privaten Vervielfältigung aus politischen Gründen (fehlende Mehrheitsfähigkeit) nicht weitergekommen ist und sie deswegen das Problem von der Aktualitätenliste gestrichen hat, ist es umso notwendiger, Grundlagen und Ausgestaltungen der bestehenden Vergütungsregelungen zu analysieren und darzustellen. Wenn hier aus deutscher Sicht begonnen wird, ist das verständlich: denn die deutsche Regelung ist nicht nur die älteste gesetzliche Regelung (immerhin seit 1965), sondern seit 1985 auch die umfassendste. Die Vergütungspflicht knüpft sowohl an die Aufnahmegeräte wie an die Leerträger an, also an beide industriellen Erzeugnisse, die zusammen erst die private Vervielfältigung ermöglichen. **40**

Die EU-Kommission begründet ihre Aktivitäten auf dem Gebiet des Urheberrechts damit, daß in den letzten Jahren in der Gemeinschaft immer häufiger Fragen im Zusammenhang mit diesem Rechtskreis auftreten, die den Binnenmarkt und seine Verwirklichung unmittelbar betreffen. Zahlreiche Verfahren vor dem Europäischen Gerichtshof belegen dies. Urheberrechtsprobleme sind jedoch nicht nur im Zusammenhang mit der Behinderung des grenzüberschreitenden Waren- und Dienstleistungsverkehrs aufgetreten, sondern auch bei Initiativen für Gemeinschaftsaktionen im kulturellen Bereich, insbesondere beim grenzüberschreitenden Rundfunk. Die wachsende Bedeutung des Urheberrechts steht, wie die Kommission richtig erkannte, in engem Zusammenhang mit dem Strukturwandel in Industrie und Wirtschaft. Kreativität und Einfallsreichtum gehören heute zu den wichtigsten europäischen „Rohstoffen“. Die Kommission hat daraus den Schluß gezogen, daß auf Gemeinschaftsebene Maßnahmen erforderlich seien, „um die Unterschiede der einzelstaatlichen Rechtsvorschriften und -verfahren, die die Ursache für Schwierigkeiten sind, zu beseitigen und um zu verhindern, daß neue, für den Binnenmarkt schädliche Differenzen“ auftreten. **41**

Daher sah die EU-Kommission in der Vervielfältigung audiovisueller Aufzeichnungen für private Zwecke ein Problem von besonderer Tragweite. Nachdem sie dieser Frage bereits das dritte Kapitel des im Juni 1988 vorgelegten „Grünbuchs über das Urheberrecht und die technologischen Herausforderungen“ gewidmet hatte, kündigte sie in ihrem „Arbeitsprogramm auf dem Gebiet des Urheberrechts und der verwandten Schutzrechte“ vom 17. Januar 1991 an, das Problem auf Gemeinschaftsebene anzugehen und einen Vorschlag für eine Richtlinie über das private Kopieren **42** von Ton- und audiovisuellen Trägern vorzulegen. In diesem Arbeitsprogramm hat die EU-Kommission ein eindrucksvolles **Credo zum Urheberrecht und zum Schutz des geistigen Eigentums** abgegeben und sich zum Verbündeten aller schöpferisch tätigen Menschen in Europa gemacht.[29]

43 Dabei hat bei der EU-Kommission gewiß die Erkenntnis eine Rolle gespielt, daß der verfassungsrechtliche Schutz des geistigen Eigentums, auf dem der Anspruch auf Teilhabe an den Früchten schöpferischer Leistung gründet, in einem Rechtssystem wie der Gemeinschaft nicht unterschiedlich in den immer mehr zusammenwachsenden Mitgliedstaaten ausgestattet sein kann. Die aus den Römischen Verträgen bestehende Gemeinschaftsverfassung enthält zwar keinen geschriebenen Grundrechtskatalog, wie z.B. das deutsche Grundgesetz; aber auch ohne einen solchen Kodex erfüllt die Gemeinschaft alle Merkmale einer rechtsstaatlichen Demokratie westeuropäisch-amerikanischer Tradition. Die Grundrechte gelten in der Gemeinschaft als allgemeine Rechtsgrundsätze, die nach der Rechtsprechung des Europäischen Gerichtshofs aus den gemeinsamen Verfassungsüberlieferungen der Mitgliedsstaaten abzuleiten sind. Jeder EU-Bürger kann sie im Verhältnis zur Gemeinschaftsgewalt geltend machen, und die EU hat sie bei ihrer Rechtssetzung stets zu respektieren. Unter den vom Europäischen Gerichtshof festgestellten Einzelgrundrechten steht der **Schutz des Eigentums** und damit auch des geistigen Eigentums an oberster Stelle.

44 Der in der Berner Verbandsübereinkunft verankerte Grundsatz der Inländerbehandlung verhindert zwar im Wesentlichen eine Diskriminierung von Urhebern aus den jeweils anderen EU-Ländern in einem bestimmten EU-Land, er kann jedoch nicht verhindern, daß die europäischen Urheber in den einzelnen Ländern eine ganz unterschiedliche Rechtslage vorfinden, die ihnen in einzelnen Ländern gewährt, was ihnen in anderen Ländern versagt wird. Die unterschiedlichen Vergütungsregelungen in den EU-Mitgliedstaaten stellen sich wie folgt dar: Im Audio- und Videobereich gibt es in drei Staaten (Großbritannien, Irland, Luxemburg) gar keine Vergütungsregelungen; nur in sechs Staaten (Belgien, Deutschland, Griechenland, Italien, Portugal, Spanien) gibt es das duale Vergütungssystem (Geräte- und Leerträgervergütung), in den übrigen Staaten werden nur Vergütungen für unbespielte Bild- und Tonträger erhoben. Auf die Dauer sind daher die Unterschiede in der inhaltlichen Ausgestaltung des Urheberrechts und im Ausmaß des den Urhebern gewährten Schutzes wegen der damit verbundenen Störungen des sozialen Gleichgewichts in Europa nicht hinnehmbar. Unabhängig von der Berner Übereinkunft ist derzeit für den Rechteinhaber z.B. in Deutschland nicht verständlich, daß z.B. ein Urheber aus dem EG-Mitgliedstaat Großbritannien von den deutschen Vergütungsregelungen profitiert, während ein deutscher Urheber in Großbritannien leer ausgeht.

45 Mit der Harmonisierung der im Arbeitsprogramm aufgeführten Teilbereiche des Urheberrechts will die EU-Kommission offensichtliche **Disparitäten beseitigen**, die dem in den Gemeinschaftsverträgen verankerten Gleichbehandlungsgebot sowie dem zu

29 Arbeitsprogramm der Kommission auf dem Gebiet des Urheberrechts und der verwandten Schutzrechte, KOM (90) 584 endg. vom 17.1.1991, S. 2f.

verwirklichenden Binnenmarktkonzept widersprechen. Es versteht sich, daß die EU-Kommission zur Vorbereitung ihrer Harmonisierungspläne sich an bereits bestehenden Regelungen in den Mitgliedstaaten der Gemeinschaft orientiert und diese dahingehend überprüft, inwieweit sie für die gesamte Gemeinschaft Modellcharakter haben können. In dem Arbeitsprogramm von 1991 wurde die Bedeutung eines hohen Schutzniveaus für geistiges Eigentum in der gesamten Europäischen Gemeinschaft betont und in den folgenden Jahren wurden auch mehrere Anläufe unternommen, die zur Vorlage eines Richtlinienentwurfs im Bereich der privaten Vervielfältigung führen sollten.

Allerdings hat die Europäische Kommission erst in der am 22. Juni 2001 in Kraft ge- **46**
tretenen „Richtlinie des Europäischen Parlaments und des Rates zur Harmonisierung bestimmter Aspekte des Urheberrechts und der verwandten Schutzrechte in der Informationsgesellschaft“[30] das Thema „private Vervielfältigung“ wieder aufgenommen. Die Kommission hat in dieser Richtlinie jedoch keine Harmonisierung der Vergütungspflicht für private Vervielfältigungen vorgenommen, sondern hat nach Art. 5 Abs. 2b) der Richtlinie Ausnahmen vom Vervielfältigungsrecht für Vervielfältigungen von Ton- und audiovisuellem Material zur privaten Nutzung zugelassen. Danach können die Mitgliedstaaten der EU für diese Vervielfältigungsarten Ausnahmen einführen oder aufrechterhalten. Die Anwendung dieser Ausnahme ist jedoch von der Bedingung abhängig, daß den Rechteinhabern ein „gerechter Ausgleich“ gewährt wird. Allerdings muß diese Ausnahme im Lichte des sog. Dreistufentests interpretiert werden, der in Art. 5 Abs. 5 der Richtlinie enthalten ist: Dieser besagt, daß die Ausnahme des Art. 5 Abs. 2b) „nur in bestimmten Sonderfällen angewandt werden (darf), in denen die normale Verwertung des Werks oder des sonstigen Schutzgegenstands nicht beeinträchtigt wird und die berechtigten Interessen des Rechtsinhabers nicht ungebührlich verletzt werden“. Dies bedeutet, daß diejenigen Mitgliedstaaten, die die Ausnahme in bezug auf private Vervielfältigungen in Form einer gesetzlichen Vergütung eingeführt haben, diese Ausnahme in Verbindung mit dem gesetzlich eingeführten Vergütungssystem beibehalten können. Die Richtlinie enthält im Hinblick auf eine Unterscheidung zwischen analoger und digitaler Vervielfältigung keine zwingenden Vorgaben. Sie fordert insbesondere nicht, digitale Vervielfältigungen von der Privatkopieschranke auszunehmen. Allerdings weist die Kommission in Begründungserwägung 38 der Richtlinie darauf hin, daß „den Unterschieden zwischen digitaler und analoger privater Vervielfältigung gebührend Rechnung getragen und hinsichtlich bestimmter Punkte zwischen ihnen unterschieden werden“ sollte. Und in Erwägungsgrund 39 heißt es, daß „bei der Anwendung der Ausnahme oder Beschränkung für Privatkopien ... die Mitgliedstaaten die technologischen und wirtschaftlichen Entwicklungen, insbesondere in bezug auf die digitale Privatkopie und auf Vergütungssysteme gebührend berücksichtigen (sollten), wenn wirksame technische Schutzmaßnahmen verfügbar sind“.

Für die mit analoger Technik gefertigte Kopie wird durch die Richtlinie (Art. 5 Abs. **47**
2b)) klargestellt, daß es nicht mehr zulässig ist, keine Vergütungsregeln zum Aus-

30 ABl. 2001 L 167/10.

gleich der Urheberinteressen festzuschreiben.[31] Der neu eingeführte Art. 5 Abs. 2b) ermöglicht es den Mitgliedstaaten, Ausnahmeregelungen für die private Vervielfältigung im ausschließlich persönlichen Bereich auch für digitale Vervielfältigungen zu schaffen. Die Regelungskompetenz verbleibt aber bei den nationalen Gesetzgebern.

3. Widerstand in Großbritannien und Europa

48 Wie schon bei der Einführung des gesetzlichen Vergütungsanspruchs auf nationaler Ebene, so haben sich im Vorfeld einer gemeinschaftsweiten Regelung für das Gebiet des privaten Kopierens die Gegner der Urheber auch bei der EU-Kommission immer wieder zu Wort gemeldet.

49 Nachdem es in Großbritannien einer aus diffusen Interessen zusammengesetzten „pressure group" gelungen war, die im Entwurf des Copyright Act von 1985 vorgesehene Leerkassettenvergütung wieder zu entfernen, ist ihre Kampagne gegen die Leerkassettenvergütung unter der Führung einer „Home Taping Rights Campaign" (HTRC) auf Brüssel gerichtet, um eine gemeinschaftsweite Vergütungspflicht für privates Kopieren zu verhindern.

50 Die Argumente der Gegner des Systems der privaten Vervielfältigung sind bekannt:[32] Einmal wird behauptet, daß nach dem „Sankt-Florians-Prinzip" andere, z.B. die Rundfunkanstalten zur Vergütung herangezogen werden müßten, denn durch ihre zum Mitschnitt geeigneten Sendungen seien sie die eigentlichen Verursacher der privaten Vervielfältigung; zum anderen könnten die derzeit gültigen nationalen Systeme nicht gewährleisten, daß das von den Verwertungsgesellschaften eingezogene Geld auch an die richtigen Berechtigten gelange. Damit soll suggeriert werden, die Vergütungsregelungen enthielten byzantinische Systeme kompliziertester Abläufe und Verhältnisse. Aber keines der bisher vorgetragenen Argumente hält, was hier nachgewiesen wird, einer seriösen Prüfung stand.

IV. Fazit: Die Unentbehrlichkeit des bewährten Systems

51 Seitdem digitale Aufnahmegeräte und digitale Leerträger auf dem Markt sind, werden Hersteller, namentlich von digitalen Aufnahmegeräten, in Deutschland vertreten durch ihren Verband BITKOM (Bundesverband Informationswirtschaft Telekommunikation und neue Medien) nicht müde zu behaupten, daß im sog. digitalen Zeitalter im Bereich der privaten Vervielfältigung das pauschale Vergütungssystem durch ein System der individuellen Abrechnung der Urhebervergütungen abgelöst werden könne. Die Industrie versucht Öffentlichkeit und Politik, namentlich den europäischen, wie auch den nationalen Gesetzgeber, davon zu überzeugen, daß mit Hilfe von Digital Rights Management-Systemen (DRM) auch im privaten Bereich eine individuelle

31 Vgl. Richtlinie 2001/29/EG, ABl. 2001 Nr. L 167/10, Begründungserwägungen 38, 39, 52.
32 Vgl. *Kreile*, ZUM 1991, 101, 110f.

Lizenzierung ermöglicht werde, die zu einer angemessenen und leistungsbezogenen Vergütung für die Urheber und einer nutzungsabhängigen Bezahlung für die Nutzer führe. Damit könne die pauschale Vergütung durch die individuelle Abrechnung entfallen.[33] Im übrigen tritt die Industrie dafür ein, die digitale Kopie im privaten Bereich gänzlich zu verbieten.[34]

Auch für Urheber- und Leistungsschutzberechtigte steht außer Frage, daß der indivi- **52**
duellen Vergütung gegenüber pauschalen Vergütungssystemen grundsätzlich der Vorzug gebührt. Pauschale Vergütungen sind und bleiben auch im Sinne der Urheber nur „second-best-Lösungen". Die Einführung von DRM-Systemen wird deshalb von Rechteinhabern und den sie vertretenden Verwertungsgesellschaften begrüßt und, soweit ihnen dies möglich ist, nachhaltig unterstützt.[35] Dennoch kann man nicht die Augen davor verschließen, daß, wie aktuelle Studien belegen, digitale Speichermedien im privaten Bereich zur Vervielfältigung urheberrechtlich geschützter Werke genutzt werden. Damit setzt sich auch im digitalen Zeitalter das fort, was bei analogen Medien wie Audio- und Videogeräten sowie Fotokopierern und den dazu gehörenden Speichermedien schon jahrzehntelang gängige Praxis ist. Die klassischen Vervielfältigungsvorgänge wie das Mitschneiden von Rundfunk- und Fernsehsendungen, aber auch das Kopieren von Büchern und Zeitschriften lassen sich **durch individuelle Abrechnungssysteme nicht erfassen**. Hinzu kommt, daß Kopierschutzverfahren, mit denen die Herstellung selbst gebrannter Musik-CDs und das Verbreiten von Musik im Internet verhindert werden soll, nach wie vor durch Hardware- und Softwareupdates unschwer umgangen werden können.

Die deutsche Bundesregierung hat deshalb dem Druck der Industrie standgehalten **53**
und ganz auf der Linie ihres oben bereits zitierten zweiten Berichts über die Entwicklung der urheberrechtlichen Vergütung auch im Referentenentwurf für ein Zweites Gesetz zur Regelung des Urheberrechts in der Informationsgesellschaft an dem Prinzip festgehalten, daß sowohl die analoge, wie die private Digitalkopie in den bisherigen Grenzen erlaubt bleibt und die Urheber hierfür eine angemessene Vergütung über die Geräte- und Leerträgerabgabe erhalten müssen. Auch im Referentenentwurf für ein Zweites Gesetz zur Regelung des Urheberrechts in der Informationsgesellschaft weist die Bundesregierung Forderungen, die Vergütung über die Geräte- und Leerträgerpauschale vollständig entfallen zu lassen, weil dem Urheber wirksame technische Maßnahmen zur Verfügung stünden, die die Individuallizenzierung ermögliche, zurück. Sie geht vielmehr davon aus, daß es „viele Jahre dauern wird, bis sämtliche geschützten Werke und Leistungen in kopiergeschützter Form verwertet werden und damit die Rechtfertigung für das pauschale Vergütungssystem insgesamt entfallen sein wird." Die Bundesregierung hält es für fraglich, „ob ein solcher Zustand allerdings jemals erreicht wird". Mit ihrer erneuten Ergänzung des Urheberrechtsgesetzes will die

33 *Rohleder*, ZUM 2003, 1061–1063; *ders.*, ZUM 2004, 203–204.
34 *Gebhardt*, ZUM 2003, 1022–1025.
35 Vgl. hierzu: *Kreile/Becker*, FS Schricker, S. 387–399; *Pfennig*, ZUM 2004, 198–203.

Bundesregierung Rahmenbedingungen schaffen, „die ein Nebeneinander des pauschalen Vergütungssystems und eine individuelle Lizenzierung ermöglichen".

54 So kann denn davon ausgegangen werden, daß neben Digital Rights Managements-Systemen das bewährte System der privaten Vervielfältigung und ihrer Vergütung in Deutschland auch in Zukunft bestehen bleibt.

2. Teil: Die Organisation der GEMA

Kapitel 8
Die Satzung der GEMA*

Inhaltsübersicht Rn.

---

* Soweit die Überschriften der einzelnen §§ von den Verf. hinzugefügt wurden – also nicht schon Satzungsbestandteil sind – ist dies durch [eckige Klammern] kenntlich gemacht.

Vorbemerkung vor § 1

1 Die GEMA ist ein **rechtsfähiger Verein** kraft staatlicher Verleihung gemäß § 22 BGB. Rein wirtschaftlich betrachtet kann die GEMA aber durchaus mit mittelgroßen Aktiengesellschaften oder GmbHs mithalten: Sie beschäftigt 1.113 Mitarbeiter (Stand: 31.12.2004), erzielte 2004 Erträge in Höhe von 806,2 Millionen EUR und vertritt über 1,4 Millionen Urheber aus aller Welt.

2 Das Urheberrechtswahrnehmungsgesetz (UrhWG) überläßt den Verwertungsgesellschaften die **freie Wahl ihrer Rechtsform.** Der wirtschaftliche Verein gilt für sie als gut geeignete Rechtsform, weil jeder Berechtigte ohne Änderung des Gesellschaftsvertrages Mitglied werden und Mitbestimmungsrechte ausüben kann, ohne daß eine persönliche Haftung besteht. Die Vorteile der Rechtsform als wirtschaftlicher Verein zeigen sich auch in der Freiheit bei der Ausgestaltung der Satzung: Das BGB-Vereinsrecht macht kaum Vorgaben, abgesehen von dem zwingend erforderlichen Vorstand (§ 26 BGB). Das erlaubt ausdifferenzierte, genau auf die Bedürfnisse der kollektiven Wahrnehmung musikalischer Rechte zugeschnittene Regeln: Die Unterscheidung zwischen angeschlossenen, außerordentlichen und ordentlichen Mitgliedern (§ 6 Satzung) mit ihren unterschiedlichen Rechtsfolgen ist ein gutes Beispiel dafür.

3 Auch der Aufsichtsrat in der GEMA-Satzung hat eine völlig andere Funktion als der Aufsichtsrat einer Aktiengesellschaft. Nach der Satzung (§ 13 Ziff. 3) hat der Aufsichtsrat gegenüber dem Vorstand ein Weisungsrecht. Im Unterschied dazu kommt dem Aufsichtsrat nach dem Aktienrecht nur eine Überwachungsfunktion zu (vgl. § 111 Abs. 1 AktG). Grund ist das vom Modell der Kapitalgesellschaft abweichende Verständnis der Wirkungsweise des Aufsichtsrates: Er ist das Spiegelbild der Mitgliederversammlung. Aus der Summe der Einzelinteressen soll der Aufsichtsrat die Gesamtsumme des GEMA-Interesses herausarbeiten, um zur gerechten Einzelbeteiligung am kollektiven Gesamtertrag zu kommen.[1] In dieser Funktion erteilt er dem Vorstand – wie eine Gesellschafterversammlung dem GmbH-Geschäftsführer – Weisungen. In der Praxis hat sich die **Freiheit der GEMA bei der Ausgestaltung ihrer inneren Struktur** gut bewährt; damit auch ihre Rechtsform des wirtschaftlichen Vereins.

4 Im folgenden werden die einzelnen Bestimmungen der GEMA-Satzung (Stand: 28./29.06.2005) sowie – soweit von Interesse – ihre Entstehungsgeschichte erläutert. Die **Geschäftsordnungen** der GEMA-Unterorganisationen und Organe wie Aufnahmeausschuß, Beschwerdeausschuß, Mitgliederversammlung, Aufsichtsrat und Vorstand sind im Anschluß an die jeweils maßgeblichen Vorschriften der Satzung abgedruckt. Wichtige spezielle Regelungen aus den einzelnen Geschäftsordnungen werden dort in der Kommentierung dargestellt und erläutert.

---

1 *Kreile,* GEMA-Jahrbuch 2003/2004, S. 57.

§ 1 Name und Sitz

Der wirtschaftliche Verein

GEMA
Gesellschaft für musikalische Aufführungs- und mechanische Vervielfältigungsrechte

hat seinen Sitz in Berlin.
Seine Rechtsfähigkeit beruht gemäß § 22 BGB auf staatlicher Verleihung.

Übersicht Rn.

I. Entstehungsgeschichte

5 Der Ursprung der GEMA in der heutigen Form reicht bis in das 19. Jahrhundert zurück. Ein offener Brief von Richard Strauss an seine deutschen Komponistenkollegen vom Juli 1898 gilt als Beginn des Kampfes der deutschen Komponisten um ihre Urheberrechte (i.e. oben, **Kap. 2 Rn. 1–18**). Das „Gesetz betreffend das Urheberrecht an Werken der Literatur und der Tonkunst" von 1901 (LUG) machte zwar die Entstehung von Verwertungsgesellschaften erforderlich, um das gewährte Aufführungsrecht wahrzunehmen, doch traf das Gesetz dazu keine eigene Regelung.[2] Am 14. Januar 1903 wurde in Berlin die **Genossenschaft Deutscher Tonsetzer (GDT)** in vereinsrechtlicher Form von Komponisten gegründet. Die von ihr vereinsähnlich organisierte, aber rechtlich unselbständige Anstalt für musikalische Aufführungsrechte (AFMA) sollte die Rechte der Urheber und Verleger wahrnehmen. Es kam aber bald zum Streit und zur Gründung von Konkurrenzorganisationen wie der „Genossenschaft zur Verwertung musikalischer Aufführungsrechte" (die „alte" GEMA) im Jahre 1915. Erst 1933 erfolgte der Zusammenschluß zu einer einheitlichen Gesellschaft, der STAGMA (Staatlich genehmigte Gesellschaft zur Verwertung musikalischer Urheberrechte; i. e. oben, **Kap. 2 Rn. 38–60**). Nach dem Krieg benannten die Alliierten 1947 die Organisation in GEMA um, wobei die Abkürzung aber nun für „Gesellschaft für musikalische Aufführungs- und mechanische Vervielfältigungsrechte" stand. 1950 wurde eine Neufassung der alten STAGMA-Satzung beschlossen, die Basis der heute geltenden Satzung ist.

II. Rechtsform: Wirtschaftlicher Verein, Rechtsfähigkeit

6 Die GEMA hat die Rechtsform eines **wirtschaftlichen Vereins gemäß § 22 BGB**. Das ist für Verwertungsgesellschaften der Urheber in Deutschland eine übliche Rechtsform, vgl. z. B. VG Wort und VG Bild-Kunst. Das Urheberrechtswahrnehmungs-

---

2 *Riesenhuber,* Die Auslegung und Kontrolle des Wahrnehmungsvertrags, S. 3 f.

gesetz (UrhWG) schreibt keine zwingende Rechtsform vor. Es gibt auch als GmbH organisierte Verwertungsgesellschaften, z. B. die VGF (Verwertungsgesellschaft der Film- und Fernsehproduzenten mbH).

7 Im Gegensatz zu nichtwirtschaftlichen Vereinen, die gemäß § 21 BGB mit Eintragung Rechtsfähigkeit erlangen, erlangt der wirtschaftliche Verein **Rechtsfähigkeit** gemäß § 22 BGB durch staatliche Verleihung. Dies ist durch die staatliche Verleihung am 28. September 1933 an die STAGMA geschehen, deren Name am 24. August 1947 in GEMA geändert wurde. Eine neue staatliche Verleihung war nicht erforderlich, da die GEMA mit der STAGMA rechtlich identisch ist.[3]

8 **Sitz** des Vereins ist nach § 1 S. 1 Satzung Berlin. Das ist insbesondere für den Gerichtsstand nach § 17 ZPO bedeutsam.

9 Der **Name** GEMA Gesellschaft für musikalische Aufführungs- und mechanische Vervielfältigungsrechte wird gemäß § 57 Abs.1 BGB in der Satzung genannt und unterfällt dem Schutz von § 12 BGB.

§ 2 Zweck

1. Zweck des Vereins ist der Schutz des Urhebers und die Wahrnehmung seiner Rechte im Rahmen dieser Satzung. Seine Einrichtung ist uneigennützig und nicht auf die Erzielung von Gewinn gerichtet.

2. Dem Verein obliegt die treuhänderische Verwaltung der ihm von seinen Mitgliedern und Dritten durch uni- oder bilaterale Verträge zur Verwertung übertragenen Rechte. Er kann alles tun, was zur Wahrung der ihm übertragenen Rechte erforderlich ist.

Der Verein ist berechtigt, denjenigen, die diese Rechte benutzen wollen, die hierzu notwendige Genehmigung zu erteilen. Der Verein ist nach Maßgabe von § 11 UrhWG hierzu verpflichtet.

3. Der Verein ist auch berechtigt, Inkassomandate von Verwertungsgesellschaften zu übernehmen, denen nach §§ 1, 2, 18 UrhWG eine Erlaubnis erteilt worden ist, und mit anderen zusammenzuwirken, auch soweit Gegenstand von deren Tätigkeit nicht nur Urheberrechte, sondern auch verwandte Schutzrechte im Sinne des UrhG sind.

4. Bei Vergebung der Rechte werden die Bedürfnisse der kulturellen Musikpflege berücksichtigt.

Übersicht Rn.

I. Vereinszweck, § 2 Ziff. 1 Satzung

10 Zweck des Vereins GEMA ist der **Schutz des Urhebers.** Gemäß § 7 UrhG ist der Urheber der Schöpfer des Werkes. Das ist derjenige, der seinem individuellen Geist im Werk Form und Gestalt gegeben hat. Das deutsche Urheberrecht ist von großem Re-

3 S. o. **Kap. 2 Rn. 58.**

spekt gegenüber der schöpferischen Persönlichkeit des Urhebers geprägt:[4] Der Urheber erwirbt das Urheberrecht an seinem Werk zwingend und automatisch durch die Schöpfung, selbst wenn er für einen anderen auf Grund eines Dienst-, Arbeits- oder Werkvertrages tätig ist. Wer Rechte von einem Urheber erwerben will, bleibt immer darauf angewiesen, sie sich vertraglich einräumen zu lassen. Die GEMA wird aber nicht nur für die Urheber tätig, sondern auch für die Verleger, die von den Urhebern geschaffene Musik verbreiten. Daher können auch Musikverlage Mitglied der GEMA werden.

„Schutz des Urhebers" ist nicht dahingehend zu verstehen, daß die GEMA die Werke des Urhebers schützt, diesen Schutz erhält der Urheber durch das Urheberrechtsgesetz (UrhG). Die Anmeldung des Werkes bei der GEMA begründet nicht den Werkschutz. Ein Schutz des Urhebers besteht jedoch darin, daß die GEMA die ihr übertragenen **Rechte wahrnimmt**, insbesondere indem sie gemäß § 11 UrhWG Nutzungsrechte zu angemessenen Bedingungen einräumt und bei Bekanntwerden nicht lizenzierter Nutzungen von dem Nutzer die Lizenzgebühr (ggf. zzgl. eines Schadensersatzes gemäß § 97 UrhG) einfordert. **11**

Die praktisch bedeutsamste Aufgabe der GEMA ist die Wahrnehmung der Rechte des Urhebers im Rahmen dieser Satzung. Das sind nur die übertragbaren **Verwertungsrechte** nach §§ 15ff. UrhG (i.e. die Erläuterungen zu § 1 Berechtigungsvertrag, unten, **Kap. 10**). Nicht von der GEMA wahrgenommen wird dagegen das Urheberpersönlichkeitsrecht nach §§ 12–14 UrhG (*„droit morale"*), das die geistigen und persönlichen Beziehungen des Urhebers zu seinem Werk schützt und ihm zum Beispiel das Recht gibt, Entstellungen zu verhindern. Auch das sog. „Große Recht" zur bühnenmäßigen Aufführung dramatisch-musikalischer Werke (§ 1a) GEMA-Berechtigungsvertrag und Ziffer I Abgrenzungsvereinbarung zwischen GEMA und Rundfunkanstalten) und die Vergabe von Bearbeitungsgenehmigungen nach § 23 S. 1 UrhG werden von der GEMA nicht wahrgenommen. Sie nimmt nur die ihr per Berechtigungsvertrag übertragenen Nutzungsrechte iSv § 6 UrhWG für den Urheber wahr. **12**

Der Schutz des Urhebers und die Wahrnehmung seiner Rechte erfolgen **treuhänderisch und uneigennützig**. Das heißt, die GEMA darf keine Gewinnerzielungsabsicht verfolgen. Die früher bestehende Formulierung „gemeinnützig" wurde 1979 durch den Begriff „uneigennützig" ersetzt, da die GEMA nicht iSd Steuerrechts gemeinnützig ist. **13**

II. Wahrnehmung

Sowohl Mitglieder als auch Dritte können der GEMA Rechte einräumen. Dabei kann sie nicht nur alles tun, was zur Wahrung der übertragenen Rechte erforderlich ist, sondern gemäß § 6 UrhWG ist sie verpflichtet, die zu ihrem Tätigkeitsbereich gehörenden Rechte und Ansprüche auf Verlangen der Berechtigten zu angemessenen **14**

4 Vgl. Schricker-*Dietz,* vor § 12 UrhG Rn. 6ff.

Bedingungen **wahrzunehmen**. Dritten, die der GEMA übertragene Rechte nutzen wollen, ist sie zur Einräumung nach § 11 UrhWG verpflichtet (Kontrahierungszwang; i. e. unten, **Kap. 14 Rn. 30–64**).

15 Der GEMA wird die Möglichkeit gegeben, bilaterale Verträge zu schließen, so daß sie die Rechte der Mitglieder und Dritter auch weltweit schützen und wahren lassen kann. Das sind nicht nur die Rechte von deutschen sondern auch von ausländischen Urhebern. Sie darf mit ausländischen Verwertungsgesellschaften Gegenseitigkeitsverträge schließen, in denen sie diesen ihre Rechte zur Wahrnehmung überträgt. Umgekehrt erhält sie von den ausländischen Gesellschaften deren Rechte. Sie zieht das für ihren Zuständigkeitsbereich Deutschland fällige Nutzungsentgelt ein und verteilt es an die an den genutzten musikalischen Werken Beteiligten im In- und Ausland. So erhält sie ein **faktisches Monopol** für Deutschland, soweit die Gegenseitigkeitsverträge reichen (**Weltrepertoire**). Durch insgesamt 137 Verträge (Stand: 30. 07. 2005) mit ausländischen Verwertungsgesellschaften und Inkassoorganisationen vertritt die GEMA über 1,4 Millionen Musikurheber aus aller Welt und pflegt in ihren Werkedokumentationen die Daten von mehr als 8 Millionen Werken. Diese Verträge verstoßen nach Ansicht des EuGH nicht gegen europäisches Kartellrecht.[5]

16 Aufgrund des Weltrepertoires hat der Bundesgerichtshof der GEMA prozessuale Erleichterungen zugebilligt; insbesondere hat er den Anscheinsbeweis zugunsten der GEMA zugelassen. Diese sog. **GEMA-Vermutung** besagt, daß zugunsten der GEMA angesichts ihres umfassenden In- und Auslandsrepertoires eine tatsächliche Vermutung ihrer Wahrnehmungsbefugnis für die Aufführungsrechte an in- und ausländischer Tanz- und Unterhaltungsmusik sowie für die sog. Mechanischen Rechte (Vervielfältigung und Verbreitung) besteht (i. e. unten, **Kap. 14 Rn. 5–22**). Die Vermutung erstreckt sich weiter darauf, daß diese Werke urheberrechtlich geschützt sind, und umfaßt in dieser Hinsicht auch die bei der musikalischen Vertonung verwendete Musik.[6] Die Vermutung erstreckt sich auch darauf, daß bei der Verwendung von Unterhaltungsmusik in den von der GEMA wahrgenommenen Bestand eingegriffen wird.[7]

III. Inkassomandate, § 2 Ziff. 3 Satzung

17 Die GEMA darf auch Inkassomandate von anderen Verwertungsgesellschaften übernehmen, denen nach §§ 1, 2, 18 UrhWG eine Erlaubnis zum Geschäftsbetrieb erteilt worden ist. So haben die Gesellschaft zur Verwertung von Leistungsschutzrechten (GVL), die die Rechte der ausübenden Künstler, Veranstalter, Tonträgerhersteller und der Hersteller von Videoclips vertritt, sowie die Verwertungsgesellschaft Wort (VG Wort) der GEMA **Inkassomandate** übertragen. Die ZPÜ (Zentralstelle für pri-

---

5 EuGH v. 27. 3. 1974 – Rs. 127/74 BRT II, Slg. 1974, Rn. 9/11; Kommission v. 4. 12. 1981, ABL. 1982 L 94/12 Tz 36. Eingehend *Mestmäcker,* oben, **Kap. 6**; *Karbaum/Oeller,* **Kap. 17**.
6 BGH, GRUR 1988, 296 mwN.
7 BGH, GRUR 1961, 97.

vate Überspielungsrechte) und die ZVV (Zentralstelle für Videovermietung) sind als Inkassostellen bei der GEMA angesiedelt. Zur Zusammenarbeit der Verwertungsgesellschaften näher unten, **Kap. 16**.

IV. Kulturelle Musikpflege, § 2 Ziff. 4 Satzung

Vergibt die GEMA Rechte an Dritte, muß sie bei der Tarifgestaltung die Bedürfnisse der **kulturellen Musikpflege** berücksichtigen. Diese Satzungsvorschrift nimmt die in §13 Abs. 3 S. 4 UrhWG vorgesehene Regelung auf, wonach Verwertungsgesellschaften bei der Tarifgestaltung und bei der Einziehung der tariflichen Vergütung auf religiöse, kulturelle und soziale Belange der zur Zahlung der Vergütung Verpflichteten einschließlich der Belange der Jugendpflege angemessene Rücksicht nehmen sollen. Diese Soll-Vorschrift wird in der GEMA-Satzung zu einer zwingenden Vorgabe verschärft, d. h. die von der GEMA vergebenen Rechte dürfen nicht so teuer sein, daß Dritte wegen zu hoher Kosten auf die Aufführung oder Verbreitung von Musikwerken verzichten müssen und deshalb die kulturelle Vielfalt Schaden nimmt. 18

§ 3 Wahrnehmung

1. Die von dem Verein wahrzunehmenden Rechte werden ihm durch Abschluß eines besonderen Vertrages (Berechtigungsvertrag bzw. im Falle des § 2 Ziff. 3 Inkassomandat) übertragen, in dem auch der Umfang der wahrzunehmenden Rechte festgelegt wird.

Der Berechtigungsvertrag muß enthalten:

a) daß sämtliche dem Berechtigten gegenwärtig zustehenden und alle zukünftig entstehenden Rechte mit der Maßgabe übertragen werden, daß die Übertragung auf mindestens sechs Jahre erfolgt und sich die Übertragung um den gleichen Zeitraum verlängert, falls der Berechtigungsvertrag nicht ein Jahr vor Ablauf gekündigt wird,

b) daß die Satzung und der Verteilungsplan anerkannt werden,

c) daß die vom Aufsichtsrat zu bestimmenden Gebühren gezahlt werden,

d) daß im Falle des Todes des Berechtigten die Erben einen Bevollmächtigten zu ernennen haben, der für die Erben die Rechte aus dem Berechtigungsvertrag wahrzunehmen hat,

e) daß der Berechtigte die Tarifpartner der GEMA oder anderer Verwertungsgesellschaften nicht direkt oder indirekt an seinem Aufkommen beteiligt, damit diese bei der Nutzung des GEMA-Repertoires bestimmte Werke des Berechtigten in ungerechtfertigter Weise bevorzugen. (Eine solche „Bevorzugung in ungerechtfertigter Weise" ist z. B. dann gegeben, wenn der vorgenannte Berechtigte eine Verwertung von Werken durch den Tarifpartner von der unentgeltlichen Übertragung der Verlagsrechte an den Berechtigten auf direkte oder indirekte Weise zur Bedingung macht; die Gewährung verrechenbarer Vorschüsse stellt jedoch keine entgeltliche Übertragung im Sinne dieser Bestimmung dar. Über per Antrag zu begründende Ausnahmen befindet der Vorstand und Aufsichtsrat).

f) Im Falle der Zuwiderhandlung ist der Berechtigte verpflichtet, einen Betrag in der Höhe an die Sozialkasse der GEMA abzuführen, in der er den Tarifpartner an seinem Aufkommen beteiligt hat. Übersteigt der an den Tarifpartner abgeführte Betrag die auf den Berechtigten entfallende Vergütung für das betroffene Werk, so ist nur diese Vergütung an die Sozialkasse der GEMA abzuführen.

g) Die anderen Vorschriften der Satzung über satzungswidriges Verhalten bleiben unberührt.

2. Für Berechtigungsverträge mit Angehörigen und Verlagsfirmen der Mitgliedsstaaten der Europäischen Wirtschaftsgemeinschaft gilt folgendes:

Der Aufsichtsrat ist verpflichtet, beim Abschluß des Berechtigungsvertrages mit Angehörigen und Verlagsfirmen der Mitgliedsstaaten der Europäischen Wirtschaftsgemeinschaft zuzustimmen, daß der Berechtigte seine Nutzungsrechte nur teilweise der GEMA überträgt. Die Rechtsübertragung kann sich jedoch nur auf Nutzungsarten von Rechten an allen Werken des Berechtigten, nicht auf die Rechte an einzelnen seiner Werke beziehen.

Die Rechtsübertragung erfolgt für drei Jahre, jedoch mindestens bis zum Jahresende nach Ablauf des dritten Jahres und verlängert sich jeweils um drei Jahre, falls keine Kündigung unter Einhaltung einer Frist von sechs Monaten zum Ende des jeweiligen Drei-Jahres-Zyklus erfolgt. Sie ist erstmals für alle am 8. Juni 1971 bestehenden Berechtigungsverträge zum 31. Dezember 1973 kündbar.

Das Vertragsverhältnis kann auch unter Beschränkung auf bestimmte Nutzungsarten oder auf bestimmte Länder gekündigt werden: hiervon bleiben die Mitgliedschaftsrechte des Berechtigten unberührt. Für den Erwerb der ordentlichen Mitgliedschaft oder deren Erhaltung bleiben jedoch die Vorschriften der §§ 7 und 9 Abschnitt A der Satzung über das Erfordernis eines Mindestaufkommens maßgebend.

Übersicht Rn.

I. Allgemeines

19 Die Berechtigungsverträge sind gesetzlich nicht geregelt. Von der Rechtsprechung werden sie als urheberrechtliche **Nutzungsverträge eigener Art** bezeichnet, die Elemente des Auftrags, insbesondere bzgl. der fremdnützigen treuhänderischen Rechtsübertragung, sowie des Gesellschafts-, Dienst und des Geschäftsbesorgungsvertrages enthalten.[8] Auf sie sind die AGB-Regeln, also die §§ 305 ff. BGB grundsätzlich anwendbar.[9] Allerdings ist die Werkverwertung durch den Urheber selbständige berufliche Tätigkeit,[10] so daß § 310 Abs. 3 BGB (Besonderheiten bei Verbraucherverträgen) nicht gilt.

20 **Inhalt des Berechtigungsvertrages** ist eine treuhänderische Rechtsübertragung; d. h. Rechtsinhaber bleibt der Berechtigte, aber die GEMA kann ohne seine Zustimmung einfache Nutzungsrechte an Nutzungswillige übertragen. § 1 Berechtigungsvertrag räumt der GEMA auch die Wahrnehmungsrechte an solchen Werken ein, die der Berechtigte künftig noch schaffen wird. Das entspricht der Regelung in § 40 UrhG und

8 BGH, GRUR 1982, 308, 309.

9 *Riesenhuber,* Die Auslegung und Kontrolle des Wahrnehmungsvertrags, S. 20–23; ausdrücklich für den GEMA-Berechtigungsvertrag BGH, GRUR 2002, 332, 333.

10 *Riesenhuber,* Die Auslegung und Kontrolle des Wahrnehmungsvertrags, S. 26; Schricker-*Schricker*, vor §§ 28 ff. UrhG Rn. 10; zum Unternehmensbegriff des GWB bejahend auch BGH, GRUR 1988, 782, 784.

ist daher zulässig. Für noch nicht bekannte Nutzungsrechte soll nach § 1l) Berechtigungsvertrag gelten, daß sie ebenfalls übertragen werden, sofern sie den zuvor genannten Rechten entsprechen (s. i.e. die Erläuterungen des Berechtigungsvertrags, unten, **Kap. 10**). Nach § 6 Berechtigungsvertrag sind Satzung und Verteilungsplan Bestandteil des Vertrages.

II. Inhalt des Berechtigungsvertrages, § 3 Ziff. 1 Abs. 2 Satzung

Für den Inhalt des Berechtigungsvertrags macht § 3 Ziff. 1 Satzung **bindende Vorgaben**, die hier nur wiedergegeben werden. Erläuterungen unten, **Kap. 10**: 21

a) **Übertragung** sämtlicher gegenwärtig zustehender, aller zukünftig entstehender Rechte (§§ 1, 2 Berechtigungsvertrag) für mindestens 6 Jahre (§ 10 Berechtigungsvertrag); Weiterführung um weitere 6 Jahre, falls nicht 1 Jahr vor Ablauf gekündigt wird (§ 10 Berechtigungsvertrag).

b) **Anerkennung** von Satzung und Verteilungsplan (§ 6a) Berechtigungsvertrag, siehe auch § 8 Ziff. 2a) Satzung).

c) **Zahlung** der Aufnahmegebühr (§ 8 Ziff. 1 Berechtigungsvertrag) und des jährlichen Mitgliedsbeitrages (§ 8 Ziff. 2 Berechtigungsvertrag). Derzeit beträgt die Aufnahmegebühr 51,13 EUR für Urheber und 102,26 EUR für Verleger; jeweils zzgl. USt. Der jährliche Mitgliedsbeitrag beträgt 25,56 EUR.

d) Im Falle des Todes **Benennung** eines Bevollmächtigten, der für die Erben die Rechte aus dem Berechtigungsvertrag wahrnimmt (§ 9 Abs. 2 Berechtigungsvertrag).

e) Keine direkte oder indirekte Beteiligung von Tarifpartnern der GEMA am Aufkommen, damit diese bestimmte Werke in ungerechtfertigter Weise bevorzugen (vgl. § 5a Berechtigungsvertrag). Eine Bevorzugung in ungerechtfertigter Weise liegt z.B. vor, wenn die unentgeltliche Übertragung der Verlagsrechte Bedingung ist; nicht bei Gewährung verrechenbarer Vorschüsse. § 3 Ziff. 1e) S. 1 Satzung entspricht dem Text, dessen Formulierung auf Antrag der GEMA von der Kommission der Europäischen Gemeinschaft durch Entscheidung vom 4.12.1981 gebilligt wurde[11]. Die Ergänzung in der Klammer „Bevorzugung in ungerechtfertigter Weise“ wurde im Jahr 2002 beschlossen. Hiermit sollte die sog. automatische **„Zwangsinverlagnahme“** durch sendereigene Verlage meist ohne nennenswerte Gegenleistung erschwert werden und ferner so der freie Wettbewerb und die Teilnahme am Marktgeschehen von Urhebern und Verlagen, die nicht von den jeweiligen Tarifpartnern abhängig sind oder beherrscht werden, gefördert werden.

f) Bei einer Zuwiderhandlung gegen die Bestimmung des § 3 Ziff. 1e) Satzung: (Berechtigungs-)Vertragsstrafe in Höhe der Beteiligung am Aufkommen an die Sozialkasse (§ 5a S. 2 Berechtigungsvertrag).

---

11 Kommission v. 4.12.1981, ABl. Nr. L 94 v. 8.4.1982, 12ff.

g) Andere Vorschriften der Satzung über satzungswidriges Verhalten (z. B. § 9A Ziff. 4 Satzung) bleiben unberührt.

III. Besonderheiten für das EU-Recht, § 3 Ziff. 2 Satzung

22 Nach früherem Recht (§ 6 UrhWG a.F.) war der Wahrnehmungsanspruch auf Deutsche und Ausländer mit deutschem Wohnsitz beschränkt. Die damalige EG-Kommission hatte in ihrer Entscheidung vom 2.6.1971 festgestellt, daß diese Regelung gegen den freien Waren- und Dienstleistungsverkehr verstößt.[12] Dies wurde später durch den EuGH bestätigt.[13] 1995 wurde § 6 UrhWG dahingehend geändert, daß nun auch **Personen und Unternehmen aus EU-Ländern** und von Vertragsstaaten des Abkommens über den EWR einen Wahrnehmungsanspruch haben. Die Besonderheiten liegen darin, daß in diesem Fall eine nur teilweise Übertragung von Nutzungsarten möglich ist (sog. **Spartenlizenzierung**); der Aufsichtsrat muß dem zustimmen. Auch eine Kündigung unter Beschränkung auf nur bestimmte Nutzungsarten oder auf bestimmte Länder ist möglich.

23 Die **Vertragslaufzeiten** sind gegenüber § 3 Ziff. 1 Abs. 2a) Satzung verkürzt: Die Rechte werden für drei Jahre übertragen und eine Verlängerung um weitere drei Jahre erfolgt, wenn nicht sechs Monate vor Ablauf gekündigt wird (siehe die parallele Regelung in § 16 Berechtigungsvertrag). Dies beruht auf einer Forderung der Europäischen Kommission, die eine Mindestlaufzeit von sechs Jahren für europarechtswidrig hielt, weil sie den Wechsel von EU-Angehörigen zu einer Verwertungsgesellschaft eines anderen Mitgliedslandes unangemessen behindere.[14] Daher wurde 1972 die Fristverkürzung in die Satzung eingefügt. Zum Teil wird gerade unter kartellrechtlichen Gesichtspunkten auch die dreijährige Frist für zu lang erachtet.[15] Der Gesetzgeber hat mit der Regelung in § 309 Nr. 9c) BGB aber deutlich gemacht, daß er Verträge mit Verwertungsgesellschaften ausdrücklich von dem Verbot von Vertragslaufzeiten mit mehr als zweijähriger Dauer ausnehmen will.

§ 4 Geschäftsjahr

Das Geschäftsjahr ist das Kalenderjahr.

24 Nach der allgemeinen Regel von § 240 Abs. 2 S. 2 HGB darf ein Geschäftsjahr die Dauer von 12 Monaten nicht überschreiten. Auch wenn in der Satzung keine Regelung getroffen wird, gilt das Kalenderjahr als Geschäftsjahr.[16]

---

12 Kommission v. 2. 6. 1971, ABl. 1971 L 134/21 f.; GRUR Int 1973, 86.
13 EuGH GRUR Int 1994, 53.
14 Kommission v. 6. 7. 1972 ABl. EG 1972 L 166/22.
15 *Steden,* Das Monopol der GEMA, S. 92.
16 *Burhoff,* Vereinsrecht, Rn. 61.

§ 5 Organe des Vereins

Die Organe des Vereins sind:
a) die Versammlung der ordentlichen Mitglieder,
b) der Aufsichtsrat,
c) der Vorstand im Sinne des BGB.

Zwingend erforderliche **Organe** eines Vereins sind nur der Vorstand (§ 26 BGB) und die Mitgliederversammlung, wenn die Satzung sie vorsieht oder sie im Interesse des Vereins einberufen werden muß (§ 32 BGB). Die GEMA hat darüber hinaus noch einen Aufsichtsrat eingesetzt. Das Vereinsrecht läßt die Bildung weiterer Organe durch die Satzung zu[17] und schafft so einen flexiblen Rahmen. Die GEMA regelt die Tätigkeit des Aufsichtsrates in § 13 dieser Satzung sowie in der gemäß § 13 Ziff. 7 Satzung erlassenen Geschäftsordnung für den Aufsichtsrat.[18] 25

§ 6 Mitgliedschaft

1. Der Verein unterscheidet zwischen ordentlichen Mitgliedern, außerordentlichen Mitgliedern und angeschlossenen Mitgliedern.

Ordentliches oder außerordentliches Mitglied der GEMA kann nur werden, wer selbst Urheber im Sinne des Urheberrechtsgesetzes ist oder einen Musikverlag betreibt.

2. Die Bezeichnung „angeschlossenes Mitglied" führt der Berechtigte, der weder die Voraussetzungen der außerordentlichen noch der ordentlichen Mitgliedschaft erfüllt, mit der Unterzeichnung des Berechtigungsvertrages (§ 3). Er ist kein Mitglied im Sinne des Vereinsrechts. Das Rechtsverhältnis zwischen ihm und dem Verein, im besonderen auch dessen Beendigung, richtet sich ausschließlich nach dem Berechtigungsvertrag.

3. Der Erwerb der außerordentlichen Mitgliedschaft setzt einen Antrag an den Vorstand voraus, in dem sich der Antragsteller den Bestimmungen des in der Geschäftsordnung für den Aufnahmeausschuß geregelten Aufnahmeverfahrens und den Aufnahmebedingungen unterwirft. Die Geschäftsordnung für den Aufnahmeausschuß und die Aufnahmebedingungen werden vom Aufsichtsrat beschlossen. Mit dem Antrag verpflichtet sich der Antragsteller im besonderen, dem Aufnahmeausschuß alle von ihm geforderten Auskünfte zu erteilen und sich als Urheber gegebenenfalls der in der Geschäftsordnung für den Aufnahmeausschuß vorgesehenen Klausurprüfung zu unterziehen.

Lehnt der Vorstand aufgrund einer Empfehlung des Aufnahmeausschusses den Antrag ab, so hat er dem Antragsteller die Stellungnahme des Ausschusses mitzuteilen. Der Antragsteller ist berechtigt, gegen die Ablehnung innerhalb sechs Wochen nach Zugang Beschwerde beim Aufsichtsrat einzulegen, der dann endgültig über den Antrag entscheidet.

4. Im übrigen können außerordentliche und ordentliche Mitglieder des Vereins nur werden:

a) Komponisten und Textdichter, die die deutsche Staatsangehörigkeit oder die Staatsangehörigkeit eines Mitgliedsstaates der Europäischen Gemeinschaft besitzen oder ihren steuerlichen Wohnsitz im Verwaltungsgebiet des Vereins oder in einem Mitgliedsstaat der Europäischen Gemeinschaft haben. Ausnahmen bedürfen der Zustimmung des Aufsichtsrats.

---

17 *Reichert*, Handbuch des Vereins- und Verbandsrechts, Rn. 1095ff.
18 Abgedruckt nach § 13 Satzung, Aufsichtsrat.

b) Musikverlage, die ihren Sitz im Verwaltungsgebiet des Vereins oder in einem Mitgliedsstaat der Europäischen Gemeinschaft haben und im Handelsregister eingetragen sind. Auf Verlangen des Vorstands sind die Firmen verpflichtet, einen Handelsregisterauszug nach dem neuesten Stand vorzulegen. Bestehende Mitgliedschaften werden durch diese Bestimmungen nicht berührt.

Als Musikverlag kann nur eine Firma als Mitglied aufgenommen werden, die Werke der Musik aufgrund schriftlich im Sinne des geltenden Verlagsgesetzes geschlossener Verlagsverträge vervielfältigt und verbreitet. Darunter sind nur die handelsübliche Herstellung und der handelsübliche Vertrieb von Noten (auch als Mietmaterial) zu verstehen.

Musikverlage, die in Form einer Gesellschaft geführt werden, sind verpflichtet, die Beteiligungsverhältnisse offenzulegen. Befinden sich Kapitalanteile unmittelbar oder mittelbar in Händen einer anderen Gesellschaft, so erstreckt sich die Verpflichtung zur Offenlegung auch auf diese.

Die besonderen zusätzlichen Voraussetzungen zum Erwerb der ordentlichen Mitgliedschaft sind in den §§ 7 und 8 geregelt.

5. Zugehörigkeit zu früheren Verwertungsgesellschaften wird auf die Mitgliedschaftsdauer insoweit angerechnet, als das Mitglied Bezugsberechtigter der STAGMA, Genosse der früheren GEMA, ordentliches Mitglied der GDT oder Genosse der früheren AKM gewesen ist.

Die Zugehörigkeit zu einer anderen Verwertungsgesellschaft kann in Ausnahmefällen mit Zustimmung des Aufsichtsrats angerechnet werden.

Geschäftsordnung für das Aufnahmeverfahren

Fassung vom 20./21. März 2002
Gemäß § 6 der Satzung beschließt der Aufsichtsrat folgende Geschäftsordnung:

§ 1

I. Bei Urhebern setzt sich der Aufnahmeausschuß wie folgt zusammen:

a) Bei Anträgen von Komponisten
aus zwei namhaften Mitgliedern der Berufsgruppe Komponisten der GEMA, von denen einer Lehrer an einer Musikhochschule sein sollte.

b) Bei Anträgen von Textdichtern
aus zwei namhaften Mitgliedern der Berufsgruppe Textdichter der GEMA.

II. Bei Anträgen von Musikverlegern setzt sich der Aufnahmeausschuß zusammen aus zwei namhaften Mitgliedern der Berufsgruppe Verleger der GEMA.

III. Es wird für jede Berufsgruppe ein Stellvertreter gewählt.

IV. Die Mitglieder des Ausschusses einschließlich der Stellvertreter müssen ordentliche Mitglieder der GEMA (§ 7 Ziff. 1 der Satzung) sein. Sowohl die Ausschußmitglieder als auch deren Stellvertreter dürfen nicht dem Aufsichtsrat der GEMA angehören.

V. Der Vorstand der GEMA oder ein von ihm benannter Vertreter kann an allen Sitzungen des Aufnahmeausschusses teilnehmen.

Die Direktion Mitglieder der GEMA hat die Aufnahmeanträge der Antragsteller so vorzubereiten, daß der Aufnahmeausschuß über die Anträge in der Sitzung sofort entscheiden kann.

Die Aufnahme als angeschlossenes oder außerordentliches Mitglied ist abhängig von der Zahlung einer Aufnahmegebühr, die für Urheber EUR 51,13 und für Musikverleger EUR 102,26 zuzüglich Umsatzsteuer in der jeweils gesetzlich vorgeschriebenen Höhe beträgt.

§ 2

Die Ausschüsse halten ihre Sitzungen jeweils nach Bedarf auf Einladung des Vorstands ab. Über die Anträge auf Aufnahme als außerordentliches Mitglied wird nach Maßgabe dieser Geschäftsordnung und der einschlägigen Bestimmungen der Satzung der GEMA beraten.

§ 3

Die Aufnahme eines Urhebers als außerordentliches Mitglied ist von folgenden Bedingungen abhängig:

1. Aufnahmeanträgen von Komponisten sollen 5 vom Antragsteller selbst verfaßte und eigenhändig geschriebene Originalmanuskripte oder deren Ablichtungen in Form von Partituren, Klavierauszügen oder anderen geeigneten Unterlagen und Aufnahmeanträgen von Textdichtern 5 ausschließlich vom Antragsteller verfaßte Texte beigefügt werden.

2. Der Antragsteller hat gleichzeitig nachzuweisen, daß diese Werke öffentlich aufgeführt, gesendet oder auf Tonträger oder Bildtonträger vervielfältigt und verbreitet worden sind.

3. Falls ein Antragsteller die Aufnahme zugleich als Komponist und als Textdichter beantragt, sind die Aufnahmebedingungen für jede Berufsgruppe zu erfüllen.

§ 4

Von den Urhebern unter den Antragstellern kann verlangt werden, daß sie ihr berufsmäßiges Können nachweisen*).

§ 5

Voraussetzung für die Aufnahme eines Musikverlages als angeschlossenes Mitglied ist der Nachweis einer musikverlegerischen Tätigkeit. Der Nachweis ist erbracht, wenn Werke der Musik aufgrund schriftlich im Sinne des geltenden Verlagsgesetzes geschlossener Verlagsverträge vervielfältigt und verbreitet werden. Darunter sind nur die handelsübliche Herstellung und der handelsübliche Vertrieb von Noten (auch als Leihmaterial) zu verstehen.

§ 6

Die Aufnahme von Musikverlagen als außerordentliches Mitglied ist von folgenden Bedingungen abhängig:

1. Der antragstellende Verlag hat neben einer angemessenen verlegerischen Tätigkeit nachzuweisen, daß seine Verlagswerke öffentlich aufgeführt, gesendet oder auf Tonträger oder Bildtonträger vervielfältigt und verbreitet worden sind.

2. Der antragstellende Verlag hat durch Vorlage von Belegexemplaren den Umfang seiner Verlagstätigkeit nachzuweisen. Bei Anträgen von Verlagen der Ernsten Musik muß der Antragsteller in der Regel durch Vorlage von 25 handelsüblichen Instrumentalmusikausgaben oder von 10 Orchesterleihmaterialien (Partitur und Stimmen) seine verlegerische Tätigkeit nachweisen. Bei Anträgen von Verlagen der Unterhaltungs- und Tanzmusik muß der Antragsteller die verlegerische Tätigkeit in der Regel durch Vorlage von 50 handelsüblichen Klavier- oder Akkordeon-Einzelausgaben oder von 10 Salonorchester- oder 15 Combo- (im Sinne eines kleinen Orchesterarrangements) oder Blasmusik-Ausgaben nachweisen. Der Nachweis der verlegerischen Tätigkeit kann auch dadurch erbracht werden, daß der antragstellende Verlag für verlagsmäßig hergestellte Werke ein Mindestaufkommen in Höhe von EUR 1.278,23 pro Jahr in der Sparte U (ohne M) und in den Sparten R, R VR

---

*) Der Aufsichtsrat hat gleichzeitig die folgenden Richtlinien beschlossen:
Dem Aufnahmeausschuß obliegt u. a. die Prüfung des berufsmäßigen Könnens des Antragstellers. Die Prüfung sollte nach folgenden Kriterien erfolgen:
a) Nachweis eines an einer Musikhochschule mit Erfolg absolvierten Kompositionsstudiums oder Vorlage von Partituren oder anderen Unterlagen, z. B. Tonträger, aus denen die Gewißheit gewonnen wird, daß der Antragsteller über das berufsmäßige Können verfügt.
b) Sofern die unter a) erwähnten Nachweise nicht überzeugend erbracht werden können und der Aufnahmeausschuß Zweifel am berufsmäßigen Können hegt, kann er die Ableistung einer Klausurarbeit verlangen.
Die in der Klausurarbeit zu erbringenden Leistungen sind in das Ermessen des Aufnahmeausschusses gestellt und sollen den Erfordernissen der in der Tätigkeitssparte des Antragstellers üblichen professionellen Voraussetzungen entsprechen.

und FS, FS VR insgesamt in Höhe von EUR 1.789,52 pro Jahr nachweist. Die genannten Aufkommen müssen sich aus den Erträgen von mindestens 25 Werken zusammensetzen.

Bei Verlagsfirmen sind dem Antrag Handelsregisterauszug sowie Unterlagen beizufügen, aus denen die Geschäftspartner und die Beteiligungen ersichtlich sind.

§ 6 a

Die Bestimmungen von § 6 Ziff.3 und 4 der Satzung bleiben unberührt.

§ 7

Über die Empfehlungen der Ausschüsse entscheidet der Vorstand.

§ 8

Bei positiver Entscheidung wird der Antragsteller als außerordentliches Mitglied in die GEMA aufgenommen.

Urheber und Musikverlage, deren Aufnahme als außerordentliches Mitglied abgelehnt wurde, haben Anspruch auf Aufnahme als angeschlossenes Mitglied.

§ 9

Bei Ablehnung der Aufnahme als außerordentliches Mitglied kann der Antragsteller gegen diese Entscheidung innerhalb von sechs Wochen nach Zugang Beschwerde beim Aufsichtsrat einlegen. Dessen Entscheidung ist endgültig.

§ 10

Änderungen dieser Geschäftsordnung beschließt der Aufsichtsrat der GEMA mit einfacher Stimmenmehrheit.

Übersicht Rn.

I. Die unterschiedlichen Arten der Mitgliedschaft, § 6 Ziff. 1 Satzung

26 Es wird unterschieden zwischen **ordentlichen, außerordentlichen und angeschlossenen Mitgliedern.** Das sind derzeit 61.131 (Stand 31.12.2004), die sich wie folgt aufteilen:

ordentliche Mitglieder	2.886
außerordentliche Mitglieder	6.260
angeschlossene Mitglieder	51.985

27 Die Unterscheidung zwischen ordentlichen, außerordentlichen und angeschlossenen Mitgliedern hat folgenden **Grund**: Zahlenmäßig überwiegen die Komponisten oder Textdichter, deren Repertoire nur gelegentlich genutzt wird gegenüber den Urhebern mit regelmäßig genutztem Repertoire. Diese aber sind das wirtschaftliche Fundament

der GEMA und erbringen den Großteil der schützenswerten künstlerischen Leistungen, so daß auch nur sie die volle vereinsrechtliche Stellung erhalten sollen.[19] Die angeschlossenen Mitglieder sollen trotz ihrer zahlenmäßigen Überlegenheit die Mitglieder nicht überstimmen können, aber ihre Interessen bezüglich der Verwaltung ihrer Rechte und Ansprüche müssen angemessen gewahrt werden (vgl. auch § 6 Abs. 2 UrhWG).[20] 1988 erfolgte die Ergänzung, daß eine ordentliche und außerordentliche Mitgliedschaft nur für Urheber iSd UrhG, bzw. Betreiber eines Musikverlages möglich ist.

II. Angeschlossene Mitglieder, § 6 Ziff. 2 Satzung

Ein „angeschlossenes Mitglied“ erfüllt weder die Voraussetzungen der außerordent- **28**
lichen noch der ordentlichen Mitgliedschaft und ist kein Mitglied iSd Vereinsrechts. Das Rechtsverhältnis richtet sich ausschließlich nach dem Berechtigungsvertrag. Der **Status als „angeschlossenes Mitglied“** ist vorgesehen für solche Berechtigte, die nur gelegentlich komponieren, dichten oder Musik verlegen. Der Begriff „angeschlossenes Mitglied“ wurde 1966 in die Satzung eingefügt.

III. Außerordentliche Mitgliedschaft, § 6 Ziff. 3 Satzung

1. Voraussetzungen und Aufnahmeverfahren

Die **Voraussetzungen** der außerordentlichen Mitgliedschaft sind: **29**

- Antrag an den Vorstand – entweder mit dem Aufnahmeantrag für Urheber oder dem Aufnahmeantrag für Musikverleger
- Unterwerfung unter die Geschäftsordnung für das Aufnahmeverfahren
- Verpflichtung dem Aufnahmeausschuß (vom Aufsichtsrat gebildet, vgl. § 8 Abs. 2 Geschäftsordnung Aufsichtsrat) alle geforderten Auskünfte zu erteilen und ggf. als Urheber eine Klausur abzuleisten.

Die Einzelheiten regelt die **Geschäftsordnung für das Aufnahmeverfahren.**[21] § 1 der **30**
vom Aufsichtsrat beschlossenen Geschäftsordnung für das Aufnahmeverfahren regelt zunächst die Zusammensetzung des Aufnahmeausschusses. Bei den Aufnahmeanträgen handelt es sich um von der GEMA verwendete Vordrucke, die von den Antragstellern ausgefüllt werden müssen. Hierin verpflichtet sich der Antragssteller die Aufnahmegebühr (51,13 EUR für Komponisten und Textdichter, 102,26 EUR für Musikverleger) und den jährlichen Mitgliedsbeitrag von z. Zt. 25,56 EUR zu zahlen.

Nach § 3 Geschäftsordnung für das Aufnahmeverfahren ist die **Aufnahme eines Urhebers** (Komponist bzw. Textdichter) als außerordentliches Mitglied davon abhängig, **31**

---

19 Vgl. *Kreile/Becker,* in: Handbuch der Musikwirtschaft, S. 689.
20 S. a. *Riesenhuber,* Die Auslegung und Kontrolle des Wahrnehmungsvertrags, S. 97–100.
21 Abgedruckt oben nach § 6 Satzung, Mitgliedschaft.

daß bei Komponisten 5 vom Antragsteller selbst verfaßte und eigenhändig geschriebene Originalmanuskripte oder deren Ablichtungen in Form von Partituren, Klavierauszügen oder anderen geeigneten Unterlagen sowie bei Textdichtern 5 ausschließlich vom Antragsteller verfaßte Texte dem Aufnahmeantrag beigefügt werden. Gleichzeitig hat der Antragsteller nachzuweisen, daß diese Werke öffentlich aufgeführt, gesendet oder auf Tonträger oder Bildtonträger vervielfältigt und verbreitet worden sind.

32 Gemäß § 4 Geschäftsordnung für das Aufnahmeverfahren kann von den Urhebern unter den Antragstellern verlangt werden, daß sie ihr berufsmäßiges Können nachweisen. Dieser **Nachweis** kann sowohl durch ein an einer Musikhochschule mit Erfolg absolviertes Kompositionsstudium oder durch Vorlage von Partituren oder anderen Unterlagen, aus denen die Gewißheit gewonnen wird, daß der Antragsteller über das berufsmäßige Können verfügt, geführt werden. Falls die Nachweise nicht überzeugend erbracht werden können und der Aufnahmeausschuß Zweifel am berufsmäßigen Können des Antragstellers hegt, kann er die Ableistung einer Klausurarbeit verlangen.

33 §§ 5, 6 Geschäftsordnung für das Aufnahmeverfahren regeln die **Aufnahme von Musikverlagen**. Für die Aufnahme als **angeschlossenes** Mitglied ist der Nachweis einer musikverlegerischen Tätigkeit erforderlich. Dieser ist erbracht, wenn Werke der Musik aufgrund schriftlich im Sinne des geltenden Verlagsgesetzes geschlossener Verlagsverträge vervielfältigt und verbreitet werden. Darunter sind nur – wie es auch § 6 Ziff. 4b) Abs. 2 Satzung bestimmt – die handelsübliche Herstellung und der handelsübliche Vertrieb von Noten (auch als Leihmaterial) zu verstehen.

34 Für die Aufnahme als **außerordentliches** Mitglied hat der Verlag neben der angemessenen musikverlegerischen Tätigkeit den **Nachweis** zu erbringen, daß seine Verlagswerke öffentlich aufgeführt, gesendet oder auf Tonträger oder Bildtonträger vervielfältigt und verbreitet worden sind. Er hat durch Vorlage von Belegexemplaren den Umfang seiner Verlagstätigkeit nachzuweisen. Bei Verlagen der Ernsten Musik erfolgt dies in der Regel durch die Vorlage von 25 handelsüblichen Instrumentalmusikausgaben oder von 10 Orchesterleihmaterialien (Partitur und Stimmen), bei Verlagen der Unterhaltungs- und Tanzmusik durch Vorlage von 50 handelsüblichen Klavier- oder Akkordeon-Einzelausgaben oder von 10 Salonorchester- oder 15 Combo- (im Sinne eines kleinen Orchesterarrangements) oder Blasmusikausgaben. Der Nachweis der verlegerischen Tätigkeit kann auch durch die Erreichung eines bestimmten Mindestaufkommens geführt werden.

35 Gemäß § 7 Geschäftsordnung für das Aufnahmeverfahren entscheidet der Vorstand über die Aufnahmeempfehlungen der Aufnahmeausschüsse.

36 Nach § 8 Abs. 2 Geschäftsordnung für das Aufnahmeverfahren haben Urheber und Musikverlage, deren Aufnahme als außerordentliches Mitglied abgelehnt wurde, **Anspruch** auf Aufnahme als angeschlossenes Mitglied.

2. Beschwerde gegen die Nichtaufnahme, § 6 Ziff. 3 Abs. 2 Satzung

37 Über die **Beschwerde** gegen die Nichtaufnahme entscheidet der Aufsichtsrat (§ 9 Geschäftsordnung für das Aufnahmeverfahren) mit einfacher Mehrheit (§ 6 Abs. 2 Geschäftsordnung Aufsichtsrat).

IV. Voraussetzungen der Mitgliedschaft, § 6 Ziff. 4 Satzung

Weitere **Voraussetzungen** für die außerordentliche und ordentliche Mitgliedschaft sind gem. § 6 Ziff. 4 Satzung: 38

a) Bei **Komponisten und Textdichtern**:

- deutsche Staatsangehörigkeit oder
- Staatsangehörigkeit eines Mitgliedstaates der Europäischen Gemeinschaft oder
- steuerlicher Wohnsitz in Deutschland bzw. Europäischer Gemeinschaft

b) Bei **Musikverlagen**:

- Sitz in Deutschland (Verwaltungsgebiet des Vereins) oder
- Sitz in einem Mitgliedsstaat der Europäischen Gemeinschaft und Eintragung im Handelsregister.
- Ein Musikverlag wird nur dann aufgenommen, wenn er Werke der Musik aufgrund schriftlicher Verlagsverträge iSd Verlagsgesetzes (§ 1 S. 2 VerlG) vervielfältigt und verbreitet. Darunter sind nur die handelsübliche **Herstellung** und der handelsübliche **Vertrieb** von Noten (auch als Mietmaterial) zu verstehen.

V. Mitgliedschaft in anderen Verwertungsgesellschaften, § 6 Ziff. 5 Satzung

Die Dauer der Mitgliedschaft wird bei folgenden früheren Verwertungsgesellschaften anerkannt: Bezugsberechtigter der STAGMA, Genosse der früheren GEMA, ordentliches Mitglied der GDT, Genosse der früheren AKM. Die Zugehörigkeit zu einer anderen Verwertungsgesellschaft kann in Ausnahmefällen mit Zustimmung des Aufsichtsrates angerechnet werden. Das ist etwa bei früheren AWA-Mitgliedern geschehen, die nach der deutschen Wiedervereinigung die Möglichkeit erhielten, Mitglied der GEMA zu werden. Die Begründung für die Einfügung dieser Regelung 1985 lautete: „Harmonisierende Regelung für die **Anrechnung von Mitgliedschaftsjahren** bei anderen Verwertungsgesellschaften". 39

§ 7 [Ordentliche Mitgliedschaft]

1. Die ordentliche Mitgliedschaft kann nur nach fünfjähriger außerordentlicher Mitgliedschaft erworben werden von:

a) Komponisten, die in fünf aufeinanderfolgenden Jahren ein Mindestaufkommen von EUR 30.677,51, jedoch in vier aufeinanderfolgenden Jahren mindestens EUR 1.840,65 jährlich von der GEMA bezogen haben, gerechnet ab 1. Januar 1946.

b) Textdichtern, die in fünf aufeinanderfolgenden Jahren ein Mindestaufkommen von EUR 30.677,51, jedoch in vier aufeinanderfolgenden Jahren mindestens EUR 1.840,65 jährlich von der GEMA bezogen haben, gerechnet ab 1. Januar 1946.

c) Musikverlegern, die in fünf aufeinanderfolgenden Jahren ein Mindestaufkommen von EUR 76.693,78 jedoch in vier aufeinanderfolgenden Jahren mindestens EUR 4.601,63 jährlich von der GEMA bezogen haben, gerechnet ab 1. Januar 1946.

Für Urheber und Musikverleger der Sparte E verringern sich die unter a) bis c) genannten Mindestbeträge um 1/3.

Ist ein Mitglied bereits einmal ordentliches Mitglied gewesen, so betragen die Fristen in a) bis c) je drei Jahre und das Mindestaufkommen in a) und b) EUR 12.271,01 und in c) EUR 30.677,51. Frühere Mitgliedschaftsjahre werden dann voll angerechnet.

Die Beträge, die dadurch zufließen, daß der Verteilungsplan für die Wiedergabe und die Vervielfältigung dramatisch-musikalischer Werke die Auszahlung zu 100 % an den Berechtigten zuläßt, werden den Verlegern nur zu 33 1/3 % angerechnet.

Die frühere Mitgliedschaft zu einer anderen Verwertungsgesellschaft in der Europäischen Gemeinschaft und das Aufkommen dort werden auf das jeweilige Mindestaufkommen und auf die Mindestfrist von fünf Jahren angerechnet.

2. Wird beim Erwerb der außerordentlichen Mitgliedschaft festgestellt, daß deren Voraussetzungen schon zu einem früheren Zeitpunkt erfüllt waren, erfolgt Anrechnung der früheren Zeit auf die Fünfjahresfrist nach Ziffer 1.

3. Der Aufsichtsrat kann ferner solche Komponisten, Textdichter und Musikverleger als ordentliches Mitglied kooptieren, die ihre Rechte dem Verein übertragen haben und bei denen kulturelle Erwägungen die ordentliche Mitgliedschaft wünschenswert erscheinen lassen.

Das gleiche gilt für Rechteinhaber, die natürliche Personen und unmittelbare Erben eines ordentlichen Mitglieds sind, insbesondere dann, wenn das Aufkommen in den drei auf den Erbfall folgenden Jahren dem eines ordentlichen Mitglieds entspricht, und sie bereit sind, auf das passive Wahlrecht zu verzichten; die vermögensrechtliche Rechtsstellung wird durch die Kooptation nicht verändert.

Die Feststellung, ob diese Voraussetzungen vorliegen, trifft der Aufsichtsrat, und zwar für jede der drei Berufsgruppen Komponisten, Textdichter und Musikverleger getrennt.

Der Aufsichtsrat darf höchstens die gleiche Zahl von ordentlichen Mitgliedern kooptieren, die die ordentliche Mitgliedschaft gemäß Absatz 1 dieser Satzungsbestimmung erworben haben.

Übersicht Rn.

I. Ordentliche Mitgliedschaft, § 7 Ziff. 1 Satzung

40 Die ordentliche Mitgliedschaft kann nur nach fünfjähriger außerordentlicher Mitgliedschaft und einem bestimmten, jährlich von der GEMA bezogenen **Mindestaufkommen** erworben werden, § 7 Ziff. 1 Abs. 1 lit. a–c Satzung. In diese Summen fließen auch Auslandseinkünfte ein, da Auszahlender die GEMA ist.

41 In der **Sparte E** verringern sich die Mindestbeträge um 1/3, § 7 Ziff. 1 Abs. 2 Satzung. D. h. Komponisten und Textdichter müssen in fünf aufeinanderfolgenden Jahren mindestens 20.451,67 EUR, davon in vier aufeinanderfolgenden Jahren mindestens 1.227,10 EUR jährlich von der GEMA bezogen haben, Musikverleger müssen in fünf aufeinanderfolgenden Jahren mindestens 51.129,19 EUR, davon in vier aufeinanderfolgenden Jahren mindestens 3.067,76 EUR jährlich von der GEMA bezogen haben.

Falls bereits einmal eine ordentliche Mitgliedschaft bestand, verringern sich die Fristen und Mindestaufkommen. **Frühere Mitgliedschaftsjahre**, auch in einer anderen Verwertungsgesellschaft der Europäischen Gemeinschaft und das dortige Aufkommen, werden voll angerechnet. Die Regelung greift zum Beispiel ein, wenn zwischenzeitlich das Aufkommen so weit gesunken ist, daß die Mitgliedschaft gemäß § 9A, B Satzung beendet wurde. 42

II. Anrechnung früherer Zeiten, § 7 Ziff. 2 Satzung

Wird bei Erwerb der außerordentlichen Mitgliedschaft festgestellt, daß deren Voraussetzungen (vgl. §§ 3ff. Geschäftsordnung für das Aufnahmeverfahren) schon zu einem **früheren Zeitpunkt** erfüllt waren, wird diese frühere Zeit auf die 5-Jahresfrist des § 7 Ziff. 1 Satzung angerechnet. Mit dieser 1980 beschlossenen Regelung sollen mögliche Nachteile bei unverschuldet versäumter Beantragung der außerordentlichen Mitgliedschaft vermieden werden. 43

III. Kooptation, § 7 Ziff. 3 Satzung

Eine weitere Möglichkeit des Erwerbs der ordentlichen Mitgliedschaft ist die sogenannte **Kooptation**, § 7 Ziff. 3 Satzung. Die Aufnahme kann vom Aufsichtsrat sowohl aus kulturellen Erwägungen beschlossen werden als auch bei Erben von ordentlichen Mitgliedern. Der Aufsichtsrat stellt für jede der drei Berufsgruppen getrennt fest, ob die Voraussetzungen einer Kooptation vorliegen. Gemäß § 8a Geschäftsordnung für den Aufsichtsrat kann der Aufsichtsrat vor einer Kooptation den Aufnahmeausschuß, den Wertungsausschuß oder den Werkausschuß anhören. Die Zahl der kooptierten Erben bzw. Rechtsnachfolger gem. § 7 Ziff. 3 Abs. 4 Satzung darf die Zahl der nach § 7 Ziff. 3 Abs. 1 der Satzung aus kulturellen Erwägungen kooptierten Komponisten, Textdichter und Musikverleger nicht übersteigen. Zum 31. 12. 2004 waren 32 Rechtsnachfolger ordentliche Mitglieder der GEMA. Die Kooptation von Rechtsnachfolgern wurde 1993 eingeführt. 44

§ 8 [Aufnahmeverfahren]

1. Die ordentliche Mitgliedschaft wird erworben durch die Aufnahme. Über den Aufnahmeantrag entscheidet der Vorstand im Einvernehmen mit dem Aufsichtsrat.

2. Mit dem Antrag, als ordentliches Mitglied aufgenommen zu werden, muß der Antragsteller ausdrücklich erklären,

a) daß er die Satzung und den Verteilungsplan anerkennt,

b) daß er alles tun werde, um die Erreichung des satzungsgemäßen Zwecks des Vereins herbeizuführen und alles unterlassen werde, was der Erreichung dieses Zwecks abträglich sein könnte,

c) in welcher Berufsgruppe die Mitgliedschaft erworben und die Mitgliedschaftsrechte ausgeübt werden sollen, falls mehrere Berufsgruppen in Frage kommen,

d) daß der in § 3 vorgesehene Berechtigungsvertrag abgeschlossen ist.

Die ordentliche Mitgliedschaft beginnt mit dem 1. Januar des Jahres, das auf den Eingang der Beitrittserklärung folgt.

3. Die Aufnahme als ordentliches Mitglied kann, auch bei Vorliegen der Voraussetzungen nach § 7 Ziff. 1 und § 8 Ziff. 2 der Satzung, versagt werden, falls die Gesamtumstände es für unwahrscheinlich erscheinen lassen, daß das künftige Mitglied die in Ziff. 2b) übernommenen Verpflichtungen werde erfüllen können.

Antragsteller, die als Musikverwerter mit der GEMA oder einer anderen Verwertungsgesellschaft in Vertragsbeziehungen stehen, können als ordentliche Mitglieder aufgenommen werden, wenn sie damit einverstanden sind, daß, solange die Vertragsbeziehungen bestehen, ihre Mitgliedschaftsrechte nicht ausgeübt werden können

a) bei Beschlußfassungen, die die tarifliche Gestaltung von Verträgen mit Musikverwertern zum Gegenstand haben,

b) hinsichtlich der passiven Wählbarkeit zum Mitglied des Aufsichtsrats, vorbehaltlich der Regelung in § 13 Ziff. 1 Abs. 2 der Satzung.

Antragstellern dieser Art stehen gleich diejenigen, welche von Musikverwertern wirtschaftlich abhängig sind.

Soweit diese Voraussetzungen vorliegen, begründen sie als solche nicht die Anwendung des § 3 Ziff. 1e) der Satzung.

4. Diese Regelung gilt entsprechend für Verlagsfirmen, die in wirtschaftlichem und personellem Zusammenhang mit ausländischen Verlegern oder Musikverwertern außerhalb des Gebiets der EWG stehen.

5. Die Ablehnung des Aufnahmeantrags wird durch eingeschriebenen Brief mitgeteilt. Gegen die Ablehnung kann der Antragsteller alsdann innerhalb eines Monats durch eingeschriebenen Brief beantragen, daß die ordentliche Mitgliederversammlung endgültig über den Aufnahmeantrag entscheiden soll. Die Entscheidung trifft die nächste ordentliche Mitgliederversammlung, sofern der Antrag acht Wochen vor dem Tage der Mitgliederversammlung eingegangen ist. Ist er später eingegangen, entscheidet die darauffolgende Mitgliederversammlung. Die Mitgliederversammlung entscheidet durch einfache Mehrheit der Anwesenden ohne vorherige Beschlußfassung der Kurien.

Übersicht Rn.

I. Aufnahmeantrag, § 8 Ziff. 1 Satzung

45 Über die Aufnahme, das heißt den Erwerb der ordentlichen Mitgliedschaft, **entscheidet** der Vorstand im Einvernehmen mit dem Aufsichtsrat. Der Aufnahmeausschuß spielt also anders als bei der außerordentlichen Mitgliedschaft nun keine Rolle mehr.

46 Mit dem **Antrag** auf Aufnahme als ordentliches Mitglied muß der Antragsteller ausdrücklich erklären:

- daß er Satzung und Verteilungsplan **anerkennt** (vgl. auch § 3 Ziff. 1b Satzung),
- **alles zu tun**, um die Erreichung der satzungsgemäßen Zwecke herbeizuführen und alles zu unterlassen, was dieser Erreichung abträglich sein könnte,
- in welcher **Berufsgruppe** die Mitgliedschaft erworben und die Mitgliedschaftsrechte ausgeübt werden sollen (Hauptfall: Antragsteller ist sowohl Komponist als auch Textdichter, aber es ist auch ein Komponist/Textdichter/Verleger in Personalunion denkbar),
- daß der in § 3 Satzung vorgesehene **Berechtigungsvertrag** abgeschlossen ist.

Die ordentliche Mitgliedschaft **beginnt** mit dem 1. Januar des Folgejahres der Beitrittserklärung. Mit der Ergänzung dieser Formulierung im Jahr 1975 wurde einem formalen Bedenken der vereinsrechtlichen Aufsichtsbehörde, dem Senator für Justiz in Berlin, Rechnung getragen und dadurch jegliches Mißverständnis über den Beginn der ordentlichen Mitgliedschaft vermieden. 47

II. Voraussetzungen der Aufnahme

1. Versagungsgründe, § 8 Ziff. 3 Satzung

Die Aufnahme als ordentliches Mitglied kann versagt werden, wenn nach den Gesamtumständen das Mitglied **wahrscheinlich** nicht alles zu tun bereit ist, um die Erreichung des satzungsgemäßen Zweckes des Vereins herbeizuführen und alles zu unterlassen, was der Erreichung dieses Zweckes abträglich sein könnte. 48

2. Aufnahme von Musikverwertern

Nach der 1972 vorgenommenen Ergänzung durch § 8 Ziff. 3 Abs. 2 Satzung können Antragsteller, die als **Musikverwerter** mit der GEMA oder einer anderen Verwertungsgesellschaft (gemeint sind hier nur musikalische Verwertungsgesellschaften, nicht GVL, VG Wort u. a.) in Vertragsbeziehungen stehen (z. B. Musikverlag einer TV- oder Radiostation) als ordentliche Mitglieder nur aufgenommen werden, wenn sie damit einverstanden sind (durch Unterzeichnung des sog. Revers), daß während der Dauer der Vertragsbeziehungen ihre Mitgliedschaftsrechte nicht ausgeübt werden können: 49

a) bei Beschlußfassungen, die die **tarifliche Gestaltung** von Verträgen mit Musikverwertern zum Gegenstand haben (falls in der Mitgliederversammlung einmal ein derartiger Beschluss zur Abstimmung stehen sollte) und

b) hinsichtlich der **passiven Wählbarkeit** zum Mitglied des Aufsichtsrats, vorbehaltlich der Regelung in § 13 Ziff. 1 Abs. 2 Satzung, nach der ein sog. Industrieverleger/Major in den Aufsichtsrat gewählt werden kann.

Die vorstehenden Einschränkungen gelten auch für Antragsteller, die von Musikverwertern **wirtschaftlich abhängig** sind[22]. Stehen Antragsteller als Musikverwerter mit 50

---

22 So liegt z. B. im Arbeitsrecht eine wirtschaftliche Abhängigkeit vor, wenn die Tätigkeit überwiegend für einen Auftraggeber erbracht wird und von diesem mehr als die Hälfte des erwirtschafteten Entgelts stammt, vgl. § 12a TVG.

der GEMA in Vertragsbeziehungen bzw. sind sie von Musikverwertern wirtschaftlich abhängig, so findet auf sie die Vorschrift des § 3 Ziff. 1e) Satzung keine Anwendung, wonach eine direkte oder indirekte Beteiligung der Tarifpartner der GEMA oder anderer Verwertungsgesellschaften am eigenen Aufkommen, damit diese bei der Nutzung des GEMA-Repertoires bestimmte Werke des Berechtigten in ungerechtfertigter Weise bevorzugen, nicht zulässig ist.

III. Aufnahme von Verlagsfirmen, § 8 Ziff. 4 Satzung

51 Nach der 1988 eingefügten § 8 Ziff. 4 Satzung gilt „diese Regelung" für Verlagsfirmen entsprechend, die in wirtschaftlichem und personellem Zusammenhang mit ausländischen Verlagen oder Musikverwertern **außerhalb der EWG** stehen. Das bezieht sich wohl auf den gesamten § 8, nämlich auf die Aufnahme als ordentliches Mitglied und nicht nur auf die unmittelbar zuvor genannten eingeschränkten Bedingungen für die Aufnahme von Musikverwertern.

IV. Ablehnung des Aufnahmeantrages, § 8 Ziff. 5 Satzung

52 Die **Ablehnung** des Aufnahmeantrages durch Vorstand und Aufsichtsrat kann, falls der Antragsteller dies beantragt, durch einen Beschluß der ordentlichen Mitgliederversammlung überstimmt werden, § 8 Ziff. 5 Satzung. Die Mitgliederversammlung entscheidet hier mit einfacher Mehrheit. Das sind mehr als die Hälfte der (gültig) abgegebenen Stimmen der Anwesenden; Stimmenthaltungen zählen also nicht mit.[23] In diesem Fall findet keine vorherige Beschlußfassung der Kurien statt. Zum Verhältnis zwischen Ja- und Nein-Stimmen vgl. II. Ziff. 2 (6) Versammlungsordnung (abgedruckt unten § 10, Mitgliederversammlung).

§ 9 Beendigung der Mitgliedschaft

A

Die ordentliche oder außerordentliche Mitgliedschaft endet:

1. durch schriftliche dem Vorstand gegenüber abzugebende Austrittserklärung des Mitgliedes.

Die Austrittserklärung muß beim Vorstand mindestens sechs Monate vor Ablauf des Geschäftsjahres eingegangen sein. Sie wird wirksam zum Ende des jeweiligen Geschäftsjahres. Die Beendigung der ordentlichen oder außerordentlichen Mitgliedschaft hat keinen Einfluß auf die im Berechtigungsvertrag vereinbarte Dauer der Rechtsübertragung. Nach Beendigung der ordentlichen oder außerordentlichen Mitgliedschaft wird der Berechtigte für die Dauer des Berechtigungsvertrages als angeschlossenes Mitglied geführt.

---

23 *Reichert,* Handbuch des Vereins- und Verbandsrechts, Rn. 1683.

2. (1) Bei Mitgliedern, die die ordentliche Mitgliedschaft nach § 7 Ziff. 1 erworben haben, kann vom Vorstand mit Zustimmung des Aufsichtsrates die ordentliche Mitgliedschaft mit dem Ende des Geschäftsjahres für beendet erklärt werden, in dem festgestellt wird, daß

a) ein Komponist in drei aufeinanderfolgenden Jahren ein Durchschnittsaufkommen von weniger als EUR 1.227,10 jährlich oder in sechs aufeinanderfolgenden Jahren ein Durchschnittsaufkommen von weniger als EUR 1.022,58 jährlich – gerechnet ab 1.1.1946 – von der GEMA bezogen hat;

b) ein Textdichter in drei aufeinanderfolgenden Jahren ein Durchschnittsaufkommen von weniger als EUR 1.227,10 jährlich oder in sechs aufeinanderfolgenden Jahren ein Durchschnittsaufkommen von weniger als EUR 1.022,58 jährlich – gerechnet ab 1.1.1946 – von der GEMA bezogen hat;

c) ein Musikverleger in drei aufeinanderfolgenden Jahren ein Durchschnittsaufkommen von weniger als EUR 3.067,75 jährlich oder in sechs aufeinanderfolgenden Jahren ein Durchschnittsaufkommen von weniger als EUR 2.045,17 jährlich – gerechnet ab 1.1.1946 – von der GEMA bezogen hat.

(2) Nach einer zehnjährigen ordentlichen Mitgliedschaft gemäß § 7 Ziff. 1 der Satzung entfällt jedoch die Bestimmung von § 9 Ziff. 2 Abs. (1).

(3) Bei Mitgliedern, die die ordentliche Mitgliedschaft gemäß § 7 Ziff. 3 erworben haben, kann vom Vorstand mit Zustimmung des Aufsichtsrates mit Ablauf eines Geschäftsjahres die ordentliche Mitgliedschaft für beendet erklärt werden.

3. Durch Tod, bei Firmen im Falle der Eröffnung des Insolvenzverfahrens oder Ablehnung des Eröffnungsantrages mangels Masse oder nach Beendigung der Liquidation.

4. Durch Ausschluß, der erfolgen kann, wenn ein wichtiger Grund vorliegt. Ein solcher Grund liegt vor, wenn das Mitglied vorsätzlich oder grob fahrlässig gegen die Satzung, den Verteilungsplan, den Berechtigungsvertrag, das Vereinsinteresse oder das Urheberrecht verstoßen hat.

Bei einer juristischen Person oder einer Handelsgesellschaft kann der Ausschluß auch dann erfolgen, wenn ein Organ oder ein Mitglied eines Organs oder ein persönlich haftender Gesellschafter oder ein anderer Gesellschafter oder Aktionär, der einen maßgeblichen Einfluß auf die Gesellschaft ausüben kann, gegen die Satzung, das Vereinsinteresse oder das Urheberrecht gröblich verstößt.

Nutzt ein Mitglied im Rahmen der Verwertung der Urheberrechte seine Rechtsstellung gegenüber anderen Mitgliedern mißbräuchlich aus, so ist dies ein Grund zum Ausschluß des Mitglieds, soweit nicht die Verhängung einer Konventionalstrafe als ausreichend angesehen werden kann.

Der Ausschluß erfolgt durch Beschluß des Aufsichtsrates, nachdem dem Mitglied Gelegenheit gegeben worden ist, seine Einwendungen gegen den beantragten Ausschluß mündlich oder schriftlich dem Aufsichtsrat vorzutragen.

Gegen den Beschluß des Aufsichtsrates kann binnen drei Wochen nach Zugang des Beschlusses die Entscheidung der Mitgliederversammlung verlangt werden.

B

Tritt bei einem ordentlichen Mitglied eine Änderung der nach § 8 Ziff. 3 Abs. 2 wesentlichen Verhältnisse ein, so kann der Aufsichtsrat die Aufnahmevoraussetzungen erneut nachprüfen. Der Aufsichtsrat kann in diesem Falle von dem Mitglied verlangen, daß es die in § 8 Ziff. 3 Abs. 2 vorgesehenen Beschränkungen der Mitgliedschaftsrechte als verbindlich anerkennt. Wird dieses Anerkenntnis verweigert, so endet die ordentliche Mitgliedschaft mit dem Ende des laufenden Geschäftsjahres.

Vor seiner Beschlußfassung muß der Aufsichtsrat dem Mitglied Gelegenheit geben, seine Einwendungen mündlich oder schriftlich dem Aufsichtsrat vorzutragen. Gegen den Beschluß des Aufsichtsrats kann binnen drei Wochen nach Zugang des Beschlusses die Entscheidung der Mitgliederversammlung verlangt werden. Geschieht das und bestätigt die Mitgliederversammlung den Beschluß des Aufsichtsrats, so endet die Mitgliedschaft frühestens mit Ablauf des auf die Mitgliederversammlung folgenden Geschäftsjahres.

C

Endet die Mitgliedschaft infolge Ausschlusses, so wird der Berechtigungsvertrag durch den Ausschluß nicht berührt. Dem Ausgeschlossenen bleiben für die Dauer des Berechtigungsvertrages die Rechte eines angeschlossenen Mitglieds erhalten.

Übersicht Rn.

I. Ende von ordentlicher und außerordentlicher Mitgliedschaft, § 9A Satzung

53 Die ordentliche oder außerordentliche Mitgliedschaft kann durch Austrittserklärung (§ 9A Ziff. 1 Satzung), Tod oder Insolvenz (§ 9A Ziff. 3 Satzung) oder Ausschluß aus wichtigem Grund (§ 9A Ziff. 4 Satzung[24]) **enden**. Die ordentliche Mitgliedschaft kann darüber hinaus noch durch Beschluß von Vorstand und Aufsichtsrat wegen eines zu geringen Durchschnittsaufkommens (§ 9A Ziff. 2 Satzung) enden.

54 Nach Beendigung der ordentlichen/außerordentlichen Mitgliedschaft aufgrund Austrittserklärung wird der Berechtigte für die Dauer des Berechtigungsvertrages (vgl. §§ 10, 16 Berechtigungsvertrag, § 3 Ziff. 2 Satzung) als angeschlossenes Mitglied geführt. Der schuldrechtliche Wahrnehmungsvertrag bleibt maW unberührt. Dasselbe stellt § 9C Satzung noch einmal klar: Auch beim Ende der Mitgliedschaft infolge Ausschlusses wird der **Berechtigungsvertrag** nicht berührt. Dem Ausgeschlossenen bleiben für die Dauer des Berechtigungsvertrages die Rechte eines angeschlossenen Mitglieds erhalten. Gegen ein Sonderkündigungsrecht des Berechtigungsvertrages für den Ausgeschlossenen bestehen keine Bedenken.

55 Der Ausschluß wegen eines wichtigen Grundes (§ 9A Ziff. 4 Satzung) erfolgt auf **Beschluß des Aufsichtsrats**, nachdem dem Mitglied Gelegenheit zu mündlichen oder schriftlichen Einwendungen gegenüber dem Aufsichtsrat gegeben wurde; eine vorherige Anhörung ist also möglich. Nach der Satzung liegt ein wichtiger Grund vor, wenn das Mitglied vorsätzlich oder grob fahrlässig gegen die Satzung, den Verteilungsplan, den Berechtigungsvertrag, das Vereinsinteresse oder das Urheberrecht verstoßen hat. Auch eine mißbräuchliche Ausnutzung der Rechtsstellung im Rahmen der Verwertung der Urheberrechte gegenüber anderen Mitgliedern kann einen Ausschlußgrund darstellen. Gegen den Aufsichtsratsbeschluß kann innerhalb von drei Wochen nach Zugang (eingeschriebener Brief, vgl. § 8 Ziff. 5 Satzung) des Beschlusses die Entscheidung der Mitgliederversammlung beantragt werden. Welche Mitgliederversammlung zu entscheiden hat, ist nicht geregelt. Allerdings dürfte die Regelung des § 8 Ziff. 5 Satzung entsprechend anwendbar sein, d. h. die nächste Mitgliederver-

24 Hierzu auch KG Berlin v. 27.10.1989, Kart U 1494/89 abgedruckt in GEMA-Nachrichten 138/139 (Dok 9ff.) und Kart U 3767/89 abgedruckt in GEMA-Nachrichten 140 (Dok 7ff.).

sammlung, wenn der Antrag acht Wochen davor eingegangen ist, ansonsten die darauf folgende Mitgliederversammlung.

II. Beschränkungen der Rechte bei ordentlichen Mitgliedern, § 9B Satzung

Falls bei einem ordentlichen Mitglied eine Änderung der nach § 8 Ziff. 3 Abs. 2 Sat- **56**
zung wesentlichen Verhältnisse eintritt (d. h. das Mitglied steht nun als Musikverwerter mit der GEMA oder einer anderen Verwertungsgesellschaft in Vertragsbeziehung), kann der Aufsichtsrat die Aufnahmevoraussetzungen **erneut nachprüfen**. Der Aufsichtsrat kann von dem Mitglied verlangen, daß es die in § 8 Ziff. 3 Abs. 2 Satzung vorgesehenen Beschränkungen der Mitgliedschaftsrechte (also die Nichtausübung des Stimmrechts bei Beschlußfassungen, die die tarifliche Gestaltung von Verträgen mit Musikverwertern zum Gegenstand haben sowie keine Wählbarkeit in den Aufsichtsrat, Ausnahme in § 13 Ziff. 1 Abs.2 Satzung: ein „Industrieverleger/Major") als verbindlich anerkennt. Bei Verweigerung dieses Anerkenntnisses endet die ordentliche Mitgliedschaft mit Ende des laufenden Geschäftsjahres.

Vor seiner Beschlußfassung muß der Aufsichtsrat dem Mitglied **Gelegenheit** geben, **57**
seine Einwendungen mündlich oder schriftlich dem Aufsichtsrat vorzutragen.

Gegen den Beschluß des Aufsichtsrats kann das betroffene Mitglied binnen drei Wo- **58**
chen nach Zugang des Beschlusses (eingeschriebener Brief, vgl. § 8 Ziff. 5 Satzung) die **Entscheidung der Mitgliederversammlung** verlangen. Zuständig wäre die nächste, falls der Antrag spätestens acht Wochen vor dem Tag der Mitgliederversammlung eingegangen ist, ansonsten die darauffolgende Mitgliederversammlung. Bestätigt nun die Mitgliederversammlung den Beschluß des Aufsichtsrats, der das Ende der ordentlichen Mitgliedschaft feststellt, so endet diese frühestens mit Ablauf des auf die Mitgliederversammlung folgenden Geschäftsjahres. Das „frühestens" ergibt wenig Sinn. Vielmehr ist die Regelung so zu verstehen, daß die Mitgliedschaft bei einer Bestätigung des Aufsichtsratsbeschlusses durch die Mitgliederversammlung in jedem Fall mit Ablauf des auf die Mitgliederversammlung folgenden Geschäftsjahres (§ 4 Satzung: Kalenderjahr) endet.

§ 10 Mitgliederversammlung

1. Die ordentliche Mitgliederversammlung soll jeweils innerhalb von acht Monaten nach Ablauf des Geschäftsjahres stattfinden.

Der Versammlungstermin soll den Mitgliedern spätestens vier Monate vorher bekanntgegeben werden. Die Nichteinhaltung dieser Bekanntgabefrist hat nicht die Unwirksamkeit der durch die Mitgliederversammlung gefaßten Beschlüsse zur Folge.

2. In der Mitgliederversammlung haben die ordentlichen Mitglieder das aktive und passive Wahlrecht.

3. Eine außerordentliche Mitgliederversammlung ist außer den im Gesetz vorgesehenen Fällen einzuberufen, wenn der Aufsichtsrat es für nötig erachtet oder mindestens 10 % der ordentlichen Mitglieder einschließlich der Delegierten es verlangen.

4. Die Einladung zur Mitgliederversammlung ergeht im Einvernehmen mit dem Aufsichtsrat durch den Vorstand. Die Versammlung wird von dem Vorsitzenden des Aufsichtsrates oder einem seiner Stellvertreter geleitet.

5. Die Einladung erfolgt schriftlich drei Wochen vorher unter Bekanntgabe der Tagesordnung und eines Auszuges aus dem Geschäftsbericht. Die Frist ist gewahrt, wenn die Einladung drei Wochen vor dem Termin der Versammlung zur Post gegeben worden ist. Über Gegenstände, die nicht in der Tagesordnung aufgeführt sind, können Beschlüsse nicht gefaßt werden.

Für Anträge an die Mitgliederversammlung sind mindestens zehn Unterschriften von ordentlichen Mitgliedern und/oder Delegierten (§ 12 Ziff. 4) erforderlich, soweit nicht die Anträge vom Aufsichtsrat oder Vorstand gestellt werden, jedoch müssen die Anträge des Vorstandes dem Aufsichtsrat zur Kenntnis gebracht werden.

Anträge für die Mitgliederversammlung müssen spätestens acht Wochen vorher eingegangen sein.

6. Der Mitgliederversammlung obliegt insbesondere:

a) die Entgegennahme des Geschäftsberichtes und des Jahresabschlusses,

b) 1. die Entlastung des Vorstands,

2. die Entlastung des Aufsichtsrats,

c) die Wahl und die Abberufung der Mitglieder des Aufsichtsrates sowie die Wahl und Abberufung der in die Zuständigkeit der Mitgliederversammlung fallenden Ausschüsse und Kommissionen,

d) die Ernennung von Ehrenpräsidenten und die Verleihung von Ehrenmitgliedschaften auf Vorschlag des Aufsichtsrates,

e) die Beschlußfassung über Satzungsänderungen,

f) die Beschlußfassung über Änderungen des Berechtigungsvertrages,

g) die Beschlußfassung über Änderungen des Verteilungsplanes,

h) die Beschlußfassung über die Auflösung des Vereins.

7. In der Mitgliederversammlung hat jedes ordentliche Mitglied eine Stimme. Stimmübertragung ist nicht zulässig.

Verlagsfirmen, die Einzelfirmen sind, üben ihr Stimmrecht durch den Inhaber aus. Verlagsfirmen, die Gesellschaften sind, üben ihr Stimmrecht durch einen verfassungsmäßig oder gesellschaftsvertraglich berufenen Vertreter aus. Ein Vertreter kann das Stimmrecht nicht für mehr als fünf Verlage ausüben. Falls eine Verlagsfirma rechtlich oder tatsächlich an der Ausübung des Stimmrechts gehindert ist, kann das Stimmrecht durch einen im Handelsregister eingetragenen Vertreter oder durch einen Handlungsbevollmächtigten im Sinne von § 54 HGB ausgeübt werden. Diese Vertreter müssen ständig in dem Verlagsunternehmen verlegerisch oder kaufmännisch tätig sein.

Ist ein Mitglied, das zur Berufsgruppe der Komponisten oder der Textdichter gehört, gleichzeitig verfassungsmäßig oder gesellschaftsvertraglich berufener Vertreter eines Musikverlages, so steht auch diesem Mitglied die Ausübung der Mitgliedschaftsrechte nur in einer Berufsgruppe zu.

Ist bei einer Gesellschaft nur Gesamtvertretung zulässig, so wird das Stimmrecht von einem der Gesamtvertreter ausgeübt; für den bzw. die weiteren Vertreter besteht lediglich das Teilnahmerecht.

Die Verlagsfirmen teilen dem Vorstand in der Regel vier Wochen vor der Mitgliederversammlung, in Ausnahmefällen spätestens bis zu Beginn der Versammlung mit, wer zur Ausübung des Stimmrechts berechtigt ist.

Ist ein Verleger Inhaber mehrerer Einzelfirmen, so steht ihm nur ein Stimmrecht zu.

Angestellte oder Beauftragte von Mitgliedern, deren Mitgliedschaftsrechte nach Maßgabe von § 8 Ziff. 3 Abs. 2 bzw. § 9 B eingeschränkt sind, müssen, wenn sie als Vertreter eines Musikverlages auftreten, eine echte Verlagstätigkeit ausüben und dürfen nicht gleichzeitig im Dienste eines Musikverwerters stehen.

Werden Verlagsfirmen, die in wirtschaftlichem und personellem Zusammenhang mit ausländischen Verlegern oder Musikverwertern außerhalb des Gebietes der EWG stehen, als ordentliche Mitglieder nach § 8 Ziff. 4 aufgenommen, so haben die zu einem Konzern i. S. von § 18 AktG gehörenden Verlage nur eine Stimme.

8. Die Mitgliederversammlung wird nach einer von der Mitgliederversammlung beschlossenen Versammlungsordnung abgehalten.

Versammlungs- und Wahlordnung

Fassung vom 25./26. Juni 2002

A. Versammlungsordnung
gemäß § 10 Ziff. 8 der Satzung

I. Mitgliederversammlung

Die Mitgliederversammlung besteht aus der Hauptversammlung und den Versammlungen der drei Berufsgruppen.

Beschlüsse können nicht vor den Berufsgruppenversammlungen gefaßt werden.

II. Hauptversammlung

1.

(1) Die Hauptversammlung wird geleitet von dem Aufsichtsratsvorsitzenden oder einem seiner Stellvertreter oder durch das an Lebensjahren älteste Aufsichtsratsmitglied.

(2) Nach Eintritt in die Tagesordnung werden die Anträge in der Reihenfolge der Einladung behandelt. Abweichungen von dieser Reihenfolge können von der Hauptversammlung mit einfacher Mehrheit beschlossen werden.

(3) Den Vorrang erhalten Wortmeldungen von Mitgliedern zum Verfahren, im besonderen Anträge auf

a) Anwendung der Versammlungsordnung,

b) Verweisung an einen Ausschuß,

c) Schluß der Aussprache,

d) Vertagung der Aussprache,

e) Übergang zur Tagesordnung.

Diese Wortmeldungen haben den Vorrang vor dem Hauptgegenstand, dessen Beratung durch sie unterbrochen wird.

(4) Die Redezeit für jeden Diskussionsbeitrag zu einem Tagesordnungspunkt ist auf 10 Minuten beschränkt. Dem Redner kann jedoch von der Hauptversammlung eine längere Redezeit eingeräumt werden. Bei Überschreitung der Redezeit kann der Vorsitzende dem Redner nach einmaliger Mahnung das Wort entziehen.

(5) Die Hauptversammlung kann den Schluß der Debatte beschließen. In diesem Falle ist nur noch den bereits vorgemerkten Rednern das Wort zu erteilen. Die Redezeit für den Einzelnen verkürzt sich dann auf 5 Minuten.

2.

(1) Die Abstimmung erfolgt durch Handzeichen mit der in der Berufsgruppenversammlung dem Mitglied ausgehändigten Stimmkarte, und zwar in der Reihenfolge: Zustimmung, Ablehnung, Stimmenthaltung.

(2) Wird durch Handzeichen abgestimmt, so ist der Versammlungsleiter mit Zustimmung der Hauptversammlung berechtigt, das Stimmergebnis festzustellen, indem er die Nein-Stimmen und die Enthaltungen ermittelt (Subtraktionsverfahren).

(3) Werden die Ergebnisse solcher Abstimmungen angezweifelt, so erfolgt Stimmauszählung.

(4) Die Hauptversammlung kann mit einfacher Mehrheit der Verwendung eines elektronischen Abstimmungssystems zustimmen.

(5) Die Hauptversammlung muß auf Antrag eines Zwanzigstels der bei der Abstimmung anwesenden Mitglieder schriftlich und geheim abstimmen.

(6) Bei Abstimmungen mit einfacher Mehrheit entscheidet das Verhältnis zwischen Ja- und Nein-Stimmen. Vorgeschriebene qualifizierte Mehrheiten werden nur durch die Zahl der Ja-Stimmen im Verhältnis zur Zahl der Anwesenden erreicht. Bei Verwendung eines elektronischen Abstimmungssystems wird die Zahl der Anwesenden durch die elektronische Anmeldung ermittelt und vom Versammlungsleiter für jeden Abstimmungsvorgang festgestellt. Bei Stimmengleichheit gelten Anträge als abgelehnt.

(7) Während einer Abstimmung bleiben die Türen des Versammlungsraumes geschlossen.

(8) Jedes Abstimmungsergebnis ist zu protokollieren. Bei satzungsändernden Anträgen ist auch das Stimmverhältnis beziffert im Protokoll niederzulegen.

(9) Wird in der Hauptversammlung über einen in den Berufsgruppenversammlungen bereits verabschiedeten Antrag eine nochmalige Diskussion und Abstimmung verlangt, so ist diesem Verlangen zu entsprechen, wenn dieser Antrag von der Hälfte der anwesenden Mitglieder oder von Dreiviertel der anwesenden Mitglieder einer Berufsgruppe unterstützt wird.

Ausgenommen hiervon ist die in § 11 a) der Satzung geregelte Wahl des Aufsichtsrats.

3. Die vom Vorstand zur Hauptversammlung hinzugezogenen Verwaltungsangehörigen, ständigen Rechtsberater und Wirtschaftsprüfer nehmen ohne Stimmrecht an der Hauptversammlung teil.

III. Berufsgruppenversammlungen

1. Die Berufsgruppenversammlung muß die Tagesordnungspunkte der Hauptversammlung beraten und über diejenigen Punkte abstimmen, für die getrennte Abstimmung nach Berufsgruppen vorgeschrieben ist. Das Abstimmungsergebnis kann auf Zustimmung, Ablehnung oder Stimmenthaltung der Berufsgruppe lauten.

Einem Antragsteller kann Rederecht in einer anderen Kurie eingeräumt werden, wenn in dieser kein Mitglied an der Antragstellung beteiligt ist. Der Redewunsch sollte im Antrag angekündigt werden.

2. Jede Berufsgruppenversammlung wird geleitet von dem Aufsichtsratsvorsitzenden, wenn er der betreffenden Berufsgruppe angehört, oder von demjenigen seiner Stellvertreter, der dieser Berufsgruppe angehört, oder durch ein von den anwesenden Aufsichtsratsmitgliedern gewähltes Aufsichtsratsmitglied.

3. Im übrigen sind die Bestimmungen des Teils II bis auf Ziff. 1 (1) entsprechend anzuwenden.

4. (Mitgliederversammlungsbeschluß vom 30. 6./1. 7. 1981)

(1) Die Vorsitzenden der Berufsgruppen unterrichten sich gegenseitig und den Vorstand über die Abstimmungsergebnisse.

(2) Wird ein Antrag, für den getrennte Abstimmung der Berufsgruppen vorgeschrieben ist, abgelehnt oder mit Änderungen oder Ergänzungen angenommen, so kann der Vermittlungsausschuß angerufen werden.

(3) Der Vermittlungsausschuß kann von den Vorsitzenden jeder Berufsgruppe und vom Vorstand angerufen werden.

(4) Dem Vermittlungsausschuß gehören Vertreter jeder Berufsgruppe, der Vorstand und der Rechtsberater an. Jede Berufsgruppe entsendet dieselbe Zahl von Vertretern.

(5) Der Vermittlungsausschuß empfiehlt, ob der abgelehnte oder ein davon abweichender Antrag den Berufsgruppen zur erneuten Beschlußfassung vorgelegt werden soll.

(6) Wird den Berufsgruppen ein Antrag vom Vermittlungsausschuß vorgelegt, so stimmen diese über den Antrag vor der Behandlung der Sache in der Mitgliederversammlung ab.

IV. Änderungen

Zu Änderungen der Versammlungsordnung bedarf es der für Satzungsänderungen erforderlichen Mehrheit der Mitgliederversammlung.

B. Wahlordnung für die Wahl zum Aufsichtsrat

I. Satzungsbestimmungen für die Wahl zum Aufsichtsrat

1. Zuständigkeit der Mitgliederversammlung

§ 10 Ziff. 6c) der Satzung bestimmt:

„Der Mitgliederversammlung obliegt insbesondere

c) die Wahl und die Abberufung der Mitglieder des Aufsichtsrates sowie die Wahl und Abberufung der in die Zuständigkeit der Mitgliederversammlung fallenden Ausschüsse und Kommissionen“

2. Wahl zum Aufsichtsrat durch die Berufsgruppen

§ 11a) der Satzung bestimmt:

„a) Jede der drei Berufsgruppen (Komponisten, Textdichter, Verleger) wählt die für sie im Aufsichtsrat vorgesehenen Mitglieder getrennt. Innerhalb der einzelnen Berufsgruppen erfolgt die Wahl mit einfacher, die Abberufung mit Zweidrittelmehrheit. Falls dreiviertel der in jeder der beiden anderen Berufsgruppen vertretenen Stimmen mit der Wahl eines in einer anderen Berufsgruppe gewählten Mitglieds nicht einverstanden sind, muß die Berufsgruppe eine Neuwahl vornehmen, es sei denn, daß sie den zuerst Gewählten mit dreiviertel ihrer Stimmen wiederwählt.“

3. Aktives Wahlrecht

§ 10 Ziff. 7 der Satzung bestimmt:

„7. In der Mitgliederversammlung hat jedes ordentliche Mitglied eine Stimme. Stimmübertragung ist nicht zulässig.

Verlagsfirmen, die Einzelfirmen sind, üben ihr Stimmrecht durch den Inhaber aus. Verlagsfirmen, die Gesellschaften sind, üben ihr Stimmrecht durch einen verfassungsmäßig oder gesellschaftsvertraglich berufenen Vertreter aus. Ein Vertreter kann das Stimmrecht nicht für mehr als fünf Verlage ausüben. Falls eine Verlagsfirma rechtlich oder tatsächlich an der Ausübung des Stimmrechts gehindert ist, kann das Stimmrecht durch einen im Handelsregister eingetragenen Vertreter oder durch einen Handlungsbevollmächtigten im Sinne von § 54 HGB ausgeübt werden. Diese Vertreter müssen ständig in dem Verlagsunternehmen verlegerisch oder kaufmännisch tätig sein.

Ist ein Mitglied, das zur Berufsgruppe der Komponisten oder der Textdichter gehört, gleichzeitig verfassungsmäßig oder gesellschaftsvertraglich berufener Vertreter eines Musikverlages, so steht auch diesem Mitglied die Ausübung der Mitgliedschaftsrechte nur in einer Berufsgruppe zu.

Ist bei einer Gesellschaft nur Gesamtvertretung zulässig, so wird das Stimmrecht von einem der Gesamtvertreter ausgeübt; für den bzw. die weiteren Vertreter besteht lediglich das Teilnahmerecht.

Die Verlagsfirmen teilen dem Vorstand in der Regel vier Wochen vor der Mitgliederversammlung, in Ausnahmefällen spätestens bis zum Beginn der Versammlung mit, wer zur Ausübung des Stimmrechts berechtigt ist.

Ist ein Verleger Inhaber mehrerer Einzelfirmen, so steht ihm nur ein Stimmrecht zu.

Angestellte oder Beauftragte von Mitgliedern, deren Mitgliedschaftsrechte nach Maßgabe von § 8 Ziff. 3 Abs. 2 bzw. § 9 B eingeschränkt sind, müssen, wenn sie als Vertreter eines Musikverlages auftreten, eine echte Verlagstätigkeit ausüben und dürfen nicht gleichzeitig im Dienste eines Musikverwerters stehen.

Werden Verlagsfirmen, die in wirtschaftlichem und personellem Zusammenhang mit ausländischen Verlegern oder Musikverwertern außerhalb des Gebietes der EWG stehen, als ordentliche Mitglieder nach § 8 Ziff. 4 aufgenommen, so haben die zu einem Konzern i. S. von § 18 AktG gehörenden Verlage nur eine Stimme.“

§ 12 Ziff. 3 der Satzung bestimmt:

„3. Den Delegierten stehen im übrigen alle Rechte der ordentlichen Mitglieder zu mit Ausnahme des passiven Wahlrechts.“

4. Anzahl der Aufsichtsratssitze und Verteilung der 15 Sitze auf die drei Berufsgruppen

§ 13 Ziff. 1 Abs. 1 der Satzung bestimmt:

„1. Der Aufsichtsrat besteht aus 15 Mitgliedern, von denen sechs Komponisten, fünf Verleger und vier Textdichter sein müssen. Für jede Berufsgruppe können zwei Stellvertreter gewählt werden, die zur Teilnahme an den Sitzungen des Aufsichtsrates mit vollem Stimmrecht berechtigt sind, wenn und soweit ordentliche Mitglieder ihrer Berufsgruppe an der Teilnahme zur Aufsichtsratssitzung verhindert sind; für die Wahl der Stellvertreter gilt das Wahlverfahren wie für die Mitglieder des Aufsichtsrates.“

5. Passives Wahlrecht

a) Wählbar zum Aufsichtsrat sind nur ordentliche Mitglieder

§ 13 Ziff. 1 Abs. 3 der Satzung bestimmt:

„Wählbar sind nur ordentliche Mitglieder mit deutscher Staatsangehörigkeit sowie der Staatsangehörigkeit eines Mitgliedstaates der Europäischen Gemeinschaft und solche, denen vor 1946 die deutsche Staatsangehörigkeit aus politischen oder „rassischen“ Gründen aberkannt ist und die nunmehr ihren steuerlichen Wohnsitz in Deutschland oder in einem anderen Mitgliedstaat der Europäischen Gemeinschaft haben. Sie müssen überdies dem Verein mindestens fünf Jahre lang als ordentliches Mitglied angehören.“

b) Regelungen für die Berufsgruppe der Verleger

§ 13 Ziff. 1 Abs. 4 und 5 der Satzung bestimmt:

„Verleger sind wählbar, sofern sie mindestens fünf Jahre Inhaber einer Einzelfirma, persönlich haftender Gesellschafter einer Offenen Handelsgesellschaft oder Kommanditgesellschaft, Geschäftsführer einer GmbH, Vorstandsmitglied einer Aktiengesellschaft oder in leitender Funktion in einem Musikverlag tätig waren.
Aus einem Verlag oder einer Verlagsgruppe kann nur eine Person dem Aufsichtsrat angehören.“

§ 13 Ziff. 1 Abs. 2 der Satzung bestimmt:

„Aus dem Kreis der ordentlichen Mitglieder der Berufsgruppe Verleger, deren Mitgliedschaftsrechte gemäß § 8 Ziff. 3 Abs. 2 und 3 bzw. 4 der Satzung aufgrund entsprechender Einverständniserklärung eingeschränkt sind, kann ein Mitglied in den Aufsichtsrat gewählt werden. Dessen Stimmrecht ruht bei Beschlußfassungen, die die tarifliche Gestaltung von Verträgen mit Musikverwertern zum Gegenstand haben.“

II. Durchführung der Wahl in den Berufsgruppen Komponisten, Textdichter, Verleger

1. Die Wahl der Aufsichtsräte innerhalb der einzelnen Berufsgruppen (6 Komponisten und 2 Stellvertreter, 4 Textdichter und 2 Stellvertreter, 5 Verleger und 2 Stellvertreter) erfolgt durch eine Gesamtabstimmung (gemeinsame Wahl), bei der jedes zur Wahl berechtigte Mitglied so viele Stimmen hat, wie Aufsichtsräte zu wählen sind.

2. Gewählt ist, wer die einfache Mehrheit der abgegebenen gültigen Stimmen der anwesenden stimmberechtigten Mitglieder (also mehr als 50 %) erreicht. Ungültige Stimmen und Stimmenthaltungen gelten nicht als abgegebene Stimmen und werden nicht gezählt. Wird im ersten Wahlgang für die zu wählende jeweilige Zahl der Aufsichtsräte die notwendige Stimmenmehrheit nicht er-

reicht, so findet ein zweiter Wahlgang statt, der den Regeln des ersten Wahlgangs folgt. Wird in diesem Wahlgang nicht die notwendige Stimmenmehrheit erreicht, so findet ein dritter Wahlgang statt. Gewählt sind dann die Kandidaten, die in der Reihenfolge der für sie abgegebenen Stimmen die meisten Stimmen (relative Mehrheit der Stimmen) erhalten haben.

3. Für die Aufstellung der Listen zur Gesamtabstimmung (gemeinsame Wahl), bei der die Zahl der Kandidaten nicht beschränkt ist, wird ein Wahlausschuß aus 3 von der Berufsgruppenversammlung zu wählenden Mitgliedern gebildet. Die Wahl für den Wahlausschuß erfolgt grundsätzlich analog den Regelungen zu II Ziff. 1 und 2 dieser Wahlordnung; die Wahl der Mitglieder des Wahlausschusses kann auch durch Akklamation erfolgen. Die gewählten Mitglieder des Wahlausschusses wählen aus ihrer Mitte einen Vorsitzenden (Wahlleiter).

Für die Aufsichtsratswahl stellt der Wahlausschuß aus den Vorschlägen der Mitglieder für jeden Wahlgang eine Liste der Kandidaten mit mindestens der Zahl der für die jeweilige Berufsgruppe zu wählenden Aufsichtsräte auf. Das gleiche Wahlverfahren gilt für die Wahl der Stellvertreter.

4. Die Wahl ist geheim. Jeder Wähler hat soviel Stimmen, wie in seiner Berufsgruppe Aufsichtsräte zu wählen sind (6 Komponisten, 4 Textdichter, 5 Verleger). Die Stimmabgabe erfolgt dadurch, daß der Wähler für die jeweils auf der Gesamtabstimmungsliste (Liste für die gemeinsame Wahl) stehenden Kandidaten seine Stimme abgibt bzw. sich enthält.

Auf einstimmigen Beschluß der Berufsgruppenversammlung kann die Wahl auch per Handzeichen erfolgen. In diesem Fall sind die Bestimmungen der Versammlungsordnung A, II. analog anzuwenden.

5. Der Wahlleiter stellt nach Abschluß des Wahlvorganges das Ergebnis fest.

6. Über die Tätigkeit des Wahlausschusses ist eine Niederschrift zu fertigen, die von allen Mitgliedern des Wahlausschusses zu unterschreiben ist. Die Niederschrift muß mindestens enthalten: Ort und Zeit der Wahlversammlung, Bezeichnung der Mitglieder des Wahlausschusses, Zahl der anwesenden stimmberechtigten Vereinsmitglieder, Namen der Kandidaten, Ergebnis des ersten Wahlganges und ggf. weiterer Wahlgänge, Annahme der Wahl.

III. Änderungen

Diese Wahlordnung kann als Teil der Versammlungsordnung mit der für Satzungsänderungen erforderlichen Mehrheit durch die Mitgliederversammlung geändert werden.

Übersicht

Rn.

I. Termin der ordentlichen Mitgliederversammlung, § 10 Ziff. 1 Satzung

59 Gemäß § 36 BGB kann ein Verein in der Satzung festlegen, wann eine Mitgliederversammlung stattfindet. Die GEMA hat sich für eine jährliche **ordentliche Mitgliederversammlung** entschieden, § 10 Ziff. 1 Satzung. Daß sie innerhalb von acht Monaten nach Ablauf des Geschäftsjahres stattfinden soll, ist nur eine Soll-Vorschrift. Sie wurde 1966 eingefügt und hat ihren Grund in § 9 Abs. 6 UrhWG. Danach sind der Jahresabschluß und der Lagebericht spätestens acht Monate nach dem Schluß des Geschäftsjahres im Bundesanzeiger zu veröffentlichen. In der Regel findet die Mitgliederversammlung der GEMA im Juni/Juli statt.

60 Der **Versammlungstermin** soll den Mitgliedern spätestens vier Monate vorher bekanntgegeben werden, § 10 Ziff. 1 Abs. 2 Satzung. Gemäß Satz 2 hat aber die Nichteinhaltung dieser Bekanntgabefrist nicht die Unwirksamkeit der durch die Mitgliederversammlung gefaßten Beschlüsse zur Folge.

II. Aktives und passives Wahlrecht

61 In der Mitgliederversammlung haben die ordentlichen Mitglieder das aktive und passive **Wahlrecht**. Beim passiven Wahlrecht ist der Fall des § 8 Ziff. 3 Abs. 2b) iVm § 13 Ziff. 1 Abs. 2 Satzung zu beachten, wonach nur e i n „Industrieverleger/Major", also ein großer Musikverwerter, in den Aufsichtsrat gewählt werden kann.

III. Außerordentliche Mitgliederversammlung, § 10 Ziff. 3 Satzung

62 Eine außerordentliche Mitgliederversammlung, die bisher dreimal tagte (1950, 1956 und 1965), ist einzuberufen, wenn der Aufsichtsrat es für nötig erachtet oder mindestens **zehn Prozent** der ordentlichen Mitglieder einschließlich der Delegierten es ver-

langen (am 31.12.2004 hatte die GEMA 2.886 ordentliche Mitglieder und 34 Delegierte = 2.920, zehn Prozent = 292 Mitglieder).

Außerdem enthält § 10 Ziff. 3 Satzung einen Verweis auf die vom **Gesetz vorgesehenen** 63
Fälle. Eine außerordentliche Mitgliederversammlung ist aber im Gesetz nicht vorgesehen. § 36 BGB unterscheidet nur zwischen satzungsmäßig festgelegten und den im Interesse des Vereins gebotenen Mitgliederversammlungen. Das entspricht in etwa der Unterscheidung zwischen ordentlicher und außerordentlicher Mitgliederversammlung in der Praxis[25] und so ist § 10 Ziff. 3 Satzung wohl auch zu verstehen. Nach § 36 BGB ist eine Mitgliederversammlung dann einzuberufen, wenn das Interesse des Vereins es erfordert. Das ist der Fall bei Angelegenheiten, die für den Verein von besonders großer Bedeutung sind oder wenn die Mitglieder über ungewöhnliche Vorkommnisse informiert werden müssen.[26] § 36 BGB ist zwingendes Recht und kann nicht durch Satzung abbedungen werden.

IV. Ort und Leitung der Mitgliederversammlung, § 10 Ziff. 4 Satzung

Die Einladung zur Mitgliederversammlung ergeht im Einvernehmen mit dem Auf- 64
sichtsrat durch den Vorstand. Nicht in der Satzung geregelt ist der **Ort der Versammlung**. Bisher haben folgende ordentliche und außerordentliche Mitgliederversammlungen stattgefunden:

Art der Versammlung	Termin	Ort
Erste vorbereitende Mitgliederversammlung	11.07.1950	Berlin
Außerordentliche Mitgliederversammlung	11.12.1950	Berlin
Ordentliche Mitgliederversammlung	17.–18.07.1951	Frankfurt/Main
Ordentliche Mitgliederversammlung	09.–10.07.1952	Köln
Ordentliche Mitgliederversammlung	29.06.–01.07.1953	Hannover
Ordentliche Mitgliederversammlung (Fortsetzung von Hannover)	05.01.1954	München
Ordentliche Mitgliederversammlung	03.–05.10.1954	Berlin
Ordentliche Mitgliederversammlung	07.–09.07.1955	München
Außerordentliche Mitgliederversammlung	23.–24.01.1956	Hamburg
Ordentliche Mitgliederversammlung	27.–29.09.1956	München
Ordentliche Mitgliederversammlung	01.–04.10.1957	Berlin
Ordentliche Mitgliederversammlung	24.–27.06.1958	München
Ordentliche Mitgliederversammlung	14.–16.10.1959	Berlin
Ordentliche Mitgliederversammlung	10.–12.10.1960	München
Ordentliche Mitgliederversammlung	18.–20.10.1961	München
Ordentliche Mitgliederversammlung	15.–17.10.1962	Berlin
Ordentliche Mitgliederversammlung	24.–26.10.1963	München
Ordentliche Mitgliederversammlung	26.–28.10.1964	Köln
Außerordentliche Mitgliederversammlung	19.01.1965	München

25 Münchener Kommentar-*Reuter,* § 36 BGB Rn. 7.
26 *Burhof,* Vereinsrecht, Rn. 87.

Art der Versammlung	Termin	Ort
Ordentliche Mitgliederversammlung	02.–04.11.1965	Berlin
Ordentliche Mitgliederversammlung	28.–30.06.1966	München
Ordentliche Mitgliederversammlung	19.–22.06.1967	Berlin
Ordentliche Mitgliederversammlung	18.–20.06.1968	München
Ordentliche Mitgliederversammlung	23.–25.06.1969	Berlin
Ordentliche Mitgliederversammlung	08.–10.06.1970	Berlin
Ordentliche Mitgliederversammlung	30.06.–02.07.1971	München
Ordentliche Mitgliederversammlung	26.–28.06.1972	Berlin
Ordentliche Mitgliederversammlung	18.–20.06.1973	Berlin
Ordentliche Mitgliederversammlung	18.–20.06.1974	München
Ordentliche Mitgliederversammlung	18.–20.06.1975	München
Ordentliche Mitgliederversammlung	14.–16.06.1976	Berlin
Ordentliche Mitgliederversammlung	13.–15.06.1977	Berlin
Ordentliche Mitgliederversammlung	03.–05.07.1978	München
Ordentliche Mitgliederversammlung	25.–27.06.1979	München
Ordentliche Mitgliederversammlung	23.–25.06.1980	Berlin
Ordentliche Mitgliederversammlung	29.06.–01.07.1981	Berlin
Ordentliche Mitgliederversammlung	05.–07.07.1982	München
Ordentliche Mitgliederversammlung	20.–22.06.1983	München
Ordentliche Mitgliederversammlung	25.–27.06.1984	Berlin
Ordentliche Mitgliederversammlung	24.–26.06.1985	Berlin
Ordentliche Mitgliederversammlung	30.06.–02.07.1986	München
Ordentliche Mitgliederversammlung	29.06.–01.07.1987	München
Ordentliche Mitgliederversammlung	13.–15.06.1988	Berlin
Ordentliche Mitgliederversammlung	26.–28.06.1989	Berlin
Ordentliche Mitgliederversammlung	02.–04.07.1990	München
Ordentliche Mitgliederversammlung	01.–03.07.1991	München
Ordentliche Mitgliederversammlung	15.–17.06.1992	Berlin
Ordentliche Mitgliederversammlung	14.–16.06.1993	München
Ordentliche Mitgliederversammlung	04.–06.07.1994	Berlin
Ordentliche Mitgliederversammlung	26.–28.06.1995	München
Ordentliche Mitgliederversammlung	08.–10.07.1996	Berlin
Ordentliche Mitgliederversammlung	30.06.–02.07.1997	München
Ordentliche Mitgliederversammlung	06.–08.07.1998	Berlin
Ordentliche Mitgliederversammlung	28.–30.06.1999	München
Ordentliche Mitgliederversammlung	03.–05.07.2000	Berlin
Ordentliche Mitgliederversammlung	25.–27.06.2001	München
Ordentliche Mitgliederversammlung	24.–26.06.2002	Berlin
Ordentliche Mitgliederversammlung	23.–25.06.2003	München
Ordentliche Mitgliederversammlung	28.–30.06.2004	Berlin
Ordentliche Mitgliederversammlung	27.–29.06.2005	München

65 Während üblicherweise Mitgliederversammlungen am Sitz des Vereins, für die GEMA also in Berlin, stattfinden, hat sich bei der GEMA der Brauch herausgebildet, die Mitgliederversammlung jeweils jährlich **abwechselnd in Berlin bzw. München** durchzuführen. Dies ermöglicht es den Mitgliedern, die im Süden bzw. Norden Deutschlands wohnen, ohne größere Anreise an einer Versammlung teilzunehmen.

Die Versammlung wird vom Vorsitzenden des Aufsichtsrates (dies ist immer ein Komponist, vgl. § 2 (1) Abs. 2 Geschäftsordnung für den Aufsichtsrat oder einem seiner Stellvertreter (Textdichter, Verleger) **geleitet** (oder durch das an Lebensjahren älteste Aufsichtsratsmitglied, vgl. II. Ziff. 1 (1) Versammlungsordnung). 66

V. Einladung und Anträge, § 10 Ziff. 5 Satzung

1. Einladung

Die Einladung zur Mitgliederversammlung erfolgt schriftlich drei Wochen vorher unter Bekanntgabe (gemeint ist die Zusendung) der Tagesordnung und eines Auszuges aus dem Geschäftsbericht, § 10 Ziff. 5 Abs. 1 Satzung. **Schriftliche Einladung** bedeutet, daß die Tagesordnung auch wirklich per Post an die Mitglieder versandt wird. Es genügt nicht, sie etwa nur in einer Tageszeitung bekannt zu machen. 67

Zur Fristwahrung genügt die Aufgabe der Einladung zur Post drei Wochen vor der Versammlung. Über Gegenstände, die nicht in der **Tagesordnung** aufgeführt sind, können Beschlüsse nicht gefaßt werden. Dies hat seinen Grund darin, daß jedes Mitglied die Möglichkeit haben muß, sich im Vorfeld über die Tagesordnungspunkte zu informieren, um dann z. B. entscheiden zu können, ob es aufgrund eines der zu behandelnden Punkte persönlich erscheint, um die Meinungsbildung und Abstimmung im eigenen Sinne mitgestalten zu können. Von daher dürfen keine, das Mitglied „überraschende" Tagesordnungspunkte außerhalb der in der Tagesordnung aufgeführten, in der Versammlung behandelt und beschlossen werden. **Modifikationen** von gestellten Anträgen sind jedoch möglich. 68

2. Anträge

Für **Anträge** an die Mitgliederversammlung sind mindestens 10 Unterschriften von ordentlichen Mitgliedern und/oder Delegierten (vgl. § 12 Ziff. 4 Satzung) erforderlich, soweit nicht die Anträge vom Aufsichtsrat oder Vorstand gestellt werden. Anträge des Vorstandes müssen dem Aufsichtsrat zur Kenntnis gebracht werden. 69

Die Anträge einschließlich der notwendigen Unterschriften für die Mitgliederversammlung müssen spätestens **acht Wochen** vorher bei der GEMA eingegangen sein. Dies bedeutet, daß die GEMA-Verwaltung nur fünf Wochen Zeit für die Prüfung der Formalitäten (Anzahl der Unterschriften, ordentliches Mitglied, Delegierter), die Erstellung (Druck) und den Versand der Tagesordnung hat, da diese gemäß § 10 Ziff. 5 Abs. 1 Satzung drei Wochen vor der Versammlung an die Mitglieder verschickt werden muß. 70

VI. Aufgaben der Mitgliederversammlung, § 10 Ziff. 6 Satzung

1. Übersicht

71 Die Aufgaben der Mitgliederversammlung zählt § 10 Ziff. 6 Satzung (nicht abschließend; „insbesondere") auf. Hier hat sich die Satzung auf die Benennung der wesentlichen Gegenstände beschränkt. Jedoch können von Fall zu Fall weitere, das Vereinsinteresse betreffende Gegenstände, ebenfalls einer Zuständigkeit der Mitgliederversammlung unterfallen.

2. Einzelne Gegenstände

a) Die Entgegennahme des Geschäftsberichtes und des Jahresabschlusses

72 Der **Geschäftsbericht** wird vom (Vorsitzenden des) Vorstand(s) erstattet; der Jahresabschluß liegt den Mitgliedern in Form des Abdrucks des Prüfungsergebnisses und des Bestätigungsvermerks der Abschlußprüfer, die im zugesandten Geschäftsbericht enthalten sind, vor.

b) Die Entlastung des Vorstands und des Aufsichtsrats

73 Die Geschäftsordnung für den Aufsichtsrat[27] trifft keine Regelung für den Fall, daß dem Aufsichtsrat die **Entlastung** verweigert wird; genausowenig wie die Geschäftsordnung des Vorstandes über dessen Entlastung. Es dürften aber allgemeine gesellschaftsrechtliche Grundsätze über Entlastung von Aufsichtsratsmitgliedern anwendbar sein, etwa aus dem Aktienrecht (vgl. § 120 AktG, § 46 Nr. 5 GmbHG). Rechtsnatur und Wirkung der Entlastung sind allerdings sehr umstritten. Nach wohl herrschender Meinung stellt die Entlastung durch die Mitgliederversammlung einen Vertrauenstatbestand dar, der im Vereinsrecht dazu führt, daß Schadensersatz- und Bereicherungsansprüche gegen Vorstand und Aufsichtsratsmitglieder erlöschen.[28] Das betrifft aber nur Ansprüche wegen solcher Tatsachen, die den Mitgliedern bekannt oder nach dem Rechenschaftsbericht (vgl. §§ 27 Abs. 3, 666 BGB) erkennbar waren. Werden nachträglich Tatsachen bekannt, die vorher nicht erkennbar waren und auf die sich die Entlastung daher nicht beziehen konnte, verhindert die Entlastung weder Schadensersatzklagen noch sonstige Sanktionen. Die praktische Bedeutung der Entlastung ist daher gering; ihre Verweigerung hat eher einen symbolischen, aber öffentlichkeitswirksamen Wert.

c) Die Wahl und die Abberufung der Mitglieder des Aufsichtsrats

74 Die Wahl ist in Ziffer II. der Wahlordnung für die Wahl zum Aufsichtsrat geregelt; die Satzungsregeln hierfür sind in Ziffer I. der **Wahlordnung** aufgeführt. Die Abberufung von Aufsichtsratsmitgliedern ist in § 11a) Satzung geregelt. Danach ist für die Abberufung die Zweidrittelmehrheit in der jeweiligen Berufsgruppe erforderlich.

---

27 Abgedruckt nach § 13 Satzung, Aufsichtsrat.

28 BGHZ 24, 47, 54; Münchener Kommentar-*Reuter,* § 27, Rn. 42; K. *Schmidt,* Gesellschaftsrecht, S. 429f.

d) Die Wahl und die Abberufung der in die Zuständigkeit der Mitgliederversammlung fallenden Ausschüsse und Kommissionen

Dies sind: Beschwerdeausschuß, § 16C Ziff. 4 Satzung; Werkausschuß, § 1 Abs. 2 Ge- **75**
schäftsordnung für den Werkausschuß; Wertungsausschuß Komponisten E, § 1 Ziff. (2) Geschäftsordnung für das Wertungsverfahren der Komponisten in der Sparte E; Wertungsausschuß U, § 1 Ziff. (2) Geschäftsordnung für das Wertungsverfahren in der Unterhaltungs- und Tanzmusik; Schätzungskommission, § 1 Abs. (2) Geschäftsordnung für das Schätzungsverfahren der Bearbeiter. Hier ist die Abberufung von Ausschuß- und Kommissionsmitgliedern nicht geregelt und daher in Analogie zu § 11a) Satzung zu lösen.

e) Die Ernennung von Ehrenpräsidenten und die Verleihung von Ehrenmitgliedschaften auf Vorschlag des Aufsichtsrates

Mit Stand 30.06.2005 waren dies: **76**

Ehrenpräsidenten:	Prof. Dr. Reinhold Kreile Prof. Dr. jur. h.c. Erich Schulze
Ehrenmitglieder:	Prof. Harald Banter Prof. Jürg Baur Prof. Christian Bruhn Klaus Doldinger Dr. Peter Hanser-Strecker Hans Hee Karl-Heinz Klempnow Prof. Dr. Hans Wilfred Sikorski Prof. Karl Heinz Wahren Hartmut Westphal Bruno Balz † Richard Bars † Prof. Werner Egk † Prof. Dr. Dr. h.c. Joseph Haas † Heinz Korn † Peter Jona Korn † Eduard Künneke † Dr. Willy Richartz † Prof. Dr. Georg Schumann † Günter Schwenn † Dr. Hans Sikorski † Dr. Dr. h.c. Ludwig Strecker †

f) Satzungsänderungen

Für das Verfahren zu beachten sind die Vorgaben von § 11b) Satzung (2/3-Mehrheit **77**
je Berufsgruppe und Einstimmigkeit der drei Berufsgruppen Komponisten, Textdichter und Verleger) und § 19 Satzung (Beachtung der gesetzlichen Vorschriften, § 33 Abs. 2 BGB Genehmigung der zuständigen Senatsverwaltung). Näher hierzu die Kommentierungen zu §§ 11, 19 Satzung.

g) Änderungen des Berechtigungsvertrages

78 Diese sind möglich, wenn 2/3 der Erschienenen jeder Berufsgruppe zustimmen und Einstimmigkeit der drei Berufsgruppen vorliegt, vgl. § 15 Berechtigungsvertrag iVm § 11b) Satzung.

h) Änderungen des Verteilungsplans

79 Diese sind möglich, wenn 2/3 der Erschienenen jeder Berufsgruppe zustimmen und Einstimmigkeit der drei Berufsgruppen vorliegt, vgl. § 8 Ziff. 2 Verteilungsplan A, § 6 Ziff. 2 Verteilungsplan B, § 5 Verteilungsplan C jeweils iVm § 11b) Satzung.

i) Auflösung des Vereins

80 Diese ist nach § 11 b) der Satzung, möglich, wenn 2/3 der Erschienenen jeder Berufsgruppe, die jedoch mindestens die Hälfte der insgesamt vorhandenen Zahl der zu der jeweiligen Berufsgruppe gehörenden Mitglieder ausmachen müssen, zustimmen.

VII. Stimmrecht, § 10 Ziff. 7 Satzung

1. Stimmrecht der ordentlichen Mitglieder, § 10 Ziff. 7 Abs. 1 Satzung

81 Das **Stimmrecht** ist das wichtigste Mitverwaltungsrecht eines Vereinsmitgliedes. Es gewährt das Recht zur Teilnahme an der Willensbildung im Verein und ist mit der Mitgliedschaft untrennbar verbunden.[29] Im Vereinsrecht gilt der Grundsatz, daß jedes nicht vom Stimmrecht ausgeschlossene Mitglied nur eine Stimme hat; die GEMA regelt das ausdrücklich in der Satzung: In der Mitgliederversammlung hat jedes ordentliche Mitglied **eine Stimme**, § 10 Ziff. 7 Abs. 1 Satzung. Dies bedeutet, daß es eine gleiche Stimmgewichtung gibt und z. B. keine nach Aufkommen gestaffelten Stimmrechte. Eine Stimmübertragung ist nicht zulässig, d.h. keine Vertretung, kein Mehrfachstimmrecht Einzelner für andere. Es ist daher das persönliche Erscheinen für die Ausübung des Stimmrechts erforderlich.

2. Stimmrecht der Verlagsfirmen, § 10 Ziff. 7 Abs. 2 Satzung

82 Verlagsfirmen, die Einzelfirmen sind, üben ihr Stimmrecht durch den Inhaber aus. Verlagsfirmen, die Gesellschaften sind, üben ihr Stimmrecht durch einen verfassungsmäßig oder gesellschaftsvertraglich berufenen **Vertreter** aus, der das Stimmrecht für bis zu fünf Verlage ausüben kann. Diese Stimmrechtsvertretung wurde 1981 eingefügt.

83 Ist eine Verlagsfirma rechtlich oder tatsächlich an der Ausübung des Stimmrechts gehindert, kann das Stimmrecht durch einen im Handelsregister eingetragenen Vertreter oder einen **Handlungsbevollmächtigten** iSv § 54 HGB ausgeübt werden. Handlungsbevollmächtigter nach § 54 HGB kann jeder im Betrieb eines Handelsgewerbes Beschäf-

29 Vgl. *Reichert,* Handbuch des Vereins- und Verbandsrechts, Rn. 1389ff.

tigte sein, wenn er zum Betrieb eines Handelsgewerbes berechtigt ist oder wenn er für bestimmte Arten von Geschäften oder ein einzelnes Geschäft, in diesem Fall also die Stimmabgabe, vom vertretungsberechtigten Organ ermächtigt wird. Die Ermächtigung wird nicht ins Handelsregister eingetragen. Im Innenverhältnis bestehende Beschränkungen sind nach § 54 Abs. 3 HGB für die GEMA nur beachtlich, wenn sie diese kannte oder kennen mußte. Die Regelung bezweckt offenbar, daß die Stimmabgabe nicht unbedingt durch ein zur Vertretung der Gesellschaft berechtigtes Organ, bei einer GmbH also etwa durch einen oder mehrere Geschäftsführer erfolgen muß. Stattdessen kann auch ein „normaler" Angestellter die Stimme abgeben, wenn er die Voraussetzungen des § 54 HGB erfüllt. Daß die Vertreter ständig in dem Verlagsunternehmen verlegerisch oder kaufmännisch tätig sein müssen, stellt letztlich nur eine Konkretisierung der Anforderungen des § 54 HGB dar. Eine nur gelegentliche Tätigkeit reicht dagegen nicht aus, wie z. B. eine Tätigkeit als Rechtsberater, da dieser nicht ständig verlegerisch oder kaufmännisch im Unternehmen tätig ist.

Denkbar ist ein solcher Fall vor allem bei einer tatsächlichen **Verhinderung des vertretungsberechtigten Organs**, z. B. wenn der Geschäftsführer einer Verlags-GmbH am Tag der Mitgliederversammlung einen anderen Termin hat oder erkrankt ist und ein Angestellter als Handlungsvertreter nach § 54 HGB die Stimme für ihn abgibt. Verhindern rechtliche Normen eine Stimmabgabe wie zum Beispiel nach § 34 BGB, wenn der Beschluß die Vornahme eines Rechtsgeschäfts oder die Einleitung oder Erledigung eines Rechtsstreits zwischen Verein und Mitglied betrifft, so kann natürlich die Stimmabgabe auch nicht durch einen Vertreter erfolgen. Ein rechtlicher Hinderungsgrund kann daher nur dann vorliegen, wenn die Gesellschaft im Zeitpunkt der Mitgliederversammlung überhaupt kein vertretungsberechtigtes Organ mehr hat, etwa weil alle Geschäftsführer einer GmbH kurz zuvor abberufen wurden und noch keine neuen bestellt sind. In der Praxis dürfte dies sehr selten sein. 84

3. Stimmrecht bei Mitgliedschaft in mehreren Berufsgruppen, § 10 Ziff. 7 Abs. 3 Satzung

Wenn ein Komponist/Textdichter **gleichzeitig** verfassungsmäßig oder gesellschaftsvertraglich berufener Vertreter eines Musikverlages ist, kann er seine Mitgliedschaftsrechte nur in einer Berufsgruppe ausüben. 85

4. Stimmrecht bei Gesamtvertretung, § 10 Ziff. 7 Abs. 4 Satzung

Ist bei einer Gesellschaft nur **Gesamtvertretung** zulässig (d. h. mehrere Personen vertreten die Gesellschaft gemeinsam), wird das Stimmrecht nur von einem der Gesamtvertreter ausgeübt. Der/Die weitere(n) Vertreter besitzen lediglich ein Teilnahmerecht. 86

5. Angabe der Vertretungsberechtigten, § 10 Ziff. 7 Abs. 5 Satzung

Die Verlagsfirmen teilen dem Vorstand in der Regel vier Wochen vor der Mitgliederversammlung (Soll-Vorschrift), in Ausnahmefällen spätestens bis zu Beginn der Versammlung mit, wer zur **Ausübung** des Stimmrechts berechtigt ist. 87

6. Inhaber mehrerer Einzelfirmen, § 10 Ziff. 7 Abs. 6 Satzung

88 Ist ein Verleger Inhaber mehrerer Einzelfirmen, so steht ihm nur **ein Stimmrecht** zu (also kein Mehrfachstimmrecht nach § 10 Ziff. 7 Abs. 2 Satzung wonach für bis zu 5 Verlage das Stimmrecht ausgeübt werden kann).

7. Eingeschränkte Stimmrechte, § 10 Ziff. 7 Abs. 7 Satzung

89 Angestellte oder Beauftragte von Mitgliedern, deren Mitgliedschaftsrechte nach § 8 Ziff. 3 Abs. 2 bzw. § 9B Abs. 1 Satzung **eingeschränkt** sind, müssen, wenn sie als Vertreter eines Musikverlages auftreten, eine echte Verlagstätigkeit ausüben und dürfen nicht (gleichzeitig) im Dienste eines Musikverwerters stehen. Da die Rechte ohnehin gem. § 8 Ziff. 3 Abs. 2 bzw. § 9B Abs. 1 Satzung eingeschränkt sind, ist diese Regelung nicht von tatsächlicher Bedeutung.

8. Verlagsfirmen, § 10 Ziff. 7 Abs. 8 Satzung

90 Werden Verlagsfirmen, die in wirtschaftlichem und personellem Zusammenhang mit ausländischen Verlegern oder Musikverwertern außerhalb des Gebietes der Europäischen Union stehen, als ordentliche Mitglieder nach § 8 Ziff. 4 Satzung (also mit Einschränkung der Mitgliedschaftsrechte) aufgenommen, so haben die zu einem **Konzern** iSv § 18 AktG gehörenden Verlage nur eine Stimme (d. h. kein Stimmrecht für bis zu 5 Verlage nach § 10 Ziff. 7 Abs.2 Satzung). Ein Konzern nach § 18 AktG liegt dann vor, wenn ein oder mehrere abhängige Unternehmen unter der einheitlichen Leitung eines herrschenden Unternehmens zusammengefaßt sind. Dies wird vom Gesetzgeber angenommen, wenn zwischen den Unternehmen ein Beherrschungsvertrag nach § 291 AktG besteht oder das eine in das andere eingegliedert ist (§ 319 AktG).

91 Auch wenn keine **Abhängigkeit** besteht, bilden mehrere an sich selbständige Unternehmen einen Konzern, wenn sie unter einheitlicher Leitung zusammengefaßt sind (sog. Gleichordnungskonzern, § 18 Abs.2 AktG). Schließlich kann es auch einen faktischen Konzern geben, wenn ein Unternehmen von einem anderen abhängig ist (gemäß § 17 Abs.1 AktG dann, wenn das andere Unternehmen unmittelbar oder mittelbar einen beherrschenden Einfluß ausüben kann), ohne daß ein Beherrschungsvertrag existiert.

92 Für die GEMA relevant sind vor allem die konzernrechtlich organisierten **Majors**, also die großen Musikverwerter, deren Verlagsgesellschaften meist in den Konzern eingebunden sind.

VIII. Versammlungsordnung, § 10 Ziff. 8 Satzung

93 Die heute geltende Versammlungsordnung in der Fassung vom 25./26. Juni 2002[30] geht auf die Versammlungsordnung zurück, die die Mitgliederversammlung 1959 beschlossen hatte. Inhaltlich regelt sie die Durchführungsformalien der Hauptversamm-

30 Abgedruckt nach § 10 Satzung, Mitgliederversammlung.

lung und der Berufsgruppenversammlungen. Wichtig ist, daß die Mitgliederversammlung praktisch aus vier Versammlungen besteht: Zunächst treffen sich getrennt die Mitglieder der drei Berufsgruppen Komponisten, Textdichter und Musikverleger und beraten und stimmen über diejenigen Punkte ab, für die getrennte Abstimmung nach Berufsgruppen vorgeschrieben ist (wie in den meisten Fällen, also z. B. die Wahl zum Aufsichtsrat, Änderung des Verteilungsplans etc.). Anschließend treffen sich alle Mitglieder zur Hauptversammlung und fassen dann erst die Beschlüsse, für die eine Einstimmigkeit der drei Berufsgruppen erforderlich ist.

§ 11 [Abstimmung nach Berufsgruppen]

a) Jede der drei Berufsgruppen (Komponisten, Textdichter, Verleger) wählt die für sie im Aufsichtsrat vorgesehenen Mitglieder getrennt. Innerhalb der einzelnen Berufsgruppen erfolgt die Wahl mit einfacher, die Abberufung mit Zweidrittelmehrheit. Falls dreiviertel der in jeder der beiden anderen Berufsgruppen vertretenen Stimmen mit der Wahl eines in einer anderen Berufsgruppe gewählten Mitglieds nicht einverstanden sind, muß die Berufsgruppe eine Neuwahl vornehmen, es sei denn, daß sie den zuerst Gewählten mit dreiviertel ihrer Stimmen wiederwählt.

b) Satzungsänderungen, Änderungen des Berechtigungsvertrages, Änderungen des Verteilungsplanes und Beschlüsse über die Auflösung des Vereins werden getrennt nach Berufsgruppen beschlossen, wobei jede Berufsgruppe eine Stimme hat und Satzungsänderungen, Änderungen des Berechtigungsvertrages, Änderungen des Verteilungsplanes und Beschlüsse über Auflösung des Vereins nur wirksam sind, wenn Einstimmigkeit der drei Berufsgruppen vorliegt.

Innerhalb der Berufsgruppen erfolgt die Abstimmung in der Weise, daß zu jedem Beschluß Zweidrittelmehrheit erforderlich ist, und zwar im Falle der Auflösung des Vereins mit der Maßgabe, daß die Zweidrittelmehrheit mindestens die Hälfte der insgesamt vorhandenen Zahl der zu der jeweiligen Berufsgruppe gehörenden Mitglieder ausmachen muß.

Übersicht Rn.

I. Wahl der Aufsichtsratsmitglieder, § 11a) Satzung

94 Jede Berufsgruppe wählt ihre Mitglieder für den Aufsichtsrat **getrennt** (6 Komponisten, 5 Verleger, 4 Textdichter, vgl. § 13 Ziff. 1 Satzung).

- Die **Wahl** erfolgt mit einfacher Mehrheit, vgl. II. Ziff. 2 Wahlordnung: Gewählt ist, wer die einfache Mehrheit der abgegebenen gültigen Stimmen der anwesenden stimmberechtigten Mitglieder (also mehr als 50%) erreicht. Ungültige Stimmen und Stimmenthaltungen gelten nicht als abgegebene Stimmen und werden nicht gezählt. Die einfache Mehrheit ist für den ersten und zweiten Wahlgang erforderlich. Im dritten Wahlgang genügt die relative Mehrheit, gewählt ist dann derjenige, der die meisten Stimmen erreicht.
- Die **Abberufung** erfolgt mit Zweidrittelmehrheit.

95 Falls 3/4 der in jeder der beiden anderen Berufsgruppen vertretenen Stimmen mit der Wahl eines in einer anderen Berufsgruppe gewählten Mitglieds nicht einverstanden sind, muß die Berufsgruppe eine Neuwahl vornehmen, es sei denn, daß sie den zuerst Gewählten mit 3/4 ihrer Stimmen wiederwählt.

II. Beschlußfassung, § 11b) Satzung

96 Satzungsänderungen, Änderungen des Berechtigungsvertrages, Änderungen des Verteilungsplans und Beschlüsse über die Auflösung des Vereins (vgl. § 10 Ziff. 6e), f), g), h) Satzung) werden getrennt nach Berufsgruppen beschlossen, wobei jede Berufsgruppe eine Stimme hat und die Änderungen und Beschlüsse nur wirksam sind, wenn **Einstimmigkeit der drei Berufsgruppen** vorliegt. Nach III. Ziff. 4 Versammlungsordnung unterrichten die Vorsitzenden der Berufsgruppen sich gegenseitig über die Abstimmungsergebnisse und informieren den Vorstand. Wenn sich die Berufsgruppen nicht einig werden, kann von den Vorsitzenden der Berufsgruppen oder vom Vorstand ein Vermittlungsausschuß angerufen werden, der aus einer gleichen Zahl von Vertretern jeder Berufsgruppe, dem Vorstand und dem Rechtsberater besteht. Der Vermittlungsausschuß kann dann einen neuen Antrag empfehlen oder den abgelehnten erneut vorlegen, wobei wieder zunächst in den Berufsgruppen getrennt abzustimmen ist. Dieser Vermittlungsausschuß wurde durch Beschluß der Mitgliederversammlung vom 30.6./1.7.1981 eingerichtet.

97 Zu jedem Beschluß ist innerhalb der Berufsgruppe die **2/3-Mehrheit** erforderlich. Im Falle der Auflösung des Vereins muß die 2/3-Mehrheit mindestens die Hälfte der insgesamt vorhandenen Zahl der zu der jeweiligen Berufsgruppe gehörenden Mitglieder ausmachen. Das heißt (Stand: 31.12.2004):

		Hälfte
Komponisten	1.965	983
– Textdichter	425	213
– Verleger	464	232
– (Rechtsnachfolger)	32	16

Für die Auflösung müßte also eine 2/3-Mehrheit erzielt werden, der mindestens 983 Komponisten, 213 Textdichter und 232 Verleger zustimmen.

§ 12 Versammlung der außerordentlichen und angeschlossenen Mitglieder

1. In Verbindung mit jeder ordentlichen Mitgliederversammlung der ordentlichen Mitglieder findet eine Versammlung aller außerordentlichen und angeschlossenen Mitglieder statt. Einladung ergeht im Einvernehmen mit dem Aufsichtsrat durch den Vorstand.

In dieser Versammlung, die unter Vorsitz des Aufsichtsratsvorsitzenden abgehalten wird, erstattet der Vorstand den Geschäftsbericht und steht der Versammlung zur Auskunftserteilung zur Verfügung.

2. Die Versammlung wählt alle drei Jahre aus ihrer Mitte getrennt nach Berufsgruppen 34 Mitglieder als Delegierte für die Mitgliederversammlung der ordentlichen Mitglieder, und zwar:

sechzehn aus der Berufsgruppe Komponisten, von denen mindestens sechs Rechtsnachfolger sein müssen;

acht aus der Berufsgruppe Textdichter, von denen mindestens vier Rechtsnachfolger sein müssen.

Sollte für die Wahl die vorgesehene Anzahl von Rechtsnachfolgern nicht zur Verfügung stehen oder sich nicht zur Verfügung stellen, so können auch andere Mitglieder gewählt werden;

zehn aus der Berufsgruppe Verleger.

Für jede Berufsgruppe wird ein Stellvertreter gewählt. Als Delegierter kann nur gewählt werden, wer der GEMA mindestens zwei Jahre angehört.

Die Amtsdauer der Delegierten und ihrer Stellvertreter läuft bis zur Neuwahl; Wiederwahl ist zulässig.

Für den Fall, daß in einer Versammlung die Delegierten nicht vollständig anwesend sind, werden jeweils aus der Berufsgruppe die fehlenden Delegierten durch Wahl von Stellvertretern ersetzt.

Wer für ein ordentliches Verlegermitglied vertretungsberechtigt ist, kann nicht gleichzeitig als Delegierter gewählt werden. Im übrigen gelten die Bestimmungen in § 10 Ziff. 7 für die Delegiertenwahl sinngemäß.

3. Den Delegierten stehen im übrigen alle Rechte der ordentlichen Mitglieder zu mit Ausnahme des passiven Wahlrechts.

4. Die Delegierten sind berechtigt, unter den gleichen Voraussetzungen wie die ordentlichen Mitglieder Anträge für die ordentliche Mitgliederversammlung zu stellen.

Übersicht Rn.

I. Verbindung mit der ordentlichen Mitgliederversammlung, § 12 Ziff. 1 Satzung

98 In Verbindung (idR am Vortag) mit jeder ordentlichen Mitgliederversammlung der ordentlichen Mitglieder (vgl. §§ 7, 8, 10 Satzung) findet eine **Versammlung aller außerordentlichen und angeschlossenen Mitglieder** (vgl. § 6 Satzung) statt, § 12 Ziff. 1 Abs. 1 Satzung. Die Einladung hierzu ergeht im Einvernehmen mit dem Aufsichtsrat durch den Vorstand (die gleiche Regelung findet sich in § 10 Ziff. 4 Satzung für die ordentlichen Mitglieder).

99 In dieser Versammlung, die unter dem Vorsitz des Aufsichtsratsvorsitzenden abgehalten wird (oder einem seiner Stellvertreter, arg. aus § 10 Ziff. 4 S. 2 Satzung), erstattet der Vorstand den Geschäftsbericht und steht der Versammlung zur **Auskunftserteilung** (Fragen zum Geschäftsbericht, Verschiedenes) zur Verfügung.

II. Delegierte für die Versammlung der ordentlichen Mitglieder, § 12 Ziff. 2 Satzung

100 Die Versammlung wählt alle drei Jahre aus ihrer Mitte (d. h. keine getrennte Versammlung nach Berufsgruppen, sondern Gesamtversammlung) getrennt nach Berufsgruppen (Komponisten, Textdichter, Verleger) 34 Mitglieder als **Delegierte** für die Mitgliederversammlung der ordentlichen Mitglieder, und zwar 16 Komponisten, von denen mindestens 6 Rechtsnachfolger sein müssen, 8 Textdichter, von denen mindestens 4 Rechtsnachfolger sein müssen, und 10 Verleger. Wenn die vorgesehene Zahl der Rechtsnachfolger nicht kandidiert, können auch andere Mitglieder gewählt werden.

101 § 12 Satzung ist die Folge von § 6 Abs. 2 UrhWG. Danach muß zur angemessenen Wahrung der Belange der Berechtigten, die nicht als Mitglieder der Verwertungsgesellschaft aufgenommen werden, eine gemeinsame Vertretung gebildet werden und die Satzung der Verwertungsgesellschaft muß Bestimmungen über die Wahl der Vertretung und deren Befugnisse enthalten. Das Gesetz definiert nicht, wann die **Belange der berechtigten Nichtmitglieder** angemessen gewahrt werden. Daher ist umstritten, ob die Regelung in § 12 der GEMA-Satzung, nach der 34 Delegierte für die Mitgliederversammlung der ordentlichen Mitglieder gewählt werden, dieser Anforderung genügt. Nach Auffassung von *Rehbinder*[31] muß sich die Zahl der Delegierten am Tantieme-Aufkommen der Nichtmitglieder orientieren. Überwiegend wird aber eine Regelung wie in der GEMA-Satzung für ausreichend gehalten.[32] Nachdem es zuvor nur 17 Delegierte waren, erfolgte im Jahr 1992 eine Erhöhung auf nun 34 Delegierte. Auch die Nichtmitglieder können durch ihr uneingeschränktes aktives Wahlrecht (eingeschränkt ist nur das passive, vgl. § 12 Ziff. 3 Satzung) substantiell die Entscheidungen der GEMA beeinflussen. Es muß jedoch verhindert werden, daß die Nichtmitglieder die Mitglieder überstimmen können.

102 Mit Stand vom 31.12.2004 hatte die GEMA 58.245 außerordentliche und angeschlossene Mitglieder und Rechtsnachfolger, die sich wie folgt zusammensetzen:

außerordentliche Komponisten, Textdichter	5.930
angeschlossene Komponisten, Textdichter	44.836
außerordentliche Verleger	291
angeschlossene Verleger	3.866
Rechtsnachfolger	3.322

103 Für jede Berufsgruppe wird **ein Stellvertreter** gewählt (eine Erhöhung der Zahl der Stellvertreter erscheint sinnvoll, da auch bei Delegierten durchaus der Fall des Wechsels in die ordentliche Mitgliedschaft vorkommt, bzw. nicht alle Delegierten anwesend sind, so daß dann zuerst neue Stellvertreter für die in dem jeweiligen Jahr stattfindende ordentliche Mitgliederversammlung gewählt werden müssen). Die Wählbar-

31 *Rehbinder,* DVBl 1992, 216, 220.

32 *Nordemann,* GRUR 1992, 584, 589; Schricker-*Reinbothe,* § 6 UrhWG Rn. 15.

keitsvoraussetzung für den Delegierten besteht darin, daß er der GEMA mindestens zwei (vollendete) Jahre angehören muß.

Die **Amtsdauer** der Delegierten und ihrer Stellvertreter beträgt gem. § 12 Ziff. 2 Abs. 1 Satzung drei Jahre und läuft bis zur Neuwahl; eine Wiederwahl ist zulässig. Dies ist aber nicht in dem Wortsinne zu verstehen, daß nur einmal eine Wiederwahl möglich ist, sondern daß die Wiederwahl (auch mehrmals) möglich ist. **104**

Falls in einer Versammlung die Delegierten nicht vollständig anwesend sind, werden jeweils aus der Berufsgruppe die **fehlenden Delegierten** durch Wahl von Stellvertretern ersetzt. Die nachgewählten Stellvertreter haben jedoch nur ein Teilnahmerecht an der gerade stattfindenden Versammlung der ordentlichen Mitglieder, nicht für die folgenden Versammlungen. Sollte der fehlende Delegierte doch noch eintreffen, entfällt der Stellvertreterstatus des als Vertretung gewählten Delegierten. **105**

Wer für ein ordentliches Verlegermitglied vertretungsberechtigt ist, kann nicht gleichzeitig als Delegierter gewählt werden (d.h. kein Mehrfachstimmrecht). Im Übrigen gelten die Bestimmungen in § 10 Ziff. 7 Satzung für die Delegiertenwahl sinngemäß (näheres siehe dort). **106**

III. Rechte der Delegierten, § 12 Ziff. 3 Satzung

Den Delegierten stehen in der Versammlung der ordentlichen Mitglieder alle Rechte der ordentlichen Mitglieder zu mit Ausnahme des passiven Wahlrechts, § 12 Ziff. 3 Satzung. Die ihnen zustehenden Rechte sind die **Rechte in der Mitgliederversammlung**, z.B. Frage- und Stimmrecht, aktives Wahlrecht, Antragsbefugnis (§ 12 Ziff. 4 Satzung). **107**

Die Delegierten können indes nicht in den Aufsichtsrat bzw. in **Ausschüsse** gewählt werden. Die Delegiertenvertreter der angeschlossenen und außerordentlichen Mitglieder in den Ausschüssen werden nicht in der Versammlung der ordentlichen, sondern in der Versammlung der außerordentlichen und angeschlossenen Mitglieder gewählt (vgl. § 1 (4) Geschäftsordnung für das Wertungsverfahren der Komponisten in der Sparte E, § 2 Geschäftsordnung für das Wertungsverfahren der Textdichter in der Sparte E iVm § 1 (4) Geschäftsordnung für das Wertungsverfahren der Komponisten in der Sparte E, § 1 (3) Geschäftsordnung für das Wertungsverfahren in der Unterhaltungs- und Tanzmusik). **108**

IV. Antragsbefugnis, § 12 Ziff. 4 Satzung

Die Delegierten sind berechtigt unter den gleichen Voraussetzungen wie die ordentlichen Mitglieder **Anträge** für die ordentliche Mitgliederversammlung zu stellen (vgl. § 10 Ziff. 5 Abs. 2 Satzung: es sind mindestens 10 Unterschriften von ordentlichen Mitgliedern und /oder Delegierten erforderlich). **109**

§ 13 Aufsichtsrat

1. Der Aufsichtsrat besteht aus 15 Mitgliedern, von denen sechs Komponisten, fünf Verleger und vier Textdichter sein müssen. Für jede Berufsgruppe können zwei Stellvertreter gewählt werden, die zur Teilnahme an den Sitzungen des Aufsichtsrates mit vollem Stimmrecht berechtigt sind, wenn und soweit ordentliche Mitglieder ihrer Berufsgruppe an der Teilnahme zur Aufsichtsratssitzung verhindert sind; für die Wahl der Stellvertreter gilt das Wahlverfahren wie für die Mitglieder des Aufsichtsrates.

Aus dem Kreis der ordentlichen Mitglieder der Berufsgruppe Verleger, deren Mitgliedschaftsrechte gemäß § 8 Ziff. 3 Abs. 2 und 3 bzw. Ziff. 4 der Satzung aufgrund entsprechender Einverständniserklärung eingeschränkt sind, kann e i n Mitglied in den Aufsichtsrat gewählt werden. Dessen Stimmrecht ruht bei Beschlußfassungen, die die tarifliche Gestaltung von Verträgen mit Musikverwertern zum Gegenstand haben.

Wählbar sind nur ordentliche Mitglieder mit deutscher Staatsangehörigkeit sowie der Staatsangehörigkeit eines Mitgliedstaates der Europäischen Gemeinschaft und solche, denen vor 1946 die deutsche Staatsangehörigkeit aus politischen oder „rassischen“ Gründen aberkannt ist und die nunmehr ihren steuerlichen Wohnsitz in Deutschland oder in einem anderen Mitgliedstaat der Europäischen Gemeinschaft haben. Sie müssen überdies dem Verein mindestens fünf Jahre lang als ordentliches Mitglied angehören.

Verleger sind wählbar, sofern sie mindestens fünf Jahre Inhaber einer Einzelfirma, persönlich haftender Gesellschafter einer Offenen Handelsgesellschaft oder Kommanditgesellschaft, Geschäftsführer einer GmbH, Vorstandsmitglied einer Aktiengesellschaft oder in leitender Funktion in einem Musikverlag tätig waren.

Aus einem Verlag oder einer Verlagsgruppe kann nur eine Person dem Aufsichtsrat angehören.

2. Die Amtsdauer der Aufsichtsratsmitglieder läuft von der Beendigung der Mitgliederversammlung, in der ihre Wahl erfolgt ist, bis zum Ablauf der dritten auf die Wahl folgenden ordentlichen Mitgliederversammlung.

Wiederwahl ist zulässig. Solange eine Neuwahl nicht stattfindet, bleibt der Aufsichtsrat im Amt. Scheidet während der Amtsdauer ein Aufsichtsratsmitglied aus, so haben die Aufsichtsratsmitglieder seiner Berufsgruppe einen Ersatzmann zu wählen, der an die Stelle des Ausscheidenden tritt.

Dieser bedarf der Bestätigung durch die nächste Mitgliederversammlung, soweit die Amtsdauer über diese Mitgliederversammlung hinausgeht.

3. Der Aufsichtsrat hat gegenüber dem Vorstand ein Weisungsrecht. Er bestimmt im Rahmen einer Geschäftsordnung, welche Geschäftsvorfälle zustimmungsbedürftig sind.

Die vom Verein abzuschließenden Tarifverträge bedürfen der Zustimmung des Aufsichtsrates. Der Vorstand ist aber ermächtigt, von Fall zu Fall Ausnahmen zu gewähren, besonders bei Wohltätigkeitsveranstaltungen.

Der Aufsichtsrat schließt die Anstellungsverträge mit dem Vorstand.

4. Der Aufsichtsrat ist berechtigt, zu den Sitzungen der Ausschüsse und Kommissionen Aufsichtsratsmitglieder zu entsenden.

Der Aufsichtsrat kann Beschlüsse der Ausschüsse und Kommissionen aufheben. Er entscheidet in letzter Instanz.

5. Der Aufsichtsrat wählt aus seiner Mitte einen Vorsitzenden und zwei Stellvertreter.

6. Die Abstimmung im Aufsichtsrat erfolgt mit einfacher Stimmenmehrheit der anwesenden Mitglieder. Wenn die in einer Aufsichtsratssitzung anwesenden Komponisten einstimmig eine Meinung vertreten, so können sie von den übrigen anwesenden Aufsichtsratsmitgliedern nicht überstimmt werden.

Stimmvertretung ist unzulässig.

Der Aufsichtsrat ist beschlußfähig, wenn mindestens die Hälfte seiner Mitglieder und mindestens je zwei Mitglieder jeder Berufsgruppe anwesend sind.

7. Der Aufsichtsrat gibt sich eine Geschäftsordnung.

8. Aufsichtsrat, Kommissionen und Ausschüsse sind ehrenamtlich tätig.

Geschäftsordnung für den Aufsichtsrat

Fassung vom 8./9. Dezember 1999

Der Aufsichtsrat beschließt nach § 13 Ziff. 7 der Satzung nachstehende Geschäftsordnung:

§ 1 Aufgaben und Rechte

Aufgaben und Rechte des Aufsichtsrates ergeben sich aus Satzung, Berechtigungsvertrag und Verteilungsplan.

§ 2 Wahlen

(1) Der Aufsichtsrat wählt jährlich nach Schluß der ordentlichen Mitgliederversammlung in einer ohne besondere Einladung stattfindenden Sitzung aus seiner Mitte einen Vorsitzenden und zwei Stellvertreter.

Der Vorsitzende wird aus der Berufsgruppe der Komponisten, die beiden Stellvertreter jeweils aus der Berufsgruppe der Textdichter und der Musikverleger gewählt.

(2) Bei Verhinderung des Vorsitzenden erfolgt dessen Vertretung in der Zeit vom 1. Januar bis 30. Juni durch den zum Stellvertreter gewählten Textdichter, in der Zeit vom 1. Juli bis 31. Dezember durch den zum Stellvertreter gewählten Musikverleger.

Die stellvertretenden Vorsitzenden vertreten sich untereinander.

(3) Der verhinderte Vorsitzende oder dessen verhinderter Stellvertreter hat dem amtierenden Stellvertreter alle für die Vertretung erforderlichen Informationen und Unterlagen zur Verfügung zu stellen.

(4) Scheiden Vorsitzender oder Stellvertreter aus ihrem Amt aus, so hat der Aufsichtsrat für den Ausscheidenden unverzüglich eine Neuwahl vorzunehmen.

(5) Der Vorsitzende und seine Stellvertreter haben bei Beendigung ihres Amtes den von ihnen geführten Schriftwechsel in den Angelegenheiten des Aufsichtsrates ihrem jeweiligen Nachfolger im Amt auszuhändigen.

§ 3 Stellung des Vorsitzenden

(1) Zu den Geschäften des Vorsitzenden gehört, den Aufsichtsrat gegenüber dem Vorstand zu vertreten, den Aufsichtsrat einzuberufen und die Sitzungen des Aufsichtsrates zu leiten.

(2) Die Mitglieder des Aufsichtsrates führen in Angelegenheiten des Aufsichtsrates ihren Schriftwechsel ausschließlich mit dem Vorsitzenden des Aufsichtsrates, jedoch können informative Fragen oder technische Anregungen an den Vorstand gerichtet werden.

§ 4 Einberufung

(1) Die Einberufung des Aufsichtsrates hat unter Angabe der Tagesordnung mit einer Frist von mindestens einer Woche, gerechnet vom Tage der Aufgabe der Einladung bei der Post, zu erfolgen.

(2) Die Tagesordnung bestimmt der Vorsitzende; sie muß die Gegenstände der Verhandlung ihrem wesentlichen Inhalt nach bezeichnen.

(3) Jedes Aufsichtsratsmitglied und der Vorstand können unter Angabe des Zweckes und der Gründe verlangen, daß ein vierzehn Tage vorher gestellter Antrag auf die Tagesordnung gesetzt wird.

Anträge sind an den Aufsichtsratsvorsitzenden unter Übersendung einer Abschrift an den Vorstand zu richten.

(4) Der Aufsichtsrat muß einberufen werden, falls mindestens vier Aufsichtsratsmitglieder oder der Vorstand dies unter Angabe des Zweckes und der Gründe verlangen. Die Sitzung muß in einem solchen Fall binnen zwei Wochen, gerechnet vom Tage eines solchen Ersuchens, stattfinden. Lehnt der Vorsitzende dieses Ersuchen ab oder kommt er ihm innerhalb dieser Frist nicht nach, so können die Antragsteller unter Mitteilung des Sachverhalts selbst den Aufsichtsrat einberufen.

(5) Ist der Vorsitzende des Aufsichtsrates verhindert, lädt der Stellvertreter ein.

(6) Tagesordnungspunkte, die aus Zeitmangel vertagt werden mußten, sollen zu Anfang der darauffolgenden Sitzung behandelt werden.

§ 5 Teilnahme an Sitzungen des Aufsichtsrates

Teilnahmeberechtigt an den Aufsichtsratssitzungen sind außer den Mitgliedern des Aufsichtsrates

1. der Vorstand,

2. Rechtsberater und Sachverständige in dem vom Vorsitzenden des Aufsichtsrates oder vom Vorstand zu bestimmenden Umfang,

soweit der Aufsichtsrat nicht etwas anderes beschließt.

Die Stellvertreter sind zur Teilnahme an den Sitzungen des Aufsichtsrates mit vollem Stimmrecht berechtigt, wenn und soweit ordentliche Mitglieder ihrer Berufsgruppe an der Teilnahme verhindert sind. Welcher Stellvertreter einzuladen ist, bestimmt in seiner Berufsgruppe der Vorsitzende bzw. der stellvertretende Vorsitzende des Aufsichtsrates.

§ 6 Beschlußfassung

(1) Der Aufsichtsrat ist beschlußfähig, wenn mindestens die Hälfte seiner Mitglieder, davon mindestens je zwei Mitglieder jeder Berufsgruppe, anwesend sind.

(2) Die Beschlüsse werden mit einfacher Stimmenmehrheit der anwesenden Mitglieder gefaßt. Bei Stimmengleichheit entscheidet die Stimme des Vorsitzenden. Wenn die in einer Aufsichtsratssitzung anwesenden Komponisten einstimmig eine Meinung vertreten, so können sie von den übrigen anwesenden Aufsichtsratsmitgliedern nicht überstimmt werden. Stimmvertretung ist unzulässig.

(3) Die Art der Abstimmung entscheidet der Vorsitzende, falls der Aufsichtsrat nichts anderes beschließt.

(4) Schriftliche, telegrafische oder fernmündliche Beschlußfassungen des Aufsichtsrates sind nur zulässig, wenn kein Mitglied diesem Verfahren widerspricht.

§ 7 Protokoll

(1) Über jede Sitzung des Aufsichtsrates ist ein Protokoll zu verfassen, das vom Aufsichtsratsvorsitzenden und vom Vorstand gemeinschaftlich zu unterzeichnen ist. In dem Protokoll sind Ort und Tag der Sitzung, Teilnehmer, Gegenstand der Tagesordnung, der wesentliche Inhalt der Verhandlungen und Beschlüsse des Aufsichtsrates wiederzugeben. Ein Verstoß gegen Satz 1 oder Satz 2 macht einen Beschluß nicht unwirksam.

(2) Jedes Mitglied des Aufsichtsrates und die Stellvertreter erhalten eine Abschrift des Protokolls. Diese Abschriften sollen innerhalb von vier Wochen nach der Aufsichtsratssitzung verteilt werden.

(3) Das Protokoll ist vom Aufsichtsrat in der nächsten Sitzung zu genehmigen. Einsprüche gegen das Protokoll sollen spätestens 14 Tage vor der nächsten Aufsichtsratssitzung schriftlich bei der GEMA eingegangen sein.

§ 8 Ausschüsse und Kommissionen

(1) Der Aufsichtsrat bestimmt die Errichtung von Ausschüssen und Kommissionen und deren Zusammensetzung mit Ausnahme der von der Mitgliederversammlung zu wählenden Ausschüsse und Kommissionen. Der Aufsichtsrat bestimmt ferner aus seiner Mitte auf Vorschlag der betreffenden Berufsgruppe für jede Berufsgruppe einen Delegierten für die verschiedenen Wertungsverfahren, für das Schätzungsverfahren der Bearbeiter und für den Werkausschuß.

(2) Der Aufsichtsrat bildet folgende ständige Ausschüsse:

Wirtschaftsausschuß,
Tarifausschuß,
Programmausschuß,
Aufnahmeausschuß,
Wertungsausschuß der Verleger in der Sparte E.

(3) Die Ausschüsse und Kommissionen sind nicht zu Weisungen an den Vorstand berechtigt. Ihre Beschlüsse haben – bis auf die der Wertungsausschüsse – nur vorbereitenden Charakter.

(4) Die Mitglieder der ständigen Ausschüsse mit Ausnahme des Aufnahmeausschusses und des Wertungsausschusses der Verleger in der Sparte E müssen dem Aufsichtsrat als ordentliche Mitglieder oder Stellvertreter angehören, doch können zu den Beratungen auch andere ordentliche GEMA-Mitglieder als Sachverständige hinzugezogen werden.

(5) Die Amtsdauer der Mitglieder der Ausschüsse und Kommissionen endet spätestens mit der Amtsperiode des Aufsichtsrates. Wiederwahl ist zulässig.

Der neugewählte Aufsichtsrat kann nach Schluß der ordentlichen Mitgliederversammlung, in der er gewählt wurde, in einer ohne besondere Einladung stattfindenden Sitzung die Mitglieder der Ausschüsse und Kommissionen wählen.

(6) Scheidet während der Amtsdauer ein Ausschuß- oder Kommissionsmitglied aus, so hat der Aufsichtsrat einen Ersatzmann zu wählen, der an die Stelle des Ausscheidenden tritt.

(7) Wenn mehr als die Hälfte der Mitglieder eines Ausschusses oder einer Kommission zurücktritt, ist Neuwahl des Ausschusses oder der Kommission erforderlich.

§ 8a Anhörung bei Kooptationsanträgen

Vor der Entscheidung über den Erwerb der ordentlichen Mitgliedschaft durch Kooptation nach § 7 Ziff. 3 der Satzung kann der Aufsichtsrat den Aufnahmeausschuß, den Wertungsausschuß oder den Werkausschuß anhören.

§ 9 Verschwiegenheitspflicht

(1) Über vertrauliche Angaben ist Stillschweigen zu bewahren. Das gleiche gilt für Vorgänge und Tatsachen, die auf Grund eines Aufsichtsratsbeschlusses vertraulich zu behandeln sind.

Als vertrauliche Angaben gelten im besonderen geheimhaltungsbedürftige Angaben über das Auf- und Einkommen von Mitgliedern und sonstigen Berechtigten, Kredite, Abstimmungsvorgänge, Beratungen über Verhandlungen mit Vertragspartnern der GEMA sowie behördliche Eingaben.

Entsprechendes gilt für die Sitzungsprotokolle und die zur Vorbereitung einer Sitzung übermittelten Unterlagen.

(2) Die Verschwiegenheitspflicht erstreckt sich auf den gesamten, nach § 5 in Betracht kommenden Personenkreis unter Einschluß der ausgeschiedenen oder ausscheidenden Personen.

(3) Stellvertretende Mitglieder des Aufsichtsrates dürfen mit allen Vorgängen vertraut gemacht werden. Für ihre Verschwiegenheitspflicht gilt das gleiche wie für die Verschwiegenheitspflicht der Mitglieder des Aufsichtsrates.

(4) Neugewählte Aufsichtsratsmitglieder und Stellvertreter sind vom Vorsitzenden auf die Verschwiegenheitspflicht hinzuweisen.

§ 10 Ehrenamtliche Tätigkeit der Mitglieder des Aufsichtsrates, der Ausschüsse und der Kommissionen

Die Tätigkeit der Mitglieder des Aufsichtsrates, der Ausschüsse und der Kommissionen ist ehrenamtlich. Sie erhalten lediglich Tage- und Übernachtungsgelder sowie ihre Reisekosten und Barauslagen ersetzt. Die Tage- und Übernachtungsgelder können durch einen Pauschalbetrag abgegolten werden.

§ 11 Inkrafttreten

Diese Geschäftsordnung tritt am 10. März 1970 in Kraft.

Übersicht Rn.

I. Übersicht

110 § 13 regelt die Zusammensetzung, Wählbarkeit, Amtsdauer und die Rechte des aus Mitgliedern der drei Berufsgruppen Komponisten, Textdichter und Musikverleger bestehenden Aufsichtsrats. Obwohl das BGB-Vereinsrecht einen Aufsichtsrat nicht kennt und es sich daher um ein fakultatives Vereinsorgan handelt, hat der GEMA-Aufsichtsrat eine **herausragende Bedeutung**. Seine Rechte sind vergleichbar mit der Gesellschafterversammlung einer GmbH, denn er ist dem Vorstand gegenüber weisungsbefugt. Der Aufsichtsrat soll Spiegelbild aller in der GEMA zusammengeschlossenen Berufsgruppen sein und ihre Interessen effektiv wahrnehmen.

II. Mitglieder des Aufsichtsrats

1. Zusammensetzung, § 13 Ziff. 1 Satzung

111 1954 wurde der bisherige Beirat in Aufsichtsrat umbenannt. Der **Aufsichtsrat** besteht aus 15 Mitgliedern, von denen

- sechs Komponisten,
- fünf Verleger und
- vier Textdichter sein müssen.

112 Während es bislang (ungeschrieben) üblich war, bei den Komponisten jeweils drei aus den **Sparten E und U** in den Aufsichtsrat zu wählen, wurde diese Praxis bei der Wahl im Jahre 2003 durchbrochen und nur noch ein E-Komponist in den Aufsichtsrat gewählt. Ein Antrag zur Mitgliederversammlung 2004, die Satzung dahingehend zu ändern, jeweils 3 Komponisten der Sparte E und U als Komponistenvertreter in den Aufsichtsrat zu wählen, fand in keiner der drei Berufsgruppen die erforderliche Mehrheit.

Für jede Berufsgruppe können zwei **Stellvertreter** gewählt werden; für deren Wahl gilt das Wahlverfahren wie für die Mitglieder des Aufsichtsrates (vgl. Versammlungs- und Wahlordnung, B. Wahlordnung für die Wahl zum Aufsichtsrat, sowie vorstehend §§ 10 Ziff. 6c), 11a), 10 Ziff. 7 Satzung). Diese Ergänzung erfolgte 1987, nachdem der Berliner Senator für Justiz darauf hingewiesen hatte, daß eine Regelung für die Stellvertreterwahl fehlte. Zugleich stellte er auch klar, daß den Stellvertretern Befugnisse nur dann zustehen, wenn und soweit Mitglieder ihrer Berufsgruppe an einer Aufsichtsratssitzung nicht teilnehmen. Den Stellvertretern kommt ansonsten die Stellung von Mitgliedern des Aufsichtsrats nicht zu. Gemäß § 5 Abs. 2 S. 2 Geschäftsordnung für den Aufsichtsrat bestimmt in seiner Berufsgruppe der Vorsitzende bzw. der stellvertretende Vorsitzende des Aufsichtsrates, welcher Stellvertreter einzuladen ist. **113**

2. Mitglieder mit eingeschränkten Stimmrechten, § 13 Ziff. 1 Abs. 2 Satzung

Aus dem Kreis der ordentlichen Mitglieder der Berufsgruppe Verleger, deren Mitgliedschaftsrechte gemäß § 8 Ziff. 3 Abs. 2 und 3 bzw. Ziff. 4 der Satzung aufgrund entsprechender Einverständniserklärung eingeschränkt sind (sog. **Industrieverleger/** Major), kann ein Mitglied in den Aufsichtsrat gewählt werden, § 13 Ziff. 1 Abs. 2 Satzung. Auch bei den Stellvertretern kann ein weiteres Mitglied aus diesem Kreis gewählt werden. Mit dieser 1995 getroffenen Regelung reagierte die GEMA auf die Internationalisierung des Musikgeschäfts. Das Stimmrecht des Industrieverlegers ruht bei Beschlußfassungen, die die tarifliche Gestaltung von Verträgen mit Musikverwertern zum Gegenstand haben (vgl. § 8 Ziff. 3 Abs. 2a) Satzung). **114**

3. Wählbarkeit von Komponisten und Textdichtern, § 13 Ziff. 1 Abs. 3 Satzung

Voraussetzung für die **Wählbarkeit** von Textdichtern und Komponisten ist die deutsche Staatsangehörigkeit oder die eines EU-Mitgliedsstaates. Das entspricht § 6 Ziff. 4a) Satzung sowie § 6 Abs. 1 UrhWG. Wählbar sind zudem nur Textdichter oder Komponisten, die dem Verein mindestens fünf Jahre lang als ordentliches Mitglied angehören. Damit soll eine ausreichende Erfahrung der Aufsichtsratsmitglieder gewährleistet werden. **115**

4. Wählbarkeit von Verlegern, § 13 Ziff. 1 Abs. 4 Satzung

Verleger sind wählbar, sofern sie dem Verein mindestens fünf Jahre lang als ordentliches Mitglied angehören und mindestens **fünf Jahre** Inhaber einer Einzelfirma, persönlich haftender Gesellschafter einer Offenen Handelsgesellschaft oder Kommanditgesellschaft, Geschäftsführer einer GmbH, Vorstandsmitglied einer Aktiengesellschaft oder in leitender Funktion in einem Musikverlag tätig waren (vgl. § 76 AktG (Vorstand), § 35 GmbHG (Geschäftsführer), § 125 HGB (Gesellschafter oHG)). Im Gegensatz zu Komponisten und Textdichtern ist bei den Verlagen nicht die Staatsangehörigkeit aufgeführt. Hier kommt es auf den Verlagssitz an, denn gem. **116**

§ 6 Ziff. 4b) der Satzung können neben weiteren Voraussetzungen für eine ordentliche Mitgliedschaft nur Musikverlage, die ihren Sitz im Verwaltungsgebiet des Vereins oder in einem Mitgliedsstaat der Europäischen Gemeinschaft haben und im Handelsregister eingetragen sind, ordentliches Mitglied des Vereins werden.

117 Gemäß § 13 Ziff. 1 Abs. 5 Satzung kann aus einem Verlag oder einer Verlagsgruppe nur **eine** Person dem Aufsichtsrat angehören.

III. Amtsdauer, § 13 Ziff. 2 Satzung

118 Nach § 13 Ziff. 2 Abs. 1 Satzung läuft die Amtsdauer bis zum Ablauf der dritten auf die Wahl folgenden ordentlichen Mitgliederversammlung. Dies bedeutet jedoch nicht, daß die Amtszeit dann automatisch mit Ablauf der dritten auf die Wahl folgenden ordentlichen Mitgliederversammlung endet, da sonst möglicherweise der Verein ohne Organ sein würde, wenn eine Neuwahl scheitert. Daher bestimmt § 13 Ziff. 2 Abs. 2 S. 2 Satzung: Solange eine Neuwahl nicht stattfindet, bleibt der Aufsichtsrat im Amt, d.h. sollte in der dritten auf die Wahl folgenden ordentlichen Mitgliederversammlung bzw. danach ausnahmsweise einmal keine Neuwahl stattfinden, würde sich die Amtsdauer entsprechend bis zu einer erfolgreichen Neuwahl verlängern. Grundsätzlich geht die Satzung aber von einer **dreijährigen Amtszeit** aus, so daß die Wahl abwechselnd in Berlin und in München stattfindet.

119 Scheidet während der Amtsdauer ein Aufsichtsratsmitglied aus, so haben die Aufsichtsratsmitglieder seiner Berufsgruppe einen **Ersatzmann** zu wählen. Da die Art dieser Wahl nicht geregelt ist, findet § 6 (3) Geschäftsordnung für den Aufsichtsrat Anwendung, wonach über die Art der Abstimmung der Vorsitzende des Aufsichtsrates entscheidet, falls der Aufsichtsrat nichts anderes beschließt. Der Ersatzmann muß nicht zwingend einer der Stellvertreter eines ordentlichen Aufsichtsratsmitglieds sein. Es kann jedes ordentliche Mitglied der jeweiligen Berufsgruppe zum Ersatzmann gewählt werden, das die Wählbarkeitsvoraussetzungen des § 13 Ziff. 1 Satzung erfüllt. Nach § 13 Ziff. 2 Abs. 3 Satzung bedarf der Ersatzmann der Bestätigung durch die nächste Mitgliederversammlung, soweit seine Amtsdauer über das Datum dieser Mitgliederversammlung hinausgeht.

IV. Rechte des Aufsichtsrates, § 13 Ziff. 3 Satzung

120 Der Aufsichtsrat hat gegenüber dem Vorstand ein **Weisungsrecht**, § 13 Ziff. 3 Abs. 1 Satzung. Das ist ein großer Unterschied zu der Stellung des Aufsichtsrates im Gesellschaftsrecht, wo ihm nur eine Überwachungsfunktion zugewiesen ist (vgl. § 111 Abs. 1 AktG). Der Aufsichtsrat der GEMA kann dem Vorstand dagegen im Einzelfall Weisungen erteilen ebenso wie die Gesellschafter einer GmbH ihrem Geschäftsführer Weisungen erteilen können (vgl. § 46 GmbHG). 1978 wurde diese Regelung eingeführt. Grund ist das vom Modell der Kapitalgesellschaft abweichende Verständnis der Wirkungsweise des Aufsichtsrates: Er ist das Spiegelbild der Mitgliederversammlung und soll die Gesamtsumme des GEMA-Interesses herausarbeiten.

Aufsichtsrat und Vorstand erklären übereinstimmend im Rahmen der Geschäftsordnung für den Vorstand[33], welche Geschäftsvorfälle **zustimmungsbedürftig** sind. Bei den dort aufgeführten zustimmungsbedürftigen Geschäftsvorfällen handelt es sich überwiegend um solche, bei denen eine finanzielle Verpflichtung der GEMA in einer bestimmten, dort genannten Größenordnung, eingegangen wird. 121

Zur organschaftlichen **Haftung** der Aufsichtsratsmitglieder trifft die GEMA-Satzung keine Regelung. Nach §§ 116, 93 AktG haften Aufsichtsräte einer Aktiengesellschaft genauso wie die Vorstände, d. h. sie müssen die Sorgfalt eines ordentlichen und gewissenhaften Geschäftsleiters anwenden und haften bei Verletzung dieser Pflichten der Gesellschaft gegenüber. Damit wird nicht nur der Verschuldensmaßstab festgelegt, sondern auch ein Haftungstatbestand begründet. Im Vereinsrecht haften dagegen Organmitglieder dem Verein nach den allgemeinen Grundsätzen des Schuldrechts bei vorsätzlicher oder fahrlässiger Pflichtverletzung (§ 276 BGB). Das zugrunde liegende Schuldverhältnis ist ein Auftragsvertrag oder ein auf Dienstleistung gerichteter Geschäftsbesorgungsvertrag.[34] Dabei muß grundsätzlich der Anspruchsteller, also der Verein, die Pflichtverletzung beweisen. Außerdem wäre für die Inanspruchnahme der Aufsichtsratsmitglieder ein Beschluß der Mitgliederversammlung erforderlich. Der Verein wiederum haftet Dritten gegenüber für Pflichtverletzungen seiner Organe gemäß § 31 BGB. 122

Auch die vom Verein abzuschließenden **Tarifverträge** bedürfen der Zustimmung des Aufsichtsrates, § 13 Ziff. 3 Abs. 2 Satzung. Gemeint sind hier Tarifverträge mit sog. Gesamtvertragspartnern, die das GEMA-Inkasso gegenüber den Nutzern betreffen und nicht Tarifverträge, die mit Gewerkschaften für die angestellten Arbeitnehmer abgeschlossen werden (vgl. hierzu auch Nr. 15 Geschäftsordnung für den Vorstand, der den Abschluß und die Kündigung von Tarifverträgen, Gesamtverträgen und Vereinbarungen mit ausländischen Verwertungsgesellschaften, soweit der Inhalt von den Normalverträgen abweicht, als durch den Aufsichtsrat für zustimmungsbedürftig erklärt). Wie sich aus § 8 (2) Geschäftsordnung für den Aufsichtsrat ergibt, hat der Aufsichtsrat als ständigen Ausschuß u. a. einen Tarifausschuß gebildet, dessen Aufgabe nach § 1 Geschäftsordnung für den Tarifausschuß darin besteht, die Angemessenheit von Tarifen und Pauschalverträgen zu prüfen, hierüber dem Aufsichtsrat zu berichten und Änderungsvorschläge zu machen. 123

Der Vorstand ist aber ermächtigt, von Fall zu Fall **Ausnahmen** zu gewähren, besonders bei Wohltätigkeitsveranstaltungen. Dann muß also keine Zustimmung des Aufsichtsrates eingeholt werden. 124

Der Aufsichtsrat schließt die **Anstellungsverträge** mit dem Vorstand. Das entspricht der Regelung im Aktiengesetz; vgl. § 84 AktG für Bestellung und § 87 AktG für die Festlegung der Vergütung. 125

---

33 Abgedruckt unten nach § 14 Satzung, Vorstand.

34 *Reichert,* Handbuch des Vereins- und Verbandsrechtes, Rn. 1923.

V. Kontrolle der Ausschüsse und Kommissionen, § 13 Ziff. 4 Satzung

126 Der Aufsichtsrat nimmt die **Kontrollfunktion** innerhalb der GEMA wahr. Entsprechend kann er Beschlüsse der Ausschüsse und Kommissionen aufheben und verbindlich vereinsintern letztinstanzlich selbst entscheiden. Bis auf den Aufnahmeausschuß, den Ausschuß Kirchenmusik und den Beschwerdeausschuß ist der Aufsichtsrat in den Ausschüssen und Kommissionen entweder direkt als Mitglied dieser Gremien oder durch Delegierte vertreten.

VI. Vorsitzender und Stellvertreter, § 13 Ziff. 5 Satzung

127 Gemäß § 2 Abs. 1 Geschäftsordnung für den Aufsichtsrat erfolgt die **Wahl** jährlich nach Schluß der ordentlichen Mitgliederversammlung, wobei der Vorsitzende aus der Berufsgruppe der Komponisten, die beiden Stellvertreter jeweils aus der Berufsgruppe der Textdichter und der Verleger gewählt werden.

VII. Abstimmungen, § 13 Ziff. 6 Satzung

128 Die Abstimmung im Aufsichtsrat erfolgt mit **einfacher Stimmenmehrheit** der anwesenden Mitglieder, d. h. es entscheidet das Verhältnis zwischen Ja- und Nein-Stimmen (vgl. Versammlungs- und Wahlordnung, A. Versammlungsordnung II. Ziff. 2 Abs. 6). Jedoch besteht folgende Einschränkung: Wenn die in einer Aufsichtsratssitzung anwesenden Komponisten einstimmig eine Meinung vertreten, so können sie von den übrigen anwesenden Aufsichtsratsmitgliedern nicht überstimmt werden. Diese Formulierung entspricht § 6 (2) Geschäftsordnung für den Aufsichtsrat, der noch die Erweiterung beinhaltet, daß bei Stimmengleichheit im Aufsichtsrat die Stimme des Vorsitzenden entscheidet.

129 Wie auch in der Mitgliederversammlung und vergleichbaren handelsrechtlichen Vorschriften (vgl. § 111 Abs. 5 AktG) ist eine **Stimmvertretung** nicht zulässig.

130 Der Aufsichtsrat ist **beschlußfähig**, wenn mindestens die Hälfte seiner Mitglieder, d. h. bei 15 Mitgliedern also 8 Mitglieder und davon mindestens je zwei Mitglieder jeder Berufsgruppe anwesend sind (vgl. § 6 Abs. 1 Geschäftsordnung für den Aufsichtsrat).

VIII. Geschäftsordnung, § 13 Ziff. 7 Satzung

131 Der Aufsichtsrat gibt sich eine **Geschäftsordnung**[35]. Dies hat er im Jahre 1970 mit der Geschäftsordnung für den Aufsichtsrat, aktueller Stand 8./9. 12. 1999, getan.

35 Abgedruckt oben nach § 13 Aufsichtsrat.

IX. Ehrenamtliche Tätigkeit, § 13 Ziff. 8 Satzung

Aufsichtsrat, Kommissionen und Ausschüsse sind ehrenamtlich tätig. Das wird in § 10 Geschäftsordnung für den Aufsichtsrat noch einmal ausdrücklich festgestellt. Dort ist zudem geregelt, daß den Mitgliedern des Aufsichtsrates, der Ausschüsse und der Kommissionen Tage- und Übernachtungsgelder sowie ihre Reisekosten und Barauslagen ersetzt werden, wobei die Tage- und Übernachtungsgelder durch einen Pauschalbetrag abgegolten werden können. 132

§ 14 Vorstand

Der Vorstand vertritt den Verein gerichtlich und außergerichtlich.

Besteht der Vorstand aus mehreren Personen, so sind je zwei gemeinschaftlich zur Vertretung des Vereins berechtigt.

Der Vorstand wird vom Aufsichtsrat bestellt und abberufen.

Die Vertretungsbefugnis des Vorstandes wird durch ein von der für die Vereinsaufsicht zuständigen Senatsverwaltung auszustellendes Zeugnis nachgewiesen. Zu dem Zweck werden der zuständigen Senatsverwaltung die jeweiligen Berufungsniederschriften vorgelegt.

Der Vorstand hat der zuständigen Senatsverwaltung im Monat Januar eine Liste der Vorstandsmitglieder sowie der Mitglieder des Aufsichtsrates, aus welcher Name, Vorname, Stand und Wohnort zu entnehmen sind, einzureichen. Sind seit Einreichung der letzten Liste Änderungen hinsichtlich der Personen der Vorstandsmitglieder bzw. Aufsichtsratsmitglieder nicht eingetreten, so genügt die Einreichung einer entsprechenden Erklärung.

Geschäftsordnung für den Vorstand

Fassung vom 5./6. Mai 2004

Aufsichtsrat und Vorstand erklären übereinstimmend folgende Geschäftsvorfälle für zustimmungsbedürftig:

1. Erwerb, Veräußerung oder Belastung von Grundstücken, Erbbaurechten und anderen eigentumsähnlichen Rechten sowie Erwerb oder Veräußerung von Hypotheken, Grund- und Rentenschulden.

2. Neubauten.
Zu- und Umbauten, deren Kosten im Einzelfall EUR 127.822,97 übersteigen.

3. Abschluß, Kündigung oder wesentliche Änderung langfristiger (über 5 Jahre) Miet- oder Pachtverträge.

4. Abschluß sachlich bedeutsamer Lieferungs- und ähnlicher Verträge (mehr als EUR 127.822,97).

5. Veräußerung von Gegenständen der Betriebseinrichtung, sofern nicht normaler Abgang vorliegt.

6. Aufnahme kurz- oder langfristiger Verbindlichkeiten, besonders von Anleihen und Krediten, gleichviel, ob sie durch Eintragung von Hypotheken oder auf andere Weise gesichert werden.

7. Eingehen von Akzeptverbindlichkeiten und Bürgschaften.

8. Beteiligung oder Aufhebung von Beteiligungen an anderen Unternehmen.

9. Bewilligung von Kreditaufträgen über folgende Beträge hinaus:

a) an Urheber oder deren Rechtsnachfolger in Höhe von mehr als dem einfachen Jahresaufkommen (Höchstbetrag EUR 100.000,–),

b) an Einzelverlage in Höhe von mehr als dem einfachen Jahresaufkommen (Höchstbetrag EUR 135.000,–),
c) an Verlagskonzerne in Höhe von mehr als 3/4 des von allen Verlagen zusammengerechneten Jahresaufkommens (Höchstbetrag EUR 200.000,–),
d) Bewilligung von Kreditaufträgen oder Darlehen an Mitglieder des Aufsichtsrats.

10. Bewilligung von Darlehen an Mitglieder in Höhe von mehr als EUR 7.669,38.

11. Bewilligung von Darlehen an Angestellte in Höhe von mehr als drei Bruttogehältern.

12. Durchführung grundlegender organisatorischer Veränderungen.

13. Errichtung und Auflösung von Bezirksdirektionen und Auslandsvertretungen.

14. Beitritt zu oder Austritt aus anderen Gesellschaften, Vereinen oder sonstigen Organisationen, wenn hierdurch die Interessen der GEMA berührt werden.

Die Stimmabgabe zu grundsätzlichen oder rechtspolitisch bedeutsamen Beschlüssen wird im Einvernehmen mit dem Aufsichtsrat erfolgen.

15. Abschluß und Kündigung von Tarifverträgen, Gesamtverträgen und Vereinbarungen mit ausländischen Verwertungsgesellschaften, soweit der Inhalt von den Normalverträgen abweicht.

16. Ernennung, Versetzung und Abberufung von Direktoren.

Abschluß, Änderung und Kündigung von Verträgen über die Einräumung von Anteilen am Ertrag oder über außertarifliche Pensionszusagen sowie von Beratungsverträgen mit einem Entgelt von mehr als EUR 25.564,59 jährlich.

17. Begründung eines freien Mitarbeiterverhältnisses, soweit die Bezüge mehr als EUR 25.564,59 jährlich betragen.

18. Führung von Grundsatzprozessen oder Rechtsstreitigkeiten mit einem Streitwert von mehr als EUR 20.451,68, sofern es sich nicht um vertraglich oder tariflich begründete Zahlungsansprüche gegen Musikverwerter handelt.
Rechtsverfahren gegen Mitglieder, soweit sie nicht selbst Verwerter sind.

Anrufung des Bundesverfassungsgerichts oder der obersten Bundesgerichte.
Aufträge zur Erstattung von Gutachten gegen ein Honorar von mehr als EUR 25.564,59.

19. Bestellung eines Wirtschaftsprüfers.

133 Der Vorstand hat zwingend die Stellung eines **gesetzlichen Vertreters**, § 26 Abs. 2 S. 1 BGB. Jedenfalls unter dem Vorbehalt eines erkennbaren inneren Zusammenhanges zu den Aufgaben wird dem Verein GEMA das Verhalten des Vorstands grundsätzlich als eigenes zugerechnet, unabhängig davon, ob es um Rechtsgeschäfte oder sonstige Rechtshandlungen geht. Von der Möglichkeit des § 26 Abs. 2 S. 2 BGB, den Umfang der Vertretungsmacht durch die Satzung mit Wirkung gegen Dritte zu beschränken, hat die GEMA keinen Gebrauch gemacht. Die Vertretungsmacht des Vorstands ist daher grundsätzlich unbeschränkt.

134 Besteht der Vorstand aus mehreren Personen, so sind je zwei gemeinschaftlich zur Vertretung des Vereins berechtigt. Gemäß § 26 Abs. 1 S. 2 BGB kann der Vorstand aus mehreren Personen bestehen. Während der GEMA-Vorstand bis 1996 aus einer Person bestand, wurde er 1996 auf zwei Personen und schließlich 1999 auf z. Zt. **drei Personen** erweitert.

135 Der Vorstand wird vom Aufsichtsrat bestellt und abberufen. Nach der gesetzlichen Regelung im BGB-Vereinsrecht erfolgt die **Bestellung** des Vorstandes durch einen Beschluß der Mitgliederversammlung (§ 27 Abs. 1 BGB). Allerdings ist die Vorschrift des § 27 Abs. 1 BGB gemäß § 40 BGB nicht zwingend und kann – wie in diesem Fall von der GEMA – durch die Satzung anders geregelt werden. Grundsätzlich ist die Bestellung zu unterscheiden vom Anstellungsvertrag: Die Bestellung ist ein Rechtsgeschäft körperschaftsrechtlicher Natur aus Bestellungsbeschluß und Erklärung gegenüber dem Betroffenen sowie dessen Zustimmungserklärung gegenüber dem Verein.

Gemäß § 13 Ziff. 3 Abs. 3 Satzung, schließt der Aufsichtsrat die Anstellungsverträge **136**
mit dem Vorstand. Der **Anstellungsvertrag** ist ein schuldrechtliches Rechtsgeschäft, nämlich ein Dienstvertrag. Für schuldhafte Verletzungen dieses Vertrages haften die Vorstandsmitglieder dem Verein nach den allgemeinen Regeln des Schuldrechts, also nach dem Verschuldensmaßstab des § 276 BGB (Vorsatz und Fahrlässigkeit). Weil das Vereinsrecht des BGB zur Organhaftung keine Aussage trifft, kann die Haftungsfrage in der Satzung oder in den Anstellungsverträgen aber auch anders geregelt werden.[36] Die GEMA-Satzung verzichtet auf eine solche Regelung. Grundsätzlich haften die Organmitglieder nur für eigenes Verschulden. Nur wenn mehrere Mitglieder des gleichen Organs oder verschiedener Organe für eine pflichtwidrige Schädigung verantwortlich sind, haften sie dem Verein als Gesamtschuldner. Im Falle einer Geschäftsverteilung im Vorstand ist grundsätzlich jedes Vorstandsmitglied eigenverantwortlich tätig.[37]

Den Vorstandsmitgliedern **obliegt** die Sorge für das rechtmäßige Verhalten des Ver- **137**
eins nach außen. Sie sind mitverantwortlich dafür, daß Entscheidungen im Verein satzungs- und gesetzeskonform getroffen werden, sie müssen die Finanzlage überprüfen und sind allein dafür verantwortlich, daß notfalls rechtzeitig die Eröffnung des Insolvenzverfahrens beantragt wird (§ 42 Abs. 2 BGB).

Der Verein **haftet** für seine Vorstandsmitglieder gemäß § 31 BGB. Allgemein gilt: **138**
Muß der Verein für das schuldhafte Verhalten eines Organmitglieds kraft der Zurechnungsnorm des § 31 BGB haften, so ist regelmäßig eine Amtsführung gegeben, die mit der Sorgfalt eines ordentlichen Sachwalters nicht in Einklang steht.[38]

Die Vertretungsbefugnis muß der zuständigen Senatsverwaltung – das ist die für die **139**
Vereinsaufsicht zuständige Senatsverwaltung für Justiz in Berlin – nachgewiesen werden. Außerdem muß diese über Vorstands- und Aufsichtsratsmitglieder informiert werden. Aus § 20 S. 1 UrhWG ergibt sich zudem die Verpflichtung, die **Aufsichtsbehörde** über jeden Wechsel der vertretungsberechtigten Personen zu informieren.

---

36 *Reichert,* Handbuch des Vereins- und Verbandsrechts, Rn. 3384.

37 *Reichert,* Handbuch des Vereins- und Verbandsrechts, Rn. 3409.

38 *Reichert,* Handbuch des Vereins- und Verbandsrechts, Rn. 3209 ff. mit weiteren Einzelheiten zur Haftung von Organmitgliedern gegenüber Verein und Vereinsgläubigern.

§ 15 [Geschäftsbericht]

Der Vorstand hat dem Aufsichtsrat vierteljährlich einen Geschäftsbericht und außerdem spätestens einen Monat vor der ordentlichen Mitgliederversammlung einen Geschäftsbericht über das abgelaufene Geschäftsjahr sowie einen Voranschlag für das folgende Jahr vorzulegen.

140 Die **Geschäftsberichte** erfolgen in den jeweiligen Aufsichtsratssitzungen gegenüber dem Aufsichtsrat. Diese vierteljährlichen Geschäftsberichte sind von dem Jahresgeschäftsbericht, der allen Mitgliedern gem. § 10 Ziff. 5 Satzung zusammen mit der Tagesordnung und der Einladung zur Mitgliederversammlung zugeschickt wird, zu unterscheiden. Die Jahresgeschäftsberichte veröffentlicht die GEMA auch im Internet (www.gema.de/wirueberuns/geschaeftsbericht.) sowie im jährlich erscheinenden GEMA Jahrbuch.

141 Darüber hinaus hat der Aufsichtsrat gem. § 8 (2) Geschäftsordnung für den Aufsichtsrat als ständigen Ausschuß u. a. den **Wirtschaftsausschuß** eingerichtet. Dieser hat gemäß § 1 Geschäftsordnung für den Wirtschaftsausschuß die Aufgabe, die Wirtschaftlichkeit der GEMA zu prüfen, hierüber dem Aufsichtsrat zu berichten und gegebenenfalls Änderungsvorschläge zu machen. Der Wirtschaftsausschuß hält regelmäßig zwei Sitzungen im Geschäftsjahr ab.

§ 16 [Schlichtungsausschuß, Schiedsgericht, Beschwerdeausschuß]

A. Schlichtungsausschuß

Streitende Parteien können beim Aufsichtsrat die Bildung eines Schlichtungsausschusses beantragen. Der Schlichtungsausschuß besteht aus einem Vorsitzenden und vier Beisitzern. Der Vorsitzende und die Beisitzer werden von Fall zu Fall vom Aufsichtsrat bestellt. Jede Partei hat das Vorschlagsrecht für zwei Beisitzer. Der Ausschuß zieht nach Bedarf Gutachter heran.

Der Schlichtungsausschuß kann von den Parteien angerufen werden zur Beilegung von Streitigkeiten; er hat einen Einigungsversuch zu machen, zum Erlaß von Schiedssprüchen ist er nicht befugt.

B. Schiedsgericht

1. a) Über Streitigkeiten zwischen GEMA-Mitgliedern entscheidet – soweit sich aus den folgenden Bestimmungen nichts anderes ergibt – unter Ausschluß des Rechtsweges ein Schiedsgericht.

Das Schiedsgericht entscheidet insbesondere im Streitfalle über die Auslegung der Satzung, des Verteilungsplanes, des Berechtigungsvertrages, der Geschäftsordnungen, der Versammlungsordnung und über die Rechtswirksamkeit von Beschlüssen und sonstigen Maßnahmen der GEMA.

b) Die Geschäftsordnung des Schiedsgerichts wird vom Aufsichtsrat beschlossen.

c) Das Schiedsgericht besteht aus einem Obmann und vier Beisitzern, von denen jede Partei zwei Beisitzer zu benennen hat. Obmann und Beisitzer dürfen weder Vorstands- noch Aufsichtsratsmitglieder der GEMA sein und auch nicht zur GEMA in einem Anstellungsvertrag oder in einem ständigen sonstigen Auftragsverhältnis stehen. Der Obmann muß zum Richteramt befugt sein. Er wird von den Beisitzern aus einer vom Aufsichtsrat aufzustellenden Vorschlagsliste gewählt, es sei denn,

daß sich die streitenden Parteien vorher bereits über einen Obmann geeinigt haben. Für die Ablehnung eines Beisitzers oder des Obmanns gelten §§ 1036, 1037 ZPO. Einigt sich die Mehrheit der Beisitzer nicht auf einen Obmann, so wird der Obmann auf Antrag einer der Parteien vom Senatspräsidenten des Urheberrechts-Spezialsenats beim Bundesgerichtshof aus der Vorschlagsliste ernannt.

2. Die Kosten des Schiedsgerichtsverfahrens werden unter entsprechender Anwendung der Kostenvorschriften der ZPO von den jeweiligen Prozeßparteien nach Maßgabe der Entscheidung des Schiedsgerichts getragen.

3. Der Kläger kann, anstatt das Schiedsgericht anzurufen, auch die Klage vor dem zuständigen ordentlichen Gericht erheben. Das Wahlrecht erlischt mit der Einreichung der Klage. Vor Erhebung der Klage beim Schiedsgericht hat der Kläger das Einverständnis des Beklagten zur Entscheidung der Streitigkeiten durch das Schiedsgericht einzuholen. Verweigert der Beklagte seine Zustimmung, oder erfolgt die Zustimmungserklärung nicht innerhalb von 14 Tagen nach Erhalt der Anfrage, so kann nur das ordentliche Gericht angerufen werden.

C. Beschwerdeausschuß

1. Der Beschwerdeausschuß ist zuständig für Streitigkeiten zwischen der GEMA und ihren Mitgliedern, soweit sie sich aus dem Mitgliedschaftsverhältnis ergeben.

Jedes Mitglied kann bei Verletzung seiner berechtigten Interessen als Vereinsmitglied den Beschwerdeausschuß anrufen.

Die Zuständigkeit des Beschwerdeausschusses ist ausgeschlossen, soweit in der Satzung oder weiteren Bestimmungen ein anderes vereinsinternes Verfahren vorgesehen ist.

2. Der Ausschuß erläßt auf Antrag des Mitglieds eine Entscheidung, die innerhalb von sechs Monaten erfolgen soll. Solange der Beschwerdeausschuß nicht entschieden hat, ist der Rechtsweg zu den ordentlichen Gerichten ausgeschlossen.

3. Der Ausschuß besteht aus je einem Vertreter der drei Berufsgruppen und einem Vorsitzenden sowie je einem Stellvertreter. Die Berufsgruppenvertreter dürfen nicht Mitglied des Aufsichtsrats sein.

Die Berufsgruppenvertreter wählen aus einer vom Aufsichtsrat aufzustellenden Vorschlagsliste den Vorsitzenden, der die Befähigung zum Richteramt haben muß.

4. Die Berufsgruppenvertreter werden auf die Dauer von 3 Jahren nach Anhörung der Vorschläge des Aufsichtsrats durch die Mitgliederversammlung nach den Grundsätzen gewählt, die für die Wahl von Aufsichtsratsmitgliedern gelten. Andere Wahlvorschläge können in den Berufsgruppenversammlungen erfolgen.

Die Berufsgruppenvertreter bleiben bis zum Ablauf der dritten auf die Wahl folgenden ordentlichen Mitgliederversammlung im Amt. Wiederwahl ist zulässig.

5. Die Beschwerde ist an den Vorstand zu richten. Der Vorstand oder – falls der Aufsichtsrat zuständig ist – der Aufsichtsrat können der Beschwerde abhelfen. Falls Vorstand oder Aufsichtsrat nicht abhelfen, entscheidet der Beschwerdeausschuß unverzüglich.

6. Der Beschwerdeausschuß gibt sich eine Geschäftsordnung, die der Mitgliederversammlung vorgelegt werden muß.

Geschäftsordnung des Schiedsgerichts der GEMA

gemäß § 16 der Satzung

Fassung vom 9./10.März 2005

1. Das Schiedsgericht besteht aus einem Obmann und vier Beisitzern, von denen jede Partei zwei Beisitzer zu benennen hat. Obmann und Beisitzer dürfen weder Vorstands- noch Aufsichtsratsmitglieder der GEMA sein und auch nicht zur GEMA in einem Anstellungsvertrag oder in einem stän-

digen sonstigen Auftragsverhältnis stehen. Der Obmann muß zum Richteramt befugt sein. Er wird von den Beisitzern aus einer vom Aufsichtsrat aufzustellenden Vorschlagsliste gewählt[1]. Für die Ablehnung eines Beisitzers oder des Obmanns gelten §§ 1036, 1037 ZPO. Einigt sich die Mehrheit der Beisitzer nicht auf einen Obmann, so wird der Obmann auf Antrag einer der Parteien vom Senatspräsidenten des Urheberrechts-Spezialsenats beim Bundesgerichtshof aus der Vorschlagsliste ernannt.

2. Will eine Partei das Schiedsgericht anrufen, so hat sie unter Angabe des Streitgegenstandes die andere Partei aufzufordern, darin einzuwilligen, daß über den Streitgegenstand das Schiedsgericht entscheiden solle. Das Schiedsgericht kann angerufen werden, falls der Beklagte seine Zustimmung erteilt. Ist die Zustimmung erteilt, so hat die betreibende Partei unter Bezeichnung der ernannten eigenen Beisitzer die andere Partei schriftlich aufzufordern, ihrerseits ihre Beisitzer zu benennen. Die andere Partei muß hierauf 14 Tage nach Zugang der Aufforderung, ihre Beisitzer zu ernennen, entsprechen. Dasselbe gilt nach Wegfall eines Beisitzers.

3. Das Schiedsgericht hat nach dem geltenden deutschen Recht zu entscheiden.

Es urteilt hierbei nach freiem pflichtgemäßen Ermessen und ordnet das Verfahren unter Berücksichtigung der im 10. Buch der Zivilprozeßordnung enthaltenen Vorschriften ebenfalls nach freiem Ermessen.

4. Das Schiedsgericht kann Zustellungen mit gleicher Wirkung an die Parteien oder an die Prozeßbevollmächtigten vornehmen.

5. Die ernannten Beisitzer haben vor der Wahl des Obmanns zunächst eine Einigung zwischen den Parteien zu versuchen.

6. Das Schiedsgericht setzt den Streitwert nach freiem Ermessen fest. Es hat vor der Festsetzung den Parteien Gelegenheit zur Stellungnahme zu geben.

7. Der Obmann und die Beisitzer erhalten für ihre Tätigkeit die Gebühren, die einem Rechtsanwalt für die Vertretung der Parteien vor den staatlichen Gerichten zustehen würden, und zwar erhalten die von den Parteien ernannten Beisitzer je 5/10, der Obmann 13/10 der Gebühren des Anwalts in der ersten Instanz.

8. Als zuständiges Gericht im Sinne von §§ 1062–1064 der Zivilprozeßordnung wird das Kammergericht Berlin vereinbart.

Geschäftsordnung für den Beschwerdeausschuß

gemäß § 16 Abschn. C Ziff. 6 der Satzung. Fassung vom 26./27. Juni 1984

1. Nach § 16 Abschnitt C Ziff. 3 besteht der Beschwerdeausschuß aus einem Vorsitzenden und je einem Vertreter der drei Berufsgruppen. Der Vorsitzende muß die Befähigung zum Richteramt haben. Die Berufsgruppenvertreter dürfen nicht Mitglieder des Aufsichtsrates sein.

2. Gemäß § 16 Abschnitt C Ziff. 5 der Satzung sind Beschwerden an den Vorstand zu richten.

Helfen Vorstand bzw. Aufsichtsrat der Beschwerde nicht ab, ist sie mit einer ausführlichen schriftlichen Stellungnahme dem Vorsitzenden des Beschwerdeausschusses innerhalb eines Monats ab Eingang vorzulegen.

3. Der Vorsitzende leitet die Beschwerde mit der Stellungnahme des Vorstandes bzw. Aufsichtsrates an die übrigen Mitglieder des Beschwerdeausschusses.

Gleichzeitig gibt er dem Beschwerdeführer unter Übersendung der Stellungnahme des Vorstandes bzw. Aufsichtsrates Gelegenheit, innerhalb von zwei Wochen zu erwidern.

---

[1] Vorsitzender Richter am Oberlandesgericht Frankfurt a. D. Prof. Dr. Fritz Traub; Bundesrichter a. D. Dr. Wolfgang Sprenkmann; Vorsitzender Richter am Oberlandesgericht München Hans Marshall; Prof. Dr. Gerhard Schricker; Vorsitzende Richterin am Landgericht Mannheim a. D. Hannelore Zöller.

4. Der Beschwerdeausschuß trifft seine Entscheidungen nach mündlicher Beratung oder im schriftlichen Verfahren innerhalb von 6 Monaten ab Eingang der Beschwerde (§ 16 Abschnitt C Ziff. 2).

Widerspricht ein Mitglied des Beschwerdeausschusses dem schriftlichen Verfahren, so ist mündlich zu beraten. Wird eine mündliche Verhandlung als erforderlich angesehen, bestimmt der Vorsitzende den Verhandlungsort.

5. Der Beschwerdeausschuß kann den Beschwerdeführer und/oder den Vorstand bzw. einen Vertreter des Aufsichtsrates anhören und auch eine vergleichsweise Regelung anstreben.

6. Der Beschwerdeausschuß ist nur bei Mitwirkung aller seiner Mitglieder beschlußfähig. Der Beschwerdeausschuß entscheidet mit der Mehrheit der nach der Satzung möglichen Stimmen.

Bei Stimmengleichheit entscheidet die Stimme des Vorsitzenden.

Enthaltungen sind ausgeschlossen.

7. Die Entscheidungen sind mit einer kurzen Begründung zu versehen, vom Vorsitzenden zu unterschreiben und dem Beschwerdeführer mittels eingeschriebenen Briefes gegen Rückschein sowie dem Vorstand bzw. Aufsichtsrat – je nach Zuständigkeit – einfach zu übersenden.

8. Der Beschwerdeausschuß hat über seine Beratungen eine Niederschrift zu fertigen, die deren wesentlichen Verlauf enthält.

Zur Protokollführung kann der Beschwerdeausschuß eine Hilfsperson hinzuziehen. Die Niederschrift ist vom Vorsitzenden zu unterzeichnen und innerhalb eines Monats den Mitgliedern des Beschwerdeausschusses und dem Vorstand bzw. dem Aufsichtsrat zu übersenden.

9. Falls innerhalb eines Monats nach Aufgabe zur Post keine schriftlichen Einwände gegen die Niederschrift beim Vorsitzenden des Beschwerdeausschusses erhoben werden, gilt diese als genehmigt.

10. Die Kosten des Beschwerdeverfahrens werden von den an dem Verfahren Beteiligten nach Maßgabe der Entscheidung des Beschwerdeausschusses getragen. Bei der Gebührenberechnung ist von dem Beschwerdewert auszugehen, der von dem Beschwerdeausschuß unter entsprechender Anwendung der Kostenvorschriften der Zivilprozeßordnung festzulegen ist.

Übersicht

Rn.

I. Einführung

142 § 16 sieht **drei verschiedene außergerichtliche Möglichkeiten** vor, Streitigkeiten im Zusammenhang mit der Tätigkeit der GEMA beizulegen. Die Bildung eines **Schlichtungsausschusses**, § 16A Satzung, kann für die Beilegung von Streitigkeiten aller Art verlangt werden, wenn sich die Parteien darüber einig sind. Das **Schiedsgericht**, § 16B Satzung, entscheidet über Streitigkeiten zwischen GEMA-Mitgliedern. Der **Beschwerdeausschuß**, § 16C Satzung, ist zuständig für Streitigkeiten zwischen der GEMA und ihren Mitgliedern.

143 Systematisch ist die Vorschrift des § 16A Satzung als „lex generalis" für Streitigkeiten zu verstehen, während das Schiedsgericht gemäß § 16B Satzung und der Beschwerdeausschuß gemäß § 16C Satzung „leges speciales" zu § 16A Satzung darstellen. Dies dürfte ein Grund dafür sein, daß der Schlichtungsausschuß **bislang noch nicht konstituiert** werden mußte, da die bisherigen Streitigkeiten von den Spezial-Regelungen der § 16B bzw. § 16C Satzung erfaßt wurden. Aber auch Schiedsgericht und Beschwerdeausschuß spielen in der Praxis kaum eine Rolle. Offenbar wird eine vollstreckbare Entscheidung der ordentlichen Gerichte bevorzugt.

II. Schlichtungsausschuß, § 16A Satzung

144 Streitende Parteien können beim Aufsichtsrat die Bildung eines Schlichtungsausschusses beantragen. Eine nähere Definition wer **„streitende Partei"** ist, erfolgt nicht. Somit könnte der Ausschuß sowohl bei Streitigkeiten zwischen Mitgliedern als auch bei Streitigkeiten zwischen der GEMA und ihren Mitgliedern angerufen werden. Da es sich bei dem Schlichtungsausschuß um einen vom Verein eingerichteten Ausschuß handelt, dürfte sich eine Zuständigkeit zumindest dann ergeben, wenn mindestens eine der streitenden Parteien Mitglied des Vereins ist.

145 Der Schlichtungsausschuß besteht aus einem Vorsitzenden und vier Beisitzern. Diese werden von Fall zu Fall **vom Aufsichtsrat bestellt**, wobei jede Partei das Vorschlagsrecht für zwei Beisitzer hat. Bei Bedarf kann der Schlichtungsausschuß Gutachter heranziehen.

146 Der Schlichtungsausschuß kann zur Beilegung von Streitigkeiten von den Parteien angerufen werden. Seine Aufgabe besteht darin, einen **Einigungsversuch** zu machen; zum Erlaß von Schiedssprüchen ist er nicht befugt.

III. Schiedsgericht, § 16B Satzung

1. Übersicht

§ 16B regelt Streitgegenstand, Geschäftsordnung, Zusammensetzung und Kosten des **Schiedsgerichts**, das nach der Satzung bei Streitigkeiten zwischen GEMA-Mitgliedern entscheiden soll. Wird es angerufen, ist der Rechtsweg zu den ordentlichen Gerichten ausgeschlossen. Den GEMA-Mitgliedern bleibt es aber überlassen, sich direkt an die ordentlichen Gerichte zu wenden. In der Praxis ziehen sie dies vor: Bei dem Schiedsgericht handelt es sich um ein **„totes" Gremium**, das bislang noch nicht getagt hat. 147

2. Zuständigkeit des Schiedsgerichts

Über **Streitigkeiten zwischen GEMA-Mitgliedern**, seien es ordentliche, außerordentliche oder angeschlossene Mitglieder (vgl. § 6 Ziff. 1 Satzung) entscheidet – soweit sich aus den folgenden Bestimmungen nichts anderes ergibt – unter Ausschluß des Rechtsweges ein Schiedsgericht. Die umgekehrte Regelung findet sich in § 16B Ziff. 3 S. 2 Satzung: Wenn Klage vor den ordentlichen Gerichten erhoben wird, ist eine Anrufung des Schiedsgerichtes nicht mehr zulässig. 148

Der Streitgegenstand muß im Zusammenhang mit der GEMA stehen. Dies wird durch § 16B Ziff. 1a) Abs. 2 Satzung deutlich. Danach entscheidet das Schiedsgericht insbesondere im Streitfalle über 149

- die Auslegung der Satzung,
- des Verteilungsplans,
- des Berechtigungsvertrages,
- der Geschäftsordnungen,
- der Versammlungsordnung und
- über die Rechtswirksamkeit von Beschlüssen und sonstigen Maßnahmen der GEMA.

Hiermit sind **sämtliche Regelwerke der GEMA** der Auslegungsentscheidung des Schiedsgerichts zugänglich. Auch die hier nicht aufgeführten Wertungsgeschäftsordnungen und die Satzung der GEMA-Sozialkasse sind über § 1 Ziff. 4a) Abs. 2 Verteilungsplan für das Aufführungs- und Senderecht ebenso wie die Überprüfung der Rechtswirksamkeit von Beschlüssen und sonstigen Maßnahmen der GEMA einer Entscheidung durch das Schiedsgericht zugänglich.

3. Geschäftsordnung, § 16B Ziff. 1b) Satzung

Die **Geschäftsordnung des Schiedsgerichts** wird vom Aufsichtsrat beschlossen. Dies hat der Aufsichtsrat mit der derzeit geltenden Fassung der Geschäftsordnung des Schiedsgerichts der GEMA vom 9./10. März 2005 getan. 150

- Ziff. 1 dieser Geschäftsordnung ist identisch mit § 16 B Ziff. 1c) Satzung und regelt die **Zusammensetzung** des Schiedsgerichts.

- Ziff. 2 der Geschäftsordnung regelt die einvernehmliche **Anrufung** des Schiedsgerichts durch die Parteien und die Benennung der je zwei Beisitzer pro Partei.
- Ziff. 3 der Geschäftsordnung bestimmt, daß eine **Entscheidung** des Schiedsgerichts nach dem geltenden deutschen Recht zu erfolgen hat, und zwar nach freiem pflichtgemäßem Ermessen unter Berücksichtigung der im 10. Buch der Zivilprozeßordnung enthaltenen Vorschriften.
- Ziff. 4 der Geschäftsordnung bestimmt, daß **Zustellungen** des Schiedsgerichts an die Parteien oder an die Prozeßbevollmächtigten die gleiche Wirkung haben.
- Ziff. 5 der Geschäftsordnung bestimmt, daß die ernannten Beisitzer vor der Wahl des Obmanns (gemäß § 16 B Ziff. 1c) S. 3 der Satzung) zunächst eine **Einigung** zwischen den Parteien zu versuchen haben.
- Ziff. 6 der Geschäftsordnung regelt die **Streitwertfestsetzung** durch das Schiedsgericht nachdem die Parteien Gelegenheit zur Stellungnahme hatten.
- Ziff. 7 der Geschäftsordnung regelt die **Vergütung** des Obmanns (13/10) und der Beisitzer (5/10) unter Zugrundelegung der Gebühren eines Rechtsanwaltes in der ersten Instanz.
- Ziff. 8 der Geschäftsordnung bestimmt das Kammergericht Berlin als **zuständiges Gericht** im Sinne von §§ 1062–1064 ZPO.

4. Zusammensetzung des Schiedsgerichts, § 16B Ziff. 1c) Satzung

151 Das Schiedsgericht besteht aus einem Obmann und vier Beisitzern, von denen jede Partei zwei Beisitzer zu benennen hat. Diese Regelung findet sich in Ziff. 1 Geschäftsordnung des Schiedsgerichts der GEMA wieder.

152 Obmann und Beisitzer des Schiedsgerichts können nicht Mitarbeiter der GEMA sein, da diese sich in einem Anstellungsverhältnis befinden. Ebenfalls ausgeschlossen sind solche Personen, die in einem sonstigen ständigen Auftragsverhältnis mit der GEMA stehen. Damit werden zum Beispiel regelmäßig als Rechtsbeistand der GEMA auftretende Rechtsanwälte erfaßt. Nicht als Auftragsverhältnis angesehen werden kann dagegen der Berechtigungsvertrag der Mitglieder, so daß jedes GEMA-Mitglied als Beisitzer und theoretisch auch als Obmann in Frage kommt, sofern es die Befähigung zum Richteramt hat und nicht dem Aufsichtsrat angehört.

153 Der Obmann muß iSd § 5 Abs. 1 DRiG zum Richteramt befugt sein, d. h. er muß das 2. Juristische Staatsexamen bestanden haben, also Volljurist sein sowie gem. § 9 Ziff. 1 DRiG Deutscher im Sinne des Art. 116 GG sein. Er wird von den Beisitzern aus einer vom Aufsichtsrat aufzustellenden **Vorschlagsliste** gewählt. Die aktuelle Vorschlagsliste ist als Fußnote 1 zu Ziffer 1 der Geschäftsordnung des Schiedsgerichts der GEMA im GEMA-Jahrbuch abgedruckt. Die Wahl durch die Beisitzer entfällt, wenn sich die streitenden Parteien vorher bereits auf einen Obmann geeinigt haben. Auch dieser Obmann muß zum Richteramt befugt sein.

154 § 16B Ziff. 1c) S. 5 Satzung verweist hinsichtlich der **Ablehnung** eines Beisitzers oder des Obmanns auf §§ 1036, 1037 ZPO. Danach kann ein Schiedsrichter, d. h. vorliegend ein Beisitzer oder ein Obmann, nur abgelehnt werden, wenn Umstände vorliegen, die berechtigte Zweifel an seiner Unparteilichkeit oder Unabhängigkeit aufkommen lassen oder wenn er die zwischen den Parteien vereinbarten Voraussetzungen nicht erfüllt (§ 1036 Abs. 2 ZPO). Einigt sich die Mehrheit der vier Beisitzer nicht auf einen Obmann, so wird der Obmann auf Antrag einer der Parteien vom Senatspräsidenten des Urheberrechts-Spezialsenats beim Bundesgerichtshof, dies ist zur Zeit der I. Zivilsenat des Bundesgerichtshofs, aus der Vorschlagsliste ernannt.

5. Kosten des Verfahrens, § 16B Ziff. 2 Satzung

Für die Kostenentscheidung gilt § 1057 ZPO. Das Schiedsgericht entscheidet – sofern keine andere Vereinbarung getroffen wird – nach pflichtgemäßem Ermessen unter Berücksichtigung aller Umstände des Einzelfalls; insbesondere des Ausgangs des Verfahrens. **155**

6. Rechtsweg zu den ordentlichen Gerichten, § 16B Ziff. 3 Satzung

Der Kläger kann anstelle des Schiedsgerichts auch ein ordentliches Gericht anrufen. **156** Das Wahlrecht erlischt mit Einreichung der Klage. Umgekehrt ist bei Anrufung des Schiedsgerichts nach § 16B Ziff. 1a) Satzung der Rechtsweg zu den ordentlichen Gerichten ausgeschlossen.

Nach § 16B Ziff. 3 S. 3 Satzung hat der Kläger vor Erhebung der Klage beim Schieds- **157** gericht das Einverständnis des Beklagten zur Entscheidung der Streitigkeiten durch das Schiedsgericht einzuholen. Eine sinngemäß gleichlautende Formulierung findet sich in Ziff. 2 Geschäftsordnung des Schiedsgerichts der GEMA. Die Zuständigkeit des Schiedsgerichts ist somit nur gegeben, wenn der Beklagte sich **einvernehmlich** diesem Verfahren unterwirft. Verweigert der Beklagte seine Zustimmung oder erfolgt die Zustimmungserklärung nicht innerhalb von 14 Tagen nach Erhalt der Anfrage, so kann nur das ordentliche Gericht angerufen werden. Die 14-Tagesfrist ist keine Ausschlußfrist. Jedoch sollte der Kläger den Beklagten in seiner Anfrage darauf hinweisen, daß er nach Fristablauf die ordentlichen Gerichte anrufen werde. Eine einvernehmliche Anrufung des Schiedsgerichts bis zur Einreichung der Klageschrift bei Gericht dürfte immer möglich sein.

IV. Beschwerdeausschuß, § 16C Satzung

1. Zuständigkeit des Beschwerdeausschusses, § 16C Ziff. 1 Satzung

Die Zuständigkeit des 1981 konstituierten Beschwerdeausschusses besteht bei Strei- **158** tigkeiten zwischen der GEMA und ihren Mitgliedern soweit sie sich aus dem Mitgliedschaftsverhältnis ergeben. Streitigkeiten können hier ebenso wie bei der Zuständigkeit des Schiedsgerichts die Auslegung der Satzung, des Verteilungsplans, des Berechtigungsvertrages, der Geschäftsordnungen, der Versammlungsordnung und die Rechtswirksamkeit von Beschlüssen und sonstigen Maßnahmen der GEMA sein, mit dem Unterschied, daß hier keine Streitigkeit zwischen GEMA-Mitgliedern, sondern eine **Streitigkeit zwischen der GEMA und ihren Mitgliedern** vorliegen muß. All diese Streitigkeiten müssen sich aus dem Mitgliedschaftsverhältnis ergeben. Auch hier ist der Begriff des Mitglieds weit auszulegen, d.h. er beinhaltet angeschlossene, außerordentliche und ordentliche Mitglieder.

159 Diese weite Auslegung wird durch den nachfolgenden Absatz bestätigt, wonach „jedes Mitglied bei Verletzung seiner berechtigten Interessen als Vereinsmitglied den Beschwerdeausschuß anrufen kann." Es muß eine „Verletzung der berechtigten Interessen als Vereinsmitglied", eine **Beschwer**, vorliegen. Verletzte berechtigte Interessen können z. B. sein: eine termingerechte Abrechnung, treuhänderische Wahrnehmung der Interessen des Mitglieds, Beachtung der Mitgliedsrechte in der Mitgliederversammlung. Es reicht die Behauptung einer Verletzung der berechtigten Interessen aus. Ob tatsächlich eine Verletzung der Interessen vorliegt, ist der Entscheidung des Beschwerdeausschusses vorbehalten.

160 Die Zuständigkeit des Beschwerdeausschusses ist gem. § 16C Ziff. 1 Abs. 3 Satzung **ausgeschlossen**, soweit in der Satzung oder weiteren Bestimmungen ein anderes vereinsinternes Verfahren vorgesehen ist. Andere vereinsinterne Verfahren sind:

- der Schlichtungsausschuß gem. § 16A Satzung,
- das Schiedsgericht gem. § 16B Satzung,
- Entscheidung des Aufsichtsrates gem. § 6 Ziff. 3 Abs. 2 Satzung bei Ablehnung der Aufnahme als außerordentliches Mitglied,
- Entscheidung der ordentlichen Mitgliederversammlung gem. § 8 Ziff. 5 Satzung bei Ablehnung der Aufnahme als ordentliches Mitglied,
- Entscheidung der Mitgliederversammlung gem. § 9A Ziff. 4 Abs. 5 Satzung bei Ausschlußverfahren,
- Entscheidung der Mitgliederversammlung gem. § 9B Ziff. 2 Satzung bei Beendigung der ordentlichen Mitgliedschaft,
- Entscheidung des Aufsichtsrates gem. § 6 Abs. 2 Geschäftsordnung für den Werkausschuß bei Entscheidungen des Werkausschusses,
- Entscheidung des Aufsichtsrates gem. I. Ziff. 15b) Verteilungsplan A, Ziff. 16d) Verteilungsplan A, I. Ziff. 12d) Verteilungsplan B bei Entscheidungen des Werkausschusses,
- Entscheidung des Aufsichtsrates gem. § 8 (1) Geschäftsordnung für das Wertungsverfahren der Komponisten in der Sparte E bei Entscheidungen des Wertungsausschusses,
- Entscheidung des Aufsichtsrates gem. § 2 Geschäftsordnung für das Wertungsverfahren der Textdichter in der Sparte E iVm § 8 (1) Geschäftsordnung für das Wertungsverfahren der Komponisten in der Sparte E bei Entscheidungen des Wertungsausschusses,
- Entscheidung des Aufsichtsrates gem. § 4 Geschäftsordnung für das Wertungsverfahren der Verleger in der Sparte E bei Entscheidungen des Wertungsausschusses,
- Entscheidung des Aufsichtsrates gem. § 8 (1) Geschäftsordnung für das Wertungsverfahren in der Unterhaltungs- und Tanzmusik bei Entscheidungen des Wertungsausschusses,

- Entscheidung des Aufsichtsrates gem. § 5 (1) Geschäftsordnung für das Schätzungsverfahren der Bearbeiter bei Entscheidungen der Kommission,
- Entscheidung des Aufsichtsrates gem. § 18 (3) Satzung der GEMA-Sozialkasse bei Entscheidungen des Gesamtkuratoriums.

2. Entscheidung; Rechtsweg zu den ordentlichen Gerichten, § 16C Ziff. 2 Satzung

Der Ausschuß erläßt auf Antrag des Mitglieds eine Entscheidung, die innerhalb von sechs Monaten erfolgen soll. Gemäß Ziff. 4 Geschäftsordnung für den Beschwerdeausschuß trifft der Ausschuß seine Entscheidung nach mündlicher Beratung oder im schriftlichen Verfahren **innerhalb von 6 Monaten** ab Eingang der Beschwerde. Gemeint ist hier das Datum des Eingangs der Beschwerde bei dem Vorstand gem. § 16C Ziff. 5 Satzung und nicht der Eingang beim Vorsitzenden des Beschwerdeausschusses. 161

Gemäß § 16C Ziff. 2 S. 2 Satzung ist der Rechtsweg zu den ordentlichen Gerichten **ausgeschlossen** solange der Beschwerdeausschuß nicht entschieden hat, d. h. solange das Verfahren vor dem Beschwerdeausschuß noch anhängig ist, ist diese Einwendung gegen die Zulässigkeit des Rechtsweges gegeben. Anders als beim Schiedsgericht, nach dessen Anrufung der Rechtsweg gänzlich ausgeschlossen ist (vgl. § 16B Ziff. 1 Satzung), ist der Rechtsweg zu den ordentlichen Gerichten hier nur für die Dauer des Beschwerdeverfahrens gesperrt. Nach Abschluß des Beschwerdeverfahrens bleibt es den Parteien unbenommen, in der gleichen Angelegenheit die ordentlichen Gerichte anzurufen. 162

3. Zusammensetzung, § 16C Ziff. 3 Satzung

Der Ausschuß besteht aus je einem Vertreter der drei Berufsgruppen und einem Vorsitzenden sowie je einem Stellvertreter. Die Berufsgruppenvertreter dürfen nicht Mitglied des Aufsichtsrats sein. Diese Regelung findet sich auch in Ziff. 1 Geschäftsordnung für den Beschwerdeausschuß wieder. Durch die **Repräsentanz der drei Berufsgruppen** Komponisten, Textdichter und Verleger mit je einem Mitglied in dem Beschwerdeausschuß ist eine Sachkenntnis für die jeweilige Streitigkeit gegeben, da bei einer Streitigkeit zwischen dem Mitglied und der GEMA das Mitglied ebenfalls einer der drei Berufsgruppen angehört. Es hat einen guten Grund, daß die Berufsgruppenvertreter nicht Mitglied des Aufsichtsrats sein dürfen. Nach § 16C Ziff. 5 Satzung kann der Aufsichtsrat, falls er zuständig ist, der Beschwerde abhelfen. Hilft der Aufsichtsrat der Beschwerde nun nicht ab und der Beschwerdeausschuß hätte dann zu entscheiden, würden bei der Entscheidung noch einmal ein oder mehrere Mitglieder des Aufsichtsrats mitwirken, die bereits an der Abhilfeentscheidung beteiligt waren. Um hier nicht den Anschein einer möglichen Befangenheit aufkommen zu lassen, darf kein Mitglied des Beschwerdeausschusses dem Aufsichtsrat angehören. 163

Die Berufsgruppenvertreter wählen aus einer vom Aufsichtsrat aufzustellenden Vorschlagsliste den **Vorsitzenden**, der die Befähigung zum Richteramt haben muß. Die Regelung, daß der Vorsitzende die Befähigung zum Richteramt haben muß, findet sich ebenfalls in Ziff. 1 der Geschäftsordnung für den Beschwerdeausschuß. Der Vorsitzende muß das 2. Juristische Staatsexamen bestanden haben, also Volljurist sein 164

(d. h. im Sinne des § 5 Abs. 1 DRiG zum Richteramt befähigt sein) und gemäß § 9 Ziff. 1 DRiG Deutscher im Sinne des Art. 116 GG sein. Bislang wurden erfahrene Richter des Bundesgerichtshofes bzw. der Oberlandesgerichte/des Kammergerichts als Vorsitzende gewählt.

4. Amtszeit und Bestellung, § 16C Ziff. 4 Satzung

165 Die Berufsgruppenvertreter werden auf die Dauer von drei Jahren nach Anhörung der Vorschläge des Aufsichtsrats durch die Mitgliederversammlung nach den Grundsätzen gewählt, die für die **Wahl** von Aufsichtsräten gelten. Zu diesen Grundsätzen gehören die getrennte Wahl der Vertreter in den jeweiligen Berufsgruppen gemäß § 11 a) Satzung, sowie die Wahl mit einfacher, die Abberufung mit Zweidrittelmehrheit. Ein weiterer Grundsatz ist der des § 13 Ziff. 1 Abs. 3 Satzung, wonach nur ordentliche Mitglieder mit deutscher Staatsangehörigkeit sowie der Staatsangehörigkeit eines Mitgliedsstaates der Europäischen Gemeinschaft und solche, denen vor 1946 die deutsche Staatsangehörigkeit aus politischen oder „rassischen" Gründen aberkannt ist und die nunmehr ihren steuerlichen Wohnsitz in Deutschland oder in einem anderen Mitgliedsstaat der Europäischen Gemeinschaft haben, wählbar sind. Sie müssen überdies dem Verein mindestens fünf Jahre lang als ordentliches Mitglied angehören.

166 Neben den Vorschlägen des Aufsichtsrats können gemäß § 16C Ziff. 4 S. 2 Satzung andere Wahlvorschläge in den Berufsgruppenversammlungen erfolgen. Die **Amtsdauer** der Mitglieder des Beschwerdeausschusses ist ebenso wie bei den Aufsichtsräten, dort in § 13 Ziff. 2, in § 16C Ziff. 4 Abs. 2 Satzung geregelt; demnach bleiben die Berufsgruppenvertreter bis zum Ablauf der dritten auf die Wahl folgenden ordentlichen Mitgliederversammlung im Amt, die Wiederwahl ist zulässig. Aufgrund der dreijährigen Amtsperiode findet die Wahl abwechselnd in den Versammlungsorten Berlin und München statt.

5. Beschwerde, § 16C Ziff. 5 Satzung

167 Die Beschwerde ist an den Vorstand zu richten. Der Vorstand oder – falls der Aufsichtsrat zuständig ist (z. B. in Fällen des Erwerbs der ordentlichen Mitgliedschaft durch Kooptation nach § 7 Ziff. 3 Satzung) – der Aufsichtsrat, können der Beschwerde **abhelfen**. Gemäß Ziff. 2 Abs. 2 Geschäftsordnung für den Beschwerdeausschuß ist die Beschwerde, falls ihr Vorstand bzw. Aufsichtsrat nicht abhelfen, mit einer ausführlichen schriftlichen Stellungnahme dem Vorsitzenden des Beschwerdeausschusses innerhalb eines Monats ab Eingang vorzulegen.

168 Nach § 16 C Ziff. 5 S. 2 Satzung entscheidet der Beschwerdeausschuß unverzüglich, falls Vorstand oder Aufsichtsrat nicht abhelfen. Diese unverzügliche Entscheidung ist jedoch nicht im Sinne von sofortiger Entscheidung zu verstehen, sondern dahingehend, daß die Verfahrensherrschaft nun auf den Beschwerdeausschuß übergeht. Das weitere Verfahren regelt sich nach der **Geschäftsordnung für den Beschwerdeausschuß** vom 26./27. Juni 1984, die sich der Beschwerdeausschuß gem. § 16 C Ziff. 6 Satzung gegeben hat und die 1984 der Mitgliederversammlung vorgelegt wurde.

6. Geschäftsordnung für den Beschwerdeausschuß

a) Übersicht

In der Geschäftsordnung für den Beschwerdeausschuß sind die **verfahrensrechtlichen Vorschriften** wie Zusammensetzung, Vorverfahren, Anhörung, Entscheidung, Protokoll sowie die Kostenentscheidung des Beschwerdeausschusses geregelt. Auch im Beschwerdeausschuß spiegelt sich die Zusammensetzung der GEMA aus den drei Berufsgruppen wieder: Alle drei entsenden einen Vertreter; darüber hinaus gibt es noch einen Vorsitzenden mit Befähigung zum Richteramt, dessen Stimme bei Stimmengleichheit entscheidet. Der Beschwerdeausschuß entscheidet grundsätzlich im schriftlichen Verfahren ggf. nach Anhörung aller Beteiligten; nur ausnahmsweise nach mündlicher Verhandlung. **169**

b) Die Regelungen im Einzelnen

aa) Ziffer 1, Zusammensetzung

Ziff. 1 Geschäftsordnung für den Beschwerdeausschuß entspricht § 16 C Ziff. 3 Abs. 1 Satzung. Die Satzungsregelung weicht lediglich darin von der Geschäftsordnung ab, daß dort noch die jeweiligen Stellvertreter und die Wahl des Vorsitzenden aus einer vom Aufsichtsrat aufzustellenden Vorschlagsliste durch die Berufsgruppenvertreter erwähnt werden. Dies ist jedoch unbeachtlich, da in der Geschäftsordnung das Verfahren des bereits aufgestellten und tätigen Beschwerdeausschusses geregelt ist, während in der Satzung die Voraussetzungen zur Aufstellung des Ausschusses geregelt sind. **170**

bb) Ziffer 2, Vorverfahren

Ziff. 2 Geschäftsordnung für den Beschwerdeausschuß entspricht § 16 C Ziff. 5 S. 1 und 2 Satzung. Im Unterschied zur Satzung findet sich in der Geschäftsordnung die Regelung, daß im Falle der **Nichtabhilfe** die Beschwerde mit einer ausführlichen schriftlichen Stellungnahme dem Vorsitzenden des Beschwerdeausschusses innerhalb eines Monats ab Eingang vorzulegen ist. Nach der Satzung entscheidet der Beschwerdeausschuß dann unverzüglich, d.h. der Vorsitzende, der nun die Verfahrensherrschaft innehat, bringt das Verfahren in Gang, indem er nach Ziff. 3 Geschäftsordnung die Beschwerde mit der Stellungnahme des Vorstandes bzw. Aufsichtsrats den übrigen Mitgliedern des Beschwerdeausschusses zukommen läßt. **171**

cc) Ziffer 3, Verfahrenseinleitung

Nach Ziff. 3 Abs. 2 Geschäftsordnung für den Beschwerdeausschuß übersendet der Vorsitzende dem Beschwerdeführer die Stellungnahme des Vorstands bzw. Aufsichtsrates und gibt ihm Gelegenheit hierauf innerhalb von zwei Wochen zu **erwidern**. Eine Möglichkeit einer erneuten Stellungnahme für den Vorstand bzw. Aufsichtsrat ist in der Geschäftsordnung nicht vorgesehen, sie liegt daher im Ermessen des Vorsitzenden des Beschwerdeausschusses, der sie zumindest immer dann zulassen wird, wenn hierdurch das Verfahren nicht verzögert wird. **172** dd) Ziffer 4, Verfahren

173 Nach der Satzung (§ 16 C Ziff. 2) und der Geschäftsordnung (Ziff. 4) trifft der Beschwerdeausschuß innerhalb von 6 Monaten ab Eingang der Beschwerde seine Entscheidung. Als Eingangszeitpunkt zählt der Eingang der Beschwerde beim Vorstand gem. § 16 C Ziff. 5 Satzung, nicht die Vorlage der Beschwerde beim Vorsitzenden des Beschwerdeausschusses. Die Entscheidung kann sowohl nach mündlicher Beratung als auch im schriftlichen Verfahren ergehen. Wenn auch nur ein Mitglied des Beschwerdeausschusses dem schriftlichen Verfahren widerspricht, so ist mündlich zu beraten. Eine mündliche Beratung ist von der mündlichen Verhandlung zu unterscheiden. Eine **mündliche Beratung** ist eine beschwerdeausschußinterne Beratung des Vorsitzenden mit den drei Berufsgruppenvertretern. Neben mündlicher Beratung und schriftlichem Verfahren ist auch eine mündliche Verhandlung möglich. An ihr nehmen neben den Mitgliedern des Beschwerdeausschusses (Vorsitzender und drei Berufsgruppenvertreter), das beschwerdeführende Mitglied, der Vorstand der GEMA bzw. sein Vertreter, falls der Aufsichtsrat zuständig ist, ein Vertreter des Aufsichtsrats, ggf. weitere hinzugezogene Verwaltungsangehörige, Rechtsberater, Sachverständige und Zeugen teil. Gemäß Ziff. 4 Abs. 2 S. 2 Geschäftsordnung für den Beschwerdeausschuß bestimmt der Vorsitzende des Beschwerdeausschusses den Verhandlungsort. So fanden bisher auch wegen der günstigen logistischen Möglichkeiten die Verhandlungen des Beschwerdeausschusses idR im Berliner Verwaltungsgebäude der GEMA statt.

ee) Ziffer 5, Anhörung

174 Der Beschwerdeausschuß kann den Beschwerdeführer und/oder den Vorstand bzw. einen Vertreter des Aufsichtsrats **anhören** und auch eine vergleichsweise Regelung anstreben. Die Anhörungsmöglichkeit bezieht sich auf das Verfahren bei mündlicher Beratung und bei schriftlichem Verfahren. Die Regelung soll die Chancen für das Zustandekommen eines Vergleiches erhöhen. Darauf zielende Verhandlungen sind nur erfolgversprechend, wenn beide Parteien anwesend sind.

ff) Ziffer 6, Entscheidung

175 Eine **Beschlußfähigkeit** des Beschwerdeausschusses ist nur bei Mitwirkung aller seiner Mitglieder gegeben, d. h. bei Mitwirkung des Vorsitzenden und je eines Vertreters der drei Berufsgruppen. Der Beschwerdeausschuß entscheidet mit der Mehrheit der nach der Satzung möglichen Stimmen. Diese Formulierung erscheint überflüssig, findet sich doch im vorhergehenden Satz die Regelung, daß der Ausschuß nur bei Mitwirkung aller seiner Mitglieder beschlußfähig ist. Dies sind nach der Satzung 4 Mitglieder, so daß für eine Stimmenmehrheit nur eine 4:0- oder 3:1-Entscheidung möglich ist, bei einer 2:2 Stimmengleichheit die Stimme des Vorsitzenden entscheidet, da Stimmenthaltungen ausgeschlossen sind.

gg) Ziffer 7, Zustellung der Entscheidung

Nur an den Beschwerdeführer ist eine **Zustellung** der Entscheidung mittels eingeschriebenem Brief gegen Rückschein vorgeschrieben; für die Benachrichtigung von Vorstand bzw. Aufsichtsrat genügt ein einfacher Brief. 176

hh) Ziffer 8, Niederschrift

Der Beschwerdeausschuß hat über seine Beratungen eine **Niederschrift** im Sinne eines Protokolls zu fertigen, die deren wesentlichen Verlauf enthält. Diese Vorschrift gilt zumindest für die mündlichen Beratungen und die sich an die mündliche Verhandlung anschließende Entscheidungsberatung. Da beim schriftlichen Verfahren keine unmittelbare Beratung unter den Ausschußmitgliedern stattfindet, können in der Niederschrift die von den jeweiligen Ausschußmitgliedern getätigten Ansichten zusammengefaßt werden. Zur Protokollierung kann der Beschwerdeausschuß eine Hilfsperson (Stenographin, Sekretärin) hinzuziehen. Die Niederschrift ist vom Vorsitzenden zu unterzeichnen und innerhalb eines Monats den Mitgliedern des Beschwerdeausschusses und dem Vorstand bzw. dem Aufsichtsrat zu übersenden. Die Monatsfrist beginnt mit der Fertigstellung der Niederschrift. 177

Auffallend ist hierbei, daß das beschwerdeführende Mitglied keine Niederschrift erhält, während diese dem Vorstand bzw. dem Aufsichtsrat übersandt wird. Hier soll jedoch die Niederschrift dem Vorstand bzw. dem Aufsichtsrat nicht als Partei des Verfahrens sondern in seiner Eigenschaft als Organ des Vereins (vgl. § 5 Satzung) übersandt werden. 178

ii) Ziffer 9, Genehmigung der Niederschrift

Falls innerhalb eines Monats nach Aufgabe zur Post keine schriftlichen Einwände gegen die Niederschrift beim Vorsitzenden des Beschwerdeausschusses erhoben werden, gilt die Niederschrift als **genehmigt**. Einwendungsberechtigt sind nur die Mitglieder des Beschwerdeausschusses, da nur sie an den Beratungen teilgenommen haben. Der Vorstand bzw. der Aufsichtsrat sind daher hierzu nicht berechtigt. Keine Regelung findet sich für den Fall, daß gegen die Niederschrift Einwände erhoben werden. Hier dürfte der Vorsitzende diese Einwände, wenn er sie für nicht gerechtfertigt ansieht, den übrigen Ausschußmitgliedern mit einer kurzen Stellungnahme zur Kenntnis geben. Ansonsten wird er die aufgrund der Einwände korrigierte Niederschrift den Mitgliedern des Beschwerdeausschusses und dem Vorstand bzw. dem Aufsichtsrat übersenden. 179

jj) Ziffer 10, Kosten

Die **Kosten** des Beschwerdeverfahrens werden von den an dem Verfahren Beteiligten nach Maßgabe der Entscheidung des Beschwerdeausschusses getragen. Bei der Gebührenberechnung ist von dem Beschwerdewert auszugehen, der von dem Beschwerdeausschuß unter entsprechender Anwendung der Kostenvorschriften der Zivilprozeßordnung festzulegen ist. Dies sind die §§ 91 ff. ZPO. Daneben gelten das Gerichtskostengesetz (GKG) und das Rechtsanwaltsvergütungsgesetz (RVG). Zu den Kosten 180 gehören auch die Reisekosten der Ausschußmitglieder, ggf. Hotelkosten, Kosten für Porti, Telefon u. ä.

181 So hat das LG Berlin[39] entschieden, daß der unterlegene Beschwerdeführer, der sich zuvor in einem Schriftwechsel mit dem Vorsitzenden des Beschwerdeausschusses auf eine Kostenberechnung nach dem GKG geeinigt hatte, diese Kosten, hier fast 15.000 EUR, zu tragen habe und sich nicht darauf berufen könne, diese Kosten seien **unangemessen** hoch. Weiter sei eine satzungsmäßige Regelung über die Kosten nicht erforderlich.

§ 17 [Verteilung des Aufkommens]

Die Verteilung des Aufkommens einschließlich der für soziale und kulturelle Zwecke bereitgestellten Mittel erfolgt nach einem Verteilungsplan, dessen Änderung nur nach Maßgabe von § 11 b) der Satzung zulässig ist. Die allgemeinen Grundsätze des Verteilungsplans sind Bestandteil der Satzung. Dies gilt insbesondere für die den §§ 7 und 8 des Urheberrechtswahrnehmungsgesetzes entsprechenden Grundsätze.

182 § 17 S. 1 Satzung nimmt Bezug auf § 7 UrhWG. Danach hat die Verwertungsgesellschaft die Einnahmen aus ihrer Tätigkeit nach festen Regeln (Verteilungsplan) aufzuteilen, die ein willkürliches Vorgehen bei der Verteilung ausschließen. Weiter soll der Verteilungsplan dem Grundsatz entsprechen, daß kulturell bedeutende Werke und Leistungen zu fördern sind. Der Verteilungsplan für das Aufführungs- und Senderecht enthält in § 1 Ziff. 4a) der Allgemeinen Grundsätze dic Regelung, daß aufgrund der Gegenseitigkeitsverträge jeweils **zehn Prozent** von der Verteilungssumme für soziale und kulturelle Zwecke bereitgestellt werden. Soweit Zinserträge, Aufnahme- sowie Verwaltungsgebühren, Konventionalstrafen und andere unverteilbare Beträge anfallen, werden sie gleichen Zwecken zugeführt.

183 In Erfüllung des sozialen Zweckes geschieht dies zugunsten der **GEMA-Sozialkasse** und der Alterssicherung. Im übrigen werden die Mittel im Rahmen der verschiedenen Wertungs- und Schätzungsverfahren verteilt (vgl. hierzu: Satzung der GEMA-Sozialkasse nebst Ausführungsbestimmungen, Geschäftsordnung für das Wertungsverfahren der Komponisten in der Sparte E, Geschäftsordnung für das Wertungsverfahren der Textdichter in der Sparte E, Geschäftsordnung für das Wertungsverfahren der Verleger in der Sparte E, Geschäftsordnung für das Wertungsverfahren in der Unterhaltungs- und Tanzmusik, Geschäftsordnung für das Schätzungsverfahren der Bearbeiter).

184 Gemäß § 11b) Satzung werden Änderungen des Verteilungsplans getrennt nach Berufsgruppen (Komponisten, Textdichter und Verleger) beschlossen, wobei jede Berufsgruppe eine Stimme hat und Änderungen nur wirksam sind, wenn Einstimmigkeit der drei Berufsgruppen vorliegt. Innerhalb der Berufsgruppe ist zu jedem Beschluß eine Zweidrittelmehrheit erforderlich.

---

39 LG Berlin v. 10. 02. 2004 – 36 O.394/03.

185 Die allgemeinen Grundsätze des Verteilungsplans sind **Bestandteil der Satzung**. Mit dieser 1966 beschlossenen Regelung erfüllt die GEMA die Forderung des § 7 S. 3 UrhWG, wonach die Grundsätze des Verteilungsplans in die Satzung der Verwertungsgesellschaft aufzunehmen sind. Die GEMA-Satzung nennt die Grundsätze allerdings nicht ausdrücklich, sondern erklärt sie per Verweis zum Bestandteil der Satzung. Im einzelnen sind dies die – als solche ausgewiesenen – **„Allgemeinen Grundsätze"** des Verteilungsplans für das Aufführungs- und Senderecht, des Verteilungsplans für das mechanische Vervielfältigungsrecht und des Vorläufigen Verteilungsplans für den Nutzungsbereich Online.

186 Die in den §§ 7 und 8 des UrhWG niedergelegten **Grundsätze** sind: Förderung kulturell bedeutender Werke und Leistungen, § 7 S. 2 UrhWG und Einrichtung von Vorsorge- und Unterstützungseinrichtungen, § 8 UrhWG. Diese Grundsätze finden sich in den verschiedenen Geschäftsordnungen für das Wertungsverfahren, in der Geschäftsordnung für das Schätzungsverfahren der Bearbeiter sowie in der Satzung der GEMA-Sozialkasse wieder. Ein Beispiel für die Förderung kulturell bedeutender Werke und Leistungen ist die begünstigte Ausschüttung an die Komponisten, Textdichter und Verleger der Sparte E, der für besonders förderungswürdig gehaltenen ernsten Musik.

§ 18 [Zahlungstermine]

Der Aufsichtsrat legt die Abrechnungstermine (Zahlungsplan) und die Vorauszahlungstermine jeweils für das kommende Geschäftsjahr fest. Diese Termine sind zu veröffentlichen.

187 Diese Vorschrift wurde aufgrund einer Initiative des Präsidenten des Deutschen Patentamts 1992 in die Satzung aufgenommen und soll einem verstärkten Schutz der Mitgliederinteressen dienen.

188 Die vom Aufsichtsrat festgelegten Abrechnungstermine werden im GEMA-Jahrbuch, im GEMA Brief und im Internet auf der Homepage der GEMA **veröffentlicht**. Feste Zahlungstermine sind der 1. Januar, 1. April, 1. Juli und der 1. Oktober eines jeden Jahres, Nachverrechnungstermine sind der 1. Januar und der 1. November eines jeden Jahres.

§ 19 [Satzungsänderungen]

Für Satzungsänderungen sind die gesetzlich vorgesehenen Vorschriften zu beachten.

Im Falle der Auflösung des Vereins muß etwa verbleibendes Vermögen Vereinigungen zugeführt werden, deren gemeinnütziger und kultureller Zweck anerkannt ist.

Satzungsänderungen bedürfen gemäß § 33 Abs. 2 BGB zu ihrer Wirksamkeit der Genehmigung der zuständigen Senatsverwaltung; das gleiche gilt für die Auflösung des Vereins.

189 Die **Voraussetzungen für eine Satzungsänderung** sind insbesondere in § 33 Abs. 1 S. 1 BGB geregelt: Danach ist eine Mehrheit von drei Viertel der erschienenen Mitglieder erforderlich. Gemäß § 40 BGB kann dies in der Satzung aber anders geregelt werden, was in § 11b) Satzung auch geschehen ist: Danach kann die Satzung nur geändert werden, wenn alle drei Berufsgruppen jeweils mit Zwei-Drittel-Mehrheit zustimmen. Eine Zweckänderung des Vereins GEMA (s. o. § 1 Satzung) ist dagegen gemäß § 33 Abs. 1 S. 2 BGB nur bei Zustimmung aller Mitglieder möglich.

190 Nach § 20 Ziff. 1 UrhWG hat die Verwertungsgesellschaft der Aufsichtsbehörde jede Satzungsänderung unverzüglich abschriftlich zu übermitteln. Aufsichtsbehörde ist gemäß § 18 Abs. 1 UrhWG das Deutsche Patent- und Markenamt (DPMA). Allerdings liegt hier ein Fall des § 18 Abs. 2 UrhWG vor, weil aufgrund anderer gesetzlicher Vorschriften, nämlich §§ 22 S. 2, 33 Abs. 2 BGB eine staatliche Aufsicht besteht. Danach ist für die Satzungsänderung die **staatliche Genehmigung** der zuständigen Behörde, hier der Berliner Senatsverwaltung für Justiz, erforderlich; das gleiche gilt für die Auflösung des Vereins. Das wiederholt § 20 Abs. 3 der GEMA-Satzung. Gemäß § 18 Abs. 2 UrhWG muß die Berliner Senatsverwaltung für Justiz daher im Fall einer Satzungsänderung die Aufsicht im „Benehmen" mit dem DPMA ausgeübt werden. Das bedeutet aber nur ein Informations-, kein Mitspracherecht des DPMA, denn die Vereinsaufsicht ist Ländersache, das DPMA aber Bundesbehörde und eine Mischverwaltung soll vermieden werden.[40]

191 Im Falle der **Auflösung des Vereins** (vgl. §§ 11b), 10 Ziff. 6h) Satzung) muß etwa verbleibendes Vermögen Vereinigungen zugeführt werden, deren gemeinnütziger und kultureller Zweck anerkannt ist.

---

40 Schricker-*Reinbothe,* § 18 UrhWG Rn. 3.

3. Teil: Das Rechtsverhältnis der GEMA zu den Berechtigten

Kapitel 9
Auslegung und Kontrolle des Wahrnehmungsvertrags

Inhaltsübersicht Rn.

A. Einleitung

Der Wahrnehmungsvertrag zwischen Urheber und GEMA unterliegt im deutschen und Europäischen Recht einer **Mehrzahl von Regelungsregimen**, nämlich[1] 1

- als Vertrag dem Vertragsrecht,
- insbesondere als vorformulierter Vertrag den AGB-Regelungen,
- als Wahrnehmungsvertrag dem Urheberrechtswahrnehmungsgesetz (UrhWG),
- als urheberrechtlicher Vertrag dem Urheberrechtsgesetz und schließlich
- als Geschäftsbedingungen eines Unternehmens mit einem – national regelmäßig gegebenen – faktischen Monopol: dem deutschen Kartellrecht des GWB sowie
- dem Europäischen Kartellrecht.

Diese Regelungen enthalten vor allem Vorschriften, aus denen sich eine **Inhaltskontrolle des Wahrnehmungsvertrags** ergibt (nachfolgend C). Darüber hinaus enthalten sie aber auch Vorschriften über die – der Kontrolle notwendig vorangehende – **Auslegung des Wahrnehmungsvertrags** (nachfolgend B). 2

B. Die Auslegung des Wahrnehmungsvertrages

I. Einführung: Auslegungsprobleme in der Wahrnehmungspraxis

Sichtet man Wahrnehmungsverträge, Satzungen und Verteilungspläne der Verwertungsgesellschaften, so findet man darin nicht selten Termini, die teils aus längst vergangenen Zeiten stammen und die teils schlicht nicht von Juristen, sondern von den Berechtigten der jeweiligen Verwertungsgesellschaft (mit-) formuliert wurden. Da die Satzung und die Grundsätze des Verteilungsplans notwendig der Änderungskompetenz der Mitglieder- oder Gesellschafterversammlung unterliegen (§ 7 S. 3 UrhWG), werden – zumal bei den als Selbstverwaltungskörperschaft der Berechtigten organisierten Verwertungsgesellschaften wie GEMA und VG Wort – nicht selten noch in der Versammlung selbst Formulierungen gewählt oder geändert mit der Folge, daß manches **aus Warte des Juristen laienhaft formuliert** erscheint. Nur auf den ersten Blick liegt dagegen die Abhilfe nahe, mißglückte Formulierungen in der nächsten Mitgliederversammlung zu glätten: Praktisch ist das nicht, da jede Revision, auch wenn sie nur das erklärte Ziel einer redaktionellen Änderung hat, in der Mitgliederversammlung Anlaß für Auseinandersetzungen bietet, die sowohl die Verwaltung als auch die Mitgliederversammlung aus guten Gründen scheuen mögen.[2] Besonders ver- 3

1 Unberücksichtigt bleibt die Kontrolle, die sich aus dem Gesellschaftsrecht ergeben kann, insbesondere aus dem vereinsrechtlichen Gleichbehandlungsgrundsatz; ein Beispiel aus der Rechtsprechung ist KG v. 23. 2. 2000 – KartU 1557/99; dazu noch die Hinweise bei *Bezzenberger/Riesenhuber,* GRUR 2003, 1005–1014.

2 Einen guten Sinn für diese tatsächlichen Gegebenheiten hat BGH, GRUR 1988, 782, 785 – GEMA-Wertungsverfahren („unterschiedliche Interessen- und Abstimmungsverhältnisse in den Entscheidungsgremien der Betroffenen").

ständlich ist das, soweit es um Verteilungsregelungen geht: Jede Änderung von Verteilungsregelungen betrifft notwendig einige Berechtigte nachteilig, da es eben nur *ein* zu Verteilendes gibt und jede Änderung daher nur bedeuten kann, daß einzelne Berechtigte zulasten anderer Berechtigter begünstigt werden.[3]

4 In der Praxis stellt sich daher die Frage, ob bei der Auslegung der Wahrnehmungsbedingungen (in Berechtigungsvertrag, Satzung und Verteilungsplan) ein **besonderer Sprachgebrauch**, der sich bei der Verwertungsgesellschaft eingebürgert hat, berücksichtigt werden kann. Unter dem Gesichtspunkt der AGB-Kontrolle ist die Frage umgekehrt, wann man von einem Zweifel ausgehen darf, der zu Lasten der Verwertungsgesellschaft als Verwenderin geht (§ 305c Abs. 2 BGB). Ein Beispiel für die Problematik findet sich in der Entscheidung des BGH Klausurerfordernis.[4] Dort hatte die Verwertungsgesellschaft unter bestimmten Umständen eine „Klausur" zur Voraussetzung für die Gewährung von Förderungsleistungen gemacht. Diesen Begriff der Klausur verwendete die Verwertungsgesellschaft schon seit Jahren in anderem Zusammenhang, sie bezeichnete damit eine den Umständen und Möglichkeiten der Beteiligten entsprechende Fachprüfung, die regelmäßig ein Fachgespräch bedeutete. Der Bundesgerichtshof sah sich nicht in der Lage, diesen besonderen Sprachgebrauch zu berücksichtigen, der sowohl Verwaltung als auch Mitgliederversammlung der Verwertungsgesellschaft als „natürlich" erschienen sein muß. Mochte eine Klausur der Wortbedeutung nach auch nur eine geschlossene Prüfung bezeichnen, so bedeute sie dem vom BGH herangezogenen allgemeinen Sprachgebrauch nach eine schriftliche Prüfung.

5 Das Beispiel verdeutlicht die praktischen Auswirkungen (auch) der Auslegungsregeln. Letztendlich geht es hier wie sonst bei den Wahrnehmungsbedingungen und Verteilungsregeln um die **Kosten der kollektiven Rechtewahrnehmung**.[5] Denn selbstverständlich ließen sich Auslegungszweifel bei den Wahrnehmungsbedingungen und auch bei den oft verhältnismäßig komplexen Verteilungsbedingungen bei entsprechender Anstrengung im Vorfeld jedenfalls erheblich reduzieren. Nur kostet das Geld, das für die Verteilung nicht zur Verfügung steht. Auch bei der Auslegung geht es daher um einen Ausgleich zwischen den Individualinteressen der einzelnen Berechtigten und dem Kollektivinteresse der Gesamtheit aller Berechtigten an einer effizienten und sparsamen Wahrnehmungstätigkeit.[6]

6 Vor diesem Hintergrund sind Maßstab und Methode der Auslegung des Wahrnehmungsvertrags der GEMA zu erörtern. Da der Wahrnehmungsvertrag den **Vertei-**

---

3 Es gilt der von *Medicus,* AcP 188 (1988), 489, 508, treffend formulierte Satz: „Das Zivilrecht kann eben keine Geschenke machen, die nicht doch von jemanden zu bezahlen wären."

4 BGH, GRUR 2002, 332, 334 – Klausurerfordernis.

5 Auch insoweit ist die Entscheidung BGH, GRUR 2002, 332, 334 – Klausurerfordernis, ein gutes Beispiel, beklagt das Gericht doch – wohl zu Unrecht – das Erfordernis einer Klausur sei „zudem unbestimmt, weil sie sämtliche Bedingungen, unter denen die Klausur zu leisten ist, der freien Gestaltung durch die Beklagte überläßt". An diesem Maßstab dürften selbst Schulgesetze und Prüfungsordnungen leicht scheitern.

6 Vgl. auch BGH, GRUR 1988, 782, 784 – GEMA-Wertungsverfahren.

lungsplan und die Satzung inkorporiert[7] und umgekehrt die Grundsätze der Verteilung von Gesetzes wegen Bestandteil der Satzung sind (§ 7 S. 3 UrhWG),[8] ist dabei auch auf die Auslegung von Satzung und Verteilungsplan einzugehen.

II. Urheberrechtliche Auslegungsgrundsätze

Den Regeln des Urheberrechtsgesetzes entnimmt man das Prinzip, dem Urheberrecht wohne die Tendenz inne, möglichst weitgehend beim Urheber zu verbleiben, um ihm die Teilhabe am wirtschaftlichen Erfolg seiner Werke zu ermöglichen.[9] Einen allgemeinen Auslegungsgrundsatz **„in dubio pro auctore"** – der wohl auch an Unbestimmtheit und Einseitigkeit scheitern würde – gibt es gleichwohl nicht. Indes ist die Auslegungsregel des § 31 Abs. 5 UrhG, die sogenannte Zweckübertragungsregel, Ausdruck des genannten Prinzips. **7**

1. Die Zweckübertragungsregel, § 31 Abs. 5 UrhG

Nach § 31 Abs. 5 S. 1 UrhG bestimmt der von den Parteien eines Nutzungsvertrags **zugrundegelegte Vertragszweck**, (1) auf welche Nutzungsarten sich das Nutzungsrecht bestimmt, wenn die Nutzungsarten nicht ausdrücklich einzeln bezeichnet sind. Der Vertragszweck ist nach Satz 2 der Vorschrift auch das entscheidende Kriterium, um zu bestimmen, (2) ob überhaupt ein Nutzungsrecht eingeräumt wird, (3) ob es sich um ein einfaches oder ausschließliches Nutzungsrecht handelt, (4) wie weit Nutzungsrecht und Verbotsrecht reichen und (5) welchen Einschränkungen das Nutzungsrecht unterliegt. Mit dieser Vorschrift hat der Gesetzgeber die für das deutsche Urheberrecht bereits Anfang des 20. Jahrhunderts begründete[10] mißverständlich so genannte **Zweckübertragungstheorie**[11] kodifiziert. Die Auslegungsregel erfaßt nicht nur Verfügungsverträge, sondern (teleologisch notwendig) auch Verpflichtungsverträge.[12] Sie findet immer dann Anwendung, wenn die Nutzungsrechte „nicht ausdrücklich einzeln bezeichnet" werden, gilt m. a. W. nicht nur „im Zweifel". Selbst wenn die Parteien **8**

---

7 Näher hierzu *Staudt,* **Kap. 10 Rn. 333–340**.

8 Näher *Riesenhuber,* Die Auslegung und Kontrolle des Wahrnehmungsvertrags, S. 7–11.

9 *Ulmer,* Urheber- und Verlagsrecht, § 84 IV (S. 365); Schricker-*Schricker,* §§ 31/32 UrhG Rn. 10.

10 Grundlegend *Goldbaum,* Urheberrecht und Urhebervertragsrecht, S. 47–59; 347 351. Zur Entwicklung eingehend *Donle,* Die Bedeutung des § 31 Abs. 5 UrhG für das Urhebervertragsrecht, S. 6–20; *Schweyer,* Die Zweckübertragungstheorie im Urheberrecht, S. 1–68.

11 Erstens ist das Wort unverständlich („Zweckübertragung"?; krit. auch *Rehbinder,* Urheberrecht, Rn. 311), zweitens geht man nicht von einer Übertragung von Urheberrechten, sondern der Einräumung von Nutzungsrechten aus (*Schack,* Urheber- und Urhebervertragsrecht, Rn. 547 Fn. 58) und drittens handelt es sich wohl nicht um eine Theorie. Hier geht es nicht nur um eine Frage der sprachlichen „Korrektheit", sondern um eine Frage der juristischen Methodik. Der Begriff ist auf ärgerliche Weise irreführend und trägt so zu einer Verdunkelung und Abschottung der Urheberrechtswissenschaft bei.

12 Schricker-*Schricker,* §§ 31/32 UrhG Rn. 37.

unzweifelhaft umfassend alle Nutzungsrechte übertragen wollten, findet sie Anwendung.[13]

9 Obwohl der Wortlaut das nicht deutlich macht, handelt es sich nicht um eine „neutrale" Auslegungsregel, die lediglich dem Gemeinten zum Durchbruch verhelfen will. **Die Auslegungsregel „ergreift Partei"** (*Schack*), und zwar zugunsten des Urhebers, der vor zu weitreichenden Verfügungen geschützt werden soll. Sie dient letztlich dem Zweck, sicherzustellen, daß der Urheber am wirtschaftlichen Erfolg seiner Werke teilhat.[14] Die (tendenzielle) Zurückhaltung von Nutzungsrechten soll ihm die gesonderte Verfügung – gegen gesondertes Entgelt – ermöglichen.[15] Daß dieser Schutz mit Hilfe einer „bloßen" Auslegungsregel gesucht wird, ist entgegen mancher Kritik im Grundsatz durchaus einleuchtend. Ähnlich wie das Transparenzgebot des AGB-Rechts schützt die Zweckübertragungsregel die materiale Vertragsfreiheit, die man als **wirtschaftliche Selbstbestimmung** bezeichnet.[16] Der Urheber wird nicht vor Verfügungen an sich geschützt, sondern davor, diese unversehens mit einer großflächigen Vereinbarung vorzunehmen. Sind aber die zu übertragenden Nutzungsrechte einzeln bezeichnet, so kann man ihm die selbstbestimmte Entscheidung durchaus zutrauen, weil er sie dann sehenden Auges trifft (oder doch treffen kann). Freilich wird zu Recht auf die naheliegenden Auswirkungen dieser Regelung auf die Kautelarpraxis hingewiesen, die veranlaßt wird, nach amerikanischer Formulierungstechnik alle Rechte möglichst umfassend einzeln zu bezeichnen.[17]

2. Anwendbarkeit auf den Wahrnehmungsvertrag

10 Die Anwendbarkeit der Zweckübertragungsregel auf den Wahrnehmungsvertrag ist umstritten, wird hingegen **überwiegend bejaht**.[18] Findet demnach die Zweckübertragungsregel auch auf die Übertragung von Rechten auf die GEMA als Verwertungsgesellschaft Anwendung, so muß man hier doch deren **Grenzen** beachten. Sie ergeben sich zunächst daraus, daß die Zweckübertragungsregel nur Anwendung findet, wenn die Rechte nicht ausdrücklich einzeln bezeichnet sind. Der Wahrnehmungsvertrag

---

13 BGHZ 131, 8, 12f. – Pauschale Rechtseinräumung.

14 BGHZ 131, 8, 12 – Pauschale Rechtseinräumung; BGH, GRUR 1979, 637, 638f. – White Christmas; Schricker-*Schricker*, §§ 31/32 UrhG, Rn. 32; *Rehbinder*, Urheberrecht, Rn. 311; *Schack*, Urheber- und Urhebervertragsrecht, Rn. 547.

15 So schon RGZ 118, 282, 285 – Musikantenmädel; RGZ 123, 312, 319f. – Wilhelm Busch; RGZ 134, 198, 201 – Schallplattenrechte.

16 Eingehend *Drexl*, Die wirtschaftliche Selbstbestimmung des Verbrauchers (1998).

17 *Rehbinder*, Urheberrecht, Rn. 311 („Geschwätzigkeit amerikanischer Verträge"); s. ferner die kritische Würdigung bei *Schweyer*, Die Zweckübertragungstheorie im Urheberrecht, S. 116–119.

18 Bejahend etwa BGH, GRUR 1986, 62, 66 – GEMA-Vermutung I; BGHZ 142, 388, 396 – Musical-Gala; *Mauhs*, Der Wahrnehmungsvertrag, S. 104f.; Schricker-*Reinbothe*, § 6 UrhWG, Rn. 5, ablehnend hingegen OLG München, GRUR 1983, 571, 572 – Spielfilm Videogramme; LG Berlin, FuR 1984, 326, 331. Ausführliche Stellungnahme und rechtspolitische Bewertung bei *Riesenhuber*, Die Auslegung und Kontrolle des Wahrnehmungsvertrags, S. 39–43 mwN.

enthält indes üblicherweise einen Katalog der einzelnen übertragenen Rechte. Vor allem aber sind bei Anwendung der Zweckübertragungsregel die Zwecke des Wahrnehmungsvertrags zu berücksichtigen, wie sie sich letztlich aus dem Wahrnehmungsgesetz ergeben.

Der **Zweck des Wahrnehmungsvertrags** liegt für den Berechtigten darin, an der kollek- 11
tiven Rechtewahrnehmung teilzuhaben, aber auch, sie durch seinen Einzelbeitrag mit zu ermöglichen. Den ersten Aspekt beschreibt der Bundesgerichtshof zutreffend, wenn er ausführt:

> „Dem Berechtigungsvertrag liegt maßgeblich der Zweck zugrunde, der GEMA als Verwertungsgesellschaft zur kollektiven Wahrnehmung Rechte einzuräumen, deren individuelle Wahrnehmung dem einzelnen Urheberberechtigten nicht möglich ist, während Rechte, die der Urheberberechtigte individuell verwerten kann, diesem verbleiben sollen."[19]

Dieser Blickwinkel des Individualinteresses ist indes zu eng, soweit damit die kollektive Wahrnehmung auf den Bereich beschränkt wird, in dem die individuelle Wahrnehmung objektiv „nicht möglich" ist.[20] Der Zweck des Wahrnehmungsvertrags ist vielmehr auch durch das Kollektivinteresse aller Berechtigten (also auch des einzelnen Berechtigten als Vertragspartner) geprägt, eine wirkungsvolle Rechtewahrnehmung durch die Verwertungsgesellschaft zu ermöglichen. Dieses Interesse, das im Europäischen Kartellrecht treffend auch als Funktionsinteresse der Verwertungsgesellschaft bezeichnet wird,[21] ist bei der Auslegung mitzuberücksichtigen. Das deutet auch der BGH an, wenn er in der zitierten Entscheidung normativ (nicht tatsächlich) formuliert, es komme darauf an, ob die individuelle Rechtewahrnehmung „sinnvoll" sei.[22] Die doppelte Zweckbestimmung, die neben dem Individualinteresse des Berechtigten auch das von der Verwertungsgesellschaft vertretene Kollektivinteresse berücksichtigt, das den Vertragszweck ebenfalls mitbestimmt, kann etwa dann ganz greifbare Folgen haben, wenn ein Recht zwar – vielleicht gerade im Einzelfall – individuell wahrgenommen werden kann, aufs Ganze gesehen aber eine kollektive Wahrnehmung vorzugswürdig ist. Ungeachtet der Interessen des einzelnen kann hier mit Rücksicht auf den Kollektivbezug jedes Wahrnehmungsvertrags auch nach der Zweckübertragungsregel eine Rechteübertragung anzunehmen sein.

III. Vertragsrechtliche Auslegungsgrundsätze

Neben der Zweckübertragungsregel finden die allgemeinen Auslegungsregeln des Ver- 12
tragsrechts Anwendung, die zum einen §§ 133, 157 BGB zu entnehmen sind, zum anderen der Zweifelsregel für die Auslegung von Allgemeinen Geschäftsbedingungen

19 BGHZ 142, 388, 396 – Musical Gala.

20 Vgl. *Russ,* ZUM 1995, 32, 33. Zu einseitig die Interessen des Berechtigten (nicht *der Vertragsparteien*) berücksichtigt dagegen *Staats,* Aufführungsrecht und kollektive Wahrnehmung bei Werken der Musik, S. 83.

21 Kommission v. 4.12.1981, ABl. 192 L 94/12 Tz. 36.

22 BGHZ 142, 388, 396 – Musical Gala.

des § 305c Abs. 2 BGB.[23] Vor den Methoden der Auslegung (nachfolgend 2.) ist der Maßstab der Auslegung darzulegen.

1. Maßstab der Auslegung

a) Grundsätze der Vertragsauslegung und Wahrnehmungsvertrag

13 Ziel der Vertragsauslegung ist nach den aus §§ 133, 157 BGB abzuleitenden Grundsätzen prinzipiell die Ermittlung des übereinstimmend Gemeinten aus der Perspektive des konkreten Erklärungsadressaten (sog. **Empfängerhorizont**).[24] Für den Wahrnehmungsvertrag ist diese individualisierende Tendenz bei der Auslegung schon deswegen nicht unproblematisch, weil die Verwertungsgesellschaft in dem von ihr betriebenen Massengeschäft erkennbar auf individuelle Umstände keine Rücksicht nehmen kann.[25] Die Ausgangslage des Wahrnehmungsvertrages unterscheidet sich insofern von der normalen Vertragsabschlußsituation. Zwar dient auch der Wahrnehmungsvertrag dem Ausgleich verschiedener Interessen. Der grundlegende Unterschied zur Regelsituation beim Vertragsschluß besteht jedoch darin, daß der **Interessenausgleich** hier nicht im Hinblick auf widerstreitende Interessen der beiden Vertragsparteien zu erfolgen hat. In Ausgleich zu bringen sind vielmehr die Interessen des abschließenden Rechteinhabers einerseits und der übrigen von der Verwertungsgesellschaft vertretenen Gesamtheit aller Berechtigten andererseits, als deren Mittler die Verwertungsgesellschaft fungiert.

14 Neben dieser besonderen Interessenlage sind die **rechtlichen Besonderheiten** der einzelnen Bestandteile des Wahrnehmungsvertrags zu berücksichtigen. So drückt sich der kollektivrechtliche Charakter des Wahrnehmungsvertrages ieS bereits darin aus, daß seine Bestimmungen als Standardbedingungen abgefaßt sind. Ferner kann eine in den Wahrnehmungsvertrag inkorporierte Satzung, da sie für einen wechselnden Mitgliederbestand gilt, als Akt kollektiver Willensbetätigung nicht ohne weiteres nach allgemeinen Grundsätzen ausgelegt werden. Und endlich sind auch die Besonderheiten des regelmäßig umfangreichen Verteilungsplans zu berücksichtigen, der für eine Vielzahl andauernd wechselnder Mitglieder gilt und zudem eine in sich geschlossene, als stimmiges Ganzes konzipierte Regelung enthält.

---

23 Zur Anwendbarkeit der AGB-Regeln auf den Wahrnehmungsvertrag nur BGH, GRUR 2002, 332, 334 – Klausurerfordernis; eingehend *Riesenhuber,* Die Auslegung und Kontrolle des Wahrnehmungsvertrags, S. 23–33; s. a. *ders.,* ZUM 2002, 777–781.

24 Siehe nur *Larenz/Wolf,* Allgemeiner Teil des Bürgerlichen Rechts, § 28 Rn. 11, 15–33; Münchener Kommentar-*Mayer-Maly/Busche,* § 133 BGB Rn. 3. Für die Auslegung des Wahrnehmungsvertrags will *Staats,* Aufführungsrecht und kollektive Wahrnehmung bei Werken der Musik, S. 81, diese Regeln ohne weiteres anwenden – insbesondere ohne Rücksicht auf die Besonderheiten des Vertrags.

25 Vgl. auch BGH, GRUR 2002, 961, 962 – Mischtonmeister.

b) Die Auslegung der einzelnen Regelwerke

aa) Die Auslegung des Wahrnehmungsvertrages ieS

Die Auslegung des Wahrnehmungsvertrages ieS erfolgt im Grundsatz nach den für die Auslegung von Verträgen geltenden allgemeinen **Grundsätzen der §§ 133, 157 BGB**. Der eigentümliche Charakter des Wahrnehmungsvertrages macht allerdings gewisse **Modifikationen** dieser Auslegungsregeln erforderlich. Dabei kann man theoretisch unterscheiden zwischen Abwandlungen, die der Ausgestaltung des Wahrnehmungsvertrags als Formularvertrag geschuldet sind (Rn. 16), und solchen Auslegungsvarianten, die speziell auf die Besonderheiten der kollektiven Rechtewahrnehmung zurückzuführen sind (Rn. 17). Beide Besonderheiten hängen freilich inhaltlich zusammen, da die kollektive Rechtewahrnehmung in einem Massengeschäft nur nach standardisierten Bedingungen in Betracht kommt. 15

Bei den Bestimmungen des Wahrnehmungsvertrages handelt es sich ganz überwiegend um formularvertraglich festgelegte **Allgemeine Geschäftsbedingungen**.[26] Sind Allgemeine Geschäftsbedingungen auch grundsätzlich als Vertragsbedingungen nach den allgemeinen Regeln der §§ 133, 157 BGB auszulegen,[27] so ergeben sich doch wegen der intendierten und erkennbaren Standardisierung einige Besonderheiten. Weil der Verwender von Allgemeinen Geschäftsbedingungen damit einen legitimen Rationalisierungs- und Vereinheitlichungszweck verfolgt,[28] sind sie nicht subjektiv, sondern – ähnlich wie Gesetze –[29] objektiv auszulegen; die *individuellen* Umstände des Einzelfalles sind dabei grundsätzlich[30] nicht zu berücksichtigen.[31] 16

Eine objektive Auslegung ist aber auch unabhängig von der AGB-Form wegen des intendierten Zwecks der **Wahrnehmungsbedingungen als Grundlage der kollektiven Rechtewahrnehmung** geboten. Die kollektive Rechtewahrnehmung ist aus Gründen der 17

---

26 Der Wahrnehmungsvertrag läßt regelmäßig nur wenig Raum für Individualvereinbarungen; zu denken ist insbesondere an die europarechtlich vorgegebene Möglichkeit der Wahl einer sogenannten Spartenlizenzierung.

27 S. nur Münchener Kommentar-*Basedow,* § 305c BGB Rn. 18; Palandt-*Heinrichs*, § 305c BGB Rz. 15; Wolf/Horn/Lindacher-*Lindacher,* § 5 AGBG Rn. 1. Anders Ulmer/Brandner/Hensen-*Ulmer,* § 5 AGBG Rn. 8f., der allein individuell ausgehandelte Vertragsbestandteile eines Klauselvertrags gemäß §§ 133, 157 BGB auslegen will.

28 Münchener Kommentar-*Basedow,* § 305c BGB Rn. 18, 22–26; Ulmer/Brandner/Hensen-*Ulmer,* § 5 AGBG Rn. 15, Einl. Rn. 3.

29 Darauf abstellend noch RGZ 170, 233, 241; RGZ 171, 43, 48; in der Begründung anders, i. E. aber entsprechend BGH, NJW-RR 2000, 1341, 1342 (zu Versicherungsbedingungen): „so auszulegen, wie ein durchschnittlicher Versicherungsnehmer sie bei verständiger Würdigung, aufmerksamer Durchsicht und Berücksichtigung des erkennbaren Sinnzusammenhangs verstehen muß".

30 Anders nur in atypischen Sonderfällen; Ulmer/Brandner/Hensen-*Ulmer,* § 5 Rn. 15.

31 BGHZ 17, 1, 3; BGHZ 22, 109, 113; BGHZ 77, 116, 118f.; Münchener Kommentar-*Basedow,* § 305c Rn. 22; Ulmer/Brandner/Hensen-*Ulmer,* § 5 Rn. 7 jeweils mwN. Anders Staudinger-*Schlosser* (1998), § 5 AGBG Rn. 20, 22; Wolf/Horn/Lindacher-*Lindacher,* § 5 Rn. 6 mwN, die freilich weithin zu ähnlichen Ergebnissen kommen, weil (soweit) beim Abschluß zu AGB regelmäßig keine besonderen Begleitumstände vorliegen.

Kostenvermeidung nämlich gerade darauf gerichtet, nach einer bestimmten Standardisierung zu verfahren, die für individuelle Vereinbarung im Einzelfall grundsätzlich keinen Raum läßt. Die objektive Auslegung entspricht dabei den Interessen sowohl der Verwertungsgesellschaften als auch den Interessen der einzelnen Berechtigten.[32]

bb) Die Auslegung der Satzung

18 Auch die Satzung ist grundsätzlich **„nach objektiven Gesichtspunkten aus sich heraus“**[33] auszulegen, wobei „Willensäußerungen oder Interessen der Gründer und sonstige Vorgänge aus der Entstehungsgeschichte nicht verwertet werden dürfen“[34]. Auszugehen ist von einem objektiven Satzungsverständnis aus Perspektive eines beliebigen Dritten.[35]

19 Die objektive Auslegung wird auch hier von manchen mit ihrem normähnlichen Charakter begründet, der gebiete, sie wie ein Gesetz auszulegen.[36] Die wohl herrschende Meinung geht demgegenüber von den **Auslegungsregeln für Rechtsgeschäfte** der §§ 133, 157 BGB aus,[37] modifiziert diese aber entsprechend dem Zweck der Regelung.[38] Bei einem auf wechselnden oder wachsenden Mitgliederbestand angelegten Verein ist die Satzung bestimmungsgemäß von den Gründern verselbständigt und daher objektiv auszulegen.[39] Anderes gilt allerdings dann, wenn besondere, außerhalb des Satzungstextes liegende Umstände den neuen Mitgliedern von vorneherein bekannt waren oder aufgrund langjähriger Vereinsübung nachträglich erkennbar geworden sind.[40]

cc) Die Auslegung des Verteilungsplans

20 Entsprechende Erwägungen gebieten auch eine objektive, den Grundsätzen der Gesetzesauslegung folgende Auslegung des Verteilungsplans.[41] In formaler Hinsicht ist bereits darauf zu achten, daß die Grundsätze der Verteilung gem. § 7 S. 3 UrhWG Bestandteil der Satzung sind. Wichtiger sind zwei materielle Erwägungen. Zum einen gelten die Verteilungsregeln ebenso wie die Satzung für eine **Vielzahl von wechselnden**

---

32 S. oben Rn. 5.

33 BGHZ 113, 237, 240 mwN.

34 BGHZ 47, 172, 180.

35 *Grunewald,* Gesellschaftsrecht, Rn. 16. Etwas anderes soll konsequenterweise dann gelten, wenn die außerhalb der Satzung liegenden Umstände den Beitretenden ausnahmsweise bekannt sind.

36 Münchener Kommentar-*Reuter,* § 25 BGB Rn. 22.

37 Siehe nur BGHZ 47, 172, 179f.; BGHZ 96, 245, 250; BGHZ 106, 67, 71; BGHZ 113, 237, 240. Aus dem Schrifttum *Grunewald,* ZGR 1995, 68; Münchener Kommentar-*Mayer-Maly/Busche,* § 133 BGB Rn. 34; K. *Schmidt,* Gesellschaftsrecht, S. 88.

38 Soergel-*Hadding,* § 25 BGB Rn. 17, 32; *Grunewald,* ZGR 1995, 68, 82; *dies.,* Gesellschaftsrecht, Rn. 15; *Häuser/van Look,* ZIP 1986, 749, 752f.; *Wiedemann,* DNotZ 1977, Sonderheft, 99–111.

39 *Grunewald,* ZGR 1995, 68, 82; BGHZ 47, 172, 179.

40 *Grunewald,* ZGR 1995, 68, 82f.; K. *Schmidt,* Gesellschaftsrecht, S. 91–93; Soergel-*Hadding,* § 25 Rn. 17, 32; BGHZ 96, 245, 250.

41 Eingehend zum Verteilungsplan der GEMA *Müller,* unten **Kap. 11**.

Berechtigten. Weil diese Regeln einheitlich Anwendung finden sollen – und gem. § 7 S. 1 UrhWG auch müssen –,[42] kommt eine Auslegung nach dem für einzelne Berechtigte etwa unterschiedlichen Empfängerhorizont nicht in Betracht. Zum anderen sind die Verteilungsregeln – insofern dem Gesetz ähnlich – als ein in sich geschlossenes und stimmiges Ganzes (System) konzipiert.[43] Dieser **Systemcharakter** unterscheidet den Verteilungsplan insbesondere auch vom Vertrag, da für die Verteilungsregeln das dispositive Gesetzesrecht als Rückfallregelung („Reserverechtsordnung“) fehlt.

c) Keine Berücksichtigung des Empfängerhorizonts oder der Interessen der Nutzer

Um die Auslegung des Wahrnehmungsvertrags geht es nicht selten im Streit zwischen Berechtigten und den **Nutzern**. Von den Berechtigten wegen Rechtsverletzung in Anspruch genommen, wenden die Nutzer gelegentlich ein, sie hätten die Rechte von der Verwertungsgesellschaft erworben.[44] Oder umgekehrt: Von der Verwertungsgesellschaft in Anspruch genommen, wenden sie ein, die Berechtigten hätten ihnen die Rechte eingeräumt.[45] Dann kommt es auf den Umfang der wahrnehmungsvertraglichen Rechtseinräumung an. Je nach Lage berufen sich dann die Nutzer auf die Interessen der Berechtigten oder der Verwertungsgesellschaft.[46] **21**

Das ist Anlaß klarzustellen, daß der Empfängerhorizont der Nutzer oder deren Interesse für die Auslegung des Wahrnehmungsvertrags **schlechterdings keine Rolle** spielen. Sie sind nicht Partei des Wahrnehmungsvertrags und der Wahrnehmungsvertrag wird auch nicht in ihrem Interesse geschlossen. Allerdings haben die Nutzer durchaus ein berechtigtes Interesse festzustellen, wer die Rechte hat. Dieses Interesse hat indes der Gesetzgeber des Urheberrechtswahrnehmungsgesetzes – nach früheren Klagen –[47] durchaus erkannt und deswegen in § 10 UrhWG eine entsprechende Auskunftspflicht vorgesehen.[48] **22**

2. Methode der Auslegung

Sind Satzung und Verteilungsplan demnach grundsätzlich objektiv auszulegen, ist nun auf einzelne Auslegungsmethoden sowie Besonderheiten einzugehen, die sich bei der Auslegung dieser Wahrnehmungsbedingungen ergeben. Entsprechend dem bekannten Kanon der Auslegungsmethoden erfolgt die Sinnermittlung abgestuft im Wege der grammatischen, der historischen, der systematischen sowie der teleolo- **23**

---

42 Zum Willkürverbot des § 7 S. 1 UrhWG eingehend unten, Rn. 64–84, und *Riesenhuber,* Die Auslegung und Kontrolle des Wahrnehmungsvertrags S. 78–96.

43 Dazu etwa LG Berlin v. 15.12.1998 – 16.O.683/97, Umdruck S. 18f. – Glockenrequiem.

44 BGHZ 142, 388 – Musical Gala.

45 S. z. B. BGH, NJW 1988, 1847 – GEMA-Vermutung IV; LG Frankfurt a. M. v. 26.11.2003 – 2–06 O. 190/03.

46 S. a. den treffenden Hinweis von *Nordemann,* GRUR 1992, 584f.

47 S. insbes. *Plugge/Roeber,* Das musikalische Tantiemerecht in Deutschland, S. 41 und öfter. Ferner *Riesenhuber/Rosenkranz,* UFITA 2005/II, 467, 505–507.

48 Dazu unten *Riesenhuber/v. Vogel,* **Kap. 14 Rn. 23–29**.

gischen Auslegung.[49] Bei vorformulierten Vertragsklauseln ist zudem die sog. contra-proferentem-Regel des § 305c Abs. 2 BGB zu beachten.[50]

a) Grammatische Auslegung

24 Jede Auslegung geht vom Wortlaut aus, in der berechtigten Erwartung, daß die gewählten Wortzeichen das Gemeinte ausdrücken. Grundsätzlich hat sich die Wortauslegung am **allgemeinen Sprachgebrauch** zu orientieren.[51] Nach unseren Vorüberlegungen (oben Rn. 3f.) ist nachfolgend besonders zu untersuchen, inwieweit ein Fachsprachgebrauch (Rn. 25) oder die bei einer Verwertungsgesellschaft üblichen Gepflogenheiten bei der Auslegung (Rn. 26) zu berücksichtigen sind.

25 Fachbegriffe verwenden vor allem die Wahrnehmungsverträge bei der Bestimmung der zur Wahrnehmung übertragenen Rechte.[52] Hier muß man – mangels manifester anderer Hinweise – davon ausgehen, daß die GEMA **mit dem Fachbegriff auf den Fachsprachgebrauch verweist**. So entschied beispielsweise der Bundesgerichtshof in der Entscheidung Musical Gala. Den in § 1 lit. a WahrnV-GEMA enthaltenen Begriff der „bühnenmäßigen Aufführung" legte das Gericht dort ebenso aus wie den entsprechenden Begriff der bühnenmäßigen Darbietung in § 19 Abs. 2 UrhG.[53] Das war zum einen deswegen begründet, weil die Verwertungsgesellschaft „Nutzungsrechte, Einwilligungsrechte [und] Vergütungsansprüche, die sich aus dem Urheberrechtsgesetz vom 9. September 1965 ergeben, ... wahrnimmt" (§ 1 Abs. 1 UrhWG). Nach dem (objektiven) Zweck des Wahrnehmungsvertrags spricht daher die Verwendung von Fachtermini des Urheberrechtsgesetzes dafür, daß damit auf die Regelung des Urheberrechtsgesetzes Bezug genommen werden soll. Nichts anderes ergibt sich in diesem Fall freilich auch aus den Interessen von Verwertungsgesellschaft und Berechtigtem, beurteilt nach dem objektiven Empfängerhorizont. Zum anderen ist die Entscheidung aber auch nach dem Grundsatz begründet, daß die von speziellen Verkehrskreisen verwendeten Begriffe nach dem dort **üblichen Sondersprachgebrauch** auszulegen sind.[54]

26 Bei der Auslegung der Wahrnehmungsbedingungen kann zweitens auch ein besonderer, bei der Verwertungsgesellschaft üblicher Sprachgebrauch zu berücksichtigen sein. Das ergibt sich aus den Grundsätzen über die Auslegung mit Rücksicht auf den

---

49 Die Reihenfolge der Erörterung folgt Zweckmäßigkeitserwägungen und soll an dieser Stelle keine Rangfolge begründen. Zum Rang von Methoden der Gesetzesauslegung nur *Canaris,* FS Medicus, S. 25–61; *Neuner,* Die Rechtsfindung contra legem, S. 111–131.

50 Zur Anwendbarkeit der AGB-Kontrollvorschriften auf den Wahrnehmungsvertrag *Riesenhuber,* Die Auslegung und Kontrolle des Wahrnehmungsvertrags, S. 23f. mwN.

51 Jauernig-*Jauernig,* § 133 BGB Rn. 10; Münchener Kommentar-*Basedow*, § 305c BGB Rn. 25; Soergel-*Hefermehl,* § 133 BGB Rn. 24.

52 Gelegentlich wird freilich gerügt, nicht die Verwendung rechtlicher Fachtermini führe zu Auslegungsschwierigkeiten, sondern umgekehrt deren Vermeidung; *Dünnwald,* FuR 1974, 554–560.

53 BGHZ 142, 388, 397 – Musical Gala; allgemein Münchener Kommentar-*Basedow,* § 305c BGB Rn. 25.

54 *Larenz/Wolf*, Allgemeiner Teil, § 28 Rn. 50f.; Soergel-*Hefermehl,* § 133 BGB Rn. 14.

Sprachgebrauch der betroffenen Verkehrskreise.[55] Kommt es bei der Auslegung von AGB allgemein auf den Verständnishorizont der angesprochenen Verkehrskreise an, so kann auch eine dort gebräuchliche Fachsprache berücksichtigt werden.[56] Weil und soweit die Berechtigten die Wahrnehmungs-, Verteilungs- und Satzungsbestimmungen unmittelbar oder vermittelt über die gemeinsame Vertretung (§ 6 Abs. 2 UrhWG) mitbestimmen und deshalb über einen Sondersprachgebrauch nicht im Zweifel sein können, ist dieser Sondersprachgebrauch auch im Rahmen der Auslegung der Bedingungen zugrundezulegen.

b) *Historische Auslegung*

Auch die **Entstehungsgeschichte** einer Vertragsbestimmung kann im Rahmen der Auslegung zu berücksichtigen sein. Dabei ist allerdings ganz unumstritten, daß eine unbekannte Entstehungsgeschichte für die Auslegung von AGB stets unbeachtlich ist, und zwar auch dann, wenn es sich um behördlich genehmigte AGB handelt oder solche Klauseln, die im Zusammenwirken der maßgeblich beteiligten Wirtschaftskreise ausgearbeitet wurden.[57] Gleiches gilt für solche Umstände der Entstehung, die der Satzung oder dem Verteilungsplan nicht unmittelbar entnommen werden können.[58] Umgekehrt kann eine bekannte Entstehungsgeschichte nach dem dargelegten **Grundsatz der Beachtlichkeit von Sonderwissen** durchaus für die Auslegung herangezogen werden.[59] **27**

Praktische Bedeutung kann die historische Auslegung insbesondere erlangen, wenn es um die **Berücksichtigung der „Materialien"** für eine Regelung geht: Den Regelungsvorschlag und seine Begründung in der Tagesordnung sowie ggf. die Protokolle der Mitgliederversammlung. Soweit diese Unterlagen den Berechtigten zur Verfügung stehen[60] und daher zur „bekannten" Entstehungsgeschichte einer Regelung gehören, können sie auch bei der Auslegung von Wahrnehmungsvertrag, Satzung und Verteilungsplan berücksichtigt werden.[61] **28**

c) *Systematische Auslegung*

Wenn eine Erklärung in einem größeren Zusammenhang steht, so kommt auch eine systematische Auslegung in Betracht.[62] Als **Fortsetzung der Wortauslegung** findet die **29**

---

55 Vgl. auch RGZ 116, 198, 207, wo es um die Auslegung von Banken-AGB ging, die (objektiv) unklar formuliert waren, über deren Bedeutung der beklagte Kunde, ein bei der klagenden Bank tätiger Bankdirektor, nicht im Zweifel sein konnte. Dazu etwa Wolf/Horn/Lindacher-*Lindacher,* § 5 AGBG Rn. 14; Staudinger-*Schlosser*, § 5 AGBG Rn. 20.

56 Staudinger-*Schlosser,* § 5 AGBG Rn. 20; Ulmer/Brandner/Hensen-*Ulmer* § 5 AGBG Rn. 23. S. z. B. BGH, NJW 1985, 559 (AVB für den Transport im grenzüberschreitenden Verkehr).

57 BGH, NJW-RR 2000, 1341, 1342; Wolf/Horn/Lindacher-*Lindacher,* § 5 AGBG Rn. 15; Staudinger-*Schlosser*, § 5 AGBG Rn. 21; Ulmer/Brandner/Hensen-*Ulmer,* § 5 AGBG Rn. 22.

58 Für die Satzung *Grunewald,* ZGR 1995, 68, 82f.

59 Staudinger-*Schlosser*, § 5 AGBG Rn. 21; Ulmer/Brandner/Hensen-*Ulmer,* § 5 AGBG Rn. 22.

60 So z. B. gem. § 10 Ziff. 5, § 12 Ziff. 1 GEMA-Satzung.

61 Ansätze für eine historische Auslegung etwa bei BGH, GRUR 1988, 782 – GEMA-Wertungsverfahren; KG WuW 1988, 56, 62 – GEMA Wertungsverfahren.

62 BGH, NJW 1957, 873f.; Palandt-*Heinrichs,* § 133 BGB Rn. 14.

systematische Auslegung Anwendung, wenn man von der äußeren Stellung einer Regelung im Kontext auf ihre Bedeutung schließt.[63] Geht es darum, die einer Gesamtregelung zugrundeliegenden Prinzipien für die Auslegung fruchtbar zu machen, so ist die systematische Auslegung schon Teil der teleologischen Auslegung **(systematisch-teleologische Auslegung)**.[64]

30 Die hier untersuchten Regelwerke der GEMA sind regelmäßig so gestaltet, daß auch eine systematische Auslegung in Betracht zu ziehen ist. Anders als manche Austauschverträge sind sie **auf Dauer angelegt** und **in Einzelheiten ausgefeilt**. Gerade der Verteilungsplan der GEMA ist gesetzesähnlich konzipiert und seinem Zweck entsprechend als ein in sich stimmiges geordnetes Ganzes gedacht. Zutreffend ist daher auch der Verteilungsplan systematisch ausgelegt worden.

Ein Beispiel bildet die Entscheidung Glockenrequiem des Landgerichts Berlin.[65] Der Kläger begehrte die Einordnung seines Musikstücks als ein Werk der E-Musik gemäß den Vorschriften des Verteilungsplans. Es handelte sich um ein Werk, dessen Töne durch Anschlagen von zahlreichen Glocken der Dresdner Kirchen erzeugt wurden, die sodann im Wege der elektrotechnischen Übertragung zentral zusammengeführt wurden. Das Gericht hatte die Vorschriften der Abschnitte X–XIII der Ausführungsbestimmungen des Verteilungsplans A der GEMA[66] auszulegen. Es stellte fest, daß die Verwertungsgesellschaft diese Regelungen als ein geordnetes Ganzes konzipiert habe. Für Zweifelsfälle sei in Abschnitt XII der Bestimmungen eine besondere Auffangregelung vorgesehen. Angesichts dieses systematischen Zusammenhangs kam eine Einordnung des „Glockenrequiem" als Werk der E-Musik gem. Abschnitt X nicht in Betracht.

d) Teleologische Auslegung

31 Verträge sind nicht zuletzt im Lichte des mit ihnen verfolgten Zwecks auszulegen.[67] Während der teleologischen Auslegung von Verträgen oft nur geringe Bedeutung beigemessen wird, weil ein einheitlicher, den Parteien **gemeinsamer Vertragszweck** nicht anzunehmen sei, liegen die Dinge beim Wahrnehmungsvertrag sowie Satzung und Verteilungsplan der Verwertungsgesellschaft wiederum anders, da diese Regelwerke einen gesetzlich klar umrissenen und den Beteiligten bekannten Zweck verfolgen.

32 Zum Beispiel hat der Bundesgerichtshof die teleologische Auslegung in der Entscheidung Musical Gala fruchtbar gemacht.

„Dem Berechtigungsvertrag liegt maßgeblich der Zweck zugrunde, der GEMA als Verwertungsgesellschaft zur kollektiven Wahrnehmung Rechte einzuräumen, deren individuelle Wahrnehmung dem einzelnen Urheberberechtigten nicht möglich ist, während Rechte, die der Urheberberechtigte individuell verwerten kann, diesem verbleiben sollen. Eine individuelle Wahrnehmung des Rechts der bühnenmäßigen Aufführung, das herkömmlich meist in der Hand von Bühnenverlagen liegt, bietet sich – unabhängig von der ursprünglichen Bestimmung für die bühnenmäßige Aufführung – bei allen Werken an, die

63 Hk-BGB-*Dörner,* § 133 BGB Rn. 4.

64 Zur entsprechenden Unterscheidung bei der Gesetzesauslegung *Riesenhuber,* Die Auslegung und Kontrolle des Wahrnehmungsvertrags, S. 61 f.

65 LG Berlin, Urt. v. 15.12.1998 – 16 O 683/97 – Glockenrequiem.

66 Dazu *Müller,* **Kap. 11 Rn. 313**.

67 BGHZ 2, 379, 385; BGHZ 20, 109, 110; BGH, NJW-RR 2001, 1105.

in der Weise ‚dramatisch musikalischer' Art sind, daß sie als solche ‚in Szene' gesetzt werden können. Dies ist insbesondere dann der Fall, wenn schon im Ablauf der Wiedergabe des Werkes ein geschlossenes, dramatisch angelegtes Geschehen vermittelt wird.

Eine individuelle Rechtswahrnehmung ist jedoch nicht in allen Fällen der bühnenmäßigen Aufführung von Werken sinnvoll. Gerade Musikwerke können in Bühnenaufführungen in verschiedenster Weise so integriert werden, daß sie bei diesen Aufführungen auch selbst als bühnenmäßig aufgeführt anzusehen sind, ohne selbst als dramatisch-musikalische Werke angelegt zu sein (z. B. die Wiedergabe eines Schlagers in einer Art und Weise, in der er integrierender Bestandteil einer Bühnenaufführung ist). Eine individuelle Rechtewahrnehmung ist den Urheberberechtigten in solchen Fällen kaum möglich. Es entspricht daher nicht dem Sinn und Zweck der Rechtseinräumung in § 1 Buchst. a des Berechtigungsvertrags, dieser Bestimmung auch einen Vorbehalt hinsichtlich der Einräumung von Rechten an solchen Werknutzungen zu entnehmen."[68]

Der Entscheidung ist zuzustimmen. Anzumerken ist lediglich, daß eine klare Bestim- **33**
mung der Rechteeinräumung Vorrang vor Erwägungen darüber haben muß, ob eine individuelle oder kollektive Rechtewahrnehmung „sinnvoll" ist. Diese Entscheidung mag in einigen Fällen „objektiv" aus der Natur der Sache zu beantworten sein, in einem breiten Grenzbereich ist sie aber nur aufgrund einer wertenden Entscheidung zu beantworten, die in den Grenzen des § 6 Abs. 1 S. 1 UrhWG der Verwertungsgesellschaft zukommt und nicht paternalistisch vom Gericht zu treffen ist.[69]

Bei der teleologischen Auslegung von Satzung und Verteilungsplan läßt sich zudem **34**
der aus dem Gesellschafts- und Vereinsrecht bekannte **Gedanke des „dynamischen Vertragsverständnisses"** fruchtbar machen.[70] Soweit diese Regelungen ein in die Zukunft gerichtetes Handlungsprogramm enthalten, ist von mehreren möglichen Varianten die Auslegung zu wählen, die eine effiziente Verwirklichung des Vertragsziels gewährleistet. Praktische Bedeutung kann das etwa für Regelungen des Verteilungsplans haben, die auch (vom Wahrnehmungsvertrag erfaßte) neue Nutzungsformen erfassen sollen. Zum Beispiel kann man an die Einordnung von sogenannten „Simultanaufführungen" – gleichzeitige und gemeinsame Darbietung ursprünglich gesonderter Musikwerke als neues Ganzes – in den Verteilungsplan der GEMA denken.[71] Diese Nutzungsart war unzweifelhaft vom Wahrnehmungsvertrag erfaßt, doch bereitete ihre Einordnung in den Verteilungsplan Schwierigkeiten. Der Verteilungsplan war daher entsprechend seinem Zweck weiterzudenken. In ähnlicher Weise kann der Gedanke des dynamischen Vertragsverständnisses auch für die Auslegung von Ermessensklauseln fruchtbar gemacht werden, wie sie insbesondere im Bereich der kulturellen Förderung vorkommen.

---

68 BGHZ 142, 388, 397f. – Musical Gala; Nachweise weggelassen; zustimmend *Schricker,* EWiR 2000, S. 100 („Die vom BGH getroffene Auslegung des GEMA-Berechtigungsvertrags wird in überzeugender Weise aus dem Zweck der kollektiven Rechtewahrnehmung entwickelt.").

69 Zur Inhaltskontrolle nach § 6 Abs. 1 S. 1 UrhWG eingehend *Riesenhuber,* Die Auslegung und Kontrolle des Wahrnehmungsvertrags, S. 64–78.

70 *Grunewald* ZGR 1995, 68, 69; Münchener Kommentar-*Mayer-Maly/Busche*, § 133 BGB Rn. 34.

71 Dazu *Bezzenberger/Riesenhuber,* GRUR 2003, 1005, 1011f.

e) *Die Zweifelsregel des § 305c Abs. 2 BGB: In dubio contra proferentem*

35 Kann auch die Auslegung nach allgemeinen Grundsätzen Zweifel am Bedeutungsgehalt einzelner Vertragbestimmungen nicht beseitigen, so ist an eine Anwendung des Auslegungsgrundsatzes in dubio contra proferentem (§ 305c Abs. 2 BGB) zu denken.[72] Hier wie allgemein gilt freilich, daß es vorzugswürdig ist, beanstandenswerte Klauseln inhaltlich zu überprüfen und gegebenenfalls für unwirksam zu erklären, anstatt sie einer Überprüfung als unverständlich zu entziehen.[73]

36 Die Vorschriften über die AGB-Kontrolle – und somit auch die Zweifelsregel – sind grundsätzlich auch auf den Wahrnehmungsvertrag anwendbar.[74] Umstritten ist aber das **Verhältnis** zwischen der **Zweifelsregel** des § 305c Abs. 2 BGB und jener des § 31 Abs. 5 UrhG **(Zweckübertragungsregel)**. Überschneidungen können sich ergeben bei der Auslegung der Vorschriften über die Rechtseinräumung. Während der BGH von einem Nebeneinander beider Zweifelsregeln auszugehen scheint,[75] soll die Zweckübertragungsregel nach anderer Meinung als Spezialvorschrift vorgehen.[76] Praktisch dürften beide Meinungen indes zu demselben Ergebnis führen.[77]

37 Umstritten ist allerdings, welche Auslegungsmethoden erfolglos angewandt worden sein müssen, bevor der *contra-proferentem*-Grundsatz herangezogen werden kann. Die herrschende Meinung sieht die Anwendungsvoraussetzungen der Zweifelsregel erst erfüllt, wenn die „Ausschöpfung der in Betracht kommenden Auslegungsmethoden" kein eindeutiges Ergebnis erbracht hat.[78] Demzufolge sind nicht nur der Wortlaut, sondern zusätzlich historische, teleologische und systematische Aspekte im Auslegungsprozeß zu berücksichtigen.

38 Sind nach der Auslegung im Wege der allgemeinen Grundsätze noch **mindestens zwei vertretbare Auslegungsergebnisse** möglich, so geht das nach § 305c Abs. 2 BGB zu Lasten des Verwenders. Es ist die dem Kunden günstigste Deutungsalternative maßgeblich. Die Anwendung der Zweifelsregelung selbst erfolgt in einem **mehrstufigen Verfahren**.[79] Auf erster Stufe ist zu überprüfen, ob die nach allgemeinen Grundsätzen (oben, a)–d)) ausgelegte Klausel in ihrer *kundenfeindlichsten* Bedeutung der Inhalts-

---

72 BGH, GRUR 1986, 62, 65f. Zu dem Grundsatz etwa *Medicus,* Allgemeiner Teil des BGB, Rn. 426–429; *Zimmermann,* The Law of Obligations, S. 639–642; *Riesenhuber,* Die Auslegung und Kontrolle des Wahrnehmungsvertrags, S. 357 f.

73 H. M. BGH, NJW 1992, 1097, 1099; BGH, NJW 1994, 1798, 1799; OLG Schleswig, ZIP 1995, 759, 762; Staudinger-*Schlosser*, § 5 AGBG Rn. 7. Weitere Nachweise bei *Riesenhuber,* Die Auslegung und Kontrolle des Wahrnehmungsvertrags, S. 55.

74 S. den Nachweis bei Rn. 23.

75 BGH, GRUR 1986, 62, 65f. – GEMA-Vermutung I (insoweit in BGHZ 95, 274 nicht abgedruckt).

76 Fromm/Nordemann-*Hertin,* §§ 31/32 UrhG Rn. 29; *Schweyer,* Die Zweckübertragungstheorie im Urheberrecht, S. 38 Fn. 59, S. 57f.; *Staats,* Aufführungsrecht und kollektive Wahrnehmung bei Werken der Musik S. 82. S. a. BGH, GRUR 1971, 480 – Schwarzwaldfahrt.

77 Im einzelnen *Riesenhuber,* Die Auslegung und Kontrolle des Wahrnehmungsvertrags, S. 55.

78 BGH NJW 2002, 2102, 2103; Münchener Kommentar-*Basedow,* § 305c Rn. 29; Wolf/Horn/Lindacher-*Lindacher,* § 5 Rn. 28.

79 Ulmer/Brandner/Hensen-*Ulmer,* § 5 Rn. 31; Wolf/Horn/Lindacher-*Lindacher,* § 5 Rn. 31–33.

kontrolle standhält. Ist dies nicht der Fall, so ist die Klausel ungeachtet ihrer Mehrdeutigkeit als unwirksam anzusehen.[80] Besteht die Klausel hingegen die Inhaltskontrolle, so ist sie nunmehr nach der Zweifelsregelung des § 305c Abs. 2 zu beurteilen. Im Ergebnis kommt man so zur *kundenfreundlichsten* Auslegungsvariante.[81]

C. Die Kontrolle des Wahrnehmungsvertrages

Der Wahrnehmungsvertrag unterliegt verschiedenen Kontrollregimen. Neben der **39**
Kontrolle nach dem UrhG und dem UrhWG (nachfolgend I und II) unterliegt er einer vertragsrechtlichen (III) sowie einer kartellrechtlichen Kontrolle (IV und V).

I. Das Urheberrechtsgesetz

Vorgaben für Auslegung und Kontrolle des Wahrnehmungsvertrags ergeben sich zu- **40**
erst aus dem Urheberrechtsgesetz selbst. Allerdings installiert das Urheberrechtsgesetz nicht in erster Linie spezielle Beschränkungen der Wahrnehmungstätigkeit. Im Gegenteil setzt das Urheberrechtsgesetz an verschiedener Stelle die Tätigkeit der Verwertungsgesellschaften voraus und nimmt sie in Dienst.[82]

1. Das Verbot der Einräumung von Nutzungsrechten für noch nicht bekannte Nutzungsarten

a) Das Verbot des § 31 Abs. 4 UrhG

„Die Einräumung von Nutzungsrechten für noch nicht bekannte Nutzungsarten so- **41**
wie Verpflichtungen hierzu sind unwirksam", § 31 Abs. 4 UrhG. Durch diese Vorschrift soll der Urheber davor geschützt werden, über Nutzungsrechte zu verfügen (oder sich dazu zu verpflichten), deren wirtschaftliche (aber auch persönlichkeitsrechtliche) Bedeutung er noch nicht abschätzen kann.[83] Da es in der Natur neuer Nutzungsarten liegt, daß man über sie nicht informieren kann, kann man die **zeitweilige Einschränkung der Dispositionsmöglichkeit** als einen verhältnismäßigen Eingriff in die Vertragsfreiheit ansehen.[84] Letztlich geht es auch bei dieser – bereits lang etablier-

---

80 Zur AGB-Kontrolle des Wahrnehmungsvertrags eingehend *Riesenhuber*, Die Auslegung und Kontrolle des Wahrnehmungsvertrags, S. 23–33 und 100–122; zu den Rechtsfolgen insbesondere S. 115f.

81 Ulmer/Brandner/Hensen-*Ulmer,* § 5 Rn. 32; Wolf/Horn/Lindacher-*Lindacher,* § 5 Rn. 31.

82 *Riesenhuber,* Die Auslegung und Kontrolle des Wahrnehmungsvertrags, S. 17–20.

83 Die Vorschrift hat in jüngerer Zeit v. a. wegen der Entwicklung der digitalen Technik eine Rolle gespielt; dazu *Siebert,* Die Auslegung der Wahrnehmungsverträge unter Berücksichtigung der digitalen Technik (2002), *passim;* ferner *Fitzek,* Die unbekannte Nutzungsart, S. 77–147, 209–234; *Reber,* GRUR 1997, 162–169; *ders.,* GRUR 1998, 792–798.

84 Zum Schutzzweck des § 31 Abs. 4 UrhG besonders eingehend – und mit einer Einordnung

ten –[85] Regel darum, sicherzustellen, daß der Urheber am wirtschaftlichen Erfolg seines Werks teilhat.[86]

42 Die Vorschrift des § 31 Abs. 4 UrhG ist nach wohl überwiegender Auffassung auch **auf Wahrnehmungsverträge anzuwenden.**[87] Das Verbot erfaßt Verpflichtungen und Verfügungen über Nutzungsrechte für selbständige Nutzungsarten, die in ihrer wirtschaftlichen Bedeutung und Verwertbarkeit noch nicht bekannt sind.[88] Für die Bekanntheit kommt es dem Schutzzweck der Regelung nach und mit Rücksicht auf das Verkehrsinteresse zwar nicht auf die subjektive Bekanntheit für den Urheber an, wohl aber auf die objektive Bekanntheit in den betreffenden Urheber- und Verkehrskreisen.[89]

b) Reformpläne

43 Der Gesetzgeber plant(e), das Recht der Einräumung unbekannter Nutzungsarten **umfassend zu reformieren** und im Zuge des Zweiten Gesetzes zur Regelung des Urheberrechts in der Informationsgesellschaft („Korb 2“) neuzufassen. Der Referentenentwurf führt hierzu aus:

> „Möchte ein Verwerter ein Werk auf eine vormals unbekannte Nutzungsart auswerten, muß er bisher die entsprechenden Rechte einzelvertraglich nacherwerben. Dies ist in vielen Fällen mit erheblichen **Transaktionskosten** verbunden. Der Verwerter muß klären, wer Urheber des betroffenen Werkes ist und ob dieser (noch) berechtigt ist. Sofern der Urheber bereits gestorben ist, muß er dessen Erben ausfindig machen. Der Verwerter steht im Übrigen bis zur höchstrichterlichen Entscheidung vor der Frage, ob eine neue Technologie überhaupt eine neue Nutzungsart im Rechtssinne darstellt. Folge dieses Rechtszustandes ist, daß **neue Technologien** – auch zulasten der Allgemeinheit – deutlich **verspätet**

---

der urhebervertraglichen Regelung in das Vertragsrecht allgemein – *Drewes,* Neue Nutzungsarten im Urheberrecht, S. 47–50, der allerdings zu Unrecht den – wenig fruchtbaren – Gedanken des „Verhandlungsgleichgewichts“ heranzieht (dagegen pointiert *Zöllner,* AcP 196 (1996), 1, 35) und Marktversagen und Informationsdefizit nur als Einzelaspekte dessen begreift. Zum Schutzmechanismus auch *Riesenhuber,* System und Prinzipien des Europäischen Vertragsrechts, S. 492.

85 Die Entwicklung zeichnet nach *Drewes,* Neue Nutzungsarten im Urheberrecht, S. 23–37; s. a. *Donhauser,* Der Begriff der unbekannten Nutzungsart, S. 14 f. Aus der Rechtsprechung RGZ 118, 282, 285 – Musikantenmädel; RGZ 123, 312, 315f. – Wilhelm Busch; RGZ 134, 198–220 – Ammre; RGZ 140, 255, 257 – Hampelmann; BGH, GRUR 1960, 197, 199 – Keine Ferien für den lieben Gott; BGH, GRUR 1969, 143, 144f. – Curt Goetz-Film II; BGH, GRUR 1982, 727, 729f. – Altverträge.

86 RegE, Begründung zu § 31, BT-Drs. IV/270, S. 56; BGHZ 95, 274, 283 – GEMA-Vermutung I; BGH, ZUM 1997, 128, 130 – Klimbim; *Castendyk,* ZUM 2002, 332, 335; *Drewes,* Neue Nutzungsarten im Urheberrecht, S. 45–52; *Fitzek,* Die unbekannte Nutzungsart, S. 21f.; *Reber,* GRUR 1997, 162f.; Schricker-*Schricker,* §§ 31/32 Rn. 26.

87 BGHZ 95, 274, 282 – GEMA-Vermutung I; BGH, GRUR 1988, 296, 297f. – GEMA-Vermutung IV; OLG Hamburg, NJW-RR 2002, 1410, 1412 – Handy-Klingeltöne; *Mauhs,* Der Wahrnehmungsvertrag, S. 99 f.; *Rehbinder,* DVBl. 1992, 216, 219. S. a. *Melichar,* ZUM 1999, 12, 15; *Donhauser,* Der Begriff der unbekannten Nutzungsart, S. 55f. Ausführliche Stellungnahme und rechtspolitische Bewertung bei *Riesenhuber,* Die Auslegung und Kontrolle des Wahrnehmungsvertrags, S. 59–61.

88 BGHZ 128, 336, 341 – Videozweitauswertung.

89 Schricker-*Schricker,* §§ 31/32 Rn. 27; *Schack,* Urheber- und Urhebervertragsrecht, Rn. 550.

oder sogar überhaupt nicht zum Einsatz gelangen. [...] Der Entwurf schlägt eine Regelung vor, die künftig Verträge über unbekannte Nutzungsarten zuläßt und die angesprochene Blockademöglichkeit beseitigt (§ 31a). Die berechtigten Interessen der Urheber werden dadurch gewahrt, daß eine solche Vereinbarung nur schriftlich getroffen werden kann und es dem Urheber ermöglicht wird, seine Entscheidung, ob er sein Werk in neu hinzutretenden Nutzungsarten ausgewertet haben will, bis zu einem gewissen Grad auch nachträglich zu revidieren. Schließlich wird für den Fall der Nutzung eines Werkes in neuen Nutzungsarten ein gesetzlicher Vergütungsanspruch begründet (§ 32c). Für Nutzungsarten, die heute bekannt sind, aber bei Vertragsschluß noch unbekannt waren, wird eine entsprechende Übergangsregelung vorgeschlagen (§ 137l). Denn auch hier gilt, daß die oben genannten Folgen des geltenden Rechts weder den Interessen der Verwerter, noch denen der Urheber und auch nicht denen der Allgemeinheit entsprechen. Die in zahlreichen Archiven ruhenden Schätze sollen endlich **neuen Nutzungsarten problemlos zugänglich gemacht werden**. Hier sieht der Entwurf eine Übertragungsfiktion für Rechte an neuen Nutzungsarten zugunsten eines Erwerbers aller wesentlichen zum Zeitpunkt des Vertragsschlusses übertragbaren Nutzungsrechte vor."[90]

Bemerkenswert ist, daß die bisherige Regelung nun auf Wunsch der Verwerter geändert werden soll, aber jahrelang keine Bewegung im Hinblick auf die Interessen der Verwertungsgesellschaften zu erzielen war.[90a] **44**

2. Ausgewählte Verbote und zwingende Inhaltsvorschriften

Das Urheberrechtsgesetz enthält darüber hinaus eine Reihe von Vorschriften, die in diesem Zusammenhang als Verbote oder zwingende Inhaltsvorschriften für den Wahrnehmungsvertrag von Bedeutung sind. So dürfen **Bearbeitungen oder andere Umgestaltungen des Werkes** dürfen nur mit Einwilligung des Urhebers des Originalwerks veröffentlicht oder verwertet werden, § 23 S. 1 UrhG. Nach § 39 Abs. 1 UrhG darf der Inhaber eines Nutzungsrechts das Werk, dessen Titel oder Urheberbezeichnung (§ 10 Abs. 1 UrhG) nicht ändern, wenn anderes nicht vereinbart ist. Dieses **Änderungsverbot** gilt zunächst für die Verwertungsgesellschaften selbst als Inhaber der Nutzungsrechte. Es gilt aber darüber hinaus auch für die Nutzer, die von der Verwertungsgesellschaft Rechte erwerben. Wegen des wirtschaftlichen wie persönlichkeitsrechtlichen Bezugs des Bezeichnungsrechts kann der Nutzer nicht durch Vertrag mit der Verwertungsgesellschaft (vgl. § 39 Abs. 1 Hs. 2 UrhG) Abweichendes vereinbaren. Das Gesetz sieht in §§ 41, 42 UrhG **Rückrufrechte** vor, die dem Urheber wegen ihres persönlichkeitsrechtlichen Bezugs[91] auch gegenüber der Verwertungsgesellschaft zustehen.[92] Er kann die Nutzungsrechte wegen Nichtausübung und wegen gewandelter Überzeugung zurückrufen.[93] Praktische Bedeutung haben die Rückrufrechte im Verhältnis zu den Verwertungsgesellschaften indes nicht. **45**

---

90 Referentenentwurf für ein Zweites Gesetz zur Regelung des Urheberrechts in der Informationsgesellschaft, S. 38–40, im Internet einzusehen unter http://www.bundesjustizministerium. de/media/archive/760.pdf (Hervorhebungen hinzugefügt).

90a Zur rechtspolitischen Bewertung der Neuregelung *Staudt,* Die Rechteübertragung im Berechtigungsvertrag der GEMA, Diss. Frankfurt (Oder) 2005, § 3 I 3b, c.

91 *Schack,* Urheber- und Urhebervertragsrecht, Rn. 319.

92 Dazu auch noch *Riesenhuber,* NZA 2004, 1363, 1366f.

93 *Mauhs,* Der Wahrnehmungsvertrag, S. 78f.

II. Das Urheberrechtswahrnehmungsgesetz

1. Die Tatbestände der §§ 6, 7 UrhWG

46 Das Urheberrechtswahrnehmungsgesetz enthält in §§ 6 und 7 zwei Bestimmungen über die Inhaltskontrolle, und es ist ein alter Streit, in welchem Verhältnis sie zu einander stehen. Nach § 6 Abs. 1 S. 1 UrhWG ist die Verwertungsgesellschaft verpflichtet, die zu ihrem Tätigkeitsbereich gehörenden Rechte und Ansprüche auf Verlangen der Berechtigten zu **angemessenen Bedingungen** wahrzunehmen. Nach Absatz 2 der Vorschrift ist zudem zur angemessenen Wahrung der Belange der Berechtigten, die nicht als Mitglieder aufgenommen werden, eine gemeinsame Vertretung zu bilden.

47 Nach § 7 S. 1 UrhWG hat die Verwertungsgesellschaft die Einnahmen aus ihrer Tätigkeit nach festen Regeln – das ist die Legaldefinition des Verteilungsplans – aufzuteilen, die ein **willkürliches Vorgehen** bei der Verteilung **ausschließen**. Der Verteilungsplan, dessen Grundsätze nach Satz 3 der Vorschrift in die Satzung der Verwertungsgesellschaft aufzunehmen sind, soll nach § 7 S. 2 UrhWG dem Grundsatz entsprechen, daß kulturell bedeutende Werke und Leistungen zu fördern sind.

2. Das Angemessenheitsgebot des § 6 Abs. 1 S. 1 UrhWG

a) Der Kontrolltatbestand und sein Zweck

48 Der Vorschrift des § 6 Abs. 1 S. 1 UrhWG wird nach ganz überwiegender Meinung eine **Inhaltskontrolle** des Wahrnehmungsvertrags entnommen. Einzelheiten sind indes umstritten.[94] § 6 Abs. 1 S. 1 UrhWG betrifft primär nicht die Inhaltskontrolle des Wahrnehmungsvertrags, sondern den Wahrnehmungszwang. Unter bestimmten, dort näher bezeichneten Voraussetzungen[95] sind Verwertungsgesellschaften verpflichtet, Rechte der Berechtigten wahrzunehmen.[96] Dabei ist der Gesetzgeber davon ausgegangen, daß die Verwertungsgesellschaften regelmäßig als Selbstverwaltungskörperschaften – z.B. in Form eines Vereins oder einer GmbH – organisiert sind, denen die Berechtigten als Mitglieder angehören können.[97]

49 § 6 Abs. 1 UrhWG schreibt aber – anders als noch der Referentenentwurf von 1954 – nicht vor, daß die Verwertungsgesellschaften die Berechtigten als Mitglieder aufzunehmen hätten **(kein Aufnahmezwang)**, sondern verpflichtet die Verwertungsgesellschaft lediglich dazu, die Rechte der Berechtigten wahrzunehmen **(Wahrnehmungs-**

94 Eingehend hierzu *Riesenhuber,* Die Auslegung und Kontrolle des Wahrnehmungsvertrags, S. 64f. mit ausführlichen Nachweisen.

95 Dazu nur *Meyer,* Verwertungsgesellschaften und ihre Kontrolle nach dem UrhWG, S. 70–76; Schricker-*Reinbothe,* § 6 Rn. 7–12.

96 Aus der jüngeren Rechtsprechung etwa BGH, GRUR 1999, 577 – Sendeunternehmen als Tonträgerhersteller (Aufnahmebegehren des WDR gegenüber der GVL); KG v. 4. 4. 2001 – Kart U 4329/00 – Kinderkomponistin.

97 Notwendig ist das freilich nicht, nach § 1 Abs. 4 UrhWG kann auch eine natürliche Person die Tätigkeit einer Verwertungsgesellschaft (gem. § 1 Abs. 1 UrhWG) ausüben; auf sie finden dann die Vorschriften über Verwertungsgesellschaften entsprechende Anwendung.

zwang). Der wesentliche Grund dafür ist die berechtigte Sorge, daß eine Mehrzahl von „Gelegenheitsurhebern" eine Minderheit von Urhebern, mit deren Verwertung die Verwertungsgesellschaft ihre Einnahmen hauptsächlich einspielt, majorisieren könnte.[98] § 6 Abs. 1 UrhWG enthält daher keine Aussage über die Bedingungen, zu denen die Verwertungsgesellschaft die Rechte ihrer Mitglieder wahrnimmt.[99] Die Vorschrift betrifft lediglich Berechtigte, deren Rechte die Verwertungsgesellschaft noch nicht wahrnimmt, weder im Rahmen eines Mitgliedschaftsverhältnisses noch im Rahmen eines Vertragsverhältnisses. Zugunsten solcher außenstehender Berechtigter sieht § 6 Abs. 1 UrhWG die Verpflichtung der Verwertungsgesellschaft vor, die Rechte zu angemessenen Bedingungen wahrzunehmen.

Genau genommen unterscheidet der Gesetzgeber **drei Gruppen von Berechtigten**, wenn er in bewußter Ablehnung eines *Aufnahme*zwangs einen *Wahrnehmungs*zwang statuiert. (1) Berechtigte, die Mitglieder im korporationsrechtlichen Sinn sind; (2) Berechtigte, die der Verwertungsgesellschaft bereits durch Wahrnehmungsvertrag verbunden sind und (3) außenstehende Berechtigte, die in keiner Vertrags- oder Mitgliedschaftsbeziehung zur Verwertungsgesellschaft stehen. **50**

Allerdings muß das Angemessenheitsgebot **aus teleologischen Gründen** für zwei dieser drei Gruppen gelten, für die außenstehenden Berechtigten (Gruppe (3)) und für die vertraglich verbundenen Berechtigten (Gruppe (2)). Wenn die Verwertungsgesellschaft gebunden ist, einen Wahrnehmungsvertrag zu angemessenen Bedingungen zu schließen, so endet die damit statuierte Bindung an das Angemessenheitsgebot nicht mit Vertragsschluß. **51**

b) Der Gegenstand der Kontrolle

Gegenstand der Kontrolle sind die „Bedingungen" der Wahrnehmung. Gemeint sind damit die **Bedingungen des Wahrnehmungsvertrags**, wobei die Kontrolle nicht auch den inkorporierten Verteilungsplan erfaßt. Die Trennung von Wahrnehmungsvertrag und Verteilungsplan entspricht der Tradition der kollektiven Rechtewahrnehmung, die der Gesetzgeber bei Schaffung des Wahrnehmungsrechts vorfand. Die seinerzeit bestehenden Verwertungsgesellschaften – GEMA, GVL und VG Wort – unterscheiden herkömmlich zwischen Wahrnehmungsvertrag und Verteilungsplan. Daran hat der Gesetzgeber angeknüpft. Wie sich zeigen wird, ist die gesonderte Beurteilung des Verteilungsplans gem. § 7 S. 1 UrhWG auch sachlich gut begründet.[100] **52**

---

98 Begründung des Regierungsentwurfs zu § 6 UrhWG, BT-Drs. IV/271, S. 15f. = *Mestmäcker/Schulze,* Anhang A (3), S. 22.

99 Im Ausgangspunkt wie hier Loewenheim-*Melichar,* § 47 Rn. 12, der aber die (herrschende) Gegenmeinung als „faktisch" unvermeidlich hinnimmt und aus praktischen Gründen billigt. Anders die h. M.: Schricker-*Reinbothe,* § 6 UrhWG Rn. 13; Wandtke/Bullinger-*Gerlach,* § 6 UrhWG Rn. 16; *Mauhs,* Wahrnehmungsvertrag, S. 49–51; *Menzel,* Die Aufsicht über die GEMA, S. 48f.; Fromm/Nordemann-*Nordemann,* § 6 UrhWG Rn. 5.

100 Siehe unten Rn. 64–84. *Riesenhuber,* Die Auslegung und Kontrolle des Wahrnehmungsvertrags, S. 67f.

c) Der Kontrollmaßstab

53 Der anwendbare Kontrollmaßstab ist umstritten. Während manche nur eine Art Willkürkontrolle vornehmen wollen, geht die wohl herrschende Meinung von einem Äquivalenzgrundsatz aus. Im Grundsatz erweist eine historische und teleologische Auslegung von § 6 Abs. 1 UrhWG, daß das Angemessenheitsgebot **als Willkürverbot zu verstehen** ist. Damit stellt es nur ein formales Kontrollkriterium, das indes durch eine materielle Komponente zu ergänzen ist.

aa) Das Angemessenheitsgebot als Korrelat zum Wahrnehmungszwang und seine grundsätzliche Bestimmung als Willkürverbot

54 Die **These vom Angemessenheitsgebot als Äquivalenzgebot**[101] leidet an der konzeptionellen Schwäche, daß eine materielle Äquivalenz im Sinne eines Gleichwerts von Leistung und Gegenleistung beim Wahrnehmungsvertrag von vornherein nicht in Betracht kommt, da der Wahrnehmungsvertrag als Auftrag ein einseitig verpflichtender Vertrag ist.[102] Wegen dieses konzeptionellen Defizits kann es nicht gelingen, die Wahrnehmungsbedingungen auf ihre materielle Äquivalenz hin zu überprüfen.[103]

55 Um zu ermitteln, welchen Beurteilungsmaßstab das Wahrnehmungsgesetz vorschreibt, muß man das Angemessenheitsgebot **in Zusammenhang mit dem Wahrnehmungszwang** sehen, in den es der Gesetzgeber gestellt hat,[104] und ergründen, warum § 6 Abs. 1 UrhWG das Gebot der angemessenen Bedingungen nur für außenstehende Berechtigte vorsieht und nicht für Mitglieder. Der Gesetzgeber ist davon ausgegangen, daß die Mitglieder durch ihre Mitwirkung an der vereinsinternen Willensbildung selbst ausreichend dafür sorgen können, daß ihre Rechte zu angemessenen Bedingungen wahrgenommen werden. Und weil zu den Mitgliedern in erster Linie diejenigen gehören, die wirtschaftlich stark sind, besteht kein Grund, an deren Durchsetzungskraft zu zweifeln. Für eine Inhaltskontrolle der Wahrnehmungsbedingungen von Mitgliedern sah der Gesetzgeber daher grundsätzlich keinen Anlaß.

56 Daß für die **außenstehenden Berechtigten** anderes gilt, liegt auf der Hand. Der Kontrahierungszwang und mit ihm das Angemessenheitsgebot gewinnen erst dann Bedeutung, wenn zwar der Außenstehende auf die Wahrnehmung durch die Verwer-

---

101 OLG München, ZUM 2002, 747f.; *Dünnwald,* FS Kreile, S. 164f.; *Goldmann,* Die kollektive Wahrnehmung musikalischer Rechte, S. 188f.; *Menzel,* Die Aufsicht über die GEMA, S. 47–49; *Nordemann,* GRUR Int. 1973, 306, 307 (der jeden Ermessensspielraum der Verwertungsgesellschaft ablehnt!); Fromm/Nordemann-*Nordemann,* § 6 UrhWG Rn. 6; *Reber,* GRUR 2000, 203, 204; Schricker-*Reinbothe,* § 6 UrhWG Rn. 13; *Wirtz,* Die Kontrolle von Verwertungsgesellschaften, S. 58f.

102 Andeutungsweise ebenso *Goldmann,* Die kollektive Wahrnehmung musikalischer Rechte, S. 188f.; *Meyer,* Verwertungsgesellschaften und ihre Kontrolle, S. 77; *Rehbinder,* DVBl. 1992, 216, 217. *Insoweit* liegen die Dinge hier grundlegend anders als beim Lizenzvertrag zwischen Verwertungsgesellschaft und Nutzer, dessen Bedingungen ebenfalls „angemessen" sein müssen, § 11 UrhWG.

103 Vertiefend *Riesenhuber,* Die Auslegung und Kontrolle des Wahrnehmungsvertrags, S. 68 f.

104 Zum Wahrnehmungszwang unten *Staudt,* **Kap. 10 Rn. 9–21**.

tungsgesellschaft angewiesen ist, diese aber daran kein erhebliches eigenes Interesse hat. Wenn der Außenstehende in dieser Weise auf die Rechtswahrnehmung durch die Verwertungsgesellschaft angewiesen ist, dann reicht es nicht aus, einen Wahrnehmungszwang zu statuieren, denn die Verwertungsgesellschaft könnte ihre überlegene Position ausspielen und dem Außenstehenden ungünstige Wahrnehmungsbedingungen anbieten. Die „Richtigkeitsgewähr“, die wir dem Vertragsmechanismus normalerweise beimessen,[105] wäre in diesem Fall nicht mehr gegeben.

Letztlich ist das Gebot der angemessenen Bedingungen das **teleologisch notwendige Korrelat des Kontrahierungszwangs**: Die Verwertungsgesellschaft darf sich ihrer Bindung nicht dadurch entziehen, daß sie den Berechtigten den Vertragsschluß zu unangemessenen Bedingungen anbietet. Hat man sich diesen Hintergrund vor Augen geführt, so wird auch verständlich, was der Gesetzgeber gemeint hat, als er in der Gesetzesbegründung zur Bestimmung der Angemessenheit Stellung genommen hat. Er hat dabei nämlich keineswegs auf die auf den ersten Blick naheliegende Bestimmung mit Hilfe des materiellen Äquivalenzgrundsatzes rekurriert, wonach die Wahrnehmungsbedingungen Art und Umfang der eingebrachten Rechte entsprechen müssen.[106] Statt dessen hat er gesagt: 57

> „Als angemessen werden in der Regel die Bedingungen anzusehen sein, die die Verwertungsgesellschaft allgemein auch ihren Mitgliedern auferlegt. Verlangt z.B. die Verwertungsgesellschaft von ihren Mitgliedern eine Gesamtübertragung aller zu ihrem Tätigkeitsbereich gehörenden Rechte und Ansprüche, wie es häufig der Fall ist, weil nur auf diese Weise eine wirtschaftliche Wahrnehmung der Rechte und Ansprüche möglich ist, so kann die Verwertungsgesellschaft auch gegenüber den Wahrnehmungsberechtigten die Wahrnehmung von einer solchen Gesamtübertragung abhängig machen.“[107]

Der Grundsatz ist demnach: Die Wahrnehmungsbedingungen sind angemessen iSv § 6 Abs. 1 S. 1 UrhWG, wenn sie den Bedingungen entsprechen, die die Verwertungsgesellschaft allgemein auch ihren Mitgliedern auferlegt.[108] Das ist nun verständlich, ebenso wie die Tatsache, daß der Gesetzgeber zur Angemessenheit nicht *mehr* gesagt hat. Wenn man davon ausgeht, daß die Wahrnehmungsbedingungen der Mitglieder eine Vermutung der Angemessenheit für sich haben, so kann man die angemessene Behandlung von Außenstehenden zumindest im Grundsatz schon allein dann als gewährleistet ansehen, wenn die Verwertungsgesellschaft den Außenstehenden dieselben Bedingungen anbietet wie ihren Mitgliedern. Nur wenn eine **Ungleichbehandlung vorliegt**, muß man in einem zweiten Schritt prüfen, ob die Ungleichbehandlung sachlich 58

105 Die Lehre von der Richtigkeitsgewähr geht zurück auf *Schmidt-Rimpler,* AcP 147 (1941), 130–197, und *ders.,* FS Raiser, 1–26. Heute wird zurückhaltender von einer Richtigkeitschance gesprochen, so kürzlich *Canaris,* Iustitia Distributiva, S. 48–51; *ders.,* FS Lerche, 873, 883f.; kritisch *Singer,* Selbstbestimmung und Verkehrsschutz, S. 9–12.

106 In diese Richtung v.a. *Nordemann*, GRUR Int. 1973, 306, 307.

107 RegE, Begr. zu § 6 RegE UrhWG, BT Drs. IV/271, S. 15f., abgedruckt bei und zitiert nach *Mestmäcker/Schulze,* Anhang A (3), S. 22.

108 A. M. *Vogel,* GRUR 1993, 513, 519. Das einzige Argument, auf das er sich stützt, ist, daß § 6 Abs. 1 S. 1 UrhWG anders als Abs. 2 der Vorschrift gar nicht zwischen Mitgliedern und sonstigen Berechtigten unterscheide. Das ist, wie bereits oben, Rn. 48–51, gezeigt, falsch.

gerechtfertigt ist und ob die Wahrnehmungsbedingungen unter Berücksichtigung dieser Ungleichbehandlung noch insgesamt angemessen sind.[109]

bb) Die subsidiäre Heranziehung eines materiellen Kontrollmaßstabs

59 Damit bestimmt der Staat die Angemessenheit zuerst nicht selbst inhaltlich, sondern beschränkt sich darauf, die von den Berechtigten, die Mitglieder sind, selbst gesetzten Maßstäbe heranzuziehen. Allerdings kommt man doch nicht umhin, die Angemessenheit materiell näher zu bestimmen. Das ist insbesondere[110] dann erforderlich, wenn die Wahrnehmungsbedingungen für Mitglieder im vereinsrechtlichen Sinn von jenen für die nur schuldvertraglich berechtigten abweichen. Die **Maßstäbe** dafür sind dem Urheberrechtswahrnehmungsgesetz und dem – darin vorausgesetzten – Zweck des Wahrnehmungsvertrags sowie dem Zweck des Wahrnehmungszwangs, den das Angemessenheitsgebot flankiert, zu entnehmen.[111]

60 Dabei ist zum einen die **Zwangslage des Berechtigten** zu berücksichtigen, der sich gerade deshalb auf den Wahrnehmungszwang berufen kann, weil „eine wirksame Wahrnehmung der Rechte oder Ansprüche anders nicht möglich ist" (§ 6 Abs. 1 S. 1 UrhWG). Andererseits anerkennt das Wahrnehmungsgesetz, daß die Verwertungsgesellschaften für ein **Kollektiv aller Berechtigten** tätig sind. Endlich ergibt sich aus dem **Treuhandcharakter des Wahrnehmungsvertrags**, daß die Verwertungsgesellschaft das – vom BGH sogenannte – wirtschaftliche Gebot der Verhältnismäßigkeit beachten muß.[112] Auch dieses Gebot der wirtschaftlichen Verhältnismäßigkeit ist wiederum im Hinblick auf die kollektive Rechtewahrnehmung auszufüllen.[113]

d) Verstoßfolgen: Staatsaufsicht und Vertragsrecht

61 Die Vorschrift des § 6 UrhWG enthält zwar einen Gebotstatbestand, bestimmt aber keine Rechtsfolgen. *Eine* Sanktion für die Pflichtverletzung ist dem Wahrnehmungsgesetz indes schon selbst zu entnehmen, sie kann **aufsichtsrechtliche Konsequenzen** haben (§§ 18–20 UrhWG), (Rn. 62). Wenig erörtert ist die Frage, ob § 6 UrhWG auch eine **Vorschrift des Privatrechts** ist, auf die sich der einzelne gegenüber der Verwertungsgesellschaft berufen könnte (Rn. 63).

---

109 Das läßt sich nicht schon pauschal verneinen; *Peinemann,* UFITA 52 (1969), 152, 159f.

110 S. weiterhin *Riesenhuber,* Die Auslegung und Kontrolle des Wahrnehmungsvertrags, S. 71.

111 In diese Richtung auch *Vogel,* GRUR 1993, 513, 519; *ders.,* FG Schricker, S. 137; wohl auch *Rehbinder,* DVBl. 1992, 216, 218, wenn er bestimmt: „Wahrnehmungsbedingungen sind angemessen i. S. des § 6 Abs. 1 UrhWG, wenn sie den berechtigten Interessen beider Vertragspartner unter Beachtung des Verhältnismäßigkeitsgrundsatzes Rechnung tragen, dem Gleichbehandlungsgebot genügen und nicht gegen das AGBG oder gegen zwingende Vorschriften des UrhG verstoßen."; denn welche Interessen „berechtigt" sind, läßt sich wiederum nicht freischwebend, sondern nur aus dem Wahrnehmungsgesetz bestimmen. Vornehmlich mit praktischen Erwägungen gegen *Rehbinder: Nordemann,* GRUR 1992, 584–589.

112 BGH, GRUR 1988, 782, 783 – GEMA-Wertungsverfahren.

113 Vertiefend hierzu *Riesenhuber,* Die Auslegung und Kontrolle des Wahrnehmungsvertrags, S. 71–73.

Umstritten ist, ob die aufsichtsrechtliche Bewehrung nach den §§ 18–20 UrhWG auch im Individualinteresses normiert und einzelnen – hier: Berechtigten – daher ein subjektives öffentliches **Recht auf ermessensfehlerfreie Entscheidung** zuzubilligen ist[114] oder der Individualschutz lediglich ein sogenannter Rechtsreflex (besser: Schutzreflex) ist, der die Berechtigten nur faktisch begünstigt, ohne ihnen einen klagbaren Anspruch zu gewähren.[115] Das Deutsche Patentamt hat einen Anspruch auf ermessensfehlerfreie Entscheidung verneint und die Beschwerden einzelner nur als Anregungen behandelt.[116] Nach anderer Auffassung ist auch die Aufsicht nach §§ 18–20 UrhWG über die Wahrung des Angemessenheitsgebots ist als individualschützend zugunsten der Berechtigten anzusehen. Darauf deutet der „individualrechtlich" formulierte Wortlaut der Vorschrift hin, der die einzelnen Geschützten näher abgrenzt. Zudem dient der Wahrnehmungszwang seinem Zweck nach dem Schutz des einzelnen, der zur Wahrung seiner Vermögensinteressen auf die Rechtewahrnehmung durch die Verwertungsgesellschaft angewiesen ist.[117] Auch die Gesetzesbegründung zum Wahrnehmungszwang weist auf diese individualschützende Tendenz der Vorschrift hin.[118] Den Berechtigten ist daher auch ein subjektiv-öffentliches Recht auf ermessensfehlerfreie Entscheidung zuzubilligen.[119] 62

Wenig erörtert ist die Frage, ob § 6 Abs. 1 S. 1 UrhWG eine **Norm des Privatrechts** ist.[120] Der Grund dafür mag freilich darin liegen, daß § 6 Abs. 1 S. 1 UrhWG schon seinem Wortlaut nach als privatrechtliche Norm erscheint. Rechtsprechung und Literatur gehen daher regelmäßig ohne weiteres davon aus, daß es sich dabei auch um Vertragsrecht handele. Dem ist in der Tat zuzustimmen. Schwierigkeiten kann indes die Bestimmung der Rechtsfolgen im Einzelfall bereiten.[121] 63

3. Das Willkürverbot des § 7 S. 1 UrhWG

a) Der Kontrolltatbestand und sein Zweck

Seit langem umstritten ist auch die Auslegung von § 7 S. 1 UrhWG, der die **Inhaltskontrolle des Verteilungsplans** betrifft.[122] Hat sich der Gesetzgeber etwas dabei gedacht, daß er dort nur ein *Verbot* normiert und als Prüfungsmaßstab nur die *Willkür* 64

---

114 Dazu *Wolff/Bachof/Stober*, § 43 Rn. 56a iVm § 31 Rn. 54.

115 *Kopp/Schenke,* § 42 Rn. 87 („Reflexrechte"); *Wolff/Bachof/Stober,* § 43 Rn. 9.

116 DPA, Bescheid v. 28.6.1978, GEMA-Nachrichten 1978 Nr. 108, S. 74, 76f.; ebenso *Häußer,* FuR 1980, 57, 69; *Mestmäcker/Schulze,* § 18 UrhWG Anm. 2; und jüngst Loewenheim-*Melichar,* § 50 Rn. 21 f. Ebenso auch *Himmelmann,* **Kap. 18 Rn. 164–169**.

117 *Fritsch,* GRUR 1984, 22, 24f. Vgl. auch die Begründung von BGH, NJW 1979, 1354 (bestätigt in BGH, NJW 1979, 1879) zu einer entsprechenden bankaufsichtsrechtlichen Problematik.

118 RegE, Begründung zu § 6, BT-Drs. IV/271, S. 15f. = *Mestmäcker/Schulze,* Anhang A (3), S. 21f.

119 Im einzelnen *Riesenhuber,* Die Auslegung und Kontrolle des Wahrnehmungsvertrags, S. 75f.

120 Die Möglichkeit der Durchsetzung ihrer Rechte vor den ordentlichen Gerichten erörtert Schricker-*Reinbothe,* § 18 UrhWG Rn. 2 a.E. nur für die *Nutzer,* nicht für die hier betroffenen Berechtigten.

121 Hierzu *Riesenhuber,* Die Auslegung und Kontrolle des Wahrnehmungsvertrags, S. 77f.

122 Der Professorenentwurf hatte eine Änderung vorgeschlagen, wonach der überwiegende Teil

gesetzt hat, während § 6 Abs. 1 S. 1 UrhWG ein *Gebot* enthält und als Prüfungsmaßstab die *Angemessenheit* vorsieht? Die wohl nach wie vor herrschende Auffassung, die man als Differenzierungsthese bezeichnen kann, bejaht das (Rn. 65). Nach anderer Meinung, der Einheitsthese (Rn. 66), bedeuten Angemessenheitsgebot und Willkürverbot hingegen dasselbe – beide sollen als Angemessenheitsgebot auszulegen sein.

65 Nach der **Differenzierungsthese** sind die beiden Vorschriften über die Inhaltskontrolle auf der Tatbestandsebene abzugrenzen. § 6 Abs. 1 UrhWG betrifft den Berechtigungsvertrag, § 7 S. 1 UrhWG hingegen den Verteilungsplan. Folglich haben die beiden Kontrollmaßstäbe nichts mit einander zu tun. Das Willkürverbot des § 7 S. 1 UrhWG sei eine – in dem Kontrollmaßstab engere – lex specialis zu § 6 Abs. 1 UrhWG.[123]

66 Dieser Differenzierungsthese hat *Nordemann* eine **Einheitsthese** entgegengestellt.[124] Das Angemessenheitsgebot bedeute, daß die Bedingungen des Berechtigungsvertrags Art und Umfang der Rechte entsprechen müssen, die der Berechtigte der Verwertungsgesellschaft überträgt; das ist eine Art objektiver oder materieller Äquivalenzgrundsatz.[125] Das Willkürverbot

> „konkretisiert damit das Angemessenheitsgebot des § 6 für den Bereich der Verteilungspläne. Die Zweifel Häußers ... an der Übereinstimmung der §§ 6 und 7, die er aus der unterschiedlichen Wortwahl (‚angemessen' bzw. ‚willkürlich') herleitet, lassen sich leicht ausräumen: Die Verpflichtung der Verwertungsgesellschaft aus § 6, eine den eingebrachten Rechten und Ansprüchen entsprechende Gegenleistung zu erbringen ..., läßt sich nur über die Verteilungspläne erfüllen (und kontrollieren); also müssen auch und gerade die Verteilungspläne schon dem Angemessenheitsgebot des § 6 entsprechen, was die Annahme eines abweichenden Regelungsgehalts in § 7 S. 1 ausschließt. Zudem wird durch die Kurzformel des Willkürverbots nur der Grundsatz der Gleichbehandlung gekennzeichnet."[126]

---

der Einnahmen dem Urheber bzw. Leistungsschutzberechtigten oder Künstler zufließen; Art. 3 Professorenentwurf, abgedruckt bei M. *Schulze,* Materialien, S. 1319; kritisch *Schack,* ZUM 2001, 453, 464.

123 Schricker-*Reinbothe,* § 7 UrhWG Rn. 5; Loewenheim-*Melichar,* § 47 Rn. 32; *Melichar,* Urheberrecht in Theorie und Praxis, S. 83f.; *Menzel,* Die Aufsicht über die GEMA, S. 52; *Mestmäcker/Schulze,* § 6 UrhWG Anm. 2; *Meyer,* Verwertungsgesellschaften und ihre Kontrolle, S: 96f.; E. *Ulmer,* Zur Rechtsstellung der Musikverlage in der GEMA, GEMA-Nachrichten 1978 Nr. 108, S. 99, 106; DPA, Bescheid v. 28. 6. 1978 GEMA-Nachrichten 1978 Nr. 108, S. 74, 78 (allerdings mit dem einschränkenden Zusatz, die Grenze zwischen Unangemessenheit und Willkür sei fließend).

124 *Nordemann,* GRUR Int. 1973, 306, 308; Fromm/Nordemann-*Nordemann,* § 6 UrhWG Rn. 6, § 7 UrhWG Rn. 2. Ihm folgend *Mauhs,* Der Wahrnehmungsvertrag, S. 57; *Reber,* GRUR 2000, 203, 208; Dreier/Schulze-*Schulze,* § 7 UrhWG Rn. 5; *Vogel,* GRUR 1993, 513, 521; *ders.,* FG Schricker, S. 139; und wohl auch *Dünnwald,* FS Kreile, S. 164f. Aus der Rechtsprechung etwa BVerfGE 79, 1, 17f.; OLG München, ZUM 2002, 747f. (je ohne nähere Erörterung). I. E. ebenso *Augenstein,* Rechtliche Grundlagen der Verteilung, S. 67–73 (mit verfassungsrechtlicher Begründung).

125 *Nordemann,* GRUR Int. 1973, 306, 307. Zur Unterscheidung von objektiver/materieller und subjektiver/formeller Äquivalenz nur *Canaris,* AcP 200 (2000), 273, 283.

126 Fromm/Nordemann-*Nordemann,* § 7 UrhWG Rn. 2 sowie § 6 UrhWG Rn. 5; ebenso schon *Nordemann,* GRUR Int. 1973, 306, 308.

Die **Rechtsprechung** läßt, soweit ersichtlich, keine einheitliche Linie erkennen. In der Entscheidung GEMA-Wertungsverfahren scheint der BGH eher der Differenzierungsthese zu folgen.[127] **67**

Das **Ziel des Individualschutzes**, um das es der Einheitsthese geht, konfligiert mit einem anderen Ziel des Wahrnehmungsgesetzes, nämlich der **Konzeption der Verwertungsgesellschaften als staatsferne Selbstverwaltungsorganisationen**. Der Gesetzgeber von 1965 fand die Verwertungsgesellschaften, die sich im gesellschaftlichen Bereich gebildet hatten, als solche Selbstverwaltungsorganisationen vor und wollte es aus guten Gründen auch dabei belassen. Die bei der Verteilung erforderlichen Wertungen sind ungleich besser legitimiert, wenn sie von den Betroffenen selbst getroffen werden. Die Regelung des § 7 UrhWG ist **Ausgleich dieser widerstreitenden Prinzipien**. Der Gesetzgeber hat dabei die Autonomie der Verwertungsgesellschaften weitgehend gewahrt und sie zuerst durch zwei formale Mechanismen gebunden. Die Verteilung muß in der Form von festen Regeln, eines Plans, erfolgen, so daß sie vorhersehbar und überprüfbar ist. Und die Grundsätze dieses Plans müssen Bestandteil der Satzung sein – und werden dadurch der formalen Kontrolle des Satzungsänderungsverfahrens unterworfen. Die inhaltliche Kontrolle ist auf das Willkürverbot beschränkt. **68**

b) Der Gegenstand der Kontrolle

Gegenstand der Kontrolle nach § 7 UrhWG ist **grundsätzlich nur der Verteilungsplan**.[128] Formal von dem Verteilungsplan getrennt sind „die Grundsätze des Verteilungsplans" allerdings auch in die Satzung aufzunehmen. Der Gesetzgeber wollte die Verteilung auf diese Weise besonders transparent machen und sicherstellen, daß die Grundsätze der Verteilung nur nach dem strengen Verfahren der Satzungsänderung verändert werden können. Diese Zwecksetzung macht deutlich, daß die „Grundsätze der Verteilung" nicht deswegen der Willkürkontrolle entzogen sein können, weil sie in der Satzung festgelegt sind. Gegenstand der Kontrolle sind daher die Verteilungsregeln auch, **soweit sie in der Satzung niedergelegt** sind. **69**

Nach § 7 S. 2 UrhWG soll der Verteilungsplan dem Grundsatz Rechnung tragen, daß **kulturell bedeutende Werke und Leistungen zu fördern** sind. Die Verwertungsgesellschaften tragen dem teils durch Einzelregeln innerhalb des Verteilungsplans Rechnung,[129] teils ist die kulturelle Förderung besonders geregelt.[130] Auch insoweit beansprucht das Willkürverbot des § 7 S. 1 UrhWG Geltung. Allerdings erfordert die kulturelle Förderung mehr als die Verteilung allgemein eine Bewertung. Das ist, wie näher zu erörtern ist, bei der Konkretisierung des Willkürverbots zu berücksichtigen.[131] **70**

---

127 BGH, GRUR 1988, 782, 784 – GEMA Wertungsverfahren.

128 Vertiefend *Riesenhuber,* Die Auslegung und Kontrolle des Wahrnehmungsvertrags, S. 81f.

129 Förderungselemente enthält z.B. die Bewertung der E-Musik in Abschnitt X Ausführungsbestimmungen zum Verteilungsplan A der GEMA; s. unten, **Kap. 11 Rn. 297–305**.

130 Auch formal gesonderte Förderungsregeln enthalten z.B. die „Geschäftsordnungen" für die Wertungsverfahren der GEMA; s. unten, **Kap. 12**.

131 S. unten Rn. 73–79.

c) *Der Kontrollmaßstab*

71 Auch bei § 7 S. 1 UrhWG ist die Frage nach dem einschlägigen Kontrollmaßstab aufzuwerfen. So enthält der zweite Halbsatz nach der Vorstellung des Gesetzgebers nicht nur formale, sondern auch inhaltliche Vorgaben für die Ausgestaltung des Verteilungsplans.[132] Insbesondere sind das Angemessenheitsgebot des § 6 Abs. 1 UrhWG und das **Willkürverbot** des § 7 S. 1 UrhWG – entgegen der Einheitsthese[133]– inhaltlich nicht identisch, da das Willkürverbot lediglich einen „negativen Kontrollmaßstab" aufstellt, der die Kontrolle auf ein äußerstes Maß zurücknimmt.[134]

72 Nach dem klaren Wortlaut des § 7 S. 1 UrhWG unterliegt der Verteilungsplan somit nur einem Willkürverbot. Nach der äußeren Systematik von §§ 6, 7 UrhWG geht das Willkürverbot dem Angemessenheitsgebot als **lex specialis** vor. Da eine willkürliche Regelung stets unangemessen ist, wäre es auch ganz sinnlos, das Willkürverbot in § 7 UrhWG noch eigens zu normieren, wenn der Verteilungsplan schon dem Angemessenheitsgebot unterläge. Damit ist zu spezifizieren, was das Willkürverbot für die Kontrolle des Verteilungsplans bedeutet.

aa) Konkretisierung des Maßstabs der Willkürfreiheit

73 Die Willkürfreiheit gebietet zunächst einmal, **alle Berechtigten gleich zu behandeln**. Einer weitergehenden Angemessenheitskontrolle bedurfte es von vornherein nicht, weil der Verteilungsplan ja Mitglieder wie sonstige Berechtigte gleichermaßen betrifft.[135] Ebenso wie beim Angemessenheitsgebot des § 6 Abs. 1 S. 1 UrhWG wird man aber auch hier nicht darauf verzichten können, die **Willkürfreiheit** in Form einer äußersten Grenze **materiell zu bestimmen**. Dafür können verschiedene Gründe einen Anlaß bieten. Zum einen kann es ja durchaus vorkommen, daß der Verteilungsplan unterschiedliche Regelungen für Mitglieder und sonstige Berechtigte vorsieht. Zum anderen kann die formal gleiche Behandlung aller Mitglieder sich im Einzelfall besonders positiv oder negativ für eine Gruppe von Berechtigten auswirken („mittelbare Diskriminierung"). Für solche Fälle ist die Willkürfreiheit als materielle Bindung zu bestimmen, die eine Rechtfertigung der Regelung aus einem legitimen Regelungszweck verlangt. Willkürlich ist danach eine Regelung, die jeder sachlichen Rechtfertigung entbehrt.

74 Die damit erforderlichen inhaltlichen Leitlinien ergeben sich aus dem Wahrnehmungsgesetz und dem Urheberrechtsgesetz, denen **vier Prinzipien** für die Verteilung entnommen werden können.

---

132 S. nur die Entstehungsgeschichte, insbesondere den Wortlaut des Referentenentwurfs, *Mestmäcker/Schulze,* Anhang A (1), S. 3. Dazu *Riesenhuber,* Die Auslegung und Kontrolle des Wahrnehmungsvertrags, S. 83.

133 Hierzu bereits oben Rn. 66.

134 Dazu näher *Riesenhuber,* Die Auslegung und Kontrolle des Wahrnehmungsvertrags, S. 83f.

135 Näher *Riesenhuber,* Die Auslegung und Kontrolle des Wahrnehmungsvertrags, S. 87.

(1) Das Leistungsprinzip

An erster Stelle steht das **Leistungsprinzip**, nach dem jedem Berechtigten ein Anteil an den Einnahmen gebührt, der den Einnahmen entspricht, die aus der Verwertung seiner Rechte erzielt wurden. Das Leistungsprinzip ergibt sich schon aus dem Urheberrechtsgesetz, es liegt der dort statuierten Monopolisierung der wirtschaftlichen Verwertung der eigenen Schöpfung zugrunde.[136] Aber auch das Wahrnehmungsgesetz läßt erkennen, daß die Verwertungsgesellschaften das Leistungsprinzip zu berücksichtigen haben. Deswegen, weil die Verwertungsgesellschaften gebunden sind, eine den individuellen Leistungen entsprechende Verteilung zu bewirken, haben sie gegen die Veranstalter einen gesetzlichen Anspruch auf Überlassung einer Aufstellung über die benutzten Werke (§ 13a Abs. 2 S. 1 UrhWG).[137] Nichts anderes als eine Bestätigung des Leistungsprinzips enthält auch § 54h Abs. 2 UrhG, wonach jedem Berechtigten ein „angemessener Anteil" an den Vergütungen für Bild- und Tonaufzeichnungen sowie Ablichtungen zusteht.[138] 75

(2) Das Prinzip der kulturellen Förderung

Das zweite Prinzip ist das **Prinzip der kulturellen Förderung**, das der Verteilungsplan gem. § 7 S. 2 UrhWG berücksichtigen soll. Dieses Prinzip ist § 7 S. 2 UrhWG unmittelbar zu entnehmen. Es wird in der Sache damit begründet, daß die kulturelle Förderung (und die soziale Sicherung) eine staatliche Aufgabe sei, die Verwertungsgesellschaften daher als Träger staatsentlastender Aufgaben anzusehen seien.[139] Der materielle Gedanke wird auch in der Sozialbindung des Urheberrechts gesehen.[140] Freilich erfordert die Kulturförderung durch die Verwertungsgesellschaften, die ja keineswegs sachgesetzlich unvermeidlich ist, ihre ergänzende Legitimation durch die Selbstbestimmung der Berechtigten.[141] 76

(3) Das Solidarprinzip

Ein drittes Prinzip ist das **Solidarprinzip**, das in der Bindung der Verwertungsgesellschaften zum Ausdruck kommt, Vorsorge- und Unterstützungseinrichtungen für ihre Berechtigten einzurichten (§ 8 UrhWG). Auch dieses Prinzip ist als gegenläufiges Prinzip zum Leistungsgrundsatz bereits unmittelbar dem Gesetz zu entnehmen. Für 77

---

136 Zur Begründung aus dem Ausschließlichkeitsprinzip *Hauptmann,* Die Vergesellschaftung des Urheberrechts, S. 15–40, und, zur Bindung der Verwertungsgesellschaften an das Leistungsprinzip, S. 44 (sehr weitgehend).

137 RegE, Begründung zu § 16, BT-Drs. IV/271, S. 19 = *Mestmäcker/Schulze,* Anhang A (3), S. 27.

138 Dazu *Riesenhuber,* Die Auslegung und Kontrolle des Wahrnehmungsvertrags, S. 18f.

139 *Becker,* FS Kreile, S. 27–51; *Kreile/Becker,* in: Handbuch der Musikwirtschaft, S. 602–605.

140 *Melichar,* in: Josef Kohler und der Schutz des geistigen Eigentums in Europa, S. 105–111. S.a. *Augenstein,* Rechtliche Grundlagen des Verteilungsplans, S. 117–147.

141 *Fiscor,* ZUM 2003, 3, 9f.; *Melichar,* in: Josef Kohler und der Schutz des geistigen Eigentums in Europa, S. 107. Vertiefend *Riesenhuber,* Die Auslegung und Kontrolle des Wahrnehmungsvertrags, S. 88f.

seine Legitmation und seine Anwendung gilt Entsprechendes wie soeben zum Prinzip der kulturellen Förderung ausgeführt. Es gründet in des Sozialpflichtigkeit des Urheberrechts und findet seine Rechtfertigung darin, daß der Gesetzgeber die Rechtewahrnehmung auf private und staatsferne Organisationen übertragen hat. Die Verwertungsgesellschaften werden allerdings bei der Verwirklichung des Solidargedankens berücksichtigen müssen, inwieweit die solidarische Tragung sozialer Risiken durch die in der Verwertungsgesellschaft zusammengeschlossenen Berechtigten im Rahmen des Gesamtsystems der sozialen Sicherheit (noch) geboten ist.[142]

(4) Das Prinzip der kollektiven Rechtewahrnehmung

78 Und endlich darf – und muß zumeist – der Verteilungsplan das **Prinzip der kollektiven Wahrnehmung** berücksichtigen, das gewisse Pauschalierungen und Standardisierungen ermöglicht oder sogar gebietet.[143] Dieses Prinzip liegt dem Wahrnehmungsgesetz unausgesprochen zugrunde, es liegt aber auch in der Natur verschiedener Vergütungsansprüche des Urheberrechtsgesetzes, die von der individuellen Nutzung unabhängig sind.

79 Es kann, wie vor allem die **BGH-Entscheidung GEMA-Wertungsverfahren** deutlich macht, insbesondere Einschränkungen des Leistungsprinzips rechtfertigen. Dort hatte der Bundesgerichtshof im Hinblick auf die Kontrolle des Verteilungsplans insbesondere auf zweierlei hingewiesen. Zum einen hat er die mit der kollektiven Rechtewahrnehmung unvermeidlichen Pauschalierungen und Vereinfachungen bei der Verteilung hervorgehoben.[144] Zum zweiten hat er darauf hingewiesen, daß die vom Gesetzgeber vorausgesetzte privatrechtliche Organisation der Verwertungsgesellschaften dazu führen kann, daß die Verteilungsregeln Regelungsdisparitäten aufweisen, die zumindest übergangsweise hingenommen werden können, ohne daß ein Verstoß gegen das Willkürverbot vorliegt.[145] In der Sache wahrt das Gericht durch die Zuerkennung eines Beobachtungs- und Beurteilungsspielraums sowie einer Karenzzeit für die Herstellung der Gleichbehandlung die Autonomie der Verwertungsgesellschaften, die ihnen nach dem Wahrnehmungsgesetz gerade im Bereich der Verteilung zukommen soll.[146]

---

142 Insofern haben sich die Dinge seit Erlaß des Wahrnehmungsgesetzes von 1965 erheblich verändert, vor allem durch die mit Gesetz vom 27. 7. 1981 eingeführte Künstlersozialversicherung, dazu nur *Schack,* Urheber- und Urhebervertragsrecht, Rn. 12 und 1224.

143 Grundlegend BGH, GRUR 1988, 782, 783 – GEMA-Wertungsverfahren; in der Sache auch OLG München, ZUM 2002, 747, 748. Anders Wandtke/Bullinger-*Gerlach,* § 7 UrhWG Rn. 2, der Pauschalierungen mit dem Solidargedanken begründen möchte; das ist indes abzulehnen, da sonst Transferleistungen besonders verschleiert würden und so nicht mehr legitimierbar wären.

144 BGH, GRUR 1988, 782, 783 – GEMA-Wertungsverfahren.

145 BGH, GRUR 1988, 782, 785 – GEMA-Wertungsverfahren.

146 Ausführlich zum Prinzip der kollektiven Rechtewahrnehmung *Riesenhuber,* Die Auslegung und Kontrolle des Wahrnehmungsvertrags, S. 90–92.

bb) Die kulturelle Förderung durch Verwertungsgesellschaften insbesondere

Eine besonders umstrittene Frage ist, wie weit der Verteilungsplan Regelungen über 80
die kulturelle Förderung vorsehen darf. Hierfür lassen sich den genannten Prinzipien einige gesetzliche Leitlinien entnehmen. Das betrifft zunächst das **„Ob" der Förderung**. Insoweit hat das Wahrnehmungsgesetz in § 7 S. 2 eine Soll-Bindung vorgeschrieben,[147] die nach dem allgemeinen juristischen Sprachgebrauch bedeutet, das eine kulturelle Förderung vorzusehen ist, wenn nicht besondere Umstände etwas anderes gebieten.[148] Nicht das Bestehen von Förderungsregelungen, sondern deren Fehlen bedarf demnach der Begründung.

Inhaltlich muß die Förderung indes mit Rücksicht auf das fundamentale Leistungs- 81
prinzip beschränkt sein. So wird man die – schon bei Erlaß des Urheberrechtswahrnehmungsgesetzes von 1965 – übliche Verwendung von fünf oder zehn Prozent der Einnahmen für die Förderung für gerechtfertigt halten dürfen,[149] eine weit darüber hinausgehende Verwendung der Einnahmen für Förderungszwecke dürfte indes mit dem Leistungsprinzip unvereinbar sein. Andererseits ist den Verwertungsgesellschaften für die Bestimmung der Art und Weise der Förderung ein **weiter Spielraum** einzuräumen.[150]

d) Verstoßfolgen: Staatsaufsicht und Vertragsrecht

Wie schon zuvor für das Angemessenheitsgebot stellt sich auch hier die Frage, welche 82
Rechtsfolgen eine Pflichtverletzung hat. Die Antwort ist bereits durch die oben (Rn. 61–63) dargelegten Grundsätze vorgezeichnet. Auch hier ist zwischen staatsaufsichtsrechtlichen (Rn. 83) und vertragsrechtlichen (Rn. 84) Sanktionen zu unterscheiden.

Ebenso wie das Angemessenheitsgebot des § 6 Abs. 1 S. 1 UrhWG unterliegt auch das 83
Willkürverbot des § 7 S. 1 UrhWG der **Kontrolle durch das DPMA (Staatsaufsicht)**.[151] Das Amt hat die Aufsichtsmittel der Abmahnung und der Entziehung der Erlaubnis. Und auch im Hinblick auf das Willkürverbot, das – wenn nicht zentral, so doch: – auch im Interesse der Berechtigten normiert wurde,[152] ist den einzelnen Berechtigten ein subjektiv-öffentliches Recht auf ermessensfehlerfreie Entscheidung des DPMA zuzuerkennen.[153]

---

147 RegE, Begründung zu § 7, BT-Drs. IV/271, S. 16 (wegen verfassungsrechtlicher Bedenken keine zwingende Vorschrift).

148 Wandtke/Bullinger-*Gerlach,* § 7 UrhWG Rn. 6; Schricker-*Reinbothe,* § 7 Rn. 10; *Lerche,* GEMA-Jahrbuch 1997/98, S. 108–111; *Wolff/Bachof/Stober,* Verwaltungsrecht I, § 31 Rn. 34.

149 Eingehende Würdigung bei *Lerche,* GEMA-Jahrbuch 1997/98, S. 80–127.

150 *Riesenhuber,* Die Auslegung und Kontrolle des Wahrnehmungsvertrags, S. 93f. Ebenso Schricker-*Reinbothe,* § 7 Rn. 10; Fromm/Nordemann-*Nordemann,* § 7 Rn. 3.

151 *Löhr,* Die Aufsicht über Verwertungsgesellschaften, S. 36; *Meyer,* Verwertungsgesellschaften und ihre Kontrolle, S. 70; Schricker-*Reinbothe,* § 19 Rn. 1.

152 RegE, Begründung zu § 7, BT-Drs. IV/271, S. 16 = *Mestmäcker/Schulze,* Anhang A (3), S. 22 („Um zu gewährleisten, daß die Einnahmen aus der Wahrnehmung der anvertrauten Rechte und Ansprüche gerecht verteilt werden, verpflichtet der Entwurf die Verwertungsgesellschaften zur Aufstellung eines festen Verteilungsplans (").

153 S. nur *Meyer,* Verwertungsgesellschaften und ihre Kontrolle, S. 129f.; Schricker-*Reinbothe,* § 18 Rn. 2. Zu den Grundsätzen bereits oben Rn. 62.

84 Problematischer ist auch hier die Frage, ob das Willkürverbot des § 7 S. 1 UrhWG **Bestandteil des Vertragsrechts** ist und damit von einzelnen durchgesetzt werden kann, und wenn ja, wie. Dafür spricht nicht nur die fundamentale Bedeutung des Willkürverbots, sondern auch die Tatsache, daß es sich um eine Ergänzung der vertragsrechtlichen Regelung des § 667 BGB handelt.[154] Schwieriger ist wiederum die Frage, welche Rechtsfolge eine willkürliche Verteilungsregelung hat. Da der Willkürvorwurf ein extremes Unwerturteil bedeutet, ist die Regelung des § 7 UrhWG als Verbotsgesetz iSv § 134 BGB anzusehen. Eine willkürliche Verteilungsregel ist daher nichtig.[155]

4. Das Angemessenheitsgebot des § 6 Abs. 2 S. 1 UrhWG

85 Soweit Verwertungsgesellschaften nicht alle Berechtigten zu Mitgliedern im korporationsrechtlichen Sinne macht, ist sie gebunden, „zur angemessenen Wahrung der Belange der Berechtigten, die nicht als Mitglieder der Verwertungsgesellschaft aufgenommen werden, … eine gemeinsame Vertretung zu bilden", § 6 Abs. 2 S. 1 UrhWG. Auch diese Vorschrift gehört daher in unseren Zusammenhang, denn auch hier geht es um die Kontrolle des Wahrnehmungsvertrags. Da die gemeinsame Vertretung gerade für die Nicht-Mitglieder einzurichten ist, geht es um die vertragsrechtlich begründeten mitgliedschaftsähnlichen Rechte. Und ungeachtet des Freiraums, den das Wahrnehmungsgesetz den Verwertungsgesellschaften ausweislich § 6 Abs. 2 S. 2 UrhWG bei der Gestaltung der gemeinsamen Vertretung einräumt, ergibt sich doch aus § 6 Abs. 2 S. 1 UrhWG eine Bindung. Die Verwertungsgesellschaften müssen nicht nur eine gemeinsame Vertretung einrichten, sondern diese muß auch so ausgestaltet sein, daß die Belange der Berechtigten angemessen gewahrt sind.[156] Deshalb kann man auch diesen Kontrollmaßstab als Angemessenheitsgebot bezeichnen.[157]

86 Grundsätzlich hat der Gesetzgeber den Verwertungsgesellschaften insoweit einen **weiten Ermessenspielraum** eingeräumt. Als einzige konkrete inhaltliche Vorgaben nennt das Gesetz die Wahl der Vertretung[158] und die Einräumung von Befugnissen. *Welche* Befugnisse einzuräumen sind, gibt das Gesetz indes nicht vor. Ungeachtet dessen folgt aus dem Zweck der Vorschrift und der Verweisung auf die „angemessene Wahrung der Belange" eine weitergehende inhaltliche Vorgabe. Zu Recht wird verlangt, „daß durch die gemeinsame Vertretung … ein echter Einfluß auch der Nichtmitglieder auf die Willensbildung und auf die Entscheidungsprozesse in personeller und sachlicher Hinsicht in der Gesellschaft erreicht wird".[159] Allein eine solche mitglied-

---

154 Näher*Riesenhuber,* Die Auslegung und Kontrolle des Wahrnehmungsvertrags, S. 95.

155 Näher *Riesenhuber,* Die Auslegung und Kontrolle des Wahrnehmungsvertrags, S. 95f.

156 Zur Ausgestaltung durch die GEMA *v. Steinau-Steinrück/Wohlgemuth,* oben, **Kap. 8 Rn. 98–109**.

157 DPA, Bescheid v. 6.6.1977, UFITA 81 (1978), 348, 358, möchte die Mitwirkungsrechte (auch der Mitglieder) an dem Angemessenheitsgebot des § 6 Abs. 1 S. 1 UrhWG messen; für Verwertungsgesellschaften in GmbH-Form wohl ebenso *Dünnwald,* FS Kreile, S. 163f.; indes wird damit die nicht nur formale, sondern auch sachliche Spezialität der Regelung in Absatz 1 mißachtet.

158 Dazu noch *Dördelmann,* FS Hertin, S. 46–48.

159 Schricker-*Reinbothe,* § 6 UrhWG Rn. 15; Wandtke/Bullinger-*Gerlach,* § 6 UrhWG Rn. 18;

schaftsrechtliche Konturierung kann für die Auslegung von § 6 Abs. 2 UrhWG weiterhelfen.[160] Dabei ist zwischen den *Gegenständen der Mitverwaltung* und den *Mitverwaltungsrechten* zu unterscheiden.

Zu den **Gegenständen der Mitverwaltungsbefugnisse** der gemeinsamen Vertretung muß man im Grundsatz die Befugnisse rechnen, die mit der Mitgliedschaft verbunden sind. Allerdings kann man nach dem Zweck der Vertretung für die einzelnen Gegenstände unterscheiden. Die Mitverwaltungsbefugnisse müssen sich vor allem auf die Bedingungen des Wahrnehmungsvertrags und des Verteilungsplans beziehen.[161] Sie enthalten die zentralen Bestimmungen für die Rechtewahrnehmung, die auch den Nicht-Mitgliedern nicht ohne die Möglichkeit des Einflusses vorgesetzt werden sollen. Anders liegen die Dinge im Hinblick auf die Satzung. Die Organisation der Verwertungsgesellschaft – einschließlich der gesetzlich kontrollierten mitgliedschaftsähnlichen Befugnisse der gemeinsamen Vertretung – ist primär Sache der Mitglieder: darin besteht der Kern der Unterscheidung zwischen Mitgliedern und Nicht-Mitgliedern. Mag man insoweit auch einen völligen Ausschluß der gemeinsamen Vertretung nicht für gerechtfertigt halten, so können deren Befugnisse insoweit doch eingeschränkt sein. 87

Soll ein Einfluß auf die Willensbildung und Entscheidungsprozesse gewährleistet sein, so muß die Vertretung dementsprechende **mitgliedschaftsähnliche Rechte** haben.[162] Eine bestimmte Organisationsform wird damit freilich nicht vorgeschrieben. Insbesondere verlangt das Angemessenheitsgebot nicht, daß die gemeinsame Vertretung „Organstatus" hat,[163] denn gerade in dieser Hinsicht läßt das Wahrnehmungsgesetz den Verwertungsgesellschaften den „weiten Ermessensspielraum".[164] Zu den zu gewährenden mitgliedschaftsähnlichen Rechten darf man das *Recht auf Information*, das *Teilnahmerecht*, *das Rede- und Antragsrecht* sowie das *Stimmrecht* zählen.[165] 88

Haertel, UFITA 50 (1967), 7, 16f.; *Häußer*, FuR 1980, 57, 65f.; Fromm/Nordemann-*Nordemann*, § 6 UrhWG Rn. 10; *Menzel*, Die Aufsicht über die GEMA, S. 59f.

160 Untauglich bleibt hingegen erst recht hier der Versuch, das Angemessenheitsgebot mit Hilfe eines materiellen Äquivalenzprinzips zu konkretisieren und zu verlangen, daß Leistung und Gegenleistung einander entsprechen müßten. So aber offenbar Schricker-*Reinbothe*, § 6 UrhWG Rn. 15, dazu *Riesenhuber*, Die Auslegung und Kontrolle des Wahrnehmungsvertrags, S. 98.

161 Ähnlich *Dördelmann*, FS Hertin, S. 48–50.

162 Wohl a.M. *Dünnwald*, FS Kreile, S. 163f.

163 Insoweit zutr. *Dünnwald*, FS Kreile, S. 163.

164 S. soeben Rn. 86.

165 Näher zu den einzelnen Mitverwaltungsrechten *Riesenhuber*, Die Auslegung und Kontrolle des Wahrnehmungsvertrags, S. 99f.

III. Vertragsrecht und AGB-Kontrolle

1. Einführung: Einbeziehungs- und Inhaltskontrolle

89 Neben der speziell-wahrnehmungsrechtlichen Kontrolle des Berechtigungsvertrags steht die Kontrolle nach dem allgemeinen Vertragsrecht. Dabei bleiben die **allgemeinen Kontrollmaßstäbe** der §§ 134, 138 BGB hier außer Betracht: Selbstverständlich dürfen die Bestimmungen des Berechtigungsvertrags nicht gegen Gesetz oder die guten Sitten verstoßen; praktische Bedeutung hat das bislang nicht. Zahlreiche Fragen wirft indes die Kontrolle des Berechtigungsvertrags nach den Vorschriften über Allgemeine Geschäftsbedingungen auf. Das Gesetz unterscheidet insoweit zwischen der Einbeziehungskontrolle, die sich insbesondere aus §§ 305 Abs. 2 und 3 und § 305c Abs. 1 BGB ergibt (nachfolgend a)), und der Inhaltskontrolle, die §§ 307–309 BGB näher regeln (sogleich b)).

90 Die **Anwendbarkeit** der AGB-Kontrolle, § 310 BGB, wurde bereits früher im Zusammenhang mit der Auslegung erörtert (oben Rn. 36). Da die Berechtigten beim Abschluß des Wahrnehmungsvertrags Unternehmer iSv § 14 BGB sind, findet nur die nach § 310 Abs. 1 S. 1 BGB beschränkte Inhaltskontrolle statt.[166]

2. Die Einbeziehungskontrolle

91 Als Einbeziehungskontrolle bezeichnet man die Vorschriften aus dem Recht der Allgemeinen Geschäftsbedingungen, nach denen zu beurteilen ist, ob AGB überhaupt Vertragsinhalt werden. Das richtet sich *specialiter* nach § 305 Abs. 2 und 3 BGB sowie § 305c Abs. 1, im übrigen nach den allgemeinen Vorschriften über den Vertragsschluß.

a) Die Unanwendbarkeit von § 305 Abs. 2 und 3 BGB

92 Die besondere Einbeziehungskontrolle des § 305 Abs. 2 und 3 BGB greift allerdings nicht Platz. Da die Berechtigten beim Abschluß des Wahrnehmungsvertrags **Unternehmer iSv § 14 BGB** sind, finden die Vorschriften von § 305 Abs. 2 und 3 BGB gem. § 310 Abs. 1 S. 1 BGB keine Anwendung. Die GEMA erfüllt beim Abschluß des Wahrnehmungsvertrags die Anforderungen von § 305 Abs. 2 und 3 BGB aber ohnehin stets. Die Bedingungen des praktisch immer schriftlich geschlossenen Wahrnehmungsvertrags liegen dem Berechtigten vor. Die darin enthaltene Einbeziehungsklausel des § 6 BerV macht hinreichend deutlich auf Satzung und Verteilungsplan aufmerksam. Zudem erhält der Berechtigte üblicherweise ein Druckexemplar dieser Regelwerke ausgehändigt.[167] Nicht zuletzt sind die Regelwerke der GEMA im Internet zur Verfügung gestellt[168] und sogar in Buchform publiziert.[169]

---

166 *Riesenhuber,* Die Auslegung und Kontrolle des Wahrnehmungsvertrags, S. 24–29.
167 Vgl. § 6 lit. a Abs. 4 GEMA-WahrnV.
168 www.gema.de.
169 Jetzt 14. Jahrgang: *Kreile* (Hrsg.), GEMA-Jahrbuch 2004/2005. Das Jahrbuch ist für jedermann erschwinglich zu erwerben, für Mitglieder zudem zum Vorzugspreis.

b) Die Einbeziehung nach den allgemeinen Vorschriften über den Vertragsschluß

Unabhängig von dieser Wahrnehmungspraxis ergibt sich ein Mindestschutz der Berechtigten bereits aus dem allgemeinen Vertragsrecht. Denn schon nach allgemeinen Grundsätzen müssen die Berechtigten die Allgemeinen Geschäftsbedingungen **vereinbaren.**[170] Die Parteien müssen sich – ausdrücklich oder konkludent – auf die Einbeziehung der AGB einigen. Allerdings reicht diese Einigung auch dann, wenn die AGB dem Verwendungsgegner nicht vorgelegt werden und er sie auch nicht kennt. Für die konkludente Einbeziehung reicht es aus, wenn der Verwender auf seine AGB verweist und der andere Teil ihrer Einbeziehung nicht widerspricht. **93**

c) Die Nichteinbeziehung von überraschenden Klauseln, § 305c Abs. 1 BGB

Zur Einbeziehungskontrolle ist auch die Vorschrift des § 305c Abs. 1 BGB zu rechnen, nach der **überraschende Klauseln** nicht Vertragsbestandteil werden. „Bestimmungen in Allgemeinen Geschäftsbedingungen, die nach den Umständen, insbesondere nach dem äußeren Erscheinungsbild des Vertrags, so ungewöhnlich sind, daß der Vertragspartner des Verwenders mit ihnen nicht zu rechnen braucht, werden nicht Vertragsbestandteil“. Der Tatbestand setzt voraus, daß (1) eine Klausel objektiv ungewöhnlich ist und (2) der Vertragspartner mit ihr deswegen nach wertender Betrachtung nicht zu rechnen brauchte („Übertölpelung“, „Überrumpelung“).[171] **94**

Angewendet auf den Wahrnehmungsvertrag bedeutet dies, daß als Maßstab für die Ungewöhnlichkeit die **Praxis der Verwertungsgesellschaften** heranzuziehen ist, die seit langem etabliert ist und die auch der Gesetzgeber des Urheberrechtswahrnehmungsgesetzes vorgefunden und im Grundsatz gutgeheißen hat. Die Inhalte der Wahrnehmungsverträge sind – abgesehen von der nach dem jeweiligen Tätigkeitsbereich unterschiedlichen Rechteübertragung – weithin einheitlich[172] und können daher als ein Beurteilungsrahmen herangezogen werden. Ob der Verwendungsgegner mit einer bestimmten Klausel rechnen mußte, ist am Maßstab des durchschnittlichen Berechtigten zu ermitteln. Hierbei muß man auch berücksichtigen, daß der Abschluß des Wahrnehmungsvertrags für ihn zu seiner „unternehmerischen“ Tätigkeit gehört und daher eine gewisse Sorgfalt erwartet werden kann. In der Praxis kommen überraschende Klauseln bislang, soweit ersichtlich, nicht vor.[173] **95**

---

170 S. nur BGHZ 117, 190, 194; Palandt-*Heinrichs,* § 305 Rn. 50–52; Wolf/Horn/Lindacher-*Horn,* § 24 AGBG Rn. 10–12.

171 Palandt-*Heinrichs,* § 305c Rn. 3 f.

172 Vgl. *Riesenhuber,* Die Auslegung und Kontrolle des Wahrnehmungsvertrags, S. 7–11. S. ferner insbesondere die Arbeit von *Mauhs,* Der Wahrnehmungsvertrag (1990).

173 Vgl. OLG München, ZUM 1998, 1031, 1032; dazu *Riesenhuber,* Die Auslegung und Kontrolle des Wahrnehmungsvertrags, S. 103f.

3. Die Inhaltskontrolle

a) Der Kontrolltatbestand und sein Zweck

96 § 307 BGB unterwirft Allgemeine Geschäftsbedingungen einer für das Vertragsrecht an sich untypischen Inhaltskontrolle. Grund hierfür ist, daß bei **Allgemeinen Geschäftsbedingungen** der Vertragsmechanismus insofern versagt, als der Verwender sie stellt und der Gegner nur die Möglichkeit hat, sich mit ihnen einverstanden zu erklären oder vom Vertrag Abstand zu nehmen. Ist seine Zustimmung auch „formal" gegeben,[174] so fehlt doch jede Chance, auf den Inhalt der Bedingungen Einfluß zu nehmen. Vor allem aber liegt hier ein Fall von **Marktversagen** vor, da der Verwendungsgegner AGB aufgrund ihrer regelmäßig gegebenen Komplexität nicht sinnvoll vergleichen kann.[175]

b) Der Gegenstand der Kontrolle

97 Entsprechend dem Schutzzweck der Regelung hat der Gesetzgeber aber bestimmte Gegenstände von der (vertragsrechtlichen) Inhaltskontrolle ausgenommen. Das wirkt sich auch auf die Kontrolle des Wahrnehmungsvertrags aus. Drei Gruppen von Regelungen unterliegen der Spezialkontrolle nach dem Urheberrechtswahrnehmungsgesetz und lassen sich **mit den Mitteln der AGB-Kontrolle nicht sinnvoll überprüfen**: Der Umfang der Rechteeinräumung, die materiellen Verteilungsregeln und die Regeln über die kulturelle Förderung insbesondere.[176]

c) Der Kontrollmaßstab

98 Ein Charakteristikum der Inhaltskontrolle von AGB im deutschen Recht ist, daß primär nicht eine freischwebende Bewertung der Vereinbarung erfolgt, sondern erstens eine **vergleichende Bewertung der Abweichung** von den wesentlichen Grundgedanken der als ausgewogen angesehenen gesetzlichen Regelung, von der abgewichen wird, und zweitens eine **Bewertung der Regelung im Lichte der „Natur des Vertrags" und des Vertragszwecks** (§ 307 Abs. 2 BGB). Bei der Konkretisierung dieser Kontrollmaßstäbe sind die Regeln und Prinzipien des Wahrnehmungsgesetzes und die Zwecke, die der Wahrnehmungsvertrag nach dem Urheberrechtswahrnehmungsgesetz hat, zu berücksichtigen.

aa) Grundgedanken der gesetzlichen Regelung

99 Der Wahrnehmungsvertrag ist vom Standpunkt des BGB aus betrachtet ein atypischer Vertrag mit Elementen vor allem des Auftrags.[177] Zwar besteht mit dem UrhWG

---

174 S. soeben Rn. 91–95 zur Einbeziehungskontrolle.

175 Zum Ganzen aus jüngerer Zeit etwa *Canaris,* AcP 200 (2000), 273, 320–327; *Riesenhuber,* System und Prinzipien des Europäischen Vertragsrechts, S. 426f., 452–454; s.a. *Kötz,* Europäisches Vertragsrecht, § 8 IV 1 (S. 209–213).

176 Eingehend hierzu *Riesenhuber,* Die Auslegung und Kontrolle des Wahrnehmungsvertrags, S. 107–111.

177 *Riesenhuber,* Die Auslegung und Kontrolle des Wahrnehmungsvertrags, S. 20–23.

eine rudimentäre gesetzliche Regelung des Vertragstyps, doch enthält diese gerade **keine allgemeinen Vorgaben** über die wesentlichen Rechte und Pflichten.[178] Als Kontrollmaßstab kann daher nicht ein bestimmter Vertragstyp mit seinen dispositiven Vorschriften dienen. Ein für die Beurteilung mitentscheidender Schritt ist es also zunächst, die maßgebliche dispositive Regelung zu ermitteln. Hier sind auch die Vorgaben zu berücksichtigen, die sich aus dem Urheberrechtswahrnehmungsgesetz selbst ergeben. Wenn man z. B. eine klauselmäßige Beschränkung oder Formalisierung von Auskunftsansprüchen des Berechtigten überprüft, so ist der Vergleichsmaßstab des Rechts der Geschäftsbesorgung zwar grundsätzlich der des § 666 BGB. Indes ist diese Vorschrift im Lichte der Vorgaben auszulegen, die sich aus dem Urheberrechtswahrnehmungsgesetz ergeben. Wenn allgemein gesagt wird, daß sich der Inhalt des Auskunftsanspruchs mit Rücksicht auf das konkrete Auftragsverhältnis und den Grundsatz von Treu und Glauben bestimmt,[179] so bedeutet das für den Wahrnehmungsvertrag, daß auch die Sachgegebenheiten der kollektiven Rechtewahrnehmung, also vor allem die dabei im Interesse der Effizienz der Tätigkeit nötigen Pauschalierungen und Formalisierungen, zu beachten sind[180].[181] Erst die Grundgedanken der so ausgelegten dispositiven Vorschrift des § 666 BGB ergeben den Kontrollmaßstab für § 307 Abs. 2 Nr. 1 BGB.

bb) Natur und Zweck des Vertrags

Auf entsprechende Weise fließen die Wertungen des Wahrnehmungsgesetzes ein, **100**
wenn man Klauseln daraufhin überprüft, ob sie wesentliche Rechte und Pflichten, die sich aus der Natur des Vertrags ergeben, so einschränken, daß die Erreichung des Vertragszwecks gefährdet ist.

Ein **Beispiel** für die Berücksichtigung des Vertragszwecks ist die AGB-Kontrolle des **101**
Rückrufrechts der VG Bild-Kunst durch das OLG Köln.[182] Zu Recht hielt das OLG Köln das wahrnehmungsrechtliche Rückrufrecht für wirksam. Die grundsätzliche Rechteübertragung entsprach dem Zweck des Vertrags, weil die betroffenen Rechte zur Vervielfältigung und Verbreitung sinnvoll nur kollektiv wahrgenommen bzw. vergeben werden können.[183] Das individuelle Rückrufrecht für bestimmte Nutzungen trug den Interessen der Berechtigten in ausreichendem Maße Rechnung. Insbesondere war auch nicht zu beanstanden, daß den Berechtigten der Rückruf auch „oblag“. Weil nämlich die **Verteilung primär nach dem Leistungsprinzip** gerechtfertigt sein

178 Eine weitergehende Regelung schlägt *de lege ferenda* vor *Dietz,* ZUM 2003, 41, 43f.

179 Staudinger-*Wittmann,* § 666 Rn. 7; Münchener Kommentar-*Seiler,* § 666 Rn. 7.

180 Grundlegend BGH, GRUR 1988, 782, 783 – GEMA-Wertungsverfahren („wirtschaftliches Prinzip der Verhältnismäßigkeit“).

181 Eingehend zu Informationspflichten *Riesenhuber,* ZUM 2004, 417–426.

182 OLG Köln, ZUM 1998, 505–508 – Kunstklotz; Vorinstanz LG Köln, ZUM 1998, 168–170. Ausführlich dazu *Riesenhuber,* Die Auslegung und Kontrolle des Wahrnehmungsvertrags, S. 113f. mit weiteren Beispielen aus der Rechtsprechung.

183 Das meint offenbar OLG Köln, ZUM 1998, 505, 507, wenn es ausführt, auch wenn die „Zweckübertragungslehre“ anwendbar wäre, wäre nach dem Zweck des Wahrnehmungsvertrags von einer Übertragung der Rechte auszugehen.

muß, muß die Verwertungsgesellschaft die Möglichkeit haben, einen Rückruf zu registrieren. Nicht zuletzt diente dieses Verfahren dem Schutz der Berechtigten.[184]

cc) Treuwidrige Benachteiligung

102 Helfen die Zweifelsregeln nicht weiter, so kommt es auf eine Bewertung an, ob die Klausel den Vertragspartner des Verwenders „entgegen den Geboten von **Treu und Glauben** unangemessen benachteiligt". Auch bei dieser Bewertung sind selbstverständlich wiederum die Besonderheiten der kollektiven Rechtewahrnehmung zu berücksichtigen. Dabei können insbesondere die Treubindung gegenüber *allen* Berechtigten, die Sachgegebenheiten der *kollektiven Rechtewahrnehmung* und, damit zusammenhängend, das „wirtschaftliche Gebot der Verhältnismäßigkeit" (vgl. Rn. 78f.) eine Rolle spielen.

d) Verstoßfolgen: Vertragsrecht und Staatsaufsicht

103 Für die AGB-Kontrolle sind die **vertragsrechtlichen Verstoßfolgen** gesetzlich klar geregelt. Unangemessene AGB sind nichtig, der Vertrag bleibt aber im übrigen bestehen. Die durch die Kassation entstandene Lücke ist durch das dispositive Gesetzesrecht zu schließen, § 306 Abs. 2 BGB. Als dispositive Rückfallregelung kommt, wie wir eingangs (Rn. 99) gesehen haben, vor allem das Auftragsrecht des BGB in Betracht, das freilich den Besonderheiten des Wahrnehmungsvertrags angepaßt werden muß.[185] Fehlen im dispositiven Recht sachgerechte Regelungen, so ist der Vertrag mit Hilfe der ergänzenden Vertragsauslegung zu vervollständigen.[186] Dabei muß sich das Gericht an dem orientieren, was typische Vertreter des betroffenen Verkehrskreises als interessengerechte Lösung vereinbart hätten (objektiv-generalisierender Maßstab).[187] Im Ergebnis kann sich aus der Nichtigkeit einzelner Klauseln für die Verwertungsgesellschaft ein dringendes Bedürfnis ergeben, die Wahrnehmungs- oder Verteilungsbedingungen anzupassen bzw. zu ändern, um weitere Verwerfungen zu vermeiden.[188]

104 Fraglich ist, ob das Deutsche Patent- und Markenamt im Wege der **aufsichtsrechtlichen Kontrolle** gem. §§ 18–20 UrhWG auch über die Beachtung von § 307 BGB wacht. Das wäre unproblematisch dann der Fall, wenn dieser Kontrollmaßstab Teil des Angemessenheitsgebots nach § 6 Abs. 1 S. 1 UrhWG wäre.[189] Dies ist indes nicht der Fall, da die verschiedenen Kontrollmaßstäbe soweit wie möglich formal voneinander abzugrenzen sind.[190] Auch in der Sache überzeugt das: AGB-Kontrolle ist im

184 Zum Schutzbedürfnis *Pfennig,* ZUM 1998, 170 (Anmerkung zur Entscheidung der Vorinstanz).
185 Vgl. beispielhaft soeben, Rn. 99.
186 Umstritten ist nur woraus sich das Gebot der ergänzenden Vertragsauslegung im Anwendungsbereich des § 306 II BGB ergeben soll, dazu Ulmer/Brandner/Hensen-*Schmidt*, § 6 AGBG Rn. 26, 34 mwN.
187 Ulmer/Brandner/Hensen-*Schmidt*, § 6 AGBG Rn. 32.
188 Näher *Riesenhuber,* Die Auslegung und Kontrolle des Wahrnehmungsvertrags, S. 115.
189 So v. a. *Rehbinder,* DVBl. 1992, 216, 217f., der folgerichtig auch die Aufsicht des DPMA bejaht.
190 Näher *Riesenhuber,* Die Auslegung und Kontrolle des Wahrnehmungsvertrags, S. 73, 115 f.

deutschen Privatrecht ganz allgemein Sache der ordentlichen Gerichte. Ungeachtet seiner großen fachlichen Kompetenz ist dafür das DPMA, dessen Ausstattung in diesem Bereich beschränkt ist, nicht gut gerüstet. Daher hat es seinen guten Sinn, wenn § 19 Abs. 1 UrhWG die Aufsicht auf die Einhaltung der Bindungen beschränkt, die sich aus dem Urheberrechtswahrnehmungsgesetz ergeben.

e) Einzelfragen der Klauselkontrolle

aa) Zur Kontrolle von Einbeziehungsklauseln

Um nachträgliche Änderungen der Wahrnehmungsbedingungen in den Vertrag ein- **105**
zubeziehen, verwendet die GEMA in § 6 BerV eine allgemeine Einbeziehungsklausel. Zum einen erklärt der Wahrnehmungsvertrag Satzung und Verteilungsplan auch soweit sie **künftig geändert** werden zum Vertragsbestandteil.[191] Zweitens werden auch von der Mitgliederversammlung beschlossene Änderungen des Wahrnehmungsvertrags zum Vertragsbestandteil erklärt.[192] Änderungen des Wahrnehmungsvertrags sind dem Berechtigten schriftlich mitzuteilen. Seine Zustimmung gilt als erteilt, wenn er nicht innerhalb von 12 Wochen seit Absendung ausdrücklich widerspricht (Zustimmungsfiktion).[193]

Solche Einbeziehungsklauseln werden **unterschiedlich beurteilt**.[194] Nach einer Ansicht **106**
sind sie lediglich nach dem Angemessenheitsgebot des § 6 Abs. 1 S. 1 UrhWG zu beurteilen. Sie sollen dann angemessen sein, wenn die Bezugsberechtigten im Wege der Mitgliedschafts- bzw. mitgliedschaftsähnlichen Rechte (§ 6 Abs. 2 UrhWG) über die Änderungen bzw. Ergänzungen mitbestimmen können, nicht hingegen, wenn sie dazu keine Möglichkeit haben. Im ersten Fall soll auch kein Verstoß gegen die §§ 305–310 BGB vorliegen.[195] Nach einer weiteren Ansicht ist wohl zu differenzieren.[196]

---

191 Eingehend *Staudt,* nachfolgend **Kap. 10 Rn. 333–339**.

192 § 6 lit. a Abs. 1 und 2 GEMA BerV idF v. 9./10. 7. 1996 2002 dazu *Staudt,* unten, **Kap. 10 Rn. 333–339**.

193 § 6 lit. a Abs. 2 und 3 WahrnV-GEMA idF v. 25./26. 6. 2002 dazu *Staudt,* unten **Kap. 10 Rn. 333–339**.

194 Ausführliche Darstellung des Meinungsstands mit Stellungnahme bei *Riesenhuber,* Die Auslegung und Kontrolle des Wahrnehmungsvertrags, S. 116–122.

195 *Mauhs,* Der Wahrnehmungsvertrag, S. 157–160. Für die kartellrechtliche Beurteilung unter dem Mißbrauchsverbot ihr folgend *Pickrahn,* Verwertungsgesellschaften nach deutschem und europäischen Kartellrecht, S. 65 f.

196 *Hoeren,* AfP 2001, 8–13. Die Einbeziehung geänderter Wahrnehmungsbedingungen ist danach grundsätzlich am Maßstab des § 305 Abs. 2 BGB zu messen. Für den ausdrücklichen Hinweis reiche jedenfalls die Mitteilung von Änderungen „in mehrseitigen Rundschreiben irgendwo kleingedruckt" nicht aus. Eine Erklärungsfiktion – Einverständnis des Berechtigten – für den Fall des Schweigens sei zwar grundsätzlich nach § 308 Nr. 5 BGB möglich. Die Praxis genüge dem aber nicht, da die Voraussetzungen dieser Vorschrift – angemessene Frist und besonderer Hinweis auf die Folgen des Schweigens – nicht erfüllt würden. Im Verhältnis zwischen VG Wort und freien Journalisten könnte die Lage allerdings anders zu beurteilen sein, weil hier nur § 305 BGB eingriffe. Indes bestünden auch insoweit Zweifel an der Einbeziehung von Änderungen.

107 In der Praxis der Verwertungsgesellschaften hat die Einbeziehungskontrolle erhebliche Zweifelsfragen aufgeworfen, und zwar im Hinblick auf die nachträgliche Änderung von Wahrnehmungsbedingungen. Daß solche Änderungen erforderlich werden können, ist bei den auf lange Dauer angelegten Wahrnehmungsverträgen geradezu selbstverständlich. Insbesondere für die Verteilungspläne hat der Bundesgerichtshof in seiner Entscheidung GEMA-Wertungsverfahren anerkannt, daß nachträgliche Änderungen erforderlich sein können, um Fehlentwicklungen gegenzusteuern.[197]

108 Nach vorzugswürdiger Auffassung ist die Einbeziehung mittels **Zustimmungsfiktion** der Berechtigten unter dem Gesichtspunkt der AGB-Kontrolle **nicht zu beanstanden.**[198] Bei einseitigen Änderungsbefugnissen, wie sie bis 2002 der GEMA-Wahrnehmungsvertrag auch für Änderungen des Wahrnehmungsvertrags selbst vorsah und wie sie der Wahrnehmungsvertrag der GEMA für Änderungen von Satzung und Verteilungsplan enthalten, ist indes eine differenzierende Betrachtungsweise geboten. Während insoweit im Hinblick auf Verteilungsplan und Satzung keine Bedenken bestehen, ist hinsichtlich des Wahrnehmungsvertrags selbst anders zu entscheiden: Eine einseitige nachträgliche Erweiterung der Rechteübertragung verbietet sich hier; Nebenbedingungen des Wahrnehmungsvertrages – wie etwa eine Regelung über einen pauschalen Aufwendungsersatz für Abtretungen – können indessen durchaus einer einseitigen Änderungsbefugnis unterliegen.[199]

bb) Zur Kontrolle von Ermessensklauseln

109 Insbesondere im Bereich der kulturellen Förderung sind Ermessenklauseln in den Verteilungsplänen vom Zweck her geboten, wenn die Verwertungsgesellschaft **individuelle Umstände** berücksichtigen möchte, die einer formalisierten Regelung nicht zugänglich sind. In Betracht kommt insbesondere die Zuerkennung von Förderungsleistungen durch einen besonderen Mitgliederausschuß. Solche Ermessensklauseln sind von den Gerichten teilweise als AGB-Problem erörtert worden. Unter § 307 BGB werden Ermessensklauseln dann nicht für unangemessen gehalten, wenn für ihre Bestimmung ein sachlicher Grund besteht.[200] Der ist indes für Ermessensklauseln im Bereich der kulturellen Förderung unschwer zu finden. Der Gesetzgeber hat die kulturelle Förderung den Verwertungsgesellschaften aufgegeben (§ 7 S. 2 UrhWG), die für die Entscheidung in jedem Fall besser legitimiert sind als eine staatliche Behörde oder die Gerichte. Schon unter § 7 S. 2 UrhWG ist aber anerkannt, daß den Verwertungsgesellschaften bei der Entscheidung über das Ob und das Wie ein **weite Einschätzungsprärogative** zukommt.[201] In diesem Rahmen bieten sich Ermessensklauseln zu-

---

197 BGH, GRUR 1988, 782, 782 – GEMA Wertungsverfahren, vgl. auch BGH, NJW 1986, 1244 – GEMA-Vermutung I.

198 Ausführlich *Riesenhuber,* Die Auslegung und Kontrolle des Wahrnehmungsvertrags, S. 118–120.

199 Näher *Riesenhuber,* Die Auslegung und Kontrolle des Wahrnehmungsvertrags, S. 120f.

200 Wolf/Horn/Lindacher-*Wolf,* § 9 AGBG Rn. L 117–126; Ulmer/Brandner/Hensen, § 9 AGBG Rn. 100.

201 Schricker-*Reinbothe,* § 7 UrhWG Rn. 10; Fromm/Nordemann-*Nordemann,* § 7 UrhWG Rn. 3.

mal im Bereich der kulturellen Förderung in besonderem Maße an. Zum einen erlauben sie der Verwertungsgesellschaft, bei der Förderungsentscheidung individuelle Umstände zu berücksichtigen. Zum anderen ermöglichen sie eine laufende Anpassung der Förderungsleistungen an sich ändernde Verhältnisse, wie sie nach der zutreffenden Feststellung des Bundesgerichtshofs unvermeidlich ist, um Fehlentwicklungen zu begegnen und (weiteren) Verwerfungen vorzubeugen.[202]

IV. Das Gesetz gegen Wettbewerbsbeschränkungen

1. Einführung: Kartellrecht im Wandel – die Entwicklung und die Änderungen durch die 7. GWB-Novelle

Anders als in anderen Rechtsordnungen – namentlich dem US-amerikanischen Recht[203] und dem EG-Recht[204] – ist das Wahrnehmungsrecht in Deutschland speziell geregelt. Dadurch ist auch die kartellrechtliche Beurteilung wesentlich entschärft.[205] Das Kartellrecht befindet sich indes im Wandel. Nach Art. 3 der am 1. Mai 2004 in Kraft tretenden Verordnung 1/2003[206] ist auf **zwischenstaatliche Sachverhalte** zwingend das europäische Kartellrecht anzuwenden. § 30 GWB wird im Zuge dessen ersatzlos wegfallen.[207] Das bis zum 30. 4. 2004 geltende deutsche Kartellrecht und die – auch weiterhin bestehenden – Regeln der §§ 19, 20 GWB über die Mißbrauchsaufsicht sind indes gleichwohl nicht bedeutungslos geworden. Die Mißbrauchsaufsicht nach den – nach der 7. GWB-Novelle leicht modifiziert fortbestehenden – §§ 19, 20 GWB kann auch nach Wegfall des § 30 GWB für die Verwertungsgesellschaften eine Rolle spielen.[208] **110**

2. Die Mißbrauchskontrolle nach §§ 19, 20 GWB

a) Einführung

Die Mißbrauchskontrolle nach §§ 19, 20 GWB hat eine auch praktisch gelegentlich erwiesene Bedeutung. Allerdings greift die Mißbrauchskontrolle des § 19 GWB nur für die Verwertungsgesellschaften Platz, die eine **marktbeherrschende** Stellung haben, **111**

---

202 BGH, GRUR 1988, 782, 783 – GEMA-Wertungsverfahren.

203 Eingehend *Goldmann,* Die kollektive Wahrnehmung musikalischer Rechte, S. 123–181.

204 Dazu nachfolgend Rn. 123–135.

205 Vertiefend *Riesenhuber,* Die Auslegung und Kontrolle des Wahrnehmungsvertrags, S. 123f.

206 Verordnung (EG) Nr. 1/2003 des Rates vom 16. Dezember 2002 zur Durchführung der in den Artikeln 81 und 82 des Vertrags niedergelegten Wettbewerbsregeln, ABl. 2003 L 1/1.

207 BT-Drs. 15/3640, S. 49 („Der bisherige § 30 wird aufgehoben, da die Vorschrift im Hinblick auf den Vorrang des europäischen Rechts keine eigenständige Bedeutung mehr hat. In der Sache bedeutet dies keine Änderung. Es bleibt dabei, dass Bildung und Tätigkeit von Verwertungsgesellschaften, soweit dies zur Wahrnehmung ihrer Aufgaben erforderlich ist, wie bisher nicht dem Kartellverbot unterfallen."). Zum Diskussionsstand *Weitbrecht,* EuZW 2004, 449.

208 S. die am 16. 6. 2005 vom Bundestag verabschiedete Novelle in der Fassung des Änderungsvorschlags des Vermittlungsausschußes, BT Drs. 15/5735. S. a. *Himmelmann,* unten, **Kap. 18 Rn. 175–178**.

das Diskriminierungsverbot des § 20 Abs. 1, 2 GWB bindet auch **marktstarke** Unternehmen.[209] § 19 Abs. 1 GWB enthält das grundsätzliche Verbot der mißbräuchlichen Ausnutzung einer marktbeherrschenden Stellung. Wann eine solche marktbeherrschende Stellung vorliegt, ergibt sich aus Absätzen 2 und 3 der Vorschrift. Absatz 4 konkretisiert den Mißbrauchstatbestand und § 20 GWB ergänzt ihn durch ein Behinderungs- und Diskriminierungsverbot.

112 Außer Betracht bleibt im folgenden der **Aufnahmezwang** nach § 20 Abs. 6 GWB. Seine Anwendbarkeit neben § 6 UrhWG ist umstritten: Während manche gesonderte Anwendungsbereiche beider Vorschriften bejahen,[210] ist der Wahrnehmungszwang nach § 6 UrhWG nach anderer Ansicht abschließende Spezialvorschrift;[211] in der Tat hat der Gesetzgeber einen Aufnahmezwang bewußt abgelehnt.[212]

b) Die Kontrolltatbestände und ihr Zweck

113 Die Kontrolltatbestände der §§ 19, 20 GWB knüpfen an die marktbeherrschende bzw. marktstarke Stellung an. **Zweck der Mißbrauchskontrolle** nach §§ 19, 20 GWB ist hier wie allgemein, marktbeherrschende und marktstarke Unternehmen, deren Entflechtung das deutsche Kartellrecht nicht ermöglicht oder – wie im Fall der Verwertungsgesellschaften – nicht erst für wünschenswert erachtet, einer spezifischen Kontrolle zu unterwerfen, um **Beeinträchtigungen des Marktes zu vermeiden**. Das GWB verbietet zwar die Marktbeherrschung nicht, nimmt sie aber zum Anlaß für eine besonders wachsame Kontrolle.[213]

114 Die Vorschriften binden marktbeherrschende Unternehmen, und zwar insbesondere zum Schutz anderer Unternehmen. Die daraus resultierende Mißbrauchskontrolle findet auch im Verhältnis zwischen Verwertungsgesellschaft und Berechtigten statt, sie ist insbesondere nicht durch die Sonderregeln der §§ 6, 7 UrhWG derogiert.[214]

c) Der Gegenstand der Kontrolle

115 Die Kontrolltatbestände der §§ 19, 20 GWB sind nicht speziell auf den Wahrnehmungsvertrag und die darin inkorporierten Bestandteile – Verteilungsplan und Satzung – zugeschnitten. Eine Kontrolle dieser Regelwerke kommt unter dem Gesichtspunkt des Konditionenmißbrauchs (Rn. 116) und der Diskriminierung (Rn. 117) in Betracht.

---

209 *Bunte,* Kartellrecht, § 7 II 2 d (S. 213–216); Immenga/Mestmäcker-*Möschel,* § 30 GWB Rn. 16; das kann v. a. für die Verwertungsgesellschaften im Filmbereich eine Rolle spielen.

210 *Mauhs,* Der Wahrnehmungsvertrag, S. 41 f.; *Menzel,* Die Aufsicht über die GEMA, S. 100–102; *Vogel,* in: Urhebervertragsrecht, S. 137.

211 *Goldmann,* Die kollektive Wahrnehmung musikalischer Rechte, S. 189 f.; *Mestmäcker,* FS Lukes, S. 457 f.; *Wirtz,* Die Kontrolle von Verwertungsgesellschaften, S. 121; KG WuW/E OLG 4040, 4043; s. a. KG v. 4. 4. 2001 – Kart U 4239/00, Umdruck S. 5.

212 RegE, Begründung zu § 6, BT-Drs. IV/271, S. 16 = *Mestmäcker/Schulze,* Anhang A (3), S. 22.

213 *Emmerich,* Kartellrecht, § 18, 2 (S. 166 f.), § 20, 1 (S. 212); *Bunte,* Kartellrecht, § 7 I 1 (S. 185 f.).

214 Näher *Riesenhuber,* Die Auslegung und Kontrolle des Wahrnehmungsvertrags, S. 127–129.

Ein **Konditionenmißbrauch** liegt nach § 19 Abs. 4 Nr. 2 GWB vor, wenn ein marktbeherrschendes Unternehmen als Anbieter oder Nachfrager einer bestimmten Art von Waren oder gewerblichen Leistungen Entgelte oder sonstige Geschäftsbedingungen fordert, die von denjenigen abweichen, die sich bei wirksamem Wettbewerb mit hoher Wahrscheinlichkeit ergeben würden. Zu den Geschäftsbedingungen der Verwertungsgesellschaften als marktbeherrschende Unternehmen und Anbieter der Dienstleistung einer kollektiven Rechtewahrnehmung gehören die Bedingungen des Wahrnehmungsvertrags einschließlich des Umfangs der Rechtewahrnehmung ebenso wie die Verteilungsbedingungen. Auch aus der Satzung können sich kontrollfähige Geschäftsbedingungen ergeben, etwa soweit es um die darin enthaltenen Grundsätze der Verteilung geht (§ 7 S. 3 UrhWG) oder um Schiedsabreden, wie sie teilweise in der Satzung enthalten sind. **116**

Marktbeherrschende und marktstarke Unternehmen dürfen weiterhin nach § 20 Abs. 1 GWB andere Unternehmen gegenüber gleichartigen Unternehmen nicht ohne sachlich gerechtfertigten Grund unmittelbar oder mittelbar unterschiedlich behandeln. Eine solche **Diskriminierung** kommt auch durch Regeln in Betracht,[215] so daß auch hier eine Kontrolle von Wahrnehmungsvertrag, Verteilungsplan[216] und Satzung möglich ist. **117**

d) Der Kontrollmaßstab

Die – schon allgemein schwierige – Konkretisierung des Mißbrauchsbegriffs zu einem handhabbaren Tatbestandsmerkmal bereitet bei der Anwendung auf das Verhalten der Verwertungsgesellschaften eigene Schwierigkeiten. Dem Zweck des Mißbrauchsverbots entsprechend geht es darum, solche Verhaltensweise als mißbräuchlich zu erfassen, die das marktbeherrschende Unternehmen **allein aufgrund seiner Marktmacht** erlangt. Als Prüfungsüberlegung dazu dient herkömmlich die Frage, welche Verhaltensweisen bei bestehendem Wettbewerb durchsetzbar wären (sogenannte „als-ob-Regel"; § 19 Abs. 4 Nr. 2 GWB).[217] Da indes der Gesetzgeber des Urheberrechtswahrnehmungsgesetzes, der auch die Kartellaufsicht geregelt hat, davon ausging, daß ein Monopol der Verwertungsgesellschaft notwendig und wünschenswert ist, paßt diese Kontrollüberlegung nicht. Wettbewerb würde nach der Annahme des Gesetzgebers nicht zu einem wünschenswerten Verhalten führen.[218] **118**

Daher muß die als-ob-Regel in diesem Fall modifiziert bzw. ersetzt werden.[219] An ihre Stelle muß eine **materielle Bestimmung des Mißbrauchs** treten. Dabei besteht Einigkeit, daß die kartellrechtliche Bewertung mit den Wertungen des Urheberrechtswahr- **119**

---

215 *Bunte,* Kartellrecht, § 7 II 5 (S. 217).

216 Dazu nur BGH, GRUR 1988, 782 – GEMA-Wertungsverfahren.

217 *Emmerich,* Kartellrecht, § 18, 11 (S. 186); Langen/Bunte-*Schultz,* § 19 Rn. 39; *Lux,* WRP 1998, 31, 37; *Reinbothe,* Schlichtung im Urheberrecht, S. 118f. S. a. KG v. 23. 2. 2000 – Kart U 1557/99, Umdruck S. 22.

218 *Reinbothe,* Schlichtung im Urheberrecht, S. 119; *Lux,* WRP 1989, 31, 37f.; s. a. *Mestmäcker,* FS Lukes, S. 455.

219 *Reinbothe,* Schlichtung im Urheberrecht, S. 117–120; *Lux,* WRP 1989, 31, 37 f.

nehmungsgesetzes abzustimmen ist.[220] Nichts anderes bedeutet es, wenn bei der Bestimmung des Mißbrauchs der Zweck der Freistellung berücksichtigt wird.[221] Diese inhaltliche Abstimmung entspricht in der Tat dem erkennbaren Willen des Gesetzgebers sowie dem Systemgebot der Einheit der Rechtsordnung. Zweifellos wollte der Gesetzgeber mit der kartellrechtlichen Mißbrauchskontrolle nicht beanstanden, was er nach der wahrnehmungsrechtlichen Regelung für zulässig hielt.

120 Im Ergebnis sind bei der Mißbrauchskontrolle unter dem Gesichtspunkt der Kartellrechts **dieselben Kontrollmaßstäbe** anzuwenden hat, wie sie schon **§§ 6 und 7 UrhWG** enthalten (s. o. Rn. 48–63 und Rn. 64–84).[222] Die Mißbrauchsaufsicht ist somit nicht materiell besonders, sondern allein aufsichtsrechtlich bzw. formell.[223] Auch der BGH hat in der Entscheidung GEMA-Wertungsverfahren im Rahmen der kartellrechtlichen Beurteilung die grundlegenden Funktionsvoraussetzungen der kollektiven Rechtewahrnehmung berücksichtigt.[224] Dabei hat er die GEMA keineswegs darauf verwiesen, Regelungen als notwendig oder verhältnismäßig („erforderlich") zu rechtfertigen, sondern ihr ausdrücklich einen Beurteilungsspielraum eingeräumt. In der Sache erfolgt die Prüfung des Verteilungsplans nach denselben Grundsätzen wie bei der Kontrolle nach § 7 UrhWG.

e) Verstoßfolgen: Staatsaufsicht und Vertragsrecht

121 Das Bundeskartellamt kann der Verwertungsgesellschaft die Verwendung mißbräuchlicher oder diskriminierender Wahrnehmungsbedingungen untersagen, §§ 32 GWB. Die **Kartellaufsicht** wird von der Aufsicht durch das Deutsche Patent- und Markenamt nach dem UrhWG nicht verdrängt. Nur dann, wenn die Wahrnehmungsbedingungen allein abstrakt eine Gefahr der Diskriminierung bilden und allein wegen Verletzung des Gebots der „festen Regeln" in § 7 S. 1 UrhWG zu beanstanden ist, ist dafür nach der Entscheidung GEMA-Wertungsverfahren ausschließlich das DPMA zuständig.[225]

122 **Vertragsrechtlich** sind mißbräuchliche Wahrnehmungsbedingungen nichtig, § 19 Abs. 1 GWB iVm § 134 BGB. Gegen ihre Verwendung können sich die Berechtigten mit

---

220 Wandtke/Bullinger-*Gerlach,* § 30 GWB Rn. 2, 4f.; Schricker-*Reinbothe,* § 24 UrhWG/§ 30 GWB Rn. 2 a. E., 10; Immenga/Mestmäcker-*Möschel,* § 30 GWB Rn. 16.

221 *Mestmäcker,* FS Lukes, S. 453f.; Mestmäcker/Schulze-*Mestmäcker,* IntR S. 79; *Reinbothe,* Schlichtung im Urheberrecht, S. 119f. Kritisch zu dieser Begründung Immenga/Mestmäcker-*Möschel,* § 30 GWB Rn. 16, da § 30 GWB einen positiven Freistellungszweck nicht erkennen lasse.

222 Zur Herleitung im einzelnen s. *Riesenhuber,* Die Auslegung und Kontrolle des Wahrnehmungsvertrags, S. 130–133.

223 Ebenso *Mestmäcker,* FS Lukes, S. 458f. A. M. KG WuW/E OLG 4040, 4043 (§ 20 I GWB könne „im Einzelfall eine größere Reichweite haben, weil er nicht nur ein Willkürverbot enthält"; zust. Stockmann, in: Die Verwertungsgesellschaften im Europäischen Binnenmarkt, S. 34f.

224 BGH, GRUR 1988, 782 – GEMA-Wertungsverfahren.

225 BGH, GRUR 1988, 782, 785 – GEMA-Wertungsverfahren; dazu *Riesenhuber,* Die Auslegung und Kontrolle des Wahrnehmungsvertrags, S. 133f., 135f.

Unterlassungs- und Schadensersatzansprüchen wehren, §§ 19 Abs. 1, 33 GWB, 249–252 BGB. Auch gegen Diskriminierung haben die Berechtigten Anspruch auf Unterlassung und Schadensersatz, §§ 20, 33 GWB, 249–254 BGB.

V. Das Europäische Kartellrecht[226]

1. Einführung und Abgrenzung

Aufgrund ihrer regelmäßig gegebenen faktischen Monopolstellung in einem Mitgliedstaat oder als sonst marktbeherrschende Unternehmen im Europäischen Binnenmarkt unterliegen die Verwertungsgesellschaften auch der Aufsicht und Kontrolle nach Europäischem Kartellrecht.[227] Diese Kartellaufsicht, die auf die Besonderheiten der kollektiven Wahrnehmung von Urheberrechten nicht zugeschnitten ist, wird oft kritisiert.[228] Weil sie der Sache nicht gerecht werde, wird eine spezielle Regelung gefordert, wie sie in Deutschland das Urheberrechtswahrnehmungsgesetz darstellt.[229] Ungeachtet dessen hat das **Europäische Kartellrecht noch an Bedeutung gewonnen**, da es nach der Verordnung 1/2003 nunmehr auch von den nationalen Kartellbehörden und Gerichten vorrangig anzuwenden ist.[230] **123**

Die Kartellvorschriften des EG-Vertrags finden auf Bildung und Tätigkeit von Verwertungsgesellschaften in vollem Umfang Anwendung. Eine **Anpassung der Kartellnormen**, wie sie Art. 86 Abs. 2 EG für Unternehmen ermöglicht, die mit Dienstleistungen von allgemeinem wirtschaftlichen Interesse betraut sind, haben Gerichtshof und Kommission **abgelehnt**.[231] **124**

Neben der Anwendung des EG-Kartellrechts kann man auch die **Anwendung sonstigen Primärrechts** auf die Verwertungsgesellschaften erwägen. Hier ist nicht so sehr an **125**

---

226 S. a. *Schwarze,* oben, **Kap. 5**.

227 Zur grundsätzlichen Anwendbarkeit *Riesenhuber,* Die Auslegung und Kontrolle des Wahrnehmungsvertrags, S. 35f. Übersicht über die Kommissionspraxis und die Rechtsprechung des EuGH bei *Dietz,* FS GRUR II, 1464–1471.

228 *Dietz,* Urheberrecht in der Europäischen Gemeinschaft, S. 276 (Tz. 571), 302 (Tz. 645); *ders.* FS GRUR, S. 1464; *Wallace,* GRUR Int. 1973, 357, 358. S. a. die Beiträge von *Becker, Lerche* und *Schwarze,* oben, **Kap. 3–5.**

229 Siehe insbesondere Entschließung des Europäischen Parlaments zu einem Gemeinschaftsrahmen für Verwertungsgesellschaften im Bereich des Urheberrechts und der verwandten Schutzrechte (2002/2274(INI)) v. 15. 1. 2004, ABl. C 92 E/425, und dazu *Dietz,* IIC 35 (2004), 809–820; Mitteilung der Kommission über die Wahrnehmung von Urheberrechten und verwandten Schutzrechten im Binnenmarkt v. 16. 4. 2004, KOM(2004), 261 endg., und dazu *Riesenhuber,* Die Auslegung und Kontrolle des Wahrnehmungsvertrags, S. 151–158; *Riesenhuber/v. Vogel,* EuZW 2004, 519–523.

230 Oben Rn. 110.

231 *Kommission,* Entscheidung v. 2. 6. 1971, ABl. 1971 L 134/15, 27 – GEMA I; *Kommission,* Entscheidung v. 29. 10. 1981, ABl. 1981 L 370/49 Rn. 65–68 – GVL; EuGH v. 27. 3. 1974 – Rs. 127/73, *BRT ./. SABAM,* Slg. 1974, 313 Rn. 19/22 und 23; EuGH v. 2. 3. 1983 – Rs. 7/82 *GVL ./. Kommission*, Slg. 1983, 483 Rn. 31f. S. a. *Riesenhuber,* Die Auslegung und Kontrolle des Wahrnehmungsvertrags, S. 35 f.

die unmittelbare Anwendung der Grundfreiheiten zu denken[232] als an die öfter bejahte unmittelbare Anwendbarkeit des primärrechtlichen Verbots der Nationalitätendiskriminierung des Art. 12 Abs. 1 EG.[233] Diese Frage ist indes nur von theoretischem Interesse.[234] Soweit bereits die kartellrechtlichen Vorschriften des Art. 82 EG das allgemeine Diskriminierungsverbot des Art. 12 EG konkretisieren,[235] wird ihnen vom EuGH ein Anwendungsvorrang eingeräumt.[236] Kommission und Gerichtshof haben das Diskriminierungsverbot des Art. 12 EG daher nicht unmittelbar angewendet, sondern im Rahmen der prinzipiell-systematischen Auslegung des Mißbrauchsbegriffs des Art. 82 EG berücksichtigt.[237]

126 Ob die Bildung von Verwertungsgesellschaften vom **Kartellverbot des Art. 81 EG** erfaßt wird, ist umstritten. Bei einer buchstabengetreuen Anwendung wäre das wohl zu bejahen,[238] doch besteht im Ergebnis weithin Einigkeit, daß das Kartellverbot nach teleologischen Gesichtspunkten im Ergebnis nicht eingreift,[239] jedenfalls aber eine Freistellung nach Art. 81 Abs. 3 EG zu gewähren wäre.[240] Kommission und Gerichtshof haben zu der Frage bislang nicht Stellung genommen. Eine Kontrolle von Wahrnehmungsvertrag, Satzung und Verteilungsplan könnte aber in Form einer Verhältnismäßigkeitsprüfung unter Art. 81 Abs. 1 EG vorgenommen werden.[241] Sie würde

---

232 Zur unmittelbaren Anwendbarkeit eingehend *Riesenhuber,* System und Prinzipien des Europäischen Vertragsrechts, S. 101–118 mwN. S. ferner *Wünschmann,* Die kollektive Verwertung von Urheber- und Leistungsschutzrechten, S. 29–32.

233 Gegen die unmittelbare Anwendbarkeit im Grundsatz *Riesenhuber,* System und Prinzipien des Europäischen Vertragsrechts, S. 109f. mwN auch zur Gegenmeinung. Im Ergebnis kann sich freilich gerade für Verwertungsgesellschaften mit Rücksicht auf ihre Monopolstellung im Wege der mittelbaren Drittwirkung eine Bindung ergeben. Für eine unmittelbare Drittwirkung kürzlich *Winghardt,* GRUR Int. 2001, 993, 1002.

234 S. a. *Wünschmann,* Die kollektive Verwertung von Urheber- und Leistungsschutzrechten, S. 34f. Anders *Winghardt,* GRUR Int. 2001, 993–1011, der in Art. 12 EG geradezu „eines der wichtigsten Instrumente zur Harmonisierung der Rechtssysteme innerhalb des Gemeinsamen Marktes" (?) sieht.

235 Dazu *Wünschmann,* Die kollektive Verwertung von Urheber- und Leistungsschutzrechten, S. 145.

236 EuGH v. 14.7.1976 – Rs. 13/76 *Donà ./. Mantero,* Slg. 1976, 1333 Rn. 20.

237 Kommission v. 29.10.1981, ABl. 1981 L 370/49 Tz. 46 - GVL.; EuGH v. 2.3.1983 – Rs. 7/82 *GVL ./. Kommission,* Slg. 1983, 483 Rn. 47–57; um die Beurteilung von Rechtsvorschriften eines Mitgliedstaats, nicht von Verhalten Privater, ging es in EuGH v. 20.10.1993 – Rs. C-92 und 326/92 *Phil Collins,* Slg. 1994, I-5145 Rn. 29–33. Näher sogleich Rn. 127–135. Wohl a.M. Loewenheim-*Melichar,* § 50 Rn. 36.

238 *Goldmann,* Die kollektive Wahrnehmung musikalischer Rechte, S. 227f.

239 *Goldmann,* Die kollektive Wahrnehmung musikalischer Rechte, S. 232–234; *Stockmann,* in: Verwertungsgesellschaften im Europäischen Binnenmarkt, S. 40. Abl. *Pickrahn,* Verwertungsgesellschaften nach deutschem und europäischem Kartellrecht, S. 113–131; *Wünschmann,* Die kollektive Verwertung von Urheber- und Leistungsschutzrechten, S. 91–102. S. a. BT-Drs. 13/9720, S. 54.

240 *Wünschmann,* Die kollektive Verwertung von Urheber- und Leistungsschutzrechten, S. 88–116, der eine Restriktion des Art. 81 Abs. 1 EG ablehnt; *Pickrahn,* Verwertungsgesellschaften nach deutschem und europäischem Kartellrecht, S. 131–134; wohl auch schon *van Isacker,* FS Roeber, S. 229.

241 Vgl. Kommission v. 4.12.1981, ABl. 1982 L 94/12 Tz. 54 („dahingestellt" gelassen).

zudem im Rahmen einer **Freistellungsentscheidung** stattfinden,[242] denn nach Art. 81 Abs. 3 EG ist dabei zu prüfen, ob den beteiligten Unternehmen (Berechtigten) Bedingungen auferlegt werden, die für die Verwirklichung der Ziele des Zusammenschlusses nicht unerläßlich sind. Es findet also eine Erforderlichkeitsprüfung statt. Diese kann sich insbesondere auf den Umfang der Rechteübertragung beziehen. Da indes eine Freistellung bislang von Kommission und Gerichtshof nicht erörtert (oder für erforderlich gehalten) wurde und da die hier anzustellende Erforderlichkeitsprüfung in der Sache nicht anders ausfallen kann als die Prüfung im Rahmen der Mißbrauchskontrolle, kann insoweit auf die nachfolgenden Erörterungen zu Art. 82 EG verwiesen werden.

2. Die Mißbrauchskontrolle des Art. 82 EG

In ähnlicher Weise wie nach nationalem Recht spielt auch nach Gemeinschaftsrecht **127** die kartellrechtliche Mißbrauchskontrolle praktisch eine gewisse Rolle. Allerdings kommt ihr bislang nicht annähernd die Bedeutung zu, wie sie die Aufsicht über die Tätigkeit der Verwertungsgesellschaften durch das DPMA hat.

a) Der Kontrolltatbestand und sein Zweck

Art. 82 Abs. 1 EG verbietet als mit dem Gemeinsamen Markt unvereinbar **128**

- die mißbräuchliche Ausnutzung
- einer beherrschenden Stellung auf dem Gemeinsamen Markt oder einem wesentlichen Teil desselben
- durch ein oder mehrere Unternehmen
- soweit dies dazu führen kann, den Handel zwischen den Mitgliedstaaten zu beeinträchtigen.

In der Sache handelt es sich dabei um ein **Mißbrauchsverbot**, das weithin jenem der **129** §§ 19, 20 GWB entspricht. Indes hat Art. 82 EG – worauf besonders das Tatbestandsmerkmal der Beeinträchtigung des innergemeinschaftlichen Handels hinweist – einen spezifischen Gemeinschaftsbezug. Im Hinblick auf die Kontrolle der Wahrnehmungsbedingungen kommt diese Zwecksetzung besonders darin zum Ausdruck, daß Kommission und EuGH das Mißbrauchsverbot vor allem mit dem Ziel angewandt haben, den Wettbewerb zwischen den Verwertungsgesellschaften der Gemeinschaft zu stärken. Das ist der Grund, warum der unbeschränkte Zugang zu allen Verwertungsgesellschaften der Gemeinschaft (Verbot der Nationalitätendiskriminierung) und die Erleichterung des Wechsels (keine überlange Bindung) im Vordergrund der Praxis stand.[243]

---

242 Dazu *Wünschmann,* Die kollektive Verwertung von Urheber- und Leistungsschutzrechten, S. 106–108.

243 *Mestmäcker,* FS Lukes, S. 456 f.; *Wallace,* GRUR Int. 1973, 357, 358; s. a. *Riesenhuber,* System und Prinzipien des Europäischen Vertragsrechts, S. 140–142.

b) Der Gegenstand der Kontrolle

130 Sowenig wie die Mißbrauchskontrolle nach §§ 19, 20 GWB ist jene nach Art. 82 EG auf den Wahrnehmungsvertrag zugeschnitten. Ebenso wie im deutschen Recht ermöglicht aber auch Art. 82 EG die Kontrolle der Wahrnehmungsbedingungen von **Wahrnehmungsvertrag, Verteilungsplan und Satzung.**[244] Auch hier kann der Mißbrauch insbesondere in einem Konditionenmißbrauch liegen, bei dem den Berechtigten, die auf die kollektive Wahrnehmung durch die Verwertungsgesellschaft angewiesen sind, unbegründet ungünstige oder diskriminierende Bedingungen angeboten werden. Die Regelbeispiele von Art. 82 Abs. 2 lit. a und b EG machen das deutlich. Mißbräuchlich ist insbesondere die Erzwingung von unangemessenen Geschäftsbedingungen oder die Anwendung unterschiedlicher Bedingungen für gleichwertige Leistungen gegenüber Handelspartnern.

c) Der Kontrollmaßstab

131 Der Mißbrauchsbegriff des Art. 81 EG ist nicht näher definiert. Er wird durch die vier Regelbeispiele des Abs. 2 lit. a–d sowie unter Rückgriff auf den Mißbrauchsbegriff des Art. 66 § 7 S. 1 EGKS konkretisiert. Im Hinblick auf den **Konditionenmißbrauch**, um den es in unserem Zusammenhang geht, hat der Gerichtshof das Mißbrauchsverbot vor allem als ein Übermaßverbot konkretisiert.[245] Er überprüft die Wahrnehmungsbedingungen im Hinblick darauf, ob sie unter Abwägung der Interessen der Beteiligten angemessen sind.[246] Ergänzt wird die Übermaßkontrolle durch das Diskriminierungsverbot (vgl. Art. 82 Abs. 2 lit. c EG).[247]

132 Im Rahmen der Übermaßkontrolle stellt der EuGH als die zentralen Interessen die **Verfügungsfreiheit des Berechtigten** einerseits und das Interesse der Verwertungsgesellschaft an einer **wirkungsvollen Rechtewahrnehmung** andererseits in den Vordergrund.[248] Das Funktionsinteresse der Verwertungsgesellschaft ermöglicht es, auch die urheberrechtliche und kulturpolitische Funktion der Verwertungsgesellschaften zu berücksichtigen. Dafür ist auch im Rahmen der Kontrolle nach dem EG-Wettbewerbsrecht spätestens seit der Einfügung der „Kultur-Querschnittsklausel" des Art. 151 EG Raum.[249]

---

244 EuGH v. 27. 3. 1974 – Rs. 1227/73 *BRT II,* Slg. 1974, 313 Tz. 6/8; Kommission v. 4. 12. 1981, ABl. 1982 L 94/12 Tz. 36. *v. Gamm,* GRUR Int. 1983, 403, 406; *Mestmäcker,* FS Lukes, S. 456.

245 EuGH v. 27. 3. 1974 – Rs. 1227/73 *BRT II,* Slg. 1974, 313 Rn. 6/8, 15. *Fikentscher,* in: Urhebervertragsrecht, S. 191; *Goldmann,* Die kollektive Wahrnehmung musikalischer Rechte, S. 259. Weitergehend („mildestes Mittel") Kommission v. 2. 6. 1971, ABl. 1971 L 134/24 – GEMA I.

246 *Stockmann,* in: Die Verwertungsgesellschaften im Europäischen Binnenmarkt, S. 42f.

247 Kommission v. 29. 10. 1981, ABl. 1981 L 370/49 Tz. 48–50 – GVL.

248 EuGH v. 27. 3. 1974 – Rs. 127/73 *BRT II,* Slg. 1974, 313 Rn. 6/8.

249 Darauf weist zutreffend hin *Wünschmann,* Die kollektive Verwertung von Urheber- und Leistungsschutzrechte, S. 118 sowie S. 36–42.

Anhand dieser Maßstäbe haben Kommission und Gerichtshof eine Reihe von praktisch bedeutsamen Einzelfragen – etwa zur **Gleichbehandlung von EG-Ausländern**, zum **Umfang der Rechteübertragung** (insbesondere Spartenlizenzierung), zur **Vertragslaufzeit** sowie zur **Verteilung der Einnahmen** – beurteilt.[250] 133

d) Verstoßfolgen: Kommissionsaufsicht und Vertragsrecht

Art. 82 EG verbietet den Mißbrauch einer marktbeherrschenden Stellung, die Einzelheiten der aufsichtsrechtlichen Verstoßfolgen regelt die Verordnung 1/2003. Sie ermächtigt die **Kommission**, die beteiligten Unternehmen im Wege der Entscheidung zu verpflichten, einen festgestellten Mißbrauch abzustellen bzw. einen bereits eingestellten Mißbrauch, der sich wiederholen könnte, festzustellen (Art. 7 Abs. 1 VO 1/2003).[251] 134

Die **zivilrechtlichen Folgen** eines Verstoßes gegen Art. 82 EG richten sich nach nationalem Recht.[252] Da das Mißbrauchsverbot gem. Art. 1 Abs. 3 VO 1/2003 ein unmittelbar anwendbares gesetzliches Verbot ist, ist ein mißbräuchliches Rechtsgeschäft grundsätzlich nichtig, § 134 BGB.[253] Darüber hinaus kann die Verletzung von Art. 82 EG als Schutzgesetz iSv § 823 Abs. 2 BGB Ansprüche auf Schadensersatz sowie Beseitigung und Unterlassung (§ 1004 BGB) begründen. Im Ergebnis besteht jedoch Einigkeit, daß der Umfang der Unwirksamkeit eingeschränkt sein kann. Die Reichweite der Unwirksamkeit ist maßgeblich von dem Gebot der effektiven Anwendung des Gemeinschaftsrechts bestimmt. Bei seiner Umsetzung ist auch der Schutz legitimer Interessen Dritter zu berücksichtigen. Daher kommen als zivilrechtliche Folgen auch Teilnichtigkeit und Anpassung von Rechtsgeschäften in Betracht.[254] 135

250 Übersichten dazu schon bei *Cherpillod,* in: Die Verwertung von Urheberrechten in Europa, S. 33–39; *Dietz,* FS GRUR, S. 1464–1471; *Goldmann,* Die kollektive Wahrnehmung musikalischer Rechte, S. 244–254; *Wünschmann,* Die kollektive Verwertung von Urheber- und Leistungsschutzrechten, S. 122–148. Eingehend *Riesenhuber,* Die Auslegung und Kontrolle des Wahrnehmungsvertrags, S. 144–148.

251 *Emmerich,* Kartellrecht, § 38, 12 (S. 449), § 39, 5 (S. 455–457); Immenga/Mestmäcker-*Ritter,* Art. 3 VO 17 Rn. 45–48; Immenga/Mestmäcker-*Möschel,* Art. 86 EGV Rn. 20–25.

252 *Bunte,* Kartellrecht, § 15 V (S. 429f.); *Emmerich,* Kartellrecht, § 38, 12 (S. 449f.).

253 Immenga/Mestmäcker-*Möschel,* Art. 86 EGV Rn. 27.

254 Immenga/Mestmäcker-*Möschel,* Art. 86 EGV Rn. 28–31; *Emmerich,* Kartellrecht, § 38, 12 (S. 449f.).

Kapitel 10
Der Berechtigungsvertrag*

Inhaltsübersicht Rn.

---

* Soweit die Überschriften der einzelnen §§ von den Verfassern hinzugefügt wurden – also nicht Bestandteil des Berechtigungsvertrages sind – ist dies durch [eckige Klammern] kenntlich gemacht.

Vor § 1

Der Berechtigungsvertrag regelt das Rechtsverhältnis zwischen den berechtigten musikalischen Urhebern sowie Verlegern und der GEMA. In diesem Vertrag sind einerseits die so genannten **Rechteübertragungen** und andererseits bestimmte vertragliche **Nebenbestimmungen** geregelt. Im Mittelpunkt des Berechtigungsvertrags stehen die Vereinbarungen zu den Rechteübertragungen. Hier verpflichten sich die Rechteinhaber zur Übertragung bestimmter urheberrechtlicher Befugnisse und verfügen gleichzeitig über diese Rechte zugunsten der GEMA. Außerhalb der GEMA werden solche Verträge zwischen den Rechteinhabern und den Verwertungsgesellschaften „Wahrnehmungsverträge“ genannt. 1

Auf Grund dieser Rechteübertragungen ist die GEMA in der Lage, an Stelle der Urheber die ihr übertragenen Rechte als **Treuhänderin** geltend zu machen. Entsprechend der mit dem technischen Fortschritt einhergehenden Weiterentwicklung der urheberrechtlichen Verwertungsrechte muß auch der Berechtigungsvertrag stetig angepaßt werden. Dies erfordert eine fortlaufende Beschlußfassung der Mitgliederversammlung der GEMA, die dafür Sorge tragen muß, daß auch die neu entwickelten Nutzungsarten von der Rechteübertragung erfaßt sind. Nur so kann die GEMA, im Rahmen ihrer Aufgabe zur kollektiven Rechtewahrnehmung, angemessene Vergütungen für die Nutzungen der Werke ihrer Mitglieder – auch im Hinblick auf neue Nutzungsarten – erhalten. 2

Zusätzlich zu diesen Regelungen zur Rechteübertragung enthält der Berechtigungsvertrag Nebenbestimmungen. Hierbei handelt es sich um Vorschriften, die das Vertragsverhältnis zwischen den Berechtigen und der GEMA konkretisieren. Diese Regelungen legen die **allgemeinen vertraglichen Beziehungen** zwischen der GEMA und den Berechtigten fest. Hierzu gehört etwa die Verpflichtung, die unter den Berechtigungsvertrag fallenden Werke bei der GEMA anzumelden oder den Wechsel des Wohnsitzes bzw. andere geschäftliche Änderungen mitzuteilen. 3

Das Gesetz sieht für Wahrnehmungsverträge keinen eigenen Vertragstyp vor. Entgegen einer weitverbreiteten Ansicht[1] enthält der Berechtigungsvertrag der GEMA keine Elemente des Geschäftsbesorgungsvertrags (§§ 675f. BGB) oder des Dienstvertrags (§§ 611–630 BGB). Da die GEMA für ihre Tätigkeit lediglich eine Art Auf- 4

1 BGH, GRUR 1966, 567, 569 – GELU; BGH, GRUR 1968, 321, 327 – Haselnuß; BGH, GRUR 1982, 308, 309 – Kunsthändler; Loewenheim-*Melichar*, § 47 Rn. 15; Wandtke/Bullinger-*Gerlach* § 6 UrhWG Rn. 4; *Mauhs*, der Wahrnehmungsvertrag, S. 43.

wandsentschädigung (§ 670 BGB)[2] und keine Vergütung erhält, ist dieser gemischttypische Vertrag vorrangig dem **Auftragsrecht** zuzuordnen.[3] Der **Zweck** des Berechtigungsvertrags besteht darin, der GEMA diejenigen Rechte zu übertragen, die der Einzelne nicht sinnvoll individuell wahrnehmen kann bzw. deren Übertragung erforderlich ist, um eine effektive kollektive Rechtewahrnehmung zu ermöglichen.[4]

5 Um den Regelungsinhalt der Klauseln zu bestimmen, sind zunächst die allgemeinen Auslegungsgrundsätze des BGB heranzuziehen. Dabei wird es auch darauf ankommen, die Entstehung und Entwicklung dieser Bestimmungen durch die Beschlüsse der Mitgliederversammlung aufzuzeigen. Formulierungen, die auf den ersten Blick schwer verständlich erscheinen, können so in einen historischen Zusammenhang gestellt werden. Bei den Bestimmungen zur Rechteübertragung kann zudem der Wortlaut zu Zweifeln darüber führen, wie weit die Rechteübertragung reichen soll. In diesen Fällen spielt die Auslegungsregel des § 31 Abs. 5 UrhG eine entscheidende Rolle; die so genannte Zweckübertragungslehre schreibt vor, derartige Zweifel im Sinne des Vertragszwecks zu lösen.[5]

6 Nach der Ermittlung des **Regelungsinhalts** wird sich in einigen Fällen auch die Frage stellen, ob eine derartige Bestimmung **wirksam** ist. So müssen sich etwa die Rechteübertragungen, die sowohl zeitliche als auch inhaltliche Bindungen der Berechtigten an die GEMA vorsehen, am kartellrechtlichen Mißbrauchsverbot messen lassen. Soweit die Rechteübertragungen zudem neue, mit der technischen Entwicklung einhergehende Nutzungsarten erfassen, muß überprüft werden, ob die Regelungen gegen § 31 Abs. 4 UrhG verstoßen und damit unwirksam sind.

7 Die Kontrolle der vertraglichen Nebenbestimmungen des Berechtigungsvertrags erfolgt vornehmlich anhand der Vorschriften der AGB-Kontrolle nach den §§ 305–310 BGB.[6]

---

2 Nach den Allgemeinen Grundsätzen zu den Verteilungsplänen A und B wird die Verteilungssumme nach Abzug der Kosten bzw. nach Abzug einer Kommission an die Berechtigten ausgeschüttet; jeweils § 1 der Allgemeinen Grundsätze zu den Verteilungsplänen A und B, GEMA-Jahrbuch 2004/2005, S. 293, 328; näher hierzu *Müller*, **Kap. 11.1 Rn. 1–17**.

3 *Riesenhuber*, Die Auslegung und Kontrolle des Wahrnehmungsvertrags, S. 20.

4 *Riesenhuber*, Die Auslegung und Kontrolle des Wahrnehmungsvertrags, S. 41.

5 Zur Auslegung des Wahrnehmungsvertrags *Riesenhuber,* **Kap. 9 Rn. 3–38**.

6 Zur Inhaltskontrolle des Berechtigungsvertrags *Riesenhuber,* **Kap. 9 Rn. 39–135**.

§ 1 [Kopfteil]

Der Berechtigte überträgt hiermit der GEMA als Treuhänderin für alle Länder alle ihm gegenwärtig zustehenden und während der Vertragsdauer noch zuwachsenden, zufallenden, wieder zufallenden oder sonst erworbenen Urheberrechte in folgendem Umfang zur Wahrnehmung nach Maßgabe der folgenden Bestimmungen:

[...]

Übersicht Rn.

I. Einführung

Der Kopfteil des § 1 BerV zeigt in seinem Wortlaut die **Grundsätze** und **Grundlagen** der kollektiven Rechtewahrnehmung durch die GEMA auf. Diese gelten somit „vorab" für alle Einzelrechtsübertragungen nach § 1 lit. a bis i BerV. Zunächst stellt sich die Frage, wer als „Berechtigter" mit der GEMA einen Wahrnehmungsvertrag abschließen kann (nachfolgend Rn. 9–21) und welche urheberrechtlichen Befugnisse grundsätzlich mit Abschluß des Berechtigungsvertrags in die GEMA eingebracht werden (nachfolgend Rn. 28–36). Der Kopfteil des § 1 BerV bestimmt die treuhänderische Rechteübertragungen als „exklusiv" und „antizipiert" (nachfolgend Rn. 38–45) und enthält zudem weitere Grundsätze zur Reichweite der Rechteübertragungen (nachfolgend Rn. 46–48). 8

II. Wer ist „Berechtigter"?

1. Der Wahrnehmungszwang

9 Die Frage, wer Berechtigter iSd § 1 sein kann, ist zunächst leicht zu beantworten. § 6 UrhWG verpflichtet die Verwertungsgesellschaften und damit auch die GEMA, diejenigen Rechte und Ansprüche, die in ihren Tätigkeitsbereich fallen, auf Antrag grundsätzlich für „jeden" wahrzunehmen, der Inhaber derartiger Rechte ist und deren Wahrnehmung durch die GEMA wünscht. Hintergrund dieses **Wahrnehmungszwangs** ist, daß Urheber und Inhaber verwandter Schutzrechte vielfach aus tatsächlichen und oft aus rechtlichen Gründen gehindert sind, ihre Rechte und Ansprüche selbst wahrzunehmen.[1] Die individuelle Rechtewahrnehmung kann in tatsächlicher Hinsicht insbesondere daran scheitern, daß der Einzelne bestimmte massenweise Nutzungen nicht kontrollieren oder lizenzieren kann. So verhält es sich etwa bei der öffentlichen Wiedergabe von Tonträgern, beispielsweise in Geschäftslokalen.[2] Bei verwertungsgesellschaftenpflichtigen Vergütungsansprüchen, wie beispielsweise der sog. Geräte- und Leerkassettenabgabe nach § 54 UrhG[3], sind die einzelnen Rechteinhaber dagegen schon aus rechtlichen Gründen nicht in der Lage, diese Ansprüche individuell durchzusetzen.[4] Eine Weigerung der Verwertungsgesellschaft, diese Ansprüche wahrzunehmen, könnte den Rechteinhaber wirtschaftlich erheblich schädigen.[5]

10 Der Inhalt des Wahrnehmungszwangs bezieht sich ausschließlich auf die Pflicht der Verwertungsgesellschaft zur Rechtewahrnehmung. Die GEMA ist nach § 6 UrhWG also nur verpflichtet, ein Wahrnehmungsverhältnis einzugehen. Ob und gegebenenfalls in welchem Umfang ein Berechtigter nach den Vorschriften der GEMA-Satzung den Status eines Vereinsmitglieds erlangt, hat mit dieser Verpflichtung nichts zu tun.[6] In diesem Sinn bezeichnet § 6 Ziff. 2 GEMA-Satzung Berechtigte, deren Rechtsverhältnis sich „ausschließlich nach dem Berechtigungsvertrag" richtet und die keine Mitglieder im vereinsrechtlichen Sinne werden, als „angeschlossene Mitglieder". Da § 6 Ziff. 2 iVm Ziff. 1 Abs. 2 GEMA-Satzung regelt, daß ordentliche oder außerordentliche Mitglieder nur Urheber oder Verleger werden können,[7] bedeutet dies im Umkehrschluß, daß auch Rechteinhaber, die nicht Urheber oder Verleger sind, als angeschlossene Mitglieder in ein „reines Berechtigungsverhältnis" mit der GEMA treten können. Dafür genügt der Abschluß eines Berechtigungsvertrags.

---

1 *Seifert,* in: Handbuch der Musikwirtschaft, S. 983.
2 Nachfolgend Rn. 126 ff.
3 Nachfolgend Rn. 221 ff.
4 Dreier/Schulze-*Schulze,* § 6 UrhWG Rn. 1.
5 RegE Begr. zu § 6 UrhWG, BT-Drs. IV/271, S. 15.
6 Umstritten ist der Umfang der Mitwirkungsrechte der Verleger.
7 Nach § 7 Ziff. 3 GEMA-Satzung können unter bestimmten Voraussetzungen auch Erben eines ordentlichen Mitglieds als ordentliche Mitglieder kooptiert werden; s. dazu *v. Steinau-Steinrück/Wohlgemuth,* **Kap. 8 Rn. 44**.

Nach § 6 UrhWG darf die GEMA keine persönlichen Beschränkungen vornehmen und z.B. die Wahrnehmung für bestimmte Rechteinhaber verweigern.[8] Der Wahrnehmungszwang gilt gleichermaßen für die Inhaber **originärer** wie für die Inhaber **abgeleiteter** Rechte. 11

Nach dem Wortlaut des § 6 Abs. 1 S. 1 UrhWG besteht die Verpflichtung dann nicht, 12
wenn eine wirksame Wahrnehmung der Rechte und Ansprüche **anders möglich** ist. Die amtliche Begründung geht davon aus, daß dies dann der Fall sei, wenn es mehrere konkurrierende Verwertungsgesellschaften gibt, die dieselben Rechte und Ansprüche wahrnehmen, und der Berechtigte daher ausweichen kann.[9] Hiergegen ist jedoch einzuwenden, daß sich der Berechtigte nicht an eine andere Verwertungsgesellschaft verweisen lassen muß. Dies könnte letztlich dazu führen, daß bei mehreren Verwertungsgesellschaften jeweils die eine auf die andere verweist und die Rechte des Urhebers dann trotz der Regelung in § 6 UrhWG durch keine Verwertungsgesellschaft wahrgenommen werden.[10] Soweit ein Inhaber von Rechten und Ansprüchen, die in den Tätigkeitsbereich der GEMA fallen, eine Wahrnehmung durch diese verlangt, ist sie damit auch für den Fall, daß es eine andere Verwertungsgesellschaft in ihrem Tätigkeitsbereich gibt, zur Rechtewahrnehmung verpflichtet. Allerdings kann die GEMA gegenüber Ausländern, die keine Staatsangehörigen der EG oder des EWR sind bzw. ihren Wohnsitz nicht im Geltungsbereich des UrhWG haben, die Wahrnehmung verweigern, soweit sie ihre Rechte durch eine Verwertungsgesellschaft in ihrem Heimatland geltend machen können und ein Gegenseitigkeitsvertrag zwischen der GEMA und der ausländischen Verwertungsgesellschaft besteht.[11]

2. Musikalische Urheber und deren Rechtsnachfolger

Wahrnehmungsberechtigt sind zunächst umfassend musikalische Urheber, d.h. Kom- 13
ponisten und musikalische Textdichter als **originäre Inhaber** der Urheberrechte an musikalischen Werken. Diese umfassende Berechtigung hat der BGH jedoch zutreffend in seiner Entscheidung „Klausurerfordernis“[12] eingeschränkt. Demnach besteht der Anspruch auf Rechtewahrnehmung gegenüber der GEMA nur dann, wenn der Urheber in der Lage ist, **wirtschaftlich verwertbare Werke** der Musik zu schaffen.[13] Diesem Urteil lag der Sachverhalt zu Grunde, daß ein Kind für Kompositionen, die es im Alter von 3–4 Jahren geschaffen haben wollte, von der GEMA die Beteiligung am sog. Wertungsverfahren[14] forderte. Der BGH hat hierzu entschieden, daß es nach

8 Dreier/Schulze-*Schulze,* § 6 UrhWG Rn. 11; BGH, GRUR 1999, 577 – Sendeunternehmen als Tonträgerhersteller; BGH, GRUR 2002, 961 ff. – Mischtonmeister.

9 RegE Begr. zu § 6 UrhWG, BT-Drs. IV/271, S. 15.

10 Dreier/Schulze-*Schulze,* § 6 UrhWG Rn. 26; Fromm/Nordemann-*Nordemann,* § 6 UrhWG Rn. 3d; Schricker-*Reinbothe,* § 6 UrhWG Rn. 12; *Mauhs*, Der Wahrnehmungsvertrag, S. 37; *Meyer*, Verwertungsgesellschaften und ihre Kontrolle nach dem Urheberrechtswahrnehmungsgesetz, S. 75.

11 Dreier/Schulze-*Schulze,* § 6 UrhWG Rn. 27.

12 BGH, GRUR 2002, 332 ff. – Klausurerfordernis.

13 BGH, GRUR 2002, 332, 334 f. – Klausurerfordernis.

14 Im Rahmen des Wertungsverfahrens erfolgt – im Sinne des Auftrags zur Förderung kulturell

der Lebenserfahrung ausgeschlossen ist, dass Kompositionen von Kindern in diesem Alter wirtschaftlich verwertbar sind, auch wenn ein schutzfähiges Werk iSd § 2 Abs. 2 UrhG vorliegen mag. Zur Rechtewahrnehmung sei die GEMA selbst dann nicht verpflichtet, wenn es sich ausnahmsweise doch um wirtschaftlich verwertbare Werke handelt. Die GEMA könne sich auf ihre Pflicht zur wirtschaftlichen Verwaltung, im Rahmen derer es unvermeidlich ist, in gewissem Umfang zu typisieren und zu pauschalieren, berufen und daher die Wahrnehmung verweigern.[15] Aus dieser Entscheidung folgt, daß die GEMA trotz des Wahrnehmungszwangs nicht verpflichtet ist, Berechtigungsverträge abzuschließen, wenn die betroffenen Urheber, wie etwa Kinder im Alter von 3–4 Jahren, nach der Lebenserfahrung nicht in der Lage sind, wirtschaftlich verwertbare Werke zu schaffen.

14 Da das nach § 28 UrhG vererbliche Urheberrecht über die Lebenszeit des Urhebers hinaus besteht und nach § 64 UrhG erst 70 Jahre nach seinem Tod (*post mortem auctoris, p.m.a.*) erlischt, gilt der Wahrnehmungszwang auch gegenüber den **Rechtsnachfolgern** eines Urhebers. Nach § 9 Abs. 2 BerV wird der Berechtigungsvertrag „automatisch" mit diesen Rechtsnachfolgern fortgesetzt.[16] Rechtsnachfolger können Erben sein, aber beispielsweise auch Vermächtnisnehmer.[17] Auf Grund der Rechtsnachfolge werden Rechtsnachfolger Berechtigte hinsichtlich der vom Wahrnehmungsumfang der GEMA umfaßten urheberrechtlichen Befugnisse.

3. Zessionare

15 Der Wahrnehmungszwang nach § 6 Abs. 1 UrhWG gilt auch gegenüber Inhabern abgeleiteter Rechte (Zessionare).[18] Hintergrund ist u. a., dass der Zessionar in den Fällen der **verwertungsgesellschaftenpflichtigen Vergütungsansprüche** auf die kollektive Wahrnehmung seiner Rechte durch die Verwertungsgesellschaft angewiesen ist. Nach den Vorschriften der GEMA-Satzung (vgl. § 6 GEMA-Satzung) ist es allerdings ausgeschlossen, daß Zessionare Rechte als Vereinsmitglieder der GEMA erlangen. Das Rechtsverhältnis zwischen der GEMA und den Zessionaren bestimmt sich ausschließlich nach den Vorschriften des Berechtigungsvertrags und ist auf dieses Rechtsverhältnis beschränkt.[19]

---

bedeutender Werke gemäß § 7 Satz 2 UrhWG – für bestimmte Nutzungen ein Zuschlag zur Tantiemenausschüttung. Die Wertung errechnet sich an einem Punktesystem, bei dem u.a. das Aufkommen der letzten drei Jahre, die Mitgliedschaftsdauer und die künstlerische Persönlichkeit berücksichtigt werden; *Kreile/Becker*, in: Handbuch der Musikwirtschaft, GEMA, S. 687, 706; Dreier/Schulze-*Schulze,* § 7 UrhWG Rn. 15.

15 BGH GRUR 2002, 332, 334f. – Klausurerfordernis.

16 Dazu nachfolgend Rn. 354.

17 Dreier/Schulze-*Dreier*, § 30 UrhG Rn. 2.

18 *Häußer*, FuR 1980, 57, 60f.; Schricker-*Reinbothe*, § 6 UrhWG Rn. 11. Bescheid des Deutschen Patentamts v. 26.10.1981, UFITA Bd. 94 (1982), 364, 368.

19 Gleichwohl sind diese Berechtigten, wie in § 6 Abs. 2 UrhWG vorgeschrieben, durch sog. Delegierte (vgl. § 12 Ziff. 12 GEMA-Satzung) in der Mitgliederversammlung der GEMA vertreten. Dadurch ist die Einflussmöglichkeit dieser Berechtigten auf die Entscheidungsprozesse der GEMA gesichert; *Riesenhuber/Rosenkranz*, UFITA 2005/II, 467, 503–505; dazu näher *v. Steinau-Steinrück/Wohlgemuth*, **Kap. 8 Rn. 98–109**.

4. Musikverleger

Musikverleger können ebenfalls mit der GEMA einen Berechtigungsvertrag abschließen. Ein **Musikverlag** ist ein Unternehmen, dessen Zielsetzung darauf gerichtet ist, auf eigene Rechnung und eigenes Risiko die musikalischen Werke seiner Autoren der künstlerischen und wirtschaftlichen Verwertung zuzuführen.[20] Gemäß der Fußnote zum Rubrum des Vertragsformulars (und nach dem Klammerzusatz unter der Unterschrift des Berechtigten) ist es unerheblich, ob der Verlag von einer natürlichen oder einer juristischen Person betrieben wird. Soweit es sich nicht um eine Einzelperson handelt, verlangt die GEMA, daß der Vertrag von den im Handelsregister eingetragenen Vertretungsberechtigten unter Hinzufügung des Firmenstempels unterzeichnet werden muß.[21] Wesentliche Aufgabe des Musikverlegers ist es, für die Musikstücke zu werben und dafür zu sorgen, daß sie möglichst oft genutzt, also z.B. aufgeführt oder gesendet werden.[22] Auch Subverlage sind Musikverlage iSd § 6 GEMA-Satzung. Inländische Subverlage können von ausländischen Originalverlagen territorial – etwa auf Deutschland – beschränkte Nutzungsrechte erhalten, die sie auf die GEMA übertragen. Die GEMA wiederum rechnet direkt an diese ab, da es sich um Berechtigte der GEMA handelt. Dieses System der Subverlage hat den Vorteil, daß die ausländischen Originalverlage so die Tantiemen für die Nutzungen ihrer Werke schneller erhalten als durch die Abrechnung nach den Gegenseitigkeitsverträgen. Hier müßten die Tantiemen zunächst an die ausländische Schwestergesellschaft ausgeschüttet und dann von dieser an den Originalverlag weitergegeben werden.[23] 16

Auch wenn heute in vielen Fällen die Nutzungsrechte an gegenwärtigen und künftigen Werken schon durch die Komponisten und Textdichter selbst im Rahmen ihrer eigenen Berechtigungsverträge in die GEMA eingebracht werden, sind dennoch Situationen möglich, in denen die Verlage als Rechteinhaber die Nutzungsrechte mit Abschluß ihrer Berechtigungsverträge auf die GEMA übertragen. So verhält es sich etwa dann, wenn der Verlagsvertrag zeitlich vor dem Berechtigungsvertrag abgeschlossen wurde. 17

5. Deutsche und Angehörige der EG- und EWR-Mitgliedstaaten bzw. sonstige Ausländer als „Berechtigte“ nach § 1 BerV

Gegenüber deutschen Rechteinhabern (vgl. Art. 116 GG) ist die GEMA nach § 6 Abs. 1 UrhWG zur Rechtewahrnehmung verpflichtet. Nach dieser Vorschrift haben außerdem Angehörige von Mitgliedstaaten der Europäischen Gemeinschaft und des Europäischen Wirtschaftsraums das Recht, von der GEMA den Abschluß eines Berechtigungsvertrags zu verlangen. Die Angehörigen der EG- und EWR-Mitgliedstaaten 18

20 *Sikorski*, Musikverlage, S. 319.
21 Fußnote 1) im Vertragsformular; GEMA-Jahrbuch 2004/2005, S. 195.
22 Dreier/Schulze-*Schulze*, Vor § 31 UrhG Rn. 224; BGH, GRUR 1970, 40, 43 – Musikverleger-I.
23 *Rossbach*/*Joos*, in: FS Schricker, S. 361 f.; *Steden*, Das Monopol der GEMA, S. 45.

sind damit Deutschen als „Berechtigte" gleichgestellt.[24] Auch Inhaber von Unternehmen fallen nach § 6 Abs. 1 Satz 2 UrhWG unter die Wahrnehmungsberechtigung, wenn sich deren Sitz in einem Mitgliedstaat der Europäischen Gemeinschaft oder in einem Vertragstaat des EWR-Abkommens befindet. Die Ausgrenzung der Staatsangehörigen der EG-Staaten aus dem Kreis der Berechtigten wäre nach der sog. GVL-Entscheidung der Kommission,[25] bestätigt durch den EuGH,[26] eine **unzulässige Diskriminierung** nach Art. 12 Abs. 1 EG (Art. 6 Abs. 1 EG a.F.) und damit eine mißbräuchliche Ausnutzung einer marktbeherrschenden Stellung iSd Art. 82 Abs. 1 EG[27] (Art. 86 a.F.).[28] Dies gilt auch für die Angehörigen des Europäischen Wirtschaftsraums.[29] Andere Ausländer, also auch Staatenlose, können nach § 6 Abs. 1 UrhWG dann von der GEMA die Wahrnehmung ihrer Rechte fordern, wenn sie ihren Wohnsitz (§ 7 BGB) in Deutschland haben.

19 Gegenüber **Angehörigen von Drittländern**, die ihren steuerlichen Wohnsitz nicht in Deutschland bzw. ihren Geschäftssitz nicht in einem EG- oder EWR-Mitgliedstaat haben, ist die GEMA nicht zur Rechtewahrnehmung verpflichtet.[30] Der Gesetzgeber hat bei der Erweiterung des Wahrnehmungszwangs für Angehörige der EG- und EWR-Staaten im Jahr 1995 bewußt entschieden, den Wahrnehmungszwang nicht für sonstige ausländische Staatsangehörige zu erweitern.[31] Solange die betroffenen Berechtigten ihre Rechte an die Verwertungsgesellschaft in ihrem Heimatland zur Wahrnehmung übertragen können, besteht auch materiell kein Grund, den Wahrnehmungszwang entsprechend zu erweitern. Die GEMA kann hier auf die Möglichkeit einer anderen wirksamen Rechtewahrnehmung nach § 6 Abs. 1 S. 1 UrhWG – nämlich durch die Schwestergesellschaft im Heimatland – verweisen.[32]

20 Im Ergebnis ist die GEMA entsprechend dem Wortlaut des § 6 Abs. 1 UrhWG zur Wahrnehmung der Rechte von Ausländern nur dann verpflichtet, wenn diese die Staatsangehörigkeit eines Mitgliedstaats der Europäischen Gemeinschaft oder des Europäischen Wirtschaftsraums oder ihren Wohnsitz in Deutschland bzw. ihren Geschäftssitz in der Europäischen Gemeinschaft bzw. im Europäischen Wirtschaftsraum haben. Soweit sie dennoch Rechte sonstiger Ausländer wahrnimmt,[33] erfolgt dies jedenfalls außerhalb des gesetzlichen Wahrnehmungszwangs.

---

24 Dreier/Schulze-*Schulze*, § 6 UrhWG Rn. 22; EuGH v. 20.10.1983 – Rs. C-92 und 326/92 *Phil Collins*, Slg. 1994, I-5171 f. Rn. 33.

25 Kommission v. 28.12.1981, ABl. 1981 L 370, 49, 55f. – GVL.

26 EuGH v. 20.10.1983 – Rs. C-92 und 326/92 *Phil Collins*, Slg. 1994, I-5171 ff. Rn. 33.

27 Zum kartellrechtlichen Mißbrauchsverbot *Riesenhuber,* **Kap. 9 Rn. 110–135**.

28 Eingehend *Mauhs*, Der Wahrnehmungsvertrag, S. 31 ff.

29 Schricker-*Reinbothe*, § 6 UrhWG Rn. 9; *Häußer*, in: FS Kreile, S. 281, 284.

30 Wandtke/Bullinger-*Gerlach*, § 6 UrhWG Rn. 11; a.A. etwa *v. Ungern-Sternberg*, GRUR Int. 1973, 61, 63.

31 Wandtke/Bullinger-*Gerlach*, § 6 UrhWG Rn. 11.

32 *Melichar*, Die Wahrnehmung von Urheberrechten durch Verwertungsgesellschaften, S. 36; Wandtke/Bullinger-*Gerlach*, § 6 UrhWG Rn. 11.

33 S. hierzu die Fußnote * zur Überschrift des Vertragsformulars, GEMA-Jahrbuch 2004/2005, S. 195.

6. Ehemalige Berechtigte der AWA

Vor dem Beitritt der ehemaligen DDR zur Bundesrepublik Deutschland am 3.10. 1990 nahm die **Anstalt zur Wahrung der Aufführungsrechte auf dem Gebiete der Musik (AWA)** im Gebiet der ehemaligen DDR Rechte an Werken der Musik wahr. Am Tag des Beitritts beendete diese Verwertungsgesellschaft ihre aktive Tätigkeit. Die musikalischen Urheber waren somit in der Lage, mit der GEMA „neue" Berechtigungsverträge zur Wahrnehmung ihrer Rechte abzuschließen. Die GEMA ist nicht Rechtsnachfolgerin der AWA. 21

III. Gegenstand der Rechteübertragungen

Gegenstand der Rechteübertragungen ist die Einräumung von ausschließlichen Nutzungsrechten und die Abtretung verwertungsgesellschaftenpflichtiger gesetzlicher Vergütungsansprüche betreffend „Werke der Tonkunst mit oder ohne Text".[34] 22

1. Werke der Tonkunst mit oder ohne Text

Entsprechend dem Tätigkeitsbereich der GEMA als „musikalische" Verwertungsgesellschaft nimmt sie die Rechte an Werken der Musik iSd § 2 Abs. 1 Ziff. 2 UrhG und gegebenenfalls an Sprachwerken gemäß § 2 Abs. 1 Ziff. 1 UrhG wahr. Die Bezugnahme auf „Werke der Tonkunst mit oder ohne Text" als Gegenstand der Rechteübertragung ausschließlich in §§ 1 lit. a, lit. h Abs. 2, 3 und 4, lit. i und lit. k BerV ist dabei mißverständlich. Sämtliche Rechteübertragungen beziehen sich auf Werke der Tonkunst mit oder ohne Text.[35] 23

Der Urheber kann Nutzungsrechte nur an einem **geschützten Werk** nach § 2 UrhG geltend machen. Ein geschütztes Werk der Musik ist nach § 2 Abs. 1 Ziff. 2 UrhG eine persönliche geistige Schöpfung, die sich der Töne als Ausdrucksmittel bedient.[36] Im Sinne der sog. „kleinen Münze" ist ein nur geringer Schöpfungsgrad ausreichend.[37] Neben dem Werk der Musik ist auch ein geschütztes Sprachwerk nach § 2 Abs. 1 Ziff. 1 UrhG Gegenstand der Rechteübertragung, wenn es sich um ein „Werk der Tonkunst *mit Text*" handelt. Dabei ist Voraussetzung für ein geschütztes Sprachwerk, daß „die Sprache als Ausdrucksmittel verwendet wird und ein begrifflicher Inhalt vermittelt" wird.[38] 24

Im allgemeinen handelt es sich bei einem Musikwerk mit Text um ein **verbundenes Werk** iSd § 9 UrhG; ein unabhängiges Sprachwerk wird mit einem Musikwerk zur ge- 25

34 Dazu sogleich.
35 Soweit in der folgenden Abhandlung der Begriff des Musikwerks verwendet wird, ist dies „untechnisch" zu verstehen; der Begriff steht nicht nur für Werke der Tonkunst, sondern gleichzeitig auch für Werke der Tonkunst „mit Text"; er steht also für „Musikstücke".
36 Schricker-*Loewenheim*, § 2 UrhG Rn. 118.
37 Eingehend zur Schutzfähigkeit eines musikalischen Werks z.B. Schricker-*Loewenheim*, § 2 UrhG Rn. 118 ff.
38 So etwa *Rehbinder*, Urheberrecht, Rn. 124.

meinsamen Verwertung verbunden. Die Werkverbindung bewirkt zwischen Komponisten und Textdichtern eine urheberrechtliche Verwertungsgemeinschaft in Form einer Gesellschaft bürgerlichen Rechts (§§ 705ff. BGB).[39] In der Regel entsteht dadurch kein einheitliches Werk mit eigenen Urheberrechten.[40]

26 Werke der Musik können (ebenso wie deren Texte als Sprachwerke) in der Form von selbständigen Werken oder als Bearbeitungen nach § 3 UrhG Gegenstand des Berechtigungsvertrags sein. Eine **Bearbeitung** als selbständiges Werk iSd § 3 UrhG setzt voraus, daß sie eine persönliche geistige Schöpfung des Bearbeiters darstellt.[41] Bei Musikwerken ist dies idR dann der Fall, wenn die Veränderung die Grenze handwerksmäßiger Anwendung der musikalischen Lehren überschreitet.[42] Dabei ist das Recht des Bearbeiters nach § 3 UrhG vom Bearbeitungsrecht nach § 23 UrhG zu unterscheiden.[43]

27 Ein Musikwerk kann nur innerhalb der sog. **Schutzfrist** Gegenstand der Rechteübertragungen im Berechtigungsvertrag sein. Nach deutschem Recht erlischt das Urheberrecht gemäß § 64 UrhG siebzig Jahre nach dem Tod des Urhebers. Daran soll sich auch künftig nichts ändern. Der aktuelle Referentenentwurf für ein Zweites Gesetz zur Regelung des Urheberrechts in der Informationsgesellschaft hat ausdrücklich auf die Einführung eines Künstlergemeinschaftsrechts („Goethegroschen"), das auch nach Ablauf der Schutzfrist eine Vergütung vorsieht, verzichtet.[44] Nach Ablauf der Schutzfrist ist das Werk **gemeinfrei**; Nutzungsrechte können nicht mehr auf die GEMA übertragen und von ihr wahrgenommen werden. Innerhalb der EU gilt seit der europäischen Harmonisierung[45] einheitlich die Schutzfrist von 70 Jahren p.m.a., und zwar auch für Werke, die vor dem 1. 7. 1995 geschaffen wurden, solange diese zumindest in einem Mitgliedstaat noch geschützt waren.[46] Für die von der GEMA wahrzunehmenden Werke bedeutet dies, daß die Werke von Urhebern, die Angehörige eines Mitgliedstaates der EU sind, in Deutschland und über die europäischen Schwestergesellschaften auch im europäischen Ausland, grundsätzlich für einen Zeitraum von 70 Jahren p.m.a. zur Wahrnehmung in die GEMA eingebracht werden können.[47]

---

39 OLG München, ZUM 1991, 432, 433 – Gaby wartet im Park.

40 Grundsätzlich bleiben demnach die Werke getrennt verwertbar. Allerdings ergeben sich zwischen Komponist und Textdichter regelmäßig Treuepflichten auf schuldrechtlicher Ebene, etwa dahingehend, daß ein Schlagertext nicht mit einer neuen Melodie verbunden werden darf; Schricker-*Loewenheim*, § 9 UrhG Rn. 16.

41 *Grossmann*, Die Schutzfähigkeit von Bearbeitungen gemeinfreier Musikwerke, S. 52ff.

42 *Grossmann*, Die Schutzfähigkeit von Bearbeitungen gemeinfreier Musikwerke, S. 66f.

43 Nachfolgend Rn. 32.

44 Referentenentwurf für ein Zweites Gesetz zur Regelung des Urheberrechts in der Informationsgesellschaft v. 27. 9. 2004, S. 43f., abrufbar unter www.bmj.bund.de.

45 Richtlinie 93/98/EWG zur Harmonisierung der Schutzdauer des Urheberrechts und der verwandten Schutzrechte, ABl L 290 v. 24. 11. 1993, S. 9ff.

46 Dreier/Schulze-*Dreier*, vor §§ 64 UrhG Rn. 16ff.

47 Zu den komplexen Regelungen zur Schutzfrist für Werke von Urhebern aus Drittländern bzw. für Werke von Angehörigen von EU-Mitgliedstaaten, die in Drittländern genutzt werden, z.B. Schricker-*Katzenberger*, § 64 UrhG Rn. 9ff.

2. Urheberrechtliche Befugnisse und deren Übertragbarkeit zur kollektiven Rechtewahrnehmung

Nach § 1 BerV überträgt der Berechtigte bestimmte Nutzungsrechte und gesetzliche Vergütungsansprüche zur kollektiven Wahrnehmung auf die GEMA. Der Gesetzgeber unterscheidet nach §§ 12ff. UrhG Urheberpersönlichkeitsrechte[48], Verwertungsrechte[49] und sonstige Rechte.[50] Nicht alle urheberrechtlichen Befugnisse, die aus dem umfassenden Urheberrecht nach § 11 UrhG hervorgehen, können übertragen werden und eignen sich zur kollektiven Wahrnehmung. 28

a) Das „Urheberrecht"

Der „spezifische Gegenstand" des Urheberrechts besteht sowohl im Schutz der Persönlichkeitsrechte als auch im Schutz der wirtschaftlichen Rechte des Urhebers.[51] Im Urheberrecht sind diese Befugnisse im Sinn der **monistischen Theorie** als untrennbare Einheit miteinander verwoben.[52] Aus § 29 Abs. 1 UrhG geht deutlich hervor, daß ein urheberrechtlicher Kern immer beim Urheber zurückbleibt; der Urheber kann weder sein Urheberrecht noch die Verwertungsrechte vollständig übertragen.[53] Dies bedeutet unter anderem, daß der Urheber nicht über das Urheberrecht als Ganzes verfügen kann. Statt dessen werden nach § 29 Abs. 2 UrhG einzelne Nutzungsrechte abgespalten, die nach § 31 UrhG übertragen werden können. Nutzungsrechte sind somit der verfügbare Teil der Verwertungsrechte.[54] Die Formulierung im Kopfteil des § 1 BerV „Der Berechtigte überträgt […] *Urheberrechte* in folgendem Umfang zur Wahrnehmung" ist daher historisch auszulegen;[55] gemeint ist die Übertragung der ausschließlichen Nutzungsrechte und Vergütungsansprüche. 29

b) Urheberpersönlichkeitsrecht

Das Urheberpersönlichkeitsrecht (***droit moral***) schützt die ideellen Interessen des Urhebers an der Integrität seines Werks. Es soll der Öffentlichkeit in der Gestalt präsentiert werden, die ihm der Urheber verliehen hat.[56] Bei den verschiedenen Nutzungen von Musikwerken ist insbesondere das Schutzrecht gegen Entstellungen und Beeinträchtigungen nach den §§ 14, 39 UrhG zu beachten. Verletzt ist das Urheberpersönlichkeitsrecht nach den §§ 14, 39 UrhG jedoch nicht bereits durch eine direkte und indirekte Veränderung des Werks. Erforderlich ist darüber hinaus, daß einerseits der 30

48 §§ 12–14 UrhG.
49 §§ 15–24 UrhG.
50 §§ 25–27 UrhG.
51 EuGH v. 20.10.1983 – Rs. C-92 und 326/92 *Phil Collins*, Slg. 1994, I-5171ff. Rn. 20.
52 *Ulmer*, Urheber- und Verlagsrecht, S. 133; *Schack*, Urheber- und Urhebervertragsrecht, Rn. 306; Dreier/Schulze-*Schulze*, § 11 UrhG Rn. 2.
53 Dreier/Schulze-*Schulze*, § 11 UrhG Rn. 4.
54 Dreier/Schulze-*Schulze*, § 29 UrhG Rn. 15.
55 Die Unübertragbarkeit des Urheberrechts wurde erst durch das Urhebergesetz aus dem Jahr 1965 gesetzlich festgelegt; *Brugger*, UFITA 51 (1968), S. 89, 115 (Fn. 47).
56 *Schack*, Urheber- und Urhebervertragsrecht, Rn. 315.

Eingriff im Einzelfall geeignet sein muß, die Interessen des Urhebers zu beeinträchtigen und daß andererseits eine Interessenabwägung zu dem Ergebnis führt, daß der Urheber die Beeinträchtigung seines Werks nicht hinnehmen muß.[57] Bei dieser Interessenabwägung sind das Integritätsinteresse des Urhebers und das Verwertungsinteresse des Nutzers zu beachten.[58] Da die GEMA auf Grund des Kontrahierungszwangs nach § 11 UrhWG verpflichtet ist, die in ihren Wahrnehmungsbereich fallenden Rechte auf Nachfrage jedem zur Verfügung zu stellen, eignen sich Urheberpersönlichkeitsrechte nicht zur kollektiven Rechtewahrnehmung durch die GEMA.[59] Ohnehin ist das Urheberpersönlichkeitsrecht wegen der andauernden ideellen Bindung des Urhebers zu seinem Werk[60] nur in Ausnahmefällen auf Dritte übertragbar.[61] Dies bedeutet allerdings nicht, daß das Recht, ein Werk in seiner vom Urheber gegebenen Gestalt zu ändern, in keinem Fall auf die GEMA zur kollektiven Wahrnehmung übertragen werden kann. Solange eine Änderung nicht das Urheberpersönlichkeitsrecht verletzt, sondern nur in urheberpersönlichkeitsrechtliche Belange eingegriffen wird, ist eine kollektive Wahrnehmung grundsätzlich möglich. Berührt ist in einem solchen Fall das vermögensrechtliche Bearbeitungs- bzw. Umgestaltungsrecht nach § 23 UrhG.[62]

c) *Verwertungsrechte nach den §§ 15–24 UrhG*

31 Die Verwertungsrechte nach den §§ 15 bis 24 UrhG gewähren dem Urheber das **Recht zur Nutzung** seiner Werke. Nach § 15 UrhG hat der Urheber das ausschließliche Recht, sein Werk körperlich, also durch Nutzung des Originals oder eines Vervielfältigungsstücks (§ 15 Abs. 1 UrhG), oder unkörperlich (§ 15 Abs. 2 UrhG) zu verwerten. Neben dem Recht zur Nutzung steht dem Rechteinhaber auch das negative Verbotsrecht zu.[63] Die Rechteübertragung im Berechtigungsvertrag umfaßt beispielsweise das Vervielfältigungsrecht nach § 15 Abs. 1 Nr. 1, § 16 UrhG oder das Senderecht nach den §§ 15 Abs. 2 Nr. 3, § 20 UrhG. § 15 UrhG zählt nur beispielhaft Verwertungsrechte auf und ist damit eine offene Generalklausel. Damit erstreckt sich das Ausschließlichkeitsrecht des Urhebers automatisch auf neue Verwertungsformen.[64] So berührt etwa die Übermittlung von „Ruftonmelodien" durch SMS ein ungeschriebenes Verwertungsrecht nach § 15 Abs. 2 UrhG.[65] Die Verwertungsrechte können in Erstverwertungs- und Zweitverwertungsrechte unterschieden werden. Beispielsweise handelt es sich bei dem Recht der Wiedergabe durch Bild- oder Tonträger nach

57 Eingehend *Staats*, Aufführungsrecht und kollektive Wahrnehmung bei Werken der Musik, S. 137ff.
58 Schricker-*Dietz*, § 14 UrhG Rn. 29.
59 Schricker in *Schricker*, Urheberrecht auf dem Weg zur Informationsgesellschaft, S. 94.
60 Dreier/Schulze-*Schulze*, § 29 UrhG Rn. 19; *Goldmann*, Die kollektive Wahrnehmung musikalischer Rechte, S. 289.
61 Dreier/Schulze-*Schulze*, § 31 UrhG Rn. 13; Schricker-*Schricker*, vor §§ 28ff. UrhG Rn. 28.
62 Nachfolgend Rn. 32.
63 Dreier/Schulze-*Schulze*, § 31 UrhG Rn. 56.
64 *Schack*, Urheber- und Urhebervertragsrecht, Rn. 372.
65 Nachfolgend Rn. 206.

§ 21 UrhG um ein Zweitverwertungsrecht; dieser Verwertung muß die Vervielfältigung durch Herstellung eines Tonträgers vorausgehen.[66]

Inhalt des Urheberrechts ist auch das **Bearbeitungsrecht** sowie das **Recht zur sonstigen Umgestaltung** eines Werks nach § 23 UrhG. Obwohl das Bearbeitungsrecht in § 15 UrhG nicht erwähnt wird, handelt es sich dabei um ein selbständiges Verwertungsrecht und damit ein absolutes Recht mit Ausschließlichkeitscharakter.[67] Eine Bearbeitung oder Umgestaltung liegt bei einer Änderung des geistig-ästhetischen Gesamteindrucks des Werks vor.[68] Dies kann einerseits direkt durch einen Eingriff in die Werksubstanz, andererseits aber auch indirekt dadurch erfolgen, daß das Werk in einen anderen Gesamtzusammenhang gestellt wird.[69] Hintergrund dieses Verwertungsrechts ist, daß bei der Verwertung der Bearbeitung immer gleichzeitig auch das Originalwerk genutzt wird.[70] Ob bei einer solchen Werkveränderung die Schwelle zur schöpferischen Bearbeitung iSd § 3 UrhG überschritten wird, ist unerheblich. Mit anderen Worten ist das Bearbeitungsrecht nach § 23 UrhG bei jeder Werkveränderung und nicht erst dann berührt, wenn die Veränderung zu einem selbständigen Werk nach § 3 UrhG führt.[71] Beispielsweise hat der Urheber das ausschließliche Recht, eine Kürzung seines Werks zu verbieten, wenngleich die gekürzte Fassung seines Werks in der Regel kein selbständiges Werk nach § 3 UrhG darstellt. Da jede Bearbeitung oder Umgestaltung die vom Urheber verliehene Gestalt des Originalwerks verändert, kommt bei der Nutzung von Musikstücken neben dem berührten Verwertungsrecht im Einzelfall eine Verletzung der nach den §§ 14, 39 UrhG gewährten Urheberpersönlichkeitsrechte in Betracht.[72] Ob eine solche Verletzung vorliegt, ist im Wege einer Abwägung der Urheber- gegen die Nutzerinteressen festzustellen. Nicht jede Werkveränderung verletzt zwangsläufig das Urheberpersönlichkeitsrecht. **32**

Obwohl das Recht, ein Werk der Musik mit anderen Werken zu **verbinden**, – anders als das Bearbeitungsrecht – kein besonderes Verwertungsrecht darstellt,[73] ist dennoch der Urheber nach (analog) §§ 14, 23 UrhG berechtigt, über die Verbindung seines Werks zu bestimmen.[74] Unabhängig davon, ob das Werk mit anderen Werken (z.B. Film oder Ballett) oder mit anderen Gestaltungsmitteln (z.B. der Einmarsch eines Boxers[75]) verbunden wird, verändert sich die vom Urheber bezweckte Form und der **33**

---

66 Fromm/Nordemann-*Nordemann*, § 21 UrhG Rn. 1.

67 Dreier/Schulze-*Schulze*, § 23 UrhG Rn. 9 mwN; a.A. Fromm/Nordemann-*Vinck*, § 23 UrhG Rn. 2.

68 G. *Schulze*, ZUM 1993, 255, 256, in Anlehnung an *v. Gamm*, § 15 UrhG Rn. 10, der ausführt, daß das Urheberrecht „das geschützte Werk in seiner konkreten Formgestaltung mit dem in dieser Formgestaltung zum Ausdruck gelangten geistig-ästhetischen Gesamteindruck" schützt.

69 S. bereits die Ausführungen zum Urheberpersönlichkeitsrecht unter Rn. 23.

70 *Schack*, Urheber- und Urhebervertragsrecht, Rn. 376.

71 Dreier/Schulze-*Schulze* § 23 UrhG Rn. 2.

72 Vgl. Schricker-*Loewenheim* § 23 UrhG Rn. 1.

73 *Staats*, Aufführungsrecht und kollektive Wahrnehmung bei Werken der Musik, S. 70f.

74 *Russ*, ZUM 1995, 32, 33; *G. Schulze*, ZUM 1993, 255, 267.

75 *Russ*, ZUM 1995, 32, 33.

geistig-ästhetische Gesamteindruck.[76] Die Werkverbindung ist daher mit einer Umgestaltung oder Bearbeitung nach § 23 UrhG vergleichbar.[77]

34 Die aus den Verwertungsrechten abgespaltenen Nutzungsrechte können nach § 31 UrhG auf die GEMA übertragen werden. Daneben übertragen die Berechtigten in gewissem Umfang auch Bearbeitungsrechte auf die GEMA. Das ergibt die Auslegung der Bestimmungen zur Rechteübertragung anhand der **Zweckübertragungslehre** nach **§ 31 Abs. 5 UrhG**. Obwohl der Abschlußzwang nach § 11 UrhWG dazu führt, daß die GEMA dieses Recht zur Werkveränderung jedem einräumen muß, folgt eine Übertragung bestimmter Bearbeitungsrechte doch aus dem Zweck des Berechtigungsvertrags, solange keine Urheberpersönlichkeitsrechte verletzt sind. So ergibt etwa die Auslegung des § 1 lit. a BerV, daß mit dem Aufführungs- und Vortragsrecht auch das Recht auf die GEMA übergeht, ein Werk nur teilweise aufzuführen, soweit dadurch nicht die geistigen und persönlichen Interessen des Urhebers verletzt sind. Eine individuelle Wahrnehmung dieser Sachverhalte scheidet auf Grund der Masse derartiger Nutzungen aus. Es handelt sich um typische Sachverhalte, die nur im Weg der kollektiven Rechtewahrnehmung überwacht und lizenziert werden können.

d) *Gesetzliche Vergütungsansprüche*

35 Gegenstand des Berechtigungsvertrags ist neben der Übertragung bestimmter Nutzungsrechte auch die **Abtretung** sog. **gesetzlicher Vergütungsansprüche**. Gesetzliche Vergütungsansprüche sind zwei unterschiedlichen Kategorien zuzuordnen.[78] Einerseits handelt es sich um Befugnisse, die an die Stelle von Verwertungsrechten gewährt werden.[79] Auf der Grundlage der gesetzlichen Schrankenvorschriften werden hier Verwertungsrechte abgeschwächt.[80] Derartige Ansprüche beinhalten kein Verbotsrecht.[81] Zur Kompensation dieser Abschwächung erhält der Urheber den pauschalen Vergütungsanspruch;[82] die Nutzungen sind genehmigungsfrei, aber vergütungspflichtig.[83] Beispielsweise handelt es sich bei der sog. Geräte- und Leerkassettenabgabe nach § 54 UrhG um einen solchen Anspruch. Er basiert auf der Schrankenbestimmung des § 53 UrhG, durch die das ausschließliche Verwertungsrecht des Urhebers abgeschwächt

---

76 G. *Schulze*, ZUM 1993, 255, 267.

77 Eingehend *Russ*, ZUM 1995, 32, 33f.

78 *Schack*, Urheber- und Urhebervertragsrecht, Rn. 431; *Ulmer*, Urheber- und Verlagsrecht, S. 278.

79 *Ulmer*, Urheber- und Verlagsrecht, S. 278; *Schack*, Urheber- und Urhebervertragsrecht, Rn. 435.

80 *Ulmer*, Urheber- und Verlagsrecht, S. 278f., 293; *Schack*, ZUM 1989, 267, 271; a.A. Schricker-*Melichar* Vor §§ 45ff. UrhG Rn. 18 sowie *Plate*, Die Verwertungsgesellschaftenpflicht für urheberrechtliche Vergütungsansprüche und ausschließliche Verwertungsrechte, S. 69.

81 *Schack*, Urheber- und Urheberverlagsrecht, Rn. 437; *Augenstein*, Rechtliche Grundlagen des Verteilungsplans urheberrechtlicher Verwertungsgesellschaften, S. 25.

82 *Schack*, Urheber- und Urhebervertragsrecht, Rn. 437; *Plate*, Die Verwertungsgesellschaftspflicht für urheberrechtliche Vergütungsansprüche und ausschließliche Verwertungsrechte, S. 48; *Rossbach*, Die Vergütungsansprüche im deutschen Urheberrecht, S. 7ff.

83 *Ulmer*, Urheber- und Verlagsrecht, S. 279.

wird. Die zweite Kategorie der gesetzlichen Vergütungsansprüche umfaßt die Sachverhalte, in denen der Vergütungsanspruch neben dem Verwertungsrecht steht.[84] So bekräftigt etwa der Vergütungsanspruch nach § 27 Abs. 1 UrhG das ausschließliche Vermietrecht des Urhebers, obwohl er sein Vermietrecht bereits einem Tonträger- oder Filmhersteller eingeräumt hat und sichert ihm eine finanzielle Mindestbeteiligung an den Erträgen aus der Werkvermietung.[85]

Bei den gesetzlichen Vergütungsansprüchen handelt es sich um schuldrechtliche Ansprüche; es sind reine Vermögensrechte.[86] Als solche können sie im Rahmen des Berechtigungsvertrags wirksam im Sinn der §§ 398–413 BGB an die GEMA abgetreten werden.[87] Anders als die ausschließlichen Nutzungsrechte entstehen die Vergütungsansprüche nicht mit der Schaffung des Werks; ausreichend ist die Erfüllung der Tatbestandsvoraussetzungen.[88] Auf Grund ihrer gesetzlichen Ausgestaltung als „verwertungsgesellschaftenpflichtig" ist eine Abtretung dieser Ansprüche an die GEMA unerläßlich. **36**

3. „Großes und kleines Recht"

Diejenigen Rechte, die nicht von Verwertungsgesellschaften (kollektiv) wahrgenommen, sondern von Verlagen oder den Urhebern individuell vergeben werden, fallen unter den Begriff des „großen Rechts".[89] Demgegenüber werden die Rechte, die die Berechtigten im Rahmen der Wahrnehmungsverträge zur kollektiven Wahrnehmung auf die Verwertungsgesellschaften übertragen, als „kleine Rechte" bezeichnet.[90] Die Abgrenzung erfolgt also nicht anhand abstrakter Kriterien, etwa nach Werktypus oder berührtem Verwertungsrecht.[91] Entgegen einem verbreiteten Sprachgebrauch umfaßt der Begriff „großes Recht" demnach nicht nur (bestimmte) Nutzungen dramatisch-musikalischer Werke. Vielmehr legt der Umfang der Rechteübertragung in den Wahrnehmungsverträgen der Verwertungsgesellschaften den Umfang des „großen" und des „kleinen Rechts" fest.[92] MaW handelt es sich bei der Bezeichnung „großes **37**

---

84 *Ulmer*, Urheber- und Verlagsrecht, S. 278.

85 *Plate*, Die Verwertungsgesellschaftspflicht für urheberrechtliche Vergütungsansprüche und ausschließliche Verwertungsrechte, S. 57.

86 *Schack*, Urheber- und Urhebervertragsrecht, Rn. 533.

87 So etwa *Mauhs*, Der Wahrnehmungsvertrag, S. 84 f.; Schricker-*Schricker*, vor §§ 28 UrhG Rn. 30; *Mäger*, Die Abtretung urheberrechtlicher Vergütungsansprüche in Verwertungsverträgen, S. 30 ff.

88 *Plate*, Die Verwertungsgesellschaftspflicht für urheberrechtliche Vergütungsansprüche und ausschließliche Verwertungsrechte, S. 63.

89 Dreier/Schulze-*Schulze*, vor § 31 UrhG Rn. 120.

90 Zur historischen Entwicklung der Begriffe „großes" und „kleines" Recht eingehend *Staats*, Aufführungsrecht und kollektive Wahrnehmung bei Werken der Musik, S. 58 ff.

91 Eingehend *Staats*, Aufführungsrecht und kollektive Wahrnehmung bei Werken der Musik, S. 52 ff.

92 *Staats*, Aufführungsrecht und kollektive Wahrnehmung bei Werken der Musik, S. 66; *Haensel*, GEMA-Nachrichten 1959, Nr. 43, S. 22, 26.

Recht“ nur um die Abgrenzung der sich gegenüberstehenden Organisationsformen der Rechtewahrnehmung, nämlich der kollektiven und individuellen Rechtewahrnehmung.[93]

IV. Grundsätze zur Reichweite der Rechteübertragung

1. Exklusive Rechteübertragung

38 Nach § 1 BerV überträgt der Berechtigte der GEMA seine „Urheberrechte zur Wahrnehmung als Treuhänderin“. Damit wird – trotz der inkorrekten Begrifflichkeit – die Exklusivität der Rechteübertragung bestimmt. Dies bedeutet, daß die Berechtigten der GEMA die **ausschließlichen Nutzungsrechte** iSd § 31 Abs. 3 UrhG übertragen.[94] Danach kann nur noch die GEMA den Nutzern einfache Nutzungsrechte nach § 31 Abs. 2 UrhG einräumen. Mithin ist auch der Berechtigte selbst nicht mehr in der Lage, über seine Rechte zu verfügen.[95] Soweit er Aufführungen seiner eigenen Werke veranstaltet, muß demnach auch der Urheber selbst nach § 13a Abs. 1 UrhWG eine Lizenz bei der GEMA einholen.

39 Diese Exklusivübertragung bewertete auch die EG-Kommission im Verfahren GEMA-I[96], bestätigt durch die Ausführungen des EuGH in der Entscheidung BRT-II[97] als grundsätzlich zulässig.

40 Da die GEMA als Verwertungsgesellschaft die ausschließlichen Nutzungsrechte zum Zweck der Wahrnehmung (und nicht zur eigenen Nutzung) erhält, entfällt die Zustimmungspflicht der Urheber nach § 35 Abs. 1 UrhG im Falle der Weiterübertragung an Dritte.[98] Dadurch ist die GEMA in der Lage, gemäß § 11 UrhWG „jedermann“ auf Wunsch das Recht zur Nutzung einzuräumen. Die Verpflichtung nach § 11 UrhWG führt dazu, daß die GEMA ihrerseits die ihr übertragenen Rechte nur als einfache Nutzungsrechte an die Nutzer weiterübertragen kann.

41 Die „exklusive“ Bindung an die Verwertungsgesellschaft gilt unterschiedslos für alle Berechtigten. Auch bedeutende Rechteinhaber müssen ihre ausschließlichen Nutzungsrechte in die Solidargemeinschaft einbringen.[99] Ebenso umfaßt die exklusive Rechteübertragung grundsätzlich alle Werke des Berechtigten. Er hat nicht die Möglichkeit auszuwählen, welche Werke kollektiv wahrgenommen werden sollen und welche er

93 *Karbaum*, GEMA-Nachrichten 1995, Nr. 152, S. 116; *Staats*, Aufführungsrecht und kollektive Wahrnehmung bei Werken der Musik, S. 67; Dreier/Schulze-*Schulze*, vor § 31 UrhG Rn. 120.

94 BGH, GRUR 1968, 321, 325 f. – Haselnuß.

95 LG Köln, ZUM 1998, 168 – Kunstklotz.

96 Kommission v. 2. 6. 1971, ABl 1971 L 134, 26 – GEMA I.

97 EuGH v. 27. 3. 1974 – Rs. 1227/73 *BRT-II*, Slg. 1974, 313 Rn. 9/11.

98 Dreier/Schulze-*Schulze* § 35 UrhG Rn. 14. Gleichwohl ist die Berechtigung der GEMA zur Weiterübertragung der Rechte an Dritte in § 3 BerV ausdrücklich geregelt.

99 *Wünschmann*, Kollektive Verwertung von Urheber- und Leistungsschutzrechten, S. 124 f.

individuell wahrnehmen will. Ein solches **„Rosinenpicken“**[100] würde gerade dem von Kommission und EuGH anerkannten Bedürfnis der GEMA entgegenstehen, das gesamte (Welt-)Repertoire zu vertreten.[101] Nur durch diese Übertragung der Rechte an allen Werken ist eine wirtschaftliche Rechtewahrnehmung möglich.[102] Keinesfalls darf der Urheber die Rechteübertragung „persönlich“ begrenzen, indem er beispielsweise einen bestimmten Nutzungsinteressenten ausnimmt.[103]

2. Verfügung über alle gegenwärtigen und künftigen Rechte

a) Gegenwärtige und künftige Rechte

Als Grundlage der Rechteübertragungen im Berechtigungsvertrag der GEMA regelt der Kopfteil des § 1 BerV außerdem, daß der Berechtigte alle ihm gegenwärtig zustehenden und während der Vertragsdauer noch zuwachsenden, zufallenden oder sonst erworbenen urheberrechtlichen Befugnisse, die in den Tätigkeitsbereich der GEMA fallen, auf diese überträgt. Bei Abschluß des Vertrags verfügt der Berechtigte folglich nicht nur umfassend über diejenigen Rechte und Ansprüche, die er in diesem Moment innehat, sondern auch über sämtliche Rechte und Ansprüche, deren Inhaber er erst im Lauf der Vertragslaufzeit werden wird. **42**

Gegenwärtige Rechte sind in erster Linie die Rechte an den zum Zeitpunkt des Vertragsschlusses bereits geschaffenen eigenen Werken des Urhebers. Daneben handelt es sich auch bei abgeleiteten Rechten an Werken Dritter um gegenwärtige Rechte, die der Berechtigte bei Vertragsschluß in die GEMA einbringt. Dazu gehören auch die Rechte, die ein Berechtigter bereits vor Abschluß des Berechtigungsvertrags im Weg der Rechtsnachfolge „erlangt hat“ (vgl. § 2 Satz 2 BerV). **43**

Daneben regelt der Kopfteil des § 1 BerV auch die Einräumung bzw. Abtretung sämtlicher Rechte und Ansprüche, die dem Berechtigten während der Vertragsdauer noch zuwachsen, zufallen, wieder zufallen oder die der Berechtigte noch erwerben wird. Davon sind zunächst wiederum die **künftigen Rechte und Ansprüche** an neuen eigenen Werken des Urhebers erfaßt; diese „wachsen“ dem Berechtigten während der Vertragsdauer „zu“. Darüber hinaus erstreckt sich die Vorausverfügung umfassend auf alle Rechte und Ansprüche an Werken Dritter, die dem Berechtigten künftig zustehen werden. Darunter fallen etwa die Rechte, die der Berechtigte während der Vertragsdauer im Weg der Rechtsnachfolge nach § 1922 BGB erlangt[104] oder solche, die er künftig erwerben wird. **44**

---

100 *Riesenhuber*, Die Auslegung und Kontrolle des Wahrnehmungsvertrags, S. 145.

101 Kommission v. 2.6.1971, ABl 1971 L 134, 15, 23 – GEMA-I; EuGH v. 27.3.1974 – Rs. 1227/73 *BRT-II*, Slg. 1974, 313 Rn. 9/11.

102 RegE, Begr. zu § 6 RegE UrhWG, BT Drs. IV/271, S. 15 f.

103 OLG München, ZUM 1994, 303, 306 – Beatles CD.

104 Dazu auch nachfolgend die Erläuterungen zu § 2 in Rn. 302 ff.

b) Keine Unzulässigkeit der Vorausverfügungen

45 Nach überwiegender Auffassung ist die **Vorausverfügung** nicht zu beanstanden;[105] ohnehin ist sie in § 40 Abs. 1 UrhG gesetzlich vorgesehen. Erst durch eine derartig umfassende Rechteübertragung erlangt die GEMA das Weltrepertoire und damit die gegenüber den Nutzern erforderliche Marktmacht.[106] Zudem entspricht die Vorausverfügung dem Interesse der Gesamtheit aller Mitglieder an einer kostensparenden Verwaltung, da anderenfalls die Verträge fortlaufend angepaßt werden müßten.[107] Auch die Kommission,[108] bestätigt durch den EuGH,[109] billigt die Vorausverfügung im Berechtigungsvertrag. Sie stelle keine unangemessene Bevormundung dar, die dem Selbstbestimmungsrecht und der Eigenverantwortung der Berechtigten entgegensteht.[110] Vielmehr schützt die Vorausverfügung den Urheber vor Konfliktsituationen. Ohne diese Vorausverfügung bestünde bei jedem neu geschaffenen Werk die Gefahr, daß der Berechtigte – etwa in Abhängigkeit von einem Auftrag- oder Arbeitgeber – seine Rechte zu unangemessenen Bedingungen übertragen muß.[111] Dies könnte zum einen dazu führen, daß er für Nutzungen seines Werks keine Vergütung erhält. Zum anderen könnte aber auch der Auftrag- oder Arbeitgeber – gegenläufig zu den Interessen des Urhebers – dessen Werk schlecht oder überhaupt nicht verwerten. Unabhängig davon, ob dem Berechtigten hiergegen rechtliche Ansprüche zustehen, wird er sich in der Zwangslage befinden, daß er das Verhältnis zu seinem Auftrag- oder Arbeitgeber nicht gefährden will.

3. Inhaltliche und territoriale Reichweite der Rechteübertragung

a) Inhaltliche Reichweite

46 Nach § 1 BerV (Kopfteil) übertragen die Berechtigten grundsätzlich umfassend alle Rechte, die nach dieser Bestimmung in den Wahrnehmungsbereich der GEMA fallen. Gemäß § 16 BerV iVm § 3 Ziff. 2 GEMA-Satzung können Angehörige der EG-Staaten die Übertragung ihrer Nutzungsrechte allerdings auf bestimmte **Sparten** beschränken.[112]

47 Einen besonderen Fall der inhaltlichen Begrenzung stellt die auflösend bedingte Übertragung des sog. **Herstellungsrechts** nach § 1 lit. i BerV dar. Durch Mitteilung

105 Schricker-*Reinbothe*, § 6 UrhWG Rn. 5; *Mauhs*, Der Wahrnehmungsvertrag, S. 94; *Steden*, Das Monopol der GEMA, S. 88; *v. Gamm*, § 31 UrhG Rn. 7; so auch schon RGZ 140, 231; das Reichsgericht wies darauf hin, daß die Übertragung künftiger Rechte dem „Verkehrsbedürfnis" entspricht.

106 *Riesenhuber*, NZA 2004, 1363, 1365; *Mauhs*, Der Wahrnehmungsvertrag, S. 92.

107 *Vogel*, GRUR 1993, 513, 525; Schricker-*Reinbothe*, § 6 UrhWG Rn. 5; Loewenheim-*Melichar*, § 47 Rn. 18.

108 Kommission, Entscheidung v. 2. 6. 1971, ABl. EG L 134, 22 f. – GEMA-I.

109 EuGH v. 27. 3. 1974 – Rs. 1227/73 *BRT-II*, Slg. 1974, 313 Rn. 9/11.

110 So aber *Schack*, Urheber- und Urhebervertragsrecht, Rn. 1204, der die Vorausverfügung für unangemessen iSd § 6 Abs. 1 UrhWG hält.

111 Fromm/Nordemann-*Nordemann*, § 6 UrhWG Rn. 8; *Meyer*, Verwertungsgesellschaften und ihre Kontrolle nach dem Urheberrechtswahrnehmungsgesetz, S. 82 f.

112 Zur inhaltlichen Reichweite der Rechteübertragungen Rn. 6–10.

kann der Berechtigte grundsätzlich das Filmherstellungsrecht zurückrufen und selbst bzw. durch seinen Verlag wahrnehmen.[113]

b) Territoriale Reichweite

Für Angehörige der EG-Staaten besteht nach § 16 BerV iVm § 3 Ziff. 2 GEMA-Satzung außerdem die Möglichkeit, einzelne Länder von der Rechteübertragung auszunehmen. Angehörige von Drittländern übertragen ihre Rechte dagegen grundsätzlich nach § 1 BerV „für alle Länder". Mit der Einführung der **territorialen Begrenzbarkeit** der Rechteübertragung ist gewährleistet, daß die Angehörigen der EG-Staaten frei wählen können, ob ihre Nutzungsrechte im Ausland von ausländischen Verwertungsgesellschaften direkt, von der GEMA über Gegenseitigkeitsverträge oder durch die Berechtigten individuell wahrgenommen werden.[114] **48**

§ 1 lit. a [Das Aufführungs- und Vortragsrecht]

§ 1 Der Berechtigte überträgt hiermit der GEMA [...]

a) Die Aufführungsrechte an Werken der Tonkunst mit oder ohne Text, jedoch unter Ausschluß der bühnenmäßigen Aufführung dramatisch-musikalischer Werke, sei es vollständig, als Querschnitt oder in größeren Teilen.

Bühnenmusiken, soweit sie nicht integrierender Bestandteil des Bühnenwerks sind, Bühnenschauen, Filmbegleitmusik, Einlagen in Revuen, Einlagen in Operetten, Possen und Lustspielen, melodramatische und Kabarettaufführungen sind Gegenstand dieses Vertrags, soweit es sich nicht um die Aufführung von Bestandteilen dramatisch-musikalischer Werke in anderen Bühnenwerken handelt.

Übersicht Rn.

113 Nachfolgend Rn. 259 ff.
114 Zur territorialen Reichweite der Rechteübertragungen Rn. 368 ff.

I. Übersicht und Entstehungsgeschichte

49 § 1 lit. a BerV regelt die Einräumung von Nutzungsrechten im Hinblick auf den Sachverhalt der **„(Live-)Aufführung“** von Musikwerken mit oder ohne Text. Die Aufführung eines Musikwerks berührt zunächst das in § 19 Abs. 2 UrhG geregelte Aufführungsrecht. Dieses ist aufgespalten in das Recht, ein Musikwerk durch persönliche Darbietung öffentlich zu Gehör zu bringen (musikalisches Aufführungsrecht) und es öffentlich bühnenmäßig darzustellen (bühnenmäßiges Aufführungsrecht). Sobald ein textiertes Musikwerk „live“ aufgeführt wird, ist zudem auch das Vortragsrecht, als Recht gemäß § 19 Abs. 1 UrhG, ein Sprachwerk (§ 2 Abs. 1 Nr. 1 UrhG) öffentlich zu Gehör zu bringen, betroffen. Voraussetzung für die urheberrechtliche Relevanz dieser „Aufführungen“ ist, daß sie öffentlich iSd § 15 Abs. 3 UrhG stattfinden; Werkaufführungen in der Privatsphäre berühren nicht das Aufführungs- bzw. Vortragsrecht.

50 Ausdrücklich aus der Rechteübertragung ausgenommen sind die **bühnenmäßigen Aufführungen dramatisch-musikalischer Werke** als sog. „große“ [1] Aufführungsrechte. Damit wird insbesondere der Zuständigkeitsbereich der GEMA von dem der Bühnen- bzw. Musikverleger abgegrenzt. Gleichwohl fallen nach § 1 lit. a Abs. 2 BerV bestimmte Sachverhalte der Aufführungen „auf Bühnen“, wie beispielsweise Kabarettaufführungen, nach der Regelung in § 1 lit. a BerV in den Wahrnehmungsbereich der GEMA.

51 Die Live-Aufführung von Musikwerken betrifft traditionell den Bereich der kollektiven Rechtewahrnehmung. Es waren gerade die nicht zu kontrollierenden massenweisen Nutzungen durch Live-Aufführungen, die den Anlaß zur Gründung von musikalischen Verwertungsgesellschaften gaben. So enthielt bereits die Satzung der STAGMA wie auch die Neufassung des Berechtigungsvertrags aus dem Jahr 1954 eine ähnliche Regelung zur Übertragung der Aufführungsrechte.

II. Einzelerläuterungen

1. Die „Aufführungsrechte“ nach § 1 lit. a BerV

52 Unter § 1 lit. a Abs. 1 BerV fällt zunächst – mit Ausnahme der Aufführungen dramatisch-musikalischer Werke [2] – der Sachverhalt der Aufführung eines **Musikwerks ohne Text**. Diese Nutzungen berühren das Aufführungsrecht nach § 19 Abs. 2 UrhG. Gleichermaßen geht nach dieser Regelung das Recht auf die GEMA über, ein **textiertes Musikwerk** – etwa eine Arie oder einen Schlager – aufzuführen. Obwohl der Wortlaut

---

1 Zum Begriff der „großen und kleinen Rechte“ bereits oben Rn. 37.
2 Nachfolgend Rn. 58.

des § 1 lit. a Abs. 1 BerV vom „Aufführungsrecht" spricht, überträgt damit auch der berechtigte Textdichter sein Vortragsrecht auf die GEMA, soweit sein Sprachwerk musikalisch dargeboten wird.[3] Bezüglich der Sprachwerke sind nur die musikalischen Nutzungen, d.h. die Nutzungen eines Sprachwerks als Text eines Musikwerks erfaßt. Sobald ein Musikstück lediglich den Vortrag des Sprachwerks untermalt, fällt diese Nutzung nicht in den Tätigkeitsbereich der GEMA.[4] Soweit Sprachwerke von Mitgliedern der VG Wort mit deren Einwilligung vertont werden und das Sprachwerk zusammen mit der Musik verwertet werden soll, nimmt die GEMA die Rechte an dem Sprachwerk auf Grund einer vertraglichen Vereinbarung mit der VG Wort wahr; für diesen Fall überträgt die VG Wort die Rechte auf die GEMA. Die auf die entsprechenden Nutzungen entfallenden Textdichtertantiemen schüttet die GEMA an die VG Wort aus, die diese an die Textdichter auskehrt.[5]

Vom Regelungsinhalt des § 1 lit. a BerV nicht umfaßt ist das sog. **„Textierungsrecht"**[6], d.h. das Recht, ein Musikwerk mit einem (neuen) Text zu verbinden.[7] Dieser Sachverhalt der Werkverbindung fällt nach § 31 Abs. 5 UrhG – entsprechend dem Zweck des Berechtigungsvertrags – nicht in den Wahrnehmungsbereich der GEMA. Die Entscheidung, ob sein Werk mit einem (neuen) Text zu einer Einheit[8] verbunden werden darf, kann nur der Berechtigte selbst treffen. Andernfalls – im Falle der kollektiven Wahrnehmung – müßte die GEMA nach § 11 UrhWG das Recht „jedermann" gewähren.[9] Gleichermaßen fällt auch das Recht zur (**Neu-)Vertonung** eines **Sprachwerks** nicht in den Wahrnehmungsbereich der GEMA.[10] **53**

Das Recht, ein Werk nur **teilweise** bzw. **gekürzt** aufzuführen, ist als **Bearbeitungsrecht** nach **§ 23 UrhG** grundsätzlich[11] ebenfalls Gegenstand der Rechteübertragung nach § 1 lit. a BerV.[12] Unter das Recht der teilweisen bzw. gekürzten Werkaufführung fallen dabei einerseits Sachverhalte, in denen ein Werk gekürzt aufgeführt wird, beispielsweise, wenn nur einige Takte eines Schlagers dargeboten werden. Andererseits stellt auch die Aufführung eines von mehreren eigenständigen Werken, die als Gesamt- **54**

---

3 Schricker-*v. Ungern-Sternberg*, § 19 UrhG Rn. 27; *Staats*, Aufführungsrecht und kollektive Wahrnehmung bei Werken der Musik, S. 88.

4 *Staats*, Aufführungsrecht und kollektive Wahrnehmung bei Werken der Musik, S. 87.

5 *Melichar*, Die Wahrnehmung von Urheberrechten durch Verwertungsgesellschaften, S. 111; E. *Schulze*, Urhebervertragsrecht, S. 76; dies ist kein Fall von kollidierenden Mitgliedschaften bei GEMA und VG Wort, wie bei Schricker-*v. Ungern-Sternberg*, § 19 UrhG Rn. 27 und Möhring/*Nicolini-Kroitzsch*, § 19 UrhG Rn. 27 dargestellt. Bei Doppelmitgliedschaft eines Textdichters bei GEMA und VG Wort rechnet die GEMA selbständig an ihr Mitglied ab.

6 *Staats*, Aufführungsrecht und kollektive Wahrnehmung bei Werken der Musik, S. 89 f.

7 OLG München, ZUM 1991, 432, 433 – Gaby wartet im Park. Diese Entscheidung betraf allerdings das Senderecht; eingehend *Staats*, Aufführungsrecht und kollektive Wahrnehmung bei Werken der Musik, S. 89 ff.

8 LG München, Schulze LGZ 91, 4 – Ich küsse Ihre Hand, Madame.

9 *Staats*, Aufführungsrecht und kollektive Wahrnehmung bei Werken der Musik, S. 91.

10 *Staats*, Aufführungsrecht und kollektive Wahrnehmung bei Werken der Musik, S. 92.

11 Für die teilweise bühnenmäßige Aufführung dramatisch-musikalischer Werke gelten nach § 1 lit. a BerV bestimmte Ausnahmeregelungen; dazu nachfolgend Rn. 8 ff.

12 OLG Hamburg, ZUM 2002, 480, 483 – Handy-Klingelton.

kunstwerk zusammengefaßt sind, eine Teilaufführung dar. So etwa, wenn aus einem Zyklus nur ein einzelnes Stück aufgeführt wird.[13] Diesem Auslegungsergebnis steht nicht entgegen, daß der Berechtigungsvertrag die Übertragung dieser Rechte nicht ausdrücklich bezeichnet.[14] Vielmehr entspricht die kollektive Wahrnehmung einer solchen massenweisen Nutzung dem Zweck des Berechtigungsvertrags iSd § 31 Abs. 5 UrhG. So ist es – insbesondere im Bereich der Unterhaltungsmusik – kaum vorstellbar, daß jeder Nutzer, der ein Werk bei dessen Aufführung nicht bis auf den letzten Takt „ausspielt", jeweils die Einwilligung des Berechtigten einholen muß. Es würde zu einer erheblichen Rechtsunsicherheit führen, wenn ein Veranstalter – etwa von Barpiano-Musik – für die Werke, die der Pianist ausspielt, die Lizenz von der GEMA und für die, die er nur anspielt, vom Berechtigten individuell einholen müßte. Diese Rechtsunsicherheit ginge letztlich zu Lasten der Berechtigten, da sie die massenweisen Nutzungen weder kontrollieren noch lizenzieren können. Begrenzt ist die Wahrnehmungsbefugnis der GEMA jedoch durch das Urheberpersönlichkeitsrecht. Soweit eine teilweise Aufführung das Werk beeinträchtigt bzw. entstellt iSd §§ 14, 39 UrhG, ist die GEMA nicht mehr zur Lizenzvergabe befugt.[15] Dies ist jeweils im Einzelfall zu beurteilen. Wird jedoch dem Werk durch die gekürzte Aufführung keine fremde Aussage hinzugefügt, so ist wohl nicht das Integritätsinteresse verletzt.[16]

55 Daneben geht auch das Recht, ein textiertes Musikwerk als **„Instrumentalfassung"** aufzuführen, als Bearbeitungsrecht gemäß § 23 UrhG nach § 1 lit. a BerV auf die GEMA über. Auch diese Nutzung ist im Berechtigungsvertrag nicht ausdrücklich genannt. Dennoch ist im Bereich der massenweisen persönlichen Live-Darbietungen eine individuelle Wahrnehmung von Nutzungen als „Instrumentalfassung" ebenso schwierig wie bei Darbietungen in der textierten Originalfassung. Im Sinne des Zweckübertragungsgedankens nach § 31 Abs. 5 UrhG können daher auch diese Nutzungen aus tatsächlichen Gründen nur von der GEMA wahrgenommen werden.[17] Eine Verletzung urheberpersönlichkeitsrechtlicher Befugnisse ist nicht zu befürchten, da durch eine solche Aufführung das Werk lediglich „auf seinen eigenen ästhetischen Gehalt reduziert" wird.[18]

2. Die Ausnahme der bühnenmäßigen Aufführung dramatisch-musikalischer Werke

56 Die Übertragung der Rechte zur „Aufführung" gilt nach § 1 lit. a BerV nicht ausnahmslos. Nach dem Wortlaut der Bestimmung sind bühnenmäßige Aufführungen dramatisch-musikalischer Werke, „sei es vollständig, als Querschnitt oder in größeren Teilen", von der Rechteübertragung ausgeschlossen.

---

13 G. *Schulze*, ZUM 1993, 255, 264.
14 So aber G. *Schulze*, ZUM 1993, 255, 259.
15 OLG Hamburg, ZUM 2002, 480, 483 – Handy-Klingelton.
16 Vgl. *Staats*, Aufführungsrecht und kollektive Wahrnehmung bei Werken der Musik, S. 93.
17 *Staats*, Aufführungsrecht und kollektive Wahrnehmung bei Werken der Musik, S. 92 f.
18 *Staats*, Aufführungsrecht und kollektive Wahrnehmung bei Werken der Musik, S. 93.

a) Das Recht der bühnenmäßigen Aufführung

Eine **bühnenmäßige Aufführung** liegt vor, wenn ein Musikwerk auf Grund eines engen inneren Zusammenhangs als integrierender – also ästhetisch notwendiger – Bestandteil eines für das Auge oder für das Auge und das Ohr bestimmten bewegten Spiels[19] dargeboten wird. Die Musik ist wesentlicher Faktor[20] und unlösbarer Bestandteil der szenischen Darstellung.[21] Beides muß zu einem einheitlichen Ganzen verschmelzen. Der Zuschauer erlebt die Handlung und kann den Gedankeninhalt nachvollziehen. Ein Sinngehalt wird vermittelt[22] und in individueller Form ausgedrückt.[23] Demgegenüber stehen **konzertmäßige**, d.h. **musikalische Aufführungen** iSd § 19 Abs. 2, 1. Alt UrhG, bei denen Musikwerke lediglich öffentlich wahrnehmbar gemacht werden. Eine solche konzertmäßige Aufführung liegt etwa dann vor, wenn Musikwerke „auf der Bühne", jedoch ohne szenische Darstellung zu Gehör gebracht werden. Auch dann, wenn die Musik das Spielgeschehen lediglich untermalt,[24] handelt es sich um eine konzertmäßige Musikaufführung. **57**

b) Der Begriff des dramatisch-musikalischen Werks

Bei einem dramatisch-musikalischen Werk werden Musikwerke mit pantomimischen oder choreographischen Werken bzw. mit Sprachwerken verbunden (§ 9 UrhG). Ein eigener Werktyp liegt dabei nicht vor.[25] Die Musik muß integrierender Bestandteil und gleichberechtigter Faktor sein.[26] Traditionelle Beispiele für dramatisch-musikalische Werke sind Oper, Musical oder Handlungsballett.[27] Der BGH verlangt für die Einordnung als dramatisch-musikalisches Werk, daß es – unabhängig von seiner ursprünglichen Bestimmung – für die bühnenmäßige Aufführung[28] „in Szene gesetzt" werden kann,[29] also **objektiv** dafür **geeignet** ist.[30] Dies sei insbesondere dann der Fall, **58**

---

19 BGH, GRUR 2000, 228 – Musical-Gala; BGH, GRUR 1960, 604, 605 – Eisrevue I; BGH, GRUR 1962, 256, 257 – Im weißen Rößl; Fromm/Nordemann-*Nordemann*, § 19 UrhG Rn. 3; *Ulmer*, Urheber- und Verlagsrecht, S. 248; Loewenheim-*Schlatter*, § 72 Rn. 28 spricht vom optisch oder optisch und akustisch wahrnehmbaren bewegten Spiel im Raum; *Staats*, Aufführungsrecht und kollektive Wahrnehmung bei Werken der Musik, S. 92 f.

20 *Reiners*, Das Bühnenwerk und sein urheberrechtlicher Schutz, S. 21.

21 *Karbaum*, GEMA-Nachrichten 1995, Nr. 152, S. 116, 119.

22 Schricker-*v. Ungern-Sternberg*, § 19 UrhG Rn. 20; *Ulmer*, Urheber- und Verlagsrecht, S. 143.

23 BGH, GRUR 1960, 604, 605 – Eisrevue I.

24 BGH, GRUR 1960, 604, 605 – Eisrevue I; BGH, GRUR 1960, 606, 607 – Eisrevue II; BGH, GRUR 1962, 256, 257 – Im weißen Rößl.

25 Schricker-*v. Ungern-Sternberg* § 19 UrhG Rn. 17.

26 *Staats*, Aufführungsrecht und kollektive Wahrnehmung bei Werken der Musik, S. 96; *Hubmann*, GEMA-Nachrichten 1959, Nr. 43, S. 10, 12.

27 *Karbaum*, GEMA-Nachrichten 1995, Nr. 152, S. 116, 119.

28 A.A. OLG München, Schulze OLGZ 178, 5 – Pol(h)itparade. Das OLG München geht davon aus, daß ein musik-dramatisches Werk von seinem Schöpfer dazu bestimmt sein muß, bühnenmäßig aufgeführt zu werden.

29 BGH, GRUR 2000, 228, 230 – Musical-Gala.

30 *Staats*, Aufführungsrecht und kollektive Wahrnehmung bei Werken der Musik, S. 95.

wenn schon im Ablauf der Wiedergabe des Musikwerks ein geschlossenes, dramatisch angelegtes Geschehen vermittelt werde.[31]

c) Die bühnenmäßige Aufführung eines dramatisch-musikalischen Werks

59 Der Ausschluß nach § 1 lit. a Abs. 1 BerV betrifft somit einerseits nicht nur Werke, die als Bühnenwerke für die bühnenmäßige Aufführung bestimmt sind. Er umfaßt andererseits aber auch nicht den gesamten Bereich der bühnenmäßigen Aufführung gemäß § 19 Abs. 2, 2. Alt. UrhG, der für alle Werke, unabhängig davon, zu welchem Zweck sie geschaffen wurden, gilt.[32] Eine bühnenmäßige Aufführung eines dramatisch-musikalischen Werks liegt vielmehr dann vor, wenn ein Musikwerk, das *als solches* für die bühnenmäßige Aufführung objektiv geeignet ist, auf Grund eines engen inneren Zusammenhangs als integrierender Bestandteil eines für das Auge oder für das Auge und das Ohr bestimmten bewegten Spiels[33] dargeboten wird. Ein typisches Beispiel ist die **szenische Aufführung einer Oper**. Werden dramatisch-musikalische Werke jedoch konzertmäßig, d.h. ohne szenische Darstellung wiedergegeben, so handelt es sich nicht um bühnenmäßige Aufführungen iSd § 1 lit. a Abs. 1 BerV, wodurch diese Nutzungen immer in den Wahrnehmungsbereich der GEMA fallen.

60 Auch das Recht, ein dramatisch-musikalisches Werk vollständig bzw. als Querschnitt oder in größeren Teilen konzertant aufzuführen, wird von der GEMA wahrgenommen.[34] Die Gegenmeinung[35] überzeugt nicht; dagegen spricht der eindeutige Wortlaut des § 1 lit. a BerV und die Bedeutung des Begriffs der bühnenmäßigen Darstellung.[36]

d) Bei Teilaufführungen dramatisch-musikalischer Werke ist Abgrenzungskriterium nicht die Länge, sondern die „Bühnenmäßigkeit" der Aufführung

61 Nach § 1 lit. a Abs. 1 BerV fallen bühnenmäßige Aufführungen dramatisch-musikalischer Werke, sei es vollständig, als Querschnitt[37] oder in größeren Teilen, nicht in den Tätigkeitsbereich der GEMA. Dieser Regelung ist dabei nicht zu entnehmen, daß die

---

31 BGH, GRUR 2000, 228, 230 – Musical-Gala.

32 BGH, GRUR 2000, 228, 229 f. – Musical-Gala.

33 Fromm/Nordemann-*Nordemann*, § 19 UrhG Rn. 3; *Ulmer*, Urheber- und Verlagsrecht, S. 248; Loewenheim-*Schlatter*, § 72 Rn. 28 spricht vom optisch oder optisch und akustisch wahrnehmbaren bewegten Spiel im Raum; *Staats*, Aufführungsrecht und kollektive Wahrnehmung bei Werken der Musik, S. 96 f.; BGH, GRUR 2000, 228 – Musical-Gala; BGH, GRUR 1960, 604, 605 – Eisrevue I; BGH, GRUR 1962, 256, 257 – Im weißen Rößl.

34 E. *Schulze*, GEMA-Nachrichten 1951 Nr. 11, S. 7, 8; *Hubmann*, GEMA-Nachrichten 1959 Nr. 43, S. 10, 12; *Melichar*, Die Wahrnehmung von Urheberrechten durch Verwertungsgesellschaften, S. 21; *Karbaum*, GEMA-Nachrichten 1995, Nr. 152, S. 116, 117; *Staats*, Aufführungsrecht und kollektive Wahrnehmung bei Werken der Musik, S. 98.

35 *Staats*, Aufführungsrecht und kollektive Wahrnehmung bei Werken der Musik, S. 99; Wandtke/Bullinger-*Ehrhardt*, § 19 UrhG Rn. 18.

36 Siehe oben Rn. 57.

37 Eine Aufführung als Querschnitt liegt dann vor, wenn eine Übersicht über das Werk in seiner Gesamtheit gegeben wird und dem Hörer ein Gesamteindruck des Werks vermittelt wird; KG Schulze, KGZ 13, 4 – Carmen.

Rechte an der bühnenmäßigen Darstellung „kleinerer Teile“ dramatisch-musikalischer Werke auf die GEMA übergehen.[38] Ein solcher Umkehrschluß[39] ist nicht erforderlich, da die Regelung nicht darauf abstellt, ob ein Werk vollständig oder nur zum Teil aufgeführt wird. Entscheidendes Abgrenzungskriterium ist vielmehr die **„Bühnenmäßigkeit“** der Aufführung des dramatisch-musikalischen Werks. Dies folgt bereits aus dem Wortlaut der Bestimmung; die Formulierung „sei es“ umschreibt die unterschiedlichen Möglichkeiten der bühnenmäßigen Aufführung dramatisch-musikalischer Werke und unterscheidet die genannten Sachverhalte nicht von weiteren Möglichkeiten. Die Regelung zieht somit die Grenze zwischen bühnenmäßigen und konzertmäßigen Darstellungen dramatisch-musikalischer Werke. Sie geht davon aus, daß dem Publikum durch die Aufführung kleinerer Teile dramatisch-musikalischer Werke der Sinngehalt des dramatisch-musikalischen Werks nicht mehr vermittelt werden kann. Für den Sonderfall, daß ein kleinerer Teil eines dramatisch-musikalischen Werks als Bestandteil einer bühnenmäßigen Aufführung eines anderen musikalisch-dramatischen Werks verwendet wird, und damit ausnahmsweise ebenfalls bühnenmäßig und nicht als isoliertes Einzelstück unter das musikalische Aufführungsrecht fällt, verdeutlicht § 1 lit. a Abs. 2 a.E., daß auch dieser Spezialfall der bühnenmäßigen Darstellung nicht erfaßt ist.

e) Sonderfall: „Nicht-dramatisch-musikalische Werke“ als integrierender Bestandteil einer Bühnenaufführung

In seiner Entscheidung **„Musical-Gala“**[40] stellt der BGH klar, daß die bühnenmäßige Aufführung eines Werks, das nicht als dramatisch-musikalisches Werk angelegt ist, nicht von der Rechteübertragung an die GEMA nach § 1 lit. a BerV ausgenommen ist.[41] Der BGH entschied über den Sachverhalt, daß ein Schlager als integrierender Bestandteil einer Bühnenaufführung wiedergegeben wird. Obwohl dieser Schlager bühnenmäßig aufgeführt wird, handelt es sich nicht um ein dramatisch-musikalisches Werk; er ist nicht geeignet, „in Szene gesetzt zu werden“, da er kein geschlossenes, dramatisch angelegtes Geschehen vermittelt.[42] Erst in Verbindung mit der Handlung der Bühnenaufführung wird er Teil einer szenischen Handlung. Mit dieser Entscheidung wendet sich der BGH gegen die bis dahin verbreitete Auffassung, die Nutzung 62

38 So etwa *Staats*, Aufführungsrecht und kollektive Wahrnehmung bei Werken der Musik, S. 115f., unter Bezugnahme auf den Zweckübertragungsgedanken nach § 31 Abs. 5 UrhG.

39 Hier müßte dann auch eine Grenze zwischen größeren und kleineren Teilen gefunden werden. Angedacht war eine Anlehnung an die Abgrenzungsvereinbarung zwischen der GEMA und den Rundfunksendern (vgl. GEMA-Jahrbuch 2004/2005, S. 202f.). Die Zuständigkeit der GEMA endet in diesem Fall bei 25 Minuten im Fernsehen und bei 15 Minuten im Radio; so vorgeschlagen von E. *Schulze*, Anmerkung zu KG Schulze KGZ 13 und 17, 11, 13.

40 BGH, GRUR 2000, 228ff. – Musical-Gala.

41 Zustimmend *Loewenheim*, Anm. zu BGH – Musical-Gala, LM § 19 UrhG Nr. 2; *Schricker*, Kurzkommentar zu BGH – „Musical-Gala“, EWiR 2000, 99, 100; a.A. *Staats*, Aufführungsrecht und kollektive Wahrnehmung bei Werken der Musik, S. 117 ff.

42 BGH, GRUR 2000, 228, 230 – Musical-Gala.

eines Einzelwerks falle – unabhängig von dessen Eigenschaft als dramatisch-musikalisches Werk – unter die Ausnahmeregelung des § 1 lit. a Abs. 1 BerV, wenn nur seine Wiedergabe „bühnenmäßig“ ist, es also integrierender Bestandteil eines dramatisch-musikalischen Werks wird.[43]

f) „Vertanzte Musik“

63 Ob die Aufführung von Musikwerken in **Verbindung** mit einer **Choreographie** als bühnenmäßige Aufführung dramatisch-musikalischer Werke nach § 1 lit. a BerV aus dem Wahrnehmungsumfang der GEMA ausgenommen ist, ist ebenfalls anhand dieser vom BGH festgelegten Kriterien zu beurteilen. So spielt es keine Rolle, ob das „vertanzte“ Werk vom Urheber als Bühnenwerk bestimmt war oder nicht. Entscheidend ist allein, ob das Musikwerk in der Weise dramatisch-musikalischer Art ist, daß es als solches in Szene gesetzt werden kann.[44] „Objektiv für die Bühnenaufführung geeignet“ ist damit auch ein ursprünglich für den Konzertgebrauch geschriebenes, geschlossenes Werk, das in Verbindung mit einer Choreographie zum Handlungsballett wird („vertanzte Werke“).[45] Andererseits weisen aneinander gereihte Einzelwerke ohne inneren Zusammenhang kein geschlossenes Geschehen auf. Werden solche Einzelwerke „vertanzt“, also mit einer Choreographie verbunden, so werden diese zwar bühnenmäßig aufgeführt, allerdings fehlt der Charakter als dramatisch-musikalisches Werk. Im Ergebnis bedeutet das, daß Musikwerke, die keine dramatisch-musikalischen Werke darstellen, auch dann nicht aus dem Wahrnehmungsbereich der GEMA ausgenommen sind, wenn sie durch eine Choreographie mit einer szenischen Handlung verbunden und damit bühnenmäßig aufgeführt werden.

3. Die Aufführungen von Bühnenmusiken, Bühnenschauen, Filmbegleitmusik, Einlagen, melodramatischen Aufführungen und Kabarettaufführungen als Gegenstand der Rechteübertragungen

64 § 1 lit. a Abs. 2 BerV enthält ergänzende Regelungen für bestimmte Musikaufführungen „auf der Bühne“, die explizit vom Wahrnehmungsbereich der GEMA umfaßt sind. Diese Sachverhalte fallen in den **Grenzbereich** zwischen **bühnenmäßiger** und **rein musikalischer (konzertanter) Darbietung** von Musikwerken. Die aufgezählten Alternativen beziehen sich nach ihrem Wortlaut einerseits auf bestimmte Arten der Verwendung von Musik, wie z.B. Bühnenmusik oder Filmbegleitmusik, andererseits regeln sie bestimmte Arten von Aufführungen „auf Bühnen“, wie z.B. Bühnenschauen oder Kabarettaufführungen. Eine „Ausnahme von der Ausnahme“ enthält der letzte Halbsatz des § 1 lit. a Abs. 2 BerV. Hiernach sind die Sachverhalte des Absatzes 2 nur dann Gegenstand des Vertrags, soweit es sich nicht um die Aufführung von Bestandteilen dramatisch-musikalischer Werke in anderen Bühnenwerken handelt. Gleichzeitig bedeutet dies eine Ergänzung zu Absatz 1; für den Ausnahmefall, daß auch ein kleinerer

---

43 IdS auch noch die Entscheidung „Im weißen Rößl“, BGH, GRUR 1962, 256, 257; ebenso LG Hamburg, ZUM 1996, 980, 981.

44 BGH, GRUR 2000, 228, 230 – Musical-Gala.

45 *Karbaum*, GEMA-Nachrichten 1995, Nr. 152, S. 116, 118.

Teil eines dramatisch-musikalischen Werks ausnahmsweise – im Rahmen der Aufführung eines anderen Bühnenwerks – bühnenmäßig aufgeführt wird, soll dieser Sachverhalt wiederum vom Tätigkeitsbereich der GEMA ausgenommen sein. Obwohl der Wortlaut nur von „Aufführung“ spricht, gilt das nur für die Fälle der bühnenmäßigen Aufführung solcher Bestandteile.[46] Das entspricht der Grundregel, daß die bühnenmäßige Aufführung dramatisch-musikalischer Werke traditionell nicht von der GEMA, sondern individuell – meist von Bühnen- bzw. Musikverlegern – wahrgenommen wird.

§ 1 lit. a Abs. 2, 1. Alt. BerV bestimmt, daß Aufführungen von **Bühnenmusiken**, soweit **65**
sie nicht integrierender Bestandteil des Bühnenwerks sind, grundsätzlich in den Wahrnehmungsbereich der GEMA fallen. Da der Begriff der Bühnenmusik für Musik im Sprechtheater, also für Schauspielmusik steht,[47] ist diese Regelung auf die Aufführungen von Musikwerken im Sprechtheater beschränkt. Nach Absatz 2, 1. Alternative fallen diese Aufführungen nur dann unter den Berechtigungsvertrag, wenn die Werke durch die Aufführung nicht integrierender Bestandteil des Bühnenwerks, d.h. des dramatischen Werks des Sprechtheaters, werden. Bühnenmusiken sind dann integrierender Bestandteil von dramatischen Werken, wenn sie mit diesen als ästhetische Einheit erscheinen. Sie stehen dann in einem inneren Zusammenhang mit der Handlung. Damit fällt die nach § 19 Abs. 2, 2. Alt. UrhG „bühnenmäßig aufgeführte“ Musik im Sprechtheater nicht in den Wahrnehmungsbereich der GEMA. Soweit die Bühnenmusik allerdings nur untermalend genutzt wird, ist sie nicht integraler Bestandteil des Bühnenwerks. So erfaßt die Rechteübertragung nach § 1 lit. a Abs. 2 BerV z.B. den Sachverhalt, daß Shakespeares „Sommernachtstraum“ mit dem gleichnamigen Musikwerk von Mendelssohn untermalt wird.[48]

Unter der Aufführung von **Filmbegleitmusik** nach Absatz 2, 3. Alternative ist die **66**
„Live-Aufführung“ von Musikstücken im Zusammenhang mit der Vorführung von (Stumm-)Filmen zu verstehen (sog. Filmkonzerte).[49] Beispiel ist etwa die Vorführung des Stummfilms „Ich küsse Ihre Hand, Madame“ mit Marlene Dietrich aus dem Jahr 1929, zu dem ein Orchester „live“ die Filmmusik spielt. Dieser Sachverhalt ist von der Wiedergabe der Filmmusik vom Bildtonträger zu unterscheiden. Das zeigt bereits die Einordnung der „Filmbegleitmusik“ unter die Übertragung der Aufführungs- und Vortragsrechte nach § 1 lit. a BerV. In solchen Fällen der Musikaufführungen kann das Musikwerk nicht bühnenmäßig dargestellt werden, da der Film selbst – mangels persönlicher Darbietung – nicht Gegenstand einer bühnenmäßigen Aufführung sein kann. Durch § 1 lit. a Abs. 2, 3. Alt BerV wird somit klargestellt, daß auch die musikalische Aufführung der Filmbegleitmusik – entsprechend der Regelung in Absatz 1 der Bestimmung – unter die Wahrnehmungsbefugnis der GEMA fällt.

---

46 BGH, GRUR 1960, 604, 606 – Eisrevue I; a.A. *Staats*, Aufführungsrecht und kollektive Wahrnehmung bei Werken der Musik, S. 111 f.

47 *Fischer,* Die Musik in Geschichte und Gegenwart Stichwort „Bühnenmusik“, Sp. 255.

48 Eingehend *Staats*, Aufführungsrecht und kollektive Wahrnehmung bei Werken der Musik, S. 102; *Fischer,* Die Musik in Geschichte und Gegenwart Stichwort „Bühnenmusik“, Sp. 255.

49 Vgl. *Staats*, Aufführungsrecht und kollektive Wahrnehmung bei Werken der Musik, S. 105.

67 Ausdrücklich auf die GEMA übertragen wird gemäß Absatz 2, 4. Alternative außerdem der Bereich der Aufführung von **Einlagen** in Revuen, Operetten, Possen und Lustspielen.[50] Der Begriff der Einlage bezeichnet ein geschlossenes, das Bühnengeschehen gleichsam unterbrechendes Musikstück, das mit dem Textbuch in keinem unmittelbaren inneren Zusammenhang steht.[51] Es ist also ausgeschlossen, daß diese Musikstücke als integrierender Bestandteil eines Bühnenwerks und damit „bühnenmäßig" aufgeführt werden. Die in Absatz 2, 4. Alternative erwähnten Revuen, Possen und Lustspiele stellen Bühnenwerke dar, in denen solche Einlagen vorkommen können.[52] Die Aufzählung ist jedoch nicht abschließend. Da auch Einlagen in anderen Bühnenwerken lediglich musikalische Aufführungen nach § 19 Abs. 2, 1. Alt. UrhG darstellen, fallen auch diese Sachverhalte – schon nach Absatz 1 der Vorschrift – in den Wahrnehmungsbereich der GEMA.

68 Nach dem Wortlaut des Absatz 2, 2. und 5. Alt. BerV sind **Bühnenschauen** sowie **Kabarettaufführungen**[53] Gegenstand des Berechtigungsvertrags. Diese Aufführungen „auf Bühnen" werden als Ganzes, d.h. „schlechthin" unter die Wahrnehmungsbefugnis der GEMA gestellt.[54] Es geht hier folglich nicht um die Nutzung einzelner Musikwerke im Rahmen einer Musikaufführung. Da es im Einzelfall schwierig sein kann, zu unterscheiden, ob eine solche Einzelaufführung rein musikalisch oder bühnenmäßig erfolgt, umfaßt der Berechtigungsvertrag diese Veranstaltungsart insgesamt. Damit wird eine lückenlose Rechtewahrnehmung sichergestellt.[55] Der Begriff „Bühnenschau" wird heute nicht mehr verwendet. Gemeint sind Veranstaltungen wie Varietés oder Revuen, im Rahmen derer bestimmte Programmpunkte, ohne eine innere Einheit zu bilden, lediglich aneinander gereiht werden, so daß die Musikwerke nicht integrierender Bestandteil einer Handlung sind – und damit auch nicht bühnenmäßig aufgeführt werden können.[56] Das gilt gleichermaßen für Kabarettaufführungen. Im Ergebnis erweitert die Regelung die Rechteübertragung nach Absatz 1 für die zumindest denkbaren Fälle, daß Musikaufführungen innerhalb von Bühnenschauen und Kabarettaufführungen bühnenmäßige Aufführungen dramatisch-musikalischer Werke darstellen. Zu beachten ist allerdings die Ausnahmeregelung nach Absatz 2 a.E. Soweit ein Bestandteil eines dramatisch-musikalischen Werks bühnenmäßig in einem anderen (Gesamt-)Bühnenwerk aufgeführt wird, ist die GEMA dennoch nicht zur Wahrnehmung befugt.

---

50 Der in Absatz 2 der Bestimmung verwendete Begriff der „Einlage" bezieht sich – wenngleich mißverständlich dargestellt – auch auf Possen und Lustspiele; andere Musikaufführungen als Einlagen kommen innerhalb dieser literarischen Aufführungsformen ohnehin nicht in Betracht.

51 LG Leipzig, UFITA 13 (1940), 82 – Hänsel und Gretel.

52 *Staats*, Aufführungsrecht und kollektive Wahrnehmung bei Werken der Musik, S. 108.

53 Zu melodramatischen Aufführungen s. unten Rn. 69.

54 Für Kabarettaufführungen KG, Schulze KGZ 17, 9 – Musikalischer Bilderbogen; auch OLG München, Schulze OLGZ 178, 5 – Pol(h)itparade.

55 Auf dieses Interesse der Urheber hat das KG in seiner Entscheidung „Musikalischer Bilderbogen", Schulze KGZ 17, 7, hingewiesen.

56 *Staats*, Aufführungsrecht und kollektive Wahrnehmung bei Werken der Musik, S. 104f.; Schricker-*Krüger*, § 73 UrhG Rn. 12; *v. Gamm*, § 2 UrhG Rn. 18.

Schließlich gehören nach § 1 lit. a Abs. 2, 5. Alt. BerV auch **melodramatische Aufführungen** zum Zuständigkeitsbereich der GEMA. Der Begriff des Melodrams steht für gesprochenen Text mit Instrumentalbegleitung, d.h. die Verbindung von literarischem Text und untermalender Musik.[57] Bereits auf Grund dieses untermalenden Charakters steht fest, daß die Aufführung von Musikwerken innerhalb eines Melodrams nicht iSd § 19 Abs. 2, 2. Alt. UrhG bühnenmäßig sein kann. Allerdings ist nicht davon auszugehen, daß mit dieser Regelung auch melodramatische Einschübe, d.h. vom Komponisten festgelegte Teile in dramatisch-musikalischen Werken, erfaßt sein sollen. Die Wahrnehmung der bühnenmäßigen Aufführung dramatisch-musikalischer Werke fällt traditionsgemäß nicht in den Wahrnehmungsbereich der GEMA. So ist z.B. die Kerkerszene aus Beethovens Fidelio als melodramatischer Einschub[58] in einer Oper nicht von der Regelung in Absatz 2 erfaßt.[59] Vielmehr lizenziert der Berechtigte bzw. Bühnenverleger individuell die bühnenmäßige Aufführung der Oper insgesamt. Nach Absatz 2 fallen demnach nur Melodramen als Bühnenwerke insgesamt in den Wahrnehmungsbereich der GEMA. **69**

4. Die Schranken nach den §§ 52 und 45 Abs. 3 UrhG als Begrenzung des gesetzlichen Aufführungsrechts

Soweit bereits das Gesetz vorsieht, daß bestimmte Aufführungssachverhalte das Aufführungsrecht des Urhebers nicht berühren, ist auch der Urheber nicht in der Lage, entsprechende Rechte auf die GEMA weiterzugeben. Das an die GEMA übertragene Aufführungs- und gegebenenfalls Vortragsrecht wird gesetzlich durch die Bestimmungen in § 52 UrhG und in § 45 UrhG beschränkt. **70**

Die **Privilegierung** nach **§ 52 UrhG** bedeutet für die Übertragung des Aufführungsrechts, daß Aufführungen, die unter § 52 Abs. 1 Satz 1 und Satz 3 UrhG fallen, vom Wahrnehmungsbereich der GEMA ausgenommen sind, soweit diese Aufführungen keine bühnenmäßigen Darstellungen nach § 52 Abs. 3 UrhG sind und auch keinem Erwerbszweck eines Dritten dienen (Satz 4). Beispielsweise fallen damit (konzertante) Musikaufführungen im Rahmen einer Schulveranstaltung nach Maßgabe des Absatz 1 Satz 3 aus dem Wahrnehmungsbereich der GEMA, soweit die Veranstaltung nicht den Erwerbszwecken des Veranstalters oder eines Dritten dient, die Teilnehmer ohne Entgelt zugelassen werden und keiner der Interpreten eine Vergütung erhält. Die Sachverhalte, die lediglich unter § 52 Abs. 1 S. 1 UrhG (kein Erwerbszweck des Veranstalters und kein Eintrittsgeld etc.), nicht aber unter Satz 3 (Veranstaltungen der Altenpflege oder Schulveranstaltungen etc.) fallen, sind durchaus vom Wahrnehmungsbereich der GEMA umfaßt; das Gesetz gewährt dem Urheber jedoch nur einen gesetzlichen Vergütungsanspruch. **71**

---

57 *Honegger/Massenkeil*, Das große Lexikon der Musik, Band 5, S. 274 f.

58 *Honegger/Massenkeil*, Das große Lexikon der Musik, Band 5, S. 275.

59 Anders offensichtlich *Staats*, Aufführungsrecht und kollektive Wahrnehmung bei Werken der Musik, S. 108, insbesondere Fußnote 509.

72 Des weiteren regelt **§ 45 Abs. 3 UrhG** eine **Schranke** des Aufführungs- und Vortragsrechts. Hiernach werden öffentliche Wiedergaben zum Zweck der Rechtspflege und öffentlichen Sicherheit freigestellt. Auch diese Nutzungssachverhalte fallen daher nicht in den Zuständigkeitsbereich der GEMA.

§ 1 lit. b und d [Das Senderecht]

§ 1 Der Berechtigte überträgt hiermit der GEMA [...]

b) Die Rechte der Hörfunk-Sendung mit Ausnahme der Sendung dramatisch-musikalischer Werke, sei es vollständig, als Querschnitt oder in größeren Teilen.[2)]

d) Die Rechte der Fernseh-Sendung mit Ausnahme von dramatisch-musikalischen Werken, sei es vollständig, als Querschnitt oder in größeren Teilen.[2)]

[2)] Die Rechte der zeitgleichen, unveränderten und vollständigen Weiterverbreitung dramatisch-musikalischer Werke in Fernseh- und Hörfunkprogrammen im Sinne und im Umfang der EG-Richtlinie 93/83 vom 27.9.1993 werden der GEMA von den betroffenen Berechtigten durch gesondertes Mandat übertragen.

Übersicht Rn.

I. Übersicht und Entstehungsgeschichte

73 Nach § 1 lit. b und d BerV übertragen die Berechtigten der GEMA das gesetzlich umschriebene **Senderecht** gemäß **§ 20 UrhG**. Wie im Bereich des Aufführungsrechts ist eine individuelle Rechtewahrnehmung auch bei Sendungen von Musikwerken auf Grund der idR massenweisen Nutzungen kaum möglich. Auch das Senderecht fällt damit klassischerweise in den Tätigkeitsbereich der GEMA. Von der Rechteübertragung ausgenommen sind allerdings die Rechte der Hörfunk- und Fernsehsendung dramatisch-musikalischer Werke, sei es vollständig, als Querschnitt oder in größeren Teilen. Dieser Bereich bleibt auch hier den Berechtigten bzw. deren Verleger vorbehalten.[1] Wann ein dramatisch-musikalisches Werk nur „zu einem kleineren Teil" im

1 Nachfolgend Rn. 84 ff.

Rundfunk gesendet wird, legt die zwischen der GEMA und den öffentlichen Rundfunkveranstaltern geschlossene Abgrenzungsvereinbarung fest.[2] Das Recht, ein dramatisch-musikalisches Werk in Fernseh- und Hörfunkprogrammen zeitgleich, unverändert und vollständig weiterzuleiten, wird der GEMA als „Ausnahme zur Ausnahme“ nach der Fußnote 2 – in Ergänzung des Berechtigungsvertrags – auf Grund eines gesonderten Mandats übertragen.[3]

Die Regelungen des § 1 lit. b und d BerV sind seit der Neufassung des Berechtigungsvertrags im Jahr 1954 unverändert geblieben. Sie erfassen inhaltlich den Bereich des in den §§ 20 und 20a UrhG normierten Senderechts (als Recht der öffentlichen Wiedergabe nach § 15 Abs. 2 S. 2 Ziff. 3 UrhG). Die Regelungen beziehen sich somit auf Sachverhalte, in denen ein Musikwerk durch Funk, wie Ton- und Fernsehrundfunk, Satellitenrundfunk, Kabelfunk oder ähnliche technische Mittel der Öffentlichkeit zugänglich gemacht wird. **74**

II. Einzelerläuterungen

1. Die Senderechte nach § 1 lit. b und d BerV

§ 1 lit. b und lit. d BerV benennen pauschal das „Recht der Sendung“. Gemäß dem Zweck dieser Regelungen ist davon grundsätzlich der gesamte Bereich des **Lebenssachverhalts** der **„Sendung“** eines Musikwerks umfaßt. **75**

a) Zugänglichmachung „durch Funk“

Nach den Voraussetzungen des § 20 UrhG fallen alle Sachverhalte der Zugänglichmachung eines Musikwerks „durch Funk“ und damit **alle Arten der Hörfunk- und Fernseh-Sendungen** – unabhängig von der verwendeten Ausstrahlungstechnik – unter die Wahrnehmungsbefugnis der GEMA. Der Umfang der Rechteübertragung in § 1 lit. b und d BerV ist aber nicht auf klassische[4] Rundfunksendungen beschränkt: Er erstreckt sich vielmehr auf sämtliche Arten von Sendungen. Dies entspricht dem Zweckübertragungsgedanken (§ 31 Abs. 5 UrhG), da bei allen Sachverhalten der Sendung eine individuelle Lizenzierung grundsätzlich nicht in Betracht kommt. Es ist dem Einzelnen nicht möglich, alle Sendevorgänge festzustellen und zu lizenzieren. **76**

Erfaßt wird jede Übertragung von Tönen durch elektromagnetische Wellen, die von einer Sendestelle ausgesandt und an anderen Orten von einer beliebigen Zahl von Empfangsanlagen aufgefangen und wieder in Töne zurückverwandelt werden können.[5] Derartige Übertragungen können nach § 20 UrhG durch Tonrundfunk, Fernsehrundfunk, Satellitenrundfunk, Kabelfunk oder ähnliche technische Mittel erfolgen. Auf die Art der Sendung, d.h., ob es sich um eine Live-Sendung oder Wieder- **77**

---

2 Nachfolgend Rn. 87 f.
3 Nachfolgend Rn. 89 ff.
4 Dreier/Schulze-*Dreier*, § 20 UrhG Rn. 7.
5 RegE UrhG Begr. Vierter Abschnitt 3. zu § 20 BT-Drs. IV/270, S. 49 f.

holungssendung bzw. um eine – gleichzeitige – Weitersendung eines gesendeten Werks handelt, kommt es nicht an.[6] Auch spielt es keine Rolle, ob es sich um Übertragungen mittels analoger oder digitaler Technik handelt.[7] Gleichermaßen fallen auch die nur gegen besonderes Entgelt zugänglichen, verschlüsselt gesendeten Hörfunk- und Fernseh-Programme (sog. Pay-Radio bzw. Pay-TV)[8] nach § 1 lit. b und d BerV in den Wahrnehmungsbereich der GEMA.

78 Im einzelnen werden zunächst die Rechte hinsichtlich der herkömmlichen **terrestrischen**[9] Sendung von Musikwerken auf die GEMA übertragen. Des weiteren handelt es sich auch bei **Satellitensendungen** iSd § 20 UrhG bzw. bei europäischen Satellitensendungen gemäß § 20a UrhG um Nutzungen, die unter den Berechtigungsvertrag fallen. Schließlich erfaßt die Rechteübertragung nach § 1 lit. b und d BerV auch die Sendung eines Musikwerks durch **Kabelfunk** iSd § 20 UrhG. Bei einer Kabelsendung werden die Funksignale von einer Sendestelle aus leitungsgebunden einer Mehrzahl von Empfangsanlagen übermittelt.[10] Betroffen sind dabei zunächst die direkten leitungsgebundenen Ausstrahlungen durch den Kabelnetzbetreiber, entweder als selbständig gestaltetes Programm oder als veränderte oder zeitlich versetzte Weiterleitung eines zugeführten Programms.[11] In den Wahrnehmungsbereich der GEMA nach § 1 lit. b und d BerV fallen aber nicht nur die Übertragungen mit rundfunkartiger Breitenwirkung im Bereich des klassischen Rundfunks.[12] Vielmehr werden auch die Übertragungen von Musikwerken über eine Verteileranlage in einzelne Räume – wie etwa in Hotels oder Justizvollzugsanstalten – unter Benutzung von Ton- oder Bildtonträgern als eigenständiges Programm von der Rechteübertragung nach § 1 lit. b und d BerV erfaßt.[13] Auch Sendungen über so genannte Gemeinschaftsantennen fallen als „Sendungen" nach § 20 UrhG unter die Wahrnehmungsbefugnis der GEMA. Durch diese Vorrichtungen werden empfangene Sendungen in Wohnungen weitergeleitet. In der Praxis hat sich eine Grenze von 75 Wohneinheiten etabliert.[14]

79 Auch das Recht der **Kabelweitersendung** gemäß § 20b Abs. 1 Satz 1 UrhG geht nach § 1 lit. b und d auf die GEMA über. Dieses Recht umfaßt die Fälle, in denen ein gesendetes Werk im Rahmen eines zeitgleich, unverändert und vollständig über Kabelsysteme weiter zu übertragenden Programms durch Kabelsystem oder Mikrowellensysteme weitergesendet wird. Dieses Recht stellt einen Ausschnitt des Kabelfunks und

---

6 Schricker-*v. Ungern-Sternberg*, § 20 UrhG Rn. 6.

7 Dreyer/Kothoff/Meckel-*Dreyer*, § 20 UrhG Rn. 6; Schricker-*v. Ungern-Sternberg*, § 20 UrhG Rn. 4; a.A. *Thurow*, FS Kreile, S. 763, 770.

8 Wandtke/Bullinger-*Ehrhardt*, §§ 20–20b UrhG Rn. 9.

9 Dreier/Schulze-*Schulze*, § 20 UrhG Rn. 7.

10 BGHZ 79, 350, 353 – Kabelfernsehen in Abschattungsgebieten.

11 Wandtke/Bullinger-*Ehrhardt*, §§ 20–20b UrhG Rn. 19

12 Schricker-*v. Ungern-Sternberg*, § 20 UrhG Rn. 23.

13 BGH, GRUR 1994, 45 ff. – Verteileranlagen; BGH, GRUR 1994, 797 f. – Verteileranlage im Krankenhaus; Schricker-*v. Ungern-Sternberg*, § 20 UrhG Rn. 24; krit.: Möhring/Nicolini-*Kroitzsch*, § 20 UrhG Rn. 7.

14 Referentenentwurf für ein Zweites Gesetz zur Regelung des Urheberrechts in der Informationsgesellschaft v. 27. 9. 2004, S. 41, abrufbar unter www.bmj.bund.de.

damit des Senderechts nach § 20 UrhG dar.[15] Nach § 20b UrhG ist die Geltendmachung des Rechts nur über eine Verwertungsgesellschaft möglich. Das bedeutet, daß nur die GEMA aus dem genannten Recht vorgehen kann. Nur sie kann die Nutzung untersagen und Lizenzen vergeben. Die GEMA überträgt das Kabelweitersenderecht direkt an die Kabelunternehmer. Da das Recht der Kabelweitersendung durch die Umsetzung der Satelliten- und Kabelrichtlinie[16] als ausschließliches Nutzungsrecht bestätigt wurde, steht fest, daß jede integrale Weitersendung im Versorgungsbereich des Sendeunternehmens einschließlich sogenannter Abschattungsgebiete urheberrechtlich relevant ist.[17] Soweit der Berechtigte das Recht der Kabelweitersendung auf Sendeunternehmen oder Tonträger- und Filmhersteller übertragen hat, tritt er nach § 1 lit. b und d BerV auch den gesetzlichen Vergütungsanspruch nach § 20b Abs. 2 UrhG – als Teil des Senderechts gemäß § 20 UrhG – an die GEMA ab. Eine gesonderte Übertragung nach § 1 lit. h Abs. 7 BerV[18] ist somit nicht erforderlich.

Voraussetzung für die urheberrechtliche Relevanz dieser Nutzungen durch Sendung **80**
ist auch hier deren **Öffentlichkeit** nach § 15 Abs. 3 UrhG.[19] Die Signalübermittlungen müssen für die Öffentlichkeit bestimmt sein; einer „breiteren, rundfunkmäßigen Verbreitung“[20] bedarf es jedoch nicht.[21] In diesem Sinne werden Hörfunk- und Fernseh-Programme durch Verteileranlagen – etwa in Krankenhäusern[22] oder Justizvollzugsanstalten[23] – iSd § 20 UrhG öffentlich zugänglich gemacht. Auch die Weiterleitung von Rundfunkprogrammen mittels Gemeinschaftsantennen richtet sich an die Öffentlichkeit.[24] Entscheidendes Kriterium für eine Zugänglichmachung an die Öffentlichkeit ist, daß das Werk von einer größeren Personenmenge (die nicht untereinander freundschaftlich oder familiär verbunden sind) gleichzeitig empfangen werden kann.[25] Dieser gleichzeitige Empfang liegt z.B. auch bei der Übermittlung von Musik in Telefonwarteschleifen vor, sei es als Radiomusik oder als Musik vom Tonträger; Empfänger werden jeweils einem fortlaufenden Programm zugeschaltet. Bei dieser Werkübermittlung handelt es sich um eine Funksendung durch „ähnliche technische Mittel“ iSd § 20 UrhG. Auch die Übertragung von Telefonwarteschleifenmusik unterfällt somit als „Hörfunk-Sendung“ dem Tätigkeitsbereich der GEMA.

---

15 Wandtke/Bullinger-*Ehrhardt*, §§ 20–20b UrhG Rn. 5.
16 ABl Nr. L 248 v. 6.10.1993, S. 15.
17 Die Entscheidungen des BGH zur Weitersendung in Abschattungsgebieten (BGHZ 79, 350 ff. – Kabelfernsehen in Abschattungsgebieten; BGH, GRUR 1988, 206, 209 ff. Kabelfernsehen II) haben insofern ihre Bedeutung verloren.
18 Dazu unten Rn. 247.
19 Schricker-*v. Ungern-Sternberg*, § 20 UrhG Rn. 8; BGHZ 79, 350, 354 – Kabelfernsehen in Abschattungsgebieten.
20 Vgl. *Ulmer*, Urheber- und Verlagsrecht, S. 255 ff.
21 BGH, GRUR 1988, 206, 209 – Kabelfernsehen II.
22 BGH, GRUR 1994, 797 f. – Verteileranlage im Krankenhaus.
23 BGH, GRUR 1994, 45 ff. – Verteileranlagen.
24 Dazu Rn. 6.
25 Dreier/Schulze-*Dreier*, § 20 UrhG Rn. 9.

81 Auch die Rechte an Werknutzungen im Rahmen von **Web-Radio** und **Web-TV** gehen nach § 1 lit. b und d BerV auf die GEMA über.[26] In diesen Fällen werden Hörfunk- bzw. Fernsehprogramme ausschließlich im Internet oder zeitgleich zur terrestrischen Ausstrahlung bzw. über Satellit oder Kabel bereitgestellt (sog. Simul[27]- bzw. Webcasting[28]); die übermittelten Werke werden auch hier der Öffentlichkeit gleichzeitig zugänglich gemacht.[29] Bei Übertragungen von Internet-Radio bzw. Internet-Fernsehen handelt es sich um fortlaufende Sendungen, auf die der Empfänger keinen Einfluß nehmen kann. Es besteht nicht die Möglichkeit zum Download von Musikbeiträgen[30], die Werknutzungen sind nicht interaktiv.[31] Bei diesem sogenannten „Live-Streaming oder auch Simul-Casting"[32] unterscheidet sich die Sachlage – abgesehen von den technischen Voraussetzungen – funktional nicht von den übrigen Sendevorgängen. Der Empfänger hat nur die Möglichkeit, seinen Computer „einzuschalten".[33] Zwar belegt der Nutzer im Internet einen der begrenzten freien Plätze[34] und erhält keine einheitlichen Signale, sondern Datenpakete.[35] Dennoch handelt es sich um eine **gleichzeitige** Ausstrahlung an die Öffentlichkeit iSd § 20 UrhG. Ebenso verhält es sich bei sogenannten Near-On-Demand-Diensten[36]. Hierbei werden bestimmte Sendungen, wie etwa ein Spielfilm, fortlaufend wiederholt, ohne daß der Nutzer interaktiv auf das Programm einwirken könnte. Auch diese Sachverhalte berühren das Senderecht und fallen somit nach § 1 lit. b und d BerV in den Wahrnehmungsbereich der GEMA. Die Nutzungen durch elektronischen Zugriffs- bzw. Abrufdienst auf Einzelabruf (sog. On-Demand-Nutzungen) fallen jedoch nicht unter die Rechteübertragung nach § 1 lit. b und d BerV; die Werkübertragungen erfolgen hier nicht gleichzeitig,[37] sondern gezielt und zeitversetzt, so daß die Öffentlichkeit nur sukzessive angesprochen wird.[38] Diese Nutzungen werden somit auch nicht von der Übertragung des Sen-

---

26 Bei der Übermittlung von Musikwerken im Internet über Telefonleitungen handelt es sich um „Kabelfunk" iSd § 20 UrhG; *Siebert*, Die Auslegung der Wahrnehmungsverträge unter Berücksichtigung der digitalen Technik, S. 65; a.A. Dreyer/Kotthoff/Meckel-*Dreyer*, § 20 UrhG Rn. 15.

27 Hierbei werden herkömmlich verbreitete Programme zeitgleich und unverändert übertragen.

28 Dieser Begriff bezeichnet eigenständig für das Internet produzierte Programmangebote.

29 *Siebert*, Die Auslegung der Wahrnehmungsverträge unter Berücksichtigung der digitalen Technik, S. 68; *Schwarz*, ZUM 2000, 816, 821 f.; a.A. Wandtke/Bullinger-*Ehrhardt*, §§ 20–20b UrhG Rn. 12, der das „Live-Streaming" eher als Zugriffsdienst und damit nicht als Sendung iSd § 20 UrhG sieht.

30 *Siebert*, Die Auslegung der Wahrnehmungsverträge unter Berücksichtigung der digitalen Technik, S. 65.

31 Dreier/Schulze-*Dreier*, § 20 UrhG Rn. 16.

32 *Kreile/Becker*, Handbuch der Musikwirtschaft, S. 642.

33 *Sasse/Waldhausen*, ZUM 2000, 837, 842.

34 *Siebert*, Die Auslegung der Wahrnehmungsverträge unter Berücksichtigung der digitalen Technik, S. 64.

35 Dreier/Schulze-*Dreier*, § 20 UrhG Rn. 16.

36 *Reinbothe*, GRUR Int. 2001, 733, 736.

37 A.A. Dreyer/Kotthoff/Meckel-*Dreyer*, § 20 UrhG Rn. 25.

38 *Siebert*, Die Auslegung der Wahrnehmungsverträge unter Berücksichtigung der digitalen Technik, S. 69.

derechts nach § 1 lit. b und d BerV erfaßt. Einschlägig ist allerdings die Rechteübertragung gemäß § 1 lit. h Abs. 2 und 3 BerV.[39]

Sendungen von Musikwerken berühren das Recht in § 20 UrhG nicht erst dann, wenn das Werk tatsächlich empfangen wird. Vielmehr genügt die reine **Möglichkeit** des **Empfangs**.[40] Der Begriff der Sendung steht für eine Mitteilung, die einseitig erfolgt und nur empfangen werden kann.[41] Im Gegensatz zur Zugänglichmachung eines Werks ist dessen Empfang von jeher urheberrechtlich irrelevant.[42] Die Besonderheit des Senderechts liegt darin, daß die Endnutzer ein Werk im Rahmen eines vom Sendenden in zeitlicher Hinsicht festgelegten Programms zwar gleichzeitig empfangen bzw. empfangen können, im Zeitpunkt des Werkgenusses jedoch – anders als beim Aufführungsrecht – nicht am selben Ort versammelt sein müssen.[43] Insofern fallen bereits die Vorgänge des Zugänglichmachens eines Musikwerks durch eine Sendung in den Wahrnehmungsbereich der GEMA. Ein tatsächlicher Empfang des Musikwerks durch den Endnutzer ist nicht erforderlich. **82**

b) Werke der Tonkunst mit oder ohne Text als Gegenstand der Rechteeinräumung

Obwohl im Wortlaut nicht ausdrücklich erwähnt, bezieht sich die Einräumung der Senderechte – wie bei § 1 lit. a BerV – sowohl auf Werke der Tonkunst mit als auch ohne Text. Soweit es sich um ein Musikwerk mit Text handelt, räumt neben dem Komponisten gegebenenfalls auch der Textdichter die Senderechte hinsichtlich seines musikalisch dargestellten Sprachwerks der GEMA ein.[44] Da die VG Wort ihre Rechte an erschienenen Sprachwerken, die mit Einwilligung des Berechtigten vertont wurden, auf die GEMA zur Wahrnehmung übertragen hat, nimmt die GEMA auch die Rechte für Textdichter wahr, die nicht Mitglied der GEMA, sondern ausschließlich Mitglied der VG Wort sind. Sie rechnet die Textdichtertantiemen an die VG Wort ab, die diese an die Berechtigten ausschüttet.[45] **83**

2. Die Ausnahme der Sendung dramatisch-musikalischer Werke vollständig, als Querschnitt oder in größeren Teilen

Der Umfang der Rechteübertragung ist nach § 1 lit. b und d BerV dadurch beschränkt, daß Hörfunk- bzw. Fernsehsendungen dramatisch-musikalischer Werke, sei es vollständig, als Querschnitt oder in größeren Teilen, ausgenommen sind. **84**

39 Dazu unten Rn. 177 ff.
40 Dreier/Schulze-*Dreier*, § 20 UrhG Rn. 10.
41 Fromm/Nordemann-*Nordemann*, § 20 UrhG Rn. 1.
42 *Schack*, Urheber- und Urhebervertragsrecht, Rn. 408.
43 Dreier/Schulze-*Dreier*, § 20 UrhG Rn. 1.
44 Dazu oben Rn. 23.
45 Dazu oben Rn. 52.

a) Dramatisch-musikalisches Werk

85 Der Begriff des dramatisch-musikalischen Werks entspricht jenem in § 1 lit. a BerV zum Aufführungsrecht.[46] Entscheidend ist, daß das Musikwerk für die bühnenmäßige Aufführung objektiv geeignet ist, d.h. für die bühnenmäßige Aufführung „in Szene gesetzt" werden kann. Dies ist insbesondere dann der Fall, wenn bei der Wiedergabe des Musikwerks ein geschlossenes, dramatisch angelegtes Geschehen vermittelt wird.[47]

b) Vollständig, als Querschnitt oder in größeren Teilen

86 Das Recht der Sendung dramatisch-musikalischer Werke, sei es vollständig, als Querschnitt oder in größeren Teilen, ist nach § 1 lit. b und d BerV von der Rechteübertragung ausgenommen. Auch hier muß bestimmt werden, welche Sachverhalte von den Berechtigten individuell wahrgenommen werden und welche der GEMA zur kollektiven Wahrnehmung überlassen werden. Zu dieser Abgrenzung haben die Rundfunkveranstalter und die GEMA eine Vereinbarung getroffen.[48]

87 § 1 lit. b und d BerV regeln, daß die vollständige Sendung eines dramatisch-musikalischen Werks nicht in den Wahrnehmungsbereich der GEMA fällt. Ebenso wenig umfaßt die Rechteübertragung die Sendung von Querschnitten dramatisch-musikalischer Werke. Mißverständlich sind hierzu die Regelungen in Abschn. I Ziffer 1a) und Ziffer 2a) der **Abgrenzungsvereinbarung**. Der Wortlaut sieht vor, daß Querschnitte in einer bestimmten Länge in den Wahrnehmungsbereich der GEMA fallen, soweit nicht das szenische Geschehen des gesamten Werks in seinen wesentlichen Zügen dargeboten wird. Dem steht jedoch die Bedeutung des Begriffes „Querschnitt" entgegen; ein „Querschnitt" setzt zwingend voraus, daß eine Übersicht über das Werk in seiner Gesamtheit gegeben und ein Gesamteindruck des Werks vermittelt wird.[49] Der in der Abgrenzungsvereinbarung genannte Sachverhalt eines „Querschnitts" ist damit – allerdings ohne praktische Auswirkungen – nicht denkbar.

88 Welche Sachverhalte nach § 1 lit. b und d BerV als „Sendungen dramatisch-musikalischer Werke in größeren Teilen" aus dem Wahrnehmungsbereich der GEMA fallen, ist der Abgrenzungsvereinbarung zu entnehmen. Demnach ist die GEMA zur Rechtewahrnehmung befugt, wenn ein dramatisch-musikalisches Werk im Hörfunk weniger als 25 Minuten und im Fernsehen weniger als 15 Minuten (20 Minuten beim internationalen Programmaustausch) gesendet wird. Diese Teilwiedergaben dürfen nicht mehr als 25% der Sendedauer des ganzen Werks beanspruchen und nicht das szenische Geschehen des ganzen Werks in seinen wesentlichen Zügen darbieten. Auch „fernseheigene" Choreographien konzertanter Werke fallen in den Wahrnehmungsbereich der GEMA.[50] So sollen die Sender z.B. für die aktuelle Berichterstattung über

---

46 Dazu oben 58.
47 BGH, GRUR 2000, 228, 230 – Musical-Gala.
48 Abgedr. in: GEMA-Jahrbuch 2004/2005 S. 202 f.
49 Dazu oben Rn. 61.
50 Abschnitte I und II der Abgrenzungsvereinbarung, abgedr. in: GEMA-Jahrbuch 2004/2005, S. 204 f.; *Karbaum*, GEMA-Nachrichten 1995, Nr. 152, S. 116, 117.

kulturelle Ereignisse[51] die Rechte an der Sendung kleinerer Teile dramatisch-musikalischer Werke bereits durch die mit der GEMA abgeschlossenen Pauschalverträge erhalten.[52] Bereits aus Zeitgründen wäre es nicht möglich, die Rechte jeweils einzeln bei den Berechtigten einzuholen. Zudem wäre in diesen nicht seltenen Fällen der Teilwerksendungen die Einholung der Rechte bei den Urhebern und Verlegern unzumutbar aufwändig.[53]

3. Das gesonderte Mandat

Wie in der Fußnote 2 geregelt, können die Berechtigten die Rechte der zeitgleichen, 89
unveränderten und vollständigen Weiterverbreitung dramatisch-musikalischer Werke in Fernseh- und Hörfunkprogrammen im Sinn und im Umfang der Satelliten- und Kabelrichtlinie[54] durch gesondertes Mandat auf die GEMA übertragen. Dies bedeutet, daß die Berechtigten das **Recht der Kabelweitersendung** gemäß **§ 20b UrhG** auch für die Sendung **dramatisch-musikalischer Werke vollständig,** als **Querschnitt** oder in **größeren Teilen** auf die GEMA übertragen können. Bei diesem gesonderten Mandat handelt es sich somit um eine „Ausnahme von der Ausnahme". Da das Recht der Kabelweitersendung heute ohnehin der Verwertungsgesellschaftenpflichtigkeit unterworfen ist, ist eine solche Möglichkeit zur Rechteeinräumung unverzichtbar.

Im Jahr 1981 haben GEMA und VG Wort die **Arbeitsgemeinschaft (ARGE) DRAMA** 90
mit dem Zweck der Wahrung der Rechte dramatischer Autoren und Verleger bei gleichzeitiger, vollständiger und unveränderter Übermittlung von Ton- und Fernsehrundfunkprogrammen durch in- und ausländische Kabelsysteme (vgl. § 2 des Gesellschaftsvertrags[55]) gegründet. Die berechtigten musikalischen Urheber und deren Verleger haben die Möglichkeit, der GEMA durch Mandatsvertrag in Ergänzung des Berechtigungsvertrags das Recht zur gleichzeitigen, vollständigen und unveränderten Übermittlung dramatisch-musikalischer Werke (vgl. § 3 Abs. 2 des Mandatsvertrags[56]) von Tonrundfunk- und Fernsehprogrammen durch in- und ausländische Kabelunternehmen sowie daraus entstehende Vergütungsansprüche zu übertragen.

Diese Rechteübertragung ist laut Mandatsvertrag[57] auf die Rechtewahrnehmung im 91
Rahmen von Gesamtverträgen, d.h. auf den Fall der pauschalen Rechteeinräumung hinsichtlich des gesamten GEMA-Repertoires, beschränkt. Da jedoch mit der Einfügung des § 20b Abs. 1 UrhG eine individuelle Geltendmachung der Kabelweitersenderechte auch für dramatisch-musikalische Werke vollständig, als Querschnitt oder in größeren Teilen nicht möglich ist, dürfte diese Beschränkung auf den Bereich der Gesamtverträge hinfällig sein.

---

51 *Karbaum*, GEMA-Nachrichten 1995, Nr. 152, S. 116, 117.
52 Soweit diese nicht ohnehin nach § 50 UrhG freigestellt sind.
53 Zu berücksichtigen sind jedoch die bereits nach der Schranke des § 50 UrhG freigestellten Nutzungen im Rahmen von Berichterstattungen.
54 ABl Nr. L 248 v. 6.10.1993, S. 15.
55 Gesellschaftsvertrag abgedr. in: GEMA-Jahrbuch 2004/2005 S. 473 f.
56 Gesellschaftsvertrag abgedr. in: GEMA-Jahrbuch 2004/2005 S. 473 f.
57 Mandatsvertrag für das In- und Ausland, GEMA-Jahrbuch 2004/2005 S. 475.

92 Aus dem Gesellschaftsvertrag der ARGE DRAMA[58] in Verbindung mit dem Mandatsvertrag[59] geht hervor, daß es sich hierbei nicht um eine eigene Verwertungsgesellschaft, sondern lediglich um eine **formlose Arbeitsgemeinschaft** der **GEMA** und der **VG Wort** ohne eigenen Treuhandcharakter handelt. Gemäß § 3 des Gesellschaftsvertrags erfolgt die Übertragung der entsprechenden Kabelweitersenderechte durch Mandatsverträge als Ergänzung der Wahrnehmungs- bzw. Berechtigungsverträge der VG Wort bzw. der GEMA.

93 Dabei bezieht sich die genannte Ergänzung des Berechtigungsvertrags der GEMA jedoch nur auf die Kabelweitersendung von Sendungen dramatisch-musikalischer Werke. Das entsprechende Recht der ursprünglichen nicht-integralen Hörfunk- und Fernseh-Sendung verbleibt auch unter Berücksichtigung dieses gesonderten Mandats bei den Berechtigten bzw. bei deren Verlegern.

III. Keine Unwirksamkeit der Rechteübertragung nach § 31 Abs. 4 UrhG

94 Die von den Berechtigten nach § 1 lit. b und d BerV vorgenommenen Rechteübertragungen hinsichtlich der verschiedenen unter § 20 UrhG fallenden Sendungsformen stellen keine unwirksamen Verfügungen über unbekannte Nutzungsarten iSd § 31 Abs. 4 UrhG dar. Dies gilt auch für Altverträge.[60] Es handelt sich bei diesen Nutzungsformen nicht um technisch bzw. wirtschaftlich eigenständige Verwertungsformen, wie sie der BGH in der Entscheidung „GEMA-Vermutung I" für das Vorliegen einer neuen Nutzungsart iSd § 31 Abs. 4 UrhG fordert.[61] Das gilt zum einen für die Nutzungen durch **Kabel- und Satellitenfernsehen**.[62] Auch bei der Werknutzung durch **Pay-TV** handelt es sich nicht um eine technisch eigenständige Verwertungsform im Sinn dieser Rechtsprechung, da sich die dabei in Anspruch genommene „neue Technik" nur auf die Verschlüsselung und Decodierung, nicht aber auf die Werknutzung bezieht. Die Art und Weise der Ausstrahlung der Sendung selbst wird hiervon jedoch nicht betroffen und die bekannte Nutzungsart der Sendung durch das Fernsehen in ihrem Wesen nicht verändert.[63] Auch die Musiknutzung durch **Internet-Radio** stellt keine gegenüber dem herkömmlichen Radio eigenständige Nutzungsart dar; diese Nutzungsform fällt unter die Nutzungsart „Radio". Zwar ist nicht zuletzt wegen der Möglichkeiten der interaktiven Nutzung durchaus von einer technischen Eigenständigkeit auszugehen, allerdings liegt keine funktionale und wirtschaftliche Eigenständigkeit vor; Online-Radio ist nur eine technische Weiterentwicklung des herkömmlichen Rundfunks, ohne dessen wirtschaftliches Potential zu verändern. Es werden

---

58 Gesellschaftsvertrag abgedr. in: GEMA-Jahrbuch 2004/2005, S. 473 f. Die ARGE DRAMA wird im Hause der GEMA verwaltet.

59 Mandatsvertrag abgedr. in: GEMA-Jahrbuch 2004/2005, S. 475.

60 Hierzu ausführlich unter Rn. 170.

61 BGH, GRUR 1986, 62 ff. – GEMA-Vermutung I.

62 BGH, GRUR 1997, 215, 217 – Klimbim; Dreier/Schulze-*Schulze*, § 31 UrhG Rn. 90; a.A. *Donhauser*, Der Begriff der unbekannten Nutzungsart gemäß § 31 Abs. 4 UrhG, S. 147.

63 KG, ZUM-RD 2000, 384, 386; *Platho*, ZUM 1986, 572, 578; a.A. *Donhauser*, Der Begriff der unbekannten Nutzungsart gemäß § 31 Abs. 4 UrhG, S. 149.

keine neuen Verbraucherkreise erschlossen und es entsteht auch kein eigenständiger Markt.[64] Insofern handelt es sich auch bei **Internet-TV**, d.h. bei der Übertragung eines Fernsehprogramms im Internet – meist neben der herkömmlichen Ausstrahlung des Programms per Satellit oder Kabel – nicht um eine technisch und wirtschaftlich eigenständige Nutzungsart iSd § 31 Abs. 4 UrhG.[65]

§ 1 lit. c [Das Recht der „Lautsprecherwiedergabe“]

§ 1 Der Berechtigte überträgt hiermit der GEMA [...]

c) Die Rechte der Lautsprecherwiedergabe einschließlich der Wiedergabe von dramatisch-musikalischen Werken durch Lautsprecher.

Übersicht Rn.

I. Übersicht und Entstehungsgeschichte

Das „Recht der Lautsprecherwiedergabe“ übertragen die Berechtigten nach der seit der Neufassung des Berechtigungsvertrags im Jahr 1954 unveränderten Klausel des § 1 lit. c BerV. Von dieser Klausel werden die unter § 19 Abs. 3 UrhG fallenden Nutzungen vollumfänglich und die unter § 22 UrhG fallenden Nutzungen hinsichtlich der rein akustischen Wiedergaben erfaßt. Dies bedeutet, daß damit einerseits die Sachverhalte der **Übertragung** einer **Live-Musikaufführung** an einen **anderen Ort über Lautsprecher**, Bildschirm oder ähnliche technische Mittel in den Wahrnehmungsbereich **95**

64 *Siebert*, Die Auslegung der Wahrnehmungsverträge unter Berücksichtigung der digitalen Technik, S. 65 f.; Dreyer/Kotthoff/Meckel-*Kotthoff*, § 31 UrhG Rn. 117.

65 *Siebert*, Die Auslegung der Wahrnehmungsverträge unter Berücksichtigung der digitalen Technik, S. 68 f.; Dreyer/Kotthoff/Meckel-*Kotthoff*, § 31 UrhG Rn. 117; a.A. *Donhauser*, Der Begriff der unbekannten Nutzungsart gemäß § 31 Abs. 4 UrhG, S. 150, für den Bereich des Internet-TV; im Ergebnis so auch *Kornmeier/Cichon*, in: Handbuch der Musikwirtschaft, S. 937.

der GEMA fallen. Andererseits sind auch die rein akustischen öffentlichen Wiedergaben von vorangegangenen Funksendungen oder öffentliche Zugänglichmachungen durch Lautsprecher erfaßt.[1] Obwohl vom Wortlaut des § 1 lit. c BerV nicht ausdrücklich erwähnt, geht auch das Recht, diese **akustischen Wiedergaben von vorangegangenen Funksendungen** oder von **öffentlicher Zugänglichmachung außerhalb des Raums der Wiedergabe öffentlich wahrnehmbar zu machen** (vgl. §§ 21 Satz 2 UrhG iVm § 19 Abs. 3 UrhG), auf die GEMA über. Hiervon abzugrenzen sind audiovisuelle Wiedergaben von Sendungen und öffentlicher Zugänglichmachung und deren Übertragungen in einen anderen Raum. Diese Sachverhalte fallen unter die Übertragung der Fernseh-Wiedergabe nach § 1 lit. e BerV.

II. Einzelerläuterungen

1. Das Recht der Übertragung in „andere Räume" nach § 19 Abs. 3 UrhG

96 Nach § 1 lit. c BerV überträgt der Berechtigte zunächst das in § 19 Abs. 3 UrhG ausgestaltete Recht der Lautsprecher- und Bildschirmwiedergabe außerhalb des Raums der persönlichen Darbietung. Eine solche Wiedergabe von Live-Musikaufführungen erfolgt häufig in den Fällen, in denen die Größe des Orts der Werkaufführung nicht ausreicht.[2]

97 Obwohl der Wortlaut „Lautsprecher" darauf hindeuten könnte, daß davon nur rein akustische Übertragungen erfaßt sind, ergibt die Auslegung, daß nach § 1 lit. c BerV auch derartige **audiovisuelle Übertragungen** auf Bildschirmen, Leinwänden oder ähnlichen technischen Mitteln in den Wahrnehmungsbereich der GEMA fallen. Für diese Auslegung spricht, daß zum Zeitpunkt der Fassung dieser Bestimmung im Jahr 1954 audiovisuelle Übertragungen außerhalb des Veranstaltungsraums auf Bildschirm bzw. Leinwand noch nicht üblich waren. Aus der Sicht des Rechteinhabers unterscheidet sich die audiovisuelle Nutzung jedoch nicht wesentlich von der rein akustischen. Daher erstreckt sich die Regelung des § 1 lit. c BerV entsprechend der gesetzlichen Regelung in § 19 Abs. 3 UrhG auch auf die Fälle der audiovisuellen Übertragung mittels Bildschirm oder ähnliche technische Einrichtungen.

98 Trotz der engen Verbindung der Aufführungs- und Übertragungsrechte in § 19 UrhG (das Übertragungsrecht ist vom Vortrags- und Aufführungsrecht nach § 19 Abs. 3 UrhG „umfaßt"), ist davon auszugehen, daß das Übertragungsrecht des § 19 Abs. 3 UrhG nicht nach § 1 lit. a BerV, sondern gemäß § 1 lit. c BerV auf die GEMA übergeht. Dafür spricht der Wortlaut des § 1 lit. c BerV, der nicht – parallel zu § 1 lit. e BerV – vom Recht der „Hörfunk-Übertragung", sondern vom „Recht der Lautsprecherwiedergabe" spricht.[3]

---

1 So auch *Hubmann*, GEMA-Nachrichten 1959, Nr. 43, S. 10, 17, wonach unter Lautsprecherwiedergabe iSd § 1 lit. c BerV die „Wiedergabe von Rundfunksendungen und die Lautsprecherübertragung auf eine andere Veranstaltung" zu verstehen ist.

2 Dreyer/Kotthoff/Meckel-*Dreyer*, § 19 UrhG Rn. 33–35.

3 Wandtke/Bullinger-*Ehrhardt*, § 19 UrhG Rn. 42, der ebenfalls davon ausgeht, daß das Recht

Die Formulierung **„außerhalb des Raums"** in § 19 Abs. 3 UrhG ist nicht wörtlich zu verstehen[4]; so fallen etwa auch Sachverhalte der Lautsprecherwiedergabe von Veranstaltungen im Freien[5] hierunter. Bei einem Lautsprecher handelt es sich um „ein elektroakustisches Gerät, welches niederfrequente Tonfrequenzströme in Schall umwandelt". Unter einem Bildschirm versteht man „sowohl eine Bild- bzw. Projektionsleinwand als auch den Leichtschirm in Fernseh- und Datensichtgeräten, auf denen Informationen sichtbar gemacht werden".[6] **99**

Bei der öffentlichen Wahrnehmbarmachung einer persönlichen Darbietung durch Lautsprecher, Bildschirm oder ähnliche technische Mittel iSd § 19 Abs. 3 UrhG ist entscheidend, daß die persönliche Darbietung durch eine technische Maßnahme übermittelt wird, die **ergänzenden, untergeordneten Charakter** hat. Bei der Übermittlung darf es sich mit anderen Worten nicht um eine eigenständige urheberrechtliche und von der persönlichen Darbietung unabhängige Verwertungsform, wie etwa eine Sendung iSd § 20 UrhG handeln.[7] Bei der Lautsprecherwiedergabe gemäß § 19 Abs. 3 UrhG geht es lediglich um das Recht zu entscheiden, ob die mangelnde Größe des „Raums" der Werkaufführung durch technische Mittel überwunden werden darf.[8] **100**

2. Das Recht der Wiedergabe von Funksendungen und von öffentlicher Zugänglichmachung nach § 22 UrhG

Neben dem in § 19 Abs. 3 UrhG ausgestalteten Recht der Lautsprecherwiedergabe umfaßt § 1 lit. c BerV auch das in § 22 UrhG festgelegte Recht der Wiedergabe von Funksendungen und von öffentlicher Zugänglichmachung, allerdings nur soweit es sich um rein akustische Wahrnehmbarmachungen handelt. Anders als bei der Fernseh-Wiedergabe nach § 1 lit. e BerV enthält der Berechtigungsvertrag für den Bereich der **„Hörfunk-Wiedergabe"** keine spezielle Regelung. Die Wiedergabe einer rein akustischen Sendung (idR „Hörfunk-Sendung") fällt daher unter das Recht der Lautsprecherwiedergabe nach § 1 lit. c BerV.[9] Der typische Fall der akustischen Wiedergabe einer Funksendung ist, daß ein Gastwirt in seiner Gaststätte Radiomusik spielt.[10] § 1 lit. c BerV erfaßt daneben auch die – in der Praxis derzeit wenig bedeutenden – Sachverhalte, daß ein iSd § 19a UrhG durch öffentliche Zugänglichmachung erlangtes Musikwerk[11] öffentlich durch Lautsprecher oder ähnliche technische Mittel akustisch wahrnehmbar gemacht wird. **101**

---

der Wahrnehmbarmachung durch Lautsprecher gemäß § 19 Abs. 3 UrhG grundsätzlich gemäß § 1 lit. c BerV auf die GEMA übertragen wird.

4 Vgl. Fromm/Nordemann-*Nordemann*, § 19 UrhG Rn. 4.

5 Schricker-*v. Ungern-Sternberg*, § 19 UrhG Rn. 32.

6 Dreyer/Kotthoff/Meckel-*Dreyer*, § 19 UrhG Rn. 30, allerdings im Zusammenhang mit der Wahrnehmbarmachung einer Funksendung.

7 Wandtke/Bullinger-*Ehrhardt*, § 19 UrhG Rn. 39.

8 Dreyer/Kotthoff/Meckel-*Dreyer*, § 19 UrhG Rn. 33.

9 IdS unterscheidet auch *Hubmann*, GEMA-Nachrichten 1955, Nr. 43, S. 10, 18, zwischen der Wiedergabe nur für das Ohr (Rundfunkwiedergabe) und der Wahrnehmbarmachung für Auge und Ohr (Fernseh-Wiedergabe).

10 Dreyer/Kotthoff/Meckel-*Dreyer*, § 22 UrhG Rn. 2, 6, 18.

11 Zum Recht der öffentlichen Zugänglichmachung s. Rn. 177 ff.

102 Voraussetzung für eine nach § 22 UrhG relevante Nutzung ist, daß ein Werk **unmittelbar** für die **menschlichen Sinne wiedergegeben** wird.[12] Hier wird der Unterschied zu den Sachverhalten der Sendung nach § 20 UrhG deutlich; für das Senderecht reicht die bloße Empfangbarkeit.[13]

103 Der Urheber hat nach § 15 Abs. 2 UrhG das ausschließliche Recht, sein Werk in unkörperlicher Form öffentlich wiederzugeben. Öffentlich ist die Wiedergabe gemäß § 15 Abs. 3 UrhG dann, wenn sie für eine **Mehrzahl von Personen der Öffentlichkeit** bestimmt ist. Dabei ist grundsätzlich auf alle abzustellen, an die sich die Werkwiedergabe wenden soll. Für die Frage der Öffentlichkeit kommt es also nicht auf eine gemeinsame Anwesenheit der Personen in einem Raum an.[14] Allerdings setzt der Tatbestand der Wiedergabe von Funksendungen und von öffentlicher Zugänglichmachung nach § 22 UrhG voraus, daß das Werk für einen Empfängerkreis wiedergegeben wird, der es an einem Ort gemeinsam wahrnehmen könnte.[15] In diesem Sinne hat auch der BGH festgestellt, daß die öffentliche Wiedergabe einer Funksendung nach § 22 UrhG voraussetzt, daß die Funksendung für eine Mehrzahl von Personen wahrnehmbar ist.[16] Sind die Personen, denen die Funksendung bzw. die öffentliche Zugänglichmachung wiedergegeben werden – wie vom BGH für Patienten im Zweibettzimmer entschieden[17] – allerdings durch persönliche Beziehungen miteinander verbunden, so gilt die Wiedergabe nicht als öffentlich. Diese Sachverhalte werden dann auch nicht vom Wahrnehmungsbereich der GEMA erfaßt.

104 Schließlich sind auch die Sachverhalte, daß eine Funksendung (oder ein durch öffentliche Zugänglichmachung erlangtes Werk) in einen anderen Raum als den ursprünglichen Wiedergabeort über Lautsprecher weiter übertragen wird, von der Rechteübertragung nach § 1 lit. c BerV erfaßt. Betroffen ist in diesen Fällen das Recht nach § 22 Satz 2 UrhG, die Wiedergabe einer Funksendung (oder öffentlichen Zugänglichmachung) auch außerhalb des Raums der Wiedergabe durch Lautsprecher oder ähnliche technische Mittel wahrnehmbar zu machen.

3. Die Ausnahme für die Wahrnehmbarmachung in Theatern

105 Obwohl der Wortlaut des § 1 lit. c BerV keine Beschränkung vorsieht, gehen die Rechte „zur Lautsprecherübertragung" im Bereich der Nutzungen dramatisch-musikalischer Werke nicht vollumfänglich auf die GEMA über. Trotz ihrer Stellung innerhalb der Regelung des § 1 lit. g BerV und damit innerhalb der Regelungen zur Wahrnehmbarmachung von Werkaufnahmen gilt die **Ausnahmeregelung** des **§ 1 lit. g bb) BerV** nach ihrem Sinn und Zweck auch für die Rechteübertragung nach § 1 lit. c BerV. Diese Ausnahmeregelung bestimmt, daß die Sachverhalte der Wahrnehmbar-

12 Schricker-*v. Ungern-Sternberg*, § 22 UrhG Rn. 5.
13 Dreier/Schulze-*Dreier*, § 22 UrhG Rn. 1.
14 BGH, GRUR 1994, 797 – Verteileranlage im Krankenhaus; Schricker-*v. Ungern-Sternberg*, § 15 UrhG Rn. 58 mwN.
15 Vgl. Schricker-*v. Ungern-Sternberg*, § 15 UrhG Rn. 58.
16 BGH, GRUR 1996, 875, 876 – Zweibettzimmer im Krankenhaus.
17 BGH, GRUR 1996, 875, 876 – Zweibettzimmer im Krankenhaus.

machung dramatisch-musikalischer Werke in Theatern iSd § 19 Abs. 3 UrhG nicht in den Wahrnehmungsbereich der GEMA fallen. Demnach handelt es sich also vorrangig um einen Ausnahmefall zu § 19 Abs. 3 UrhG, d.h. für den Fall der Wahrnehmbarmachung von persönlichen Darbietungen (über Lautsprecher). Damit regelt diese Klausel eine Ausnahme zur Rechteübertragung nach § 1 lit. c BerV für die Fälle der Übertragungen von Live-Aufführungen iSd § 19 Abs. 3 UrhG.[18]

In der Praxis sind von der Ausnahme des § 1 lit. g bb) BerV etwa die Fälle der Über- 106
tragungen **bühnenmäßiger Aufführungen dramatisch-musikalischer Werke** ins **Foyer** eines **Theaters** betroffen. Die Lizenzierung solcher Nutzungen bleibt den Bühnenverlagen vorbehalten, die den Theatern diese Rechte nur für den Sachverhalt zuspätkommender Besucher übertragen.[19]

4. Das „Übertragungsrecht" nach § 22 Satz 2 UrhG iVm § 19 Abs. 3 UrhG

Obwohl vom Wortlaut des § 1 lit. c BerV nicht ausdrücklich erwähnt, geht auch das 107
Recht, diese rein akustischen Wiedergaben von Funksendungen durch Lautsprecher oder ähnliche technische Einrichtungen außerhalb des Raums der Wiedergabe öffentlich wahrnehmbar zu machen, im Sinn der § 22 Satz 2 UrhG iVm § 19 Abs. 3 UrhG auf die GEMA über. Auch dies entspricht dem **Zweck des Vertrags iSd § 31 Abs. 5 UrhG**, da eine individuelle Wahrnehmung hier ebensowenig möglich ist wie im Rahmen der zu übertragenden Wiedergabe.

5. Die urheberrechtlichen Schranken als Begrenzung der nach § 1 lit. c BerV übertragenen Rechte

Der Gesetzgeber sieht in den §§ 52, 45, 50, 56 UrhG bestimmte Sachverhalte vor, in 108
denen zugunsten der Allgemeinheit dem Urheber keine ausschließlichen Nutzungsrechte zustehen, die er nach § 1 lit. c BerV auf die GEMA zur Wahrnehmung übertragen könnte. Durch diese **Schrankenbestimmungen** ist der Wahrnehmungsbereich der GEMA bereits durch gesetzliche Regelungen beschränkt.

6. Das Recht der teilweisen Übertragung bzw. Werkwiedergabe

Werknutzungen, die unter § 1 lit. c BerV fallen, führen regelmäßig nicht zu Substanz- 109
änderungen der genutzten Werke. Möglich ist lediglich, daß das Werk gegenüber der Erstnutzung verkürzt wiedergegeben wird. Soweit die GEMA zur Vergabe der Rechte nach § 1 lit. c BerV befugt ist, bezieht sich diese Befugnis – wie bei der Übertragung des Aufführungsrechts – iSd Zweckübertragungsgedankens nach § 31 Abs. 5 UrhG dann auch auf diese verkürzte Wiedergabe. Der kollektiven Wahrnehmung dieser Sachverhalte stehen auch keine persönlichkeitsrechtlichen Belange entgegen.

---

18 Wandtke/Bullinger-*Ehrhardt*, § 19 UrhG Rn. 42; a.A. *Hubmann*, GEMA-Nachrichten 1959, Nr. 43, S. 10, 17.

19 Dreier/Schulze-*Dreier*, § 19 UrhG Rn. 24.

III. Keine Unwirksamkeit der Rechteübertragung nach § 1 lit. c BerV

110 Gegen die Übertragung des Rechts der Lautsprecherwiedergabe auf die GEMA bestehen keine Bedenken. Es handelt sich um ein Zweitverwertungsrecht, das typischerweise kollektiv wahrzunehmen ist.

§ 1 lit. e [Das Recht der „Fernsehwiedergabe"]

§ 1 Der Berechtigte überträgt hiermit der GEMA [...]

e) Die Rechte der Fernseh-Wiedergabe einschließlich der Wiedergabe von dramatisch-musikalischen Werken.

Übersicht Rn.

I. Übersicht und Entstehungsgeschichte

111 § 1 lit. e BerV umfaßt – als Ergänzung zu § 1 lit. c BerV – die Sachverhalte, bei denen **Funksendungen audiovisuell** und nicht rein akustisch **wiedergegeben** werden, d.h. regelmäßig die Fälle der öffentlichen Wiedergaben von Fernsehsendungen. Auch die in der Praxis relativ unbedeutenden Sachverhalte der audiovisuellen öffentlichen Wahrnehmbarmachungen von Musikwerken mittels öffentlicher Zugänglichmachung, d.h. „direkt über das Internet", fallen unter die Rechteübertragung nach § 1 lit. e BerV. Auch dieser Regelung liegt die urheberrechtliche Bestimmung des § 22 UrhG zu Grunde. Dem Vertragszweck entsprechend fällt darüber hinaus – wie bei § 1 lit. c BerV – das Recht der audiovisuellen „Übertragung" von audiovisuell wiedergegebenen Funksendungen außerhalb des Veranstaltungsraums nach § 22 Satz 2 iVm § 19 Abs. 3 UrhG ebenfalls unter die Rechteübertragung nach § 1 lit. e BerV. Audiovisuelle Übertragungen von Live-Aufführungen nach § 19 Abs. 3 UrhG sind dagegen nicht von § 1 lit. e BerV erfaßt. Sie fallen unter das Recht der „Lautsprecherwiedergabe" nach § 1 lit. c BerV.

II. Einzelerläuterungen

1. Das Recht der Wiedergabe von Funksendungen und von öffentlicher Zugänglichmachung gemäß § 22 UrhG

Obwohl die audiovisuelle Wiedergabe von Funksendungen regelmäßig auch über einen „Lautsprecher" erfolgt, enthält der Berechtigungsvertrag mit § 1 lit. e eine eigene Bestimmung für die Übertragung der Wiedergaberechte an Fernseh-Sendungen. Der typische Fall der „Fernseh-Wiedergabe" ist, daß in einer Gaststätte Fernsehsendungen mittels eines Fernsehapparates wiedergegeben werden. Auch die Fälle der direkten Wiedergabe von Web-TV fallen beispielsweise unter die Regelung des § 1 lit. e BerV. **112**

2. Das „Übertragungsrecht" nach § 22 Satz 2 iVm § 19 Abs. 3 UrhG

§ 1 lit. e BerV ist – parallel zur Regelung des § 1 lit. c BerV – dahingehend auszulegen, daß auch das Recht, diese audiovisuellen Wiedergaben von Funksendungen durch Bildschirm oder ähnliche technische Einrichtungen **außerhalb des Raums** der Wiedergabe öffentlich **wahrnehmbar zu machen**, im Sinne des § 22 Satz 2 iVm § 19 Abs. 3 UrhG auf die GEMA übergeht. **113**

3. Die urheberrechtlichen Schranken als Begrenzung der nach § 1 lit. c BerV übertragenen Rechte

Die gesetzlichen **Schrankenregelungen** in den §§ 52, 45, 50, 56 UrhG begrenzen – parallel zur Rechteübertragung nach § 1 lit. c BerV auch die von § 1 lit. e BerV erfaßten Sachverhalte. **114**

III. Keine Unwirksamkeit der Rechteübertragung nach § 1 lit. e BerV

Gegen die Übertragung des Rechts der „Fernseh-Wiedergabe" bestehen keine Bedenken. Auch hierbei handelt sich um ein Zweitverwertungsrecht, das typischerweise kollektiv wahrzunehmen ist. **115**

§ 1 lit. f [Die „Filmvorführungsrechte"]

§ 1 Der Berechtigte überträgt hiermit der GEMA […]

f) Die Filmvorführungsrechte einschließlich der Rechte an dramatisch-musikalischen Werken.

Übersicht Rn.

I. Übersicht und Entstehungsgeschichte

116 Nach § 1 lit. f BerV fallen die Sachverhalte der Musiknutzungen innerhalb von Filmvorführungen in den Wahrnehmungsbereich der GEMA. Entsprechend ihrem Tätigkeitsbereich als musikalische Verwertungsgesellschaft geht es folglich nicht um das Recht, ein Filmwerk vorzuführen, sondern speziell um das **Recht der Wiedergabe der Filmmusik**. Diese Regelung unterscheidet sich somit von der Übertragung des Rechts, ein Musikwerk bei der Herstellung eines Films zu benutzen gemäß § 1 lit. i BerV. Das Recht der Filmvorführung ist hierzu die Nachfolgenutzung, indem die mit Einwilligung des Berechtigten oder der GEMA zur Filmherstellung verwendete Musik mit der Vorführung des Films der Öffentlichkeit wahrnehmbar gemacht wird. In der Praxis geht es insbesondere um die Fälle der Musiknutzungen innerhalb von Kinofilm-Vorführungen. Aber auch andere Sachverhalte der Filmvorführungen, wie etwa in Flugzeugen, fallen unter diese Rechteübertragung. Urheberrechtliche Grundlage für die Nutzung von Filmmusik innerhalb einer Filmvorführung ist das von § 21 UrhG umfaßte Recht der Wiedergabe durch Tonträger. Bei der Herstellung eines Films werden entweder Aufführungen von Musikwerken direkt auf die Tonspur des Films übertragen, oder es werden auf einen Bild- oder Tonträger aufgenommene Musikwerke nachfolgend auf die Tonspur des Films übernommen.[1] Bei der Filmvorführung ist das Mittel der Wiedergabe iSd § 21 UrhG folglich die Tonspur des Films als Tonträger[2] iSd § 16 Abs. 2 UrhG. Entgegen dem Wortlaut des § 1 lit. f BerV greift das Filmvorführungsrecht gemäß § 19 Abs. 4 UrhG hier nicht ein.[3] § 19 Abs. 4 UrhG regelt nur das Vorführungsrecht hinsichtlich des Filmwerks. Musikwerke fallen – auch als Filmmusik – nicht in den Anwendungsbereich dieser Norm.[4] Die Filmmusik wird nach § 89 Abs. 3 UrhG nicht Teil des Filmwerks.[5]

117 Die Bestimmung zur Übertragung des „Filmvorführungsrechts“ war bereits im neuen Berechtigungsvertrag von 1954 enthalten (damals als § 1 lit. g BerV). Ursprünglich waren „Tonfilm“ und „Fernsehfilm“ in Klammern als typische Fälle, in denen das Filmvorführungsrecht auf die GEMA übertragen wurde, genannt. Diese Aufzählung wurde jedoch im Jahr 1976 gestrichen, um Mißverständnisse zu vermeiden; schließlich war das Recht der Fernsehwiedergabe bereits explizit in § 1 lit. e BerV geregelt.

---

1 Fromm/Nordemann-*Nordemann*, § 19 UrhG Rn. 5.
2 Fromm/Nordemann-*Nordemann*, § 19 UrhG Rn. 5.
3 Dreier/Schulze-*Dreier*, § 19 UrhG Rn. 16; Schricker-*v. Ungern-Sternberg*, § 19 UrhG Rn. 37; Wandtke/Bullinger-*Ehrhardt*, § 19 UrhG Rn. 48; Fromm/Nordemann-*Nordemann*, § 19 UrhG Rn. 5; BHGZ 67, 56, 66 – Schmalfilmrechte; a.A. *Rehbinder*, Urheberrecht, Rn. 177, 216; *Ulmer*, Urheber- und Verlagsrecht, S. 250.
4 Loewenheim-*Hoeren*, § 21 Rn. 43; Wandtke/Bullinger-*Ehrhardt*, § 19 UrhG Rn. 48.
5 Schricker-*v. Ungern-Sternberg*, § 19 UrhG Rn. 37.

II. Einzelerläuterungen

1. Das „Filmvorführungsrecht" innerhalb des Veranstaltungsraums

Voraussetzung einer Musiknutzung iSd § 1 lit. f BerV ist der Sachverhalt einer **Filmvorführung**. Nach § 19 Abs. 4 UrhG ist jede Art der öffentlichen Wahrnehmbarmachung eines Filmwerks gemäß § 2 Abs. 1 Ziff. 6 UrhG[6] durch technische Einrichtungen eine Filmvorführung im Sinn dieser Bestimmung. Ein Filmwerk liegt dann vor, wenn eine bewegte Bild- oder Bild-Tonfolge durch Aneinanderreihung von Einzelbildern den Eindruck eines bewegten Bildes entstehen läßt.[7] Unter dem Begriff „Vorführung" versteht man – im Gegensatz zur Aufführung – eine Werkwiedergabe auf der Fläche.[8] Um Filmvorführungen idS handelt es sich damit nicht nur bei Filmvorführungen in Filmtheatern (Kinos), sondern etwa auch bei Videofilmvorführungen in den Gemeinschaftsräumen eines Hotels[9] oder in Flugzeugen. Urheberrechtlich relevant ist die mit der Filmvorführung einhergehende Wiedergabe der Filmmusik nach § 21 UrhG jedoch nur, wenn die Vorführung des Films (und damit auch die Wiedergabe vom Tonträger) iSd § 15 Abs. 3 UrhG öffentlich stattfindet. Dafür ist erforderlich, daß der Empfängerkreis an einem Ort versammelt ist und die Wiedergabe gemeinsam wahrnehmen kann.[10] 118

Da die Einräumung des Rechts der Wiedergabe von Bild- oder Tonträgern gemäß § 21 UrhG bereits in § 1 lit. g BerV geregelt ist, hat § 1 lit. f BerV **keinen eigenen Regelungsinhalt**. Das Recht, die Filmmusik bei einer Filmvorführung wiederzugeben, wird bereits nach § 1 lit. g BerV auf die GEMA übertragen. Ein Kinoveranstalter muß vom Filmmusikurheber nicht das Recht zur Nutzung des Films einholen; die Musik ist nicht Teil des Films nach § 89 Abs. 3 UrhG. Für die Wiedergabe der Filmmusik im Rahmen der Filmvorführung genügt es, das Recht, ein Musikwerk mittels Tonträger öffentlich wahrnehmbar zu machen, vom Rechteinhaber einzuholen. § 1 lit. f BerV erfaßt lediglich Sonderfälle der Wiedergaben von Musikstücken durch Tonträger nach § 21 UrhG. Das Filmvorführungsrecht gemäß § 1 lit. f BerV ist damit in den Fällen betroffen, in denen die Wiedergabe der Filmmusik im Rahmen derselben Nutzungshandlung wie die Filmvorführung gemäß § 19 Abs. 4 UrhG erfolgt.[11] 119

Ob die Musik im Rahmen der Filmvorführung von der Tonspur des Films abgespielt wird oder aber, wie z.B. zur Begleitung eines Stummfilms, von einem gesonderten Tonband, ist nicht erheblich. Die Qualität der Werknutzung ist identisch. Eine abweichende Interessenlage der Betroffenen ist ausgeschlossen. Somit besteht kein Zweifel daran, daß auch diese Sachverhalte unter die Wahrnehmungsbefugnis der GEMA 120

---

6 Filmwerke sind Werke eigener Art, bei denen die benutzten Werke (z.B. Sprachwerke oder Musikwerke) zu einer Einheit verschmolzen und ins Bildliche umgewandelt werden, RegE UrhG, Zweiter Abschnitt zu § 2, BT-Drs. IV/270, S. 38.

7 Schricker-*Loewenheim*, § 2, UrhG Rn. 181.

8 *Hubmann*, GEMA-Nachrichten 1959, Nr. 43, S. 10, 14; Schulze, RGZ 8, 18 f.

9 Schricker-*v. Ungern-Sternberg*, § 19 UrhG Rn. 41.

10 Schricker-*v. Ungern-Sternberg*, § 21 UrhG Rn. 9; BGH, GRUR 1994, 45 – Verteileranlagen.

11 Fromm/Nordemann-*Nordemann*, § 19 UrhG Rn. 5.

nach § 1 lit. f bzw. g BerV fallen. Soweit die Filmbegleitmusik nicht vom Tonband abgespielt, sondern persönlich („live") dargeboten wird, fallen diese Nutzungssachverhalte nach § 1 lit. a BerV in den Wahrnehmungsbereich der GEMA.[12]

121 Die Rechteübertragung gemäß § 1 lit. f BerV erfolgt **einschließlich der dramatisch-musikalischen Werke,**[13] gleich ob es sich um vollständige oder nur teilweise Wiedergaben handelt. Dies bedeutet, daß etwa die Rechte an der Kinovorführung eines Opernfilms, bei dem die Opernmusik szenisch dargestellt wird, kollektiv von der GEMA und nicht von den Berechtigten selbst wahrgenommen werden. Hintergrund dieser unbeschränkten Rechteübertragung ist, daß die Berechtigten bereits im Rahmen der Filmherstellung die Gelegenheit haben, ihre wirtschaftlichen und persönlichkeitsrechtlichen Interessen zu verfolgen (vgl. § 1 lit. i Ziff. 4 BerV).

122 Im Ergebnis müssen damit die Filmtheater und sonstige Filmvorführer hinsichtlich der Filmmusik bei der GEMA die Filmvorführungsrechte einholen. Der Filmhersteller wird nicht Inhaber der Musikrechte und kann sie daher auch nicht den „Filmvorführern" einräumen.[14]

2. Das „Filmvorführungsrecht" außerhalb des Veranstaltungsraums

123 Auch das Recht, die Filmmusik gleichzeitig mit der Vorführung eines Films **außerhalb** des **Vorführungsraums öffentlich wahrnehmbar zu machen**, wird nach § 21 Satz 2 iVm § 19 Abs. 3 UrhG vom Recht der Wiedergabe mittels Tonträger umfaßt. Es geht ebenfalls nach § 1 lit. f bzw. lit. g BerV auf die GEMA über. Es ist kein Grund ersichtlich, weshalb diese Sachverhalte aus dem Wahrnehmungsbereich der GEMA ausgenommen sein sollten. Wie auch schon in den anderen Fällen der Übertragungen außerhalb des Veranstaltungsorts, entspricht es dem Interesse aller Betroffenen, diese Übertragung außerhalb des Vorführungsraums wie die Vorführung selbst „aus einer Hand" zu lizenzieren.

3. Die Schranke nach § 52 UrhG für das Recht der öffentlichen Wiedergabe

124 Obwohl nach dem Wortlaut des § 52 Abs. 3 UrhG nur die Vorführung eines Filmwerks aus den Privilegierungen des § 52 Abs. 1 und 2 UrhG ausgenommen ist, fällt auch die Wiedergabe der Filmmusik im Rahmen der Filmvorführung nach § 21 UrhG unter diese Ausnahme. Schließlich handelt es sich bei der Vorführung der Musik und des Films um einen **einheitlichen Sachverhalt**. Es ist nicht möglich, den Sachverhalt der Filmvorführung von dem der Wiedergabe der Filmmusik zu trennen; da die Filmvorführung nicht privilegiert ist, gilt das auch nicht für die gleichzeitige Filmmusikwiedergabe.

---

12 Dazu oben Rn. 66.

13 Zum Begriff des dramatisch-musikalischen Werks siehe bereits oben unter Rn. 58.

14 *Rehbinder*, Urheberrecht, Rn. 181 a.E.

4. Nutzung des Werks in veränderter Form

Durch die Vorführung des Films erfolgt regelmäßig keine relevante Veränderung des Werks mehr. Eingriffe in die Substanz der Musikwerke finden bereits bei der Herstellung des Filmwerks statt,[15] bei der gegebenenfalls Werke bearbeitet werden, um sie dem Film anzupassen. Der Filmproduzent mußte bereits bei der Herstellung die Rechte der berechtigten Urheber berücksichtigen. Eine Werkänderung im Rahmen der Filmvorführung als Anschlußnutzung ist höchstens denkbar, wenn ein Film und damit möglicherweise auch die darin enthaltene Musik nicht in der vorgesehenen Länge wiedergegeben werden. Auch dieses Recht der Teilnutzung eines Musikstücks geht entsprechend dem Zweckübertragungsgedanken nach § 31 Abs. 5 UrhG auf die GEMA zur kollektiven Wahrnehmung über. **125**

§ 1 lit. g [Das Recht der „Aufführung und Wahrnehmbarmachung“ mittels Speichermedien]

§ 1 Der Berechtigte überträgt hiermit der GEMA [...]

e) Die Rechte der Aufführung und Wahrnehmbarmachung mittels der gemäß Abs. h) hergestellten Vorrichtungen, mit Ausnahme

aa) der bühnenmäßigen Aufführung dramatisch-musikalischer Werke, sei es vollständig, als Querschnitt oder in größeren Teilen,

bb) der Wahrnehmbarmachung dramatisch-musikalischer Werke in Theatern im Sinne von § 19 Abs. 3 UrhG.

Übersicht Rn.

15 Dazu unten Rn. 250 ff.

I. Übersicht und Entstehungsgeschichte

126 Nach der Regelung des § 1 lit. g BerV werden die Rechte zur Wiedergabe zuvor auf Bild- oder Tonträger iSd § 1 lit. h Abs. 1 BerV[1] aufgenommener musikalischer Werke auf die GEMA übertragen. Erfaßt sind damit beispielsweise die Fälle, in denen Musik in Gaststätten und Diskotheken von Ton- oder Bildtonträgern abgespielt wird. Bei dieser Nutzung handelt es sich um einen klassischen Fall der massenweisen Musiknutzung. Überall wird der Öffentlichkeit Musik **„vom Band"** vorgespielt. Eine individuelle Wahrnehmung scheidet grundsätzlich aus; der einzelne kann unmöglich diese unzähligen Nutzungen seiner Werke kontrollieren. Gegenstand der Rechteübertragung sind auch hier Werke der Tonkunst mit oder ohne Text entsprechend der Regelung in § 1 lit. a BerV.

127 Nach dem Berechtigungsvertrag von 1954 übertrugen die Berechtigten unbeschränkt die Rechte für „Aufführungen mittels der in § 1 Abs. h BerV bestimmten Vorrichtungen". Die speziellen Ausnahmeregelungen des § 1 lit. g aa) und bb) hinsichtlich der bühnenmäßigen Aufführung dramatisch-musikalischer Werke und der Wahrnehmbarmachung dramatisch-musikalischer Werke in Theatern im Sinne von § 19 Abs. 3 UrhG wurden von der Mitgliederversammlung 1973 ergänzt.

128 Urheberrechtliche Grundlage des „Rechts der Aufführung und Wahrnehmbarmachung" mittels körperlicher Trägermedien nach § 1 lit. g BerV ist das **Recht der Wiedergabe durch Bild- oder Tonträger gemäß § 21 UrhG**. Entgegen dem Wortlaut wird durch diese Wiedergaben nicht das Aufführungsrecht nach § 19 Abs. 2 UrhG berührt; es fehlt an der persönlichen Darbietung. Die Formulierung ist darauf zurückzuführen, daß § 1 lit. g BerV noch unter Geltung des LUG verfaßt wurde. Damals wurde die Wiedergabe durch Bild- oder Tonträger noch als „Aufführung" bezeichnet.[2] Diese Regelung umfaßt ebenfalls das Recht der „Übertragung" der Wiedergabe außerhalb des Veranstaltungsraums nach § 21 Satz 2 iVm § 19 Abs. 3 UrhG.

II. Einzelerläuterungen

1. Das Recht der Wiedergabe durch Bild- oder Tonträger

129 Von der Rechteübertragung erfaßt sind nur Sachverhalte, bei denen die musikalischen Werke mittels Bild- oder Tonträger **öffentlich** wahrnehmbar gemacht werden iSd § 21 iVm § 15 Abs. 3 UrhG. Der Empfängerkreis muß dabei an einem Ort versammelt sein und die Wiedergabe gemeinsam wahrnehmen können.[3]

130 Nach dem Wortlaut des § 1 lit. g BerV gehen die Rechte zur öffentlichen Wiedergabe von Musikwerken mittels der gemäß § 1 lit. h BerV hergestellten **Trägermedien** auf

1 Nachfolgend Rn. 138 ff.
2 *Staats*, Aufführungsrecht und kollektive Wahrnehmung bei Werken der Musik, S. 123; Schricker-*v. Ungern-Sternberg*, § 21 UrhG Rn. 3.
3 BGH, GRUR 1994, 45 – Verteileranlagen.

die GEMA über. § 1 lit. h Abs. 1 BerV nennt „Ton-, Bildton-, Multimedia- und andere Datenträger einschließlich z.B. Speichercard, DATAPlay Disc, DVD, Twin Disc, Ton- und Bildtonträger mit ROM-part und entsprechende Träger mit Datenlink“.[4] Da unter den gesetzlichen Begriff der Bild- und Tonträger nach § 16 Abs. 2 UrhG sämtliche Vorrichtungen zur wiederholbaren Wiedergabe von Bild- und Tonfolgen fallen,[5] ist die Rechteübertragung nach § 1 lit. g BerV ebenso wenig wie der Begriff der Bild- und Tonträger nach § 16 Abs. 2 UrhG auf bestimmte Trägermedien beschränkt.

Auch der Sachverhalt der **Wiedergabe von Filmmusik** im Rahmen einer Filmvor- **131**
führung fällt unter das Recht der Wiedergabe durch Bild- oder Tonträger nach § 1 lit. g BerV. § 1 lit. f BerV hat insofern keinen eigenen Regelungsgehalt.[6] Soweit die Musikwiedergabe innerhalb der Vorführung von bewegten Bildern stattfindet, die keine Filmwerke nach § 2 Abs. 1 Ziff. 6 UrhG[7] darstellen, fallen diese Nutzungen nicht unter § 1 lit. f BerV, sondern unter § 1 lit. g BerV.

2. Die Ausnahme für die „bühnenmäßige Wiedergabe“ eines dramatisch-musikalischen Werks gemäß § 1 lit. g aa) BerV

Die Regelung des § 1 lit. g aa) BerV sieht eine Ausnahme zur Rechteübertragung vor. **132**
Demnach sind bühnenmäßige Aufführungen dramatisch-musikalischer Werke, sei es vollständig, als Querschnitt oder in größeren Teilen, von der Übertragung des Rechts der Aufführung und Wahrnehmbarmachung mittels Ton- oder Bildtonträger ausgenommen. Diese Formulierung ist verwirrend, da nicht ersichtlich ist, inwiefern der Sachverhalt der bühnenmäßigen „Aufführung“ eines dramatisch-musikalischen Werks von der Übertragung des Rechts der „Wiedergabe durch Bild- oder Tonträger“ ausgenommen werden sollte. Der Sinn erschließt sich jedoch durch den gewöhnlichen Sprachgebrauch des Begriffs der „Aufführung“, da etwa auch die Darbietung eines Ballettstücks, bei dem die Musik „vom Band“ gespielt wird, als „Ballettaufführung“ bezeichnet wird. So erklärt sich die Ausnahmeregelung: Sobald die Wiedergabe eines dramatisch-musikalischen Werks[8] mittels Ton- oder Bildtonträger „bühnenmäßig“ erfolgt, ist sie vom Wahrnehmungsbereich der GEMA ausgenommen.[9] Davon kann – in Anlehnung an das bühnenmäßige Aufführungsrecht nach § 19 Abs. 2 UrhG – dann ausgegangen werden, wenn das **vom Band wiedergegebene dramatisch-musikalische Werk „bühnenmäßig dargestellt“** wird, es also integrierender Bestandteil des Spielgeschehens wird. So verhält es sich im Beispielsfall, daß die Musik zu einem Handlungsballett vom Tonband wiedergegeben wird. Im Ergebnis spielt es somit keine

4 Zu den einzelnen Trägermedien nachfolgend Rn. 148–152.

5 Wandtke/Bullinger-*Ehrhardt*, § 21 UrhG Rn. 3.

6 Dazu oben Rn. 119.

7 Dabei handelt es sich um so genannte Laufbilder (§ 95 UrhG), wie etwa Nachrichten oder Fernseh-Live-Übertragungen von Konzerten.

8 Zum Begriff des dramatisch-musikalischen Werks siehe oben Rn. 58.

9 Ähnlich *Staats*, Aufführungsrecht und kollektive Wahrnehmung bei Werken der Musik, S. 124.

Rolle, ob das Musikwerk „Der Nußknacker" von Tschaikowsky zur Aufführung des Handlungsballetts „vom Band" oder „live" aufgeführt wird. In beiden Fällen ist die GEMA nicht zur Rechtewahrnehmung befugt. Auch hier werden traditionell die Bühnenverleger tätig.

133 Nach dem Wortlaut der Bestimmung könnte auch die **öffentliche Wahrnehmbarmachung von Aufnahmen bühnenmäßiger Aufführungen dramatisch-musikalischer Werke** – sei es vollständig, als Querschnitt oder in größeren Teilen – auf Ton- oder Bildtonträger aus dem Wahrnehmungsbereich der GEMA ausgenommen sein.[10] Dagegen spricht jedoch, daß es bei einer Wiedergabe vom Tonträger unerheblich ist, ob das aufgenommene Werk bühnenmäßig oder konzertant aufgeführt wurde.[11] Die „Bühnenmäßigkeit" der Aufführung ist bei der Wiedergabe nicht erkennbar.

3. Die ergänzende Ausnahmeregelung des § 1 lit. g bb) BerV

134 Bei der Regelung in § 1 lit. g bb) BerV handelt es sich – wegen der Bezugnahme auf § 19 Abs. 3 UrhG – vorrangig um eine Ausnahme zur Rechteübertragung nach § 1 lit. c BerV.[12] Allerdings enthält diese Bestimmung auch eine Ergänzung zur Ausnahme nach § 1 lit. g aa) BerV für den Fall, daß die „bühnenmäßige Wiedergabe" eines dramatisch-musikalischen Werks in einen **anderen Raum übertragen** wird. Das Recht der Übertragung der Wiedergabe von Ton- und Bildtonträger außerhalb des Veranstaltungsraums regelt § 21 Abs. 2 iVm § 19 Abs. 3 UrhG. Nach § 1 lit. g bb) BerV fällt somit z.B. der Sachverhalt, daß eine Ballettaufführung, bei der Musik vom Tonband abgespielt wird, über Bildschirm ins Foyer eines Theaters übertragen wird, ebenfalls nicht in den Wahrnehmungsbereich der GEMA. Dabei erstreckt sich auch hier die Ausnahme nicht nur auf entsprechende Wahrnehmbarmachungen in Theatern, sondern auf sämtliche Übertragungen derartiger Aufführungen außerhalb des Veranstaltungsorts.

4. Das Recht der „Übertragung" der Wiedergabe mittels Bild- oder Tonträger außerhalb des Veranstaltungsraums nach § 21 Satz 2 UrhG iVm § 19 Abs. 3 UrhG

135 Wie aus dem Umkehrschluß zu § 1 lit. g bb) BerV hervorgeht, räumt der Berechtigte nach § 1 lit. g BerV grundsätzlich auch das Recht der **Übertragung der Wiedergabe mittels Bild- oder Tonträger außerhalb des Veranstaltungsraums** nach § 21 S. 2 UrhG iVm § 19 Abs. 3 UrhG an die GEMA ein. Ausgenommen sind die soeben dargestellten Fälle der Übertragungen von „bühnenmäßigen Wiedergaben" dramatisch-musikalischer Werke. Dieses Auslegungsergebnis entspricht dem Vertragszweck; bis auf die Ausnahmefälle der § 1 lit. g aa) und bb) BerV ist eine individuelle Wahrnehmung der massenweisen Nutzungen ausgeschlossen.

---

10 So *Staats*, Aufführungsrecht und kollektive Wahrnehmung bei Werken der Musik, S. 124.

11 Zur Abgrenzung der bühnenmäßigen von der konzertanten Aufführung nach § 19 Abs. 2 UrhG s. oben Rn. 52.

12 Siehe oben Rn. 105.

5. Das Recht der teilweisen Werkwiedergabe mittels Bild- oder Tonträger

Als typischer Fall der Zweitverwertung kommt auch bei der Wiedergabe von Aufnahmen eines Musikwerks mit Ausnahme der Werkkürzung grundsätzlich keine Werkveränderung in Betracht. Auch das Recht an diesen gekürzten Werkwiedergaben fällt nach dem Zweckübertragungsgedanken nach § 31 Abs. 5 UrhG unter die massenweisen Werknutzungen, die ein einzelner unmöglich kontrollieren kann. **136**

6. Schranken

Die nach § 1 lit. g BerV übertragenen Rechte der Aufführung und Wahrnehmbarmachung mittels Ton- oder Bildtonträger sind ebenfalls durch das Gesetz beschränkt und können daher nur in diesem beschränkten Umfang auf die GEMA übertragen werden. Einschlägig sind auch hier die Schrankenregelungen nach den **§§ 45, 50, 52, 56 UrhG**. **137**

§ 1 lit. h Abs. 1 [Das Recht der Aufnahme sowie Vervielfältigungs- und Verbreitungsrechte]

§ 1 Der Berechtigte überträgt hiermit der GEMA […]

h) Die Rechte der Aufnahme auf Ton-, Bildton-, Multimedia- und andere Datenträger einschließlich z.B. Speichercard, DataPlay Disc, DVD (Digital Versatile Disc), Twin Disc, Ton- und Bildtonträger mit ROM-part und entsprechende Träger mit Datenlink, sowie die Vervielfältigungs- und Verbreitungsrechte an diesen Trägern.

Übersicht Rn.

I. Übersicht und Entstehungsgeschichte

1. Übersicht

138 Nach § 1 lit. h Abs. 1 BerV räumen die Berechtigten der GEMA die ausschließlichen Nutzungsrechte an ihren Vervielfältigungs- und Verbreitungsrechten, dem sogenannten **„mechanischen Recht“**, ein. Urheberrechtliche Grundlage dieser Rechteübertragung sind die gesetzlichen Verwertungsrechte des Vervielfältigungs- und Verbreitungsrechts nach den §§ 16, 17 UrhG. Für die im Rahmen der Rechteübertragung im Berechtigungsvertrag relevanten Fälle der Vervielfältigung von Bild- und Tonfolgen regelt § 16 Abs. 2 UrhG ein besonderes Vervielfältigungsrecht. Gegenstand der Rechteeinräumung sind auch hier Werke der Tonkunst mit oder ohne Text.

139 Begrenzt ist die Übertragung des **Vervielfältigungsrechts** zunächst durch die gesetzlichen Schranken der §§ 44a UrhG (vorübergehende Vervielfältigungen) und 53 UrhG (Vervielfältigung zum privaten und sonstigen eigenen Gebrauch). Eine dingliche Beschränkung der Übertragung des Vervielfältigungsrechts nach § 1 lit. h Abs. 1 BerV enthält der „Vorbehalt“ des § 1 lit. k BerV. Demnach fallen die Sachverhalte, in denen ein Musikwerk zur Herstellung eines Werbespots verwendet wird, nicht unter die Wahrnehmungsbefugnis der GEMA.[1] Für die Herstellung von audiovisuellen Produktionen, d.h. von „Filmen“ im weitesten Sinn, sieht der Berechtigungsvertrag spezielle Regelungen vor. Die Rechteübertragung nach § 1 lit. h Abs. 1 BerV steht hier – wie § 1 lit. h Abs. 5 BerV regelt – unter dem Vorbehalt der Bestimmungen in § 1 lit. i BerV.[2] Diese greifen für die Sachverhalte der audiovisuellen Erstfixierung von Musikstücken. Die wiederholte Vervielfältigung von Bildtonträgern fällt dagegen unter die Rechteübertragung nach § 1 lit. h Abs. 1 BerV, da hier der „Film“ bereits hergestellt ist. § 1 lit. h Abs. 6 BerV nimmt ausdrücklich die graphischen Rechte von der Rechteübertragung nach § 1 lit. h Abs. 1 BerV aus. Die graphischen Rechte werden traditionell von den Verlegern wahrgenommen.[3] Eine weitere Ausnahme von der Rechteübertragung nach § 1 lit. h Abs. 1 BerV regelt § 1 lit. h Abs. 8 BerV für die Vervielfältigungen dramatisch-musikalischer Werke durch Theater zum eigenen Gebrauch. Auch diese Rechte werden traditionell von Musik- bzw. Bühnenverlegern vertreten.[4]

1 S. hierzu Rn. 281 ff.
2 Nachfolgend Rn. 250 ff.
3 Nachfolgend Rn. 215 ff.
4 Nachfolgend Rn. 248 ff.

§ 1 lit. h Abs. 1 [Das Recht der Aufnahme sowie Vervielfältigungs- und Verbreitungsrechte]

Neben dem Vervielfältigungsrecht räumt der Berechtigte der GEMA nach § 1 lit. h Abs. 1 BerV auch das **Verbreitungsrecht** ein.[5] Damit fallen auch die Sachverhalte, daß Vervielfältigungsstücke der Öffentlichkeit zugänglich gemacht werden, in den Wahrnehmungsbereich der GEMA. Von Bedeutung ist dabei, daß sich dieses Recht gemäß § 17 Abs. 2 UrhG erschöpft. Bei den Sachverhalten der Vermietung und des Verleihs von Vervielfältigungsstücken gelten zudem urheberrechtliche Sonderbestimmungen, die sich auch auf die Rechteübertragung auf die GEMA auswirken. **140**

2. Entstehungsgeschichte

§ 2 der STAGMA-Satzung[6] enthielt bereits die Ermächtigung, die Rechte betreffend die „Übertragung auf Schallvorrichtungen" treuhänderisch zu verwalten. Obwohl in den Vorberatungen zum „neuen Berechtigungsvertrag" von 1954 noch erörtert wurde, die Übertragung der mechanischen Vervielfältigungsrechte nicht gemeinsam mit der Übertragung der Aufführungs- und Senderechte, sondern in einem gesonderten Vertrag zu regeln, wurde schließlich doch ein einheitlicher Berechtigungsvertrag beschlossen. Daß neben den mechanischen Vervielfältigungs- und Herstellungsrechten auch die Verbreitungsrechte auf die GEMA übergehen, ist seit 1962 geregelt. Unter Bezugnahme auf die Weiterentwicklung der Musiknutzungen im Multimediazeitalter wurde der Wortlaut des § 1 lit. h Abs. 1 BerV im Jahr 1996 dahingehend erweitert, daß nicht nur das Recht der Aufnahme auf Ton- und Bildtonträger, sondern auch auf Multimedia- und andere Datenträger (sowie die Vervielfältigungs- und Verbreitungsrechte an diesen Trägern) auf die GEMA übergeht. Schließlich ergänzte die Mitgliederversammlung 2002 diese Bestimmung dahingehend, daß unter die genannten Datenträger beispielsweise Speichercard, DataPlay Disc, DVD (Digital Versatile Disc), Twin Disc, Ton- und Bildtonträger mit ROM-Part und entsprechende Träger mit Datenlink fallen. Begründet wurde dieser Änderungsantrag damit, daß es sich bei solchen Datenträgern um noch nicht bekannte Nutzungen von Musikwerken handle, die vom seinerzeit gültigen Berechtigungsvertrag noch nicht erfaßt waren. Hintergrund war eine Entscheidung des LG München, in der die Auswertung durch DVDs als eine gegenüber der herkömmlichen Auswertung über Videokassetten eigenständige Nutzungsart qualifiziert wurde.[7] **141**

---

5 Nachfolgend Rn. 160 ff.

6 *E. Schulze*, Geschätzte und geschützte Noten, S. 305.

7 Diese Entscheidung des LG München, ZUM 2002, 71 ff. – DVD, ist inzwischen überholt durch das Berufungsurteil des OLG München, GRUR 2003, 50, 52 ff. – Der Zauberberg. Das Berufungsurteil bestätigt der BGH in seiner Entscheidung vom 19. 05. 2005, Pressemitteilung des BGH v. 20. 05. 2005, abrufbar unter www.bundesgerichtshof.de.

II. Einzelerläuterungen

1. Das Vervielfältigungsrecht – § 16 UrhG

a) Das gesetzliche Vervielfältigungsrecht gemäß § 16 UrhG als Grundlage für die von § 1 lit. h Abs. 1 BerV umfaßten Sachverhalte

142 Nach § 1 lit. h Abs. 1 BerV werden die Rechte der Aufnahme auf bestimmte Ton- und Bildtonträger sowie entsprechende Vervielfältigungsrechte (und Verbreitungsrechte) auf die GEMA übertragen. Diese Bestimmung unterteilt damit gleichermaßen wie § 16 Abs. 2 UrhG das Vervielfältigungsrecht in den Sachverhalt der **Aufnahme** und den der **Vervielfältigung im engeren Sinne**. Letzterer wird in § 16 Abs. 2 UrhG als „Übertragung des Werks von einem Bild- oder Tonträger auf den anderen" bezeichnet. Erfaßt ist damit nicht nur die wiederholte Festlegung eines bereits körperlich festgelegten Werks, sondern auch dessen erstmalige Festlegung (Erstfixierung),[8] wie die Aufnahme von Live-Musikaufführungen auf Tonträger.[9]

143 Der **Begriff der Vervielfältigung** iSd § 16 UrhG und damit auch des § 1 lit. h Abs. 1 BerV umfaßt jede körperliche Festlegung eines Werks, die geeignet ist, das Werk den menschlichen Sinnen unmittelbar oder mittelbar wahrnehmbar zu machen.[10]

144 Unerheblich sind einerseits Art und Weise der Festlegung des Musikwerks und andererseits das dabei angewendete Verfahren.[11] Erforderlich ist aber, daß die Vervielfältigung körperlich erfolgt. Auch neue Arten der Vervielfältigung wie das Abspeichern eines Werks auf Arbeitsspeicher oder Festplatte eines Computers fallen unter den weitzufassenden Vervielfältigungsbegriff.[12] Ob die – erstmalige[13] oder wiederholte – Fixierung des Musikwerks mittels digitaler oder analoger Technik erfolgt, spielt keine Rolle.[14] Gleichermaßen ist es unerheblich, auf welchen körperlichen Trägermedien das Musikwerk fixiert wird; Vervielfältigungen können auf analogen Trägermedien wie Videobändern oder auf digitalen Speichern wie CDs oder DVDs erfolgen.[15]

145 Schon die **Vorstufen zur Herstellung** eines Vervielfältigungsstücks berühren das Recht zur Vervielfältigung, soweit das Werk bereits verkörpert ist, wie etwa bei der Herstellung eines Masterbands; der Gebrauchszweck der Vervielfältigungsstücke ist ebenso

---

8 BGH, GRUR 1982, 102, 103 – Masterbänder.

9 BGHZ 17, 266, 269 f. – Grundig-Reporter.

10 RegE UrhG, Vierter Abschnitt 3. zu § 16, BT-Drs. IV/270, S. 47.

11 Loewenheim-*Loewenheim*, § 20 Rn. 5.

12 Dreier/Schulze-*Schulze*, § 16 UrhG Rn. 7.

13 Zur erstmaligen audiovisuellen Fixierung auf einem Bildtonträger ist allerdings der Vorbehalt des § 1 lit. h Abs. 5 BerV, der auf die Spezialbestimmungen in § 1 lit. i BerV verweist, zu beachten.

14 Dreier/Schulze-*Schulze*, § 16 UrhG Rn. 7; BGH, GRUR 1999, 325, 327 – Elektronische Pressearchive.

15 IdS wird die Ergänzung der Multimedia- und anderer Datenträger durch die Mitgliederversammlung 1996 auch lediglich als „Klarstellung aus Gründen der Rechtssicherheit" bezeichnet.

wie deren Anzahl unerheblich.[15a] Insbesondere kommt es nicht darauf an, daß das Vervielfältigungsstück für den Endverbraucher bestimmt ist.[16] Auch diesbezüglich gehen die Nutzungsrechte gemäß § 1 lit. h Abs. 1 BerV auf die GEMA über.

Wie aus dem Wortlaut des § 16 Abs. 1 UrhG („... vorübergehend oder dauerhaft ...") ersichtlich, spielt auch grundsätzlich die Dauer der Festlegung keine Rolle. Damit gilt jede – **auch flüchtige** – körperliche Niederlegung eines Werks, wie etwa beim „Browsen"[17] oder „Cachen"[18], als Vervielfältigungshandlung.[19] Zu beachten ist allerdings die Schranke des § 44a UrhG.[20] **146**

Das Vervielfältigungsrecht gemäß § 16 UrhG erstreckt sich auf Vervielfältigungen jeglicher Art. Es ist unerheblich, ob sie öffentlich oder privat angefertigt werden. § 16 UrhG regelt **keine Beschränkung** auf **Vorgänge in der Öffentlichkeit**.[21] Damit fallen grundsätzlich alle Sachverhalte der Vervielfältigungen nach § 1 lit. h Abs. 1 BerV in den Wahrnehmungsbereich der GEMA. Auch hier sind die Befugnisse des Urhebers und damit der Wahrnehmungsbereich der GEMA durch gesetzliche Schranken begrenzt.[22] **147**

b) Die in § 1 lit. h Abs. 1 BerV aufgeführten Trägermedien

§ 1 lit. h Abs. 1 BerV zählt Vorrichtungen auf, die zur wiederholbaren Wiedergabe von Bild- oder Tonfolgen geeignet sind: Ton-, Bildton-, Multimedia- und andere Datenträger einschließlich z.B. Speichercard, DataPlayDisc, DVD (Digital Versatile Disc), Twin Disc, Ton- und Bildtonträger mit ROM-part und entsprechende Träger mit Datenlink. **148**

Dem Begriff des **Tonträgers** unterfällt nach § 16 Abs. 2 UrhG eine Vorrichtung zur wiederholbaren Wiedergabe von Tonfolgen. Nach § 1 lit. h Abs. 1 BerV gehen somit einerseits die Rechte hinsichtlich der traditionellen Tonträger wie Schallplatten oder Tonbänder, andererseits aber auch die hinsichtlich digitaler Tonträger, wie Compact Disc Digital Audio (CD) oder Mini Disc, auf die GEMA über. Nach der Terminologie des Berechtigungsvertrags werden auf Tonträgern ausschließlich Musikwerke gespeichert, ohne daß die Vervielfältigung, wie bei den Bildton- oder Multimediaträ- **149**

15a Dreier/Schulze-*Schulze*, § 16 UrhG Rn. 8.

16 BGH, GRUR 1982, 102, 103 – Masterbänder; BGH, GRUR 1963, 441, 443 – Mit dir allein.

17 Als „Browsing" bezeichnet man das schlichte Blättern im Internet; Wandtke/Bullinger-*Heerma*, § 16 UrhG Rn. 15.

18 Beim „Caching" werden Websites, die von einem Browser angefordert werden, nicht direkt vom ursprünglichen Server geholt, sondern von einem, der in der Nähe des Browsers installiert ist (Proxy Server); Wandtke/Bullinger-*Heerma*, § 16 UrhG Rn. 15.

19 Dreyer/Kotthoff/Meckel-*Dreyer*, § 16 UrhG Rn. 30 mwN.

20 Nachfolgend Rn. 154.

21 Eine Ausnahme gilt nur für Bearbeitungen. Im Bereich der Bearbeitungen ist nach § 23 UrhG erst die Veröffentlichung urheberrechtlich relevant; Dreier/Schulze-*Schulze*, § 16 UrhG Rn. 4.

22 Nachfolgend Rn. 153 ff.

gern, zusätzliche Komponenten aufweisen würde.[23] In diesem Sinne fallen Tonträger mit ROM-Part unter die in § 1 lit. h Abs. 1 BerV ebenfalls geregelten Fälle der Multimedia-Produkte.[24]

150 § 1 lit. h Abs. 1 BerV nennt als weiteres Trägermedium den Begriff des **Bildtonträgers.** Nach § 16 Abs. 2 UrhG handelt es sich dabei um Vorrichtungen zur wiederholbaren Wiedergabe von Bild- und Tonfolgen. Außerhalb des digitalen Bereichs sind dies z.B. Filmstreifen oder Videobänder. Soweit die Vervielfältigung mittels digitaler Bildtonträger erfolgt, lassen sich solche Träger in die Gruppe der ebenfalls aufgezählten Multimedia-Datenträger einordnen.

151 **Multimedia-Datenträger** sind audiovisuelle Speichermedien, die über spezielle Abspielgeräte wiedergegeben werden und auf denen Musikwerke mit anderen Werkgattungen in digitalisierter Form verbunden sind.[25] Inhalt solcher Multimedia-Datenträger, etwa als Multimedia-CD-ROM, sind beispielsweise Computerspiele oder Firmenpräsentationen.[26] Im Gegensatz zur reinen Audio-CD weisen Multimedia-Datenträger ein anderes Speicherformat und eine erhöhte Speicherkapazität[27] sowie gegebenenfalls die Möglichkeit der interaktiven Nutzung auf.[28]

152 Bei einer **DVD (Digital Versatile Disc)** handelt es sich um einen Multimedia-Datenträger, der insbesondere der Wiedergabe von Filmwerken dient. Von den herkömmlichen Videokassetten unterscheiden sich DVDs vor allem durch eine verbesserte Bildqualität, verschiedene Sprachfassungen, zusätzliche Informationen zum Film sowie etwa durch die Möglichkeit, einzelne Passagen erneut abzurufen oder zwischen verschiedenen Bildeinstellungen zu wechseln.[29] **Ton- und Bildtonträger mit ROM-Parts** weisen die Besonderheit auf, daß über den ROM-Part der Zugang zu weiteren Informationen zum Film etc. – etwa auch aus dem Internet – möglich ist.[30] Beispielweise kann auf einer DVD mit CD-ROM-Part ein zum Film passendes Computerspiel abgespeichert sein; zur Nutzung des Computerspiels legt der Endverbraucher

---

23 *Siebert*, Die Auslegung der Wahrnehmungsverträge unter Berücksichtigung der digitalen Technik, S. 39.

24 Dazu unten Rn. 151.

25 *Siebert*, Die Auslegung der Wahrnehmungsverträge unter Berücksichtigung der digitalen Technik, S. 17, 33; *Müller*, in: Handbuch Multimedia-Recht, 7.12. Rn. 36; idS bezeichnet auch die Europäische Kommission in ihrem Grünbuch aus dem Jahr 1995 Multimedia-Erzeugnisse als Kombinationen von Daten und Werken unterschiedlicher Natur wie Bild, Text, Musik, Software (KOM(95) 382 endg., 1. Kapitel, II.); *Kreile/Becker*, GRUR Int. 1996, 677, 689 gehen nur dann vom Vorliegen eines Multimedia-Werks aus, wenn der Nutzer „interaktiv" ins Geschehen eingreifen kann. Für die Rechteübertragung nach § 1 lit. h BerV ist diese Unterscheidung unerheblich, da der Wortlaut der Bestimmung auch die Rechte an „anderen Datenträgern" umfaßt.

26 *Siebert*, Die Auslegung der Wahrnehmungsverträge unter Berücksichtigung der digitalen Technik, S. 41.

27 *Siebert*, Die Auslegung der Wahrnehmungsverträge unter Berücksichtigung der digitalen Technik, S. 15 f., 40.

28 *Castendyk*, ZUM 2002, 332, 347.

29 *Stieper/Frank*, MMR 2000, 643, 646.

30 LG München, ZUM 2002, 71 – DVD.

die DVD in das CD-ROM-Laufwerk seines Computers ein.[31] Ähnlich funktioniert eine sog. **Twin Disc**. Sie enthält einen Audio- und einen „angehängten" DVD-Teil und ist über das CD-ROM-Laufwerk abspielbar. Die beispielhaft aufgezählten Trägermedien **Speichercard**[32] und **DataPlay Disc**[33] stellen ebenfalls neue digitale Multimedia-Datenträger dar. Auch die Nutzungsrechte bezüglich weiterer **Datenträger mit Datenlinks** sollen gemäß § 1 lit. h BerV auf die GEMA übergehen. Über einen solchen Datenlink kann mit dem Datenträger direkt auf das Internet zugegriffen werden.

c) Die gesetzlichen Schranken des Vervielfältigungsrechts

Die nach § 16 UrhG gewährten Vervielfältigungsrechte stehen dem Urheber nicht un- **153**
beschränkt zu. Der Gesetzgeber sieht in den §§ 44a, 45, 46 Abs. 1 und den §§ 47, 50, 51, 53, 55, 56 UrhG bestimmte privilegierte Sachverhalte vor; hier stehen dem Berechtigten keine Befugnisse zu, die er zur Wahrnehmung auf die GEMA übertragen könnte.

§ 44a UrhG schränkt die Befugnis des Urhebers nach § 16 Abs. 2 UrhG insofern ein, **154**
als bestimmte vorübergehende Vervielfältigungen privilegiert sind.[34] Mit dieser – in Umsetzung der Richtlinie 2001/29/EG zur Informationsgesellschaft neu in das UrhG eingefügten – Schrankenregelung werden diejenigen Speichervorgänge freigestellt, die stattfinden, bevor der vom Nutzer gewollte Nutzungsvorgang einsetzt. Betroffen sind z.B. die Sachverhalte der sogenannten Caches[34a] als flüchtige Vervielfältigungen. Hierbei handelt es sich um zeitlich begrenzte Zwischenspeicherungen bereits aufgerufener Netzinhalte auf dem Server des Anbieters, die einen schnelleren Zugriff des Nutzers auf diese Inhalte bei erneutem Abruf gewährleisten und das Netz entlasten sollen. Als begleitende Vervielfältigungen sind nach § 44a UrhG etwa auch die Fälle der vorübergehenden Festlegung von Werken im Arbeitsspeicher eines PC aus der Befugnis des Urhebers ausgenommen.[35]

§ 16 Abs. 2 unterscheidet nicht, ob die Vervielfältigung für öffentliche oder private **155**
Zwecke erfolgt. Allerdings regelt **§ 53 UrhG** für bestimmte Sachverhalte der Vervielfältigung zum privaten und sonstigen eigenen Gebrauch, daß die „Privatkopie" zulässig ist und der Urheber die Vervielfältigung hinnehmen muß. Voraussetzung ist allerdings, daß diese Vervielfältigung von einer „legalen Quelle" und nicht von einer offensichtlich rechtswidrig hergestellten Vorlage erstellt wird.[36] Die Rechteübertra-

---

31 LG München, ZUM 2002, 71, 75 – DVD.

32 Auf diesem Medium werden etwa die Daten von MP3-Abspielgeräten gespeichert.

33 Eine DataPlay-Disc funktioniert ähnlich wie eine CD, ist aber kleiner und derzeit nur einmal beschreibbar.

34 Dreyer/Kotthoff/Meckel-*Dreyer*, § 16 UrhG Rn. 4.

34a Dazu oben Rn. 146.

35 Dreyer/Kotthoff/Meckel-*Dreyer*, § 44a UrhG Rn. 5–8.

36 Künftig soll es für eine Privilegierung außerdem erforderlich sein, daß die Vorlage nicht offensichtlich rechtswidrig im Internet zum Download angeboten, also „legal" öffentlich zugänglich gemacht wird. So können die Rechteinhaber gegen die Nutzer von sogenannten

gung gemäß § 1 lit. h Abs. 1 BerV und damit der Wahrnehmungsbereich der GEMA beziehen sich somit nicht auf die nach § 53 Abs. 2 Ziff. 1 bis 3 UrhG iVm § 53 Abs. 1 UrhG freigestellten Sachverhalte. Dem Urheber steht hier nach § 54 UrhG ein gesetzlicher Vergütungsanspruch zu. Diesen Anspruch tritt er nach § 1 lit. h Abs. 7 BerV an die GEMA ab.[37]

156 **§ 51 Ziff. 3 UrhG** privilegiert desweiteren Sachverhalte, in denen einzelne Stellen eines erschienen Werks der Musik in einem anderen selbständigen Werk der Musik angeführt werden. Freigestellt sind außerdem bestimmte Vervielfältigungen zum Zweck der Rechtspflege und öffentlichen Sicherheit iSd § 45 UrhG, Vervielfältigungen von Musikwerken als Element einer Sammlung für den Schul- oder Unterrichtsgebrauch nach § 46 Abs. 1 und Abs. 2 UrhG, Vervielfältigungen bezüglich Schulfunksendungen nach § 47 UrhG, Vervielfältigungen im Rahmen der Berichterstattung über Tagesereignisse nach § 50 UrhG, Vervielfältigungen durch Sendeunternehmen nach § 55 UrhG sowie in Geschäftsbetrieben nach § 56 UrhG. Auch diese Sachverhalte werden somit nicht von der Rechteübertragung nach § 1 lit. h Abs. 1 BerV erfaßt.

d) Die Übertragung des Rechts der Bearbeitung

157 Die **teilweise Vervielfältigung** eines Musikwerks (mit oder ohne Text) greift in die Substanz des Werks ein, wodurch – jedenfalls bei Verwertung – das Bearbeitungsrecht des Urhebers nach § 23 UrhG berührt wird.[38] Der Wortlaut des Berechtigungsvertrags enthält keine ausdrückliche Übertragung dieses Rechts auf die GEMA. Gleichwohl kann eine kollektive Wahrnehmung dieser teilweisen Werknutzungen dem Zweck des Berechtigungsvertrags entsprechen. Nach § 31 Abs. 5 UrhG geht somit auch das Recht der teilweisen Vervielfältigung in gewissem Umfang auf die GEMA über.[39] Obwohl die (bleibende) Aufnahme oder Vervielfältigung eines Musikwerks gegenüber der nur vorübergehenden Nutzung der reinen Aufführung einen stärkeren Eingriff in die Werksubstanz darstellt, besteht auch im Bereich des Vervielfältigungsrechts ein Bedürfnis der kollektiven Wahrnehmung der Teilwerk-Nutzung. So ist davon auszugehen, daß im Bereich der Unterhaltungs- und Tanzmusik erfolgreiche Musikwerke von unterschiedlichen Interpreten „massenweise" nicht in exakt der vom Komponisten vorgesehenen Länge „eingespielt" werden. Oft ist den Bands die vom Komponisten vorgesehene Werklänge noch nicht einmal bekannt. In solchen Fällen ist der einzelne Berechtigte nicht in der Lage, die Nutzungen selbst zu kontrollieren und zu lizenzieren. Allerdings begrenzt auch hier das Urheberpersönlichkeitsrecht den Umfang der Rechteübertragung. Soweit Werkveränderungen in die Integrität des Werks

---

Musiktauschbörsen vorgehen. Dies war bislang nicht möglich, da es sich um zulässige Privatkopien und damit nicht um „illegale Quellen", sondern nur um illegale öffentliche Zugänglichmachungen handelte; Referentenentwurf für ein Zweites Gesetz zur Regelung des Urheberrechts in der Informationsgesellschaft v. 27.9.2004, S. 29, 52f., abrufbar unter www.bmj.bund.de.

37 Dazu unten Rn. 221 ff.

38 Dazu oben Rn. 32.

39 A.A. Dreier/Schulze-*Schulze*, vor § 31 UrhG Rn. 135.

eingreifen und dieser Eingriff eine Verletzung des Urheberpersönlichkeitsrechts darstellt, kommt eine kollektive Wahrnehmung durch die GEMA nicht mehr in Betracht. Durch Digitalisierung und Interaktivität gewinnt das Urheberpersönlichkeitsrecht an Bedeutung; Eingriffe in die Werkintegrität werden durch die neuen technischen Möglichkeiten zunehmend leichter.[40]

Das Recht der **Werkverbindung** geht jedoch keinesfalls auf die GEMA über. Für die **158**
Verbindung eines Musikwerks mit einer Werbeaussage auf einem Ton- oder Bildtonträger regelt dies ausdrücklich § 1 lit. k Abs. 1 BerV. Das genannte Recht verbleibt beim Berechtigten. Es eignet sich nicht zur kollektiven Wahrnehmung.[41]

e) *Der Einwilligungsvorbehalt nach § 1 lit. k BerV für die Herstellung von Werbespots*

Da bei der Herstellung von Werbespots der Werbung betreibenden Wirtschaft, z.B. **159**
im Rundfunk (Hörfunk und Fernsehen), Musikwerke mit oder ohne Text auf einem Ton- oder Bildtonträger aufgenommen oder von einem Träger auf den anderen übertragen werden, ist das Vervielfältigungsrecht des Urhebers berührt. Obwohl nach § 1 lit. h Abs. 1 BerV grundsätzlich diese Sachverhalte in den Wahrnehmungsbereich der GEMA fallen, regelt § 1 lit. k Abs. 1 BerV für solche werbemäßigen Musiknutzungen einen „Einwilligungsvorbehalt" zu Gunsten des Berechtigten. Hintergrund ist, daß es dem Urheber aus persönlichkeitsrechtlichen Gründen vorbehalten bleiben muß, zu entscheiden, ob sein Werk mit einem werbemäßigen Inhalt in Verbindung gebracht werden darf.[42]

2. Das Verbreitungsrecht – § 17 UrhG

Neben den Vervielfältigungsrechten überträgt der Berechtigte nach § 1 lit. h Abs. 1 **160**
BerV der GEMA auch die entsprechenden Verbreitungsrechte, d.h. das ausschließliche Recht zur Nutzung seines auf einem Ton- oder Bildtonträger vervielfältigten Werks der Tonkunst mit oder ohne Text durch Verbreitung des Trägermediums.

a) *Das gesetzliche Verbreitungsrecht als Grundlage für die von § 1 lit. h Abs. 1 BerV umfaßten Sachverhalte*

Das Verbreitungsrecht nach § 17 UrhG umfaßt die Sachverhalte, in denen die herge- **161**
stellten **Vervielfältigungsstücke der Öffentlichkeit zugänglich gemacht** werden. Obwohl das Vervielfältigungs- und Verbreitungsrecht eng miteinander verbunden sind, handelt es sich jeweils um ein eigenständiges Nutzungsrecht. Als solches wird das Verbreitungsrecht sowohl vom Berechtigten an die GEMA, als auch von der GEMA an die Nutzer gesondert vergeben. So muß etwa für die Verbreitung eines nach § 53 UrhG privilegiert angefertigten Vervielfältigungsstücks der Nutzer gleichwohl das Recht zur Verbreitung bei der GEMA einholen.

---

40 *Kornmeier/Cichon,* in: Handbuch der Musikwirtschaft, S. 922.
41 Nachfolgend 281.
42 Nachfolgend Rn. 282.

162 Das Verbreitungsrecht ist dann berührt, wenn Vervielfältigungsstücke des Werks, z.B. die in § 1 lit. h Abs. 1 BerV erwähnten Bild- oder Tonträger, in der **Öffentlichkeit angeboten** oder **in Verkehr gebracht** werden. Unerheblich ist, ob dies gewerbsmäßig erfolgt.[43] Ein öffentliches Angebot ist dabei jede Aufforderung zum Eigentums- oder Besitzerwerb; es muß sich nicht zwingend um ein Kaufangebot handeln.[44] So stellen etwa Werbemaßnahmen durch Kataloge oder Inserate derartige Verbreitungshandlungen dar.[45] Allerdings muß das Angebot „öffentlich" sein; es darf demnach nicht gegenüber Personen ausgesprochen werden, mit denen man in persönlicher Verbindung steht. Ausreichend ist aber das Angebot an einen begrenzten Personenkreis oder auch nur an eine Einzelperson.[46] Von § 17 Abs. 1 UrhG und damit auch von § 1 lit. h Abs. 1 BerV werden zudem die Sachverhalte erfaßt, in denen die erwähnten Trägermedien in den Verkehr gebracht werden. Inverkehrbringen ist eine Handlung, durch die Vervielfältigungsstücke aus der internen Betriebssphäre der Öffentlichkeit zugeführt werden.[47] Für das Inverkehrbringen nach § 17 Abs. 1 UrhG reicht jede Besitzüberlassung aus. Somit sind neben Veräußerung oder Tausch jedenfalls auch die Sachverhalte des Vermietens oder Verleihens der Trägermedien von der Rechteübertragung nach § 1 lit. h Abs. 1 BerV erfaßt. Dabei genügt das Inverkehrbringen eines einzigen Werkexemplars.[48]

b) Die Erschöpfung des Verbreitungsrechts nach § 17 Abs. 2 UrhG

163 Allerdings kann der Berechtigte das Verbreitungsrecht nicht zur kollektiven Wahrnehmung einbringen, wenn es nach § 17 Abs. 2 UrhG bereits erschöpft ist. Mit Ausnahme des Vermietrechts tritt nach § 17 Abs. 2 UrhG dann Erschöpfung ein, wenn die Vervielfältigungsstücke mit Zustimmung des Urhebers oder eines zur Verbreitung Berechtigten im Gebiet der Europäischen Union oder des EWR im **Wege der Veräußerung in Verkehr gebracht** wurden. Dies bedeutet, daß etwa ein Berechtigter, der seine Verbreitungsrechte für ein anderes Land des Europäischen Wirtschaftsraums bereits auf eine Schwestergesellschaft der GEMA übertragen hat,[49] keine Verbreitungsrechte mehr in die GEMA einbringen kann, wenn die Schwestergesellschaft „als zur Verbreitung Berechtigte" die Zustimmung zur Veräußerung der Vervielfältigungsstücke in ihrem Territorium – etwa gegenüber einem Tonträgerhersteller – erteilt hat; durch die bewilligte Veräußerung ist das Verbreitungsrecht erschöpft. Die GEMA kann dann nur noch das Vermietrecht geltend machen.

---

43 Vgl. Loewenheim-*Loewenheim*, § 20 Rn. 22.

44 Der Begriff des Angebots ist dabei aber nicht privatrechtlich (vgl. §§ 145ff. BGB), sondern wirtschaftlich zu verstehen; Loewenheim-*Loewenheim*, § 20 Rn. 23; KG, GRUR 1983, 760, 761 – Videoraubkassetten.

45 Loewenheim-*Loewenheim*, § 20 Rn. 23.

46 Loewenheim-*Loewenheim*, § 20 Rn. 24.

47 BGH, GRUR 1991, 316, 317 – Einzelangebot; OLG Hamburg, GRUR 1972, 375, 376 – Polydor II.

48 Vgl. Loewenheim-*Loewenheim*, § 20 Rn. 25.

49 Eine räumliche Aufteilung der Rechte ist nach § 16 BerV möglich. Nachfolgend Rn. 368 ff.

c) Der Sonderfall des Vermietrechts

Von der Regelung des § 1 lit. h BerV ist auch das Vermietrecht[50] gemäß § 17 Abs. 3 UrhG umfaßt. Bei der Vermietung handelt es sich um einen Unterfall der Verbreitung – nämlich zur vorübergehenden Besitzüberlassung.[51] Demnach fallen die Sachverhalte der Vermietung eines in § 1 lit. h Abs. 1 BerV genannten Trägermediums in den Wahrnehmungsbereich der GEMA. Als Ausnahmefall zu den Verbreitungssachverhalten tritt gemäß § 17 Abs. 2 UrhG **keine Erschöpfung** des Vermietrechts ein mit der Folge, daß z.B. ein Erwerber seinen Tonträger zwar weiterveräußern, aber nicht vermieten darf. Er muß das Vermietrecht gesondert erwerben.[52] **164**

Das Vermietrecht umfaßt die Sachverhalte der zeitlich begrenzten, unmittelbar oder mittelbar Erwerbszwecken dienenden Gebrauchsüberlassung. Der Begriff **„Vermietung“** ist demnach in einem **weiten Sinn** zu verstehen. Er ist nicht auf die Fälle der §§ 535ff. BGB beschränkt.[53] Unter das Vermietrecht fällt jede kommerzielle Nutzung, die es bei einer wirtschaftlichen Betrachtungsweise nahelegt, daß es sich um eine urheberrechtliche Vermietung handelt.[54] Von § 1 lit. h Abs. 1 BerV sind damit u.a. das gewerbsmäßige „Verleihen“ von Videos oder DVDs, aber auch bestimmte Formen des Kaufs mit Rückkaufgarantie[55] erfaßt. Für den Fall, daß die GEMA das ihr übertragene Vermietrecht an Bild- oder Tonträgern an einen Bild- oder Tonträgerhersteller einräumt, behält der Berechtigte einen unverzichtbaren und verwertungsgesellschaftenpflichtigen Vergütungsanspruch nach § 27 Abs. 1 UrhG, den er nach § 1 lit. h Abs. 7 BerV an die GEMA abtritt.[56] **165**

d) Der Sonderfall des Verleihrechts

Im Gegensatz zum Vermietrecht hat der Gesetzgeber das Verleihrecht nicht als eigenständiges Recht ausgestaltet. Dies bedeutet, daß es sich beim ersten Inverkehrbringen erschöpft. Die Wahrnehmungsbefugnis hinsichtlich der Sachverhalte des Verleihens – der Unterschied zur Vermietung liegt darin, daß hier die Gebrauchsüberlassung gemäß § 27 Abs. 2 Satz 2 UrhG nicht zu Erwerbszwecken erfolgt – beschränkt sich daher auf die Fälle, in denen ein Vervielfältigungsstück erstmalig verbreitet wird. Das Verleihrecht begründet nach § 27 Abs. 2 UrhG für bestimmte Sachverhalte jedoch einen gesetzlichen, nach § 27 Abs. 3 UrhG verwertungsgesellschaftenpflichtigen Vergütungsanspruch,[57] der nach § 1 lit. h Abs. 7 BerV an die GEMA abgetreten wird. **166**

---

50 Mit Umsetzung der Richtlinie zum Vermietrecht und Verleihrecht sowie zu bestimmten dem Urheberrecht verwandten Schutzrechten im Bereich des geistigen Eigentums, ABl. EG Nr. L 346/61, wurde das Vermietrecht als ausschließliches Recht eingeführt; Dreier/Schulze-*Schulze*, § 17 UrhG Rn. 41.

51 Dreier/Schulze-*Schulze*, vor § 17 UrhG Rn. 41.

52 Dreier/Schulze-*Schulze*, § 17 UrhG Rn. 41.

53 RegE UrhG, Begr. B zu Artikel 1 BT-Drs. 13/115, S. 12.

54 RegE UrhG, Begr. B zu Artikel 1 BT-Drs. 13/115, S. 12.

55 BGH, NJW-RR 1986, 1183 – Schallplattenvermietung; BGH, GRUR 1989, 417, 418 – Kauf mit Rückgaberecht; vgl. auch BGH, GRUR 2001, 1036, 1037 – Kauf auf Probe.

56 Ausführungen zum gesetzlichen Vergütungsanspruch nach § 27 Abs. 1 UrhG unter Rn. 242.

57 Loewenheim-*Loewenheim*, § 20 Rn. 46 f.

e) Das Erstveröffentlichungsrecht

167 Das Recht, eine Komposition erstmals auf Tonträger erscheinen zu lassen **(Erstveröffentlichungsrecht)**, kann schon im Hinblick auf **persönlichkeitsrechtliche Belange** nach § 12 Abs. 1 UrhG nicht im Rahmen des Berechtigungsvertrags auf die GEMA zur kollektiven Wahrnehmung übergehen.[58] Eine kollektive Wahrnehmung des Erstveröffentlichungsrechts würde außerdem dem Zweck der Rechteübertragung widersprechen. Schon die Bezeichnung des Rechts als „Erstveröffentlichungsrecht" steht der kollektiven Wahrnehmung entgegen; auf Grund des Wahrnehmungszwangs nach § 11 UrhWG ist die GEMA verpflichtet, die von ihr vertretenen Rechte „jedermann" und nicht dem „ersten" Interessenten einzuräumen.

f) Die Schranken des Verbreitungsrechts

168 Auch hinsichtlich des Verbreitungsrechts sind nach den §§ 45, 46 Abs. 1 und den §§ 50 und 51 Ziff. 3 UrhG im Interesse der Allgemeinheit bestimmte Nutzungssachverhalte **privilegiert**. Auf Grund der genannten Schrankenregelungen stehen dem Urheber diesbezüglich keine ausschließlichen Nutzungsrechte zu, die er zur kollektiven Wahrnehmung auf die GEMA übertragen könnte.

III. Keine Unwirksamkeit der Rechteübertragung nach § 31 Abs. 4 UrhG

169 Die Rechtmäßigkeit von Rechteübertragungen hinsichtlich bestimmter, dem Verwertungsrecht der Vervielfältigung und Verbreitung zuzuordnender Nutzungsarten wurde im Rahmen zahlreicher Gerichtsentscheidungen am Maßstab des § 31 Abs. 4 UrhG kontrolliert.

1. Auswirkungen des § 31 Abs. 4 UrhG auf die Rechteübertragungen

170 Nach der derzeitigen Rechtslage sind Verfügungen und Verpflichtungen über unbekannte Nutzungsarten nach § 31 Abs. 4 UrhG unwirksam.[59] Mit dieser Regelung bleibt dem Urheber die Entscheidung darüber vorbehalten, ob und gegen welches Entgelt er mit der Nutzung seines Werks für die neu gefundene Art einverstanden ist.[60] Für die pauschalen Rechteeinräumungen im Berechtigungsvertrag bedeutet dies, daß nur die Rechte an solchen Nutzungsarten auf die GEMA übergehen, die zum Zeitpunkt des Vertragsschlusses nach § 31 Abs. 4 UrhG bereits „bekannt" waren. Für Nutzungsarten, die etwa erst Jahre nach Abschluß des Vertrags bekannt werden, muß

---

58 Dreier/Schulze-*Schulze*, vor § 31 UrhG Rn. 135; G. *Schulze*, ZUM 1993, 255, 260.

59 Nach dem Referentenentwurf für ein Gesetz zur Regelung des Urheberrechts in der Informationsgesellschaft v. 27.9.2004, S. 46ff., abrufbar unter www.bmj.bund.de, sollen künftig Verträge über unbekannte Nutzungsarten zulässig sein (§ 31a. RefE) und für den Fall der Nutzung ein gesetzlicher Vergütungsanspruch gewährt werden (§ 32c RefE).

60 RegE UrhG Begr. Fünfter Abschnitt 2. zu § 31, BT-Drs. IV/270, S. 39; BGH, GRUR 1986, 62, 65 – GEMA-Vermutung I; BGH, GRUR 1988, 296, 298 – GEMA-Vermutung IV.

eine erneute Rechteeinräumung nach dem Zeitpunkt des Bekanntwerdens erfolgen. Eine durch die Mitgliederversammlung allgemeinverbindlich beschlossene Änderung des Berechtigungsvertrags, die die inzwischen bekannt gewordene Nutzungsart benennt, wirkt sich nicht auf die so genannten **Altverträge** aus. Hierzu stellte der BGH in seiner Entscheidung GEMA-Vermutung-I fest, daß eine ausdrückliche Zustimmung jedes einzelnen Mitglieds zu einer solchen Vertragsänderung erforderlich ist und die sogenannte Einbeziehungsklausel des § 6a Abs. 2 (a.F.) BerV, die eine automatische Einbeziehung von Vertragsänderungen auch für Altverträge regeln sollte, unwirksam ist.[61] Durch Einführung einer Zustimmungsfiktion in § 6a Abs. 3 BerV[62] im Jahr 2002 wurde diese Einbeziehungsproblematik für künftige Änderungen gelöst. Soweit – wie im Referenten-Entwurf vorgeschlagen – künftig die Unwirksamkeit von Verfügungen und Verpflichtungen über unbekannte Nutzungsarten nach § 31 Abs. 4 UrhG abgeschafft werden sollte, könnten die Pauschalübertragungen im Berechtigungsvertrag künftig auch unbekannte Nutzungsarten erfassen. Nach § 31a (RefE) würde der Berechtigte allerdings bis ein Jahr nach Bekanntwerden der Nutzungsart die Übertragung widerrufen können.[63]

2. Die Videozweitauswertung als unbekannte Nutzungsart?

In der Entscheidung GEMA-Vermutung-I stellt der BGH klar, daß es sich bei der Vervielfältigung und Verbreitung von Spielfilmen mittels Videobändern (Videozweitauswertung) um eine gegenüber der Schmalfilmauswertung **eigenständige Nutzungsart** iSd **§ 31 Abs. 4 UrhG** handelt.[64] Für die Bekanntheit dieser Auswertungsform stehen Zeitpunkte von „noch nicht bekannt im Jahr 1968“ bis „noch nicht bekannt in den Jahren 1977/1978“ im Raum.[65] Berechtigungsverträge, die vor diesem Zeitpunkt des Bekanntwerdens geschlossen wurden, berechtigten die GEMA wegen der Regelung in § 31 Abs. 4 UrhG zunächst nicht, das Recht zur Nutzung von Musik in Filmen, die auf Videokassetten ausgewertet werden, zu lizenzieren. Allerdings hat sie im Jahr 1988 mit einem Großteil der betroffenen Berechtigten eine **Ergänzungsvereinbarung** zu den bestehenden Verträgen („Erklärung zu Paragraph 1 H) des Berechtigungsvertrags“) abgeschlossen, in der u.a. dieses Recht explizit auf die GEMA übertragen wurde und die von der GEMA bereits vorgenommenen Verfügungen iSd § 185 Abs. 2 Satz 1 BGB genehmigt wurden. **171**

61 BGH, GRUR 1986, 62, 65f. GEMA-Vermutung I; *Siebert*, Die Auslegung der Wahrnehmungsverträge unter Berücksichtigung der digitalen Technik, S. 29 f.

62 Im GEMA-Jahrbuch 2004/2005, S. 199 sind die ehemaligen Absätze 2 und 3 in § 6a BerV in einem Absatz zusammengefaßt.

63 Dazu *Riesenhuber,* **Kap. 9 Rn. 43 f.**

64 BGH, GRUR 1986, 62 ff. – GEMA-Vermutung I.

65 BGH, GRUR 1991, 133, 136 – Videozweitauswertung; OLG, München GRUR 1994, 115, 116; BGH, NJW 1995, 1496 – Videozweitauswertung III.

a) *Die Musik-CD als unbekannte Nutzungsart?*

172 Das Recht der Auswertung eines Musikstücks mittels einer Musik-CD geht nach § 1 lit. h Abs. 1 BerV auf die GEMA über. Bei dieser Auswertungsform handelt es sich nicht um eine unbekannte Nutzungsart iSd § 31 Abs. 4 UrhG.[66] Dies gilt auch für die weiteren derzeit am Markt erhältlichen digitalen Tonträger zur rein akustischen Wahrnehmbarmachung, wie etwa die Digital Compact Cassette oder die Mini Disc. Die GEMA kann derartige Nutzungen auch dann lizenzieren, wenn die betroffenen Urheber der GEMA in bereits weit zurückliegenden Berechtigungsverträgen die Vervielfältigungs- und Verbreitungsrechte pauschal eingeräumt haben.

b) *Die DVD als unbekannte Nutzungsart?*

173 Ebenso unterfällt die Auswertung eines Musikstücks mittels Digital-Versatile-Disc (DVD) der pauschalen Übertragung des Vervielfältigungs- und Verbreitungsrechts nach § 1 lit. h Abs. 1 BerV. Einer gesonderten Übertragung dieser Auswertungsform bedarf es nicht, da es sich nicht um eine unbekannte Nutzungsart iSd § 31 Abs. 4 UrhG handelt.[67] Wie das OLG München – nun bestätigt vom BGH[68] – zutreffend ausführt, fehlt es an der Eigenständigkeit der Nutzungsart, insbesondere gegenüber der Verwertung eines Musikwerks auf Videokassette.[69] Diese Auswertungsform ist weder technisch noch wirtschaftlich eigenständig. Zwar ist die Technik verbessert, jedoch bleibt der **Vorgang der Werkvermittlung** aus der Sicht der Konsumenten **unverändert**.[70] Auch in wirtschaftlicher Hinsicht wird kein neuer Markt erschlossen, sondern lediglich der Markt der Videokassetten langfristig **substituiert**.[71] In der Vorinstanz vertrat das LG München insbesondere unter Hinweis auf die viel intensivere Möglichkeit zur Werknutzung die Ansicht, daß es sich bei der DVD um eine eigenständige Nutzungsart iSd § 31 Abs. 4 UrhG handle.[72] Als Reaktion auf das erstinstanzliche Urteil des LG München ergänzte die Mitgliederversammlung 2002 den Berechtigungsvertrag ausdrücklich um diese Nutzungsform. Für Altverträge, die vor Bekanntwerden der Nutzungsform im Jahr 1996[73] abgeschlossen wurden, wurden zudem einzelvertragliche Ergänzungsvereinbarungen für Multimedia-Datenträger – wie schon im Bereich der Videozweitauswertung – abgeschlossen.[74] Im Hinblick auf die aktuelle Entscheidung des BGH erwiesen sich diese Ergänzungen als nicht erforderlich. Bis zur endgültigen gerichtlichen Klärung dienten sie jedoch der Rechtssicherheit.

---

66 OLG Köln, ZUM 2001, 166; a.A. KG, ZUM 2000, 164.

67 So auch *v. Petersdorff-Campen*, Anmerkungen zu LG München, ZUM 2002, 71 ff. – DVD, ZUM 2002, 74, 75; *Donhauser*, Der Begriff der unbekannten Nutzungsart gemäß § 31 Abs. 4 UrhG, S. 146; *Castendyk*, ZUM 2002, 332, 345.

68 BGH, Entscheidung vom 19.05.2005, Pressemitteilung des Bundesgerichtshofs vom 20.05.2005 abrufbar unter www.bundesgerichtshof.de.

69 OLG München, GRUR 2003, 50, 52 ff. – Der Zauberberg (n.rkr.).

70 OLG München, GRUR 2003, 50, 53 f. – Der Zauberberg (n.rkr.).

71 OLG München, GRUR 2003, 50, 54 – Der Zauberberg (n.rkr.).

72 LG München, ZUM 2002, 71, 73 – DVD.

73 LG München, ZUM 2002, 71, 73 – DVD; *v. Petersdorff-Campen*, ZUM 1996, 1037, 1041.

74 Dazu oben Rn. 171.

c) *Multimedia-CD-ROM als unbekannte Nutzungsart?*

Für den Fall der Multimedia-CD-ROM wird die technische und wirtschaftliche Selbständigkeit der Nutzungsart nicht bestritten.[75] Die Integration von Bild, Text und Musik findet seit Anfang der 90er Jahre statt.[76] Vorher handelte es sich demnach um eine unbekannte Nutzungsart iSd § 31 Abs. 4 UrhG. Durch die vorher abgeschlossenen Berechtigungsverträge konnten die Berechtigten das Recht zu dieser Nutzung nicht wirksam auf die GEMA übertragen. Allerdings wurde diese Lücke durch die mit den betroffenen Berechtigten im Jahr 2002 geschlossene **Ergänzungsvereinbarung** hinsichtlich **der Multimedia-Datenträger** geschlossen.[77] **174**

d) *Die Multimedia-Datenträger des § 1 lit. h Abs. 1 BerV als unbekannte Nutzungsarten?*

Die Auswertungen mittels der Multimedia-Datenträger „Speichercard, Dataplay Disc, Twin Disc, Ton- und Bildtonträger mit ROM-Part und Träger mit Datenlink" waren im Jahr ihrer Ergänzung im Berechtigungsvertrag im Jahr 2002 jedenfalls als wirtschaftlich bedeutsam und verwertbar bekannt, so daß die Ergänzung im Sinne der Rechtsprechung zu den **Risikogeschäften**[78] nicht gemäß § 31 Abs. 4 UrhG unwirksam war. Dabei gilt diese Änderung auch für Verträge, die vor dem Jahr 2002 abgeschlossen wurden, soweit die Berechtigten nicht iSd § 6a Abs. 2 S. 2 BerV ausdrücklich widersprochen haben.[79] **175**

IV. Keine unangemessenen Bedingungen in kartellrechtlicher Hinsicht

Die Klausel des § 1 lit. h Abs. 1 BerV ist auch nicht kartellrechtlich mißbräuchlich im Sinn der Art. 82 Abs. 2 lit. a EG bzw. § 19 Abs. 4 Nr. 2 GWB.[80] Sie stellt keine unangemessene Geschäftsbedingung dar. Obwohl möglicherweise einzelne Rechteinhaber daran interessiert sein könnten, ihre Vervielfältigungs- und Verbreitungsrechte individuell gewinnbringender an die Nutzer zu vergeben, stellt die grundsätzlich unbeschränkte Übertragung nach § 1 lit. h Abs. 1 BerV keinen kartellrechtlichen Mißbrauch dar. Das Interesse des Einzelnen an der freien Verfügbarkeit über seine Werke überwiegt nicht das Gesamtinteresse aller Mitglieder an einer effektiven und wirkungsvollen Verwertung ihrer Rechte.[81] Eine solche Möglichkeit einer Individualli- **176**

---

75 OLG Hamburg, ZUM 1999, 78 – SPIEGEL-CD-ROM; *Castendyk*, ZUM 2002, 332, 346; *Siebert*, Die Auslegung der Wahrnehmungsverträge unter Berücksichtigung der digitalen Technik, S. 41.

76 *Siebert*, Die Auslegung der Wahrnehmungsverträge unter Berücksichtigung der digitalen Technik, S. 41.

77 Dazu oben Rn. 173.

78 BGH, GRUR 1995, 212, 214 – Videozweitauswertung III.

79 Zur Einbeziehungsklausel siehe die Ausführungen unter Rn. 170.

80 Zur Kontrolle der Rechteübertragungen anhand der kartellrechtlichen Mißbrauchsvorschriften *Riesenhuber,* **Kap. § 9 Rn. 110–135**.

81 Vgl. dazu EuGH v. 27.3.1974 – Rs. 127/73 *BRT II*, Slg. 1974, 313 Rn. 9; a.A. wohl *Mauhs*, Der Wahrnehmungsvertrag, S. 91, 99.

zenzierung für alle Berechtigten würde die Position der GEMA gefährden, da ihr dadurch das für die Erfüllung ihrer Aufgabe erforderliche **Volumen** und **Gewicht**[82] abhanden kommen könnte. Auch durch die Einsatzmöglichkeit so genannter **Digital Rights Management Systeme** wird die unbeschränkte Rechteübertragungsklausel nicht zur unangemessenen Geschäftsbedingung. Die kollektive Wahrnehmung der Vervielfältigungsrechte aus einer Hand wird durch die technische Möglichkeit der individuellen Lizenzierung durch derartige Systeme nicht überflüssig werden.[83] Dagegen spricht das überwiegende Gesamtinteresse aller Mitglieder an einer effektiven kollektiven Wahrnehmung. Die Verwertungsgesellschaft ist – anders als die meisten Urheber – kein unterlegener Verhandlungspartner, der sich dem „einseitigen Diktat" mächtiger Nutzer unterwerfen muß.[84] Neben dieser Verhandlungsstärke verfügt die Verwertungsgesellschaft zu Gunsten der Rechteinhaber über das erforderliche wirtschaftliche und rechtliche Know-how.[85] Auch für die Nutzer ist die kollektive und damit pauschalierte Rechtewahrnehmung vorteilhaft, da die festen Tarife Planungssicherheit gewährleisten[86] und die Nutzer nicht aufwendig die einzelnen Rechteinhaber ermitteln müssen, die „über den ganzen Erdball" verteilt sein können.[87]

§ 1 lit. h Abs. 2 und 3 [Die Rechte zur „Online-Nutzung"]

§ 1 Der Berechtigte überträgt hiermit der GEMA [...]

h)

[...]

Das Recht, Werke der Tonkunst (mit oder ohne Text) in Datenbanken, Dokumentationssysteme oder in Speicher ähnlicher Art einzubringen.

Das Recht, Werke der Tonkunst (mit oder ohne Text), die in Datenbanken, Dokumentationssysteme oder in Speicher ähnlicher Art eingebracht sind, elektronisch oder in ähnlicher Weise zu übermitteln, einschließlich z.B. für mobile Internetnutzung und für Musiktauschsysteme."

Übersicht Rn.

82 EuGH v. 27. 3. 1974 – Rs. 127/73 *BRT II*, Slg. 1974, 313 Rn. 9/11.
83 So im Ergebnis aber: *Möschel/Bechtold*, MMR 1998, 571, 576.
84 *Meyer*, Verwertungsgesellschaften und ihre Kontrolle nach dem Urheberrechtswahrnehmungsgesetz, S. 27.
85 *Becker*, Becker/Dreier, S. 45, 50.
86 *Kreile*, INTEGRU 135, 137.
87 *Kreile/Becker*, Handbuch der Musikwirtschaft, S. 634.

I. Überblick und Entstehungsgeschichte

Die Rechteübertragungen nach § 1 lit. h Abs. 2 und 3 BerV erfassen insbesondere die Sachverhalte der **Online-Musiknutzungen**. Urheberrechtlicher Hintergrund ist zunächst das schon vor Schaffung des § 19a UrhG anerkannte Recht[1] des Urhebers, sein Werk auf Abruf öffentlich zugänglich zu machen. Dieses im Jahr 2003 aufgenommene ausschließliche Nutzungsrecht umfaßt vor allem die Sachverhalte der netzvermittelten Übertragung von Werken auf Abruf.[2] Bereits der Vorgang des bloßen Zugänglichmachens (ohne daß darauf zwingend ein Übermittlungsvorgang folgen muß[3]) ist als Vorstufe zum Abruf bzw. zur Übermittlung eines Werks von diesem Recht umfaßt. **177**

Die Regelung des § 1 lit. h Abs. 3 BerV, die sich auf die Übermittlung von Werken bezieht, geht über den Regelungsgehalt des § 19a UrhG hinaus. In den Fällen, in denen der Nutzer das „bestellte Werk nicht zu Zeiten seiner Wahl" abrufen kann, sondern es etwa per SMS zugeschickt bekommt, ist ein **unbenanntes Verwertungsrecht** nach § 15 Abs. 2 UrhG berührt.[4] **178**

Durch Beschluß der Mitgliederversammlung 1996 wurden in § 1 lit. h BerV die aktuellen Absätze 2 und 3 eingefügt. Damit wurde klargestellt, daß sich der Wahrnehmungsbereich der GEMA auch auf sogenannte Online-Nutzungen von Musikwerken erstreckt; die entsprechenden Rechte wurden auch schon vor dieser Änderung im Rahmen des Berechtigungsvertrags eingeräumt. Schließlich wurde von der Mitgliederversammlung 2002 Absatz 3 der Bestimmung dahingehend erweitert, daß das Recht, Werke zu übermitteln, die in Datenbanken, Dokumentationssysteme oder Speicher ähnlicher Art eingebracht sind, auch die mobile Internetnutzung und Musiktauschsysteme mit einbezieht. **179**

1 Dreier/Schulze-*Dreier*, § 19a UrhG Rn. 3; BGH, GRUR 2003, 958 – Paperboy.
2 Wandtke/Bullinger-*Bullinger*, Erg Bd. § 19a UrhG Rn. 2.
3 Wandtke/Bullinger-*Bullinger*, Erg Bd. § 19a UrhG Rn. 3.
4 RegE UrhG, Begr. zu B Artikel 1 Absatz 1 Nummern 2, 5, 6, BT-Drs. 15/38, S. 17.

II. Einzelerläuterungen

1. Das „Einbringen" von Werken nach § 1 lit. h Abs. 2 BerV als Vervielfältigung iSd § 16 UrhG

180 § 1 lit. h Abs. 2 regelt die für eine öffentliche Zugänglichmachung erforderlichen Vorbereitungshandlungen der **Abspeicherung** („Einbringen") von Werken in Datenbanken, Dokumentationssysteme und andere Speicher. Dabei handelt es sich um Vervielfältigungen gemäß § 16 Abs. 2 UrhG.

2. Das „Übermitteln" von Werken nach § 1 lit. h Abs. 3 BerV

181 § 1 lit. h Abs. 3 BerV regelt die Übertragung des Rechts der **öffentlichen Zugänglichmachung** nach § 19a UrhG. Umfaßt sind damit die Sachverhalte, in denen die zunächst „eingebrachten" Werke zum interaktiven Abruf bereitgestellt werden. Zum Schutz des Urhebers läßt der Gesetzgeber in § 19a UrhG diese bloße Bereitstellung zum Abruf ausreichen. Eine tatsächliche Übermittlung bzw. ein tatsächlicher Abruf sind dabei nicht erforderlich.[4a] Als „Weniger" gegenüber der ausdrücklich benannten Übermittlung umfaßt § 1 lit. h Abs. 3 BerV neben dem Sachverhalt der Übermittlung selbst[5] daher auch das Bereitstellen eines Werks für eine Übermittlung bzw. einen Abruf iSd § 19a UrhG.[6]

182 Die von § 1 lit. h Abs. 3 BerV erfaßten Sachverhalte sind von den Sendevorgängen nach § 1 lit. b und d BerV zu unterscheiden. In beiden Fällen sind zwar die Werke für eine Mehrzahl von Mitgliedern der Öffentlichkeit bestimmt. Allerdings erfolgt der Online-Abruf im Fall der öffentlichen Zugänglichmachung lediglich **sukzessive**; § 19a UrhG sieht ausdrücklich eine **Wahlmöglichkeit für den Zugriff** vor. Daraus folgt, daß die Sachverhalte der zeitgleichen Übermittlung eines Programms, d.h. die Fälle der „Sendung" nach § 20 UrhG, hiervon nicht erfaßt sind.[7] Die Sachverhalte der abrufunabhängigen Online-Übertragung, wie etwa Internet-Radio, werden von der Rechteübertragung nach § 1 lit. h Abs. 2 und 3 nicht umfaßt. Als „Sendungen" fallen sie unter die Rechteübertragung gemäß § 1 lit. b und d BerV.

3. Einzelsachverhalte

183 Vorgänge nach § 1 lit. h 3 BerV sind dabei z.B. das sogenannte Ins-Netz-Stellen[8] von Musikwerken auf Homepages, sei es zu kommerziellen oder nicht-kommerziellen Zwecken. Auch so genannte On-Demand-Dienste, bei denen Musikwerke (sogenannte

---

4a Wandtke/Bullinger-*Bullinger*, Erg Bd. § 19a UrhG Rn. 10f.

5 Auch der Akt der Übermittlung wird von § 19a UrhG umfaßt; Dreier/Schulze-*Dreier*, § 19a UrhG Rn. 6.

6 Die mit dem Zugriff des Nutzers grundsätzlich einhergehende Abspeicherung des Werks – etwa auf seiner Festplatte – wird nicht von § 1 lit. h Abs. 2 und 3 BerV erfaßt. Dieser Sachverhalt fällt als Vervielfältigung grundsätzlich unter die Rechteübertragung nach § 1 lit. h Abs. 1.

7 Wandtke/Bullinger-*Bullinger*, Erg Bd. § 19a UrhG Rn. 16.

8 Wandtke/Bullinger-*Bullinger*, Erg Bd. § 19a UrhG Rn. 22.

Audio-On-Demand-Dienste) oder Videos (sogenannte Video-On-Demand-Dienste) zum individuellen Abruf, als Download oder nur zum Anhören bzw. Ansehen (sogenanntes Streaming) im Internet bereitgehalten werden,[9] fallen in den Wahrnehmungsbereich der GEMA nach § 1 lit. h Abs. 3 BerV.

Andere Formen der öffentlichen Zugänglichmachung durch elektronische Netze, wie etwa durch WAP (Wireless Aplication Protocol) oder durch SMS (Short Message Service), sind ebenfalls von der Rechteübertragung nach § 1 lit. h Abs. 3 BerV umfaßt. In diesem Sinn nennt die aktuelle Fassung des § 1 lit. h Abs. 3 BerV ausdrücklich die mobile Internetnutzung und Musiktauschsysteme. Zu den mobilen Internet-Nutzungen (einschließlich der Nutzung auf der Grundlage vergleichbarer Datennetze) zählt z.B. iMode. Bei iMode handelt es sich um einen dem Internet ähnlichen mobilen Dienst für Handys – das „Internet für die Westentasche". Über dieses Geschäftsmodell können multimediale Inhalte wie Nachrichten, Spiele oder auch Klingeltöne vom Handy aus abgerufen werden.[10] Ebenfalls klarstellend werden Musiktauschsysteme genannt, die auf der Grundlage bestimmter Software den Austausch von Anbieter zu Anbieter, auch auf der Ebene der Endkonsumenten, ermöglichen.[11] Bei diesen Musiktauschsystemen handelt es sich um sogenannte File-Sharing-Systeme (z.B. Napster), bei denen die Nutzer Werke für den öffentlichen Zugriff anderer Teilnehmer auf ihren PCs anbieten.[12] Auch die Werknutzung mittels Intranet – als Nutzung nach § 19a UrhG, die nicht via Internet erfolgt – kann nach § 1 lit. h Abs. 2 und 3 BerV unter die Wahrnehmungsbefugnis der GEMA fallen. Voraussetzung dafür ist, daß die Teilnehmer nicht persönlich miteinander verbunden sind.[13] **184**

4. „Übermittlungen", die nicht unter § 19a UrhG fallen

Neben den Übermittlungen, die nach § 19a UrhG davon abhängen, daß der Nutzer „zu Zeiten seiner Wahl" auf das Werk zugreift, sind im Bereich der digitalen Netze auch Geschäftsmodelle denkbar, in denen dieses Tatbestandsmerkmal des § 19a UrhG nicht erfüllt ist.[14] Betroffen sind davon etwa so genannte **Push-Dienste**[15], bei denen z.B. der Nutzer bestellte Handy-Klingeltöne über das Mobilfunknetz per SMS geschickt bekommt. Nach der Begründung zur Ergänzung des § 19a UrhG ist bei solchen Geschäftsmodellen ein unbenanntes Recht nach § 15 Abs. 2 UrhG berührt.[16] Auch dieses Recht übertragen die Berechtigten nach § 1 lit. h Abs. 3 BerV auf die GEMA.[17] **185**

---

9 Für den deutschen Markt startete im August 2002 der erste kommerzielle Downloaddienst „Popfile" der Firme Universal Music; *Kornmeier/Cichon* in: Handbuch der Musikwirtschaft, S. 917.

10 Nachzulesen bei *Online Focus*, Stichwort „iMode" unter www.focus.msn.de.

11 *Kreile/Becker,* in: Handbuch Multimedia-Recht, 7.7, Rn. 7.

12 Dreier/Schulze-*Dreier*, § 19a UrhG Rn. 6.

13 Dreier/Schulze-*Dreier*, § 19a UrhG Rn. 7.

14 RegE UrhG, Begr. zu B Artikel 1 Absatz 1 Nummern 2, 5, 6, BT-Drs. 15/38, S. 17.

15 Dreier/Schulze-*Dreier*, § 19a UrhG Rn. 10.

16 RegE UrhG, Begr. zu B Artikel 1 Absatz 1 Nummern 2, 5, 6, BT-Drs. 15/38, S. 17.

17 Zu der Übertragung des Rechts der Nutzung als Klingeltöne s. unten Rn. 200ff.

5. Die Schranken des Rechts der öffentlichen Zugänglichmachung

186 Der Gesetzgeber stellt nach **§ 52a UrhG** bestimmte Fälle der öffentlichen Zugänglichmachung in Schulen und Wissenschaft frei. Diesbezüglich kann der Urheber nach § 1 lit. h Abs. 2 und 3 BerV keine Rechte auf die GEMA übertragen. Nach § 52a Abs. 4 UrhG erhält der Urheber für diese privilegierten Nutzungshandlungen einen verwertungsgesellschaftenpflichtigen Vergütungsanspruch, den die Berechtigten an die GEMA abtreten.[18]

187 Neben den Schrankenregelungen in § 52a UrhG sieht der Gesetzgeber auch noch in den §§ 45, 46 Abs. 1 und den §§ 2, 50, 56 UrhG weitere privilegierte Nutzungen vor, die das Recht der Urheber an der Online-Nutzung ihrer musikalische Werke und damit die Wahrnehmungsbefugnis der GEMA beschränken.

6. Der Vorbehalt des § 1 lit. h Abs. 5 iVm § 1 lit. i BerV

188 Nach § 1 lit. h Abs. 5 iVm § 1 lit. i BerV steht auch die Übertragung der Online-Rechte unter dem **Vorbehalt des § 1 lit. i BerV**. Dies bedeutet, daß das Recht, ein Werk der Tonkunst (mit oder ohne Text) mit Werken anderer Gattung in Datenbanken, Dokumentationssysteme oder in Speicher ähnlicher Art, u.a. mit der Möglichkeit der interaktiven Nutzung, zu verbinden, unter einer auflösenden Bedingung auf die GEMA übergeht. Beispielsweise fällt damit der Sachverhalt, daß ein Nutzer seine mit Grafiken und Fotographien ausgestattete Homepage mit Musik unterlegt, unter die Aufzählung in § 1 lit. i BerV.[19]

7. Die Übertragung des Bearbeitungsrechts

189 Bei den von § 1 lit. h Abs. 2 und 3 BerV umfaßten Nutzungen des Abspeicherns und Übermittelns ist regelmäßig davon auszugehen, daß der Verwerter sich einer bereits vorhandenen Aufnahme eines Musikwerks bedient. Diese Aufnahme wird er in einer Datenbank abspeichern und diese dann der Öffentlichkeit zugänglich machen. Einzig mögliche Form der Bearbeitung ist folglich auch hier die teilweise (verkürzte) Musiknutzung. Wie schon bei den vorangegangenen Rechteübertragungen entspricht die Übertragung dieses Bearbeitungsrechts gemäß § 23 UrhG auf die GEMA dem Zweck des Berechtigungsvertrages nach § 31 Abs. 5 UrhG. Es ist nicht vorstellbar, daß jeder, der eine verkürzte Fassung eines Musikwerks zum Abruf im Internet bereitstellt, individuell beim Urheber nachfragen muß, ob er dies darf. Allerdings endet die Wahrnehmungsbefugnis der GEMA auch hier, wenn durch die Teilwerk-Nutzung die Grenzen des § 14 und § 39 UrhG überschritten werden.

---

18 Dazu unten Rn. 240 f.
19 S. hierzu die Ausführungen unter Rn. 262.

III. Die abrufabhängigen Online-Nutzungen als unbekannte Nutzungsarten nach § 31 Abs. 4 UrhG?

1. Die Wirkung des § 31 Abs. 4 UrhG

Nach der derzeitigen Rechtslage[20] gehen gemäß § 31 Abs. 4 UrhG nur die Rechte an solchen Nutzungsarten auf die GEMA über, die zum Zeitpunkt des Vertragsschlusses bereits „bekannt“ waren. **Altverträge** müssen nach Bekanntwerden der neuen Nutzungsart ergänzt werden. Pauschale Rechteübertragungen enthalten nicht automatisch die Übertragung der neuen Nutzungsart.[21] 190

2. Die „Online-Nutzung“ – keine einzelne selbständige Nutzungsart

Bei der öffentlichen Zugänglichmachung von Musikwerken iSd § 19a UrhG handelt es sich nicht um eine einzelne Nutzungsform.[22] Die hierunter fallenden Werknutzungen durch Music-On-Demand und Video-On-Demand sowie das Ins-Netz-Stellen von Musik auf Homepages sind als jeweils **selbständige Nutzungsformen** einzustufen.[23] Bei den sog. Musiktauschsystemen handelt es sich um einen Unterfall der Nutzungsart „Music-On-Demand“ und damit nicht um eine eigenständige Auswertungsform.[24] Auch die mobile Internetnutzung stellt einen unselbständigen Unterfall der Nutzungsart „Music-On-Demand“ dar. 191

3. Video-On-Demand und Music-On-Demand als eigenständige Nutzungsart

Die Abrufdienste Video-On-Demand und Music-On-Demand sind, unabhängig davon, ob die Werke zum Download freistehen oder lediglich „gestreamt“ werden, als eigenständige Nutzungsarten iSd § 31 Abs. 4 UrhG zu qualifizieren. Sie sind mit den herkömmlichen Mitteln der Werknutzung nicht zu vergleichen; es entstehen ganz **neue Absatzmärkte**.[25] Das OLG München hat festgestellt, daß diese Nutzungsart bereits im Jahr 1995 bekannt war.[26] 192

4. Nutzung eines Musikwerks auf einer Internet-Homepage als eigenständige Nutzungsart

Auch die Nutzung eines Musikwerks auf einer Internet-Homepage ist mit herkömmlichen Werknutzungen nicht zu vergleichen. Hierbei handelt es sich ebenfalls um eine eigenständige Nutzungsart; sie wird ab 1995/1996 als bekannt angesehen.[27] 193

---

20 Zu den Reformbestrebungen im sog. Zweiten Korb nachfolgend Rn. 297.

21 Dazu bereits oben Rn. 170.

22 *Siebert*, Die Auslegung der Wahrnehmungsverträge unter Berücksichtigung der digitalen Technik, S. 63, 73.

23 Für die On-Demand-Dienste s. Wandtke/Bullinger-*Wandtke/Grunert*, § 31 UrhG Rn. 61 ff.

24 *Müller*, in: Handbuch Multimedia-Recht, 7.12 Rn. 57.

25 Wandtke/Bullinger-*Wandtke/Grunert*, § 31 UrhG Rn. 61 f.

26 OLG München, ZUM 1998, 413, 416 (betreffend Video-On-Demand); a.A. Wandtke/Bullinger-*Wandtke/Grunert*, § 31 UrhG Rn. 63, die eine Bekanntheit der On-Demand-Dienste erst in jüngster Zeit annehmen.

27 OLG Hamburg, ZUM 2000, 870, 873.

5. Auswirkungen auf die Berechtigungsverträge

194 Da die Formen der Online-Nutzung von Musik im Jahr 1996 jedenfalls bekannt waren, ist die Übertragung des Rechts der Online-Nutzung in den Verträgen, die nach der Änderung des Berechtigungsvertrags durch die Mitgliederversammlung Mitte 1996 abgeschlossen wurden, wirksam. Für die Verträge, die zum Zeitpunkt der genannten Vertragsänderung bereits bestanden, ist es nach der Rechtsprechung des BGH[28] und der derzeitigen Rechtslage[29] erforderlich, daß jedes einzelne Mitglied die Änderung ausdrücklich zum Gegenstand seines Berechtigungsvertrags macht. Diese Zustimmung ist für mehr als 80% aller „Altverträge" erfolgt.[30] Zwar haben die fünf wichtigsten Musikverlage die Ergänzungsvereinbarung nicht unterzeichnet, allerdings mandatieren diese „Majors" die GEMA hinsichtlich ihrer Online- bzw. Mobilfunk-Nutzungsrechte für jeden einzelnen Content Provider mit der Wahrnehmung der betroffenen Rechte. Ausdrücklich ausgenommen ist hierbei – übereinstimmend mit den Lizenzverträgen der GEMA zu den Online-Nutzungen – der Bereich der dramatisch-musikalischen Werke.[31]

IV. Kein Mißbrauch einer marktbeherrschenden Stellung nach Art. 82 EG[32]

195 Auch wenn die Rechteübertragungen in § 1 lit. h Abs. 2 und 3 BerV grundsätzlich nicht die Möglichkeit zur **individuellen Lizenzierung** – etwa über sog. Digital Rights Management Systeme – vorsehen, verstoßen die Klauseln nicht gegen das kartellrechtliche Mißbrauchsverbot. Nach der Entscheidung des Europäischen Gerichtshof „BRT II" liegt ein Mißbrauch dann vor, wenn die Verwertungsgesellschaft ihren Mitgliedern Verpflichtungen auferlegt, die für die Erreichung des Gesellschaftszwecks nicht unentbehrlich sind und die Freiheit des Mitglieds, sein Urheberrecht auszuüben, unbillig beeinträchtigt wird.[33]

196 Durch Digital Rights Management Systeme können individuelle Nutzungsvorgänge erfaßt werden.[34] Der Zugang zum Werk kann davon abhängig gemacht werden, daß sich der Nutzer registriert, daß er eine Lizenzgebühr entrichtet oder das Werk nur in

---

28 Dazu nachfolgend Rn. 337.

29 S.a. *Riesenhuber,* **Kap. 9 Rn. 41 f.**

30 *Kreile/Becker*, in: Handbuch der Musikwirtschaft, S. 633 f.

31 Eine solche Beschränkung ist der Rechteübertragung in § 1 lit. h Abs. 2 und 3 BerV nicht zu entnehmen. Gleichwohl überträgt die GEMA in ihren Lizenzverträgen nicht das Recht zur Nutzung dieser Werke im Online-Bereich.

32 Nachdem die Beurteilungskriterien für die Mißbrauchskontrolle der Verwertungsgesellschaften nach deutschem und europäischem Wettbewerbsrecht im Wesentlichen übereinstimmen, vgl. *Stockmann*, in: Die Verwertungsgesellschaften im Europäischen Binnenmarkt, S. 45 sowie *Riesenhuber*, Die Auslegung und Kontrolle des Wahrnehmungsvertrags, S. 162, erfolgt die Überprüfung anhand der gemeinschaftsrechtlichen Mißbrauchskontrolle.

33 EuGH v. 27. 3. 1974 – Rs. 127/73 *BRT II*, Slg. 1974, 313.

34 *Flechsig*, in: FS Nordemann, S. 313, 315.

den vereinbarten Formen genutzt werden kann.[35] Somit könnte der Berechtigte die Vergütung für die Nutzung seiner Werke im Einzelnen aushandeln und dabei möglicherweise Vergütungen erzielen, die höher sind als die Tantiemenausschüttungen der GEMA. Prinzipiell stehen diese Systeme allerdings nicht im Gegensatz zur kollektiven Wahrnehmung der Rechte durch die Verwertungsgesellschaften; sie sind sowohl für den Bereich der individuellen als auch für den der kollektiven Rechtewahrnehmung von Bedeutung.[36] In diesem Sinn können derartige Systeme auch die Tätigkeit der Verwertungsgesellschaften, die sich bereits heute der entsprechenden neuen Technologien bedienen,[37] erleichtern bzw. ergänzen.

Als Alternative zur kollektiven Rechtewahrnehmung scheiden Digital Rights Management Systeme derzeit schon deshalb aus, weil bislang keine einheitlichen Standards entwickelt wurden und die Verbraucher diese Systeme nicht annehmen.[38] Tatsächlich sind die Rechteinhaber keineswegs in der Lage, die **massenhaften Nutzungen** ihrer Werke im Online-Bereich selbst zu lizenzieren und zu kontrollieren. Selbst die fünf bedeutendsten Musikverlage haben die GEMA aktuell mit der Wahrnehmung ihrer Rechte im Online-Bereich mandatiert. Auch für die Nutzer ist es ausgeschlossen, die teilweise über Subverlagssysteme („Split-Copyrights"[39]) über die ganze Welt verteilten Rechteinhaber einzeln ausfindig zu machen.[40] Durch die grundsätzlich unbeschränkte Rechteübertragung in § 1 lit. h Abs. 2 und 3 wird das Verfügungsinteresse des Einzelnen damit nicht unverhältnismäßig eingeschränkt. **197**

Auch wenn eine Anzahl von „starken" Rechteinhabern in der Lage wäre, durch solche Systeme Einzellizenzen auszuhandeln, die höher sind als die Tantiemenausschüttungen der GEMA, ist dennoch **keine Rückrufsmöglichkeit**[41] geboten. In diesem Fall würden lediglich die „schwachen Rechteinhaber" bei den Verwertungsgesellschaften zurückbleiben, denen dann das für ihre Aufgabe erforderliche „Volumen und Gewicht" abhanden kommen würde. Die Verwertungsgesellschaften wären nicht mehr in der Lage, den Nutzern einen Großteil des Weltpertoires anzubieten.[42] **198**

---

35 *Müller,* in: Handbuch Multimedia Recht, 7.12, Rn. 31.

36 KOM(2004) 261 endg. 1.2.5.

37 *Riesenhuber/v. Vogel,* EuZW 2004, 519, 520. Beispielsweise tauschen die größten musikalischen Verwertungsgesellschaften bereits heute Informationen zu Dokumentation und Abrechnung durch das globale Netzwerk „Fast Track" aus.

38 KOM(2004) 261 endg. 1.2.5.; *Riesenhuber/v. Vogel,* EuZW 2004, 519, 520.

39 Dieser Begriff bedeutet, daß etwa ein Werk von mehreren Urhebern geschaffen wurde, die möglicherweise Mitglieder bei unterschiedlichen musikalischen Verwertungsgesellschaften sind. Zudem kann das Oeuvre dieser Urheber auf unterschiedlich zu beteiligenden Verlage und von diesen auf unterschiedliche Subverlage für die unterschiedlichen Länder aufgeteilt sein.

40 *Kreile/Becker,* Handbuch der Musikwirtschaft, S. 634; *Meyer*, Verwertungsgesellschaften und ihre Kontrolle nach dem Urheberrechtswahrnehmungsgesetz, S. 27, ergänzt hier zutreffend das Argument der Planungssicherheit der Nutzer, die sich an den festen Tarifen der Verwertungsgesellschaften orientieren können. So auch *Kreile,* INTEGRU, 133, 137.

41 Vgl. *Riesenhuber/v. Vogel*, EuZW 2004, 519, 522.

42 *Wünschmann*, Kollektive Verwertung von Urheber- und Leistungsschutzrechten, S. 124;

199 Zudem hätte eine solche Möglichkeit der Individuallizenzierung zur Folge, daß der Schutz der Rechteinhaber gegenüber den mächtigen Musikverwertern nicht mehr in ausreichendem Maß gewährleistet wäre.[43] Es bestünde die Gefahr, daß die Rechteinhaber gezwungen wären, ihre Nutzungsrechte zu unangemessenen Bedingungen an die Musikverwerter abzutreten, obwohl die kollektive Wahrnehmung für sie vorteilhafter wäre. Zum anderen ist nicht ausgeschlossen, daß DRM-Systeme wiederum von der **Marktgegenseite** betrieben werden und die Urheber den Nutzern dadurch **schutzlos ausgesetzt** sind. Außerdem könnten die Nutzer die Verwertungsgesellschaften und einzelne Urheber gegeneinander ausspielen und so die feste Tarifstruktur der GEMA und das Gleichgewicht der Kräfte gefährden.[44]

§ 1 lit. h Abs. 4 [Die Regelung für „Ruftonmelodien"]

§ 1 Der Berechtigte überträgt hiermit der GEMA […]

h) […]

Die Rechtsübertragung erfolgt zur Nutzung der Werke der Tonkunst (mit oder ohne Text) auch als Ruftonmelodien und als Freizeichenuntermalungsmelodien.

Übersicht Rn.

I. Übersicht und Entstehungsgeschichte

200 § 1 lit. h Abs. 4 BerV regelt die ausdrückliche Übertragung der ausschließlichen Rechte zur Nutzung von Werken der Tonkunst mit oder ohne Text als Ruftonmelodien, also als „Handy-Klingeltöne", sowie als „Freizeichenuntermalungsmelodien". Seit der Beschlussfassung der Mitgliederversammlung 2005 ist diese Rechteübertragungsklausel im Zusammenhang mit dem Vorbehalt in § 1 lit. k Abs. 2 BerV zu sehen. Demnach steht die Rechteübertragung unter dem Vorbehalt, dass der Berechtigte in jedem Einzelfall seine **Einwilligung** zur Verwendung seines Werks in bearbeiteter oder umgestalteter Form als Klingelton oder Freizeichenuntermalungsmelodie in-

---

Melichar, Die Wahrnehmung von Urheberrechten durch Verwertungsgesellschaften, S. 62; *Mauhs*, Der Wahrnehmungsvertrag, S. 70.

43 *Wünschmann*, Kollektive Verwertung von Urheber- und Leistungsschutzrechten, S. 124.

44 *Wünschmann*, Kollektive Verwertung von Urheber- und Leistungsschutzrechten, S. 124; *Reischl*, GRUR Int. 1982, 151, 158; Kommission v. 8.4.1982 ABl. 1982 L 94, 12 ff. – GEMA-Satzung.

dividuell erteilt.[1] **Freizeichenuntermalungsmelodien** sind Signaltöne, bei denen Werke bzw. Werkteile mit dem gleichzeitig hörbaren Freizeichen des Telefons unterlegt werden.[2] Bei **Klingeltönen** handelt es sich um digitalisierte Tonfolgen, die bei Anruf eines Mobiltelefons erklingen.[3] Im Gegensatz zu den Musikabrufdiensten im Internet ist die Nutzung von Handyklingeltönen derzeit wirtschaftlich bedeutend[4]; sie findet heute ständig und überall statt.

Abhängig vom jeweiligen Geschäftsmodell des Anbieters werden durch die Nutzung als Klingelton **unterschiedliche Verwertungsrechte** berührt. Die Speichervorgänge (etwa zum Abruf oder auf dem Mobiltelefon selbst) stellen Vervielfältigungen nach § 16 Abs. 2 UrhG dar. Das Bereitstellen zum Abruf und die Übermittlung der Werke auf das Handy können das Recht der öffentlichen Zugänglichmachung bzw. ein unbenanntes Verwertungsrecht nach § 15 Abs. 2 UrhG tangieren. Beim „Klingeln" schließlich kann es sich um einen Fall der öffentlichen Wiedergabe vom Tonträger nach § 21 UrhG handeln. Die Nutzung als Handy-Klingelton (wie auch als Freizeichenuntermalungsmelodie) betrifft zudem Bearbeitungs- bzw. Umgestaltungsrechte nach § 23 UrhG in erheblichem Ausmaß, so etwa im Fall von Kürzungen oder Einspielungen von Instrumentalversionen. **201**

Die Mitgliederversammlung 2002 hat „zur Sicherstellung des Schutzumfanges" in § 1 lit. h Abs. 4 BerV die Sachverhalte der Musiknutzung als „Klingelton" und damit zusammenhängend in § 1 lit. h Abs. 3 BerV die Sachverhalte der Übermittlung von Werken aus Datenbanken etc. „für die mobile Internetnutzung" ausdrücklich im Berechtigungsvertrag berücksichtigt.[5] Diese Ergänzung war notwendig, da das Hanseatische Oberlandesgericht in einem rechtskräftigen Kostenbeschluss[6] die Auffassung vertreten hatte, daß das Recht zur Nutzung eines Musikwerks als Klingelton durch die Berechtigungsverträge in der Fassung vor der Änderung im Jahr 2002 – trotz der Ergänzung für den multimedialen und digitalen Bereich im Jahr 1996[7] – nicht auf die GEMA übergegangen war. **202**

II. Einzelerläuterungen

1. Die Nutzung als Klingelton und die unterschiedlichen Geschäftsmodelle

Die Besonderheit der Musiknutzung als Klingelton liegt in der **Signalwirkung** der Musikwiedergabe und darin, daß bei Ertönen des Signals das Werk wiedererkannt **203**

---

1 Nachfolgend Rn. 211 f.

2 S. hierzu die Begründung zu Antrag 13 der Tagesordnung für die Versammlungen der ordentlichen Mitglieder am 28. und 29. Juni 2005.

3 *Müller,* Handbuch Multimedia-Recht, 7.12, Rn. 59.

4 *Kreile/Becker,* Handbuch der Musikwirtschaft, S. 650.

5 GEMA-Brief, Nr. 43, August 2002; abrufbar unter www.gema.de.

6 OLG Hamburg, ZUM 2002, 480 ff. – Handy-Klingelton.

7 S. oben Rn. 172, 194.

werden soll.[8] Die Klingeltöne können neu komponierte Tonfolgen darstellen oder auf sogenannten vorbestehenden Werken basieren. Vorbestehende Werke werden zur Verwendung als Klingelton regelmäßig zu einer prägnanten Tonfolge gekürzt.[9]

204 Handy-Klingeltöne werden über mehrere **Geschäftsmodelle** angeboten. Einerseits werden die eingespielten Ruftonmelodien auf einer CD-ROM mit einer Software zum Überspielen auf Handys vervielfältigt und verbreitet.[10] Eine andere Möglichkeit ist, daß der Kunde die Einspielung über eine 0190-er Telefonnummer abfragt und die Übermittlung per SMS auf das Mobiltelefon des Kunden erfolgt.[11] Schließlich existieren auch Modelle, bei denen der Kunde die Klingeltöne von der Website des Anbieters abfragt. Auch hier werden die Klingeltöne per SMS geliefert.[12] Neben den Übermittlungen durch Mobilfunknetze fallen – wie in § 1 lit. h Abs. 3 BerV ausdrücklich geregelt – auch weitere Formen der mobilen Internet-Nutzung einschließlich der Nutzung auf der Grundlage vergleichbarer Datennetze in den Wahrnehmungsbereich der GEMA. In diesem Sinne fallen auch mobile Internetnutzungen von Klingeltönen durch iMode[13] in den Wahrnehmungsbereich der GEMA.

2. Die einzelnen urheberrechtlichen Verwertungshandlungen

205 Je nach Geschäftsmodell sind bei der Nutzung von sog. Ruftonmelodien einzelne, verwertungsrechtlich relevante Handlungen zu unterscheiden: Zunächst muß der Nutzer vom Rechteinhaber die Erlaubnis einholen, eine Klingelton-Version eines Werks einzuspielen, d.h. eine Aufnahme der Ruftonmelodie herzustellen. Berührt ist hierbei grundsätzlich das Vervielfältigungsrecht gemäß § 16 Abs. 2 UrhG. Die Aufnahme auf eine CD-ROM zusammen mit der Software zum späteren Herunterladen und die Verbreitung dieser CD-ROM berühren das **Vervielfältigungs- und Verbreitungsrecht** nach §§ 16, 17 UrhG. Auch das Speichern des Klingeltons auf dem Mobiltelefon ist eine Vervielfältigung nach § 16 UrhG. Obwohl diese Sachverhalte grundsätzlich bereits von § 1 lit. h Abs. 1 BerV erfaßt wären, fallen diese Nutzungen „als Klingeltöne" unter die spezielle Rechteübertragung nach § 1 lit. h Abs. 4 BerV.

206 Bei bestimmten Geschäftsmodellen werden zudem die Musikwerke **abgerufen und übermittelt**. Soweit der Kunde die Melodien selbst direkt auf das Handy abruft, wie etwa per iMode, ist das Recht der öffentlichen Zugänglichmachung nach § 19a UrhG berührt. Ebenso ist es als öffentliche Zugänglichmachung zu beurteilen, wenn sich der Kunde den Klingelton direkt aus dem Internet herunterlädt (und dann die Vervielfältigung auf das Mobiltelefon überträgt). Soweit der Kunde die Klingeltöne nur im Internet auswählt, und diese anschließend vom Anbieter auf das Handy per SMS übermittelt werden, ist das Recht nach § 19a UrhG nur durch das „Anhören" der

---

8 LG Hamburg, ZUM 2001, 443, 444.
9 OLG Hamburg, ZUM 2000, 480, 482 – Handy-Klingelton.
10 So der Fall, den LG und OLG Hamburg zu beurteilen hatten; LG Hamburg, ZUM 2001, 443ff.; OLG Hamburg, ZUM 2002, 480ff. – Handy-Klingelton.
11 *Kreile/Becker,* in: Handbuch der Musikwirtschaft, S. 650.
12 *Kreile/Becker,* in: Handbuch der Musikwirtschaft, S. 651.
13 Dazu oben Rn. 184.

Werke bei der Auswahl im Internet betroffen. Die Übermittlung per SMS an den Kunden fällt als so genannter Push-Dienst[14] nicht unter § 19a UrhG; der Nutzer kann diese Übermittlung nicht „zu Zeiten seiner Wahl" veranlassen. Vielmehr steuert der Klingeltonanbieter den Zeitpunkt der Übermittlung. In Anlehnung an die Begründung zu § 19a UrhG kann die Werknutzung im Rahmen eines solchen Geschäftsmodells jedoch als „unbenanntes Verwertungsrecht nach § 15 Abs. 2 UrhG" angesehen werden.[15] Soweit der Abruf der Klingeltöne über Telefonnetze und die Übermittlung auf das Handy durch so genannte Push-Dienste erfolgen, ist ausschließlich das in der Gesetzesbegründung erwähnte unbenannte Verwertungsrecht gemäß § 15 Abs. 2 UrhG betroffen.

Das **„Klingeln"** schließlich kann eine öffentliche Wahrnehmbarmachung mittels Tonträger (der Speicher des Mobiltelefons) iSd § 21 UrhG darstellen. Diese Nutzung fällt damit grundsätzlich unter die von § 1 lit. g BerV erfaßten Sachverhalte.[16] **207**

Bei der Nutzung eines Musikwerks als Klingelton (oder Freizeichenuntermalungsmelodie) wird es zudem regelmäßig zu Werkänderungen kommen, die das **Bearbeitungs- bzw. Umgestaltungsrecht** des Urhebers nach § 23 UrhG und damit urheberpersönlichkeitsrechtliche Belange berühren. Typisch sind die Verkürzung des Werks auf eine einprägsame Tonfolge sowie die Trennung des Textes von der Musik, um eine Instrumentalfassung zu erhalten. Auch die Übertragung von Musikwerken in sogenannte MIDI-Files zur computergerechten Weiterverarbeitung verändert das Werk in seiner ursprünglichen Form.[17] **208**

Bis auf das durch das Klingeln möglicherweise berührte Recht der öffentlichen Wahrnehmbarmachung mittels Tonträger iSd § 21 UrhG können die genannten Verwertungsrechte auch bei der Nutzung als Freizeichenuntermalungsmelodie berührt sein. **209**

3. Die Übertragung der Nutzungsrechte auf die GEMA

Das OLG Hamburg hat im Jahr 2002 entschieden, daß die Nutzung eines Musikwerks als Klingelton von der Version des Berechtigungsvertrags, die noch keine Regelung für Klingeltöne enthielt, nicht umfaßt war. Das Gericht hat die Nutzung eines Musikwerks als Klingelton als eine eigenständige Nutzungsart eingestuft, wobei das Eigenständige darin liegen soll, daß es nicht um die Wahrnehmung einer Tonfolge als Musikwerk in Form eines sinnlich-klanglichen Erlebnisses, sondern um ein **„rein funktionales Erkennungszeichen"** geht.[18] **210**

Mit der Ergänzung des **Vorbehalts** in **§ 1 lit. k Abs. 2 BerV** durch die Mitgliederversammlung 2005 wurde festgelegt, daß mit Abschluß des Berechtigungsvertrags kei- **211**

---

14 Dreier/Schulze-*Dreier,* § 19a UrhG Rn. 10.

15 RegE UrhG Begr. zu B. Artikel 1, Absatz 1, Nummern 2, 5, 6, BT-Drs. 15/38, S. 17.

16 A.A. OLG Hamburg, ZUM 2002, 480, 483 – Handy-Klingelton. Das OLG geht davon aus, daß dieser Sachverhalt grundsätzlich nach § 1 lit. c BerV (Recht der Lautsprecherwiedergabe) auf die GEMA übergeht.

17 OLG Hamburg, ZUM 2002, 480, 481 – Handy-Klingelton.

18 So auch schon das LG Hamburg, ZUM 2001, 443, 445, in der Vorinstanz.

nerlei Bearbeitungs- bzw. Umgestaltungsrechte im Zusammenhang mit der Nutzung als Klingelton oder Freizeichenuntermalungsmelodie auf die GEMA übergehen. Vor dieser Änderung wurden der GEMA nach § 1 lit. h Abs. 4 BerV in gewissem Umfang Bearbeitungs- bzw. Umgestaltungsrechte nach § 23 UrhG übertragen. Begrenzt war der Umfang der Übertragung allerdings durch das Urheberpersönlichkeitsrecht.[19]

212 Durch die Neuregelung in § 1 lit. k Abs. 2 BerV sollen die **Urheberpersönlichkeitsrechte** der Berechtigten gestärkt werden, indem diesen die Befugnis ausschließlich in jedem Einzelfall verbleibt, die Einwilligung zur Verwendung bearbeiteter, geänderter und/oder umgestalteter bzw. gekürzter Fassungen der Originalwerke zu erteilen. Unberührt soll jedoch die Wahrnehmungsbefugnis der GEMA bzgl. der Verwertungsrechte außerhalb der persönlichkeitsrechtlich relevanten Nutzungen bleiben. Somit fallen der gesamte Bereich der **mechanischen Vervielfältigung** sowie die Sachverhalte der **öffentlichen Zugänglichmachung** unbeschadet nach § 1 lit. h BerV unter den Wahrnehmungsbereich der GEMA.[20] Praktisch bedeutet dies, daß für jeden Einzelfall, in dem auf der Grundlage eines Musikwerks ein neuer Klingelton oder eine neue Freizeichenuntermalungsmelodie „hergestellt" wird, beim Berechtigten individuell die Einwilligung hierzu eingeholt werden muß. Die weiteren Nutzungen eines genehmigten Klingeltons, etwa wie die Vervielfältigung auf CD-ROM und deren Verbreitung sowie der Verkauf im Internet, fallen jedoch unter den Wahrnehmungsbereich der GEMA.

§ 1 lit. h Abs. 5 [Der Vorbehalt des Herstellungsrechts]

§ 1 […]

h)

[…]

Die Rechteübertragung erfolgt jeweils vorbehaltlich der Regelung nach Abs. i).

213 Die Rechteübertragung nach § 1 lit. h BerV steht nach Absatz 5 der Bestimmung unter dem Vorbehalt der Regelung in § 1 lit. i BerV. Diese Vorschrift legt besondere Bedingungen für die Verwendung von Musikwerken bei der **Herstellung von audiovisuellen Produktionen** fest, sei es als Film- oder Multimedia-Werk. Die Rechteübertragung nach § 1 lit. h BerV erfolgt in den Fällen der audiovisuellen Vervielfältigungen zur Herstellung eines „Films" (im weitesten Sinne) nach den speziellen Konditionen des § 1 lit. i BerV.

214 Unerheblich ist dabei, ob es sich um eine Erstfixierung des Musikwerks (beispielsweise die Aufzeichnung eines Orchesterkonzerts) oder um eine Übertragung von einem Tonträger auf den Bildtonträger (wie die Verwendung einer Aufnahme eines

19 Dazu oben Rn. 30ff.

20 S. hierzu Begründung zum Änderungsantrag 13 der Tagesordnung für die Versammlungen der ordentlichen Mitglieder am 28. und 29. Juni 2005.

Musikstücks bei der Herstellung eines Films) handelt. Nach § 1 lit. i BerV steht die Übertragung der so genanten Herstellungsrechte grundsätzlich unter einer auflösenden Bedingung. Der Berechtigte kann innerhalb einer Frist erklären, daß er die Rechte selbst wahrnehmen möchte.[1]

§ 1 lit. h Abs. 6 [Keine Übertragung der graphischen Rechte]

§ 1 [...]

h) [...]

Die vorgenannten Rechte umfassen nicht die graphischen Rechte, insbesondere nicht das Recht am Notenbild oder Textbild.

§ 1 lit. h Abs. 6 BerV nimmt ausdrücklich die graphischen Rechte, d.h. die **Vervielfältigungs- und Verbreitungsrechte am Notenmaterial**,[1] von der Rechteübertragung nach § 1 lit. h Abs. 1 BerV aus. Diese Rechte werden traditionell von den Verlegern wahrgenommen. Die Klausel wurde durch Beschluß der Mitgliederversammlung 1996 in den Berechtigungsvertrag aufgenommen. Sie war auf Grund der Neuregelungen in § 1 lit. h Abs. 1 BerV durch die Mitgliederversammlung 1996 notwendig geworden; die ergänzten Trägermedien waren im Gegensatz zur früheren Regelung auch zur Vervielfältigung und Verbreitung von digitalisierten Notenwerken als Vervielfältigungsstücke von Musikwerken geeignet. Da jedoch die als Druckrechte[2] bezeichneten Befugnisse traditionell vom Tätigkeitsbereich der GEMA ausgenommen sind, mußte dieser Bereich ausdrücklich ausgeklammert werden. **215**

Einerseits betrifft die Ausnahmeregelung für das „graphische Recht" das Vervielfältigungs- und Verbreitungsrecht im Hinblick auf **Musik- und Sprachwerke** selbst. So wird etwa durch die Kopie eines Notenbilds das Musik- bzw. Sprachwerk selbst vervielfältigt. Andererseits werden hiervon auch die Sachverhalte erfaßt, in denen das **Noten- oder Textbild** ausnahmsweise selbst Werkschutz genießt. Auch dieses Recht ist nach dem Vorbehalt in § 1 lit. h Abs. 6 BerV – als Recht am Notenbild oder am Textbild – ausdrücklich aus dem Wahrnehmungsbereich der GEMA ausgenommen. **216**

Einen Ausnahmesachverhalt stellt beispielsweise das im Musikverlagswesen übliche und als Vermieten nach § 17 Abs. 3 UrhG einzustufende „Verleihen reversgebundenen Notenmaterials" für eine bestimmte Aufführung dar.[3] Ebensowenig sind Nutzungen, bei denen Druckausgaben oder Notendarstellungen in Dateiform der Öffentlichkeit angeboten oder in Verkehr gebracht werden, nach § 1 lit. h Abs. 6 BerV vom Wahr- **217**

1 S. hierzu die Ausführungen unter Rn. 259 f.

1 *Rehbinder*, Urheberrecht, Rn. 441.
2 *Lichte,* Handbuch der Musikwirtschaft, S. 1071.
3 Dreier/Schulze-*Schulze*, § 17 UrhG Rn. 15.

nehmungsbereich der GEMA erfaßt. Die jeweiligen Rechte müssen idR von den Verlagen erworben werden.

218 Sobald allerdings Notenmaterial durch öffentliche Bibliotheken verliehen wird, fällt die Geltendmachung des hierfür gewährten verwertungsgesellschaftenpflichtigen Vergütungsanspruchs nach **§ 27 Abs. 2 UrhG** – trotz der Ausnahme für graphische Rechte nach § 1 lit. h Abs. 6 BerV – in den Wahrnehmungsbereich der GEMA. In diesem Sinn tritt der Berechtigte den Vergütungsanspruch aus § 27 Abs. 2 UrhG für Musiknoten explizit gemäß § 1 lit. h Abs. 7, 2. Hs. BerV an die GEMA ab.[4]

§ 1 lit. h Abs. 7 [Die Abtretung gesetzlicher Vergütungsansprüche]

§ 1 Der Berechtigte überträgt hiermit der GEMA [...]

h) [...]

Die Vergütungsansprüche aus den §§ 27 Abs. 1 und 2, 52a sowie 54, 54d Abs. 1, 54e, 54f, 54g, 54h UrhG; dazu gehören die Vergütungsansprüche aus § 27 Abs. 2 UrhG für Musiknoten.

Übersicht Rn.

4 Dazu oben Rn. 236 ff.

I. Überblick

Nach § 1 lit. h Abs. 7 BerV übertragen die Berechtigten der GEMA gesetzliche Vergütungsansprüche, die ihnen das Urhebergesetz für bestimmte Nutzungen ihrer musikalischen Werke gewährt. Technisch gesprochen werden diese Ansprüche an die GEMA nach den **§§ 398ff. BGB abgetreten.**[1] Der Wortlaut der Bestimmung nennt die §§ 27 Abs. 1 und Abs. 2 UrhG, § 52a sowie die §§ 54, 54d Abs. 1, §§ 54e, 54f, 54g, 54h UrhG. Abgetreten wird daneben auch der hier nicht genannte gesetzlichen Vergütungsanspruch gemäß § 20b UrhG.[2] **219**

Wie bereits dargestellt,[3] regelt das Gesetz zwei unterschiedliche Kategorien von gesetzlichen Vergütungsansprüchen. Einerseits geht es darum, einen Ausgleich für eingeschränkte Verwertungsrechte zu gewähren (gesetzliche Lizenzen), andererseits sollen wirtschaftlich bedeutende Nutzungen wie etwa das Verleihen in Bibliotheken,[4] für die das Gesetz kein Verwertungsrecht vorsieht, vergütet werden. Das Gesetz gestaltet die an die GEMA abgetretenen Vergütungsansprüche als **verwertungsgesellschaftenpflichtig**, d.h. die Ansprüche können nur durch Verwertungsgesellschaften geltend gemacht werden. Dies bedeutet, daß die Rechteinhaber faktisch gezwungen sind, die Verwertungsgesellschaften mit der Durchsetzung ihrer Ansprüche zu beauftragen. **220**

II. Ansprüche als Entschädigung für beschränkte Verwertungsrechte

1. Die Regelungen zur „Geräte- und Leerkassettenabgabe“ nach den §§ 54ff. UrhG

a) Allgemeines

Die sog. Geräte- und Leerkassettenabgabe nach den §§ 54ff. UrhG stellt einen typischen Fall einer Entschädigung für die Einschränkung eines Verwertungsrechts dar. Es handelt sich hierbei um eine **gesetzliche Lizenz**; die nach § 53 UrhG freigestellten Vervielfältigungshandlungen werden durch diesen Vergütungsanspruch kompensiert. Auf Grund der Schranke in § 53 UrhG muß der Urheber im Interesse der Allgemeinheit eine Vervielfältigung zu privaten oder sonstigen eigenen Zwecken hinnehmen. Als Ausgleich dafür gewährt ihm der Gesetzgeber einen pauschalen Vergütungsanspruch. Diese gesetzliche Lizenz ist insbesondere deshalb erforderlich, weil der Urheber wegen der individuellen Privatfreiheit der Nutzer[5] sein Recht nicht individuell durchsetzen kann (sog. **Marktversagen**[6]). **221**

---

1 Dazu oben Rn. 36 f.
2 Nachfolgend Rn. 247.
3 Dazu bereits oben Rn. 36 f.
4 *Plate*, Die Verwertungsgesellschaftenpflicht für urheberrechtliche Vergütungsansprüche und ausschließliche Verwertungsansprüche, S. 69.
5 *Plate*, Die Verwertungsgesellschaftspflicht für urheberrechtliche Vergütungsansprüche und ausschließliche Verwertungsrechte , S. 51.
6 Dreier/Schulze-*Schulze*, § 54 UrhG Rn. 1.

222 Mit dem Vergütungsanspruch gehen auch die Auskunftsansprüche nach den §§ 54f Abs. 1 und 54g Abs. 1 UrhG sowie die (Schadensersatz-) Folgeansprüche nach den §§ 54f Abs. 3 und 54g Abs. 3 UrhG auf die GEMA über. Die §§ 54e[7] und 54h[8] UrhG enthalten keine Ansprüche oder Rechte der Urheber, die auf die GEMA übertragen werden könnten. Ihre Erwähnung im Berechtigungsvertrag dient damit lediglich dazu, auf die gesetzlichen Vorschriften hinzuweisen.[9]

b) Voraussetzungen des Vergütungsanspruchs nach § 54 UrhG

aa) Vergütungspflichtige Werke

223 Nach § 54 UrhG wird der pauschale Vergütungsanspruch auf Vervielfältigungsgeräte und Speichermedien erhoben. Voraussetzung ist zunächst, daß es nach der Art des Werks zu **erwarten** ist, daß das **Werk durch Aufnahmen von Funksendungen** auf einem Bild- oder Tonträger oder durch Übertragung von einem Bild- oder Tonträger auf einen anderen in – nach § 53 Abs. 1 oder 2 UrhG – privilegierter Weise **vervielfältigt** wird.[10] Dies ist für die in den Wahrnehmungsbereich der GEMA fallenden Musik- und Sprachwerke zweifelsohne der Fall.

bb) Vergütungspflichtige Geräte und Speichermedien

224 Vergütungspflichtige Geräte nach § 54 Abs. 1 Satz 1 Nr. 1 UrhG, die erkennbar zur Vornahme von derartigen Vervielfältigungen bestimmt sind, sind z.B. Tonbandgeräte, CD-Brenner[11], DVD-Brenner, Scanner[12] oder MP3-Player[13]. Neben der grundsätzlichen „Eignung" sind diese Geräte zumindest teilweise und damit ausreichend für Vervielfältigungen zum privaten oder sonstigen eigenen Gebrauch nach § 53 Abs. 1 und 2 UrhG bestimmt. Soweit diese **Zweckbestimmung** bejaht werden kann, kommt es nach der derzeitigen Gesetzeslage auf eine tatsächliche Nutzung und den Umfang der Nutzung nicht an.[14]

---

7 Der hier einschlägige § 54e Abs. 2 UrhG regelt, daß ein Vermerk erforderlich ist, der ausweist, ob die „Geräte- oder Leerkassettenabgabe" bereits durch den Hersteller oder Importeur entrichtet wurde. Dadurch soll der Handel in der Lage sein, dies bei seiner Preisgestaltung zu berücksichtigen; BR-Drs. 218/94, S. 24.

8 § 54h UrhG regelt zum einen die Verwertungsgesellschaftenpflichtigkeit der Auskunfts- und Vergütungsansprüche im Rahmen der §§ 54 ff. UrhG. Außerdem nennt diese Bestimmung bestimmte Vorschriften hinsichtlich der Handhabung der im Rahmen der „Geräte- und Leerkassettenabgabe" vorgeschriebenen Mitteilungen durch die Verwertungsgesellschaften.

9 Nach dem Referentenentwurf für ein Zweites Gesetz zur Regelung des Urheberrechts in der Informationsgesellschaft v. 27.09.2004, S. 59f., abrufbar unter www.bmj.bund.de, soll die Hinweispflicht nach § 54e UrhG künftig nicht mehr bestehen.

10 Dreier/Schulze-*Schulze*, § 54 UrhG Rn. 4.

11 OLG Stuttgart, CR 2001, 817; die ZPÜ hat diesbezüglich mit der BITKOM einen Gesamtvertrag geschlossen, im Rahmen dessen eine pauschale Geräteabgabe vereinbart wurde. Eine solche Einigung kam auch hinsichtlich der DVD-Brenner zustande.

12 BGH, GRUR 2002, 246, 247 – Scanner.

13 Dreier/Schulze-*Schulze*, § 54 UrhG Rn. 5.

14 BGH, NJW 1982, 642, 643 – Tonfilmgeräte.

Umstritten ist die Frage, ob es sich auch bei **PCs** um nach § 54 UrhG vergütungspflichtige Geräte handelt. Die deutsche IT-Wirtschaft wehrt sich gegen eine solche Vergütungspflicht und trägt unter anderem vor, daß durch PCs zwar Vervielfältigungen iSd § 53 UrhG möglich seien, die Geräte aber hauptsächlich anderen Zwecken dienten.[15] Dagegen haben sowohl das LG München[16] als auch die Schiedsstelle beim Deutschen Patent- und Markenamt[17] entschieden, daß es sich bei den PCs durchaus um vergütungspflichtige Geräte handelt. Auch nach der Rechtsprechung des BGH zu anderen Geräten fallen die PCs unter die Vergütungspflicht nach § 54 UrhG. Demnach steht es einer Vergütungspflicht nicht entgegen, daß die Zweckbestimmung dieser Geräte nur in gegebenenfalls geringem Umfang auf Vervielfältigungshandlungen abzielt.[18] Das Erfordernis der Zweckbestimmung bedeutet **nicht**, daß die Vervielfältigung den **Hauptzweck** des Geräts darstellen muß.[19] **225**

Das Argument der Computerindustrie, daß eine Geräteabgabe wegen der neuartigen Möglichkeiten der individuellen Lizenzierung durch **Digital Rights Management Systeme** nicht mehr erforderlich sei, überzeugt nicht. Wie die Schiedsstelle des Deutschen Patent- und Markenamtes deutlich ausführt, stellt sich diese Frage nicht, solange die Schranke nach § 53 Abs. 1 bis 3 UrhG besteht und dadurch die fraglichen privaten Nutzungen freigestellt sind. Außerdem bieten diese Systeme nach dem derzeitigen Stand der Technik keinen wirksamen Kopierschutz. Die Kopiersperren könnten die Vergütungspflicht ohnehin nur dann in Frage stellen, wenn nahezu keine Werke mehr kopiert werden könnten; das sei jedoch nicht zu erwarten.[20] **226**

Der nach § 1 lit. h Abs. 7 BerV an die GEMA abgetretene Vergütungsanspruch nach § 54 UrhG wird daneben auch auf Bild- oder Tonträger, also auf bestimmte **Speichermedien** erhoben, die erkennbar zur Vornahme von nach § 53 UrhG privilegierten Vervielfältigungen bestimmt sind. Ob es sich dabei um analoge „Leerkassetten“, wie etwa Ton- oder Videokassetten, oder um digitale Speichermedien, wie etwa CDs oder DVDs handelt, ist unerheblich.[21] **227**

Nach dem Referentenentwurf für ein zweites Gesetz zur Regelung des Urheberrechts in der Informationsgesellschaft soll es künftig nicht mehr darauf ankommen, daß die Geräte (und Leerträger) zur Vervielfältigung bestimmt sind. Vielmehr soll entscheidend sein, ob die Geräte tatsächlich in nennenswertem Umfang zur Vervielfältigung **228**

15 *Winghardt*, ZUM 2002, 349, 353.

16 Urteil des LG München vom 23.12.2004, Az 7 O 18484/ 03.

17 Einigungsvorschlag der Schiedsstelle beim Deutschen Patent- und Markenamt vom 31.01.2003, Az Sch-Urh-8/2001.

18 BGH, ZUM 1999, 649, 651 f. – Telefaxgeräte; so auch der Einigungsvorschlag der Schiedsstelle beim Deutschen Patent- und Markenamt vom 31.01.2003, Az Sch-Urh-8/2001, S. 33.

19 BGH, GRUR 2002, 246, 248 – Scanner; BGHZ 212, 215, 218 f. – Readerprinter; Einigungsvorschlag der Schiedsstelle beim Deutschen Patent- und Markenamt vom 31.01.2003, Az Sch-Urh-8/2001, S. 33.

20 Einigungsvorschlag der Schiedsstelle beim Deutschen Patent- und Markenamt vom 31.01.2003, Az Sch-Urh-8/ 2001, S. 31.

21 Einigungsvorschlag der Schiedsstelle beim Deutschen Paten- und Markenamt vom 31.01.2003, Az Sch-Urh-8/2001, S. 17 mwN.

genutzt werden. Dadurch soll die individuelle Lizenzierung über DRM-Systeme neben der Pauschalvergütung stehen können, wobei sich der Umfang von Kopierschutzmaßnahmen auf die Höhe der Vergütungen auswirken soll. Eine Doppelbelastung der Nutzer würde dadurch vermieden.[22]

c) Anspruchschuldner

229 Anspruchsschuldner ist nach § 54 Abs. 1 S. 1 UrhG primär der Hersteller[23] der Geräte bzw. Speichermedien. Daneben haften nach § 54 Abs. 1 S. 2 UrhG gesamtschuldnerisch auch der Importeur[24] sowie grundsätzlich der Händler[25].

d) Die Klarstellung des § 54c UrhG

230 Grundlage für den Vergütungsanspruch nach § 54 UrhG ist eine **inländische Vervielfältigungshandlung**. Der Anspruch entfällt daher, wenn die entsprechenden Geräte oder Bild- oder Tonträger zwar in Deutschland hergestellt, jedoch anschließend ins Ausland exportiert werden. § 54c UrhG bestimmt somit lediglich klarstellend, daß die Vergütungspflicht hier ausscheidet.[26]

e) Die Höhe der Pauschalvergütung

231 Die Höhe der „angemessenen" Vergütung wird nach der derzeitigen Gesetzeslage pauschal gemäß **§ 54d Abs. 1 UrhG** und der entsprechenden **Anlage** (dort I.) gesetzlich festgelegt. Die Pauschalvergütungen werden unterschieden nach der Art des Geräts als Tonaufzeichnungs- oder Bildaufzeichnungsgerät (I. Nr. 1 bis 4 der Anlage) sowie danach, ob es sich um Tonträger oder Bildträger (I. Nr. 4 bis 6 der Anlage) handelt. Bei Ton- und Bildtonträgern ist die Spieldauer entscheidend. Die gesetzlich festgelegten Vergütungssätze sind seit 1985 im Wesentlichen unverändert. Die GEMA hat mit diversen Organisationen Gesamtverträge – als nach Absatz 1, 2. Halbsatz „abweichende Vereinbarungen" – geschlossen; hier werden auch Gesamtvertragsnachlässe gewährt.

232 Künftig soll die Bemessung der Vergütungshöhe nicht mehr gesetzlich geregelt sein, sondern den Verwertungsgesellschaften und Herstellern innerhalb gesetzlich definier-

---

22 Pressemitteilung des Bundesministeriums der Justiz v. 09. 09. 2004 „Urheberrecht in der Wissensgesellschaft", abrufbar unter www.bmj.bund.de; Referentenentwurf für ein zweites Gesetz zur Regelung des Urheberrechts in der Informationsgesellschaft v. 27. 09. 2004, S. 21 f., abrufbar unter www.bmj.bund.de.

23 *Hersteller* ist derjenige, der die Geräte bzw. Bild- oder Tonträger tatsächlich produziert; BGH, GRUR 1985, 284, 285 – Herstellerbegriff III.

24 Nach § 54 Abs. 2 Satz 1 UrhG ist *Importeur* grundsätzlich derjenige, der die Geräte bzw. Bild- oder Tonträger in den Geltungsbereich dieses Gesetzes verbringt oder verbringen lässt. Allerdings schuldet die Vergütung nicht, wer die Geräte oder Träger privat einführt; RegE UrhG, Begr. zu B II 6, BT-Drs. 10/873, S. 18.

25 *Händler* ist, wer gewerblich Geräte oder Bild- oder Tonträger erwirbt und weiter veräußert, gleichviel, ob als Groß- oder Einzelhändler; BR-Drs. 218/94, S. 19.

26 Fromm/Nordemann-*Nordemann*, § 54c UrhG Rn. 2.

ter Rahmenbedingungen (§ 54a RefE) überlassen werden. Damit soll eine **flexiblere Handhabung** erreicht werden, die eine Berücksichtigung der tatsächlichen Nutzung in nennenswertem Umfang – und damit in den Fällen der DRM-Systeme das Nebeneinander von Individuallizenzierung und der Pauschalvergütung – ermöglicht. Konflikte beschränken sich dann auf die unvermeidbaren Auseinandersetzungen über die Vergütungshöhe. Bei der Ermittlung der tatsächlichen Nutzung sollen empirische Erhebungen zu Grunde gelegt werden.[27]

f) Meldepflicht und (Schadensersatz-)Folgeanspruch nach § 54f Abs. 1 und 3 UrhG

Gleichzeitig mit der Abtretung des Vergütungsanspruchs nach § 54 UrhG betrauen die Berechtigten die GEMA nach § 1 lit. h Abs. 7 BerV ausdrücklich auch mit der Wahrnehmung der **Meldepflicht** nach § 54f. Abs. 1 UrhG zur Erfassung der Importe von Geräten und Ton- oder Bildtonträgern iSd § 54 UrhG. Die zur Meldung verpflichteten Importeure müssen der GEMA unaufgefordert monatlich bis zum 10. des Folgemonats Art und Stückzahl der von ihnen in die Bundesrepublik Deutschland importierten Geräte bzw. Bild- und Tonträger mitteilen. Als Sanktion für unvollständige und unrichtige Angaben sieht der Gesetzgeber diesbezüglich in § 54f. Abs. 3 UrhG einen (Schadensersatz-)Folgeanspruch vor. Dabei ist auch die verspätete Meldung der Angaben eine Nichterfüllung der Meldepflicht.[27a] 233

g) Auskunftsanspruch und (Schadensersatz-)Folgeanspruch nach § 54g Abs. 1 und 3 UrhG

Auch die **Auskunfts- und (Schadensersatz-)Folgeansprüche** nach § 54g Abs. 1 UrhG und Abs. 3 UrhG treten die Berechtigen nach § 1 lit. h Abs. 7 BerV an die GEMA ab. § 54g Abs. 1 UrhG normiert einen Auskunftsanspruch der Rechteinhaber. Die Angaben zu Art und Stückzahl der Geräte und Bild- oder Tonträger werden benötigt, um die Höhe der Vergütung nach § 54 UrhG zu ermitteln. Auch diesen Auskunftsanspruch ergänzt ein (Schadensersatz-)Folgeanspruch nach § 54g Abs. 3 UrhG als Sanktion; für den Fall, daß der zur Auskunft Verpflichtete seiner Auskunftspflicht nicht, nur unvollständig oder sonst unrichtig[28] nachkommt, kann die doppelte Vergütung verlangt werden.[28a] 234

h) Verwertungsgesellschaftenpflicht, Abtretung im Voraus und Verzicht

Im Ergebnis besteht somit Verwertungsgesellschaftenpflicht für sämtliche – nach § 1 lit. h Abs. 7 BerV – an die GEMA abgetretenen Vergütungs-, Auskunfts- und (Scha- 235

---

27 Referentenentwurf für ein Zweites Gesetz zur Regelung des Urheberrechts in der Informationsgesellschaft v. 27. 9. 2004, S. 19, 60 ff., abrufbar unter www.bmj.bund.de.

27a Dreier/Schulze-*Dreier,* § 54f. UrhG Rn. 1 ff.

28 Die Begriffe der Unvollständigkeit und der sonstigen Unrichtigkeit sind weit auszulegen. Erfaßt wird jede Abweichung von den tatsächlich erfolgten Importen oder von den für die Berechnung der Vergütung erforderlichen Angaben; Dreyer/Kotthoff/Meckel-*Dreyer*, § 54g UrhG Rn. 10; Schricker-*Loewenheim*, § 54g UrhG Rn. 8.

28a Dreier/Schulze-*Dreier,* § 54g UrhG Rn. 1 f.

densersatz-)Folgeansprüche im Zusammenhang mit der sog. Geräte- und Leerkassettenabgabe. Nach § 63a UrhG kann der Urheber auch auf diese Ansprüche im Voraus nicht verzichten.

2. Der „Bibliotheksgroschen" nach § 27 Abs. 2 UrhG

236 Mit Abschluß des Berechtigungsvertrags treten die Berechtigten auch ihren gesetzlichen **Vergütungsanspruch** nach § 27 Abs. 2 UrhG für das **„Verleihen"** an die GEMA ab. Dieser Anspruch wird auch als „Bibliothekstantieme" oder „Bibliotheksgroschen" bezeichnet.[29] Er greift ein, wenn Vervielfältigungsstücke in einer öffentlich zugänglichen Einrichtung verliehen werden. Hintergrund ist, daß der Gesetzgeber beim Verleihen – im Gegensatz zum Vermietrecht nach § 17 Abs. 3 UrhG – nur beim erstmaligen Inverkehrbringen ein ausschließliches Nutzungsrecht gewährt.[30] Danach ist das Verleihen eines Werks uneingeschränkt zulässig. Als **Ausgleich für diese Erschöpfung** sieht § 27 Abs. 2 UrhG in diesen bestimmten Fällen der besonders intensiven Werknutzung einen verwertungsgesellschaftenpflichtigen Vergütungsanspruch vor.[31] Mit diesem Vergütungsanspruch wird demnach der Verlust des Verwertungsrechts entschädigt.[32] Schuldner dieses Anspruchs ist die öffentliche Einrichtung.[33]

237 Voraussetzung ist, daß die Werke „verliehen" werden. Nach der Legaldefinition in § 27 Abs. 2 S. 2 UrhG bedeutet „Verleihen" die zeitlich begrenzte, weder unmittelbar noch mittelbar Erwerbszwecken dienende Gebrauchsüberlassung, wobei es lediglich auf eine **wirtschaftliche Betrachtungsweise** ankommt. Entscheidend ist nicht, ob die Voraussetzungen nach §§ 598ff. BGB erfüllt sind.[34] Die Gebrauchsüberlassung darf weder mittelbar noch unmittelbar Erwerbszwecken dienen. Somit begründet die Gebrauchsüberlassung durch Gewerbebetriebe – wie etwa Videotheken – keinen Vergütungsanspruch nach § 27 Abs. 2 UrhG, obwohl hier nach dem Sprachgebrauch Videofilme „verliehen" werden.[34a]

238 Für den Tätigkeitsbereich der GEMA kommen als Vervielfältigungsstücke von Werken der Tonkunst (mit oder ohne Text) beispielsweise CDs, DVDs oder Videokassetten in Betracht. Ausdrücklich wird nach § 1 lit. h Abs. 7, 2. HS auch der „Bibliotheksgroschen" für das Verleihen von Musiknoten an die GEMA abgetreten. Dabei handelt es sich um einen Ausnahmefall zur Regelung in § 1 lit. h Abs. 6 BerV; graphische Rechte, d.h. die Rechte hinsichtlich Musiknoten sind demnach grundsätzlich aus dem Wahrnehmungsumfang ausgenommen. Auf diesem Gebiet sind traditionell die Musikverleger tätig. Allerdings ist ihnen eine Wahrnehmung des „Bibliotheksgroschens" wegen der Verwertungsgesellschaftenpflichtigkeit dieses Anspruchs nicht möglich.

---

29 *Schack*, Urheber- und Urhebervertragsrecht, Rn. 457.

30 Dazu bereits oben Rn. 166.

31 Dreier/Schulze-*Schulze*, § 27 UrhG Rn. 20.

32 Schricker-*Loewenheim*, § 27 UrhG Rn. 12.

33 BGH, GRUR 1985, 131, 132 – Zeitschriftenauslage beim Friseur.

34 Dreier/Schulze-*Schulze*, § 27 UrhG Rn. 17; Fromm/Nordemann-*Nordemann*, § 27 UrhG Rn. 4; OLG München, GRUR 1979, 546, 547 – Zeitschriftenauslage-II.

34a Dreier/Schulze-*Schulze*, § 27 UrhG Rn. 18.

Eine Übertragung auf die GEMA ist damit unerläßlich. Als öffentlich zugängliche Einrichtungen sind beispielsweise öffentlich-rechtlich oder kirchlich betriebene Bibliotheken verpflichtet, den Bibliotheksgroschen zu entrichten, soweit sie entsprechende Vervielfältigungsstücke verleihen.[35]

Nach § 27 Abs. 3 UrhG ist dieser Anspruch **verwertungsgesellschaftenpflichtig**. Ob- 239
wohl in § 27 Abs. 2 UrhG nicht ausdrücklich erwähnt, ist er unverzichtbar und kann im Voraus nur an eine Verwertungsgesellschaft abgetreten werden.[36]

3. Der gesetzliche Vergütungsanspruch für die öffentliche Zugänglichmachung für Unterricht und Forschung nach § 52a UrhG

Auch für die Abschwächung des Verwertungsrechts der öffentlichen Zugänglichma- 240
chung nach § 19a UrhG durch die Schranke des § 52a Abs. 1 bis 3 UrhG[37] sieht der Gesetzgeber zur Entschädigung einen Vergütungsanspruch gemäß § 52a Abs. 4 UrhG vor. Diesen Vergütungsanspruch hat der Gesetzgeber in der Urheberrechtsnovelle vom 10.09.2003 neu geschaffen. Durch Beschluß der **Mitgliederversammlung 2005** wurde die Abtretung explizit in den Berechtigungsvertrag aufgenommen. Sie war jedoch auch schon vor der Ergänzung des Wortlauts Gegenstand des Berechtigungsvertrags. Da der Gesetzgeber für den Vergütungsanspruch nach § 52a Abs. 4 UrhG Verwertungsgesellschaftenpflichtigkeit anordnet, sind die Berechtigten der GEMA ohnehin nicht in der Lage, diesen Anspruch anderweitig geltend zu machen. § 1 lit. h Abs. 7 BerV war damit vor der Änderung des Berechtigungsvertrags planwidrig unvollständig[38]; die im Wege der ergänzenden Vertragsauslegung festgestellte Abtretung des Anspruchs nach § 52a Abs. 4 UrhG entsprach dem hypothetischen Parteiwillen.[39]

Der gesetzliche Vergütungsanspruch nach § 52a Abs. 4 UrhG basiert auf den nach 241
der Schranke des § 52a Abs. 1 bis 3 UrhG ohne Zustimmung des Rechteinhabers zulässigen Nutzungshandlungen für bestimmte Fälle der öffentlichen Zugänglichmachung für **Unterricht und Forschung**, bei denen nur Teile eines Werks oder Werke geringen Umfangs genutzt werden und die öffentliche Zugänglichmachung für den jeweiligen Zweck geboten und nicht kommerziell ist. Auch § 52a Abs. 4 Satz 2 UrhG schreibt für diesen Vergütungsanspruch Verwertungsgesellschaftenpflichtigkeit vor. Der Berechtigte kann nach § 63a UrhG hierauf nicht im Voraus verzichten. Er kann den Vergütungsanspruch zudem im Voraus nur an die Verwertungsgesellschaft abtreten.

35 Dreier/Schulze-*Schulze*, § 27 UrhG Rn. 19 f.
36 G. *Schulze*, GRUR 1994, 855, 866.
37 Dazu oben Rn. 186.
38 Vgl. Palandt-*Heinrichs*, § 157 BGB Rn. 3; vgl. BGHZ 127, 138/42.
39 Vgl. BGHZ 9, 273 ff.

III. Ansprüche die neben dem Verwertungsrecht stehen

1. Der Vergütungsanspruch für das Vermieten nach § 27 Abs. 1 UrhG

242 Nach § 1 lit. h Abs. 7 BerV treten die Berechtigten auch den gesetzlichen Vergütungsanspruch für das Vermieten an die GEMA ab. § 27 Abs. 1 UrhG regelt einen Vergütungsanspruch des Berechtigten gegen den Vermieter[40] für den Fall, daß der Berechtigte das **Vermietrecht** an einem Bild- oder Tonträger nach § 17 UrhG einem **Tonträger- oder Filmhersteller** eingeräumt hat. Anders als die gesetzlichen Vergütungsansprüche, die durch Schrankenbestimmungen verlorene Verwertungsrechte ausgleichen, unterstreicht der Vergütungsanspruch des § 27 Abs. 1 UrhG das ausschließliche Verwertungsrecht des Urhebers. Der Vergütungsanspruch besteht zusätzlich zum Verwertungsrecht[41] und stellt sicher, daß der Urheber durch die Pauschalvergütung an den Vermietungserträgen beteiligt wird.

243 Voraussetzung für diesen Anspruch ist, daß der Berechtigte das Vermietrecht an einem Bild- oder Tonträger **eigenständig** einem Tonträger- oder Filmhersteller eingeräumt hat.[42] In diesen Fällen besteht der gesetzliche Vergütungsanspruch, obwohl der Urheber regelmäßig bereits für die Einräumung des Vermietrechts an den Tonträger- oder Filmhersteller eine Vergütung erhalten hat.[43] Die damit einhergehende **Doppelbelastung** des Vermieters ist vom Gesetzgeber gewollt.[44] Die Einräumung des Vermietrechts an einen Tonträger- oder Filmhersteller durch die GEMA löst den Anspruch nicht aus. In diesen Fällen ist der Urheber nicht schutzbedürftig, da die GEMA durch ihrer Tarife eine angemessene Vergütung für die Nutzungen durch Vermietung erhalten kann.[45] Hier ist der gegenüber Film- und Tonträgerherstellern regelmäßig schwächere Urheber nicht den „Vermarktungsgewohnheiten"[46] der Tonträger- oder Filmhersteller ausgeliefert.

244 Der gesetzliche Vergütungsanspruch führt bei der Wahrnehmungstätigkeit der GEMA zu dem Ergebnis, daß die Sachverhalte des Vermietens praktisch vollständig erfaßt werden. Auch wenn die Berechtigten ihr Vermietrecht nicht im Rahmen des § 1 lit. h Abs. 1 BerV an die GEMA, sondern an einen Tonträger- oder Filmhersteller eingeräumt haben, kann die GEMA Vergütungsansprüche geltend machen. Die GEMA muß demnach bei der Lizenzierung dieser Nutzungssachverhalte nicht prüfen, ob der Berechtigte im konkreten Fall das Vermietrecht im Rahmen des Berechtigungsver-

---

40 Der Vermieter – regelmäßig ein Videothekar, der CDs oder Videofilme gewerblich vermietet, s. *Kröber,* ZUM 1995, 854, 855 – kann sich nicht darauf berufen, er habe für den Erwerb des Vermietrechts bereits eine Vergütung an den Tonträgerhersteller oder Filmhersteller zahlen müssen; Dreier/Schulze-*Schulze*, § 27 UrhG Rn. 12; LG Köln, ZUM 1996, 703, 704.

41 *Mäger*, Die Abtretung urheberrechtlicher Vergütungsansprüche in Verwertungsverträgen, S. 26.

42 Dreyer/Kotthoff/Meckel-*Dreyer*, § 27 UrhG Rn. 12.

43 Dreier/Schulze-*Schulze*, § 27 UrhG Rn. 8.

44 *Haberstumpf*, Handbuch des Urheberrechts, Rn. 303.

45 BR-Drs. 876/94 S. 31 f.; Dreier/Schulze-*Schulze*, § 27 UrhG Rn. 7.

46 *Erdmann*, FS Brandner, S. 361, 371.

trags an sie übertragen hat, oder ob es möglicherweise wirksam an einen Tonträger- oder Filmhersteller übertragen wurde. Der Gesetzgeber bekräftigt mit dieser Regelung also nicht nur das ausschließliche Recht des Urhebers, sondern anerkennt auch die Verpflichtung der Verwertungsgesellschaften zur **effektiven** und **kostensparenden Verwaltung**.[47]

Um Umgehungsfälle auszuschließen, muß das Tatbestandsmerkmal der Rechteeinräumung an Tonträger- und Filmhersteller wirtschaftlich ausgelegt werden; durch Zwischenschalten eines Dritten, an den die Rechte vom Urheber übertragen werden sollen, um diese dann an den Tonträger- oder Filmhersteller weiterzuleiten, kann die Regelung des § 27 Abs. 1 UrhG nicht umgangen werden.[48] Als weitere Voraussetzung müssen nach § 27 Abs. 1 UrhG Bild- oder Tonträger vermietet werden.[49] Praktisch relevant sind insbesondere die Vermietungen von Videokassetten[50] und DVDs durch Videotheken. **245**

Auch der Vergütungsanspruch des § 27 Abs. 1 UrhG ist nach § 27 Abs. 3 UrhG **verwertungsgesellschaftenpflichtig**. Diese Verwertungsgesellschaftenpflichtigkeit soll den wirtschaftlich regelmäßig unterlegenen Urheber davor schützen, seinen Vergütungsanspruch selbst gegenüber dem Hersteller durchsetzen zu müssen.[51] Auf diesen Vergütungsanspruch kann nach § 27 Abs. 1 Satz 2 UrhG nicht verzichtet werden. Außerdem regelt § 27 Abs. 1 Satz 3 UrhG, daß die Abtretung des künftigen Zahlungsanspruchs nur an die Verwertungsgesellschaft möglich ist.[52] Nach der Vorausabtretung im Berechtigungsvertrag ist die GEMA bereits bei Entstehen des Anspruchs berechtigt. Eine Abtretung des Anspruchs – etwa an einen Produzenten – geht damit ins Leere.[53] Die Regelungen des § 27 Abs. 1 Satz 2 und 3 UrhG verhindern somit, daß der Urheber gezwungen werden kann, zu seinen Ungunsten über den Anspruch zu verfügen.[54] Anders als noch unter der Regelung des § 27 UrhG a.F. ist es nicht mehr möglich, daß sich die Produzenten den Anspruch im Rahmen von Formularvertragsklauseln ohne angemessene Gegenleistung abtreten lassen.[55] **246**

---

47 Vgl. BGH, GRUR 1988, 782, 783 – GEMA-Wertungsverfahren.

48 Dreier/Schulze-*Schulze*, § 27 UrhG Rn. 9.

49 Nach § 16 Abs. 2 UrhG sind Bild- und Tonträger Vorrichtungen zur wiederholbaren Wiedergabe von Bild- oder Tonfolgen, s.o. Rn. 149 f.

50 Dreyer/Kotthoff/Meckel-*Dreyer*, § 27 UrhG Rn. 14.

51 *Plate*, Die Verwertungsgesellschaftspflicht für urheberrechtliche Vergütungsansprüche und ausschließliche Verwertungsrechte, S. 57; *Kreile/Becker*, GRUR Int. 1994, 901, 907.

52 Dreyer/Kotthoff/Meckel-*Dreyer*, § 27 UrhG Rn. 18.

53 Dreyer/Kotthoff/Meckel-*Dreyer*, § 27 UrhG Rn. 19; *Mäger*, Die Abtretung urheberrechtlicher Vergütungsansprüche in Verwertungsverträgen, S. 53.

54 *Plate*, Die Verwertungsgesellschaftspflicht für urheberrechtliche Vergütungsansprüche und ausschließliche Verwertungsrechte, S. 57; Schricker-*Loewenheim*, § 27 UrhG Rn. 18.

55 *Plate*, Die Verwertungsgesellschaftspflicht für urheberrechtliche Vergütungsansprüche und ausschließliche Verwertungsrechte, S. 57; Schricker-*Loewenheim*, § 27 UrhG Rn. 6.

2. Der Vergütungsanspruch für die Kabelweitersendung nach § 20b Abs. 2 UrhG

247 Das Verwertungsrecht der Kabelweitersendung nach den §§ 20, 20b UrhG unterliegt in § 20b Abs. 2 UrhG einer Spezialregelung. Für den Fall, daß der Urheber **eigenständig** seine Rechte der Kabelweitersendung[56] auf ein Sendeunternehmen bzw. auf einen Tonträger- oder Filmhersteller übertragen hat, hat ihm der Verwerter, also das Kabelunternehmen, gleichwohl eine angemessene Vergütung zu zahlen. Wie im Fall des § 27 Abs. 1 UrhG geht es nicht um die Entschädigung für ein abgeschwächtes Verwertungsrecht, sondern darum, die Vergütung für ein ausschließliches Recht – hier der Kabelweitersendung nach den §§ 20, 20b UrhG – dem ursprünglich Berechtigten zukommen zu lassen. Durch diesen Vergütungsanspruch ist für den regelmäßig schwächeren Urheber eine Beteiligung an den Erlösen der Verwertung im Wege der Kabelweitersendung gewährleistet,[57] auch wenn er seine Rechte auf Sendeunternehmen übertragen hat.[58] Mit seiner Verwertungsgesellschaftenpflichtigkeit verfolgt der Anspruch nach § 20b Abs. 1 UrhG darüber hinaus den Zweck, zu verhindern, daß **Außenseiter** durch die Geltendmachung ihres Verbotsrechts an Teilen eines Programms die **Weitersendung des gesamten Programms blockieren**.[59] Auch der Vergütungsanspruch nach § 20b Abs. 2 UrhG kann letztlich zu einer Doppelvergütung führen, wenn der Urheber für die Einräumung des Kabelweitersenderechts von den Sendern bzw. Tonträger- und Filmherstellern eine Lizenz erhält und zusätzlich die Verwertungsgesellschaft gegenüber dem Kabelunternehmen den Vergütungsanspruch geltend macht.[59a] Wiederum bewirkt die Abtretung dieses Vergütungsanspruchs an die GEMA, daß diese damit den Kabelunternehmen vollumfänglich die Nutzung der Werke ihrer Berechtigten einräumen kann. Obwohl dieser Anspruch in § 1 lit. h Abs. 7 BerV nicht aufgeführt wird, wird er dennoch an die GEMA abgetreten. Als **Teil des Senderechts** geht er bereits nach § 1 lit. b und d BerV auf die GEMA über.[60] Für diejenigen musikalischen Urheber, die mit der GEMA keinen Berechtigungsvertrag abgeschlossen haben (sog. Außenseiter[61]), oder die vor Abschluß des Berechtigungsvertrags über ihr Kabelweitersenderecht verfügt haben, ist die GEMA auf Grund unwiderleglicher gesetzlicher Fiktion[62] gemäß § 13b Abs. 3 UrhWG[63] berechtigt, das Kabelweitersendungsrecht wahrzunehmen und den in § 20b Abs. 2 UrhG geregelten Vergütungsanspruch gegen den Kabelunternehmer geltend zu machen. In diesem Fall

56 Dazu oben Rn. 79,
57 BR-Drs. 212/96, S. 21.
58 Vgl. § 20b Abs. 2 Satz 4 UrhG.
59 Dreier/Schulze-*Dreier*, § 20b UrhG Rn. 1.
59a Vgl. Schulze/Dreier-*Dreier*, § 20b UrhG Rn. 14.
60 Dazu oben Rn. 79.
61 RegE UrhG, Begr. zu A III 3, BT-Drs. 13/4796, S. 10; Schricker-*Reinbothe*, § 13b UrhWG Rn. 11.
62 Schricker-*Reinbothe*, § 13b UrhG Rn. 5. Da Verwertungsgesellschaften einem Kontrahierungszwang unterliegen, ist gewährleistet, daß die Weitersendung nicht durch einzelne Rechteinhaber behindert werden kann.
63 Diese Bestimmung setzt Art. 9 Abs. 2 der EU-Richtlinie 93/83/EWG (ABl. Nr. L 248 v. 6.10.1993, S. 15) um.

hat der Urheber seine Rechte der Kabelweiterleitung auf Sendeunternehmen, Tonträger-, Filmhersteller oder sonstige typische Verwerter des Kabelweitersendungsrechts übertragen. Gleichwohl steht ihm der unverzichtbare (und verwertungsgesellschaftenpflichtige) Vergütungsanspruch gegen das Kabelunternehmen aus § 20b Abs. 2 UrhG zu. Die Verwertungsgesellschaftenpflichtigkeit dieses Vergütungsanspruchs entlastet den Anspruchsgegner, weil die Ansprüche damit pauschal gegenüber einer überschaubaren Anzahl an Anspruchsberechtigten abgegolten werden können.[64]

§ 1 lit. h Abs. 8 [Der Vorbehalt bei Vervielfältigungen dramatisch-musikalischer Werke durch Theater]

§ 1

h) [...]

„Für Vervielfältigung dramatisch-musikalischer Werke – vollständig, im Querschnitt oder in größeren Teilen – zum persönlichen oder sonstigen eigenen Gebrauch durch Ton- und Bildtonträger bleibt dem Berechtigten das Vervielfältigungsrecht vorbehalten, soweit es sich um die Wahrnehmung gegenüber Theatern handelt."

§ 1 lit. h Abs. 8 BerV regelt eine weitere Ausnahme zur Übertragung des Vervielfältigungsrechts nach § 1 lit. h Abs. 1 BerV. Nach dem Wortlaut der Bestimmung sind bestimmte Vervielfältigungen dramatisch-musikalischer Werke – vollständig, im Querschnitt oder in größeren Teilen – zum persönlichen oder sonstigen eigenen Gebrauch mittels Ton- oder Bildtonträgern[1] von der Rechteübertragung an die GEMA ausgenommen. Bei dramatisch-musikalischen Werken handelt es sich, wie bereits festgestellt, um Musikwerke, die grundsätzlich zur bühnenmäßigen Aufführung geeignet sind.[2] Die Ausnahmeregelung des § 1 lit. h Abs. 8 BerV betrifft somit z.B. die Vervielfältigung von Opern oder Handlungsballetten auf Ton- oder Bildtonträgern. Der Vorbehalt erfaßt damit die Sachverhalte der vollständigen Vervielfältigungen. Dies gilt ebenso für die Vervielfältigung eines Querschnitts.[3] Zur Abgrenzung, wann ein dramatisch-musikalisches Werk „in größeren Teilen" vervielfältigt wird, können die zwischen den Rundfunksendern und der GEMA in einer Vereinbarung zur Abgrenzung des Tätigkeitsbereichs bezüglich der Sendung dramatisch-musikalischer Werke[4] festgelegten Kriterien modifiziert übernommen werden,[5] da es nach dem Wortlaut auf eine „Bühnenmäßigkeit" nicht ankommt. Somit fallen die ausschließlich akustischen Vervielfältigungen dramatisch-musikalischer Werke durch Theater unter 25 Mi- **248**

64 Schricker-*v. Ungern-Sternberg*, § 20b UrhG Rn. 28.

1 Gemäß § 16 Abs. 2 UrhG; dazu oben Rn. 149 f.
2 BGH, GRUR 2000, 228 ff. – Musical-Gala.
3 KG Schulze, KGZ 13, 4 – Carmen.
4 GEMA-Jahrbuch 2004/2005, S. 202 f.
5 So vorgeschlagen von E. *Schulze*, Anmerkung zu KG Schulze KGZ 13 und 17, 11, 13.

nuten auf Tonträger und die audiovisuellen Vervielfältigungen unter 15 Minuten auf Bildtonträger als Vervielfältigungen dramatisch-musikalischer Werke zu „kleineren Teilen“ in den Wahrnehmungsbereich der GEMA. Ob es sich um eine Aufnahme einer Live-Aufführung („Erstfixierung“) oder um eine Übertragung von einem Ton- oder Bildtonträger auf einen anderen („Vervielfältigung im engeren Sinne“) handelt, ist unerheblich.

249 Voraussetzung für diese Ausnahme ist allerdings, daß diese Vervielfältigungen durch „Theater zum persönlichen oder sonstigen eigenen Gebrauch“ vorgenommen werden. Entsprechend der Auslegung der Regelung in § 1 lit. g hh) BerV, fallen unter den Begriff des „Theaters“ nach § 1 lit. h Abs. 8 BerV sämtliche Veranstalter von Aufführungen dramatisch-musikalischer Werke, also etwa auch ein „Open-Air-Veranstalter“. Nach dem Wortlaut der Ausnahmeregelung ist es hier jedoch unerheblich, ob es sich um eine konzertmäßige oder eine bühnenmäßige Aufführung handelt. Entscheidend ist der Verwendungszweck „zum persönlichen oder sonstigen eigenen Gebrauch“. Davon sind auch die Sachverhalte, in denen ein Theater einen Gesamt-Mitschnitt einer Opernaufführung auf Videoband zu Archivzwecken anfertigt, erfaßt.

§ 1 lit. i [Die Herstellungsrechte]

§ 1 Der Berechtigte überträgt hiermit der GEMA [...]

i)

(1) Die Rechte zur Benutzung eines Werks (mit oder ohne Text) zur Herstellung von Filmwerken oder jeder anderen Art von Aufnahmen auf Bildtonträger sowie jeder anderen Verbindung von Werken der Tonkunst (mit oder ohne Text) mit Werken anderer Gattungen auf Multimedia- und andere Datenträger oder in Datenbanken, Dokumentationssystemen oder in Speichern ähnlicher Art, u.a. mit der Möglichkeit interaktiver Nutzung, mit der Maßgabe, daß GEMA und Berechtigter sich gegenseitig von allen bekannt werdenden Fällen benachrichtigen. Der GEMA werden diese Rechte unter einer auflösenden Bedingung übertragen.

Die Bedingung tritt ein, wenn der Berechtigte der GEMA schriftlich mitteilt, daß er die Rechte im eigenen Namen wahrnehmen möchte. Diese Mitteilung muß innerhalb einer Frist von vier Wochen erfolgen; bei subverlegten Werken beträgt die Frist drei Monate. Die Frist wird von dem Zeitpunkt an berechnet, zu dem der Berechtigte im Einzelfall Kenntnis erlangt hat. In der Mitteilung des Berechtigten an die GEMA über einen ihm selbst bekannt gewordenen Einzelfall muß die Erklärung enthalten sein, ob er die Rechte im eigenen Namen wahrnehmen möchte. Der Rückfall tritt nur ein, soweit es sich um die Benutzung zur Herstellung eines bestimmten Filmwerks oder sonstigen Bildtonträgers oder Multimedia- oder anderen Datenträgers oder die Verbindung mit Werken anderer Gattungen in einer bestimmten Datenbank, einem bestimmten Dokumentationssystem oder einem bestimmten Speicher ähnlicher Art handelt. Bei Filmwerken schließt der Rückfall das Recht zur Vervielfältigung und Verbreitung ein, soweit es sich um Werke handelt, die zur öffentlichen Vorführung in Lichtspieltheatern oder zur Sendung bestimmt sind. Bei sonstigen Aufnahmen auf Bildtonträger beschränkt sich der Rückfall auf die Befugnis, die Zustimmung zur Werkverbindung und zur Herstellung von 50 gesondert zu kennzeichnenden Vervielfältigungsstücken für Einführungszwecke zu erteilen. Unberührt bleiben die Rechte für Fernsehproduktionen im Sinne von Abs. (3).

(2) Gegenüber Wochenschau-Herstellern ist die GEMA selbst zur Vergabe der Filmherstellungsrechte befugt, soweit es sich nicht um Auftragskompositionen und -texte handelt, die von einem Berechtigten einem bestimmten Wochenschau-Unternehmen zur ausschließlichen Benutzung für

Wochenschauen gegeben und dementsprechend der GEMA gemeldet worden sind. Der Berechtigte hat jedoch das Recht, die Wochenschau-Herstellungsrechte an ausländische Wochenschau-Hersteller von sich aus ohne Zustimmung der GEMA zu vergeben.

(3) Bei Fernsehproduktionen vergibt die GEMA die Herstellungsrechte an Fernsehanstalten und deren eigene Werbegesellschaften insoweit, als es sich um Eigen- oder Auftragsproduktionen für eigene Sendezwecke und Übernahmesendungen handelt. Die Einwilligung des Berechtigten ist jedoch erforderlich, wenn Dritte an der Herstellung beteiligt sind oder wenn die Fernsehproduktionen von Dritten genutzt werden sollen. Das gilt insbesondere für Coproduktionen.

(4) In jedem Falle bleiben jedoch die Rechte bei Fernsehproduktionen und anderen Bildtonträgern bis auf die der GEMA vorbehaltenen Rechte dem Berechtigten selbst vorbehalten, wenn es sich handelt um

aa) vorbestehende dramatisch-musikalische Werke, sei es vollständig, als Querschnitt oder in größeren Teilen;

bb) die Benutzung eines Werks (mit oder ohne Text) zur Herstellung eines dramatisch-musikalischen Werks;

cc) die Verwendung von Konzertliedern, Schlagern oder Einlagen aus dramatisch-musikalischen Werken in anderen dramatisch-musikalischen oder dramatischen Werken oder in Fernsehproduktionen oder bei anderen Bildtonträgern, die eine Verbindung mehrerer Musiktitel unter einem Leitgedanken und mit einem Handlungsfaden darstellen. Bei Fernsehproduktionen bleibt in allen diesen Fällen dem Berechtigten das Einwilligungsrecht vorbehalten. Die Einwilligung kann jedoch, soweit es sich um Eigen- oder Auftragsproduktionen für eigene Sendezwecke und Übernahmesendungen der Fernsehanstalten und deren eigener Werbegesellschaften handelt, vom Berechtigten nicht von der Zahlung einer Vergütung abhängig gemacht werden. Wird die Einwilligung erteilt, erfolgt Verrechnung nach Maßgabe des Verteilungsplanes.

Übersicht Rn.

I. Übersicht und Entstehungsgeschichte

250 Sobald ein Musikwerk zur **Herstellung eines Films** bzw. einer sonstigen **audiovisuellen Produktion**, wie etwa einem Musik-Bildtonträger oder einer mit Musik unterlegten Homepage verwendet wird, stellt dies in gewisser Weise eine Vervielfältigung des Musikwerks (wenn auch in veränderter Form) dar. Dennoch geht das Recht zu dieser Nutzung nicht unbeschränkt nach § 1 lit. h Abs. 1 BerV auf die GEMA über. Vielmehr regelt § 1 lit. h Abs. 5 BerV, daß die Übertragung des Vervielfältigungsrechts im Bereich der „Herstellungsrechte" unter dem Vorbehalt des § 1 lit. i BerV steht.[1] Die Übertragung der Herstellungsrechte erfolgt daher nach bestimmten Sonderregeln. Nach dieser Vorschrift geht das Recht, ein Musikwerk bei der Herstellung von Filmwerken[2] zu benutzen[3] oder bei jeder anderen Art von Aufnahmen auf Bildtonträger[4] bzw. bei der Herstellung von Multimedia-Werken zu verwenden,[5] grundsätzlich auflösend bedingt auf die GEMA über. Die Bedingung tritt ein, wenn der Berechtigte der GEMA mitteilt, daß er das Recht selbst wahrnehmen will. Durch diesen Rückruf fallen die Rechte an den Berechtigten zurück, der sie dann individuell – in der Regel durch seinen Musikverleger – wahrnimmt. Die Berechtigten können so unabhängig von den Tarifen der GEMA mit den Filmherstellern über die Lizenzen verhandeln. Eine Ausnahme gilt für den Bereich der Verwendung von Musik in Fernsehproduktionen. Diese Rechte gehen grundsätzlich unbeschränkt und damit ohne Rückrufmöglichkeit auf die GEMA über.[6] Soweit Musikwerke zur Herstellung von Werbespots benutzt werden, bestimmt § 1 lit. k Abs. 1 BerV, daß diese Befugnisse in jedem Fall beim Berechtigten verbleiben.[7] Wie auch bei anderen Nutzungsrechten ist der Wahrnehmungsumfang der GEMA im Bereich der dramatisch-musikalischen Werke nach § 1 lit. i Abs. 4 BerV beschränkt.[8]

251 Diese Regelungen in der heutigen Fassung sind das Ergebnis umfassender Änderungen und Beratungen. Seit der Neufassung des Berechtigungsvertrags hat die Mitgliederversammlung zahlreiche Änderungen dieser Bestimmungen beschlossen. In der Fassung von 1954 war – ähnlich wie heute – bereits die Übertragung der Ton- und Fernsehfilmherstellungsrechte unter der Beschränkung enthalten, daß diese „auf Wunsch" für die Herstellung eines konkreten Films zurückübertragen werden müssen. Die grundsätzlich uneingeschränkte Übertragung der Herstellungsrechte für Fernsehproduktionen wurde im Jahr 1964 eingeführt. Zunächst war die Wahrnehmungsbefugnis der GEMA im Filmbereich auf die Fälle der öffentlichen Filmvorführungen in Lichtspieltheatern und der Fernsehfilme beschränkt. In den 70er Jahren

1 Dazu bereits oben Rn. 213 ff.
2 Gemeint sind damit Filme jeglicher Art, also nicht nur Kinofilme und Fernsehfilme, sondern auch Dokumentarfilme, Industriefilme, Werbefilme, etc.
3 Nachfolgend Rn. 252 ff.
4 Nachfolgend Rn. 261.
5 Nachfolgend Rn. 262.
6 Nachfolgend Rn. 263 ff.
7 Dazu unter Rn. 281 ff.
8 Nachfolgend Rn. 274 ff.

wurde zunächst die Übertragung der Vervielfältigungs- und Verbreitungsrechte um die Sachverhalte der Bildtonträger erweitert. Zusätzlich wurde das Recht, ein Musikwerk auf jede andere Art von Bildtonträger aufzunehmen, ergänzt und in den Vorbehalt des § 1 lit. i BerV gestellt. Die Mitgliederversammlung 1985 änderte die schuldrechtliche Verpflichtung zur Rückübertragung „auf Wunsch" in die heute geltende Übertragung unter einer auflösenden Bedingung und stellte Regelungen zum Eintritt der Bedingung auf. So muß der Berechtigte etwa schriftlich und unter Einhaltung einer vierwöchigen Frist mitteilen, daß er die Rechte im eigenen Namen wahrnehmen will. Schließlich wurde im Jahr 1996 auch der Bereich der Musiknutzungen im Multimedia-Bereich ausdrücklich in dieser Regelung berücksichtigt. Seither ist geregelt, daß auch das Recht, ein Musikwerk bei der Herstellung eines Multimedia-Produktes zu verwenden, unter einer auflösenden Bedingung auf die GEMA übertragen wird.

II. Einzelerläuterungen

1. Das Filmherstellungsrecht[9]

a) *Allgemeines*

Das Recht zur Benutzung eines Musikwerks zur Herstellung von Filmwerken oder jeder anderen Art von Aufnahmen auf Bildtonträger übertragen die Berechtigten der GEMA als Recht der Verfilmung, das auch **Filmherstellungsrecht** oder **Synchronisationsrecht** genannt wird, nach § 1 lit. h iVm lit. i Ziff. 1 Abs. 1, 1. Alt BerV.[10] Nach der Auslegungsregel des § 88 Abs. 1 Ziff. 2 UrhG soll das Verfilmungsrecht unter anderem das Recht umfassen, ein Werk unverändert oder unter Bearbeitung oder Umgestaltung zur Herstellung eines Filmwerks zu benutzen (§ 88 Abs. 1 Ziff. 2 UrhG). Gegenstand der Rechteübertragung nach Alternative 1 der Vorschrift sind sowohl Filmwerke nach § 2 Abs. 1 Nr. 6 UrhG wie auch urheberrechtlich nicht schutzfähige filmische Erzeugnisse (sog. Laufbilder).[11] Darunter können auch Multimediawerke wie z.B. Computerspiele fallen, soweit es sich dabei um „Filme" in diesem Sinne handelt; anderenfalls erfolgt die Übertragung der Herstellungsrechte nach Alternative 3 der Bestimmung.[12] **252**

9 Der Gesetzgeber verwendet den Begriff des Filmherstellungsrechts nicht. In der amtlichen Überschrift zu § 88 UrhG findet sich der damit übereinstimmende Begriff „Rechte zur Verfilmung"; Schricker-*Katzenberger*, vor §§ 88 UrhG Rn. 27.

10 Zum Multimedia-Herstellungsrecht s.u. Rn. 262. Die allgemeinen Erläuterungen zum Filmherstellungsrecht gelten dabei grundsätzlich auch für die Übertragung des Multimedia-Herstellungsrechts.

11 Voraussetzung ist allerdings, daß die Folgen der Bilder den Eindruck eines bewegten Bildes entstehen lassen; Schricker-*Katzenberger*, vor §§ 88 UrhG Rn. 20. Das Herstellungsrecht hinsichtlich sonstiger Aufnahmen auf Bildtonträger gemäß Alternative 2 sowie bei Multimediaproduktionen nach Alternative 3 ist jedoch auch dann berührt, wenn es sich nicht um bewegte Bilder handelt.

12 S. unten Rn. 262.

b) Die durch das Filmherstellungsrecht berührten urheberrechtlichen Befugnisse

253 Die „Verfilmung“ eines Musikwerks berührt entweder das **Vervielfältigungs- (§ 16 UrhG)** oder das **Bearbeitungsrecht (§ 23 UrhG)**, wobei jeder Bearbeitung das Originalwerk als Grundlage dient und dieses mit der Bearbeitung – untechnisch gesprochen – auch „vervielfältigt“ wird.[13] Nach § 1 lit. h und lit. i BerV geht somit grundsätzlich das Recht zur (Erst-)Vervielfältigung eines Musikwerks auf einem Bildtonträger bzw. das Bearbeitungsrecht auf die GEMA über. Soweit ein Musikwerk in der ihm vom Urheber verliehenen Gestalt bei der Verwendung des Films nicht verändert und auch nicht in einen anderen Sachzusammenhang gestellt wird, handelt es sich um eine Vervielfältigung des Werks iSd § 16 Abs. 2 UrhG.[14] Dies dürfte bei der Verwendung einer eigens für einen konkreten Film komponierten Auftragsmusik (sog. „dramaturgische Musik“ oder „score music“[15]) der Fall sein. Auch die Aufzeichnung einer Konzertaufführung, die mit einem Zusammenschnitt von Filmmaterial unterschiedlicher Kameras „bebildert“ wird, stellt eine reine Vervielfältigung des Musikwerks dar.[16] Sobald allerdings das Werk bei der Verwendung in einem Filmwerk verändert wird, stellt diese Nutzung eine Bearbeitung des Musikwerks dar. Offensichtlich ist dies, wenn durch die filmische Nutzung in die Substanz eingegriffen wird, das Werk also beispielsweise gekürzt wird. Eine Bearbeitung liegt darüber hinaus aber auch in den Fällen vor, in denen das Werk zwar in seiner Substanz unverändert bleibt, es aber in einen anderen Gesamtzusammenhang gestellt wird.[17] Dies ist etwa immer dann der Fall, wenn ein vorbestehendes Werk (also ein Werk, das nicht für die Verwendung in dem konkreten Film komponiert wurde) zur Untermalung einer Filmhandlung mit dem Filmmaterial verbunden wird. Das Bearbeitungsrecht ist ein selbständiges Verwertungsrecht.[18] Es wird im Bereich der Filmherstellung neben dem Vervielfältigungsrecht nach § 1 lit. i BerV als eigenständiges und ausschließliches Nutzungsrecht nach den §§ 31 UrhGff.[19] von den Berechtigten auf die GEMA übertragen. Nach § 1 lit. i BerV verfügen damit die Berechtigten (mit dinglicher Wirkung) auch über die Bearbeitungsrechte als ausschließliche Nutzungsrechte[20] zugunsten der GEMA. Obwohl der Wortlaut des § 23 UrhG von einer „Einwilligung“ spricht, handelt es sich demnach nicht lediglich um eine schuldrechtliche Zustimmung.[21]

---

13 Vgl. RegE UrhG Vierter Abschnitt 3. zu § 15, BT-Drs. IV/270, S. 46; Schricker-*v. Ungern-Sternberg,* § 15 UrhG Rn. 14.

14 OLG München, NJW 2003, 684 – Alpensinfonie; a.A. wohl: Dreier/Schulze-*Schulze*, § 23 UrhG Rn. 21, der die Auffassung vertritt, daß jede Verbindung eines Musikwerks mit einer Bildfolge dieses in einen anderen Sachzusammenhang stellt.

15 Möhring/Nicolini-*Lütje*, § 88 UrhG Rn. 10.

16 OLG München, NJW 2003, 684 – Alpensinfonie.

17 Dreier/Schulze-*Schulze* § 23 UrhG Rn. 21; a.A. Schricker-*v. Ungern-Sternberg*, § 15 UrhG Rn. 14.

18 Dazu bereits oben Rn. 32.

19 Dreier/Schulze-*Schulze*, § 23 UrhG Rn. 10; Schricker-*Loewenheim*, § 23 UrhG Rn. 19; Wandtke/Bullinger-*Bullinger*, § 23 UrhG Rn. 8.

20 Vgl. *Ulmer*, Urheber- und Verlagsrecht, S. 368.

21 Dabei muß der Filmhersteller als Bearbeiter des Musikwerks nach § 23 S. 2 UrhG bereits zur

Der Sachverhalt, daß ein Werk nur teilweise bei der Herstellung eines Films verwendet wird, fällt demnach unter das Bearbeitungsrecht nach § 23 UrhG. Obwohl das Recht zur **Teilwerk-Nutzung** auch hier nicht ausdrücklich geregelt ist, geht es damit nach § 1 lit. i BerV auf die GEMA über. Das ergibt sich wiederum aus dem Zweck des Berechtigungsvertrags im Hinblick auf die Zweckübertragungslehre nach § 31 Abs. 5 UrhG. Da in den meisten Fällen der Verwendung von (vorbestehender) Musik bei der Herstellung eines Films die Werklänge an den Filmschnitt angepaßt und damit in der Regel gekürzt werden muß,[22] würde das Regelungssystem der Rechteübertragung unter auflösender Bedingung nach § 1 lit. h und lit. i BerV durch die Ausnahme dieser Teilwerknutzung aus der Rechteübertragung nach § 1 lit. i BerV in weiten Bereichen gegenstandslos.[23] 254

c) *Sonderfälle*

Nicht unter die von § 1 lit. i BerV erfaßten Sachverhalte fällt der **Austausch der Originalmusik** – etwa beim Export eines Films. Durch einen solchen Austausch kann weder das Filmherstellungsrecht noch das Urheberpersönlichkeitsrecht des Originalkomponisten verletzt sein, da eben nicht seine Musik, sondern die Musik eines anderen Komponisten genutzt wird. Ausgeschlossen ist, daß das Filmherstellungsrecht mit der dinglichen Beschränkung, daß die Musik nicht ausgetauscht werden darf, auf die GEMA übergeht; ein solches dinglich beschränktes Recht wäre nicht verkehrsfähig. 255

Einen weiteren Sonderfall stellt das **Abspielen von Musik zum Film** von einem **gesonderten Tonträger** dar. Soweit ein organischer Zusammenhang zwischen der bildlichen und akustischen Wiedergabe besteht, ist auch hier das Filmherstellungsrecht berührt, das von den Berechtigten in den Voraussetzungen des § 1 lit. i BerV zurückgerufen werden kann.[24] 256

d) *Die Videozweitauswertung ist keine „Filmherstellung"*

Der BGH klärte in seiner Entscheidung **„Videozweitauswertung II"**[25] die lang umstrittene Frage,[26] ob bei der Videozweitauswertung eines Kinofilms ein besonderes Verfilmungsrecht des Berechtigten berührt ist, welches zusätzlich zu dem von der GEMA verwalteten Vervielfältigungs- und Verbreitungsrecht vom Rechteinhaber eingeholt werden muß. Nach dieser Entscheidung bedarf es eines solchen besonderen Vervielfältigungsrechts zur Videozweitauswertung nicht. Ausreichend ist vielmehr die Lizenzierung des Vervielfältigungs- und Verbreitungsrechts nach den §§ 16, 17 UrhG 257

Herstellung des Films und nicht, wie im Fall des § 23 S. 1 UrhG erst bei der Veröffentlichung oder Verwertung das Bearbeitungsrecht einholen.

22 *Ventroni*, Das Filmherstellungsrecht, S. 213.

23 IdS auch *Ventroni*, Das Filmherstellungsrecht, S. 211 ff.

24 LG München, ZUM 1993, 289, 291 – Michael Jackson-Show.

25 BGH, GRUR 1994, 41 ff. – Videozweitauswertung II.

26 Für ein eigenes Video-Verfilmungsrecht etwa *Krüger*, FS Reichardt, S. 79, 84 ff.; *Becker*, Musik im Film, S. 53, 61.

durch die GEMA.[27] Demnach fällt der Sachverhalt der Videozweitauswertung nicht in den Regelungsbereich des § 1 lit. i Ziff. 1 BerV.[28] Die Berechtigten übertragen nach § 1 lit. i Ziff. 1 BerV nur das Recht zur Verwendung eines Musikwerks bei der Herstellung eines Films als Werkneuschöpfung, nicht jedoch das Recht, diesen auf einem Videoband zu vervielfältigen. Bei dieser Vervielfältigung wird die vorliegende Kinofilmschöpfung lediglich in einen anderen Aggregatszustand gegossen.[29] Die Herstellung von Videokassetten auf der Grundlage eines Kinospielfilms ist keine eigenständige Verfilmung.

258 Das Recht zur Verwendung eines Musikwerks zur Herstellung eines Videofilms geht hingegen dann unproblematisch nach § 1 lit. i Ziff. 1 BerV (mit Rückrufmöglichkeit) auf die GEMA über, wenn es sich um eine neue Filmschöpfung auf Videoband handelt.[30]

2. Der Rückruf bzw. Rückfall des Filmherstellungsrechts

259 Die Berechtigten übertragen die Filmherstellungsrechte nach § 1 lit. i Ziff. 1 BerV unter einer **auflösenden Bedingung** iSd § 158 Abs. 2 BGB.[31] Sobald die Berechtigten erklären, das Recht selbst wahrnehmen zu wollen, tritt die Bedingung ein und das Filmherstellungsrecht fällt an die Berechtigten zurück. Der Fortbestand der Rechteübertragung steht somit unter einer auflösenden Potestativbedingung; es unterliegt dem Willen des Berechtigten, ob er sein Recht zurückruft und die Verfügung somit nicht zustande kommt.[32] Hintergrund dieser Möglichkeit des Rückrufs sind einerseits urheberpersönlichkeitsrechtliche Aspekte;[33] der Urheber soll entscheiden können, ob sein Musikwerk zur Herstellung eines Filmwerks verwendet wird.[34] Die Verwertungsgesellschaft kann auf Grund des Kontrahierungszwangs insofern nicht differenzieren. Sie müßte die Herstellungsrechte nach § 11 UrhWG „jedermann" einräumen. Anderseits spielen auch wirtschaftliche Interessen der Berechtigten eine entscheidende Rolle. Soweit etwa die Verwendung eines erfolgreichen Musikwerks in einem Film erlaubt werden soll, können die Berechtigten individuell mit den Filmherstellern verhandeln und dabei Lizenzen erlangen, die gegebenenfalls erheblich höher sind als die pauschalen Tarife der GEMA.[35]

260 Nach § 1 lit. i Ziff. 1 BerV bewirkt der Berechtigte diesen Rückfall durch eine **fristgerechte schriftliche Erklärung**. Die Frist beträgt bei originalverlegten Werken vier

27 BGH, GRUR 1994, 41, 42 – Videozweitauswertung II.
28 Das gilt entsprechend auch für die Zweitauswertung mittels anderer Bildtonträger wie DVD etc.
29 BGH, GRUR 1994, 41, 42 – Videozweitauswertung II.
30 *Becker*, Musik im Film, S. 59.
31 Zur Ausnahme der Fernsehproduktionen Rn. 14 ff.
32 Vgl. Münchner Kommentar-*Westermann,* § 158 BGB Rn. 19.
33 *Goldmann*, Die kollektive Wahrnehmung musikalischer Rechte, S. 298.
34 *Becker*, Musik im Film, S. 53, 70.
35 Eingehend *Ventroni*, Das Filmherstellungsrecht, S. 60 f.

Wochen und bei subverlegten[36] Werken drei Monate. Sie beginnt ab Kenntnis des Berechtigten von der Nutzung der Musik im Film. Dies ist der Fall, wenn der Produzent der GEMA mitteilt, ein konkretes Musikstück in einem bestimmten audiovisuellen Werk nutzen zu wollen und die GEMA darauf den Berechtigten informiert.[37] Falls der Berechtigte die Frist nicht einhält oder mitteilt, daß er das Herstellungsrecht nicht im eigenen Namen wahrnehmen möchte, lizenziert die GEMA das „Herstellungsrecht" (§ 1 lit. i Abs. 1 BerV).

3. Das Recht zur Benutzung eines Musikwerks für „andere Arten von Aufnahmen auf Bildtonträger"

Nach den gleichen Bedingungen geht neben dem Recht, ein Musikwerk bei der Herstellung eines Films zu verwenden, nach Ziffer 1 Alternative 2 der Bestimmung auch das Recht zur Benutzung eines Musikwerks für andere Arten von Aufnahmen auf Bildtonträger auf die GEMA über. Anders als bei der Übertragung des Filmherstellungsrechts nach Alternative 1 ist es hier nicht zwingend erforderlich, daß das Musikwerk mit einem Film, also mit bewegten Bildern, verbunden wird. Unter diese Regelung fallen insbesondere die sog. **Musik-Bildtonträger**. Hier steht die Musik im Vordergrund; vorbestehenden Musikwerken werden Bilder oder ein Film unterlegt. Gegenüber der Musik spielen die (bewegten) Bilder eine nur untergeordnete Rolle. Anders als bei Spielfilmen fehlt diesen Bildern zumeist ein Handlungsstrang.[38] Hier umfaßt der Rückfall der Herstellungsrechte lediglich die Herstellung von 50 gesondert zu kennzeichnenden Vervielfältigungsstücken für Einführungszwecke. Bis auf diese 50 Einführungsexemplare verbleibt daher das Vervielfältigungs- und Verbreitungsrecht bei der GEMA. 261

4. Das Multimediaherstellungsrecht

Auch das Recht der Verwendung eines Musikwerks zur Herstellung eines **Multimediaprodukts** geht nach Alternative 3 auflösend bedingt auf die GEMA über. Die Regelung bestimmt, daß diese Herstellungsrechte, als Rechte zur Verbindung von Werken der Tonkunst (mit oder ohne Text) mit Werken anderer Gattungen auf Multimedia- und andere Datenträger oder in Datenbankendokumentationssystemen oder in Speichern ähnlicher Art, unter anderem mit der Möglichkeit interaktiver Nutzung, unter die Wahrnehmungsbefugnis der GEMA fallen. Typische Fälle sind etwa das Unterlegen einer Homepage mit Musik oder die Herstellung von CD-ROMs mit Musikinhalten. Die Besonderheit bei der Herstellung eines Multimediaprodukts liegt darin, daß hier das Musikwerk in digitalisierter Form mit Werken anderer Gattung verbunden wird, die ebenfalls digitalisiert sind. Hinsichtlich der auflösend bedingten Rechteübertragung nach § 158 Abs. 2 BGB sowie der Rückrufmöglichkeit besteht auch hier kein Unterschied zur Übertragung des Filmherstellungsrechts nach 262

36 Dazu oben Rn. 16.

37 *Ventroni*, Das Filmherstellungsrecht, S. 54; *Schulze*, ZUM 1993, 255, 263.

38 *Becker*, Musik im Film, S. 67.

Alternative 1 der Bestimmung.[39] In der Praxis machen die Berechtigten regelmäßig Gebrauch von ihrer Rückrufmöglichkeit und lizenzieren ihre Herstellungsrechte individuell, meist über ihre Verleger.

5. Das Recht zur Herstellung einer Fernsehproduktion („Senderprivileg")

a) Überblick und Hintergrund

263 Für die Verwendung von Musikwerken in sog. Fernsehproduktionen sieht § 1 lit. i Ziff. 3 BerV besondere Bestimmungen zur Rechteübertragung vor. Der Begriff der Fernsehproduktion umfaßt dabei nicht nur den Fernsehspielfilm, sondern den gesamten Bereich der filmischen Produktionen im Fernsehen, also auch Fernsehshows und Nachrichtensendungen etc. Obwohl der Wortlaut der Regelung vom Umfang der Rechtevergabe seitens der GEMA an die Fernsehsender spricht, kann dies nur bedeuten, daß damit der Umfang der von den Berechtigten an die GEMA übertragenen Rechte umschrieben wird.[40] Diese Vorschrift enthält eine Ausnahme zur auflösend bedingten Übertragung des Filmherstellungsrechts nach § 1 lit. i Ziff. 1 BerV. In diesem Bereich geht das Herstellungsrecht grundsätzlich ohne Bedingung auf die GEMA über. Dadurch ist die GEMA in der Lage, den Fernsehsendern[41] das Recht zur Herstellung im Rahmen ihrer Pauschalverträge grundsätzlich uneingeschränkt einzuräumen. Nach der Regelung in Ziffer 3 gilt diese unbeschränkte Rechteübertragung jedoch nur dann, wenn es sich um Eigen- und Auftragsproduktionen der Fernsehsender für eigene Sendezwecke oder Übernahmesendungen handelt. Dabei reicht sie nur so weit, als – abgesehen vom Auftragsnehmer der Auftragsproduktion – keine Dritten an der Produktion beteiligt sind und diese Produktionen auch nur von Fernsehsendern genutzt werden sollen. Der Hintergrund für diese **Privilegierung der Fernsehsender** liegt einerseits darin, daß eine individuelle Rechtewahrnehmung bei der massenweisen Musiknutzung im Rahmen von Fernsehproduktionen kaum möglich wäre.[42] Die Fernsehsender können auf diese Weise einfach auf das Repertoire der GEMA zurückgreifen, was insbesondere bei der aktuellen Berichterstattung unentbehrlich ist. Andererseits sind die Fernsehsender auf Grund ihrer Bindung an rundfunkvertragliche Bestimmungen (vgl. die Programmsätze des § 41 Abs. 1 RStV) ohnehin verpflichtet, das Urheberpersönlichkeitsrecht der Beteiligten zu achten.[43] Umgekehrt sollen all jene Fälle, bei denen Dritte an der Herstellung oder Auswertung beteiligt sind, nicht von dem Vertragsverhältnis zwischen der GEMA und den Fernsehsendern profitieren.

---

39 Dazu unter Rn. 259 f.

40 OLG Hamburg, ZUM 1992, 304 – Piccolo Bolero.

41 Das Privileg gilt gleichermaßen für öffentlich-rechtliche wie private Fernsehsender.

42 *Ventroni*, Das Filmherstellungsrecht, S. 62.

43 *Ventroni*, Das Filmherstellungsrecht, S. 62; *Schulze*, ZUM 1993, 255, 264.

b) Die Begriffe der Eigen-, Auftrags- und Koproduktionen

Nach dem Wortsinn umfaßt der Begriff der **Eigenproduktion** den Sachverhalt, daß ein Sender einen Film selbst herstellt. Unerheblich ist dabei, ob der Sender bei der Produktion eigenes oder (auch) fremdes Bildmaterial verwendet.[44] Eine eigene Verfilmungsleistung des Senders ist damit nicht Voraussetzung für das Vorliegen einer Eigenproduktion. Entscheidend ist, wer konkret **Film und Musik zusammengefügt** hat. Folglich handelt es sich etwa auch dann um eine Eigenproduktion, wenn der Sender einen Stummfilm mit Musik unterlegt.[45] **264**

Auch die Sachverhalte der sog. **Auftragsproduktionen** fallen nach § 1 lit. i Ziff. 3 Satz 1 BerV unbeschränkt in den Wahrnehmungsbereich der GEMA. Bei der Auslegung dieses Begriffs kommt es wiederum auf den Hintergrund des sog. Senderprivilegs an. Auch wenn die Sender die Produktion eines Fernsehfilms in Auftrag gegeben haben, soll es ihnen bei ihren eigenen Produktionen erspart bleiben, mit den Berechtigten jeweils einzeln über das Filmherstellungsrecht zu verhandeln. Untechnisch gesprochen kommt es also darauf an, ob die Fernsehsender die Produktion „in Auftrag gegeben" haben. Ob der Auftragsproduzent bei dieser Filmherstellung Rechte als Filmhersteller iSd § 94 UrhG erlangt, ist dabei unerheblich. Ebenso unerheblich ist, daß durch die Beteiligung eines Auftragsproduzenten in diesen Fällen immer ein „Dritter" iSd § 1 lit. i Ziff. 3 Satz 2 BerV beteiligt ist, da Auftragsproduktionen ausdrücklich privilegiert sein sollen. Eine Drittbeteiligung ist der Auftragsproduktion immanent.[46] **265**

Ausgenommen von der unbeschränkten Rechteübertragung auf die GEMA ist der Sachverhalt der **Koproduktion** nach § 1 lit. i Ziff. 3 Satz 3 BerV. Der Begriff der Koproduktion umfaßt die Fälle, in denen sich Fernsehsender mit Produzenten der freien Wirtschaft zur gemeinsamen Produktion eines Films zusammenschließen.[47] Hierbei handelt es sich um einen Unterfall der Drittbeteiligung nach Satz 2 der Regelung.[48] Koproduzent und Sender sind dabei gleichrangige Partner. Anders als bei der Auftragsproduktion handelt der Koproduzent nicht „im Auftrag" des Senders. Er ist dem Sender gegenüber nicht weisungsgebunden.[49] Hintergrund dieser Ausnahme für Koproduktionen ist, daß Dritte nicht in die Vereinbarungen zwischen der GEMA und den Sendern einbezogen werden sollen. Es besteht kein Grund, die Koproduzenten der freien Film-Wirtschaft von den Vereinbarungen in den Pauschalverträgen profitieren zu lassen. Eine Ausnahme gilt für Koproduktionen zwischen Sendern untereinander. Hier sind keine „Dritten" an der Herstellung beteiligt, so daß dieser Sachverhalt nach dem Sinn und Zweck des Senderprivilegs nicht von der unbeschränkten Rechteübertragung auszunehmen ist. Diese Fälle werden wie Eigen- und Auftragsproduktionen behandelt.[50] **266**

---

44 A.A. OLG München, ZUM 1997, 275, 283 – Trailer-Werbung.
45 *Ventroni,* Das Filmherstellungsrecht, S. 224 ff.
46 A.A. *Ventroni*, Das Filmherstellungsrecht, S. 230.
47 *Ventroni*, Das Filmherstellungsrecht, S. 238.
48 OLG München, NJW 2003, 684, 685 – Alpensinfonie.
49 OLG München, NJW 2003, 684, 685 – Alpensinfonie.
50 *Becker*, Musik im Film, S. 74.

c) *Die Einschränkung „für eigene Sendezwecke oder Übernahmesendungen“*

267 Die Bestimmung in § 1 lit. i Ziff. 3 S. 1 BerV sieht allerdings vor, daß das Recht zur Verwendung eines Musikwerks in einer Eigen- oder Auftragsproduktion nur dann unbeschränkt auf die GEMA übergeht, wenn diese Fernsehproduktionen für eigene Sendezwecke hergestellt, oder in Übernahmesendungen verwendet wurden. Somit gehen die Herstellungsrechte bei Eigen- und Auftragsproduktionen nur dann auf die GEMA über, wenn die Produktionen ausschließlich von den **Sendern selbst genutzt** werden sollen. In diesem Sinn fällt z.B. der Sachverhalt, daß der Auftragsproduzent die Auswertungsrechte nicht vollständig auf den Sender überträgt, sondern z.B. die DVD-Auswertung des Fernsehfilms selbst übernehmen will, nicht unter die unbeschränkte Rechteübertragung, da die Produktion nicht für eigene Sendezwecke erfolgt.[51]

268 § 1 lit. i Ziff. 3 S. 1 BerV stellt darüber hinaus klar, daß die nicht rückrufbare Rechteübertragung für Eigen- und Auftragsproduktionen auch dann gilt, wenn es sich um sog. **Übernahmesendungen** handelt. Dies betrifft die Fälle, in denen Eigen- und Auftragsproduktionen hergestellt werden, die auch von anderen in- oder ausländischen Fernsehsendern ausgestrahlt werden sollen (Programmaustausch der Fernsehsender).[52]

d) *Der „Einwilligungsvorbehalt“ des § 1 lit. i Ziff. 3 Satz 2 BerV*

269 Nach dem Wortlaut der Regelung in Ziffer 3 der Vorschrift steht die grundsätzlich unbeschränkte Einräumung des Filmherstellungsrechts bei Eigen- und Auftragsproduktionen unter dem Einwilligungsvorbehalt des Berechtigten, sobald an der Herstellung Dritte beteiligt sind oder die Filme von Dritten genutzt werden sollen. Als typischen Fall der Beteiligung von Dritten nennt Satz 3 die **Koproduktionen.**[53] Insofern müssen auch die Sachverhalte der sog. Fremdproduktionen aus der Rechteübertragung für Eigen- und Auftragsproduktionen ausgenommen werden: Wenn schon bei sog. Koproduktionen die Beteiligung eines Dritten dazu führt, daß die Produktionen der Sender nicht privilegiert sind, so erst recht, wenn diese bei der Produktion überhaupt nicht mitgewirkt haben.[54] **Dritter**, der im Sinn der genannten Bestimmung den Film nutzt, ist jeder, der nicht Fernsehsender ist.[55] Dies entspricht der Privilegierung der Eigen- und Auftragsproduktionen für eigene Sendezwecke. Somit verhindert auch eine bereits geplante spätere Auswertung durch Dritte die unbeschränkte Rechteübertragung auf die GEMA.

270 Dieser Einwilligungsvorbehalt in § 1 lit. i Ziff. 3 S. 2 BerV stellt eine **dingliche Beschränkung** der an die GEMA übertragenen Rechte dar.[56] Er hat nicht lediglich

51 *Ventroni*, Das Filmherstellungsrecht, S. 228 ff.
52 *Becker*, Musik im Film, S. 74.
53 Dazu bereits oben Rn. 266.
54 *Schulze*, ZUM 1993, 255, 268.
55 *Ventroni*, Das Filmherstellungsrecht, S. 235.
56 A.A. LG Hamburg, ZUM-RD 1997, 256 ff.

schuldrechtliche Wirkung, wie es der Wortlaut andeuten könnte. Die Zusammenschau der Regelungen in Ziffer 3 zeigt vielmehr, daß es sich bei der Regelung in Satz 2 lediglich um eine Erläuterung zur gegenständlichen Beschränkung der Rechteübertragung in Satz 1 handelt. Sobald ein Dritter an der Herstellung beteiligt ist, handelt es sich nicht um eine Eigen- und Auftragsproduktion. Entsprechend wird ein Film, der „zu eigenen Sendezwecken" hergestellt wird, nicht „von Dritten genutzt". Dieser Auffassung ist auch das OLG München, das es für abwegig hält, den dinglichen Erwerb der vom Einwilligungsvorbehalt erfaßten Rechte über die GEMA laufen zu lassen.[57]

Dies bedeutet im Ergebnis, daß das Recht, die Herstellung einer Fernsehproduktion 271
zu erlauben, also in die Herstellung einzuwilligen, nur dann auf die GEMA übergeht, wenn es sich um Eigen- und Auftragsproduktionen der Sender handelt, keine weisungsunabhängigen Dritten an der Herstellung beteiligt sind und die Produktionen nicht von Dritten genutzt bzw. ausgewertet werden. Aus dieser dinglichen Beschränkung folgt, daß das Herstellungsrecht für die nicht privilegierten Fälle in den Wahrnehmungsumfang der GEMA fällt. Dies entspricht dem Wortlaut in § 1 lit. i Ziff. 3 BerV, der „den Vergabeumfang" der GEMA auf die privilegierten Fälle begrenzt. Mit anderen Worten bedeutet das, daß die **nicht privilegierten Sachverhalte** der Fernsehproduktionen nicht, auch nicht auflösend bedingt, unter den Wahrnehmungsbereich der GEMA fallen.

e) Die privilegierten Fernsehanstalten und deren eigene Werbegesellschaften

Obwohl der Begriff der **„Fernsehanstalt"** in Ziffer 3 Satz 1 streng genommen nur die 272
öffentlich-rechtlichen Fernsehsender umfaßt, sind auch die Eigen- und Auftragsproduktionen der privaten Fernsehsender von dieser Privilegierung erfaßt. Da auch diese privaten Fernsehsender mit der GEMA Pauschalverträge zur kollektiven Abwicklung der massenweisen Werknutzungen abschließen, greift auch hier der Sinn und Zweck des Senderprivilegs. Die zu enge Formulierung „Fernsehanstalten" kommt daher, daß es bei der Einführung des Senderprivilegs in den sechziger Jahren noch keine privaten Fernsehsender gab, die bei der Regelung hätten berücksichtigt werden können.

Der Hinweis auf die **„eigenen Werbegesellschaften"** berücksichtigt, daß diese pri- 273
vatrechtlich organisierten Tochtergesellschaften der Fernsehsender neben ihrer Aufgabe zur Vermarktung von Werbeplätzen auch im Bereich der Auftragsproduktionen – so etwa im Bereich der Serien für das Vorabendprogramm – tätig sind. In diesem Sinn sollen auch Gesellschaften als „Töchter" der Fernsehsender in die Wirkung des Senderprivilegs mit einbezogen werden.

6. Die Ausnahmen für dramatisch-musikalische Werke

Nach § 1 lit. i Ziff. 4 BerV gelten für die Übertragung der Herstellungsrechte Ausnah- 274
men für die Nutzung dramatisch-musikalischer Werke. Diese Ausnahmeregelungen betreffen den gesamten Bereich der Herstellungsrechte. Auch der ansonsten privile-

57 OLG München, ZUM 1991, 90, 92.

gierte Bereich der Eigen- und Auftragsproduktionen für eigene Sendezwecke ist von dieser Ausnahmeregelung erfaßt. In diesen Fällen müssen also auch die Sender bei den Berechtigten eine gesonderte Bewilligung einholen.[58] Für die anderen Bereiche der Film- und Multimediaherstellungsrechte hat diese Ausnahmeregelung zur Folge, daß das Herstellungsrecht noch nicht einmal auflösend bedingt auf die GEMA übertragen wird. Vielmehr sind die **Berechtigten** hier **von Anfang an** für die Vergabe der Herstellungsrechte zuständig.

275 Die Regelung in Ziffer 4 stellt die einzelnen Ausnahmekonstellationen detailliert dar. Ziffer 4 aa) betrifft den Fall, daß ein vorbestehendes dramatisch-musikalisches Werk, sei es vollständig, als Querschnitt oder in größeren Teilen[59], bei der Herstellung eines Films verwendet wird. Diese Sachverhalte werden demnach nicht von der Rechteübertragung nach § 1 lit. i BerV erfaßt. Darunter fällt etwa die Aufzeichnung einer Opern- oder Ballettaufführung als Fernsehproduktion. Umgekehrt liegt z.B. das Recht zur Lizenzierung einer Fernseheigenproduktion für den Fall bei der GEMA, daß nur kleinere Teile dramatisch-musikalischer Werke (wie etwa das Chorstück „Oh Fortuna" aus Orffs „Carmina Burana") verwendet werden.[60]

276 Ein Beispiel für die nach Ziffer 4 bb) geregelte Ausnahme, daß auch das Recht zur Benutzung eines Musikwerks zur (Film-)Herstellung eines dramatisch-musikalischen Werks in keinem Fall von der GEMA wahrgenommen wird, regelt die zwischen den Rundfunkanstalten und der GEMA geschlossene Abgrenzungsvereinbarung. Demnach kann die GEMA das Filmherstellungsrecht dann nicht vergeben, wenn ein Konzertstück als „vertanzte Musik" zur Herstellung eines Balletts, welches als Fernsehsendung aufgenommen wird, verwendet wird.[61]

277 Schließlich bezieht sich die Ausnahmeregelung in Ziffer 4 cc) auf die Fälle, in denen eine „Einlage" aus einem dramatisch-musikalischen Werk als integrierender Bestandteil in einer Aufnahme von dramatischen oder dramatisch-musikalischen Werken verwendet wird. So fällt beispielsweise der Sachverhalt, daß eine Arie aus einer Operette in einer Revue als „Verbindung mehrerer Musiktitel unter einem Leitgedanken und mit einem Handlungsfaden" vorkommt, nicht in den Wahrnehmungsbereich der GEMA. Dabei spielt es keine Rolle, ob es sich um eine Aufzeichnung für eine Fernsehsendung oder um eine Aufnahme zur Wiedergabe auf einem Bildton- oder Multimedia-Datenträger oder zur öffentlichen Zugänglichmachung im Internet handelt. Für den Bereich der Fernsehfilmherstellung gilt im Rahmen dieser Ausnahmeregelung die Besonderheit, daß der Berechtigte die Einräumung des Herstellungsrechts an den selbst produzierenden Sender hinsichtlich der Fernseheigen- und Fernsehauf-

---

58 P. *Schulz,* in Handbuch der Musikwirtschaft, S. 1382.

59 Diese Begriffe sind bereits unter III. Rn. 13 erläutert. Nach I. 2 d) 2. Absatz der zwischen den Rundfunkanstalten und der GEMA abgeschlossenen Abgrenzungsvereinbarung gelten diese Abgrenzungskriterien auch für den Bereich der Filmherstellung (GEMA-Jahrbuch 2004/2005, S. 202f.).

60 *Russ,* ZUM 1995, 32, 35.

61 Ziff. I. 2. b) 2. Absatz der zwischen den Rundfunkanstalten und der GEMA geschlossenen Abgrenzungsvereinbarung (GEMA-Jahrbuch 2004/2005, S. 202f.).

tragsproduktionen nicht von einer Vergütung abhängig machen kann. Dies bedeutet, daß die Berechtigten im genannten Bereich die Erteilung des Herstellungsrechts lediglich ablehnen, aber nicht mit den Sendern einen Preis für die Einräumung des Herstellungsrechts aushandeln können.

7. Wochenschauen

Ziffer 2 der Regelung bezieht sich auf den Rechterückfall für den Sachverhalt der **278**
sog. Wochenschauen. Solche Wochenschauen waren früher dazu bestimmt, dem Publikum im Kino die wichtigsten Ereignisse der vergangenen Woche in einer Zusammenfassung zu zeigen.[62] Derartige Filme werden heute allerdings nicht mehr produziert. Diese Ausnahmeregelung hat daher keine praktische Bedeutung mehr.[63]

8. Das Urheberpersönlichkeitsrecht als Grenze der Rechteübertragung

Die Übertragung der Herstellungsrechte nach § 1 lit. i BerV kann nicht das Recht **279**
umfassen, das Werk des Urhebers im Sinne der §§ 14, 39 UrhG zu entstellen bzw. es zu beeinträchtigen. Obwohl es dem Herstellungsrecht auf Grund der Werkverbindung immanent ist, daß urheberpersönlichkeitsrechtliche Belange berührt werden, endet die Wahrnehmungsbefugnis der GEMA, sobald dieses Recht tatsächlich **verletzt** wird. Soweit das Recht nicht ohnehin auf den Berechtigten zurückgefallen ist, kann die Lizenzierung durch die GEMA nicht die Zustimmung zu einem solchen Eingriff in das Urheberpersönlichkeitsrecht enthalten. Bei den Nutzungen eines Musikwerks bei der Filmherstellung sind dabei sowohl Eingriffe in die Werksubstanz, als auch indirekte Eingriffe in Form eines beeinträchtigenden Sachzusammenhangs denkbar. Wenn diese Eingriffe zudem geeignet sind, die Interessen des Urhebers zu beeinträchtigen und der Urheber diese Beeinträchtigungen auch nicht nach Treu und Glauben hinnehmen muß, ist das Urheberpersönlichkeitsrecht verletzt. In eine solche Verletzung kann nur der Urheber selbst einwilligen.[64]

III. Keine Unwirksamkeit nach § 31 Abs. 4 UrhG

Die Übertragung der Multimediaherstellungsrechte in § 1 lit. i BerV ist nicht deshalb **280**
unwirksam, weil sie sich möglicherweise auf eine **unbekannte Nutzungsart** bezieht.[65] Das Recht zur Herstellung einer Multimediaproduktion war bei Einführung dieser Rechteübertragung im Jahr 1996 bereits bekannt. Selbst mangelnde Rechteübertragung in sog. „Altverträgen" wären durch die Ergänzungsvereinbarung aus dem Jahr 1996 sowie einzelvertragliche Regelungen geheilt.[66]

---

62 *Reupert,* Der Film im Urheberrecht, S. 58.
63 *Schulze,* ZUM 1993, 255, 263.
64 Zum Urheberpersönlichkeitsrecht s. o. Rn. 30.
65 Mit der geplanten Abschaffung des § 31 Abs. 4 UrhG würde sich diese Frage künftig nicht mehr stellen.
66 Dazu bereits oben Rn. 173 und Rn. 194.

§ 1 lit. k [Der Vorbehalt für Nutzungen von Musikwerken in Werbespots]

§ 1 Der Berechtigte überträgt hiermit der GEMA […]

k) Unberührt bleibt die Befugnis des Berechtigten, die Einwilligung zur Benutzung eines Werks (mit oder ohne Text) zur Herstellung von Werbespots der Werbung betreibenden Wirtschaft, z.B. im Rundfunk (Hörfunk und Fernsehen) zu erteilen.[1]

Nicht vom Berechtigten werden der GEMA übertragen die Rechte der Bearbeitung, Umgestaltung und/oder Kürzung eines Werks der Tonkunst (mit oder ohne Text) zur Verwendung als Ruftonmelodie und/oder Freizeichenuntermalungsmelodie. Die Befugnis des Berechtigten die Einwilligung in die Verwendung solcher Werkfassungen im Einzelfall zu erteilen, bleibt unberührt. Es bleibt bei der Übertragung der unter Ziff. 1 h) aufgeführten Nutzungsrechte an die GEMA.

Übersicht Rn.

I. Der Vorbehalt des § 1 lit. k Abs. 1 BerV für die unterschiedlichen Sachverhalte der Herstellung rein akustischer oder audiovisueller Werbespots

281 Nach § 1 lit. k Abs. 1 BerV bleibt die Befugnis, die Einwilligung zur Benutzung eines Werks zur Herstellung von **Werbespots der Werbung betreibenden Wirtschaft**, z.B. im Rundfunk (Hörfunk oder Fernsehen) zu erteilen, dem Berechtigten vorbehalten. Zu unterscheiden sind – entsprechend der Unterscheidung in „Hörfunk und Fernsehen“ – die Sachverhalte der rein akustischen Werbespots als sog. „Werbejingles“ und der audiovisuellen Werbespots, d.h. der „Werbefilme“. Für den Bereich der „Werbejingles“ regelt § 1 lit. k BerV eine direkte Einschränkung der Rechteübertragung nach § 1 lit. h Abs. 1 BerV. Der Vorbehalt zu Gunsten des Berechtigten wirkt sich im Bereich der „Werbefilme“ als Begrenzung des Herstellungsrechts nach § 1 lit. i BerV und damit nur mittelbar gegenüber der Rechteübertragung nach § 1 lit. h Abs. 1 BerV aus.[2]

1 Der Vorbehalt des § 1 lit. k BerV wurde durch Beschluss der Mitgliederversammlung 2005 in einem 2. Absatz um die Sachverhalte der Werkbearbeitung bzw. -umgestaltung im Bereich der Klingeltonnutzung ergänzt. Dazu oben Rn. 200 ff.

2 S. den Vorbehalt in § 1 lit. h Abs. 5 BerV.

II. Persönlichkeitsrechtliche und wirtschaftliche Interessen als Hintergrund des Vorbehalts

Hintergrund dieses Vorbehalts sind einerseits **persönlichkeitsrechtliche**, andererseits **wirtschaftliche** Interessen der Berechtigten. Es ist offensichtlich, daß durch die werbemäßige Nutzung eines Musikstücks die urheberpersönlichkeitsrechtlichen Befugnisse in besonderem Maß berührt sein können.[3] Es soll dem Berechtigten vorbehalten bleiben, darüber zu entscheiden, ob sein Musikwerk bei der Herstellung eines Werbespots verwendet werden darf.[4] Im Hinblick darauf, daß die GEMA auf Grund des Kontrahierungszwangs nach § 11 UrhWG verpflichtet wäre, dieses Nutzungsrecht an „jedermann" und damit undifferenziert für jede Werbeaussage zu vergeben, kommt eine kollektive Wahrnehmung durch die GEMA nicht in Betracht. In wirtschaftlicher Hinsicht bewirkt der Vorbehalt, daß der Urheber den „Wert" der werbemäßigen Nutzung seines Werks individuell mit dem Nutzer aushandeln kann.[5] **282**

III. Urheberrechtliche Grundlage

Die Nutzung eines Musikwerks (mit oder ohne Text) zur Herstellung eines Werbespots berührt regelmäßig das **Bearbeitungsrecht** des Urhebers nach § 23 UrhG.[6] Die tatsächliche Verbindung von Musik mit dem werbenden Text ist mit Umgestaltungen oder Bearbeitungen nach § 23 UrhG vergleichbar.[7] **283**

Daneben berührt jede werbemäßige Nutzung eines Musikwerks das **„droit moral"** des Urhebers. Durch die Verbindung des Musikwerks mit der Werbeaussage wird der geistig-ästhetische Gesamteindruck des Werks verändert und in dessen Integrität eingegriffen.[8] Soweit das Musikwerk dabei in seiner Substanz verändert wird, liegt ein direkter Eingriff in das Urheberpersönlichkeitsrecht vor. Aber auch die unbearbeitete Verwendung eines Musikwerks zur Herstellung eines „Werbespots" verändert den Gesamteindruck des Werks. Es entsteht ein das Werk beeinträchtigender neuer Sachzusammenhang.[9] Hier liegt ein indirekter Eingriff in das Urheberpersönlichkeitsrecht vor. Im Vordergrund steht nicht das Musikwerk, sondern der beworbene Gegenstand.[10] **284**

---

3 LG Düsseldorf, ZUM 1986, 158, 160; P. *Schulz,* Handbuch der Musikwirtschaft, S. 1345, *Rossbach/Joos*, FS Schricker, S. 350; *Staats*, Aufführungsrecht und kollektive Wahrnehmung bei Werken der Musik, S. 126 f.

4 OLG Hamburg, GRUR 1991, 599, 600 – Rundfunkwerbung; OLG München ZUM 1997, 275, 279 – Trailer-Werbung.

5 Schulze OLGZ 315, 7; Schulze OLGZ 315, Anmerkung G. *Schulze*, S. 8.

6 Loewenheim-*Czychowski*, § 68 Rn. 89.

7 *Schulze*, ZUM 1993, 255, 267.

8 *Schulz,* Handbuch der Musikwirtschaft, S. 1345.

9 Dreier/Schulze-*Schulze*, § 14 UrhG Rn. 20.

10 Schulze OLGZ 315, Anmerkung G. *Schulze*, S. 9.

285 Der Einwilligungsvorbehalt bewirkt eine **dingliche Beschränkung** (vgl. § 31 UrhG) der Rechteübertragung in § 1 lit. h Abs. 1 BerV bzw. § 1 lit. i BerV;[11] der Berechtigte kann gesondert über das eigenständige Recht zur werbemäßigen Nutzung verfügen.

IV. „Werbespots" als Gegenstand des Einwilligungsvorbehalts

286 Gegenstand des Einwilligungsvorbehalts sind nicht nur klassische Produktwerbespots. Der Begriff ist vielmehr weit auszulegen und umfaßt damit etwa auch Eigenwerbungen der Hörfunk- oder Fernsehsender. Die Regelung bezieht sich auf die unterschiedlichen Arten von Werbemusik, z.B. als Hintergrund oder als Werbesong unter Benutzung eines vorbestehenden Werks.[12]

1. „Werbespots der Werbung betreibenden Wirtschaft" im rein akustischen Bereich

287 Im **rein akustischen Bereich** umfaßt der Begriff des „Werbespots der Werbung betreibenden Wirtschaft" iSd § 1 lit. k BerV zunächst die **klassische Produktwerbung** im Radio.

288 Auch rein akustische Senderkennungen oder Senderlogos, d.h. rein akustische Produktionen zur sog. **Station Promotion** (Eigenwerbung des Rundfunkveranstalters),[13] fallen in den Begriff der „Werbespots der Werbung betreibenden Wirtschaft" iSd § 1 lit. k BerV.[14] Es kommt dabei nicht darauf an, daß die Merkmale eines klassischen Werbespots erfüllt sind.[15] Senderkennung oder Senderlogos weisen zwar nicht auf ein konkretes Produkt hin, jedoch dienen sie der stärkeren Einprägung des Namens des Senders und fördern die Wiedererkennung und die Präsenz des Senders. Damit soll der Absatz der Dienstleistungen des Senders gesteigert werden. Folglich ist nicht nur die „kommerzielle" Werbung im Sinn einer der Sendeanstalt zu vergütenden Fremdwerbung von der Wahrnehmungsbefugnis der GEMA ausgenommen.[16] Die Formulierung „Werbung betreibenden Wirtschaft" hat historische Hintergründe und muß heute – unter Berücksichtigung der urheberpersönlichkeitsrechtlichen Belange des Urhebers – anders ausgelegt werden.[17] Auch die Einstufung im rundfunkrechtlichen Sinn ist nicht entscheidend; hierdurch kann Dritten gegenüber nicht festgelegt weden,

---

11 Schulze OLGZ 315, 6; a.A. *Staats*, Aufführungsrecht und kollektive Wahrnehmung bei Rechten der Musik, S. 128.

12 V. *Welser*, Die Wahrnehmung urheberpersönlichkeitsrechtlicher Befugnisse durch Dritte, S. 129.

13 Zum Begriff der „Station Promotion" *Hartstein/Ring/Kreile/Dörr/Stettner* B5 § 7 RStV Rn. 10.

14 Denkbar sind außerdem auch Sponsoring-Jingles in Hörfunksendungen („diese Sendung widmete Ihnen …"). Auch diese Musiknutzungen fallen auf Grund ihres werbenden Charakters unter die Ausnahme des § 1 lit. k BerV. Vgl. hierzu die Ausführungen zu Sponsoring-Sendungen im Fernsehbereich sogleich unter Rn. 12.

15 OLG München, ZUM 1997, 275, 278 – Trailer-Werbung.

16 Loewenheim-*Castendyk*, § 75 Rn. 302.

17 Schulze OLGZ 315, 4 mit Anmerkungen G. *Schulze*; *Ventroni*, Das Filmherstellungsrecht, S. 242.

welche Sachverhalte in den Begriff der „Werbung“ fallen.[18] Demnach kann die GEMA das Recht, ein Werk zur Herstellung eines **Senderlogos** oder einer **Senderkennung** zu verwenden, nicht im Rahmen der Pauschalverträge an die Sender übertragen.

2. „Werbespots der Werbung betreibenden Wirtschaft“ im audiovisuellen Bereich

Auch im audiovisuellen Bereich umfaßt der Begriff des „Werbespots der Werbung betreibenden Wirtschaft“ iSd § 1 lit. k BerV zunächst den **„klassischen“ Produktwerbefilm.** Dabei ist es unerheblich, ob ein sogenanntes vorbestehendes Werk[19], wie etwa „Wonderful World“ für eine Autowerbung, oder ob eine eigens komponierte Musik – wie z.B. der musikalische Slogan „Milka, die zarteste Versuchung, seit es Schokolade gibt“ – verwendet wird. **289**

Hinsichtlich der sog. **Programmtrailer**, d.h. Programmankündigungen, die zur Bewerbung eines Films dienen,[20] hat das OLG München entschieden, daß die GEMA den Fernsehsendern das Recht zur Verwendung ihres Repertoires im Rahmen der Pauschalverträge nicht einräumt, da die Berechtigten dieses Recht nach § 1 lit. k BerV auch nicht auf die GEMA übertragen.[21] Sobald ein eigener Kurzfilm für die Ankündigung produziert werde, handle es sich – gleich ob Bildfolgen aus dem Film verwendet würden oder nicht – um einen Werbespot der Werbung betreibenden Wirtschaft iSd § 1 lit. k BerV. Bei diesen Programmankündigungen würde massiv für das eigene Programm geworben.[22] Bei audiovisuellen Sendereigenwerbungen kommt es – ebenso wenig wie bei den rein akustischen – darauf an, daß die Merkmale eines klassischen Werbespots erfüllt sind. Auch bei diesen Filmen handelt es sich um Werbespots iSd § 1 lit. k BerV, da dadurch für die Dienstleitungen des Senders geworben wird. Demnach kann die GEMA das Recht, ein Werk zur Herstellung eines Senderlogos oder einer Senderkennung zu verwenden, nicht im Rahmen der Pauschalverträge an die Sender übertragen. Dabei spielt es keine Rolle, ob es sich bei dem Trailer um eine Eigen- oder Auftragsproduktion handelt.[23] Da § 1 lit. k BerV regelt, daß bei Vorliegen eines Werbespots die Befugnis des Berechtigten unberührt bleibt, bedeutet dies, daß die vorausgehenden Regelungen des § 1 lit. i Ziff. 3 BerV bezüglich Eigen- und Auftragsproduktionen für Werbespots nicht gelten.[24] Zudem macht es hier keinen Unterschied, ob es sich um ein sogenanntes vorbestehendes Werk oder um ein eigens für den Trailer komponiertes Werk handelt. **290**

Aus denselben Gründen fallen auch die Senderkennungen oder Senderlogos, d.h. die Filme zur sog. **Station Promotion,**[25] in den Begriff der „Werbespots der Werbung betreibenden Wirtschaft“ nach § 1 lit. k BerV, so daß das Herstellungsrecht nicht im **291**

18 OLG München, ZUM 1997, 275 – Trailer-Werbung.
19 Dazu oben Rn. 253.
20 Möhring/Nicolini-*Lütje*, § 88 UrhG Rn. 61;
21 OLG München, ZUM 1997, 275, 278 f. – Trailer-Werbung.
22 LG Hamburg vom 21.03.1996 – 308 O 229/93.
23 OLG München, ZUM 1997, 275, 278 f. – Trailer-Werbung.
24 OLG München, ZUM 1997, 275, 278 f. – Trailer-Werbung.
25 Zum Begriff der „Station Promotion“ bereits oben Rn. 288.

Rahmen der Pauschalverträge auf die Sender übergeht. Dies entschied das OLG Hamburg für die Station Promotion des NDR („Das Beste im Norden").[26]

292 Sog. **Sponsoring-Sendungen** fallen ebenfalls in den Begriff des Werbespots der Werbung betreibenden Wirtschaft iSd § 1 lit. k BerV. Auch hier ist es nach den oben genannten Kriterien unerheblich, daß es sich bei diesen Sendungen nach den Vorschriften des Rundfunkrechts nicht um „Werbung" handelt.[27] Ein Beispiel ist der „tanzende Regenschirm", der den Wetterbericht zur Tagesschau ankündigt. Dieser Kurzfilm ist mit dem Song „Raindrops Keep Fallin' on my Head" unterlegt und enthält die Aussage, daß der Wetterbericht von einer Bank „präsentiert" wird. Wiederum handelt es sich um eine werbemäßige Musiknutzung iSd § 1 lit. k BerV.

293 Der Wortlaut des § 1 lit. k BerV umfaßt über den Fernsehbereich hinaus auch jegliche andere Form von Werbefilm, da die Rundfunkwerbung nur als Beispiel angeführt wird. In diesem Sinn muß auch bei der Verwendung von Musik zur Herstellung von **Kino-Werbefilmen** das Herstellungsrecht nach § 1 lit. k BerV bei den Urhebern bzw. Verlegern eingeholt werden. Zudem fallen auch **Industriewerbefilme** unter diesen Vorbehalt.

294 Außerdem ist auch die regelmäßig audiovisuelle **Werbung im Internet**[28] vom weit zu fassenden Begriff des „Werbespots" nach § 1 lit. k BerV umfaßt. Hier muß es ebenfalls nach dem Sinn und Zweck des „Vorbehalts" dem Urheber überlassen bleiben zu entscheiden, ob sein Werk mit einer Werbeaussage in Verbindung gebracht werden darf. Auch die Übertragung des Online-Herstellungsrechts nach § 1 lit. i Ziff. 1 BerV ist somit durch § 1 lit. k BerV dinglich begrenzt.

V. Der Vorbehalt des § 1 lit. k Abs. 2 BerV für Bearbeitungen und Umgestaltungen im Rahmen der Nutzungen als Ruftonmelodien und/oder Freizeichenuntermalungsmelodien

295 Ebenfalls vor dem Hintergrund persönlichkeitsrechtlicher wie auch wirtschaftlicher Interessen wurde die Regelung des § 1 lit. k BerV von der Mitgliederversammlung 2005 um einen Absatz 2 erweitert. Damit wurde festgelegt, dass die im Rahmen von Nutzungen als Ruftonmelodien oder Freizeichenuntermalungsmelodien gegebenenfalls erheblich berührten **Bearbeitungs- und Umgestaltungsrechte** gemäß § 23 UrhG uneingeschränkt dem Bereich der individuellen Rechtewahrnehmung durch die Berechtigten bzw. durch deren Musikverleger unterliegen. Davon unberührt bleibt jedoch die Wahrnehmungsbefugnis der GEMA für die von § 1 lit. h BerV erfaßten Nutzungssachverhalte.[29]

---

26 Schulze OLGZ 315, 4, mit Anmerkungen G. *Schulze*.

27 Nach § 7 Abs. 1 RStV handelt es sich bei „Sponsoring" um Finanzierung einer Sendung im öffentlichen Rundfunk durch den Beitrag eines Dritten; *Schulz,* Handbuch der Musikwirtschaft, S. 1346.

28 Auch die Verwendung von Musikwerken bei der Herstellung von rein akustischen Internet-Werbungen steht unter dem Vorbehalt des § 1 lit. k BerV.

29 Näher hierzu oben Rn. 200 ff.

§ 1 lit. l [Die Auffangklausel]

§ 1 Der Berechtigte überträgt hiermit der GEMA [...]

„l) Diejenigen Rechte, die durch künftige technische Entwicklung oder durch Änderung der Gesetzgebung entstehen und erwachsen, soweit sie den Rechten in den Absätzen a) bis i) entsprechen."

Übersicht Rn.

I. Inhalt und Zweck der Regelung

Nach der sog. Auffangklausel[1] in § 1 lit. l BerV sollen der GEMA auch solche Nutzungsrechte eingeräumt werden, die erst künftig durch die technische Entwicklung entstehen oder durch eine Gesetzesänderung begründet werden, soweit diese neuen Nutzungsrechte den in § 1 lit. a bis lit. i BerV aufgezählten Rechten entsprechen. Damit wird eine Anpassung der Berechtigungsverträge an die sich verändernden Rahmenbedingungen bezweckt. Bereits zum Zeitpunkt des Entstehens neuer Nutzungsarten sollen sie **„automatisch"** von der Rechteübertragung im Berechtigungsvertrag erfaßt sein. Damit ähnelt die Auffangklausel der antizipierten Rechteübertragung für künftig entstehende Werke nach § 1 BerV (Kopfteil).[2] In beiden Fällen wird der Urheber zwar in seiner Handlungsfreiheit eingeschränkt – gleichzeitig aber geschützt, denn er ist gegenüber den Nutzern meist der schwächere Vertragspartner. Auch hinsichtlich künftig entstehender Rechte besteht die Gefahr, daß der Berechtigte seine Rechte als in den Verhandlungen Unterlegener zu unangemessenen Bedingungen hergibt. Dem tritt die Auffangklausel nach § 1 lit. l BerV entgegen, indem neue Nutzungsrechte in die **lückenlose Rechteübertragung** *a proiri* einbezogen werden. 296

II. Unwirksamkeit der Auffangklausel nach alter und geplanter Rechtslage

Nach der derzeitigen Rechtslage ist die Klausel des § 1 lit. l BerV gemäß § 31 Abs. 4 UrhG iVm § 134 BGB **nichtig**.[3] Sie widerspricht dem in § 31 Abs. 4 UrhG festgelegten Grundsatz, daß dem Urheber, wenn neue Nutzungsarten entwickelt werden, stets die Entscheidung darüber vorbehalten bleiben muß, ob und gegen welches Entgelt er mit 297

---

1 S. etwa *Platho*, ZUM 1987, 77, 78.
2 Dazu oben Rn. 42 ff.
3 BGH, GRUR 1986, 62, 65 – GEMA-Vermutung I; BGH, GRUR 1988, 296, 298 – GEMA-Vermutung IV; OLG Hamburg, ZUM 2002, 480, 481 – Handy-Klingelton; *Mauhs*, Der Wahrnehmungsvertrag, S. 97 ff.; Dreier/Schulze-*Schulze*, § 31 UrhG Rn. 83; *Rehbinder*, DVBl. 1992, 216, 219.

der Nutzung seines Werks auch für die neu gefundene Art der Verwertung einverstanden ist.[4] Diese Situation kann sich jedoch ändern, wenn die im **Referentenentwurf für ein Zweites Gesetz zur Regelung des Urheberrechts in der Informationsgesellschaft** vorgesehene Streichung der Regelung in § 31 Abs. 4 UrhG in Kraft tritt. Die geplante Gesetzesänderung sieht vor, daß Verpflichtungen und Verfügungen über unbekannte Nutzungsarten nicht mehr unwirksam sind. Nach § 31a Abs. 1 (RefE) bedürfen entsprechende Verträge der Schriftform. Der Urheber kann außerdem die Übertragung der neuen Nutzungsart bzw. die Verpflichtung dazu widerrufen, solange die Auswertung noch nicht begonnen hat.[5]

298 Im Hinblick auf diese geplante Gesetzesänderung wäre die Auffangklausel nach § 1 lit. l BerV auch in **kartellrechtlicher Hinsicht** nicht mehr als mißbräuchlich zu beurteilen. Solange der Berechtigte nach der gesetzlichen Vorschrift des § 31a RefE die „aufgefangene" Übertragung widerrufen kann, wird die Entscheidungsfreiheit des Berechtigten auch nicht stärker als notwendig und damit unbillig[6] eingeschränkt. Unter der neuen Gesetzeslage wäre die Klausel damit nicht als unangemessene Geschäftsbedingung nach § 134 BGB iVm Art. 82 Abs. 1 lit. a bzw. § 19 Abs. 4 Nr. 2 GWB unwirksam.[7]

299 Nach der Rechtsprechung des BGH können allerdings „neue" Nutzungsarten wegen deren eigenständiger und wirtschaftlicher Bedeutung ohnehin nicht den in § 1 lit. a bis lit. i BerV genannten Rechten „entsprechen",[8] wie es § 1 lit. l BerV voraussetzt.

III. Die Praxis der GEMA

300 Auf Grund der derzeitigen Rechtslage und der Auslegung des BGH zur Auffangklausel[9] hat die GEMA hinsichtlich der neuen Nutzungsformen, die als möglicherweise „eigenständig" angesehen werden konnten, in den Jahren 1988 und 1996 gleichzeitig mit der Änderung des Berechtigungsvertrags für die Fälle der sog. „Altverträge" jeweils einzeln **Ergänzungsvereinbarungen** mit den Berechtigten abgeschlossen. In der Ergänzungsvereinbarung aus dem Jahr 1988 wurden die Rechte zur Vervielfältigung und Verbreitung auf Bildtonträger, insbesondere auf Videoband (nochmals) ausdrücklich übertragen.[10] In der Vereinbarung aus dem Jahr 1996 ging es um die Ein-

---

4 RegE UrhG, Fünfter Abschnitt 2. zu § 31 BT-Drs. IV/270, S. 56.

5 Referentenentwurf für ein Zweites Gesetz zur Änderung des Urheberrechts in der Informationsgesellschaft v. 27. 9. 2004, abrufbar unter www.bmj.bund.de, S. 39 f.

6 Vgl. Kommission v. 4. 12. 1981, ABl. 1982 L 94/12 Tz. 36 – GEMA-Satzung.

7 Zur derzeitigen Rechtslage vgl. *Steden*, Das Monopol der GEMA, S. 94, 96 f.; *Mauhs*, Der Wahrnehmungsvertrag, S. 101; *Ventroni*, Das Filmherstellungsrecht, S. 296. Nach der überwiegenden Ansicht verstößt § 1 lit. l BerV zudem gegen § 6 UrhWG; vgl. beispielsweise *Mauhs*, Der Wahrnehmungsvertrag, S. 100. Die dürfte sich allerdings durch die Widerrufsmöglichkeit nach § 31 a RefE erledigen.

8 BGH, GRUR 1986, 62, 65 – GEMA-Vermutung I.

9 BGH, GRUR 1986, 62, 65 – GEMA-Vermutung I.

10 Nähere Ausführungen hierzu unter Rn. 171.

räumung der Multimedia- und Online-Nutzungsrechte.[11] Somit wurde sichergestellt, daß sich der Wahrnehmungsumfang der GEMA auch hinsichtlich sog. „Altverträge" auf diese Sachverhalte bezieht. Da bei neuen Nutzungsformen oft erst durch langwierige Gerichtsverfahren geklärt werden muß, ob es sich um unbekannte Nutzungsarten nach § 31 Abs. 4 UrhG handelt,[12] dienten die Ergänzungsvereinbarungen der **Rechtssicherheit**. Es ist jahrelang unklar, ob es sich um eigenständige Nutzungsarten nach § 31 Abs. 4 UrhG handelt, die gesondert auf die GEMA übertragen werden müssen. Ein Beispiel hierfür ist die Auswertung durch DVD: Nachdem diese Auswertungsform erstinstanzlich als „eigenständige Nutzungsart" anerkannt wurde,[13] war das Gericht in der zweiten Instanz der Ansicht, daß eine solche Eigenständigkeit nicht vorliegt.[14] Die Auffassung des Berufungsgerichts wurde nun vom BGH nach einem über vierjährigen Verfahren bestätigt.[15]

§ 2 [Erläuterungen zu Rechterückfall und Rechtsnachfolge]

Soweit der Berechtigte über die Rechte gegenwärtig nicht verfügen kann, überträgt er sie für den Fall, daß ihm die Verfügungsbefugnis wieder zufällt. Die Übertragung umfaßt die vorgenannten Rechte auch insoweit, als der Berechtigte sie durch Rechtsnachfolge erlangt oder erlangt hat.

Übersicht Rn.

I. Rechterückfall

§ 2 Satz 1 BerV hat **keinen eigenständigen Regelungsgehalt**. Der Fall, daß dem Berech- **301**
tigten die Verfügungsbefugnis über Rechte „wieder zufällt", ist bereits von der Rechteübertragung in § 1 BerV (Kopfteil) erfaßt. Hiernach überträgt der Berechtigte u.a. die Rechte, die ihm nach Abschluß des Berechtigungsvertrags „wieder zufallen". Bei dieser Konstellation, die sich sowohl auf Rechte an eigenen als auch an fremden Werken beziehen kann, werden Rechte *a proiri*, d.h. im Voraus, bereits mit Vertragsschluß an die GEMA eingeräumt. Eine solche Vorausverfügung ist, wie bereits erörtert, nicht zu beanstanden.[1]

11 Hierzu bereits unter Rn. 171, Rn. 194.
12 Referentenentwurf für ein Zweites Gesetz zur Änderung des Urheberrechts in der Informationsgesellschaft v. 27. 09. 2004, abrufbar unter www.bmj.bund.de, S. 38.
13 LG München, ZUM 2002, 71 – DVD.
14 OLG München, GRUR 2003, 50 ff. – Zauberberg.
15 Entscheidung des BGH v. 19. 05. 2005, Pressemitteilung des Bundesgerichtshofs vom 20. 05. 2005, abrufbar unter www.bundesgerichtshof.de.

1 Dazu bereits oben Rn. 45.

302 Erfaßt sind die seltenen Konstellationen, in denen ein Rechteinhaber vor Abschluß des Berechtigungsvertrags seine ausschließlichen Nutzungsrechte an einen Dritten eingeräumt hat und diese Verfügung aus bestimmten Gründen keine Wirksamkeit mehr entfaltet. Beispielsweise könnte ein Berechtigter vor Abschluß des Berechtigungsvertrags im Rahmen eines Verlagsvertrags seine ausschließlichen Nutzungsrechte an seinen Verleger eingeräumt haben. Sobald bei Vertragskündigung die Rechte vom Verleger an den Berechtigten zurückfallen, erlangt dieser erneut die Verfügungsbefugnis iSd § 2 BerV. § 1 iVm § 2 BerV bewirkt dann, daß diese Rechte „automatisch" auf die GEMA übergehen.

II. Rechtsnachfolge

303 Auch die Bestimmung in § 2 Satz 2 BerV zur Rechtsnachfolge enthält **lediglich Erläuterungen** zu Sachverhalten, die bereits von der Regelung in § 1 BerV (Kopfteil) erfaßt sind. Dabei kann es sich einerseits ebenfalls um einen Fall der Vorausverfügung handeln, wenn ein Mitglied der GEMA nach Abschluß des Berechtigungsvertrags im Weg der Rechtsnachfolge ausschließliche Nutzungsrechte und gesetzliche Vergütungsansprüche iSd § 2 Satz 2 BerV „erlangt". Es handelt sich hierbei um die Fälle, die § 1 BerV (Kopfteil) als „zugewachsen" bzw. „zugefallen" bezeichnet. § 2 Satz 2 BerV stellt außerdem klar, daß auch die Rechte, die der Berechtigte im Weg der Rechtsnachfolge „erlangt hat", unter die Wahrnehmungsbefugnis der GEMA fallen. Hierbei handelt es sich um Rechte, die der Berechtigte bei Abschluß des Berechtigungsvertrags bereits in Händen hält, die ihm also „gegenwärtig zustehen" nach § 1 BerV (Kopfteil).

304 Ein **Rechtsnachfolger** iSd Berechtigungsvertrags (vgl. § 9 Abs. 2 BerV[2]) ist durch Verfügung von Todes wegen Inhaber der in den Tätigkeitsbereich der GEMA fallenden Rechte. Der Rechtsnachfolger bringt damit abgeleitete Rechte in die GEMA ein. Gleichzeitig bedeutet dies, daß grundsätzlich auch solche juristischen oder natürlichen Personen, die die in § 1 genannten Rechte oder Ansprüche im Weg der Rechtsnachfolge erlangt haben, berechtigt sind, die GEMA mit der Wahrnehmung dieser Rechte zu betrauen.

305 Für den Fall, daß der Berechtigte vor seinem Tod Mitglied der GEMA war, setzt die GEMA dabei nach § 9 Abs. 2 S.1 BerV den Vertrag mit den Erben fort.[3]

---

2 Nachfolgend Rn. 353 ff.

3 Nachfolgend Rn. 354.

§ 3 [(iVm § 1 BerV) Die Treuhandstellung der GEMA]

Die GEMA ist berechtigt, die ihr vom Berechtigten übertragenen Rechte im eigenen Namen auszuüben, sie auszuwerten, die zu zahlende Gegenleistung in Empfang zu nehmen und über den Empfang rechtsverbindlich zu quittieren, die ihr übertragenen Rechte an Dritte ganz oder zum Teil weiter zu übertragen oder die Benutzung zu untersagen, alle ihr zustehenden Rechte auch gerichtlich in jeder der GEMA zweckmäßig erscheinenden Weise im eigenen Namen geltend zu machen.

Übersicht Rn.

I. Die treuhänderische Rechtewahrnehmung als charakteristische Hauptleistungspflicht

§ 3 BerV iVm § 1 BerV (Kopfteil) regelt die **charakteristische Hauptleistungspflicht der GEMA zur Rechtewahrnehmung**,[1] wenngleich § 3 BerV von einer „Berechtigung" spricht. Diese Regelungen enthalten demnach den Auftrag der Berechtigten an die GEMA, die ihr übertragenen Rechte treuhänderisch wahrzunehmen.[2] Der Charakter der Beziehung zwischen der GEMA und den Berechtigten als Treuhandverhältnis zeigt sich darin, daß der GEMA als Treuhänderin nach außen hin ein „Mehr" an Rechten übertragen wird, als sie nach der mit dem Berechtigten als Treugeber getroffenen schuldrechtlichen Abrede ausüben darf.[3] **306**

II. Die Befugnis der GEMA im Außenverhältnis

Im Außenverhältnis ist die GEMA nach § 3 BerV befugt, die ihr übertragenen Rechte „im eigenen Namen" (für fremde Rechnung) geltend zu machen. Diese **überschießende Rechtsstellung** beruht auf der Rechteeinräumung nach § 1 BerV.[4] Die aus dieser Rechteübertragung erlangten Befugnisse im Außenverhältnis betreffen einerseits die Auswertung der Rechte, andererseits deren Wahrung.[5] **307**

1 *Riesenhuber*, Die Auslegung und Kontrolle des Wahrnehmungsvertrags, S. 8.
2 *Rehbinder*, Urheberrecht, Rn. 374.
3 Vgl. Palandt-*Heinrichs*, Überbl. v § 104 BGB Rn. 25.
4 *Schack*, Urheber- und Urhebervertragsrecht, Rn. 1200.
5 Dreier/Schulze-*Schulze*, § 6 UrhWG Rn. 14.

1. Der Bereich der Rechteauswertung

308 Die GEMA wertet die Rechte iSd § 3 BerV insbesondere dadurch aus, daß sie mit Nutzern, also mit „Dritten", **Lizenzverträge** schließt.[6] Im Rahmen dieser Verträge überträgt sie die ihr eingeräumten ausschließlichen Nutzungsrechte als einfache Nutzungsrechte[7] nach § 31 Abs. 2 UrhG.[8] Bei dieser Weiterübertragung an Dritte muß die GEMA auf Grund ihrer Wahrnehmungstätigkeit nach § 35 Abs. 1 Satz 2 UrhG ausnahmsweise nicht die Zustimmung der Berechtigten einholen.

309 Ein typischer Fall für die nur **„teilweise"** Weiterübertragung iSd § 3 BerV ist, daß die GEMA für ein bestimmtes Live-Konzert eine Einzellizenz erteilt. Die Lizenzierung kann jedoch auch im Hinblick auf bestimmte Nutzungsarten, wie etwa im Rahmen der Pauschalverträge mit den Rundfunksendern, beschränkt sein. **„Ganz"** iSd § 3 BerV gibt die GEMA die ihr übertragenen Rechte nur im Rahmen von Gegenseitigkeitsverträgen weiter.[9] Den ausländischen Schwestergesellschaften stellt sie für deren Wahrnehmungsgebiet jeweils sämtliche Nutzungsrechte bezüglich des eigenen Repertoires zur Weiterübertragung an die Nutzer im jeweiligen ausländischen Vertragsgebiet zur Verfügung.[10]

310 Zur Rechteauswertung gehört auch das **Aufstellen von Tarifen**. Auf Grund ihrer Rechteinhaberschaft ist die GEMA zudem auch berechtigt, die danach zu zahlende Lizenzgebühr in Empfang zu nehmen und über den Empfang rechtsverbindlich zu quittieren, wie es § 3 BerV klarstellt.

2. Der Bereich der Rechtewahrung

311 Im Bereich der Rechtewahrung kann die GEMA nach § 3 BerV die Benutzung der Werke untersagen und alle ihr zustehenden Rechte auch gerichtlich in jeder ihr zweckmäßig erscheinenden Weise im eigenen Namen geltend machen. In diesem Sinn kann sie alle urheberrechtlichen Abwehransprüche hinsichtlich der ihr übertragenen Rechte im eigenen Namen geltend machen. Insbesondere ist sie berechtigt, jegliche **Nutzung** der von ihr vertretenen Werke, die in ihren Tätigkeitsbereich fällt, zu **untersagen**, wenn der Nutzer keine Lizenzgebühr entrichtet. Den urheberrechtlichen Unterlassungsanspruch nach § 97 Abs. 1 UrhG kann sie dabei auch gerichtlich im eigenen Namen durchsetzen; als Rechteinhaberin ist sie **aktivlegitimiert**. Darüber hinaus ist die GEMA befugt, die Nutzer entsprechend zu kontrollieren.[11]

---

6 Außerdem räumt sie auch ihren Schwestergesellschaften einfache Nutzungsrechte an ihrem Repertoire ein; s. hierzu *Karbaum/Oeller,* **Kap. 17**.

7 Eine Weiterübertragung der ausschließlichen Nutzungsrechte an Dritte ist der GEMA schon im Hinblick auf den Abschlußzwang nach § 11 UrhWG nicht möglich; *Melichar*, Die Wahrnehmung von Urheberrechten durch Verwertungsgesellschaften, S. 62.

8 Wegen der Rechteeinräumung kann nur noch die GEMA Dritten einfache Nutzungsrechte übertragen, vgl. § 31 Abs. 3 UrhG. Mithin muß auch der Urheber selbst das Recht zur Nutzung seines Werks bei der GEMA einzuholen; LG Köln, ZUM 1998, 168 – Kunstklotz.

9 Allerdings kann die GEMA auch hier wegen § 11 UrhWG nur einfache Nutzungsrechte einräumen.

10 S. hierzu *Karbaum/Oeller,* **Kap. 17**.

11 Eingehend Dreier/Schulze-*Schulze*, § 6 UrhWG Rn. 14.

III. Die treuhänderische Verpflichtung im Innenverhältnis

Im Innenverhältnis ist die Rechtsstellung der GEMA als Treuhänderin beschränkt. 312
Sie darf die ihr eingeräumten Befugnisse nur im **ausschließlichen Interesse ihrer Treugeber**, also der Berechtigten, ausüben. Dabei ist sie allerdings gegenüber den einzelnen Mitgliedern weitgehend selbständig; sie unterliegt nicht den Weisungen einzelner Berechtigter.[12] Entsprechend ist sie auch nicht verpflichtet, dem Individualinteresse bestmöglich Rechnung zu tragen, wenn dies im Hinblick auf das Gesamtinteresse aller Berechtigten nicht gerechtfertigt ist. Daß diese Abwägung der Einzelinteressen gegen das Interesse der Gesamtheit aller Berechtigten in ihrem Ermessen liegt, bestätigt § 3 BerV. Hiernach kann die GEMA die ihr zustehenden Rechte „in jeder ihr zweckmäßig erscheinenden Weise" geltend machen.

Bei der Rechtewahrnehmung muß die GEMA den Grundsatz beachten, daß der Ur- 313
heber am wirtschaftlichen Nutzen, der aus der Verwertung seines Werks gezogen wird, angemessen zu beteiligen ist.[13] Demnach ist sie verpflichtet, die nach dem UrhWG vorgesehenen Tarife aufzustellen (vgl. §§ 11–13 UrhWG),[14] die fälligen Lizenzen einzuziehen und die Erlöse nach den aufzustellenden Verteilungsplänen an die Berechtigten auszuschütten.[15]

§ 4 [Abtretungsbeschränkungen]

Die Ansprüche des Berechtigten gegen die GEMA sind nur nach Vereinbarung mit der GEMA abtretbar. Die GEMA ist berechtigt, für die Bearbeitung von Pfändungen und Abtretungen – mit Ausnahme von Beitragsabtretungen an die Berufsverbände – zu Lasten ihres Berechtigten (Schuldners) eine den Unkosten entsprechende Verwaltungsgebühr zu erheben.

Bei Vorauszahlungen tritt der Berechtigte seine Zahlungsansprüche bis zur Tilgung der Vorauszahlungen unwiderruflich an die GEMA ab.

Übersicht Rn.

12 BGH, GRUR 1968, 321, 327 – Haselnuß; *Mauhs*, Der Wahrnehmungsvertrag, S. 161.
13 Dreier/Schulze-*Schulze*, vor § 1 UrhWG Rn. 7.
14 *Steden*, Das Monopol der GEMA, S. 102 ff.
15 Dreier/Schulze-*Schulze*, § 6 UrhWG Rn. 13.

I. Beschränkung der Abtretbarkeit der Tantiemenforderungen

1. Inhalt und Praxis

314 Nach den Bestimmungen des Bürgerlichen Gesetzbuches zur **Abtretung** von Forderungen gemäß §§ 398 ff BGB können grundsätzlich alle Forderungen unter Wahrung ihrer Identität ohne Mitwirkung des Schuldners übertragen werden.[1] Durch die Regel in § 4 Satz 1 BerV wird die Möglichkeit der freien Abtretbarkeit beschränkt. Die Tantiemenforderungen der Berechtigten sind nur nach **Vereinbarung mit der GEMA** abtretbar.

315 In der Praxis werden Abtretungen hauptsächlich zwischen Urhebern und deren Verlegern vereinbart. Damit sollen die von den Verlegern an die Urheber geleisteten Vorschüsse durch die von der GEMA zu erwartenden Tantiemenausschüttungen „zurückgezahlt“ werden. Durch die Abtretung der Urhebertantiemen erhält der Verleger somit auch den Urheberanteil.

2. Zustimmungsvorbehalt

316 Entgegen dem Wortlaut der Bestimmung, die von Vereinbarung spricht, genügt zur Wirksamkeit der Abtretung eine Zustimmung der GEMA. Ursprünglich verfolgte das nachträglich in den BerV aufgenommene Zustimmungsbedürfnis den Zweck, die Bezugsberechtigten bei wirtschaftlicher Notlage vor Ausbeutung zu schützen.[2] Aus heutiger Sicht liegt der Hauptzweck des Zustimmungserfordernisses jedoch darin, daß die GEMA auf diese Weise zu ihrer Arbeitsoptimierung und im Hinblick auf ihre Verpflichtung zu einer Kosten sparenden Verwaltung bestimmte **formale Anforderungen** stellen und die Zustimmung von deren Einhaltung abhängig machen kann. Damit wird gewährleistet, daß die GEMA die Abtretungen nach einem einheitlichen System bearbeitet und verwaltet, um so den anfallenden Aufwand so gering wie möglich zu halten.

3. „Verwaltungsgebühr“

317 Ergänzend zu diesem Zustimmungsbedürfnis regelt § 4 Satz 2 BerV, daß die GEMA berechtigt ist, für die Bearbeitung von Abtretungen eine den **Kosten entsprechende „Verwaltungsgebühr“** zu erheben. Der Begriff der „Verwaltungsgebühr“ ist irreführend. Obwohl die Verwertungsgesellschaften auch bestimmte öffentliche bzw. staatliche Aufgaben wahrnehmen, handeln sie in den Formen des Privatrechts.[3] Insofern

---

1 Palandt-*Heinrichs*, § 398 BGB Rn. 1.

2 *Schulze*, GEMA-Nachrichten 1951, Nr. 11, S. 9.

3 *Kreile/Becker*, Wesen der Verwertungsgesellschaften, in: Handbuch der Musikwirtschaft, 621, 628 f.

stellt diese **Gebühr eine Aufwandsentschädigung** dar. Durch diese Regelung ist sicher gestellt, daß die durch die Verwaltung von Abtretungen zusätzlich und individuell veranlaßten Kosten nicht von der Gesamtheit der Mitglieder getragen werden. Diese „Verwaltungsgebühr" hat – wie in Fußnote zu § 4 Satz 2 BerV ausgeführt – der Aufsichtsrat der GEMA konkretisiert, indem er einen pauschalierten Aufwendungssatz festgelegt hat.[4]

Obwohl es nach dieser Vorschrift im Ermessen der GEMA liegt, ob sie eine „Verwaltungsgebühr" erhebt oder nicht, ist es wegen des besonderen kollektivrechtlichen Charakters des Wahrnehmungsvertrages und nach objektiven Maßstäben ausgeschlossen, daß die GEMA in gleich gelagerten Fällen von Abtretungen unterschiedlich über die Erhebung dieser „Verwaltungsgebühr" entscheidet. Ein solches **Ermessen** ist sowohl aufgrund des vereinsrechtlichen Gleichbehandlungsgrundsatzes wie auch wegen des kartellrechtlichen Diskriminierungsverbots **ausgeschlossen**. Aus diesem Grund wird in allen Fällen von Abtretungen eine den Kosten entsprechende „Verwaltungsgebühr" erhoben. **318**

Die Entrichtung der **„Verwaltungsgebühr" ist Voraussetzung** dafür, daß die Zustimmung zur Abtretung erteilt wird. Für den Fall, daß sich ein Berechtigter weigert, die „Verwaltungsgebühr" zu entrichten, wird die GEMA ihre Zustimmung zur Abtretung nicht erteilen. **319**

Erklärt die GEMA ihre Zustimmung zur Abtretung, wird die für Abtretungen zu entrichtende „Verwaltungsgebühr" auf dem von der GEMA intern geführten Mitgliederkonto als Soll verbucht. Dies hat zur Folge, daß diese „Verwaltungsgebühr" mit den auf diesem Konto anfallenden Tantiemen aufgerechnet wird. **320**

4. Gründe für die Verweigerung zur Abtretung

Der in der Praxis **häufigste Grund** für die Verweigerung einer Zustimmung ist, daß die abtretenden Mitglieder die von der GEMA einheitlich geforderten **Förmlichkeiten nicht bzw. zunächst nicht einhalten**. Die GEMA akzeptiert nur Abtretungen, die ihr in standardisierter Form auf einem bestimmten Formblatt mitgeteilt werden. Hier sind Zedenten und Zessionar sowie ein fest bezifferter Betrag der abgetretenen Forderung zu nennen. Außerdem fordert die GEMA von den Zessionaren die Vorlage der Abtretungsurkunde, um für den Fall der Unwirksamkeit der Abtretung gemäß § 409 Abs. 1 Satz 2 BGB schuldbefreiend an den Zessionar leisten zu können. **321**

Besteht für die GEMA das Risiko, daß eine **Leistung an den Zessionar** für sie **keine schuldbefreiende Wirkung** hat – etwa weil die Abtretung gegen ein gesetzliches Verbot verstößt –, verweigert sie ebenfalls ihre Zustimmung zur Abtretung. **322**

Die GEMA wird auch in den Fällen – soweit erkennbar – der Abtretung nicht zustimmen, wenn ein Berechtigter seine Ansprüche gegen die GEMA an einen Tarifpartner, also etwa einem bestimmten Veranstalter, abtreten möchte. Mit einer solchen **323**

---

4 Die „Verwaltungsgebühr" beträgt gegenwärtig EUR 12,78 als jährliche „Verwaltungsgebühr" und für jede Zahlung 2‰ des Zahlungsbetrages, mindestens EUR 2,56, jedoch höchstens EUR 1022,58 je Abtretung und Jahr (zzgl. USt.).

Abtretung könnte **gegen die Verpflichtung gem. § 5a BerV verstoßen** werden, nach der ein Berechtigter der GEMA die Tarifpartner weder direkt noch indirekt an ihrem Aufkommen beteiligen darf. Mit dieser Regelung wird eine Bevorzugung der betreffenden Werke vermieden.[5] Ist dies der Fall, verweigert die GEMA ihre Zustimmung zur Abtretung.

II. Zustimmungsvorbehalt und „Verwaltungsgebühr" rechtlich zulässig

324 Insgesamt **begegnen** die Vereinbarung des Zustimmungsvorbehalts und die damit verbundene Regelung, daß die Zustimmung nur nach Entrichtung eines entsprechenden Verwaltungsbeitrags erteilt wird, **keinen rechtlichen Bedenken**.[6] Hier wird nicht gem. § 307 Abs. 2 Nr. 1 BGB von einem „wesentlichen Grundgedanken" einer gesetzlichen Regelung abgewichen. Gem. § 399 2. Alt. BGB kann die Abtretung einer Forderung durch Vereinbarung mit dem Schuldner ausgeschlossen werden, wobei auch diese Bestimmung den Fall umfaßt, daß Zedent und Schuldner einen Zustimmungsvorbehalt vereinbaren können.[7] Es gehört **nicht** zu der **Kernaufgabe der GEMA**, ihren Mitgliedern die Möglichkeit einzuräumen, ihre Forderung an Dritte abzutreten. Denn schließlich könnten die Berechtigten selbst die von der GEMA erhaltenen Tantiemen an die Zessionare weiterleiten. Vielmehr handelt es sich somit um eine **individuelle Dienstleistung der GEMA** im Interesse und zum Vorteil des einzelnen Berechtigten. Aus diesem Grund wäre es auch ungerechtfertigt, wenn die Gesamtheit der Mitglieder die durch die Abtretung anfallenden Kosten tragen müßten.

III. Beitragszahlungen an Berufsverbände, § 4 Satz 2 BerV

325 Da die meisten der GEMA-Mitglieder auch Mitglieder eines Berufsverbandes sind und die Beitragszahlungen je nach Verband für jedes Mitglied identisch sind, hat die Mitgliederversammlung beschlossen, daß diese Beitragszahlungen von der GEMA vorgenommen werden sollen. Eine „Verwaltungsgebühr" sollte für diese Abtretungen nicht anfallen, da dies einen Großteil der Berechtigten betrifft und es sich damit nicht um Einzelfälle handelt, in denen die Kosten nicht der Allgemeinheit aufgebürdet werden sollen. Durch diese **„Sammelüberweisung"** übernimmt die GEMA für ihre Berechtigten eine Aufgabe, die sie **effektiv und kostensparend für die Gesamtheit ihrer Mitglieder** vornehmen kann. Entsprechend § 4 Satz 2 BerV leistet die GEMA derzeit aufgrund von Abtretungen Beitragszahlungen an den deutschen Komponistenverband, den Composer Club, den deutschen Textdichterverband, den deutschen Musikverlegerverband und an die Vereinigung deutscher Musikbearbeiter.

---

5 Vgl. zu § 5a BerV Entscheidung der Kommission v. 4.12.1981, Abl. 1982 L 94/12 Tz. 36 – GEMA-Satzung.

6 Loewenheim-*Melichar*, § 47 Rn. 26.

7 Staudinger (1999) *Busche*, § 399 BGB Rn. 62.

IV. Pfändungen der Tantiemen, § 4 Satz 2 BerV

1. Pflicht zur Drittschuldnererklärung gem. § 840 ZPO

Anders als die Abtretbarkeit der Forderungen der Berechtigten gegen die GEMA kann deren Pfändbarkeit nicht vertraglich ausgeschlossen bzw. unter einen Zustimmungsvorbehalt gestellt werden. Im Fall der Pfändung der Tantiemenansprüche eines Berechtigten kommt die GEMA ihrer Pflicht gem. § 840 Abs. 1 ZPO nach, dem Gläubiger auf Verlangen binnen zwei Wochen nach Zustellung des Pfändungsbeschlusses zu erklären, ob und inwieweit sie die gepfändete Forderung als begründet anerkennt und zu leisten bereit ist. **326**

2. „Verwaltungsgebühr"

Nach § 4 Abs. 1 Satz 2 BerV ist die GEMA berechtigt, für den mit der Pfändung verbundenen Arbeitsaufwand eine „Verwaltungsgebühr" zu erheben. Wie auch im Falle der Erhebung der „Verwaltungsgebühr" für eine Abtretung, so wird auch im Falle der Pfändung der Forderung das Mitgliedskonto des Berechtigten mit der „Verwaltungsgebühr" belastet. Mit der Berechnung der „Verwaltungsgebühr" wird eine Kollektivierung der durch die Pfändung individuell veranlaßten Kosten vermieden. Vor diesem Hintergrund ist diese Bestimmung **rechtlich nicht zu beanstanden**. Als Treuhänderin ist die GEMA allgemein dazu angehalten, die Kosten ihrer Tätigkeit möglichst gering zu halten, wobei sie individuell verursachte Kosten pauschalieren und beim Verursacher belassen darf. Es würde dem nicht entsprechen, wenn die durch die Pfändung der Ansprüche des einzelnen Berechtigten entstandenen Kosten auf die übrigen Mitglieder abgewälzt würden. **327**

V. Vorauszahlungen, § 4 Satz 3 BerV

1. Inhalt

Hat der Berechtigte von der GEMA **Vorauszahlungen**[8] erhalten, so tritt er gem. § 4 Satz 3 BerV bis zur Tilgung der Vorauszahlungen die von der GEMA an den Berechtigten auszuschüttenden **Tantiemen** ab. Es findet also eine **Verrechnung** beider Beträge statt. **328**

2. Vorauszahlung als Akontozahlung

Im Falle der Vorauszahlung erhält der Berechtigte einen **Vorschuß für die Werknutzungen**, für die ein Inkasso der GEMA vorliegt, aber das noch nicht im Rechnungswerk der GEMA verarbeitet ist. **329**

---

8 Der Aufsichtsrat der GEMA setzt gem. § 18 der Satzung die Vorauszahlungstermine fest.

§ 5 [Anmelde- und Auskunftspflicht]

Der Berechtigte verpflichtet sich, der GEMA alle unter diesen Vertrag fallenden Werke auf den von ihr ausgegebenen Formularen, insbesondere unter Angabe des Titels und der Gattung der Werke, der Namen der Komponisten, Textdichter, Verleger und auch eines eventuellen Pseudonyms anzumelden, ein vervielfältigtes Exemplar jedes angemeldeten Werkes zur Registrierung vorzulegen und die Richtigkeit seiner Angaben hinsichtlich seiner Urheberschaft in der von der GEMA vorgeschriebenen Form nachzuweisen.

Für Werke, die der Berechtigte nicht ordnungsgemäß anmeldet, verliert er gegenüber der GEMA den Anspruch auf Verrechnung bis zur ordnungsgemäßen Anmeldung.

Der Berechtigte verpflichtet sich, der GEMA für die Feststellung seiner Rechte jede erforderliche Auskunft zu erteilen.

330 Durch § 5 BerV ist der Berechtigte verpflichtet, seine unter den Berechtigungsvertrag fallenden Werke auf bestimmten Formularen mit den dort verlangten Angaben anzumelden sowie jede Auskunft zur Feststellung seiner Rechte mitzuteilen. Insgesamt ist die **ordnungsgemäße Werkanmeldung** eine **Obliegenheit der Mitglieder**. Wenn Mitglieder ihre Werke nicht anmelden, können Nutzungen dieser Werke nicht verrechnet werden. Die Mitglieder haben bei unterlassener Anmeldung also keinen Anspruch auf Zahlung einer Lizenzvergütung.[1]

§ 5a [Verbot der Beteiligung von Tarifpartnern]

Der Berechtigte darf die Tarifpartner der GEMA oder anderer Verwertungsgesellschaften weder direkt noch indirekt an seinem Aufkommen beteiligen, damit diese bei der Nutzung des GEMA-Repertoires bestimmte Werke des Berechtigten in ungerechtfertigter Weise bevorzugen. Im Falle der Zuwiderhandlung ist der Berechtigte verpflichtet, einen Betrag in der Höhe an die Sozialkasse der GEMA abzuführen, in der er den Tarifpartner an seinem Aufkommen beteiligt hat. Übersteigt der an den Tarifpartner abgeführte Betrag die auf den Berechtigten entfallende Vergütung für das betroffene Werk, so ist nur diese Vergütung an die Sozialkasse der GEMA abzuführen. Die anderen Vorschriften der Satzung über satzungswidriges Verhalten bleiben unberührt.

331 Die GEMA schüttet die jährlich eingehenden Lizenzzahlungen nach Abzug ihrer Verwaltungskosten bzw. nach anderen Abzügen an die Berechtigten aus. Die Höhe der Ausschüttungen des einzelnen Berechtigten hängt davon ab, in welchem Umfang Musikverwerter dessen Werke nutzen. Damit entscheidet letztlich die Publikumsgunst über die auf die einzelnen Werke anfallenden Tantiemen. Beteiligt hingegen ein Berechtigter den Werknutzer an seinen Ausschüttungen, so besteht die Gefahr, daß dieser den Umfang seiner Werknutzung erhöht, um entweder seine Lizenzzahlung an die GEMA zu verringern oder die Werknutzung von der Beteiligung an den Tantiemen abhängig macht. Aus diesem Grund untersagt § 5a BerV dem Berechtigten,

1 Zur Anmeldung *Müller*, **Kap. 11 Rn. 77–87**.

Tarifpartner der GEMA direkt oder indirekt an seinem Aufkommen zu beteiligen, da diese ansonsten bei der Nutzung des GEMA-Repertoires bestimmte Werke des Berechtigten in ungerechtfertigter Weise bevorzugen könnten.

§ 5a BerV wurde durch Beschluß der Mitgliederversammlung 1986 in den BerV eingefügt. Dic obige Bestimmung war aufgrund der **Vorgaben in § 3 e) und f) der Satzung der GEMA** zwingend in den BerV aufzunehmen.[1] **332**

§ 6 [Einbeziehungsklausel, Regelung zum Verzug des Berechtigten etc.]

a) Satzung wie Verteilungsplan, auch soweit künftig die Satzung oder der Verteilungsplan geändert werden sollte, bilden einen Bestandteil dieses Vertrages.

Beschließt die Mitgliederversammlung in Zukunft Abänderungen oder Ergänzungen des Berechtigungsvertrages, so gelten auch diese Abänderungen oder Ergänzungen als Bestandteil des Berechtigungsvertrages. Abänderungen oder Ergänzungen sind dem Berechtigten schriftlich mitzuteilen. Die Zustimmung des Berechtigten zur Änderung oder Ergänzung gilt als erteilt, wenn er nicht binnen zwölf Wochen seit Absendung der schriftlichen Mitteilung ausdrücklich schriftlich widerspricht; auf diese Rechtsfolge ist er in der Mitteilung hinzuweisen. Die schriftliche Mitteilung erfolgt in dem auf die Mitgliederversammlung folgenden, an alle Mitglieder versandten „GEMA-Brief".

Der Berechtigte erklärt, Satzung und Verteilungsplan ausgehändigt erhalten zu haben.

b) Der Berechtigte, der seinen Verpflichtungen aus der Satzung, dem Verteilungsplan und dem Berechtigungsvertrag nicht nachkommt, ist verpflichtet, die der GEMA durch seinen Verzug entstandenen Kosten zu erstatten.

Übersicht Rn.

I. Satzung und Verteilungsplan als Bestandteil des Berechtigungsvertrags

§ 6 lit. a Abs. 1 BerV erklärt Satzung und Verteilungsplan der GEMA, auch soweit sie geändert werden, zum Vertragsbestandteil. Die Einbeziehung künftiger Änderungen dieser Regelwerke dient dem Interesse der GEMA an der Gleichförmigkeit aller Verträge und dem Gebot der Wirtschaftlichkeit. Änderungen des Verteilungsplans werden dadurch unmittelbar anwendbar[1]. Die Verweisung auf den Verteilungsplan ist **333**

1 Dazu näher *v. Steinau-Steinrück/Wohlgemuth,* **Kap. 8 Rn. 21**.

1 *Vogel*, FS Schricker, S. 117, 143.

dogmatisch als eine zulässige nachträgliche Leistungsbestimmung gemäß § 315 BGB einzuordnen.[2]

334 Dies gilt auch, soweit verteilungsrelevante Regeln der Satzung geändert werden sollten. Auch die Einbeziehung dieser Änderungen ist rechtlich nicht zu beanstanden. Soweit materielle Satzungsbestandteile geändert werden sollten, betrifft dies nur die Mitglieder im vereinsrechtlichen Sinn.

II. Die Einbeziehungsklausel

335 § 6 lit. a Abs. 2 BerV regelt, daß künftig von der Mitgliederversammlung beschlossene Abänderungen oder Ergänzungen des Berechtigungsvertrags als dessen Bestandteil gelten. Voraussetzung dafür ist, daß diese Änderungen den Berechtigten schriftlich mitgeteilt werden und die Berechtigten nicht innerhalb von 12 Wochen schriftlich widersprechen. Auf diese Rechtsfolge muß schriftlich hingewiesen werden. Die schriftliche Mitteilung der Änderung erfolgt im aktuellen „GEMA-Brief“.

336 Die aktuelle Fassung dieser Einbeziehungsklausel wurde von der Mitgliederversammlung 2002 beschlossen. Bis dahin lautete die Bestimmung schlicht dahingehend, daß „künftige Änderungen des Vertrags Bestandteil der Berechtigungsverträge“ werden. Dadurch sollten auch neu beschlossene Rechteübertragungen automatisch Gegenstand jener Verträge werden, die vor der jeweiligen Änderung abgeschlossen wurden (sog. Altverträge).

337 Hiergegen wandte der BGH in der Entscheidung GEMA-Vermutung-IV[3] ein, daß die in diesen Verträgen durch das Verbot der Vorausabtretung der Rechte für unbekannte Nutzungsarten in § 31 Abs. 4 UrhG entstandene Lücke nicht durch eine solche Einbeziehungsklausel geschlossen werden könne. Ein Beschluß der Mitgliederversammlung über die Änderung des Vertrags in Bezug auf neue Nutzungsarten könne nur eine Verpflichtung des Mitglieds begründen, die Rechte an den neuen Nutzungsarten einzuräumen. Die Rechteeinräumung erfordere jedoch eine **rechtsgeschäftliche Erklärung des Berechtigten**.[4] Die Klausel war somit gemäß § 134 BGB unwirksam.

338 Dem trat die Mitgliederversammlung 2002 mit der bis heute gültigen Neufassung der Bestimmung entgegen. Auch diese Neufassung regelt eine pauschale Vertragsergänzung, die auch „Altverträge“ betrifft. Im Hinblick auf die sich stetig neu entwickelnden Nutzungsformen steht eine kollektive Ergänzung der neuen Nutzungsarten im Kosteninteresse der Berechtigten;[5] die immer wieder notwendigen individuellen Ergänzungen würden einen nicht zu vertretenden Verwaltungs- und damit Kostenaufwand verursachen.[6] Schließlich ist diese **pauschale Vertragsergänzung** im Interesse der

2 *Riesenhuber*, Die Auslegung und Kontrolle des Wahrnehmungsvertrags, S. 121.
3 BGH, GRUR 1988, 296, 298 – GEMA-Vermutung IV.
4 *Mauhs*, Der Wahrnehmungsvertrag, S. 101 f.
5 Hierzu auch LG Hamburg, ZUM 2001, 711 ff. mit Anmerkung *Schierholz*, 713.
6 Dreier/Schulze-*Schulze*, vor § 31 UrhG Rn. 128; a.A. *Hoeren*, AfP 2001, 8 ff.

Gleichförmigkeit der Bedingungen[7] sowie insgesamt aus Gründen der Rechtssicherheit geboten.

Die aktuelle Klausel entspricht den **Wahrnehmungsverträgen** der **VG Wort** und der **VG Bild-Kunst**. Deren Wirksamkeit wurde von der Rechtsprechung[8] bestätigt. Da die Regelung in § 6 lit. a Abs. 2 BerV gegenüber den Einbeziehungsklauseln der VG Wort bzw. der VG Bild-Kunst keine für die Berechtigten nachteiligen Unterschiede aufweist, ist auch diese Klausel nicht zu beanstanden. Hinsichtlich der Widerspruchsfrist hatte das LG Hamburg bereits die Frist von sechs Wochen für angemessen gehalten.[9] Demgegenüber sieht § 6 lit. a Abs. 2 BerV sogar eine Frist von zwölf Wochen vor. Auch der geforderten Hinweispflicht kommt die GEMA in ausreichendem Maß nach. Die GEMA-Mitglieder werden von den durch die Mitgliederversammlung beschlossenen Änderungen und/oder Ergänzungen des Berechtigungsvertrags durch Mitteilung an herausgehobener Stelle auf der ersten Seite des ersten GEMA-Briefes[10], der nach der Mitgliederversammlung versandt wird, unterrichtet. Die Mitteilung erfolgt demnach durch einen drucktechnisch hervorgehobenen Hinweis.[11] Auch auf die Rechtsfolgen, daß die Zustimmung als erteilt gilt, wenn nicht binnen dieser Frist widersprochen wird, wird ausreichend hingewiesen. **339**

III. Verzug des Berechtigten

§ 6 lit. b BerV gibt der GEMA bei Verzug des Berechtigten mit seinen Pflichten aus dem BerV, der Satzung und dem Verteilungsplan einen Anspruch auf Ersatz der dadurch entstandenen Kosten. Anders als die gesetzlichen Bestimmungen bei Verzug des Schuldners gem. §§ 286, 280 BGB enthält § 6 lit. b BerV dem Wortlaut nach kein Verschuldenserfordernis. § 6 lit. b BerV ist jedoch gem. §§ 133, 157 BGB dahin ergänzend auszulegen, daß der Berechtigte nur dann nicht ersatzpflichtig ist, wenn er seine Pflichtverletzung nicht zu vertreten hat. Die Beweislast für fehlendes **Verschulden bei Verzug** trifft gem. § 286 Abs. 4 BGB den Berechtigten. **340**

---

7 *Vogel*, GRUR 1993, 513, 525.
8 LG Hamburg, ZUM 2001, 711 ff.
9 LG Hamburg, ZUM 2001, 711 ff.
10 Ein Hinweis auf der ersten Seite war nach Auffassung des LG Hamburg, ZUM 2001, 711, 712 für die Mitteilung in den „Bild-Kunst-Informationen" für einen besonderen Hinweis iSd § 308 Nr. 5 lit. b BGB nicht erforderlich.
11 LG Hamburg, ZUM 2001, 711 ff.

§ 7 [Pflicht zur Aktualisierung von personen-, firmen- und werkbezogenen Daten]

Der Berechtigte verpflichtet sich, jeden Wechsel des Wohnsitzes und der Staatsangehörigkeit, jede Änderung der Firma, ihrer Inhaber- und Gesellschafterverhältnisse oder in der Zeichnung der Firma, jede Verlegung der Niederlassung sowie jeden Fall der Inverlagnahme oder des Verlagswechsels unverzüglich der GEMA anzuzeigen.

Wird die Anzeige der Adressenänderung vom Berechtigten oder im Todesfall durch seinen Rechtsnachfolger unterlassen und läßt sich die neue Adresse des Berechtigten nicht durch Rückfrage bei der für den letzten Wohnsitz zuständigen Meldebehörde feststellen, so ist die GEMA berechtigt, den Berechtigungsvertrag zum Ende des Geschäftsjahres vorzeitig zu kündigen, in dem die negative Nachricht der Meldebehörde eingegangen ist. Die Kündigung erfolgt in diesem Falle durch eingeschriebenen Brief, der an die letzte der GEMA bekannt gegebene Adresse zu richten ist. Nach Ablauf eines weiteren Geschäftsjahres kann der Aufsichtsrat über die bis zur Beendigung des Vertrages etwa vorhandenen Guthaben nach eigenem Ermessen bestimmen, falls der Berechtigte bis dahin keine eigene Verfügung getroffen hat.

Übersicht Rn.

I. Ergänzung der Anmelde- und Auskunftspflicht

341 § 7 Abs. 1 BerV ergänzt die Anmelde- und Auskunftspflicht des § 5 BerV. Die Pflicht zur Mitteilung der **Änderung der mitgliedsrelevanten Daten** in § 7 Abs. 1 BerV verfolgt wie § 5 BerV den Zweck, die Wahrnehmungstätigkeit der GEMA zu gewährleisten, nämlich das Inkasso der vereinbarten Vergütungen bei Nutzung des von ihr verwalteten Repertoires sowie die Verteilung an die Rechteinhaber.

II. Außerordentliches Kündigungsrecht gem. § 7 Abs. 2 BerV

1. Inhalt und Zweck

342 Ergänzend gibt § 7 Abs. 2 BerV der GEMA ein außerordentliches Kündigungsrecht für den Fall, daß der Berechtigte seiner Pflicht nicht nachkommt, der GEMA seine Adressenänderung anzuzeigen und sich die neue Anschrift auch nicht durch Rückfrage bei der für den letzten Wohnsitz zuständigen Meldebehörde ermitteln läßt. Hintergrund dieser Regelung ist, daß die GEMA für ihre Tätigkeit zwingend auf die aktuelle Adresse des Berechtigten bzw. ihrer Rechtsnachfolger angewiesen ist.

2. Voraussetzungen der Kündigung

a) *Obliegenheitsverletzung des Berechtigten*

Die Kündigung ist grundsätzlich eine empfangsbedürftige Willenserklärung.[1] Der Zugang der Kündigung wird jedoch im Fall des § 7 Abs. 2 BerV durch die unterlassene Anzeige der Adressenänderung verhindert. Dies ist indes vorliegend für die Wirksamkeit der Kündigungserklärung unerheblich: Die Pflicht, die Adressenänderung **mitzuteilen**, ist eine **Obliegenheit des Berechtigten** gem. § 7 Abs. 1 BerV. Scheitert der Zugang an einer Obliegenheitsverletzung des Empfängers, muß dieser die Rechtslage so hinnehmen, wie sie bei pflichtgemäßem Verhalten bestehen würde.[2] Das bedeutet, daß der Berechtigte das an die letztbekannte Anschrift gerichtete Kündigungsschreiben trotz des an sich fehlenden Zugangs gegen sich gelten lassen muß. **343**

b) *Form*

Die Kündigung ist **per eingeschriebenen Brief** an die letzte der GEMA bekannt gegebene Adresse zu richten. Die Kündigung erfolgt zum Ende des jeweiligen Geschäftsjahres. **344**

§ 8 [Mitgliedsbeitrag]

1. Der Berechtigte verpflichtet sich, bei erstmaligem Vertragsabschluß einmalig eine vom Aufsichtsrat festzusetzende Aufnahmegebühr an die GEMA zu entrichten.

2. Der Berechtigte verpflichtet sich, einen vom Aufsichtsrat festzusetzenden jährlichen Mitgliedsbeitrag an die GEMA zu entrichten.

Bei Vertragsabschluß ist der Mitgliedsbeitrag im Voraus zu bezahlen. In den Folgejahren wird der Mitgliedsbeitrag jährlich dem Mitgliedskonto des Berechtigten belastet und gegen die in dem betreffenden Jahr anfallenden Gutschriften verrechnet. Soweit die für den Berechtigten anfallenden Gutschriften die Höhe des Mitgliedsbeitrages nicht erreichen, ist der Berechtigte zur umgehenden Zahlung des Differenzbetrages an die GEMA verpflichtet. Erreichen die für den Berechtigten erfolgenden Gutschriften die Höhe des Mitgliedsbeitrages in drei aufeinander folgenden Jahren nicht, so kann die GEMA den Berechtigungsvertrag zum Ende des darauf folgenden Geschäftsjahres vorzeitig schriftlich kündigen oder die weitere Wahrnehmung seiner Rechte davon abhängig machen, daß der Mitgliedsbeitrag bei Beginn des Geschäftsjahres im voraus entrichtet wird.

3. Im Gegensatz zu der Regelung über die Verteilung der Erträge aus dem Aufführungsrecht gilt vorbehaltlich anderweitiger Beschlüsse für die Verteilung der Erträge aus dem Vervielfältigungsrecht der Grundsatz, dass der GEMA aus diesen Erträgen eine Kommission in Höhe von bis zu 25 % zusteht.

---

1 Palandt-*Heinrichs*, Überbl. v. § 104 BGB Rn. 11.

2 BGH LM Nr. 1; Palandt-*Heinrichs*, § 130 BGB Rn. 18.

Übersicht Rn.

I. Aufnahmegebühr und Mitgliedsbeitrag

1. Regelungen

345 Der Berechtigungsvertrag sieht vor, daß der Berechtigte bei erstmaligem Vertragsabschluß eine **einmalige Aufnahmegebühr** entrichten muß. Ohne Zahlung der Aufnahmegebühr nimmt die GEMA die Nutzungsrechte des Berechtigten nicht wahr.

346 In der Praxis versendet die GEMA den Aufnahmeantrag mit dem Hinweis, daß die Aufnahmegebühr mit Versendung des Aufnahmeantrags an die GEMA zu bezahlen ist.

347 Ferner hat der Berechtigte gem. § 8 Ziff. 2 Satz 2 BerV **jährlich einen Mitgliedsbeitrag** zu zahlen.

348 Entsprechend dieser Bestimmung belastet die GEMA das jeweilige Mitgliedskonto des Berechtigten und nimmt damit anschließend eine **Verrechnung mit den anfallenden Gutschriften** aus der Verteilung der anteiligen Erträge für die Nutzung der Werke des Berechtigten vor.

349 Der Aufsichtsrat setzt die Höhe der Aufnahmegebühr und des jährlichen Mitgliedsbeitrages fest.[1]

2. Angemessenheitsgebot gem. § 6 Abs. 1 WahrnG

350 Die Regelung zur Erhebung einer Aufnahmegebühr und des jährlichen Mitgliedsbeitrages **entsprechen** dem Angemessenheitsgebot gem. § 6 Abs. 1 WahrnG.[2] Durch die Wahrnehmung der ihr von dem Berechtigten übertragenen Rechte entstehen der GEMA Kosten, die auch dann entstehen würden, wenn der Berechtigte seine Rechte selbst wahrnehmen müßte. Aus diesem Grund ist die Pflicht zur Zahlung der Aufnahmegebühr und des Verwaltungsbeitrages zulässig. Im übrigen dient die Erhebung eines Mitgliedsbeitrages auch dem Schutz der GEMA. Es wäre unangemessen iSd § 6 Abs. 2 WahrnG, wenn die GEMA den Berechtigten ihr Kontroll- und Verwaltungssystem zur Verfügung stellen würde, ohne dafür eine geringe Gebühr verlangen zu dürfen.[3]

---

1 Die Aufnahmegebühr beträgt gegenwärtig EUR 51,13 (zzgl. USt.) für Urheber, EUR 102,26 (zzgl. USt.) für Verleger. Der Mitgliedsbeitrag beträgt gegenwärtig EUR 25,56 (o. USt.)

2 *Mauhs,* Der Wahrnehmungsvertrag, S. 73; *Menzel,* Die Aufsicht über die GEMA durch das Deutsche Patentamt, S. 61.

3 *Mauhs,* Der Wahrnehmungsvertrag, S. 73.

Vor dem gleichen Hintergrund sind auch die übrigen Bestimmungen des § 8 Ziff. 2 BerV rechtlich nicht zu beanstanden. **351**

II. § 8 Ziff. 3 BerV

Die gleiche Regelung wie in § 8 Ziff. 3 BerV findet sich in § 1 Abs. 1 der Allgemeinen Grundsätze zum Verteilungsplan für das mechanische Vervielfältigungsrecht. Auf die entsprechende Kommentierung wird verwiesen.[4] **352**

§ 9 [Rechtsnachfolge]

Für die Rechtsnachfolge im Vertragsverhältnis sind die allgemeinen gesetzlichen Bestimmungen maßgebend, soweit nicht die GEMA-Satzung und dieser Vertrag abweichende Bestimmungen enthalten.

Im Falle des Todes des Berechtigten wird der Berechtigungsvertrag mit den Erben fortgesetzt. Sind mehrere Erben vorhanden, so müssen diese ihre Rechte durch einen gemeinsamen Bevollmächtigten ausüben. Bis zum Nachweis der Erbfolge und der Bestellung eines Bevollmächtigten ist die GEMA zu Auszahlungen nicht verpflichtet.

Die GEMA kann verlangen, daß der Nachweis der Erbfolge durch einen Erbschein, die Vorlage eines Testamentsvollstreckerzeugnisses oder sonstiger vom Nachlaßgericht auszustellender Urkunden geführt wird. Sie kann auch verlangen, daß die Bevollmächtigung durch öffentlich beglaubigte Urkunden nachgewiesen wird.

Werden innerhalb von zwei Jahren nach dem Tode des Berechtigten keine Erbansprüche geltend gemacht und erreichen die für die unbekannten Erben erfolgenden Gutschriften in zwei aufeinander folgenden Jahren die Höhe des Mitgliedsbeitrages nicht, so endet der Berechtigungsvertrag zum Ende des darauf folgenden Geschäftsjahres.

Übersicht Rn.

I. Rechtsnachfolge

1. Inhalt und Praxis

§ 9 BerV betrifft ausschließlich die **Rechtsnachfolge von natürlichen Personen**. In diesem Fall gelten gemäß § 9 Abs. 1 BerV die allgemeinen gesetzlichen Bestimmungen. **353**

4 *Müller,* **Kap. 11.2 Rn. 4**.

354 Gemäß § 1922 Abs. 1 BGB geht mit dem Tode einer Person deren Vermögen als Ganzes auf eine oder mehrere andere Personen über. Die Erbschaft umfaßt die Gesamtheit der Rechtsverhältnisse des Erblassers[1], also im Falle des Todes des Berechtigten sämtliche Rechte und Pflichten aus dem Berechtigungsvertrag. Der Tod des Berechtigten beendet den Berechtigungsvertrag somit nicht, sondern wird mit dessen Rechtsnachfolger fortgesetzt. Der Rechtsnachfolger ist auch Inhaber der der GEMA übertragenen Nutzungsrechte, über die er auch gem. § 30 UrhG verfügen kann.

355 In der Praxis fordert die GEMA nach Bekanntwerden eines Todesfalles die nach § 9 Abs. 2 Satz 1 BerV erforderlichen Dokumente an, wie etwa Sterbeurkunde, Testament, Erbschein, Testamentsvollstreckerzeugnis oder bei Nachlaßpflegschaft die Bestallungsurkunde.

2. Erbengemeinschaft

356 Sind mehrere Erben vorhanden, tritt die Erbengemeinschaft in den BerV ein (§§ 2032ff. BGB). Deren Rechte können gem. § 9 Abs. 2 Satz 2 BerV nur durch einen **gemeinsamen Bevollmächtigten** ausgeübt werden. Der gemeinsame Bevollmächtigte kann sowohl einer der Miterben als auch ein Dritter, ggf. ein Testamentsvollstrecker, sein. Die GEMA erstellt in diesem Fall eine Vollmachtserklärung zur Unterschrift durch die einzelnen Mitglieder der Erbengemeinschaft. Daneben erhalten die Rechtsnachfolger des Berechtigten neue Vertragsausfertigungen zur Unterzeichnung.

II. Außerordentliches Kündigungsrecht der GEMA

357 § 9 Abs. 4 BerV ermächtigt die GEMA zur Beendigung des BerV. Im **Interesse einer wirtschaftlichen Verwaltung** dürfen aufgrund dieser Vorschrift von der GEMA unwirtschaftliche Berechtigungsverträge von verstorbenen Mitgliedern ohne erheblichen Verwaltungsaufwand beendet werden. Dies setzt zum einen voraus, daß keine Erbansprüche geltend gemacht werden, und zum anderen, daß die auf die unbekannten Erben erfolgenden Gutschriften in zwei aufeinander folgenden Jahren die Höhe des Mitgliedbeitrages nicht erreichen. Der BerV endet dann automatisch zum Ende des darauf folgenden Geschäftsjahres, ohne daß es einer Kündigung bedarf.

1 Palandt-*Edenhofer*, § 1922 BGB Rn. 12.

§§ 10, 16 [Die zeitliche, inhaltliche und territoriale Reichweite des Berechtigungsvertrags]

§ 10

Der Vertrag wird mit Wirkung vom ... zunächst für die Dauer von sechs Jahren geschlossen. Falls der Vertrag nicht ein Jahr vor Ablauf schriftlich gekündigt wird, verlängert er sich jeweils um sechs Jahre.

§ 16

Auf den Berechtigungsvertrag finden die Vorschriften des § 3 Ziff. 2 der Satzung der GEMA Anwendung. Die Rechteübertragung erfolgt demgemäß für drei Jahre, jedoch mindestens bis zum Jahresende nach Ablauf des dritten Jahres, und verlängert sich jeweils um drei Jahre, falls keine Kündigung unter Einhaltung einer Frist von sechs Monaten zum Ende des jeweiligen Drei-Jahres-Zyklus erfolgt. Ausgenommen von der Rechteübertragung werden folgende Länder – Nutzungsarten –:

[...]

Übersicht Rn.

I. Vertragslaufzeit und Dauer der Rechteübertragung nach den §§ 10, 16 BerV

1. Die Vertragslaufzeiten nach den §§ 10, 16 BerV

§ 10 BerV regelt grundsätzlich eine Vertragslaufzeit von sechs Jahren, die sich stillschweigend um weitere sechs Jahre verlängert, wenn nicht der Berechtigte ein Jahr vor Ablauf schriftlich kündigt. Für Angehörige der Mitgliedstaaten der EG – und damit auch für Deutsche – gelten jedoch die besonderen Vereinbarungen nach § 16 BerV iVm § 3 Ziff. 2 GEMA-Satzung. Demnach übertragen diese Berechtigten ihre Rechte lediglich für die Dauer von drei Jahren. Die Übertragung verlängert sich um weitere drei Jahre, wenn der Vertrag nicht schriftlich innerhalb von sechs Monaten **358** vor Ablauf gekündigt wird. Damit beträgt die Vertragslaufzeit für Angehörige der Mitgliedstaaten der EG, anders als in § 10 BerV geregelt, drei Jahre.[1]

359 Aus Praktikabilitätsgründen sieht sich die GEMA in der Lage, die kürzere Vertragsdauer auch für Angehörige aus Drittländern mit steuerlichem Wohnsitz bzw. mit Sitz in einem Mitgliedstaat der EG anzuwenden. Die Berechtigungsverträge dieser Rechteinhaber sehen folglich ebenfalls eine Vertragslaufzeit von drei (verlängerbaren) Jahren vor.

2. Kommissionsentscheidungen als Hintergrund der besonderen Vereinbarungen zur Vertragslaufzeit

360 Hintergrund der besonderen Vereinbarungen nach § 16 BerV für Angehörige der Mitgliedstaaten der EG sind die Entscheidungen der Europäischen Kommission aus den Jahren 1971[2] und 1972[3]. In diesen Entscheidungen hatte die Kommission unter anderem die Vertrags- und Übertragungsdauer von sechs Jahren nach § 10 BerV zunächst als **mißbräuchlich** nach **Art. 82 EG** (Art. 86 EG a.F.) bemängelt; die GEMA würde dadurch die Berechtigten in einer Weise an sich binden, die objektiv nicht gerechtfertigt sei.[4] In der ersten Entscheidung von 1971 forderte die Kommission eine **Kündigungsmöglichkeit** für **einzelne Sparten** zum Ende eines Jahres. Auf Antrag der GEMA wurde dies jedoch durch die zweite Entscheidung im Jahr 1972 dahingehend korrigiert, daß eine dreijährige Dauer der Rechteübertragung zulässig sei, soweit den Mitgliedern die Freiheit gewährt wird, über die Rechte getrennt nach einzelnen Nutzungsarten zu verfügen.[5] Gegen die sechsjährige Vertragslaufzeit für Wahrnehmungsberechtigte aus dem Nicht-EG-Bereich hatte die EG-Kommission keine Einwände.

3. Überprüfung der Regelungen zur Vertragslaufzeit

361 Der Gesetzgeber anerkennt in § 309 Nr. 9 BGB ausdrücklich das Interesse der Parteien des Wahrnehmungsvertrags an einer Vertragslaufzeit, die mehr als zwei Jahre beträgt;[6] aus **AGB-rechtlicher Sicht**[7] bestehen daher **keine Bedenken** gegen die drei- bzw. sechsjährige Vertragslaufzeit.

362 Die Zulässigkeit der dreijährigen Vertragsdauer für Angehörige der Mitgliedstaaten der EG folgt aus den Entscheidungen **GEMA-I** und **GEMA-II**[8]. Häufige Wechsel der Berechtigten bzw. einzelner von ihnen eingebrachter Rechte führen zu erhöhten Ver-

---

1 *Goldmann*, Die kollektive Wahrnehmung musikalischer Rechte, S. 301.
2 Kommission v. 2.6.1971, ABl. 1971 L 134, 15 ff. – GEMA-I.
3 Kommission v. 6.7.1972, ABl. 1972 L 166, 22 f. – GEMA-II.
4 Kommission v. 2.6.1971, ABl. 1971 L 134, 15, 24 GEMA-I.
5 Zur Möglichkeit der Spartenlizenzierung nachfolgend Rn. 6 ff.
6 *Melichar*, Die Wahrnehmung von Urheberrechten durch Verwertungsgesellschaften, S. 64; *Mauhs*, Der Wahrnehmungsvertrag, S. 75; Staudinger (1998) *Schlosser*, § 23 AGBG Rn. 35.
7 Zur Anwendbarkeit der Bestimmungen über Allgemeine Geschäftsbedingungen *Riesenhuber*, **Kap. 9 Rn. 23, 36**.
8 Dazu bereits oben Rn. 360.

waltungskosten[9] und stehen damit dem Interesse der Gesamtheit aller Mitglieder an einer wirkungsvollen Verwaltung der Rechte (Funktionsinteresse)[10] durch die GEMA entgegen.[11] Zudem besteht die Gefahr, daß bei einer kürzeren Vertragsbindung mächtige Verwerter die Berechtigten unter Druck setzen, die Nutzungsrechte kurzfristig zu kündigen und zu unangemessenen Bedingungen direkt an sie zu vergeben.[12]

II. Die Spartenlizenzierung nach § 16 BerV

1. Grundsätze zur inhaltlichen Reichweite der Rechteübertragungen nach §§ 1, 16 BerV

§ 16 BerV iVm § 3 Ziff. 2 GEMA-Satzung regelt, daß Angehörige der EG-Staaten die Übertragung ihrer Nutzungsrechte nach § 16 BerV iVm § 3 Ziff. 2 GEMA-Satzung auf bestimmte Sparten beschränken können (sog. **„Spartenlizenzierung"**). Nach dem Wortlaut des § 16 BerV besteht diese Möglichkeit für Angehörige von Drittländern nicht.[13] Diese Berechtigten übertragen daher ihre Rechte grundsätzlich umfassend nach § 1 BerV auf die GEMA. In der Praxis gewährt die GEMA allerdings – parallel zur Vertragsdauer[14] – den Angehörigen aus Drittländern mit steuerlichem Wohnsitz bzw. mit Geschäftssitz in einem Mitgliedstaat der Europäischen Gemeinschaft ebenfalls die besondere Möglichkeit zur Spartenlizenzierung. **363**

2. Kommissionsentscheidungen als Hintergrund der besonderen Vereinbarungen zur Spartenlizenzierung

Die Spartenlizenzierung ist – zusammen mit der auf drei Jahre verkürzten Vertragsdauer – Folge der Kommissionsentscheidungen GEMA-I und GEMA-II.[15] Die Kommission bemängelte in diesen Entscheidungen die ursprünglich sachlich unbegrenzte Rechteübertragung nach § 1 BerV als mißbräuchlich, da die Berechtigten in einer **objektiv nicht gerechtfertigten Weise** an die GEMA **gebunden** würden.[16] Sie schrieb daher zunächst eine Aufspaltung in sieben Sparten vor, wobei diese sieben Sparten den **364**

---

9 *Ochsner*, Die kollektive Verwertung von urheberrechtlichen Nutzungsbefugnissen, S. 93.

10 Dieses Funktionsinteresse anerkennt auch der EuGH in seiner Entscheidung BRT-II; EuGH v. 27. 3. 1974 -Rs. 1227/73 *BRT II*, Slg. 1974, 313 Rn. 9/11.

11 *Mauhs*, Der Wahrnehmungsvertrag, S. 75 f.; *Ochsner*, Die kollektive Verwertung von urheberrechtlichen Nutzungsbefugnissen, S. 93; *Wünschmann*, Kollektive Wahrnehmung von Urheber- und Leistungsschutzrechten, S. 128.

12 *Wünschmann*, Kollektive Wahrnehmung von Urheber- und Leistungsschutzrechten, S. 128 f.; *Mauhs*, Der Wahrnehmungsvertrag, S. 75; *Schack*, Urheber- und Urhebervertragsrecht, Rn. 1202; auch Dreier/Schulze-*Schulze*, vor § 31 UrhG Rn. 129.

13 Die GEMA ist hier ohnehin nur im Rahmen des § 6 Abs. 1 UrhWG zum Abschluß eines Berechtigungsvertrags verpflichte.

14 Dazu oben Rn. 359.

15 Dazu oben Rn. 360.

16 Kommission v. 2. 6. 1971, ABl. 1971 L 134, 15, 22 – GEMA-I.

Katalog der damals gültigen Fassung des § 1 BerV zusammenfaßten. In der Entscheidung GEMA-II korrigierte die Kommission die geforderte Mindest-Vertragslaufzeit auf **drei Jahre**[17] und verlangte gleichzeitig eine größere Verfügungsfreiheit hinsichtlich der sachlichen Begrenzung der Rechteeinräumung. Demnach sollen die Berechtigten **„alle wirtschaftlich trennbaren Formen der Ausübung des Urheberrechts unter Berücksichtigung der Unterschiede der nationalen Gesetzgebung über das Urheberrecht“** gesondert übertragen können.[18]

3. Der Begriff der „Sparte“ iSd § 16 Satz 3 BerV

365 Nach § 16 Satz 3 BerV können die privilegierten Berechtigten „Sparten“[19] aus der Rechteübertragung ausnehmen. In der zu Grunde liegenden Kommissionsentscheidung wird entsprechend eine Aufspaltbarkeit der Rechte in „Nutzungsarten“ gefordert. Die Kommission versteht darunter „alle wirtschaftlich trennbaren Formen der Ausübung des Urheberrechts“.[20] Der beispielhaft aufgeführte Rechtekatalog entsprechend der damaligen Fassung des Berechtigungsvertrags zeigt, daß sich die Aufteilung jedenfalls am **Rechtekatalog des § 1 BerV** orientieren soll.

366 Die Möglichkeit, einzelne „Sparten“ aus der Rechtewahrnehmung auszunehmen, bedeutet jedoch nicht, daß die Berechtigten wählen könnten, welche Werke sie einbringen.[21] Eine solche Beschränkung würde gegen § 3 Ziff. 2 GEMA-Satzung verstoßen, wonach sich die Rechteübertragung nur auf Nutzungsarten von Rechten an allen Werken, nicht aber auf die Rechte an einzelnen Werken beziehen darf.[22]

4. Auswirkungen der Spartenlizenzierung

367 Die Möglichkeit der Spartenlizenzierung für Angehörige der EG-Staaten bewirkt die von der Kommission geforderte **größere Verfügungsfreiheit** für die Berechtigten. Diese können einzelne „Sparten“ einer anderen Verwertungsgesellschaft oder direkt an die Verwerter übertragen, ohne dabei den mit der GEMA geschlossenen Berechtigungsvertrag insgesamt kündigen zu müssen.

---

17 Dazu oben Rn. 360.

18 Kommission v. 6. 7. 1972, ABl. 1972 L 166, 22 – GEMA-II.

19 Der Begriff der Verrechnungssparte nach den Bestimmungen des Verteilungsplans (etwa Abschnitt VIII AB-VP-A) paßt hier nicht, da es nicht um bestimmte Arten der Tantiemenausschüttung, sondern um die Aufteilung von Nutzungsrechten geht.

20 Kommission v. 6. 7. 1972, ABl 1972 L 166, 22 f. – GEMA-II.

21 Dazu bereits oben Rn. 41.

22 OLG München, ZUM 1994, 303, 306 – Beatles CD.

III. Die territoriale Beschränkbarkeit der Rechteübertragung nach § 16 BerV

1. Die territoriale Reichweite der Rechteübertragungen

Für Angehörige der EG-Staaten regelt § 16 iVm § 3 Ziff. 2 GEMA-Satzung auch die Möglichkeit, **einzelne Länder** von der Rechteübertragung auszunehmen. Angehörige von Drittländern übertragen ihre Rechte dagegen nach § 1 BerV (Kopfteil) „für alle Länder". In der Praxis gewährt die GEMA jedoch auch Angehörigen aus Drittländern, die ihren steuerlichen Wohnsitz oder ihren Geschäftssitz in einem EG-Mitgliedstaat haben, die Möglichkeit der territorialen Beschränkung nach § 16 BerV. **368**

2. Kommissionsentscheidungen als Hintergrund der besonderen Vereinbarungen zur territorialen Beschränkung

Auch die ursprünglich geregelte Rechteübertragung „für die ganze Welt" bemängelte die Kommission als mißbräuchlich, da hierdurch die Berechtigten in **objektiv nicht gerechtfertigter Weise an die GEMA gebunden** würden.[23] Aus diesem Grund sieht § 16 Satz 3 BerV nun die Möglichkeit der territorialen Begrenzung vor.[24] Damit ist sichergestellt, daß die Angehörigen der EG-Staaten frei wählen können, ob ihre Nutzungsrechte im Ausland direkt von den ausländischen Verwertungsgesellschaften, indirekt über die Gegenseitigkeitsverträge oder individuell wahrgenommen werden. **369**

§ 11 [Rechterückfall bei Beendigung des Vertrags]

Mit Beendigung des Vertrages fallen die Rechte an den bisherigen Berechtigten zurück, ohne daß es einer besonderen Rückübertragung bedarf. Jedoch soll zur Vermeidung einer Störung der öffentlichen Musikpflege die Auseinandersetzung bezüglich der zurückfallenden Urheberrechte in der Weise erfolgen, daß die Musikverbraucher, deren Verträge vor Beendigung dieses Berechtigungsvertrages für die Nutzung von Werken des ausgeschiedenen Berechtigten abgeschlossen wurden und über den Zeitpunkt des Ablaufs des Berechtigungsvertrages hinaus bestehen, für die ganze Dauer ihrer Verträge zur Nutzung befugt bleiben. Die Verrechnung der demnach etwa noch auf den ausgeschiedenen Berechtigten entfallenden Erträge erfolgt nach den Bestimmungen des Verteilungsplanes der GEMA.

Die Regelung in § 11 BerV **entspricht den allgemeinen Grundsätzen und der Rechtsprechung** zur treuhänderischen Übertragung von Nutzungsrechten: Erlischt der BerV, so erlischt auch das die Grundlage für die Rechtsübertragung bildende Geschäftsbesorgungsverhältnis mit der Wirkung, daß das Wahrnehmungsrecht endet, ohne daß es einer Rückübertragung der urheberrechtlichen Befugnisse auf den Urheber oder **370**

---

23 Kommission v. 2. 6. 1971, ABl. 1971 L 134, 15, 23 – GEMA-I.

24 § 31 Abs. 1 S. 2 UrhG sieht explizit die Möglichkeit der territorialen Beschränkung von Nutzungsrechten vor.

sonst Urheberberechtigten bedarf.[1] Dagegen ist die GEMA berechtigt, alle Ansprüche, die während der Dauer des BerV aus der Auswertung der ihr übertragenen Nutzungsrechte entstanden sind, auch weiterhin geltend zu machen.[2]

§ 12 [Beendigung bei Auflösung der GEMA]

Wird die GEMA aufgelöst, so gilt dieser Vertrag zum Ende desjenigen Vierteljahres als gekündigt, welches auf das Vierteljahr folgt, in dem der Auflösungsbeschluß durch die zuständige Staatsbehörde genehmigt ist.

371 Durch Abschluß des Berechtigungsvertrages hat sich der Berechtigte den Bestimmungen der Satzung der GEMA unterworfen. Nach § 10 Ziff. 6 h) der Satzung der GEMA ist die **Mitgliederversammlung berechtigt**, die Auflösung der GEMA zu beschließen. Nach **§ 11 lit. b Abs. 1 der Satzung GEMA** bedürfen die Beschlüsse über die Auflösung der GEMA der Einstimmigkeit der drei Berufsgruppen (Komponisten, Textdichter und Verleger).[1]

§ 13 [Erfüllungsort und Gerichtsstandvereinbarung]

Der Erfüllungsort dieses Vertrages ist der Sitz der GEMA, durch den auch der Gerichtsstand für Streitigkeiten zwischen den Parteien aus diesem Vertrage bestimmt wird.

372 § 13 BerV enthält eine gerichtsstandsregelnde Vereinbarung über den Erfüllungsort der geschuldeten Leistungen aus dem BerV.

373 Vereinbarungen über den Erfüllungsort und den damit sich gem. **§ 29 Abs. 2 ZPO** ergebenen Gerichtsstand sind nur unter Kaufleuten, juristischen Personen des öffentlichen Rechts oder öffentlich-rechtliche Sondervermögen zulässig. Vollkaufleute im Sinne dieser Vorschrift sind Inhaber eines Handelsbetriebes, § 1 HGB, ein im Handelsregister gem. den §§ 2, 3 HGB eingetragenes Unternehmen, alle Handelsgesellschaften, § 6 HGB, und die persönlich haftenden Gesellschafter von OHG und KG. Es ist also im Einzelfall zu prüfen, ob der Berechtigte die Voraussetzungen für die Vereinbarung über den Erfüllungsort erfüllt. Sollte dies nicht der Fall sein, ist Erfüllungsort und Gerichtsstand für Ansprüche des Berechtigten gegen die GEMA deren Sitz in Berlin, § 17 ZPO. Für Ansprüche der GEMA gegen den Berechtigten bestimmt sich der Erfüllungsort und dessen allgemeiner Gerichtsstand durch dessen Wohnsitz, § 269 Abs. 1 BGB, § 13 ZPO.

---

1 BGH, GRUR 1966, 567, 569 – Gelu; *Ulmer*, Urheber- und Verlagsrecht, S. 359; *Seifert*, Wahrnehmungsverträge, in: Handbuch der Musikwirtschaft, S. 923.

2 BGH, GRUR 1982, 308, 309 – Kunsthändler; *v. Gamm*, § 29, Rn. 7.

1 Dazu näher *v. Steinau-Steinrück/Wohlgemuth*, **Kap. 8 Rn. 94–97**.

§ 14 [Formalien zum Vertragsschluß]

Dieser Vertrag, von dem der Berechtigte eine Ausfertigung erhält, wird von beiden Teilen unterzeichnet. Soweit zwischen den vertragsschließenden Parteien bereits ein Vertragsverhältnis bestanden hat, tritt dieser Vertrag an die Stelle der bisherigen Vereinbarungen.

Durch die Unterzeichnung des BerV wird der **Vertragsschluß dokumentiert**. Sofern zwischen der GEMA und dem Berechtigten ein Vertrag bzw. Vertragsverhältnis über die Rechtewahrnehmung bestanden haben sollte, tritt der **neue BerV an die Stelle der bisherigen Vereinbarungen**. Durch diese Bestimmung werden, sofern vorhanden, alle alten Vereinbarungen zwischen der GEMA und dem Berechtigten hinfällig. Diese Regelung dient der Rechtsicherheit. Eventuell bestehende Widersprüche zwischen der neuen und einer alten Vereinbarung werden dadurch vermieden. **374**

§ 15 [Änderungen und Ergänzungen des Berechtigungsvertrags]

Zu Änderungen des Berechtigungsvertrages bedarf es der für Satzungs- und Verteilungsplanänderungen erforderlichen Mehrheit in der Mitgliederversammlung.

Durch § 6 lit. a BerV ist die Satzung der GEMA Bestandteil des BerV. Nach § 10 Ziff. f) der Satzung der GEMA **obliegt der Mitgliederversammlung** die Beschlußfassung über Änderungen des BerV. Eine wirksame Beschlußfassung über Änderungen des BerV setzt **gem. § 11 lit. b der Satzung der GEMA** die Einstimmigkeit der drei Berufsgruppen (Komponisten, Textdichter, Verleger) in der Mitgliedersammlung voraus (s.a. Kommentierung der entsprechenden Vorschriften der Satzung).[1] **375**

1 Dazu näher *v. Steinau-Steinrück/Wohlgemuth,* **Kap. 8 Rn. 94–97**.

Kapitel 11
Der Verteilungsplan

Inhaltsübersicht

Kapitel 11.1 – Der Verteilungsplan für das Aufführungs- und Senderecht (Verteilungsplan A)

Kapitel 11.1
Der Verteilungsplan für das Aufführungs- und Senderecht (Verteilungsplan A)

Allgemeine Grundsätze[1] zum Verteilungsplan A

---

[1] In den Allgemeinen Grundsätzen und in den Ausführungsbestimmungen zum Verteilungsplan werden unter „Bezugsberechtigte" sowohl die ordentlichen und außerordentlichen Mitglieder als auch die angeschlossenen Mitglieder verstanden.

§ 1 [Die Verteilungssumme im Aufführungs- und Senderecht]

(1) Für jedes Geschäftsjahr wird von dem Gesamtbetrage, den die GEMA innerhalb Deutschlands durch Verwertung der ihr übertragenen Aufführungs- (einschließlich Sende-) Rechte erzielt hat, nach Abzug der Kosten, die an die Bezugsberechtigten zur Verteilung gelangende Summe festgesetzt (Verteilungssumme). Von dem in den Sparten R und FS zur Verfügung stehenden Gesamtbetrag werden 66 2/3 % zugunsten des Senderechts (Ton- und Fernsehrundfunk) und 33 1/3 zugunsten des mechanischen Vervielfältigungsrechts und des Herstellungsrechts an Fernsehproduktionen verrechnet.

(2) Alle Verrechnungssparten werden mit den Unkosten der GEMA unter einheitlicher Anwendung des Kostensatzes belastet.

(3) Für die Unterstützungskasse der in der GEMA beschäftigten Angestellten wird alljährlich nach Jahresabschluß ein von der Geschäftsleitung im Einvernehmen mit dem Aufsichtsrat festzusetzender Betrag zur Verfügung gestellt.

(4a) Es werden aufgrund der Gegenseitigkeitsverträge jeweils 10 % von der Verteilungssumme für soziale und kulturelle Zwecke bereitgestellt. Soweit Zinserträge, Aufnahme- sowie Verwaltungsgebühren, Konventionalstrafen und andere unverteilbare Beträge anfallen, werden sie gleichen Zwekken zugeführt.

In Erfüllung des sozialen Zweckes geschieht dies zugunsten der GEMA-Sozialkasse und der Alterssicherung. Im übrigen werden die Mittel im Rahmen der verschiedenen Wertungs- und Schätzungsverfahren verteilt. Das Beteiligungsverhältnis wird von Vorstand und Aufsichtsrat einvernehmlich festgelegt.

(4b) Die bisher in der Sparte E geleisteten Zuwendungen dürfen sich im Verhältnis zum Gesamtaufkommen nicht verringern. Änderungen bedürfen eines Beschlusses der Mitgliederversammlung mit der in § 11b) der Satzung vorgeschriebenen qualifizierten Mehrheit.

(4c) Der Ausfall wird durch Zuschläge zur Verteilungssumme – im Verhältnis zum Ausland unter Voraussetzung der Gegenseitigkeit – mit verteilt. Lediglich die ordentlichen Mitglieder stellen den für sie verbleibenden Anteil am Ausfall für die von der Mitgliederversammlung zu den Geschäftsordnungen der verschiedenen Wertungsverfahren beschlossene Regelung zur Verfügung.

(5) Wenn Verleger ihren Sitz ins Ausland verlegen und einer ausländischen Verwertungsgesellschaft beitreten, so dürfen die Anteile ihrer Urheber und deren Rechtsnachfolger dadurch nicht geschmälert werden.

(6) Das Beteiligungsverhältnis an den Einnahmen aus der Bibliothekstantieme wird wie folgt festgelegt:

Für die Nutzungsart Noten	**77 %**
Für die Nutzungsart Tonträger	**20 %**
Für die Nutzungsart Bildtonträger	**3 %**

Die Verteilung an die Bezugsberechtigten erfolgt im ersten Falle nach § 1 Ziff. 4 der Allgemeinen Grundsätze zum Verteilungsplan für das Aufführungs- und Senderecht, im zweiten Falle nach Abschn. IV Ziff. 9 der Ausführungsbestimmungen zum Verteilungsplan für das mechanische Vervielfältigungsrecht, im dritten Falle nach Abschn. VI Ziff. 7 der Ausführungsbestimmungen zum Verteilungsplan für das mechanische Vervielfältigungsrecht.

Übersicht Rn.

I. Übersicht

§ 1 Ziffer 1 der Allgemeinen Grundsätze regelt für die nach Verteilungsplan A zu verrechnenden Einnahmen der GEMA die Bildung der Verteilungssumme (II.), die von der Verteilungssumme vorzunehmenden Abzüge (III.), die Zusammensetzung und Aufteilung der Mittel für soziale und kulturelle Zwecke (IV.) sowie einige Einzelfragen der Verteilung im Verrechnungsverfahren (V.). **1**

II. Die Bildung der Verteilungssumme

1. Die Einnahmen

Ausgangspunkt für die Ermittlung der Verteilungssumme ist gemäß § 1 Ziffer 1 S. 1 der Gesamtbetrag der Einnahmen, die die GEMA innerhalb Deutschlands aus der Verwertung der ihr übertragenen Aufführungs- (einschließlich Sende-) Rechte erzielt. **2**

2. Die Kosten

Die GEMA zieht von diesen Einnahmen die für ihre Tätigkeit anfallenden Kosten als Aufwendungsersatz (§ 670 BGB) ab.[1] Die um die Kosten verminderten Einnahmen **3**

1 Die Tätigkeit der GEMA ist nicht auf die Erzielung von Gewinn gerichtet; siehe § 2 Ziffer 1 S. 2 der Satzung.

bilden die **Verteilungssumme** (§ 1 Ziffer 1 S. 1). Die Verteilungssumme wird für jedes Geschäftsjahr gesondert ermittelt. Die Grundlage hierfür bildet der nach periodengerechter Zuordnung der Einnahmen (Erträge) und Kosten (Aufwendungen) erstellte Jahresabschluß.

4 Die Umlage der Kosten erfolgt gemäß § 1 Ziffer 2. Danach werden alle Verrechnungssparten mit den „Unkosten" der GEMA unter einheitlicher Anwendung des Kostensatzes belastet. Unkosten der GEMA im Sinne dieser Bestimmung sind die Gesamtkosten für die Wahrnehmung der Aufführungs- und Senderechte. Diese werden auf alle Verrechnungssparten des Aufführungs- und Senderechts gleichmäßig umgelegt. Aus dem Verhältnis der Gesamteinnahmen zu den Gesamtkosten ergibt sich der **einheitliche Kostensatz im Aufführungs- und Senderecht**. Der einheitliche Kostensatz wird für jedes Geschäftsjahr neu festgesetzt. Er ist vom **durchschnittlichen Kostensatz der GEMA** zu unterscheiden.[2]

5 Der einheitliche Kostensatz gilt nur in den zur Verrechnung der Inlandseinnahmen gebildeten Sparten. Die von den ausländischen Verwertungsgesellschaften an die GEMA abgerechneten und bereits um die Kosten dieser Gesellschaften verminderten Erträge unterliegen einem reduzierten Kostensatz der GEMA. Dieser beträgt in den Sparten des Aufführungsrechts (Sparten A, KRA und KFSA) 5%.

III. Die Abzüge von der Verteilungssumme

6 Die um die weiteren im Verteilungsplan vorgesehenen Abzüge verminderte Verteilungssumme bildet die **Nettoverteilungssumme**.[3] Der Verteilungsplan sieht insoweit Abzüge für die Unterstützungskasse der Angestellten (1.) und für soziale und kulturelle Zwecke (2.) vor.

1. Die Unterstützungskasse für Angestellte

7 Nach § 1 Ziffer 3 ist die Verteilungssumme um einen Betrag für die Unterstützungskasse der in der GEMA beschäftigten Angestellten zu vermindern. In der Praxis erfolgt ein solcher gesonderter Abzug von der Verteilungssumme nicht. Soweit die GEMA an ihre Arbeitnehmer soziale Leistungen erbringt, sind diese Teil der Personalkosten. Eine gesondert durch Geschäftsleitung und Aufsichtsrat dotierte Unterstützungskasse besteht daneben nicht.

2. Der Abzug für soziale und kulturelle Zwecke

8 Gemäß § 1 Ziffer 4a S. 1 werden 10% der Verteilungssumme für soziale und kulturelle Zwecke abgezogen. Aufgrund dieses Abzugs unterteilt sich das Verfahren zur Verteilung der Erträge aus der Verwertung der Aufführungs- und Senderechte in das **Ver-**

---

2 Der durchschnittliche Kostensatz der GEMA errechnet sich aus dem Verhältnis der Erträge zu den Aufwendungen gemäß der Gewinn- und Verlustrechnung der GEMA.

3 Siehe dazu auch Abschnitt VIII Ziffer 1.

rechnungsverfahren nach den Bestimmungen des Verteilungsplans A einerseits und in die **Verfahren zur Verteilung der für soziale und kulturelle Zwecke zur Verfügung stehenden Mittel** (Sozialkasse, Wertungsverfahren, Alterssicherung der ordentlichen Mitglieder und Schätzungsverfahren der Bearbeiter) andererseits.[4]

Der Abzug für soziale und kulturelle Zwecke erfolgt aufgrund der Gegenseitigkeitsverträge auch von dem Aufkommen, das auf Werke von Berechtigten ausländischer Verwertungsgesellschaften entfällt.[5] 9

IV. Die Mittel für soziale und kulturelle Zwecke

1. Zusammensetzung

Die Mittel für soziale und kulturelle Zwecke bestehen gemäß § 1 Ziffer 4a S. 1 aus 10% der Verteilungssumme im Aufführungs- und Senderecht und aus den in § 1 Ziffer 4a Abs. 1 S. 2 genannten **unverteilbaren Beträgen**. 10

Zinserträge im Sinne von § 1 Ziffer 4a Abs. 1 S. 2 sind v.a. die Zinserträge aus der Anlage der Einnahmen für die Zeiträume zwischen Zahlungseingang bei der GEMA und Ausschüttung an die Berechtigten. Aus der Zuweisung der Zinserträge zu den Mitteln für soziale und kulturelle Zwecke folgt, daß den Berechtigten kein Anspruch auf Verzinsung der auf ihre Werke entfallenden Ausschüttungsbeträge zusteht. **Aufnahme- und Verwaltungsgebühren** im Sinne des § 1 Ziffer 4a Abs. 1 S. 2 sind die Aufnahmegebühr gemäß § 8 Ziffer 1 Berechtigungsvertrag, der Mitgliedsbeitrag gemäß § 8 Ziffer 2 Berechtigungsvertrag sowie sonstige Verwaltungsgebühren wie z.B. gemäß Abschnitt I Ziffer 3 a und d, Abschnitt IX Ziffer 3 Abs. 1 oder Abschnitt IX Ziffer 4 der Ausführungsbestimmungen zum Verteilungsplan A. Eine Grundlage für **Konventionalstrafen** enthält Abschnitt III Ziffer 3c. Sonstige unverteilbare und den Mitteln für soziale und kulturelle Zwecke zugeführte Beträge sind z.B. der „Ausfall", soweit er auf Berechtigte bestimmter ausländischer Verwertungsgesellschaften entfällt (siehe unten Rn. 23) oder der Teil der Einnahmen aus der Bibliothekstantieme, der der Nutzungsart Noten zugewiesen wird (siehe unten Rn. 30). 11

2. Aufteilung

Der für soziale und kulturelle Zwecke zur Verfügung stehende Gesamtbetrag ist auf die verschiedenen Einrichtungen aufzuteilen, die zur Verfolgung dieser Zwecke gebildet sind. 12

In einem ersten Schritt werden vorab die für die Finanzierung der **Sozialkasse** benötigten Mittel abgezogen.[6] Der Sozialkasse werden die notwendigen Mittel gemäß § 2 13

4 BGH GRUR 1988, 782 – GEMA-Wertungsverfahren spricht insoweit von einem „zweistufigen Verfahren", s.a. *Bezzenberger/Riesenhuber,* GRUR 2003, 1005, 1010–1015.

5 Siehe dazu Art. 8 Abs. 2 des Mustervertrages im EU-Bereich für das Aufführungs- und Senderecht gemäß CISAC-Standardvertrag, abgedruckt im GEMA-Jahrbuch 2004/2005, S. 245 ff. Vertiefend zu Aufgaben und Struktur der CISAC *Karbaum/Oeller,* **Kap. 17**.

6 Eingehend hierzu *Riesenhuber,* **Kap. 13**.

Abs. 1 ihrer Satzung von der GEMA „nach Bedarf" zur Verfügung gestellt. Dieser Bedarf ist der Höhe nach nicht begrenzt, sondern besteht in dem Umfang, in dem nach den Bestimmungen der Satzung der Sozialkasse Leistungsansprüche entstehen.

14 Der verbleibende Betrag wird im Rahmen der **Wertungsverfahren**,[7] der **Alterssicherung** der ordentlichen Mitglieder[8] und des **Schätzungsverfahrens** der Bearbeiter[9] verteilt. Die Aufteilung auf die einzelnen Verfahren erfolgt gemäß § 1 Ziffer 4a Abs. 2 S. 3 durch einvernehmliche Festlegung von Vorstand und Aufsichtsrat. Bei dieser Festlegung handelt es sich um ein Leistungsbestimmungsrecht von Vorstand und Aufsichtsrat im Sinne von § 315 Abs. 1 BGB.[10] Dieses betrifft sowohl das Beteiligungsverhältnis von Wertungsverfahren, Alterssicherung und Schätzungsverfahren untereinander als auch das Beteiligungsverhältnis innerhalb der Wertungsverfahren zwischen den an diesen Verfahren Beteiligten,[11] d.h. also der Komponisten, Textdichter und Verleger.

15 Die Aufteilung zwischen Wertungsverfahren, Alterssicherung und Schätzungsverfahren erfolgt seit 1990 unverändert. Auf die Wertungsverfahren der Sparte E entfallen 30,07%, auf das Wertungsverfahren der Sparte U 58,67%, auf die Alterssicherung 6,90%[12] und auf das Schätzungsverfahren der Bearbeiter 4,36% der nach Abzug des Finanzierungsbedarfs der Sozialkasse verbleibenden Mittel für soziale und kulturelle Zwecke. Dabei ist gemäß § 1 Ziffer 4b für die Zuweisung zum Wertungsverfahren der Sparte E ein Mindestbetrag vorgeschrieben (dazu unten Rn. 17).

16 Das Beteiligungsverhältnis der Komponisten, Textdichter und Verleger an den für das Wertungsverfahren der Sparte E zur Verfügung gestellten Mitteln ist seit 1957, das Beteiligungsverhältnis an den für das Wertungsverfahren der Sparte U zur Verfügung gestellten Mitteln seit 1956 unverändert. So erhalten im Wertungsverfahren der Sparte E die Komponisten 57,5%, die Textdichter 3% und die Verleger 39,5% der Mittel. Im Wertungsverfahren der Sparte U beträgt dieses Verhältnis 42,5 : 20 : 37,5.[13]

---

7 Zu unterscheiden sind das Wertungsverfahren der Komponisten in der Sparte E, GEMA-Jahrbuch 2004/ 2005, S. 357–364, das Wertungsverfahren der Textdichter in der Sparte E, aaO, S. 365, das Wertungsverfahren der Verleger in der Sparte E, aaO, S. 366–368 und das Wertungsverfahren in der Unterhaltungs- und Tanzmusik, aaO, S. 369–376. Ausführlich zum Wertungsverfahren *Riesenhuber,* **Kap. 12**.

8 Anhang zur GO für das Wertungsverfahren der Komponisten in der Sparte E, GEMA-Jahrbuch 2004/2005, S. 364, GO für das Wertungsverfahren der Textdichter in der Sparte E, § 2, GEMA-Jahrbuch 2004/2005, S. 365, Anhang zur GO für das Wertungsverfahren in der Unterhaltungs- und Tanzmusik, GEMA-Jahrbuch 2004/2005, S. 376.

9 Schätzungsverfahren der Bearbeiter, GEMA-Jahrbuch 2004/2005, S. 377–381.

10 KG vom 23.10.2001, Az. 5 U 1983/00, Umdruck S. 10. Der sich aus § 315 Abs. 1 BGB ergebende Maßstab des billigen Ermessens wird jedoch durch § 7 S. 1 UrhWG verdrängt; *Riesenhuber*, Die Auslegung und Kontrolle des Wahrnehmungsvertrages, S. 20.

11 KG vom 23.10.2001, Az. 5 U 1983/00, Umdruck S. 10.

12 Im übrigen erfolgt die Finanzierung der Alterssicherung durch die ordentlichen Mitglieder selbst. Diese stellen der Alterssicherung den auf sie entfallenden Anteil am Ausfall zur Verfügung; siehe Allgemeine Grundsätze zu VP A, § 1 Ziffer 4c S. 2.

13 Siehe dazu den ergänzenden Hinweis zu § 1 Ziffer 4a Abs. 2 S. 3 im Verteilungsplan unterhalb der Fußnote 1, insoweit hier nicht abgedruckt.

§ 1 Ziffer 4b betrifft den Anteil der Zuwendungen für das Wertungsverfahren der Sparte E an dem für die Wertungsverfahren, die Alterssicherung und das Schätzungsverfahren zur Verfügung stehenden Gesamtbetrag (siehe zu diesem oben Rn. 10f.). Dabei wird für das Wertungsverfahren der Sparte E ein Mindestbetrag vorgeschrieben. Maßstab für dessen Berechnung sind die „bisher in der Sparte E geleisteten Zuwendungen". Bezugspunkt ist die im Geschäftsjahr 1957 vorgenommene Aufteilung. In diesem belief sich die Zuweisung zum Wertungsverfahren in der Sparte E auf 3,93% der Erträge im Aufführungs- und Senderecht. Der gemäß § 1 Ziffer 4a Abs. 2 S. 3 festgelegte Anteil des Wertungsverfahrens in der Sparte E muß somit mindestens 3,93% der Erträge im Aufführungs- und Senderecht im jeweiligen Geschäftsjahr betragen. 17

V. Einzelfragen der Verteilung im Verrechnungsverfahren

1. Die Aufteilung der Rundfunkeinnahmen

Soweit die GEMA Pauschaleinnahmen erzielt, die sowohl nach Verteilungsplan A als auch nach Verteilungsplan B abzurechnende Nutzungen abgelten, bedürfen diese Einnahmen der Aufteilung. Ein derartiger Sachverhalt besteht bei den Einnahmen, die die GEMA für die Nutzung ihres Repertoires im Rundfunk erhält. Der Begriff des **Rundfunks** umfaßt sowohl den **Tonrundfunk** (nachfolgend als Hörfunk bezeichnet) als auch den **Fernsehrundfunk** (nachfolgend als Fernsehen bezeichnet). Werknutzungen im Rundfunk berühren je nach Sachverhalt sowohl das Senderecht nach § 20 UrhG, das Vervielfältigungsrecht nach § 16 UrhG[14] sowie das Herstellungsrecht an Fernsehproduktionen. Das Herstellungs- oder Verfilmungsrecht ist das Recht, ein Werk der Musik mit einem Filmwerk zu verbinden. Dieses Recht ist im Katalog der Verwertungsrechte des § 15 UrhG nicht aufgenommen, da die Verfilmung eines Werks nicht als eigenständiges Verwertungsrecht angesehen wird, sondern entweder als Vervielfältigung (§ 16 UrhG) oder als Bearbeitung (§ 23) dieses Werks.[15] 18

Gemäß § 1 Ziffer 1 S. 2 wird „der in den Sparten R und FS zur Verfügung stehende Gesamtbetrag" zugunsten des Senderechts und des mechanischen Vervielfältigungsrechts und des Herstellungsrechts an Fernsehproduktionen aufgeteilt. Diese Formulierung ist mißverständlich, da die Sparten R und FS bereits das Ergebnis der hier angesprochenen Aufteilung sind. In diesen beiden Sparten (sowie in der weiteren Sparte T FS) erhalten die Werke in Hörfunk- und Fernsehsendungen eine Abrechnung im Senderecht (siehe dazu unten Rn. 232 für die Sparte R, Rn. 236 für die Sparte FS 19

---

14 § 16 UrhG ist betroffen, soweit es im Rahmen der Sendung zu Vervielfältigungen kommt, die über das nach § 55 UrhG erlaubnisfrei zulässige Maß hinausgehen, z.B. also bei der Aufzeichnung von Live-Sendungen.

15 Siehe BGHZ 123, 142, 146; Schricker-*Reinbothe*, § 15 Rn. 14; für die Annahme eines selbständigen Verwertungsrechts *Schulze*, FS Hertin, S. 237, 242. Siehe zur Rechteeinräumung an die GEMA bei Fremdproduktionen § 1i Ziffer 1 Berechtigungsvertrag bzw. an Eigen- und Auftragsproduktionen des Fernsehens § 1i Ziffer 3 Berechtigungsvertrag.

und Rn. 250 für die Sparte T FS), während für die Abrechnung dieser Werke im Vervielfältigungsrecht die Sparten R-VR und FS-VR gebildet sind (siehe Ausführungsbestimmungen zum Verteilungsplan B, Abschnitt V und dazu **Kap. 11.2 Rn. 85f.**). Die Regelung in § 1 Ziffer 1 S. 2 ist deshalb dahin auszulegen, daß der im Rundfunk zur Verteilung stehende Gesamtbetrag, d.h. also die Summe der Vergütungszahlungen aller Hörfunk- und Fernsehsender für die Nutzung des GEMA-Repertoires im Rundfunk, zugunsten des Senderechts und des mechanischen Vervielfältigungsrechts und des Herstellungsrechts an Fernsehproduktionen aufzuteilen ist.

2. Die Verteilung des „Ausfalls“

20 § 1 Ziffer 4c betrifft die Verteilung des **„Ausfalls“** (siehe zu Begriff und Entstehung des „Ausfalls“ unten Rn. 68ff.). Bei der Verteilung des „Ausfalls“ ist zwischen ordentlichen Mitgliedern der GEMA, außerordentlichen und angeschlossenen Mitgliedern der GEMA und den Berechtigten anderer Verwertungsgesellschaften zu unterscheiden.

21 Die **ordentlichen Mitglieder** der GEMA stellen ihre Ausfallanteile für die „zu den Geschäftsordnungen der verschiedenen Wertungsverfahren beschlossene Regelung“ zur Verfügung. Hiermit ist die Alterssicherung der ordentlichen Mitglieder gemeint, die in den Anhängen zu den Geschäftsordnungen der Wertungsverfahren geregelt ist.[16]

22 Die **außerordentlichen und angeschlossenen Mitglieder** erhalten die auf sie entfallenden Ausfallanteile gemäß § 1 Ziffer 4c S. 1 in den einzelnen Sparten als Zuschläge zu dem Aufkommen ausgeschüttet. Dies erfolgt, indem die auf sämtliche freien Anteile der Werke und die auf sämtliche nicht vertretenen Anteile entfallenden Ausschüttungsbeträge pro Sparte als Gesamtbetrag erfaßt werden. Dieser Gesamtbetrag wird anschließend der für die vertretenen und geschützten Werke bzw. Werkanteile ermittelten Ausschüttung in Gestalt eines „Ausfallzuschlags“ anteilig zugeordnet. Beträgt beispielsweise der gesamte „Ausfall“ in einer Sparte € 100.000 bei einer auf die geschützten und vertretenen Anteile entfallenden Ausschüttung von € 5 Mio., so erhalten die geschützten und vertretenen Anteile einen „Ausfallzuschlag“ von 2 %.

23 **Berechtigte ausländischer Verwertungsgesellschaften** erhalten die auf sie entfallenden Ausfallanteile nur dann ausgeschüttet, wenn sie einer Verwertungsgesellschaft angehören, die an die Berechtigten der GEMA ihrerseits Ausfallanteile abrechnet. Ist diese „Gegenseitigkeit“ nicht gegeben, so werden die auf die entsprechenden Berechtigten entfallenden Ausfallanteile als unverteilbar behandelt und den Mitteln für soziale und kulturelle Zwecke zugeführt (siehe dazu oben Rn. 11).

24 § 1 Ziffer 4c gilt entsprechend, soweit auch in den Sparten R-VR und FS-VR des Verteilungsplans B ein Ausfall gebildet wird (siehe dazu **Kap. 11.2 Rn. 34 und 41**).

---

16 Anhang zur GO für das Wertungsverfahren der Komponisten in der Sparte E, GEMA-Jahrbuch 2004/2005, S. 364; GO für das Wertungsverfahren der Textdichter in der Sparte E, § 2, aaO, S. 365; Anhang zur GO für das Wertungsverfahren der Verleger in der Sparte E, aaO, S. 368; Anhang zur GO für das Wertungsverfahren in der Unterhaltungs- und Tanzmusik, aaO, S. 376.

3. Der Wechsel von Verlegern zu anderen Verwertungsgesellschaften

25 § 1 Ziffer 5 regelt den Fall, daß Verlage ihre Mitgliedschaft bei der GEMA beenden und Mitglied einer ausländischen Verwertungsgesellschaft werden.[17] In Anbetracht des Umstands, daß innerhalb der EU jede Verwertungsgesellschaft verpflichtet ist, Berechtigte aus anderen EU-Ländern aufzunehmen,[18] ist entgegen dem Wortlaut der Ziffer 5 eine Wohnsitzverlegung nicht Voraussetzung für die Anwendung der Regelung im EU-Bereich.

26 Ein Wechsel der Mitgliedschaft kann zu einer Vergrößerung der Verlagsanteile führen, wenn das Beteiligungsverhältnis zwischen Urhebern und Verlegern bei einer ausländischen Verwertungsgesellschaft von den Regelungen des Verteilungsplans der GEMA abweicht. So sieht beispielsweise die US-amerikanische Gesellschaft ASCAP im Aufführungsrecht grundsätzlich eine Aufteilung im Verhältnis von Urheber- und Verlegerseite von 6 : 6 vor, der Verteilungsplan der GEMA jedoch im Bereich der Grundverteilung nach § 4 Ziffer 2a der Allgemeinen Grundsätze eine Aufteilung von 8 : 4.

27 § 1 Ziffer 5 verhindert eine solche nach Abschluß des Verlagsvertrages zu Lasten der Urheber eintretende Veränderung. Es verbleibt also auch nach einem Wechsel eines Verlegers zu einer anderen Verwertungsgesellschaft bei dem bis dahin geltenden Aufteilungsverhältnis.

4. Die Bibliothekstantieme

28 § 1 Ziffer 6 regelt die Verteilung der Einnahmen aus der Wahrnehmung des gesetzlichen Vergütungsanspruchs nach § 27 Abs. 2 UrhG für das Verleihen von Werken durch bestimmte öffentliche Einrichtungen. Dieser Anspruch wird gegenüber den Zahlungspflichtigen von der Zentralstelle Bibliothekstantieme (ZBT) für die GEMA und weitere Verwertungsgesellschaften erhoben.[19] Die ZBT leitet den Teil ihrer Einnahmen, der auf den Verleih von Notenmaterial sowie auf den Verleih von Ton- und Bildtonträgern entfällt, an die GEMA weiter. Diese Einnahme wird im Verteilungsplan als **Bibliothekstantieme** bezeichnet.

29 Die von der ZBT erhaltene Zahlung ist nicht nach den Verleihgegenständen aufgeteilt. Eine Aufteilung erfolgt erst durch die Regelung des Verteilungsplans, der 77 % der Bibliothekstantieme dem Verleih von Notenmaterial zuordnet, 20 % dem Verleih von Tonträgern und 3 % dem Verleih von Bildtonträgern. Diese Aufteilung ist ent-

17 § 1 Ziffer 5 gilt nicht für Fälle, in denen aufgrund einer bestimmten Interessenlage der beteiligten Parteien von vorneherein ein Verlagsvertrag zwischen Urhebern, die Mitglieder der GEMA sind, und einem Verlag, der Mitglied einer ausländischen Verwertungsgesellschaft ist, geschlossen wird. Hier sind den Parteien die Auswirkungen im Bereich der Verteilung schon bei Vertragsschluß bekannt. Unabhängig davon kann der Verteilungsplan der GEMA keine Bindungswirkung für einen Verlag entfalten, zu dem keine vertraglichen Beziehungen in Gestalt eines Berechtigungsvertrages bestehen.

18 Entscheidung der EG-Kommission vom 02. 06. 1971 – GEMA I, GRUR Int. 1973, 86, 87.

19 Siehe dazu Gesellschaftsvertrag der ZBT, GEMA-Jahrbuch 2004/2005, S. 499 sowie *Kreile*, **Kap. 16 Rn. 14**.

sprechend dem mutmaßlichen Anteil der Ausleihvorgänge im Wege der Schätzung erfolgt.[20]

30 Von der Aufteilung der Bibliothekstantieme ist die Verteilung der den einzelnen Nutzungen zugewiesenen Einnahmen zu unterscheiden. Diese erfolgt gemäß § 1 Ziffer 6 letzter Absatz für die auf den Verleih von Notenmaterial sowie von Ton- und Bildtonträgern entfallenden Beträge jeweils unterschiedlich. Da bei dem auf den Verleih von Notenmaterial entfallenden Anteil nicht feststellbar ist, auf welche Werke sich diese Noten beziehen, wird er als unverteilbar behandelt und den Mitteln für soziale und kulturelle Zwecke zugeführt (siehe oben Rn. 11). Die auf den Verleih von Ton- und Bildtonträgern entfallenden Anteile werden nach Abschnitt IV Ziffer 9 bzw. Abschnitt VI Ziffer 7 der Ausführungsbestimmungen zum Verteilungsplan B verteilt.

§ 2 [Der Anspruch auf Berücksichtigung bei der Verteilung]

Anspruch auf Berücksichtigung bei der Verteilung haben nur diejenigen Bezugsberechtigten, die an den während des Geschäftsjahres zur Aufführung gelangten Werken nachgewiesenermaßen beteiligt sind.

31 § 2 nennt als Voraussetzungen für einen Ausschüttungsanspruch das Vorliegen einer Aufführung sowie die nachgewiesene Beteiligung an dem aufgeführten Werk. Aufführung im Sinne dieser Bestimmung sind nicht lediglich Liveaufführungen gemäß § 19 Abs. 2 UrhG, sondern sämtliche Nutzungen, die unter das Recht der öffentlichen Wiedergabe nach § 15 Abs. 2 UrhG fallen.

32 Nach der Rechtsprechung des BGH sind die Voraussetzungen für Ansprüche der Berechtigten gegen die GEMA nach allgemeinen Grundsätzen von dem jeweiligen Anspruchsteller nachzuweisen. Dabei ist die GEMA berechtigt und aufgrund ihrer gegenüber allen Berechtigten bestehenden Treuhandstellung auch verpflichtet, in Zweifelsfällen einen Anspruchsteller auf den Rechtsweg und die Beweisführung in einem Gerichtsverfahren zu verweisen, wenn sie begründete, nicht ausgeräumte Zweifel daran hat, daß die notwendigen Voraussetzungen vorliegen.[1]

33 Der den Berechtigten danach obliegende Nachweis des Vorliegens einer Aufführung wird durch den Verteilungsplan erleichtert. Grundsätzlich reicht aus, daß eine Aufführung durch ein Programm belegt ist (siehe Ausführungsbestimmungen zum Verteilungsplan A, Abschnitt V). Voraussetzung ist allerdings, daß es sich um verwertbare Programme handelt (siehe Ausführungsbestimmungen zum Verteilungsplan A, Abschnitt IV). Ausnahmsweise werden Aufführungen auch dann berücksichtigt, wenn sie von einem Berechtigten glaubhaft gemacht werden (siehe Ausführungsbestimmungen zum Verteilungsplan A, Abschnitt V Ziffer 2).

---

20 Tagesordnung für die Mitgliedervers. v. 04./05. 07. 1978, Begr. zu Antrag 16.

1 BGH GRUR 2002, 332, 333 – Klausurerfordernis.

Auch zum Nachweis des Bestehens einer Beteiligung an einem Werk enthält der Verteilungsplan eine Verfahrenserleichterung. Grundsätzlich genügen zu diesem Nachweis die in der Werkanmeldung enthaltenen Angaben der Berechtigten. Bestreitet ein Dritter die Richtigkeit dieser Angaben, so hat er die eigene Berechtigung nachzuweisen (siehe Allgemeine Grundsätze zum Verteilungsplan A, § 5 Ziffern 1 und 3). 34

§ 3 [Das Gebot der Berücksichtigung der materiellen und kulturellen Werte]

Bei der Verteilung werden bis auf die Tonfilmaufführungen sowohl die materiellen als auch die kulturellen Werte der Werke berücksichtigt.

Übersicht Rn.

I. Die Berücksichtigung der materiellen Werte der Werke

1. Begriff

Das in § 3 der Allgemeinen Grundsätze formulierte Gebot zur Berücksichtigung der materiellen Werte der Werke ist weder im UrhWG noch im Verteilungsplan definiert. Der Anwendungsbereich dieses Gebots liegt im Bereich der Aufteilung von Pauschaleinnahmen, die verschiedenartige Werknutzungen abgelten. So reicht zum Beispiel die Nutzung von Musikwerken im Fernsehen von der Untermalung von Testbildern bis hin zur dargestellten Musik im Hauptprogramm. Im Bereich der öffentlichen Aufführung reicht die Bandbreite der möglichen Nutzungen von den im Vordergrund einer Veranstaltung stehenden Werken zu solchen, die lediglich als Pausen und Vorlaufmusik oder als Einleitungs-, Zwischen- und Schlußmusik aufgeführt werden.[1] Einzelne Werknutzungen können somit in einer Weise ungleichartig sein, daß sich der Anteil der Werke an den Pauschalvergütungen über die bloße Häufigkeit der Nutzungen – Aufführungszahlen, Sendeminuten – nicht leistungsgerecht erfassen läßt. Das Gebot der Berücksichtigung der materiellen Werte bringt zum Ausdruck, daß es in derartigen Fällen für eine Aufteilung der Pauschalvergütungen weiterer Kriterien bedarf. 35

1 Siehe insoweit die Fußnote 8 zu Abschnitt X.

2. Anwendungsbereich

36 Das Gebot der Berücksichtigung der materiellen Werte der Werke gilt in allen Sparten, in denen Pauschalvergütungen aufzuteilen sind, denen verschiedenartige Werknutzungen zugrunde liegen. Es gilt deshalb in den Sparten E, U, R, FS und T FS sowie darüber hinaus auch trotz Fehlens einer dem § 3 entsprechenden Regelung im Verteilungsplan B in den Sparten R-VR und FS-VR.[2] Es gilt mittelbar auch in der Sparte M, da in dieser die Abrechnung in Anlehnung an die Abrechnung der Sparte U erfolgt (siehe dazu unten Rn. 262).

37 § 3 der Allgemeinen Grundsätze ist einschränkend dahin auszulegen, daß eine Bewertung der abzurechnenden Werke in allen Fallgruppen der Nettoeinzelverrechnung (siehe dazu unten Rn. 319) nicht erfolgt, da hier ein unmittelbarer Zusammenhang zwischen der für eine Nutzung erzielten Einnahme und der jeweiligen Ausschüttung bereits durch das gewählte Verrechnungsverfahren gegeben ist. Dementsprechend sieht der Verteilungsplan bei der Verrechnung von Einnahmen, die der Nettoeinzelverrechnung unterliegen, keine weiteren Gewichtungen der einzelnen Werke, sondern eine Verrechnung nach dem Grundsatz *pro-rata-numeris* vor (siehe unten Rn. 321).

38 Eine Berücksichtigung der materiellen Werte der Werke unterbleibt aufgrund der ausdrücklichen Regelung in § 3 bei Tonfilmaufführungen. Der Begriff der Tonfilmaufführungen ist dahin auszulegen, daß hiervon lediglich die in der Sparte T abgerechneten Vorführungen von Tonfilmen erfaßt werden (siehe unten Rn. 247), nicht aber auch die in der Sparte T FS abzurechnende Sendung von Tonfilmen im Fernsehen (siehe unten Rn. 250). Hierfür spricht neben dem Wortlaut („Aufführungen“) in der Sache die Überlegung, daß der Vorführung von Tonfilmen in Filmtheatern anders als der Sendung von Tonfilmen im Fernsehen im wesentlichen gleichartige Nutzungssachverhalte zugrunde liegen, so daß ein Bedürfnis nach Gewichtung einzelner Nutzungen nicht in gleicher Weise besteht.

3. Durchführung

39 Die Umsetzung des Gebots der materiellen Werte der Werke erfolgt durch Gewichtungsfaktoren, mit denen die Anzahl der festgestellten Aufführungen oder der Sendeminuten entweder verringert **(Kappungsgrenzen)**[3] oder vervielfacht wird **(Koeffizienten)**.[4]

---

2 Die Anwendung des Gebots der materiellen Werte in den Sparten R-VR und FS-VR ist dabei durch die Überlegung begründet, daß bei der Aufteilung der Einnahmen dieselben unterschiedlichen Nutzungssachverhalte bestehen wie bei der Aufteilung in den Sparten R und FS.

3 Siehe die Kappungsgrenzen in den Sparten E, U und R in den Ausführungsbestimmungen zu VP A, Abschnitt X Fußnote 8, Abschnitt XI Fußnote 15 und Abschnitt XII Fußnote 20 sowie die Koeffizienten und Kappungsgrenzen für Musiknutzungen in den Sparten FS und T FS in Abschnitt XIV Ziffer 3.

4 Siehe Ausführungsbestimmungen zu VP A, Abschnitt XIV für Koeffizienten in der Sparte FS.

II. Die Berücksichtigung der kulturellen Werte der Werke

1. Begriff

Ein Gebot zur Berücksichtigung der kulturellen Werte ergibt sich bereits aus § 7 S. 2 UrhWG. Danach soll der Verteilungsplan dem Grundsatz entsprechen, daß kulturell bedeutende Werke und Leistungen zu fördern sind. 40

Der Verteilungsplan enthält keine Definition des Begriffs der kulturellen Werte. Er eröffnet auf diese Weise die Möglichkeit, dem zeitabhängigen Wandel gesellschaftlicher und kultureller Wertvorstellungen bei der Bestimmung kultureller Werte flexibel Rechnung tragen zu können. 41

2. Anwendungsbereich

Die GEMA trägt dem Gebot der Berücksichtigung der kulturellen Werte zum einen im Rahmen der Wertungsverfahren Rechnung,[5] zum anderen auch im Verrechnungsverfahren nach Verteilungsplan A. In letzterem gilt das Gebot für alle Werke mit Verrechnung in den Sparten E und U sowie KI und FKI. Es gilt im Senderecht in den Sparten R und FS, in letzterer jedoch nicht für Auftragskompositionen (siehe unten Rn. 348). In allen übrigen Sparten erfolgt keine Berücksichtigung der kulturellen Werte. 42

3. Durchführung im Verrechnungsverfahren

Bei Werken mit Verrechnung in den Sparten E, U, R und FS erfolgt die Berücksichtigung der kulturellen Werte, indem die Werke eine Punktbewertung erhalten. Diese ist in den Verrechnungsschlüsseln der Abschnitte X–XII der Ausführungsbestimmungen zum Verteilungsplan A geregelt. Dabei wird in den Sparten E und U die Anzahl der anhand der Programme ermittelten Aufführungen, in den Sparten R und FS die Anzahl der Sendeminuten mit den sich aus den Verrechnungsschlüsseln ergebenden Bewertungspunkten multipliziert (siehe Ausführungsbestimmungen zum Verteilungsplan A, Abschnitt VI und dazu unten Rn. 189 ff.). 43

Für Werke mit Verrechnung in den Sparten KI und FKI erfolgt eine Bewertung auf Grundlage der Regelung in Abschnitt VIII Ziffer 4 e der Ausführungsbestimmungen zum Verteilungsplan A. 44

§ 4 [Die Aufteilung der pro Werk ermittelten Ausschüttung]

(1) Beteiligt im Sinne des § 2 sind der Komponist, der Textdichter, der Bearbeiter und der Verleger des Werkes.

(2a) Soweit sich aus den Ausführungsbestimmungen und dem Anhang hierzu nichts anderes ergibt, betragen die Anteile der an einem Werk beteiligten Bezugsberechtigten, gleichviel, ob es sich um Alt- oder andere Rechte handelt:

---

5 Siehe dazu Allgemeine Grundsätze zum VP A, § 1 Ziffer 4a.

Am Werk Beteiligte		Anteile:	Am Werk Beteiligte		Anteile:
A.	Komponist	12/12	F.	Komponist	5/12
B.	Komponist	8/12		Textdichter	3/12
	Textdichter	4/12		Verleger	4/12
C.	Komponist	11/12 (10/12)	G.	Komponist	7/12 (6/12)
	Bearbeiter 2)	1/12 (2/12)		Bearbeiter 2)	1/12 (2/12)
D.	Komponist	7/12 (6/12)		Verleger	4/12
	Bearbeiter 2)	1/12 (2/12)	H.	Komponist	4/12
	Textdichter	4/12		Bearbeiter 2)	1/12 (2/12)
E.	Komponist	8/12		Textdichter	3/12
	Verleger	4/12		Verleger	4/12 (3/12)

(2b) Für Werke der Unterhaltungsmusik nach Abschnitt XI Ziff. 1 und 3a des Verteilungsplans, die bei der GEMA ab 1.1.1996 angemeldet werden, gilt hinsichtlich der Anteile der grundsätzlich gleichberechtigten Urheber die freie Vereinbarkeit des Verteilungsschlüssels zwischen den berechtigten Urhebern. Der hierbei festgelegte Schlüssel muß von allen berechtigten Urhebern bei der Erstanmeldung des Werkes durch Unterschrift bestätigt werden. Für Werke, bei denen Musik und Text von einem Urheber allein geschaffen wurden, besteht die Möglichkeit der Gleichstellung der Anteile für Musik und Text. Der aufgrund freier Vereinbarung festgelegte Schlüssel gilt für alle Sparten des Aufführungs- und Senderechts. Kommt es zu keiner solchen Vereinbarung, gilt der bisherige Verteilungsschlüssel.

(3) Bei geschützten Bearbeitungen freier Werke wird die Verteilung nach dem Schlüssel in Ziffer 2 vorgenommen. Der Anteil des Bearbeiters beträgt 3/12. Bei Werken mit Text wird der Bearbeiter in Höhe des Textdichters beteiligt. Die nicht zu verteilenden Anteile finden Verwendung nach Maßgabe von § 1 Ziffer 4c.

(4) Der Bearbeiter eines geschützten Werkes hat nur dann Anspruch als Bezugsberechtigter, wenn seine Bearbeitung vom Urheber genehmigt und der GEMA angemeldet ist.

(5) Sind bei in Deutschland subverlegten Werken mehrere Verlage unterschiedlich zu beteiligen oder sind bei Werken von GEMA-Mitgliedern mit Mitgliedern anderer Verwertungsgesellschaften derselben Berufsgruppe unterschiedliche Beteiligungen vereinbart, so findet gegen Erstattung der Mehrkosten die Aufteilung gemäß Anmeldung statt.

(6) Soweit vom Verlag kein gedrucktes Exemplar der Bearbeitung vorliegt, ist die GEMA nur dann zur Verrechnung der Bearbeitung verpflichtet, wenn der Bearbeiter im Programm genannt ist oder die Bearbeitung auf andere Weise einwandfrei feststellbar ist. Die GEMA soll sich bemühen, den Bearbeiter festzustellen.

(7) Unabhängig von der Bearbeiterbeteiligung im Verteilungsplan werden die Spezialbearbeitungen in den Musikverwertungsgebieten U, VK, R, FS und M im Schätzungsverfahren der Bearbeiter verrechnet.

(8) Der Textdichter-Anteil ist auch dann zu verrechnen, wenn das Musikstück, zu dem der Text gehört, ohne den Text aufgeführt wird. Jedoch werden nachträglich unterlegte Texte von Musikwerken nur verrechnet, wenn auch der Text aufgeführt wird, es sei denn, daß die Zugkraft des Musikstückes auf die nachträgliche Textierung zurückgeht. Ferner wird der Textdichter nicht beteiligt für die Aufführung von Musikstücken, die zwar auf textierten Musikstücken beruhen, aber eine selbständige musikalische Gestaltung haben; auch in diesen Fällen ist der Textdichter dann zu beteiligen, wenn die Zugkraft des Musikstückes auf den Text zurückgeht. Die Entscheidung, ob die Zugkraft auf die nachträgliche Textierung zurückgeht, ist im Streitfall durch den Werkausschuß zu treffen. In solchen Fällen entscheidet der Werkausschuß in der Besetzung von 2 Komponisten und 2 Textdichtern.

(9) Bei Werken ernsten Charakters, bei denen in geringem Umfang Text aufgeführt wird, ist der Anteil des Textdichters entsprechend dem Verhältnis des verwendeten Textes zum Gesamtumfang des Werkes zu verrechnen.

(10) Soweit der Werkausschuß Chansons oder textierte Werke der U-Musik, die auf Antrag unter Abschnitt X Ziff. 3 und Abschnitt XI Ziff. 3a) eingestuft worden sind, als gleichrangig in Musik und Text ansieht, ändern sich mit Wirkung vom 1. Januar 1982 die Anteile von Komponisten und Textdichtern in Ziff. 2 wie folgt:

B.	**Komponist**	**6/12**	**F.**	**Komponist**	**4/12**
	Textdichter	**6/12**		**Textdichter**	**4/12**
D.	**Komponist**	**6/12 (5/12)**		**Verleger**	**4/12**
	Bearbeiter [3]	**1/12 (2/12)**			
	Textdichter	**5/12**			

[2] [3] Bei Originalwerken, die in den Musikverwertungsgebieten U, VK, R, E, FS und M zur Aufführung gelangen, beträgt der Bearbeiteranteil für Werke der Gruppe 12 = 1/12, für Werke der Gruppen ab 24 = 2/12. Für Bearbeitungen, die lediglich aus einer Umschreibung einer bereits vorhandenen Stimme für ein anderes Instrument bestehen, kann keine Beteiligung beansprucht werden.

Übersicht Rn.

I. Übersicht

§ 4 der Allgemeinen Grundsätze zum Verteilungsplan A betrifft die Aufteilung der pro Werk ermittelten Ausschüttung an die am Werk Beteiligten. Die Bestimmung regelt, wer von der GEMA als Bezugsberechtigter im Rahmen der Verteilung berück- **45** sichtigt wird (II.), in welcher Höhe diese Beteiligung erfolgt (III.) und wie die Aufteilung bei Werken mit freien und/oder mit nicht vertretenen Anteilen vorgenommen wird (IV.).

II. Die Bezugsberechtigten

1. Begriffsbestimmung

46 Bezugsberechtigte nach Verteilungsplan A sind Komponist, Textdichter, Bearbeiter und Verleger des Werks. Diese Begriffe sind in Abschnitt I Ziffer 2 Abs. 1 der Ausführungsbestimmungen definiert.

2. Die Beteiligung des Bearbeiters

47 Gemäß § 4 Ziffer 4 wird ein Bearbeiter nur beteiligt, wenn seine Bearbeitung vom Urheber genehmigt und der GEMA angemeldet ist. In der Praxis wird das Recht zur Genehmigung von Bearbeitungen jedoch häufig im Verlagsvertrag einem Verlag übertragen. Eine vom Urheber bzw. vom Verlag autorisierte Bearbeitung wird gemäß § 4 Ziffer 6 bei der Verteilung berücksichtigt, wenn sie im Programm genannt oder auf andere Weise feststellbar ist.

a) Musikbearbeiter

48 Soweit der Verteilungsplan A Regelungen zur Beteiligung des Bearbeiters enthält, beziehen sich diese allein auf die Beteiligung des **Musikbearbeiters.**[1] Die Musikbearbeitung kann in einer Druckbearbeitung und in einer Spezialbearbeitung bestehen. Der **Druckbearbeiter** ist ein in der Regel vom Verlag beauftragter Bearbeiter, der ein Werk für eine bestimmte Besetzung – z.B. für Klavier oder für Gesang – bearbeitet, wobei die Bearbeitung für den Druck vorgesehen ist. Dagegen ist **Spezialbearbeiter**, wer einem Werk die für eine bestimmte Besetzung geeignete Form verleiht, wobei diese Bearbeitung für einen speziellen Zweck erfolgt, zum Beispiel also die Erstellung eines Musikarrangements für eine konkrete Aufführung, Sendung oder Tonträgeraufnahme. Spezialbearbeitungen werden deshalb vor allem in der Sparte Phono-VR (Verteilungsplan B) verwertet, aber auch in den Sparten des Aufführungs- und Senderechts überall dort, wo Tonträgeraufnahmen Verwendung finden, so also in den Sparten R, FS und DK.

49 Im Verrechnungsverfahren nach Verteilungsplan A wird bei Bearbeitungen geschützter Kompositionen lediglich der Druckbearbeiter, nicht aber der Spezialbearbeiter berücksichtigt. Dies folgt im Umkehrschluß aus der Regelung in § 4 Ziffer 7, nach der Spezialbearbeitungen in den Sparten U, VK, R, FS und M im Schätzungsverfahren der Bearbeiter verrechnet werden.

---

1 Siehe zur Tätigkeit des Musikbearbeiters Bruhn, GEMA-Nachrichten Nr. 163 vom Juni 2001, S. 28 f.

Dagegen wird im Verrechnungsverfahren nach Verteilungsplan A bei Bearbeitungen freier Kompositionen jeder Bearbeiter berücksichtigt, wenn seine Fassung gespielt wird, unabhängig davon, ob die Bearbeitung in gedruckter oder in ungedruckter Form vorliegt. Jede urheberrechtlich schutzfähige Bearbeitung eines freien Werks wird damit in der Verteilung wie ein neues, selbständiges Werk behandelt. **50**

b) Textbearbeiter

Die Beteiligung des **Textbearbeiters** (dieser wird auch als **Spezialtextdichter** bezeichnet) ist im Verteilungsplan A nicht geregelt. Da sich der Textbearbeiter auf einer Ebene mit dem Musikbearbeiter befindet, wird er jedoch auch ohne ausdrückliche Regelung im Verteilungsplan mit dem halben Textdichteranteil beteiligt. **51**

III. Die Aufteilung bei geschützten und von der GEMA vertretenen Werken

Für geschützte und von der GEMA vertretene Werke ist die Aufteilung der pro Werk ermittelten Ausschüttung in § 4 Ziffer 2a und Ziffer 10 geregelt, soweit sich aus den Ausführungsbestimmungen und dem Anhang hierzu nichts anderes ergibt. Die Regelung in § 4 Ziffer 2a und Ziffer 10 wird auch als **Grundverteilung** bezeichnet. Siehe zur Aufteilung bei Werken mit freien und/oder mit nicht vertretenen Anteilen unten Rn. 68 ff.). **52**

1. Anwendbarkeit der Grundverteilung

Die Aufteilungsregeln der Grundverteilung sind bei **GEMA-Werken** anwendbar, nicht jedoch bei **Auslandswerken**. Für die Aufteilung der auf Auslandswerke entfallenden Ausschüttung bestehen zwischen den Verwertungsgesellschaften gesonderte Vereinbarungen.[2] **53**

Als GEMA-Werke im Sinne des Verteilungsplans A gelten Werke, an denen Berechtigte der GEMA beteiligt sind. Dabei darf es sich jedoch nicht nur um sogenannte **Umgestalter** handeln oder um einen GEMA-Subverlag. Umgestalter sind von den Originalberechtigten autorisierte GEMA-Bearbeiter oder GEMA-Spezialtextdichter bzw. von einem Subverlag autorisierte GEMA-Subbearbeiter oder GEMA-Subtextdichter. Bei Beteiligung lediglich eines GEMA-Umgestalters oder eines GEMA-Subverlags gilt ein Werk als Auslandswerk. **54**

Beispiel 1: An einem Werk sind ein GEMA-Komponist und ein GEMA-Textdichter beteiligt. Diese haben das Werk gemeinsam bei einem französischen Originalverlag verlegt. Das Werk gilt im Aufführungs- und Senderecht als GEMA-Werk.

Beispiel 2: An einem Werk sind ein Komponist und ein Originalverlag der französischen Verwertungsgesellschaft SACEM[3] beteiligt. Das Werk ist in Deutschland bei einem GEMA-Subverlag subverlegt. Es gilt als Auslandswerk. Die Beteiligung eines GEMA-Sub-

---

2 Siehe insoweit für den Bereich des Aufführungs- und Senderechts Art. 7 II CISAC Standardvertrag, abgedruckt im GEMA-Jahrbuch 2004/2005, S. 245, 250. Vertiefend zu Aufgaben und Struktur der CISAC *Karbaum/Oeller*, **Kap. 17**.

3 Société des Auteurs, Compositeurs et Éditeurs de Musique.

verlags macht ein Werk somit noch nicht zum GEMA-Werk. Gleiches würde gelten, wenn zusätzlich noch ein GEMA-Subbearbeiter beteiligt wäre.

55 Im Falle von Bearbeitungen freier Werke tritt in Bezug auf obige Frage der Bearbeiter an die Stelle des Komponisten. Umgestaltungen freier Auslandswerke gelten demnach als GEMA-Werke, wenn der Bearbeiter GEMA-Berechtigter ist.

2. Geltungsbereich der Grundverteilung

56 Die Grundverteilung wird durch eine Reihe von spezielleren Regelungen verdrängt. Vorrangige Regelungen bestehen insoweit für die Sparte FS (siehe Ausführungsbestimmungen zum Verteilungsplan A, Abschnitt XIV Ziffer 2 und dazu unten Rn. 353 ff.), für die Sparten KI und FKI (Ausführungsbestimmungen zum Verteilungsplan A, Abschnitt VIII Ziffer 3e und dazu unten Rn. 221) und für die Sparten T und T FS (Ausführungsbestimmungen zum Verteilungsplan A, Abschnitt XV Ziffer 5–21 und dazu unten Rn. 378 ff.). Daraus ergibt sich im Umkehrschluß, daß die Grundverteilung für alle Werke gilt, die in den Sparten E, U, R, M und DK verrechnet werden, ferner für die Sparten ED, UD, EM, BM, TD und für alle weiteren Fälle, in denen der Verteilungsplan Nettoeinzelverrechnung vorsieht.[4]

57 Die Grundverteilung gilt auch für **Altrechte** oder andere Rechte. Unter Altrechten versteht man urheberrechtliche Nutzungsrechte, die durch Verlage in die Vorgängerorganisationen der GEMA, die Genossenschaft Deutscher Tonsetzer (GDT)[5] und die „Genossenschaft zur Verwertung musikalischer Aufführungsrechte" (GEMA e.G.m.b.H.)[6] eingebracht worden waren.[7] Der Verteilungsplan stellt klar, daß auch in diesen Fällen lediglich der Verlagsanteil an die Verlage ausgeschüttet wird, die Urheberanteile jedoch an die Urheber.[8]

58 Die Regelungen der Grundverteilung werden bei subverlegten GEMA-Werken modifiziert (siehe Anhang zu den Ausführungsbestimmungen zum Verteilungsplan A und dazu Rn. 385 ff.).

---

4 Ausführungsbestimmungen zu VP A, Abschnitt VIII Ziffer 4d Abs. 2.

5 Die GDT hatte am 14.01.1903 zur Wahrnehmung der Aufführungsrechte die „Anstalt für musikalisches Aufführungsrecht" (AFMA) gegründet. Die AFMA war eine vereinsähnlich organisierte, jedoch rechtlich unselbständige Einrichtung; siehe *Riesenhuber/Rosenkranz*, UFITA 2005, S. 467, 470.

6 Die GEMA e.G.m.b.H. wurde am 16. Dezember 1915 in der Rechtsform einer eingetragenen Genossenschaft mit beschränkter Haftpflicht gegründet. Sie wird auch als „alte" GEMA bezeichnet, siehe *Schack*, Urheber- und Urhebervertragsrecht, Rn. 1157; *Riesenhuber/Rosenkranz*, UFITA 2005, S. 467, 474. Die GEMA eGmbH wurde 1933 aufgelöst.

7 Die von GDT und GEMA eGmbH wahrgenommenen Rechte wurden 1933 auf die STAGMA übertragen; siehe Vertrag zwischen der STAGMA und der GDT i.L. v. 15. März 1934, abgedr. bei *Schulze*, Geschätzte und geschützte Noten, S. 354 f.; RefE v. 15.03.1954, Begr. zu A III 1a, abgedr. bei *Mestmäcker/Schulze*, Anhang A (1) S. 11. Die STAGMA ist mit der GEMA rechtlich identisch; siehe BGHZ 15, 338, 343; RefE v. 15.03.1954, Begr. zu A III 1b, abgedr. bei *Mestmäcker/ Schulze*, Anhang A (1) S. 11.

8 Voraussetzung ist, daß diese nachträglich Mitglied der GEMA oder einer anderen Verwertungsgesellschaft geworden sind. Ist dies nicht der Fall, so werden die jeweiligen Anteile in den „Ausfall" gebucht.

3. Grundzüge der Regelung

Sind an einem Werk neben dem Komponisten ein Textdichter und ein Verleger beteiligt, so wird die auf das Werk entfallende Ausschüttung im Verhältnis von 5 : 3 : 4 aufgeteilt. Im Gegensatz dazu beträgt das Aufteilungsverhältnis im Vervielfältigungsrecht in der gleichen Konstellation 3 : 3 : 4 gemäß § 3 Ziffer 5 lit. D der Allgemeinen Grundsätze zum Verteilungsplan B. **59**

Bei Anwendung der Grundverteilung erhält der Komponist bei unverlegten und unbearbeiteten Werken 8/12, der Textdichter 4/12.[9] In den von der Grundverteilung umfaßten Sparten geht der Verteilungsplan somit grundsätzlich nicht von einer Gleichwertigkeit von Musik und Text aus, sondern bewertet den Beitrag der Musik an den Einnahmen höher als den des Textes. Eine Ausnahme besteht hinsichtlich der in Ziffer 2b und in Ziffer 10 genannten Werke der Unterhaltungsmusik, bei denen Komponist und Textdichter im gleichen Verhältnis beteiligt werden können. **60**

Die Beteiligung des Bearbeiters eines geschützten Werkes erhöht sich gemäß Fußnote 2 zu § 4 Ziffer 2a bzw. gemäß Fußnote 3 zu § 4 Ziffer 10 „bei Werken der Gruppen ab 24" von 1/12 auf 2/12. Werke der Gruppen ab 24 sind solche, die nach den Verrechnungsschlüsseln der Abschnitte X–XII mit 24 und mehr Punkten bewertet werden. **61**

4. Die Aufteilung bei mehreren Berechtigten einer Berufsgruppe

a) Mehrere Urheber

Sind an einem Werk mehrere Urheber einer Berufsgruppe beteiligt, z.B. also mehrere Komponisten, mehrere Textdichter oder mehrere Bearbeiter, so wird der Berufsgruppenanteil grundsätzlich gleichmäßig auf die Urheber der jeweiligen Berufsgruppe verteilt. **62**

Für bestimmte Werke der U-Musik (siehe § 4 Ziffer 2b) und für den Fall, daß an einem Werk sowohl Berechtigte der GEMA als auch Berechtigte anderer Verwertungsgesellschaften derselben Berufsgruppe beteiligt sind (siehe § 4 Ziffer 5 zweite Alternative), sieht der Verteilungsplan ausdrücklich vor, daß unter bestimmten Voraussetzungen auch eine ungleichmäßige Aufteilung der Urheberanteile innerhalb einer Berufsgruppe von der GEMA anerkannt wird. In der Praxis nimmt die GEMA eine solche ungleichmäßige Aufteilung jedoch auch über diese beiden Fälle hinaus immer dann vor, wenn dies zwischen den Berechtigten vereinbart und der GEMA angemeldet worden ist. **63**

b) Mehrere Verlage

Der Hauptfall der Beteiligung mehrerer Verlage an einem Werk sind so genannte **Gemeinschaftsproduktionen**. Gemeinschaftsproduktionen sind alle Werke, an denen zwei oder mehr Originalverlage beteiligt sind. Unter den Begriff der Gemeinschaftspro- **64**

---

9 Allgemeine Grundsätze zum VP A, § 4 Ziffer 2a B sowie Ausführungsbestimmungen zum VP A, Abschnitt XV Ziffer 7.

duktion fallen sowohl **Splitcopyrightwerke** als auch **Co-Produktionen**. Dabei werden solche Werke als Splitcopyrightwerke bezeichnet, bei denen die Berechtigten Verlagsverträge mit unterschiedlichen Verlagen geschlossen haben, z.B. der Komponist einen Verlagsvertrag mit Verlag A und der Textdichter einen Verlagsvertrag mit Verlag B. Bei einer Co-Produktion haben dagegen alle Berechtigten gemeinsam einen einheitlichen Verlagsvertrag mit mehreren Verlagen geschlossen, z.B. der Komponist und der Textdichter einen Verlagsvertrag mit den Verlagen A und B.

65 Grundsätzlich wird der Verlagsanteil bei Gemeinschaftsproduktionen gleichmäßig auf die Zahl der beteiligten Verlage aufgeteilt. Für den Fall, daß bei einem in Deutschland subverlegten Werk mehrere Verlage unterschiedlich zu beteiligen sind (siehe § 4 Ziffer 5 erste Alternative), sieht der Verteilungsplan ausdrücklich vor, daß unter bestimmten Voraussetzungen auch eine ungleichmäßige Aufteilung der Verlagsanteile von der GEMA anerkannt wird. In der Praxis nimmt die GEMA eine ungleichmäßige Aufteilung jedoch immer dann vor, wenn dies zwischen den Verlagen vereinbart und der GEMA angemeldet worden ist.

5. Von der Grundverteilung abweichende Vereinbarungen der Berechtigten

66 Treffen die an einem Werk beteiligten Berechtigten eine von der Grundverteilung der GEMA abweichende Aufteilungsvereinbarung, so wird diese von der GEMA grundsätzlich nicht anerkannt.[10] Derartige Aufteilungsvereinbarungen wirken somit nur im Innenverhältnis zwischen den Berechtigten.

67 Eine Ausnahme von diesem Grundsatz enthält § 4 Ziffer 2b für bestimmte Werke der U-Musik hinsichtlich der Anteile der Urheber. Bei diesen Werken erkennt die GEMA eine von der Grundverteilung in § 4 Ziffer 2a abweichende Aufteilung der Urheberanteile an, sofern diese von allen berechtigten Urhebern bei Erstanmeldung durch Unterschrift bestätigt worden ist. Die Höhe der Verlagsanteile kann auf diese Weise nicht verändert werden.

IV. Die Aufteilung bei Werken mit freien und/oder nicht vertretenen Anteilen

1. Werke mit freien Anteilen

a) Begriffsbestimmung

68 Komposition, Text oder Bearbeitung eines Werks können von verschiedenen Berechtigten geschaffen sein. Da gemäß § 64 UrhG das Urheberrecht siebzig Jahre nach dem Tod des Urhebers erlischt, können Teile eines Werks geschützt, andere Teile aber bereits urheberrechtlich frei sein. Ein Beispiel hierfür ist ein textiertes Werk, bei dem die

---

10 Dies bedeutet, daß die Berechtigten im Verhältnis zur GEMA das in der Grundverteilung – wie auch in den übrigen Verteilungsschlüsseln – vorgegebene Aufteilungsverhältnis zwischen den Berufsgruppen nicht verändern können. Im Gegensatz dazu geht es bei der Aufteilung des Verlagsanteils bei Gemeinschaftsproduktionen (siehe Rn. 65) um die Aufteilung eines Berufsgruppenanteils an mehrere Berechtigte *einer* Berufsgruppe.

Schutzfrist für die Komposition abgelaufen ist, für den Text jedoch noch nicht. Einnahmen, die im Rahmen der Verteilung aus abrechnungstechnischen Gründen auf Teile von Werken entfallen, die keinen urheberrechtlichen Schutz mehr genießen, werden als „**Ausfall Domaine Public**" („Ausfall DP") bezeichnet.

b) Die Regelung des Verteilungsplans

Der Verteilungsplan enthält keine allgemeine Regelung zum Vorgehen bei Werken mit urheberrechtlich freien Werkbestandteilen, sondern regelt lediglich den Fall einer nach § 3 UrhG geschützten Bearbeitung von Werken, bei denen die Schutzfrist für die Komposition bereits abgelaufen ist (a) sowie das Vorgehen bei Werken mit Nettoeinzelverrechnung (b). **69**

aa) Die Regelung für geschützte Bearbeitungen freier Werke in § 4 Ziffer 3

(1) Inhalt der Regelung

Eine Regelung für geschützte Bearbeitungen freier Werke enthält § 4 Ziffer 3. Gemäß Satz 1 dieser Regelung wird ein Werk auch in diesem Fall gemäß dem Verteilungsschlüssel in Ziffer 2 in Anteile für Komponisten, Textdichter, Bearbeiter und Verleger aufgeteilt. Dabei erhöht sich gemäß § 4 Ziffer 3 Satz 2 der Bearbeiteranteil zu Lasten des – freien – Anteils des Komponisten auf 3/12.[11] Handelt es sich um ein textiertes Werk mit freier Komposition, so wird der Bearbeiter der Komposition gemäß § 4 Ziffer 3 Satz 3 in Höhe des Textdichters beteiligt.[12] Aufgrund dieser Aufteilung entfallen auch auf die freien Werkanteile Ausschüttungsbeträge, so im Falle eines unbearbeiteten und unverlegten Werks mit freier Komposition und geschütztem Text in Höhe von 8/12. **70**

(2) Die von § 4 Ziffer 3 erfaßten Sparten

Aufgrund seiner systematischen Stellung gilt § 4 Ziffer 3 unmittelbar nur für die von der Grundverteilung erfaßten Sparten (siehe oben Rn. 56), ausgenommen jedoch die Sparten mit Nettoeinzelverrechnung (siehe Ausführungsbestimmungen zum Verteilungsplan A, Abschnitt I Ziffer 13 S. 5 und dazu unten Rn. 73). In der Sparte FS wird § 4 Ziffer 3 entsprechend angewandt (siehe unten Rn. 355). Für die in den Sparten T und T FS verrechneten Werke besteht eine gesonderte Regelung (siehe Ausführungsbestimmungen zum Verteilungsplan A, Abschnitt XV Ziffern 15–18 und dazu unten Rn. 380). **71**

---

11 Siehe zu den verschiedenen Aufteilungsmöglichkeiten die Anteils-Verrechnungsschlüssel GEMA-Jahrbuch 2004/ 2005, S. 350 ff. und die dort für die Konstellationen K frei/B und K frei/B/V getroffenen Regelungen.

12 Siehe zu den verschiedenen Aufteilungsmöglichkeiten die Anteils-Verrechnungsschlüssel im GEMA-Jahrbuch 2004/2005, S. 350 ff. und die dort für die Konstellationen K frei/T frei/B, K frei/B/T, K frei/T frei/B/V, K frei/B/T/V getroffenen Regelungen. Diese Regelungen gelten jedoch nur für den Musikbearbeiter, nicht für den Textbearbeiter. Der Textbearbeiter wird auch bei freiem Text nur in Höhe des halben Textdichteranteils beteiligt.

(3) Entsprechende Anwendung

72 Die Regelung in § 4 Ziffer 3 wird auf alle weiteren Fälle, in denen es zur Entstehung freier Werkbestandteile kommt – zum Beispiel auf unbearbeitete Werke mit freier Komposition oder freiem Text – entsprechend angewandt.

bb) Der „Ausfall Domaine Public" bei Nettoeinzelverrechnung

73 In den Sparten mit Nettoeinzelverrechnung (siehe dazu unten Rn. 319 ff.) unterbleibt die Bildung eines „Ausfalls" (siehe Ausführungsbestimmungen zum Verteilungsplan A, Abschnitt I Ziffer 13 S. 5). In diesen Sparten wird die auf die freien Anteile entfallende Ausschüttung proportional auf die übrigen an dem Werk beteiligten Berechtigten aufgeteilt.

Beispiel: Bei einem textierten und verlegten Werk mit geschützter Komposition und mit Verrechnung in der Sparte UD wird die Ausschüttung gemäß § 4 Ziffer 2a lit. F der Allgemeinen Grundsätze zwischen Komponist, Textdichter und Verleger im Verhältnis von 5 : 3 : 4 aufgeteilt. Ist die Komposition frei, so sind die auf den Komponisten entfallenden 5/12 auf Textdichter und Verleger aufzuteilen. Dabei erhalten der Textdichter 3/7 aus 5/12, der Verleger 4/7 aus 5/12 zusätzlich zu ihren jeweiligen Anteilen, so daß Textdichter und Verleger im Verhältnis von 5,14 : 6,86 beteiligt werden. Bei Werken mit nicht vertretenen Anteilen wird entsprechend verfahren.

2. Werke mit nicht vertretenen Anteilen

a) Begriffsbestimmung

74 Nicht in allen Fällen haben sämtliche an einem Werk beteiligten Urheber ihre Rechte der GEMA zur Wahrnehmung übertragen, so beispielsweise dann, wenn einer von mehreren Urhebern weder Berechtigter der GEMA ist noch einer anderen Verwertungsgesellschaft angehört, die ihrerseits ihre Rechte der GEMA übertragen hat. Einnahmen, die im Rahmen der Abrechnung auf Werkbestandteile von nicht vertretenen Urhebern entfallen, werden als **„Ausfall Pas Membre"** („Ausfall PM") oder auch als „Ausfall Non Sociétaire" („Ausfall NS") bezeichnet.

b) Die Regelung des Verteilungsplans

75 Für die Aufteilung der Ausschüttung bei Werken mit nicht vertretenen Anteilen gelten die Regelungen für Werke mit freien Anteilen entsprechend (siehe oben Rn. 70 ff.).

3. Die Verteilung des Ausfalls

76 Die Verteilung der in den Sparten E, U, R, FS, T FS, T, M und DK auf die freien Anteile entfallenden Ausschüttungsbeträge an die Berechtigten erfolgt nach § 4 Ziffer 3 S. 4 gemäß § 1 Ziffer 4c der Allgemeinen Grundsätze zum Verteilungsplan A (siehe dazu oben Rn. 20 ff.). Mit der auf nicht vertretene Anteile entfallenden Ausschüttung wird entsprechend verfahren.

§ 5 [Die Werkeanmeldung als Grundlage von Abrechnung und Ausschüttung]

(1) Die GEMA bewirkt die aus dem Verteilungsplan sich ergebenden Ausschüttungen an diejenigen Komponisten, Bearbeiter, Textdichter und Verleger, welche ihr aufgrund der Anmeldungen der Werke oder aufgrund anderer Umstände als die Empfangsberechtigten bekannt sind; jedoch ist die GEMA befugt, mit befreiender Wirkung die Ausschüttungen an diejenigen Komponisten, Bearbeiter, Textdichter und Verleger zu bewirken, welche als solche bei den bei der Aufführung gebrauchten Noten aufgedruckt sind.

(2) Ein Anspruch auf Verrechnung besteht nur für Aufführungen, die nach dem Zeitpunkt stattfinden, an welchem die Werke vorschriftsmäßig angemeldet sind. Die GEMA ist aber befugt, auch Aufführungen zu verrechnen, die innerhalb der laufenden Verrechnungsperiode vor dem Eingang der vorschriftsmäßigen Anmeldung stattgefunden haben.

(3) Treten Ansprüche mehrerer in Widerstreit, so ist die GEMA verpflichtet und berechtigt, die Auszahlung so lange zu verweigern, bis eine gemeinsame Erklärung der streitenden Parteien oder eine für die Parteien verbindliche Entscheidung über die Berechtigung vorliegt. Die GEMA kann eine Frist von 6 Monaten zur Geltendmachung der Ansprüche (im ordentlichen Rechtsweg oder nach Vereinsrecht gemäß § 16 der Satzung) setzen. Wird der Nachweis der Geltendmachung innerhalb dieser Frist nicht erbracht, ist die GEMA zur Auszahlung an das Mitglied berechtigt, das nach der Werkanmeldung die Priorität hat.

Übersicht Rn.

I. Übersicht

§ 5 Ziffer 1 regelt, an wen die GEMA die Auszahlung erbringen kann. § 5 Ziffer 2 macht die Entstehung eines Ausschüttungsanspruchs vom Vorliegen einer Anmeldung abhängig. § 5 Ziffer 3 betrifft das Vorgehen, wenn die Ausschüttung für ein Werk oder einen Werkbestandteil von mehreren Berechtigten beansprucht wird. 77

II. Die Anmeldung als Anspruchsvoraussetzung

Gemäß § 5 Ziffer 2 ist eine Anmeldung Voraussetzung für die Entstehung eines Ausschüttungsanspruchs. In welcher Weise die Anmeldung zu erfolgen hat, ist in Abschnitt I der Ausführungsbestimmungen geregelt. Die genaue Kenntnis der zur Identifizierung eines Werks erforderlichen Angaben ist Voraussetzung dafür, daß die Verwertungsgesellschaft ihre sich aus dem Berechtigungsvertrag ergebende Verpflichtung zur Abrechnung und Ausschüttung erfüllen kann. 78

Gemäß § 5 Ziffer 2 hat die Anmeldung keine Rückwirkung. Sie begründet einen Anspruch auf Verrechnung nur für Aufführungen, die nach dem Zeitpunkt stattfinden, 79 an welchem die Werke vorschriftsmäßig angemeldet wurden. Hintergrund dieser Regelung ist der Umstand, daß die GEMA im Aufführungsrecht Blankettlizenzen vergibt (siehe unten Rn. 151). Die hierfür von den Veranstaltern bezahlten Pauschalvergütungen werden von der GEMA in bestimmten Zeiträumen abgerechnet. Ist die Abrechnung einmal durchgeführt, so steht für nachträglich angemeldete Werke kein Geld mehr zur Verfügung. Siehe zur insoweit unterschiedlichen Situation im mechanischen Recht **Kap. 11.2 Rn. 44**.

80 Siehe auch Ausführungsbestimmungen zum Verteilungsplan A, Abschnitt I Ziffer 10 und dazu unten Rn. 116.

III. Die Anmeldung als Grundlage der Ausschüttung

1. Die Bestimmung des Zahlungsempfängers

81 Die Frage, wer tatsächlich als Autor oder Verleger eines Werks anzusehen ist, kann von der GEMA nicht nachgeprüft werden. Die GEMA muß deshalb gemäß § 5 Ziffer 1 auf die Richtigkeit der von den Berechtigten in den Werkanmeldungen gemachten Angaben vertrauen und kann an diejenigen Komponisten, Textdichter und Verleger ausschütten, die in den Anmeldungen genannt sind.

82 Die GEMA kann auch an andere als die in den Anmeldungen genannten Berechtigten bezahlen, wenn ihr diese aufgrund anderer Umstände als die Empfangsberechtigten bekannt sind, so beispielsweise, wenn der GEMA für ein angemeldetes Werk eine rechtskräftige Gerichtsentscheidung vorliegt, in der festgestellt wird, wer als Berechtigter anzusehen ist.

83 Die GEMA kann abweichend von den Anmeldungen auch an Berechtigte bezahlen, die als solche bei den bei der Aufführung gebrauchten Noten aufgedruckt sind. Diese Bestimmung ist in der Praxis jedoch nur von geringer Bedeutung, da die GEMA im Regelfall keine Kenntnis davon haben kann, welche Noten bei der Aufführung verwendet worden sind.

84 Die Auszahlung an die in Ziffer 1 genannten Berechtigten erfolgt mit befreiender Wirkung. Stellt sich nach Auszahlung heraus, daß der Zahlungsempfänger tatsächlich nicht Berechtigter war, so bestehen Ansprüche nur im Verhältnis zwischen dem wahren Berechtigten und dem Zahlungsempfänger. Zu einer Rückabwicklung ist die GEMA nicht verpflichtet.

2. Das Vorgehen bei widerstreitenden Ansprüchen

85 Ziffer 3 regelt den Fall, daß die auf ein Werk oder einen Werkbestandteil entfallende Ausschüttung ganz oder teilweise von mehreren Autoren oder von mehreren Verlagen beansprucht wird, so zum Beispiel bei behaupteten falschen Urheberangaben und Plagiatsvorwürfen, bei Streit um die Wirksamkeit der Kündigung eines Verlagsvertrages oder bei Streit um die Wirksamkeit eines Rückrufs wegen Nichtausübung nach § 41 UrhG.

86 Die GEMA trifft in derartigen Fällen keine Entscheidung, sondern informiert die jeweilige Gegenseite und bittet um Stellungnahme. Enthält diese Stellungnahme keine

Zustimmung zu dem geltend gemachten Anspruch, so werden das Werk bzw. die Werkanteile vorerst von der Verrechnung zurückgestellt, sofern der geltend gemachte Anspruch schlüssig ist. Dem Anspruchsteller wird eine Frist von 6 Monaten zur Geltendmachung der Ansprüche gesetzt. Wird innerhalb dieser Frist keine einvernehmliche Klärung erreicht und auch nicht der Nachweis erbracht, daß in der Sache eine Klage bei Gericht eingereicht wurde, so wird die Sperre aufgehoben. Die bis dahin angefallene Summe wird an den Bezugsberechtigten ausgeschüttet, der nach der Werkeanmeldung Priorität hat, somit im Regelfall gemäß der bestehenden Registrierung. Die Sperre wird dann aufrechterhalten, wenn beide Parteien ihr Einverständnis rechtzeitig vor Ablauf der Sperrfrist der GEMA mitteilen.

Wird nach Aufhebung einer Sperre in der gleichen Sache seitens eines Berechtigten **87** erneut eine Sperre gefordert, so kommt die GEMA dieser Forderung nur nach, wenn die gerichtliche Geltendmachung des Anspruchs nachgewiesen ist. Eine rückwirkende Sperrung und/oder Rückbuchung bereits ausgezahlter Beträge durch die GEMA erfolgt ohne Einverständnis des zu belastenden Mitglieds nicht.

§ 6 [Verzicht auf Lizenzvergütung, unverteilbare Beträge]

(1) Entfällt

(2) Die GEMA ist berechtigt, bei Inanspruchnahme ihres Repertoires zu technischen Versuchszwecken in den Fällen, in denen die Kosten der Verteilung in keinem Verhältnis zum Inkasso stehen würden, auf Gebühren zu verzichten.

(3) Wenn die Kosten für die Verteilung in keinem Verhältnis zur Einnahme stehen, kann die GEMA mit Zustimmung des Aufsichtsrates diese Beträge als unverteilbar behandeln.

§ 6 Ziffer 2 betrifft die Befugnis der GEMA, im Verhältnis zu Nutzern auf eine **88** Lizenzvergütung zu verzichten. Ein Beispiel ist die Erprobung neuer Sendetechniken.

Gemäß § 6 Ziffer 3 können Einnahmen als unverteilbar behandelt werden, wenn die **89** Kosten für die Verteilung in keinem Verhältnis zur Einnahme stehen. Folge einer Behandlung als unverteilbar ist die Zuführung der entsprechenden Einnahme zu den Wertungsmitteln. Die Bestimmung ist derzeit ohne praktische Bedeutung.

§ 7 [Die Verrechnung von Tonsigneten]

Tonsignete werden nur insoweit verrechnet, als sie nach dem Urheberrechtsgesetz als schutzfähig anzusehen sind.

Tonsignete sind Erkennungsmelodien. Dabei kann es sich um ganze Musiktitel han- **90** deln oder auch um Titelfragmente bzw. eigens für diesen Zweck geschriebene Melodien. Ein Beispiel für ein Tonsignet ist ein Pausenzeichen des Rundfunks zur Stationsidentifikation.[1]

91 Schutzfähige Tonsignete werden nur in einem eingeschränkten Umfang verrechnet, da bei diesen sowohl in der Sparte R als auch in der Sparte FS eine Kappung der Sendeminuten erfolgt (siehe dazu Fußnote 6 zu Abschnitt X, Fußnote 13 zu Abschnitt XI, Fußnote 17 zu Abschnitt XII und Abschnitt XIV Ziffer 3).

§ 8 [Der Erlaß und die Änderung von Ausführungsbestimmungen]

(1) Zu diesem Verteilungsplan werden Ausführungsbestimmungen erlassen, in denen die praktische Anwendung der im Verteilungsplan enthaltenen Grundsätze geregelt wird.

(2) Änderungen des Verteilungsplanes und der Ausführungsbestimmungen hierzu sind nur gemäß § 11b) der Satzung zulässig.

Übersicht Rn.

I. Die Trennung von Verteilungsplan und Ausführungsbestimmungen

92 Die Trennung von Verteilungsplan und Ausführungsbestimmungen in § 8 Ziffer 1 ist historisch bedingt. Bereits der Verteilungsplan der STAGMA unterschied zwischen Allgemeinen Grundsätzen und Ausführungsbestimmungen, sah für diese beiden Bereiche jedoch unterschiedliche Zuständigkeiten vor. So war die Aufstellung und Änderung der Allgemeinen Grundsätze der Mitgliederversammlung der STAGMA vorbehalten, während für den Erlaß der Ausführungsbestimmungen eine gemeinsame Zuständigkeit der Geschäftsleitung und der Delegierten der Berufsstände vorgesehen war.[1]

93 Nach der Vorschrift des § 7 S. 3 UrhWG sind die Grundsätze des Verteilungsplans in die Satzung der Verwertungsgesellschaft aufzunehmen. Die GEMA hat bei der Umsetzung dieser gesetzlichen Vorgabe an die im Verteilungsplan bei Inkrafttreten des UrhWG bereits bestehende Trennung von Allgemeinen Grundsätzen und Ausführungsbestimmungen angeknüpft und hat in § 17 S. 2 der Satzung die allgemeinen Grundsätze des Verteilungsplans zum Bestandteil der Satzung erklärt.

---

1 *Wicke/Ziegenrücker,* Handbuch der populären Musik, S. 488, Stichwort „Signature Tunes".

1 Siehe Verteilungsplan der STAGMA, Allgemeine Grundsätze, § 6 Abs. 1 und Abs. 2, abgedruckt in den STAGMA-Nachrichten Nr. 4 vom Oktober 1934, S. 50 iVm der Satzung der STAGMA, genehmigt durch die Reichsregierung am 25. Januar 1934, §§ 17 und 23 Abs. 2, abgedruckt bei *Schulze*, Geschätzte und geschützte Noten, S. 305–311.

II. Änderungen von Verteilungsplan und Ausführungsbestimmungen

Gemäß § 8 Ziffer 2 können sowohl die Allgemeinen Grundsätze des Verteilungsplans als auch die Ausführungsbestimmungen hierzu nur gemäß § 11b der Satzung geändert werden. Damit erfordern Änderungen die Einstimmigkeit der drei Berufsgruppen der Komponisten, Textdichter und Verleger, wobei für eine Zustimmung innerhalb der Berufsgruppen jeweils eine 2/3-Mehrheit erforderlich ist. In Anbetracht dieser Regelungen sowie der teilweise unterschiedlichen Interessenverhältnisse der Berufsgruppen erfordert die Gestaltung der Verteilung wechselseitige Kompromisse. Etwaige Ungleichbehandlungen im Bereich einzelner Regelungen stehen damit in einem Gesamtzusammenhang, bei dem etwaige Nachteile einer Berufsgruppe in einem Bereich durch Vorteile in anderen Bereichen ausgeglichen sein können. 94

Ausführungsbestimmungen zum Verteilungsplan A

Abschnitt I Anmeldung und Registrierung der Werke

(1) Sobald Aufführungen oder Sendungen eines bisher noch nicht angemeldeten Werkes bevorstehen, ist eine Anmeldung auf dem hierfür bestimmten einheitlichen Anmeldebogen vorzunehmen. Bei verlegten Werken ist der Verleger zugleich für die Urheber zur Anmeldung verpflichtet. Manuskriptwerke müssen vom Komponisten angemeldet werden.

Wenn dies nicht möglich ist, sind die übrigen Urheber berechtigt und verpflichtet, die Werkanmeldung vorzunehmen. Alle nach § 4 der Allgemeinen Grundsätze Anteilberechtigten eines Werkes erhalten eine Bestätigung über die erfolgte Werkregistrierung. Gegen die Werkregistrierung kann vom Berechtigten innerhalb von drei Monaten nach Zugang der Mitteilung Einspruch erhoben werden. Der Berechtigte kann von dem Anmeldebogen eine Ablichtung gegen Erstattung der Selbstkosten erhalten.

Rechtzeitig ist eine Anmeldung dann, wenn sie bei Abrechnung für die Zeit vom 1. Januar bis 30. Juni bis zum 1. September des laufenden Jahres, für die Zeit vom 1. Juli bis 31. Dezember bis zum 1. März des darauf folgenden Jahres und bei Abrechnungen für die Zeit vom 1. Januar bis 31. Dezember bis zum 1. Oktober des laufenden Jahres eingeht.

(2) Dem § 4 Abs. 1 der Allgemeinen Grundsätze entsprechend gilt als Komponist derjenige, der das Werk tatsächlich komponiert hat, als Textdichter derjenige, der tatsächlich den Text geschaffen hat, als Bearbeiter derjenige, der das Werk tatsächlich bearbeitet hat und als Verleger des Werkes derjenige, der mit dem Urheber einen Verlagsvertrag im Sinne des Gesetzes über das Verlagsrecht vom 19. Juni 1901 geschlossen und das Werk vereinbarungsgemäß herausgegeben hat.

Bei berechtigten Zweifeln sind die Voraussetzungen für sich aus dem vorhergehenden Absatz ergebende Ansprüche eines Bezugsberechtigten gegen die GEMA von ihm darzulegen und zu beweisen.

Falls ein Bezugsberechtigter bei seiner Werkanmeldung wissentlich oder grob fahrlässig falsche Angaben macht, so verliert er für diese nicht ordnungsgemäß angemeldeten Werke bis zur ordnungsgemäßen Anmeldung den Anspruch auf Verrechnung. Ferner kann der Vorstand bzw. Aufsichtsrat der GEMA im Sinne der Satzung § 9 A Ziff. 4 bzw. nach den Ausführungsbestimmungen zum Verteilungsplan der GEMA für das Aufführungs- und Senderecht Abschn. III Ziff. 3c) gegen den Bezugsberechtigten vorgehen.

(3a) Der Bezugsberechtigte kann unter Beachtung der gesetzlichen Vorschriften neben seinem bürgerlichen oder ständigen Künstlernamen auch Pseudonyme benutzen. Die Benutzung hängt jedoch

von einer schriftlichen Bestätigung der GEMA ab, daß das gewählte Pseudonym noch nicht von einem Dritten benutzt wird.

Der Name einer Gruppe wird nicht anerkannt. Die Werkanmeldung muß vielmehr für jeden einzelnen Urheber in der sonst üblichen Weise vorgenommen werden.

Die benutzten Pseudonyme dürfen zusammen mit dem bürgerlichen oder dem ständigen Künstlernamen den Verwertern mitgeteilt werden.

Als Kostenersatz ist für das zweite und jedes weitere Pseudonym eine Pauschalvergütung von EUR 51,13 (zuzüglich Umsatzsteuer in der jeweils gesetzlich vorgeschriebenen Höhe) im Jahr zu zahlen. Der Vergütungssatz erhöht sich vom vierten Pseudonym an auf EUR 102,26 jährlich.

(3b) Es ist unzulässig, den Namen – sei es der bürgerliche Name oder das Pseudonym – eines Bezugsberechtigten als Pseudonym zu wählen. Ebenso wenig ist die Annahme eines Pseudonyms zulässig, das Verwechslungsgefahr mit anderen Namen in sich birgt.

Bei Verstößen gegen diese Bestimmung verliert der Verletzer des Namenrechts für die unter den unerlaubterweise benutzten Pseudonymen erschienenen Werke jeglichen Zahlungsanspruch gegen die GEMA.

(3c) Bei Gleichheit bürgerlicher Namen erscheint es zur Vermeidung einer Verwechslungsgefahr empfehlenswert, daß die Beteiligten sich darüber einigen, in welcher Weise die Namen durch Zusätze unterschiedlich gemacht werden können.

(3d) Musikverlage können unter Beachtung der gesetzlichen Vorschriften neben der Firmenbezeichnung auch Editionsbezeichnungen benutzen. Die Benutzung hängt jedoch von einer schriftlichen Bestätigung der GEMA ab, daß die gewählte Editionsbezeichnung noch nicht von einem Dritten benutzt wird.

Die benutzten Editionsbezeichnungen dürfen zusammen mit der Firmenbezeichnung den Verwertern mitgeteilt werden. Als Kostenersatz ist für die zweite und jede weitere Editionsbezeichnung eine Pauschalvergütung von EUR 51,13 (zuzüglich Umsatzsteuer in der jeweils gesetzlich vorgeschriebenen Höhe) im Jahr zu zahlen. Der Vergütungssatz erhöht sich von der vierten Editionsbezeichnung an auf EUR 102,26 jährlich.

(4) Die Form der Anmeldebögen wird von der Geschäftsleitung der GEMA bestimmt.

(5a) Grundsätzlich ist mit jedem Anmeldebogen bei verlegten Werken ein Exemplar der Druckausgabe vorzulegen. Der Anmelder genügt der Vorlagepflicht gegenüber der GEMA, wenn er in Erfüllung seiner nach der Pflichtstückverordnung vom 14.12.1982 (BGBl. I S. 1739) bestehenden Ablieferungspflicht dem Deutschen Musikarchiv [1)] zwei Exemplare der Druckausgabe einreicht und der GEMA dies unter Nennung der Einzeltitel der Werke schriftlich mitteilt. Eine Ausnahme von der Pflicht zur Herstellung einer Druckausgabe bedarf der schriftlichen Einwilligung des Urhebers gegenüber der GEMA nach einem von ihr herauszugebenden Muster. Wird vom Verleger nicht innerhalb von 6 Monaten nach Ablieferung des Manuskripts gedruckt, benachrichtigt der Urheber die GEMA. Die GEMA setzt dann dem Verleger eine angemessene Nachfrist, nach deren Ablauf die GEMA berechtigt ist, das als verlegt angemeldete Werk als Manuskriptwerk umzuregistrieren. Soweit inzwischen Verlagsanteile schon gutgeschrieben wurden, ist die GEMA zu deren Rückforderung durch Aufrechnung berechtigt. Diese Verfahrensweise entfällt, wenn der Urheber das Fristversäumnis selbst verschuldet hat.

Bei Manuskriptwerken erfolgt die Vorlage des Manuskripts oder einer Ablichtung erst auf Anforderung. Das gleiche gilt für Mietmaterial.

Für Werke, für die weder eine Druckausgabe noch ein Manuskript vorgelegt oder ein anderer Werknachweis geführt werden kann, besteht kein Anspruch auf Verrechnung.

(5b) Gehört der Verleger eines verlegten Werkes nicht der GEMA, sondern einer ausländischen Verwertungsgesellschaft an, so ist entweder der Komponist oder ein anderer der Bezugsberechtigten verpflichtet, das Belegexemplar einzusenden.

(6a) Die Anmeldenden sind verpflichtet, Werke, die unter Benutzung fremder Werke oder fremder Motive entstanden sind, entsprechend zu kennzeichnen und die Quellenstellen der benutzten Werke anzugeben.

(6b) Neben dem Belegexemplar der angemeldeten Komposition oder Bearbeitung ist das benutzte Originalwerk, gleich ob urheberrechtlich geschützt oder frei, der Anmeldung beizufügen.

(7) Bearbeitungen und Kompositionen, die unter Benutzung fremder geschützter Werke entstanden sind, werden nur dann bei der Verteilung berücksichtigt, wenn der Anmeldung die Zustimmung des Inhabers des Urheberrechts der verwendeten Originalkomposition oder Bearbeitung – in der von der GEMA vorgeschriebenen Form – beiliegt.

Das Entsprechende gilt für Textbearbeitungen.

(8) Bei Anmeldung von Instrumental- oder Vokalwerken der E- und gehobenen U-Musik ab Bewertung 24, deren Aufführungsmaterial vom Verleger nur mietweise vertrieben wird, ist dem Anmeldebogen die Bestätigung des Urhebers über die Inverlagnahme beizufügen.

(9) Entfällt

(10) Sind gar nicht angemeldete Originalkompositionen aufgeführt worden, so ergeht nach Abschluß des jeweiligen Verrechnungsabschnitts eine einmalige Aufforderung an den Bezugsberechtigten zur nachträglichen Anmeldung, wenn der auf das Werk entfallende Abrechnungsbetrag mindestens EUR 10,23 beträgt. Auf Anmahnung innerhalb einer Frist von 3 Monaten gemeldete Werke gelangen im nächsten Verrechnungsabschnitt zur Verrechnung.

(11a) Entfällt

(11b) Verleger, welche lediglich Abdrucks- oder Bearbeitungsgenehmigungen an Werken erhalten haben, während das Aufführungserträgnis derselben dem Originalverleger vorbehalten ist, haben die Anmeldung unter Berücksichtigung dieser Tatsache vorzunehmen. Ist jedoch einem Verleger ein Anteil am Aufführungserträgnis mit übertragen worden, so ist das Werk anzumelden und der Anmeldung die Zustimmung des Originalverlegers über die Beteiligung an den Aufführungserträgnissen beizufügen. Für Subverlagsverträge mit dem Ausland gelten die Sonderbestimmungen gemäß Abschn. I Ziff. 19 der Ausführungsbestimmungen.

(12) Nach Aufführung der angemeldeten und registrierten Werke setzt die GEMA die Werkpunktziffern nach den Verrechnungsschlüsseln unter Abschn. X, XI und XII fest (vgl. Abschn. VI dieser Ausführungsbestimmungen). Sind in einem Programm neben Werken, die nach Abschn. X oder XII einzuordnen sind, auch Werke enthalten, die nach Abschnitt XIII zu verrechnen sind, so erfolgt die Verrechnung proportional zur Anzahl der Werke. Bei Aufführungen von Teilen eines Gesamtwerkes der E-Musik werden die Werkpunktziffern entsprechend der zur Aufführung gebrachten Spieldauer nach den Verrechnungsschlüsseln unter Abschn. X oder XII eingeordnet. Erfolgt die Aufführung eines Werkes in einer kleineren Besetzung als angemeldet, ist bei der Festlegung der Verrechnungsschlüssel die Anzahl der an der Aufführung beteiligten Spieler maßgebend.

Bei Simultanaufführung mehrerer Werke erfolgt die Verrechnung der simultan aufgeführten Werke zusammengefaßt wie die Aufführung eines Werkes nach dem Punktesystem der Abschnitte X oder XII, wobei die tatsächlich erklingende Spielzeit und die tatsächliche Anzahl von Mitwirkenden maßgebend sind.

Die Veranstalter und die die Veranstaltung durchführenden Musiker sind verpflichtet, die insoweit erforderlichen Angaben über die tatsächlich erklingende Spielzeit und die tatsächliche Anzahl von Mitwirkenden an die GEMA zu melden.

(13) Werke, die unter Benutzung geschützter Kompositionen komponiert worden sind, werden nach § 4 der Allgemeinen Grundsätze der Zwölftelteilung entsprechend registriert. Das gleiche geschieht mit Werken, die unter Benutzung freier Werke komponiert worden sind. Für Texte gilt Entsprechendes. Die freien Anteile fließen in den Ausfall. Bei Direktverrechnung (Nettoeinzelverrechnung) wird kein Ausfall gebildet.

(14) Ergeben sich nach der Anmeldung eines Werkes Veränderungen des Sachverhalts (z.B. Inverlagnahme, Vertragsauflösung, Einzelherausgabe, Titelveränderung, Bearbeitungen, Verkürzungen, Erweiterungen usw.), so ist der Bezugsberechtigte verpflichtet, diese Änderungen mit den entsprechenden Unterlagen der GEMA zur Kenntnis zu bringen. Soweit Änderungen erfolgen, erhalten die Anteilberechtigten eines Werkes eine erneute Bestätigung über die geänderte Werkregistrierung. Differenzen, die sich aus Veränderungen unter den Beteiligten ergeben, müssen vorher unter den Beteiligten selbst geklärt werden.

Veränderungen können im laufenden Geschäftsjahr nur bei rechtzeitiger Anmeldung für die Verrechnung berücksichtigt werden. Innerhalb eines Abrechnungszeitraumes können unterschiedliche Beteiligungen an einem Werk nicht berücksichtigt werden. Bei verspäteter Anmeldung erfolgt die Verrechnung erst mit Beginn des Geschäftsjahres, das auf die Anmeldung folgt; eine Nachverrechnung ist ausgeschlossen.

Rechtzeitig ist eine Anmeldung dann, wenn sie bei Abrechnung für die Zeit vom 1. Januar bis 30. Juni bis zum 31. Juli des laufenden Jahres, für die Zeit vom 1. Juli bis 31. Dezember bis zum 31. Januar des darauf folgenden Jahres und bei Abrechnungen für die Zeit vom 1. Januar bis 31. Dezember bis zum 1. August des laufenden Jahres eingeht.

(15a) In Zweifelsfällen prüft der Werkausschuß die ihm vorgelegten Werke und setzt für diese die Einstufung bzw. die Punktziffern nach den Verrechnungsschlüsseln Abschn. X, XI, XII und XIII fest. In Zweifelsfällen oder auf Antrag prüft der Werkausschuß, ob Auftragskompositionen für Eigen- oder Auftragsproduktionen des Fernsehens in das Wertungsverfahren der Komponisten in der Sparte E einzubeziehen sind. Das Ergebnis ist den Bezugsberechtigten bekanntzugeben. Der Prüfung liegt in jedem Falle das ungedruckte oder gedruckte Belegexemplar, d.h. die partiturmäßige Festlegung zugrunde.

(15b) Bei Bearbeitungen freier Werke kann der Werkausschuß gebeten werden, anhand der vorgelegten Partituren, Particells oder entsprechenden Arbeitsvorlagen die Wahrscheinlichkeit der Autorenschaft zu prüfen und hierzu gutachtlich Stellung zu nehmen[2)].

(15c) Gegen die Entscheidung des Werkausschusses kann der Bezugsberechtigte innerhalb von 8 Wochen nach Zugang der Entscheidung Beschwerde beim Aufsichtsrat einlegen.

(16a) In Zweifelsfällen prüft der Werkausschuß der GEMA die Schutzfähigkeit der ihm vorgelegten Werke.

(16b) Betrachtet der Werkausschuß das Werk als aufführungsrechtlich ungeschützt, so hat die GEMA für das Werk weder Aufführungsgebühren zu erheben noch solche zu verrechnen.

(16c) Entscheidet der Werkausschuß, daß das Werk aufführungsrechtlich schutzfähig ist, so werden hierfür seitens der GEMA Aufführungsgebühren erhoben, die nach den Bestimmungen des Verteilungsplanes verrechnet werden.

(16d) Gegen die Entscheidung des Werkausschusses kann der Bezugsberechtigte innerhalb von acht Wochen nach Zugang der Entscheidung Beschwerde beim Aufsichtsrat einlegen.

Es bleibt dem Bezugsberechtigten überlassen, falls er die Entscheidung des Aufsichtsrates über seine Beschwerde nicht billigt, den ordentlichen Rechtsweg zu beschreiten. Bis zur rechtskräftigen Entscheidung des ordentlichen Gerichts ist die Entscheidung des Werkausschusses bzw. des Aufsichtsrats für die GEMA wie für den Bezugsberechtigten bindend.

(17) Der Werkausschuß erhält eine Geschäftsordnung.

(18) Die GEMA ist berechtigt, die gemeldete Spieldauer nachzuprüfen. Ergeben sich die Verrechnung beeinflussende Differenzen zwischen der gemeldeten und der von der GEMA festgestellten Spieldauer, so ist die GEMA unter gleichzeitiger Benachrichtigung der Berechtigten zur Korrektur berechtigt. Ist keine Einigung zwischen dem Anmeldenden und der GEMA hinsichtlich der Spieldauer zu erzielen, so entscheidet der Werkausschuß über die der Verrechnung zugrunde zu legende und zu registrierende Spieldauer. Gegen die Entscheidung des Werkausschusses ist innerhalb von 8 Wochen nach Zugang der Entscheidung die Beschwerde beim Aufsichtsrat zulässig.

(19) Verleger können Werke und/oder Verlagskataloge an ausländische Verleger mit einer Beteiligung des ausländischen Verlegers oder ausländischer Mitautoren an den Aufführungserträgnissen nur mit vorheriger Einwilligung der Autoren, der GEMA und derjenigen ausländischen Verwertungsgesellschaft vergeben, die das Werk für das betreffende Land verwaltet.

Ebenso bedürfen Abschlüsse ausländischer Verleger mit deutschen Verlegern über Werke, die mit einer Beteiligung des deutschen Verlegers oder deutscher Mitautoren an in Deutschland oder im Ausland anfallenden Aufführungserträgnissen in Verlag genommen werden, der vorherigen Zustimmung der betreffenden ausländischen Autoren und Gesellschaften sowie der GEMA (vgl. Regelung von Vertragsabschlüssen mit ausländischen Verlegern im Anhang zum Verteilungsplan).

---

[1] Deutsches Musikarchiv, Gärtnerstr. 25–32, 12207 Berlin

[2] Dies gilt für den Zeitraum vom 01.01.2006 bis zum 31.12.2007.

Abschnitt II Musikaufstellungen für Tonfilme

Abgesehen von den allgemeinen Bestimmungen für Anmeldungen und Registrierung der Werke unter Abschn. I gilt für die Anmeldung von Tonfilmen zusätzlich folgendes:

(1) Da die Einnahmen aus dem Tonfilm aufgrund der Musikaufstellungen verteilt werden, haben die Bezugsberechtigten an Tonfilmen ordnungsgemäße Musikaufstellungen einzureichen. In diesen sind die jeweils im Film vorkommenden eigenen Kompositionen und die sonstigen musikalischen Werke, der szenischen Folge entsprechend, aufzuführen. Meldungen der an einem Film Beteiligten, insbesondere die Ansprüche der Bearbeiter, müssen vom Komponisten bestätigt werden.

(2) Bei den durch Werke verschiedener Komponisten musikalisch unterlegten Filmen ist im Zweifelsfall die Aufstellung des verantwortlichen musikalischen Leiters der Produktionsfirma maßgebend. Die Anmeldung hat in Metern oder Sekunden der Laufzeit zu erfolgen (1 m = 2,2 Sek. Laufzeit). Die GEMA ist berechtigt, die Anmeldung bezüglich der gemachten Angaben zu überprüfen.

(3a) Filme, bei denen die Laufzeiten der einzelnen Kompositionen nicht bekannt sind, während die Gesamtlaufzeit festgestellt werden konnte, werden verrechnet, indem die Gesamtmusiklaufzeit auf die einzelnen Werke verteilt wird.

(3b) Filme, bei denen die Laufzeiten der einzelnen Kompositionen nicht bekannt sind und deren Gesamtmusiklaufzeit nicht festgestellt werden konnte, werden nach folgendem Schlüssel verrechnet:

Bei Verwendung von 1–30 Kompositionen im Film: 36 Sekunden pro Werk;
bei Verwendung von 31–50 Kompositionen im Film: 24 Sekunden pro Werk;
bei Verwendung von 51–100 Kompositionen im Film: 12 Sekunden pro Werk;
bei Verwendung von über 100 Kompositionen im Film: 6 Sekunden pro Werk.

Sind die Werke nur teilweise (partial) benutzt, so wird die Hälfte der Musiksekunden nach obigem Schlüssel zuerkannt. Sind die aufgrund dieses Schlüssels errechneten Musiklaufzeiten länger als zwei Drittel der Zensurlänge des Films, so sind sie verhältnismäßig zu kürzen.

(4) Wird vom Bezugsberechtigten keine Musikaufstellung vorgelegt, so ist die GEMA berechtigt, den musikalischen Inhalt des Films zeitmäßig festzustellen. Die Kosten tragen die Bezugsberechtigten des Films nach Maßgabe der Beteiligung; sind von einem der Beteiligten unrichtige Angaben gemacht worden, so kann die Geschäftsleitung der GEMA ihm die vollen Kosten auferlegen. Die Kosten werden durch Belastung der Konten unter Aufgabe eingezogen.

Die Dokumentation als Grundlage und Voraussetzung für die Verteilung

Übersicht Rn.

I. Einführung

95 Die Übertragung urheberrechtlicher Nutzungsrechte von Komponisten, Bearbeitern, Textautoren und Musikverlegern nach Maßgabe des BerV einerseits sowie von ausländischen Verwertungsgesellschaften durch uni- oder bilaterale Verträge andererseits, ist die fundamentale Rechtsgrundlage für die Wahrnehmungstätigkeit der GEMA. Sie ist aber noch nicht alles. Für das Inkasso der tariflich und vertraglich vereinbarten Vergütungen bei Nutzung des verwalteten Repertoires und für die Verteilung an die Rechteinhaber im In- und Ausland sind die systematische und lückenlose Erfassung und Speicherung der berechtigten Urheber und Musikverleger, ihrer Werke einschließlich der audiovisuellen Werke (Filme, Fernseheigen- und Auftragsproduktionen des Fernsehens etc.) erforderlich. Diese Informationen sind in umfangreichen Dokumentationssystemen gespeichert und das Rückgrat für Inkasso und Verteilung.

96 Die Dokumentation solcher Daten unterscheidet sich in wesentlichen Punkten von den Informationen, wie sie in Komponisten-, Verlags- und Werkverzeichnissen, in

Enzyklopädien und Lexika, in den einschlägigen bibliographischen Hilfsmitteln der Forschung und der Musikwirtschaft für den Gebrauch im Handel mit Musikalien und Tonträgern enthalten sind, z.B. Informationen über Repertoires und Urheber, deren Lebensdaten und Biographien, Werke mit Besetzungsangaben und Spieldauern, Verlagsangaben, Erscheinungs- und (Ur-) Aufführungsdaten, Tonträgeraufnahmen, mitwirkende Interpreten usw. Solche Angaben werden als Sekundärquellen und Referenzdaten durchaus genutzt, für die Wahrnehmungstätigkeit einer Verwertungsgesellschaft reichen sie aber nicht aus.

Mit ihren Datensammlungen ist die GEMA jederzeit in der Lage, die Berechtigung von Inkassoansprüchen nachzuweisen, ob sie in ihrem Wahrnehmungsgebiet für einen in- oder ausländischen Urheber oder an einem bestimmten Werk bzw. einem Film Rechte vertritt und welchen Umfang diese Berechtigung hat. Für die Verteilung der Erträgnisse kommt es schließlich darauf an, ob und welcher Rechteinhaber an einem bestimmten Werk mit welchen Anteilen, für welche Rechte bzw. Nutzungsarten, welche Gebiete und welche Zeiträume beteiligt ist. **97**

Der Inhalt der Dokumentationssysteme beruht insbesondere auf Angaben der Berechtigten und der ausländischen Schwestergesellschaften. Fehler und Lücken im Dokumentationsbereich können zu irrtümlichen Ansprüchen und zu falschen Abrechnungsergebnissen führen. Um dies zu vermeiden, legt die GEMA hier höchste Qualitätsmaßstäbe an. Von den Berechtigten wird im eigenen Interesse erwartet, der Anmeldung von Werken und audiovisuellen Werken ganz besondere Aufmerksamkeit und Sorgfalt zu widmen. **98**

Für die Dokumentation von Berechtigten, Werken, Filmen und Subverlags-Generalverträgen und deren ständige Aktualisierung benötigt die Verwaltung qualifiziertes Personal und eine leistungsfähige Technik. Ferner müssen Dokumentationsdaten ausländischer Schwestergesellschaften laufend eingepflegt werden. Umgekehrt müssen Dokumentationshinweise und -anfragen aus dem Ausland zeitnah aufgegriffen sowie Dokumentationskonflikte aus dem In- und Ausland bearbeitet werden. **99**

Das 2002 in Betrieb genommene integrierte Dokumentations- und Abrechnungssystem DIDAS enthält (Stand: Juni 2005) die Daten von ca. 61.000 GEMA-Mitgliedern, unterschieden nach Urhebern und Rechtsnachfolgern und mit Hinweisen auf Patronyme, Pseudonyme und Künstlernamen, nach Verlagen, Editionsbezeichnungen und ca. 530.000 Rechteinhabern ausländischer Verwertungsgesellschaften, ferner bibliographische und Verteilungsinformationen zu ca. 6,6 Mio. Werken, ca. 100.000 Generalverträgen und ca. 410.000 audiovisuellen Werken. **100**

Jährlich kommen ca. 2.000 Neuaufnahmen von Mitgliedern, 500.000 Werke, ca. 40.000 audiovisuelle Werke, unterschieden nach Eigen- und Auftragsproduktionen des Fernsehens, Filmen und Werbefilmen, sowie ca. 10.000 Generalverträge hinzu. Außerdem sind laufend Veränderungen in sämtlichen Teilbereichen zu berücksichtigen, die von den Berechtigten angezeigt und von der Verwaltung nachvollzogen werden müssen. **101**

II. Eingeschränkter öffentlicher Zugang zu den Dokumentationsdaten

102 Die Dokumentationsdaten der GEMA stehen der Öffentlichkeit aus Gründen des **Datenschutzes** nur eingeschränkt zur Verfügung. Diese Einschränkung gilt insbesondere für persönliche Daten, Aufkommensdaten und verteilungsrelevante Hinweise an Werken und audiovisuellen Werken. Die gesetzliche Auskunftspflicht der Verwertungsgesellschaft steht dem nicht entgegen. § 10 UrhWG verlangt von der Verwertungsgesellschaft, jedermann auf schriftliche Anfrage über die Zuständigkeit bzw. die Wahrnehmungsbefugnis der Verwertungsgesellschaft „an einem bestimmten Werk" oder „bestimmte Einwilligungsrechte oder Vergütungsansprüche für einen Urheber" Auskunft zu erteilen. Weitergehende Auskünfte, wie z.B. über das von ihr verwaltete Gesamtrepertoire oder über Teile davon, über Verteilungsinformationen zu den Werken usw. sind nach der gesetzlichen Auskunftspflicht nicht geschuldet.

103 Mit ihrem **Serviceangebot** GEMA-Online kommt die GEMA den Informationsbedürfnissen der Mitglieder und der Öffentlichkeit im In- und Ausland sehr weit entgegen. Kostenfrei bietet sie auf ihrer Website (www.gema.de) öffentlichen Zugang zu den bibliographischen Daten der ausregistrierten Werke. Der nach einem bestimmten Werk Suchende findet in der GEMA-Online-Datenbank dazu die in Verlags- und Werkverzeichnissen, Bibliographien und Verzeichnissen des Musikalien- und Tonträgerhandels, CD-Booklets etc. enthaltenen Angaben zu Werken mit Titel, Urhebern, Verlagen und deren Anschrift, Spieldauern und Besetzungen. Ab 2005 gibt es für Mitglieder zusätzlich einen kostenpflichtigen und Password-geschützten Zugang zur Werkedatenbank mit Anteilsinformationen, jedoch beschränkt auf Werke, an denen der Suchende als Berechtigter beteiligt ist.

104 Der Online- und der erweiterte Online-Zugriff auf die Dokumentation von Werken und audiovisuellen Werken beruhen auf einer Nutzanwendung der GDDN-Technologie, entwickelt von der Servicegesellschaft FastTrack, an der die GEMA und andere Verwertungsgesellschaften aus Europa und den USA beteiligt sind. GDDN (General Documentation and Distribution Network) ist eine Suchmaschine, die die Werkdokumentationen der an FastTrack beteiligten Gesellschaften miteinander vernetzt. Auf diese Weise wird erstmalig ein Online-Zugang zu den Dokumentationen der an FastTrack beteiligten Verwertungsgesellschaften eröffnet. Gegenwärtig wird in der CISAC an der Vernetzung aller regionalen Werkedatenbanken (FastTrack, WID/Works Information Database, LatinNet, NordDoc, Mis@Asia etc.) gearbeitet. Ziel dieses Projekts ist der weltweite Zugang zur Dokumentation der Repertoires aller CISAC-Gesellschaften für Werke der Musik. Ist dieses Ziel erreicht, erfolgt der internationale Dokumentationsaustausch unter den Verwertungsgesellschaften über Werke und Filme nicht mehr in Papierformaten (fiche internationale und cue sheets), sondern nur noch auf elektronischem Weg.

III. Anmeldung und Registrierung der Werke

1. Einleitung

§ 5 BerV verpflichtet den Berechtigten, „der GEMA alle unter diesen Vertrag fallenden Werke auf den von ihr ausgegebenen Formularen, insbesondere unter Angabe des Titels und der Gattung der Werke, der Namen der Komponisten, Textdichter und Verleger und auch eines eventuellen Pseudonyms anzumelden … und die Richtigkeit seiner Angaben hinsichtlich seiner Urheberschaft in der von der GEMA vorgeschriebenen Form nachzuweisen.“ **105**

Für die Anmeldung und Registrierung von Werken haben die Mitglieder Ausführungsbestimmungen beschlossen, Abschnitt I der Ausführungsbestimmungen zum VP A und B, die der Vereinheitlichung von Verwaltungsabläufen dienen und die Rechtsbeziehungen zwischen den Mitgliedern und der GEMA in einem wichtigen Teilbereich regeln. **106**

Meldet der Berechtigte Werke nicht ordnungsgemäß an, verletzt er seine Sorgfaltspflicht und muß mit materiellen Nachteilen rechnen. Nach § 5 Abs. 2 BerV[1] verliert der Berechtigte „gegenüber der GEMA den Anspruch auf Verrechnung bis zur ordnungsgemäßen Anmeldung.“ Dies gilt auch bei wissentlich oder grob fahrlässig gemachten falschen Angaben[2]. In solchen Fällen kann der Vorstand bzw. der Aufsichtsrat durch Ausschluß, d.h. durch Aberkennung der ordentlichen oder außerordentlichen Mitgliedschaft im Sinne von § 9 A. Ziff. 4 GEMA Satzung bzw. mit der Forderung von Konventionalstrafen nach Abschnitt III Ziff. 3 lit. c der Ausführungsbestimmungen zum VP A sowie nach Abschnitt I Ziff. 14 der Ausführungsbestimmungen zum VP B gegen den Bezugsberechtigten vorgehen, Abschn. I, Ziff 2 Abs. 3 der Ausführungsbestimmungen zum VP A und B. **107**

2. Auskunftsanspruch der GEMA, § 5 Abs. 3 BerV

Der Berechtigte ist verpflichtet, „der GEMA für die Feststellung seiner Rechte jede erforderliche Auskunft zu erteilen“. Diese Bestimmung hat besondere Bedeutung bei der Klärung berechtigter Zweifel an den von einem Bezugsberechtigten angemeldeten Ansprüchen, Abschnitt I Ziff. 2 Abs. 2 der Ausführungsbestimmungen zum VP A und B. **108**

3. Werkanmeldung und Bestätigung

Eine **Anmeldung** ist vorzunehmen, wenn Werknutzungen noch nicht angemeldeter Werke bevorstehen, Abschnitt I Ziff. 1 Abs. 1 und 2 der Ausführungsbestimmungen **109**

---

1 Dazu relativierend § 5 Ziff. 2 der Allgemeinen Grundsätze zum VP A.

2 Auf dem „Anmeldebogen für Originalwerke“, Ziff. 12, erklärt der Anmeldende: „Es wird versichert, dass alle Angaben auf diesem Anmeldebogen nach bestem Wissen und Gewissen gemacht werden.“ Gleichlautende Erklärungen werden auf dem „Anmeldebogen für Subverleger“, Ziff. 17, auf der „Anmeldung für audiovisuelle Produktionen (AV-Produktionen)“ letzter Abs. und der „Anmeldung für audiovisuelle Werbespots“, letzter Abs. abgegeben.

zum VP A und B. Damit soll Verwaltungsaufwand vermieden werden, der dann entsteht, wenn Werke registriert werden müssen, von denen öffentliche Nutzungen nicht im nächsten Verrechnungsabschnitt, sondern erst später zu erwarten sind. Anmeldungen von Werken und audiovisuellen Werken erfolgen auf den hierfür bestimmten einheitlichen Anmeldebögen, und zwar bei verlegten Werken vom Verleger, bei unverlegten Werken vom Komponisten. Alle an einem Originalwerk beteiligten GEMA-Mitglieder erhalten von der GEMA eine Bestätigung über die erfolgte Werkregistrierung, Abschnitt I Ziff. 1 Abs. 2 S. 2 der Ausführungsbestimmungen zum VP A; Abschnitt I Ziff. 1 S. 5 der Ausführungsbestimmungen zum VP B. Einsprüche dagegen sind innerhalb von drei Monaten nach Zugang der Mitteilung möglich, Abschnitt I Ziff. 1 Abs. 2 S. 3 der Ausführungsbestimmungen zum VP A; Abschnitt I Ziff. 1 S. 6 der Ausführungsbestimmungen zum VP B.

110 Umgehend anzumelden sind auch Abschlüsse von Subverlagsverträgen, Abschnitt I Ziff. 1 Abs. 6 S. 1 des Anhangs zu den Ausführungsbestimmungen zum VP A; Abschnitt I Ziff. 1 Abs. 5 S. 1 des Anhangs zum VP B.

4. Veränderungen am Werk

111 Für Veränderungen an bereits registrierten Werken, wie z.B. Inverlagnahme, (Verlags-) Vertragsauflösung, Titeländerung, Bearbeitungen, Verkürzungen, Erweiterungen usw. gelten die Vorschriften für die Anmeldung von Werken entsprechend, Abschnitt I Ziff. 14 Abs. 1 und 2 der Ausführungsbestimmungen zum VP A bzw. Abschnitt I Ziff. 11 Abs. 1 und 2 der Ausführungsbestimmungen zum VP B. Die Berechtigten erhalten eine erneute Bestätigung über die geänderte Werkregistrierung. Differenzen, die sich aus Veränderungen unter den Beteiligten ergeben, müssen vorher unter den Beteiligten geklärt werden.

112 Die Berücksichtigung von Veränderungen in der laufenden Abrechnungsperiode setzt rechtzeitige Anmeldung voraus. Unterschiedliche Beteiligungen an einem Werk können innerhalb einer Abrechnungsperiode bei der Datenverarbeitung nicht berücksichtigt werden. Verspätet angemeldete Werke gelangen mit dem nächsten Geschäftsjahr zur Abrechnung. Ein Nachverrechnungsanspruch besteht nicht.

5. Anmeldefristen

113 Anmeldungen von Werken sind rechtzeitig, wenn sie für Halbjahresabrechnungen bis zum 1. September des laufenden Jahres bzw. bis zum 30. März des Folgejahres eingereicht werden, für Jahresabrechnungen bis zum 1. Oktober des laufenden Jahres, Abschn. I Ziff. 1 Abs. 3 der Ausführungsbestimmungen zum VP A bzw. Abschn. I Ziff. 1 Abs. 2 der Ausführungsbestimmungen zum VP B. Werden diese Fristen von den Berechtigten nicht eingehalten, kann die Abrechnung nicht für das jeweilige Halb- bzw. das jeweilige Geschäftsjahr erfolgen. Rechtzeitig im Sinne dieser Vorschriften angemeldete Werke können in der nächsten Halb- bzw. Jahresabrechnung berücksichtigt werden.

114 Für Veränderungen gelten davon abweichende Anmeldefristen. Ergeben sich nach der Anmeldung eines Werkes Veränderungen des Sachverhalts (z.B. Inverlagnahme, Vertragsauflösung, Einzelherausgabe, Titelveränderung, Bearbeitungen, Verkürzungen, Erweiterungen usw.), ist der Bezugsberechtigte verpflichtet, diese Änderungen mit den entsprechenden Unterlagen zur Kenntnis zu bringen. Differenzen, die sich aus den Veränderungen unter den Beteiligten ergeben, müssen vorher unter den Beteiligten selbst geklärt werden.

Anmeldungen von Veränderungen an Werken und Filmen sind rechtzeitig, wenn sie **115** für Halbjahresabrechnungen bis zum 31. Juli des laufenden bzw. bis zum 31. Januar des Folgejahres und für Jahresabrechnungen bis zum 1. August des laufenden Jahres eingereicht werden, Abschn. I Ziff. 14 Abs. 3 der Ausführungsbestimmungen zum VP A und Abschnitt I Ziff. 11 Abs. 3 der Ausführungsbestimmungen zum VP B. Die verkürzte Anmeldefrist ist begründet, weil Änderungen an einem Werk idR aufwendig und mit Rückfragen zwecks Klärung des Sachverhalts bei den Rechteinhabern verbunden sind.

6. Aufforderung zur Werkanmeldung

Der Bezugsberechtigte wird einmalig aufgefordert, nicht angemeldete Kompositionen **116** anzumelden, die aufgeführt oder mechanisch vervielfältigt worden sind, Abschnitt I Ziff. 10 der Ausführungsbestimmungen zum VP A und B. Die Aufforderung erfolgt nur, wenn es sich um Originalkompositionen oder Bearbeitungen freier Werke handelt, nicht bei Bearbeitungen von geschützten Werken. Außerdem muss der auf das aufgeführte bzw. gesendete Werk entfallende Abrechnungsbetrag mindestens € 10,23 betragen, Abschnitt I Ziff. 10 der Ausführungsbestimmungen zum VP A. Im Aufführungsbereich ergeht diese Aufforderung an die Berechtigten nach Abschluß der jeweiligen Abrechnungsperiode. Auf Anmahnung innerhalb einer Frist von drei Monaten gemeldete Werke gelangen in der nächsten Abrechnungsperiode zur Verrechnung. Bleibt die Aufforderung an den Bezugsberechtigten erfolglos, sein aufgeführtes bzw. mechanisch vervielfältigtes Werk nachträglich anzumelden, kann die GEMA keine ordnungsgemäße Abrechnung vornehmen.

7. Anmeldebögen

„Die Form der Anmeldebögen wird von der Geschäftsleitung der GEMA bestimmt", **117** Abschn. I Ziff. 4 Ausführungsbestimmungen zum VP A und B. Der bloße Hinweis auf die „Form der Anmeldebögen" hat gelegentlich zu Fehlinterpretationen geführt, die Mitglieder hätten über den Inhalt der Anmeldebögen zu entscheiden. Dazu wird schon im BerV (§ 5, S. 1. Dazu auch Rn. 11) klargestellt, daß der Berechtigte sich verpflichtet, der GEMA alle unter den BerV fallenden Werke „auf den von ihr ausgegebenen Formularen" mit den erforderlichen Einzelheiten anzumelden. Die von der Geschäftsleitung zu bestimmende Konzeption von Anmeldebögen und ihrer Form ist demnach keine gestalterische Aufgabe, sondern die Festlegung eines Formulars und seines Inhalts zum Zweck der einheitlich formatierten Anmeldung von Werken im Sinne des BerV (§ 5), ohne die eine effiziente und kostensparende Rechtewahrnehmung praktisch nicht möglich ist.

Die GEMA hat Anmeldebögen mit verschiedenen Anlagen sowie Bestätigungsformu- **118** lare aufgelegt. Die Formulare sind im GEMA Jahrbuch 2004/2005, S. 413–444 sowie auf der Homepage der GEMA (www.gema.de) veröffentlicht und mit Erläuterungen zum Verständnis sowie mit Hinweisen zum Ausfüllen versehen:

- Anmeldebogen für Originalwerke
- Anlage zum Anmeldebogen (Freie Vereinbarkeit Urheberanteile U-Musik)
- Anlage zum Anmeldebogen (Druckverzichtserklärung)
- Anmeldebogen für Subverleger
- Subverlegeranmeldung (Karte)
- Mitteilung über eine Veränderung am Werk
- Anmeldebogen für ein dramatisch-musikalisches Werk
- Bearbeitungsgenehmigung
- Vertonungsgenehmigung
- Meldung über eine Werkabtretung an das Ausland
- Meldung über die generelle Vertretung eines GEMA-Originalverlagskataloges durch einen ausländischen Subverleger
- Geschäftsbesorgungsvertrag zur Wahrnehmung des mechanischen Vervielfältigungsrechts durch ein Verlagsmitglied der GEMA im Ausland
- Anmeldung für audiovisuelle Produktionen
- Anmeldung für audiovisuelle Werbespots.

IV. Belegexemplar und Druckverpflichtung des Verlegers

1. Druckausgabe

119 Kein Anspruch auf Verrechnung besteht für Werke, für die weder eine Druckausgabe noch ein Manuskript vorgelegt oder ein anderer Werknachweis geführt werden kann, Abschnitt I Ziff. 5 lit. a der Ausführungsbestimmungen zum VP A und B. Diese Bestimmung gilt ohne Einschränkung sowohl für Urheber als auch für Verleger, Abschnitt I Ziff. 5 lit. a Abs. 3 der Ausführungsbestimmungen zum VP A und B.

120 Für verlegte Werke ist grundsätzlich ein Druckexemplar vorzulegen. Seiner Vorlagepflicht gegenüber der GEMA genügt der Verleger auch durch die Erfüllung der gesetzlichen Pflichtstückverordnung vom 14.12.1982 (BGBl. I S. 1739) durch Einreichung von zwei Druckexemplaren beim Deutschen Musikarchiv in Berlin und schriftliche Benachrichtigung der GEMA.

121 Gehört der Verleger eines Werkes nicht der GEMA, sondern einer ausländischen Verwertungsgesellschaft an, so ist entweder der Komponist oder ein anderer Bezugsberechtigter zur Einsendung des Belegexemplars verpflichtet (Ziff. 5 lit. b).

2. Manuskript

122 Bei Manuskriptwerken erfolgt die Vorlage des Manuskripts oder einer Ablichtung erst auf Anforderung, Abschnitt I Ziff. 5 lit. a Abs. 2 der Ausführungsbestimmungen zum VP A und B.

3. Druckverzichtserklärung

Der Urheber kann den Verleger von seiner Pflicht zur Herstellung einer Druckausgabe befreien, wenn er gegenüber der GEMA seine schriftliche Zustimmung nach einem von der GEMA herausgegebenen Muster erteilt, Abschnitt I Ziff. 5 lit. a Abs. 1 der Ausführungsbestimmungen zum VP A und B.[3] 123

Wird vom Verleger nicht innerhalb von 6 Monaten nach Ablieferung des Manuskripts gedruckt, ist die GEMA, wenn sie vorher vom Urheber benachrichtigt worden ist, nach Ablauf einer angemessenen Nachfrist berechtigt, das Werk als Manuskriptwerk umzuregistrieren. Inzwischen gutgeschriebene Verlagsanteile dürfen von der GEMA durch Aufrechnung zurückgefordert werden. Hat der Urheber das Fristversäumnis selbst verschuldet, entfällt diese Verfahrensweise. 124

4. Mietmaterial

Für verlegte Werke, deren Aufführungsmaterial vom Verleger nur mietweise vertrieben wird, ist dem Anmeldebogen vom Urheber die Bestätigung der Inverlagnahme beizufügen, Abschn. I Ziff. 8 der Ausführungsbestimmungen zum VP A und B. Einer Druckverzichtserklärung der Urheber bedarf es nicht. Die Ausnahmebestimmung ist auf E- und U-Werke ab Bewertung 24 gemäß Abschnitt X, XI und XII der Ausführungsbestimmungen zum VP A beschränkt. 125

Auf Anforderung ist das Mietmaterial vorzulegen, Abschnitt I Ziff. 5 lit. a Abs. 2 der Ausführungsbestimmungen zum VP A. 126

5. Druckverpflichtung für subverlegte Werke

Die Druckverpflichtung gilt auch für subverlegte Werke, Abschnitt I Ziff. 1 Abs. 1, Abschnitt II Ziff. 1 Abs. 4 und Abschnitt III des Anhangs zu den Ausführungsbestimmungen zum VP A sowie Abschnitt II Abs. 3 S. 1 des Anhangs zum VP B. Die aus technischen und wirtschaftlichen Gründen erfolgte gemeinsame Ausgabe wird als eine solche angesehen, wenn Original- und Subverlag für das Subgebiet im Impressum stehen. Auch für subverlegte große Instrumental- und Vokalwerke der E- und der gehobenen U-Musik, deren Aufführungsmaterial vom Originalverlag nur mietweise abgegeben wird oder vom Subverleger in der ausländischen Originalausgabe vertrieben wird, muß keine eigene neugedruckte Ausgabe vorgelegt werden. Voraussetzung hierfür ist die Zustimmung der Urheber und der jeweils zuständigen ausländischen Verwertungsgesellschaft. 127

6. Keine Druckverpflichtung für Propaganda-Vertreter

Verleger, die ausländische Werke lediglich zum Zweck der Propaganda, der Vertretung und des Vertriebs übernommen haben, ohne eine eigene Ausgabe der Werke zu drucken, sind Propaganda-Vertreter und als solche grundsätzlich nicht beteiligt, Ab- 128

---

3 Formular „Anlage zum Anmeldbogen für Originalwerke“, GEMA Jahrbuch 2004/05, S. 416.

schnitt V lit. a Abs. 1 des Anhangs zu den Ausführungsbestimmungen zum VP A. Die mit dem ausländischen Originalverleger vereinbarte Beteiligung ist dem GEMA-Verlagsmitglied nach Abzug einer angemessenen Kostenerstattung auf ein Sonderkonto gutzuschreiben, Abschnitt V lit. a Abs. 2.

129 Ausgenommen von diesen Bestimmungen sind die in Abschnitt III des Anhangs zu den Ausführungsbestimmungen zum VP A genannten Fälle, d.h. Werke der E- und der gehobenen U-Musik in großen Besetzungen bzw. Aufführungsmaterial, das vom Originalverlag nur mietweise abgegeben oder im Inland in der ausländischen Originalausgabe vertrieben wird. Eine weitere Ausnahme wird bei der Tonfilmmusik gemacht. In diesem Ausnahmefall kann, das Einverständnis der zuständigen Verwertungsgesellschaften beider Verleger und das Einverständnis der Autoren vorausgesetzt, der als Propaganda-Vertreter fungierende Verleger bis zu 6/12-Anteilen beteiligt werden. Das Einverständnis der Autoren ist vor Abschluß des Vertrages der GEMA nachzuweisen, Abschnitt V lit. c des Anhangs zum VP A.

7. Druckverpflichtung für Filmmusik

130 Die Druckverpflichtung des Verlegers besteht auch für Filmmusik. Die Voraussetzung für die Beteiligung des Verlegers ist erfüllt, wenn er einzelne Musiknummern und Liedertexte einschließlich der Wiederholungen und motivischen Verwendungen oder die gesamte Musik und Liedertexte in einer für den Musikhandel bestimmten Form, d.h. in einer Ausgabe für Klavier und Gesang oder für Salonorchester bzw. Orchester oder Blasmusik, veröffentlicht hat, Abschnitt XV Ziff. 9 und 10 der Ausführungsbestimmungen zum VP A.

V. Werke, die unter Benutzung fremder Werke und Motive entstanden sind

131 Werke, die unter Benutzung fremder Werke und Motive entstanden sind, müssen vom Anmeldenden entsprechend gekennzeichnet und die Quellenstellen der benutzten Werke angegeben werden. Um den Nachvollzug der Angaben durch Vergleich der Notentexte zu ermöglichen, ist neben dem Belegexemplar des angemeldeten Werkes das benutzte Originalwerk, gleich ob urheberrechtlich geschützt oder frei, der Anmeldung beizufügen, Abschnitt I Ziff. 6 der Ausführungsbestimmungen zum VP A. Die Vorschrift ist insbesondere von Bedeutung für die sachgerechte Unterscheidung von Bearbeitungen freier Werke und von Kompositionen, sowie für die Feststellung bzw. Abgrenzung von Fällen urheberrechtlich zulässiger freier Benutzung gemäß § 24 UrhG mit den sich daraus ergebenden Folgen für die Verteilung bzw. die Beteiligung der Berufsgruppen an den Erträgnissen, § 4 Ziff. 2 u. 3 der Allg. Grundsätze zum VP A und § 3 Ziff. 1 und 5 der Allg. Grundsätze zum VP B.

VI. Werke, die unter Benutzung fremder geschützter Werke entstanden sind

Die Benutzung fremder geschützter Werke bedarf der Zustimmung des Inhabers des Urheberrechts des verwendeten Originalwerkes. Ansonsten kann der Anmeldende bei der Verteilung nicht berücksichtigt werden, Abschnitt I Ziff. 7 der Ausführungsbestimmungen zum VP A und B. Die urheberrechtliche Grundlage für diese Bestimmung findet sich in § 23 UrhG. Die Zustimmung ist in der von der GEMA vorgeschriebenen Form vorzulegen[4]. **132**

VII. Bestimmungen für Subverlage

1. Subverlag

Subverlage erhalten von Originalverlagen vertraglich das Recht, einzelne Werke oder Verlagskataloge in einem bestimmten Territorium und für einen bestimmten Zeitraum zu vertreten und sich für deren Vervielfältigung und Verbreitung einzusetzen. Als **Subverleger** wird im VP A derjenige Verleger bezeichnet, „der ein Werk mit Einverständnis des Originalverlegers in einer eigenen neugedruckten Ausgabe veröffentlicht und in denjenigen Ländern vertreibt, in denen er zum Vertrieb berechtigt ist", Abschnitt I Ziff. 1 S. 1 des Anhangs zu den Ausführungsbestimmungen zum VP A. Die Subverlags-Definition für das mechanische Vervielfältigungsrecht weicht davon ab. Subverleger im Sinne des Verteilungsplans B ist „derjenige Verleger, der ein Werk mit Einverständnis des Originalverlegers für ein oder mehrere Länder laut Subverlagsvertrag übernimmt", Abschnitt I Ziff. 1 S. 1 des Anhangs zu den Ausführungsbestimmungen zum VP B. Grundsätzlich gilt auch hier für den Subverlag, daß er das übernommene Werk in einer eigenen neugedruckten Ausgabe zu veröffentlichen hat, wobei die gemeinsame Ausgabe als solche angesehen wird, wenn Original- und Subverlag für das Subgebiet im Impressum stehen, Abschnitt II Abs. 3 S. 1 des Anhangs zum VP B. **133**

Nicht zulässig ist der Abschluß eines Subverlagsvertrags für das Verwaltungsgebiet der GEMA, wenn die Werke in diesem Gebiet originalverlegt sind, Abschnitt I Ziff. 1 Abs. 5 des Anhangs zu den Ausführungsbestimmungen zum VP A und Abschnitt I Abs. 4 des Anhangs zum VP B. Die für Urheber und Verleger des in Deutschland originalverlegten Repertoires geltenden Beteiligungsquoten der Verteilungspläne A und B können dadurch nicht unterlaufen werden. Zulässig ist die Aufteilung der verlegerischen Zuständigkeit auf bestimmte Territorien. Innerhalb eines bestimmten Territoriums können nur der Original- oder der Subverleger, nicht aber beide gleichzeitig zuständig sein. **134**

Für die Anmeldung subverlegter Werke gelten die Vorschriften für Originalwerke entsprechend. **135**

---

4 Formular „Bearbeitungsgenehmigung", GEMA-Jahrbuch 2004/2005, S. 432.

2. Propaganda-Vertreter

136 Schließt ein Subverleger Verträge über die Vertretung ausländischer Verlagskataloge für das Aufführungs- und Senderecht, ohne eigene Ausgaben zu drucken, ist er Propaganda-Vertreter, der für einen ausländischen Verlagskatalog das Inkasso durchführt und nach Verteilungsplan A grundsätzlich nicht beteiligt werden soll, Abschnitt V lit. a Abs. 1 des Anhangs zu den Ausführungsbestimmungen zum VP A. Die mit dem ausländischen Originalverleger vereinbarte Beteiligung ist ihm nach Abzug einer angemessenen Kostenerstattung auf einem Sonderkonto gutzuschreiben, Abschnitt V lit. a Abs. 2 des Anhangs zu den Ausführungsbestimmungen zum VP A.

137 Die eigene neu gedruckte Ausgabe ist für die Beteiligung an den Erträgnissen aber nicht conditio sine qua non; der Terminus Propaganda-Vertreter kommt im Verteilungsplan B nicht vor.[5] Gleichwohl folgt die Praxis auch hier dem Aufführungsrecht: Gutschriften für subverlegte Werke, die im Subgebiet mechanisch vervielfältigt worden sind und nicht in einer eigenen neugedruckten Ausgabe veröffentlicht werden, erfolgen auf Sonderkonto.

138 Für die Beteiligung von Propaganda-Vertretern sind Ausnahmen vorgesehen für subverlegte Werke der E- und der gehobenen U-Musik in großen Besetzungen sowie für Filmmusik. Voraussetzung ist das Einverständnis der Verwertungsgesellschaften beider Verleger und die Zustimmung der Autoren, die vor Vertragsabschluß der GEMA nachzuweisen ist, Abschnitt III und V lit. c) des Anhangs zu den Ausführungsbestimmungen zum VP A.

3. Laufzeiten von Subverlags- und Generalverträgen

139 Subverlags- und Generalverträge sollen für die Dauer der Schutzfrist, mindestens aber für 10 Jahre abgeschlossen werden, Abschnitt I Ziff. 1 Abs. 2 des Anhangs zu den Ausführungsbestimmungen zum VP A und B. In Ausnahmefällen können auch kürzere Laufzeiten anerkannt werden. Als Mindestlaufzeit gelten 3 Jahre, die mit dem Kalenderjahr übereinstimmen müssen. Die Änderung der Laufzeiten für Subverlags- und Generalverträge löst in der Dokumentation der zu diesen Verträgen korrespondierenden Werke und Filme Veränderungen aus, die sich vor allem auf die Abrechnung auswirken. Gelten Subverlags- und Generalverträge für Gebiete, die mehrere Länder einschließen, müssen entsprechende Vertragsänderungen auch mit den zuständigen Verwertungsgesellschaften dieser Länder synchronisiert und in deren Dokumentations- und Abrechnungssystemen nachvollzogen werden. Um den durch Umregistrierungen entstehenden Verwaltungsaufwand zu begrenzen, sind Mindestlaufzeiten eingeführt worden. Subverlags- und Generalverträge müssen mit dem Kalenderjahr übereinstimmen, weil die GEMA in den Verteilungssparten des Aufführungsrechts zum einen nach Geschäftsjahren abrechnet, die dem Kalenderjahr entsprechen, Abschnitt VIII Ziff. 1 S. 1 der Ausführungsbestimmungen zum VP A, und zum anderen unterschiedliche Beteiligungen an einem Werk innerhalb eines Ab-

---

5 Zur Druckverpflichtung bei subverlegten Werken siehe oben Rn. 127.

rechnungszeitraumes nicht berücksichtigen kann, Abschnitt I Ziff. 1 Abs. 2 S. 5 des Anhangs zu den Ausführungsbestimmungen zum VP A.

VIII. Der Werkausschuß

Die Mitglieder der GEMA bekennen sich in den Grundsätzen zum Verteilungsplan A zur Berücksichtigung sowohl der materiellen als auch der kulturellen Werte der Werke, § 2 der Allg. Grundsätze zum VP A. Der Verteilungsplan entspricht damit der Sollvorschrift in § 7 S. 2 UrhWG, kulturell bedeutsame Werke und Leistungen zu fördern. Grundsätze und Ausführungsbestimmungen zum VP A tragen der Verschiedenartigkeit von Werken der Musik und ihrer Nutzungsmöglichkeiten, aber auch ihrem kulturellen Stellenwert Rechnung. **140**

Einige der Verteilungsregeln verweisen auf objektive, andere auf künstlerische Sachverhalte. Die Mitgliederversammlung war sich stets darüber im Klaren, daß sich für die Entscheidung künstlerischer Sachverhalte nur in sehr begrenztem Umfang feste Kriterien aufstellen lassen, weil deren Beurteilung künstlerische Kompetenz und musikalische Urteilsfähigkeit voraussetzt. Auch waren sich die Mitglieder bewußt, daß die Entscheidung solcher Fragen nicht immer ohne Zweifel bzw. konfliktfrei möglich ist. Die Klärung musikalisch-künstlerischer Fragen und Aufgaben, wie sie der Verteilungsplan in den Grundsätzen und Ausführungsbestimmungen enthält (siehe unten Rn. 145), erfordert große Fachkompetenz und schließt einen erheblichen Ermessensspielraum nicht von vornherein aus. Zuständig dafür ist der Werkausschuß der GEMA, eine aus Vertretern der drei Berufsgruppen bestehende Jury, ausgestattet mit dem durch (Wieder-)Wahl zum Ausdruck kommenden Vertrauen der Mitgliederversammlung und dem Auftrag, nach Maßgabe des Verteilungsplans über entsprechende Anträge der Berechtigten mit teilweise erheblichen materiellen Auswirkungen zu entscheiden. **141**

Die **Organisations- und Verfahrensregeln** in der GO Werkausschuß (Fassung vom 7./8. Juli 1998) entsprechen weitgehend den Regeln der verschiedenen Wertungsverfahren. Vergleichbar ausgestaltet sind insbesondere folgende Regeln: **142**

- Wählbarkeit der Ausschußmitglieder, § 1 Abs. 2 GO Werkausschuß;
- Wahl, § 1 Abs. 2 S. 2;
- Amtsperiode, § 1 Abs. 4;
  Ersatzwahl, § 1 letzter Abs.;
- Verfahren und Abstimmung, § 2;
- Einberufung, § 3;
- Einspruch gegen die Entscheidung des Werkausschusses, § 6 Abs. 2 und 3.

Der Werkausschuß setzt sich zusammen aus vier Komponisten, zwei Textdichtern und einem Verleger mit der jeweils gleichen Zahl von Stellvertretern für jede Berufsgruppe (§ 1 Abs. 1 S. 1). Die Textdichter nehmen an den Sitzungen nur teil bei Anträgen nach Abschnitt XI Ziff. 1 der Ausführungsbestimmungen zum VP A auf höhere Einstufung von textierten Werken (Chansons). Das Teilnahmerecht des Verlegers ist beschränkt auf Fälle verlegter Werke. **143**

144 Die **Einberufung** erfolgt durch den Vorsitzenden oder den Vorstand und richtet sich nach Bedarf bzw. Umfang der eingereichten Anträge.

145 Der Werkausschuß hat die ihm nach dem Verteilungsplan zugewiesenen **Aufgaben**, § 4 GO Werkausschuß. Sein Aufgabenkatalog umfasst demnach die Prüfung bzw. Entscheidung über:

- die Beteiligung des Textdichters im Streitfall bei nachträglich textierten Werken, wenn die Zugkraft des Werkes auf die nachträgliche Textierung zurückgeht, § 4 Ziff. 8 S. 3 der Allg. Grundsätze zum VP A und § 3 Ziff. 3 S. 3 der Allg. Grundsätze zum VP B;
- die Einstufung bzw. die Vergabe von Punktziffern nach den Verrechnungsschlüsseln in Abschnitt X, XI, XII und XIII für die vorgelegten Werke, Abschnitt I Ziff. 15 lit. a S. 1 der Ausführungsbestimmungen zum VP A;
- die Einbeziehung von Auftragskompositionen für Eigen- oder Auftragsproduktionen des Fernsehens in das Wertungsverfahren der Komponisten in der Sparte E, Abschnitt I Ziff. 15 lit. a S. 2 der Ausführungsbestimmungen zum VP A;
- die Schutzfähigkeit vorgelegter Werke[6], Abschnitt I Ziff. 16 lit. a der Ausführungsbestimmungen zum VP A und Abschnitt I Ziff. 12 lit. a der Ausführungsbestimmungen zum VP B;
- die der Verrechnung zugrunde zu legende und zu registrierende Spieldauer, wenn keine Einigung zwischen dem Anmeldenden und der GEMA hinsichtlich der Spieldauer zu erzielen ist, Abschnitt I Ziff. 18 der Ausführungsbestimmungen zum VP A;
- Anträge auf Höherbewertung von Chansons und urheberrechtlich geschützten Texten zu urheberrechtlich freien unbearbeiteten Werken der Musik, Abschnitt XI Ziff. 1 der Ausführungsbestimmungen zum VP A;
- die Einstufung von Konzertliedern und Musiknummern mit und ohne Text, die von Anfang an zu musikalischen Bühnen- oder Filmwerken gehörten, Abschnitt XI Ziff. 2 der Ausführungsbestimmungen zum VP A;
- den Jazzcharakter eines Werkes bei zeitgenössischem Jazz von künstlerischer Bedeutung und mit Konzertcharakter, Abschnitt I Ziff. 2 der Ausführungsbestimmungen zum VP A;
- Anträge auf Anerkennung und Einstufung von Unterhaltungsmusikwerken von überdurchschnittlichem künstlerischem Wert, Abschnitt XI Ziff. 6 der Ausführungsbestimmungen zum VP A;
- Anträge auf Höherbewertung sinfonischer (U-)Werke, Abschnitt XI Ziff. 7 der Ausführungsbestimmungen zum VP A;
- Anträge auf Einstufung von Werken nach Abschnitt XII der Ausführungsbestimmungen zum VP A;
- Anträge auf Erhöhung der Punktbewertung im Rundfunk bis $2^1/_2$ für Werke nach Abschnitt XII, Abschnitt XII vorl. Abs. der Ausführungsbestimmungen zum VP A.

---

6 Vom Werkausschuß bzw. vom Aufsichtsrat verneinte Schutzfähigkeit von Bearbeitungen. Bestätigend dazu LG Berlin v. 31. 3. 1998 – 16.O.639/97.

Gegen die Entscheidung des Werkausschusses, die allen am Werk Beteiligten mit Rechtsmittelbelehrung mitzuteilen ist, § 6 Abs. 1 GO Werkausschuß, kann von jedem betroffenen Mitglied und vom Vorstand die Entscheidung des Aufsichtsrates angerufen werden, § 6 Abs. 2 GO Werkausschuß. Beruht die Anrufung des Aufsichtsrats durch das betroffene Mitglied bei **Einsprüchen** gegen Entscheidungen des Werkausschusses auf neuem Tatsachenvortrag, der bei der Entscheidung noch nicht berücksichtigt werden konnte, kann der Vorsitzende nach Rücksprache mit den übrigen Ausschußmitgliedern dem Antrag ohne Vorlage beim Aufsichtsrat entsprechen, § 6 Abs. 4 S. 1 GO Werkausschuß. **146**

Neuer Tatsachenvortrag kann nur der Vortrag solcher Tatsachen sein, die zum Zeitpunkt der Entscheidung bereits bestanden und objektiv hätten berücksichtigt werden können. Es ist unerheblich, ob der Werkausschuß bei der Entscheidung Tatsachen übersehen bzw. nicht bewertet hat oder subjektiv nicht berücksichtigen konnte, weil er keine Kenntnis davon hatte. Nachträglich vorgenommene Änderungen an dem zur Prüfung eingereichten Werk können ohne Verletzung des Gleichbehandlungsgrundsatzes nicht berücksichtigt werden. **147**

Daneben kann das Mitglied bei Einsprüchen **Anhörung** im Werkausschuß verlangen und als Beistand ein Mitglied seiner Kurie hinzuziehen, § 6 Abs. 4 S. 2 und 3 GO Werkausschuß. **148**

Die Regelung hat sich in der Praxis bewährt. Anhörungen im Werkausschuß sind Aussprachen unter Berufskollegen in Konfliktfällen, zu denen der Antragsteller als Beistand ein Mitglied seiner Kurie, jedoch keine Außenstehenden hinzuziehen kann. Die Hinzuziehung eines Anwalts oder eines Sachverständigen ist möglich, sofern diese gleichzeitig Mitglieder der Kurie des Antragstellers sind. Die Anhörung dient der Sachaufklärung ebenso wie dem persönlichen Austausch von Informationen und Standpunkten über den Verteilungsplan und Anwendungsfragen, die ein künstlerisches Urteilsvermögen erfordern. **149**

Nach einer Anhörung legt der Werkausschuß die Sache dem Aufsichtsrat mit Begründung erst vor, wenn er nicht zuvor von der Möglichkeit Gebrauch gemacht hat, dem Einspruch des Mitglieds zu entsprechen, § 6 Abs. 4 S. 4 und 5 GO Werkausschuß. **150**

Abschnitt III Programm- und Aufführungserfassung

(1) Die Geschäftsleitung sorgt für die Erfassung und Bearbeitung der Programme und hat die Erwerber von Aufführungsgenehmigungen zu verpflichten, der GEMA die zur Aufführung gebrachten Werke genau anzuzeigen.

(2) Die Geschäftsleitung ist verpflichtet, auf die Erfassung der Programme die größte Sorgfalt zu verwenden. Sie ist berechtigt, jede ihr geeignet erscheinende Maßnahme zur Erfassung der Programme zu treffen. Für die Vollständigkeit der Programme und der Programmerfassung trägt die Geschäftsleitung keine Verantwortung.

(3a) Es ist dem Bezugsberechtigten untersagt, auf die Ausfüllung der Programme Einfluß zu nehmen oder Programme selbständig oder im Auftrage auszufüllen.

(3b) Ausgenommen von diesem Verbot, Programme selbständig oder im Auftrage auszufüllen, sind Bezugsberechtigte, die als ausübende Berufsmusiker oder aufgrund vertraglicher Verpflichtungen

zur Ausfüllung von Programmen verpflichtet sind. Nimmt ein solcher Bezugsberechtigter an einer von der GEMA lizenzierten Veranstaltung teil, die im Freien stattfindet, auf öffentlich frei zugänglichen, auch überdachten Plätzen (z. B. Bahnhofshallen, Eingangshallen, in dem öffentlichen Publikumsverkehr zugänglichen Galerien und Passagen, Straßenfesten, Fußgängerzonen, Malls), auf der für die dort anzutreffenden Passanten Werke dargeboten werden, so bedürfen die von ihm ausgefüllten Programme einer Bestätigung des Veranstalters.

(3c) In Fällen von falschen Angaben, die einen rechtswidrigen Vermögensvorteil bezwecken, ist der Vorstand im Zusammenwirken mit dem Aufsichtsrat berechtigt, Konventionalstrafen zu fordern, die mit den dem Bezugsberechtigten zufallenden Aufführungserträgnissen kompensiert werden können. Das Recht auf Ausschluß nach § 9 A Ziff. 4 der Satzung bleibt davon unberührt.

(4) Die GEMA kann Bezugsberechtigte i.S. von Ziff. 3b) Satz 1 auffordern, für einen bestimmten Zeitraum, etwa bis zu zwei Monaten, ihre Auftrittstermine und -orte rechtzeitig, d.h. mindestens zwei Wochen vorher, mitzuteilen.

Übersicht Rn.

I. Vorbemerkung

151 Die Veranstalter von öffentlichen Wiedergaben im Sinne des § 15 Abs. 2 UrhG sind gemäß § 13a Abs. 1 UrhWG verpflichtet, vor der Veranstaltung die Einwilligung der zuständigen Verwertungsgesellschaft einzuholen. Dabei ist es nicht erforderlich, im voraus anzugeben, welche Werke im Rahmen der Veranstaltung genutzt werden sollen.[1] Bei den seitens der Verwertungsgesellschaft vorab erteilten Einwilligungen handelt es sich um **Blankettlizenzen**, die zur Nutzung des gesamten von der Verwertungsgesellschaft vertretenen Repertoires berechtigen. Damit die Verwertungsgesellschaft eine Abrechnung der Einnahmen vornehmen kann, sind die Veranstalter jedoch in den in § 13a Abs. 2 UrhWG genannten Fällen gesetzlich verpflichtet, im nachhinein Aufstellungen über die bei den Veranstaltungen genutzten Werke zu übersenden. Diese Aufstellungen werden im Verteilungsplan als **Programme** bezeichnet.

II. Übersicht

152 Abschnitt III regelt in Ziffer 1 und 2 die Verpflichtung der GEMA zur Programmerfassung und deren Umfang (III.). Ziffer 3 regelt, durch wen die Programme auszufüllen sind (IV.). Ziffer 4 enthält eine Regelung zur Kontrolle der Richtigkeit der Programme in den Fällen, in denen die Berechtigten selbst zum Ausfüllen von Programmen berechtigt sind.

---

1 Schricker-*Reinbothe*, § 13 WahrnG Rn. 4.

III. Die Programmerfassung

Die Regelungen in Abschnitt III Ziffer 1 und 2 waren wortgleich bereits im Verteilungsplan der STAGMA enthalten,[2] sind also vor der Statuierung der gesetzlichen Programmabgabepflicht der Veranstalter in § 13a Abs. 2 UrhWG geschaffen worden. Die in Ziffer 1 geregelte Verpflichtung der Geschäftsleitung der GEMA, die Erwerber von Aufführungsgenehmigungen zu verpflichten, der GEMA die zur Aufführung gebrachten Werke genau anzuzeigen, besteht nur in dem durch § 13a Abs. 2 UrhWG eröffneten Rahmen einer Programmabgabepflicht der Veranstalter. **153**

Die Programme können unvollständig sein, wenn sie nicht alle im Rahmen einer Veranstaltung oder Sendung genutzten Werke enthalten. Die Programmerfassung kann unvollständig sein, wenn Veranstalter ihrer Programmabgabepflicht nicht nachkommen. Gemäß Abschnitt III Ziffer 2 S. 3 trägt die GEMA hierfür keine Verantwortung. Sie ist somit zu einer vollständigen Erfassung aller Programme für alle Veranstaltungen nicht verpflichtet (siehe zur Ermittlung der Aufführungszahlen bei unvollständiger Programmabdeckung in der Sparte U unten Rn. 173 ff.). **154**

IV. Das Ausfüllen der Programme

Gemäß Abschnitt III Ziffer 3a ist den Bezugsberechtigten das Ausfüllen von Programmen grundsätzlich untersagt. Vorbehaltlich der in Ziffer 3b enthaltenen Ausnahme sind die Programme damit von den **Veranstaltern** auszufüllen. Von der Richtigkeit der in diesen Programmen enthaltenen Angaben kann grundsätzlich ausgegangen werden, weil der die Programme einreichende Veranstalter in der Regel – sofern er nicht selbst Bezugsberechtigter der GEMA ist oder an den Einnahmen eines Berechtigten der GEMA unmittelbar oder mittelbar beteiligt ist – kein eigenes wirtschaftliches Interesse an den Angaben in den Programmen hat. Dagegen besteht wegen des insoweit gegebenen Eigeninteresses im Falle des Ausfüllens durch die Berechtigten selbst eine Richtigkeitsgewähr nicht in gleichem Maße. **155**

Zum Ausfüllen der Programme sind die Berechtigten nur in den in Abschnitt III Ziffer 3b S. 1 ausdrücklich genannten Fällen berechtigt. Sie haben bei den in Ziffer 3b S. 2 genannten Veranstaltungen die Programme durch den Veranstalter bestätigen zu lassen. Um der GEMA eine Kontrolle der Berechtigten zu ermöglichen, können diese gemäß Abschnitt Ziffer 4 aufgefordert werden, ihre Auftrittstermine und -orte für einen bestimmten Zeitraum rechtzeitig mitzuteilen. **156**

Verstöße gegen die in Abschnitt III Ziffer 3 und 4 enthaltenen Anforderungen werden durch die Regelungen in Abschnitt IV Ziffer 5 und 6 sanktioniert. **157**

---

2 Siehe Verteilungsplan der STAGMA, Abschnitt III Ziffer 1 und 2 der Ausführungsbestimmungen, abgedruckt in den STAGMA-Nachrichten Nr. 4 vom Oktober 1934, S. 52.

Abschnitt IV Programm-Verwertung

(1) Programme von Aufführungen, für die Aufführungsgebühren nach Maßgabe gesetzlicher Bestimmungen oder aus anderen Gründen an die GEMA nicht gezahlt werden, sind von der programmmäßigen Verrechnung ausgeschlossen.

(2) Programme der Kur- und Bäder-Veranstaltungen, die im Verwertungsgebiet U eingehen, gelangen in dem Verwertungsgebiet E zur Verrechnung, wenn es sich um Konzerte mit ernstem Programm handelt.

(3) Die in den Tonfilmprogrammen enthaltene Handmusik, d.h. Aufführungen durch Musiker oder Begleitmusik zu Bühnenschauen, wird in der Sparte VK verrechnet.

(4) Von der Verrechnung ausgeschlossen sind Programme, die offensichtlich unrichtig sind. Programme, die den Namen einzelner Bezugsberechtigter auffallend häufig enthalten, ohne daß hierfür ein sachlicher Grund gegeben ist, sind von der Verrechnung insoweit ausgeschlossen, als sie auf dem zu beanstandenden Tatbestand beruhen. Im Zweifel werden diese Programme bis zur endgültigen Klärung von der Verrechnung zurückgestellt.

In besonders schwerwiegenden Fällen, insbesondere in Wiederholungsfällen, findet Abschnitt III Ziff. 3c entsprechende Anwendung.

(5) Von der Verrechnung ausgeschlossen sind Programme, die entgegen der Bestimmung von Abschnitt III Ziff. 3a von den Bezugsberechtigten ausgefüllt sind.

Ebenfalls von der Verrechnung ausgeschlossen sind Programme, die nach Abschnitt III Ziff. 3b einer Bestätigung des Veranstalters bedürfen, diese aber nicht enthalten.

Gleiches gilt für Programme für Veranstaltungen, für die ein Bezugsberechtigter seiner Mitteilungspflicht gemäß Abschnitt III Ziff. 4 nicht rechtzeitig nachgekommen ist, es sei denn, der Bezugsberechtigte legt durch konkrete, nachprüfbare Angaben dar, daß eine Mitteilung aus objektiven Gründen nicht möglich war.

(6) Von der Verrechnung ausgeschlossen sind Programme, die gemäß Abschnitt III Ziff. 3b Satz 1 ausgefüllt werden und nach Ablauf einer Frist von 6 Monaten nach den Veranstaltungen bei der GEMA eingehen. Ausnahmen sind nur bei Vorliegen höherer Gewalt möglich. Die die höhere Gewalt begründenden Umstände sind vom Antragsteller schriftlich darzulegen.

(7) Programme, die erst nach Abschluß eines Geschäftsjahres eingehen, gelangen im folgenden Geschäftsjahr zur Verrechnung.

Übersicht Rn.

I. Übersicht

158 Abschnitt IV Ziffer 1–3 betrifft die Verwertung von Programmen in Sonderfällen (II.). Die Ziffern 4–6 enthalten Regelungen, die die Verwertung von Programmen von

formalen und inhaltlichen Anforderungen abhängig machen (III.). Ziffer 7 betrifft die zeitliche Zuordnung von Programmen zu den jeweiligen Abrechnungszeiträumen (IV).

II. Die Verwertung von Programmen in Sonderfällen

1. Programme ohne Zahlungseingang

Gemäß Abschnitt IV Ziffer 1 sind Programme, für die Aufführungsgebühren nach **159** Maßgabe gesetzlicher Bestimmungen nicht bezahlt werden, von der Verrechnung ausgeschlossen, so zum Beispiel Programme für Aufführungen, die nach § 52 Abs. 1 UrhG erlaubnis- und vergütungsfrei zulässig sind. Ebenso sind Programme von der Verrechnung ausgeschlossen, für die aus anderen Gründen keine Aufführungsgebühren gezahlt werden, so etwa im Falle der Zahlungsunfähigkeit des Veranstalters.

Anwendungsbereich dieser Regelung sind die Sparten, in denen eine gemeinsame Ab- **160** rechnung einer Vielzahl von einzelnen Veranstaltungen erfolgt, z.B. also die Sparten E (siehe unten Rn. 209) und U (siehe unten Rn. 223). Mit der Regelung soll sichergestellt werden, daß jeder Teilhabe eines Programms an der Verteilung eine Einnahme aus diesem Programm gegenübersteht.[1]

2. Programme in Kur- und Bäderveranstaltungen

Programme für Kur- und Bäder-Veranstaltungen lassen sich aufgrund von Besonder- **161** heiten des in solchen Veranstaltungen genutzten Repertoires nicht einheitlich der Sparte E oder der Sparte U zuordnen. Gemäß Abschnitt IV Ziffer 2 wird bei den eingehenden Programmen jeweils gesondert geprüft, ob es sich bei den jeweils genutzten Werken um Werke der ernsten Musik oder um Werke der Unterhaltungsmusik gehandelt hat.

3. Handmusik bei Tonfilmvorführungen

Handmusik ist Live-Musik zur Begleitung von Tonfilmen. Gemäß Abschnitt VIII **162** Ziffer 3c wird aus der für die Sparte T zur Verfügung stehenden Verteilungssumme ein dem Gegenwert der aufgeführten Handmusik entsprechender Betrag der Verteilungssumme U bzw. VK zugeschlagen. Da derartige Musik heute nahezu nicht mehr vorkommt, ist diese Bestimmung ohne große praktische Bedeutung. Siehe zur Sparte VK unten Rn. 229.

III. Die Verwertung bei formalen und inhaltlichen Mängeln der Programme

Programme, die entgegen Abschnitt III Ziffer 3a von den Berechtigten selbst aus- **163** gefüllt worden sind, werden gemäß Abschnitt IV Ziffer 5 Abs. 1 von der Verrechnung ausgeschlossen.

---

1 LG Berlin vom 22.02.2005, Az. 16 O 681/03, Umdruck S. 34 (nicht rechtskräftig).

164 Programme, die nach Abschnitt III Ziffer 3b S. 1 von den Berechtigten selbst ausgefüllt werden dürfen, sind innerhalb von 6 Monaten nach der Veranstaltung bei der GEMA einzureichen. Später eingereichte Programme werden gemäß Abschnitt IV Ziffer 6 grundsätzlich von der Verrechnung ausgeschlossen.

165 Programme, die eine nach Abschnitt III Ziffer 3b S. 2 erforderliche Bestätigung des Veranstalters nicht enthalten, werden gemäß Abschnitt IV Ziffer 5 Abs. 2 von der Verrechnung ausgeschlossen. In der Praxis erfolgt ein Ausschluß jedoch erst dann, wenn eine Aufforderung der GEMA an den Einreicher des Programms, die Unterschrift nachzureichen, ohne Ergebnis bleibt.

166 Kommt ein Bezugsberechtigter, der vom Verbot, Programme selbständig oder im Auftrag auszufüllen, ausgenommen ist, der Aufforderung der GEMA zur Mitteilung seiner Auftrittstermine und -orte gemäß Abschnitt III Ziffer 4 nicht nach, so können die Programme für die betreffenden Veranstaltungen gemäß Abschnitt IV Ziffer 5 Abs. 3 von der Verrechnung ausgeschlossen werden.

167 Die vorgenannten Regelungen haben den Zweck, der GEMA die Wahrnehmung ihrer sich aus dem Treuhandverhältnis ergebenden Verpflichtung zur Kontrolle zu ermöglichen.

IV. Die zeitliche Zuordnung von Programmen

168 Gemäß Ziffer 7 werden Programme, die erst nach Abschluß eines Geschäftsjahres eingehen, nicht endgültig von der Verrechnung ausgeschlossen. Ihre Verrechnung wird lediglich auf das nächste Geschäftsjahr verschoben.

Abschnitt V Ermittlung der Aufführungsziffern der Werke

(1) Die GEMA stellt in den Sparten E, ED, EM, BM, U, UD und VK alljährlich für jedes Werk die Zahl der Aufführungen anhand der bei ihr eingegangenen verwertbaren Programme und Angaben über abgehaltene Aufführungen fest.

(2) Macht ein Bezugsberechtigter innerhalb zwölf Monaten nach Abrechnung (vgl. Abschnitt IX Ziff. 5) glaubhaft, daß Aufführungen stattgefunden haben, ohne daß diese in den verwertbaren Programmen enthalten sind, werden diese Aufführungen mit der nächstfälligen Abrechnung in der zuständigen Sparte verrechnet.

(3a) In den Sparten Tonrundfunk und Fernsehrundfunk erfolgt die Feststellung der Aufführungen grundsätzlich aufgrund der durch die Rundfunkveranstalter, ggf. auch durch Dritte, gelieferten Programme. Über nähere Einzelheiten befindet jeweils der Aufsichtsrat.

Als eine Aufführung wird eine Sendung durch eine der folgenden Sendegruppen verrechnet:

(1) Bayerischer Rundfunk München (BR)
(2) Hessischer Rundfunk Frankfurt (HR)
(3) Norddeutscher Rundfunk Hamburg (NDR)
(4) Radio Bremen (RB)
(5) Saarländischer Rundfunk Saarbrücken (SR)
(6) Südwestrundfunk (SWR)
(7) Westdeutscher Rundfunk Köln (WDR)

(8) Mitteldeutscher Rundfunk Leipzig (MDR)
(9) Rundfunk Berlin-Brandenburg (RBB)

Sonstige Anstalten

(10) Deutsche Welle Köln (DW)
(11) DeutschlandRadio Kultur
(12) Zweites Deutsches Fernsehen Mainz (ZDF)

(3b) Schließen sich mehrere Rundfunkanstalten zu einer gemeinsamen Sendung zusammen, wird die Sendezeit mit der Zahl der angeschlossenen deutschen Rundfunkanstalten in der Bundesrepublik Deutschland multipliziert[4]. Die Sendungen des ZDF werden wie ein Gemeinschaftsprogramm aller ARD-Anstalten verrechnet. Mögliche Regionalsendungen des ZDF werden wie Sendungen einzelner der vorstehend genannten Rundfunkanstalten verrechnet.

(3c) Regionalsendungen innerhalb des Bereichs einer öffentlich-rechtlichen Rundfunkanstalt werden mit der Hälfte der Sendezeit verrechnet. Subregionale Sendungen nur für den Bereich eines Landesstudios werden zu einem Viertel der Sendezeit verrechnet. Regionale Fernsehprogramme und Orts- bzw. Stadtsender werden mit einem Zehntel der Sendezeit verrechnet.

(3d) Wird ein Programm einer Rundfunkanstalt gleichzeitig über mehrere Wellenbereiche der gleichen Rundfunkanstalt ausgestrahlt, z.B. über MW und UKW usw., so erfolgt nur eine einmalige Verrechnung.

(3e) Für den Fall einer mittels Richtstrahler zu verschiedenen Zeiten nach verschiedenen Erdteilen ausgestrahlten Sendung der gleichen Programme erfolgt nur eine einmalige Verrechnung.

(3f) Entfällt.

(3g) Bei Gemeinschaftssendungen von einzelnen oder allen Rundfunkanstalten der ARD mit dem ZDF erfolgt die Verrechnung wie bei einer Gemeinschaftssendung aller ARD-Anstalten.

(3h) Ist im Falle von Sondersendungen im Fernsehrundfunk eine Rundfunkanstalt nicht vollständig angeschlossen, so erfolgt die Verrechnung für diese Rundfunkanstalt mit der Hälfte der Sendezeit.

(3i) Soweit Verträge mit anderen, hier nicht genannten Unternehmen für Rundfunksendungen geschlossen werden, erfolgt die Verrechnung im Verhältnis zur Höhe der Vergütung.

(4) Die Verrechnung erfolgt sowohl beim Tonrundfunk als auch beim Fernsehrundfunk aufgrund der Spieldauerangaben der durch die Rundfunkanstalten gelieferten Programme.

(5) In der Sparte Tonfilm wird die Zahl der Aufführungen jedes einzelnen Filmes an Hand der Programme der Filmtheater festgestellt.

---

[4] Der Multiplikator für Gemeinschaftssendungen aller ARD-Anstalten für die Geschäftsjahre 2003 bis einschließlich 2008 beträgt 10.

Übersicht

Rn.

I. Übersicht

169 Gegenstand von Abschnitt V ist die Ermittlung der **Aufführungsziffern** der Werke anhand der gemäß Abschnitt III und IV erfaßten und verwertbaren Programme. Die Aufführungsziffern drücken aus, wie häufig ein Werk genutzt worden ist. Sie sind Grundlage für die Ermittlung der Abrechnungsziffern nach Abschnitt VI. Dabei betrifft Ziffer 1 die Ermittlung der Zahl der Aufführungen in den Sparten E, ED, EM, BM, U, UD und VK, Ziffern 3 und 4 betreffen die Ermittlung der Anzahl der Sendeminuten in den Sparten R, FS und T FS und Ziffer 5 betrifft die Ermittlung der Zahl der Aufführungen der einzelnen Filme in der Sparte T (II.). Abschnitt V Ziffer 2 enthält eine Regelung zur Berücksichtigung von Aufführungen, die nicht durch Programme belegt sind (III.).

II. Die Ermittlung der Aufführungsziffern auf Grundlage der Programme

1. Sparten E, ED, EM, BM, U, UD und VK

170 In den Sparten E, ED, EM, BM, U, UD und VK stellt die GEMA gemäß Abschnitt V Ziffer 1 für jedes Werk die Zahl der Aufführungen fest. Diese Zahl wird sowohl anhand der verwertbaren Programme als auch der Angaben über abgehaltene Aufführungen ermittelt. Dabei ist zwischen den Sparten E, ED, EM, BM und UD einerseits (a) und der Sparte U andererseits (b) zu unterscheiden.

a) Sparten E, ED, EM, BM und UD

171 Im Bereich der Veranstaltungen von Werken der ernsten Musik geht die GEMA davon aus, daß für nahezu alle Veranstaltungen Programme eingereicht werden, die Programmabdeckung somit fast vollständig ist (siehe zur Pflicht der Veranstalter zur Einreichung von Programmen oben Rn. 151). In der Sparte E erfolgt die Ermittlung der Zahl der Aufführungen deshalb allein anhand der eingegangenen Programme.

172 In den Sparten ED, EM, BM und UD sieht der Verteilungsplan Nettoeinzelverrechnung vor (siehe zum Begriff der Nettoeinzelverrechnung unten Rn. 319). Diese setzt das Vorliegen eines Programms voraus.

b) Sparte U

173 Im Bereich der Veranstaltungen von Unterhaltungsmusik ist die Programmabdeckung unvollständig. Die GEMA geht davon aus, daß ca. 1/4 der lizenzierten Ver-

anstaltungen durch Programme belegt ist.[1] In der Sparte U erfolgt die Ermittlung der Zahl der Aufführungen deshalb nicht allein anhand der Programme, sondern zusätzlich anhand der Angaben, die der GEMA über abgehaltene Aufführungen vorliegen.

Für die Ermittlung der Zahl der Aufführungen erfolgt eine Hochrechnung auf Grundlage der vorhandenen Programme. Dabei werden die durch Programme belegten Aufführungen so ausgewertet, als wären sie für die Gesamtzahl der tatsächlich stattfindenden Aufführungen repräsentativ. Das seit Geschäftsjahr 1998 zur Hochrechnung verwendete Verfahren ist das sogenannte **PRO-Verfahren**. **174**

Die Einzelheiten des PRO-Verfahrens sind im Verteilungsplan selbst nicht geregelt.[2] **175** Das PRO-Verfahren ermittelt die Aufführungshäufigkeit, indem in einem ersten Schritt die in den verwertbaren Programmen angegebenen Aufführungen eines Werks ausgezählt werden.[3] Ein Hochrechnungsverfahren ist dazu nicht erforderlich. In einem zweiten Schritt ermittelt die GEMA sodann die Aufführungszahlen der verbleibenden, nicht durch Programme belegten Werkaufführungen, die zu den durch Programme belegten Aufführungen hinzugerechnet werden. Deren Anzahl wird mit Hilfe des so genannten **PRO-Faktors** bestimmt, der aus den ebenfalls in den Programmen enthaltenen Angaben über die Aufführungsorte (GEMA-Bezirke) und die Aufführungszeiten (Kalendermonate) gebildet wird. Der PRO-Faktor wird nach folgender Formel ermittelt: **PRO-Faktor = MKZ × C × (1-P) + P**. Dabei ergibt sich der **Faktor MKZ (Matrix-Kennzahl)** aus der Anzahl der Aufführungsorte und -zeiten der Werkfassungen. Die Matrix-Kennzahl kann mindestens 1 (Aufführungen in 1 Monat in 1 Bezirk) und maximal 144 betragen (Aufführungen in 12 Monaten in 12 Bezirken).[4] Diese Hochrechnung wird anschließend durch einen Normierungsfaktor ausgeglichen, den **Faktor C**: Da infolge der Gewichtung die Anzahl der Aufführungen rechnerisch um einen bestimmten Wert ansteigt, wird die zuvor ermittelte Aufführungszahl um diesen Wert geteilt. Steigt zum Beispiel wie im Geschäftsjahr 2004 die Aufführungszahl durch die Gewichtung um das 70-fache, so beträgt der Faktor C 1/70 oder 0,0142. Der **Faktor P** gibt den Anteil der durch Programme belegten Veranstaltungen an, beträgt also für das Geschäftsjahr 2004 1/4. Die Ausschüttung pro Werkfassung ergibt sich, indem die für eine Werkfassung ermittelten gewichteten Aufführungszahlen mit dem PRO-Faktor und dem Punktwert U multipliziert werden.[5]

---

1 Angabe betreffend das Geschäftsjahr 2004. In den Geschäftsjahren 2001, 2002 und 2003 betrug der Anteil der durch Programme belegten Veranstaltungen 1/5, vor Geschäftsjahr 2001 1/7.

2 Siehe dazu BGH vom 19.05.2005, I ZR 299/02; KG ZUM 2003, 308, 311 – PRO-Verfahren (Vorinstanz); LG Berlin v. 06. 02. 2001, Az. 16 O 668/99 (Vorinstanz).

3 Bestehen neben einer Originalwerkfassung eines Werks weitere Werkfassungen, so werden die Matrix-Punkte aller Werkfassungen bis zur höchsten Matrix-Kennzahl kumuliert; siehe dazu Abschnitt VI Abs. 2.

4 Dabei wird die bis 1998 bestehende Aufteilung des Verwaltungsgebiets der GEMA in 12 Bezirksdirektionen zugrunde gelegt.

5 Berechtigte, die eine Einzelaufstellung gemäß Abschnitt IX Ziffer 3 der Ausführungsbestimmungen anfordern, erhalten zusammen mit dieser eine Erläuterung zur Berechnung des jeweiligen PRO-Faktors.

2. Sparten R, FS und T FS sowie R-VR und FS-VR

176 Abschnitt V enthält in Ziffern 3 und 4 Regelungen zur Feststellung der Aufführungen (a)) und zur Gewichtung der Sendeminuten nach Sendern (b)) in den Sparten R, FS und T FS. Diese Regelungen gelten auch für die Sparten R-VR und FS-VR (siehe Ausführungsbestimmungen zum Verteilungsplan B, Abschnitt III lit. b Abs. 2 und dazu **Kap. 11.2 Rn. 85 ff.**).

a) Die Feststellung der Aufführungen

177 Gemäß Abschnitt V Ziffer 3a S. 1 erfolgt die Feststellung der Aufführungen „in den Sparten Tonrundfunk und Fernsehrundfunk" grundsätzlich anhand der von den Rundfunkveranstaltern gelieferten Programme. Nach den in Abschnitt VIII Ziffer 2 enthaltenen Definitionen der Sparten wären damit nur die Sparten R und FS erfaßt. Abschnitt V Ziffer 3a S. 1 gilt jedoch auch für die Feststellung der Aufführungen von Tonfilmen im Fernsehen (T FS).[6]

178 Die Verrechnung erfolgt gemäß Abschnitt V Ziffer 4 „sowohl beim Tonrundfunk als auch beim Fernsehrundfunk" aufgrund der Spieldauerangaben der durch die Rundfunkanstalten gelieferten Programme. Diese Regelung gilt nur für die Sparten R und FS bzw. R-VR und FS-VR. Für die in diesen Sparten verrechneten Musikwerke wird die Zahl der Sendeminuten pro Werk und Geschäftsjahr ermittelt. Abschnitt V Ziffer 4 gilt jedoch nicht für die in der Sparte T FS verrechneten Filmwerke, da sich der Musikinhalt der Filme nicht aus den Spieldauerangaben der Programme ergeben kann. Insoweit gilt die Regelung in Abschnitt V Ziffer 5 entsprechend. Anhand der Programme wird die Zahl der Sendungen der einzelnen Filme im Fernsehen ermittelt. Die Spieldauer des Musikanteils der Filme ergibt sich aus den Musikaufstellungen (siehe Abschnitt II).

b) Die Gewichtung der Sendeminuten nach Sendern

179 Die Einnahmen, die die GEMA von den Sendeunternehmen pro gesendeter Musikminute **(Sendeminute)** erzielt, können unterschiedlich hoch sein. Der Grund hierfür liegt zum einen in den unterschiedlich hohen Zahlungen der Sender, zum anderen im unterschiedlich hohen Anteil von Musik an der jeweiligen Gesamtsendezeit (Musikverbrauch). Der Verteilungsplan trägt diesem Umstand durch eine Gewichtung der Sendeminuten Rechnung. Diese Gewichtung erfolgt gemäß Abschnitt V Ziffer 3 durch **Multiplikatoren**,[7] mit denen die für die einzelnen Werke ermittelten Sende-

---

6 Die geltende Fassung von Abschnitt V Ziffer 3a der Ausführungsbestimmungen zum VP A beruht auf einem Beschluß der Mitgliederversammlung vom 01.07.1971. Die Sparte T FS ist jedoch erst später durch Beschluß der Mitgliederversammlung vom 21.06.1983 gebildet worden. Bis dahin wurden Werke in Fremdproduktionen in der Sparte FS mit abgerechnet. Abschnitt V Ziffer 3a galt somit von Anfang an auch für die im Fernsehen gesendeten Fremdproduktionen.

7 Siehe zu diesem Begriff Fußnote 4 zu Abschnitt V Ziffer 3b S. 1 der Ausführungsbestimmungen zum VP A. Die Multiplikatoren werden auch als *Senderkoeffizienten* bezeichnet.

minuten multipliziert werden. Dabei bestehen feste Multiplikatoren für die im Verteilungsplan ausdrücklich aufgeführten Sendegruppen (aa) und variable Multiplikatoren für die übrigen, dort nicht genannten Unternehmen (bb). Eine Sonderregelung besteht für Rundfunksender mit einem GEMA-Aufkommen unterhalb bestimmter Mindestgrenzen (cc).

aa) Gewichtung mit festen Multiplikatoren

Eine Sendung durch einen der in Abschnitt V Ziffer 3a S. 3 namentlich genannten Sender wird als eine Aufführung verrechnet. Die für diese Sender ermittelten Sendeminuten erhalten deshalb den Multiplikator 1. Wird ein Werk durch mehrere Sender ausgestrahlt, so entspricht der Multiplikator der Zahl der angeschlossenen Sender (Ziffer 3b). Der höchste Multiplikator 10 ergibt sich gemäß der Fußnote 3 zu Ziffer 3b S. 1 bei einer gemeinsamen Sendung aller ARD-Rundfunkanstalten[8] sowie gemäß Ziffer 3b S. 2 bei einer Sendung durch das ZDF. **180**

Beispiel: Ein Werk mit einer Sendedauer von 10 Sendeminuten wird im Bayerischen Rundfunk gesendet. Es wird mit $10 \times 1 = 10$ Minuten verrechnet. Erfolgt die gleiche Sendung gemeinsam durch den Bayerischen und den Hessischen Rundfunk, so gehen die 10 Sendeminuten mit $10 \times 2 = 20$ Minuten in die Abrechnung ein, bei Sendung durch alle ARD-Anstalten mit $10 \times 10 = 100$ Minuten.

Für die in Ziffer 3a genannten Sendeunternehmen erfolgt somit eine pauschale Gewichtung. Etwaige Unterschiede bei den Einnahmen der GEMA pro Sendeminute zwischen einzelnen dieser Sender berücksichtigt der Verteilungsplan dabei nicht. So wird eine Sendeminute im Radio Bremen in gleicher Weise bei der Verteilung berücksichtigt wie eine Sendeminute im Norddeutschen Rundfunk. **181**

Sonderregelungen bestehen für Regionalsendungen (Ziffer 3b S. 3 und 3c), Gemeinschaftssendungen von ARD und ZDF (Ziffer 3g) und Sondersendungen (Ziffer 3h) sowie für bestimmte technische Ausstrahlungsformen (Ziffern 3e und g). **182**

bb) Gewichtung mit variablen Multiplikatoren

Die in Ziffer 3a nicht namentlich genannten Rundfunksender[9] werden gemäß Abschnitt V Ziffer 3i im Verhältnis zur Höhe der Vergütung verrechnet. Verrechnung im Verhältnis zur Höhe der Vergütung bedeutet, daß für diese Sendeunternehmen variable Multiplikatoren errechnet werden. Diese Multiplikatoren werden für jedes Geschäftsjahr neu ermittelt. Hierzu wird für die einzelnen Sender ein individueller **Minutenwert** errechnet.[10] Dieser dient allein der Ermittlung der Multiplikatoren.[11] **183**

---

8 Der Multiplikator beträgt 10, obwohl seit 01.05.2004 nur noch 9 ARD-Rundfunkanstalten bestehen.

9 Dies sind alle privatrechtlichen Sender, die nicht genannten öffentlich-rechtlichen Sender sowie die digitalen Programme von ARD und ZDF.

10 Der individuelle Minutenwert errechnet sich aus der Division der für einen Sender zur Verfügung stehenden Verteilungssumme (Einnahmen abzüglich Kosten und Abzug für soziale und kulturelle Zwecke) durch die Zahl der Sendeminuten der gesendeten Werke.

11 Die Abrechnung in den Sparten des Senderechts erfolgt nicht individuell für die einzelnen Sender, sondern nach einem einheitlichen Minutenwert. Siehe dazu Abschnitt IX Ziffer 1.

184 Der Multiplikator für Hörfunksender ergibt sich, indem der jeweilige individuelle Minutenwert der einzelnen Sender zum Gesamtminutenwert aller Hörfunksender des Vorjahres ins Verhältnis gesetzt wird. Beläuft sich beispielsweise der individuelle Minutenwert eines Senders auf lediglich 10% dieses Gesamtminutenwertes, so werden die für diesen Sender im abzurechnenden Geschäftsjahr ermittelten Minuten mit dem Faktor 1/10 multipliziert und somit nur zu 10% berücksichtigt.

185 Der Multiplikator für Fernsehsender ergibt sich, indem der jeweilige individuelle Minutenwert der einzelnen Sender zum gemeinsamen Minutenwert aller ARD-Anstalten ins Verhältnis gesetzt wird. Da eine Gemeinschaftssendung aller ARD-Anstalten nach Abschnitt V Ziffer 3b S. 1 Fn. 3 den Multiplikator 10 erhält, läßt sich so proportional der Minutenwert der im Verteilungsplan nicht genannten Sender errechnen. Beläuft sich beispielsweise der individuelle Minutenwert eines Senders auf lediglich 5% des Minutenwerts einer Gemeinschaftssendung aller ARD-Anstalten, so werden die für diesen Sender im abzurechnenden Geschäftsjahr ermittelten Minuten mit dem Multiplikator 1/2 multipliziert und somit nur zu 5 % berücksichtigt.

cc) Sender ohne Programmverrechnung

186 Eine Ausnahme gilt für Hörfunksender mit Erträgen unter 128.000 € und für Fernsehsendern mit Erträgen unter 204.000 € jährlich.[12] Erreicht ein Sender diese Grenzen nicht, wird die von ihm gezahlte Vergütung der Nettoverteilungssumme der Sparten R, FS und T FS (siehe dazu Abschnitt IX Ziffer 1 und dazu unten Rn. 289 ff.) zugeschlagen, ohne daß die gesendeten Werke anhand der Programme ermittelt werden. Diese Vorgehensweise ist durch das **Gebot der wirtschaftlichen Verhältnismäßigkeit** bedingt, da die Zuordnung der in den Programmen enthaltenen Werke auf die in den Datenbanken der GEMA registrierten Werke nicht vollständig maschinell erfolgen und somit erheblichen Verwaltungsaufwand auslösen kann. Dies gilt insbesondere für eine Zuordnung von Werken im Fernsehrundfunk, da hier zur Ermittlung der Koeffizienten nach Abschnitt XIV Ziffer 3 teilweise auf tatsächliche Besonderheiten der jeweiligen Sendungen abgestellt wird. Dies erklärt die höhere Verrechnungsgrenze für Fernsehsender. Bei dem Gebot der wirtschaftlichen Verhältnismäßigkeit handelt es sich um einen anerkannten Verteilungsgrundsatz, nach dem die Berechtigten im Interesse eines möglichst geringen Verwaltungsaufwands Schätzungen, Pauschalierungen und sonstige Vereinfachungen in der Berechnung hinnehmen müssen, selbst wenn diese im Einzelfall zu Benachteiligungen führen können.[13]

---

12 Diese Regelung beruht auf einem Beschluß des Aufsichtsrats. Siehe auch Tagesordnung für die Mitgliedervers. v. 27./28. 06. 1989, Begr. zu Antrag 20: „Bei Erträgen unter DM 500.000 jährlich wird § 6 Abs. 2 der Allgemeinen Grundsätze des Verteilungsplans für das Aufführungs- und Senderecht mit der Maßgabe angewendet, daß bis auf 3%, die zur Bildung eines Härtefonds dienen, die Erträge als Zuschläge in die Sparten Ton- und Fernsehrundfunk fließen".

13 BGH GRUR 1988, 782, 783 – GEMA-Wertungsverfahren.

3. Sparte Tonfilm

Gemäß Abschnitt V Ziffer 5 wird in der Sparte Tonfilm die Zahl der Aufführungen pro Film anhand der Programme der Filmtheater festgestellt (siehe zur weiteren Verrechnung der Einnahmen in der Sparte T Abschnitt XV Ziffer 1–4 und dazu unten Rn. 375). **187**

III. Die Glaubhaftmachung von Aufführungen

Eine Ausnahme zu dem sich aus Abschnitt V Ziffer 1 und 3–5 ergebenden Grundsatz, daß die Aufführungen anhand von Programmen zur ermitteln sind, enthält Abschnitt V Ziffer 2. Danach können Aufführungen auch dann berücksichtigt werden, wenn sie glaubhaft gemacht worden sind.[14] Die bloße Behauptung einer Aufführung ohne Vorlage von geeigneten Unterlagen ist somit nicht ausreichend. **188**

Abschnitt VI Ermittlung der Abrechnungsziffern der Werke

Die Abrechnungsabteilungen haben für jedes Werk in E- und U-Veranstaltungen die ermittelten Aufführungen mit den im Verteilungsplan festgelegten Verrechnungsschlüsseln zu multiplizieren. Bei der Ermittlung der Matrixkennzahl eines Werkes, für das es neben der Originalfassung eine oder mehrere Umgestaltungen (Werkversionen, z.B. Bearbeitungen und Übersetzungen) gibt, sind die Matrix-Punkte aller festgestellten Aufführungen aller Fassungen (d.h. Originalfassung und Umgestaltungen) für die Komponisten, Textdichter, Verlage und Subverlage dieses Werkes für Aufführungen ab 2001 bis zur höchsten Matrixkennzahl zu kumulieren.

Bei Sendungen durch die Rundfunkanstalten werden die ermittelten Sendeminuten pro Werk mit den im Verteilungsplan festgelegten Verrechnungsschlüsseln (Rundfunk) multipliziert.

Für Tonfilmaufführungen gelten die Bestimmungen unter Abschn. XV.

Übersicht Rn.

I. Vorbemerkung

Grundlage der Abrechnung sind die nach Abschnitt V anhand der Programme ermittelten Aufführungsziffern der Werke. Diese Aufführungsziffern werden in den Sparten E, U, R und teilweise auch in der Sparte FS mit den Bewertungspunkten multipli- **189**

---

14 Siehe zum Begriff der Glaubhaftmachung § 294 ZPO.

ziert, die in den Verrechnungsschlüsseln der Abschnitte X–XIII den einzelnen Werken zugeordnet sind. Das Ergebnis dieser Berechnung sind so genannte **Abrechnungsziffern**, d.h. also gewichtete Aufführungszahlen bzw. Sendeminuten.

190 Die Abrechnungsziffern werden anschließend in unterschiedlichem Umfang nochmals gewichtet. Siehe dazu Abschnitt X Fußnote 8 und Abschnitt XII Fußnote 20 für die Sparte E, Abschnitt VIII Ziffer 3b und 3c und Abschnitt XI Fußnote 15 für die Sparte U, Abschnitt X Fußnote 8, Abschnitt XI Fußnote 15 und Abschnitt XII Fußnote 20 für die Sparte R und Abschnitt XIV Ziffer 3 für die Sparten FS und T FS.

II. Übersicht

191 Abschnitt VI regelt in Abs. 1 und Abs. 2 die Ermittlung der Abrechnungsziffern in den Sparten E und U (II.), in Abs. 3 die Ermittlung der Abrechnungsziffern in der Sparte R (IV.) und in Abs. 4 die Ermittlung der Abrechnungsziffern für Tonfilmaufführungen (V.).

III. Die Abrechnungsziffern in den Sparten E und U

192 Abschnitt VI Abs. 1 regelt die Bildung der Abrechnungsziffern „in E- und U-Veranstaltungen". Der Wortlaut dieser Regelungen erfaßt damit sowohl Werke mit Verrechnung in den Sparten E und U als auch solche mit Verrechnung in den Sparten ED und UD. Abschnitt VI Abs. 1 ist jedoch einschränkend dahin auszulegen, daß nur die in den Sparten E und U festgestellten Aufführungsziffern mit den in den Abschnitten X–XII enthaltenen Bewertungspunkten (Punktbewertung E-Musik bzw. U-Musik) zu multiplizieren sind (siehe zur Durchführung der Verrechnung in den Sparten mit Nettoeinzelverrechnung unten Rn. 321 ff.).

Beispiel: Ergeben sich für ein Werk der ernsten Musik aus den Programmen insgesamt 10 Aufführungen und handelt es sich um ein Instrumentalwerk gemäß Abschnitt X Ziffer 3 mit einer Dauer von unter 5 Minuten, so erhält dieses Werk in der Abrechnung 10 × 36 = 360 Punkte.

193 Abschnitt VI Absatz 2 gehört systematisch zu Abschnitt V Ziffer 1 und betrifft nicht die Ermittlung von Abrechnungsziffern, sondern das Hochrechnungsverfahren PRO zur Ermittlung der Aufführungsziffern in der Sparte U. Geregelt wird die Frage, wie die Matrix-Kennzahl zu bilden ist, wenn neben der Originalfassung weitere Werkfassungen bestehen. Absatz 2 ordnet insoweit an, daß nicht jeweils eine gesonderte Matrix-Kennzahl für die Originalfassung und die einzelnen Werkfassungen zu errechnen ist, sondern daß die auf Original und Werkfassungen entfallenden Aufführungen bis zur höchsten Matrix-Kennzahl (144 Punkte) zu addieren sind (siehe zum PRO-Verfahren oben Rn. 173 ff.).

Beispiel: Für ein Werk besteht die Originalfassung O, die Werkfassung W 1, an der Bearbeiter A beteiligt ist, die Werkfassung W 2, an der ebenfalls Bearbeiter A beteiligt ist und

Werkfassung W 3, an der Bearbeiter B beteiligt ist. Jede dieser Fassungen ist jeweils in 2 Bezirksdirektionen und 5 Monaten aufgeführt worden, so daß sich jeweils 2 × 5 = 10 Matrix-Punkte pro Werk ergeben. Keine der Fassungen ist zur gleichen Zeit im selben Bezirk aufgeführt worden. Zur Ermittlung der Matrix-Kennzahlen werden die einzelnen Matritzen „übereinander gelegt" und die sich nicht überschneidenden Aufführungen (d.h. also Aufführungen mehrerer Fassungen im selben Monat und derselben Bezirksdirektion) kumuliert. Da im Beispielsfall keine Überschneidungen bestehen, ergeben sich für die Originalfassung O und die an dieser beteiligten Berechtigten 4 × 10 = 40 Matrix-Punkte, für die Werkfassungen W 1 und W 2 und den an diesen beteiligten Bearbeiter A 2 × 10 = 20 Matrix-Punkte und für die Werkfassung W 3 und den an dieser beteiligten Bearbeiter B 1 × 10 = 10 Matrix-Punkte.

IV. Die Abrechnungsziffern bei Sendungen im Hörfunk

Gemäß Abschnitt VI Abs. 3 sind bei Sendungen durch Rundfunkanstalten die ermit- **194**
telten Sendeminuten mit den in den Abschnitten X–XIII enthaltenen Bewertungspunkten (Punktbewertung Rundfunk) zu multiplizieren. Ergeben sich beispielsweise für ein im Hörfunk gesendetes Werk der ernsten Musik aus den Programmen insgesamt 100 Sendeminuten und handelt es sich um ein Instrumentalwerk gemäß Abschnitt X Ziffer 3 mit einer Dauer von unter 5 Minuten, so erhält dieses Werk in der Abrechnung 100 × 1 $^1/_4$ = 125 Minuten. Trotz des insoweit weitergehenden Wortlauts bezieht sich Abschnitt VI Abs. 3 nur auf Sendungen im Hörfunk, d.h. also auf Werke mit Verrechnung in der Sparte R. Diese Einschränkung folgt im Umkehrschluß aus der Regelung in Abschnitt XIV Ziffer 1 Abs. 1, in der die Anwendung der Verrechnungsschlüssel der Abschnitte X–XIII für Fernsehsendungen gesondert geregelt ist (siehe dazu unten Rn. 348).

V. Die Abrechnungsziffern in den Sparten T und T FS

Abschnitt VI Abs. 4 verweist für Tonfilmaufführungen auf Abschnitt XV. Diese Re- **195**
gelung gilt für die Sparten T und T FS.

Abschnitt VII Potpourris

(1a) Die Verrechnung von Potpourris, die aus verschiedenen geschützten Werken bestehen, an die Komponisten, Bearbeiter, Textdichter und Verleger dieser Werke erfolgt bei konzertmäßigen Aufführungen dadurch, daß 1/6 der Aufführungszahl des Potpourris der Zahl der Einzelaufführungen des betreffenden Werkes hinzu geschlagen wird.

(1b) Bei Aufführungen solcher Potpourris im Rundfunk erfolgt die Verrechnung an die Komponisten, Bearbeiter, Textdichter und Verleger der verwendeten Werke dadurch, daß 1/12 der Aufführungsminuten des Potpourris der Minutenzahl der Einzelsendungen des betreffenden Werkes hinzu geschlagen wird.

(1c) Ist das Potpourri weniger als sechsmal in konzertmäßigen Veranstaltungen aufgeführt oder beträgt die Gesamtdauer der Sendungen im Rundfunk weniger als 12 Minuten, so erfolgt keine Verrechnung der im Potpourri enthaltenen Stücke.

(1d) Aufführungen von Potpourris aus verschiedenen geschützten Werken im Verwertungsgebiet E werden als Aufführungen im Verwertungsgebiet U verrechnet.

(1e) Teile unter 8 Takten werden nicht berücksichtigt.

(2a) In den Sparten E, U und VK werden Potpourris aus verschiedenen geschützten Werken an Bearbeiter und Verleger des Potpourris derart verrechnet, daß Bearbeiter und Verleger je 6 Punkte für jede Aufführung verrechnet erhalten.

(2b) In den Sparten R und FS werden Potpourris aus verschiedenen geschützten Werken an Bearbeiter und Verleger des Potpourris derart verrechnet, daß Bearbeiter und Verleger je 2/12 der für das Potpourri ermittelten Gesamtminutenzahl verrechnet erhalten.

(3) Potpourris, die für große Besetzung erschienen sind, werden mit der doppelten Aufführungszahl verrechnet.

(4) Die Verrechnung der Potpourris und der in Potpourris enthaltenen Werke erfolgt jährlich einmal mit der nach Jahresabschluß fälligen Abrechnung.

(5) Soweit Potpourris auch freie Werke enthalten, erfolgt zwar die Verrechnung nach den Grundsätzen von Ziff. 1 und 2, die freien Werke werden aber dann nicht berücksichtigt.

Übersicht Rn.

I. Übersicht

196 Abschnitt VII betrifft die Verrechnung von Potpourris, die aus verschiedenen geschützten Werken bestehen. Diese sind von anderen Formen von Potpourris abzugrenzen (II.). Abschnitt VII regelt in Ziffer 1 die Verrechnung eines aus verschiedenen geschützten Werken bestehenden Potpourris an die Berechtigten der dabei verwendeten Einzelwerke, in Ziffer 2 die Verrechnung an den Zusammensteller und an den Verleger des Potpourris (III.).

II. Begriff und Formen des Potpourri

197 Ein Potpourri (auch: Querschnitt, Medley, Melodienfolge) besteht aus mehreren (mindestens 3) Einzeltiteln, die durch Überleitungen und/oder Zwischenspiele zu einem Gesamtwerk verbunden sind. Eine simple Aneinanderreihung mehrerer Einzeltitel ist noch kein Potpourri.

198 Ein **Potpourri gemischten Inhalts** ist ein Potpourri, das ein oder mehrere geschützte Werke enthält, an denen verschiedene Berechtigte beteiligt sind.

199 Ein **Potpourri eigener Werke** ist ein Potpourri, bei dem der Potpourri-Bearbeiter (Zusammensteller) alle Werke, aus denen das Potpourri besteht, selbst komponiert hat, und bei dem auch im übrigen an den einzelnen Bestandteilen die gleichen Berechtig-

ten beteiligt sind. Bei Potpourris eigener Werke erfolgt die Abrechnung auf das Gesamtwerk, nicht auf die Einzelwerke. Dies verdeutlicht die Regelung in Abschnitt XI Ziffer 3, 4 und 5, nach der Potpourris eigener Werke eine Punktbewertung erhalten.

III. Verrechnung von Potpourris gemischten Inhalts

Voraussetzung für die Abrechnung eines Potpourris gemischten Inhalts nach Abschnitt VII ist, daß die Verwendung der einzelnen vorbestehenden Werkfassungen von den daran Berechtigten autorisiert worden ist. In diesem Fall erfolgt eine Verrechnung sowohl an die an den Einzelwerken beteiligten Berechtigten (1.) als auch an den Zusammensteller und den Verleger des Potpourris als Gesamtwerk (2.). **200**

1. Verrechnung auf die Einzelwerke

Bei der **konzertmäßigen Aufführung** von Potpourris gemischten Inhalts erfolgt die Verrechnung an die an den Einzelwerken beteiligten Berechtigten, indem die Aufführungszahl der Einzelwerke erhöht wird. Hierzu wird 1/6 der Aufführungszahl des Potpourris der Zahl der Einzelaufführungen des betreffenden Werks zugeschlagen (Ziffer 1a). Eine Verrechnung erfolgt jedoch nur, wenn das Potpourri mindestens 6 Mal aufgeführt worden ist (Ziffer 1c). **201**

> Beispiel: Ein Potpourri gemischten Inhalts besteht aus den Werken A, B und C. Es wurde 18-mal aufgeführt. Die Werke A, B und C erhalten jeweils 3 Aufführungen verrechnet.

Bei der **Sendung** von Potpourris gemischten Inhalts erfolgt die Verrechnung, indem die Minutenzahl der Einzelwerke erhöht wird. Siehe dazu Ziffer 1a und c. **202**

2. Verrechnung an Zusammensteller und Verleger des Potpourris

Wird ein Potpourri gemischten Inhalts konzertmäßig aufgeführt, so wird dies als eine Aufführung verrechnet. Für jede Aufführung erhalten der Zusammensteller (Bearbeiter) und der Verleger des Potpourris gemäß Ziffer 2a in den Sparten E, U und VK „je 6 Punkte" verrechnet, d.h. also je 6/12 der auf das Potpourri entfallenden Ausschüttung. **203**

Bei Sendung des Potpourris wird dessen Gesamtminutenzahl ermittelt. Von dieser erhalten der Zusammensteller (Bearbeiter) und der Verleger des Potpourris in den Sparten R und FS gemäß Ziffer 2b jeweils 2/12 verrechnet. **204**

> Beispiel: Auf ein Potpourri gemischten Inhalts entfallen 120 Sendeminuten. Zusammensteller (Bearbeiter) und Verleger erhalten jeweils 20 Minuten verrechnet. Diese werden mit dem einheitlichen Minutenwert multipliziert.

Abschnitt VIII Die Verrechnung innerhalb der einzelnen Sparten

(1) Das Geschäftsjahr ist das Kalenderjahr. Die Höhe der in jedem Jahr an die Bezugsberechtigten insgesamt zu verteilenden Summe entspricht der Höhe der Gesamteinnahmen, die der GEMA aus dem In- und Ausland aus konzertmäßigen musikalischen Aufführungsrechten, Senderechten und Tonfilm-Aufführungsrechten nach Abzug der Gesamtkosten und der sonstigen im Verteilungsplan vorgesehenen Abzüge sowie nach Abzug der den Auslandsgesellschaften zustehenden Beträge verbleiben.

(2) Entsprechend den verschiedenen Musikverwertungsgebieten sind folgende Sparten zu unterscheiden:

Veranstaltungen ernster Musik (E)
E-Musik-Direktverrechnung (ED) (Nettoeinzelverrechnung)
E-Musik-Aufführungen mittels mechanischer Vorrichtungen (EM) (Nettoeinzelverrechnung)
Bühnenmusik und Bühnen-Aufführungen von vorbestehenden Werken des kleinen Rechts (BM)
Musik im Gottesdienst (KI)
Funktionelle Musikwiedergabe im Gottesdienst (FKI)
Veranstaltungen von Unterhaltungs- und Tanzmusik U)
U-Musik-Direktverrechnung (UD) (Nettoeinzelverrechnung)
Varieté-, Kabarett- und Zirkus-Veranstaltungen (VK)
Tonrundfunk (R)
Kabel-Tonrundfunk Ausland (KRA)
Fernsehrundfunk (FS)
Kabel-Fernsehrundfunk Ausland (KFSA)
Tonfilm (T)
Tonfilm im Fernsehen (T FS)
Tonfilm-Direktverrechnung (Musik in Wirtschaftsfilmen, Tonbildschauen) (TD)
Ausland (A)
Aufführungen mittels mechanischer Vorrichtungen – ohne Fernsehen – ohne Bildtonträger – (M)
Mechanische Musikwiedergabe in Diskotheken (DK)
Bildtonträger (BT)

(3) Die Verrechnung erfolgt alsdann in nachstehender Weise:

(3a) Die Einnahmen aus den Sparten E, ED, EM, BM, U, UD und VK werden ausschließlich nach Programmen verrechnet.

(3b) Die Einnahmen aus der Sparte VK werden zusammen mit den Einnahmen aus der Sparte U verrechnet, jedoch mit der Maßgabe, daß die in der Sparte VK festgestellten Aufführungszahlen mit Ausnahme der Zirkusveranstaltungen mit 2 zu multiplizieren sind.

(3c) Die Einnahmen aus den Sparten R, FS und T werden aufgrund der Programmverrechnung an die Bezugsberechtigten der GEMA sowie an die mit der GEMA im Vertragsverhältnis stehenden ausländischen Gesellschaften zur Auszahlung gebracht, jedoch wird aus der für die Sparte T zur Verteilung stehenden Summe ein dem Abschnitt IV Ziff. 3 entsprechender festzustellender Gegenwert der Verteilungssumme der Sparte U bzw. VK überwiesen.

(3d) Soweit Programme aus Kur- und Bäderveranstaltungen in der Sparte U zu verrechnen sind, werden die festgestellten Aufführungszahlen mit 3 multipliziert.

(3e) Die Einnahmen aus den Sparten KI und FKI werden aufgrund der gemeldeten Aufführungen verrechnet. Die Verrechnung der Werke erfolgt in der Weise, daß dem/den Urheber/Urhebern jeweils zwei Anteile und dem/den Verleger/Verlegern ein Anteil gutgeschrieben wird/werden. Ausfälle werden hierbei nicht gebildet. In der Sparte KI gilt bei der Aufführung von Werken:

- **mit über 10 Minuten Spieldauer: Faktor 3,**
- **mit über 20 Minuten Spieldauer: Faktor 6.**

(4) Für Aufführungen von Tonträgern mittels mechanischer und elektronischer Vorrichtungen ist der aus den nachstehenden Bestimmungen ersichtliche Verteilungsschlüssel anzuwenden:

(4a) Die Verteilungssumme, die für die Wiedergabe von Fernsehsendungen zur Verfügung steht, wird zusammen mit der Verteilungssumme aus den Fernsehsendungen und nach den gleichen Grundsätzen verteilt.

(4b) Die Verteilungssumme, die für die Wiedergabe von Bildtonträgern zur Verfügung steht, wird zu 20 % in der Sparte M, zu 30 % in der Sparte T, zu 20 % in der Sparte R und zu 30 % als Zuschlag zur Sparte BT-VR verrechnet.

(4c) Die Verteilungssumme, die aus allen anderen Aufführungen von Tonträgern mittels mechanischer und elektronischer Vorrichtungen (außer E und DK) zur Verfügung steht, wird zu 40 % in der Sparte R und zu 60 % in der Sparte M verrechnet.

(4d) Die Verrechnung in der Sparte M erfolgt nach den folgenden Bestimmungen: Für die in der Zeit des laufenden Jahres und der zwei vorhergegangenen Jahre (d.h. vom 1.7. des 1. Kalenderjahres bis 30.6. des 3. Kalenderjahres) in der Abrechnungsabteilung VR zur Abrechnung gekommenen Werke, die auf im Handel erhältlichen Industrieschallplatten und Industrietonbändern enthalten sind oder waren, werden von der Abrechnungsabteilung U jeweils für das Geschäftsjahr die Aufführungszahlen verrechnet, die in der Abrechnung U im Geschäftsjahr festgestellt worden sind.

Ist eine Abrechnung nach der vorstehenden Bestimmung in Einzelfällen nicht möglich, weil die betreffenden Werke nicht live aufgeführt werden und/oder in den Abrechnungen der Sparten PHO-VR bzw. BT-VR nicht vorkommen, so werden die Einnahmen ab Geschäftsjahr 1995 auf Antrag netto verrechnet.

(4e) Ab dem Geschäftsjahr 2005 erfolgt die Abrechnung der Einnahmen für die Wiedergabe von Musik aus dem Diskothekenbereich gem. § 21 UrhG in der Sparte DK auf der Grundlage eines statistisch abgesicherten Monitoring-Verfahrens, das vom Aufsichtsrat und vom Vorstand festgelegt wird. Die Grundsätze des Monitoring-Verfahrens sind zu veröffentlichen.[5]

Die Abrechnung erfolgt nach einem Aufführungswert pro Minute. Grundlage sind die per Monitoring ermittelten Minuten ohne Bewertung gemäß Abschn. X–XII. Terminreklamationen sind wegen der Ermittlung des Repertoires aufgrund des Monitoring-Verfahrens bzw. einer repräsentativen Stichprobe ausgeschlossen. Der ersten DK-Abrechnung für das Geschäftsjahr 2005 kann auch ein unterjähriges Monitoring-Ergebnis zugrunde gelegt werden.

(4f) Bei Wiedergabe dramatisch-musikalischer Werke erfolgt die Verrechnung in der Weise, daß der Verleger des dramatisch-musikalischen Werkes aus der Sparte R die Anteile verrechnet erhält. Der Verleger ist zur Verteilung nach Maßgabe des Bühnenverlagsvertrages verpflichtet (bei Manuskriptwerken der Rechtsbefugte der Urheber).

(4g) Die Einnahmen aus der Sparte E werden unter Zugrundelegung der Programme in der Sparte EM netto verrechnet.

(5a) Die Inlandseinnahmen für die Kabelverbreitung von Tonrundfunk- und Fernsehsendungen werden zugunsten des Senderechts (Ton- und Fernsehrundfunk) verrechnet.

(5b) Die aus dem Ausland eingehenden Einnahmen aus den Sparten KRA und KFSA für die Kabelverbreitung deutscher Tonrundfunk- und Fernsehsendungen durch ausländische Kabelunternehmen werden zusammen mit den Verteilungssummen aus den Fernsehsendungen bzw. Hörfunksendungen nach den gleichen Grundsätzen verteilt. Soweit es sich hierbei um Vergütungen für die Kabelverbreitung von dramatisch-musikalischen Werken, sei es vollständig, als Querschnitt oder in größeren Teilen, handelt, erfolgt die Verrechnung zusammen mit den Erträgen aus der Zweitverwertung bei Manuskriptwerken an den Rechtsbefugten der Urheber, bei verlegten Werken an den Verleger, der verpflichtet ist, die Verteilung nach Maßgabe des Bühnenverlagsvertrages vorzunehmen.

---

[5] Befristet für die Geschäftsjahre 2005, 2006 und 2007.

Übersicht Rn.

I. Übersicht

Abschnitt VIII Ziffer 1 enthält eine Definition der Nettoverteilungssumme (II.). Zur Abrechnung der nach Verteilungsplan A zu verteilenden Einnahmen sind in Ziffer 2 verschiedene Sparten gebildet (III.). Ziffer 3 enthält Regelungen zur Verrechnung in den Sparten E, ED, EM, BM, U, UD, VK, KI, FKI, R, FS, und T, Ziffer 4 regelt die Verteilung der Einnahmen aus der Vergabe der Wiedergaberechte gemäß §§ 21, 22 UrhG und Ziffer 5 die Verteilung der Einnahmen aus der Vergabe des Kabelweitersendungsrechts gemäß § 20b UrhG (IV). Ziffer 4f und 5b S. 2 enthalten Sonderregelungen für die Verrechnung dramatisch-musikalischer Werke (V.). **205**

II. Die Nettoverteilungssumme

Abschnitt VIII Ziffer 1 definiert die im Verrechnungsverfahren nach Verteilungsplan A an die Bezugsberechtigten insgesamt zur Verteilung kommende Summe (Nettoverteilungssumme). Die Nettoverteilungssumme ist die um die sonstigen im Verteilungsplan vorgesehenen Abzüge verminderte Verteilungssumme (siehe § 1 Ziffer 1 der Allgemeinen Grundsätze). Bei diesen Abzügen handelt es sich um den Abzug für soziale und kulturelle Zwecke gemäß § 1 Ziffer 4a der Allgemeinen Grundsätze.[1] **206**

1 Theoretisch hierher gehört auch der Abzug für die Unterstützungskasse der Angestellten gemäß § 1 Ziffer 3 der Allgemeinen Grundsätze (siehe dazu jedoch oben Rn. 7).

III. Die Bildung der Sparten

1. Einleitung

207 Die Nettoverteilungssumme im Aufführungs- und Senderecht wird nicht nach einheitlichen Regeln verteilt. Vielmehr sieht der Verteilungsplan für die Abrechnung der genutzten Werke und der hierauf entfallenden Einnahmen differenzierte Abrechnungsregeln vor und bildet hierzu in Abschnitt VIII Ziffer 2 so genannte **Sparten**. Grundlage der Spartenbildung sind die einzelnen **Musikverwertungsgebiete**. Ein Musikverwertungsgebiet beschreibt eine bestimmte Art und Weise, in der ein urheberrechtliches Nutzungsrecht verwertet wird, beispielsweise also die Aufführung, die Sendung oder die Vervielfältigung von Werken. Dabei kann die Nutzung der einzelnen Rechte auf unterschiedliche Weise erfolgen, so etwa die Nutzung des Aufführungsrechts aus § 19 Abs. 2 UrhG durch Aufführungen in Veranstaltungen von ernster Musik oder von Unterhaltungsmusik. Dementsprechend können für die Verwertung eines Nutzungsrechts auch mehrere Musikverwertungsgebiete und damit mehrere Sparten bestehen. Umgekehrt sind nicht für alle Musikverwertungsgebiete Sparten gebildet, so nicht in denjenigen Fällen, in denen für die Musiknutzungen keine Programme der Veranstalter vorliegen und die jeweiligen Einnahmen gemeinsam mit Einnahmen aus vergleichbaren anderen Musikverwertungen auf die dort genutzten Werke verrechnet werden.[2] Eine Sparte beschreibt damit ein Musikverwertungsgebiet, in dem bestimmte Werke eine Abrechnung erhalten.

2. Die Sparten

208 Für die Abrechnung der geschützten und von der GEMA vertretenen Werke, die im Rahmen der Verwertung des Aufführungsrechts nach § 19 Abs. 2 UrhG, des Senderechts nach § 20 UrhG, des Vorführungsrechts nach § 19 Abs. 4 UrhG und der Wiedergaberechte nach den §§ 20, 21 UrhG genutzt werden, sind jeweils verschiedene Sparten gebildet. Diese sind darzustellen und voneinander abzugrenzen (nachfolgend a–s).

a) Sparte E

aa) Gegenstand

209 In der Sparte E (Veranstaltungen ernster Musik) erhalten Werke eine Abrechnung, die in Veranstaltungen der ernsten Musik live aufgeführt worden sind, soweit nicht für einzelne Veranstaltungen oder einzelne Werke Nettoeinzelverrechnung in den Sparten ED oder BM vorgesehen ist oder soweit nicht eine Abrechnung in der Sparte KI erfolgt. Die Sparten ED, BM und KI sind insoweit die spezielleren Tatbestände.[3]

210 Für die Abrechnung von Veranstaltungen der Unterhaltungsmusik besteht die gesonderte Sparte U (siehe unten Rn. 223 ff.). Die Sparten E und U sind voneinander abzu-

---

2 So zum Beispiel bei den Einnahmen aus privater Vervielfältigung nach § 54 UrhG.
3 LG Berlin v. 07.03.2000, Az. 16 O 584/99, Umdruck S. 10.

grenzen. Diese Abgrenzung erfolgt nicht werkbezogen im Rahmen der Anmeldung und Dokumentation der Werke,[4] sondern in einem pauschalen Verfahren nach dem so genannten **Aufführungszusammenhang**. Dieser bestimmt sich nach Ort und Umständen der Aufführung sowie nach der Art der aufgeführten Werke. Ist eine Veranstaltung im Zeitpunkt der Lizenzierung als Veranstaltung der ernsten Musik anzusehen und wird sie nach einem E-Tarif lizenziert, so erfolgt die Abrechnung sämtlicher in dieser Veranstaltung aufgeführten Werke grundsätzlich in der Sparte E. Für nach einem U-Tarif lizenzierte Veranstaltungen gilt Entsprechendes. Dabei ist jeweils unerheblich, ob ein Werk bei isolierter Betrachtung möglicherweise anders einzustufen gewesen wäre. Durch die Art der Veranstaltung als Anknüpfungspunkt ist es möglich, daß für ein und dasselbe Werk sowohl Abrechnungen in der Sparte E als auch in der Sparte U erfolgen, wenn es sowohl in E- als auch in U-Veranstaltungen aufgeführt worden ist. Gemäß Abschnitt I Ziffer 15a S. 1 der Ausführungsbestimmungen besteht allerdings in Zweifelsfällen die Möglichkeit, durch Entscheidung des Werkausschusses einzelne Werke anders einzuordnen als die Veranstaltung selbst.

bb) Verteilungssumme

In der Sparte E werden die Einnahmen aus der Vergabe des Aufführungsrechts nach § 19 Abs. 2 UrhG abgerechnet, die für Veranstaltungen der ernsten Musik erzielt worden sind. Die Einnahmen werden zu einer gemeinsamen Verteilungssumme zusammengefaßt. **211**

cc) Durchführung der Verrechnung

Für alle geschützten und von der GEMA vertretenen Werke, die in den Programmen für die zugrunde liegenden Veranstaltungen genannt sind, wird die Anzahl der Aufführungen ermittelt (siehe Ausführungsbestimmungen zum Verteilungsplan A, Abschnitt V Ziffer 1). Diese Aufführungen werden anschließend mit den in den Verrechnungsschlüsseln vorgesehenen Bewertungspunkten gewichtet (siehe Ausführungsbestimmungen zum Verteilungsplan A, Abschnitt VI Abs. 1 und Abschnitte X–XII). Die Verteilungssumme der Sparte E wird durch die Gesamtzahl der so ermittelten Punkte geteilt. Es ergibt sich so ein einheitlicher Geldbetrag pro Punkt, der so genannte **Punktwert E**. Durch Multiplikation dieses Punktwerts mit der Anzahl der Punkte pro Werk ergibt sich die Ausschüttung pro Werk in der Sparte E. **212**

Dieses Verfahren, bei dem die Einnahmen aus mehreren Nutzungen zur gemeinsamen Verrechnung zusammengefaßt werden, kann auch als **kollektive Verrechnung** bezeichnet werden. Bei kollektiver Verrechnung wird der Zusammenhang zwischen der für eine Veranstaltung erzielten Einnahme und der Ausschüttung auf die bei dieser Veranstaltung genutzten Werke aufgehoben. **213**

4 Soweit der Anmeldebogen für Urheber, abgedr. im GEMA-Jahrbuch 2004/2005, S. 413, in Feld 2 Angaben zur Werkgattung vorsieht, dienen entsprechende Hinweise der Urheber allein der Information.

b) Sparte ED

214 In der Sparte ED (E-Musik-Direktverrechnung) werden die Werke abgerechnet, die in den in Abschnitt XIII A Ziffer 5–10 der Ausführungsbestimmungen zum Verteilungsplan A genannten Veranstaltungen aufgeführt worden sind, soweit es sich dabei um Veranstaltungen der ernsten Musik bzw. um Werke aus solchen Veranstaltungen handelt. Abgerechnet werden die für diese Veranstaltungen erzielten Einnahmen aus der Vergabe des Aufführungsrechts nach § 19 Abs. 2 UrhG. Es erfolgt Nettoeinzelverrechnung (siehe unten Rn. 319).

c) Sparte EM

215 In der Sparte EM (E-Musik-Aufführungen mittels mechanischer Vorrichtungen) werden Werke der ernsten Musik abgerechnet, die im Sinne von § 21 UrhG mittels Tonträgern wiedergegeben worden sind. Denkbare, in der Praxis jedoch seltene Beispielsfälle sind Vorträge mit auf Tonträger wiedergegebenen Musikbeispielen ernster Musik oder aber Live-Konzerte mit Tonträgereinspielungen ernster Musik. Die Sparte EM ist im Bereich der ernsten Musik das Gegenstück zur Sparte M. Gemäß Abschnitt VIII Ziffer 4g erfolgt Nettoeinzelverrechnung (siehe unten Rn. 319) der für die jeweiligen Nutzungen erzielten Einnahmen auf der Grundlage der von den Veranstaltern eingereichten Programme.

d) Sparte BM

216 In der Sparte BM (Bühnenmusik und Bühnen-Aufführungen von vorbestehenden Werken des kleinen Rechts) werden Bühnenmusik und Bühnen-Aufführungen von vorbestehenden Werken des „Kleinen" Rechts abgerechnet. Es erfolgt Nettoeinzelverrechnung (siehe unten Rn. 319) der für die einzelnen Veranstaltungen aus der Vergabe des Aufführungsrechts nach § 19 Abs. 2 UrhG erzielten Einnahmen (siehe zum Inhalt dieser Tatbestände Abschnitt XIII A Ziffer 1 und dazu unten Rn. 326 ff.).

e) Sparten KI und FKI

aa) Gegenstand

217 In der Sparte KI (Musik im Gottesdienst) werden die im Rahmen von Gottesdiensten aufgeführten Werke verrechnet, soweit nicht eine Verrechnung in der insoweit spezielleren Sparte FKI erfolgt. Musikaufführungen in Kirchen außerhalb des Gottesdienstes, wie zum Beispiel Kirchenkonzerte, werden je nach Charakter der Veranstaltung in den Sparten E oder U abgerechnet.

218 In der Sparte FKI (Funktionelle Musikwiedergabe im Gottesdienst) werden die im Rahmen von Gottesdiensten aufgeführten Werke verrechnet, soweit es sich um funktionelle Musikwiedergaben im Gottesdienst handelt. Hierunter fallen insbesondere der Gemeindegesang und seine Begleitung sowie Musik im Rahmen von liturgischen Handlungen.

bb) Verteilungssumme

In den Sparten KI und FKI werden die Einnahmen verrechnet, die die GEMA von den Kirchen für die Vergabe des Aufführungsrechts nach § 19 Abs. 2 UrhG in Gottesdiensten erhält. Es wird jeweils für die verschiedenen Kirchen eine gesonderte Verteilungssumme für beide Sparten gebildet. **219**

cc) Durchführung der Verrechnung

In den Sparten KI und FKI werden die abzurechnenden Werke von den Kirchen aufgrund repräsentativer Erhebungen selbst ermittelt und gemäß Abschnitt VIII Ziffer 3e S. 1 der GEMA gemeldet. Grundlage hierfür sind die mit den Kirchen geschlossenen Pauschalverträge (siehe zur Definition des Pauschalvertrags Ausführungsbestimmungen zum Verteilungsplan A, Abschnitt XIII B Ziffer 1 Abs. 2). **220**

Die Durchführung der Verrechnung in den Sparten KI und FKI ist in Abschnitt VIII Ziffer 3e geregelt. Die zur Verfügung stehende Verteilungssumme wird nicht auf die einzelnen Werke aufgeteilt, sondern unmittelbar an diejenigen Urheber und Verlage, die an diesen Werken beteiligt sind. Dabei erhält jeder an einem Werk beteiligte Urheber zwei Anteile, jeder beteiligte Verleger einen Anteil. Bei Werken mit längerer Spieldauer erfolgt eine Höhergewichtung der Anteile gemäß Ziffer 3e S. 4. Anschließend wird ein Ausschüttungsbetrag pro Anteil errechnet, indem die Verteilungssumme durch die Gesamtzahl der ermittelten Anteile geteilt wird. **221**

Gemäß Abschnitt VIII Ziffer 3e S. 3 unterbleibt die Bildung eines „Ausfalls" (siehe zu diesem Begriff oben Rn. 68 ff.) in den Sparten KI und FKI. Dies ist eine Folge der vereinfachten und nicht werkbezogenen Abrechnungsmethode in diesen beiden Sparten. **222**

f) Sparte U

aa) Gegenstand

In der Sparte U (Veranstaltungen von Unterhaltungs- und Tanzmusik) erhalten Werke eine Abrechnung, die in Veranstaltungen der Unterhaltungsmusik live aufgeführt worden sind, soweit nicht für einzelne Veranstaltungen Nettoeinzelverrechnung in den Sparten UD oder BM bzw. Verrechnung in der Sparte KI vorgesehen ist. Die Sparten UD, BM und KI sind insoweit die spezielleren Tatbestände.[5] **223**

Siehe zur Abgrenzung von Veranstaltungen der Unterhaltungsmusik zu Veranstaltungen der ernsten Musik oben Rn. 210. **224**

bb) Verteilungssumme

In der Sparte U werden die Einnahmen aus der Vergabe des Aufführungsrechts nach § 19 Abs. 2 UrhG abgerechnet, die für die einzelnen Veranstaltungen der Unterhaltungsmusik erzielt worden sind. Diese Einnahmen werden zusammen mit den in der Sparte VK zu verrechnenden Einnahmen (siehe Abschnitt VIII Ziffer 3b) zu einer gemeinsamen Verteilungssumme zusammengefaßt. **225**

---

5 LG Berlin v. 07. 03. 2000, Az. 16 O 584/99, Umdruck S. 10.

cc) Durchführung der Verrechnung

226 Für alle geschützten und von der GEMA vertretenen Werke, die in den Programmen für die zugrunde liegenden Veranstaltungen genannt sind, wird die Anzahl der Aufführungen ermittelt (siehe Abschnitt V). Diese Aufführungen werden anschließend mit den in den Verrechnungsschlüsseln vorgesehenen Bewertungspunkten gewichtet (siehe Abschnitt VI Abs. 1 und Abschnitte X–XII). Zusätzlich werden die Aufführungszahlen von Werken aus Programmen für Varieté- und Kabarettveranstaltungen mit 2 multipliziert (siehe Abschnitt VIII Ziffer 3b), die Aufführungszahlen von Werken aus Programmen von Kur- und Bäderveranstaltung mit 3 (siehe Abschnitt VIII Ziffer 3d und Abschnitt IV Ziffer 2). Die Verteilungssumme der Sparte U wird durch die Gesamtzahl der so ermittelten Punkte geteilt. Es ergibt sich so ein einheitlicher Geldbetrag pro Punkt, der so genannte **Punktwert U**. Durch Multiplikation dieses Punktwerts mit der Anzahl der Punkte pro Werk ergibt sich die Ausschüttung pro Werk in der Sparte U.

g) Sparte UD

227 In der Sparte UD (U-Musik-Direktverrechnung) werden zum einen die Werke abgerechnet, die in den in Abschnitt XIII A Ziffer 5–10 der Ausführungsbestimmungen zum Verteilungsplan A genannten Veranstaltungen aufgeführt worden sind, soweit es sich dabei um Veranstaltungen der Unterhaltungsmusik bzw. um Werke aus solchen Veranstaltungen handelt, ferner die Werke in Großveranstaltungen der Unterhaltungsmusik gemäß Abschnitt XIII A nach Ziffer 10 und in Veranstaltungen gemäß Abschnitt XIII B. Abgerechnet werden die Einnahmen aus der Vergabe des Aufführungsrechts nach § 19 Abs. 2 UrhG. Es erfolgt Nettoeinzelverrechnung (siehe dazu unten Rn. 319).

228 Ferner erfolgt in der Sparte UD die Abrechnung von Werken der Unterhaltungsmusik, die mittels Tonträger wiedergegeben wurden, in solchen Fällen, in denen eine Abrechnung in der Sparte M nicht möglich ist und somit auf Antrag Nettoeinzelverrechnung gemäß Abschnitt VIII Ziffer 4d Abs. 2 durchgeführt wird (siehe dazu unten Rn. 263 f.). Abgerechnet werden in diesem Falle die Einnahmen aus der Vergabe des Wiedergaberechts nach § 21 UrhG.

h) Sparte VK

229 In der Sparte VK (Varieté-, Kabarett- und Zirkus-Veranstaltungen) werden die Einnahmen aus der Vergabe des Aufführungsrechts nach § 19 Abs. 2 UrhG für Werke in Varieté-, Kabarett- und Zirkus-Veranstaltungen abgerechnet, ferner gemäß Abschnitt IV Ziffer 3 iVm Abschnitt VIII Ziffer 3c der Ausführungsbestimmungen zum Verteilungsplan A die Einnahmen aus der Vergabe dieses Rechts für die in Tonfilmprogrammen enthaltene Handmusik.

230 Die Einnahmen aus der Sparte VK werden zusammen mit den Einnahmen aus der Sparte U verrechnet (siehe Abschnitt VIII Ziffer 3b). Die Berechtigten erhalten damit für die Sparte VK keine gesonderte Abrechnung.

Für Zirkusveranstaltungen kann auf Antrag Nettoeinzelverrechnung erfolgen (siehe Ausführungsbestimmungen zum Verteilungsplan A, Abschnitt XIII B Ziffer 5). 231

i) Sparte R

aa) Gegenstand

In der Sparte R (Tonrundfunk) erhalten die im Hörfunk genutzten Werke eine Abrechnung im Senderecht (ausgenommen sind jedoch dramatisch-musikalische Werke ab einer bestimmten Sendedauer; siehe dazu nachstehend Rn. 233). Siehe zur Abrechnung der im Hörfunk genutzten Werke im Vervielfältigungsrecht in der Sparte R-VR Ausführungsbestimmungen zum Verteilungsplan B, Abschnitt V und dazu **Kap. 11.2 Rn. 85 ff.** 232

Gemäß § 1b Berechtigungsvertrag werden die Rechte der Hörfunksendung von der GEMA insoweit nicht wahrgenommen, als es sich um dramatisch-musikalische Werke (siehe dazu unten Rn. 327) handelt, sei es vollständig, als Querschnitt oder in größeren Teilen. Ab wann ein dramatisch-musikalisches Werk bei der Hörfunksendung als vollständig oder in größeren Teilen gesendet gilt, richtet sich nach einer zwischen der GEMA und den Rundfunkanstalten geschlossenen **Abgrenzungsvereinbarung.**[6] Danach werden Werke ab einer Sendedauer von mehr als 25 Minuten in der Sparte R nicht berücksichtigt. Soweit dagegen die Senderechte für Teile, Ausschnitte und Querschnitte solcher Werke von der GEMA vergeben werden, d.h. also bei einer Sendedauer von 25 Minuten und weniger, erfolgt die Abrechnung der hierauf entfallenden Sendeminuten bei Hörfunksendungen werkbezogen in der Sparte R. 233

bb) Verteilungssumme

Für die Sparten R, FS und T FS wird eine gemeinsame Verteilungssumme gebildet. In dieser werden neben den Einnahmen aus der Vergabe des Senderechts weitere Einnahmen verrechnet (siehe unten Rn. 290). 234

cc) Durchführung der Verrechnung

Für alle ganz oder teilweise geschützten und von der GEMA vertretenen Werke, die in den Programmen der Hörfunksender genannt sind, wird die Anzahl der Sendeminuten pro Werk ermittelt (siehe oben Rn. 177 ff.). Die Sendeminuten werden anschließend mit den Senderkoeffizienten gemäß Abschnitt V Ziffer 3 (siehe oben Rn. 179 ff.) und den in den Abschnitten X–XIII vorgesehenen Bewertungspunkten multipliziert (siehe Abschnitt VI Abs. 3 und dazu oben Rn. 194). Durch Multiplikation der so errechneten gewichteten Sendeminuten mit dem einheitlichen Minutenwert (siehe Abschnitt IX Ziffer 1 Abs. 2 und dazu unten Rn. 289 ff.) ergibt sich die Ausschüttung pro Werk in der Sparte R. 235

---

6 Abgedruckt im GEMA-Jahrbuch 2004/2005, S. 202.

j) Sparte FS

aa) Gegenstand

236 In der Sparte FS (Fernsehrundfunk) erhalten die in **Eigen- und Auftragsproduktionen des Fernsehens** genutzten Werke eine Abrechnung im Senderecht (ausgenommen sind jedoch dramatisch-musikalische Werke ab einer bestimmten Sendedauer; siehe dazu unten Rn. 238). Dagegen wird die im Fernsehen in **Fremdproduktionen** genutzte Musik im Senderecht in der Sparte T FS abgerechnet (dazu unten Rn. 250). Siehe zur Abrechnung der im Fernsehen genutzten Werke im Vervielfältigungsrecht in der Sparte FS-VR Ausführungsbestimmungen zum Verteilungsplan B, Abschnitt V und dazu **Kap. 11.2 Rn. 85 ff**.

237 Eigen- und Auftragsproduktionen des Fernsehens im Sinne des Verteilungsplans sind Filmproduktionen, bei denen der GEMA die Herstellungsrechte nach § 1i Ziffer 3 Berechtigungsvertrag übertragen worden sind. Fremdproduktionen sind dagegen Filmproduktionen, bei denen der GEMA die Herstellungsrechte nach § 1i Ziffer 1 Berechtigungsvertrag nur unter einer auflösenden Bedingung übertragen worden sind. In der Praxis wird für die Abgrenzung von Eigen- und Auftragsproduktionen des Fernsehens und Fremdproduktionen in der Regel darauf abgestellt, ob eine Produktion von einem Fernsehsender oder in dessen Auftrag für die Erstverwertung im Fernsehen hergestellt worden ist (dann Eigen- und Auftragsproduktion des Fernsehens), oder aber ob die Produktion für die Erstverwertung in anderen Medien, wie insbesondere im Kino oder auf Bildtonträgern, erfolgt ist (dann Fremdproduktion).

238 Gemäß § 1d Berechtigungsvertrag werden die Rechte der Fernsehsendung von der GEMA insoweit nicht wahrgenommen, als es sich um dramatisch-musikalische Werke handelt, sei es vollständig, als Querschnitt oder in größeren Teilen. Soweit die GEMA nach der mit den Rundfunkanstalten geschlossenen Abgrenzungsvereinbarung[7] die Senderechte jedoch für Teile, Ausschnitte und Querschnitte solcher Werke vergibt, d.h. also bei Fernsehsendungen bei einer Sendedauer von 15 Minuten und weniger, erfolgt die Abrechnung werkbezogen in der Sparte FS.

bb) Verteilungssumme

239 Für die Sparten R, FS und T FS wird eine gemeinsame Verteilungssumme gebildet. In dieser werden neben den Einnahmen aus der Vergabe des Senderechts weitere Einnahmen verrechnet (siehe unten Rn. 290).

cc) Durchführung der Verrechnung

240 Für alle ganz oder teilweise geschützten und von der GEMA vertretenen Werke, die in Eigen- und Auftragsproduktionen des Fernsehens enthalten sind, wird anhand der Programme die Anzahl der Sendeminuten ermittelt (siehe oben Rn. 177 f.). Die Sendeminuten werden anschließend mit den Senderkoeffizienten gemäß Abschnitt V

7 Abgedruckt im GEMA-Jahrbuch 2004/2005, S. 202.

Ziffer 3 (siehe oben Rn. 179 ff.), mit den in den Abschnitten X–XII vorgesehenen Bewertungspunkten (siehe Abschnitt XIV Ziffer 1 Abs. 1 und dazu unten Rn. 346 ff.) und mit den in Abschnitt XIV Ziffer 3 vorgesehenen Koeffizienten (siehe Abschnitt IX Ziffer 1 Abs. 2 und unten Rn. 361 ff.) multipliziert. Durch Multiplikation der so errechneten gewichteten Sendeminuten mit dem einheitlichen Minutenwert (siehe Abschnitt IX Ziffer 1 Abs. 2 und unten Rn. 289 ff.) ergibt sich die Ausschüttung pro Werk in der Sparte FS.

k) Sparten R GR und FS GR

aa) Gegenstand

241 In der Sparte R GR (Rundfunk Großes Recht) erhalten die in Hörfunksendungen gesendeten dramatisch-musikalischen Werke mit einer Sendedauer von mehr als 25 Minuten (siehe dazu oben Rn. 233) eine Abrechnung für die Nutzung im Rahmen privater Vervielfältigung nach § 54 UrhG, die Nutzung im Rahmen der Wiedergaben nach den §§ 21 und 22 UrhG und die Nutzung im Rahmen der Kabelweiterleitung nach § 20b UrhG. Die in der Sparte R GR verrechneten Werke erhalten ferner eine Abrechnung in der Sparte R GR-VR (siehe dazu **Kap. 11.2 Rn. 98**).

242 In der Sparte FS GR (Fernsehen Großes Recht) erhalten die im Fernsehen gesendeten dramatisch-musikalischen Werke mit einer Sendedauer von mehr als 15 Minuten (siehe dazu oben Rn. 238) eine Abrechnung für die vorstehend in Rn. 241 genannten Nutzungen.

243 Beide Sparten sind im Verteilungsplan nicht erwähnt.[8] Dramatisch-musikalische Werke mit einer Sendedauer unterhalb der genannten Grenzen werden in den Sparten R (siehe dazu oben Rn. 233) und FS (siehe dazu oben Rn. 238) abgerechnet.

bb) Durchführung der Verrechnung

244 Für die in den Sparten R GR und FS GR verrechneten Werke werden die Sendeminuten ermittelt. Zur Ermittlung der Ausschüttung pro Werk wird die Anzahl der Sendeminuten mit dem anteiligen Minutenwert multipliziert, der auf Einnahmen aus privater Vervielfältigung, Wiedergaben und Kabelweitersendung pro Sendeminute im Rundfunk entfällt (siehe zu dessen Berechnung unten Rn. 294).

245 Siehe zur Verrechnung dieser Einnahmen auch Abschnitt VIII Ziffer 4f (Hörfunkwiedergaben dramatisch-musikalischer Werke), Abschnitt XIV Ziffer 1 Abs. 3 (Fernsehwiedergaben dramatisch-musikalischer Werke) und Abschnitt VIII Ziffer 5b (Kabelweiterleitung dramatisch-musikalischer Werke).

8 Siehe jedoch die Aufstellung über die Abrechnungs- und Zahlungstermine, abgedr. im GEMA-Jahrbuch 2004/2005, S. 385.

l) Sparten KRA und KFSA

246 Die Sparten KRA (Kabel-Tonrundfunk Ausland) und KFSA (Kabel-Fernsehrundfunk Ausland) sind keine Verrechnungssparten, da in ihnen keine eigene Abrechnung erfolgt. Vielmehr werden die Einnahmen beider Sparten gemäß Abschnitt VIII Ziffer 5 zugunsten des Senderechts verteilt (siehe dazu Rn. 280 f.).

m) Sparte T

aa) Gegenstand

247 In der Sparte T (Tonfilm) erhalten die Werke in Filmen eine Abrechnung für die Vergabe des Vorführungsrechts nach § 19 Abs. 4 UrhG, soweit nicht eine Abrechnung in der Sparte TD erfolgt (dazu unten Rn. 255). Siehe zur Abrechnung von Filmen im Senderecht oben Rn. 236 (Sparte FS) und unten Rn. 250 (Sparte T FS).

bb) Verteilungssumme

248 In der Sparte T wird aus den für die Vergabe des Vorführungsrechts erzielten Einnahmen sowie aus weiteren Einnahmen eine gemeinsame Verteilungssumme gebildet. Siehe dazu unten Rn. 372 ff.

cc) Durchführung

249 Die Abrechnung der Verteilungssumme in der Sparte T auf die in den Filmen enthaltenen Musikwerke erfolgt nach Abschnitt XV Ziffer 1–4 (siehe dazu unten Rn. 375 ff.).

n) Sparte T FS

aa) Gegenstand

250 In der Sparte T FS (Tonfilm im Fernsehen) werden die Einnahmen verrechnet, die die GEMA aus der Verwertung des Senderechts gemäß § 20 UrhG im Fernsehen für Musikwerke erzielt, die in **Fremdproduktionen** enthalten sind (siehe zur Abgrenzung zu den in der Sparte FS verrechneten Eigen- und Auftragsproduktionen des Fernsehens oben Rn. 237). Die in Fremdproduktionen enthaltene Musik erhält bei Nutzung im Fernsehen im Vervielfältigungsrecht keine Ausschüttung (siehe dazu unten Rn. 86).

bb) Verteilungssumme

251 Für die Sparten R, FS und T FS wird eine gemeinsame Verteilungssumme gebildet. In dieser werden neben den Einnahmen aus der Vergabe des Senderechts weitere Einnahmen verrechnet (siehe unten Rn. 290).

cc) Durchführung der Verrechnung

252 Anhand der Programme der Fernsehsender wird die Anzahl der Aufführungen pro Film ermittelt (siehe Ausführungsbestimmungen zum Verteilungsplan A, Abschnitt V

Ziffer 5). Diese Aufführungszahl wird anschließend mit den Senderkoeffizienten gemäß Abschnitt V Ziffer 3 (siehe oben Rn. 179 ff.) und mit den in Abschnitt XIV Ziffer 3 vorgesehenen Koeffizienten multipliziert (siehe unten Rn. 361 ff.).

Anhand der Musikaufstellungen wird der Musikinhalt der Filme in Sekunden ermittelt. **253**

Durch Multiplikation der gewichteten Aufführungszahlen mit der Gesamtzahl der Musiksekunden pro Film und dem Musiksekundenwert (siehe unten Rn. 293) und anschließender Division des Ergebnisses durch 1 000 ergibt sich die Ausschüttung pro Film in der Sparte T FS. Die weitere Aufteilung dieser Ausschüttung auf die in den Filmen enthaltenen Werke erfolgt nach Musiklängen anhand der Musikaufstellungen.[9] **254**

o) Sparte TD

In der Sparte TD (Tonfilm-Direktverrechnung) erhalten die Werke in Wirtschaftsfilmen und Tonbildschauen eine Abrechnung für die Vergabe des Vorführungsrechts nach § 19 Abs. 4 UrhG. Siehe zum Begriff des Wirtschaftsfilms Rn. 331. Tonbildschauen sind Diavorführungen mit Musikuntermalung. Es erfolgt Nettoeinzelverrechnung (siehe dazu unten Rn. 319). **255**

Bei Wirtschaftsfilmen und Tonbildschauen vergibt die GEMA auch das Vervielfältigungsrecht gemäß § 16 Abs. 1 UrhG. Die hierauf entfallenden Einnahmen werden in der Sparte TD-VR abgerechnet (siehe dazu Ausführungsbestimmungen zum Verteilungsplan B, Abschnitt VI Ziffer 9). **256**

p) Sparte A

In der Sparte A (Ausland) werden die von ausländischen Verwertungsgesellschaften erhaltenen Einnahmen für die Nutzung des GEMA-Repertoires im Ausland verbucht. Diese Einnahmen werden bereits von den ausländischen Gesellschaften nach den bei diesen geltenden Verteilungsregeln den einzelnen Werken zugeordnet. Eine Ausnahme bilden insoweit die Einnahmen für die Kabelverbreitung von deutschen Hörfunk- und Fernsehsendungen im Ausland, bei denen die Zuordnung zu den genutzten Werken von der GEMA im Rahmen der Hörfunk- und Fernsehabrechnung selbst vorgenommen wird. Hierzu sind die Sparten KRA und KFSA gebildet (siehe oben Rn. 246). **257**

q) Sparte M

aa) Gegenstand

In der Sparte M (Aufführungen mittels mechanischer Vorrichtungen ohne Fernsehen und ohne Bildtonträger) werden Einnahmen aus der Vergabe von Wiedergaberechten nach den §§ 21, 22 UrhG verrechnet. Da die tatsächlich genutzten Werke wegen des **258**

---

9 Ausführungsbestimmungen zum VP A, Abschnitt XV Ziffer 22 iVm Ziffer 4 Abs. 2.

Fehlens einer Programmpflicht der Veranstalter in der Regel nicht bekannt sind, erfolgt eine analoge Verrechnung auf die im Rahmen dieser Wiedergaben mutmaßlich genutzten Werke (dazu unten Rn. 262).

bb) Verteilungssumme

259 Für die in der Sparte M abgerechneten Werke und Einnahmen ist eine gemeinsame Verteilungssumme gebildet. In Ausnahmefällen erfolgt jedoch eine Nettoeinzelverrechnung einzelner Einnahmen (siehe nachfolgend (cc)).

260 Die Verteilungssumme besteht zum einen aus 60 % der Einnahmen, die auf die von Abschnitt VIII Ziffer 4c erfaßten Wiedergaben entfallen. Der Gegenstand dieser Bestimmung ergibt sich aus der Abgrenzung zu den übrigen Regelungen, die für die Verteilung der Einnahmen für „Aufführungen von Tonträgern mittels mechanischer und elektronischer Vorrichtungen" bestehen. Insoweit sind für die Verteilung der Einnahmen aus Wiedergaben von Fernsehsendungen (Abschnitt VIII Ziffer 4a) und von Bildtonträgern (Abschnitt VIII Ziffer 4b) gesonderte Verteilungssummen gebildet, die zusammen mit anderen Einnahmen verrechnet werden. Für die Verrechnung der Einnahmen aus der Wiedergabe von Tonträgern der ernsten Musik besteht die Sparte EM (siehe Abschnitt VIII Ziffer 4g) und für die Verrechnung der Einnahmen aus der Wiedergabe von Tonträgern in Diskotheken die Sparte DK (siehe Abschnitt VIII Ziffer 4e). Es verbleiben damit zur Verteilung nach Abschnitt VIII Ziffer 4c die Einnahmen aus der Vergabe der Wiedergaberechte nach den §§ 21, 22 UrhG für die Wiedergabe von Hörfunksendungen einerseits und für Wiedergaben von Tonträgern der Unterhaltungsmusik außerhalb von Diskotheken andererseits.

261 Zusätzlich werden in der Sparte M 4,8 % der Verteilungssumme der Sparte T für Wiedergaben in Filmtheatern verteilt (siehe dazu Abschnitt XV Ziffer 23 und dort Rn. 373)[10] sowie 20 % der Verteilungssumme, die für die Wiedergabe von Bildtonträgern zur Verfügung steht (siehe Abschnitt VIII Ziffer 4b). Die Summe dieser Beträge ergibt die Verteilungssumme in der Sparte M.

cc) Durchführung der Verrechnung

262 Die Verrechnung der Verteilungssumme der Sparte M erfolgt in Anlehnung an die für Werke mit Verrechnung in den Sparten U und Phono-VR festgestellten Nutzungen. Eine Verrechnung erfolgt dabei auf solche Werke, die entweder im aktuellen Abrechnungszeitraum oder in einem der beiden vorhergegangenen Abrechnungszeiträume auch in der Sparte Phono-VR abgerechnet worden sind, die also in einem dieser Zeiträume auf Tonträger vervielfältigt worden sind und die gleichzeitig im aktuellen Geschäftsjahr auch in Veranstaltungen der Unterhaltungsmusik aufgeführt bzw. in der Sparte U abgerechnet worden sind. Ein in beiden Sparten abgerechnetes Werk erhält dabei die gleiche Zahl an Aufführungspunkten – die so genannten **M-Punkte** –

---

10 Nach Abschnitt XV Ziffer 23 werden 8 % der Nettoverteilungssumme T nach Abschnitt VIII Ziffer 4c verteilt. Hier erfolgt eine weitere Aufteilung im Verhältnis von 60 : 40, so daß letztlich 4,8 % (60 % aus 8) der Nettoverteilungssumme der Sparte T in die Sparte M fließen.

die es bereits in der Sparte U erhalten hat. Dabei werden „die Aufführungszahlen verrechnet, die in der Abrechnung U im Geschäftsjahr festgestellt worden sind“, damit also die Aufführungszahlen der Sparte U, die sich nach Anwendung der Multiplikatoren für Aufführungen in der Sparte VK und für Kur- und Bäderveranstaltungen bzw. nach Anwendung der Kappungsgrenzen für regelmäßig wiederkehrende Musik ergeben. Der Wert eines M-Punkts wird errechnet, indem die Verteilungssumme durch die Gesamtzahl der M-Punkte dividiert wird. Die Summe der M-Punkte pro Werk multipliziert mit dem M-Punktwert ergibt die Ausschüttung pro Werk in der Sparte M.

dd) Nettoeinzelverrechnung von Tonträgerwiedergaben der Unterhaltungsmusik

Sind Werke weder in Veranstaltungen der Unterhaltungsmusik aufgeführt oder auf Ton- oder Bildtonträger vervielfältigt worden, so ist eine Abrechnung in der Sparte M nicht möglich. Eine derartige Konstellation kann insbesondere bei für spezifische bzw. begrenzte Zwecke erstellten Auftragskompositionen eintreten, so etwa bei Klanginstallationen für Messe- oder Ausstellungsräume. Zur Abrechnung solcher Einnahmen sieht Abschnitt VIII Ziffer 4d Abs. 2 Nettoeinzelverrechnung auf Antrag vor. Die Nettoeinzelverrechnung ist in diesen Fällen möglich, da den Berechtigten die Werknutzungen selbst bekannt sind. Voraussetzung ist jedoch, daß sich der jeweiligen Nutzung eine konkrete Einnahme zuordnen läßt. Die Verrechnung erfolgt in der Sparte UD (siehe oben Rn. 227). **263**

Die Nettoeinzelverrechnung ist jedoch in diesen Fällen lediglich auf den in der Sparte M verrechneten Anteil beschränkt, somit auf 60 % der jeweiligen Einnahme. Die verbleibenden 40 % werden in der Sparte R verrechnet. **264**

Siehe zur Nettoeinzelverrechnung von Musik in Telefonwarteschleifen Abschnitt XIII A Ziffer 3 und dazu unten Rn. 332 ff. **265**

r) Sparte DK

aa) Gegenstand

In der Sparte DK (Mechanische Musikwiedergabe in Diskotheken) werden erstmals ab Geschäftsjahr 2005 die Werke verrechnet, die in Diskotheken im Sinne von § 21 UrhG wiedergegeben werden. **266**

Bis Geschäftsjahr 2004 sind diese Einnahmen gemäß Abschnitt VIII Ziffer 4c zu 40 % in der Sparte R und zu 60 % in der Sparte M verrechnet worden. Die Abrechnung in einer eigenen Sparte ist durch die nicht mehr gegebene Übereinstimmung der in Rundfunk, öffentlichen Aufführungen und Diskotheken jeweils genutzten Repertoires erforderlich geworden. Dieser Umstand hatte dazu geführt, daß die Einnahmen aus der mechanischen Musikwiedergabe in Diskotheken nicht mehr entsprechend der tatsächlichen Musiknutzung in diesem Bereich ausgeschüttet werden konnten.[11] Die **267**

---

11 Tagesordnung für die Mitgliedervers. v. 24./25.06.2003, Begr. zu Antrag 43, abgedr. in den GEMA-Nachrichten Nr. 168 vom November 2003.

Bildung der Sparte DK gewährleistet nunmehr, daß die Einnahmen aus der mechanischen Wiedergabe in Diskotheken – für diese besteht ein eigener Tarif – demjenigen Repertoire zugeordnet werden können, für das diese Einnahmen erzielt worden sind.

bb) Verteilungssumme

268 Abgerechnet werden die Einnahmen aus der Vergabe des Wiedergaberechts gemäß § 21 UrhG. Die von den einzelnen Nutzern erhaltenen Vergütungen werden zu einer gemeinsamen Verteilungssumme zusammengefaßt.

cc) Durchführung der Verrechnung

269 Da gemäß § 13a Abs. 2 S. 2 UrhWG eine Programmpflicht der Veranstalter nicht besteht, läßt die GEMA die wiedergegebenen Werke über ein Monitoring-Verfahren ermitteln.

270 Die Verrechnung erfolgt vergleichbar mit der Vorgehensweise in den Sparten des Senderechts, indem ein Minutenwert gebildet wird. Hierzu wird für die in der Monitoring-Stichprobe enthaltenen Werke die Gesamtzahl der Aufführungsminuten ermittelt. Die Verteilungssumme wird durch diese Gesamtzahl geteilt, so dass sich ein einheitlicher Wert pro Minute ergibt, der sogenannte Aufführungswert. Der Aufführungswert multipliziert mit der Anzahl der Minuten pro Werk ergibt die Ausschüttung pro Werk.

s) Sparte BT

271 Gegenstand der Sparte BT (Bildtonträger) sind die Einnahmen, die für die Wiedergabe von Bildtonträgern gemäß § 21 UrhG erzielt werden. Die Sparte BT ist keine Verrechnungssparte des Aufführungsrechts. Sie enthält keine eigenen Verrechnungsregeln, sondern teilt lediglich die zur Verfügung stehende Verteilungssumme auf andere Sparten auf. Diese Aufteilung erfolgt gemäß der Regelung in Abschnitt VIII Ziffer 4b.

IV. Regelungen zur Verrechnung der Einnahmen

272 Der Verteilungsplan enthält in Abschnitt VIII Ziffer 3b, c, d und e Einzelregelungen zur Verrechnung der Einnahmen in den Sparten E, ED, EM, BM, U, UD, VK, KI, FKI, R, FS, und T. Diese Regelungen sind bereits vorstehend III. im Rahmen der jeweils betroffenen Sparten erörtert worden. Darüber hinaus bestehen Regelungen zur Programmverrechnung in den Sparten des Aufführungsrechts (1.), zur Verteilung der Einnahmen aus der Vergabe der Wiedergaberechte nach den §§ 21, 22 UrhG (2.) und aus der Vergabe des Kabelweitersendungsrechts nach § 20b UrhG (3.).

1. Die Programmverrechnung in den Sparten E, ED, EM, BM, U, UD, VK

273 Gemäß Abschnitt VIII Ziffer 3a werden die Einnahmen in den Sparten E, ED, EM, BM, U, UD und VK ausschließlich nach Programmen verrechnet. Diese Regelung gilt seit Geschäftsjahr 1956. Bis dahin war die Abrechnung in den Sparten U und VK

nach einem kombinierten „Programm- und Schätzungssystem“ erfolgt, in dem 85% der Einnahmen nach Programmen und 15 % der Einnahmen in einem Schätzungsverfahren verrechnet wurden. Dabei hatte das Schätzungsverfahren den Zweck, „offensichtliche Unzulänglichkeiten in der Ausfüllung oder Erfassung der Programme“ auszugleichen.[12]

2. Einnahmen aus der Vergabe der Wiedergaberechte aus den §§ 21, 22 UrhG

Abschnitt VIII Ziffer 4 regelt die Verteilung der Einnahmen aus der Vergabe der Wiedergaberechte aus den §§ 21, 22 UrhG für „Aufführungen von Tonträgern mittels mechanischer und elektronischer Vorrichtungen“. Unter diesen Begriff fallen Wiedergaben von Hörfunk- und Fernsehsendungen sowie von Ton- und Bildtonträgern. Die hierfür erzielten Einnahmen werden teilweise in den Sparten M und DK verteilt, teilweise jedoch gemeinsam mit vergleichbaren anderen Einnahmen in den für diese gebildeten Sparten verrechnet. **274**

a) Wiedergaben von Fernsehsendungen

Die Verrechnung der Einnahmen aus der Fernsehwiedergabe erfolgt gemäß Abschnitt VIII Ziffer 4a in der Sparte FS. Sie werden dabei jedoch der Rundfunkverteilungssumme zugeschlagen und fließen somit in den für die Sparten R, FS und T FS gebildeten einheitlichen Minutenwert ein (siehe dazu Rn. 289 ff.). **275**

b) Wiedergaben von Bildtonträgern

Die Verrechnung der Einnahmen aus der Wiedergabe von Bildtonträgern erfolgt gemäß Abschnitt VIII Ziffer 4b in den Sparten M, T, R und BT-VR. **276**

c) Wiedergaben von Hörfunksendungen und Tonträgern (ohne EM und DK)

Die Verrechnung der Einnahmen aus der Wiedergabe von Hörfunksendungen sowie aus der Wiedergabe von Tonträgern der Unterhaltungsmusik mit Ausnahme von Wiedergaben in Diskotheken erfolgt gemäß Abschnitt VIII Ziffer 4c zu 60% in der Sparte M und zu 40% in der Sparte R (siehe dazu oben Rn. 260). Soweit eine Verrechnung in der Sparte R vorgenommen wird, führt dies zu einer Erhöhung des einheitlichen Minutenwerts (siehe dazu Rn. 289 ff.). **277**

d) Wiedergaben von Tonträgern der U-Musik in Diskotheken

Die Verrechnung der Einnahmen aus der Wiedergabe von Tonträgern der Unterhaltungsmusik in Diskotheken erfolgt gemäß Abschnitt VIII Ziffer 4e in der Sparte DK (siehe dazu oben Rn. 266 ff.). **278**

---

12 VP der GEMA vom 01.01.1950, Abschnitt XIII Ziffer 1 der Ausführungsbestimmungen.

e) Wiedergaben von Tonträgern der ernsten Musik

279 Für die Verrechnung der Einnahmen aus der Wiedergabe von Tonträgern der ernsten Musik erfolgt gemäß Abschnitt VIII Ziffer 4g Nettoeinzelverrechnung in der Sparte EM.

3. Einnahmen aus der Vergabe des Kabelweitersendungsrechts aus § 20b UrhG

280 Gemäß Abschnitt VIII Ziffer 5a werden die Inlandseinnahmen für die Kabelverbreitung von Ton- und Fernsehsendungen der Rundfunkverteilungssumme zugeschlagen und fließen somit in den für die Sparten R, FS und T FS gebildeten einheitlichen Minutenwert ein (siehe Abschnitt IX Ziffer 1 Abs. 2 und dazu Rn. 289 ff.). Die Verrechnung dieser Einnahmen erfolgt nur im Senderecht, da bei der Kabelweiterverbreitung lediglich eine Inanspruchnahme des Rechts aus § 20b UrhG erfolgt, nicht aber des Vervielfältigungsrechts.

281 Gemäß Abschnitt VIII Ziffer 5a gilt gleiches für die Einnahmen aus der Kabelverbreitung von deutschen Ton- und Fernsehsendungen im Ausland. Diese unterliegen einem verminderten Kostenabzug der GEMA.

V. Dramatisch-musikalische Werke bei Hörfunkwiedergabe und Kabelverbreitung

1. Wiedergabe von Hörfunksendungen

282 Gemäß § 1c Berechtigungsvertrag sind der GEMA die Rechte der Lautsprecherwiedergabe einschließlich der Wiedergabe von dramatisch-musikalischen Werken übertragen. Zu den Rechten der Lautsprecherwiedergabe zählt auch das Recht zur Wiedergabe von Hörfunksendungen gemäß § 22 UrhG (Hörfunkwiedergabe).[13]

283 Abschnitt VIII Ziffer 4f betrifft die Verteilung der Einnahmen aus der Hörfunkwiedergabe auf die in Hörfunksendungen enthaltenen dramatisch-musikalischen Werke. Die Abrechnung erfolgt in der Sparte R GR (siehe dazu oben Rn. 241) an den Bühnenverleger. Siehe zur Verteilung der Einnahmen aus der Fernsehwiedergabe auf die im Fernsehen gesendeten dramatisch-musikalischen Werke Abschnitt XIV Ziffer 1 Abs. 3 und dazu unten Rn. 352.

2. Kabelverbreitung von Hörfunk- und Fernsehsendungen

284 Gemäß Fußnote 2 zu § 1b Berechtigungsvertrag werden der GEMA die Rechte zur Kabelverbreitung von dramatisch-musikalischen Werken in Fernseh- und Hörfunkprogrammen durch gesondertes Mandat übertragen. Diese Übertragung ist durch Mandatsvertrag zwischen den Inhabern von Rechten an dramatisch-musikalischen Werken und der GEMA erfolgt.[14]

---

13 Näher *Staudt,* oben **Kap. 10 Rn. 101**.

14 Die Übertragung erfolgt nach dem im GEMA-Jahrbuch 2004/2005, S. 475 abgedruckten Mustervertrag.

Nach Abschnitt VIII Ziffer 5b S. 2 werden die auf dramatisch-musikalische Werke entfallenden Einnahmen aus Kabelverbreitung „zusammen mit den Erträgen aus der Zweitverwertung“, somit zusammen mit den Einnahmen aus Wiedergaben im Sinne der §§ 21 und 22 UrhG verrechnet. Die Abrechnung erfolgt in den Sparten R GR und FS GR (siehe dazu oben Rn. 241 ff.). **285**

Abschnitt VIII Ziffer 5b S. 2 bezieht sich nach seinem Wortlaut nur auf die aus dem Ausland eingehenden Einnahmen für die Kabelverbreitung deutscher Hörfunk- und Fernsehsendungen durch ausländische Kabelunternehmen. Die Regelung gilt jedoch für Inlandseinnahmen entsprechend. **286**

Abschnitt IX Verteilung

(1) In den Sparten R und FS werden die an die einzelnen Bezugsberechtigten zu verteilenden Beträge gemäß Abschn. VIII Ziff. 3c) dergestalt errechnet, daß die Nettoverteilungssumme durch die Minutenzahl dividiert und so der Wert der einzelnen Minute errechnet wird.

Der Anteil von 66 2/3% gemäß § 1 Ziff. 1 der Allgemeinen Grundsätze wird für den Ton- und Fernsehrundfunk zu einem einheitlichen Minutenwert – jedoch zu den geltenden unterschiedlichen Verteilungsschlüsseln – verrechnet. Hierbei erhalten die Sendungen im Tonrundfunk den Koeffizienten 1 und die Sendungen im Fernsehrundfunk die Koeffizienten, wie sie sich aus Abschn. XIV Ziff. 3 ergeben.

(2) Die Verrechnung in der Sparte T erfolgt entsprechend Abschn. VIII Ziff. 3c) aufgrund des in Abschn. XV festgelegten Verrechnungsschlüssels.

(3.1) In den Sparten E, U, R, T, FS, TFS, M und DK kann der Bezugsberechtigte innerhalb einer Frist von 6 Wochen, gerechnet vom Tage der Postaufgabe des Kontoauszuges an, eine Aufstellung der verrechneten Werke, der Beteiligungsquote und der Beträge sowie in der Sparte U der Zahl der abgerechneten Aufführungen gegen Erstattung von EUR 1,02 Schreibgebühren pro Seite anfordern.

Zusätzlich zu dieser Aufstellung kann der Bezugsberechtigte in den Sparten R, FS und TFS für die verrechneten Werke und Filme gegen vorstehende Kostenerstattung eine gesonderte Aufstellung des Senders, des Sendedatums, der genauen tatsächlichen Spieldauer[6] und der Koeffizienten gemäß Abschnitt XIV anfordern, soweit die GEMA von den Rundfunkanstalten und Sendeunternehmen die entsprechenden Angaben erhalten hat.

(3.2) In der Sparte A kann der Bezugsberechtigte ebenfalls innerhalb einer Frist von 6 Wochen, gerechnet vom Tage der Postaufgabe der Auslandsabrechnung an, eine Aufstellung gegen Erstattung der Unkosten anfordern, soweit die GEMA von der ausländischen Verwertungsgesellschaft die Unterlagen erhalten hat.

(4) Darüber hinaus kann der Bezugsberechtigte innerhalb von 6 Wochen, gerechnet vom Tage der Postaufgabe des Kontoauszuges an, eine Aufstellung der Aufführungen seiner im Inland gespielten Werke in ernsten Konzerten mit Angabe des Ortes, des Datums der Aufführung und des Namens des Veranstalters gegen Erstattung von EUR 1,02 für jede bekanntgegebene Veranstaltung verlangen.

In der Sparte U kann der Bezugsberechtigte ab Geschäftsjahr 2007 innerhalb der gleichen Frist gegen vorstehende Kostenerstattung eine Aufstellung mit Ort und Datum der durch Programme be-

---

[6] Hinsichtlich der Spieldauerangabe gilt die Bestimmung ab Geschäftsjahr 2007.

legten abgerechneten Aufführungen anfordern, soweit die bei der GEMA eingereichten Programme solche Informationen beinhalten und sich diese Informationen einzelnen Aufführungen zuordnen lassen.

(5) Reklamationen können nur berücksichtigt werden, wenn sie innerhalb einer Frist von 6 Monaten, gerechnet vom Tage der Postaufgabe der Aufstellungen gemäß Ziff. 3 und 4 eingegangen sind. Sie müssen konkrete Angaben enthalten, die eine Prüfung zulassen, und können ferner nur dann berücksichtigt werden, wenn das Ergebnis einen Mindestbetrag von EUR 5,11 pro Werk erwarten läßt.

Übersicht Rn.

I. Übersicht

287 Abschnitt IX enthält in Ziffer 1 eine Regelung zur Aufteilung der Nettoverteilungssumme in den Sparten des Senderechts (II.), in Ziffer 2 eine entsprechende Regelung für die Sparte Tonfilm. Siehe zur Aufteilung der Nettoverteilungssumme in der Sparte E oben Rn. 212 und in der Sparte U oben Rn. 226. Die Ziffern 3–5 betreffen das bei der Aufteilung der Einnahmen zu beachtende Verfahren. Dabei begründen Ziffer 3 und 4 Auskunftsansprüche der Berechtigten (III.), Ziffer 5 enthält eine Regelung zur Berücksichtigung von Reklamationen.

II. Die Ermittlung der Ausschüttung in den Sparten R, FS und T FS

1. Die Regelung bis Geschäftsjahr 1965

288 Bis Geschäftsjahr 1965 wurden die Einnahmen aus der Nutzung des GEMA-Repertoires im Hörfunk in der Sparte R abgerechnet, die Einnahmen aus der Nutzung des GEMA-Repertoires im Fernsehen dagegen in der Sparte FS. Beide Sparten waren somit voneinander getrennt. Abschnitt IX Ziffer 1 Abs. 1 regelt für diesen Fall das Verfahren zur Errechnung des jeweiligen Minutenwerts. Gemäß Beschluß der Mitgliederversammlung vom 30. 06. 1966 wird seit Geschäftsjahr 1966 jedoch ein einheitlicher Minutenwert im Rundfunk gebildet. Der einheitliche Minutenwert und dessen Berechnung sind in Abschnitt IX Ziffer 1 Abs. 2 geregelt.

2. Der einheitliche Minutenwert

289 Gemäß Abschnitt IX Ziffer 1 Abs. 2 S. 1 wird der nach § 1 Ziffer 1 S. 2 der Allgemeinen Grundsätze ermittelte Anteil von 66 2/3 % zu einem **einheitlichen Minutenwert**

verrechnet. Dies bedeutet, daß für die Rundfunkeinnahmen, soweit diese im Senderecht verrechnet werden, eine **gemeinsame Nettoverteilungssumme**[1] gebildet wird.

Ausgangspunkt für die Bildung dieser Nettoverteilungssumme ist der sich nach § 1 Ziffer 1 S. 2 der Allgemeinen Grundsätze ergebende Betrag, d.h. also der zugunsten des Senderechts verrechnete Anteil von 2/3 der Rundfunkeinnahmen (siehe dazu oben Rn. 19). Zu diesem werden weitere Einnahmen addiert. Dabei handelt es sich **290**

a. um 2/3 der Einnahmen, die die GEMA von der ZPÜ (siehe zur ZPÜ **Kap. 11.2 Rn. 71**) für die private Vervielfältigung erhält, soweit diese im Rundfunk verteilt werden (siehe dazu Verteilungsplan B, Abschnitt IV Ziffer 8 und **Kap. 11.2 Rn. 72 ff.** sowie Abschnitt VI Ziffer 8 und **Kap. 11.2 Rn. 112 ff.**),
b. um 100% der Einnahmen für die Wiedergabe von Fernsehsendungen gemäß Abschnitt VIII Ziffer 4a,
c. um 100% der Einnahmen aus der Kabelverbreitung von Rundfunksendungen im In- und Ausland gemäß Abschnitt VIII Ziffer 5a und b,
d. um 20% der Verteilungssumme für die Wiedergabe von Bildtonträgern gemäß Abschnitt VIII Ziffer 4b,
e. um 40% der Verteilungssumme aus allen anderen Aufführungen von Tonträgern gemäß Abschnitt VIII Ziffer 4c und
f. um 3,2% der Verteilungssumme der Sparte Tonfilm gemäß Abschnitt XV Ziffer 23 iVm Abschnitt VIII Ziffer 4c.

Die Summe dieser Beträge ergibt nach Abzug der Kosten und nach Abzug von 10% zugunsten sozialer und kultureller Zwecke die Nettoverteilungssumme der Rundfunkeinnahmen im Senderecht.

Anhand der Programme werden die Sendeminuten pro Werk (Sparten R und FS) bzw. die Zahl der Aufführungen pro Film (Sparte T FS) ermittelt. Sowohl die Sendeminuten als auch die Zahl der Aufführungen pro Film werden mit den Multiplikatoren nach Abschnitt V Ziffer 3 vervielfacht. Bei Werken mit Verrechnung in der Sparte R sowie bei einem Teil der Werke mit Verrechnung in der Sparte FS (siehe unten Rn. 348) werden die Sendeminuten zusätzlich mit den in den Abschnitten X–XIII vorgesehenen Bewertungspunkten multipliziert. Eine weitere Gewichtung erfolgt gemäß Abschnitt IX Ziffer 1 Abs. 2 durch Multiplikation der so ermittelten Zahl der Sendeminuten bzw. der Filmaufführungen mit so genannten **Koeffizienten**. Diese Koeffizienten berücksichtigen den materiellen Wert der im Rundfunk gesendeten Werke im Rahmen der Aufteilung der von den Rundfunkanstalten an die GEMA entrichteten Pauschalvergütungen gemäß § 3 der Allgemeinen Grundsätze (siehe oben Rn. 35 ff.). Dabei erhalten die Sendungen im Hörfunk den Koeffizienten 1 und die Sendungen im Fernsehen die Koeffizienten, die sich aus Abschnitt XIV Ziffer 3 ergeben. **291**

Es wird die Gesamtzahl aller Sendeminuten errechnet. Dabei wird die Anzahl der gewichteten Sendeminuten für Musikwerke in den in der Sparte T FS abgerechneten Filmen anhand der Musikaufstellungen ermittelt. **292**

---

1 Siehe zum Begriff der Nettoverteilungssumme Ausführungsbestimmungen zum VP A, Abschnitt VIII Ziffer 1.

293 Die Nettoverteilungssumme wird durch die Gesamtzahl aller gewichteten Musikminuten geteilt. Auf diese Weise ergibt sich ein **einheitlicher Minutenwert** für die Sparten R und FS. Für die Sparte T FS wird der einheitliche Minutenwert in einen Wert pro 1000 Sekunden Musik umgerechnet, den **Musiksekundenwert** (siehe zur Errechnung der Ausschüttung pro Werk in der Sparte R oben Rn. 235 und in der Sparte FS oben Rn. 240 sowie zur Errechnung der Ausschüttung pro Film in der Sparte T FS oben Rn. 252).

294 Durch das beschriebene Abrechnungsverfahren erhalten die in den Sparten R, FS und T FS verrechneten Werke zum einen eine Abrechnung der aus der Verwertung des Senderechts nach § 20 UrhG erzielten Einnahmen als auch eine Abrechnung der aus der Verwertung des Vergütungsanspruchs für private Vervielfältigung nach § 54 UrhG, der Wiedergaberechte nach den §§ 21 und 22 UrhG und des Kabelweitersendungsrechts nach § 20b UrhG erzielten Einnahmen. Dagegen werden die in den Sparten R GR und FS GR verrechneten Werke im Senderecht nicht berücksichtigt (siehe oben Rn. 233 und Rn. 238). Sie erhalten deshalb nur den – anteiligen – Minutenwert verrechnet, der sich ergibt, indem lediglich die Einnahmen für private Vervielfältigung, Wiedergaben und Kabelweitersendung pro Sendeminute errechnet werden.

295 Gemäß Abschnitt IX Ziffer 1 Abs. 2 S. 1 erfolgt die weitere Verrechnung zu den geltenden unterschiedlichen Verteilungsschlüsseln. Insoweit handelt es sich um eine Klarstellung, die die weitere Aufteilung der auf die Werke (Sparten R und FS) bzw. auf die Filme (Sparte T FS) entfallenden Ausschüttung auf die an den Werken bzw. Filmen beteiligten Berechtigten betrifft.[2]

III. Auskunftsansprüche der Berechtigten

296 Ein Auskunftsanspruch der Berechtigten ergibt sich aus dem Wahrnehmungsverhältnis iVm § 666 BGB. Dieser Anspruch ist jedoch durch die Grundsätze der Erforderlichkeit und Zumutbarkeit begrenzt. So können die Berechtigten nicht unbeschränkt alle Angaben verlangen, die zur Bestimmung und Überprüfung der Abrechnung irgendwie hilfreich und nützlich sind oder sein können. Angaben können vielmehr nur insoweit verlangt werden, als dies zur Nachprüfung berechtigter Interessen erforderlich ist.[3] Eine weitere Einschränkung des Auskunftsanspruchs ergibt sich durch die in Abschnitt IX Ziffer 3 und 4 einzeln aufgezählten, sachlich begrenzten Informationspflichten. In dieser Enumeration liegt zugleich der Ausschluß weitergehender Informationsansprüche.[4] Dabei liegt dem Verteilungsplan ein System der gestuften In-

---

2 Insoweit gilt für Werke in der Sparte R die Grundverteilung nach § 4 Ziffer 2 der Allgemeinen Grundsätze, für Werke in der Sparte FS der Verteilungsschlüssel gemäß Abschnitt XIV Ziffer 2 und für Werke in der Sparte T FS der Verteilungsschlüssel in Abschnitt XV.

3 LG Berlin vom 19.10.2004, Az. 16 O 627/03, Umdruck S. 22.

4 LG Berlin vom 3.7.2001, Az. 16 O 22/01, Umdruck S. 7; *Riesenhuber*, ZUM 2004, 417, 422 mwN; siehe dazu auch *Bezzenberger/Riesenhuber*, GRUR 2003, 1005, 1009.

formation zugrunde,[5] indem die Berechtigten zunächst nur einen Kontoauszug mit den wesentlichsten Angaben zu den ausgezahlten Tantiemen erhalten. Eine detailliertere und umfangreichere Aufschlüsselung und Erläuterung erfolgt nur auf Antrag und gegen Kostenerstattung. Die damit verbundene Standardisierung und Formalisierung der Informationspflichten dient dem Ausgleich der Individualinteressen der einzelnen Berechtigten einerseits und des Kollektivinteresses der Gesamtheit der Berechtigten insbesondere an einem möglichst niedrigen Verwaltungsaufwand andererseits.[6]

Abschnitt X Verrechnungsschlüssel für ernste Werke in Verbindung mit Rundfunkbewertung

	Punktbewertung	
	E-Musik[8)]	**Rundfunk**[7)] [8)]
1. Werke gemäß Abschn. X Ziff. 3		
bis zu 2 Minuten	**12**	**1**
über 2 Minuten bis zu 4 Minuten	**24**	**1**
2. Werke gemäß Abschn. X Ziff. 4		
bis zu 2 Minuten	**24**	**1 1/4**
über 2 Minuten bis zu 4 Minuten	**36**	**1 1/2**
3. Instrumentalwerke (1–2 Instrumentalstimmen) sowie 1–4 stimmige solistische Vokalwerke a cappella oder mit Begleitung von 1–2 Instrumenten sowie Chansons		
unter 5 Minuten	**36**	**1 1/4**
ab 5 Minuten	**96**	**1 1/4**
ab 10 Minuten	**180**	**1 1/4**
ab 20 Minuten	**360**	**1 3/4**
ab 30 Minuten	**480**	**1 3/4**
ab 45 Minuten	**720**	**1 3/4**
ab 60 Minuten	**960**	**1 3/4**
4. Instrumentalwerke (3–9 Instrumentalstimmen) sowie solistische Vokalwerke mit mehr als vier realen Stimmen a cappella oder mit Begleitung von 3–6 obligaten Instrumenten		
unter 5 Minuten	**60**	**2**
ab 5 Minuten	**120**	**2**
ab 10 Minuten	**240**	**2**
ab 20 Minuten	**480**	**2**

5 LG Berlin vom 19. 10. 2004, Az. 16 O 627/03, Umdruck S. 24.
6 *Riesenhuber*, ZUM 2004, 417, 422.

	Punktbewertung E-Musik[10]	Punktbewertung Rundfunk[9)][10]
ab 30 Minuten	**720**	**2**
ab 45 Minuten	**960**	**2**
ab 60 Minuten	**1 200**	**2**

5. Entfällt

6. Entfällt

7. Chorwerke a cappella (1–4stimmig) oder mit Begleitung von 1–2 Instrumenten

bis zu 2 Minuten	**12**[11]	**1**[11]
über 2 Minuten bis zu 3 Minuten	**24**[11]	**1**[11]
bis unter 5 Minuten	**36**	**1 1/2**
ab 5 Minuten	**96**	**1 1/2**
ab 10 Minuten	**180**	**1 1/2**
ab 20 Minuten	**360**	**1 1/2**
ab 30 Minuten	**720**	**1 1/2**
ab 45 Minuten	**960**	**1 1/2**
ab 60 Minuten	**1 200**	**1 1/2**

8. Chorwerke mit Begleitung von 3–6 obligaten Instrumenten oder a cappella mit mehr als 4 realen Stimmen

bis zu 2 Minuten	**36**[11]	**1 1/4**[11]
über 2 Minuten bis zu 3 Minuten	**72**[11]	**1 1/2**[11]
bis unter 5 Minuten	**96**	**1 3/4**
ab 5 Minuten	**120**	**1 3/4**
ab 10 Minuten	**240**	**1 3/4**
ab 20 Minuten	**480**	**1 3/4**
ab 30 Minuten	**720**	**1 3/4**
ab 45 Minuten	**960**	**1 3/4**
ab 60 Minuten	**1 200**	**1 3/4**

9. Werke für Streich- und Kammerorchester in beliebiger Besetzung sowie Vokal-, Chor- und Instrumentalwerke mit Streich- und Kammerorchesterbegleitung

bis zu 2 Minuten	**40**	**1 3/4**
über 2 Minuten bis zu 3 Minuten	**80**	**2**
bis unter 5 Minuten	**120**	**2 1/4**
ab 5 Minuten	**240**	**2 1/4**
ab 10 Minuten	**480**	**2 1/4**
ab 20 Minuten	**960**	**2 1/4**
ab 30 Minuten	**1 200**	**2 1/4**
ab 45 Minuten	**1 680**	**2 1/4**
ab 60 Minuten	**2 160**	**2 1/4**

10. Werke für großes Orchester sowie Vokal-, Chor- und Instrumentalwerke mit großem Orchester

	Punktbewertung E-Musik[13]	Punktbewertung Rundfunk[12) 13)]
bis zu 2 Minuten	**80**	**2**
über 2 Minuten bis zu 3 Minuten	**160**	**2 1/4**
bis unter 5 Minuten	**240**	**2 1/4**
ab 5 Minuten	**480**	**2 1/4**
ab 10 Minuten	**960**	**2 1/4**
ab 20 Minuten	**1 200**	**2 1/4**
ab 30 Minuten	**1 680**	**2 1/4**
ab 45 Minuten	**2 160**	**2 1/4**
ab 60 Minuten	**2 400**	**2 1/4**

11. Elektroakustische Musik, Musik mit überwiegend elektroakustischen Anteilen

bis zu 2 Minuten	**12**	**1**
über 2 Minuten bis zu 4 Minuten	**24**	**1**
über 4 Minuten bis zu 5 Minuten	**36**	**1**
über 5 Minuten bis zu 10 Minuten	**96**	**1**
über 10 Minuten bis zu 20 Minuten	**180**	**1**
über 20 Minuten bis zu 30 Minuten	**360**	**1**
über 30 Minuten bis zu 45 Minuten	**720**	**1**
über 45 Minuten bis zu 60 Minuten	**960**	**1**
über 60 Minuten	**1 200**	**1**

Auf Antrag und bei Vorlage der entsprechenden Unterlagen kann der Werkausschuß die Punktbewertung im Rundfunk bis auf 2 1/2 festsetzen.

Als Werke für Kammerorchester bzw. kleine Orchester gelten diejenigen in 9. und 10. genannten Kompositionen, die in der Partiturbesetzung bis zu 18 selbständig geführte Stimmen aufweisen. Alle Werke in Partiturbesetzung ab 19 Stimmen zählen als Werke für große Orchester.

Jedes selbständig geführte Instrument = eine Stimme. Es gilt höchstens die Zahl der mitwirkenden Spieler.

---

7) 9) 12) Zu Abschn. X: Kommen Werke oder Werkfragmente in den Sparten R und FS als Pausen und Vorlaufmusik, Einleitungs-, Zwischen- und Schlußmusik, Titel- und Erkennungsmusiken zu regelmäßig wiederkehrenden Sendungen, d.h. zu sich mindestens an 5 aufeinander folgenden Tagen oder wöchentlich einmal in 7 aufeinander folgenden Wochen wiederholenden Sendungen zur Verrechnung, so erhalten sie die Punktbewertung 1.

8) 10) 13) Werden Werke oder Werkfragmente in den Sparten E und R als Pausen- und Vorlaufmusik, Einleitungs-, Zwischen- und Schlußmusik, Titel- und Erkennungsmusiken aufgeführt oder regelmäßig wiederkehrend, d.h. mindestens an 5 aufeinander folgenden Tagen oder wöchentlich einmal in 7 aufeinander folgenden Wochen, gesendet, so werden solche Aufführungen bzw. Sendungen ab Geschäftsjahr 1996 mit einem Drittel verrechnet, in der Sparte R ab Geschäftsjahr 1999: über 5.000 Minuten bis 10.000 Minuten mit einem Sechstel über 10.000 Minuten mit einem Zehntel (jeweils nach Abschn. V Ziff. 3 gewichtete Minuten).

11) Gilt für Werke angemeldet ab 1. 1. 2002.

Übersicht

Rn.

I. Die kulturelle Bewertung der Werke nach Abschnitt X

1. Einleitung

297 Abschnitt X ist eine Regelung zur Berücksichtigung der kulturellen Werte der Werke (siehe dazu oben Rn. 40 ff.). In Abschnitt X werden Musikwerken der ernsten Musik **Bewertungspunkte** zugeordnet. Anknüpfungspunkt für die Vergabe der Punkte sind grundsätzlich die Spieldauer und die Besetzung der Werke. Die Zahl der vergebenen Punkte steigt mit zunehmender Spieldauer und Größe der Besetzung.

298 Siehe zum Verfahren der Festsetzung der Bewertungspunkte nach Abschnitt X die Regelungen in Abschnitt I Ziffer 12 und Abschnitt I Ziffer 15 S. 1.

2. Sparte E

299 Gemäß Abschnitt VI Abs. 1 werden die für jedes Werk in E-Veranstaltungen ermittelten Werke mit den Bewertungspunkten multipliziert, die in Abschnitt X unter der Punktbewertung E-Musik angegeben sind.

3. Rundfunk

300 Für Werke in Hörfunksendungen und Verrechnung in der Sparte R ergibt sich die Anwendung von Abschnitt X aus Abschnitt VI Abs. 3. Für Werke in Fernsehsendungen und Verrechnung in der Sparte FS ergibt sich die Anwendung von Abschnitt X aus Abschnitt XIV Ziffer 1 Abs. 1. Dabei gilt Abschnitt X in der Sparte FS nur für vorbestehende Werke, nicht jedoch für Auftragskompositionen für das Fernsehen (siehe unten Rn. 348). Für Musik mit Verrechnung in der Sparte T FS gilt Abschnitt X nicht (siehe Abschnitt XIV Ziffer 1 Abs. 2).

301 Für Werke der Unterhaltungsmusik gilt die in Abschnitt XI vorgesehene Punktbewertung. Für die Anwendung der Abschnitte X und XI bedarf es deshalb im Senderecht der Abgrenzung von Werken der ernsten Musik und der Unterhaltungsmusik. Anders als in den Sparten E und U kann insoweit nicht durchgehend auf einen Aufführungszusammenhang zurückgegriffen werden (siehe oben Rn. 210), sondern es ist eine Einordnung der einzelnen Werke erforderlich. In Anbetracht der Vielzahl der abzurechnenden Werke kann diese Einordnung grundsätzlich nur pauschalierend erfolgen, so zum Beispiel in Anlehnung an vorangegangene Abrechnungen im Aufführungsrecht.

302 Die Fußnote 7 zu Abschnitt X enthält einen Ausschluß der kulturellen Bewertung im Rundfunk für Werke mit Verrechnung in den Sparten R und FS, die bereits aufgrund eines bestimmten Sendeplatzes bzw. einer bestimmten Funktion im Rahmen einer Sendung hohe Aufführungszahlen erreichen.

II. Die materielle Bewertung der Werke in Fußnote 8

Die Fußnote 8 zu Abschnitt X enthält eine Kappungsgrenze für Werke mit Verrechnung in der Sparte E. Werke oder Werkfragmente, die als Pausen- und Vorlaufmusik, Einleitungs-, Zwischen- und Schlußmusik, Titel- und Erkennungsmusik aufgeführt werden, werden nur „mit einem Drittel" verrechnet. Entfallen auf ein Werk zum Beispiel 300 Aufführungen, so werden im Rahmen der Abrechnung nur 100 Aufführungen berücksichtigt. **303**

Die Fußnote 8 zu Abschnitt X enthält ferner eine Kappungsgrenze für Werke mit Verrechnung in der Sparte R. Werden die vorgenannten Werke und Werkfragmente regelmäßig wiederkehrend, d.h. mindestens an 5 aufeinander folgenden Tagen oder wöchentlich einmal in 7 aufeinander folgenden Wochen, im Rundfunk gesendet, so werden die ersten 5.000 Minuten nur zu einem Drittel berücksichtigt, die zweiten 5.000 Minuten nur zu einem Sechstel und alle weiteren Minuten nur zu einem Zehntel. **304**

Die Regelung in Fußnote 8 ist Ausdruck des Gebots der Berücksichtigung der materiellen Werte der Werke gemäß § 3 der Allgemeinen Grundsätze. **305**

Abschnitt XI Verrechnungsschlüssel für Unterhaltungsmusikwerke in Verbindung mit Rundfunkbewertung

	Punktbewertung U-Musik[15]	Rundfunk[14) 15)]
1. Tanz-, Pop-, Jazz- und Rockmusik mit oder ohne Text, Märsche und andere vokale, instrumentale und elektronisch erzeugte Unterhaltungsmusik; Chansons und urheberrechtlich geschützte Texte zu urheberrechtlich freien unbearbeiteten Werken der Musik, soweit diese nicht auf Antrag eines Berechtigten unter gleichzeitiger Vorlage eines Belegexemplares vom Werkausschuß in Abschn. X Ziff. 3 oder in Abschn. XI Ziff. 3a) eingestuft worden sind.	**12**	**1**
2. Konzertstücke mit und ohne Text, Suitensätze (bei mehreren Sätzen insgesamt höchstens 60 Punkte), Konzertlieder sowie Musiknummern mit und ohne Text, die von Anfang an zu musikalischen Bühnen- oder Filmwerken gehörten, wenn sie in einer gesonderten Ausgabe im zuständigen Vertragsgebiet für großes Orchester erschienen sind und der Werkausschuß eine entsprechende Bewertung vorgenommen hat; Werke, die für ein oder mehrere Solo-Instrumente mit Orchesterbegleitung komponiert und in dieser Besetzung erschienen sind; Vokalmusik mit oder ohne Instrumente, soweit sie nicht unter Abschn. X einzustufen ist; zeitgenössischer Jazz von künstlerischer Bedeutung und mit Konzertcharakter, ausgenommen so genannte Standards. Im Falle von		

Zweifeln am Jazzcharakter eines Werkes entscheidet der Werkausschuß nach Vorlage eines Belegexemplars über die Zugehörigkeit	**24**	**1**
3. Konzertwerke für Orchester (Originalkompositionen)[18], Ouvertüren, Rhapsodien, Ballettmusiken, Konzertsätze bis zu 10 Minuten Spieldauer, Große mehrteilige Walzer sowie Potpourris bis 5 Minuten Spieldauer (ausgenommen Potpourris gemischten Inhalts).	**36**	**1**
3. a) U-Chansons.	**36**	**1 1/4**
4. Konzertwerke für Orchester (Originalkompositionen)[18], Ouvertüren, Rhapsodien, Ballettmusiken, Konzertsätze über 10 Minuten Spieldauer, Fantasien aus Opern, Operetten und Filmen, Potpourris über 5 Minuten Spieldauer (ausgenommen Potpourris gemischten Inhalts).	**48**	**1 1/4[18]**
5. Konzertwerke für Orchester (Originalkompositionen)[18], Ouvertüren, Rhapsodien, Ballettmusiken, Fantasien aus Opern und Operetten, Potpourris (ausgenommen Potpourris gemischten Inhalts), Konzertsätze, Spieldauer über 15 Minuten.	**60**	**1 1/2[18]**
6. Unterhaltungsmusikwerke von überdurchschnittlichem künstlerischem Wert, die vom Werkausschuß als solche anerkannt worden sind. Die Einstufung durch den Werkausschuß erfolgt auf Antrag, mit dem die Partitur und eine Erklärung des Komponisten vorzulegen sind, daß das Werk von ihm allein komponiert worden ist und die Partitur von ihm selbst stammt. Weitere Voraussetzung für die Einstufung ist, daß die Aufführung an die in der Partitur festgelegte Besetzung gebunden ist.		

Die Punktbewertung erfolgt nach U und richtet sich aufgrund der Besetzung und Spieldauer nach dem Punkteschema in Abschn. X. bis höchstens 2400 Punkte, Rundfunk bis 2 1/2[19].

Handelt es sich dabei um Suiten, so erhält der Einzelsatz den Punktwert 36 1 1/2, mehrere Sätze jedoch nicht über insgesamt 96 1 3/4.

---

[14] Zu Abschn. XI: Kommen Werke oder Werkfragmente in den Sparten R und FS als Pausen und Vorlaufmusik, Einleitungs-, Zwischen- und Schlußmusik, Titel- und Erkennungsmusiken zu regelmäßig wiederkehrenden Sendungen, d.h. zu sich mindestens an 5 aufeinander folgenden Tagen oder wöchentlich einmal in 7 aufeinander folgenden Wochen wiederholenden Sendungen zur Verrechnung, so erhalten sie die Punktbewertung 1.

[15] Zu Abschn. XI Ziff. 1: Werden Werke oder Werkfragmente in den Sparten U und R als Pausen- und Vorlaufmusik, Einleitungs-, Zwischen- und Schlußmusik, Titel- und Erkennungsmusiken aufgeführt oder regelmäßig wiederkehrend, d.h. mindestens an 5 aufeinander folgenden Tagen oder wöchentlich einmal in 7 aufeinander folgenden Wochen, gesendet, so werden solche Aufführungen bzw. Sendungen ab Geschäftsjahr 1993 mit einem Drittel verrechnet.
Zu Abschn. XI Ziff. 2 bis 7: Ab Geschäftsjahr 1996 erfolgt die Abrechnung in diesen Fällen ebenfalls mit einem Drittel.

Zu Abschn. XI: In der Sparte R erfolgt die Verrechnung ab Geschäftsjahr 1999: über 5.000 Minuten bis 10.000 Minuten mit einem Sechstel, über 10.000 Minuten mit einem Zehntel (jeweils nach Abschn. V Ziff. 3 gewichtete Minuten).

[18] Für Werke, die vor dem 1.1.1996 angemeldet worden sind, erfolgt die Einstufung auf Antrag.

[19] Befristet für die Geschäftsjahre 2005, 2006 und 2007.

Übersicht Rn.

I. Die kulturelle Bewertung der Werke nach Abschnitt XI

1. Einleitung

Abschnitt XI ist eine Regelung zur Berücksichtigung der kulturellen Werte der Werke (siehe dazu oben Rn. 40 ff.) gemäß § 3 der Allgemeinen Grundsätze. In Abschnitt XI werden den Musikwerken der Unterhaltungsmusik **Bewertungspunkte** zugeordnet. Anknüpfungspunkt für die Vergabe der Punkte sind grundsätzlich die verschiedenen Werkgattungen. Die Spieldauer spielt lediglich bei den in Abschnitt XI Ziffern 3–5 genannten Werken eine Rolle. Mehr als 60 Punkte können nur aufgrund entsprechender Einstufung durch den Werkausschuß vergeben werden (Abschnitt XI Ziffern 6 und 7). **306**

Siehe zum Verfahren der Festsetzung der Bewertungspunkte nach Abschnitt XI die Regelungen in Abschnitt I Ziffer 12 und Abschnitt I Ziffer 15a S. 1. **307**

2. Sparte U

Gemäß Abschnitt VI Abs. 1 werden die für jedes Werk in U-Veranstaltungen ermittelten Werke mit den Bewertungspunkten multipliziert, die in Abschnitt XI unter der Punktbewertung U-Musik angegeben sind. **308**

3. Rundfunk

Für Werke in Hörfunksendungen und mit Verrechnung in der Sparte R ergibt sich die Anwendbarkeit von Abschnitt XI aus Abschnitt VI Abs. 3. Für Werke in Fernsehsendungen und mit Verrechnung in der Sparte FS ergibt sich die Anwendung von Abschnitt XI aus Abschnitt XIV Ziffer 1 Abs. 1. Dabei gilt Abschnitt XI in der Sparte FS nur für vorbestehende Werke, nicht jedoch für Auftragskompositionen für das Fernsehen (siehe unten Rn. 348). Für Werke mit Verrechnung in der Sparte T FS gilt Abschnitt XI nicht (siehe Abschnitt XIV Ziffer 1 Abs. 2). **309**

Für Werke der ernsten Musik gilt die in Abschnitt X vorgesehene Punktbewertung. Für die Anwendung der Abschnitte X und XI bedarf es deshalb im Senderecht der Abgrenzung von Werken der ernsten Musik und der Unterhaltungsmusik (siehe oben Rn. 301). **310**

311 Die Fußnote 14 zu Abschnitt XI enthält einen Ausschluß der kulturellen Bewertung im Rundfunk für Werke mit Verrechnung in den Sparten R und FS, die bereits aufgrund eines bestimmten Sendeplatzes bzw. einer bestimmten Funktion im Rahmen einer Sendung hohe Aufführungszahlen erreichen.

II. Die materielle Bewertung der Werke in Fußnote 15

312 Die Fußnote 15 zu Abschnitt XI enthält eine Kappungsgrenze. Diese entspricht der Kappungsgrenze in Fußnote 8 zu Abschnitt X (siehe oben Rn. 303 ff.).

Abschnitt XII Verrechnung von Werken, die sich nicht in Abschnitt X, XI oder XIII einstufen lassen

Werke, die weder ernste Werke gemäß Abschn. X noch Unterhaltungsmusikwerke gemäß Abschn. XI oder Werke nach Abschn. XIII sind. Die Einstufung erfolgt auf Antrag durch den Werkausschuß anhand von Belegexemplaren.

	Aufführung[20)]	**Sendung[20)]**
bis zu 2 Minuten	**12**	**1**
über 2 Minuten bis zu 4 Minuten	**24**	**1**
über 4 Minuten bis zu 5 Minuten	**36**	**1**
über 5 Minuten bis zu 10 Minuten	**96**	**1**
über 10 Minuten bis zu 20 Minuten	**180**	**1**
über 20 Minuten bis zu 30 Minuten	**360**	**1**
über 30 Minuten bis zu 45 Minuten	**720**	**1**
über 45 Minuten bis zu 60 Minuten	**960**	**1**
über 60 Minuten	**1200**	**1**

Bei variabler Spieldauer wird bei der Aufführung die Mindestspieldauer für die Verteilung zugrunde gelegt.

Auf Antrag und bei Vorlage der entsprechenden Unterlagen kann der Werkausschuß die Punktbewertung im Rundfunk bis auf 2 1/2 festsetzen.

Die Einstufung ist an die in der Partitur festgelegte Besetzung gebunden. Bei verminderter Anzahl der beteiligten Spieler oder verminderter Spieldauer entfällt für diese Aufführungen und Sendungen die Einstufung des Werkes nach Abschn. XII.

---

20) Werden Werke oder Werkfragmente in den Sparten E und R als Pausen- und Vorlaufmusik, Einleitungs-, Zwischen- und Schlußmusik, Titel- und Erkennungsmusiken aufgeführt oder regelmäßig wiederkehrend, d.h. mindestens an 5 aufeinander folgenden Tagen oder wöchentlich einmal in 7 aufeinander folgenden Wochen, gesendet, so werden solche Aufführungen bzw. Sendungen ab Geschäftsjahr 1996 mit einem Drittel verrechnet, in der Sparte R ab Geschäftsjahr 1999: über 5.000 Minuten bis 10.000 Minuten mit einem Sechstel über 10.000 Minuten mit einem Zehntel (jeweils nach Abschn. V Ziff. 3 gewichtete Minuten).

Übersicht Rn.

I. Abgrenzung zu den Abschnitten X, XI und XIII

Abschnitt XII ist ein Auffangtatbestand für alle Werke, die sich nicht in die Abschnitte X, XI oder XIII einstufen lassen. Eine ergänzende Auslegung der Abschnitte X, XI und XIII dahingehend, daß diese auch weitere, dort nicht ausdrücklich genannte Sachverhalte erfassen, kommt nicht in Betracht.[1] **313**

II. Die Einstufung in Abschnitt XII

Abschnitt XII ermöglicht eine Abrechnung einzelner Werke unabhängig und abweichend von dem Aufführungszusammenhang der jeweiligen Veranstaltung (siehe zum Aufführungszusammenhang oben Rn. 210).[2] Für eine Einordnung nach Abschnitt XII kommen all diejenigen Werke in Frage, die noch über hinreichende musikalische Merkmale verfügen, um feststellen zu können, daß sie nicht unter einen der in den Abschnitten X, XI oder XIII genannten Tatbestände fallen, wie zum Beispiel Werke, die zu gleichen Teilen Merkmale sowohl der E- als der U-Musik zeigen. Fehlt es an solchen Merkmalen, so erfolgt Nettoeinzelverrechnung nach Abschnitt XIII A Ziffer 5 2. Alternative („Musik, die nicht auf andere Weise einzuordnen ist"). **314**

Werke, die nach Abschnitt XII verrechnet werden, werden bei Aufführungen in der Sparte E verrechnet.[3] Als Folge der Einordnung in die Sparte E nehmen sämtliche nach Abschnitt XII eingestuften Werke am Wertungsverfahren der Sparte E teil. **315**

Gemäß Abschnitt XII S. 1 kann eine Einstufung in diesen Abschnitt nur durch den Werkausschuß erfolgen, nicht also durch die Abrechnungsabteilungen der GEMA. Die Einstufung erfolgt entweder auf Veranlassung der GEMA-Verwaltung oder auf Antrag der Berechtigten. **316**

III. Die materielle Bewertung der Werke in Fußnote 20

Die Fußnote 20 zu Abschnitt XII enthält eine Kappungsgrenze. Diese ist gleichlautend mit der Kappungsgrenze in Fußnote 8 zu Abschnitt X (siehe oben Rn. 303 ff.). **317**

---

1 LG Berlin vom 15.12.1998 – 16 O 683/97, Umdruck S. 18 – Glockenrequiem.
2 Siehe auch Ausführungsbestimmungen zum VP A, Abschnitt I Ziffer 15 S. 1.
3 Der Verteilungsplan enthält insoweit jedoch keine ausdrückliche Regelung.

Abschnitt XIII Nettoeinzelverrechnung

Die Nettoeinzelverrechnung von Aufführungen wird durchgeführt in folgenden Fällen:

		Sendung[21]
1.	**Bühnenmusik (kleines Recht) und Bühnen-Aufführungen von vorbestehenden Werken des kleinen Rechts**	**1**
2.	**Entfällt**	
3.	**Musik in Wirtschaftsfilmen und Telefonwarteschleifen**	**1**
4.	**Verteilungssparten des Verteilungsplans C für den Nutzungsbereich Online**	**1**
5.	**Werke ganz oder überwiegend improvisatorischen Charakters und Musik, die nicht auf andere Weise einzuordnen ist**	**1**
6.	**Werkaufführungen in an die GEMA abgerechneten öffentlichen Veranstaltungen mit eingeschränktem Konzertcharakter, wie z. B. Proben, Generalproben, offene Singen oder offenes Musizieren (ab Geschäftsjahr 1998)**	**1**
7.	**Werkaufführungen in Hochschulen, Schulen und anderen Bildungsanstalten während der üblichen Vorlesungs- und Unterrichtszeit, in Krankenhäusern und anderen Einrichtungen der Gesundheitspflege sowie in Altenheimen oder anderen sozialen Einrichtungen (ausgenommen Hochschul- oder schuleigene Veranstaltungen und solche innerhalb eines Pauschalvertrages)[22]**	1
8.	**Werkaufführungen im Freien, auf öffentlich zugänglichen, auch überdachten Plätzen (z.B.) Bahnhofshallen, Eingangshallen, dem öffentlichen Publikumsverkehr zugänglichen Galerien und Passagen, Fußgängerzonen, Malls u.ä.) für die dort anzutreffenden Passanten[22]**	**1**
9.	**Werke in so genannten Happenings, Hauskonzerten oder ähnlichen Veranstaltungen**	**1**
10.	**Werke, die nur aus einer Spielanweisung bestehen**	**1**

Bei Veranstaltungen im Bereich der U-Musik mit Bruttoeinnahmen (Inkasso) ab EUR 1.022,58 pro Veranstaltung erfolgt Nettoeinzelverrechnung (Direktverrechnung). Unterscheidet das vom Veranstalter eingereichte Programm zwischen Vor- und Hauptgruppen bzw. Vor- und Hauptprogramm, so erfolgt die Direktverrechnung nur für die Werke der Hauptgruppen bzw. des Hauptprogramms.

B. (1) Auf Antrag erfolgt Nettoeinzelverrechnung (Direktverrechnung) für die Werke in Veranstaltungen im Bereich der U-Musik, in denen fast ausschließlich (zumindest 80 %) Werke eines Urhebers bzw. einer Urhebergemeinschaft im Sinne der §§ 8 und 9 UrhG (Autorenteam) aufgeführt werden. Bemessungsgrundlage für die Direktverrechnung ist die Bruttoeinnahme der GEMA für die betreffende Veranstaltung abzüglich der Kosten und sonstigen Abzüge nach § 1 des Verteilungsplans A. Bei Pauschalinkasso findet eine Einzelverrechnung nicht statt.

Unter Pauschalinkasso wird das Inkasso aus solchen Verträgen verstanden, die mit einem Vertragspartner geschlossen werden für eine unbegrenzte Anzahl von Aufführungen im Vertragsgebiet und Vertragszeitraum – so z.B. der Pauschalvertrag mit der Bundeswehr, dem Bundesgrenzschutz, den politischen Parteien und den Länder-Schulverwaltungen.

Werden nicht nur ausschließlich Werke der (des) antragstellenden Rechteinhaber(s) aufgeführt, sondern bis zu 20 % auch Werke anderer Rechteinhaber, so ist Bemessungsgrundlage für die Direktverrechnung der Teil des Inkassos, der dem zahlenmäßigen Anteil der Werke, für die die Direktverrechnung beantragt wird, an den in der Veranstaltung aufgeführten Werken entspricht.[23]

(2) Voraussetzung für die Nettoeinzelverrechnung ist das Vorliegen eines Programms, dessen Vollständigkeit von dem Veranstalter bestätigt worden ist.[23]

(3) Der Antrag für die Verrechnung der in (1) bezeichneten Werke kann nur von allen Rechteinhabern gemeinsam gestellt werden und bezieht sich nur auf die Werke des Antragstellers oder der Antragsteller, soweit diese in den in Ziff. 1 genannten Veranstaltungen aufgeführt wurden.[23)]

(4) Der Antrag ist innerhalb von 3 Monaten nach der Veranstaltung zu stellen.[23)]

(5) Auf Antrag können auch Zirkusveranstaltungen gemäß den vorstehenden Maßgaben direkt verrechnet werden.[23)]

---

21) Siehe Fn. 20 zu Abschnitt XII.

22) Die Bestimmungen in den Ziff. 7 und 8 werden erstmals angewendet auf Werkaufführungen ab dem 1. 7. 2002.

23) Diese Direktverrechnung gilt zunächst für die Aufführungen, die in den Jahren 2001 bis einschließlich 2008 stattgefunden haben.

Übersicht Rn.

I. Übersicht

Abschnitt XIII enthält eine Regelung zur Verrechnung der Einnahmen aus der Vergabe des Aufführungsrechts nach § 19 Abs. 2 UrhG. Grundsätzlich werden diese Einnahmen in den Sparten E und U abgerechnet, in denen mehrere Veranstaltungen zur gemeinsamen Abrechnung zusammengefaßt werden, wobei für alle Aufführungen ein einheitlicher Punktwert ermittelt wird (siehe oben Rn. 212 und Rn. 226). Als Ausnahme hierzu[1] enthält Abschnitt XIII Tatbestände, in denen entweder für ganze Veranstaltungen oder aber nur für einzelne in einer Veranstaltung aufgeführte Werke **Nettoeinzelverrechnung** vorgesehen ist (siehe zu diesem Begriff nachfolgend Rn. 319). Abschnitt XIII unterscheidet dabei die in lit. A aufgeführten Liveaufführungen, für **318**

---

1 LG Berlin v. 07. 03. 2000, Az. 16 O 584/99, Umdruck S. 10.

die eine Nettoeinzelverrechnung von der GEMA automatisch durchgeführt wird, und die von lit. B erfaßten Aufführungen, bei denen die Durchführung der Nettoeinzelverrechnung von einem Antrag der Berechtigten abhängig ist.

II. Grundsätze der Nettoeinzelverrechnung

1. Begriff

319 Nettoeinzelverrechnung einer Veranstaltung bedeutet, daß die für diese Veranstaltung erzielte Einnahme nach Vornahme der Abzüge für Kosten und für soziale und kulturelle Zwecke auf diejenigen ganz oder teilweise schutzfähigen und von der GEMA vertretenen Werke verteilt wird, die in dem für diese Veranstaltung eingereichten Programm enthalten sind.

320 Sparten des Verteilungsplans A mit Nettoeinzelverrechnung sind die Sparten ED (siehe oben Rn. 214), EM (siehe oben Rn. 215), BM (siehe oben Rn. 216), UD (siehe oben Rn. 227) und TD (siehe oben Rn. 255). Ferner erfolgt Nettoeinzelverrechnung im Bereich des Verteilungsplans B in den Sparten Phono-VR (siehe **Kap. 11.2 Rn. 58 ff.**), BT-VR (siehe **Kap. 11.2 Rn. 101 ff.**) und TD-VR (siehe **Kap. 11.2 Rn. 117 f.**) sowie in den Sparten des Verteilungsplans C (siehe **Kap. 11.3 Rn. 1 ff.**).

2. Durchführung

321 Die Aufteilung der Einnahmen auf die Werke erfolgt nach dem Prinzip *pro-rata-numeris.* Sind zum Beispiel im Rahmen einer Veranstaltung 10 schutzfähige und von der GEMA vertretene Werke aufgeführt worden, so erhält jedes dieser Werke 1/10 der zu verteilenden Einnahme. Ist dasselbe Werk zweimal aufgeführt worden, so erhält es 2/10. Eine Berücksichtigung der Aufführungsdauer erfolgt nicht.

322 Bei Nettoeinzelverrechnung findet keine weitere Gewichtung statt. Insbesondere finden die Verrechnungsschlüssel der Abschnitte X–XII in den Sparten ED, UD und BM keine Anwendung.

323 Unterliegen nur einzelne Werke aus einer Veranstaltung der Nettoeinzelverrechnung in der Sparte ED, während die übrigen Werke in der Sparte E abzurechnen sind, so wird die für die jeweilige Veranstaltung erzielte Einnahme gemäß Abschnitt I Ziffer 12 Abs. 1 S. 2 proportional zur Anzahl der Werke aufgeteilt. Ist z.B. für 2 von insgesamt 10 aufgeführten Werken Nettoeinzelverrechnung vorgesehen, so werden 2/10 der Gesamteinnahme in der Sparte ED verrechnet und die verbleibenden 8/10 in der Sparte E. Ziffer 12 Abs. 1 S. 2 wird bei Veranstaltungen von Werken der Unterhaltungsmusik im Rahmen der Abgrenzung der Sparten U und UD entsprechend angewandt.

324 Bei Nettoeinzelverrechnung wird kein Ausfall gebildet (siehe Ausführungsbestimmungen zum Verteilungsplan A, Abschnitt I Ziffer 13 S. 5 und dazu oben Rn. 73).

3. Bildung mehrerer Sparten

Die einzelnen in Abschnitt XIII genannten Veranstaltungen bzw. Werke werden in den Sparten ED, UD, BM und TD abgerechnet. Diese Aufteilung in verschiedene Sparten erfolgt im Hinblick auf die Regelungen der Wertungsverfahren, in denen das Aufkommen in den Sparten ED, UD, BM und TD in unterschiedlicher Weise berücksichtigt wird.[2] Im Verrechnungsverfahren bestehen für die genannten Sparten jedoch keine Unterschiede. **325**

III. Die Fallgruppen der Nettoeinzelverrechnung

1. Nettoeinzelverrechnung in der Sparte BM

Die Einnahmen für die in Abschnitt XIII Lit. A Ziffer 1 beschriebenen Nutzungen werden in der Sparte BM verrechnet (siehe oben Rn. 216). Dabei werden die Tatbestände „Bühnenmusik (kleines Recht)“ (a) und „Bühnen-Aufführungen von vorbestehenden Werken des kleinen Rechts“ (b) unterschieden. **326**

a) Bühnenmusik (kleines Recht)

Der Tatbestand der Bühnenmusik des „Kleinen“ Rechts knüpft sowohl an einen bestimmten Werkcharakter als auch an die Aufführungsumstände an. Zunächst muß es sich um Bühnenmusik handeln, d.h. also um für ein Bühnenstück geschriebenes Werk. Derartige Werke können sowohl unter den Begriff des „Kleinen“ wie des „Großen“ Rechts fallen. Die Unterscheidung dieser weder im UrhG noch im UrhWG genannten Begriffe bezieht sich auf zweierlei, nämlich auf einen bestimmten Werktypus zum einen und auf dessen Nutzungsart zum anderen.[3] „Großes“ Recht liegt vor, wenn es sich um die bühnenmäßige Aufführung eines *dramatisch-musikalischen Werks* handelt, d.h. also eines Werkes, bei dem die Musik unlösbarer Bestandteil einer szenischen Handlung ist.[4] Bühnenmusik des „Kleinen“ Rechts ist dagegen beispielsweise Musik, die lediglich der Untermalung des Spielgeschehens dient, nicht aber aufgrund eines engen inneren Zusammenhangs dessen integrierender Bestandteil ist. Siehe zur Abgrenzung auch § 1a Berechtigungsvertrag. Soweit die GEMA Nutzungserlaubnisse für Bühnenmusik in diesem Sinne erteilt, erfolgt eine Abrechnung der Einnahmen in der Sparte BM. **327**

Dagegen wird ein für die Bühne geschriebenes Stück, das nicht im Rahmen eines Bühnenstücks verwendet, sondern lediglich konzertant aufgeführt wird,[5] nicht in der Sparte BM abgerechnet, sondern in den Sparten E oder U. **328**

---

2 Dazu *Riesenhuber,* unten **Kap. 12**.

3 *Karbaum*, GEMA-Nachrichten Nr. 152 vom Dezember 1995, S. 117.

4 *Karbaum*, GEMA-Nachrichten Nr. 152 vom Dezember 1995, S. 117; siehe zum Begriff des dramatisch-musikalischen Werks auch BGH GRUR 2000, 228, 230 – Musical Gala.

5 Beispiele für dramatisch-musikalische Werke, die sowohl konzert- als auch bühnenmäßig aufgeführt werden, bei *Karbaum*, GEMA-Nachrichten Nr. 152 vom Dezember 1995, S. 116.

b) *Bühnen-Aufführungen von vorbestehenden Werken des kleinen Rechts*

329 Der Tatbestand der Bühnen-Aufführungen von vorbestehenden Werken des „Kleinen“ Rechts knüpft allein an die Aufführungsumstände an. Vorbestehende Werke sind solche, die nicht für die jeweilige Bühnen-Aufführung geschrieben worden sind. Ferner muß es sich um Werke des „Kleinen“ Rechts handeln, nicht also um dramatisch-musikalische Werke. Der Tatbestand wird einschränkend nur auf Revuen und Compilation-Shows angewandt.[6] Werden vorbestehende Werke des kleinen Rechts dagegen im Rahmen einer Bühnenaufführung genutzt, ohne daß es sich um eine Revue oder Compilation-Show handelt, erfolgt entgegen dem Wortlaut eine Abrechnung in der Sparte U bzw. unter Umständen auch in der Sparte E.

2. Nettoeinzelverrechnung in der Sparte TD

330 Die Einnahmen aus den in Abschnitt XIII Lit. A Ziffer 3 beschriebenen Nutzungen werden in der Sparte TD verrechnet (siehe oben Rn. 255).

a) *Wirtschaftsfilme*

331 Wirtschaftsfilme sind insbesondere Firmenpräsentationen, die von den Verwendern für Messen, Verkaufsniederlassungen oder ähnlich eng begrenzte Zwecke hergestellt und vervielfältigt werden, ferner Lehr-, Fortbildungs-, Aufklärungs- sowie Dokumentationsfilme, die öffentlich und unentgeltlich aufgeführt werden.[7]

b) *Telefonwarteschleifen*

332 Musiknutzungen in Telefonwarteschleifen liegen Tonträgerwiedergaben gemäß § 21 UrhG zugrunde. Einnahmen aus der Vergabe von Nutzungserlaubnissen für dieses Nutzungsrecht werden grundsätzlich nach Abschnitt VIII Ziffer 4c der Ausführungsbestimmungen zum Verteilungsplan A und damit in den Sparten R und M verrechnet. Eine solche Verrechnung setzt voraus, daß die wiedergegebenen Werke öffentlich aufgeführt, im Rundfunk gesendet und auf Tonträgern vervielfältigt worden sind. Diese Voraussetzungen treffen auf Musik in Telefonwarteschleifen nicht zu, soweit es sich um eigens für diese Nutzung komponierte Werke **(Auftragskompositionen)** handelt. Bei Abrechnung nach den Regeln für „andere Aufführungen von Tonträgern“ nach Abschnitt VIII Ziffer 4c würden die entsprechenden Einnahmen den Berechtigten deshalb nicht zugute kommen. Die Nettoeinzelverrechnung schließt diese Lücke.

---

6 Revuen und Compilation-Shows können sich an der Grenze zum „Großen“ Recht bewegen, v.a. dann, wenn sich aus der Zusammenfügung der einzelnen vorbestehenden Werke ein neues Gesamtwerk ergibt oder wenn die einzelnen Werke so aufgeführt werden, daß sie integrierender Bestandteil der Aufführung werden. Solange es sich bei den verwendeten Werken nicht um dramatisch-musikalische Werke handelt, sind der GEMA jedoch auch in solchen Fällen die Rechte zur Wahrnehmung übertragen; siehe BGH GRUR 2000, 228, 230 – Musical Gala.

7 Siehe den Geltungsbereich des Tarifs T-W-AV, veröffentlicht im Internet unter www.gema.de/kunden/direktionaussendienst/tarife

Nettoeinzelverrechnung setzt voraus, daß die zugrunde liegenden Musiknutzungen bekannt sind. Da gemäß § 13a Abs. 2 S. 2 UrhWG für die Wiedergabe von Tonträgern keine Programmpflicht der Veranstalter besteht, verfügt die GEMA über die erforderlichen Kenntnisse regelmäßig nicht, es sei denn, sie wird von den Berechtigten entsprechend informiert. Dies ist den Berechtigten insbesondere dann möglich, wenn Werke im Rahmen von Auftragskompositionen geschaffen wurden.[8] Vor diesem Hintergrund ist der Verteilungsplan entgegen dem Wortlaut dahin auszulegen, daß eine Nettoeinzelverrechnung von Musik in Telefonwarteschleifen **nur auf Antrag** erfolgt. **333**

Wurden in einer Telefonwarteschleife jedoch **vorbestehende Werke** genutzt und ist eine Abrechnung der Einnahmen in den Sparten M und R nach Abschnitt VIII Ziffer 4c somit möglich, so wird diese – ebenfalls nur auf Antrag – durchgeführt. **334**

3. Nettoeinzelverrechnung in den Sparten ED oder UD

Die Einnahmen für Musiknutzungen gemäß Abschnitt XIII Lit. A Ziffer 5–10 werden entweder in der Sparte ED oder der Sparte UD verrechnet. Ebenso wie bei der Abgrenzung der Sparten E und U kommt es auch für die Abgrenzung der Sparten ED und UD auf den sogenannten **Aufführungszusammenhang** an (siehe oben Rn. 210). Entscheidend ist, ob eine Veranstaltung von der GEMA nach einem E-Tarif lizenziert worden ist (dann Abrechnung in ED) oder nach einem U-Tarif (dann Abrechnung in UD). Die einzelnen in den Ziffern 5–10 genannten Tatbestände lassen sich unterscheiden in die Nettoeinzelverrechnung in Anknüpfung an den Werkcharakter (a) und die Nettoeinzelverrechnung in Anknüpfung an die Aufführungsumstände (b). **335**

a) Nettoeinzelverrechnung in Anknüpfung an den Werkcharakter

Soweit die Einstufung von Werken in die Abschnitte X–XII und damit eine Einordnung in die Sparten E oder U nicht möglich ist, erfolgt Nettoeinzelverrechnung. **336**

Unmöglich ist eine Einordnung in solchen Fällen, in denen sich der Inhalt der aufgeführten Werke aus den Programmen nicht entnehmen läßt, weil es an einer Fixierung des musikalischen Inhalts, beispielsweise in Gestalt traditioneller Notenschrift, fehlt. Dies ist der Fall bei Werken ganz oder überwiegend improvisatorischen Charakters (Ziffer 5 erste Alternative) und bei Werken, die nur aus einer Spielanweisung bestehen (Ziffer 10). **337**

Eine Einordnung in die Abschnitte X–XII scheidet auch dann aus, wenn zwar der musikalische Inhalt des aufgeführten Werks bekannt ist, das Werk jedoch nicht über die für eine Einordnung erforderlichen musikalischen und stilistischen Merkmale verfügt. Aus diesem Grund ist für Werke, die die nicht auf andere Weise einzuordnen sind (Ziffer 5 zweite Alternative), ebenfalls Nettoeinzelverrechnung vorgesehen. Ein Beispiel ist das Werk „4’33“ von *John Cage*, bei dem bewußt für 4 Minuten und 33 Sekunden keinerlei Musik erklingt. **338**

---

8 Tagesordnung für die Mitgliedervers. v. 16./17. 06. 1992, Begr. zu Antrag 28.

b) Nettoeinzelverrechnung in Anknüpfung an die Aufführungsumstände

339 In den Sparten E und U wird die Ermittlung der Höhe der Ausschüttung pro Werk grundsätzlich nicht durch die für bestimmte Aufführungen erzielten Einnahmen beeinflußt, sondern allein durch die Aufführungszahlen der Werke. Wenn die Verteilung dergestalt bei der Zahl der Aufführungen ansetzt, so basiert dies auf „traditionellen Marktmechanismen", d.h. also auf der Annahme, daß Werke nur dann aufgeführt werden, wenn eine bestimmte – unmittelbare oder mittelbare – Nachfrage seitens des Publikums besteht und dies in der Bereitschaft zum Ausdruck kommt, angemessene Eintrittsgelder zu entrichten.[9] Veranstaltungen, die von diesem „herkömmlichen Konzertcharakter"[10] abweichen, nimmt der Verteilungsplan von der Verrechnung in den Sparten E und U aus und ordnet Nettoeinzelverrechnung an. Maßgebend hierfür ist insbesondere die Erwägung, daß die Zahl der Aufführungen ihre Eignung als Indikator für Nachfrage und Einspielergebnis verliert, „wo dem Publikum eine angemessene Gegenleistung nicht abverlangt wird oder ihm – wie bei Konzerten an öffentlich zugänglichen Orten – die Musik quasi aufgedrängt wird."[11] Aufgrund dieser Überlegungen gilt Nettoeinzelverrechnung für Werkaufführungen mit eingeschränktem Konzertcharakter (Ziffer 6),[12] für Werkaufführungen in Bildungs- und sozialen Einrichtungen (Ziffer 7),[13] für Werkaufführungen im Freien und auf öffentlich zugänglichen, auch überdachten Plätzen für die dort anzutreffenden Passanten (Ziffer 8)[14] und für Werke in Hauskonzerten (Ziffer 9 zweite Alternative) oder ähnlichen Veranstaltungen (Ziffer 9 dritte Alternative).[15] Aus der Gesamtschau der insoweit exemplarisch aufgeführten Tatbestände ergibt sich, „daß die Nettoeinzelverrechnung jedenfalls bei Aufführungen zur Anwendung kommen soll, die keinen festen Rahmen haben bzw. nicht fest organisiert bzw. von vorneherein zielgerichtet an ein bestimmtes Publikum gerichtet sind".[16]

---

9 KG v. 23. 02. 2000, Az. Kart U 5 1557/99, Umdruck S. 25. Siehe auch Tagesordnung für die Mitgliedervers. v. 25./26. 06. 2002, Begr. zu Antrag 17, abgedr. in GEMA-Nachrichten Nr. 166 v. November 2002, S. 92.

10 Tagesordnung für die Mitgliedervers. v. 07./08. 07. 1998, Begr. zu Antrag 16.

11 KG v. 23. 02. 2000, Az. Kart U 5 1557/99, Umdruck S. 25.

12 Aufführungen mit eingeschränktem Konzertcharakter im Sinne von Ziffer 6 sind nur solche Aufführungen, die mit Unterbrechungen erfolgen oder bei denen das Publikum nicht in einer Zuschauer- bzw. Zuhörerrolle bleibt; LG Berlin v. 07. 03. 2000, Az. 16 O 584/99, Umdruck S. 11.

13 Voraussetzung für eine Nettoeinzelverrechnung der in Ziffer 7 aufgezählten Werkaufführungen in Bildungs- und sozialen Einrichtungen ist das Bestehen einer Vergütungspflicht gemäß § 52 Abs. 1 UrhG.

14 Siehe zur Einordnung von Freiluftveranstaltungen auch LG Berlin, Teilurteil vom 22. 02. 2005, Az. 16 O 681/03, Umdruck S. 33 f. (nicht rechtskräftig).

15 „Ähnliche Veranstaltungen" im Sinne des Abschnitts XIII Ziffer 10 dritte Alternative sind z.B. Workshops in Privatwohnungen; siehe LG Berlin, Teilurteil vom 22. 03. 2005, Az. 16 O 681/03, Umdruck S. 20 (nicht rechtskräftig).

16 LG Berlin, Teilurteil vom 22. 02. 2005, Az. 16 O 681/03, Umdruck S. 32 (nicht rechtskräftig); LG Berlin, Teilurteil vom 22. 03. 2005, Az. 16 O 681/03, Umdruck S. 20 (nicht rechtskräftig).

Auch der Nettoeinzelverrechnung für Happenings (Ziffer 9 erste Alternative) liegen Aufführungssachverhalte zugrunde, die sich von konzertmäßigen Aufführungen im Sinne der Sparten E und U grundlegend unterscheiden. Kennzeichnend für das Vorliegen eines Happenings ist die Verbindung der Musikaufführung mit Aktionen der aufführenden Künstler, teilweise unter Einbeziehung des Publikums. Dabei wird lediglich ein grober Rahmen vorgegeben, innerhalb dessen spontane, allenfalls teilweise gelenkte Musikäußerungen erfolgen und bei dem Besetzung und Spieldauer der Werke typischerweise dem Zufall überlassen sind. **340**

4. Nettoeinzelverrechnung in der Sparte UD

Neben den Veranstaltungen, die sowohl in der Sparte ED als in der Sparte UD zur Abrechnung kommen können, sind in Abschnitt XIII nach lit. A. Ziffer 10 (a) sowie in lit. B (b) zwei weitere Fälle der Nettoeinzelverrechnung vorgesehen, die lediglich Veranstaltungen der Unterhaltungsmusik erfassen. **341**

a) Großveranstaltungen der Unterhaltungsmusik

Gemäß Abschnitt XIII nach lit. A. Ziffer 10 erfolgt für Veranstaltungen im Bereich der U-Musik ab Bruttoeinnahmen (Inkasso) von € 1.022,58 pro Veranstaltung Nettoeinzelverrechnung. Hintergrund dieser Regelung ist der Umstand, daß es bei Abrechnung auch derartiger Großveranstaltungen für die Berechtigten wirtschaftlich lohnender werden kann, das Aufführungsrecht für eigene Werke insgesamt individuell wahrzunehmen, anstatt es der GEMA zur Wahrnehmung zu übertragen.[17] Eine solche Sachlage kann insbesondere bei national oder international bekannten Stars auftreten, die eigene Werke aufführen, im übrigen aber nicht durch Dritte aufgeführt werden. Die Nettoeinzelverrechnung nimmt in derartigen Fällen den Anreiz für eine individuelle Rechtewahrnehmung und stellt im Aufführungsrecht eine umfassende Rechteeinräumung sicher. Dies aber ist im Funktionsinteresse der Verwertungsgesellschaften erforderlich, denn erst die Wahrnehmung eines Gesamtrepertoires verleiht gegenüber den Nutzern die erforderliche Marktmacht.[18] **342**

b) Nettoeinzelverrechnung auf Antrag

Gemäß Abschnitt XIII B Ziffer 1 wird Nettoeinzelverrechnung durchgeführt bei Veranstaltungen der Unterhaltungsmusik, in denen fast ausschließlich Werke eines Urhebers oder einer Urhebergemeinschaft im Sinne der §§ 8 und 9 UrhG aufgeführt werden. Darüber hinaus erfolgt Nettoeinzelverrechnung auch, wenn mindestens 80% der in einer Veranstaltung aufgeführten Werke von mehreren Mitgliedern einer Interpretengruppe getrennt voneinander komponiert worden sind. Anders als in den übrigen Fallgruppen der Sparte UD erfolgt die Nettoeinzelverrechnung in diesen Fällen nur auf Antrag der Berechtigten. **343**

---

17 Tagesordnung für die Mitgliedervers. v. 15./16. 06. 1993, Begr. zu Antrag 24.

18 So mit Bezug auf das Interesse der Verwertungsgesellschaften an einer umfassenden Rechteeinräumung *Mauhs*, Der Wahrnehmungsvertrag, S. 92; *Riesenhuber*, NZA 2004, 1363, 1365; i.E. auch *Steden*, Monopol der GEMA, S. 85–87.

344 Veranstaltungen, für die Nettoeinzelverrechnung durchgeführt wurde, werden nicht mehr in der Sparte M berücksichtigt, da in dieser Sparte gemäß Abschnitt VIII Ziffer 4d Abs. 1 nur die Aufführungszahlen zugrunde gelegt werden, die in der Abrechnung U festgestellt worden sind.

Abschnitt XIV Verteilungsschlüssel für Fernsehsendungen

(1) Die Verrechnungsschlüssel in Verbindung mit Rundfunkbewertung gemäß Abschn. X bis XII sind auch für die Fernsehsendungen anzuwenden.

Dagegen werden die Filme, die unter § 1i Abs. (1) und (2) des Berechtigungsvertrages fallen, nach Maßgabe der Bestimmungen in Abschn. XV verrechnet.

Soweit es sich um die Wiedergabe von szenischen Darstellungen aus dramatisch-musikalischen Werken handelt, erfolgt die Verrechnung an den Bühnenverleger, der verpflichtet ist, die Verteilung nach Maßgabe des Bühnenverlagsvertrages vorzunehmen (bei Manuskriptwerken der Rechtsbefugte der Urheber).

(2) Der Verteilungsschlüssel für die Fernsehsendungen ist folgender:

Am Werk Beteiligte:	Anteile:		Am Werk Beteiligte:	Anteile:	
A. Komponist	24/24		F. Komponist[24]	14/24	(12/24)
B. Komponist	16/24		Bearbeiter[24]	2/24	(4/24)
Verleger	8/24		Verleger	8/24	
C. Komponist[24]	22/24	(20/24)	G. Komponist	9/24	
Bearbeiter[24]	2/24	(4/24)	Textdichter	7/24	
D. Komponist	12/24		Verleger	8/24	
Textdichter	12/24		H. Komponist[24]	8/24	(7/24)
E. Komponist[24]	11/24		Bearbeiter[24]	2/24	(4/24)
Textdichter	12/24		Textdichter	7/24	(6/24)
Bearbeiter[24]	2/24	(4/24)	Textdichter	7/24	

[24] Der Bearbeiter-Anteil beträgt bei Werken der Gruppen ab 12 = 2/24, bei Werken der Gruppen ab 24 = 4/24.

(3) Die Verrechnung erfolgt unter Anwendung folgender Koeffizienten:

Koeffizient 1

für Tonsignete; Pausen- und Vorlaufmusik; Einleitungs-, Zwischen- und Schlußmusik (als Titel- und Erkennungsmusik z.B. zu Programmvorschauen, Tages- oder Wochenberichten und Wetterberichten) zu regelmäßig wiederkehrenden Sendungen, d. h. zu sich mindestens an 5 aufeinander folgenden Tagen oder wöchentlich einmal in 7 aufeinander folgenden Wochen wiederholenden Sendungen; für Musik in Sendungen, die im Sinne dieses Absatzes mit Koeffizient 1 abzurechnen ist, erfolgt eine Kappung über 5 000 Minuten auf ein Drittel und über 10 000 Minuten auf ein Zehntel (der jeweils nach Abschn. V Ziff. 3 gewichteten Minuten);

für Musik zu Videotextprogrammen sowie für Musik zu bewegten und unbewegten Bildern vor Beginn und nach Ende des regulären Programms, z.B. zum Testbild mit selbständigem Musikprogramm, zu Test-, Versuchs- und Demonstrationssendungen: die Verrechnung erfolgt ab Geschäftsjahr 1992 zu einem Zehntel.

Der Koeffizient 1 gilt auch für diejenige Illustrationsmusik einschließlich der Einleitungs-, Zwischen- und Schlußmusik sowie Titel- und Erkennungsmusik zu regelmäßig wiederkehrenden Sendungen (im vorbezeichneten Sinne) mit Live-Charakter (z.B. Game-Shows, Talk-Shows, Spiel-

sendungen, Gewinn- und Ratespiele u. dgl.). Die Gesamtminutensumme regelmäßig wiederkehrender Werke in Sendungen, die im vorstehenden Sinne mit Koeffizient 1 abzurechnen sind, wird folgendermaßen verrechnet: ab Geschäftsjahr 2002: über 5 000 bis 10 000 Minuten mit einem Drittel, über 10 000 Minuten mit einem Sechstel; ab Geschäftsjahr 2003: über 5 000 bis 10 000 Minuten mit einem Sechstel, über 10 000 Minuten mit einem Zehntel der jeweils nach Abschn. V Ziff. 3 gewichteten Minuten.

Koeffizient 1,5

für Musik in Filmen gem. § 1i (1) und (2) des Berechtigungsvertrages (sog. Fremdproduktionen): Die Verrechnung erfolgt ab Geschäftsjahr 1999 mit Koeffizient 2;

für Musik in täglichen, d.h. in der Regel an 5 Tagen pro Woche und in mehreren Wochen eines Jahres ausgestrahlten Serien (Fremdproduktionen) gilt ab Geschäftsjahr 1998 Koeffizient 1,25.

Koeffizient 3

für Musik, die nicht unter Koeffizient 1, 1,25, 1,5 und 2 fällt; für Musik zu Werbespots (Wirtschaftswerbung); Koeffizient 1 für Musik in sonstigen Werbefilmen (Sender-Eigenwerbung, Direct Response TV, Erotik-Telefondienste, Teleshopping, Dauerwerbesendungen); Koeffizient 1 gilt auch für Musik in Sender-Eigenwerbung, sofern es sich um Auftragskompositionen für Eigen- und Auftragsproduktionen handelt; bei Werbespots und sonstigen Werbefilmen erfolgt eine Kappung über 5 000 Minuten auf ein Drittel und über 10 000 Minuten auf ein Zehntel (der jeweils nach Abschnitt V Ziff. 3 gewichteten Minuten); im Übrigen bleiben unberührt die in Abschn. XIV mit Koeffizient 1 in der Sparte FS abzurechnenden Sachverhalte (wie z.B. Tonsignete). Für Musik in täglichen, d.h. in der Regel an 5 Tagen pro Woche und in mehreren Wochen eines Jahres ausgestrahlten Serien (Eigen- und Auftragsproduktionen, z.B. Fernsehfilm-, Sport- und Info-Serien): ab Geschäftsjahr 1998 Koeffizient 2 für dargestellte Musik ab Geschäftsjahr 1999 Koeffizient 3,5

4. Der Verteilungsschlüssel in Ziff. 2 ist zwischen den Parteien ohne Präjudiz für die Zukunft vereinbart worden.

Übersicht

I. Übersicht

345 Abschnitt XIV enthält in Ziffer 1 Regelungen zur kulturellen Bewertung der im Fernsehen gesendeten Werke (II.) sowie zur Verteilung der auf dramatisch-musikalische Werke entfallenden Einnahmen (III.). Ziffer 2 regelt die Aufteilung der pro Werk ermittelten Ausschüttung bei Verrechnung in der Sparte FS (IV.). Gegenstand von Ziffer 3 ist die materielle Bewertung der Werke in den Sparten FS und T FS (V.).

II. Die kulturelle Bewertung der Werke im Fernsehen

1. Werke in der Sparte FS

346 Gemäß Abschnitt XIV Ziffer 1 Abs. 1 gelten die Verrechnungsschlüssel der Abschnitte X–XII auch für Fernsehsendungen. Diese Regelung ist einschränkend auszulegen.

347 Trotz des umfassenden Wortlauts gilt Abschnitt XIV Ziffer 1 Abs. 1 nur für Werke mit Verrechnung in der Sparte FS, nicht für solche mit Verrechnung in der Sparte T FS. Dies folgt aus Abschnitt XIV Ziffer 1 Abs. 2 (siehe unten Rn. 350).

348 Ferner werden nicht alle in der Sparte FS abgerechneten Werke von Abschnitt XIV Ziffer 1 Abs. 1 erfaßt. Die Regelung gilt in der Sparte FS nur für vorbestehende Werke, nicht für Auftragskompositionen. Dies folgt im Umkehrschluß aus der Regelung in Abschnitt I Ziffer 15a S. 2 der Ausführungsbestimmungen, wonach Auftragskompositionen für Auftrags- und Eigenproduktionen des Fernsehens auf Antrag in das Wertungsverfahren der Komponisten in der Sparte E einbezogen werden können. Dieser Regelung bedürfte es nicht, wenn Auftragskompositionen bereits nach Abschnitten X, XI und XII bewertet würden, da nach diesen Abschnitten abgerechnetes Aufkommen ohnehin in der Wertung Berücksichtigung finden würde. Die sachliche Begründung für diese unterschiedliche Behandlung von Auftragskompositionen für Filmmusik – in der Regel dramaturgische Filmmusik zur Untermalung der Handlung in Serien und Spielfilmen – und von vorbestehenden Werken im Rahmen der kulturellen Förderung liegt in der grundsätzlichen Verschiedenheit des Repertoires.

349 Die Sendeminuten, die auf die von Abschnitt XIV Ziffer 1 Abs. 1 erfaßten Werke entfallen, werden mit den in den Verrechnungsschlüsseln der Abschnitte X–XIII enthaltenen Bewertungspunkten für den Rundfunk multipliziert.

2. Werke in der Sparte T FS

350 Abschnitt XIV Ziffer 1 Abs. 2 bezieht sich auf die in der Sparte T FS abgerechneten Werke, die sogenannten Fremdproduktionen (siehe oben Rn. 237). Für diese findet eine kulturelle Bewertung nach den Abschnitten X–XIII nicht statt. Es gilt insoweit der Verrechnungsschlüssel für Tonfilme nach Abschnitt XV.

III. Verrechnung dramatisch-musikalischer Werke bei Fernsehwiedergabe

Gemäß § 1e Berechtigungsvertrag sind der GEMA die Rechte der Fernsehwiedergabe einschließlich der Wiedergabe von dramatisch-musikalischen Werken übertragen. 351

Abschnitt XIV Ziffer 1 Abs. 3 betrifft die Verteilung der Einnahmen aus der Vergabe des Rechts zur Wiedergabe von Fernsehsendungen gemäß § 22 UrhG (Fernsehwiedergabe) auf die in solchen Sendungen enthaltenen dramatisch-musikalischen Werke des „Großen Rechts", d.h. also bei einer Sendedauer von mehr als 15 Minuten. Die Abrechnung erfolgt in der Sparte FS GR (siehe oben Rn. 241). Siehe zur Verteilung der Einnahmen aus der Hörfunkwiedergabe auf die im Hörfunk gesendeten dramatisch-musikalischen Werke Abschnitt VIII Ziffer 4f und dazu oben Rn. 283. 352

IV. Der Verteilungsschlüssel für Fernsehsendungen

1. Anwendungsbereich

Für die weitere Aufteilung der pro Werk ermittelten Ausschüttung enthält Abschnitt XIV Ziffer 2 einen Verteilungsschlüssel für Werke in Fernsehsendungen. Dieser geht der in § 4 Ziffer 2a der Allgemeinen Grundsätze geregelten Grundverteilung vor. Er gilt lediglich für die in der Sparte FS abgerechneten Werke. Für Werke mit Abrechnung in der Sparte T FS gelten die sich aus dem Verrechnungsschlüssel für Tonfilme in Abschnitt XV ergebenden Aufteilungsverhältnisse. 353

2. Grundzüge der Regelung

Der Verteilungsschlüssel für Fernsehsendungen sieht im Vergleich zur Grundverteilung eine grundsätzlich höhere Beteiligung des Textdichters zu Lasten des Komponisten vor. So werden Komponist und Textdichter bei Anwendung des Verteilungsschlüssels für Fernsehsendungen zu gleichen Teilen beteiligt, erhalten also jeweils 12/24.[1] Bei Hinzutreten eines Verlegers erfolgt die Aufteilung zwischen Komponist, Textdichter und Verleger im Verhältnis von 9 : 7 : 8 im Gegensatz zu 5 : 3 : 4 bei der Grundverteilung. 354

3. Die Aufteilung bei Werken mit freien und/oder nicht von der GEMA vertretenen Anteilen

Für die Aufteilung bei Werken mit freien und/oder nicht vertretenen Anteilen bzw. die Behandlung des „Ausfalls" enthält der Verteilungsschlüssel für Fernsehsendungen keine Regelung. Auch in der Sparte FS wird jedoch ein **„Ausfall"** gebildet. Es gelten die für die Grundverteilung in den Sparten E, U, R, M und DK bestehenden Regelungen entsprechend (siehe oben Rn. 70 ff.). Die verschiedenen Aufteilungsmöglichkeiten bei Werken mit freien und/oder nicht vertretenen Anteilen ergeben sich aus den Anteil-Verrechnungsschlüsseln.[2] 355

---

1 Ausführungsbestimmungen zum VP A, Abschnitt XIV Ziffer 2 D.

2 Abgedruckt im GEMA-Jahrbuch 2004/2005, S. 350 ff.

V. Die materielle Bewertung der Werke im Fernsehen

1. Gegenstand der Regelung

356 Der Verteilungsplan enthält in Abschnitt XIV Ziffer 3 eine Regelung zur materiellen Bewertung der Werke (siehe § 3 der Allgemeinen Grundsätze und dazu oben Rn. 35) bei der Aufteilung der Rundfunkverteilungssumme (siehe oben Rn. 289 ff.). Abschnitt XIV Ziffer 3 enthält hierfür Koeffizienten in einer Bandbreite von 1/10 bis 3,5 sowie Kappungsgrenzen.

357 Mit den Koeffizienten werden die bereits nach Abschnitt V Ziffer 3 und nach Abschnitt XIV Ziffer 1 Abs. 1 iVm den Abschnitten X–XIII gewichteten Sendeminuten für Werke in Fernsehsendungen ein weiteres Mal multipliziert bzw. gewichtet. Entfallen z.B. auf ein in der Sparte FS verrechnetes Werk 100 Sendeminuten und gilt für dieses Werk der Koeffizient 2, so wird es mit 2 × 100 = 200 Sendeminuten in der Abrechnung berücksichtigt.

358 Mit den Koeffizienten soll grundsätzlich der Aufgabe der GEMA Rechnung getragen werden, sicherzustellen, daß bei Werken, für die keine unmittelbaren Vergütungen vom Veranstalter bezahlt, sondern Pauschalzahlungen geleistet werden, jedes Werk angemessen an diesen Pauschalzahlungen beteiligt wird.[3]

2. Anwendungsbereich

359 Abschnitt XIV Ziffer 3 enthält Koeffizienten sowohl für Werke mit Verrechnung in der Sparte FS als auch für Werke mit Verrechnung in der Sparte T FS. Dabei gilt die Regelung zu Koeffizient 1,5 ausdrücklich nur für die in der Sparte T FS verrechneten **Filme** (Fremdproduktionen). Hieraus folgt im Umkehrschluß, daß die übrigen für Filme geltenden Koeffizienten nur für Musik in den in der Sparte FS verrechneten Filmen (Eigen- und Auftragsproduktionen des Fernsehens) Anwendung finden. Die Koeffizienten für Musik in **Werbespots** (Verrechnung in der Sparte T FS) sind gesondert geregelt.

360 Abschnitt XIV Ziffer 3 gilt auch für Werke mit Verrechnung in der Sparte FS-VR (siehe Ausführungsbestimmungen zum Verteilungsplan B, Abschnitt V Ziffer 6).

3. Die Koeffizienten

361 Zu unterscheiden ist zwischen den Koeffizienten für die in der Sparte FS abgerechneten Werke (a), für die in der Sparte T FS abgerechneten Werke mit Ausnahme der Werbung (b), und für die Werke in Werbesendungen (c).

a) Koeffizienten in der Sparte FS

362 **Koeffizient 3,5**: **Dargestellte Musik** oder auch **visualisierte Musik**. Hierunter fallen z.B. Musikaufführungen in Hit- oder Schlagerparaden des Fernsehens oder die Über-

---

3 Tagesordnung für die Mitgliedervers. v. 09./10. 07. 1996, Begr. zu Antrag 15.

tragungen von Konzerten. Dargestellte Musik steht im Gegensatz zu Illustrationsmusiken im Mittelpunkt der Sendung und ist eigentlicher Anlaß des Zuschauerinteresses.[4] Der Koeffizient für dargestellte Musik gilt allein für „Musik in Eigen- und Auftragsproduktionen,[5] nicht also auch bei in der Sparte T FS abgerechneten Fremdproduktionen.

Koeffizient 3: Musik, für die nicht ein anderer Koeffizient vorgesehen ist (siehe Satz 1 zu Koeffizient 3). **363**

Koeffizient 2: Musik in täglichen Serien. Tägliche Serien sind in der Regel an 5 Tagen pro Woche und in mehreren Wochen eines Jahres ausgestrahlte Serien. Beispiel: Fernsehfilm-, Sport- und Info-Serien. **364**

Koeffizient 1 (mit Kappung): Tonsignete (siehe dazu § 7 der Allgemeinen Grundsätze) sowie Pausen- und Vorlaufmusik, Einleitungs-, Zwischen- und Schlußmusik zu sich mindestens an 5 aufeinanderfolgenden Tagen oder wöchentlich einmal in 7 aufeinanderfolgenden Wochen wiederholenden Sendungen. Derartige Werke sind auch von der kulturellen Bewertung im Fernsehen ausgeschlossen (siehe dazu Fußnote 7 zu Abschnitt X und Fußnote 14 zu Abschnitt XI). Es erfolgt eine Kappung der Sendeminuten bei über 5.000 Minuten auf ein Drittel und bei über 10.000 Minuten auf ein Zehntel (siehe zur Kappungsgrenze für derartige Werke in der Sparte R die Regelungen in Fußnote 8 zu Abschnitt X, Fußnote 15 zu Abschnitt XI und Fußnote 20 zu Abschnitt XII). **365**

Koeffizient 1 (mit Kappung): die gesamte Musik in regelmäßig wiederkehrenden Sendungen mit Live-Charakter (z.B. Game-Shows, Talk-Shows, Spielsendungen, Gewinn- und Ratespiele usw.) mit Ausnahme dargestellter Musik. Zusätzlich erfolgt eine Kappung, indem bei über 5.000 Minuten lediglich ein Sechstel und bei über 10.000 Minuten lediglich ein Zehntel der Minuten verrechnet wird. Die durch die Mitgliederversammlung 2001 eingeführte Regelung ist damit begründet, daß Fernsehprogramme eine Häufung regelmäßig wiederkehrender Sendungen mit Live-Charakter zeigen, die zu einer akkumulierten Sendedauer führen, wie sie sonst Musik in anderen Programmen nicht erreichen kann.[6]

Koeffizient 1/10: Musik zu Videotextprogrammen sowie Musik zu bewegten und unbewegten Bildern vor Beginn und nach Ende des regulären Programms. Diese Gewichtung ist „im Hinblick auf den untergeordneten Stellenwert des Musikeinsatzes" in den genannten Sachverhalten erfolgt.[7] Bewegte und unbewegte Bilder sind Wetterkarten, Panoramabilder, Landschafts-, Luft-, Tier- und Pflanzenaufnahmen.[8] **366**

---

4 Tagesordnung für die Mitgliedervers. v. 29./30. 06. 1999, Begr. zu Antrag 36.

5 Siehe die Tagesordnung für die Mitgliedervers. v. 07./08. 07. 1998, Begr. zu Antrag 19b. Ein erhöhter Koeffizient für dargestellte Musik war dort ausdrücklich nur für die genannten Fälle vorgesehen. Dieser Antrag wurde von der Mitgliederversammlung 1998 nicht angenommen, in modifizierter Form jedoch 1999.

6 Siehe Tagesordnung für die Mitgliedervers. v. 26./27. 06. 2001, Begr. zu Antrag 17.

7 Tagesordnung für die Mitgliedervers. v. 16./17. 06. 1992, Begr. zu Antrag 29.

8 Tagesordnung für die Mitgliedervers. v. 07./08. 07. 1998, Begr. zu Antrag 18.

b) Koeffizienten in der Sparte T FS (ohne Werbung)

367 **Koeffizient 2**: Musik in Filmen gem. § 1i Ziffern 1 und 2 des Berechtigungsvertrages (Fremdproduktionen).

368 **Koeffizient 1,25**: Musik in Filmen gemäß § 1i Ziffern 1 und 2 des Berechtigungsvertrages (Fremdproduktionen), soweit es sich um Musik in täglichen, d.h. in der Regel an 5 Tagen pro Woche und in mehreren Wochen eines Jahres ausgestrahlten Serien handelt.

c) Koeffizienten für Werbesendungen

369 **Koeffizient 3** (mit Kappung): Musik in **Wirtschaftswerbung**. Hierbei handelt es sich um Produktwerbung von Wirtschaftsunternehmen. Bei Werken mit über 5.000 Minuten wird nur ein Drittel, bei über 10.000 Minuten nur ein Zehntel der Sendeminuten bei der Abrechnung berücksichtigt.

370 **Koeffizient 1** (mit Kappung): Musik in sonstigen Werbefilmen (Sender-Eigenwerbung, Direct-Response TV, Erotik-Telefondienste, Teleshopping, Dauerwerbesendungen). Es gilt dieselbe Kappungsgrenze wie bei Musik in Wirtschaftswerbung. Die unterschiedliche Gewichtung dieser Werbeformen im Vergleich zur Wirtschaftswerbung ist zulässig. Dabei ist zwischen Wirtschaftswerbung und Sender-Eigenwerbung einerseits und Wirtschaftswerbung und Direct-Response TV, Erotik-Telefondienste, Teleshopping, Dauerwerbesendungen andererseits zu unterscheiden. Der unterschiedlich hohe Koeffizient im Verhältnis von Wirtschaftswerbung und Sender-Eigenwerbung trägt dem Umstand Rechnung, daß die Einnahmen der Sendeunternehmen, die Bemessungsgrundlage des Lizenzaufkommens der Verwertungsgesellschaft sind, unmittelbar durch Wirtschaftswerbung, jedoch nur mittelbar und damit in geringerem Umfang durch Sender-Eigenwerbung erzeugt werden. Der höhere Koeffizient für Wirtschaftswerbung ist hier unter dem Gesichtspunkt der „Einnahmen/Ausschüttungsgerechtigkeit" gerechtfertigt.[9] Auf das Verhältnis von Wirtschaftswerbung und Direct-Response TV, Erotik-Telefondienste, Teleshopping, Dauerwerbesendungen lassen sich diese Überlegungen nach Auffassung des Landgerichts Berlin nicht übertragen, da auch diese Werbeformen zu unmittelbaren Einnahmen der Sendeanstalten führen und somit die Bemessungsgrundlage für die Zahlungen an die Verwertungsgesellschaft vergrößern. Der niedrigere Koeffizient ist jedoch auch hier gerechtfertigt, da es sich um Werbeformen handelt, die sich von klassischen Werbespots inhaltlich unterscheiden.[10]

---

9 LG Berlin vom 22.02.2005, Az. 16 O 328/04, Umdruck S. 9 (nicht rechtskräftig).

10 LG Berlin vom 22.02.2005, Az. 16 O 328/04, Umdruck S. 11 (nicht rechtskräftig).

Abschnitt XV Tonfilmverrechnungsschlüssel

Die für die Sparte Tonfilm zur Verteilung stehende Summe wird wie folgt verrechnet:

(1) Aufgrund der Musikaufstellung wird durch Addition der Gesamt-Musiksekunden-Inhalt eines jeden Films festgestellt.

(2) Die Aufführungszahl des Films wird mit seiner Gesamtsekundenzahl multipliziert.

Die Aufführungszahl der Wochenschau wird mit 1/2 ihrer Gesamtsekundenzahl multipliziert.

(3) Die so errechneten Musiksekundenziffern aller Filme werden addiert und die zur Verteilung stehende Summe durch die Gesamtsekundenzahl aller Filme dividiert und somit der Wert jeder einzelnen aufgeführten Musiksekunde festgestellt.

(4) Anhand dieses Sekundenwertes erfolgt Feststellung desjenigen Betrages, der auf jeden einzelnen Film entfällt.

Die Verteilung der für jeden einzelnen Film errechneten Summe an die einzelnen Bezugsberechtigten der verschiedenen Musiklängen erfolgt aufgrund der Musikaufstellungen nach folgendem Verrechnungsschlüssel.

(5) Handelt es sich um unverlegte, nicht textierte und unbearbeitete Kompositionen, so erhält der Komponist 12/12

(6) Ist an solchen Kompositionen ein Bearbeiter beteiligt, so erhalten, sofern die Bearbeitung vom Komponisten als solche anerkannt ist,

Komponist	**10/12**
Bearbeiter	**2/12**

der von ihm bearbeiteten Längen.

(7) Bei Vorhandensein von Komponist und Textdichter erhält der Textdichter 4/12 der von ihm textierten Längen sowie derjenigen Längen der Illustrationsmusiken, denen die von ihm textierten Lieder motivisch zugrunde liegen, also

Komponist	**8/12**
Textdichter	**4/12**

(8) Bei Vorhandensein von Komponist, Textdichter und Bearbeiter erhalten (unter Berücksichtigung der in Ziff. 6 und 7 genannten Grundsätze)

Komponist	**6/12**
Textdichter	**4/12**
Bearbeiter	**2/12**

(9a) Bei solchen Filmen, deren einzelne Musiknummern und Liedertexte aufgrund des zwischen den Berufsorganisationen vereinbarten Normalverlagsvertrages von dem Komponisten bzw. den etwaigen sonstigen Urhebern einem Verlag zur verlagsmäßigen Verwertung übergeben wurden, erhält der Verleger eine Beteiligung von 4/12 von den Längen der Tonfilmmusik, die er veröffentlicht hat, wobei als veröffentlichte Längen auch die Wiederholungen und motivischen Verwendungen gelten.

(9b) Bei solchen Filmen, deren gesamte Musik und Liedertexte aufgrund des zwischen den Berufsorganisationen vereinbarten Normalverlagsvertrages von den Komponisten bzw. den etwaigen sonstigen Urhebern einem Verlag zur verlagsmäßigen Verwertung übergeben wurden, erhält der Verleger eine Beteiligung von 4/12 von allen Längen, wenn er die mit den Autoren vertragsmäßig vereinbarten Teile der Filmmusik veröffentlicht hat.

(10) Die Voraussetzung für die Beteiligung des Verlegers ist erfüllt, wenn er die in Ziff. 9 erwähnte Musik in einer für den Musikhandel bestimmten Form, und zwar in einer Ausgabe für Klavier bzw. für Klavier und Gesang oder in einer Ausgabe für Salonorchester bzw. Orchester oder Blasmusik veröffentlicht hat.

(11) Bei Vorhandensein von Komponist, Bearbeiter und Verleger erfolgt die Teilung (unter Berücksichtigung der in Ziff. 6, 7, 9 und 10 genannten Grundsätze) wie folgt:

Komponist	**6/12**
Bearbeiter	**2/12**
Verleger	**4/12**

(12) Bei Vorhandensein von Komponist, Textdichter und Verleger erfolgt die Teilung (unter Berücksichtigung der in Ziff. 6, 7, 9 und 10 genannten Grundsätze) wie folgt:

Komponist	**5/12**
Textdichter	**3/12**
Verleger	**4/12**

13. Ist außerdem ein Bearbeiter vorhanden, so erhalten (unter Berücksichtigung der in Ziff. 6, 7, 9 und 10 genannten Grundsätze)

Komponist	**4/12**
Bearbeiter	**2/12**
Textdichter	**3/12**
Verleger	**3/12**

(14) Urheberrechtlich freie Werke, die bei Illustrations- bzw. Untermalungsmusik Verwendung finden, werden bei der Abrechnung nicht berücksichtigt.

(15) Bei Bearbeitung urheberrechtlich freier Werke, die einer Neuschöpfung im Sinne des Urheberrechtsgesetzes entsprechen, erhält der Bearbeiter 4/12 der von ihm bearbeiteten Längen.

(16) Ist im Falle der Ziff. 15 außer dem Bearbeiter ein Textdichter vorhanden, so erhält der Textdichter 3/12 der von ihm textierten, der Bearbeiter 3/12 der von ihm bearbeiteten Längen.

(17) Ist im Falle der Ziff. 15 außer dem Bearbeiter ein Verleger vorhanden, jedoch kein Textdichter, so erhalten der Bearbeiter 3/12 der von ihm bearbeiteten Längen, der Verleger 3/12, wobei die Grundsätze unter Ziff. 9 und 10 Anwendung finden.

(18) Sind im Falle der Ziff. 15 ein Verleger, ein Textdichter und ein Bearbeiter vorhanden, so erhalten der Textdichter 2/12 der von ihm textierten, der Bearbeiter 2/12 der von ihm bearbeiteten Längen; der Verleger erhält (unter Berücksichtigung der in Ziff. 9 und 10 genannten Grundsätze) 2/12.

(19) Bei Neutextierungen bzw. Übersetzungen erhalten sowohl der Original-Textdichter als auch der Übersetzer bzw. der Dichter des neuen Textes je 1/2 des auf den ganzen Text entfallenden Anteils.

(20) Sind mehrere Bezugsberechtigte derselben Gattung beteiligt, so findet eine Teilung der betreffenden Anteile statt.

(21) Filme, deren Aufführungsziffern in der Verrechnungsperiode so gering sind, daß die für die Verrechnung aufzuwendenden Unkosten den zu verteilenden Betrag übersteigen, werden aus dem betreffenden Verrechnungsabschnitt herausgenommen und können auf den nächsten Verrechnungsabschnitt vorgetragen werden.

Sind in dem kommenden Verrechnungsabschnitt keine weiteren Aufführungen dieses Films zu verzeichnen, so wird der Film von der Abrechnung abgesetzt.

(22) Die in der Sparte FS auf die Filme entfallende Verteilungssumme wird nach Maßgabe der vorstehenden Bestimmungen unter Zugrundelegung des Gesamt-Musiksekunden-Inhalts des Films und der Anzahl der verrechnungsfähigen Sendungen verteilt.

(23) Von der Tonfilm-Netto-Verteilungssumme werden 8 % für die Verwendung von mechanischer Musik in Tonfilmtheatern abgezweigt und nach den Ausführungsbestimmungen zum Verteilungsplan der GEMA für das Aufführungs- und Senderecht Abschn. VIII Ziff. 4 verteilt.

Übersicht

I. Übersicht

Der Tonfilmverrechnungsschlüssel enthält in Ziffer 23 eine Regelung zur Bildung der Verteilungssumme in der Sparte T (II.). Die Ziffern 1–4 regeln die Ermittlung der auf die einzelnen Filme und die in den Filmwerken vorkommenden Musikwerke entfallenden Ausschüttung (III.). Die Ziffern 5–21 enthalten einen Verteilungsschlüssel, mit dem die weitere Aufteilung dieser Ausschüttung an die an den Musikwerken beteiligten Berechtigten geregelt wird (IV). Ziffer 22 erstreckt die Geltung der Ziffern 1–21 auch auf Werke mit Verrechnung in der Sparte T FS (V.). **371**

II. Die Bildung der Verteilungssumme in der Sparte T

In der Sparte T werden zum einen die Einnahmen verrechnet, die die GEMA aus der Verwertung des Vorführungsrechts iSv § 19 Abs. 4 UrhG für die Vorführung von Filmen erzielt, soweit nicht eine Nettoeinzelverrechnung in der Sparte TD vorgesehen ist. Es handelt sich dabei im wesentlichen um die Einnahmen aus der Vorführung von Filmen in Filmtheatern (Kinos), aber auch aus sonstigen einzelnen Filmvorführungen außerhalb von Filmtheatern. **372**

In Filmtheatern sind neben der Nutzung des Vorführungsrechts nach § 19 Abs. 4 UrhG weitere Musiknutzungen denkbar, insbesondere Musikwiedergaben außerhalb der eigentlichen Filmvorführung. Letztere berühren die Rechte aus den §§ 21 und 22 UrhG. Die von den Veranstaltern zur Abgeltung sämtlicher Nutzungen entrichteten Pauschalvergütungen[1] sind im Rahmen der Verteilung den einzelnen Rechten zuzuordnen. Insoweit bucht die GEMA zunächst sämtliche Einnahmen in die Sparte T und teilt die Gesamtsumme anschließend gemäß Abschnitt XV Ziffer 23 auf. Dabei werden 92% der Nettoverteilungssumme der Sparte T auf die in den vorgeführten Filmen enthaltenen Werke verrechnet. Dagegen werden die verbleibenden 8% zur Abgeltung der Wiedergaberechte nach den §§ 21 und 22 UrhG zusammen mit den **373**

---

1 Siehe insoweit den GEMA Tarif T-F, veröffentlicht im Internet unter www.gema.de/kunden/direktionaussendienst/tarife. Dieser Tarif umfasst u.a. die Musik bei der Vorführung von Filmen und Musik zur Ausfüllung der Pausen sowie unmittelbar vor und nach den Vorstellungen.

sonstigen Einnahmen aus der mechanischen Wiedergabe von Musik verteilt (siehe dazu oben Rn. 261).[2]

374 Der nach Abzug der 8% verbleibende Rest wird gemäß Abschnitt VIII Ziffer 4b um 30% der Verteilungssumme ergänzt, die für die Wiedergabe von Bildtonträgern zur Verfügung steht. Die Summe beider Beträge bildet die Verteilungssumme in der Sparte T.

III. Die Ermittlung der Ausschüttung pro Film in der Sparte T

375 Die Ziffern 1–4 regeln die Aufteilung der Verteilungssumme in der Sparte T auf die einzelnen Filmwerke. Grundlage hierfür sind die von den Berechtigten eingereichten Musikaufstellungen (siehe Abschnitt II). Anhand dieser Aufstellungen wird der Musikinhalt der Filme und dessen Spieldauer in Sekunden ermittelt. Die Summe der Musiksekunden pro Film wird mit der Anzahl der Aufführungen pro Film multipliziert. Die Verteilungssumme wird durch die sich so ergebende Gesamtzahl aller Filmsekunden geteilt. Es ergibt sich so ein **einheitlicher Sekundenwert**. Durch Multiplikation der pro Film ermittelten Sekunden mit diesem Wert ergibt sich die Ausschüttung pro Film. Entsprechendes gilt für die Ermittlung der Ausschüttung für die in den Filmen enthaltenen Musikwerke.

376 Bei der Ermittlung der Musiksekunden pro Filmwerk erfolgt keine kulturelle Bewertung (siehe auch § 3 der Allgemeinen Grundsätze zum Verteilungsplan A und dazu oben Rn. 40 ff.). Die Verrechnungsschlüssel der Abschnitte X–XIII finden keine Anwendung. Das in Tonfilmen enthaltene Musikrepertoire unterscheidet sich zumindest im Grundsatz von dem in den Sparten E, U, R und FS abgerechneten Repertoire und wird von den Verrechnungsschlüsseln der Abschnitte X–XIII überwiegend nicht abgebildet.

377 In der Sparte T erfolgt grundsätzlich keine Gewichtung zur Berücksichtigung der materiellen Werte der Werke (siehe dazu oben Rn. 38). Eine Ausnahme bilden insoweit lediglich Wochenschauen,[3] bei denen die Zahl der Aufführungen gemäß Ziffer 2 Abs. 2 mit dem Faktor $^1/_2$ multipliziert wird.

2 Abschnitt XV Ziffer 23 verweist insoweit allgemein auf Abschnitt VIII Ziffer 4 der Ausführungsbestimmungen zum VP A. Einschlägig ist hier jedoch allein Abschnitt VIII Ziffer 4c als Auffangtatbestand.

3 Die Regelung für Wochenschauen ist jedoch nur von geringer praktischer Bedeutung, da diese Form der Verwertung in der Praxis nahezu nicht mehr existiert.

IV. Der Verteilungsschlüssel für Tonfilme

1. Anwendungsbereich

Der Verteilungsschlüssel gemäß Abschnitt XV Ziffern 5–21 gilt für Werke mit Verrechnung in der Sparte T. Er gilt gemäß Abschnitt XIV Ziffer 1 Abs. 2 auch für Werke mit Verrechnung in der Sparte T FS. Es handelt sich um eine zur Grundverteilung in § 4 Ziffer 2 und 10 der Allgemeinen Grundsätze vorrangige Regelung. **378**

2. Grundzüge

Das Aufteilungsverhältnis zwischen Komponist und Textdichter beträgt ebenso wie im Bereich der Grundverteilung 8 : 4 (Ziffer 7) bzw. im Verhältnis zwischen Komponist, Textdichter und Verleger 5 : 3 : 4 (Ziffer 12). **379**

Bei Werken mit urheberrechtlich freien oder mit von der GEMA nicht vertretenen Werkbestandteilen wird ein **„Ausfall“** gebildet. Siehe zur Entstehung des „Ausfalls“ oben Rn. 68 ff. Ferner erhöhen sich die Anteile der übrigen Berechtigten nach Maßgabe der Bestimmungen in Abschnitt XV Ziffern 15–18. Die Höhe der Ausfallanteile in den verschiedenen Aufteilungskonstellationen ergibt sich im einzelnen aus den Anteil-Verrechnungsschlüsseln.[4] Siehe zur Verteilung des „Ausfalls“ Allgemeine Grundsätze zum Verteilungsplan A, § 1 Ziffer 4c und dazu oben Rn. 20 ff. **380**

V. Die Verteilung in der Sparte T FS

Gemäß Ziffer 22 gelten die Ziffern 1–21 auch für die Sparte T FS. Für die Anwendung des in den Ziffern 5–21 enthaltenen Verrechnungsschlüssels folgt dies auch aus Abschnitt XIV Ziffer 1 Abs. 2. **381**

Ziffer 22 enthält eine Regelung für die Verteilung der „in der Sparte FS auf die Filme“ entfallenden Verteilungssumme. Diese Regelung wurde durch Beschluß der Mitgliederversammlung 1957 eingeführt. Zu diesem Zeitpunkt wurden Werke in Fremdproduktionen in der Sparte FS abgerechnet. Die Sparte T FS wurde erst durch Beschluß der Mitgliederversammlung 1983 gebildet. Ziffer 22 wurde dabei nicht angepaßt. Die Regelung ist deshalb dahin auszulegen, daß hier die in der Sparte T FS abgerechneten Fremdproduktionen (siehe oben Rn. 237) angesprochen sind. **382**

4 Abgedruckt im GEMA-Jahrbuch 2004/2005, S. 350 ff.

Anhang zu den Ausführungsbestimmungen zum Verteilungsplan A

Regelung von Vertragsabschlüssen zwischen deutschen und ausländischen Verlegern

Abschnitt I Grundbestimmungen

(1) Subverlag

Subverleger im Sinne des Verteilungsplanes ist derjenige Verleger, der ein Werk mit Einverständnis des Originalverlegers in einer eigenen neu gedruckten Ausgabe veröffentlicht und in denjenigen Ländern vertreibt, in denen er zum Vertrieb berechtigt ist.

Subverlags- und Generalverträge sollen für die Dauer der Schutzfrist des Werkes, mindestens aber für 10 Jahre, abgeschlossen werden. In Ausnahmefällen kann eine kürzere Laufzeit anerkannt werden. Der Vertrag muß jedoch für mindestens 3 Kalenderjahre geschlossen werden. Die Laufzeiten der Verträge müssen mit den Kalenderjahren übereinstimmen. Innerhalb eines Abrechnungszeitraumes können unterschiedliche Beteiligungen an einem Werk nicht berücksichtigt werden.

Werke einer Gemeinschaftsproduktion können weder zwischen den beteiligten Verlegern der Gemeinschaftsproduktion noch in den Ländern, in denen die Verleger ihren Sitz haben, subverlegt werden.

Im Falle einer Gemeinschaftsproduktion ist der Anteil für die beteiligten Verlage nicht höher als 4/12.

Für ein im Verwaltungsgebiet der GEMA originalverlegtes Werk ist der Abschluß eines Subverlagsvertrages für dieses Gebiet nicht zulässig.

Der Abschluß eines Subverlagsvertrages ist von den GEMA-Bezugsberechtigten umgehend unter Verwendung des hierfür vorgesehenen Formulars bei der GEMA anzumelden. Die Anmeldenden haften der GEMA für die Richtigkeit der Anmeldung. Die GEMA ist jedoch berechtigt, an die auf den Belegexemplaren genannten Urheber und Verleger oder deren Rechtsnachfolger mit befreiender Wirkung zu zahlen, sofern im Zeitpunkt der Abrechnung keine Anmeldung vorliegt.

Erwirbt ein ausländischer Verlag einen deutschen Verlagskatalog, so bleiben die Anteile der Urheber hiervon unberührt, selbst wenn der Erwerber für den Katalog oder Einzelwerke einen Subverlagsvertrag mit einem deutschen Verleger schließt.

(2) Verteilungs-Grundsatz

Im Sinne der konföderalen Regelung (Londoner Verteilungsschlüssel) soll bei subverlegten Werken der Anteil, der auf die Urheber (Komponist, Original-Bearbeiter, Subbearbeiter, Original-Textdichter, Subtextdichter, Übersetzer) entfällt, nicht unter 6/12 (50 %) der Gesamtanteile des subverlegten Werkes liegen.

Die Anteile, die auf den Original- und Subverlag zusammen entfallen, sollen nicht höher sein als 6/12 (50 %) der Gesamtanteile.

Abschnitt II Beteiligungsquote des Subverlegers

(1) Subverlags-Verträge bedürfen grundsätzlich der Zustimmung der GEMA. Dieses bezieht sich sowohl auf in- als auch auf ausländische Werke. Die Zustimmung gilt als erteilt, wenn der Subverlags-Vertrag nach den Grundsätzen des Verteilungsplanes abgeschlossen ist.

Eine Abtretung des zwischen dem Original- und dem Subverlag vereinbarten Anteils ist lediglich intern zwischen den beteiligten Verlegern möglich und hat keinen Einfluß auf die Abrechnung der GEMA.

Unter der Voraussetzung, daß das Einverständnis der Urheber (falls nicht bereits dieses im Verlags-Vertrag erteilt ist) vorliegt, und daß der Subverlag das übernommene Werk in einer eigenen neu gedruckten Ausgabe veröffentlicht hat (die aus technischen und wirtschaftlichen Gründen erfolgte gemeinsame Ausgabe wird als eine solche angesehen, wenn Original- und Subverlag für das Subverlagsgebiet im Impressum stehen), erkennt die GEMA folgende Beteiligungsquoten des Subverlags an.[1)]

A. Bei Anwendung des Londoner Verteilungsschlüssels (konföderaler Schlüssel)

a) 6/12 für alle beteiligten Urheber
3/12 (25 %) für den Originalverlag
3/12 (25 %) für den Subverlag

b) 6/12 für alle beteiligten Urheber
2/12 (16 2/3 %) für den Originalverlag
4/12 (33 1/3 %) für den Subverlag

c) 6/12 für alle beteiligten Urheber
4/12 (33 1/3 %) für den Originalverlag
2/12 (16 2/3 %) für den Subverlag

d) 6/12 für alle beteiligten Urheber
6/12 für alle beteiligten Verlage

B. Bei Anwendung des Stockholmer Verteilungsschlüssels (Kartellschlüssel)
6/12 für die Originalbezugsberechtigten (Originalurheber und Originalverlag)
6/12 für die Subbezugsberechtigten (Suburheber und Subverlag).

---

1) Bei im deutschsprachigen Ausland subverlegten deutschen Werken sind die von der Auslandsgesellschaft an die GEMA zu verrechnenden Anteile nach den Bestimmungen der Allgemeinen Grundsätze des GEMA-Verteilungsplanes an die deutschen Bezugsberechtigten auszuschütten.

Die deutschen Subverleger haben außerdem, wenn die Zustimmung der GEMA erfolgen soll, in den Subverlags-Verträgen darauf zu achten, daß die Anteile eventueller GEMA-Subtextdichter oder -Übersetzer nicht unter 3/24 (12 1/2 %) von den Gesamtanteilen[2)] **und die Anteile evtl. GEMA-Subbearbeiter nicht unter 2/24 (8 1/3 %)**[3)] **der Gesamtanteile**[4)] **liegen. Diese Beteiligung entspricht dem GEMA-Verteilungsplan.**

Die Zustimmung der Urheber ist nicht erforderlich, wenn lediglich der normale Verlagsanteil des Originalverlegers zwischen dem Original- und Subverleger aufgeteilt wird.

Abtretungen deutscher Werke an Verleger, die einer Gesellschaft angehören, die mit der GEMA nicht im gegenseitigen Vertragsverhältnis steht, werden nicht anerkannt.

(2) In den Fällen, in denen der Stockholmer Verteilungsschlüssel (Kartellschlüssel) vereinbart worden ist, werden die für die deutschen Bezugsberechtigten zur Verfügung stehenden 6/12 (50 %) wie folgt aufgeteilt:

Am Werk beteiligte Sub-Bezugsberechtigte:

		Anteile:
A.	**Verleger**	**12/24**
B.	**Verleger**	**8/24**
	Textdichter	**4/24**
C.	**Verleger**	**10/24**
	Bearbeiter	**2/24**[5]
D.	**Verleger**	**7/24**
	Textdichter	**3/24**
	Bearbeiter	**2/24**[5]

Soweit jedoch der Komponist oder der Originaltextdichter Bezugsberechtigter der GEMA ist, ist die Anwendung des vorstehenden Verteilungsschlüssels ausgeschlossen.

---

2) Beim Abschluß von Gegenseitigkeitsverträgen hat die GEMA darauf zu achten, daß die Anteile eventueller GEMA-Subtextdichter oder -Übersetzer bei Vorkommen der Instrumentalversion sowie in Fällen, bei denen nicht festgestellt werden kann, ob die instrumentale oder textierte bzw. subtextierte Version aufgeführt bzw. gesendet wurde, nicht unter 2/24 (8 1/3 %) der Gesamtanteile liegen.

3) Bei Originalwerken, die in den Musikverwertungsgebieten U, VK, R, E, FS und M zur Aufführung gelangen, beträgt der Bearbeiteranteil für Werke der Gruppe 12 = 1/24, für Werke der Gruppen ab 24 = 2/24.

4) Die Beteiligung des Subbearbeiters hängt von der tatsächlichen Verwertung seiner Subbearbeitung ab. Ist diese zweifelhaft oder deren Feststellung unmöglich, beträgt der Subbearbeiteranteil für Werke der Gruppe 12 = 1/48, für Werke der Gruppen ab 24 = 1/24.

5) Siehe Fn. 3.

Abschnitt III Ausnahme von den Grundbestimmungen über den Subverlag

In folgenden Ausnahmefällen erkennt die GEMA ihr Verlagsmitglied auch dann als Subverlag an, wenn das Verlagsmitglied keine eigenen neu gedruckten Ausgaben veröffentlicht:

Bei einem großen Instrumental- oder Vokalwerk der E- und gehobenen U-Musik, dessen Aufführungsmaterial von dem Originalverleger selbst nur mietweise abgegeben wird oder vom Subverleger wegen zu hoher Herstellungskosten in der ausländischen Originalausgabe vertrieben wird. In diesen Fällen ist eine Werkanmeldung des Subverlegers bei der GEMA erforderlich.

Voraussetzung für die Anerkennung als Subverlag ist jedoch die Zustimmung der Urheber und der jeweils zuständigen Auslandsgesellschaft.

Abschnitt IV Zweiter Subverlag

Falls ein GEMA-Verlagsmitglied ein Werk von einem ausländischen ersten Subverleger in den zweiten Subverlag übernimmt, beteiligt die GEMA lediglich ihr Verlagsmitglied und den Originalverleger des Werkes mit Ausnahme von Werken eines Originalverlegers in den USA. Erwirbt ein GEMA-Verlagsmitglied von dem kontinentalen Subverlag eines Originalverlegers aus den USA ein Werk, so beteiligt die GEMA ihr Verlagsmitglied und den kontinentalen Subverlag.

Abschnitt V Propaganda-Vertreter

(a) Übernimmt ein Verleger ausländische Werke lediglich zum Zwecke der Propaganda, der Vertretung und des Vertriebs, ohne eine eigene Ausgabe zu drucken, soll der als Propaganda-Vertreter fungierende Verleger grundsätzlich nicht beteiligt werden.

Die mit dem ausländischen Originalverleger vereinbarte Beteiligung ist dem GEMA-Verlagsmitglied nach Abzug einer angemessenen Kostenerstattung auf ein Sonderkonto gutzuschreiben.

(b) Eine Ausnahme von diesem Grundsatz macht Abschn. III.

(c) Eine weitere Ausnahme wird bei der Tonfilmmusik gemacht. In diesem Ausnahmefall kann der als Propaganda-Vertreter fungierende Verleger bis zu 6/12 an den Aufführungserträgnissen beteiligt werden. Voraussetzung hierzu ist die Übereinstimmung der Aufführungsrechtsgesellschaften beider Verleger und das Einverständnis der Autoren, das vor Abschluß des Vertrages der GEMA nachzuweisen ist. Das GEMA-Verlagsmitglied, das als Propaganda-Vertreter tätig ist, muß der GEMA die im Tonfilm übliche Musikaufstellung einsenden.

Übersicht Rn.

I. Vorbemerkung

Die Regelungen im Verteilungsplan A für subverlegte Werke gelten zunächst für die **383**
im Ausland subverlegten GEMA-Werke (siehe zum Begriff des GEMA-Werks im Sinne des Aufführungs- und Senderechts oben Rn. 54). Für diese Werke wird die Ausschüttung pro Werk von der jeweiligen Auslandsgesellschaft nach den Bestimmungen des mit der GEMA geschlossenen Gegenseitigkeitsvertrages und ihres eigenen Verteilungsplans errechnet. Die weitere Aufteilung dieser Ausschüttung auf die am Werk Beteiligten wird ebenfalls von der abrechnenden Auslandsgesellschaft vorgenommen, jedoch nach Maßgabe der von der GEMA nach den Bestimmungen des GEMA-

Verteilungsplans erstellten Dokumentation. Die GEMA verfährt entsprechend im umgekehrten Fall der in Deutschland subverlegten Auslandswerke.

384 Die Regelungen im Verteilungsplan A für subverlegte Werke gelten ferner bei in Deutschland subverlegten Auslandswerken zur Festlegung der Anteile der deutschen Subberechtigten, d.h. der Subverleger, Subbearbeiter und/oder Subtextdichter. Dagegen ist die Festlegung der Anteile ausländischer Subberechtigter an den im Ausland subverlegten GEMA-Werken Gegenstand der Verteilungspläne der jeweiligen Auslandsgesellschaften.

II. Übersicht

385 Die Bestimmungen des Anhangs zu den Ausführungsbestimmungen regeln die Voraussetzungen, unter denen die GEMA einen Subverlag bei der Verteilung der Einnahmen im Bereich des Aufführungs- und Senderechts berücksichtigt (III.) sowie die Aufteilung der pro Werk ermittelten Ausschüttung an die Berechtigten bei subverlegten Werken (IV.).

III. Voraussetzungen für die Beteiligung eines Subverlags

386 Siehe zur Definition des Subverlags und zu den Voraussetzungen der Beteiligung von Subverlagen oben Rn. 133 ff. Die nachstehenden Ausführungen dienen der Ergänzung.

1. Anmeldung

387 Gemäß Abschnitt I Ziffer 1 Abs. 6 S. 3 des Anhangs ist der Abschluß eines Subverlagsvertrages bei der GEMA anzumelden. Für subverlegte GEMA-Werke ist das Formular „Meldung über eine Werkabtretung an das Ausland" zu verwenden.[1] In Deutschland subverlegte Werke sind vom GEMA-Subverleger – sofern er Subverleger im Sinne des Verteilungsplans ist – mit dem „Anmeldebogen für Subverleger" anzumelden.[2] Gilt der GEMA-Subverleger jedoch als Propaganda-Vertreter gemäß Abschnitt V des Anhangs zu den Ausführungsbestimmungen, so ist die „Subverlegeranmeldekarte" zu verwenden.[3]

2. Subverlag und Propaganda-Vertreter

388 Abschnitt I Ziffer 1 Abs. 1 des Anhangs definiert als Subverlag im Sinne des Verteilungsplans A denjenigen Verleger, der ein Werk mit Einverständnis des Originalverlegers in einer eigenen neu gedruckten Ausgabe veröffentlicht und in denjenigen Län-

---

1 Abgedr. im GEMA-Jahrbuch 2004/2005, S. 433.
2 Abgedr. im GEMA-Jahrbuch 2004/2005, S. 423.
3 Abgedr. im GEMA-Jahrbuch 2004/2005, S. 428.

dern vertreibt, in denen er zum Vertrieb berechtigt ist. Dagegen wird ein Verleger, der ausländische Werke lediglich zum Zwecke der Propaganda, der Vertretung und des Vertriebs übernimmt, ohne eine eigene Ausgabe zu drucken, gemäß Abschnitt Va Abs. 1 als **Propaganda-Vertreter** bezeichnet. Sowohl der Subverlag, der das Werk im Subverlagsgebiet neu veröffentlicht hat, als auch der Propaganda-Vertreter werden bei Vorliegen der sonstigen Voraussetzungen in gleicher Höhe bei der Verteilung berücksichtigt. Eine unterschiedliche Behandlung erfolgt jedoch im Rahmen der Berücksichtigung der Ausschüttung im Rahmen der Wertung und der Erlangung der ordentlichen Mitgliedschaft. Dabei ist zu unterscheiden zwischen GEMA-Subverlagen (a) und Subverlagen, die Berechtigte anderer Verwertungsgesellschaften sind (b).

a) GEMA-Subverlage

Ob das Aufkommen eines GEMA-Subverlages im Rahmen der Wertung und bei der **389** Berechnung des für die Erlangung der ordentlichen Mitgliedschaft erforderlichen Aufkommens berücksichtigt wird, ist davon abhängig, ob der Subverlag das Werk im Subverlagsgebiet neu veröffentlicht hat ((1)), oder ob er das Werk lediglich zu Propaganda- und Vertriebszwecken übernommen hat ((2)).

(1) Veröffentlichung des Werks im Subverlagsgebiet

Ein GEMA-Subverlag, der das übernommene Werk in einer eigenen neu gedruckten **390** Ausgabe veröffentlicht hat (die aus technischen und wirtschaftlichen Gründen erfolgte gemeinsame Ausgabe von Original- und Subverlag wird gemäß Abschnitt II Ziffer 1 Abs. 4 als solche angesehen, wenn Original- und Subverlag für das Subverlagsgebiet im Impressum stehen), erhält die auf das Werk entfallenden Subverlagsanteile auf sein sogenanntes **Hauptkonto** gutgeschrieben.[4] Auf das Hauptkonto werden alle Beträge gebucht, die einem Berechtigten endgültig zufließen. Nur die auf dieses Konto gebuchten Beträge werden im Rahmen der Wertung und bei der Berechnung des für die Erlangung der ordentlichen Mitgliedschaft erforderlichen Aufkommens berücksichtigt.

(2) Übernahme des Werks zu Propaganda- und Vertriebszwecken

Der Propaganda-Vertreter wird gemäß Abschnitt Va Abs. 1 grundsätzlich nicht beteiligt. **391** Dies bedeutet jedoch lediglich, daß er die auf das Werk entfallenden Subverlagsanteile grundsätzlich nicht auf sein Hauptkonto gutgeschrieben erhält, sondern gemäß Abschnitt Va Abs. 2 nur auf sein sogenanntes **Sonderkonto**. Auf das Sonderkonto werden die Beträge gebucht, die bei dem Berechtigten nur durchlaufende Posten darstellen. Sie werden im Rahmen der Wertung und bei der Berechnung des für die Erlangung der ordentlichen Mitgliedschaft erforderlichen Aufkommens nicht berücksichtigt.

---

4 Dagegen erhält der Originalverlag die ihm zustehenden Originalverlagsanteile immer auf sein Hauptkonto abgerechnet.

392 Gemäß Abschnitt Va Abs. 2 des Anhangs wird die mit dem ausländischen Originalverleger vereinbarte Beteiligung nach Abzug einer angemessenen Kostenerstattung auf das Sonderkonto des Propaganda-Vertreters gutgeschrieben. Diese Kostenerstattung beträgt seit Geschäftsjahr 1990 unverändert 0,5% der auf dem Sonderkonto im Aufführungs- und Senderecht gebuchten Ausschüttungen.

393 Auch der Propaganda-Vertreter erhält die auf das Werk entfallenden Subverlagsanteile jedoch in den Fällen des Abschnitts III und des Abschnitts V Ziffer c auf das Hauptkonto gutgeschrieben. Die Ausnahme für die in Abschnitt III genannten Werke von ausländischen Berechtigten der E-Musik bzw. der gehobenen U-Musik ist mit der Überlegung begründet, daß bei diesen Werken die Erstellung einer lokalen bzw. deutschen Subausgabe nicht erforderlich ist, da die Werke nur in der Originalversion aufgeführt werden. Hierzu wird den aufführenden Orchestern das benötigte Notenmaterial im Regelfall durch den Subverlag vermietet.

b) Subverlage anderer Verwertungsgesellschaften

394 Für Subverlage, die Berechtigte einer anderen Verwertungsgesellschaft sind, gelten die vorstehenden Differenzierungen gemäß (a) nicht, da bei diesen weder die Erlangung der ordentlichen Mitgliedschaft noch eine Beteiligung an den Wertungsverfahren eine Rolle spielt. Diese Subverlage erhalten deshalb die ihnen zustehenden Anteile immer auf ihr Hauptkonto gutgeschrieben; ein Sonderkonto wird nicht geführt.

IV. Die Aufteilung der Ausschüttung bei subverlegten Werken

1. Grundzüge der Regelung

395 Die Aufteilung bei subverlegten Werken wird im Bereich des Aufführungs- und Senderechts dadurch erleichtert, daß in Gestalt des so genannten **Londoner Verteilungsschlüssels** (siehe Abschnitt II Ziffer 1 lit. A) ein international anerkannter Verteilungsschlüssel zur Verfügung steht. Dieser ist die heute in der Praxis weit überwiegend verwendete Regelung. Der Schlüssel wird auch als „konföderaler Schlüssel" bezeichnet, da er dem so genannten „Confederal Statute on sub-publication of musical works" der CISAC[5] entspricht.

396 Der **Stockholmer Verteilungsschlüssel** (siehe Abschnitt II Ziffer 1 lit. A) ist dagegen kein anerkannter CISAC-Schlüssel und spielt daher in der Praxis eine untergeordnete Rolle. Die Anwendung dieses Schlüssels ist gemäß Abschnitt II Ziffer 2 letzter Satz ausgeschlossen, soweit der Komponist oder der Originaltextdichter Bezugsberechtigte der GEMA sind.

2. Die Aufteilung nach dem Londoner Verteilungsschlüssel

397 Bei Beteiligung eines Subverlegers werden die in den Allgemeinen Grundsätzen und den Ausführungsbestimmungen zum Verteilungsplan A enthaltenen Aufteilungs-

5 Vertiefend zu Aufgaben und Struktur der CISAC *Karbaum/Oeller*, **Kap. 17**.

schlüssel[6] modifiziert. Dabei ist zu unterscheiden zwischen der Beteiligung der Verlage (a) und der Beteiligung der Urheber (b).

a) Die Beteiligung der Verlage

Gemäß Abschnitt I Ziffer 2 Abs. 2 sollen die Anteile, die auf den Original- und Subverlag zusammen entfallen, nicht höher sein als 50 % der Gesamtanteile. Die möglichen Aufteilungsverhältnisse zwischen Original- und Subverlag sind in Abschnitt II Ziffer 1 lit. A a–d geregelt. **398**

b) Die Beteiligung der Urheber

Der Londoner Schlüssel sieht eine Beteiligung aller Urheber in Höhe von 6/12 vor, regelt die weitere Aufteilung dieser 6/12 auf die verschiedenen Urheber jedoch nicht. **399**

aa) Voraussetzungen der Beteiligung von subbezugsberechtigten Urhebern

Subbezugsberechtigte Urheber sind der vom Subverlag autorisierte Musikbearbeiter (**Subbearbeiter**) sowie der vom Subverlag autorisierte Textbearbeiter **(Subtextdichter)**. Der häufigste Fall eines Subtextdichters ist der in § 3 S. 1 UrhG ausdrücklich genannte Übersetzer. **400**

Subbearbeiter und Subtextdichter werden nicht beteiligt, wenn eindeutig nur die Originalversion aufgeführt oder gesendet worden ist. **401**

Subbearbeiter und Subtextdichter werden unabhängig von der räumlichen und zeitlichen Geltung des Subverlagsvertrages bei nachweislichem Vorkommen ihrer Version auch außerhalb des Subverlagsgebietes und nach Ablauf des Subverlagsvertrages an den auf diese Version entfallenden Einnahmen beteiligt.[7] **402**

bb) Höhe der Beteiligung

(1) Werke ohne Text

Handelt es sich um ein Werk ohne Text, so sind die auf die Urheber entfallenden 6/12 allein auf den Komponisten und den Subbearbeiter aufzuteilen. **403**

Bei festgestellter Verwertung seiner Subbearbeitung erhält der Subbearbeiter je nach Werk 1/24 bzw. 2/24 der Gesamtanteile, der Komponist somit 11/24 bzw. 10/24.[8] **404**

Ist die tatsächliche Verwertung der Subbearbeitung zweifelhaft oder ist ihre Feststellung unmöglich, so wird der Subbearbeiter dennoch beteiligt. In diesem Fall redu- **405**

---

6 Siehe Allgemeine Grundsätze zu VP A, § 4 Ziffer 2a und 10, Ausführungsbestimmungen zum VP A, Abschnitt XIV Ziffer 2 und Abschnitt XV Ziffer 5–20.

7 Grundlage hierfür ist ein Beschluß des CISAC-Verwaltungsrats vom 20. Juni 1970: „Jeder Schöpfer, der zur Schaffung eines Werkes beigetragen hat, soll bei der Verteilung der Erträgnisse aus der Verwertung dieses Werkes beteiligt werden" (so genannte *Las Palmas Resolution*). Vertiefend zu Aufgaben und Struktur der CISAC *Karbaum/Oeller,* **Kap. 17**.

8 Siehe Fußnote 3 zu Abschnitt II Ziffer 1 des Anhangs zu den Ausführungsbestimmungen zum VP A.

ziert sich seine Beteiligung je nach Werk auf 1/48 bzw. 1/24; die Beteiligung des Komponisten erhöht sich entsprechend auf 11,5/24 bzw. 11/24.[9]

(2) Werke mit Text

406 Handelt es sich um ein Werk mit Text, so werden die auf die Urheber entfallenden 6/12 zwischen Musik und Text gleichmäßig aufgeteilt, so daß auf den Komponisten einschließlich eines etwaigen Subbearbeiters 3/12 der Gesamtanteile entfallen und auf den Textdichter einschließlich eines etwaigen Subtextdichters die verbleibenden 3/12.

407 Komponist und Subbearbeiter: Ebenso wie bei Werken ohne Text erhält der Subbearbeiter bei festgestellter Verwertung der Subbearbeitung 1/24 bzw. 2/24, so daß für den Komponisten noch 5/24 bzw. 4/24 verbleiben.[10] Ist die tatsächliche Verwertung der Subbearbeitung jedoch zweifelhaft oder ist ihre Feststellung unmöglich, so reduziert sich die Beteiligung des Subbearbeiters je nach Werk auf 1/48 bzw. 1/24; die Beteiligung des Komponisten erhöht sich entsprechend auf 5,5/24 bzw. 5/24.[11]

408 Textdichter und Subtextdichter: Bei festgestellter Verwertung des Subtextes erhalten der Textdichter und der Subtextdichter jeweils 3/24 der Gesamtanteile (siehe Abschnitt II nach lit. B Abs. 1). Bei Verwertung der Instrumentalversion bzw. in Fällen, in denen die tatsächliche Verwertung des Subtextes zweifelhaft ist, reduziert sich die Beteiligung des Subtextdichters auf 2/24 und es erhöht sich der Anteil des Textdichters auf 4/24.[12]

V. Auszahlung der Ausschüttung

409 Die Ausschüttung der Subverlagsanteile erfolgt an den oder die in der Anmeldung genannten Subverlag(e).

410 Liegt im Zeitpunkt der Abrechnung keine Anmeldung vor, so ist die GEMA gemäß Abschnitt I Ziffer 1 Abs. 6 S. 3 des Anhangs berechtigt, an die auf den Belegexemplaren genannten Beteiligten mit befreiender Wirkung zu bezahlen. Die praktische Bedeutung dieser Regelung ist gering, da gedruckte Subausgaben nur selten erstellt werden. Siehe zur Vorlagepflicht von Druckausgaben auch Abschnitt I Ziffer 5a der Ausführungsbestimmungen zum Verteilungsplan A.

---

9 Siehe Fußnote 4 zu Abschnitt II Ziffer 1 des Anhangs zu den Ausführungsbestimmungen zum VP A.

10 Siehe Fußnote 3 zu Abschnitt II Ziffer 1 des Anhangs zu den Ausführungsbestimmungen zum VP A.

11 Siehe Fußnote 4 zu Abschnitt II Ziffer 1 des Anhangs zu den Ausführungsbestimmungen zum VP A.

12 Siehe Fußnote 2 zu Abschnitt II Ziffer 1 des Anhangs zu den Ausführungsbestimmungen zum VP A (sogenannte *Amalfi-Regelung*).

Kapitel 11.2 – Der Verteilungsplan für das mechanische Vervielfältigungsrecht (Verteilungsplan B)

Allgemeine Grundsätze zum Verteilungsplan B

§ 1 [Kommissionen und unverteilbare Beträge]

(1) Bei der Verwertung des mechanischen Vervielfältigungsrechts wird eine Kommission von bis zu 25 % berechnet.

(2) Zinserträge, Aufnahme- sowie Verwaltungsgebühren, Konventionalstrafen und andere unverteilbare Beträge werden für soziale und kulturelle Zwecke bereitgestellt.

In Erfüllung des sozialen Zweckes geschieht dies zugunsten der GEMA-Sozialkasse und der Alterssicherung. Im Übrigen werden die Mittel im Rahmen der verschiedenen Wertungs- und Schätzungsverfahren verteilt. Das Beteiligungsverhältnis wird von Vorstand und Aufsichtsrat einvernehmlich festgelegt.

(3) Wenn Verleger ihren Sitz ins Ausland verlegen und einer ausländischen Verwertungsgesellschaft beitreten, so dürfen die Anteile ihrer Urheber und deren Rechtsnachfolger dadurch nicht geschmälert werden.

Übersicht Rn.

I. Vorbemerkung

Gegenstand des Verteilungsplans B ist die Verteilung der Einnahmen, die die GEMA aus der Vergabe des Vervielfältigungsrechts nach § 16 Abs. 1 UrhG, des Verbreitungsrechts nach § 17 Abs. 1 UrhG sowie des Herstellungsrechts erzielt (siehe zum Herstellungsrecht **Kap. 11.1 Rn. 18**). Ferner regelt Verteilungsplan B die Verteilung der Einnahmen aus der Geltendmachung der gesetzlichen Vergütungsansprüche für die Vermietung und den Verleih von Bild- oder Tonträgern nach § 27 Abs. 1 und Abs. 2 UrhG sowie für private Vervielfältigung nach § 54 Abs. 1 UrhG. **1**

Zur Verrechnung dieser Einnahmen sind im Verteilungsplan B die Sparten Phono-VR (Tonträger-Vervielfältigungsrecht; siehe unten Rn. 58 ff.), BT-VR (Bildtonträger-Vervielfältigungsrecht; siehe unten Rn. 101 ff.), R-VR (Tonrundfunk-Vervielfältigungsrecht; siehe unten Rn. 85 ff.), FS-VR (Fernsehrundfunk-Vervielfältigungsrecht; siehe unten Rn. 85 ff.), TD-VR (Tonfilm Direktverrechnung-Vervielfältigungsrecht; siehe unten Rn. 117 f.) und R GR-VR (Tonrundfunk Großes Recht-Vervielfältigungs- **2** recht; siehe unten Rn. 98) gebildet. Zur Verrechnung der Einnahmen, die die GEMA von anderen Verwertungsgesellschaften für die Verwertung des GEMA-Repertoires im mechanischen Recht im Ausland erhält, ist die Sparte A-VR (Ausland-Vervielfältigungsrecht) gebildet. Siehe zum Begriff der Sparte **Kap. 11.1 Rn. 207**.

II. Übersicht

3 § 1 der Allgemeinen Grundsätze regelt in Ziffer 1, in welchem Umfang die nach Verteilungsplan B verrechneten Einnahmen mit den Kosten der GEMA belastet werden (III.) sowie in Ziffer 2 die Verteilung der so genannten unverteilbaren Beträge (IV.). Ziffer 3 betrifft die Folgen des Wechsels eines Verlegers zu einer anderen Verwertungsgesellschaft (V.).

III. Die Berechnung von Kommissionen

4 Als Ersatz für den bei der Wahrnehmung der übertragenen Rechte entstehenden Aufwand[1] berechnet die GEMA ihren Berechtigten Kommissionen. Die Kommissionen betragen gemäß § 1 Ziffer 1 bis zu 25% der Einnahmen.[2] Der Verteilungsplan enthält insoweit nur eine Obergrenze, regelt die genaue Höhe der für die verschiedenen Einnahmen geltenden Kommissionen jedoch nicht. Die Höhe der Kommissionen wird durch den Aufsichtsrat der GEMA beschlossen. Ihre Bekanntmachung erfolgt durch Veröffentlichung im GEMA-Brief. Anders als der einheitliche Kostensatz im Aufführungs- und Senderecht (siehe **Kap. 11.1 Rn. 4**) gelten die Kommissionen nicht nur für ein bestimmtes Geschäftsjahr, sondern solange, bis ihre Änderung beschlossen wird.

IV. Die Mittel für soziale und kulturelle Zwecke

5 Anders als bei den nach Verteilungsplan A verrechneten Einnahmen erfolgt bei den nach Verteilungsplan B verrechneten Einnahmen kein Abzug für soziale und kulturelle Zwecke.

6 Gemäß § 1 Ziffer 2 Abs. 1 werden jedoch Zinserträge, Aufnahme- sowie Verwaltungsgebühren, Konventionalstrafen und andere unverteilbare Beträge, soweit diese nach Verteilungsplan B anfallen, für soziale und kulturelle Zwecke bereitgestellt. Diese Beträge werden gemäß § 1 Ziffer 2 Abs. 2 verteilt. Diese Regelung ist gleichlautend mit § 1 Ziffer 4a Abs. 2 der Allgemeinen Grundsätze zum Verteilungsplan A (siehe dazu **Kap. 11.1 Rn. 12 ff.**). Sowohl die Sozialkasse als auch die Wertungsverfahren, das Schätzungsverfahren der Bearbeiter und die Alterssicherung der ordentlichen Mit-

---

1 Die Tätigkeit der GEMA ist nicht auf die Erzielung von Gewinn gerichtet; siehe § 2 Ziffer 1 S. 2 der Satzung.

2 Siehe dazu auch § 8 Abs. 3 Berechtigungsvertrag.

glieder werden damit sowohl durch Zuflüsse aus Verteilungsplan A als auch aus Verteilungsplan B finanziert.

V. Der Wechsel von Verlegern zu anderen Verwertungsgesellschaften

§ 1 Ziffer 3 regelt den Fall, daß Verlage ihre Mitgliedschaft bei der GEMA beenden 7
und Mitglied einer ausländischen Verwertungsgesellschaft werden. Die Regelung ist gleichlautend mit § 1 Ziffer 5 der Allgemeinen Grundsätze zum Verteilungsplan A (siehe dazu **Kap. 11.1 Rn. 25 ff.**).

§ 2 [Der Anspruch auf Berücksichtigung bei der Verteilung]

Anspruch auf Berücksichtigung bei der Verteilung haben diejenigen Bezugsberechtigten, die an den während des Geschäftsjahres zur mechanischen Vervielfältigung gelangten Werken nachgewiesenermaßen beteiligt sind.

§ 2 entspricht der Regelung in § 2 der Allgemeinen Grundsätze zum Verteilungsplan 8
A (siehe dazu **Kap. 11.1 Rn. 31 ff.**).

§ 3 [Die Aufteilung der pro Werk ermittelten Ausschüttung]

(1) Beteiligt im Sinne des § 2 sind der Komponist des Werkes, der Textdichter des Werkes und der Verleger des Werkes. Der Bearbeiter wird nur bei im Original urheberrechtlich freien Werken beteiligt. An die Stelle des Komponisten tritt bei urheberrechtlich freien Werken der Bearbeiter.

(2) Sind bei in Deutschland subverlegten Werken mehrere Verlage unterschiedlich zu beteiligen oder sind bei Werken von GEMA-Mitgliedern mit Mitgliedern anderer Verwertungsgesellschaften derselben Berufsgruppe unterschiedliche Beteiligungen vereinbart, so findet gegen Erstattung der Mehrkosten die Aufteilung gemäß Anmeldung statt.

(3) Der Textdichter-Anteil ist auch dann zu verrechnen, wenn das Musikwerk, zu dem der Text gehört, ohne den Text auf Tonträger aufgenommen wird. Jedoch werden nachträglich unterlegte Texte von Musikwerken nur verrechnet, wenn auch der Text verwendet worden ist, es sei denn, daß die Zugkraft des Musikwerkes auf die nachträgliche Textierung zurückgeht. Die Entscheidung, ob die Zugkraft auf die nachträgliche Textierung zurückgeht, ist im Streitfalle durch den Werkausschuß zu treffen. In solchen Fällen entscheidet der Werkausschuß in der Besetzung von 2 Komponisten und 2 Textdichtern.

(4) Für Erträgnisse aus subverlegten Werken aus dem fremdsprachigen Ausland, die nach dem 31.12.1979 bei der GEMA registriert werden, gilt für Abschnitt IV Industrie der Ausführungsbestimmungen folgende Regelung:

(4a) Es wird lediglich ein Subtext für die Dauer der Schutzfrist anerkannt. Der Subtexter hat von 100% einen festen Anteil von 16 2/3% zu beanspruchen. Dieser Anspruch besteht unabhängig von der Höhe der Beteiligung des Subverlegers und gilt nur für die vom Subtexter geschaffene Version bzw. für Instrumentalversionen, bei denen die von ihm geschaffene Titelzeile verwendet wird.

Mit Einwilligung des Subtexters kann vom Subverleger im Einzelfalle ein Spezialtext autorisiert werden. Stellt der Spezialtext lediglich eine Bearbeitung oder Umgestaltung dar, so wird der Textdichteranteil zwischen den beiden Textern geteilt. Ist dagegen ein selbständiger Text entstanden, so wird nur der Texter des Spezialtextes beteiligt.

(4b) Unter veränderten Verhältnissen kann vom Verleger die Aktualisierung des Textes verlangt werden. Lehnt der Texter dies ab oder ist er dazu nicht in der Lage, so hat der Verleger das Recht, nach 3 Monaten, von der Aufforderung durch den Verleger an gerechnet, einen anderen Texter zu wählen. Der bisherige Texter darf nicht widersprechen, wenn seine Weigerung gegen Treu und Glauben verstoßen würde. Stellt der neue Text lediglich eine Bearbeitung oder Umgestaltung dar, so wird der Textdichteranteil zwischen den beiden Textern geteilt. Ist dagegen ein selbständiger Text entstanden, so wird nur der neue Texter beteiligt.

Bei nachweislicher Nutzung des alten oder neuen Textes erhält jeweils der Berechtigte den vollen Textdichteranteil ausbezahlt.

(4c) Die Originalversionen werden an die Berechtigten (gemäß Anmeldung des Subverlegers) des Original-Copyrights verrechnet.

(5) Die Lizenzeinnahmen für das Repertoire der GEMA-Mitglieder werden ohne Rücksicht darauf, von wem das mechanische Vervielfältigungsrecht eingebracht worden ist, wie folgt verteilt:

Am Werk Beteiligte:			**Anteile**	
	Industrietonträger		**Rundfunk**	**Bildtonträger**
	1)	2)		
A. Komponist	**100 %**	**100 %**	**100 %**	**100 %**
B. Komponist	**50 %**	**50 %**	**50 %**	**50 %**
Textdichter	**50 %**	**50 %**	**50 %**	**50 %**
C. Komponist	**60 %**	**50 %**	**60 %**	**50 %**
Verleger	**40 %**	**50 %**	**40 %**	**50 %**
D. Komponist	**30 %**	**25 %**	**30 %**	**30 %**
Textdichter	**30 %**	**25 %**	**30 %**	**30 %**
Verleger	**40 %**	**50 %**	**40 %**	**40 %**
E. Komponist (frei)	**–**	**–**	**30 %**	**–**
Textdichter	**60 %**	**50 %**	**30 %**	**60 %**
Verleger	**40 %**	**50 %**	**40 %**	**40 %**
F. Komponist	**60 %**	**50 %**	**30 %**	**60 %**
Textdichter (frei)	**–**	**–**	**30 %**	**–**
Verleger	**40 %**	**50 %**	**40 %**	**40 %**
G. Komponist	**100 %**	**100 %**	**70 %**	**100 %**
Textdichter (frei)	**–**	**–**	**30 %**	**–**
H. Komponist (frei)	**–**	**–**	**50 %**	**–**
Textdichter	**100 %**	**100 %**	**50 %**	**100 %**
I. Komponist (frei)	**–**	**–**	**–**	**–**
Bearbeiter	**37,5 %**	**37,5 %**	**30 %**	**30 %**
Textdichter	**25 %**	**25 %**	**30 %**	**30 %**
Verleger	**37,5 %**	**37,5 %**	**40 %**	**40 %**
K. Komponist (frei)	**–**	**–**	**–**	**–**
Bearbeiter	**25 %**	**25 %**	**30 %**	**30 %**
Textdichter (Neutext)	**37,5 %**	**37,5 %**	**30 %**	**30 %**
Verleger	**37,5 %**	**37,5 %**	**40 %**	**40 %**
L. Komponist (frei)	**–**	**–**	**–**	**–**
Bearbeiter	**50 %**	**50 %**	**50 %**	**50 %**
Textdichter (Neutext)	**50 %**	**50 %**	**50 %**	**50 %**

M. Komponist (frei)	–	–	–	–
Bearbeiter	**60 %**	**50 %**	**60 %**	**60 %**
Verleger	**40 %**	**50 %**	**40 %**	**40 %**
N. Komponist (frei)	–	–	–	–
Bearbeiter	**100 %**	**100 %**	**100 %**	**100 %**

[1] Gültig für Werkanmeldungen ab 1.1.1979

[2] Gültig für Werkanmeldungen vor dem 1.1.1979 und Sonderregelungen nach Abschnitt IV Ziff. 1a) der Ausführungsbestimmungen zum Verteilungsplan für das mechanische Vervielfältigungsrecht.

Übersicht Rn.

I. Übersicht

Gegenstand von § 3 der Allgemeinen Grundsätze ist die Regelung der Aufteilung der pro Werk ermittelten Ausschüttung an die am Werk Beteiligten im mechanischen Recht. Die Bestimmung regelt in Ziffer 1, wer von der GEMA als Bezugsberechtigter im Rahmen der Verteilung berücksichtigt wird (II.) und in den Ziffern 2–5, in welcher Höhe diese Beteiligung erfolgt (III.). Nicht ausdrücklich in § 3 angesprochen ist die Behandlung des sogenannten „Ausfalls", der jedoch aus Gründen der Übersichtlichkeit ebenfalls in diesem Zusammenhang darzustellen ist (IV.). 9

II. Die Bezugsberechtigten

1. Begriffsbestimmung

10 Bezugsberechtigte nach Verteilungsplan B sind Komponist, Textdichter und Verleger. Die Begriffe sind in Abschnitt I Ziffer 2 Abs. 1 der Ausführungsbestimmungen definiert. Der Bearbeiter ist nur mit Einschränkungen als Bezugsberechtigter anerkannt.

2. Die Beteiligung des Bearbeiters

11 Bei der Beteiligung des Bearbeiters ist zwischen Musikbearbeiter (a) und Textbearbeiter (b) zu unterscheiden.

a) Musikbearbeiter

aa) Bearbeitungen geschützter Kompositionen

12 Bei Bearbeitungen geschützter Kompositionen wird der Musikbearbeiter nicht beteiligt, unabhängig davon, ob es sich um den Druck- oder den Spezialbearbeiter handelt (siehe zu den verschiedenen Arten der Bearbeitung **Kap. 11.1 Rn. 48**). Dies folgt aus § 3 Ziffer 1 S. 2, wonach der Bearbeiter im Verteilungsplan B nur bei im Original urheberrechtlich freien Werken, d.h. also nur bei Werken mit urheberrechtlich freier Komposition, beteiligt wird. Der Spezialbearbeiter erhält bei geschützten Werken jedoch eine Beteiligung im Schätzungsverfahren der Bearbeiter.[1]

bb) Bearbeitungen freier Kompositionen

13 Bei Bearbeitungen freier Kompositionen wird jeder Bearbeiter berücksichtigt, wenn seine Fassung genutzt wird, unabhängig davon, ob die Bearbeitung in gedruckter oder in ungedruckter Form vorliegt. Jede Bearbeitung eines freien Werks wird damit in der Verteilung wie ein neues, selbständiges Werk behandelt.

14 Gemäß § 3 Ziffer 1 S. 3 tritt der Bearbeiter einer freien Komposition an die Stelle des Komponisten. Er erhält somit grundsätzlich eine Ausschüttung in der Höhe, wie sie der Komponist erhalten hätte, wenn die Musik geschützt gewesen wäre (siehe jedoch die Ausnahme in § 3 Ziffer 5 lit. I).

b) Textbearbeiter

15 Die Regelung in § 3 Ziffer 1 S. 2 gilt nicht für den Textbearbeiter (dieser wird auch als **Spezialtextdichter** bezeichnet). Dieser wird bei den nach Verteilungsplan B verrechneten Einnahmen auch dann beteiligt, wenn es sich um Werke mit im Original geschütztem Text handelt, und zwar mit dem halben Textdichteranteil.

16 Eine Sonderregelung besteht in Abschnitt IV Ziffer 6 für die Sparte Phono-VR und in Abschnitt VI Ziffer 5 für die Sparte BT-VR. Diese Sonderregelung betrifft die

---

1 Siehe GO Schätzungsverfahren der Bearbeiter, abgedr. im GEMA-Jahrbuch 2004/2005, S. 377–381.

Beteiligung ausländischer Textdichter bei GEMA-Werken, die auf Ton- oder Bildtonträger aufgenommen wurden. Ist ein Werk nicht subverlegt und haben die Originalberechtigten – der Textdichter oder der Originalverlag – einen ausländischen Textbearbeiter zu einer fremdsprachigen Textierung autorisiert, so erhält der Textbearbeiter für die Verkäufe im autorisierten Gebiet die Hälfte des in seinem Land geltenden Textdichteranteils. Die in Abschnitt IV Ziffer 6 sowie in Abschnitt VI Ziffer 5 enthaltenen Kappungsgrenzen werden in der Verteilung jedoch nicht berücksichtigt.

III. Die Aufteilung bei geschützten und von der GEMA vertretenen Werken

Für geschützte und von der GEMA vertretene Werke ist die Aufteilung der pro Werk ermittelten Ausschüttung in § 3 Ziffern 2–5 der Allgemeinen Grundsätze geregelt. **17**

1. Anwendbarkeit

Voraussetzung für das Eingreifen der Regelungen in § 3 Ziffern 2–5 ist die Anwendbarkeit des Verteilungsplans. Insoweit gilt, daß die Aufteilungsregeln des Verteilungsplans B nur bei **GEMA-Werken** anwendbar sind, nicht bei Auslandswerken. Für **Auslandswerke** bestehen zwischen den Verwertungsgesellschaften gesonderte Vereinbarungen.[2] **18**

Als GEMA-Werke im Sinne des Verteilungsplans B gelten verlegte Werke, an denen mindestens ein GEMA-Originalverlag beteiligt ist sowie unverlegte Werke, an denen mindestens ein GEMA-Urheber beteiligt ist. Dabei darf es sich jedoch nicht lediglich um so genannte **Umgestalter** handeln (siehe dazu **Kap. 11.1 Rn. 54**). **19**

Beispiel 1: An einem Werk sind ein GEMA-Komponist und ein GEMA-Textdichter beteiligt. Diese haben das Werk gemeinsam bei einem französischen Originalverlag verlegt. In diesem Fall gilt das Werk im mechanischen Recht als Auslandswerk. Die Verteilung erfolgt nach den Regeln der französischen Gesellschaft SDRM. Gleiches würde gelten, wenn das Werk auch in Deutschland bei einem GEMA-Subverlag subverlegt wäre.

Beispiel 2: An einem Werk sind ein GEMA-Komponist und ein Textdichter der französischen Verwertungsgesellschaft SACEM[3] beteiligt. Das Werk gilt als GEMA-Werk.

Im Falle von Bearbeitungen freier Werke tritt in Bezug auf obige Frage der Bearbeiter an die Stelle des Komponisten. Umgestaltungen freier Auslandswerke gelten demnach als GEMA-Werke, wenn der Bearbeiter GEMA-Berechtigter ist. **20**

2. Geltungsbereich

Für unverlegte und für originalverlegte Werke gilt der Verteilungsschlüssel in § 3 Ziffer 5. Dieser Verteilungsschlüssel gilt unabhängig davon, von wem das mechanische Vervielfältigungsrecht eingebracht worden ist. Eine Aufteilung in Anteile für Urheber **21**

---

2 Siehe insoweit für den Bereich des Vervielfältigungsrechts Art. VI BIEM-Standardvertrag, abgedruckt im GEMA-Jahrbuch 2004/2005, S. 256, 257.

3 Société des Auteurs, Compositeurs et Éditeurs de Musique.

und Verleger erfolgt zum Beispiel auch dann, wenn der GEMA-Verleger auch die Anteile eines oder mehrerer ausländischer (nicht GEMA-)Urheber oder auch nicht von einer Verwertungsgesellschaft vertretener Urheber eingebracht hat.

22 Die Regelungen des § 3 Ziffer 5 werden bei subverlegten GEMA-Werken modifiziert. Regelungen für subverlegte Werke finden sich im Verteilungsplan B sowohl in den Allgemeinen Grundsätzen, den Ausführungsbestimmungen und im Anhang. Eine zusammenhängende Darstellung der Aufteilungsregelungen für subverlegte Werke erfolgt unten Rn. 125.

23 Zu den Regelungen für subverlegte Werke zählt auch § 3 Ziffer 4 der Allgemeinen Grundsätze. Dieser betrifft die Beteiligungsquote des Subtextdichters in der Sparte Phono-VR (siehe dazu unten Rn. 135).

3. Grundzüge der Regelung

24 Sind an einem Werk neben dem Komponisten ein Textdichter und ein Verleger beteiligt, so wird die auf das Werk entfallende Ausschüttung im Verhältnis von 30 : 30 : 40 aufgeteilt. Im Gegensatz dazu beträgt das Aufteilungsverhältnis im Aufführungsrecht in der gleichen Konstellation 5 : 3 : 4 gemäß § 4 Ziffer 2a lit. F der Allgemeinen Grundsätze zu Verteilungsplan A.

25 Bei unverlegten und unbearbeiteten Werken erhalten der Komponist und der Textdichter jeweils 50 %. Abweichend vom Grundsatz des Verteilungsplans A, nach dem der Komponist eine höhere Beteiligung erhält als der Textdichter, gilt im Bereich des Verteilungsplans B die grundsätzliche Gleichbewertung von Musik und Text.

26 Für die Sparte Phono-VR bestehen zwei Verteilungsschlüssel, die sich hinsichtlich der Höhe der Beteiligung der Urheber und Verleger unterscheiden (siehe dazu unten Rn. 63 ff.).

27 § 3 Ziffer 5 lit. K gilt für Werke mit so genanntem **Neutext**. Der Textdichter des Neutextes ist ein Originalschöpfer, der bei einem im Original in Musik und Text freien Werk einen vollständig neuen Text geschrieben hat.

4. Die Aufteilung bei mehreren Berechtigten einer Berufsgruppe

28 Über die in § 3 Ziffer 2 geregelten Fälle hinaus erkennt die GEMA bei mehreren Berechtigten einer Berufsgruppe (siehe dazu **Kap. 11.1 Rn. 62 ff.**) in der Praxis die von den Beteiligten vereinbarten und angemeldeten Aufteilungsverhältnisse an.

5. Abweichende Vereinbarungen der Berechtigten

29 Treffen die an einem Werk beteiligten Berechtigten eine von dem Verteilungsschlüssel in § 3 Ziffer 5 abweichende Aufteilungsvereinbarung, so wird diese von der GEMA nicht anerkannt. Derartige Aufteilungsvereinbarungen wirken somit nur im Innenverhältnis zwischen den Berechtigten.

IV. Die Aufteilung bei Werken mit freien und mit nicht vertretenen Anteilen

1. Werke mit freien Anteilen

Die Behandlung von Werken mit freien Anteilen (siehe **Kap. 11.1 Rn. 68**) erfolgt in den Sparten Phono-VR und BT-VR einerseits (a) und den Sparten R-VR und FS-VR andererseits (b) unterschiedlich. 30

a) Sparten Phono-VR und BT-VR

In den Sparten Phono-VR und BT-VR bleibt die auf das Werk insgesamt entfallende Ausschüttung auch bei Vorhandensein freier Werkbestandteile unverändert hoch. Es erhöhen sich jedoch die Anteile der übrigen am Werk beteiligten Berechtigten. In den Sparten Phono-VR und BT-VR wird somit bei Werken mit freien Anteilen kein **„Ausfall"** gebildet (siehe zum Begriff des Ausfalls **Kap. 11.1 Rn. 68 f.**). 31

Erkennbar wird dies aus § 3 Ziffer 5, in dem für Werke mit freien Anteilen gesonderte Verteilungsschlüssel gebildet sind. Beispielsweise erhalten bei Abrechnung in der Sparte Phono-VR bei einem textierten Werk der Komponist und der Textdichter jeweils 50 % der Ausschüttung.[4] Ist die Komposition jedoch bereits frei, so erhält der Textdichter 100 %,[5] ein „Ausfall" entsteht also nicht. Die dabei im einzelnen entstehenden Aufteilungsverhältnisse sind in übersichtlicher Form in den Anteils-Verrechnungsschlüsseln abgebildet.[6] 32

Für die Sparte TD-VR gelten die Regelungen der Sparte BT-VR insoweit entsprechend. 33

b) Sparten R-VR und FS-VR

In den Sparten R-VR und FS-VR wird grundsätzlich ein **„Ausfall"** gebildet. Die Höhe der Ausfallanteile ergibt sich unmittelbar aus § 3 Ziffer 5 sowie für die dort nicht genannten Beteiligungskonstellationen aus den Anteils-Verrechnungsschlüsseln.[7] Für die Verteilung des „Ausfalls" gelten die Bestimmungen des Verteilungsplans A entsprechend (siehe § 1 Ziffer 4c der Allgemeinen Grundsätze zum Verteilungsplan A und dazu **Kap. 11.1 Rn. 20 f.**). 34

Auch in den Sparten R-VR und FS-VR unterbleibt die Bildung eines Ausfalls in den Fällen der Bearbeitung freier Werke. In diesen Fällen erhält der Bearbeiter die auf den Komponisten entfallende Ausschüttung (siehe § 3 Ziffer 1). 35

---

4 Allgemeine Grundsätze zum VP B, § 3 Ziffer 5 lit. B Sparte Industrietonträger.

5 Allgemeine Grundsätze zum VP B, § 3 Ziffer 5 lit. H Sparte Industrietonträger.

6 Anteils-Verrechnungsschlüssel, Mechanisches Vervielfältigungsrecht, Industrietonträger und Bildtonträger, abgedr. im GEMA-Jahrbuch 2004/2005, S. 350 ff.

7 Anteils-Verrechnungsschlüssel, Mechanisches Vervielfältigungsrecht, Industrietonträger und Bildtonträger, abgedr. im GEMA-Jahrbuch 2004/2005, S. 350 ff.

2. Werke mit nicht von der GEMA vertretenen Anteilen

36 Die Behandlung von nur teilweise vertretenen Werken (siehe **Kap. 11.1 Rn. 74**) erfolgt in den Sparten Phono-VR und BT-VR einerseits (a) und den Sparten R-VR und FS-VR andererseits (b) unterschiedlich.

a) Sparten Phono-VR und BT-VR

37 Bei der Behandlung von nicht vertretenen Werkbestandteilen in den Sparten Phono-VR und BT-VR ist zu unterscheiden zwischen in Deutschland subverlegten Werken (aa) und sonstigen Werken (bb).

aa) In Deutschland subverlegte Werke

38 Für in Deutschland subverlegte Werke enthält der Verteilungsplan eine Regelung für die Sparte Phono-VR in Abschnitt IV Ziffer 2 sowie für die Sparte BT-VR in Abschnitt VI Ziffer 2c. Trotz unterschiedlichen Wortlauts werden beide Bestimmungen in gleicher Weise ausgelegt. Sie erfassen den Fall, daß bei einem in Deutschland subverlegten Werk entweder keiner der beteiligten Originalverlage oder aber keiner der beteiligten Urheber Mitglied einer Verwertungsgesellschaft ist, mit der die GEMA einen Gegenseitigkeitsvertrag geschlossen hat. Bei einem derartigen Sachverhalt erhält der deutsche Subverlag auch den Anteil des Originalverlegers bzw. die Anteile der Urheber verrechnet mit der Maßgabe, die Weiterverrechnung an den Originalverleger nach den Bestimmungen seines Subverlagsvertrages vorzunehmen. Im Ergebnis erfolgt damit eine **Umleitung** der auf etwaige nicht vertretene Berechtigte entfallenden Ausschüttung an den Subverlag.

39 Die nach den vorstehenden Regelungen einem Subverlag für andere Berechtigte gutgeschriebenen Beträge werden dem Subverlag auf sein **Sonderkonto** gebucht (siehe zum Begriff des Sonderkontos **Kap. 11.1 Rn. 391**).

bb) Sonstige Werke

40 Für alle sonstigen Fälle von Werken mit nicht vertretenen Anteilen, z.B. also in Deutschland subverlegte Auslandswerke, an denen sowohl vertretene als auch nicht vertretene Urheber beteiligt sind oder aber GEMA-Originalwerke, enthält der Verteilungsplan keine ausdrückliche Regelung. Auch in diesen Fällen nimmt die GEMA bei den Urheberanteilen jedoch eine Umleitung der nicht vertretenen Anteile auf andere am Werk Beteiligte vor. Sie geht dabei in der Weise vor, daß jeweils für den zuerst registrierten Originalverlag, Subverlag, Komponisten, Textdichter und einige weitere Berechtigte geprüft wird, ob dieser einer Verwertungsgesellschaft angehört. Derjenige, der bei der in dieser Rangfolge vorgenommenen Prüfung der erste ist, der diese Voraussetzung erfüllt, erhält den nicht vertretenen Anteil mit der Maßgabe auszuzahlen, diesen an den tatsächlich Berechtigten weiterzuleiten.

> Beispiel: Der Komponist eines Werks ist nicht vertreten. Sein Anteil geht an den zuerst registrierten Originalverlag, falls ein solcher vorhanden und dieser vertreten ist. Ist dies nicht der Fall, so geht der Anteil des Komponisten an den zuerst registrierten Subverlag, falls ein solcher vorhanden und dieser vertreten ist. Ist dies nicht der Fall, so geht der An-

teil an den zuerst registrierten Textdichter, falls dieser ein solcher vorhanden und dieser vertreten ist usw.

b) Sparten R-VR und FS-VR

In den Sparten R-VR und FS-VR wird auch bei Werken mit nicht vertretenen Anteilen ein „Ausfall" gebildet. Die für Werke mit freien Anteilen bestehenden Regelungen (siehe dazu oben Rn. 34 f.) gelten insoweit entsprechend, allerdings mit Ausnahme der Sonderregelung für Werke mit freier Komposition und Bearbeitung, nach der der Bearbeiter die Anteile des freien Komponisten bekommt. Bei einem Werk mit nicht vertretener Komposition und Bearbeitung fließt der auf die Komposition entfallende Anteil somit in den „Ausfall". **41**

§ 4 [Die Werkeanmeldung als Grundlage von Abrechnung und Ausschüttung]

Die GEMA bewirkt die aus dem Verteilungsplan sich ergebenden Ausschüttungen an diejenigen Komponisten, Bearbeiter eines im Original urheberrechtlich nicht mehr geschützten Werkes, Textdichter und Verleger, welche ihr aufgrund der Anmeldungen der Werke als die Empfangsberechtigten bekannt sind.

Treten Ansprüche mehrerer in Widerstreit, so ist die GEMA verpflichtet und berechtigt, die Auszahlung so lange zu verweigern, bis eine gemeinsame Erklärung der streitenden Parteien oder eine für die Parteien verbindliche Entscheidung über die Berechtigung vorliegt. Die GEMA kann eine Frist von sechs Monaten zur Geltendmachung der Ansprüche (im ordentlichen Rechtsweg oder nach Vereinsrecht gemäß § 16 der Satzung) setzen. Wird der Nachweis der Geltendmachung innerhalb dieser Frist nicht erbracht, ist die GEMA zur Auszahlung an das Mitglied berechtigt, das nach der Werkanmeldung die Priorität hat.

§ 4 Abs. 1 ist gleichlautend mit der Regelung in § 5 Ziffer 1 erster Halbsatz der Allgemeinen Grundsätze zum Verteilungsplan A. Siehe dazu **Kap. 11.1 Rn. 81 ff.** **42**

§ 4 Abs. 2 ist gleichlautend mit der Regelung in § 5 Ziffer 3 der Allgemeinen Grundsätze zum Verteilungsplan A. Siehe dazu **Kap. 11.1 Rn. 85 ff.** **43**

Im Aufführungs- und Senderecht besteht ein Anspruch auf Verrechnung nur für Aufführungen, die nach dem Zeitpunkt stattfinden, an welchem die Werke vorschriftsmäßig angemeldet worden sind (siehe § 5 Ziffer 2 der Allgemeinen Grundsätze zu Verteilungsplan A und dazu **Kap. 11.1 Rn. 79**). § 4 der Allgemeinen Grundsätze zu Verteilungsplan B enthält keine entsprechende Regelung. Anders als im Aufführungsrecht kann im Vervielfältigungsrecht (mit Ausnahme der Sparten R-VR und FS-VR) ein Anspruch auf Verrechnung auch für solche Nutzungen bestehen, die vor dem Zeitpunkt der Anmeldung erfolgt sind. Erzielt die GEMA beispielsweise für die Vergabe des Rechts zur Aufnahme von Musikwerken auf Ton- oder Bildtonträger Einnahmen für noch nicht angemeldete Werke, so ist die Einnahme diesen Werken auch ohne Anmeldung zugeordnet. Eine Ausschüttung erfolgt jedoch erst nach Anmeldung. Hintergrund dieser Regelung ist der Umstand, daß die GEMA im Vervielfälti- **44** gungsrecht (mit Ausnahme der Sparten R-VR und FS-VR) das Inkasso werkbezogen durchführt.

45 Siehe auch Ausführungsbestimmungen zum Verteilungsplan B, Abschnitt I Ziffer 10 und dazu oben Rn. 116.

§ 5 [Unverteilbare Beträge]

Wenn die Kosten für die Verteilung in keinem Verhältnis zur Einnahme stehen, kann die GEMA mit Zustimmung des Aufsichtsrates diese Beträge als unverteilbar behandeln.

46 § 5 ist gleichlautend mit der Regelung in § 6 Ziffer 3 der Allgemeinen Grundsätze zum Verteilungsplan A. Siehe dazu **Kap. 11.1 Rn. 89**.

§ 6 [Der Erlaß und die Änderung von Ausführungsbestimmungen]

(1) Zu diesem Verteilungsplan werden Ausführungsbestimmungen erlassen, in denen die praktische Anwendung der im Verteilungsplan enthaltenen Grundsätze geregelt wird.

(2) Änderungen des Verteilungsplanes und der Ausführungsbestimmungen hierzu sind nur gemäß § 11b) der Satzung zulässig.

47 § 6 ist gleichlautend mit der Regelung in § 8 der Allgemeinen Grundsätze zum Verteilungsplan A. Siehe dazu **Kap. 11.1 Rn. 92 ff.**

Ausführungsbestimmungen zum Verteilungsplan B

Abschnitt I Anmeldung und Registrierung der Werke

(1) Sobald mechanische Vervielfältigungen, Rundfunk- oder Fernsehsendungen mittels Ton- oder Bildtonträger eines bisher noch nicht angemeldeten Werkes bevorstehen, ist eine Anmeldung auf dem hierfür bestimmten einheitlichen Anmeldebogen vorzunehmen. Bei verlegten Werken ist der Verleger zugleich für die Urheber zur Anmeldung verpflichtet. Manuskriptwerke müssen vom Komponisten angemeldet werden. Wenn dies nicht möglich ist, sind die übrigen Urheber berechtigt und verpflichtet, die Werkanmeldung vorzunehmen. Alle nach § 3 Ziff. 1 der Allgemeinen Grundsätze Anteilberechtigten eines Werkes erhalten eine Bestätigung über die erfolgte Werkregistrierung. Gegen die Werkregistrierung kann vom Berechtigten innerhalb von drei Monaten nach Zugang der Mitteilung Einspruch erhoben werden. Der Berechtigte kann von dem Anmeldebogen eine Ablichtung gegen Erstattung der Selbstkosten erhalten.

Rechtzeitig ist eine Anmeldung dann, wenn sie bei Abrechnung für die Zeit vom 1. Januar bis 30. Juni bis zum 1. September des laufenden Jahres, für die Zeit vom 1. Juli bis 31. Dezember bis zum 1. März des darauf folgenden Jahres und bei Abrechnungen für die Zeit vom 1. Januar bis 31. Dezember bis zum 1. Oktober des laufenden Jahres eingeht.

(2) Dem § 3 Ziff. 1 der Allgemeinen Grundsätze entsprechend gilt als Komponist derjenige, der das Werk tatsächlich komponiert hat, als Textdichter derjenige, der tatsächlich den Text geschaffen hat, als Bearbeiter derjenige, der das Werk tatsächlich bearbeitet hat und als Verleger derjenige, der mit dem Urheber einen Verlagsvertrag im Sinne des Gesetzes über das Verlagsrecht vom 19. Juni 1901 geschlossen und das Werk vereinbarungsgemäß herausgegeben hat.

Bei berechtigten Zweifeln sind die Voraussetzungen für sich aus dem vorhergehenden Absatz ergebende Ansprüche eines Bezugsberechtigten gegen die GEMA von ihm darzulegen und zu beweisen.

Falls ein Bezugsberechtigter bei seiner Werkanmeldung wissentlich oder grob fahrlässig falsche Angaben macht, so verliert er für diese nicht ordnungsgemäß angemeldeten Werke bis zur ordnungsgemäßen Anmeldung den Anspruch auf Verrechnung. Ferner kann der Vorstand bzw. Aufsichtsrat der GEMA im Sinne der Satzung § 9 A Ziff. 4 bzw. nach den Ausführungsbestimmungen zum Verteilungsplan der GEMA für das mechanische Vervielfältigungsrecht Abschn. I Ziff. 14 gegen den Bezugsberechtigten vorgehen.

(3a) Der Bezugsberechtigte kann unter Beachtung der gesetzlichen Vorschriften neben seinem bürgerlichen oder ständigen Künstlernamen auch Pseudonyme benutzen. Die Benutzung hängt jedoch von einer schriftlichen Bestätigung der GEMA ab, daß das gewählte Pseudonym noch nicht von einem Dritten benutzt wird.

Der Name einer Gruppe wird nicht anerkannt. Die Werkanmeldung muß vielmehr für jeden einzelnen Urheber in der sonst üblichen Weise vorgenommen werden.

Die benutzten Pseudonyme dürfen zusammen mit dem bürgerlichen oder dem ständigen Künstlernamen den Verwertern mitgeteilt werden.

Als Kostenersatz ist für das zweite und jedes weitere Pseudonym eine Pauschalvergütung von EUR 51,13 (zuzüglich Umsatzsteuer in der jeweils gesetzlich vorgeschriebenen Höhe) im Jahr zu zahlen. Der Vergütungssatz erhöht sich vom vierten Pseudonym an auf EUR 102,26 jährlich.

(3b) Es ist unzulässig, den Namen – sei es der bürgerliche Name oder das Pseudonym – eines Bezugsberechtigten als Pseudonym zu wählen.

Ebensowenig ist die Annahme eines Pseudonyms zulässig, das Verwechslungsgefahr mit anderen Namen in sich birgt.

Bei Verstößen gegen diese Bestimmung verliert der Verletzer des Namensrechts für die unter den unerlaubterweise benutzten Pseudonymen erschienenen Werke jeglichen Zahlungsanspruch gegen die GEMA.

(3c) Bei Gleichheit bürgerlicher Namen erscheint es zur Vermeidung einer Verwechslungsgefahr empfehlenswert, daß die Beteiligten sich darüber einigen, in welcher Weise die Namen durch Zusätze unterschiedlich gemacht werden können.

(3d) Musikverlage können unter Beachtung der gesetzlichen Vorschriften neben der Firmenbezeichnung auch Editionsbezeichnungen benutzen. Die Benutzung hängt jedoch von einer schriftlichen Bestätigung der GEMA ab, daß die gewählte Editionsbezeichnung noch nicht von einem Dritten benutzt wird.

Die benutzten Editionsbezeichnungen dürfen zusammen mit der Firmenbezeichnung den Verwertern mitgeteilt werden. Als Kostenersatz ist für die zweite und jede weitere Editionsbezeichnung eine Pauschalvergütung von EUR 51,13 (zuzüglich Umsatzsteuer in der jeweils gesetzlich vorgeschriebenen Höhe) im Jahr zu zahlen. Der Vergütungssatz erhöht sich von der vierten Editionsbezeichnung an auf EUR 102,26 jährlich. Der erhöhte Vergütungssatz gilt für Anmeldungen ab 1.7.1987.

Die Form der Anmeldebogen wird von der Geschäftsleitung der GEMA bestimmt.

(5a) Grundsätzlich ist mit jedem Anmeldebogen bei verlegten Werken ein Exemplar der Druckausgabe vorzulegen. Der Anmelder genügt der Vorlagepflicht gegenüber der GEMA, wenn er in Erfüllung seiner nach der Pflichtstückverordnung vom 14.12.1982 (BGBl. I S. 1739) bestehenden Ablie-

ferungspflicht dem Deutschen Musikarchiv[1] zwei Exemplare der Druckausgabe einreicht und der GEMA dies unter Nennung der Einzeltitel der Werke schriftlich mitteilt. Eine Ausnahme von der Pflicht zur Herstellung einer Druckausgabe bedarf der schriftlichen Einwilligung des Urhebers gegenüber der GEMA nach einem von ihr herauszugebenden Muster. Wird vom Verleger nicht innerhalb von 6 Monaten nach Ablieferung des Manuskripts gedruckt, benachrichtigt der Urheber die GEMA. Die GEMA setzt dann dem Verleger eine angemessene Nachfrist, nach deren Ablauf die GEMA berechtigt ist, das als verlegt angemeldete Werk als Manuskriptwerk umzuregistrieren. Soweit inzwischen Verlagsanteile schon gutgeschrieben wurden, ist die GEMA zu deren Rückforderung durch Aufrechnung berechtigt. Diese Verfahrensweise entfällt, wenn der Urheber das Fristversäumnis selbst verschuldet hat.

Bei Manuskriptwerken erfolgt die Vorlage des Manuskripts oder einer Ablichtung erst auf Anforderung. Das gleiche gilt für Mietmaterial.

Für Werke, für die weder eine Druckausgabe noch ein Manuskript vorgelegt oder ein anderer Werknachweis geführt werden kann, besteht kein Anspruch auf Verrechnung.

(5b) Gehört der Verleger eines verlegten Werkes nicht der GEMA, sondern einer ausländischen Verwertungsgesellschaft an, so ist entweder der Komponist oder ein anderer der Bezugsberechtigten verpflichtet, das Belegexemplar einzusenden.

(6a) Die Anmeldenden sind verpflichtet, Werke, die unter Benutzung fremder Werke oder fremder Motive entstanden sind, entsprechend zu kennzeichnen und die Quellenstellen der benutzten Werke anzugeben.

(6b) Neben dem Belegexemplar der angemeldeten Komposition oder Bearbeitung ist auf Verlangen das benutzte Originalwerk, gleich ob urheberrechtlich geschützt oder frei, der Anmeldung beizufügen.

(7) Kompositionen und Texte, die unter Benutzung fremder geschützter Werke entstanden sind, werden nur dann bei der Verteilung berücksichtigt, wenn der Anmeldung die Zustimmung des Inhabers des Urheberrechts des verwendeten Originalwerkes beiliegt.

(8) Bei Anmeldung von Instrumental- oder Vokalwerken der E- und gehobenen U-Musik ab Bewertung 24, deren Aufführungsmaterial vom Verleger nur mietweise vertrieben wird, ist dem Anmeldebogen die Bestätigung des Urhebers über die Inverlagnahme beizufügen.

(9) *Entfällt*

(10) Sind gar nicht oder nicht vorschriftsmäßig angemeldete Original-Kompositionen mechanisch vervielfältigt worden, so ergeht eine einmalige Aufforderung an den oder die Bezugsberechtigten zur Anmeldung. Auf Anmahnung innerhalb einer Frist von drei Monaten gemeldete Werke gelangen in der nächstmöglichen Abrechnungsperiode zur Verrechnung.

(11) Ergeben sich nach der Anmeldung eines Werkes Veränderungen des Sachverhalts (z.B. Inverlagnahme, Vertragsauflösung, Einzelherausgabe, Titelveränderung, Verkürzungen, Erweiterungen usw.), so ist der Bezugsberechtigte verpflichtet, diese Änderungen mit den entsprechenden Unterlagen der GEMA zur Kenntnis zu bringen. Soweit Änderungen erfolgen, erhalten die Anteilberechtigten eines Werkes eine erneute Bestätigung über die geänderte Werkregistrierung. Differenzen, die sich aus Veränderungen unter den Beteiligten ergeben, müssen unter den Beteiligten selbst geklärt werden.

Veränderungen können in der laufenden Abrechnungsperiode nur bei rechtzeitiger Anmeldung für die Verrechnung berücksichtigt werden. Innerhalb eines Abrechnungszeitraumes können unterschiedliche Beteiligungen an einem Werk nicht berücksichtigt werden. Bei verspäteter Anmeldung erfolgt die Verrechnung erst mit Beginn der Abrechnungsperiode, die auf die Anmeldung folgt; eine Nachverrechnung ist ausgeschlossen.

Rechtzeitig ist eine Anmeldung dann, wenn sie bei Abrechnung für die Zeit vom 1. Januar bis 30. Juni bis zum 31. Juli des laufenden Jahres, für die Zeit vom 1. Juli bis 31. Dezember bis zum 31. Januar des darauf folgenden Jahres und bei Abrechnungen für die Zeit vom 1. Januar bis 31. Dezember bis zum 1. August des laufenden Jahres eingeht.

(12a) In Zweifelsfällen prüft der Werkausschuß der GEMA die Schutzfähigkeit der ihm vorgelegten Werke.

(12b) Betrachtet der Werkausschuß das Werk als urheberrechtlich ungeschützt, so hat die GEMA für das Werk weder Lizenzgebühren zu erheben noch solche zu verrechnen.

(12c) Entscheidet der Werkausschuß, daß das Werk urheberrechtlich schutzfähig ist, so werden hierfür seitens der GEMA Lizenzgebühren erhoben, die nach den Bestimmungen des Verteilungsplanes verrechnet werden.

(12d) Gegen die Entscheidung des Werkausschusses kann der Bezugsberechtigte innerhalb von 8 Wochen nach Zugang der Entscheidung Beschwerde beim Aufsichtsrat einlegen.

Es bleibt dem Bezugsberechtigten überlassen, falls er die Entscheidung des Aufsichtsrates über seine Beschwerde nicht billigt, den ordentlichen Rechtsweg zu beschreiten. Bis zur rechtskräftigen Entscheidung des ordentlichen Gerichts ist die Entscheidung des Werkausschusses bzw. des Aufsichtsrates für die GEMA wie für den Bezugsberechtigten bindend.

(13) Verleger können Werke und/oder Verlagskataloge an ausländische Verleger mit einer Beteiligung des ausländischen Verlegers oder ausländischer Mitautoren an den Lizenzerträgnissen nur nach Einwilligung der inländischen Bezugsberechtigten und der GEMA vergeben.

Ebenso bedürfen Abschlüsse ausländischer Verleger mit deutschen Verlegern über Werke, die mit einer Beteiligung des deutschen Verlegers oder deutscher Mitautoren an in Deutschland oder im Ausland anfallenden Lizenzerträgnissen in Verlag genommen werden, der Einwilligung der ausländischen Bezugsberechtigten und der GEMA.

(14) In Fällen von falschen Angaben, die einen rechtswidrigen Vermögensvorteil bezwecken, ist der Vorstand im Zusammenwirken mit dem Aufsichtsrat berechtigt, Konventionalstrafen zu fordern, die mit den dem Bezugsberechtigten zufallenden Lizenzerträgnissen kompensiert werden. Einzelheiten ergeben sich aus dem gemäß der Satzung mit jedem Bezugsberechtigten zu schließenden Berechtigungsvertrag.

---

1) Deutsches Musikarchiv, Gärtnerstr. 25–32, 12207 Berlin

Siehe dazu oben **Kap. 11.1 Rn. 95 ff.** **48**

Abschnitt II Erfassung

a) Industrie

Die Erfassung bei der Industrie regelt sich nach den Bestimmungen des Normalvertrages und nach den sonstigen getroffenen vertraglichen Vereinbarungen mit anderen Lizenznehmern.

b) Rundfunk

In den Sparten R und FS erfolgt die Erfassung nach den zwischen den Rundfunkanstalten und der GEMA abgeschlossenen Verträgen.
Im übrigen gelten die unter Abschn. V Ziff. 3–4 festgelegten Ausführungsbestimmungen zum Verteilungsplan der GEMA für das Aufführungs- und Senderecht.

c) Tonfilm

Die Erfassung regelt sich bei Wochenschaufilmen nach den mit den Filmproduzenten getroffenen vertraglichen Vereinbarungen. Für die übrigen Filmgattungen werden die Bedingungen für die Vergabe der Tonfilmherstellungsrechte jeweils im Einvernehmen mit den Bezugsberechtigten festgesetzt.

Übersicht Rn.

I. Die Erfassung bei Tonträgern

49 Die Erfassung bei der Aufnahme von Musikwerken auf Tonträgern, d.h. also die Regelung der Meldepflichten der Hersteller, richtet sich gemäß Abschnitt II lit. a nach dem so genannten **Normalvertrag** sowie den sonstigen mit Lizenznehmern getroffenen Vereinbarungen, z.B. den Verträgen mit Einzellizenznehmern. Bei dem Normalvertrag handelt es sich um einen zwischen der GEMA und der deutschen Landesgruppe der IFPI geschlossenen Gesamtvertrag gemäß § 12 UrhWG, dem als Muster der zwischen dem BIEM[1] und der IFPI[2] vereinbarte Standardvertrag zugrunde liegt.

II. Die Erfassung bei Bildtonträgern und Multimedia-Datenträgern

50 Für die Erfassung bei der Aufnahme von Musikwerken auf Bildtonträgern und Multimedia-Datenträgern enthält der Verteilungsplan keine ausdrückliche Regelung. Diese richtet sich nach den zwischen der GEMA und den verschiedenen Verbänden der Hersteller von Bildtonträgern geschlossenen Gesamtverträgen gemäß § 12 UrhWG bzw. den sonstigen mit Lizenznehmern getroffenen Vereinbarungen.

III. Die Erfassung im Rundfunk

1. Die Erfassung der Sendeminuten

51 Gemäß Abschnitt II lit. b Abs. 2 iVm Abschnitt V Ziffer 4 der Ausführungsbestimmungen zum Verteilungsplan A erfolgt die Verrechnung auch in den Sparten R-VR und FS-VR aufgrund der Spieldauerangaben der durch die Rundfunkanstalten gelieferten Programme (siehe **Kap. 11.1 Rn. 177 f.**).

---

1 Das BIEM (*Bureau international des sociétés gerant les droits d'enregistrement et de reproduction mécanique*) ist ein Verband der Verwertungsgesellschaften auf dem Gebiet des mechanischen Rechts. Die Satzung des BIEM ist abgedruckt im GEMA-Jahrbuch 2004/ 2005, S. 207, 208.

2 Die IFPI (*International Federation of the Phonographic Industry*) ist der internationale Verband der Tonträgerhersteller.

Die anhand der seitens der Rundfunkanstalten eingereichten Programme ermittelten Minutenzahlen sind damit Grundlage sowohl für die Abrechnung des zugunsten des Senderechts verrechneten Teils der Einnahmen (Sparten R, FS und T FS) als auch des zugunsten des Vervielfältigungsrechts und des Herstellungsrechts an Fernsehproduktionen verrechneten Teils der Einnahmen (Sparten R-VR und FS-VR). 52

2. Die Gewichtung der Sendeminuten nach Sendern

Gemäß Abschnitt II lit. b Abs. 2 iVm Abschnitt V Ziffer 3 der Ausführungsbestimmungen zum Verteilungsplan A sind die anhand der Programme ermittelten tatsächlichen Sendeminuten auch in den Sparten R-VR und FS-VR mit den **Multiplikatoren** zu vervielfachen, die nach Verteilungsplan A für die verschiedenen Sendeunternehmen bestehen (siehe **Kap. 11.1 Rn. 179 ff.**). 53

IV. Die Erfassung bei Tonfilmen

Abschnitt II lit. c regelt die Erfassung bei Tonfilmen. Bei Tonfilmen ist der GEMA das Herstellungsrecht nur unter einer auflösenden Bedingung übertragen.[3] Es wird in der Praxis regelmäßig von den Berechtigten selbst wahrgenommen. Die Regelung ist deshalb von geringer praktischer Bedeutung. 54

Abschnitt III Verteilung

(1) Die Verteilung erfolgt nach den Bestimmungen des Verteilungsplanes in Abschn. IV bis VI.

(2) Reklamationen können nur berücksichtigt werden, wenn sie innerhalb einer Frist von drei Monaten, gerechnet vom Tage der Postaufgabe der Abrechnungsunterlagen, bei der GEMA eingereicht werden.

Reklamationen können nur berücksichtigt werden, wenn sie konkrete Angaben enthalten, die eine Prüfung zulassen und wenn das Ergebnis der Reklamation einen Mindestbetrag von EUR 5,11 pro Werk erwarten läßt.

(3) Umsätze bis zu EUR 1,02 pro Werk werden mit den Lizenzeinnahmen in den Sparten PHO VR und BT-VR ausgeschüttet. Ausgenommen hiervon sind die Rundfunktonträger und die für gewerbliche Zwecke hergestellten Tonträger.

Ziffer 1 verweist für die Verteilung auf die Regelungen in den Abschnitten IV bis VI. 55

Ziffer 2 entspricht der Regelung in Verteilungsplan A, Abschnitt IX Ziffer 5, jedoch mit kürzerer Frist. 56

3 Siehe § 1i Abs. 1 Berechtigungsvertrag. Der bei Eintritt der auflösenden Bedingung erfolgende Rückfall des Herstellungsrechts an die Berechtigten schließt gemäß § 1i Abs. 2 S. 6 Berechtigungsvertrag bei zur Sendung und zur Vorführung bestimmten Werken auch das Vervielfältigungsrecht ein. Eine Vergabe des Herstellungsrechts durch die GEMA erfolgt in bestimmten Fällen bei sogenannten Wochenschauen; siehe § 1i Abs. 2 Berechtigungsvertrag.

57 Nach Ziffer 3 werden Umsätze bis zu € 1,02 pro Werk in den Sparten Phono-VR und BT-VR nicht werkbezogen abgerechnet. Vielmehr wird die Summe dieser Kleinumsätze anteilig auf die abgerechneten Werke verteilt. Jedes Werk erhält dabei einen Zuschlag aus Kleinumsätzen. Die Höhe des Zuschlags errechnet sich aus dem Verhältnis der in der Sparte Phono-VR bzw. BT-VR zu verteilenden Ausschüttung zur Summe der Kleinumsätze.

Abschnitt IV Industrie

(1a) Wenn in Ausnahmefällen für die ab 1.1.1979 eingehenden Werkanmeldungen abweichend von § 3 Ziff. 5 C bis F und M der Allgemeinen Grundsätze des Verteilungsplans für das mechanische Vervielfältigungsrecht eine Beteiligung von 50 % Urheber und 50 % Verleger vereinbart ist, so wird diese Beteiligung von der GEMA anerkannt.

Ein Ausnahmefall liegt für die ab dem 1.1.1986 eingehenden Werkanmeldungen nur vor, wenn der Verleger für das Werk eines Mitglieds Leistungen erbringt, die über das normale Maß der verlegerischen Verpflichtungen hinausgehen, und diese Leistungen in einem von allen Vertragsbeteiligten zu unterzeichnenden Revers anerkannt werden.

Die Ausnahmeregelung gilt bis 31.12.1989. Abschlüsse dieser Art sind für den Verleger auf bis zu 10 % seiner Werkanmeldungen im Jahr beschränkt. Ist ein Verleger, der eine Einzelfirma betreibt, außerdem geschäftsführender Gesellschafter einer Personengesellschaft oder Geschäftsführer bzw. Vorstandsmitglied eines in Form einer juristischen Person betriebenen Verlages und an dem Gesellschafts- bzw. Stammkapital mit mindestens 50 % beteiligt, so werden diese Verlage als Einheit behandelt. Dies gilt auch dann, wenn nach dem Tode des Verlegers, der die Einzelfirma betrieben hat, die Erbengemeinschaft den Verlag, in welcher Rechtsform auch immer, allein weiterführt. Als Einheit in diesem Sinne werden ferner solche Verlage angesehen, die in der Rechtsform einer juristischen Person betrieben werden und von demselben Unternehmen im Sinne von §§ 17 und 18 AktG abhängig sind. Diese Regelung gilt nicht für den Verlag von Werken der E und gehobenen U-Musik ab Bewertung 24.

Die Ausnahmeregelung beruht auf der Voraussetzung, daß vor dem 31.12.1989 eine befriedigende Regelung über die Zession von Mitgliedsforderungen gefunden wird (Werkzessionen[2]).

(1b) Für alle vor dem 1.1.1979 eingehenden Werkanmeldungen gilt der bisherige Verteilungsschlüssel weiter.

Für Erträgnisse aus subverlegten Werken aus dem fremdsprachigen Ausland, die nach dem 1.1. 1979 bei der GEMA registriert werden, bleibt es bei der Verteilung 50 % Urheber und 50 % Originalverleger, wenn die Bezugsberechtigten der GEMA angehören.

(1c) Für vor dem 1.1.1979 eingegangene Werkanmeldungen kann auf Antrag des Urhebers oder seines Rechtsnachfolgers der Anteil des Verlegers entsprechend § 3 Ziff. 5 C bis F und M der Allgemeinen Grundsätze des Verteilungsplans für das mechanische Vervielfältigungsrecht herabgesetzt werden.

Bei einem textierten urheberrechtlich geschützten Werk der Musik muß der Antrag von Komponist und Textdichter gemeinsam gestellt werden.

Voraussetzung für Anträge dieser Art ist entweder ein Schiedsspruch nach § 16 B Ziff. 1a) der GEMA-Satzung oder die rechtskräftige Entscheidung eines ordentlichen Gerichts.

Die Vorschriften in §§ 17, 30, 32 des Gesetzes über das Verlagsrecht und in §§ 36, 41 des Gesetzes über Urheberrecht und verwandte Schutzrechte sind anwendbar.

(1d) Ziff. 1c) ist auf den Antrag des Verlegers entsprechend anzuwenden, wenn die Voraussetzungen für die Herabsetzung des Anteils weggefallen sind.

(2) Gehört der ausländische Originalverleger einer von der GEMA vertretenen Verwertungsgesellschaft nicht an, so erhält der deutsche Subverlag auch den Anteil des Originalverlegers verrechnet mit der Maßgabe, die Weiterverrechnung an den Originalverleger nach den Bestimmungen seines Subverlagsvertrages vorzunehmen. Gehört auch der Urheber keiner von der GEMA vertretenen Verwertungsgesellschaft an, so erhält der deutsche Subverlag auch dessen Anteil. Im Falle der Weitergabe des Werkes an Subverlage in Österreich und der Schweiz erhält der österreichische bzw. schweizerische Subverlag an Stelle des deutschen Subverlages dessen Anteil.

Der Anteil des deutschen Subtexters nach § 3 Ziff. 4a) der Allgemeinen Grundsätze bleibt davon unberührt.

(3) Bei verlegten Potpourris, die aus Musikstücken verschiedener Komponisten, Textdichter bzw. Verleger zusammengesetzt sind, erhält der Bearbeiter, der gleichzeitig der Verfasser des Potpourris ist, 12,5 % und der Potpourri-Verleger 12,5 %; 75 % sind zu gleichen Teilen auf die im Potpourri enthaltenen original-geschützten Werke aufzuteilen.

(4) Soweit es sich um die Vervielfältigung von dramatisch-musikalischen Werken, sei es vollständig, als Querschnitt oder in größeren Teilen, handelt, erfolgt die Verrechnung an den Bühnenverleger, der verpflichtet ist, die Verteilung nach Maßgabe des Bühnenverlagsvertrages vorzunehmen.

(5) Die Lizenzgebühr für ein nicht verlegtes Potpourri wird zu gleichen Teilen auf alle in diesem Potpourri enthaltenen geschützten Werke aufgeteilt und nach dem jeweiligen Verteilungsschlüssel verrechnet. Der Bearbeiter, der gleichzeitig der Verfasser des Potpourris ist, erhält keine Beteiligung, vielmehr ist der Anspruch des Zusammenstellers und Bearbeiters durch den Auftraggeber des Potpourris abzugelten.

(6) Bei autorisierten fremdsprachigen Textierungen deutschsprachiger Werke, die nicht im Ausland subverlegt sind, erhält der ausländische Textdichter bei Verkäufen in dem autorisierten Gebiet von Aufnahmen mit seinem Text die Hälfte des in seinem Lande geltenden Textdichteranteils, jedoch nicht mehr als 12,5 % der Gesamtlizenzgebühr. Der Restbetrag wird nach dem jeweiligen Originalverteilungsschlüssel verrechnet.

(7) Bei in Deutschland verlegten Werken ausländischer Urheber, deren mechanische Rechte der Verleger zu 100 % erworben hat, erhält der Verleger auch die Anteile der Urheber ausgezahlt.

(8) Soweit von der GEMA Lizenzeinnahmen aus privater und gewerblicher Vervielfältigung von Tonträgeraufnahmen erzielt werden, für die keine Programme erhältlich sind, wird die Verteilung der Lizenzeinnahmen in der Weise vorgenommen, daß 75 % mit den Lizenzeinnahmen aus dem Rundfunk und 25 % mit den Lizenzeinnahmen aus der Schallplattenindustrie an die Bezugsberechtigten des Geschäftsjahres ausgeschüttet werden, in dem die Lizenzeinnahmen aus Selbstaufnahmen erzielt worden sind.

(9) Einnahmen aus der Vermietung und dem Verleih von Tonträgern werden in der Weise verteilt, daß 75 % mit den Lizenzeinnahmen in der Sparte VR und 25 % mit den Lizenzeinnahmen in der Sparte R/VR durch prozentuale Zuschläge ausgeschüttet werden.

10. Die auf das mechanische Vervielfältigungsrecht entfallenden Anteile der Verteilungssparten des Verteilungsplans C für den Nutzungsbereich Online werden werkbezogen netto verrechnet.[3)]

---

2) Vorstand und Aufsichtsrat haben auf Empfehlung der Verteilungsplankommission in der Sitzung am 4./5. Oktober 1989 zu Abschnitt IV Ziffer 1.a) letzter Absatz der Ausführungsbestimmungen des Verteilungsplans für das mechanische Vervielfältigungsrecht ab 1. Januar 1990 folgende Einzelheiten über die Zulässigkeit von Werkzessionen beschlossen:

a) Der Urheber kann seinen sich aus dem Verteilungsplan ergebenden Anteil an einem einzelnen Werk in der Sparte PHO-VR an den Originalverlag abtreten, wenn dieser für das Werk eine Leistung erbringt, die über das normale Ausmaß der verlegerischen Verpflichtungen hinausgeht.
Die Beteiligten erhalten von der GEMA eine entsprechende Mitteilung über die Anmeldung und Registrierung der Werkzession.
b) Die Abtretung erlischt nach übereinstimmender Erklärung von Urheber und Verlag unter Beachtung der Regeln in Abschnitt I Ziffer 11. o.a. Ausführungsbestimmungen.
c) Auf Anfrage wird von der GEMA Auskunft über bestehende Pfändungen und Abtretungen erteilt.

[3] Gilt für die Geschäftsjahre 2001 bis einschließlich 2006.

Übersicht Rn.

I. Übersicht

58 Abschnitt IV regelt in den Ziffern 1–3 die Verteilung der Einnahmen in der Sparte Phono-VR (II.). Die Ziffern 8–9 regeln die Zuordnung programmloser Einnahmen zu anderen Sparten (III.) und die Ziffern 4 und 7 die Auszahlung der Ausschüttung in Sonderfällen (V.).

II. Die Verteilung der Einnahmen in der Sparte Phono-VR

1. Der Gegenstand der Sparte Phono-VR

59 In der Sparte Phono-VR erhalten Werke eine Abrechnung, die auf Tonträger aufgenommen wurden. Siehe zum Begriff des Tonträgers § 16 Abs. 2 UrhG.

60 Abgerechnet werden die Einnahmen, die die GEMA aus der Vergabe des Vervielfältigungsrechts nach § 16 Abs. 1 UrhG erzielt. Ferner erhalten die in der Sparte Phono-VR verrechneten Werke einen Zuschlag aus den Einnahmen für private Vervielfälti-

gung, die die GEMA von der ZPÜ[1] im Verwertungsgebiet AUDIO erhält,[2] einen Zuschlag aus den Einnahmen für sonstige programmlose gewerbliche Vervielfältigung[3] und einen Zuschlag aus den Einnahmen für die Vermietung und den Verleih von Tonträgern.[4]

2. Die Ermittlung der Ausschüttung pro Werk

In der Sparte Phono-VR erfolgt Nettoeinzelverrechnung. Dabei erfolgt die Ermittlung der zu verteilenden Summe zunächst pro Tonträger. Die Aufteilung dieser Summe auf die einzelnen Werke erfolgt grundsätzlich im Verhältnis zur jeweiligen Spieldauer, d.h. also nach dem Prinzip *pro-rata-temporis*. **61**

Siehe zur Verteilung bei Umsätzen bis zu € 1,02 pro Werk Abschnitt III Ziffer 3. **62**

3. Die Aufteilung der pro Werk ermittelten Ausschüttung

a) Der Verteilungsschlüssel bei GEMA-Originalwerken

Für die Aufteilung der Ausschüttung bestehen in der Sparte Phono-VR bei GEMA-Originalwerken zwei Verteilungsschlüssel, die sich hinsichtlich des Aufteilungsverhältnisses zwischen Urhebern und Verlag unterscheiden. Abschnitt IV Ziffer 1 regelt, in welchen Fällen die beiden Schlüssel jeweils zur Anwendung kommen. **63**

aa) Beteiligung des Originalverlags in Höhe von 50 %

Gemäß Abschnitt IV Ziffer 1b gilt für die vor dem 01.01.1979 eingegangenen Werkanmeldungen der Verteilungsschlüssel nach § 3 Ziffer 5 der Allgemeinen Grundsätze (Industrietonträger Spalte 2), der einen Verlagsanteil von 50 % vorsieht. **64**

Der Verteilungsschlüssel für Werkanmeldungen vor dem 01.01.1979 gilt in Ausnahmefällen auch für ab dem 01.01.1979 eingehende Werkanmeldungen. Die Voraussetzungen für das Vorliegen eines Ausnahmefalls sind in Abschnitt IV Ziffer 1a definiert. **65**

Gemäß Abschnitt IV Ziffer 1a Abs. 3 letzter Satz gilt der Verteilungsschlüssel für Werkanmeldungen vor dem 01.01.1979 weiterhin für den Verlag von Werken der E-Musik und der gehobenen U-Musik ab Bewertung 24, da der Verleger für derartige Werke in der Regel Leistungen erbringen muß, die über das normale Maß der verlegerischen Verpflichtungen hinausgehen. **66**

bb) Beteiligung des Originalverlags in Höhe von 40 %

Für die nach dem 01.01.1979 eingegangenen Werkanmeldungen gilt der Verteilungsschlüssel nach § 3 Ziffer 5 der Allgemeinen Grundsätze (Industrietonträger Spalte 1), **67**

---

1 Zu den Aufgaben der ZPÜ s.u. Rn. 71 sowie vertiefend *Kreile*, **Kap. 16 Rn. 5–11**.
2 Ausführungsbestimmungen zum VP B, Abschnitt IV Ziffer 8.
3 Ausführungsbestimmungen zum VP B, Abschnitt IV Ziffer 8.
4 Ausführungsbestimmungen zum VP B, Abschnitt IV Ziffer 9.

der einen Verlagsanteil von 40% vorsieht, soweit nicht eine der Ausnahmen vorliegt, nach denen der für Anmeldungen vor dem 01.01.1979 geltende Schlüssel weiterhin Anwendung findet (dazu oben Rn. 65 f.).

b) Die Aufteilung bei Potpourris

68 Abschnitt IV Ziffern 3 und 5 regeln die Aufteilung bei so genannten Potpourris gemischten Inhalts (siehe **Kap. 11.1 Rn. 198**).

c) Die Beteiligung des Textbearbeiters

69 Abschnitt IV Ziffer 6 regelt die Beteiligung des Textbearbeiters in einem Sonderfall (siehe dazu oben Rn. 16).

III. Die Zuordnung programmloser Einnahmen

70 Abschnitt IV enthält Regelungen zur Zuordnung von Einnahmen aus privater Vervielfältigung von Tonträgern (1.), aus sonstiger gewerblicher Vervielfältigung von Tonträgern (2.) und aus Vermietung und Verleih von Tonträgern (3.). Kennzeichnend für diese Einnahmen ist, daß für die zugrunde liegenden Werknutzungen keine Programme vorliegen, so daß eine analoge Abrechnung nach den Regeln der für andere Musikverwertungsgebiete gebildeten Sparten erfolgen muß. Siehe zu den entsprechenden Regelungen für Bildtonträger unten Rn. 110 ff.

1. Einnahmen aus privater Vervielfältigung von Tonträgern

71 Der gesetzliche Vergütungsanspruch nach § 54 Abs. 1 UrhG kann gemäß § 54h Abs. 1 UrhG nur von einer Verwertungsgesellschaft geltend gemacht werden. Die GEMA hat diesen Anspruch der *Zentralstelle für private Überspielungsrechte* (ZPÜ) zur Wahrnehmung übertragen. Die ZPÜ ist eine von mehreren Verwertungsgesellschaften gebildete Gesellschaft bürgerlichen Rechts. Sie macht die ihr übertragenen Vergütungsansprüche gegenüber den Vergütungspflichtigen im eigenen Namen geltend.[5] Die ZPÜ trennt ihre Auszahlungen an ihre Gesellschafter nach den Verwertungsgebieten AUDIO und VIDEO.

72 Der auf das Verwertungsgebiet AUDIO entfallende Anteil der Einnahmen aus § 54 Abs. 1 UrhG, den die GEMA von der ZPÜ erhält, wird gemäß Abschnitt IV Ziffer 8 in der Weise verteilt, daß 75% mit den Lizenzeinnahmen aus dem Rundfunk und 25% mit den Lizenzeinnahmen aus der Schallplattenindustrie ausgeschüttet werden. Siehe zur Verteilung des auf das Verwertungsgebiet VIDEO entfallenden Anteils unten Rn. 112.

---

5 Siehe Gesellschaftsvertrag der ZPÜ, abgedr. im GEMA-Jahrbuch 2004/2005, S. 501. Die in der ZPÜ zusammengeschlossenen Verwertungsgesellschaften sind im Gesellschaftsvertrag aufgezählt. Vertiefend *Kreile*, **Kap. 16 Rn. 5–11**.

Soweit eine Ausschüttung mit den Lizenzeinnahmen „aus dem Rundfunk" vorgesehen ist, wird der sich nach Abschnitt IV Ziffer 8 ergebende Betrag zu 2/3 der in den Sparten R, FS und T FS gebildeten Verteilungssumme zugewiesen (siehe dazu **Kap. 11.1 Rn. 290**), zu 1/3 der in den Sparten R-VR und FS-VR gebildeten Verteilungssumme (siehe dazu unten Rn. 89). Diese Aufteilung entspricht der in § 1 Ziffer 1 S. 2 der Allgemeinen Grundsätze zu Verteilungsplan A vorgesehenen Aufteilung der Rundfunkeinnahmen.[6] Auf diese Weise erhalten die Werke in sämtlichen Rundfunksparten, d.h. also in den Sparten R, FS, T FS, R-VR, FS-VR, R GR, FS GR und R GR-VR, einen Zuschlag aus privater Vervielfältigung. **73**

Soweit eine Ausschüttung mit den Lizenzeinnahmen „aus der Schallplattenindustrie" vorgesehen ist, erfolgt eine Ausschüttung in der Sparte Phono-VR als Zuschlag zu der dort pro Werk ermittelten Ausschüttung (siehe oben Rn. 61). **74**

2. Einnahmen aus sonstiger gewerblicher Vervielfältigung von Tonträgern

Abschnitt IV Ziffer 8 regelt ferner die Verteilung der Einnahmen für die gewerbliche Vervielfältigung von Musikwerken auf Tonträgern in solchen Fällen, in denen keine Programme vorhanden sind. Hierbei handelt es sich im wesentlichen um Einnahmen, die die GEMA für die Vervielfältigung von Musikwerken auf Tonträgern, die zur Verwendung bei öffentlichen Wiedergaben bestimmt sind, erzielt.[7] Ein Beispiel hierfür sind Tonträger, die von einem Gastwirt oder einem sonstigen Veranstalter zum Zwecke der Wiedergabe selbst aufgenommen werden. In den zugrunde liegenden Fällen, in denen entweder nur einzelne oder zumindest nur eine sehr geringe Anzahl von Tonträgern hergestellt wird, wird aus Gründen der wirtschaftlichen Verhältnismäßigkeit von der Einholung von Programmen bzw. von einer werkbezogenen Abrechnung abgesehen. **75**

Die Verteilung dieser Einnahmen erfolgt nach dem Wortlaut der Ziffer 8 in gleicher Weise wie bei den Einnahmen aus privater Vervielfältigung (siehe oben Rn. 72). Dies gilt jedoch nur hinsichtlich des zugunsten der Sparte Phono-VR verteilten Anteils von 25%, nicht hinsichtlich der mit den Einnahmen aus dem Rundfunk verteilten 75%. Dieser Anteil von 75% wird nicht zu 2/3 der Verteilungssumme der Sparten R, FS und T FS sowie zu 1/3 der Verteilungssumme der Sparten R-VR und FS-VR zugewiesen, sondern fließt in voller Höhe der in den Sparten R-VR und FS-VR gebildeten gemeinsamen Nettoverteilungssumme zu. Folge ist, daß die in der Sparte T FS abgerechneten Fremdproduktionen den Zuschlag nicht erhalten. Diese Vorgehensweise ist jedoch durch den Umstand begründet, daß Werke aus diesen Produktionen bei sonstiger gewerblicher Vervielfältigung typischerweise keine Verwendung finden. **76**

---

6 Lediglich eine andere Art der Darstellung wäre es, wenn man die im Rundfunk verteilten Einnahmen aus privater Vervielfältigung der Rundfunkverteilungssumme zuweisen würde, bevor diese gemäß § 1 Ziffer 1 S. 2 der Allgemeinen Grundsätze zugunsten des Senderechts und des Vervielfältigungsrechts und des Herstellungsrechts für Fernsehproduktionen aufgeteilt wird.

7 Die Einnahmen werden überwiegend als Zuschläge zu den Tarifen für Wiedergaben nach § 21 UrhG berechnet; siehe z.B. den Anwendungsbereich der GEMA-Tarife VR-T-G oder VR-BT-G.

3. Einnahmen aus Vermietung und Verleih von Tonträgern

77 Abschnitt IV Ziffer 9 regelt die Verteilung der Einnahmen aus der Vermietung und dem Verleih von Tonträgern. Dabei handelt es sich um Einnahmen aus der Verwertung des Vermietrechts nach § 17 Abs. 1 UrhG sowie aus der Geltendmachung der gesetzlichen Vergütungsansprüche nach § 27 Abs. 1 UrhG für das Vermieten und nach § 27 Abs. 2 UrhG für den Verleih von Tonträgern. Als Einnahme für den Verleih von Tonträgern wird ein Anteil von 20 % der Einnahmen aus der Bibliothekstantieme verteilt (siehe Verteilungsplan A, Allgemeine Grundsätze, § 1 Ziffer 6 und dazu **Kap. 11.1 Rn. 28 ff.**).

78 Die Einnahmen werden zu 75% in der Sparte Phono-VR und zu 25% in der Sparte R-VR ausgeschüttet. Dabei erfolgt die Ausschüttung in der Sparte Phono-VR als Zuschlag und – entgegen des Wortlauts der Regelung – in der Sparte R-VR durch Erhöhung des einheitlichen Minutenwerts (siehe dazu unten Rn. 88 ff.).

IV. Die Auszahlung der Ausschüttung in Sonderfällen

1. Die Auszahlung bei Werken mit nicht vertretenen Anteilen

79 Abschnitt IV Ziffer 2 regelt die Auszahlung der Ausschüttung, die auf Anteile von solchen Berechtigten entfällt, die keiner Verwertungsgesellschaft angehören. Die Regelung wird im Zusammenhang mit der Behandlung des „Ausfalls" erörtert (siehe dazu oben Rn. 38).

2. Die Auszahlung bei dramatisch-musikalischen Werken

80 Abschnitt IV Ziffer 4 regelt die Auszahlung der Ausschüttung, die auf dramatisch-musikalische Werke entfällt, die auf Tonträger vervielfältigt wurden. Die Auszahlung erfolgt an den Bühnenverleger, nicht an die Urheber.

3. Die Auszahlung bei in Deutschland originalverlegten Auslandswerken

81 Gemäß Abschnitt IV Ziffer 7 erhält der Verleger, der die mechanischen Rechte zu 100% erworben hat, bei in Deutschland verlegten Werken ausländischer Urheber auch die Anteile der Urheber ausgezahlt. Eine Auszahlung zu 100% an den Verleger ist jedoch nur insoweit möglich, als dem nicht Regelungen in einem mit einer anderen Verwertungsgesellschaft geschlossenen Gegenseitigkeitsvertrag entgegenstehen. Es gilt insoweit der **Vorrang der Gegenseitigkeitsverträge**. Hauptanwendungsfall der Regelung sind Werke von anglo-amerikanischen Urhebern, d.h. also Werke mit Urhebern aus Großbritannien, Irland, USA, Australien und einigen weiteren Ländern, die bei GEMA-Verlagen originalverlegt sind. Der GEMA-Originalverlag erhält in diesen Fällen die gesamte in der Sparte Phono-VR anfallende Ausschüttung ausbezahlt und verrechnet diese nach den mit den Urhebern im Originalverlagsvertrag getroffenen Vereinbarungen weiter.

82 Abschnitt IV Ziffer 7 erfaßt dagegen nicht den – häufigeren – Fall der in Deutschland subverlegten Werke ausländischer Urheber. Dies erklärt sich durch den Umstand,

daß in diesen Fallkonstellationen die Verteilungsschlüssel der GEMA keine Anwendung finden (siehe dazu oben Rn. 18 ff.), sondern die Aufteilungsregelungen anderer Verwertungsgesellschaften. Im Falle des vorstehend angesprochenen anglo-amerikanischen Repertoires führt dies jedoch auch bei in Deutschland subverlegten Werken regelmäßig zu einer Auszahlung zu 100% an den Subverleger im mechanischen Recht.

Für die Sparten R-VR und FS-VR sowie BT-VR bestehen mit Abschnitt IV Ziffer 7 gleichlautende Vorschriften.[8] **83**

Abschnitt V Rundfunk

(1) In Anwendung des § 1 Ziff. 1 Satz 2 der Allgemeinen Grundsätze zum Verteilungsplan für das Aufführungs- und Senderecht wird der Anteil von 33 1/3% für das mechanische Vervielfältigungsrecht und das Herstellungsrecht an Fernsehproduktionen zu einem einheitlichen Minutenwert unter Anwendung der in Ziff. 6 genannten Koeffizienten verrechnet.

(2a) Für bis 31.12.1994 angemeldete deutsche Fassungen ausländischer Texte erhält der Verfasser des deutschen Textes 30%, der Subverleger 70% des in Deutschland verbleibenden Betrages; der deutsche Textverfasser wird auch an ausländischen oder fremdsprachigen sowie an Instrumentalaufnahmen beteiligt.

(2b) Für ab 1.1.1995 angemeldete Subtextierungen ausländischer Originalwerke erhält der Subtextdichter 30%, der Subverleger 70% des in Deutschland verbleibenden Anteils. Der Subtextdichter wird nur an der von ihm geschaffenen Version bzw. an Instrumentalversionen, bei denen die von ihm geschaffene Titelzeile verwendet wird, beteiligt.

(3) Potpourris mit Werken verschiedener Komponisten:

(3a) Bei verlegten Potpourris erhält der Bearbeiter, der gleichzeitig der Verfasser des Potpourris ist, 20%, der Potpourri-Verleger 20%.

(3b) Bei nicht verlegten Potpourris erhält der Bearbeiter, der gleichzeitig der Verfasser des Potpourris ist, 20%, sofern die Benutzungsgenehmigung für jedes verwendete originalgeschützte Werk von ihm nachgewiesen wird.

Die Verrechnung der in einem verlegten oder nicht verlegten Potpourri verwendeten Werke erfolgt in der Weise, daß 1/12 der Gesamtminuten des Potpourris der Minutenzahl eines jeden darin enthaltenen originalgeschützten Einzelwerkes hinzugeschlagen wird.

(4) Soweit es sich um die Vervielfältigung von dramatisch-musikalischen Werken, sei es vollständig, als Querschnitt oder in größeren Teilen, handelt, erfolgt die Verrechnung an den Bühnenverleger, der verpflichtet ist, die Verteilung nach Maßgabe des Bühnenverlagsvertrages vorzunehmen.

(5) Bei in Deutschland verlegten Werken ausländischer Urheber, deren mechanische Rechte der Verleger zu 100 % erworben hat, erhält der Verleger auch die Anteile der Urheber ausgezahlt.

(6) Für die Sparte R gilt der Koeffizient 1, und für die Sparte FS finden die sich aus Abschn. XIV Ziff. 3 der Ausführungsbestimmungen zum Verteilungsplan für das Aufführungs- und Senderecht ergebenden Koeffizienten Anwendung, bis auf die Filme gemäß Abschn. VI der Ausführungsbestimmungen zum Verteilungsplan B.

---

8 Siehe für die Sparten R-VR und FS-VR Ausführungsbestimmungen zum VP B, Abschnitt V Ziffer 5 und für die Sparte BT-VR Ausführungsbestimmungen zum VP B, Abschnitt VI Ziffer 7.

Übersicht Rn.

I. Übersicht

84 Abschnitt V regelt zum einen die Verteilung der Einnahmen in den Sparten R-VR und FS-VR (II.). Dabei betreffen Abschnitt V Ziffer 1–3 und Ziffer 6 die Ermittlung der Ausschüttung auf die in diesen Sparten abzurechnenden Werke und Ziffer 5 die Auszahlung der Ausschüttung in einem Sonderfall. Abschnitt V Ziffer 4 enthält ferner eine Regelung im Zusammenhang mit der Vervielfältigung dramatisch-musikalischer Werke im Rahmen von Hörfunksendungen. Die Abrechnung dieser Werke erfolgt in der Sparte R GR-VR (III.).

II. Die Verteilung der Einnahmen in den Sparten R-VR und FS-VR

1. Der Gegenstand der Sparten R-VR und FS VR

85 In der Sparte R-VR (Tonrundfunk-Vervielfältigungsrecht) erhalten die im Hörfunk genutzten Werke eine Abrechnung für die Nutzung des Vervielfältigungsrechts nach § 16 Abs. 1 UrhG. Bei den hier abgerechneten Nutzungen handelt es sich um solche im Zusammenhang mit der Sendung stehenden Vervielfältigungsvorgänge, die über das nach § 55 Abs. 1 UrhG erlaubnisfrei zulässige Maß hinausgehen, wie beispielsweise die Aufzeichnung von Live-Sendungen oder die Erstellung von Archivaufnahmen. Dabei geht der Verteilungsplan davon aus, daß sämtliche gesendeten Werke auch vervielfältigt worden sind, so daß in der Sparte R-VR dieselben Werke verrechnet werden wie in der Sparte R. Siehe zur Verrechnung dramatisch-musikalischer Werke ab einer Sendedauer von mehr als 25 Minuten in der Sparte R GR-VR unten Rn. 98 ff.

86 In der Sparte FS-VR (Fernsehrundfunk-Vervielfältigungsrecht) erhalten die in **Eigen- und Auftragsproduktionen des Fernsehens** (siehe **Kap. 11.1 Rn. 237**) genutzten Werke eine Abrechnung für die Nutzung des Vervielfältigungsrechts nach § 16 Abs. 1 UrhG und des Herstellungsrechts (siehe zum Herstellungsrecht **Kap. 11.1 Rn. 18**).

87 Dagegen ist der GEMA bei **Fremdproduktionen** (siehe **Kap. 11.1 Rn. 237**) das Herstellungsrecht gemäß § 1i Ziffer 1 Berechtigungsvertrag nur unter einer auflösenden

Bedingung übertragen. In der Praxis machen die Berechtigten von der Möglichkeit zur Wahrnehmung der Rechte in eigenem Namen nahezu in allen wirtschaftlich bedeutenden Fällen Gebrauch. Da der GEMA bei Fremdproduktionen das Herstellungsrecht somit grundsätzlich nicht übertragen ist, im übrigen aber im Rahmen der Sendung von Fremdproduktionen auch grundsätzlich keine über § 55 Abs. 1 UrhG hinausgehende Vervielfältigungshandlungen erfolgen, entfällt auf Fremdproduktionen im Fernsehrundfunk-Vervielfältigungsrecht keine Ausschüttung. Eine Sparte T FS-VR ist deshalb nicht gebildet.[1]

2. Die Ermittlung der Ausschüttung pro Werk

a) Die Verteilungssumme

Gemäß Abschnitt V Ziffer 1 erfolgt die Verrechnung in den Sparten R-VR und FS- **88**
VR zu einem **einheitlichen Minutenwert**. Hieraus folgt, daß aus den Einnahmen für die Nutzung des mechanischen Rechts in Hörfunk und Fernsehen eine **gemeinsame Verteilungssumme** zu bilden ist.

In der gemeinsamen Verteilungssumme für die Sparten R-VR und FS-VR wird **89**
gemäß Abschnitt V Ziffer 1 der Anteil von 33 1/3 % verrechnet, der nach § 1 Ziffer 1 S. 2 der Allgemeinen Grundsätze zu Verteilungsplan A auf das Vervielfältigungsrecht und das Herstellungsrecht an Fernsehproduktionen entfällt (siehe dazu **Kap. 11.1 Rn. 19**). Zu diesem Betrag werden weitere Einnahmen addiert. Dabei handelt es sich

a. um 1/3 der Einnahmen, die die GEMA von der ZPÜ für die private Vervielfältigung erhält, soweit diese im Rundfunk verteilt werden (siehe Ausführungsbestimmungen zum Verteilungsplan B, Abschnitt IV Ziffer 8 und dazu oben Rn. 72 ff. sowie Abschnitt VI Ziffer 8 und dazu unten Rn. 112 ff.),
b. um 5% der Einnahmen aus der Bibliothekstantieme (siehe dazu **Kap. 11.1 Rn. 28 ff.**),[2]
c. um 75% der Einnahmen aus sonstiger gewerblicher Vervielfältigung von Tonträgern (siehe dazu oben Rn. 75),[3]
d. um 95 % der Einnahmen aus sonstiger gewerblicher Vervielfältigung von Bildtonträgern (siehe dazu unten Rn. 115)[4] und
e. um 25 % der Einnahmen aus der Vermietung und dem Verleih von Tonträgern (siehe oben Rn. 77).[5]

---

1 Für den Fall, daß das Herstellungsrecht bei einer Fremdproduktion ausnahmsweise von der GEMA wahrgenommen wird, erfolgt die Verrechnung der Einnahmen in der Sparte BT-VR. Siehe dazu Ausführungsbestimmungen zum VP B, Abschnitt VI Ziffer 1.

2 Allgemeine Grundsätze zum VP A, § 1 Ziffer 6 iVm Ausführungsbestimmungen zum VP B, Abschnitt IV Ziffer 9. Nach § 1 Ziffer 6 der Allgemeinen Grundsätze zum VP A werden 20% der Einnahmen aus der Bibliothekstantieme nach Abschnitt IV Ziffer 9 der Ausführungsbestimmungen zum VP B verteilt. Aufgrund der dort vorgesehenen Aufteilung fließt $^1/_4$ hiervon, somit 5 % der Gesamteinnahme, in die Sparte R-VR.

3 Ausführungsbestimmungen zum VP B, Abschnitt IV Ziffer 8.

4 Ausführungsbestimmungen zum VP B, Abschnitt VI Ziffer 8.

5 Ausführungsbestimmungen zum VP B, Abschnitt IV Ziffer 9.

Die Summe dieser Beträge ergibt nach Abzug der Kommission die Nettoverteilungssumme der Rundfunkeinnahmen im Vervielfältigungsrecht.

b) Die abzurechnenden Minuten

90 Siehe zur Ermittlung der Sendeminuten anhand der Programme und zur Gewichtung dieser Minuten nach Sendeunternehmen oben Rn. 51 ff.

91 Gemäß Abschnitt V Ziffer 1 iVm Ziffer 6 werden die so ermittelten Sendeminuten bei Sendung im Hörfunk mit dem Koeffizienten 1, bei Sendung im Fernsehen mit den sich aus Abschnitt XIV Ziffer 3 der Ausführungsbestimmungen zum Verteilungsplan A ergebenden Koeffizienten multipliziert (siehe dazu **Kap. 11.1 Rn. 361 ff.**).

92 Anders als bei der Verrechnung der Einnahmen aus der Verwertung des Senderechts in den Sparten R und FS erfolgt in den Sparten R-VR und FS-VR keine Bewertung der Werke mit den in den Abschnitten X–XIII des Verteilungsplans A vorgesehenen Punktbewertungen, da die Abschnitte X–XIII im Verteilungsplan B nicht in Bezug genommen werden. Soweit in den Fußnoten zu den Abschnitten X–XIII jedoch Kappungsgrenzen für im Hörfunk gesendete Werke (Sparte R) enthalten sind (siehe dazu **Kap. 11.1 Rn. 304, 312 und 317**), werden diese auch auf die in der Sparte R-VR abzurechnenden Minuten angewandt.

c) Die Errechnung der Ausschüttung

93 Durch Division der Verteilungssumme durch die Gesamtzahl der abzurechnenden Minuten ergibt sich der einheitliche Minutenwert für die Sparten R-VR und FS-VR. Dieser ist mit dem einheitlichen Minutenwert im Senderecht (siehe Verteilungsplan A, Abschnitt IX Ziffer 1 und dazu **Kap. 11.1 Rn. 289**) nicht identisch, da sowohl die verrechneten Einnahmen als auch das Verfahren zur Gewichtung der abzurechnenden Minuten nicht vollständig übereinstimmen.

3. Die Aufteilung der pro Werk ermittelten Ausschüttung

94 Die Aufteilung der pro Werk ermittelten Ausschüttung erfolgt grundsätzlich nach § 3 Ziffer 5 der Allgemeinen Grundsätze zum Verteilungsplan B (siehe dazu oben Rn. 17 ff.). Abschnitt V enthält hierzu Sonderregelungen für in Deutschland subverlegte Werke mit deutschem Subtext (a) und für Potpourris (b).

a) Die Beteiligung des Subtextdichters

95 Abschnitt V Ziffer 2a und b regeln die Beteiligung des Subtextdichters bei subverlegten Werken (siehe dazu unten Rn. 138).

b) Die Aufteilung bei Potpourris

96 Abschnitt V Ziffer 3 regelt die Aufteilung bei Potpourris mit Werken verschiedener Komponisten, so genannter Potpourris gemischten Inhalts (siehe **Kap. 11.1 Rn. 198**). Diese werden sowohl an die an den Einzelwerken beteiligten Berechtigten verrechnet, indem die Zahl der Sendeminuten der Einzelwerke gemäß Abschnitt V Ziffer 3b

Abs. 2 erhöht wird, als auch an den Zusammensteller und den Verleger des Potpourris als Gesamtwerk, indem diese gemäß Abschnitt V Ziffer 3a und 3b Abs. 1 jeweils 20 % der auf das Potpourri insgesamt entfallenden Sendeminuten verrechnet erhalten.

4. Die Ausschüttung bei in Deutschland originalverlegten Auslandswerken

Abschnitt V Ziffer 5 enthält eine Regelung zur Auszahlung bei in Deutschland originalverlegten Auslandswerken. Die Regelung ist gleichlautend mit Abschnitt IV Ziffer 7 (siehe dazu oben Rn. 81). **97**

III. Die Sparte R GR-VR

In der Sparte R GR-VR (Rundfunk Großes Recht-Vervielfältigungsrecht) erhalten die in Hörfunksendungen enthaltenen dramatisch-musikalischen Werke mit einer Sendedauer von mehr als 25 Minuten eine Abrechnung für die Nutzung des Vervielfältigungsrechts im Rahmen der Sendung (siehe dazu **Kap. 11.1 Rn. 233**).[6] Es handelt sich insoweit um dieselben Werke, die auch in der Sparte R-GR eine Abrechnung erhalten (siehe dazu **Kap. 11.1 Rn. 241**). Die Sparte R GR-VR ist im Verteilungsplan nicht erwähnt. Die Bildung dieser Sparte erfolgt aus abrechnungstechnischen Gründen, da die dramatisch-musikalischen Werke mit einer Sendedauer von mehr als 25 Minuten aus der Sparten R – und damit auch der Sparte R-VR – herausgenommen sind, da sie im Senderecht in der Sparte R keine Abrechnung erhalten (siehe dazu **Kap. 11.1 Rn. 233**). **98**

Die auf diese Werke entfallenden Sendeminuten erhalten denselben Minutenwert verrechnet, der auch für die Sparten R-VR und FS-VR gilt (siehe oben Rn. 88 ff.). **99**

Die Auszahlung der auf diese Werke entfallenden Ausschüttung erfolgt gemäß Abschnitt V Ziffer 4 an den Bühnenverleger, nicht an die Urheber. **100**

Abschnitt VI Bildtonträger

(1) Die Erträgnisse aus der Wahrnehmung der Rechte zur Benutzung eines Werkes (mit oder ohne Text) zur Herstellung von Filmwerken oder jeder anderen Art von Aufnahmen auf Bildtonträger zum Zwecke der Vervielfältigung und Verbreitung einschließlich der Einnahmen aus der Vermietung und dem Verleih von Bildtonträgern werden gemäß § 3 Ziff. 5 der Allgemeinen Grundsätze zum Verteilungsplan für das mechanische Vervielfältigungsrecht verteilt.

(2a) Für bis 31.12.1994 angemeldete deutsche Fassungen ausländischer Texte erhält der Verfasser des deutschen Textes 30 %, der Subverleger 70 % des in Deutschland verbleibenden Betrages; der deutsche Textverfasser wird auch an ausländischen oder fremdsprachigen sowie an Instrumentalaufnahmen beteiligt.

6 Gemäß § 1 h Abs. 8 Berechtigungsvertrag nimmt die GEMA diese Rechte wahr.

(2b) Für ab 1.1.1995 angemeldete Subtextierungen ausländischer Originalwerke erhält der Subtextdichter 30 %, der Subverleger 70 % des in Deutschland verbleibenden Anteils. Der Subtextdichter wird nur an der von ihm geschaffenen Version bzw. an Instrumentalversionen, bei denen die von ihm geschaffene Titelzeile verwendet wird, beteiligt.

(2c) Gehört der ausländische Originalverleger einer von der GEMA vertretenen Gesellschaft nicht an, so erhält der deutsche Subverlag auch den Anteil der Originalbezugsberechtigten verrechnet mit der Maßgabe, die Weiterverrechnung an den Originalverleger nach den Bestimmungen seines Subverlagsvertrages vorzunehmen. Im Falle der Weitergabe des Werkes an Subverlage in Österreich und der Schweiz erhält der österreichische bzw. schweizerische Subverlag an Stelle des deutschen Subverlages den Anteil von 70 % des im Vertragsgebiet verbleibenden Betrages.

(3) Potpourris mit Werken verschiedener Komponisten, Textdichter und Verleger:

(3a) Bei verlegten Potpourris erhält der Bearbeiter, der gleichzeitig der Verfasser des Potpourris ist, 20 %, der Potpourri-Verleger 20 %. 60 % sind zu gleichen Teilen auf die im Potpourri enthaltenen originalgeschützten Werke aufzuteilen.

(3b) Die Lizenzgebühr für ein nicht verlegtes Potpourri wird zu gleichen Teilen auf alle in diesem Potpourri enthaltenen geschützten Werke aufgeteilt und nach dem jeweiligen Verteilungsschlüssel verrechnet. Der Bearbeiter, der gleichzeitig der Verfasser des Potpourris ist, erhält keine Beteiligung, vielmehr ist der Anspruch des Zusammenstellers und Bearbeiters durch den Auftraggeber des Potpourris abzugelten.

(4) Soweit es sich um die Vervielfältigung von dramatisch-musikalischen Werken, sei es vollständig, als Querschnitt oder in größeren Teilen, handelt, erfolgt die Verrechnung an den Bühnenverleger, der verpflichtet ist, die Verteilung nach Maßgabe des Bühnenverlagsvertrages vorzunehmen.

(5) Bei autorisierten fremdsprachigen Textierungen deutschsprachiger Werke, die nicht im Ausland subverlegt sind, erhält der ausländische Textdichter bei Verkäufen in dem autorisierten Gebiet von Aufnahmen mit seinem Text die Hälfte des in seinem Land geltenden Textdichteranteils, jedoch nicht mehr als 15 % der Gesamtlizenzgebühr. Der Restbetrag wird nach dem jeweiligen Originalverteilungsschlüssel verrechnet.

(6) Bei in Deutschland verlegten Werken ausländischer Urheber, deren mechanische Rechte der Verleger zu 100 % erworben hat, erhält der Verleger auch die Anteile der Urheber ausgezahlt.

(7) Programmlose Einnahmen aus der Vermietung und dem Verleih von Bildtonträgern werden mit den Lizenzeinnahmen für Bildtonträger durch prozentuale Zuschläge ausgeschüttet.

(8) Soweit von der GEMA Lizenzeinnahmen aus privater und gewerblicher Vervielfältigung von Bildtonträgeraufnahmen erzielt werden, für die keine Programme erhältlich sind, wird die Verteilung der Lizenzeinnahmen in der Weise vorgenommen, daß 95 % mit den Lizenzeinnahmen aus dem Rundfunk und 5 % mit den Lizenzeinnahmen aus der Bildtonträgerindustrie an die Bezugsberechtigten des Geschäftsjahres ausgeschüttet werden, in dem die Lizenzeinnahmen aus Selbstaufnahmen erzielt worden sind.

(9) Für Lizenzeinnahmen aus der Vervielfältigung von Wirtschaftsfilmen erfolgt Nettoeinzelverrechnung.

Übersicht

Rn.

I. Übersicht

Abschnitt VI regelt in den Ziffern 1–3 die Verteilung der Einnahmen in der Sparte BT-VR (II.). Die Ziffern 7–8 regeln die Zuordnung programmloser Einnahmen zu anderen Sparten (III.), Ziffer 9 die Verteilung der Einnahmen aus der Vervielfältigung von Wirtschaftsfilmen (IV.) und die Ziffern 4–5 die Auszahlung der Ausschüttung in Sonderfällen (V.). **101**

II. Die Verteilung der Einnahmen in der Sparte BT-VR

1. Der Gegenstand der Sparte BT-VR

In der Sparte BT-VR erhalten die Werke eine Abrechnung, die auf Bildtonträgern oder auf Multimedia-Datenträgern im Sinne von § 1 h Abs. 1 Berechtigungsvertrag aufgenommen wurden. Siehe zum Begriff des Bildtonträgers § 16 Abs. 2 UrhG. **102**

Abgerechnet werden die Einnahmen, die die GEMA aus der Vergabe des Herstellungsrechts[1] sowie aus der Vergabe des Vervielfältigungsrechts nach § 16 Abs. 1 UrhG erzielt. Ferner erhalten die in der Sparte BT-VR verrechneten Werke einen Zuschlag aus den Einnahmen für private Vervielfältigung nach § 54 Abs. 1 UrhG, die die GEMA von der ZPÜ (siehe zur ZPÜ oben Rn. 71) im Verwertungsgebiet VIDEO erhält,[2] einen Zuschlag aus den Einnahmen für sonstige programmlose gewerbliche Vervielfältigung,[3] einen Zuschlag aus den Einnahmen für die Vermietung und den Verleih von Bildtonträgern[4] und einen Zuschlag aus den für die Wiedergabe von Bildtonträgern erzielten Einnahmen (siehe Ausführungsbestimmungen zum Verteilungsplan A, Abschnitt VIII Ziffer 4b). **103**

---

1 Diese erfolgt nur dann durch die GEMA, wenn die Berechtigten von der Möglichkeit, dieses Recht selbst wahrzunehmen, keinen Gebrauch gemacht haben; siehe dazu § 1i Abs. 1 Berechtigungsvertrag.

2 Ausführungsbestimmungen zum VP B, Abschnitt VI Ziffer 8.

3 Ausführungsbestimmungen zum VP B, Abschnitt VI Ziffer 8.

4 Ausführungsbestimmungen zum VP B, Abschnitt VI Ziffer 7.

2. Die Ermittlung der Ausschüttung pro Werk

104 In der Sparte BT-VR erfolgt Nettoeinzelverrechnung. Dabei erfolgt die Ermittlung der zu verteilenden Summe zunächst pro Bildtonträger. Die Aufteilung dieser Summe auf die einzelnen Werke erfolgt grundsätzlich im Verhältnis zur jeweiligen Spieldauer, d.h. also nach dem Prinzip *pro-rata-temporis*.

105 Siehe zur Verteilung bei Umsätzen bis zu € 1,02 pro Werk Abschnitt III Ziffer 3.

3. Die Aufteilung der pro Werk ermittelten Ausschüttung

106 Die Aufteilung der pro Werk ermittelten Ausschüttung richtet sich nach § 3 Ziffer 5 der Allgemeinen Grundsätze (Bildtonträger), soweit sich nicht Sonderregelungen aus Abschnitt IV Ziffer 1–6 ergeben.

a) Die Beteiligung des Subtextdichters

107 Abschnitt VI Ziffer 2 regelt die Höhe der Beteiligung des Subtextdichters bei subverlegten Werken (siehe dazu unten Rn. 139).

b) Die Aufteilung bei Potpourris

108 Abschnitt VI Ziffer 3 regelt die Aufteilung bei so genannten Potpourris gemischten Inhalts (siehe **Kap. 11.1 Rn. 198**).

c) Die Beteiligung des Spezialtextdichters

109 Abschnitt VI Ziffer 5 regelt die Beteiligung des Spezialtextdichters (Textbearbeiters) in einem Sonderfall (siehe dazu oben Rn. 16).

III. Die Zuordnung programmloser Einnahmen

110 Abschnitt VI enthält Regelungen zur Zuordnung von Einnahmen aus privater Vervielfältigung von Bildtonträgern (1.), aus sonstiger gewerblicher Vervielfältigung von Bildtonträgern (2.) und aus Vermietung und Verleih von Bildtonträgern (3.). Kennzeichnend für diese Einnahmen ist, daß für die zugrunde liegenden Werknutzungen keine Programme vorliegen, so daß eine analoge Abrechnung nach den Regeln der für andere Musikverwertungsgebiete gebildeten Sparten erfolgen muß. Siehe zu den entsprechenden Regelungen für Tonträger oben Rn. 70 ff.

1. Einnahmen aus Vermietung und Verleih von Bildtonträgern

111 Abschnitt VI Ziffer 7 regelt die Verteilung der Einnahmen aus der Vermietung und dem Verleih von Bildtonträgern. Dabei handelt es sich um Einnahmen aus der Verwertung des Vermietrechts nach § 17 Abs. 1 UrhG sowie aus der Geltendmachung der gesetzlichen Vergütungsansprüche nach § 27 Abs. 1 UrhG für das Vermieten und nach § 27 Abs. 2 UrhG für den Verleih von Bildtonträgern. Als Einnahme für den Verleih von Bildtonträgern wird ein Anteil von 3% der Einnahmen aus der Biblio-

thekstantieme verteilt (siehe Verteilungsplan A, § 1 Ziffer 6 der Allgemeinen Grundsätze und dazu **Kap. 11.1 Rn. 28ff.**). Die Einnahmen werden mit den Lizenzeinnahmen für Bildtonträger, d.h. also in der Sparte BT-VR, durch prozentuale Zuschläge ausgeschüttet (siehe dazu oben Rn. 104).

2. Einnahmen aus privater Vervielfältigung von Bildtonträgern

Der auf das Verwertungsgebiet VIDEO entfallende Anteil der Einnahmen aus § 54 Abs. 1 UrhG, den die GEMA von der ZPÜ erhält (siehe zur ZPÜ oben Rn. 71), wird gemäß Abschnitt VI Ziffer 8 in der Weise verteilt, daß 95% mit den Lizenzeinnahmen aus dem Rundfunk und 5% mit den Lizenzeinnahmen aus der Bildtonträgerindustrie ausgeschüttet werden. Siehe zur Verteilung des auf das Verwertungsgebiet AUDIO entfallenden Anteils oben Rn. 72ff. **112**

Soweit eine Ausschüttung mit den Lizenzeinnahmen „aus dem Rundfunk" vorgesehen ist, wird der sich nach Abschnitt VI Ziffer 8 ergebende Betrag zu 2/3 der in den Sparten R, FS und T FS gebildeten Verteilungssumme zugewiesen (siehe dazu **Kap. 11.1 Rn. 290**), zu 1/3 der in den Sparten R-VR und FS-VR gebildeten Verteilungssumme (siehe dazu oben Rn. 89). Auf diese Weise erhalten die Werke in sämtlichen Rundfunksparten, d.h. also Werke mit Verrechnung in den Sparten R, FS, T FS, R-VR, FS-VR, R GR, FS GR und R GR-VR, einen Zuschlag aus privater Vervielfältigung. **113**

Soweit eine Ausschüttung mit den Lizenzeinnahmen „aus der Bildtonträgerindustrie" vorgesehen ist, erfolgt eine Ausschüttung in der Sparte BT-VR als Zuschlag zu der dort pro Werk ermittelten Ausschüttung (siehe oben Rn. 104). **114**

3. Einnahmen aus sonstiger gewerblicher Vervielfältigung von Bildtonträgern

Abschnitt VI Ziffer 8 regelt ferner die Verteilung der Einnahmen für die Vervielfältigung von Musikwerken auf Bildtonträgern in solchen Fällen, in denen keine Programme vorhanden sind (siehe zu den hierunter fallenden Nutzungssachverhalten oben Rn. 75). **115**

Die Verteilung dieser Einnahmen erfolgt nach dem Wortlaut der Ziffer 8 in gleicher Weise wie bei den Einnahmen aus privater Vervielfältigung (siehe dazu oben Rn. 112). Dies gilt jedoch nur hinsichtlich des zugunsten der Sparte BT-VR verteilten Anteils von 5%, nicht hinsichtlich der mit den Einnahmen aus dem Rundfunk verteilten 95%. Dieser Anteil von 95 % wird nicht – wie bei privater Vervielfältigung – zu 2/3 der Verteilungssumme der Sparten R, FS und T FS sowie zu 1/3 der Verteilungssumme der Sparten R-VR und FS-VR zugewiesen, sondern fließt in voller Höhe der in den Sparten R-VR und FS-VR gebildeten gemeinsamen Nettoverteilungssumme zu. Folge ist, daß die in der Sparte T FS abgerechneten Fremdproduktionen den Zuschlag nicht erhalten. Diese Vorgehensweise ist jedoch durch den Umstand begründet, daß Werke aus diesen Produktionen bei sonstiger gewerblicher Vervielfältigung typischerweise keine Verwendung finden. **116**

IV. Die Verteilung der Einnahmen aus der Vervielfältigung von Wirtschaftsfilmen

117 Gemäß Abschnitt VI Ziffer 9 erfolgt für Lizenzeinnahmen aus der Vervielfältigung von Wirtschaftsfilmen Nettoeinzelverrechnung (siehe zum Begriff des Wirtschaftsfilms **Kap. 11.1 Rn. 331**). Die Abrechnung erfolgt in der Sparte TD-VR (Tonfilm-Direktverrechnung Vervielfältigungsrecht).

118 Für die Sparte TD-VR gilt der Verteilungsschlüssel der Sparte BT-VR.

V. Die Auszahlung der Ausschüttung in Sonderfällen

1. Die Auszahlung bei Werken mit nicht vertretenen Anteilen

119 Abschnitt VI Ziffer 2c regelt die Auszahlung der Ausschüttung, die auf Anteile von solchen Berechtigten entfällt, die keiner Verwertungsgesellschaft angehören (siehe zur Erläuterung der Regelung oben Rn. 38).

2. Die Auszahlung bei dramatisch-musikalischen Werken

120 Abschnitt VI Ziffer 4 regelt die Auszahlung der Ausschüttung, die auf dramatisch-musikalische Werke entfällt, die auf Bildtonträger vervielfältigt wurden. Die Auszahlung erfolgt an den Bühnenverleger, nicht an die Urheber.

3. Die Auszahlung bei in Deutschland originalverlegten Auslandswerken

121 Abschnitt VI Ziffer 6 enthält eine Regelung zur Auszahlung bei in Deutschland originalverlegten Auslandswerken. Die Regelung ist gleichlautend mit Abschnitt IV Ziffer 7 (siehe dazu oben Rn. 81).

Anhang zu den Ausführungsbestimmungen zum Verteilungsplan B

Abschnitt I Grundbestimmungen

Subverlag

Subverleger im Sinne des Verteilungsplanes ist derjenige Verleger, der ein Werk mit Einverständnis des Originalverlegers für ein oder mehrere Länder laut Subverlagsvertrag übernimmt. Subverlags- und Generalverträge sollen für die Dauer der Schutzfrist des Werkes, mindestens aber für 10 Jahre, abgeschlossen werden. In Ausnahmefällen kann eine kürzere Laufzeit anerkannt werden. Der Vertrag muß jedoch für mindestens 3 Kalenderjahre geschlossen werden. Die Laufzeiten der Verträge müssen mit den Kalenderjahren übereinstimmen. Innerhalb eines Abrechnungszeitraumes können unterschiedliche Beteiligungen an einem Werk nicht berücksichtigt werden.

Werke einer Gemeinschaftsproduktion können weder zwischen den beteiligten Verlegern der Gemeinschaftsproduktion, noch in den Ländern, in denen die Verleger ihren Sitz haben, subverlegt werden.

Im Falle einer Gemeinschaftsproduktion ist der Anteil für die beteiligten Verlage nicht höher als 50 %. Für ein im Verwaltungsgebiet der GEMA originalverlegtes Werk ist der Abschluß eines Subverlagsvertrages für dieses Gebiet nicht zulässig.

Der Abschluß eines Subverlagsvertrages ist von den GEMA-Bezugsberechtigten umgehend unter Verwendung des hierfür vorgesehenen Formulars bei der GEMA anzumelden. Die Anmeldenden haften der GEMA für die Richtigkeit der Anmeldung. Die GEMA ist jedoch berechtigt, an die auf den Belegexemplaren genannten Urheber und Verleger oder deren Rechtsnachfolger mit befreiender Wirkung zu zahlen, sofern im Zeitpunkt der Abrechnung keine Anmeldung vorliegt.

Der Subverlagsvertrag umfaßt alle im Subverlagsvertragsgebiet verbreiteten Tonträger, auch soweit sie nicht zu den normalen Vergütungssätzen lizenziert worden sind.

Erwirbt ein ausländischer Verlag einen deutschen Verlagskatalog, so bleiben die Anteile der Urheber hiervon unberührt, selbst wenn der Erwerber für den Katalog oder Einzelwerke einen Subverlagsvertrag mit einem deutschen Verleger schließt.

Abschnitt II Beteiligungsquote des Subverlegers

Subverlagsverträge bedürfen grundsätzlich der Zustimmung der GEMA. Dieses bezieht sich sowohl auf in- als auch auf ausländische Werke.

Die Zustimmung gilt als erteilt, wenn der Subverlagsvertrag nach den Grundsätzen des Verteilungsplanes abgeschlossen ist.

Unter der Voraussetzung, daß das Einverständnis der Urheber (falls nicht bereits dieses im Verlagsvertrag erteilt ist) vorliegt, und daß der Subverlag das übernommene Werk in einer eigenen neu gedruckten Ausgabe veröffentlicht hat (die aus technischen und wirtschaftlichen Gründen erfolgte gemeinsame Ausgabe wird als eine solche angesehen, wenn Original- und Subverlag für das Subverlagsgebiet im Impressum stehen), erkennt die GEMA die Beteiligungsquoten an, wie sie sich aus den Allgemeinen Grundsätzen und den Ausführungsbestimmungen zum Verteilungsplan für das mechanische Vervielfältigungsrecht ergeben. Bei im Ausland subverlegten deutschen Werken richtet sich die Verteilung der Anteile der Originalbezugsberechtigten nach den Bestimmungen des Verteilungsplans für das mechanische Vervielfältigungsrecht.

Eine Ausnahme hiervon bilden die in den deutschsprachigen Ländern erstmalig erschienenen Werke mit deutschsprachigem Originaltext. Bei diesen dürfen im Falle eines Subverlages in einem deutschsprachigen Land die auf den Original- und Subverleger entfallenden Anteile zusammen nicht mehr als 60 % der Gesamtlizenzgebühr betragen. Diese Bestimmung gilt sowohl für in Deutschland subverlegte ausländische Werke als auch für im Ausland subverlegte deutsche Werke.

Abschnitt III Zweiter Subverlag

Falls ein GEMA-Verlagsmitglied ein Werk von einem ausländischen ersten Subverleger in den zweiten Subverlag übernimmt, beteiligt die GEMA lediglich ihr Verlagsmitglied und den Originalverleger des Werkes mit Ausnahme von Werken eines Originalverlegers in den USA. Erwirbt ein GEMA-Verlagsmitglied von dem kontinentalen Subverlag eines Originalverlegers aus den USA ein Werk, so beteiligt die GEMA ihr Verlagsmitglied und den kontinentalen Subverlag.

Übersicht

Rn.

I. Vorbemerkung

122 Die Regelungen im Verteilungsplan B für subverlegte Werke gelten zunächst für die im Ausland subverlegten GEMA-Werke (siehe zum Begriff des GEMA-Werks im Sinne des mechanischen Vervielfältigungsrechts oben Rn. 19). Sie gelten ferner bei in Deutschland subverlegten Auslandswerken zur Festlegung der Anteile der deutschen Subberechtigten. Siehe zum Ganzen auch **Kap. 11.1 Rn. 383**.

II. Übersicht

123 Die Bestimmungen des Anhangs zu den Ausführungsbestimmungen zum Verteilungsplan B regeln die Voraussetzungen, unter denen die GEMA einen Subverlag bei der Verteilung der Einnahmen im Bereich des mechanischen Vervielfältigungsrechts berücksichtigt (III.) sowie die Aufteilung der pro Werk ermittelten Ausschüttung an die Berechtigten bei subverlegten Werken (IV.).

III. Voraussetzungen für die Beteiligung eines Subverlags

124 Siehe zur Definition des Subverlags und zu den Voraussetzungen der Beteiligung von Subverlagen oben **Kap. 11.1 Rn. 133 ff.**

1. Die Aufteilung zwischen Urhebern und Originalverlag

125 Grundlage der Aufteilung bei subverlegten Werken ist die Regelung in Abschnitt II Abs. 3 S. 1 des Anhangs. Danach erkennt die GEMA unter den dort genannten Voraussetzungen die Beteiligungsquoten an, wie sie sich aus den Allgemeinen Grundsätzen und den Ausführungsbestimmungen zum Verteilungsplan B ergeben. Diese

Regelung verweist für die im Ausland subverlegten GEMA-Werke auf Abschnitt IV Ziffer 1b Abs. 2 der Ausführungsbestimmungen zum Verteilungsplan B. Nach dieser Bestimmung entfallen auf die Urheberseite und auf den Originalverlag jeweils 50% der für das Werk aus dem Ausland erhaltenen Erträge. Die Subverlags-Anteile sind dabei noch nicht berücksichtigt.

Für die Sparten R-VR, FS-VR und BT-VR fehlt eine entsprechende Bestimmung. **126** Hier wird in der Praxis jedoch ebenso wie in der Sparte Phono-VR verfahren, d.h. also es wird zwischen Urhebern und Originalverlag im Verhältnis von 50 : 50 aufgeteilt.

2. Die Beteiligung des Subverlags

Nach Ermittlung der Höhe der Beteiligung des Originalverlags ist die Höhe der Be- **127** teiligung des Subverlags zu bestimmen. Der Anhang zum Verteilungsplan B enthält hierzu bis auf die Sonderbestimmung für deutschsprachige Werke in Abschnitt II Abs. 4 keine Regelungen. Die Beteiligung des Subverlags richtet sich grundsätzlich nach den zwischen den Urhebern und den beteiligten Verlagen getroffenen Vereinbarungen. Insoweit sind in der Praxis zwei Hauptfälle der Berechnung des Subverlagsanteils zu unterscheiden. Dieses sind die Berechnung auf der Grundlage des Verlagsanteils (a) und die Berechnung auf der Grundlage der gesamten auf das Werk entfallenden Ausschüttung (b).

a) Berechnung des Subverlagsanteils „vom Verlagsanteil"

Wird der Subverlagsanteil „vom Verlagsanteil" berechnet, so vermindert sich der An- **128** teil des Originalverlags um den vereinbarten Prozentsatz. Ist zum Beispiel im Subverlagsvertrag vereinbart, daß der Subverlag eine Beteiligung von 50% „vom Verlagsanteil" erhalten soll, so erhält er die Hälfte aus den dem GEMA-Originalverlag zustehenden 50%, d.h. also 25% der Ausschüttung. Es ergibt sich somit ein Aufteilungsverhältnis zwischen den beteiligten GEMA-Urhebern, dem GEMA-Originalverlag und dem ausländischen Subverlag von 50 Urheber : 25 Originalverlag : 25 Subverlag. Bei dieser Art der Berechnung der Höhe des Subverlagsanteils erkennt die GEMA beliebige Beteiligungsquoten des Subverlags zwischen 1 und 100 % an.

b) Berechnung des Subverlagsanteils „vom Gesamt"

Wird der Subverlagsanteil „vom Gesamt" berechnet, so werden auch die Urheberan- **129** teile anteilig um den Subverlagsanteil geschmälert. Ist zum Beispiel im Subverlagsvertrag vereinbart, daß der Subverlag eine Beteiligung von 50% „vom Gesamt" erhalten soll, so erhält er 50% des Urheberanteils und 50% des Originalverlagsanteils, somit also insgesamt 50%. Bei einem im Ausland subverlegten GEMA-Werk führt dies zu einem Aufteilungsverhältnis zwischen den beteiligten GEMA-Urhebern, dem GEMA-Originalverlag und dem ausländischen Subverlag von 25 Urheber : 25 Originalverlag : 50 Subverlag, so daß im Ergebnis der Urheberseite nur noch 25%, der Verlegerseite (Original- und Subverlag) 75% der auf das Werk entfallenden Ausschüttung zustehen. Bei dieser Art der Berechnung der Höhe des Subverlagsanteils erkennt die GEMA maximal eine Quote des Subverlags in Höhe von 50 % an, um eine völlige Aushöhlung der Urheberanteile zu verhindern.

3. Die Aufteilung zwischen den Urhebern

130 Für die weitere Aufteilung des auf die Urheber entfallenden Anteils, der nach Bestimmung der auf den Original- und den Subverlag entfallenden Anteile verbleibt, an die beteiligten Urheber enthält der Verteilungsplan B für im Ausland subverlegte GEMA-Werke folgende Regelungen:

a) Aufteilung zwischen den originalbezugsberechtigten Urhebern

131 Für die Aufteilung des Urheberanteils an die originalbezugsberechtigten Urheber, d.h. also an Komponist, Textdichter und Bearbeiter, gilt das in § 3 Ziffer 5 festgelegte Aufteilungsverhältnis zwischen den Berufsgruppen, d.h. also bei Beteiligung eines Komponisten und eines Textdichters sowie bei Beteiligung eines Bearbeiters und eines Textdichters jeweils eine gleichmäßige Aufteilung des Anteils im Verhältnis von 1 : 1.

132 Sind mehrere Beteiligte einer Berufsgruppe beteiligt, so erkennt die GEMA die von den Beteiligten vereinbarte Aufteilung an (siehe oben Rn. 28). In der Praxis bedeutet dies häufig, daß im Aufführungs- und Senderecht einerseits und im Vervielfältigungsrecht andererseits das gleiche Aufteilungsverhältnis innerhalb der Berufsgruppen gilt.

b) Beteiligung von subbezugsberechtigten Urhebern

aa) Subbearbeiter

133 Gemäß § 3 Ziffer 1 S. 2 der Allgemeinen Grundsätze wird der Bearbeiter im mechanischen Recht nur bei im Original freien Werken beteiligt. Eine Beteiligung des Subbearbeiters scheidet damit aus, da eine Subbearbeitung nur in der von einem Subverlag autorisierten Bearbeitung eines geschützten Werks bestehen kann.

bb) Subtextdichter

134 Die Beteiligung des (deutschen) Subtextdichters ist in den verschiedenen Sparten unterschiedlich geregelt.

(1) Die Beteiligung des Subtextdichters in der Sparte Phono-VR

135 Die Beteiligung des Subtextdichters in der Sparte Phono-VR ist in § 3 Ziffer 4 der Allgemeinen Grundsätze geregelt. Die Regelung betrifft Erträgnisse aus in Deutschland subverlegten Auslandswerken, nicht jedoch Erträgnisse aus dem fremdsprachigen Ausland (für diese wird die Beteiligung des Subtextdichters durch die Auslandsgesellschaft festgelegt; siehe oben Rn. 122).

136 Danach erhält der Subtextdichter bei Werkanmeldungen nach dem 31.12.1979 einen festen Anteil von 16 2/3 % der auf das Werk insgesamt entfallenden Ausschüttung. Der sich so ergebende Anteil des Subtextdichters geht zu Lasten des Anteils des Subverlags.

Für Werkanmeldungen bis zum 31.12.79 enthält der Verteilungsplan keine Regelung. Insoweit gilt, daß der Subtextdichter eine Beteiligung in Höhe von 25% des in Deutschland verbleibenden Betrages erhält. Der in Deutschland verbleibende Betrag ist der dem Subverlag ausgeschüttete Anteil ohne die nur an ihn zahlbar gestellten Beträge, die der SV an andere Rechteinhaber weiterzuverrechnen hat. Anders als bei Werkanmeldungen ab dem 31.12.1979 wird die Beteiligung des Subtextdichters hier somit nicht auf Grundlage der Höhe der auf das Werk insgesamt entfallenden Ausschüttung berechnet, sondern auf Grundlage des Subverlags-Anteils. Auch die so errechnete Beteiligung des Subtextdichters geht jedoch zu Lasten der Beteiligung des Subverlags. Die Beteiligung des Subtextdichters erfolgt in diesen Fällen jedoch unabhängig von der Verwendung der durch den Subtextdichter geschaffenen Version, d.h. also auch bei Verwertungen der Version mit dem ausländischen Originaltext. **137**

(2) Die Beteiligung des Subtextdichters in den Sparten R-VR und FS-VR

Die Beteiligung des Subtextdichters in den Sparten R-VR und FS-VR ist in Abschnitt V Ziffer 2 geregelt. Danach erhält der Verfasser des deutschen Texts eine Beteiligung in Höhe von 30% des in Deutschland verbleibenden Betrages (siehe dazu vorstehend Rn. 137). Seine Beteiligung geht somit zu Lasten der Beteiligung des Subverlags. Zur Frage, an welcher Version der Subtextdichter zu beteiligen ist, bestehen unterschiedliche Regelungen für Werkanmeldungen bis zum 31.12.1994 und für Anmeldungen nach diesem Zeitpunkt. **138**

(3) Die Beteiligung des Subtextdichters in der Sparte BT-VR

Die Beteiligung des Subtextdichters in der Sparte BT-VR ist in Abschnitt VI Ziffer 2 a und b geregelt. Sie erfolgt in gleicher Weise wie in den Sparten R-VR und FS-VR (siehe vorstehend Rn. 138). **139**

4. Berechnungsbeispiel

Für ein verlegtes GEMA-Werk mit Text ergibt sich bei Verwertung in Deutschland und somit Abrechnung durch die GEMA in der Sparte Phono-VR eine Aufteilung der auf das Werk entfallenden Ausschüttung von 30 Komponist : 30 Textdichter : 40 Originalverlag. **140**

Dasselbe Werk wird nunmehr in Frankreich subverlegt und dort verwertet. Der Subverlag autorisiert einen französischen Subtext. Im Subverlagsvertrag wird eine Beteiligung des Subverlags in Höhe von 25% „vom Gesamt" vereinbart, ferner die Zahlbarkeitsstellung der Originalverlags-Anteile an den Subverlag. Die Beteiligung des Subtextdichters beträgt nach den Verteilungsregeln der französischen Gesellschaft SACEM[5] 25% vom Subverlagsanteil. In diesem Fall ergibt sich bei Abrechnung durch die SACEM folgende Aufteilung: **141**

---

5 Société des Auteurs, Compositeurs et Éditeurs de Musique.

	Grundlage Subverteilung	SV-Anteil	ST-Anteil	Zahlbarkeits-stellung
K	25	18,75	18,75	18,75
T	25	18,75	18,75	18,75
OV	50	37,50	37,50	0
SV		25,00	18,75	56,25
ST			6,25	6,25

142 Komponist und Textdichter erhalten somit je 18,75%, der französische Subtextdichter – zu Lasten des Subverlags – 6,25%. Der französische Subverlag erhält sowohl die ihm zustehenden 18,75% als auch die dem Originalverlag zustehenden 37,50% ausbezahlt.

IV. Auszahlung der Ausschüttung

1. Die Auszahlung der Subverlagsanteile

143 Der Subverlag erhält zum einen die ihm selbst zustehende Beteiligung ausgeschüttet, d.h. den Subverlagsanteil. Die Ausschüttung der Subverlagsanteile erfolgt an den oder die in der Anmeldung genannten Subverlag(e).

2. Die Auszahlung der Anteile anderer Berechtigter an den Subverlag

144 In der Praxis erkennt die GEMA im mechanischen Recht so genannte **Zahlbarkeitsstellungen** an, die zwischen Subverlag und Originalverlag vereinbart werden und die den Subverlag berechtigen, auch die dem Originalverlag zustehende Beteiligung, d.h. den Originalverlagsanteil, mitzukassieren.

145 Ferner erhält der Subverlag die dem Originalverlag oder den Urhebern zustehenden Anteile auch in den Fällen ausgezahlt, in denen diese keiner Verwertungsgesellschaft angehören, so daß eine **Umleitung** von Anteilen erfolgt (siehe Ausführungsbestimmungen zum Verteilungsplan B, Abschnitt IV Ziffer 2 und dazu oben Rn. 38).

146 Soweit ein Subverlag eine Auszahlung erhält, die auf Anteile anderer Berechtigter entfällt, erfolgt die Auszahlung auf ein Sonderkonto (siehe dazu **Kap. 11.1 Rn. 391**).

Kapitel 11.3 – Vorläufiger Verteilungsplan für den Nutzungsbereich Online (Verteilungsplan C)

Allgemeine Grundsätze zum Verteilungsplan C

§ 1 [Nettoeinzelverrechnung, Kommissionen]

(1) Die Verteilung von Erträgen aus dem Nutzungsbereich Online erfolgt im Wege der Nettoeinzelverrechnung und richtet sich – soweit es der Nettoeinzelverrechnung nicht widerspricht – nach den Allgemeinen Grundsätzen und den Ausführungsbestimmungen zu den Verteilungsplänen A. für das Aufführungs- und Senderecht und B. für das mechanische Vervielfältigungsrecht.

(2) Abweichend von § 1 Ziff. 1 und 2 der Allgemeinen Grundsätze zum Verteilungsplan für das Aufführungs- und Senderecht wird für die auf das Aufführungs- und Senderecht sowie auf das mechanische Vervielfältigungsrecht entfallenden Gesamtbeträge eine einheitliche Kommission von bis zu 25 % berechnet.

(3) Der Kommissionssatz wird von Aufsichtsrat und Vorstand einvernehmlich festgelegt.

§ 2 [Die Sparten]

Verteilung von Erträgen aus dem Nutzungsbereich Online

Nutzungsbereich	**Aufteilung der (Netto-)Erträge und Verteilung nach Sparten**			
	Verteilungsplan A. für das Aufführungs- und Senderecht		**Verteilungsplan B. für das mechanische Vervielfältigungsrecht**	
	%	**Sparten**	**%**	**Sparten**
1. Internetradio 1.1. Internetradio (normales) 1.2. Internetradio (interaktives) Auswahlmöglichkeit nach Musikrichtungen 1.3. Mehrkanalradio (Multichannel, neue Programme)	**66,67**	**I-R**	**33,33**	**I-R-VR**
2. Internet-TV	**66,67**	**I-FS, I-TFS**	**33,33**	**I-FS-VR**

Fortsetzung auf S. 536

Nutzungsbereich	Aufteilung der (Netto-)Erträge und Verteilung nach Sparten			
	Verteilungsplan A. für das Aufführungs- und Senderecht		Verteilungsplan B. für das mechanische Vervielfältigungsrecht	
	%	Sparten	%	Sparten
3. Websites (Streaming)		WEB		WEB-VR
3.1. Websites für Präsentationszwecke 3.1.1. Gewerbliche Websites 3.1.2. Private Websites 3.1.3. Websites von nicht gewerblichen Institutionen 3.2. Websites mit E-Commerce 3.2.1. Websites mit E-Commerce zur Unterstützung des Vertriebs von Musik 3.2.2. Websites mit E-Commerce zur Unterstützung des Vertriebs von Waren und Dienstleistungen aller Art (ausgenommen Musik)	66,67		33,33	
4. Music-on-Demand		MOD		MOD-VR
4.1. – zum bloßen Anhören (Streaming)	66,67		33,33	
4.2. – zum Herunterladen (Downloading)	33,33		66,67	
5. Cinema-/Video-on-Demand		VOD		VOD-VR
5.1. – zum bloßen Anhören (Streaming)	66,67		33,33	
5.2. – zum Herunterladen (Downloading)	33,33		66,67	
6. Ruftonmelodien Zuspielung auf Handy	33,33	KMOD	66,67	KMOD-VR

§ 3 [Kleinumsätze]

Umsätze bis zu EUR 5,– pro Werk werden mit den Lizenzeinnahmen in der betreffenden Sparte als Zuschlag ausgeschüttet.

§ 4 [Geltungsbereich]

Dieser vorläufige Verteilungsplan C gilt für Werknutzungen der Geschäftsjahre bis einschließlich 2006.

§ 5 [Änderungen]

Änderungen des Verteilungsplanes sind nur gemäß § 11 b) der Satzung zulässig.

Übersicht Rn.

I. Einführung

Die Nutzung von Werken im Wege der Online-Nutzung berührt zum einen das Recht der öffentlichen Zugänglichmachung aus § 19a UrhG. Online-Nutzungen erfordern ferner ein Abspeichern der Werke auf einen Server durch den Anbieter („Upload"), in vielen Fällen zusätzlich auch ein Abspeichern der Werke durch den Nutzer („Download"). Mit diesen „Up-" und „Downloads" der Musikwerke erfolgt eine Vervielfältigung der Werke im Sinne von § 16 Abs. 1 UrhG. Die GEMA lizenziert beide Rechte jeweils zu einheitlichen Tarifen. 1

Bei Nutzung audiovisueller Werke im Internet kann ferner auch das Herstellungsrecht berührt sein.[1] 2

1 Siehe zu den bei Online-Nutzungen betroffenen Rechten *Ventroni/ Poll*, MMR 2002, 648, 649; zu den von der Nutzung als Rufton („Klingelton") berührten Rechten *Hertin*, KUR 2004, 101, 103.

II. Übersicht

3 Zur Abrechnung der im Rahmen von Online-Nutzungen genutzten Werke sind im Verteilungsplan C Sparten gebildet (III.). Aufgrund der Lizenzierung der betroffenen Nutzungsrechte zu einem einheitlichen Tarif ist es erforderlich, die Einnahmen jeweils den für Nutzungen des § 19a UrhG einerseits und für Nutzungen des § 16 UrhG gebildeten Sparten zuzuordnen bzw. auf diese aufzuteilen (IV.). Zur Abrechnung der Einnahmen auf die jeweiligen Werke enthält Verteilungsplan C keine eigenen Regeln, sondern verweist auf die Regeln der Verteilungspläne A und B (V.).

III. Die Sparten

4 Verteilungsplan C unterscheidet zwischen den Sparten des Rechts der öffentlichen Zugänglichmachung (1.) und den Sparten des Vervielfältigungsrechts (2.). Die Sparteneinteilung folgt dabei den – auch bei der Lizenzierung berücksichtigten – tatsächlichen Nutzungen im Online-Bereich.

1. Sparten des Rechts der öffentlichen Zugänglichmachung

5 In den Sparten I-R (Internetradio), I-FS und I-T FS (Internet-Fernsehen), WEB (Websites), MOD (Music-on-Demand), VOD (Cinema-/Video-on-Demand) und KMOD (Ruftonmelodien) werden Musikwerke abgerechnet, die im Rahmen der verschiedenen, aus den Spartenbezeichnungen ersichtlichen Formen von Online-Nutzungen[2] im Sinne des § 19a UrhG öffentlich zugänglich gemacht werden.

2. Sparten des Vervielfältigungsrechts

6 In den Sparten I-R-VR (Internetradio-Vervielfältigungsrecht), I-FS-VR (Internet-Fernsehen-Vervielfältigungsrecht), WEB-VR (Websites-Vervielfältigungsrecht), MOD-VR (Cinema/Video-on-Demand-Vervielfältigungsrecht), VOD-VR (Video-on-demand-Vervielfältigungsrecht) und KMOD-VR (Ruftonmelodien-Vervielfältigungsrecht) werden Musikwerke abgerechnet, die im Rahmen von Online-Nutzungen vervielfältigt werden.

IV. Die Aufteilung der Einnahmen

7 Bei der Aufteilung der für die einzelnen Online-Nutzungen erzielten Einnahmen auf die betroffenen Rechte greift der Verteilungsplan C durchgehend das Grundmodell der Verteilungspläne A und B auf, bei Nutzungen, die sowohl dem Aufführungs- und Senderecht und als auch dem mechanischem Vervielfältigungsrecht zuzuordnen sind,

---

2 Siehe zu Musiknutzungsformen im Internet *Ventroni/Poll*, MMR 2002, 648, 649; zu den von der Nutzung als Rufton („Klingelton") berührten Rechten *Hertin*, KUR 2004, 101, 103.

eine Verteilung im Verhältnis von 2 : 1 vorzunehmen.[3] Die Aufteilung im einzelnen erfolgt dabei entsprechend dem jeweiligen Schwerpunkt der Nutzungen.[4]

V. Die Abrechnung der Einnahmen

Für die Abrechnung der Werke und Einnahmen in den verschiedenen Sparten gilt gemäß § 1 Ziffer 1 der Allgemeinen Grundsätze Nettoeinzelverrechnung (siehe dazu **Kap. 11.1 Rn. 319 ff.**). Diese richtet sich nach den Regelungen der Verteilungspläne A und B, soweit es der Nettoeinzelverrechnung nicht widerspricht. **8**

Für die Aufteilung der pro Werk ermittelten Ausschüttung gelten in den Sparten KMOD, MOD, WEB die Aufteilungsschlüssel der Sparte UD und in den Sparten KMOD-VR, MOD-VR und WEB-VR die Aufteilungsschlüssel der Sparte Phono-VR. **9**

Die Einnahmen für Werknutzungen im Internetradio werden zusammen mit den Einnahmen der Sparte R verteilt, soweit sie in der Sparte I-R abgerechnet werden, bzw. in der Sparte R-VR, soweit sie in der Sparte I-R-VR abgerechnet werden. In der Sache bedeutet dies, daß sich dadurch jeweils der einheitliche Minutenwert in den Sparten R, FS und T FS (dazu **Kap. 11.1 Rn. 289**) bzw. in den Sparten R-VR und FS-VR erhöht (dazu oben Rn. 88) und eine Abrechnung der Einnahmen auf die in diesen Sparten abgerechneten Werke erfolgt. Diese Vorgehensweise ist durch den Umstand begründet, daß die Einnahmen für Nutzungen im Internetradio derzeit noch weit unterhalb den Grenzen liegen, die für eine Programmabrechnung der einzelnen Sender bestehen (dazu **Kap. 11.1 Rn. 186**), so daß eine werkbezogene Abrechnung in beiden Sparten aus Gründen der wirtschaftlichen Verhältnismäßigkeit unterbleibt. **10**

Die zur Abrechnung der Nutzungen im Internetfernsehen gebildeten Sparten I-FS, I TFS I-FS-VR und I-TFS-VR sind bislang noch ohne praktische Bedeutung. **11**

---

3 Tagesordnung für die Mitgliedervers. v. 26./27.06.2001, Begr. zu Antrag 13. Siehe insoweit z.B. die Aufteilung der Rundfunkeinnahmen in § 1 Ziffer 1 S. 2 der Allgemeinen Grundsätze zum VP A.

4 *Kreile/Becker*, in: Handbuch der Musikwirtschaft, S. 657.

Kapitel 12
Die Wertung

Kapitel 12.1
Das Wertungsverfahren der Komponisten in der Sparte E (GO Wertung KE)

Inhaltsübersicht Rn.

Geschäftsordnung

Fassung aufgrund der Beschlüsse der ordentlichen Mitgliederversammlung vom 24. und 25. Juni 2003

Die nach § 1 Ziff. 4 der Allgemeinen Grundsätze des Verteilungsplans für das Aufführungs- und Senderecht zur Verfügung stehenden Beträge werden nach Maßgabe folgender Bestimmungen verteilt:

§ 1 [Zusammensetzung und Wahl des Wertungsausschusses]

(1) Es wird ein Wertungsausschuß gebildet aus

5 Komponisten (davon 2 Chorkomponisten)
und weiteren
4 Komponisten (davon 2 Chorkomponisten) als Stellvertreter.

Wählbar sind Mitglieder mit mindestens zehnjähriger Mitgliedschaft. Davon müssen fünf Jahre auf die ordentliche Mitgliedschaft entfallen. Aufsichtsratsmitglieder sind nicht wählbar.

(2) Die Mitglieder des Wertungsausschusses werden auf die Dauer von drei Jahren nach Anhörung der Vorschläge des Aufsichtsrates durch die Mitgliederversammlung nach den Grundsätzen ge-

wählt, die für die Wahl von Aufsichtsratsmitgliedern gelten. Andere Wahlvorschläge können in den Berufsgruppenversammlungen erfolgen. Die Ausschußmitglieder bleiben bis zum Ablauf der dritten auf die Wahl folgenden ordentlichen Mitgliederversammlung im Amt. Wiederwahl ist zulässig.

(3) Scheidet während der Amtsdauer ein Ausschußmitglied aus, so haben die Aufsichtsratsmitglieder seiner Berufsgruppe einen Ersatzmann zu wählen, der an die Stelle des Ausscheidenden tritt. Die Ersatzwahl bedarf der Bestätigung durch die nächste Mitgliederversammlung, soweit die Amtsdauer über diese Mitgliederversammlung hinausgeht.

(4) Die außerordentlichen und angeschlossenen Mitglieder werden im Wertungsausschuß durch einen Delegierten ihrer Berufsgruppe vertreten, der bei der Wertung der außerordentlichen und angeschlossenen Mitglieder seiner Berufsgruppe beratend mitwirkt. Der Delegierte wird jeweils für die Amtsperiode des Wertungsausschusses von der Versammlung der außerordentlichen und angeschlossenen Mitglieder gewählt. Er muß 5 Jahre außerordentliches oder angeschlossenes Mitglied der GEMA gewesen sein. Die für die Wahl von Aufsichtsratsmitgliedern geltenden Grundsätze sind entsprechend anzuwenden.

Übersicht Rn.

I. Übersicht

§ 1 GO Wertung KE regelt die Zusammensetzung des Wertungsausschusses (Abs. 1 S. 1), die Wahl seiner Mitglieder (Abs. 1 S. 2, Abs. 2 und 3) sowie die Vertretung der außerordentlichen und angeschlossenen Mitglieder im Wertungsausschuß durch einen Delegierten und seine Wahl (Abs. 4). Sofern die Geschäftsordnung keine spezielleren Anordnungen enthält, kommen die Grundsätze über die Wahl von Aufsichtsratsmitgliedern (§ 13 Satzung) zur Anwendung (Abs. 2 S. 1, Abs. 4 S. 4). 1

Die **Zuständigkeiten** des Wertungsausschusses sind in § 6 GO Wertung KE geregelt; s. die Erläuterungen dort. 2

II. Zusammensetzung und Wahl des Wertungsausschusses

1. Zusammensetzung des Wertungsausschusses

Der Wertungsausschuß setzt sich aus fünf Komponisten als **Ausschußmitglieder** sowie vier weiteren Komponisten als **Stellvertreter** zusammen. Jeweils zwei der Komponisten müssen **Chorkomponisten** sein. Die Vertreter der Chorkomponisten haben indes nur eingeschränkte Befugnisse, § 2 Abs. 4 GO Wertung KE; der Sache nach fungieren sie als Sachverständige für einen bestimmten Bereich. 3

4 Nicht eigens hervorgehoben, von der Regelung aber vorausgesetzt ist, daß es sich um **Komponisten ernster Musik** handelt. Dafür spricht systematisch die Parallelregelung in § 1 Abs. 1 UAbs. 2 S. 4 GO Wertung U; teleologisch folgt es daraus, daß die Hauptaufgabe des Wertungsausschusses darin besteht, die künstlerische Persönlichkeit und das Gesamtschaffen von E-Komponisten zu bewerten.

5 Die **Stellvertreter** vertreten das Ausschußmitglied im Falle einer Verhinderung, vgl. § 2 Abs. 2 GO Wertung KE. Sie rücken aber nicht für den Fall vorzeitigen Ausscheidens nach; dann ist vielmehr ein Ersatzmann zu wählen (Rn. 13f.). Entsprechend ihrer Funktion werden die Stellvertreter nur tätig, soweit ein Ausschußmitglied verhindert ist. Sie werden (wie sich schon aus ihrer Zahl ergibt) nicht als Vertreter für ein bestimmtes Ausschußmitglied gewählt, sondern allgemein als Vertreter; zu Unrecht spricht daher § 2 Abs. 2 GO Wertung KE von „ihren" Vertretern.

2. Die Rechtsstellung der Mitglieder des Wertungsausschusses

6 Die Mitglieder des Wertungsausschusses werden ehrenamtlich tätig, § 13 Abs. 8 Satzung. Ein Vertragsverhältnis mit der GEMA kommt nicht zustande. Erforderliche Aufwendungen sind ihnen entsprechend § 670 BGB zu ersetzen.

3. Wählbarkeit

7 Das **passive Wahlrecht** (Wählbarkeit) regelt § 1 Abs. 1 S. 2–4 GO Wertung KE. Wählbar sind erstens nur **ordentliche Mitglieder** (§§ 6–9 Satzung; dazu oben, **Kap. 8 Rn. 26–58**), die angeschlossenen und außerordentlichen Mitglieder werden durch einen Delegierten vertreten (Abs. 4; näher unten, Rn. 15–19). Die ordentlichen Mitglieder müssen der GEMA zweitens bereits seit mindestens zehn Jahren angehören. Für die – praktisch freilich wenig bedeutsame – Anrechnung der Mitgliedschaft in anderen Verwertungsgesellschaften gilt mit der impliziten Verweisung („Mitgliedschaft") auf die Satzung § 6 Abs. 5 Satzung. Drittens setzt die Wählbarkeit eine mindestens fünfjährige ordentliche Mitgliedschaft voraus. Die frühere Ausschußmitgliedschaft steht der Wählbarkeit nicht entgegen, eine Wiederwahl ist zulässig, § 1 Abs. 2 S. 4 GO Wertung KE.

8 **Ausgeschlossen** von der Wählbarkeit sind gem. § 1 Abs. 1 S. 4 die **Aufsichtsratsmitglieder**. Da der Aufsichtsrat zuständig ist für die Entscheidung über Einsprüche gegen die Entscheidungen des Wertungsausschusses (§ 8 Abs. 1 GO Wertung KE), können seine Mitglieder nicht gleichzeitig dem kontrollierten Gremium angehören. Gem. § 2 Abs. 5, 7 GO Wertung KE kann ein Delegierter des Aufsichtsrats an Sitzungen des Wertungsausschusses mit beratender Stimme teilnehmen (unten, Rn. 31–35).

4. Wahl

9 Die **Wahl** der Mitglieder des Wertungsausschusses erfolgt grundsätzlich[1] durch die Mitgliederversammlung, § 1 Abs. 2 GO Wertung KE.

---

1 Anders nur bei vorzeitigem Ausscheiden gem. § 1 Abs. 3; dazu sogleich, Rn. 13f.

Vorschläge für die Wahl bringt der Aufsichtsrat ein, § 1 Abs. 2 S. 1 GO Wertung KE. Weitere Vorschläge können die Mitglieder „in den Berufsgruppenversammlungen“[2] machen, § 1 Abs. 2 S. 3 GO Wertung KE, hier also in der Versammlung der Komponisten. Vorschlagsberechtigt ist jedes Mitglied, ein Quorum ist nicht erforderlich. Vor der Abstimmung sind die Vorschläge des Aufsichtsrats anzuhören. 10

Das **Wahlverfahren** vollzieht sich nach den „Grundsätzen für die Wahl der Aufsichtsratsmitglieder“ (§ 13 Satzung), soweit die GO Wertung KE keine spezielleren Regelungen enthält. Mit den Grundsätzen der Aufsichtsratswahl sind die verschiedenen Regeln der Satzung und die ergänzenden Regeln in Abschn. B Versammlungs- und Wahlordnung („Wahlordnung für die Wahl zum Aufsichtsrat“) gemeint. 11

5. Amtszeit

Die Ausschußmitglieder werden jeweils auf **drei Jahre** gewählt. Die Amtsperiode endet mit Ablauf der dritten ordentlichen Mitgliederversammlung, die auf die Wahl folgt, § 1 Abs. 2 S. 3 GO Wertung KE. Eine Wiederwahl ist zulässig. Die Amtszeit endet **vorzeitig** im Falle eines jederzeit und ohne Gründe zulässigen Rücktritts. 12

6. Ersatzleute bei vorzeitigem Ausscheiden

Scheidet ein Ausschußmitglied zwischen zwei Mitgliedsversammlungen aus, so haben die Aufsichtsratsmitglieder der betroffenen Berufsgruppe einen Nachfolger zu wählen. Es rückt maW in diesem Fall **nicht ein Vertreter** nach (die Bestimmung eines der Vertreter zum Ersatzmitglied ist indes nicht ausgeschlossen). 13

Soll der Ersatzmann nicht nur für die Interimszeit bis zur nächsten Mitgliederversammlung tätig sein, sondern darüber hinaus, so bedarf seine Wahl der **Bestätigung** der Mitgliederversammlung. Die **Amtsperiode** des Ersatzmanns endet daher mit der nächsten Mitgliederversammlung, wenn die Bestätigung ausbleibt. Erfolgt die Bestätigung, so ist der Ersatzmann, wie sich aus seiner Funktion ergibt, für die Restdauer des Mandats des ursprünglichen Mitglieds bestellt. 14

III. Der Delegierte der außerordentlichen und angeschlossenen Mitglieder

Außerordentliche und angeschlossene Mitglieder können dem Wertungsausschuß nicht angehören. Damit ihre Interessen im Wertungsverfahren angemessen berücksichtigt werden, können sie jedoch einen Delegierten ihrer Berufsgruppe (E-Komponisten) entsenden, § 1 Abs. 4 GO Wertung KE. 15

Wählbar sind außerordentliche und angeschlossene Mitglieder (§ 6 Satzung), die der GEMA fünf Jahre angehören. Analog § 1 Abs. 2 S. 4 GO Wertung KE ist auch hier eine Wiederwahl zulässig. Ordentliche Mitglieder sind nicht wählbar. Erlangt der gewählte Delegierte nachträglich die ordentliche Mitgliedschaft, so erlischt sein Mandat. 16

---

2 Zur Berufsgruppenversammlung vgl. § 11 lit. a Satzung; Abschn. III Versammlungs- und Wahlordnung.

17 Die **Wahl** erfolgt durch die Versammlung der außerordentlichen und angeschlossenen Mitglieder (§ 12 Satzung). Die für die Wahl von Aufsichtsratsmitgliedern geltenden Grundsätze sind entsprechend anzuwenden (s.o. Rn. 11).

18 Die **Amtsperiode** des Delegierten entspricht der des Wertungsausschusses, § 1 Abs. 4 S. 2 (oben, Rn. 12), dauert also 3 Jahre. Für den Fall des vorzeitigen Ausscheidens aus dem Amt (z.B. Rücktritt, Tod, Beendigung der Mitgliedschaft, Erlangung der ordentlichen Mitgliedschaft) fehlt hier (anders als für den Wertungsausschuß, § 2 Abs. 3; s.o. Rn. 13 f.) eine Regelung. Nach den gem. Abs. 4 S. 4 entsprechend anwendbaren „Grundsätzen über die Wahl von Aufsichtsratsmitgliedern" wählen die Aufsichtsratsmitglieder der Komponisten in diesem Fall einen Ersatzmann, § 13 Abs. 2 UAbs. 2 S. 3 Satzung.

19 Die **Rechtsstellung** des Delegierten ist doppelt beschränkt. Er wirkt nur bei der Wertung der außerordentlichen und angeschlossenen Mitglieder mit und hat dabei zudem nur eine beratende Stimme, § 1 Abs. 4 S. 1 Hs. 2 GO Wertung KE.

§ 2 [Verfahren und Beschlußfassung]

(1) Der Wertungsausschuß wählt aus seiner Mitte einen Vorsitzenden und einen stellvertretenden Vorsitzenden.

(2) Der Wertungsausschuß ist nur beschlußfähig, wenn 3, in Fällen der Chormusik 5 Mitglieder oder ihre Stellvertreter anwesend sind.

(3) Der Wertungsausschuß entscheidet mit einfacher Mehrheit der bei der Abstimmung vorhandenen Stimmen. Bei Stimmengleichheit entscheidet die Stimme des Vorsitzenden.

(4) Die beiden Chorkomponisten haben nur in Fällen der Chormusik Sitz und Stimme im Ausschuß.

(5) An den Sitzungen des Wertungsausschusses kann ein Delegierter des Aufsichtsrates teilnehmen.

(6) Der Vorstand kann an allen Sitzungen des Wertungsausschusses teilnehmen.

(7) Der Delegierte des Aufsichtsrates und der Vorstand haben lediglich beratende Stimme.

Übersicht Rn.

I. Übersicht

20 Der Wertungsausschuß trifft seine Entscheidungen durch Abstimmung. Das Verfahren variiert dabei geringfügig, je nachdem, ob es sich um die Einstufung von Komponisten der Chormusik oder von Komponisten sonstiger Werke handelt. Die Vorschrift

regelt das Verfahren der kollektiven Entschlußfassung (Beschlußfassung und Stimmrecht, § 2 Abs. 1–4 GO Wertung KE) und die Beteiligungsmöglichkeiten der Vereinsorgane der GEMA (§ 2 Abs. 5–7 GO Wertung KE).

II. Der Vorsitzende

Der Wertungsausschuß wählt aus seiner Mitte einen Vorsitzenden und einen stellvertretenden Vorsitzenden, § 2 Abs. 1 GO Wertung KE. Der Vorsitzende leitet die Ausschußsitzungen. Seine Stimme entscheidet bei Stimmengleichheit, § 2 Abs. 3 S. 2 GO Wertung KE (unten, Rn. 30). Er kann einer Beschwerde zum Aufsichtsrat (nach Rücksprache mit den übrigen Ausschußmitgliedern) nach § 8 Abs. 3 GO Wertung KE abhelfen (unten, Rn. 125–127). **21**

Wählbar sind zunächst nur die Ausschußmitglieder, nicht aber die Stellvertreter. Da die Stellvertreter funktionsgemäß nicht an allen Sitzungen teilnehmen, wäre ihre Wahl zum Vorsitzenden oder dessen Vertreter zweckwidrig. Weiterhin können auch die Chorkomponisten nicht zum Vorsitzenden oder seinem Vertreter bestimmt werden, da auch sie nur eingeschränkt Sitz und Stimme im Ausschuß haben (§ 2 Abs. 4 GO Wertung KE; s. unten Rn. 27). Zum Vorsitzenden kann daher maW nur einer der drei E-Komponisten gewählt werden. Die **Wahl** erfolgt durch einfache Mehrheit. **22**

Einen besonderen **Sitzungsvorsitzenden** gibt es im Fall von § 7 GO Wertung KE; dazu unten, Rn. 120. **23**

III. Beschlußfähigkeit

Der Wertungsausschuß ist **beschlußfähig**, wenn sämtliche stimmberechtigten Ausschußmitglieder oder deren Vertreter anwesend sind. Das ist in § 2 Abs. 2 GO Wertung KE dadurch ausgedrückt, daß für den Regelfall drei Mitglieder oder deren Vertreter anwesend sein müssen, wenn es um Chormusik geht hingegen fünf. Da die Chorkomponisten aber nur in Fällen der Chormusik „Sitz und Stimme" im Wertungsausschuß haben (§ 2 Abs. 4 GO Wertung KE), besteht der Wertungsausschuß im Regelfall aus drei Mitgliedern. Die Beschlußfähigkeit ist demnach für den Regelfall (nicht Chormusik) nur hergestellt, wenn die drei Komponisten (ohne Chorkomponisten) anwesend sind. **24**

Im Fall von Stimmrechtsausschluß und Teilnahmeverbot nach § 7 GO Wertung KE wird das ausgeschlossene Mitglied durch den Vorstand ersetzt, so daß die Beschlußfähigkeit bestehen bleibt; s.a. unten, Rn. 119. **25**

IV. Stimmrecht

Stimmrecht haben im Grundsatz alle Ausschußmitglieder, im Vertretungsfall deren Vertreter. Davon gibt es indes Ausnahmen. **26**

27 Ein **Stimmrechtsausschluß** ergibt sich zunächst für die **Chorkomponisten** in allen Fällen, die nicht Chormusik betreffen; dann haben sie weder Sitz noch Stimme, § 2 Abs. 4 GO Wertung KE. Wenn die Chorkomponisten in diesen Fällen auch keinen „Sitz" im Wertungsausschuß haben, so ist damit ausgedrückt, daß sie auch an den Beratungen nicht teilnehmen dürfen. Um den übrigen Ausschußmitgliedern eine „unbefangene" Beratung zu ermöglichen, dürfen die Chorkomponisten in diesen Fällen auch nicht durch Beratungsbeiträge mitwirken.

28 Ein Stimmverbot besteht für die **einzelnen Ausschußmitglieder** (einschließlich Stellvertreter), soweit es um ihre eigene Wertung geht, § 7 GO Wertung KE. Um Interessenkonflikten vorzubeugen, dürfen sie an der Beschlußfassung nicht mitwirken und müssen während der Beratung abwesend sein. Zu den Besonderheiten der Beschlußfassung in diesen Fällen näher unten, Rn. 119 f.

V. Erforderliche Mehrheit

29 Der Wertungsausschuß entscheidet mit einfacher Mehrheit der bei der Abstimmung vorhandenen Stimmen, § 2 Abs. 3 S. 1 GO Wertung KE. Da für die Beschlußfähigkeit im Regelfall drei Mitglieder anwesend sein müssen, bei Fällen der Chormusik fünf (oben, Rn. 24), erfolgt die Beschlußfassung im Regelfall mit mindestens 2:1 Stimmen, bei Chormusik mindestens 3:2 Stimmen.

30 Bei **Stimmengleichheit** entscheidet die Stimme des Vorsitzenden (§ 2 Abs. 3 S. 2 GO Wertung KE) oder seines Vertreters. Eine Pattsituation kann mit Rücksicht auf die Regeln über die Beschlußfähigkeit (oben, Rn. 24) nur entstehen, wenn sich ein Ausschußmitglied seiner Stimme enthält. Die Vorschrift setzt voraus, daß sich der Vorsitzende nicht enthalten darf, wenn dadurch eine Pattsituation entsteht.

VI. Teilnahmerecht des Delegierten des Aufsichtsrats und des Vorstands

31 An den Sitzungen des Wertungsausschusses kann ein **Delegierter des Aufsichtsrats** teilnehmen, § 2 Abs. 5 GO Wertung KE, § 13 Abs. 4 Satzung. Der Delegierte wird vom Aufsichtsrat „aus seiner Mitte auf Vorschlag der betreffenden Berufsgruppe für jede Berufsgruppe" bestimmt, § 8 Abs. 1 S. 2 GO AR. Obwohl das in § 2 Abs. 5 GO Wertung KE nicht ausdrücklich gesagt ist, muß der Delegierte selbst Komponist sein (vgl. § 2 Abs. 4 GO Wertung U).

32 Weiterhin kann der **Vorstand** (§ 14 Satzung) an den Sitzungen des Wertungsausschusses teilnehmen, § 2 Abs. 6. Von dem mehrköpfigen Vorstand ist jedes seiner Mitglieder teilnahmeberechtigt, Rechte „des Vorstands" (sogleich Rn. 33) können die Vorstandsmitglieder indes nur einheitlich ausüben.

33 Der Delegierte des Aufsichtsrats und der Vorstand haben im Grundsatz lediglich **beratende Stimme**, § 2 Abs. 7 GO Wertung KE, sie haben kein Stimmrecht. Ausnahmsweise kommt dem Vorstand im Fall von § 7 GO Wertung KE eine Stimme zu; dazu unten, Rn. 119 f. Zudem sind der Delegierte des Aufsichtsrats und der Vorstand antragsberechtigt nach § 8 Abs. 1 S. 2 GO Wertung KE (Anrufung des Aufsichtsrats).

§ 3 [Beteiligung an der Wertung, allgemeine Regeln]

Alle lebenden Komponisten der GEMA können nach Maßgabe folgender Bestimmungen am Wertungsverfahren beteiligt werden:

I. (1) Soweit in den für das Wertungsverfahren bestehenden Gruppen eine längere Mitgliedschaftsdauer verlangt wird, wird die Zugehörigkeit des Mitgliedes zu den früheren Verwertungsgesellschaften STAGMA, GEMA, GDT oder AKM angerechnet. Die Zugehörigkeit zu einer anderen Verwertungsgesellschaft kann angerechnet werden.

(2) Die Mitgliedschaftsdauer wird vom 1. Januar des Jahres an berechnet, in dem das Mitglied die Mitgliedschaft erworben hat.

(3) Mitglieder, die ihre Werke nur mit Hilfe anderer schreiben, also nicht über das berufsmäßige Können verfügen, können keine Wertung erhalten. Das Mitglied kann zur Ableistung einer Klausur aufgefordert werden.

(4) Soweit bei der Bewertung Auslandseinnahmen zugrunde zu legen sind, die sich unter den Berufsgruppen nicht aufteilen lassen, wird der Gesamtbetrag in der Berufsgruppe zugrunde gelegt, in der das Mitglied das höhere Aufkommen hat.

II. (1) Nach dem Tode des Urhebers sind Beteiligte am Wertungsverfahren nur dessen Ehegatte und seine Kinder, soweit sie Erben sind.

Leistungen an Waisen, soweit sie nicht schon Beteiligte am Wertungsverfahren sind, erfolgen nur bis zur Vollendung des 30. Lebensjahres.

(2) Voraussetzung für Zuwendungen an den Ehegatten ist, daß

a) die Ehe mindestens 3 Monate bestanden hat,

b) im Falle der Eheschließung nach Vollendung des 60. Lebensjahres des Mitglieds mit einem um mehr als 20 Jahre jüngeren Ehegatten die Ehe mindestens 10 Jahre, mit einem weniger als 20 Jahre jüngeren Ehegatten die Ehe mindestens 5 Jahre bestanden hat.

(3) Wenn weder ein überlebender Ehegatte noch Kinder vorhanden sind, kann mit Zustimmung des Aufsichtsrats auch ein langjähriger Lebensgefährte, der Erbe ist, als Beteiligter anerkannt werden.

(4) Der Wertungszuschlag gemäß § 5 Abs. (1) wird mit 33 1/3 % der Aufkommensbeträge berechnet. Punkte für die Dauer der Mitgliedschaft werden einschließlich des Todesjahres des Mitglieds vergeben.

(5) Die Zuwendung beträgt jedoch höchstens 10 % der jeweils nach § 4 Abs. (1) für den Ausgleichsfonds zur Verfügung stehenden Gesamtsumme.

(6) Wer als Bezugsberechtigter sich oder einem anderen wissentlich oder grob fahrlässig durch falsche Angaben einen rechtswidrigen Vermögensvorteil verschafft und/oder wer gegen die Mißbrauchsvorschriften in Abschn. I Ziff. 2, Abschn. III Ziff. 3 bzw. Abschn. IV Ziff. 4 der Ausführungsbestimmungen zum Verteilungsplan für das Aufführungs- und Senderecht verstößt, verwirkt seine Beteiligung am Wertungsverfahren für das Jahr, in dem der Verstoß begangen wurde. Bei solchen Verstößen entscheidet der Wertungsausschuß, ob es geboten ist, die Einstufung für das Wertungsverfahren zu ändern.

III. Werden urheberrechtliche Nutzungsrechte eines Nicht-GEMA-Mitglieds an ein GEMA-Mitglied abgetreten (zediert), so nimmt weder der Abtretende (Zedent) noch der Abtretungsempfänger (Zessionar) für die abgetretenen Rechte an diesem Wertungsverfahren teil. Dies gilt für alle ab dem 1. 6. 2003 bei der GEMA eingereichten Abtretungen sowie für Werkanmeldungen aus Abtretungen vor diesem Stichtag.

Inhaltsübersicht Rn.

I. Übersicht

34 Die Vorschrift regelt die Voraussetzungen für eine Beteiligung am Wertungsverfahren. Sie enthält zudem, vor die Klammer gezogen, einige Bestimmungen, die für die Wertung ieS (§ 5 GO Wertung KE) von Bedeutung sind.

II. Die Beteiligung an der Wertung

35 Die Beteiligung an der Wertung unterliegt unterschiedlichen Erfordernissen, je nachdem ob es sich um originär Berechtigte (lebende Komponisten, § 3 I GO Wertung KE) oder um derivativ Berechtigte handelt, die ihre Rechte lediglich von Dritten herleiten (Rechtsnachfolger, § 3 II GO Wertung KE sowie Zedenten, § 3 III GO Wertung KE).

1. Beteiligung von lebenden Komponisten und Prüfungsrecht der GEMA

a) Grundsatz

36 Grundsätzlich können alle lebenden Komponisten der GEMA an der Wertung beteiligt werden, § 3 Einleitungsabsatz GO Wertung KE. Auf den Status als ordentliche, außerordentliche oder angeschlossene Mitglieder kommt es nicht an.

b) Prüfungsrecht der GEMA

aa) Das Klausurerfordernis des § 3 I Abs. 3 GO Wertung KE

Komponisten, die ihre Werke nur mit Hilfe anderer schreiben, also nicht über das berufsmäßige Können verfügen, sind nach der durch Beschluß der Mitgliederversammlung vom 27./28. Juni 1995 eingeführten Regelung von § 3 I Abs. 3 S. 1 GO Wertung KE von der Wertung ausgeschlossen. Nach S. 2 der Vorschrift können sie zur Ableistung einer Klausur aufgefordert werden. Die Regelung, die freilich nicht sehr klar formuliert ist, sieht aus guten Gründen ein Verfahren vor, um zu prüfen, ob Berechtigte die Voraussetzungen für die Teilnahme an der Wertung erfüllen. Hintergrund für ihre Einführung war, daß **Kleinkinder**, die nach aller Lebenserfahrung schlechterdings keine Werke geschaffen haben konnten, eine Beteiligung am Wertungsverfahren begehrten. Für solche und ähnliche Fälle sollte das Klausurerfordernis die Möglichkeit einer Überprüfung bieten. Mit dem – in Anlehnung an die ältere Vorschrift von § 3 Abs. 3 UAbs. 2 GO Wertung U formulierten – Erfordernis einer „Klausur“ war entsprechend dem Wortsinn und dem Zusammenhang der Vorschrift („nur mit Hilfe anderer schreiben können“) an eine geschlossene Prüfung gedacht, die regelmäßig durch ein Fachgespräch erfolgen sollte. **37**

Der Bundesgerichtshof hat die Regelung durch Urteil vom 13. Dezember 2001[1] für **unwirksam** erklärt,[2] da sie die Berechtigten entgegen den Geboten von Treu und Glauben unangemessen benachteilige und daher gegen § 9 AGBG (heute § 307 BGB) verstoße.[3] Der wesentliche Grund dafür lag indes nicht darin, daß das Gericht die Kontrollbefugnis geleugnet hätte. Im Gegenteil hat der BGH sogar die Pflicht der GEMA hervorgehoben, solche Prüfungen vorzunehmen. Der BGH rügte die Vorschrift vielmehr deswegen, weil er das Erfordernis einer „Klausur“ anders als die GEMA eng auslegte und darunter nur eine *schriftliche Prüfung* verstand.[4] Als schriftliche Prüfung würde sie aber gerade die Berechtigten, die ihre Werke „nicht mit Hilfe anderer schreiben können“, wie z.B. Kleinkinder und Behinderte, unangemessen benachteiligen. Das Gericht beanstandete ferner, daß die Einzelheiten der Prüfung nicht bestimmt seien.[5] Praktische Folgen hat die Unwirksamkeit nicht, da sich, wie der BGH hervorhebt, ein Prüfungsrecht der GEMA bereits aus allgemeinen Grundsätzen ergibt: **38**

---

1 BGH, GRUR 2002, 332 – Klausurerfordernis.

2 Die Entscheidung erwächst zwar nur zwischen den Parteien des Rechtsstreits in Rechtskraft, wirkt sich aber tatsächlich auf alle Berechtigten aus, da die Frage nur einheitlich beurteilt werden kann.

3 BGH, GRUR 2002, 332 – Klausurerfordernis.

4 Zur Problematik *Riesenhuber,* Die Auslegung und Kontrolle des Wahrnehmungsvertrags, S. 43 f.

5 Dagegen krit. *Riesenhuber*, Die Auslegung und Kontrolle des Wahrnehmungsvertrags, S. 45, Fn. 5.

bb) Das allgemeine Prüfungsrecht der GEMA

39 Hat der BGH auch die Regelung selbst für unwirksam erklärt, so hat er doch das Regelungsanliegen der GEMA ausdrücklich für berechtigt erklärt und zudem hervorgehoben, daß die GEMA ein **Prüfungsrecht** schon aus **allgemeinen Grundsätzen** der Beweislast hat:[6]

> „Wer als (angeschlossenes) Mitglied Ansprüche auf Beteiligung als Komponist am Wertungsverfahren der Sparte E geltend macht, muß gegebenenfalls nachweisen, daß er in der Lage ist, wirtschaftlich verwertbare Werke dieser Sparte zu schaffen, und daß die Aufführungen seiner Werke, auf die er seinen Anspruch stützt, Werke dieser Art zum Gegenstand hatten.“[7]

> „Die Voraussetzungen für Ansprüche gegen die Beklagte [GEMA] sind nach allgemeinen Grundsätzen vom Anspruchsteller nachzuweisen. Wer am Wertungsverfahren der Sparte E teilnehmen will, hat deshalb darzulegen und gegebenenfalls zu beweisen, daß die von ihm angemeldeten Werke für eine wirtschaftliche Verwertung in Betracht kommen und er in der Lage ist, gem. § 7 S. 2 WahrnG förderungswürdige Werke zu schaffen.“[8]

> „Auf eine formlose Prüfung der Anspruchsvoraussetzungen, wie sie mit § 3 I Abs. 3 GO Wertung E möglicherweise angestrebt war, ist die Bekl. weder beschränkt noch angewiesen. Sie kann den Anspruchsteller vielmehr auf den Rechtsweg und die Beweisführung in einem Gerichtsverfahren verweisen, wenn sie begründete, nicht ausgeräumte Zweifel daran hat, daß die notwendigen Voraussetzungen vorliegen.“[9]

40 Ist demnach auch das Klausurerfordernis des § 3 I Abs. 3 GO Wertung KE unwirksam, so ergibt sich doch das – intendierte – **Prüfungsrecht** bereits aus allgemeinen Grundsätzen. Zu Recht hat der Bundesgerichtshof hervorgehoben, daß die GEMA dazu nicht nur berechtigt, sondern mit Rücksicht auf ihre Treuhandstellung auch verpflichtet ist:

> „Die Bekl. ist allerdings im Interesse der Mitglieder, deren Rechte sie treuhänderisch wahrnimmt, gehalten, soweit möglich Mitglieder vom Wertungsverfahren auszuschließen, die zu den Einnahmen nichts oder nur unwesentlich beitragen und auch keine kulturell bedeutenden Werke schaffen, die nach dem Gebot des § 7 S. 2 WahrnG bei der Verteilung gefördert werden sollen.“[10]

2. Beteiligung von Erben

41 Der Ehegatte, Kinder und, eingeschränkt, Lebensgefährten können nach dem Tod des Urhebers am Wertungsverfahren beteiligt werden, soweit sie Erben sind, § 3 II Abs. 1–5 GO Wertung KE. Voraussetzung ist für alle Fälle einheitlich, daß der Betreffende Erbe geworden ist. Ob jemand **Erbe** geworden ist, bestimmt sich nach den Vorschriften des Bürgerlichen Gesetzbuchs (§§ 1922 ff. BGB). Entgegen der mißverständlichen Formulierung („soweit“) kommt es allein darauf an, daß der Betreffende Erbe geworden ist, nicht aber, zu welchem Anteil.

---

6 Eingehend *Riesenhuber,* ZUM 2005, 136–145.
7 BGH, GRUR 2002, 332, 334 – Klausurerfordernis.
8 BGH, GRUR 2002, 332, 334 – Klausurerfordernis.
9 BGH, GRUR 2002, 332, 334 – Klausurerfordernis.
10 BGH, GRUR 2002, 332, 333 – Klausurerfordernis.

Im einzelnen sind die Voraussetzungen für die Beteiligung am Wertungsverfahren verschieden (nachfolgend a)). § 3 II Abs. 4 und 5 GO Wertung KE enthält zudem besondere Vorschriften über die Berechnung der Wertung. 42

a) Beteiligungsfähige Erben

aa) Ehegatten, § 3 II Abs. 1, 2 GO Wertung KE

Ehegatten nehmen nur dann an der Wertung teil, wenn die Ehe für eine **Mindestdauer** bestanden hat. Im Grundsatz beträgt die Mindestdauer drei Monate. Wird die Ehe nach Vollendung des 60. Lebensjahrs und mit einem mehr als 20 Jahre jüngeren Ehegatten geschlossen, beträgt sie 10 Jahre, bei einem weniger als 20 Jahre jüngeren Ehegatten beträgt die Mindestdauer fünf Jahre. Der erkennbare Zweck der Regelung besteht darin, die Möglichkeit einer „Versorgungsehe“ zu versperren (lit. a) und die Wertung nicht unverhältnismäßig lang mit Ansprüchen der Erben zu belasten (lit. b). 43

Partner einer **eingetragenen Lebenspartnerschaft** nach dem Lebenspartnerschaftsgesetz (LPartG) sind Ehegatten gleichgestellt. 44

bb) Kinder, § 3 II Abs. 1 UAbs. 1 und 2 GO Wertung KE

Sprachlich verunglückt ist die Regelung über die Wertungsbeteiligung von Kindern. Auch für sie ist zunächst nach § 3 II Abs. 1 UAbs. 1 GO Wertung KE Voraussetzung, daß sie Erben sind (oben, Rn. 41). Weiterhin sollen sie aber, wie in UAbs. 2 durch die Bezeichnung als „Waisen“ zum Ausdruck gebracht wird, **nur nachrangig nach dem Ehegatten** zum Zuge kommen. Kinder nehmen maW nur am Wertungsverfahren Teil, wenn entweder der andere Elternteil bereits beim Tod des Mitglieds vorverstorben war oder nachher verstorben ist. Zudem ist ihre Beteiligung am Wertungsverfahren durch die **Altersgrenze** von 30 Jahren beschränkt. Das 30. Lebensjahr ist mit Erreichen des 30. Geburtstags vollendet. 45

Kinder sind die leiblichen Kinder des Mitglieds, ebenso wie die Adoptivkinder (§ 1754 f. BGB). Stiefkinder, die von einem Ehepartner abstammen, aber weder leibliche Kinder des Mitglieds noch von diesem adoptiert sind, werden an der Wertung nicht beteiligt. 46

cc) Lebensgefährten, § 3 II Abs. 3 GO Wertung KE

Lebensgefährten eines Mitglieds nehmen nach dessen Tod **grundsätzlich nicht** an der Wertung teil, und zwar auch dann nicht, wenn sie Erben geworden sind. Grund der Regelung ist, daß hier eine hinreichend intensive und (formal) feststellbare Bindung, wie sie zum Ehepartner oder zum Kind besteht, fehlt. 47

Um **Härten zu vermeiden**, „kann mit Zustimmung des Aufsichtsrats auch ein langjähriger Lebensgefährte, der Erbe ist, als Beteiligter anerkannt werden“, § 3 II Abs. 3 GO Wertung KE. Die Beteiligung ist indes an enge Voraussetzungen gebunden. *Erstens* setzt sie (als Ausnahme von § 3 II Abs. 1 GO Wertung KE) voraus, daß weder ein wertungsberechtigter Ehegatte noch wertungsberechtigte Kinder des Berechtigten vorhanden sind (vorverstorben oder nicht Erbe geworden). *Zweitens* setzt die Regelung voraus, daß ein „langjähriger Lebensgefährte“ die Beteiligung begehrt. **Lebensgefährte** ist, wer mit dem Partner auf der Grundlage einer eheähnlichen emo- 48 tionalen Bindung zusammenlebt und -wirtschaftet. Eine bloße Wohngemeinschaft reicht daher sowenig wie eine bloße Freundschaft. Die Beziehung muß zudem „langjährig“ sein. Der Begriff ist – der Natur der Sache angemessen – nicht fest umrissen, um einer Einzelfallbeurteilung Raum zu lassen. Als Mindestmaß wird man aber einen Zeitraum von sieben Jahren fordern müssen. Der Nachweis über die langjährige Beziehung ist von dem Wertungsbegehrenden zu führen. Vorausgesetzt ist *drittens,* daß der anspruchstellende Lebensgefährte **Erbe** des Mitglieds geworden ist.

49 Da die Voraussetzungen naturgemäß nicht scharf umrissen sind, setzt die Vorschrift *viertens* eine Anerkennungsentscheidung voraus. Zuständig ist nicht der Aufsichtsrat (der nur zustimmen muß), sondern der Wertungsausschuß. Ihm kommt bei der Entscheidung ein (gerichtlich nur begrenzt überprüfbarer) Beurteilungsspielraum zu, ob der Anspruchsteller „langjähriger“ „Lebensgefährte“ des verstorbenen Mitglieds war. Er muß zudem eine Ermessensentscheidung treffen, ob es nach den Umständen gerechtfertigt ist, den Anspruchsteller als Beteiligten anzuerkennen.

b) Berechnung der Wertung, § 3 II Abs. 4, 5 GO Wertung KE

50 Für die Berechnung der Wertung von Erben enthält § 3 II Abs. 4, 5 GO Wertung KE Sonderregeln, die die Grundregel von § 5 Abs. 3 GO Wertung KE modifizieren und eine Höchstgrenze („Kappungsgrenze“) für die Wertungszahlungen festlegen. Diese Sonderregeln sind mit den gesetzlichen Vorgaben für den Verteilungsplan (§ 7 UrhWG) vereinbar.[11]

aa) Sonderregel über das nach § 5 Abs. 1 GO Wertung KE berücksichtigungsfähige Aufkommen, § 3 II Abs. 4 S. 1 GO Wertung KE

51 Zunächst enthält § 3 II Abs. 4 GO Wertung KE in S. 1 eine Sonderregel über das für die Berechnung der Wertung nach § 5 Abs. 1 GO Wertung KE berücksichtigungsfähige Aufkommen. Welches Aufkommen bei der Berechnung der Wertung Berücksichtigung findet, regelt im Grundsatz § 5 Abs. 1 Fn. 1 GO Wertung KE. Von dem nach dieser Regelung ermittelten Betrag ist für die an der Wertung beteiligten Erben nur ein Drittel (33 1/3 %) zu berücksichtigen.

bb) Sonderregel für die Berechnung der Punktzahl nach § 5 Abs. 3 lit. A GO Wertung KE, § 3 II Abs. 4 S. 2 GO Wertung KE

52 Für die Berechnung der Punktzahl für die Dauer der Mitgliedschaft wird die Mitgliedschaftszeit nach lit. A bis zum Todesjahr einschließlich berücksichtigt.

cc) Kappungsgrenze

53 Zudem ist die Wertungszahlung an den Erben der Höhe nach begrenzt.[12] Er erhält höchstens 10 % der Summe, die gemäß § 4 Abs. 1 für den Ausgleichsfonds zur Verfügung gestellt wird. Die Regelung drückt durch die Bezugnahme zum einen aus, daß

---

11 KG v. 15. 8. 2003 – 5 U 8/03; LG Berlin v. 19. 11. 2002 – 16.O.303/02.
12 Zur Kappungsgrenze nach § 5 Abs. 2 UAbs. 6 GO Wertung KE unten, Rn. 108 ff.

die Wertungszahlungen an Erben nicht als kulturelle Förderung im eigentlichen Sinn verstanden werden, sondern als eine sonstige Zuwendung. Sie begrenzt diese Zahlungen zugleich mit dem Ziel, den Hauptteil der Wertungssumme für die eigentliche kulturelle Förderung freizuhalten.

3. Rechtsstellung von Zedenten und Zessionaren

Die GEMA nimmt – infolge einer umstrittenen Entscheidung des DPA aus dem Jahr 1977 – auch die Rechte wahr, die von Rechteinhabern (Abtretenden, Zedenten) an Dritte (Abtretungsempfänger, Zessionare) übertragen (abgetreten, zediert) werden.[13] Das ist schon generell problematisch, da so die Gefahr besteht, daß auch Vertreter der Marktgegenseite wie Rundfunkveranstalter oder Filmproduzenten als Inhaber abgetretener Rechte Mitglieder der GEMA werden. Im Bereich der Wertung ist eine Beteiligung von Zedenten und Zessionaren gleichermaßen problematisch. Für die Zedenten folgt das daraus, daß sie der GEMA nicht (notwendig) angehören. Eine Wertungsbeteiligung der Zessionare auf der anderen Seite würde ihren Zweck (kulturelle Förderung!) verfehlen. 54

Mit der – durch Beschluß der Mitgliederversammlung vom 24./25. Juni 2003 eingefügten – Vorschrift des § 3 III GO Wertung KE nimmt die GEMA daher zu Recht Zedenten ebenso wie Zessionare im Hinblick auf die abgetretenen Rechte von der Wertung aus. Die Regelung erfaßt (1.) alle Zessionen, die der GEMA ab dem 1. Juni 2003 eingereicht wurden und (2.) alle Zessionen im Hinblick auf Werke, die erst ab dem 1. Juni 2003 bei der GEMA angemeldet wurden. 55

III. Regelung allgemeiner Fragen

1. Die Mitgliedschaftsdauer, § 3 I Abs. 1, 2 GO Wertung KE

Für die Ermittlung der Wertung kommt es nach § 5 Abs. 3 lit. A GO Wertung u.a. auf die Dauer der Mitgliedschaft an. § 3 I Abs. 1, 2 GO Wertung KE enthält einige allgemeine Vorschriften über die Berechnung der Mitgliedschaftsdauer. 56

a) Anrechnung von Mitgliedschaftszeiten

Eine frühere Mitgliedschaft in den früheren deutschen Verwertungsgesellschaften STAGMA, (Alte) GEMA, GDT und AKM wird stets und ohne weiteres angerechnet. 57

Die frühere Mitgliedschaft in einer **anderen** (z.B. ausländischen) **Verwertungsgesellschaft** kann auf Antrag des Mitglieds nach dem Ermessen des Wertungsausschusses angerechnet werden. Bei der Ermessensausübung ist der Wertungsausschuß an die Grundsätze der Billigkeit (§ 315 BGB) gebunden, die das Willkürverbot (§ 7 S. 1 UrhWG) umfassen. Die Anrechnungsentscheidung darf daher nicht auf sachfremde Er- 58

13 Näher oben, **Kap. 10 Rn. 15**.

wägungen (z.B. das Geschlecht) gestützt werden. An eine ausgeübte Praxis bei den Entscheidungen ist der Wertungsausschuß grundsätzlich gebunden, bis er sie durch eine neue Praxis ersetzt (Willkürverbot).

b) Mitgliedschaftsjahre

59 Für die Wertung wird die Mitgliedschaftsdauer vom 1. Januar des Jahres an berechnet, in dem der Komponist Mitglied geworden ist, § 3 I Abs. 2 GO Wertung KE. Wurde die Mitgliedschaft – etwa durch Abschluß eines Berechtigungsvertrages – erst am 31. Dezember erworben, so ist im Wertungsverfahren demnach dennoch das gesamte Kalenderjahr anzusetzen.

2. Berücksichtigung von Auslandseinnahmen, § 3 I Abs. 4 GO Wertung KE

60 Auslandseinnahmen können wegen der unterschiedlichen Verteilungsregeln der Verwertungsgesellschaften oft nicht einzelnen Berufsgruppen zugerechnet werden. Für die Wertung, die maßgeblich anhand der Einnahmen ermittelt wird, ergibt sich damit die Sachfrage, wie die Auslandseinnahmen eines Mitglieds zu berücksichtigen sind, das mehreren Berufsgruppen angehört (z.B. Komponist und Textdichter). Hier trifft § 3 I Abs. 4 GO Wertung KE die Regelung, daß die Auslandseinnahmen in diesem Fall für die Zwecke der Wertung der Berufsgruppe zuzurechnen sind, in der das Mitglied das höhere Aufkommen hat. Darin liegt eine sachnahe Pauschalierung, die auch aus Gründen der effizienten Wahrnehmungstätigkeit gerechtfertigt ist.

3. Ausschluß wegen Mißbrauchs

61 § 3 II Abs. 6 GO Wertung KE enthält einen allgemeinen Mißbrauchstatbestand. Ungeachtet seiner systematischen Einordnung unter II findet der Mißbrauchstatbestand nicht nur in den (dort hauptsächlich geregelten) Fällen der Erbenbeteiligung Anwendung, sondern allgemein. Die Regelung enthält zwei Mißbrauchstatbestände (a), an die jeweils zwei Sanktionen geknüpft sind (b).[14]

a) Mißbrauchstatbestände

aa) Falsche Angaben

62 Der erste Mißbrauchstatbestand ist erfüllt, wenn ein Bezugsberechtigter (also ein Mitglied, das an der Wertung teilnimmt)

[1] wissentlich oder grob fahrlässig
[2] falsche Angaben macht und sich
[3] dadurch (Kausalität)
[4] einen rechtswidrigen Vermögensvorteil verschafft.

Es handelt sich damit um einen betrugsähnlichen Tatbestand (vgl. § 263 StGB). Der Tatbestand ist sehr eng formuliert. Objektiv [2] sind falsche Angaben erforderlich. Da

14 Zuletzt geändert durch Beschluß der Mitgliederversammlung v. 4./5. 7. 2000. Noch zur früheren Fassung LG Berlin v. 31. 3. 1998 – 16.O.639/97.

die der Wertungsermittlung zugrundeliegenden Daten überwiegend von der GEMA selbst festgestellt werden (Faktoren zu § 5 Abs. 3 lit. A-G GO Wertung KE: Mitgliedschaftsdauer und Aufkommen in den verschiedenen Sparten), geht es vor allem um Angaben, die der Berechtigte für die Bewertung seiner künstlerischen Persönlichkeit und des Gesamtschaffens gemacht hat, also etwa Angaben über erworbene Auszeichnungen. Subjektiv [1] muß das Mitglied wissentlich (vorsätzlich) oder grob fahrlässig gehandelt haben. Grob fahrlässig handelt, wer die Sorgfaltsanforderungen mißachtet, die im konkreten Fall schlechthin jedermann einleuchten. Der Berechtigte muß zudem einen rechtswidrigen, d.h. ihm nach den Regeln der GO Wertung KE nicht zustehenden, Vermögensvorteil erlangt haben [4]. Erforderlich ist der Erfolg; der bloße Versuch ist nicht sanktioniert. Und endlich muß der rechtswidrige Vermögensvorteil auch auf den falschen Angaben beruhen [3].

bb) Verstoß gegen die Mißbrauchsvorschriften des Verteilungsplans

§ 3 II Abs. 6 GO Wertung KE stellt dem besonderen Mißbrauchstatbestand die in **63**

- Abschnitt I Ziff. 2 (falsche Angaben bei der Werkanmeldung),
- Abschnitt III Ziff. 3 (unzulässiger Einfluß auf die Programmausfüllung) und
- Abschnitt IV Ziff. 4 (schwerwiegende Fälle unrichtiger Programmangaben)

der Ausführungsbestimmungen zum Verteilungsplan A normierten Mißbrauchstatbestände gleich. Dazu die Kommentierung des Verteilungsplans, **Kap. 11**.

b) Sanktionen

aa) Verwirkung der Beteiligung am Wertungsverfahren

Das Mitglied verwirkt für das Jahr, in dem der Verstoß begangen wurde, seine Beteiligung am Wertungsverfahren. Es erhält also nicht etwa die ihm ohne die falschen Angaben zustehende Wertung, sondern überhaupt keine Wertung. Wenn sich die Vorschrift auf das Begehungsjahr bezieht, so kann dies bedeuten, daß das Mitglied in diesem (Begehungs-) Jahr keine Auszahlung erhält oder keine Auszahlung erhält für das Jahr, dessen Wertung sich aus den im Begehungsjahr erzielten Einnahmen errechnet. Mit Rücksicht auf den Sanktionscharakter und mit Rücksicht darauf, daß die Wertung anhand des Dreijahresdurchschnitts ermittelt wird (§ 5 Abs. 2 UAbs. 2 GO Wertung KE), ist die Regelung dahin zu verstehen, daß der Täter im Begehungsjahr keine Auszahlung erhält. Da der erste Mißbrauchstatbestand („falsche Angaben") voraussetzt, daß der Vermögensvorteil bereits erlangt, die Wertung also bereits ausgezahlt wurde, liegt hier ein Fall ungerechtfertigter Bereicherung vor; die GEMA hat Anspruch auf Rückzahlung der Wertung aus § 812 Abs. 1 S. 1 Alt. 1 BGB. **64**

bb) Möglichkeit der Herabstufung

Darüber hinaus kann der Wertungsausschuß die Einstufung für das Wertungsverfahren ändern. Gemeint ist damit erstens die Einstufung gem. § 5 Abs. 3 lit. H GO Wertung KE im Rahmen der Bewertung der künstlerischen Persönlichkeit und des Gesamtschaffens. Die Herabstufung ist hier aus dem doppelten Grund zu erwägen, daß zum einen die frühere Bewertung auf falschen Angaben beruht oder beruhen kann **65** und daß zum anderen betrügerisches Verhalten zu einer grundlegend anderen Bewertung (auch) der künstlerischen Persönlichkeit führen kann und regelmäßig auch führen muß. Die Herabstufung muß sich aber zweitens ggf. auch auf die Wertungsgruppen nach § 5 Abs. 1 GO Wertung KE beziehen. Die Bestandsschutzregel von § 5 Abs. 4 S. 1 GO Wertung KE kann hier keine Anwendung finden, da der Täter sonst dauerhaft von seiner Pflichtverletzung profitieren würde; ein den Bestandsschutz rechtfertigendes Vertrauen fehlt hier. S. 2 der Vorschrift läßt daher die Herabstufung für Mißbrauchsfälle ausdrücklich zu.

§ 4 [Ausgleichsfonds]

(1) Bis zu 3 % der zur Verfügung gestellten Wertungssumme können einem Ausgleichsfonds zugeführt werden.

(2) Dieser Fonds hat einmal den Zweck, an Mitglieder, deren Schaffen künstlerisch erfolgreich war oder kulturell besonders förderungswürdig ist, in Härtefällen Zuwendungen zu machen. Zum anderen sollen daraus die unmittelbaren Abkömmlinge derjenigen Komponisten, die als politisch oder „rassisch" Verfolgte Deutschland vor 1945 verlassen mußten, Zuwendungen erhalten.

Ferner sollen daraus in begründeten Ausnahmefällen Mitglieder dafür entschädigt werden, daß ihre Werke in den Programmen nicht oder nicht vollständig erfaßt wurden.

Übersicht Rn.

I. Übersicht und Zweck

66 Der Ausgleichsfonds dient dazu, Nachteile einzelner Berechtigter im Rahmen der Wertung auszugleichen. Die Vorschrift nennt drei Zwecke:

- Zuwendungen in Härtefällen mit Rücksicht auf kulturelle Verdienste, Abs. 2 UAbs. 1 S. 1;
- Zuwendungen an unmittelbare Abkömmlinge von Komponisten, die als politisch oder „rassisch" Verfolgte Deutschland vor 1945 verlassen mußten, Abs. 2 UAbs. 1 S. 2;
- Zuwendungen an Mitglieder als Entschädigung dafür, daß ihre Werke in Programmen nicht oder nicht vollständig erfaßt wurden, Abs. 2 UAbs. 2.

Über das Ob und das Wie der Zuwendungen entscheidet der Wertungsausschuß, der bei seiner Entscheidung insbesondere an die genannten Zwecke gebunden ist.

II. Die Finanzierung des Ausgleichsfonds, § 4 Abs. 1 GO Wertung KE

Die finanzielle Ausstattung des Ausgleichsfonds ist nur durch die Obergrenze von 3% der zur Verfügung stehenden Gesamtsumme bestimmt. Über den Umfang der finanziellen Ausstattung entscheidet der **Wertungsausschuß**. Er ist in seiner Entscheidung nur durch den genannten Höchstbetrag beschränkt. 67

III. Die Zuwendungszwecke

1. Härtefälle, § 4 Abs. 2 UAbs. 1 S. 1 GO Wertung KE

In Härtefällen können Zuwendungen an Mitglieder gemacht werden, deren Schaffen künstlerisch erfolgreich war oder kulturell besonders förderungswürdig ist. **Härtefälle** können zum einen finanzielle Notlagen sein. Eine Härte liegt vor, wenn die „normale“ Wertung, die sich vor allem mit Rücksicht auf das Aufkommen errechnet (§ 5 Abs. 3 lit. B–G GO Wertung KE), ihren Zweck nicht erreicht, weil das Schaffen (a) zwar künstlerisch erfolgreich oder (b) kulturelle förderungswürdig, aber nicht „kommerziell“ erfolgreich war.[1] In beiden Anwendungsfällen kommt eine Zuwendung nur dann in Betracht, wenn das Mitglied entweder (früher) künstlerisch erfolgreich war (aber jetzt z.B. in eine Notlage oder Krise geraten ist) oder kulturell besonders förderungswürdig ist (auch wenn sich das nicht in den Aufkommensbeträgen widerspiegelt). 68

2. Abkömmlinge politisch oder „rassisch“ Verfolgter, § 4 Abs. 2 UAbs. 1 S. 2 GO Wertung KE

Dem Ausgleich nationalsozialistischen Unrechts dienen Zuwendungen an die unmittelbaren Abkömmlinge von Komponisten, die als politisch oder „rassisch“ Verfolgte Deutschland vor 1945 verlassen mußten. **Unmittelbare Abkömmlinge** sind die Kinder. Auch Adoptivkinder sind hierzu zu rechnen, nicht aber Stiefkinder. 69

3. Ausgleich für unvollständige Nutzungserfassung

In manchen Fällen werden Werke öfter gespielt als in Programmen nachgewiesen. Im Rahmen der kollektiven Wahrnehmung führt das allerdings insoweit zu keiner Benachteiligung, als davon alle Berechtigten gleichmäßig betroffen sind. Zudem können unvollständige Nutzungsnachweise auch durch Hochrechnungsverfahren ausgeglichen werden. Und nicht zuletzt gibt es nach Abschnitt V Ziff. 2 Ausführungsbestimmungen zum Verteilungsplan A die Möglichkeit, Aufführungen, die nicht in Programmen enthalten sind, glaubhaft zu machen. Ungeachtet dessen kann ein unvollständiger Nutzungsnachweis in Ausnahmefällen zu einer Benachteiligung eines Berechtigten führen, der in der ersten Stufe der Verteilung nur ein geringes Aufkommen 70

1 Vgl. *Kreile/Becker*, in: Handbuch der Musikwirtschaft, S. 706.

erzielt und deswegen in der zweiten Stufe der Verteilung eine zu geringe Wertung erhält. In solchen Ausnahmefällen kommt eine Zuwendung aus dem Ausgleichsfonds in Betracht.

IV. Zuständigkeit und Verfahren

71 Für die Zuwendungen aus dem Ausgleichsfonds ist der **Wertungsausschuß** zuständig, § 6 GO Wertung KE. Der Wertungsausschuß entscheidet nach einem **weiten Ermessen**, das gerichtlich nur beschränkt überprüfbar ist. Dieses Ermessen ist vor allem durch die Merkmale der Zuwendungszwecke (soeben Rn. 68–70) gebunden. Dabei ist aber zu beachten, daß insbesondere die Härtefallregelung (Rn. 68) ihrerseits durch die unbestimmten, vom Wertungsausschuß zu konkretisierenden Begriffe des „künstlerischen Erfolgs" und der „kulturellen Förderungswürdigkeit" bestimmt ist. Sie auszufüllen ist eine der Verwertungsgesellschaft vom Gesetzgeber zugewiesene (§ 7 S. 2 UrhWG) Aufgabe, so daß die Entscheidung des Wertungsausschusses in diesem Bereich nicht durch das Gericht ersetzt werden kann. Der Wertungsausschuß ist nur an die allgemeinen Grundsätze der Ermessensausübung gebunden. Er darf sich nicht von sachfremden Erwägungen leiten lassen und nicht wesentlich gleiche Fälle ungleich behandeln (Willkürverbot, § 7 S. 1 UrhWG).

§ 5 [Wertung ieS]

(1) Es bestehen bei der Wertung insgesamt 7 Gruppen mit folgenden Punktzahlen und Wertungszuschlägen:

Gruppe	**Punktzahl**	**Wertungszuschlag in Wertungsmark**[1]
I	**120 Punkte und mehr**	**100 %**
II	**100 Punkte und mehr**	**90 %**
III	**80 Punkte und mehr**	**80 %**
IV	**60 Punkte und mehr**	**60 %**
V	**40 Punkte und mehr**	**40 %**
VI	**20 Punkte und mehr**	**20 %**
VII	**10 Punkte und mehr**	**10 %**

[1] Berechnet wird der Wertungszuschlag:
a) vom Aufkommen in der Sparte E (Dreijahresdurchschnitt) bis zu EUR 10 250,–, darüber hinaus bis zum 10fachen des Aufkommens der Sparten R und FS (Dreijahresdurchschnitt);
b) vom Aufkommen in den Sparten Ki und FKi, soweit es 25% des Durchschnittsaufkommens in der Sparte E nicht übersteigt;
c) vom Aufkommen in den Sparten R und FS (Dreijahresdurchschnitt) bis zu EUR 1 550,– zu 100%, von dem EUR 1 550,– übersteigenden Aufkommen bis EUR 7 700,– zu 331/3%, vom weiteren Aufkommen 10%.
Der Wertungszuschlag stellt zunächst nur eine Verrechnungseinheit dar, aus der sich die später zu ermittelnde sog. Wertungsmark ergibt. Die Höhe der Wertungsmark wird errechnet aus dem Verhältnis der Verteilungssumme zu der im Rahmen des Wertungsverfahrens verfügbaren Summe.

Bei Komponisten, die ihre Werke durch einen oder mehrere Zessionare der GEMA bis zum 31. 5. 2003 zur Wahrnehmung übertragen haben, liegt der Berechnung des Wertungszuschlags das Gesamtaufkommen des Komponisten aus allen Zessionen zugrunde.

(2) Mindestens ein Drittel der Punkte müssen Punkte zu (3) B) bis H) sein.

Zugrunde gelegt wird jeweils das Aufkommen des Mitglieds in dem Geschäftsjahr, das dem des Wertungsverfahrens vorausgeht, bei einem Dreijahresdurchschnitt das Aufkommen der drei Geschäftsjahre, die dem des Wertungsverfahrens vorausgehen.

Für die Berücksichtigung im Wertungsverfahren zu § 5 (1) Fußnote 1) und § 5 (3) B) wird das Aufkommen der Sparte E ab Geschäftsjahr 1994 nach folgenden Faktoren gewichtet.[2)]

mit Faktor 1 für Werke aus Veranstaltungen mit Inkasso bis DM 100,–
mit Faktor 1,5 für Werke aus Veranstaltungen mit Inkasso über DM 100,–
mit Faktor 2 für Werke aus Veranstaltungen mit Inkasso über DM 500,–

Für E-Konzerte im Rahmen von Pauschalverträgen gilt das Durchschnittsinkasso.

Das jährliche Durchschnittsinkasso für E-Konzerte ist der Quotient aus dem Pauschalinkasso und der Anzahl der entsprechenden Programme. Ausgenommen sind solche Pauschalverträge, die pro E-Konzert die Anwendung der tariflichen Vergütungssätze vorsehen.

Kein Mitglied erhält aus den Mitteln des Wertungsverfahrens mehr als 2 % des zur Verfügung stehenden Gesamtbetrages.

---

2 Befristet bis 31.12.1997.

(3) Die Punktzahl errechnet sich wie folgt:

A) Dauer der Mitgliedschaft
Pro Jahr 1 Punkt

B) Aufkommen in der Sparte E
1) Komponisten nach H) a), b) und c)
Dreijahresdurchschnitt
je EUR 75,– 1 Punkt bis zu 30 Punkten

2) Komponisten nach H) d)
Dreijahresdurchschnitt
je EUR 190,– 1 Punkt bis zu 30 Punkten

C) Aufkommen in den Sparten Ki und FKi
je EUR 50,– 1 Punkt bis zu 20 Punkten

D) Aufkommen in den Sparten BM, ED und EM
je EUR 100,– 1 Punkt bis zu 25 Punkten

E) Aufkommen in den Sparten R und FS
Dreijahresdurchschnitt
je EUR 150,– 1 Punkt bis zu 30 Punkten

F) Aufkommen in der Sparte T (einschließlich FS-Fremdproduktionen)
je EUR 255,– 1 Punkt bis zu 15 Punkten

G) Auslandsaufkommen
Unter Zugrundelegung des Dreijahresdurchschnitts
je EUR 75,– 1 Punkt bis zu 20 Punkten

H) Bewertung der künstlerischen Persönlichkeit und des Gesamtschaffens
a) Komponisten, deren Schaffen als umfassend bezeichnet werden kann.
Bei der Bewertung sind die abgerechneten Werke nach Abschn. X und XII der Ausführungsbestimmungen zum Verteilungsplan für das Aufführungs- und Senderecht maßgebend. Oper und Ballett werden zur Bewertung nur herangezogen, wenn diese Werkgattungen nach Umfang

und Verbreitung im Schaffen des Komponisten eine den kleinen Rechten vergleichbare Geltung haben.

Stufe 1 80 Punkte

Komponisten, für die folgende Merkmale zutreffen:
Ein im echten Sinne des Wortes umfassendes Gesamtschaffen, das vorliegt, wenn Aufführungen und Sendungen aus der Mehrzahl der Werkgattungen, besonders von Werken nach Ziff. 9 und 10 des Abschn. X nachgewiesen sind.
Stetige Aufführungen und Sendungen innerhalb eines Jahrzehnts von Werken verschiedener Gattungen, darunter Kompositionen nach Ziff. 9 und 10 des Abschn. X. Voraussetzung ist das Vorhandensein von Standard- oder Repertoire-Werken. Internationale Geltung durch Aufführungen ausländischer Institutionen oder Ensembles an einer Vielzahl von bedeutenden Musikstätten im Ausland.

Stufe 2 60 Punkte

Komponisten, für die folgende Merkmale zutreffen:
Ein im echten Sinne des Wortes umfassendes Gesamtschaffen, das vorliegt, wenn Aufführungen und Sendungen aus der Mehrzahl der Werkgattungen, besonders von Werken nach Ziff. 9 und 10 des Abschn. X nachgewiesen sind.
Stetige Aufführungen und Sendungen im In- und Ausland innerhalb eines Jahrzehnts von Werken verschiedener Gattungen, darunter Kompositionen nach Ziff. 9 und 10 des Abschnitts X.

Stufe 3 50 Punkte

Komponisten, für die folgende Merkmale zutreffen:
Ein im echten Sinne des Wortes umfassendes Gesamtschaffen, das vorliegt, wenn Aufführungen und Sendungen für mindestens 3 Punkte zu E) aus der Mehrzahl der Werkgattungen, besonders von Werken nach Ziff. 9 und 10 des Abschn. X nachgewiesen sind.
Aufführungen im In- und Ausland und Sendungen in genügender Anzahl für mindestens 3 Punkte zu E).

Stufe 4 45 Punkte

Komponisten, für die folgende Merkmale zutreffen:
Ein im echten Sinne des Wortes umfassendes Gesamtschaffen, das vorliegt, wenn Aufführungen und Sendungen aus der Mehrzahl der Werkgattungen bzw. Abrechnungen in Rundfunk und Fernsehen nachgewiesen sind.

b) Komponisten, auf die die Voraussetzungen der in Abschn. a) bezeichneten

Merkmale nicht zutreffen bis zu 40 Punkte

Die Zuerkennung von mehr als 15 Punkten setzt eine angemessene Anzahl von Aufführungen und Sendungen voraus.

c) Komponisten, deren Schaffen überwiegend der Kirchenmusik gewidmet

ist bis zu 50 Punkte

d) Komponisten, deren Schaffen überwiegend Werke der Chormusik umfaßt

bis zu 40 Punkte

Bei erstmals am Wertungsverfahren zu beteiligenden Komponisten erfolgt eine Prüfung der Voraussetzungen für eine Bewertung der künstlerischen Persönlichkeit und des Gesamtschaffens nur, wenn mindestens vier Punkte zu § 5 (3) B) bis G) errechnet worden sind, wobei die Punkte zu D), F) und G) nur berücksichtigt werden, wenn mindestens 2 Punkte zu B), C) oder E) erreicht sind.

(4) Sobald das Mitglied eine bestimmte Gruppe erreicht hat, verbleibt es selbst dann in dieser Gruppe, wenn die Voraussetzungen sich soweit geändert haben sollten, daß das Mitglied in eine niedrigere Gruppe umgestuft werden müßte. Diese Vorschrift schließt eine Änderung der Einstufung nach § 3 nicht aus.

(5) Die durch das Limit in Abs. (2) freigewordenen Beträge werden jeweils mit der Wertungssumme des nächsten Jahres verteilt.

(6) Bei Anwendung von Ziff. (3) B) bis G) erfolgt Aufrundung auf volle EUR 10,– bzw. EUR 5,–.

Übersicht Rn.

I. Übersicht

§ 5 GO Wertung KE ist die Zentralnorm des Wertungsverfahrens. Sie enthält die Kriterien für die Berechnung der Wertung und damit auch die maßgeblichen Förderungskriterien. **72**

73 Die Wertung (der „Wertungszuschlag“) wird berechnet als aus der Multiplikation des **berücksichtigungsfähigen Aufkommens** (Rn. 93–102) mit dem für die erreichte **Wertungsgruppe** (Rn. 90–92) anwendbaren Prozentsatz und der sog. **Wertungsmark** (Rn. 103–105); ggf. erfolgt eine Kappung des Betrags (Rn. 108–110). Die Wertungsgruppen sind durch die **Wertungspunkte** bestimmt, die sich nach Absätzen 2 bis 4 und 6 errechnen (Rn. 75–89). Nach der Grundregelung in Abs. 3 werden jedem Mitglied Punkte zuerkannt für die Dauer der Mitgliedschaft (lit. A), die Höhe des Aufkommens in den verschiedenen Sparten (lit. B–G) und für die vom Wertungsausschuß nach näher bestimmten Vorgaben zu treffende Beurteilung der künstlerischen Persönlichkeit und des Gesamtschaffens (lit. H).

II. Die Berechnung der Wertung

74 Für die Ermittlung der Wertung ist daher zunächst

- die Wertungspunktzahl zu ermitteln (nachfolgend 1) und daraus
- die Wertungsgruppe zu bestimmen (nachfolgend 2).
- Sodann ist das berücksichtigungsfähige Aufkommen festzustellen (nachfolgend 3).
- Mit diesen Daten kann zunächst die Wertungsmark (nachfolgend 4) und
- sodann für den Einzelfall die Wertung errechnet werden (nachfolgend 5).
- Ggf. ist der Betrag durch die Kappungsgrenze zu reduzieren (nachfolgend 6).

1. Die Ermittlung der Wertungspunktzahl, § 5 Abs. 3 GO Wertung KE

75 Die Wertungspunkte des § 5 Abs. 3 GO Wertung KE lassen sich in drei Gruppen einteilen. Nach lit. A erhält das Mitglied Punkte für die Dauer der Mitgliedschaft, nach lit. B-G für das Aufkommen in den einzelnen Sparten und nach lit. H für eine Bewertung der künstlerischen Persönlichkeit und des Gesamtschaffens.

a) Dauer der Mitgliedschaft, § 5 Abs. 3 lit. A GO Wertung KE

aa) Grundsatz

76 Für jedes Jahr der Mitgliedschaft erhält das Mitglied einen Punkt. Zu berücksichtigen sind alle Formen der Mitgliedschaft iSv § 6 Abs. 1 UAbs. 1 Satzung (angeschlossenes, außerordentliches, ordentliches Mitglied). Zur Anrechnung der Mitgliedschaft in anderen Verwertungsgesellschaften, s. § 3 I Abs. 1 GO Wertung KE (Rn. 57 f.). Die Mitgliedschaftsdauer wird vom 1. Januar des Jahres an berechnet, in dem das Mitglied die Mitgliedschaft erworben hat, § 3 I Abs. 2 GO Wertung KE (s. Rn. 59).

bb) Eingeschränkte Berücksichtigung der Wertungspunkte für die Mitgliedschaftsdauer, § 5 Abs. 2 UAbs. 1 GO Wertung KE

77 Die Punkte für die Dauer der Mitgliedschaft werden **nicht uneingeschränkt** berücksichtigt: Mindestens ein Drittel der Punkte müssen solche nach lit. B–H sein, sich also aufgrund des Lizenzaufkommens oder der Bewertung der künstlerischen Persönlichkeit und des Gesamtschaffens berechnen. Der Gedanke hinter der Regelung ist, daß

die langjährige Mitgliedschaft allein die kulturelle Förderungswürdigkeit nicht begründen kann.

cc) Zu berücksichtigende Mitgliedschaftsdauer bei Wertungsbeteiligung von Erben, § 3 II Abs. 4 S. 2 GO Wertung KE

Ist der Komponist verstorben, so können unter bestimmten Voraussetzungen seine 78
Ehefrau, seine Kinder oder ggf. ein Lebensgefährte an der Wertung teilnehmen (oben, Rn. 41 ff.). Für die Punkte nach § 5 Abs. 3 lit. A GO Wertung KE wird in diesem Fall die Mitgliedschaft **bis zum Todesjahr** des Komponisten berücksichtigt.

b) Lizenzaufkommen nach Sparten, § 5 Abs. 3 lit. B–G GO Wertung KE

aa) Grundregel

Gem. § 5 Abs. 3 lit. B–G GO Wertung KE wird das Lizenzaufkommen für die Er- 79
mittlung der Wertungspunkte herangezogen. Dem liegt der Gedanke zugrunde, daß das im wesentlichen nutzungsabhängig errechnete Aufkommen ein Indikator für die Wertschätzung der Musik am Markt ist und sich deshalb für die Ermittlung der kulturellen Förderungswürdigkeit eignet.[1] Das Aufkommen der verschiedenen Sparten wird nach einer (von der Mitgliederversammlung vorgenommenen) wertenden Differenzierung in unterschiedlichem Maße berücksichtigt. In allen Fällen erhält der Berechtigte für einen bestimmten Aufkommensbetrag bis zu einer Höchstgrenze je einen Punkt.

bb) Aufkommen und Dreijahresdurchschnitt, § 5 Abs. 2 UAbs. 2 GO Wertung KE

Die Vorschriften der lit. C, D und F stellen auf „das Aufkommen“ ab, die der lit. B, E 80
und G auf den Dreijahresdurchschnitt. Was damit bezeichnet ist, bestimmt Abs. 2 UAbs. 2. Mit **Aufkommen** wird das Aufkommen des Mitglieds in dem Geschäftsjahr bezeichnet, das dem Wertungsverfahren vorausgeht. Mit dem **Dreijahresdurchschnitt** wird das (Gesamt-)Aufkommen der drei Geschäftsjahre bezeichnet, die dem Geschäftsjahr der Wertung vorausgehen, geteilt durch drei.

cc) Maßgebliches Geschäftsjahr, § 5 Abs. 2 UAbs. 2 GO Wertung KE

Für die Zwecke der Wertung wird das Aufkommen zugrunde gelegt, das das Mitglied 81
in dem Geschäftsjahr erzielt hat, das dem Wertungsverfahren vorausgeht. Soweit ein Dreijahresdurchschnitt zu bilden ist (Rn. 80) kommt es auf die drei dem Wertungsverfahren vorausgehenden Geschäftsjahre an.

---

1 Vgl. KG v. 10. 5. 2002 – 5 U 5185/00 (Umdruck S. 20); KG v. 23. 2. 2000 – Kart U 1557/99 (Umdruck S. 25). S.a. *Mestmäcker,* FS Lukes (1989), 445–460.

dd) Die Rundungsregel, § 5 Abs. 6 GO Wertung KE

82 Für die Zwecke von Abs. 3 lit. B–G werden die Aufkommensbeträge auf volle 10 € bzw. volle 5 € aufgerundet. Z.B. sind 71,– € für diese Zwecke zu berücksichtigen als 75,– €.

ee) Die Faktorengewichtung nach § 5 Abs. 2 UAbs. 3–5 GO Wertung KE

83 Für die Zwecke von § 5 Abs. 1 Fn. 1 und Abs. 3 lit. B GO Wertung KE wurde das Aufkommen in der Sparte E gewichtet, je nachdem wie hoch das von der GEMA vereinnahmte Inkasso für die Veranstaltungen war, aus der das Lizenzaufkommen resultiert. Die Regelung war befristet (s. Fn. 2 zu § 5 Abs. 2 GO Wertung KE) und ist mittlerweile **ausgelaufen**.

84 Die Faktorengewichtung wurde eingeführt, da einzelne Berechtigte ihre eigenen Werke (selbst oder durch Dritte) ohne Rücksicht auf die Nachfrage am Markt so oft wie möglich aufführten, um ein hohes Aufkommen in der Sparte E zu generieren. Dabei wählten sie oft Veranstaltungsorte, bei denen sie keine oder nur eine geringe Lizenzvergütung an die GEMA zu entrichten hatten, insbesondere die von Pauschalverträgen abgedeckten Schulen, Universitäten, Kirchen, Altenheime oder Krankenhäuser. Ziel solcher Aufführungspraxis war es, eine möglichst hohe Wertungszuwendung zu erhalten.[2] Für die Mitgliederversammlung der GEMA war das aus zwei Gründen nicht hinnehmbar. Zum einen klaffte in diesen Fällen Inkasso und Ausschüttung extrem auseinander. Vor allen Dingen aber führt eine solche Praxis die Wertung, die eine kulturelle Förderung bezweckt, ad absurdum.

85 Die Regelung erwies sich als ineffektiv, da (auch) die Höhe des Inkasso eine für die Berechtigten beeinflußbare Größe ist. So hat sich denn auch gezeigt, daß die betreffenden Berechtigten in ihrer Aufführungspraxis auf die Faktoren-Regelung reagiert und entsprechende Lizenzvergütungen (z.B. von 120,– €) gezahlt haben. Die befristete Regelung wurde daher nicht verlängert.

c) Die Bewertung der künstlerischen Persönlichkeit und des Gesamtschaffens, § 5 Abs. 3 lit. H GO Wertung KE

86 Am unmittelbarsten kommt der Zweck der kulturellen Förderung in der Bestimmung des § 5 Abs. 3 lit. H GO Wertung KE zum Ausdruck. Nach dieser Vorschrift können die Berechtigten bis zu 80 Punkte für die Bewertung der künstlerischen Persönlichkeit und des Gesamtschaffens erhalten.

87 Die Wertungspunkte werden vom Wertungsausschuß zuerkannt. Er entscheidet nach **Ermessen**. Bei der Ermessensausübung ist er an die Bewertungskriterien der lit. a–d und die darin vorgegebenen Rahmenvorgaben sowie an die allgemeinen Grundsätze der Ermessensausübung gebunden. Innerhalb dieser Grenzen kommt ihm indes ein **weites, gerichtlich nur beschränkt überprüfbares** Ermessen zu.[3] Nach § 7 S. 3 UrhWG

2 Vgl. die Fälle von KG v. 10. 5. 2002 – 5 U 5185/00; KG v. 23. 2. 2000 – Kart U 1557/99.

3 LG Berlin v. 31. 3. 1998 – 16.O.639/97 (Umdruck S. 20-22); LG Berlin v. 15.12.1998 –

ist den Verwertungsgesellschaften die kulturelle Förderung als Verteilungsprinzip aufgegeben.[4] Der Gesetzgeber hat dafür mit Recht die Verwertungsgesellschaften als besser legitimiert angesehen: Die Berechtigten sind näher daran, eine Entscheidung über die kulturelle Förderung zu treffen als der Staat mit einer Verwaltungsbehörde oder einem Gericht. Der Wertungsausschuß auf der anderen Seite ist als „vereinsdemokratisch" legitimierte Einrichtung und als ein Gremium von Fachleuten besonders dazu berufen, die Entscheidung über die kulturelle Förderung zu treffen.

Das Landgericht Berlin hat diese Grundsätze in einer Entscheidung aus dem Jahr 1998 bestätigt: **88**

> „Die Erteilung dieser Wertungspunkte nach § 5 Abs. 3 lit. H erfolgt für die Bewertung der künstlerischen Persönlichkeit und des Gesamtschaffens ihrer Mitglieder. Die Einstufung der künstlerischen Persönlichkeit der Mitglieder der Beklagten ist damit eine Wertungsfrage, die im Ermessen der Beklagten liegt. Diese Entscheidung wird von dem Wertungsausschuß der Beklagten gefällt, der mit Komponisten fachlich besetzt ist. Diese Wertungsentscheidung des Wertungsausschusses als pluralistisches Fachgremium kann das Gericht aber nur begrenzt überprüfen. Nachprüfbar ist lediglich, ob die von dem Wertungsausschuß seiner Entscheidung zugrunde gelegten Tatsachen richtig waren und ob er die Grenzen seiner Entscheidungsbefugnis überschritten hat."[5]

d) Voraussetzungen für die erstmalige Beteiligung am Wertungsverfahren, § 5 Abs. 3 Schlußabsatz GO Wertung KE

Eine Schwelle für die erstmalige Beteiligung am Wertungsverfahren enthält der Schlußabsatz von § 5 Abs. 3 GO Wertung KE. Eine Prüfung der Voraussetzungen für die „Bewertung der künstlerischen Persönlichkeit und des Gesamtschaffens" – gemeint ist damit die Wertung an sich („erstmals am Wertungsverfahren *zu beteiligende* Komponisten") – erfolgt nur, wenn **89**

a. mindestens vier Punkte zu lit. B–G für das Aufkommen errechnet worden sind,

b. von denen mindestens zwei Punkte auf lit. B, C oder E entfallen (die Punkte zu D, F und G werden nur berücksichtigt, wenn der Berechtigte mindestens zwei Punkte zu lit. B, C oder E erreicht hat).

Grund für die Regelung ist, daß die Aufkommensbeträge nach lit. D für die Sparte BM (Bühnenmusik), nach lit. F für die Sparten T, T FS und TD (Tonfilm) und nach lit. G für die Sparte A (Auslandsaufkommen) zumeist nicht eindeutig der E-Musik oder der U-Musik zugerechnet werden können und daher eine Förderung im Bereich der E-Musik allein nicht rechtfertigen (entsprechend nach § 5 Abs. 2 UAbs. 3 GO Wertung U für die U-Wertung).

16.O.683/97 – Glockenrequiem; s.a. KG v. 10. 5. 2002 – 5 U 5185/00 (Umdruck S. 16). Dazu bereits *Bezzenberger/Riesenhuber,* GRUR 2003, 1005, 1012. S.a. Fromm/Nordemann-*Nordemann,* § 7 UrhWG Rn. 3.

4 *Riesenhuber,* Die Auslegung und Kontrolle des Wahrnehmungsvertrags, S. 88 f.

5 LG Berlin v. 31. 3. 1998 – 16.O.639/98 (Umdruck S. 20).

2. Die Bestimmung der Wertungsgruppe, § 5 Abs. 1, 4 GO Wertung KE

a) Die Zuordnung zu den Wertungsgruppen nach § 5 Abs. 1 GO Wertung KE

90 Die Summe der Punkte, die ein Mitglied nach den Bestimmungen von § 5 Abs. 3 lit. A–H GO Wertung KE erhält, bestimmt die Zuordnung zu einer der sieben (I–VII) Wertungsgruppen von § 5 Abs. 1 GO Wertung KE. Je nach erreichter Wertungsgruppe ist ein unterschiedlicher Anteil des Lizenzaufkommens für die Berechnung der Wertung zu berücksichtigen.

b) Keine Herabstufung, § 5 Abs. 4 GO Wertung KE

91 Da das Aufkommen variiert und auch die Zuerkennung von Punkten für die Bewertung der künstlerischen Persönlichkeit (wohl nicht: des Gesamtschaffens) sich auch nach unten ändern kann, ist es denkbar, daß ein Mitglied in einem Jahr weniger Wertungspunkte erhält als im Vorjahr und deshalb die Voraussetzungen für die früher erreichte Wertungsgruppe nicht mehr erfüllt. Eine Herabstufung erfolgt jedoch nach der **Bestandsschutz**regel von Abs. 4 S. 1 nicht.

92 Anders liegen die Dinge, wenn einer der **Mißbrauch**statbestände von § 3 II Abs. 6 GO Wertung KE erfüllt ist. In diesem Fall ist eine Herabstufung als Sanktion möglich. Näher oben, Rn. 65.

3. Das berücksichtigungsfähige Lizenzaufkommen, § 5 Abs. 1 Fn. 1 GO Wertung KE

a) Grundregeln

93 In einem dritten Schritt ist für die Berechnung der Wertung das berücksichtigungsfähige Aufkommen zu ermitteln. Dafür enthält die Fußnote 1 zu § 5 nähere Vorgaben.

aa) Aufkommen in der Sparte E

94 Das Aufkommen in der Sparte E, das gem. § 5 Abs. 3 lit. B als Dreijahresdurchschnitt berücksichtigt wird (oben, Rn. 80), ist für die Berechnung der Wertung ohne weiteres **bis zu einem Betrag von 10.250,– €** zu berücksichtigen, Fußnote 1a zu § 5 GO Wertung KE.

95 Übersteigt der Dreijahresdurchschnitt des Aufkommens in dieser Sparte den Betrag von 10.250,– €, so ist der darüber hinausgehende Anteil bei der Berechnung der Wertung nur insoweit zu berücksichtigen, als er das **10fache des Aufkommen der Sparten Tonrundfunk (R) und Fernsehrundfunk (FS)** (Dreijahresdurchschnitt) nicht übersteigt. Die Regel bedeutet maW, daß die kulturelle Förderungswürdigkeit nur eingeschränkt anhand des Aufkommens für Musikaufführungen (in Konzerten, ...) ermittelt wird. Hintergrund dafür ist, daß die Praxis gezeigt hat, daß einzelne Berechtigte ihr Aufkommen in der Sparte E ohne Rücksicht auf die Nachfrage am Markt dadurch erhöht haben, daß sie ihre eigenen Werke selbst oder durch andere möglichst häufig aufführten. Die begrenzte Berücksichtigung des E-Aufkommens durch eine Bindung an das Aufkommen in den Sparten R und FS wirkt daher als Korrektiv.

Die eingeschränkte Berücksichtigung des E-Aufkommens ist auf die Klage eines Mitglieds hin gerichtlich überprüft worden. Das Landgericht Berlin und das Kammergericht haben die Wirksamkeit der Regelung indes bestätigt.[6] Die Regelung sei ausreichend klar, verstoße nicht gegen das Willkürverbot und sei darüber hinaus sogar „angemessen". Das Kammergericht führt dazu u.a. aus: 96

> „Die ... Neuregelung hält sich innerhalb [des den Verwertungsgesellschaften zukommenden] Beurteilungsspielraums.
>
> aa) Die Gefahr lag hier vor dem Änderungsbeschluß nahe, daß Komponisten ihre Werke – ohne entsprechende Nachfrage des Publikums und ohne Interesse der Künstler an daraus erzielbaren eigenen Auftrittshonoraren sowie Lizenzeinnahmen der Beklagten – nur deshalb aufführen, weil sich dies schon nach dem Verrechnungs- und dem Wertungsverfahren der Beklagten wirtschaftlich lohnte. (...)
>
> bb) Unter diesen Umständen ist es nicht beurteilungsermessensfehlerhaft, wenn die Beklagte die für einige wenige Komponisten mit hohem Aufkommen insbesondere von Selbstaufführungen (wie beim Kläger) anfallenden Anteile an ihrem Wertungsfond und [die] daraus folgenden Mißbrauchsgefahren als Mißstand zulasten der anderen Komponisten der Sparte E im Rahmen der kulturellen Förderung angesehen hat.
>
> Zwar kann die Zahl der Aufführungen grundsätzlich auch ein Indiz für die kulturelle Bedeutung des Werkes sein, wenn dies Ausdruck einer entsprechenden Publikumsnachfrage wäre. Gerade bei Selbstaufführungen ist dies aber hier (...) nicht sicher gewährleistet. Dies gilt umso mehr, als den Veranstaltern dieser Selbstaufführungen (beim Kläger etwa zum großen Teil auch die Kirche) nur eher geringe Kosten (Lizenzzahlungen, Saalmiete, Gagen) entstehen, die zur Verfügung stehenden Konzerträume (Kirchen, Gemeindesäle usw.) ohnehin nicht ausgelastet sind und ein Publikumserfolg zum wirtschaftlichen Überleben nicht zwingend gefordert ist. Angesichts der erheblichen Bedeutung des Aufführungsaufkommens für die Höhe der Verrechnungs- und Wertungszahlungen der Beklagten liegt es dann umso mehr nahe, daß Selbstaufführungen im wesentlichen zur Steigerung der Zahlungen der Beklagten veranlaßt und durchgeführt werden, ohne daß dem ein entsprechendes Hörbedürfnis des Publikums – und einer daraus folgenden kulturellen Bedeutung der aufgeführten Werke – entspricht.
>
> cc) Es liegt dann auch im Beurteilungsermessen der Beklagten, dieser Gefahr durch eine gestufte Koppelung der Aufführungsaufkommen an das Sendeaufkommen zu begegnen. Denn immerhin zeigt die Auslese durch Radio und Fernsehanstalten, daß eine gewisse Qualität der Stücke vorliegt, weil die verantwortlichen Redakteure sich vordringlich daran orientieren werden, wie sie den Geschmack des Hörerpublikums treffen können, um Akzeptanz der Sendungen und damit die Sendungen selbst zu erhalten."[7]

bb) Aufkommen in den Sparten Ki und FKi

Das Aufkommen in den Sparten der Musik im Gottesdienst (Ki) und der Funktionellen Musikwiedergabe im Gottesdienst (FKi) wird nur berücksichtigt, soweit es das Durchschnittsaufkommen (gemeint ist der Dreijahresdurchschnitt) in der Sparte E nicht übersteigt, Fußnote 1 b zu § 5 GO Wertung KE. 97

6 KG v. 10. 5. 2002 – 5 U 5185/00; LG Berlin v. 23. 5. 2000 – 16O. 8/00.
7 KG v. 10. 5. 2002 – 5 U 5185/00 (Umdruck S. 19 f.).

cc) Aufkommen in den Sparten R und FS

98 Das Aufkommen in den Sparten Tonrundfunk (R) und Fernsehrundfunk (FS), das gem. § 5 Abs. 3 lit. E GO Wertung KE im Dreijahresdurchschnitt zu berücksichtigen ist, wird nach den Bestimmungen von Fußnote 1 c zu § 5 GO Wertung KE für die Berechnung der Wertung folgendermaßen zugrundegelegt:

bis zu 1.550 €	zu 100 %
von 1.551–7.700 €	zu 33 1/3 %
ab 7.701,– €	zu 10 %.

b) Das berücksichtigungsfähige Aufkommen bei der Wertungsbeteiligung von Erben, § 3 II Abs. 4 GO Wertung KE

99 Bereits in § 3 II Abs. 4 GO Wertung KE ist bestimmt, daß der Wertungszuschlag für die am Wertungsverfahren beteiligten Erben (Ehefrau, Kinder, ggf. Lebensgefährten) in jedem Fall von 33 1/3 % der Aufkommensbeträge berechnet wird. Dazu bereits oben, § 3 GO Wertung KE Rn. 51.

100 Konkret bedeutet dies, daß bei der Wertungsbeteiligung von Erben zunächst das berücksichtigungsfähige Aufkommen nach den vorgenannten Regeln (Rn. 93–98) ermittelt und anschließend mit 33 1/3 % multipliziert wird.

c) Das zugrundezulegende Aufkommen im Fall von Zessionen

101 Nach der Vorschrift des § 3 III GO Wertung KE nehmen im Falle der Rechteübertragung von einem Nicht-Mitglied (Zedent) auf ein GEMA-Mitglied (Zessionar) weder der Zedent noch der Zessionar für die abgetretenen Rechte am Wertungsverfahren teil (s.o., Rn. 54 f.). Diese Regelung gilt indes erst für Abtretungen, die ab dem 1. Juni 2003 bei der GEMA eingereicht wurden bzw. Werke betreffen, die ab dem 1. Juni 2003 bei der GEMA angemeldet wurden. Für die früher eingereichten Abtretungen kommt daher eine Wertungsbeteiligung durchaus in Betracht. Insoweit bestimmt Abs. 3 von Fn. 1 zu § 5 GO Wertung KE, daß für die Ermittlung der Wertung das Gesamtaufkommen des Komponisten aus allen Zessionen zugrundezulegen ist.

102 Zweck der Regelung ist es, eine **Umgehung** der Regeln über die Berechnung des berücksichtigungsfähigen Aufkommens in Fn. 1 und über die Kappungsgrenze (§ 5 Abs. 2 UAbs. 6 GO Wertung KE; Rn. 108 f.) zu verhindern. Ein Komponist soll also nicht etwa dadurch, daß er die Rechte an seinen Werken mehreren Zessionaren abtritt, die Regel umgehen können, daß das E-Aufkommen ab dem Betrag von 10.250,– € nur bis zum 10fachen des Aufkommens in den Sparten R und FS berücksichtigt wird.

4. Die Bestimmung der Wertungsmark

103 Als letztes Datum für die Berechnung der Wertung ist die Wertungsmark zu bestimmen. Darüber bestimmt Abs. 3 S. 2 der Fn. 1 zu § 5 GO Wertung KE: Die Höhe der Wertungsmark wird errechnet aus dem Verhältnis der Verteilungssumme zu der im Rahmen des Wertungsverfahrens verfügbaren Summe.

Die **Verteilungssumme** ist die Summe der berücksichtigungsfähigen Aufkommen aller am Wertungsverfahren teilnehmenden Berechtigten. Sie wird maW errechnet, indem für jeden Berechtigten das berücksichtigungsfähige Aufkommen (Rn. 93–101) ermittelt und mit dem Prozentsatz der anwendbaren Wertungsgruppe (Rn. 90) multipliziert wird. Die Summe der so errechneten Einzelbeträge ergibt die Verteilungssumme. Diese Verteilungssumme wird sodann zu der im Rahmen des Wertungsverfahrens **verfügbaren Summe** in Verhältnis gesetzt. **104**

Beträgt z.B. die verfügbare Summe 100 und die Verteilungssumme 50, so ist die Wertungsmark 2 : 1, also 2. **105**

5. Die Berechnung des Wertungsbetrags

Der Wertungsbetrag, den ein Berechtigter erhält, ist auf der Grundlage der so ermittelten Daten zu errechnen. In einer Formel ausgedrückt erfolgt die Berechnung so: **106**

Wertung = berücksichtigungsfähiges Aufkommen × %-Satz der Wertungsgruppe × Wertungsmark.

An **Berechnungsbeispielen** läßt sich das verdeutlichen. **107**

Beispiel 1: M, Mitglied der GEMA seit 1972, hat folgende **Lizenzaufkommen** erzielt:

Sparte E (Durchschnitt 2000, 2001, 2002)	20.000 €
Für den 10.250 € übersteigenden Betrag (9.750 €) beschränkt auf das 10fache des Aufkommens in der Sparte R, FS (150 €):	10.400 €
Sparte R und FS (Durchschnitt 2000, 2001, 2002)	15 €

Damit erhält er folgende Wertungspunkte:

lit. A (33 Jahre Mitgliedschaft)	33 Punkte
lit. B	30 Punkte
lit. E	0 Punkte
lit. H (gegriffene Zahl)	10 Punkte
Summe Wertungspunkte	73 Punkte
Anrechenbare Wertungspunkte gem. § 5 Abs. 2 UAbs. 1	73 Punkte

Danach ist M einzustufen in die **Wertungsgruppe** IV.
Sein berücksichtigungsfähiges Aufkommen beträgt:

Sparte E	10.400 €
Sparte R	15 €
Summe	10.415 €

Die Wertungsmark betrage (gegriffener Wert)	6 €

Daraus errechnet sich folgender **Wertungszuschlag**:

10.400 € × 60 % × 6 € = (gerundet)	37.494 €

Beispiel 2: N, Mitglied der GEMA seit 1972, hat folgende **Lizenzaufkommen** erzielt:

Sparte E (Durchschnitt 2000, 2001, 2002)	150 €
Sparte R und FS (Durchschnitt 2000, 2001, 2002)	15 €
Sparte A	30 €

Damit erhält er folgende Wertungspunkte:

lit. A (33 Jahre Mitgliedschaft)	33 Punkte
lit. B	2 Punkte
lit. E	0 Punkte
lit. G	0 Punkte

lit. H (gegriffene Zahl)	5 Punkte
Summe Wertungspunkte	40 Punkte
Anrechenbare Wertungspunkte gem. § 5 Abs. 2 UAbs. 1	21 Punkte

Danach ist M einzustufen in die **Wertungsgruppe** VI.
Sein berücksichtigungsfähiges Aufkommen beträgt:

Sparte E	150 €
Sparte R	15 €
(Hinweis: Sparte A bleibt gem. § 5 Abs. 1 Fn. 1 GO Wertung KE bei der Berechnung unberücksichtigt.)	
Summe	165 €

Die Wertungsmark betrage (gegriffener Wert)	6 €
Daraus errechnet sich folgender **Wertungszuschlag**:	
165 € × 20 % × 6 € = (gerundet)	198 €

6. Die Kappungsgrenze, § 5 Abs. 2 UAbs. 6, Abs. 5 GO Wertung KE

a) Die Kappungsgrenze

108 Kein Mitglied erhält aus den Mitteln des Wertungsverfahrens mehr als 2% des zur Verfügung stehenden Gesamtbetrags, sog. Kappungsgrenze. Durch Beschluß der Mitgliederversammlung aus dem Jahr 1995 wurde die Kappungsgrenze von 4 auf 2% herabgesetzt. Der Zweck der Regelung liegt auf der Hand: die kulturelle Förderung, die zwar naturgemäß Leistungselemente berücksichtigt, soll auf ein vernünftiges Maß begrenzt werden, nicht zuletzt, damit möglichst viele Mitglieder daran teilhaben können. Die Herabsetzung dieser Kappungsgrenze war vor allem deshalb erforderlich geworden, weil einzelne Mitglieder dadurch exorbitant hohe Aufkommen generierten, daß sie unter Umgehung der Gesetze des Marktes und ohne Rücksicht auf eine Nachfrage selbst dafür sorgten, daß ihre eigenen Werke so oft wie möglich aufgeführt wurden.[8] Da aber die Aufkommenshöhe ein wesentlicher Faktor für die Ermittlung der Wertung ist, konnten die betreffenden Mitglieder auf diese Weise auch ihre Wertungsansprüche in vom Regelungsgeber ungeahnte Höhen treiben.

109 Auf Klage eines Komponisten wurde die Neuregelung der Kappungsgrenze gerichtlich überprüft.[9] Das Landgericht Berlin und das Kammergericht haben die Regelung bestätigt, sie sei sachlich nicht zu beanstanden. Der BGH nahm die Revision nicht zur Entscheidung an.[10] Das Kammergericht führt zur Begründung seines Urteils u.a. aus:

> „Nach Maßgabe dieser Überlegungen [zum Willkürverbot des § 7 UrhWG] handelte die Beklagte nicht willkürlich, sondern verantwortungsbewußt, wenn sie die im Einzelfall auszuschüttende Wertung auf einen Anteil von 2 % limitierte. (…)

---

8 Im Fall von KG v. 23. 2. 2000 – Kart U 1557/99 wies eine Übersicht über die Veranstaltungen, in denen die Werke des Klägers aufgeführt wurden, „für 1996 344 Veranstaltungen – häufig mehrere am selben Tag – aus. Sie fanden nahezu ausschließlich in Kirchen, Schulen, Universitäten, Krankenhäusern oder ähnlichen Veranstaltungsorten und ganz überwiegend bei freiem Eintritt statt".

9 S. bereits *Bezzenberger/Riesenhuber*, GRUR 2003, 1005, 1013.

10 KG v. 23. 2. 2000 – Kart U 1557/99; LG Berlin v. 7. 1. 1999 – 16.O.385/99; Revision nicht angenommen, BGH v. 6. 3. 2001 – KZR 6/00 – Kappungsgrenze.

Wenn die Verteilung von Zuwendungen bei der Zahl der Aufführungen ansetzt, dann basiert dieses Vorgehen auf den traditionellen Marktmechanismen: Werke werden nur aufgeführt, wenn eine bestimmte – mittelbare oder unmittelbare – Nachfrage seitens des Publikums besteht und dies in der Bereitschaft zum Ausdruck kommt, angemessene Eintrittsgelder zu entrichten. Die Zahl der Aufführungen verliert aber ihre Eignung als Indikator für Nachfrage und Einspielergebnis, wo dem Publikum eine angemessene Gegenleistung nicht abverlangt oder ihm – wie bei Konzerten an öffentlich zugänglichen Orten – die Musik quasi aufgedrängt wird."[11]

b) Übertragung von freigewordenen Beträgen, § 5 Abs. 5 GO Wertung KE

Beträge, die infolge der Kappungsgrenze (in Abs. 5 als „Limit" bezeichnet) frei geworden sind, werden mit der Wertungssumme des nächsten Jahres verteilt. Da die Wertungszahlungen sich als Anteil der gesamten für die Wertung zur Verfügung stehenden Summe errechnen, wäre eine Verteilung im selben Jahr unverhältnismäßig aufwendig. **110**

§ 6 [Zuständigkeit des Wertungsausschusses]

Der Wertungsausschuß entscheidet, abgesehen von der Mitgliedschaftsdauer und dem Aufkommen, über die Eingruppierung gemäß § 5 und über die Ausschüttung aus dem Ausgleichsfonds gemäß § 4.

Übersicht Rn.

§ 6 GO Wertung KE regelt die Zuständigkeit des Wertungsausschusses, die Regelung ist allerdings nicht abschließend. Für den Einspruch gegen Entscheidungen des Wertungsausschusses ist der Aufsichtsrat zuständig, § 8 GO Wertung KE. **111**

I. Zuständigkeiten nach § 6 GO Wertung KE

Nach § 6 entscheidet der Wertungsausschuß über **112**

[1] die **Eingruppierung** gemäß § 5 und
[2] die Ausschüttung aus dem **Ausgleichsfonds** des § 4.

1. Eingruppierung nach § 5 GO Wertung KE

Der Wertungsausschuß entscheidet über die „Eingruppierung gemäß § 5". Gemeint ist damit allerdings nicht die Zuordnung eines Mitglieds zu einer der Gruppen von § 5 Abs. 1 GO Wertung KE, die sich ohne weiteres aus den erreichten Punkten ergibt. Von der Zuständigkeit des Wertungsausschusses werden zudem die Entscheidungen **113**

11 KG v. 23. 2. 2000 – Kart U 1557/99 (Umdruck S. 24 f.).

über die Mitgliedschaftsdauer (§ 5 Abs. 3 lit. A GO Wertung KE) und über „das Aufkommen“ (§ 5 Abs.3 lit. B–G GO Wertung KE) ausgenommen. Auch hier bedarf es keiner wertenden Entscheidung, mit der ein Fachausschuß zu befassen wäre. Bezeichnet ist daher die „Eingruppierung“, die im Rahmen der Bewertung der **künstlerischen Persönlichkeit und des Gesamtschaffens** nach § 5 Abs. 3 lit. H GO Wertung KE vorzunehmen ist.

2. Zuwendungen aus dem Ausgleichsfonds des § 4 GO Wertung KE

114 Der Wertungsausschuß entscheidet zudem über die Zuwendungen aus dem Ausgleichsfonds, für die § 4 GO Wertung KE nur rahmenhafte Vorgaben macht; dazu näher Rn. 71.

115 Darüber hinaus ist der Wertungsausschuß auch zuständig für die Konkretisierung der Finanzausstattung des Ausgleichsfonds. Für sie gibt § 4 Abs. 1 GO Wertung KE nur eine Obergrenze von 3% der zur Verfügung gestellten Wertungssumme an; näher oben, Rn. 67.

II. Ungeschriebene Zuständigkeiten

116 Weitere Zuständigkeiten ergeben sich aus dem Sachzusammenhang daraus, daß die GO Wertung KE in verschiedenen Fragen eine wertende Entscheidung voraussetzt, dafür aber kein besonderes Entscheidungsgremium benennt. Das betrifft folgende Gegenstände:

- die Anerkennung eines langjährigen **Lebensgefährten** als Beteiligten der Wertung nach § 3 II Abs. 4 GO Wertung KE (mit Zustimmung des Aufsichtsrats); dazu Rn. 47–49.
- die **Anrechung von Mitgliedschaftszeiten** in anderen Verwertungsgesellschaften nach § 3 I Abs. 1 UAbs. 2 GO Wertung KE; dazu Rn. 58.
- die **Änderung der Einstufung** für das Wertungsverfahren wegen **Mißbrauchs** nach § 3 II Abs. 6 GO Wertung KE; dazu Rn 65.
- die **Abhilfeentscheidung** bei Einsprüchen von Mitgliedern gem. § 8 Abs. 3 GO Wertung KE; dazu R.n 125–127.

§ 7 [Wertung der Ausschußmitglieder und des Delegierten des Aufsichtsrats]

Die Wertung der Mitglieder des Ausschusses und des Delegierten des Aufsichtsrates erfolgt in Abwesenheit des Betroffenen durch die übrigen Ausschußmitglieder und den Vorstand. Bei Stimmengleichheit entscheidet die Stimme des Sitzungsvorsitzenden.

Übersicht Rn.

I. Stimmrechtsausschluß und Teilnahmeverbot

Wenn es um ihre eigene Wertung geht, haben die Mitglieder des Ausschusses und der Delegierte des Aufsichtsrats jeweils kein Stimmrecht. Um eine freie und ungehemmte Erörterung nicht zu gefährden, müssen sie sich zudem aus dem Sitzungssaal entfernen, es besteht also ein Teilnahmeverbot. 117

Nicht eigens geregelt ist die Sachfrage für den **Delegierten der außerordentlichen und angeschlossenen Mitglieder** (§ 1 Abs. 4 GO Wertung KE), auf den die Regelung für das Teilnahmerecht **analog** anwendbar ist (Stimmrecht hat er generell nicht, § 1 Abs. 4 S. 1 GO Wertung KE). 118

II. Entscheidungskompetenz und -verfahren

Zuständig für die Entscheidung sind in diesem Fall die übrigen Ausschußmitglieder und der Vorstand. Der **Vorstand** (§ 14 Satzung) ist als Gremium zuständig, ihm kommt daher nur eine Stimme zu. Damit ist zugleich bestimmt, daß das Teilnahmeverbot des § 7 S. 1 GO Wertung KE **kein Vertretungsfall** ist, in dem einer der nach § 1 Abs. 1 GO Wertung KE gewählten Stellvertreter tätig werden müßte. Vielmehr wird das ausgeschlossene Ausschußmitglied durch den Vorstand ersetzt. Der Wertungsausschuß ist daher auch in diesem Fall **beschlußfähig** iSv § 2 Abs. 2 GO Wertung KE. 119

Geleitet wird die Ausschußsitzung auch in diesen Fällen grundsätzlich von dem gewählten Vorsitzenden oder seinem Vertreter (§ 2 Abs. 1 GO Wertung KE). Wenn diese nicht teilnehmen, weil es um ihre Wertung geht (oder aus anderen Gründen), so bestimmt der Wertungsausschuß ad hoc einen **Sitzungsvorsitzenden**. Bei Stimmengleichheit entscheidet dann die Stimme des Sitzungsvorsitzenden, § 7 S. 2 GO Wertung KE. 120

§ 8 [Einspruchsverfahren]

(1) Gegen die Entscheidung des Wertungsausschusses kann von dem betroffenen Mitglied die Entscheidung des Aufsichtsrates der GEMA angerufen werden. Darüber hinaus haben der Delegierte des Aufsichtsrates und der Vorstand das Recht, gegen jede Entscheidung des Wertungsausschusses die Entscheidung des Aufsichtsrates anzurufen.

(2) Die Entscheidung des Aufsichtsrates kann nur innerhalb einer Frist von 8 Wochen angerufen werden. Die Frist beginnt für das betroffene Mitglied mit dem Tage der Aufgabe der Entscheidung zur Post, für den antragsberechtigten Delegierten des Aufsichtsrates und den Vorstand vom Tage der Entscheidung des Wertungsausschusses an zu laufen.

(3) Falls die Anrufung des Aufsichtsrates durch das betroffene Mitglied auf neuem Tatsachenvortrag beruht, der bei der Entscheidung des Wertungsausschusses noch nicht berücksichtigt werden konnte, ist der Vorsitzende des Wertungsausschusses berechtigt, nach Rücksprache mit den übrigen Ausschußmitgliedern dem Antrag des Mitglieds ohne Vorlage an den Aufsichtsrat zu entsprechen.

(4) Ruft der Delegierte des Aufsichtsrates oder der Vorstand die Entscheidung des Aufsichtsrates an, so hat dies aufschiebende Wirkung.

(5) Hat ein Mitglied gegen die Entscheidung des Wertungsausschusses die Entscheidung des Aufsichtsrates angerufen, so muß dem Mitglied im ablehnenden Fall eine schriftliche Begründung mitgeteilt werden.

(6) Bei diesen Entscheidungen des Aufsichtsrates hat der Delegierte kein Stimmrecht.

Übersicht Rn.

I. Übersicht

121 § 8 GO Wertung KE regelt das vereinsinterne Einspruchsverfahren. Gegen die Entscheidung des Wertungsausschusses können das betroffene Mitglied, der Delegierte des Aufsichtsrats oder der Vorstand (Rn. 123) innerhalb einer Frist von 8 Wochen (Rn. 124) den Aufsichtsrat anrufen. In bestimmten Fällen kann der Vorsitzende des Wertungsausschusses dem Antrag abhelfen (Rn. 125–127), im übrigen entscheidet der Aufsichtsrat (Rn. 128–130).

122 Das Einspruchsverfahren ist ein einfacher, kostengünstiger und schneller Weg für den Berechtigten, Rechtsschutz zu erhalten. Es ist daher durchzuführen, bevor eine Klage vor den ordentlichen Gerichten erhoben wird. Eine vor erfolglosem Abschluß des Einspruchsverfahrens erhobene Klage ist unzulässig, da der Kläger kein Rechtsschutzbedürfnis hat.[1]

II. Antragsberechtigte, § 8 Abs. 1 GO Wertung KE

123 Antrag auf Entscheidung des Aufsichtsrats können stellen

- das betroffene Mitglied (Abs. 1 S. 1),
- der Delegierte des Aufsichtsrates und
- der Vorstand der GEMA (Abs. 1 S. 2).

Während das betroffene Mitglied nur wegen es belastender Entscheidungen und mit dem Ziel einer Verbesserung den Aufsichtsrat anrufen wird, können der Delegierte des Aufsichtsrats und der Vorstand auch eine Verschlechterung der Entscheidung zu Lasten des Mitglieds begehren. Bedeutung hat das vor allem für den Fall, daß sich

---

1 LG Berlin v. 31. 3. 1998 – 16.O.639/97 (Umdruck S. 22).

eine von dem Delegierten oder dem Vorstand nicht geteilte Grundsatzentscheidung für ein Mitglied positiv auswirkt: Auch in diesem Fall muß die Möglichkeit zu einer Korrektur bestehen.

III. Antragsfrist, § 8 Abs. 2 GO Wertung KE

Die Antragsfrist beträgt acht Wochen. Sie beginnt zu laufen **124**

a. für den Berechtigten: mit Aufgabe der Entscheidung zur Post,
b. für den Delegierten des Aufsichtsrats und den Vorstand: mit dem Tag der Entscheidung des Wertungsausschusses.

Die Frist dient dazu, möglichst bald Sicherheit über die Entscheidungen zu haben.[2] Daß die Frist für den Berechtigten mit *Postaufgabe* beginnt, ist für die Wahrnehmungstätigkeit geboten, da die GEMA den Fristbeginn nur so zuverlässig feststellen kann. Dem Mitglied ist das zuzumuten, da die Frist mit acht Wochen noch immer ausreichend lang bemessen ist (vgl. die Fristen von § 276 Abs. 1 S. 1 [Anzeige der Verteidigungsbereitschaft], 517 [Berufungsfrist], 548 [Revisionsfrist] ZPO).

IV. Abhilfe durch den Wertungsausschuß, § 8 Abs. 3 GO Wertung KE

Der Vorsitzende des Wertungsausschusses kann dem Antrag nach Rücksprache mit den übrigen Ausschußmitgliedern abhelfen. **Voraussetzung** ist, daß der Einspruch auf neuem Tatsachenvortrag beruht, der bei der Entscheidung noch nicht berücksichtigt werden konnte. **Neuer Tatsachenvortrag** kann indes nur der Vortrag solcher Tatsachen sein, die zwar schon bei der Entscheidung des Wertungsausschusses bestanden und von ihm auch objektiv hätten berücksichtigt werden können, die er aber noch nicht kannte und deshalb subjektiv noch nicht berücksichtigen konnte. Wollte man auch solche Tatsachen zulassen, die erst nach der Entscheidung des Wertungsausschusses entstanden sind (z.B. ein später komponiertes großes Werk oder eine später verliehene Auszeichnung), so würde man den Antragsteller gegenüber anderen Mitgliedern ungerechtfertigt bevorzugen. **125**

Die Abhilfe setzt eine Rücksprache des Vorsitzenden mit den übrigen Ausschußmitgliedern voraus. Die **übrigen Ausschußmitglieder** sind nur die in der Sache stimmberechtigten Mitglieder (§ 2 Abs. 2, 4 GO Wertung KE). **Rücksprache** bedeutet nicht nur Information, sondern Abstimmung iSv § 2 Abs. 3 GO Wertung KE. **126**

In Betracht kommt allein eine **dem Antrag entsprechende** Entscheidung. Ist der Wertungsausschuß nur teilweise bereit, dem Antrag abzuhelfen, so entscheidet der Aufsichtsrat. Einer informellen Rücksprache mit dem Antragsteller, ob er seinen Antrag entsprechend korrigieren möchte, steht die Regelung nicht entgegen. **127**

---

2 LG Berlin v. 15.12.1988 – 16.O.683/97 – Glockenrequiem.

V. Entscheidung durch den Aufsichtsrat

1. Zuständigkeit, Verfahren und Entscheidung

128 Zuständig für die Entscheidung über den Einspruch ist der Aufsichtsrat (§ 13 Satzung). Für das Verfahren und die Entscheidung gelten im Grundsatz die allgemeinen Regeln, wie sie sich aus § 13 Satzung und aus der GO AR ergeben. Der Delegierte des Aufsichtsrats (§ 2 Abs. 5 GO Wertung KE) hat bei der Entscheidung **kein Stimmrecht**, § 8 Abs. 6 GO Wertung KE, und zwar unabhängig davon, ob er den Einspruchsantrag gestellt hat und ob er an der betreffenden Sitzung des Wertungsausschusses teilgenommen hat. Er ist aber berechtigt, an der Sitzung des Aufsichtsrats und auch an der Beratung teilzunehmen.

2. Begründung, § 8 Abs. 5 GO Wertung KE

129 Wenn ein Mitglied gegen die Entscheidung des Wertungsausschusses Einspruch erhoben hat, so muß eine **ablehnende** Entscheidung begründet werden. Die Begründung entspricht einem allgemeinen (rechtsstaatlichen) Gebot. Sie soll dem Betroffenen die Möglichkeit geben, die Entscheidung zu verstehen und nachzuvollziehen (Akzeptanz). Sie soll ihm zugleich ermöglichen, die Erfolgsaussichten einer Klage gegen die Entscheidung zu prüfen.

130 **Keiner Begründung** bedarf daher eine antragsgemäße Einspruchsentscheidung, da sie den Berechtigten nicht belastet. Keiner Begründung bedarf zudem eine Entscheidung, die auf Antrag des Delegierten des Aufsichtsrats oder des Vorstands ergeht. In beiden Fällen kennen die Antragsteller die Gründe; der Delegierte des Aufsichtsrats ist selbst Aufsichtsratsmitglied und der Vorstand kann nach § 5 GO AR grundsätzlich an den Aufsichtsratssitzungen teilnehmen.

§ 9 [Kosten des Wertungsverfahrens]

Die durch das Wertungsverfahren entstehenden Kosten gehen zu Lasten der von der GEMA für das Wertungsverfahren zur Verfügung gestellten Mittel.

131 Die durch das Wertungsverfahren entstehenden Kosten sind die Kosten der Tätigkeit des Wertungsausschusses. Dessen Mitglieder werden zwar ehrenamtlich tätig und erhalten keine Vergütung, doch entstehen Kosten für Reise und Unterkunft, die den Ausschußmitgliedern als Aufwendungen zu ersetzen sind (oben, Rn. 6).

§ 10 [Inkrafttreten]

Die Geschäftsordnung gilt vom Geschäftsjahr 1984 an.

§ 11 [Änderungskompetenz und -verfahren]

Änderungen dieser Geschäftsordnung erfolgen durch die Mitgliederversammlung nach den Regeln, die für eine Satzungs- und Verteilungsplanänderung vorgesehen sind.

Die **Kompetenz** zur Änderung der GO Wertung KE liegt bei der Mitgliederversammlung. Anders als für den Verteilungsplan ergibt sich diese Zuständigkeit nicht schon aus § 11 lit. b Satzung. 132

Für das Verfahren verweist § 11 GO Wertung KE auf die Regeln, die für eine Satzungs- und Verteilungsplanänderung vorgesehen sind in § 11 lit. b Satzung; s. die Kommentierung **Kap. 8 Rn. 96f**. 133

Ungeachtet dieser Zuständigkeits- und Verfahrensregeln ist die GO Wertung KE nicht Bestandteil der Satzung. Sie wird auch nicht von § 17 S. 2 Satzung in die Satzung inkorporiert. Diese Vorschrift betrifft nur die Allgemeinen Grundsätze des Verteilungsplans, zu denen die GO Wertung KE nicht gehört. Die GO Wertung KE ist auch nicht Teil der „Grundsätze des Verteilungsplans", die nach § 7 S. 3 UrhWG zum Satzungsbestandteil zu machen sind. 134

Kapitel 12.2
Das Wertungsverfahren der Textdichter in der Sparte E (GO Wertung TE)

Geschäftsordnung

Fassung aufgrund der Beschlüsse der ordentlichen Mitgliederversammlung vom 1./2. Juni 1986

Die vom Vorstand und Aufsichtsrat nach § 1 Ziff. 4 der Allgemeinen Grundsätze des Verteilungsplans für das Aufführungs- und Senderecht für ein Wertungsverfahren der Textdichter in der Sparte E (Veranstaltungen ernster Musik) zur Verfügung gestellten Mittel werden nach Maßgabe der nachstehenden Bestimmungen verteilt:

§ 1 [Wertungsausschuß]

Die Mitglieder des Wertungsausschusses sind mit den Mitgliedern des für den Wertungsausschuß in der Unterhaltungs- und Tanzmusik gewählten Mitgliedern der Berufsgruppe Textdichter identische.

§ 2 [Verweisung auf die GO Wertung KE]

Die Bestimmungen der Geschäftsordnung für das Wertungsverfahren der Komponisten in der Sparte E mit Anhang gelten entsprechend.

§ 3 [Inkrafttreten]

Die Geschäftsordnung gilt vom Geschäftsjahr 1986 an.

§ 4 [Änderungskompetenz und Verfahren]

Änderungen dieser Geschäftsordnung beschließt die Mitgliederversammlung nach den Regeln, die für eine Satzungs- und Verteilungsplanänderung vorgesehen sind.

Übersicht Rn.

I. Übersicht

Die GO Wertung TE enthält im wesentlichen keine eigenen Regeln, sondern verweist auf die GO Wertung U (§ 1 GO Wertung TE) oder die GO Wertung KE (§ 2 GO Wertung TE). 1

II. Wertungsausschuß

Auch für die Wertung TE besteht ein eigener Wertungsausschuß. Er besteht indes aus denselben Mitgliedern, die als Textdichter dem Wertungsausschuß nach § 1 GO Wertung U angehören. 2

III. Verfahren und Wertung

Für sämtliche inhaltlichen Fragen verweist § 2 GO Wertung TE auf die Regelung in der GO Wertung KE. Das gilt sowohl für die Verfahrensregeln (§§ 1, 2, 6–8) als auch für die Bewertungsregeln (§§ 3–5 GO Wertung KE). Obwohl das nicht ausdrücklich gesagt ist, ist damit ein **dynamische Verweisung** auf die GO Wertung KE in ihrer jeweils gültigen Fassung gemeint. Das ist deswegen unproblematisch, weil beide Geschäftsordnungen die gleichen Regeln über Änderungskompetenz und -verfahren enthalten (§ 11 GO Wertung KE, § 4 GO Wertung TE; die geringfügigen sprachlichen Unterschiede spielen keine Rolle) und weil das Änderungsverfahren nicht nur die Mitwirkung beider betroffener Berufsgruppen vorsieht, sondern zudem Einstimmigkeit der Berufsgruppen verlangt (§ 11 lit. b Satzung). 3

IV. Änderungskompetenz und -verfahren

§ 4 GO Wertung TE enthält für die Änderung (mit irrelevanten sprachlichen Abweichungen) dieselbe Regelung wie § 11 GO Wertung KE für jene Wertungsordnung. Auf die dortige Kommentierung wird verwiesen (oben, Kap. 12.1 Rn. 132–134). 4

Kapitel 12.3
Das Wertungsverfahren der Verleger in der Sparte E (GO Wertung VE)

Inhaltsübersicht Rn.

Geschäftsordnung

Fassung vom 5./6. Dezember 2001

Die vom Vorstand und Aufsichtsrat nach § 1 Ziff. 4 der Allgemeinen Grundsätze des Verteilungsplans A für das Aufführungs- und Senderecht für ein Wertungsverfahren der Verleger in der Sparte E (Veranstaltungen ernster Musik) zur Verfügung gestellten Mittel werden nach Maßgabe der nachstehenden Bestimmungen verteilt:

§ 1 [Wertungsausschuß – Zusammensetzung und Wahl]

(1) Es wird ein Wertungsausschuß aus 2 Verlegern und 1 Stellvertreter gebildet. Die Ausschußmitglieder müssen ordentliche Mitglieder der GEMA sein, dürfen jedoch nicht dem Aufsichtsrat angehören.

(2) Die Mitglieder des Wertungsausschusses werden auf die Dauer von 4 Jahren durch den Aufsichtsrat gewählt. Wiederwahl ist zulässig.

(3) Scheidet während der Amtsdauer ein Ausschußmitglied oder ein Stellvertreter aus, so hat der Aufsichtsrat einen Ersatzmann zu wählen, der an die Stelle des Ausscheidenden tritt.

1 Der Wertungsausschuß besteht aus zwei **Verlegern**, für die ein Stellvertreter bestimmt wird. Zu dieser Selbstverwaltung hat das Kammergericht ausgeführt:

> „Die Tatsache, daß der Wertungsausschuß aus Verlegern besteht, also aus Personen, die selbst an der Förderung teilnehmen, ist unschädlich. Die Organisation der Beklagten [GEMA], wie auch die der anderen Verwertungsgesellschaften beruht grundsätzlich auf dem Prinzip der Selbstverwaltung durch die Berechtigten. Alle Berechtigten sind zumindest potentielle ordentliche Mitglieder der Beklagten. Die Wahrnehmung der eigenen Interessen in den Vereinsgremien kann deshalb nicht gleichzeitig zur Befangenheit der jeweiligen Mitglieder führen.“[1]

2 **Wählbar** sind nur Verleger, die ordentliche Mitglieder sind; eine Mindestdauer der Mitgliedschaft ist hier (anders als in § 1 GO Wertung KE) nicht vorausgesetzt. Die Verleger dürfen nicht dem Aufsichtsrat angehören, der nach § 4 GO Wertung VE als Einspruchsgremium fungiert. Die **Wahl** erfolgt durch den Aufsichtsrat.

---

1 KG v. 29. 8. 2000 – 5 U 4352/99 (Umdruck S. 17 f.).

Die **Amtsperiode** beträgt vier Jahre, eine Wiederwahl ist zulässig. Bei **vorzeitigem Ausscheiden** (z.B. Rücktritt, Verlust der Mitgliedschaft, Tod) rückt nicht der Stellvertreter nach (der nur für Verhinderung in Einzelfällen bestellt ist), sondern wählt der Aufsichtsrat ein Ersatzmitglied, das an die Stelle des Ausscheidenden tritt. Die Amtszeit des Ersatzmitglieds ist die verbleibende Amtsperiode des Wertungsausschusses. 3

Die Mitgliedschaft im Wertungsausschuß ist ein **Ehrenamt**, § 13 Abs. 8 Satzung. Die Mitglieder erhalten dafür keine Vergütung, sondern nur einen Aufwendungsersatz nach § 670 BGB. 4

§ 2 [Verfahren, Teilnahmerechte]

(1) An allen Sitzungen des Wertungsausschusses können der Vorstand und ein Delegierter des Aufsichtsrates teilnehmen.

(2) Der Vorstand und der Delegierte des Aufsichtsrates haben lediglich beratende Stimme.

(3) Die Wertung für Ausschußmitglieder und den Delegierten des Aufsichtsrats erfolgt in Abwesenheit des Betroffenen durch die übrigen Ausschußmitglieder und den Vorstand. Bei Stimmengleichheit entscheidet die Stimme des Sitzungsvorsitzenden.

Übersicht Rn.

I. Verfahren

Anders als § 2 GO Wertung KE enthält die Vorschrift **keine allgemeinen Verfahrensregeln**. Grund dafür ist, daß der Ausschuß hier aus nur zwei Mitgliedern besteht. Vorschriften über die Abstimmung oder einen Vorsitzenden fehlen, so daß ein Einigungszwang besteht. 5

II. Teilnahmerechte

Zur Teilnahme berechtigt sind der **Vorstand** und ein **Delegierter des Aufsichtsrats** (§ 13 Abs. 4 Satzung). Sie haben grundsätzlich nur eine beratende Stimme. Anderes gilt nur für die Beschlußfassung über Ausschußmitglieder (§ 2 Abs. 3 GO Wertung VE), bei der der Vorstand Stimmrecht hat. 6

III. Beschlußfassung über Ausschußmitglieder und den Delegierten des Aufsichtsrats

Soweit es um ihre eigene Wertung geht, haben Ausschußmitglieder und der Delegierte des Aufsichtsrats **kein Teilnahmerecht**; der Ausschuß soll (auch in diesen Fällen) unge- 7 hemmt beraten und Beschluß fassen können. Für das Verfahren bestimmt § 2 Abs. 3 GO Wertung VE, daß die Abstimmung dann durch „die übrigen Ausschußmitglieder“ und den Vorstand erfolgt. Ungeachtet der Mehrzahl-Formulierung (Ausschußmitglieder) ist die Beschlußfassung über die Wertung eines Mitglieds indes **kein Vertretungsfall**. Die Beschlußfassung erfolgt daher durch das verbleibende Ausschußmitglied und den Vorstand. Für den Fall der Stimmengleichheit entscheidet die Stimme des ad hoc bestimmten **Sitzungsvorsitzenden**.

§ 3 [Wertung ieS]

Die Mitglieder der GEMA können nach Maßgabe folgender Bestimmungen am Wertungsverfahren beteiligt werden:

(1) Bis zu 5 % des zur Verfügung stehenden Betrages werden einem Ausgleichsfonds für Härtefälle zugeführt sowie der Förderung zeitgenössischer Musik zur Verfügung gestellt.

(2) 40 % des zur Verfügung stehenden Betrages werden anteilmäßig dem Aufkommen aus den Senderechten in den Sparten R und FS zugeschlagen, wobei Aufkommen für Werke nach Abschn. X Ziff. 7 und 8 zu 80 % und Aufkommen für Werke nach Abschn. XII zu 66 2/3 % angerechnet werden. Zugrundegelegt wird jeweils das Aufkommen des Verlages in dem Geschäftsjahr, das dem des Wertungsverfahrens vorausgeht.

(3) Der verbleibende Restbetrag wird anteilmäßig dem Aufkommen aus dem Konzert-Aufkommen der Sparte E zugeschlagen, wobei das Aufkommen für Werke nach Abschn. X Ziff. 7 und 8 zu 80 % und das Aufkommen für Werke nach Abschn. XII zu 66 2/3 % angerechnet wird.

Der sich daraus ergebende Gesamtbetrag E wird bis zu Euro 20.000,00, darüber hinaus bis zum 10fachen des Aufkommens R + FS berücksichtigt. Zugrundegelegt wird jeweils das Aufkommen des Verlages in dem Geschäftsjahr, das dem des Wertungsverfahrens vorausgeht.

Die neu gefaßten Bestimmungen werden für das Geschäftsjahr 2000 ihre Anwendung finden für die Abrechnung im Geschäftsjahr 2001.

Als Aufkommen der Sparte E gelten ab Geschäftsjahr 1994 die Beträge, die sich aus der Anwendung folgender Faktoren ergeben:[1]

Aufkommen aus Veranstaltungen

mit Inkasso bis DM 100,–	**mit Faktor 1**
mit Inkasso über DM 100,–	**mit Faktor 1 1/2**
mit Inkasso über DM 500,–	**mit Faktor 2**

Für E-Konzerte im Rahmen von Pauschalverträgen gilt das Durchschnittsinkasso.

Das jährliche Durchschnittsinkasso für E-Konzerte ist der Quotient aus dem Pauschalinkasso und der Anzahl der entsprechenden Programme. Ausgenommen sind solche Pauschalverträge, die pro E-Konzert die Anwendung der tariflichen Vergütungssätze vorsehen.

Als Aufkommen der Sparte E gelten letztmalig für die Wertung für das Geschäftsjahr 1997 die Beträge, die sich aus der Anwendung folgender Faktoren ergeben:

Aufkommen aus Veranstaltungen

mit Inkasso bis DM 100,–	**Faktor 1**
mit Inkasso über DM 100,–	**Faktor 1 1/2**
mit Inkasso über DM 500,–	**Faktor 2**

(4) In keinem Fall wird eine höhere Beteiligung als 4/12 am Werk zugrunde gelegt.

---

[1] Befristet bis 31.12.1997.

(5) Bei subverlegten Werken, an denen der deutsche Subverleger auch den Anteil des Originalverlegers erhält, werden nur bis zu 50% des gesamten Verlagsanteils (höchstens 3/12) als Aufkommen des Subverlegers angesehen.

(6) Wer als Bezugsberechtigter sich oder einem anderen wissentlich oder grob fahrlässig durch falsche Angaben einen rechtswidrigen Vermögensvorteil verschafft und/oder wer gegen die Mißbrauchsvorschriften in Abschn. I Ziff. 2, Abschn. III Ziff. 3 bzw. Abschn. IV Ziff. 4 der Ausführungsbestimmungen zum Verteilungsplan für das Aufführungs- und Senderecht verstößt, verwirkt seine Beteiligung am Wertungsverfahren für das Jahr, in dem der Verstoß begangen wurde.

Übersicht Rn.

I. Übersicht

§ 3 GO Wertung VE enthält die materiellen Wertungsregeln. Die Wertung erfolgt hier durch drei Arten von Zuwendungen. Erstens können die Mitglieder Zuwendungen aus einem Fonds erhalten, der (a) dem Ausgleich von Härten und (b) der Förderung zeitgenössischer Musik dient, § 3 Abs. 1 GO Wertung VE. Im übrigen erfolgt die Wertung durch die Zahlung von Zuschlägen zu bestimmten Aufkommensarten, und zwar nach Abs. 2 als Zuschlag zum Sendeaufkommen (Sparten R und FS) und nach Absatz 3 als Zuschlag zum Konzertaufkommen (Sparte E). **8**

II. Der Ausgleichsfonds und Förderung zeitgenössischer Musik, § 3 Abs. 1 GO Wertung VE

Bis zu 5% des zur Verfügung stehenden Betrags (vgl. § 1 Abs. 4 mit Fn. 1 Allgemeine Grundsätze Verteilungsplan A) werden einem Ausgleichsfonds zugeführt und der Förderung zeitgenössischer Musik zur Verfügung gestellt. Die **Höhe** des Anteils liegt im **Ermessen** des Wertungsausschusses, der nur durch die Obergrenze von (insgesamt) 5% beschränkt ist. **9**

Regeln über die Verteilung der so zur Verfügung gestellten Wertungsmittel enthält § 3 Abs. 1 GO Wertung VE nur in Form der allgemeinen **Zweckbindung**: Der Ausgleichsfonds dient dem Ausgleich von **Härtefällen,** der weitere Betrag dient der Förderung **10**

zeitgenössischer E-Musik[1]. Innerhalb dieser Zweckbestimmungen liegt die Verteilung im **weiten Ermessen** des Wertungsausschusses, der sich allerdings über allgemein anerkannte Beurteilungskriterien nicht hinwegsetzen darf.[2] Eine Änderung der einmal gewählten Beurteilungskriterien ist dabei nicht ausgeschlossen.[3]

III. Der Wertungszuschlag, § 3 Abs. 2–5 GO Wertung VE

11 Die Wertung erfolgt in der Sparte der E-Verleger durch einen pauschalen Zuschlag zum Aufkommen aus den Senderechten (2.) und dem Konzertaufkommen (3.). Für die Ermittlung des berücksichtigungsfähigen Aufkommens enthalten Abs. 4 und 5 Regelungen für die berücksichtigungsfähigen Anteile.

1. Die berücksichtigungsfähigen Verlagsanteile, § 3 Abs. 4 GO Wertung VE

12 Die für jedes Werk errechneten Aufkommensbeträge sind schon im Rahmen der Verteilung auf die einzelnen Beteiligten aufzuteilen (§ 4 Abs. 2 lit. a Allgemeine Grundsätze Verteilungsplan A). Entsprechendes gilt auch für die Wertung. Nach § 3 Abs. 4 GO Wertung VE wird dabei in der Berufsgruppe der Verleger in keinem Fall ein höherer Betrag als 4/12 zugrunde gelegt. Ein etwa zwischen Urheber(n) und Verlag vereinbartes, zugunsten des Verlags abweichendes Aufteilungsverhältnis wird für die Wertung nicht berücksichtigt.

13 Bei **subverlegten Werken** kann sich für einen deutschen Subverleger ein Anteil von 6/12 ergeben (s. I Ziff. 2 Anhang zu den Ausführungsbestimmungen des Verteilungsplans A). Von diesem Anteil muß der Subverleger indes normalerweise mindestens die Hälfte, also 3/12, an den Originalverleger auskehren. Gemäß § 3 Abs. 5 GO Wertung VE wird in diesem Fall nur bis zu 50% des gesamten Verlagsanteils, also höchstens ein Anteil von 3/12 für die Wertung des deutschen Subverlegers als Aufkommen berücksichtigt.

2. Zuschlag zum Senderecht, § 3 Abs. 2 GO Wertung VE

a) Grundregel

14 40% des für die VE-Wertung zur Verfügung stehenden Betrags (vgl. § 1 Abs. 4 mit Fn. 1 Allgemeine Grundsätze Verteilungsplan A) werden dem Aufkommen aus den Senderechten in den Sparten R (Rundfunk) und FS (Fernsehen) zugeschlagen. Die Verteilung erfolgt „anteilmäßig“, d.h. im Verhältnis des Aufkommensbetrags des einzelnen E-Verlegers zur Summe der Aufkommensbeträge aller E-Verleger.

b) Das berücksichtigungsfähige Aufkommen

15 Für die Berechnung der Wertung wird das Aufkommen für Werke gem. Abschnitt X und XII Ausführungsbestimmungen zum Verteilungsplan A zugrundegelegt, § 3

---

1 Dazu KG v. 29. 8. 2000 – 5 U 4352/99.
2 KG v. 29. 8. 2000 – 5 U 4352/99 (Umdruck S. 13f.).
3 KG v. 29. 8. 2000 – 5 U 4352/99 (Umdruck S. 18f.).

Abs. 2 S. 1 GO Wertung VE. Maßgeblich ist das Aufkommen des Geschäftsjahrs, das dem Wertungsverfahren vorausgeht, § 3 Abs. 2 S. 2 GO Wertung VE.

16 Das aus der Sendung von Chorwerken (Abschnitt X Ziff. 7 und 8) erzielte Aufkommen wird indes nur zu einem Anteil von 80% berücksichtigt; das Aufkommen aus Abschnitt XII (das Sonderfälle betrifft, die sich nicht schon Abschnitt X, XI oder XIII zuordnen lassen) nur zu einem Anteil von 66 2/3%.

3. Zuschlag zum Konzertaufkommen, § 3 Abs. 3 GO Wertung VE

17 Nach den Bestimmungen von Abs. 3 wird die Wertung als Zuschlag zum Aufkommen in der Sparte E ermittelt. Die Vorschrift ist unübersichtlich, weil sie in UAbs. 3 eine mittlerweile erledigte Regelung über das Inkrafttreten enthält, in UAbs. 4-7 mittlerweile ausgelaufene Regelungen über eine Faktorengewichtung.[4] Von Bedeutung sind daher nur noch die UAbs. 1 und 2, die nachfolgend erläutert werden.

a) Grundregel

18 Der – nach Abzug eines Anteils von bis zu 5% nach Abs. 1 und des Anteils von 40% gem. Abs. 2 – verbleibende Restbetrag wird als Zuschlag zum Aufkommen in der Sparte E (Konzert-Aufkommen) verteilt. Die Verteilung erfolgt „anteilmäßig", d.h. im Verhältnis des Aufkommensbetrags des einzelnen E-Verlegers zur Summe der Aufkommensbeträge aller E-Verleger.

b) Das berücksichtigungsfähige Aufkommen

19 Ebenso wie nach § 3 Abs. 2 GO Wertung VE (Rn. 15f.) wird auch hier das Aufkommen für Werke der Abschnitte X und XII Ausführungsbestimmungen zum Verteilungsplan A zugrundegelegt. Auch hier wird das Aufkommen für Chorwerke (Abschnitt X Ziff. 7 und 8) nur zu 80% berücksichtigt, das für Werke iSv Abschnitt XII nur zu 66 2/3%.

20 Entsprechend der Bestimmung in § 5 Abs. 1 Fn. 1 GO Wertung KE und aus denselben Gründen **(Kap. 12.1 Rn. 25)** fließt das Aufkommen in der Sparte E nur bis zu einem Höchstbetrag in die Wertung ein. Nur bis zu einem Betrag von 20.000€ wird das E-Aufkommen ohne weiteres für die Ermittlung der Wertung berücksichtigt. Die übersteigenden Beträge werden nur bis zum 10fachen des Aufkommens in den Sparten R und FS berücksichtigt.

4. Berechnungsbeispiel

21 Die Berechnung der Wertung VE illustriert das folgende Berechnungsbeispiel:

Verleger V hat folgende Aufkommensbeträge erzielt:

(1) Sparte E	20.000 €		
davon Abschnitt X ohne Ziff. 7 und 8			10.000 €
davon Abschnitt X Ziff. 7 und 8	6.000 €	davon 80 %	4.800 €
davon Abschnitt XII	4.000 €	davon 66 2/3 %	2.666,67 €

4 Dazu KG v. 23.10.2001 5 U 1983/00. Zur Parallelregelung in der GO Wertung KE noch die Erläuterungen § 5 GO Wertung KE, **Kap. 12.1 Rn. 83–85**.

Summe anrechenbares Aufkommen Sparte E		17.466,67 €
Die Wertungsmark betrage: (gegriffene Zahl)		2 €
Daraus errechnet sich folgender Wertungszuschlag		
17.466,67 × 2 = (gerundet)		34.933 €
(2) Sparte R und FS	1.500 €	
davon Abschnitt X ohne Ziff. 7 und 8		1.000 €
davon Abschnitt X Ziff. 7 und 8	400 € davon 80 %	320 €
davon Abschnitt XII	100 € davon 66 2/3 %	66,67 €
Summe anrechenbares Aufkommen Sparte E		1.386,67 €
Die Wertungsmark betrage: (gegriffene Zahl)		1,5 €
Daraus errechnet sich folgender Wertungszuschlag		
1.386,67× 1,5 = (gerundet)		2.080 €

IV. Ausschluß wegen Mißbrauchs, § 3 Abs. 6 GO Wertung VE

22 Die Mißbrauchsvorschrift von § 3 Abs. 6 GO Wertung VE entspricht jener des § 3 II Abs. 6 S. 1 GO Wertung KE. Auf die dortigen Erläuterungen wird verwiesen (Kap. 12.1 Rn. 28–32).

§ 4 [Einspruchsverfahren]

(1) Gegen die Entscheidung des Wertungsausschusses kann von dem betroffenen Mitglied die Entscheidung des Aufsichtsrates der GEMA angerufen werden. Darüber hinaus haben der Delegierte des Aufsichtsrates und der Vorstand das Recht, gegen jede Entscheidung des Wertungsausschusses die Entscheidung des Aufsichtsrates anzurufen.

(2) Die Entscheidung des Aufsichtsrats kann nur innerhalb einer Frist von 8 Wochen angerufen werden. Die Frist beginnt für das betroffene Mitglied mit dem Tage der Aufgabe der Entscheidung zur Post, für den antragsberechtigten Delegierten des Aufsichtsrates und den Vorstand vom Tage der Entscheidung des Wertungsausschusses an zu laufen.

(3) Falls die Anrufung des Aufsichtsrates durch das betroffene Mitglied auf neuem Tatsachenvortrag beruht, der bei der Entscheidung des Wertungsausschusses noch nicht berücksichtigt werden konnte, ist der Vorsitzende des Wertungsausschusses berechtigt, nach Rücksprache mit den übrigen Ausschußmitgliedern dem Antrag des Mitglieds ohne Vorlage an den Aufsichtsrat zu entsprechen.

(4) Ruft der Delegierte des Aufsichtsrates oder der Vorstand die Entscheidung des Aufsichtsrates an, so hat dies aufschiebende Wirkung.

(5) Bei diesen Entscheidungen des Aufsichtsrates hat der Delegierte kein Stimmrecht.

23 Die Regelung entspricht – mit einer Ausnahme (Rn. 24) – jener des § 8 GO Wertung KE. Auf die dortigen Erläuterungen wird verwiesen **(Kap. 12.1 Rn. 121 ff.)**.

24 Anders als in § 8 Abs. 5 GO Wertung KE ist hier keine **Begründungspflicht** für den Fall einer ablehnenden Entscheidung auf die Beschwerde eines Mitglieds vorgesehen. Eine solche Begründungspflicht ergibt sich jedoch schon aus allgemeinen Grundsätzen.

§ 5 [Kostentragung]

Die durch das Wertungsverfahren entstehenden Kosten gehen zu Lasten der von der GEMA für das Wertungsverfahren zur Verfügung gestellten Mittel.

Die Vorschrift entspricht jener des § 9 GO Wertung KE. Auf die dortigen Erläuterungen wird verwiesen. 25

§ 6 [Inkrafttreten]

Diese Geschäftsordnung tritt mit Wirkung vom GEMA-Geschäftsjahr 1982 in Kraft.

§ 7 [Änderungskompetenz]

Änderungen dieser Geschäftsordnung erfolgen mit Zweidrittel-Mehrheit durch den Aufsichtsrat.

Anders als bei den übrigen Geschäftsordnungen für die Wertungsverfahren liegt die 26
Änderungskompetenz hier nicht bei der Mitgliederversammlung, sondern beim Aufsichtsrat. Von Rechts wegen ist das nicht zu beanstanden.[1] Insbesondere gehören die Regeln der GO Wertung VE nicht zu den Grundsätzen des Verteilungsplans, die nach § 17 S. 2 Satzung Bestandteil der Satzung wären oder es nach § 7 S. 3 UrhWG sein müßten.

Anhang zur Geschäftsordnung für das Wertungsverfahren der Verleger in der Sparte E

1. Die Verteilung der von den ordentlichen Mitgliedern zur Verfügung gestellten Anteile der Verleger am sogenannten Ausfall erfolgt durch prozentualen Zuschlag zur Verteilungssumme ohne Rücksicht auf die Dauer der ordentlichen Mitgliedschaft.
2. Dieser Anhang tritt mit Wirkung vom Geschäftsjahr 1970 an in Kraft.
3. Änderungen dieses Anhangs erfolgen mit Zweidrittel-Mehrheit durch den Aufsichtsrat.

1 KG v. 23. 10. 2001 – 5 U 1983/00.

Kap. 12.4 – Das Wertungsverfahren in der Unterhaltungs- und Tanzmusik (GO Wertung U)

Inhaltsübersicht Rn.

Geschäftsordnung

Fassung aufgrund der Beschlüsse der ordentlichen Mitgliederversammlung vom 24. und 25. Juni 2003

Die nach § 1 Ziff. 4 der Allgemeinen Grundsätze des Verteilungsplans für das Aufführungs- und Senderecht zur Verfügung stehenden Beträge werden nach Maßgabe folgender Bestimmungen verteilt:

§ 1 [Zusammensetzung und Wahl des Wertungsausschusses]

(1) Es wird ein Wertungsausschuß aus

3 Komponisten
3 Textdichtern
3 Verlegern und
je 3 Stellvertretern

gebildet.

Wählbar sind Mitglieder mit mindestens zehnjähriger Mitgliedschaft. Davon müssen fünf Jahre auf die ordentliche Mitgliedschaft entfallen. Aufsichtsratsmitglieder sind nicht wählbar. Unter den drei Komponisten muß mindestens ein Komponist der gehobenen Unterhaltungsmusik sein.

(2) Die Mitglieder des Wertungsausschusses werden auf die Dauer von drei Jahren nach Anhörung der Vorschläge des Aufsichtsrates durch die Mitgliederversammlung nach den Grundsätzen gewählt, die für die Wahl von Aufsichtsratsmitgliedern gelten.

Andere Wahlvorschläge können in den Berufsgruppenversammlungen erfolgen. Die Ausschußmitglieder bleiben bis zum Ablauf der dritten auf die Wahl folgenden ordentlichen Mitgliederversammlung im Amt. Wiederwahl ist zulässig.

Scheidet während der Amtsdauer ein Ausschuß-Mitglied aus, so haben die Aufsichtsratsmitglieder seiner Berufsgruppe einen Ersatzmann zu wählen, der an die Stelle des Ausscheidenden tritt. Die Ersatzwahl bedarf der Bestätigung durch die nächste Mitgliederversammlung, soweit die Amtsdauer über diese Mitgliederversammlung hinausgeht.

(3) Die außerordentlichen und angeschlossenen Mitglieder werden im Wertungsausschuß durch je einen Delegierten ihrer Berufsgruppe vertreten, der bei der Wertung der außerordentlichen und an-

geschlossenen Mitglieder seiner Berufsgruppe beratend mitwirkt. Diese Delegierten werden jeweils für die Amtsperiode des Wertungsausschusses von der Versammlung der außerordentlichen und angeschlossenen Mitglieder gewählt. Sie müssen 5 Jahre außerordentliche oder angeschlossene Mitglieder der GEMA gewesen sein. Die für die Wahl von Aufsichtsratsmitgliedern geltenden Grundsätze sind entsprechend anzuwenden.

Übersicht Rn.

I. Übersicht

1 § 1 GO Wertung U regelt die Zusammensetzung des Wertungsausschusses (Abs. 1 UAbs. 1), die Wahl seiner Mitglieder (Abs. 1 UAbs. 2, Abs. 2) sowie die Vertretung der außerordentlichen und angeschlossenen Mitglieder im Wertungsausschuß durch je einen Delegierten und deren Wahl (Abs. 3). Sofern die Geschäftsordnung keine spezielleren Anordnungen enthält, kommen die Grundsätze über die Wahl von Aufsichtsratsmitgliedern (§ 13 GEMA-Satzung) zur Anwendung (Abs. 2 UAbs. 1, Abs. 3 S. 4).

2 Die Regelung **entspricht** weitgehend **der Regelung in § 1 GO Wertung KE (Kap. 12.1 Rn. 3–14)**. Auf die dortige Kommentierung wird daher verwiesen, insbesondere für die Fragen

- der Wählbarkeit,
- der Wahl,
- der Amtszeit,
- der Ersatzleute.

Unterschiede bestehen lediglich im Hinblick auf

- die Zusammensetzung des Wertungsausschusses und
- die Delegierten der außerordentlichen und der angeschlossenen Mitglieder.

II. Zusammensetzung

3 Der Wertungsausschuß der Unterhaltungs- und Tanzmusik (nachfolgend auch **Wertungsausschuß U**) besteht aus **neun Mitgliedern**, drei Komponisten, drei Textdichtern und drei Verlegern, sowie je Berufsgruppe drei Stellvertretern. Die Mitglieder und Stellvertreter müssen, wie die Regelung voraussetzt, im Bereich der **U-Musik** tätig sein (vgl. **Kap. 12.1 Rn. 4**). Nach Abs. 1 UAbs. 2 S. 4 muß unter den Komponisten mindestens ein Komponist der gehobenen Unterhaltungsmusik sein.

4 Die außerordentlichen und angeschlossenen Mitglieder werden im Wertungsausschuß der Unterhaltungs- und Tanzmusik durch **je einen** Delegierten vertreten.

§ 2 [Verfahren und Beschlußfassung]

(1) Der Wertungsausschuß wählt aus seiner Mitte einen Vorsitzenden und einen stellvertretenden Vorsitzenden.

(2) Der Wertungsausschuß ist nur beschlußfähig, wenn die jeweils für einen Wertungsfall zuständige Berufsgruppe mit allen 3 Mitgliedern bzw. Stellvertretern besetzt ist.

(3) Der Wertungsausschuß entscheidet mit einfacher Mehrheit der bei der Abstimmung vorhandenen Stimmen.

Bei Stimmengleichheit entscheidet die Stimmenzahl in der für den Wertungsfall zuständigen Berufsgruppe.

(4) An den Sitzungen des Wertungsausschusses kann je ein Delegierter einer jeden Berufsgruppe des Aufsichtsrates teilnehmen.

(5) Der Vorstand kann an allen Sitzungen des Wertungsausschusses teilnehmen.

(6) Die delegierten Aufsichtsratsmitglieder und der Vorstand haben lediglich beratende Stimme.

Übersicht Rn.

I. Übersicht

5 Der Wertungsausschuß trifft seine Entscheidungen durch Abstimmung. Die Vorschrift regelt das Verfahren der kollektiven Entschlußfassung (Beschlußfassung und Stimmrecht, § 2 Abs. 1–4 GO Wertung U) und die Beteiligungsmöglichkeiten der Vereinsorgane der GEMA (§ 2 Abs. 5–7 GO Wertung U).

6 Die Vorschrift **entspricht** mit wenigen Abweichungen der des **§ 2 GO Wertung KE**; auf die dortige Kommentierung wird verwiesen **(Kap. 12.1 Rn. 20–33)**.

7 **Unterschiede** ergeben sich daraus, daß der Wertungsausschuß U für alle drei Berufsgruppen zuständig und entsprechend besetzt ist und zudem die Sonderregel für Chorkomponisten, die die GO Wertung E enthält, hier fehlt. Soweit die Regelung von jener des § 2 GO Wertung KE abweicht, wird sie nachfolgend erläutert.

II. Der Vorsitzende

8 Der Wertungsausschuß wählt aus seiner Mitte einen Vorsitzenden und einen stellvertretenden Vorsitzenden, § 2 Abs. 1 GO Wertung U. Der Vorsitzende leitet die Sitzung. Er kann einer Beschwerde zum Aufsichtsrat (nach Rücksprache mit den übrigen Ausschußmitgliedern) nach § 7 Abs. 3 GO Wertung U abhelfen. Anders als nach § 2 Abs. 3 S. 2 GO Wertung KE gibt bei Stimmengleichheit nicht die Stimme des Vorsitzenden den Ausschlag.

III. Beschlußfähigkeit, § 2 Abs. 2 GO Wertung U

Der Wertungsausschuß ist beschlußfähig, wenn die jeweils für einen Wertungsfall zuständige Berufsgruppe mit allen drei Mitgliedern (§ 1 Abs. 1 UAbs. 1 GO Wertung U) bzw. deren Stellvertretern besetzt ist. 9

IV. Abstimmung und Mehrheit, § 2 Abs. 3 GO Wertung U

Der Wertungsausschuß entscheidet mit einfacher Mehrheit der bei der Abstimmung vorhandenen Stimmen. Da die Beschlußfähigkeit Anwesenheit von den drei Mitgliedern der betroffenen Berufsgruppe oder deren Stellvertretern voraussetzt, bedeutet die Regelung, daß auch die Mitglieder der übrigen, nicht betroffenen Berufsgruppen, mitstimmen können. Bedeutung hat das im Ergebnis nicht, da bei Stimmengleichheit die „Stimmenzahl" (gemeint ist das Stimmenverhältnis) in der für den Wertungsfall zuständigen Berufsgruppe entscheidet. 10

V. Teilnahmerecht des Delegierten des Aufsichtsrats und des Vorstands

An den Sitzungen des Wertungsausschusses kann **je ein Delegierter einer jeden Berufsgruppe** des Aufsichtsrats (§ 2 Abs. 4 GO Wertung U) sowie der Vorstand (§ 2 Abs. 5 GO Wertung U) teilnehmen. Die weiteren Einzelheiten sind ebenso wie in § 2 GO Wertung KE geregelt. 11

Zum Teilnahmerecht des **Vorstands**, vgl. die Erläuterungen zu § 2 GO Wertung KE, **Kap. 12.1 Rn. 12–14.** 12

S. ferner zu den Teilnahmerechten von Aufsichtsratsdelegierten und Vorstand bei den Beratungen der Berufsgruppen-Mitglieder nach § 6 Abs. 3 GO Wertung U unten, Rn. 73. 13

§ 3 [Beteiligung an der Wertung, allgemeine Regeln]

Die ordentlichen, außerordentlichen und angeschlossenen Mitglieder der GEMA können nach Maßgabe folgender Bestimmungen am Wertungsverfahren beteiligt werden:

(1) Soweit in den für das Wertungsverfahren bestehenden Gruppen eine längere Mitgliedschaftsdauer verlangt wird, wird die Zugehörigkeit des Mitglieds zu den früheren Verwertungsgesellschaften STAGMA, GEMA, GDT oder AKM angerechnet.

Die Zugehörigkeit zu einer anderen Verwertungsgesellschaft kann angerechnet werden.

(2) Die Mitgliedschaftsdauer wird vom 1. Januar des Jahres an berechnet, in dem das Mitglied die Mitgliedschaft erworben hat.

(3) Mitglieder, die ihre Werke nur mit Hilfe anderer schreiben, also nicht über das berufsmäßige Können verfügen, können keine Wertung erhalten.

Das Mitglied kann zur Ableistung einer Klausurarbeit aufgefordert werden.

(4) Verleger sind verpflichtet, einen Verlagskatalog nach neuestem Stand dem Wertungsausschuß einzureichen. Der Katalog ist spätestens nach jeweils drei Jahren zu ergänzen.

(5) Soweit bei der Bewertung Auslandseinnahmen zugrunde zu legen sind, die sich unter den Berufsgruppen nicht aufteilen lassen, wird der Gesamtbetrag in der Berufsgruppe zugrunde gelegt, in der das Mitglied das höhere Aufkommen hat.

(6) Nach dem Tode des Urhebers sind Beteiligte am Wertungsverfahren nur dessen Ehegatte sowie seine Kinder, soweit sie Erben sind. Die Auszahlung der Zuwendungen erfolgt an denjenigen, von dem der Berechtigungsvertrag mit der GEMA fortgesetzt wird. Wenn weder ein überlebender Ehegatte noch Kinder vorhanden sind, kann ausnahmsweise mit Zustimmung des Aufsichtsrates auch ein langjähriger Lebensgefährte, der Erbe ist, als Beteiligter anerkannt werden.

(7) Wer als Bezugsberechtigter sich oder einem anderen wissentlich oder grob fahrlässig durch falsche Angaben einen rechtswidrigen Vermögensvorteil verschafft und/oder wer gegen die Mißbrauchsvorschriften in Abschn. I Ziff. 2, Abschn. III Ziff. 3 bzw. Abschnitt IV Ziff. 4 der Ausführungsbestimmungen zum Verteilungsplan für das Aufführungs- und Senderecht verstößt, verwirkt seine Beteiligung am Wertungsverfahren für das Jahr, in dem der Verstoß begangen wurde. Bei solchen Verstößen entscheidet der Wertungsausschuß, ob es geboten ist, die Einstufung für das Wertungsverfahren zu ändern.

(8) Werden urheberrechtliche Nutzungsrechte eines Nicht-GEMA-Mitglieds an ein GEMA-Mitglied abgetreten (zediert), so nimmt weder der Abtretende (Zedent) noch der Abtretungsempfänger (Zessionar) für die abgetretenen Rechte an diesem Wertungsverfahren teil. Dies gilt für alle ab dem 1. 6. 2003 bei der GEMA eingereichten Abtretungen sowie für Werkanmeldungen aus Abtretungen vor diesem Stichtag.

Übersicht Rn.

I. Übersicht

14 § 3 GO Wertung U regelt, wer an der Wertung teilnehmen kann. Die Vorschrift enthält zudem einige allgemeine Regeln für die Ermittlung der Wertung.

15 § 3 GO Wertung entspricht in mehreren Punkten der Vorschrift des § 3 GO Wertung KE, so daß auf die dortigen Erläuterungen verwiesen werden kann. Das gilt für folgende Gegenstände:

- Anrechnung der Mitgliedschaft in anderen Verwertungsgesellschaften, § 3 Abs. 1 GO Wertung U; vgl. **Kap. 12.1 Rn. 57 f.**
- Berechnung der Mitgliedschaftsdauer, § 3 Abs. 2 GO Wertung U; vgl. **Kap. 12.1 Rn. 59**.
- Prüfungsrecht der GEMA, § 3 Abs. 3 GO Wertung U; vgl. **Kap. 12. Rn. 37–40**.
- Berücksichtigung von Auslandseinnahmen, § 3 Abs. 5 GO Wertung U; vgl. **Kap. 12.1 Rn. 60**.
- Mißbrauchstatbestand, § 3 Abs. 7 GO Wertung U; vgl. **Kap. 12.1 Rn. 61–65**.
- Behandlung von Zessionen, § 3 Abs. 8 GO Wertung U; vgl. **Kap. 12.1 Rn. 54 f.**

Zwei Einzelheiten, die in § 3 GO Wertung U besonders geregelt sind, sind nachfolgend zu erörtern.

II. Einreichung des Verlagskatalogs, § 3 Abs. 4 GO Wertung U

Für die nach § 5 Abs. 3 lit. I GO Wertung U erfolgende Bewertung des Gesamtschaffens in der Berufsgruppe der Musikverleger ist der Verlagskatalog eine entscheidende Beurteilungsgrundlage. § 3 Abs. 4 GO Wertung U verpflichtet daher die an der Wertung teilnehmenden Verleger, einen Verlagskatalog nach neuestem Stand dem Wertungsausschuß einzureichen. Spätestens nach drei Jahren ist der Katalog zu ergänzen. 16

III. Wertungsbeteiligung von Erben, § 3 Abs. 6 GO Wertung U

Ähnlich wie in § 3 II GO Wertung KE regelt § 3 Abs. 6 GO Wertung U die Wertungsbeteiligung von Erben. Als Beteiligte kommen der Ehegatte und die Kinder, nachrangig und nur ausnahmsweise mit Zustimmung des Aufsichtsrates auch ein Lebensgefährte des verstorbenen Mitglieds in Betracht. Voraussetzung ist in jedem Fall, daß die Person Erbe geworden ist. Insoweit wird auf die Erläuterungen zu § 3 GO Wertung KE verwiesen (**Kap. 12.1 Rn. 41–49**). 17

Ein **Rangverhältnis** besteht nur zwischen Ehegatten und Kindern einerseits und einem Lebensgefährten andererseits: Der Lebensgefährte kommt jedenfalls erst dann zum Zuge, wenn weder ein wertungsberechtigter Ehegatte noch wertungsberechtigte Kinder vorhanden sind (vorverstorben oder nicht Erbe geworden). Ehegatten und Kinder können hingegen (anders als bei § 3 II Abs. 1 GO Wertung KE) **nebeneinander** zum Zuge kommen. Die **Auszahlung** erfolgt bei mehreren Erben (z.B. Ehegatte und Kind oder mehrere Kinder) an denjenigen, „von dem der Berechtigungsvertrag mit der GEMA fortgesetzt wird“, § 3 Abs. 6 S. 2 GO Wertung U. Gemeint ist damit der nach § 9 Abs. 2 S. 2 BerV zu benennende „Bevollmächtigte“, der im Falle der Fortsetzung des Berechtigungsvertrags die Rechte für die Erben ausübt. 18

Bei der **Ermittlung der Wertung** werden hier (wiederum anders als nach § 3 II Abs. 4 GO Wertung KE) die Aufkommensbeträge ungekürzt berücksichtigt. Die Punkte für die Dauer der Mitgliedschaft laufen auch nach dem Tod des Urhebers weiter. 19

§ 4 [Ausgleichsfonds]

(1) Die Berufsgruppen der Komponisten, Textdichter und Musikverleger können bis zu 10 % der auf ihre Berufsgruppe entfallenden Beträge einem Ausgleichsfonds zuführen.

(2) Der Ausgleichsfonds hat einmal den Zweck, an solche Mitglieder, deren Schaffen künstlerisch erfolgreich war oder kulturell besonders förderungswürdig ist, in Härtefällen Zuwendungen zu machen. Zum anderen sollen daraus die unmittelbaren Abkömmlinge derjenigen Komponisten und Textdichter, die als politisch oder „rassisch“ Verfolgte Deutschland vor 1945 verlassen mußten, Zuwendungen erhalten.

Ferner sollen daraus in begründeten Ausnahmefällen Mitglieder dafür entschädigt werden, daß ihre Werke in den Programmen nicht oder nicht vollständig erfaßt wurden.

(3) Verleger von Unterhaltsmusik und von Opern-, Operetten-Potpourris und -Fantasien können aus dem Ausgleichsfonds besondere Zuwendungen erhalten.

(4) Der Wertungsausschuß kann darüber hinaus mit Zustimmung des Aufsichtsrats für Härtefälle, auch solche, die durch Änderungen des Verteilungsplans entstehen, Übergangshilfen beschließen. Die nur auf Antrag zu gewährenden Übergangsleistungen sind auf maximal 2 Jahre begrenzt.

Als Härtefälle gelten auch die durch die neue Ermittlung der Aufführungsziffern entstandenen Fälle, in denen ein Wahrnehmungsberechtigter weniger als 2/3 der Sparte U unter Einbeziehung von M erhalten hat, als sich bei der bisherigen Ermittlung ergeben hätte; in diesem Fall wird der Abrechnungsbetrag aus der Sparte U unter Einbeziehung von M für das Geschäftsjahr 1998 (in 1999) durch Mittel aus dem Härtefonds ausgeglichen bis zur Hälfte des Betrages, der sich nach dem bisherigen Ermittlungsverfahren ergeben hätte; der Abrechnungsbetrag aus der Sparte U unter Einbeziehung von M wird für das Geschäftsjahr 1999 (in 2000) bis zu einem Viertel des Betrages, der sich nach dem bisherigen Ermittlungsverfahren ergeben hätte, ausgeglichen. Die Ausgleichszahlung ist pro Jahr auf EUR 12 782,30 begrenzt.

Übersicht Rn.

I. Übersicht

20 § 4 GO Wertung U richtet den Ausgleichsfonds ein, der – im einzelnen unterschiedliche – Härtefälle (Rn. 23–29) ausgleichen soll. Die Entscheidung über seine finanzielle Ausstattung liegt in gewissen Grenzen beim Wertungsausschuß (Rn. 21 f.), der auch für die Entscheidung über Zuwendungen im Einzelfall zuständig ist (Rn. 30).

II. Die Finanzierung des Ausgleichsfonds, § 4 Abs. 1 GO Wertung U

21 Die finanzielle Ausstattung des Ausgleichsfonds ist nur durch die Obergrenze von 10% der für die jeweilige Berufsgruppe zur Verfügung stehenden Beträge (vgl. § 1 Abs. 4 lit. a Allgemeine Grundsätze Verteilungsplan A mit Fn. 1) bestimmt. Über den Umfang der finanziellen Ausstattung entscheiden nach § 4 Abs. 1 GO Wertung U „die Berufsgruppen“. Gemeint sind damit aber nicht die Berufsgruppenversammlungen der Mitgliederversammlung (vgl. § 11 Satzung). Vielmehr ist die Formulierung als Hinweis auf die Vorschrift des § 2 Abs. 3 GO Wertung U über das Abstimmungsverfahren zu verstehen. Sie bedeutet maW, daß der **Wertungsausschuß** über die finan-

zielle Ausstattung entscheidet, daß aber bei Stimmengleichheit das Stimmenverhältnis der betroffenen Berufsgruppenvertreter im Wertungsausschuß den Ausschlag gibt.

In seiner Entscheidung über den Umfang der finanziellen Ausstattung ist der Wertungsausschuß nur durch den genannten Höchstbetrag beschränkt. 22

III. Die Zuwendungszwecke

1. Härtefälle, § 4 Abs. 2 UAbs. 1 S. 1 GO Wertung U

Die Vorschrift entspricht § 4 Abs. 2 UAbs. 1 S. 1 GO Wertung KE; auf die dortigen 23
Erläuterungen wird verwiesen; **Kap. 12.1 Rn. 68.**

2. Abkömmlinge politisch oder „rassisch" Verfolgter, § 4 Abs. 2 UAbs. 1 S. 2 GO Wertung U

Die Vorschrift entspricht § 4 Abs. 2 UAbs. 1 S. 2 GO Wertung KE; auf die dortigen 24
Erläuterungen wird verwiesen; **Kap. 12.1 Rn. 69.**

3. Ausgleich für unvollständige Nutzungserfassung, § 4 Abs. 2 UAbs. 2 GO Wertung U

Die Vorschrift entspricht § 4 Abs. 2 UAbs. 2 GO Wertung KE; auf die dortigen Er- 25
läuterungen wird verwiesen; **Kap. 12.1 Rn. 70.**

4. Verleger von Unterhaltungsmusik, Potpourris und Fantasien, § 4 Abs. 3 GO Wertung U

Verleger von Unterhaltungsmusik und von Opern-, Operetten-Potpourris und -Fan- 26
tasien können aus dem Ausgleichsfonds besondere Zuwendungen erhalten. Hintergrund der Regelung ist, daß die entsprechenden Drucke sehr aufwendig sind und die dadurch entstehenden Kosten durch die Aufführungseinnahmen regelmäßig nicht gedeckt werden.

5. Übergangshilfen für Härtefälle, § 4 Abs. 4 GO Wertung U

a) *Grundregel*

Eine Auffangregel enthält § 4 Abs. 4 UAbs. 1 GO Wertung U. Sie stellt es in das Er- 27
messen des Wertungsausschusses, mit **Zustimmung des Aufsichtsrats** für Härtefälle Übergangshilfen zu beschließen. Diese Möglichkeit ist indes durch mehrere Voraussetzungen begrenzt. Vorausgesetzt ist, daß es sich um **Härtefälle** handelt, also um finanzielle Notlagen von einigem Gewicht. Die Vorschrift stellt klar, daß auch solche Härten darunter fallen können, die durch Änderungen des Verteilungsplans entstehen. Systematisch ist vorausgesetzt, daß es sich nicht um Fälle handelt, die schon von der speziellen Härtefallregelung des Abs. 2 UAbs. 1 S. 1 erfaßt sind. Gewährt werden können nur **Übergangshilfen**, also finanzielle Zuwendungen, die den Zweck haben, den Übergang von der Notlage zu einer neuen Normalität zu ermöglichen. Entspre-

chend diesem Zweck ("Übergang") sind die Zuwendungen auf maximal 2 Jahre begrenzt, sie werden also normalerweise nur einmal gewährt. Die Übergangshilfen dürfen zudem nur **auf Antrag** zuerkannt werden.

b) Änderung der Ermittlung von Aufführungsziffern

28 Eine Sonderregelung dazu enthält § 4 Abs. 4 UAbs. 2 GO Wertung U. Als Härtefälle gelten danach auch solche, die durch die neue Ermittlung von Aufführungsziffern entstanden sind. Anlaß für die Einführung der Regelung durch die Mitgliederversammlung vom 29./30. Juni 1999 war die Einführung des neuen, substantiell verbesserten Hochrechnungsverfahrens „PRO" im Jahr 1998.[1]

29 Die Sonderregelung stellt systematisch eine **Ergänzung** des Tatbestands von UAbs. 1 dar, sie definiert einen besonderen Fall als Härtefall iSv UAbs. 1. Das bedeutet zugleich, daß die übrigen Regeln von UAbs. 1 auch für die Härtefälle iSv UAbs. 2 gelten. Auch hier kommen daher nur Übergangshilfen für eine beschränkte Zeit in Betracht.

IV. Zuständigkeit und Verfahren

30 Für die Zuwendungen aus dem Ausgleichsfonds ist der **Wertungsausschuß** zuständig, § 6 Abs. 1 GO Wertung U. Die Zuwendung setzt (sachlogisch) einen **Antrag** des Berechtigten voraus (eigens hervorgehoben in Abs. 4 UAbs. 1). Der Wertungsausschuß entscheidet nach einem **weiten Ermessen**, das gerichtlich nur beschränkt überprüfbar ist. Dieses Ermessen ist vor allem durch die Merkmale der Zuwendungszwecke (soeben Rn. 23–29) gebunden. Doch ist es die – ihnen vom Gesetzgeber in § 7 S. 2 UrhWG zugewiesene – Aufgabe der Verwertungsgesellschaften, die in den Zuwendungszwecken enthaltenen unbestimmten Rechtsbegriffe (Härte, künstlerisch erfolgreich, kulturell besonders förderungswürdig) auszufüllen. Daher kann die Entscheidung des Wertungsausschusses in diesem Bereich nicht durch das Gericht ersetzt werden. Der Wertungsausschuß ist nur an die allgemeinen Grundsätze der Ermessensausübung gebunden. Er darf sich nicht von sachfremden Erwägungen leiten lassen und nicht wesentlich gleiche Fälle ungleich behandeln (Willkürverbot, § 7 S. 1 UrhWG).

---

1 Dazu GEMA, GEMA-Jahrbuch 1998/1999, S. 86; *Arminger*, GEMA-Jahrbuch 1998/1999, S. 87–93; *Fahrmeir,* GEMA-Jahrbuch 1998/1999, S. 94–98; DPMA, Bescheid v. 25. 3. 1998, GEMA-Jahrbuch 1998/1999, S. 99; KG v. 8. 7. 2002 – 5 U 96/01 – PRO-Verfahren; BGH v. 19. 5. 2005 – I ZR 299/02.

§ 5 [Wertung ieS – Wertungsgruppen, Wertungspunkte]

(1) Es bestehen bei der Wertung insgesamt 6 Gruppen mit folgenden Punktzahlen und Wertungszuschlägen:

Gruppe	Punktzahl	Wertungszuschlag in Wertungsmark[1] (berechnet vom Aufkommen aus dem Aufführungs- und Senderecht, und zwar 100%ig in den Sparten U und VK, in den Sparten R, FS und T FS (ohne Werbung) anteilig mit 50 % bei den Komponisten, 54 % bei den Textdichtern und 53 % bei den Verlegern)
Gruppe I	100 Punkte und mehr	50 %
Gruppe II	80 Punkte und mehr	40 %
Gruppe III	60 Punkte und mehr	30 %
Gruppe IV	40 Punkte und mehr	20 %
Gruppe V	20 Punkte und mehr	10 %
Gruppe VI	10 Punkte und mehr	5 %

[1]) Der Wertungszuschlag stellt zunächst nur eine Verrechnungseinheit dar, aus der sich die später zu ermittelnde sogenannte Wertungsmark ergibt. Die Höhe der Wertungsmark wird errechnet aus dem Verhältnis der Verteilungssumme zu der im Rahmen des Wertungsverfahrens verfügbaren Summe. Bei Urhebern, die ihre Werke durch einen oder mehrere Zessionare der GEMA bis zum 31. 5. 2003 zur Wahrnehmung übertragen haben, liegt der Berechnung des Wertungszuschlags das Gesamtaufkommen des Urhebers aus allen Zessionen zugrunde.

(2) Mindestens 1/3 der Punkte müssen Aufkommenspunkte sein.

Zugrunde gelegt wird jeweils das Aufkommen des Mitglieds in dem Geschäftsjahr, das dem Jahr des Wertungsverfahrens vorausgeht.

Für die Beteiligung am Wertungsverfahren ist eine Punktzahl von mindestens 10 erforderlich, wobei mindestens 2 Punkte in einer der Sparten U, VK, R, FS oder T FS ohne Werbung erreicht werden müssen.

Kein Mitglied erhält aus den Mitteln des Wertungsverfahrens mehr als 10 % des in seiner Berufsgruppe zur Verfügung stehenden Gesamtbetrages.

Jedoch erhält kein Mitglied der Berufsgruppe Komponisten und kein Mitglied der Berufsgruppe Textdichter aus den Mitteln des Wertungsverfahrens mehr als 4 % des in seiner Berufsgruppe zur Verfügung stehenden Gesamtbetrages.

(3) Die Punktzahlen errechnen sich wie folgt:

A) Dauer der Mitgliedschaft

Pro Jahr 1 Punkt, bei Verlagen beschränkt auf höchstens 50 Punkte.

B) Aufkommen in den Sparten U und VK[2]):

aa) Komponisten	**je EUR 510,–**	**1 Pkt. bis zu 30 Pkt.**
für Unterhaltungsmusik Zuschläge		**bis zu 10 Pkt.**
bb) Textdichter	**je EUR 510,–**	**1 Pkt. bis zu 30 Pkt.**
für Unterhaltungsmusik Zuschläge		**bis zu 10 Pkt.**
cc) Verleger	**je EUR 510,–**	**1 Pkt. bis zu 30 Pkt.**
für Unterhaltungsmusik Zuschläge		**bis zu 10 Pkt.**

dd) Unterhaltungsmusikwerke nach Abschn. XI Ziff. 6 und 7		
Komponisten und Textdichter	**je EUR 125,–**	**1 Pkt. bis zu 10 Pkt.**
Verleger	**je EUR 255,–**	**1 Pkt. bis zu 10 Pkt.**
C) Aufkommen in den Sparten R und FS:		
aa) Komponisten	**je EUR 610,–**	**1 Pkt. bis zu 25 Pkt.**
bb) Textdichter	**je EUR 610,–**	**1 Pkt. bis zu 25 Pkt.**
cc) Verleger	**je EUR 610,–**	**1 Pkt. bis zu 25 Pkt.**
dd) Unterhaltungsmusikwerke nach Abschn. XI Ziff. 6 und 7		
Komponisten und Textdichter	**je EUR 150,–**	**1 Pkt. bis zu 10 Pkt.**
Verleger	**je EUR 305,–**	**1 Pkt. bis zu 10 Pkt.**
D) Aufkommen in der Sparte T: (einschließlich FS-Fremdproduktion):		
aa) Komponisten	**je EUR 255,–**	**1 Pkt. bis zu 15 Pkt.**
bb) Textdichter	**je EUR 255,–**	**1 Pkt. bis zu 15 Pkt.**
cc) Verleger	**je EUR 255,–**	**1 Pkt. bis zu 15 Pkt.**
E) Aufkommen in den Sparten BM und UD:		
aa) Komponisten	**je EUR 255,–**	**1 Pkt. bis zu 15 Pkt.**
bb) Textdichter	**je EUR 255,–**	**1 Pkt. bis zu 15 Pkt.**
cc) Verleger	**je EUR 255,–**	**1 Pkt. bis zu 15 Pkt.**
F) Standardwerke der Unterhaltungsmusik:		
aa) Komponisten	**pro Werk**	**2 Pkt. bis zu 20 Pkt.**
bb) Textdichter	**pro Werk**	**2 Pkt. bis zu 20 Pkt.**
cc) Verleger	**pro Werk**	**2 Pkt. bis zu 30 Pkt.**
G) Evergreens der Tanzmusik:		
aa) Komponisten	**pro Evergreen**	**2 Pkt. bis zu 20 Pkt.**
bb) Textdichter	**pro Evergreen**	**2 Pkt. bis zu 20 Pkt.**
cc) Verleger	**pro Evergreen**	**2 Pkt. bis zu 30 Pkt.**
H) Auslandsaufkommen:		
aa) Komponisten	**je EUR 255,–**	**1 Pkt. bis zu 20 Pkt.**
bb) Textdichter	**je EUR 125,–**	**1 Pkt. bis zu 20 Pkt.**
cc) Verleger	**je EUR 410,–**	**1 Pkt. bis zu 20 Pkt.**

I) Bewertung des Gesamtschaffens und der Bedeutung als Urheber in den Berufsgruppen der Komponisten und der Textdichter; Bewertung des Gesamtschaffens in der Berufsgruppe der Musikverleger bis zu 25 Punkten.

---

[2]) Vom AWA-Aufkommen werden, so lange nicht die Sparten U und VK getrennt abgerechnet werden, 50% für die Berechnung zugrunde gelegt.

(4) Für den Bearbeiter gehört zum Aufkommen in den Sparten R und FS auch der Betrag, der ihm gemäß § 3 (2) B) Abs. BB) und C) Abs. BB) der Geschäftsordnung für das Schätzungsverfahren der Bearbeiter zufließt.

(5) a) In der Berufsgruppe Verleger wird in keinem Fall eine höhere Beteiligung als 4/12 am Werk zugrunde gelegt.

b) Bei subverlegten Werken, an denen der deutsche Subverleger mit 6/12 beteiligt wird, ist lediglich sein Anteil von 3/12, in der Sparte T FS (ohne Werbung) 1/12, als Aufkommen anzusehen.

(6) Soweit bei der Eingruppierung das Aufkommen zugrunde gelegt wird, erfolgt Aufrundung auf volle EUR 10,– bzw. EUR 5,–.

(7) Die Aufnahme von Titeln in den Katalog der Standardwerke der Unterhaltungsmusik und der Evergreens der Tanzmusik erfolgt nur auf Antrag.

Für die Aufnahme in den Katalog gelten folgende Voraussetzungen:

a) Das Originalwerk muß vor mindestens 15 Jahren in einer gedruckten und in der Europäischen Wirtschaftsgemeinschaft erschienenen Ausgabe veröffentlicht worden sein.

b) Das Standardwerk muß in den letzten 3 Jahren im Jahresdurchschnitt mindestens 750, das Evergreen in den letzten 3 Jahren im Jahresdurchschnitt mindestens 2 500 Kapellenaufführungen gehabt haben.

Diese Aufführungszahlen müssen in den Sparten U, UD und VK ohne Potpourri-Aufführungen erreicht worden sein.

Die nach § 5 (3) F) und G) dieser Geschäftsordnung errechneten Punkte bleiben erhalten.

c) Auf Antrag der Bearbeiter oder Verleger können auch Potpourris in den Katalog der Evergreens und Standardwerke aufgenommen werden, wenn sie vor mindestens 15 Jahren in einer gedruckten und in der Europäischen Wirtschaftsgemeinschaft erschienenen Ausgabe veröffentlicht worden sind, in den letzten drei Jahren im Durchschnitt mindestens 2000 Kapellenaufführungen gehabt haben und aus der Werkanmeldung eindeutig der alleinberechtigte Verleger und der alleinberechtigte Bearbeiter erkennbar sind.

(8) a) Sobald das Mitglied eine bestimmte Gruppe erreicht hat, verbleibt es selbst dann in dieser Gruppe, wenn die Voraussetzungen sich soweit geändert haben sollten, daß das Mitglied in eine niedrigere Gruppe umgestuft werden müßte. Diese Vorschrift schließt eine Änderung der Einstufung nach § 3 Abs. (7) nicht aus.

b) In der Berufsgruppe Verleger ist im Falle von Katalogverkäufen der in der Wertung erworbene Besitzstand an den Katalog gebunden.

(9) Die durch das Limit in Abs. (2) freigewordenen Beträge werden in den Berufsgruppen der Komponisten und Textdichter jeweils mit der Wertungssumme des nächsten Jahres in den betreffenden Sparten verteilt. Die Verleger stellen die durch das Limit freigewordenen Beträge kleineren Verlagen als zusätzliche Wertung zur Verfügung unter der Voraussetzung, daß die kleineren Verlage eine Mitgliedschaft von mindestens 15 Jahren und ein geringeres Aufkommen als EUR 15 338,76 (ohne Wertung) haben.

Übersicht

I. Übersicht

31 § 5 GO Wertung U ist die Zentralnorm des Wertungsverfahrens. Sie enthält die Kriterien für die Berechnung der Wertung und damit auch die maßgeblichen Förderungskriterien.

32 Die Wertung (der „Wertungszuschlag“) wird berechnet als aus der Multiplikation des **berücksichtigungsfähigen Aufkommens** (Rn. 55 f.), mit dem für die erreichte **Wertungsgruppe** (Rn. 51–54) anwendbaren Prozentsatz und der sog. **Wertungsmark** (Rn. 57–59); ggf. erfolgt eine Kappung des Betrags (Rn. 62–65). Die Wertungsgruppen sind durch die **Wertungspunkte** bestimmt, die sich nach den Absätzen 2 bis 7 errechnen (Rn. 34–50). Nach der Grundregelung in Abs. 3 werden jedem Mitglied Punkte zuerkannt für die Dauer der Mitgliedschaft (lit. A), die Höhe des Aufkommens in den verschiedenen Sparten bzw. Kategorien (lit. B–H) und für die vom Wertungsausschuß nach näher bestimmten Vorgaben zu treffende Beurteilung des Gesamtschaffens, bei Komponisten und Textdichtern auch der Bedeutung als Urheber (lit. I).

II. Die Berechnung der Wertung

33 Für die Ermittlung der Wertung ist daher zunächst
- die Wertungspunktzahl zu ermitteln (nachfolgend 1.) und daraus
- die Wertungsgruppe zu bestimmen (nachfolgend 2.).
- Sodann ist das berücksichtigungsfähige Aufkommen festzustellen (nachfolgend 3.).

- Mit diesen Daten kann zunächst die Wertungsmark (nachfolgend 4.) und
- sodann für den Einzelfall die Wertung errechnet werden (nachfolgend 5.).
- Ggf. ist der Betrag durch die Kappungsgrenze zu reduzieren (nachfolgend 6.).

1. Die Ermittlung der Wertungspunktzahl, § 5 Abs. 3 GO Wertung U

Die Wertungspunkte des § 5 Abs. 3 GO Wertung U lassen sich in vier Gruppen einteilen: 34

(1) nach lit. A erhält das Mitglied Punkte für die Dauer der Mitgliedschaft;

(2) nach lit. B-E und H erhält es Punkte für das Aufkommen in den einzelnen Sparten;

(3) nach lit. I können Punkte für eine Bewertung des Gesamtschaffens und, bei Urhebern, für die Bedeutung als Urheber vergeben werden; in ähnlicher Weise kann der Wertungsausschuß auch nach lit. B für das Aufkommen in den Sparten U Zuschläge für Unterhaltungsmusik vergeben;

(4) schließlich können nach lit. F und G Punkte für besonders erfolgreiche Werke der Unterhaltungsmusik (Standardwerke) und der Tanzmusik (Evergreens) vergeben werden.

a) Dauer der Mitgliedschaft, § 5 Abs. 3 lit. A GO Wertung U

aa) Grundsatz

Für jedes Jahr der Mitgliedschaft erhält das Mitglied einen Punkt. Zu berücksichtigen sind alle Formen der Mitgliedschaft iSv § 6 Abs. 1 UAbs. 1 Satzung (angeschlossenes, außerordentliches, ordentliches Mitglied). Zur Anrechnung der Mitgliedschaft in anderen Verwertungsgesellschaften, s. § 3 Abs. 1 GO Wertung U (**Kap. 12.1 Rn. 57 f.**). Die Mitgliedschaftsdauer wird vom 1. Januar des Jahres an berechnet, in dem das Mitglied die Mitgliedschaft erworben hat, § 3 I Abs. 2 GO Wertung U (s. **Kap. 12.1 Rn. 59**). 35

bb) Eingeschränkte Berücksichtigung der Wertungspunke für die Mitgliedschaftsdauer, § 5 Abs. 2 UAbs. 1 GO Wertung U

Die Punkte für die Dauer der Mitgliedschaft werden **nicht uneingeschränkt** berücksichtigt: Mindestens ein Drittel der Punkte müssen „Aufkommenspunkte" nach lit. B–E und H sein. Der Gedanke hinter der Regelung ist, daß die langjährige Mitgliedschaft allein die Förderungswürdigkeit nicht begründen kann. 36

cc) Höchstgrenze der Wertungspunkte für die Mitgliedschaftsdauer von Verlagen, § 5 Abs. 3 lit. A Hs. 2 GO Wertung U

Bei Verlagen ist die Anzahl der Punkte für die Mitgliedschaftsdauer auf 50 begrenzt. Das hat seinen Grund darin, daß Verlage als Unternehmen keine natürliche Lebensdauer haben und sich deshalb die Punktzahl ohne eine Grenze unverhältnismäßig erhöhen könnte. 37

dd) Zu berücksichtigende Mitgliedschaftsdauer bei Wertungsbeteiligung von Erben

38 Ist der Urheber verstorben, so können unter bestimmten Voraussetzungen seine Ehefrau, seine Kinder oder ggf. ein Lebensgefährte an der Wertung teilnehmen, § 3 Abs. 6 GO Wertung U (oben, § 3 GO Wertung U Rn. 17–19). Anders als nach § 3 II Abs. 4 GO Wertung KE werden in diesem Fall die Punkte für die Dauer der Mitgliedschaft auch nach dem Tod des Urhebers fortlaufend vergeben.

b) Lizenzaufkommen nach Sparten, § 5 Abs. 3 lit. B–E und H GO Wertung U

aa) Grundregel

39 Gem. § 5 Abs. 3 lit. B–E, H GO Wertung U wird das Lizenzaufkommen für die Ermittlung der Wertungspunkte herangezogen. Dem liegt der Gedanke zugrunde, daß das im wesentlichen nutzungsabhängig errechnete Aufkommen ein Indikator für die Wertschätzung der Musik am Markt ist und sich deshalb für die Ermittlung der kulturellen Förderungswürdigkeit eignet.[1] Das Aufkommen der verschiedenen Sparten wird nach einer (von der Mitgliederversammlung vorgenommenen) wertenden Differenzierung in unterschiedlichem Maße berücksichtigt. In allen Fällen erhält der Berechtigte für einen bestimmten Aufkommensbetrag bis zu einer Höchstgrenze je einen Punkt.

bb) Verteilung auf die Beteiligten (Komponist, Textdichter, Verleger)

40 Die für jedes Werk errechneten Aufkommensbeträge sind schon im Rahmen der Verrechnung auf die einzelnen Beteiligten aufzuteilen (§ 4 Abs. 2 lit. a Allgemeine Grundsätze Verteilungsplan A). Entsprechendes gilt auch für die Wertung. Nach § 5 Abs. 5 lit. a GO Wertung U wird dabei in der Berufsgruppe der Verleger in keinem Fall ein höherer Betrag als 4/12 zugrunde gelegt. Ein etwa zwischen Urheber(n) und Verlag vereinbartes, zugunsten des Verlags abweichendes Aufteilungsverhältnis wird für die Wertung nicht berücksichtigt.

41 Bei **subverlegten Werken** kann sich für einen deutschen Subverleger ein Anteil von 6/12 ergeben (s. I Ziff. 2 Anhang zu den Ausführungsbestimmungen des Verteilungsplans A). Von diesem Anteil muß der Subverleger indes normalerweise mindestens die Hälfte, also 3/12, an den Originalverleger auskehren. Gemäß § 5 Abs. 5 lit. b GO Wertung U wird in diesem Fall nur der Anteil des deutschen Subverlegers für die Wertung als Aufkommen berücksichtigt. Dieser Anteil wird – unabhängig von der Aufteilung im Einzelfall – pauschaliert berücksichtigt mit 3/12, in der Sparte T FS 1/12.

42 Die Regelung gilt sowohl für die Ermittlung der Wertungspunkte nach § 5 Abs. 3 GO Wertung U als auch für das berücksichtigungsfähige Aufkommen, das bei der Berechnung der Wertung zugrunde gelegt wird.

---

1 Vgl. (zur Wertung KE) KG v. 10. 5. 2002 – 5 U 5185/00 (Umdruck S. 20); KG v. 23. 2. 2000 – Kart U 1557/99 (Umdruck S. 25). S.a. *Mestmäcker,* FS Lukes (1989), 445–460.

cc) Maßgebliches Geschäftsjahr, § 5 Abs. 2 GO Wertung U

Für die Zwecke der Wertung wird das Aufkommen zugrunde gelegt, das das Mitglied in dem Geschäftsjahr erzielt hat, das dem Geschäftsjahr des Wertungsverfahrens vorausgeht. **43**

dd) Die Rundungsregel, § 5 Abs. 6 GO Wertung U

Für die Zwecke von Abs. 3 lit. B–E und H werden die Aufkommensbeträge auf volle 10 € bzw. volle 5 € aufgerundet. Z.B. sind 501,00 € für diese Zwecke zu berücksichtigen als 510,00 €. **44**

ee) Sonderregel für Bearbeiter, § 5 Abs. 4 GO Wertung U

Für Bearbeiter wird der Betrag, den sie nach § 3 Abs. 2 lit. B BB und lit. C BB GO Schätzung erhalten, zum Aufkommen in den Sparten R und FS hinzugerechnet. Diese Regelung gilt sowohl für die Ermittlung der Punktzahl nach Abs. 3 als auch für die Ermittlung des berücksichtigungsfähigen Aufkommens nach Abs. 1. **45**

c) Bewertung von Standardwerken und Evergreens, § 5 Abs. 3 lit. F–G, Abs. 7 GO Wertung U

Eine Besonderheit der U-Wertung ist, daß hier zusätzlich Wertungspunkte für Standardwerke der Unterhaltungsmusik und Evergreens der Tanzmusik vergeben werden. Dabei handelt es sich um Erfolgskategorien. Die Voraussetzungen im einzelnen regelt § 5 Abs. 7 GO Wertung U. **46**

d) Zuschläge für Unterhaltungsmusik, § 5 Abs. 3 lit. B GO Wertung U

§ 5 Abs. 3 lit. B GO Wertung U ermöglicht dem Wertungsausschuß, im Rahmen der Punkte für das Aufkommen in den Sparten U und VK „Zuschläge für Unterhaltungsmusik" zu vergeben. Die Punktvergabe ist nicht an ein bestimmtes Aufkommen gebunden und steht im **Ermessen** des Wertungsausschusses. Hintergrund der in den 1950er Jahren eingeführten Regelung ist, daß eine Möglichkeit geschaffen werden sollte, gehobene U-Musik besonders zu fördern. Gedacht war v.a. an großbesetzte Werke der Unterhaltungsmusik, die aufwendig zu schreiben und aufwendig aufzuführen sind. Wegen dieser Eigenheiten wird die normale Punktbewertung solchen Werken nicht gerecht. **47**

e) Die Bewertung des Gesamtschaffens, § 5 Abs. 3 lit. I GO Wertung U

Am unmittelbarsten kommt der Zweck der kulturellen Förderung in der Bestimmung des § 5 Abs. 3 lit. H GO Wertung KE zum Ausdruck. Nach dieser Vorschrift können die Berechtigten bis zu 25 Punkte erhalten, die Urheber für die Bewertung des Gesamtschaffens und ihrer Bedeutung als Urheber, die Verleger für das Gesamtschaffen. **48**

Die Wertungspunkte werden vom Wertungsausschuß zuerkannt. Er entscheidet nach **Ermessen**. Bei der Ermessensausübung ist er an die allgemeinen Grundsätze der Ermessensausübung gebunden. Innerhalb dieser Grenzen kommt ihm indes ein **weites, gerichtlich nur beschränkt überprüfbares** Ermessen zu. Näher dazu, **Kap. 12.1 Rn. 87f**. **49**

f) Mindestpunktzahl für die Beteiligung am Wertungsverfahren, § 5 Abs. 2 UAbs. 3 GO Wertung U

50 Eine Mindestpunktzahl sieht § 5 Abs. 2 UAbs. 3 GO Wertung U als Voraussetzung für die Teilnahme am Wertungsverfahren vor. Die **Mindestpunktzahl** beträgt **zehn**, davon müssen mindestens zwei in einer der Sparten U, VK, R, FS oder T FS (T FS ohne Werbung) erreicht werden. Grund für die Regelung ist, daß die Aufkommensbeträge nach lit. E für die Sparte BM (Bühnenmusik) und nach lit. H für die Sparte A (Auslandsaufkommen) zumeist nicht eindeutig der E-Musik oder der U-Musik zugerechnet werden können und daher eine Förderung im Bereich der U-Musik allein nicht rechtfertigen (entsprechend nach § 5 Abs. 3 Schlußabsatz GO Wertung KE für die E-Wertung).

2. Die Bestimmung der Wertungsgruppe, § 5 Abs. 1, 8 GO Wertung U

a) Die Zuordnung zu den Wertungsgruppen nach § 5 Abs. 1 GO Wertung U

51 Die Summe der anrechenbaren (Rn. 36) Punkte, die ein Mitglied nach den Bestimmungen von § 5 Abs. 3 lit. A–I GO Wertung U erhält, bestimmt die Zuordnung zu einer der sieben (I–VII) Wertungsgruppen von § 5 Abs. 1 GO Wertung U. Je nach erreichter Wertungsgruppe ist ein unterschiedlicher Anteil des Lizenzaufkommens für die Berechnung der Wertung zu berücksichtigen.

b) Keine Herabstufung, § 5 Abs. 8 GO Wertung U

52 Da das Aufkommen variiert und sich auch die Bewertung des Gesamtschaffens nach unten ändern kann, ist es denkbar, daß ein Mitglied in einem Jahr weniger Wertungspunkte erhält als im Vorjahr und deshalb die Voraussetzungen für die früher erreichte Wertungsgruppe nicht mehr erfüllt. Eine Herabstufung erfolgt jedoch nach der **Bestandsschutz**regel von Abs. 8 lit. a nicht.

53 Anders liegen die Dinge, wenn einer der **Mißbrauch**statbestände von § 3 Abs. 7 GO Wertung U erfüllt ist. In diesem Fall ist eine Herabstufung als Sanktion möglich. Näher oben, Rn. 15 und **Kap. 12.1 Rn. 62–65**.

54 Bei **Verlegern** hängt die erreichte Wertungsgruppe von dem von ihnen aufgebauten Katalogbestand ab. Verkauft ein Verleger seinen Katalog ganz oder teilweise, so muß damit auch die erreichte Wertungsgruppe entsprechend (ganz oder teilweise) auf den Erwerber übergehen. Andernfalls würde die Besitzstandsregel dazu führen, daß dasselbe verlegerische Schaffen doppelt berücksichtigt wird, einmal zugunsten des Veräußerers und einmal zugunsten des Erwerbers.

3. Das berücksichtigungsfähige Lizenzaufkommen, § 5 Abs. 1 GO Wertung U

a) Grundregeln

55 In einem dritten Schritt ist für die Berechnung der Wertung das berücksichtigungsfähige Aufkommen zu ermitteln. Dafür enthält der „Klammerzusatz“ zu § 5 Abs. 1 nähere Vorgaben. Berücksichtigung findet nur das Aufkommen aus dem **Aufführungs- und Senderecht** (ohne T, BM und UD), und zwar

Aufkommen in der Sparten U und VK	zu 100 %
Aufkommen in den Sparten R, FS, T FS (ohne Werbung)	
für Komponisten	zu 50 %
für Textdichter	zu 54 %
für Verleger	zu 53 %

b) Das zugrundezulegende Aufkommen im Fall von Zessionen

Nach der Vorschrift des § 3 Abs. 8 GO Wertung U nehmen im Falle der Rechteübertragung von einem Nicht-Mitglied (Zedent) auf ein GEMA-Mitglied (Zessionar) weder der Zedent noch der Zessionar für die abgetretenen Rechte am Wertungsverfahren teil (s.o., Rn. 15, **Kap. 12.1 Rn. 54 f.**). Diese Regelung gilt indes erst für Abtretungen, die ab dem 1. Juni 2003 bei der GEMA eingereicht wurden bzw. Werke betreffen, die ab dem 1. Juni 2003 bei der GEMA angemeldet wurden. Für die früher eingereichten Abtretungen kommt daher eine Wertungsbeteiligung durchaus in Betracht. Insoweit bestimmt Abs. 3 von Fn. 1 zu § 5 GO Wertung U, daß für die Ermittlung der Wertung das Gesamtaufkommen des Komponisten aus allen Zessionen zugrundezulegen ist. Zweck der Regelung ist es, eine **Umgehung** der Kappungsgrenzen in § 5 Abs. 2 UAbs. 4 und 5 GO Wertung U (Rn. 62 f.) zu verhindern. 56

4. Die Bestimmung der Wertungsmark

Als letztes Datum ist für die Berechnung der Wertung die Wertungsmark zu bestimmen. Darüber bestimmt Abs. 1 S. 2 der Fn. 1 zu § 5 GO Wertung U: Die Höhe der Wertungsmark wird errechnet aus dem Verhältnis der Verteilungssumme zu der im Rahmen des Wertungsverfahrens verfügbaren Summe. 57

Die **Verteilungssumme** ist die Summe der berücksichtigungsfähigen Aufkommen aller am Wertungsverfahren teilnehmenden Berechtigten. Sie wird maW errechnet, indem für jeden Berechtigten das berücksichtigungsfähige Aufkommen (Rn. 55 f.) ermittelt und mit dem Prozentsatz der anwendbaren Wertungsgruppe (Rn. 51–54) multipliziert wird. Die Summe der so errechneten Einzelbeträge ergibt die Verteilungssumme. Diese Verteilungssumme wird sodann zu der im Rahmen des Wertungsverfahrens **verfügbaren Summe** in Verhältnis gesetzt. 58

Beträgt z.B. die verfügbare Summe 100 und die Verteilungssumme 50, so ist die Wertungsmark 2 : 1, also 2. 59

5. Die Berechnung des Wertungsbetrags

Der Wertungsbetrag, den ein Berechtigter erhält, ist auf der Grundlage der so ermittelten Daten zu errechnen. In einer Formel ausgedrückt erfolgt die Berechnung so: 60

Wertung = berücksichtigungsfähiges Aufkommen × %-Satz der Wertungsgruppe
× Wertungsmark.

An einem **Berechnungsbeispiel** läßt sich das verdeutlichen. 61

Komponist K, Mitglied der GEMA seit 1972, hat folgende Lizenzaufkommen erzielt:

Sparte U 2002	15.000 €
Sparte R 2002	1.500 €
Auslandsaufkommen	3.000 €

Damit erhält er folgende Wertungspunkte:

lit. A (33 Jahre Mitgliedschaft)	33 Punkte
lit. B	29 Punkte
lit. C	2 Punkte
lit. H	11 Punkte
lit. I (gegriffene Zahl)	10 Punkte
Summe Wertungspunkte	85 Punkte

Danach ist M einzustufen in die Wertungsgruppe II.

Sein berücksichtigungsfähiges Aufkommen beträgt:

Sparte U	15.000 €
Sparte R (§ 5 Abs. 1 GO Wertung U: 50 %)	750 €
Summe	15.750 €

Die Wertungsmark betrage (gegriffene Zahl) 2 €.
Daraus errechnet sich folgender **Wertungszuschlag**:

15.750 € × 40 % × 2 € = (gerundet) 12.600 €.

6. Kappungsgrenzen, § 5 Abs. 2 UAbs. 4 und 5, Abs. 9 GO Wertung U

a) Die Kappungsgrenzen

62 Ähnlich wie die GO Wertung KE (§ 5 Abs. 2 UAbs. 6; dazu **Kap. 12.1 Rn. 108 f.**) enthält auch die GO Wertung U eine sogenannte Kappungsgrenze. Sie ist für Urheber und Verleger differenziert geregelt.

63 **Urheber**, Komponisten und Textdichter, erhalten aus den Mitteln des Wertungsverfahrens höchstens einen Anteil von **4%** des für ihre Berufsgruppe zur Verfügung stehenden Gesamtbetrags, § 5 Abs. 2 UAbs. 5 GO Wertung U. Allein für **Verleger** hat die Kappungsgrenze von **10%** des in dieser Berufsgruppe zur Verfügung stehenden Gesamtbetrags Bedeutung. Der Unterschied findet seine Rechtfertigung darin, daß die Wertung der Verleger ihre vermittelnde Förderungstätigkeit für die Urheber belohnen soll, diese aber nicht auf einen Urheber beschränkt ist, sondern sich auf viele Urheber beziehen kann.

b) Verwendung von freigewordenen Beträgen, § 5 Abs. 9 GO Wertung U

64 Beträge, die infolge der Kappungsgrenze (in Abs. 9 als „Limit“ bezeichnet) in den Berufsgruppen der **Komponisten** und der **Textdichter** frei geworden sind, werden gem. S. 1 jeweils mit der Wertungssumme des nächsten Jahres in den betreffenden Sparten (gemeint ist: Berufsgruppen) verteilt.

65 Die in der Berufsgruppe der **Verleger** freigewordenen Beträge werden kleineren Verlagen unter bestimmten Voraussetzungen als zusätzliche Wertung zur Verfügung gestellt, Abs. 9 S. 2.

§ 6 [Zuständigkeit und Verfahren des Wertungsausschusses]

(1) Der Wertungsausschuß entscheidet, abgesehen von der Mitgliedschaftsdauer und dem Aufkommen, über die Eingruppierung gemäß § 5 und über die Ausschüttung aus dem Ausgleichsfonds gemäß § 4 aufgrund der Vorschläge, die ihm für die jeweils in Betracht kommende Berufsgruppe

aufgrund von Vorberatungen der Mitglieder des Wertungsausschusses gemacht werden, die dieser Berufsgruppe angehören.

(2) Der Aufsichtsrat hat das Recht, zu den Beratungen der Berufsgruppen-Mitglieder ein Mitglied des Aufsichtsrates als Delegierten zu entsenden, das der in Betracht kommenden Berufsgruppe angehören muß.

(3) Der Vorstand kann an allen Beratungen der Berufsgruppen-Mitglieder teilnehmen.

Übersicht Rn.

I. Übersicht

§ 6 GO Wertung U regelt (nicht abschließend) die Zuständigkeiten des Wertungsausschusses (Abs. 1 Hs. 1; Rn. 67–71) und, ausschnittweise, das Verfahren (Abs. 1 Hs. 2; Rn. 72). In Ergänzung zu § 2 Abs. 4 und 5 GO Wertung U bestimmt die Vorschrift in Abs. 2 und 3 Teilnahmerechte des Aufsichtsratsdelegierten sowie des Vorstands für die Vorberatungen der Berufsgruppen (Rn. 73). **66**

II. Zuständigkeiten des Aufsichtsrats

1. Zuständigkeiten nach § 6 Abs. 1 GO Wertung U

Nach § 6 entscheidet der Wertungsausschuß über **67**

a) die **Eingruppierung** gemäß § 5 und

b) die Ausschüttung aus dem **Ausgleichsfonds** des § 4.

a) Eingruppierung nach § 5 GO Wertung U

Der Wertungsausschuß entscheidet über die „Eingruppierung gemäß § 5". Gemeint ist damit allerdings nicht die Zuordnung eines Mitglieds zu einer der Gruppen von § 5 Abs. 1 GO Wertung U, die sich ohne weiteres aus den erreichten Punkten ergibt. Von der Zuständigkeit des Wertungsausschusses werden zudem die Entscheidungen über die Mitgliedschaftsdauer (§ 5 Abs. 3 lit. A GO Wertung U) und über „das Aufkommen" (§ 5 Abs. 3 lit. B–H GO Wertung U) ausgenommen. Auch hier bedarf es keiner wertenden Entscheidung, mit der ein Fachausschuß zu befassen wäre. Bezeichnet ist daher die „Eingruppierung", die im Rahmen der Bewertung der **künstlerischen Persönlichkeit und des Gesamtschaffens** nach § 5 Abs. 3 lit. I GO Wertung U vorzunehmen ist. **68**

b) Zuwendungen aus dem Ausgleichsfonds des § 4 GO Wertung U

69 Der Wertungsausschuß entscheidet zudem über die Zuwendungen aus dem Ausgleichsfonds (s.a. schon § 4 Abs. 4 UAbs. 1 GO Wertung U), für die § 4 GO Wertung U nur rahmenhafte Vorgaben macht; dazu näher Rn. 30.

70 Darüber hinaus ist der Wertungsausschuß auch zuständig für die Konkretisierung der Finanzausstattung des Ausgleichsfonds. Für sie gibt § 4 Abs. 1 GO Wertung U nur eine Obergrenze von 10 % der zur Verfügung gestellten Wertungssumme an; näher oben, Rn. 21 f.

2. Ungeschriebene Zuständigkeiten

71 Weitere Zuständigkeiten ergeben sich aus dem Sachzusammenhang daraus, daß die GO Wertung U in verschiedenen Fragen eine wertende Entscheidung voraussetzt, dafür aber kein besonderes Entscheidungsgremium benennt. Das betrifft folgende Gegenstände:

- Die Anerkennung eines langjährigen **Lebensgefährten** als Beteiligten der Wertung nach § 3 Abs. 6 S. 3 GO Wertung U; dazu Rn. 15.
- Die **Anrechung von Mitgliedschaftszeiten** in anderen Verwertungsgesellschaften nach § 3 Abs. 1 UAbs. 2 GO Wertung U; dazu Rn. 15.
- Die **Änderung der Einstufung** für das Wertungsverfahren wegen **Mißbrauchs** nach § 3 Abs. 7 S. 2 GO Wertung U; dazu Rn. 15.

III. Verfahren

1. Vorberatungen der Berufsgruppenvertreter

72 Der Wertungsausschuß für die Unterhaltungsmusik ist mit neun Mitgliedern verhältnismäßig groß. Schon § 2 Abs. 3 UAbs. 2 GO Wertung U bestimmt, daß die Entscheidungen in einzelnen Fällen maßgeblich mit den Stimmen der betroffenen Berufsgruppe gefällt werden sollen. Daher ist es sinnvoll, wenn § 6 Abs. 1 a.E. GO Wertung U entsprechende **Vorberatungen** der Berufsgruppenvertreter vorsieht. Diese Vorberatungen dienen dazu, dem Wertungsausschuß als Gesamtgremium **Vorschläge** für die Abstimmung zu machen.

2. Teilnahmerechte

73 § 6 Abs. 2 und 3 GO Wertung U erstreckt die Teilnahmerechte von § 2 Abs. 4 und 5 GO Wertung U auf die Beratungen der Berufsgruppenvertreter und konkretisiert sie. Der **Aufsichtsrat** kann zu diesen Vorbesprechungen (nur) einen Delegierten entsenden, der der jeweiligen Berufsgruppe angehört. Das soll gewährleisten, daß diese Beratungen ausschließlich nach den Interessen und Wertungen der jeweiligen Berufsgruppe erfolgen können.

§ 7 [Wertung der Ausschußmitglieder und des Delegierten des Aufsichtsrats]

Die Wertung für Ausschußmitglieder und die Delegierten des Aufsichtsrates erfolgt in Abwesenheit des Betroffenen durch die übrigen Ausschußmitglieder und den Vorstand. Bei Stimmengleichheit entscheidet die Stimme des Sitzungsvorsitzenden.

Die Vorschrift entspricht jener des § 7 GO Wertung KE. Auf die dortigen Erläuterungen wird verwiesen **(Kap. 12.1 Rn. 117–120)**. **74**

§ 8 [Beschwerdeverfahren]

(1) Gegen die Entscheidung des Wertungsausschusses kann von dem betroffenen Mitglied die Entscheidung des Aufsichtsrates der GEMA angerufen werden. Darüber hinaus haben die Delegierten des Aufsichtsrates und der Vorstand das Recht, gegen jede Entscheidung des Wertungsausschusses die Entscheidung des Aufsichtsrates anzurufen.

(2) Die Entscheidung des Aufsichtsrates kann nur innerhalb einer Frist von 8 Wochen angerufen werden. Die Frist beginnt für das betroffene Mitglied mit dem Tage der Aufgabe der Entscheidung zur Post, für die antragsberechtigten Delegierten des Aufsichtsrates und den Vorstand vom Tage der Entscheidung des Wertungsausschusses an zu laufen.

(3) Falls die Anrufung des Aufsichtsrates durch das betroffene Mitglied auf neuem Tatsachenvortrag beruht, der bei der Entscheidung des Wertungsausschusses noch nicht berücksichtigt werden konnte, ist der Vorsitzende des Wertungsausschusses berechtigt, nach Rücksprache mit den übrigen Ausschußmitgliedern dem Antrag des Mitglieds ohne Vorlage an den Aufsichtsrat zu entsprechen.

(4) Ruft ein Delegierter des Aufsichtsrates oder der Vorstand die Entscheidung des Aufsichtsrates an, so hat dies aufschiebende Wirkung.

(5) Bei diesen Entscheidungen des Aufsichtsrates haben die Delegierten kein Stimmrecht.

Die Regelung entspricht – mit einer Ausnahme (Rn. 76) – jener des § 8 GO Wertung KE. Auf die dortigen Erläuterungen wird verwiesen **(Kap. 12.1 Rn. 121–130)**. **75**

Anders als in § 8 Abs. 5 GO Wertung KE ist hier keine **Begründungspflicht** für den Fall einer ablehnenden Entscheidung auf die Beschwerde eines Mitglieds vorgesehen. Eine solche Begründungspflicht ergibt sich jedoch schon aus allgemeinen Grundsätzen.

§ 9 [Kosten des Wertungsverfahrens]

Die durch das Wertungsverfahren entstehenden Kosten gehen zu Lasten der von der GEMA für das Wertungsverfahren zur Verfügung gestellten Mittel.

Die Vorschrift entspricht jener des § 9 GO Wertung KE. Auf die dortigen Erläuterungen wird verwiesen (**Kap. 12.1 Rn. 131**).

§ 10 [Inkrafttreten]

Diese Geschäftsordnung tritt mit Wirkung vom GEMA-Geschäftsjahr 1983 in Kraft.

§ 11 [Änderungskompetenz und -verfahren]

Änderungen dieser Geschäftsordnung erfolgen durch die Mitgliederversammlung nach den Regeln, die für eine Satzungs- und Verteilungsplanänderung vorgesehen sind.

Die Vorschrift entspricht jener des § 11 GO Wertung KE. Auf die dortigen Erläuterungen wird verwiesen (**Kap. 12.1 Rn. 132–134**).

Kapitel 12.5
Das Schätzungsverfahren der Bearbeiter (GO Schätzung B)

Geschäftsordnung

Fassung aufgrund der Beschlüsse der ordentlichen Mitgliederversammlung vom 28. und 29. Juni 2005

Die vom Vorstand und Aufsichtsrat nach § 1 Ziff. 4 der Allgemeinen Grundsätze des Verteilungsplans A für das Aufführungs- und Senderecht für ein Schätzungsverfahren der Bearbeiter in der Sparte U zur Verfügung gestellten Mittel werden zusammen mit den Abzügen gemäß Beschluß der Hauptversammlung vom 24. Januar 1956 und vom 12. Oktober 1960 nach Maßgabe der nachstehenden Bestimmungen verteilt:

§ 1 [Zusammensetzung und Wahl der Schätzungskommission]

(1) Es wird eine Schätzungskommission aus

5 Bearbeitern
und
3 Stellvertretern

gebildet.

Wählbar sind Mitglieder mit mindestens zehnjähriger Mitgliedschaft. Davon müssen fünf Jahre auf die ordentliche Mitgliedschaft entfallen. Aufsichtsratsmitglieder sind nicht wählbar.

(2) Die Mitglieder der Schätzungskommission werden auf die Dauer von drei Jahren nach Anhörung der Vorschläge des Aufsichtsrates durch die Mitgliederversammlung nach den Grundsätzen gewählt, die für die Wahl von Aufsichtsratsmitgliedern gelten.

Andere Wahlvorschläge können in den Berufsgruppenversammlungen erfolgen. Die Kommissionsmitglieder bleiben bis zum Ablauf der dritten auf die Wahl folgenden ordentlichen Mitgliederversammlung im Amt. Wiederwahl ist zulässig.

(3) Scheidet während der Amtsdauer ein Ausschußmitglied aus, so hat der Aufsichtsrat einen Ersatzmann zu wählen, der an die Stelle des Ausscheidenden tritt. Die Ersatzwahl bedarf der Bestätigung durch die nächste Mitgliederversammlung, soweit die Amtsdauer über diese Mitgliederversammlung hinausgeht.

§ 2 [Verfahren und Beschlußfassung]

(1) Die Kommission wählt aus ihrer Mitte einen Vorsitzenden und einen stellvertretenden Vorsitzenden.

(2) Die Kommission ist nur beschlußfähig, wenn mindestens 3 Mitglieder bzw. Stellvertreter anwesend sind.

(3) Die Kommission entscheidet mit einfacher Mehrheit der bei der Abstimmung vorhandenen Stimmen.

Bei Stimmengleichheit entscheidet die Stimme des Vorsitzenden.

(4) Der Vorstand und der Delegierte des Aufsichtsrates können an allen Sitzungen der Schätzungskommission teilnehmen.

Beide haben lediglich beratende Stimme.

§ 3 [Beteiligung am Wertungsverfahren]

Die Mitglieder der GEMA werden nach Maßgabe folgender Bestimmungen am Schätzungsverfahren beteiligt:

(1) Bis zu 10 % der zur Verfügung stehenden Mittel können einem Ausgleichsfonds zugeführt werden.

Der Ausgleichsfonds hat den Zweck, in Härtefällen oder in Fällen von besonderer künstlerischer Bedeutung Zuwendungen zu machen.

Der verbleibende Rest wird nunmehr wie folgt verteilt:

(2) Circa 60 % der zur Verfügung stehenden Summe werden anhand der eingereichten Unterlagen nach folgendem Schlüssel verteilt:

[Entfällt ab Geschäftsjahr 2006: A) Bearbeitungen für Industrietonträger von regionaler Verbreitung oder wirtschaftlich geringer Bedeutung 2 Punkte

B) 1. Bearbeitungen für Rundfunk und Fernsehen im Auftrag von Rundfunkanstalten oder von Band-Produzenten 2 Punkte

AA) für mechanisches Vervielfältigungsrecht 1/2 Punkt
BB) für die übrigen Rechte 1 1/2 Punkte

2. Bearbeitungen für Rundfunk (Spieldauer länger als 8 Minuten) Partiturbesetzung ab 19 Stimmen oder Potpourris pro Minute 1 Punkt

AA) für mechanisches Vervielfältigungsrecht pro Minute 1/4 Punkt
BB) für die übrigen Rechte pro Minute 3/4 Punkt

C) Bearbeitungen für Industrietonträger 3 Punkte

AA) für mechanisches Vervielfältigungsrecht 1 Punkt
BB) für die übrigen Rechte 2 Punkte

D) Bearbeitungen für Industrietonträger, die im Verkauf bei etwa 20 000 Stück und höher liegen, können auf Antrag wiederholt berücksichtigt werden.

Als Spezialbearbeitungen im Sinne des Verfahrens gelten solche Arbeiten, die entweder im Auftrag einer Rundfunk- oder Fernsehanstalt, einer Schallplattenfirma, eines Verlegers oder einer sonstigen Produktionsgemeinschaft für die Herstellung eines Tonträgers ausgeführt wurden, sofern sie im Verteilungsplan der GEMA unberücksichtigt bleiben. Vorbedingung ist weiterhin, daß von Verlagen oder Produktionsgemeinschaften in Auftrag gegebene Spezialbearbeitungen für Sende- oder Vervielfältigungszwecke von Rundfunk oder Fernsehanstalten übernommen werden. Für die Verrechnung einer Spezialbearbeitung kann grundsätzlich nur ein einzelner Bearbeiter in der Schätzung berücksichtigt werden. Eine Bearbeitung lediglich des eigenen bzw. eines Parts (Instrument, Chorstimme) stellt in keinem Fall eine Spezialbearbeitung dar. Die Durchführung einer Tonaufzeichnung als Tonmeister oder Produzent stellt für sich keine Bearbeitung im Sinne des Schätzungsverfahrens dar.

In Ausnahmefällen (große Orchesterbesetzungen im klassischen Sinne), wo zwei oder höchstens drei Bearbeiter gemeinsam einen Titel arrangiert haben, müssen die Betreffenden ihre Aufstellungen mit Nennung der anderen Beteiligten einreichen.

Bearbeitungen, die länger als etwa 4 Minuten dauern, werden entsprechend multipliziert.

Die gleiche Bearbeitung kann im jährlichen Schätzungsverfahren nur einmal berücksichtigt werden.

Nicht berücksichtigt werden:

a) Bearbeitungen freier Werke. Sollten freie Werke durch Bearbeitungen wieder geschützt sein, werden Spezialbearbeitungen dieser Werke ebenfalls nicht berücksichtigt.

b) Bearbeitungen eigener Kompositionen, die der GEMA als Manuskript gemeldet wurden oder im Eigenverlag erschienen sind sowie andere Bearbeitungen eigener Kompositionen, die keine Spezialbearbeitungen im Sinne des Schätzungsverfahrens sind.

c) Für Werke, die bis einschließlich Geschäftsjahr 1989 gemeldet wurden, gilt die Regelung, die bis einschl. 1989 in Kraft war.*)

d) Rundfunk- und Fernsehspezialbearbeitungen, für die der Anmeldende bereits als Original-Bearbeiter bei der GEMA registriert worden ist.

e) Bearbeitungen im Auftrag von ausländischen Rundfunk- und Fernsehanstalten, Schallplattenherstellern und Verlegern, die mit der GEMA in keinem Vertragsverhältnis stehen.

f) Bearbeitungen, für die in Zweifelsfällen auf Anforderung der Schätzungskommission eine Partitur oder ein Particell bzw. eine entsprechende Arbeitsvorlage nicht vorgelegt werden können, sowie Bearbeitungen, die keine Spezialbearbeitungen im Sinn des Schätzungsverfahrens sind.

(3) Circa 35 % der zur Verfügung stehenden Summe werden wie folgt verteilt:

Mitglieder, die

A) mindestens 3 Jahre am Schätzungsverfahren beteiligt gewesen sind, erhalten zusätzlich 1 Wertungspunkt,

B) mindestens 5 Jahre am Schätzungsverfahren beteiligt gewesen sind, erhalten zusätzlich 2 Wertungspunkte,

C) länger als 10 Jahre am Schätzungsverfahren beteiligt gewesen sind, erhalten zusätzlich 3 Wertungspunkte,

D) länger als 20 Jahre am Schätzungsverfahren beteiligt gewesen sind, erhalten zusätzlich 4 Wertungspunkte,

E) länger als 30 Jahre am Schätzungsverfahren beteiligt gewesen sind, erhalten zusätzlich 5 Wertungspunkte.

Im übrigen kann die Kommission je nach Gesamtschaffen zusätzlich bis zu 10 Wertungspunkte zuerkennen. Dies gilt ebenfalls für Bearbeiter, die noch nicht 3 Jahre am Schätzungsverfahren beteiligt gewesen sind.

(4) Von dem verbleibenden Rest dienen bis zu 5 % als Rücklage für evtl. Reklamationen und Spesen.

(5) Die nach Abs. (2) erforderlichen Unterlagen sind bis zum 15. März des auf das vorangegangene Kalenderjahr folgenden Jahres einzureichen. Im Unterlassungsfalle erhält das Mitglied lediglich die Wertungspunkte zuerkannt, die ihm im Jahr zuvor nach Abs. (3) zugesprochen wurden. Wer jedoch zwei oder mehr Jahre hintereinander keine Unterlagen einreicht, erhält überhaupt keine Wertungspunkte mehr. Mitglieder, die ihre Werke nur mit Hilfe anderer schreiben, also über das berufsmäßige Können nicht verfügen, können keine Schätzung erhalten. Das Mitglied kann zum Nachweis seines berufsmäßigen Könnens aufgefordert werden.

(6) Mitglieder, welche 15 Geschäftsjahre (davon mindestens 10 Jahre ununterbrochen) am Schätzungsverfahren beteiligt gewesen sind, erhalten vom 16. Jahre an die Wertungspunkte nach Abs. (3) automatisch weiter zuerkannt. Diese Wertungspunkte werden in Höhe von 75 % auch den Witwen oder minderjährigen Abkömmlingen dieser Mitglieder weiterhin zuerkannt, soweit sie Erben sind. Wenn weder ein überlebender Ehegatte noch Kinder vorhanden sind, kann ausnahmsweise mit Zustimmung des Aufsichtsrats auch ein langjähriger Lebensgefährte, der Erbe ist, als Beteiligter anerkannt werden.

(7) Kein Mitglied erhält aus Mitteln des Schätzungsverfahrens mehr als 2 % des jeweils zur Verfügung stehenden Gesamtbetrages.

(8) Wer als Bearbeiter sich oder einem anderen wissentlich oder grob fahrlässig durch falsche Angaben einen rechtswidrigen Vermögensvorteil verschafft, kann vom Schätzungsverfahren für das Jahr, in dem der Verstoß begangen wurde, ausgeschlossen werden. Vorstand und Aufsichtsrat sind

zur Verhängung von Konventionalstrafen berechtigt. Das Recht auf Ausschluß nach § 9 A Ziff. 4 der Satzung bleibt davon unberührt.

(9) Werden urheberrechtliche Nutzungsrechte eines Nicht-GEMA-Mitglieds an ein GEMA-Mitglied abgetreten (zediert), so nimmt weder der Abtretende (Zedent) noch der Abtretungsempfänger (Zessionar) für die abgetretenen Rechte an diesem Schätzungsverfahren teil. Dies gilt für alle ab dem 1. 6. 2003 bei der GEMA eingereichten Abtretungen.

---

*) Bis Geschäftsjahr 1989 galt folgende Fassung von b):
b) Bearbeitungen eigener Kompositionen, die der GEMA als Manuskript gemeldet wurden oder im Eigenverlag erschienen sind.

§ 4 [Schätzung für Kommissionsmitglieder und den Delegierten des Aufsichtsrats]

Die Schätzung für Kommissionsmitglieder und den Delegierten des Aufsichtsrats erfolgt bei Abwesenheit des jeweils zu schätzenden Mitglieds durch die übrigen Kommissionsmitglieder und den Vorstand. Bei Stimmengleichheit entscheidet die Stimme des Sitzungsvorsitzenden.

§ 5 [Einspruchsverfahren]

(1) Gegen die Entscheidung der Kommission kann von dem betroffenen Mitglied die Entscheidung des Aufsichtsrates der GEMA angerufen werden. Darüber hinaus haben der Delegierte des Aufsichtsrates und der Vorstand das Recht, gegen jede Entscheidung der Kommission die Entscheidung des Aufsichtsrates anzurufen.

(2) Die Entscheidung des Aufsichtsrates kann nur innerhalb einer Frist von 8 Wochen angerufen werden. Die Frist beginnt für das betroffene Mitglied mit dem Tage der Aufgabe der Entscheidung zur Post, für den antragsberechtigten Delegierten des Aufsichtsrates und den Vorstand vom Tage der Entscheidung der Kommission an zu laufen.

(3) Falls die Anrufung des Aufsichtsrates durch das betroffene Mitglied auf neuem Tatsachenvortrag beruht, der bei der Entscheidung der Schätzungskommission noch nicht berücksichtigt werden konnte, ist der Vorsitzende der Schätzungskommission berechtigt, nach Rücksprache mit den übrigen Kommissionsmitgliedern dem Antrag des Mitglieds ohne Vorlage an den Aufsichtsrat zu entsprechen.

(4) Ruft der Delegierte des Aufsichtsrates oder der Vorstand die Entscheidung des Aufsichtsrates an, so hat dies aufschiebende Wirkung.

(5) Bei diesen Entscheidungen des Aufsichtsrates hat der Delegierte kein Stimmrecht.

§ 6 [Kosten]

Die durch das Schätzungsverfahren entstehenden Kosten gehen zu Lasten der von der GEMA für das Schätzungsverfahren zur Verfügung gestellten Mittel.

§ 7 [Inkrafttreten]

Diese Geschäftsordnung tritt mit Wirkung vom GEMA-Geschäftsjahr 1983 in Kraft.

§ 8 [Änderungskompetenz]

Änderungen dieser Geschäftsordnung erfolgen durch die Mitgliederversammlung nach den Regeln, die für eine Satzungs- und Verteilungsplan-Änderung vorgesehen sind.

Das Schätzungsverfahren der Bearbeiter gehört **nicht** in den Bereich der **kulturellen** 1
Förderung ieS. Die Regelung dient vielmehr dem Ausgleich dafür, daß die **Spezialbearbeiter** (Definition in § 3 Abs. 2 UAbs. 2 GO Schätzung B) geschützter Werke an der Verteilung für die mechanische Vervielfältigung nicht teilnehmen (§ 3 Abs. 1 Allgemeine Grundsätze Verteilungsplan B). Zudem erhalten sie oftmals auch keine Ausschüttungen aus dem Aufführungsaufkommen, nämlich dann, wenn ihre Bearbeitungen zwar genutzt werden, die Inhaber der Rechte am Original aber die Bearbeitungsgenehmigung nicht erteilen, die Voraussetzung für die Teilnahme an der Verteilung ist (Abschnitt I Ziff. 7 Ausführungsbestimmungen zum Verteilungsplan A).

Die **Organisations- und Verfahrensregeln** der GO Schätzung B entsprechen in zahlrei- 2
chen Einzelheiten den aus den Geschäftsordnungen für die Wertungsverfahren bekannten Regeln. Ähnlich ausgestaltet sind insbesondere die Regeln über

- die **Wählbarkeit**, § 1 Abs. 1 GO Schätzung B;
- die **Wahl**, § 1 Abs. 2 GO Schätzung B;
- die **Amtsperiode** und über **Ersatzleute**, § 1 Abs. 2, 3 GO Schätzung B;
- **Verfahren** und **Abstimmung**, § 2 GO Schätzung B;
- **Teilnahme**- und **Stimmverbot**, § 4 GO Schätzung B;
- den **Einspruch** gegen die Entscheidung der Schätzungskommission, § 5 GO Schätzung B;
- die **Kosten** sowie über **Änderungsverfahren** und **-komptenz**.

Die **materiellen Schätzungsregeln** teilen den zu Verfügung stehenden Betrag in drei 3
Anteile auf:

(1) Zuerst wird ein Anteil von **bis zu 10 %** einem **Ausgleichsfonds** zugeführt, aus dem Zuwendungen für **Härtefälle** oder Fälle von besonderer **künstlerischer Bedeutung** erfolgen können; § 3 Abs. 1 GO Schätzung B. Ob und Wie der Zuwendung steht im Ermessen des Wertungsausschusses.

(2) Von dem dann, nach Abzug des Betrags für den Ausgleichsfonds verbleibenden Rest, wird ein Anteil von **circa 60 %** nach dem **Punktesystem** des Abs. 2 verteilt. Die Wertungspunkte werden differenziert nach Art der Bearbeitung vergeben. Der Anteil des einzelnen Mitglieds errechnet sich aus dem Verhältnis der von ihm erreichten Punkte zur Gesamtsumme der Punkte aller Mitglieder.

(3) Ein Anteil von weiteren **circa 35 %** (des nach Abzug des Betrags für den Ausgleichsfonds verbleibenden Restes) wird nach einem **Punktesystem** des Abs. 3 ver-

geben, das wesentlich auf die Dauer der Beteiligung am Schätzungsverfahren abstellt. Darüber hinaus kann die Schätzungskommission nach ihrem Ermessen hier auch Punkte für das Gesamtschaffen zuerkennen.

4 Die **Aufteilung** des nach Finanzierung des Ausgleichsfonds verbleibenden Betrags ist nicht fest bestimmt („circa"), sie steht im Ermessen des Schätzungskommission. Daher kann hier auch ein **Rest** verbleiben, der nach § 3 Abs. 4 GO Schätzung B **bis zu 5%** betragen darf und der dann als Rücklage für eventuelle Reklamationen und Spesen dient, § 3 Abs. 4 GO Schätzung B.

Ergänzende Regeln sind wiederum in ähnlicher Weise geregelt, wie aus den Geschäftsordnungen für die Wertungsverfahren bekannt.

- Die GEMA hat in Zweifelsfällen (Mitglieder, die ihre Werke nur mit Hilfe anderer schreiben können, also über das berufsmäßige Können nicht verfügen) ein **Prüfungsrecht**, § 3 Abs. 5 S. 4 und 5; das Prüfungsrecht ergibt sich freilich schon aus allgemeinen Grundsätzen (s. **Kap. 12.1 Rn. 37–40**).
- **Zedenten** sind hier wie in den Wertungsverfahren ab dem 1.6.2003 von der Beteiligung ausgeschlossen, § 3 Abs. 9 GO Schätzung B.
- Die Zuwendungen unterliegen einer **Kappungsgrenze**, § 3 Abs. 7 GO Schätzung B.
- Auch hier ist ein **Ausschluß wegen Mißbrauchs** vorgesehen, § 3 Abs. 8 GO Schätzung B.

Kapitel 13
Die Sozialkasse

Satzung der GEMA-Sozialkasse

Abteilung Komponisten, Abteilung Textdichter, Abteilung Verleger
Fassung vom 1. Januar 2003

Da dem Wert der schöpferischen Leistung eines Urhebers oder der verlegerischen Leistung eines Musikverlegers nicht immer und automatisch ein adäquater Ertrag (Erlös aus der Verwertung des Urheberrechts) entspricht, hat die GEMA durch ihre Mitgliederversammlung neben den Differenzierungen des Verteilungsplans und des Wertungsverfahrens die Errichtung einer sozialen Ausgleichskasse beschlossen.

§ 1 Name

Die soziale Ausgleichskasse führt den Namen „GEMA-Sozialkasse". Sie hat ihren Sitz in Berlin. Das Geschäftsjahr ist das Kalenderjahr.

§ 2 Leistungen

(1) Die Leistungen der GEMA-Sozialkasse werden durch die Solidargemeinschaft aller GEMA-Mitglieder ermöglicht. Die notwendigen Mittel werden nach Bedarf von der GEMA zur Verfügung gestellt.

(2) Leistungen der GEMA-Sozialkasse werden im Alter sowie bei Krankheit, Unfall und sonstigen Fällen der Not gewährt sowie ein Sterbegeld beim Tode des ordentlichen Mitgliedes.

(3) Leistungen werden auch dem hinterbliebenen Ehepartner eines ordentlichen Mitgliedes sowie minderjährigen Waisenkindern des ordentlichen Mitgliedes gewährt.

(4) Der Witwer wird der Witwe gleichgestellt.

(5) Alle Leistungen sind freiwillig und widerrufbar. Ein Rechtsanspruch besteht nicht. Die Leistungen unterliegen jedoch dem Gleichbehandlungsgrundsatz; dies gilt auch für ausgeschiedene Mitglieder.

§ 3 Aufbau der Kasse

(1) Die Sozialkasse besteht aus 3 selbständigen Abteilungen: der Abteilung Komponisten, der Abteilung Textdichter, der Abteilung Musikverleger.

(2) Jede dieser 3 Abteilungen wird von einem Abteilungskuratorium verwaltet, das aus 3 Mitgliedern besteht, die von den betreffenden Kurien im Aufsichtsrat der GEMA auf die Dauer von jeweils 4 Jahren zu wählen sind.

(3) Die Mitglieder der Kuratorien müssen ordentliche Mitglieder der GEMA und dürfen nicht ordentliche Mitglieder des Aufsichtsrates der GEMA sein.

(4) Scheidet während der Amtsdauer ein Kuratoriumsmitglied aus, so haben die verbleibenden Mitglieder seines Kuratoriums einen Ersatzmann zu wählen, der an die Stelle des Ausscheidenden tritt. Dieser bedarf der Bestätigung durch die betreffende Kurie im Aufsichtsrat.

(5) Jedes Abteilungskuratorium entscheidet selbständig für die Mitglieder seiner Kurie über Leistungen gemäß den in der Satzung vorgesehenen Richtlinien.

(6) Jedes Abteilungskuratorium faßt seine Beschlüsse mit einfacher Mehrheit und ist beschlußfähig, wenn mindestens 2 Mitglieder anwesend sind.

(7a) Jedes Abteilungskuratorium wählt aus seiner Mitte einen geschäftsführenden Kurator. Die 3 geschäftsführenden Abteilungskuratoren bilden zusammen das geschäftsführende Kuratorium der Sozialkasse, das für die Vertretung der Sozialkasse zuständig ist, soweit es sich nicht um die Belange der einzelnen Abteilungen handelt.

(7b) Das geschäftsführende Kuratorium bildet den Vorstand der Sozialkasse. Beschlüsse des geschäftsführenden Kuratoriums bedürfen der Einstimmigkeit, wobei jeder geschäftsführende Kurator an die Beschlüsse des Kuratoriums seiner Abteilung gebunden ist.

§ 4 Verteilung der Mittel

(1) Die Verteilung der verfügbaren Mittel an die Abteilungskuratorien erfolgt durch das geschäftsführende Kuratorium der Sozialkasse derart, daß die 3 Abteilungskuratorien den satzungsmäßig notwendigen Betrag nach Maßgabe des echten Bedarfs beim geschäftsführenden Kuratorium anfordern.

(2) Unbeschadet dessen, daß grundsätzlich der ursprüngliche Verteilungsschlüssel von 51 1/3 % für die Komponisten, 16 2/3 % für die Textdichter und 32 % für die Verleger gegenseitig weiter anerkannt bleibt, verpflichten sich die Abteilungskuratorien der Textdichter und Verleger, die ihren echten Bedarf übersteigenden Beträge dem Abteilungskuratorium der Komponisten für dessen echten Bedarf zur Verfügung zu stellen.

§ 5 Voraussetzungen für einmalige oder wiederkehrende Leistungen

(1) Einmalige oder wiederkehrende Leistungen können in der Regel nur Mitglieder erhalten, die

a) das 60. Lebensjahr vollendet haben,
b) 5 Jahre ununterbrochen der GEMA als ordentliches Mitglied angehört haben,
c) nachweisen können, daß ihre Einnahmen zum Lebensunterhalt nicht ausreichen (einschließlich der Einnahmen des Ehegatten).

(2) Das 60. Lebensjahr (Abs. 1 a) braucht nicht vollendet zu sein, wenn das Mitglied z.B. durch Krankheit oder Unfall in Not geraten ist.

(3) Bei einmaligen Leistungen kann in besonders begründeten Fällen von den Bestimmungen in Abs. 1 eine Ausnahme gemacht werden.

(4) Ein Verlegermitglied kann unter den Voraussetzungen des § 12 auch Verlagsangestellte als Empfänger einer wiederkehrenden Leistung benennen.

§ 6 Voraussetzungen für die Zahlung eines Sterbegeldes

(1) Im Falle des Todes eines ordentlichen Mitgliedes wird auf Antrag an den hinterbliebenen Ehepartner oder einen anderen Hinterbliebenen ein Sterbegeld gezahlt.

(2) Das gleiche gilt in der Verlegerabteilung beim Tode eines leitenden Verlagsangestellten, der gemäß § 12 dieser Satzung Bezieher einer wiederkehrenden Leistung war.

(3) Anträge auf Zahlung eines Sterbegeldes sollen innerhalb von 6 Wochen nach dem Sterbefall gestellt werden.

§ 7 Voraussetzungen für einmalige oder wiederkehrende Leistungen an den hinterbliebenen Ehepartner oder an minderjährige Waisenkinder

(1) Der hinterbliebene Ehepartner kann in der Regel eine einmalige oder wiederkehrende Leistung erhalten, wenn

a) das verstorbene Mitglied mindestens 5 Jahre ununterbrochen der GEMA als ordentliches Mitglied angehört hat,

b) das Vertragsverhältnis zur GEMA fortgesetzt wird,

c) die Ehe mindestens 1 Jahr bestanden hat,

d) im Falle der Eheschließung nach Vollendung des 60. Lebensjahres des Mitgliedes mit einem mehr als 20 Jahre jüngeren Partner die Ehe mindestens 5 Jahre bestanden hat,

e) er nachweist, daß seine Einnahmen zum Lebensunterhalt nicht ausreichen.

(2) Bei einmaligen Leistungen kann von den Bestimmungen in Abs. (1) in besonders begründeten Fällen eine Ausnahme gemacht werden.

(3) Bei Wiederverheiratung des hinterbliebenen Ehepartners entfällt jede weitere Zahlung.

(4) Wenn kein hinterbliebener Ehepartner vorhanden ist, können die vorstehend genannten Leistungen statt dessen gewährt werden:

a) minderjährigen Abkömmlingen des verstorbenen GEMA-Mitgliedes (jedoch auch an mehrere Kinder zusammen nicht mehr als das Witwengeld),

b) oder in Ausnahmefällen, durch Beschluß des Gesamt-Kuratoriums und mit Zustimmung des Aufsichtsrates, einer langjährigen Lebensgefährtin[1] oder einem langjährigen Lebensgefährten. Bei einer Heirat entfällt jede weitere Zahlung.

(5) Die Bestimmungen in Abs. (1) c) und d) und Abs. (3) gelten auch für den hinterbliebenen Ehepartner eines Verlagsangestellten im Sinne von § 12.

---

[1] Diese Regelung soll ab 1. Januar 1967 auch für die Anwärter nach § 17 gelten.

§ 8 Höhe der wiederkehrenden Leistungen

I. Für das Mitglied

(1a) Die wiederkehrende Leistung für Komponisten und Textdichter wird auf 80 % des durchschnittlichen Jahresaufkommens des Mitgliedes bei der GEMA festgesetzt.[2] Sie beträgt mindestens EUR 428,– und höchstens EUR 1 560,– im Monat.

(1b) Unabhängig von diesem Höchstsatz wird ein Zuschlag gewährt, wenn das Durchschnittsaufkommen des Mitgliedes bei der GEMA jährlich EUR 15 338,76 übersteigt. Der Zuschlag beträgt für Durchschnittsaufkommen

zwischen	**EUR 15 338,76 und EUR 20 451,68**	**= im Monat EUR 78,–**
zwischen	**EUR 20 451,68 und EUR 25 564,59**	**= im Monat EUR 156,–**
zwischen	**EUR 25 564,59 und EUR 30 677,51**	**= im Monat EUR 234,–**
zwischen	**EUR 30 677,51 und EUR 35 790,43**	**= im Monat EUR 312,–**
zwischen	**EUR 35 790,43 und EUR 40 903,35**	**= im Monat EUR 390,–**
zwischen	**EUR 40 903,35 und EUR 46 016,27**	**= im Monat EUR 468,–**
über	**EUR 46 016,27**	**= im Monat EUR 546,–**

(1c) Für die Abteilung Verleger beträgt die wiederkehrende Leistung einheitlich EUR 684,– im Monat.

(2a) In den Abteilungen Komponisten und Textdichter gilt folgende Freibetragsregelung:

Hat das Mitglied neben der wiederkehrenden Leistung noch weitere Einnahmen (einschließlich der Einnahmen des Ehepartners), so bleibt hierauf ein jährlicher Freibetrag von EUR 18 000,– ohne Anrechnung. Insoweit die Jahreseinnahmen den Freibetrag übersteigen, werden sie auf die wiederkehrende Leistung angerechnet.

(2b) In der Abteilung Verleger gilt folgende Freibetragsregelung: Den wirtschaftlichen Berufserfordernissen der Musikverleger Rechnung tragend, wird der jährliche Freibetrag auf EUR 54 000,– festgesetzt. Soweit die wiederkehrende Leistung von einem leitenden Angestellten bezogen wird, werden dessen Einnahmen nicht auf die Leistung angerechnet.

(2c) Der Nachweis der Einnahmen ist durch entsprechende Unterlagen zu führen.

---

[2] Beträge aus zurückliegenden Jahren werden den inzwischen veränderten Lebenshaltungskosten angepaßt. Siehe hierzu die Ausführungsbestimmungen.

II. Für den hinterbliebenen Ehepartner

(1a) Die wiederkehrende Leistung für den hinterbliebenen Ehepartner oder minderjährige Abkömmlinge des verstorbenen Mitgliedes (im Falle des § 7 (4)) wird auf 75 % der dem Mitglied zustehenden wiederkehrenden Leistung festgesetzt, jedoch mindestens EUR 321,– im Monat.

(1b) Die Zuschläge entsprechend § 8 I (1b) betragen dann für den hinterbliebenen Ehepartner bei angepaßtem durchschnittlichen Jahresaufkommen:

zwischen	**EUR 15 338,76 und EUR 20 451,68**	**= im Monat EUR 58,50**
zwischen	**EUR 20 451,68 und EUR 25 564,59**	**= im Monat EUR 117,–**
zwischen	**EUR 25 564,59 und EUR 30 677,51**	**= im Monat EUR 175,50**
zwischen	**EUR 30 677,51 und EUR 35 790,43**	**= im Monat EUR 234,–**
zwischen	**EUR 35 790,43 und EUR 40 903,35**	**= im Monat EUR 292,50**
zwischen	**EUR 40 903,35 und EUR 46 016,27**	**= im Monat EUR 351,–**
über	**EUR 46 016,27**	**= im Monat EUR 409,50**

(1c) Für die Abteilung Verleger beträgt die monatliche Leistung einheitlich EUR 513,–.

(2a) In den Abteilungen Komponisten und Textdichter gilt folgende Freibetragsregelung: Der Freibetrag im Sinne von Ziff. I (2a) wird auf EUR 13 500,– jährlich festgesetzt.

(2b) In der Abteilung Verleger gilt folgende Freibetragsregelung: Der Freibetrag im Sinne der Ziff. I (2b) wird auf EUR 40 500,– jährlich festgesetzt. Soweit die wiederkehrende Leistung von dem hinterbliebenen Ehepartner eines leitenden Angestellten bezogen wird, werden dessen Einnahmen nicht auf die Leistung angerechnet.

§ 9 Höhe des Sterbegeldes

Das Sterbegeld beträgt EUR 1 700,– (EURO eintausendsiebenhundert).

§ 10 Höhe der einmaligen Leistungen

Die Höhe der einmaligen Leistungen wird nach Prüfung des jeweiligen Bedarfs von den zuständigen Abteilungskuratorien festgesetzt. Anträge auf einmalige Leistungen von außergewöhnlicher Höhe können nur vom Gesamtkuratorium genehmigt werden.

§ 11 Beginn und Beendigung von Leistungen

(1) Die Zahlung einer wiederkehrenden Leistung an Mitglieder beginnt an dem auf die Vollendung des 60. Lebensjahres folgenden Monatsersten. Werden die Bedingungen des § 5 jedoch erst nach Vollendung des 60. Lebensjahres erfüllt, so beginnt die Zahlung der wiederkehrenden Leistung mit dem Monatsersten, der auf den Eintritt dieser Bedingungen folgt.

(2) Die Zahlung einer wiederkehrenden Leistung an den hinterbliebenen Ehepartner oder minderjährige Waisen beginnt mit dem Monatsersten, der auf den Tod des Mitgliedes folgt. Werden die satzungsgemäßen Voraussetzungen zu einem späteren Zeitpunkt erfüllt, so beginnt die Zahlung mit dem Monatsersten, der auf den Eintritt dieser Bedingungen folgt.

(3) Eine Auszahlung erfolgt ohne rückwirkende Kraft, und zwar erst nachdem der Betreffende einen Antrag auf Zuerkennung gestellt hat und die erforderlichen Unterlagen ordnungsgemäß beigebracht sind. Beruht die verspätete Einreichung von Unterlagen jedoch auf Umständen, für die der Antragsteller nicht verantwortlich ist, so kann ausnahmsweise auch eine rückwirkende Zahlung erfolgen.

(4) Bei Beendigung der Mitgliedschaft zur GEMA beschränken sich die Leistungen auf bis zu 80 % des versicherungsmathematischen Gegenwertes der vom Berechtigten seit dem 1. Januar 1957 für die Sozialkasse selbst aufgebrachten Mittel.

Dies gilt jedoch nicht für Personen, die von einem Verlag gemäß § 12 Ziff. (5) benannt worden sind, wenn der Benannte, sein hinterbliebener Ehepartner oder seine minderjährigen Waisen keinen Einfluß auf eine die Aufgabe der Mitgliedschaft bei der GEMA betreffende Entscheidung des Verlages haben.

(5) Die Zahlungen entfallen, wenn sie beschlagnahmt, abgetreten, verpfändet, gepfändet oder auf andere Bezüge angerechnet werden. Wiederaufnahme der Zahlungen ist bei Wegfall des Hinderungsgrundes möglich.

§ 12 Sonderregelungen für die Abteilung der Verleger

(1) Ein Verlegermitglied, welches die Leistungen der Sozialkasse in Anspruch nehmen will, muß nachweislich hauptberuflich mindestens 10 Jahre entweder Inhaber, Mitinhaber, Komplementär, Kommanditist, geschäftsführender Gesellschafter einer GmbH oder Vorstandsmitglied (einer AG) der Firma sein.

(2) Bei Besitzwechsel des Verlages kommt für das ausscheidende Mitglied keine Leistung der Sozialkasse in Betracht, es sei denn, daß das ausscheidende Mitglied im Zeitpunkt des Besitzwechsels

bereits eine Leistung erhält. In diesem Falle erfolgt die Leistung bis zu dessen Tode. Der direkte Erbgang wird davon nicht berührt, sofern die Erben die Firma unverändert weiterführen.

(3) In jedem Falle müssen für den Verlag die Voraussetzungen betreffend Dauer der ordentlichen Mitgliedschaft und für die von ihm benannte Person die weiteren Voraussetzungen für eine Leistung nach der Satzung gegeben sein.

(4) Verlage, die auf dem Verwertungsgebiet der ernsten Musik in 10 Jahren ein Durchschnittsaufkommen von EUR 9 203,25 im Jahr von der GEMA bezogen haben, können eine zweite Person als Leistungsempfänger benennen, bei einem Durchschnittsaufkommen von EUR 18 406,51 eine dritte Person und bei einem Durchschnittsaufkommen von EUR 27 609,76 und darüber eine vierte Person.

Für Durchschnittsaufkommen auf dem Gebiet der Tanz- und Unterhaltungsmusik sind die doppelten Beträge erforderlich.

(5) Die Voraussetzungen für die Benennung eines leitenden Angestellten für eine laufende Leistung sind erfüllt, wenn dieser mindestens 20 Jahre im Verlag oder im Musikhandel und davon mindestens die letzten 10 Jahre als leitender Angestellter in der antragstellenden Firma beschäftigt gewesen ist.

Die Benennung ist unwiderruflich, es sei denn, daß ein Benannter selbst verzichtet.

Die Benennung ist auch für Rechtsnachfolger des Unternehmens, für Rechtsnachfolger von Anteilseignern des benennenden Unternehmens sowie für solche Personen bindend, welche die Verlagstätigkeit ganz oder zu wesentlichen Teilen fortsetzen.

(6) Außerordentliche Mitglieder, die die Staatsangehörigkeit eines Mitgliedstaates eines EG-Landes haben und die wegen der Bestimmungen in § 8 Ziff. 3 der GEMA-Satzung nicht die ordentliche Mitgliedschaft erwerben können, werden wie ordentliche Mitglieder behandelt. Auch bei Beendigung der ordentlichen Mitgliedschaft aus Gründen des § 9 B der GEMA-Satzung wird das Mitglied so behandelt, als wäre es noch ordentliches Mitglied.

Das gleiche gilt für Verlagsfirmen, die in wirtschaftlichem sowie personellem Zusammenhang mit ausländischen Verlegern außerhalb des Gebiets der EG stehen und deswegen nicht die Zustimmung des Aufsichtsrates zur Aufnahme als ordentliches Mitglied gefunden haben.

§ 13 Beitrag zur Kranken- und Pflegeversicherung

Die GEMA-Sozialkasse ersetzt den Empfängern von wiederkehrender Leistung nach §§ 5, 7 und 17 dieser Satzung[3] auf Antrag die Hälfte der von dem Mitglied bzw. dem hinterbliebenen Ehepartner nachgewiesenen und nicht von dritter Seite erstatteten Beiträge zur Kranken- und Pflegeversicherung bis zur Höhe von monatlich EUR 160,–.

Der Antrag ist jeweils für das vergangene Jahr in der Regel bis zum 31. März des Folgejahres an die GEMA-Sozialkasse zu richten. Die Quittungen der Kranken und Pflegeversicherung oder diesbezügliche Zahlungsbestätigungen sind dem Antrag beizufügen.

[3] Ausgenommen Verlagsangestellte im Sinne von § 12 dieser Satzung.

§ 14 Verwaltungskosten

Die durch die Verwaltung der Sozialkasse entstehenden Kosten gehen zu Lasten der von der GEMA zur Verfügung gestellten Mittel.

Die Kuratoren sind ehrenamtlich tätig. Sie erhalten Ersatz ihrer Unkosten.

§ 15 Satzungsänderungen

Satzungsänderungen werden von den drei Abteilungskuratorien beraten und sind vom Aufsichtsrat der GEMA zu bestätigen.

Die Angleichung der Leistungen (mit Ausnahme der Leistungen nach § 17) an die veränderten Lebenshaltungskosten wird in Ausführungsbestimmungen geregelt, die ebenfalls von den drei Abteilungskuratorien beraten werden und vom Aufsichtsrat der GEMA zu bestätigen sind.

§ 16 Auflösung

Die Sozialkasse kann nur durch die Mitgliederversammlung der GEMA aufgelöst werden, wobei die Abstimmung gemäß § 11b) der GEMA-Satzung zu erfolgen hat.

§ 17 Übergangsbestimmungen

(1) Die bisherigen Bezieher von Alterssold und Witwengeld verbleiben weiterhin im Genuß ihrer bisherigen Bezüge und des Anrechts auf Sterbegeld gemäß den Satzungen der alten Versorgungsstiftungen, soweit nicht zumindest ein zeitweiliger Verzicht aufgrund ihrer wirtschaftlichen Verhältnisse angemessen erscheint.

(2) Das gleiche gilt sinngemäß für Anwärter, die beim Inkrafttreten dieser Satzung (1. Januar 1957) mindestens das 55. Lebensjahr vollendet haben.

(3) In Fällen besonderer wirtschaftlicher Not kann den bisherigen Beziehern von laufenden Leistungen die laufende Leistung weitergewährt werden.

(4) Wahrnehmungsberechtigte der STAGMA oder GEMA, bei denen in der Zeitspanne von 1936 bis 1950 infolge der besonderen Verhältnisse aufgrund ihres Aufkommens nach den damaligen satzungsgemäßen Bestimmungen die Voraussetzungen für eine Umwandlung des Wahrnehmungsberechtigtenverhältnisses in ein Bezugsberechtigtenverhältnis gegeben waren, deren Wahrnehmungsvertrag aber aufgrund der anomalen Verhältnisse nicht zu gegebener Zeit in einen Bezugsberechtigtenvertrag umgewandelt wurde, werden auf Antrag bei der Berechnung der Mitgliedschaftsdauer zur GEMA (vormals STAGMA) so behandelt, als wenn die Umwandlung des Wahrnehmungsvertrages in einen Berechtigtenvertrag zum Zeitpunkt der Erfüllung der damals gültigen satzungsgemäßen Voraussetzungen stattgefunden hätte.

§ 18 Prüfung und Aufsicht

(1) Die Verwendung der Mittel im Sinne dieser Satzung wird durch einen Wirtschaftsprüfer nach einheitlichen Gesichtspunkten kontrolliert. Dieser wird vom Vorstand der GEMA-Sozialkasse bestellt.

(2) Das Aufsichtsrecht hat der Aufsichtsrat der GEMA. Das geschäftsführende Kuratorium erstattet dem Aufsichtsrat der GEMA zum Jahresabschluß Bericht unter Vorlage des Rechnungsabschlusses und des Berichts des Wirtschaftsprüfers.

(3) Gegen Entscheidungen der zuständigen Abteilung der GEMA-Sozialkasse kann der Betroffene innerhalb einer Frist von 4 Wochen nach Zugang der Entscheidung das Gesamtkuratorium der GEMA-Sozialkasse anrufen. Gegen dessen Entscheidung kann der Betroffene innerhalb 4 Wochen nach Zugang dieser Entscheidung Einspruch beim Aufsichtsrat erheben. Der Aufsichtsrat entscheidet nach Anhörung des Vorstands der GEMA-Sozialkasse endgültig.

§ 19 [Inkrafttreten]

(1) Die vorstehende Neufassung der Satzung tritt mit Wirkung vom 1. Januar 2003 in Kraft.

(2) Es werden zur Satzung Ausführungsbestimmungen erlassen, die wie Satzungsänderungen der Bestätigung durch den Aufsichtsrat bedürfen.

Übersicht Rn.

I. Einführung und Übersicht

1 Um soziale Härten aufzufangen, die aus dem Mißverhältnis von künstlerischer Bedeutung und wirtschaftlichem Erfolg einzelner Kunstschaffender resultieren können (vgl. Präambel), hat die GEMA eine soziale Ausgleichskasse eingerichtet. Diese ist Ausdruck der Solidargemeinschaft der Mitglieder.[1] Sie trägt den Namen „GEMA-Sozialkasse" und hat ihren Sitz in Berlin, § 1. Die Sozialkasse der GEMA diente dem deutschen Gesetzgeber als Vorbild für die Regelung des § 8 UrhWG, wonach alle

1 Vgl. § 2 Abs. 1 S. 1. Erläuternd *Kreile/Becker,* Handbuch der Musikwirtschaft, S. 687, 706f. Kritisch *Rehbinder,* Urheberrecht Rn. 446; *Schack,* Urheber- und Urhebervertragsrecht, Rn. 1223f.

deutschen Verwertungsgesellschaften Vorsorge- und Unterstützungseinrichtungen für die von ihnen vertretenen Berechtigten einrichten sollen.[2]

Das Verfahren unterliegt den festen Regeln der Satzung der GEMA-Sozialkasse (nachfolgend **Satzung SK**) in der Fassung vom 1. Januar 2003 sowie der auf Grundlage von § 19 Abs. 2 Satzung SK erlassenen **Ausführungsbestimmungen**.[2a] Änderungen der Satzung SK sowie der Ausführungsbestimmungen sind nach vorhergehender Beratung der Abteilungskuratorien (dazu sogleich unten Rn. 4) vom Aufsichtsrat der GEMA zu bestätigen, § 15, § 19 Abs. 2 Satzung SK. Die Sozialkasse kann durch Beschluß der Mitgliederversammlung aufgelöst werden, § 16 Satzung SK. 2

Neben der Organisation der Sozialkasse (II.) regelt die Satzung die Grundsätze der Bereitstellung und Verteilung der Mittel (III.), den Kreis der Leistungsberechtigten (IV.), die Leistungsvoraussetzungen (V.), die Höhe der Zuwendungen (VI.) den Leistungszeitraum (VII.) sowie die Kontrolle der Mittelvergabe und das Beschwerdeverfahren (VIII.). 3

II. Organisation der Sozialkasse

1. Aufbau

a) Abteilungskuratorien

Der Aufbau der Sozialkasse folgt dem **Kuriensystem** der GEMA. Die Sozialkasse untergliedert sich demnach in drei selbständige Abteilungen (Komponisten, Textdichter, Verleger), die jeweils von einem Abteilungskuratorium geleitet werden, § 3 Abs. 1 und 2 Satzung SK. Die Kuratorien setzen sich wiederum aus drei Mitgliedern zusammen, die von den entsprechenden Kurienvertretern im Aufsichtsrat der GEMA für die Dauer von 4 Jahren bestellt werden. Wählbar sind nur ordentliche Mitglieder, die nicht zugleich ordentliche Mitglieder des Aufsichtsrats sind (stellvertretende Aufsichtsratsmitglieder sind wählbar), § 3 Abs. 3 Satzung SK. Im Falle des Ausscheidens eines Kuratoriumsmitgliedes wählen die beiden übrigen Kuratoriumsmitglieder einen Ersatzmann, der von den einschlägigen Kurienvertretern im Aufsichtsrat zu bestätigen ist, § 3 Abs. 4 Satzung SK. Die Kuratoriumsmitglieder sind ehrenamtlich tätig, erforderliche Aufwendungen sind ihnen jedoch entsprechend § 670 BGB zu ersetzen, § 14 S. 2 und 3 Satzung SK. 4

b) Geschäftsführendes Kuratorium als Vorstand der Sozialkasse

Sämtliche Abteilungskuratorien wählen aus ihrer Mitte einen sog. **geschäftsführenden Kurator**. Die drei geschäftsführenden Kuratoren bilden zusammen das sog. geschäftsführende Kuratorium, das die Sozialkasse als **Vorstand** nach außen vertritt, § 3 Abs. 7a 5

---

2 RegE UrhWG, BT-Drs. IV/271, S. 16 = *Mestmäcker/Schulze,* Anhang A (3) S. 23.

2a Die Ausführungsbestimmungen sind abgedruckt bei *Kreile* (Hrsg.), GEMA-Jahrbuch 2004/2005, S. 397–402.

und b Satzung SK. Die Vertretungsbefugnis bezieht sich indes nur auf solche Angelegenheiten, die nicht in den originären Kompetenzbereich der einzelnen Kuratorien fallen (z.B. nicht: Ausschüttungen an die jeweiligen Kurienangehörigen).

6 Das geschäftsführende Kuratorium hat einen **Wirtschaftsprüfer** zu bestellen, der neben dem Aufsichtsrat der GEMA über die Ordnungsmäßigkeit der Mittelverwendung wacht, § 18 Abs. 1 S. 2 Satzung SK. Zudem hat es dem Aufsichtsrat der GEMA über die Tätigkeit der Sozialkasse dezidiert Bericht zu erstatten, § 18 Abs. 2 S. 2 Satzung SK.

c) Gesamtkuratorium

7 Zusammen bilden sämtliche Abteilungskuratorien das sogenannte **Gesamtkuratorium**. Das Gesamtkuratorium ist zuständig für

- die Entscheidung über einmalige Leistungen in außergewöhnlicher Höhe (§ 10 Satzung SK) und
- die Entscheidung über Einsprüche gegen Entscheidungen der Abteilungen der GEMA-Sozialkasse (§ 18 Abs. 3 Satzung SK).

2. Beschlußfassung

8 Jedes Abteilungskuratorium entscheidet selbständig über Leistungen aus der Sozialkasse an die Mitglieder seiner Kurie, § 3 Abs. 5 Satzung SK. Die Kuratorien stimmen dabei unabhängig voneinander ab. Sie sind beschlußfähig, wenn mindestens zwei der drei Kuratoriumsmitglieder anwesend sind. Erforderlich wie ausreichend ist dabei stets die einfache Mehrheit der abgegebenen Stimmen, § 3 Abs. 6 Satzung SK.

9 Das geschäftsführende Kuratorium kann seine Beschlüsse demgegenüber nur einstimmig fassen, § 3 Abs. 7b S. 2 Satzung SK. Die geschäftsführenden Kuratoren sind dabei an die Beschlüsse ihrer Abteilungskuratorien gebunden („imperatives Mandat“).

III. Bereitstellung und Verteilung der Mittel, § 2 Abs. 1, § 4 Satzung SK

10 Die Mittel für die Sozialkasse werden von der GEMA für jedes Geschäftsjahr nach Bedarf zur Verfügung gestellt, § 2 Abs. 1 S. 2 Satzung SK; zur Mittelaufbringung, vgl. § 1 Abs. 4 lit. a Allgemeine Grundsätze Verteilungsplan A, § 1 Abs. 2 Allgemeine Grundsätze Verteilungsplan B.

11 Die Abteilungskuratorien haben den für ihre jeweilige Kurie erforderlichen Betrag beim geschäftsführenden Kuratorium anzufordern, § 4 Abs. 1 Satzung SK. Dieses verteilt die bereitgestellten Mittel sodann auf die drei Abteilungskuratorien. Die Verteilung auf die Abteilungskuratorien erfolgt nach deren jeweiligen **Bedarf** (hervorgehoben als „echter Bedarf“, § 4 Abs. 1 Satzung SK), der jedoch im Grundsatz durch einen festen **Verteilungsschlüssel** bestimmt ist: Die Kuratoriumsabteilung Komponisten erhält einen Anteil von 51 1/3 % der zur Verfügung stehenden Mittel, die Abteilung der Textdichter 16 2/3 % und die Abteilung der Verleger 32 %; § 4 Abs. 2 Satzung SK. Dabei sind aber die Abteilungskuratorien der Textdichter und Verleger verpflich-

tet, die den echten Bedarf übersteigenden Beträge dem Abteilungskuratorium der Komponisten auszukehren, § 4 Abs. 2 a.E. Satzung SK.

IV. Kreis der Leistungsberechtigten

Leistungsberechtigt sind in erster Linie die **ordentlichen Mitglieder** der GEMA (vgl. §§ 6–8 GEMA-Satzung). Außerordentliche und angeschlossene Mitglieder erhalten daher grundsätzlich keine Zuwendungen aus der Sozialkasse. **Ausnahmen** sind insbesondere vorgesehen in: 12

- § 5 Abs. 3 Satzung SK für einmalige Leistungen;
- § 12 Abs. 6 Satzung SK für Verleger (in den Fällen von § 8 Abs. 3 und § 9 B GEMA-Satzung)[3].

Neben den ordentlichen Mitgliedern können auch *deren* **hinterbliebene Ehepartner** (Witwen und Witwer) sowie *deren* **minderjährige Waisen** bestimmte Leistungen aus der Sozialkasse erhalten, § 2 Abs. 3 und 4 Satzung SK. Voraussetzungen und Höhe der Leistungen richten sich in diesen Fällen nach besonderen Regeln (vgl. § 7, § 8 II Satzung SK). Ein Sterbegeld kann vom hinterbliebenen Ehepartner oder einem anderen Hinterbliebenen beantragt werden, § 6 Abs. 1 Satzung SK. 13

Die Rechte von Mitgliedern der GEMA oder deren Hinterbliebenen, die bereits aufgrund früherer Versorgungseinrichtungen (Versorgungsstiftungen der Komponisten und Textdichter) Zuwendungen erhalten, werden durch die GEMA-Sozialkasse im Grundsatz nicht berührt, vgl. die Übergangsregelung des § 17 Satzung SK.[4] Die praktische Bedeutung der Regelung läuft aus. 14

V. Leistungsvoraussetzungen, §§ 5–7 Satzung SK

1. Grundsatz der Freiwilligkeit der Mittelvergabe und Antragserfordernis

Sämtliche Leistungen aus der Sozialkasse erfolgen **freiwillig und widerrufbar**. Ein Rechtsanspruch auf Beteiligung am Ausschüttungsverfahren besteht nicht, § 2 Abs. 5 Satzung SK. Die Abteilungskuratorien unterliegen jedoch aufgrund des allgemeinen **Gleichheitsgrundsatzes** einer gewissen Selbstbindung. Eine willkürliche Ungleichbehandlung einzelner Berechtigter ist folglich unzulässig. Zu beachten ist aber, daß die Selbstbindung nicht zu einer Petrifizierung einer Leistungspraxis führt. Die Kuratorien können eine eingeübte Praxis durchaus für die Zukunft ändern. 15

Voraussetzung für eine Berücksichtigung ist in allen Fällen, daß der Anspruchsteller einen **Antrag** gestellt und die insoweit benötigten Unterlagen (insbesondere Einkommensnachweise) beigebracht hat, vgl. § 11 Abs. 3 Satzung SK. 16

---

3 Dazu oben, **Kap. 8 Rn. 48–50, 56–58**.

4 Beachte auch die Ausführungsbestimmungen zu § 17.

2. Einmalige oder wiederkehrende Leistungen an ordentliche Mitglieder, § 5 Satzung SK

17 Ordentliche Mitglieder können grundsätzlich unter drei Voraussetzungen Zuwendungen aus der Sozialkasse erhalten: Sie müssen nach § 5 Abs. 1 Satzung SK

(1) das 60. Lebensjahr vollendet haben,
(2) mindestens 5 Jahre ununterbrochen ordentliches Mitglied der GEMA gewesen sein (dazu Ausführungsbestimmungen zu § 5) und
(3) belegen, daß sie ihren Lebensunterhalt nicht aus eigener Kraft bestreiten können, wobei die Einnahmen eines Ehegatten zu berücksichtigen sind.

18 Nähere Bestimmungen für die **Berechnung der Mitgliedschaftsdauer** enthalten die Ausführungsbestimmungen Satzung SK zu § 5. Den **Einkommensnachweis** hat das Mitglied durch Beibringung entsprechender Unterlagen zu führen, § 8 I Abs. 2c Satzung SK.

19 Dem Zweck der Sozialkasse entsprechend sind **Ausnahmen** möglich. Ist die finanzielle Notlage auf besondere schicksalhafte Umstände (Krankheit, Unfall etc.) zurückzuführen, so entfällt die Altersgrenze, § 5 Abs. 2 Satzung SK. Ferner können in Ausnahmefällen auch ohne Berücksichtigung der eigentlichen Leistungsvoraussetzungen einmalige Zuwendungen erfolgen, § 5 Abs. 3 Satzung SK.

3. Einmalige oder wiederkehrende Leistungen an Hinterbliebene

a) Sterbegeld, § 6 Satzung SK

20 Verstirbt ein ordentliches Mitglied der GEMA, so können die Hinterbliebenen auf Antrag eine einmalige Zuwendung aus der Sozialkasse, das sog. Sterbegeld, erhalten. Der **Antrag** ist innerhalb einer **Frist** von 6 Wochen ab dem Todesfall bei der GEMA zu stellen; wenn § 6 Abs. 3 Satzung SK insofern nur eine Soll-Bestimmung enthält, bedeutet dies, daß in begründeten Ausnahmen auch spätere Anträge berücksichtigt werden können.

b) Sonstige einmalige oder wiederkehrende Leistungen, § 7 Satzung SK

21 Im übrigen können hinterbliebene Ehegatten gemäß § 7 Abs. 1 Satzung SK Leistungen aus der Sozialkasse erhalten, wenn die folgenden fünf Voraussetzungen gegeben sind:

(1) Der Verstorbene muß mindestens 5 Jahre ununterbrochen ordentliches Mitglied der GEMA gewesen sein;
(2) das Vertragsverhältnis zur GEMA muß fortgesetzt werden (vgl. § 3 Abs. 1 lit. d) Satzung, § 9 Abs. 2 BerV),[5]
(3) die Ehe muß mindestens ein (in Ausnahmefällen fünf) Jahr(e) bestanden haben und

---

5 S.o. **Kap. 10 Rn. 353–357**.

(4) der Ehegatte muß seine Bedürftigkeit nachweisen.
(5) Heiratet der Ehepartner erneut, so erlischt die Leistungsberechtigung, § 7 Abs. 3 Satzung SK.

Bei einmaligen Zuwendungen können die Abteilungskuratorien in begründeten Ausnahmefällen von diesen Voraussetzungen absehen, § 7 Abs. 2 Satzung SK.

Hinterläßt das verstorbene Mitglied keinen Ehegatten, so können **minderjährige Abkömmlinge** des Mitgliedes sowie – unter engen formellen und materiellen Voraussetzungen – ein **langjähriger Lebensgefährte** (Begriff und Nachweis, s. Ausführungsbestimmungen Satzung SK zu § 7 Abs. 4 lit. b) Leistungen aus der Sozialkasse erhalten, § 7 Abs. 4 Satzung SK. 22

4. Sonderregeln für Verleger

Die Satzung enthält verschiedene Sonderregeln für die Berufsgruppe der Musikverleger. Sie ergeben sich aus der unterschiedlichen Stellung der Verleger und der Verlage. Während die Urheber – Komponisten und Textdichter – notwendig natürliche Personen sind, sind Verlage kaufmännische Unternehmen, die oft als juristische Personen organisiert sind. Als solche können sie nicht in die persönliche Notlage geraten, die die Sozialkasse mildern will. 23

Von den Sonderregeln sind hier nur hervorzuheben: 24

- § 12 Satzung SK statuiert besondere Voraussetzungen im Hinblick auf die Leistungsvoraussetzungen.
- § 5 Abs. 4 Satzung SK.
- § 6 Abs. 2, § 7 Abs. 5 Satzung SK.
- § 8 Nr. I Abs. 2b) S. 3 Satzung SK.
- § 8 Nr. II Abs. 2b) S. 3 Satzung SK.[6]

VI. Höhe der Zuwendungen, §§ 8–10 Satzung SK

Die Regeln über die Höhe der Zuwendungen, die der einzelne aus der Sozialkasse erhalten kann, variieren je nach Art der Leistung.[7] Die Satzung unterscheidet zwischen wiederkehrenden und einmaligen Leistungen sowie dem Sterbegeld für Hinterbliebene. 25

1. Wiederkehrende Leistungen, § 8 Satzung SK

Die Höhe der wiederkehrenden Leistungen für ordentliche Mitglieder oder leistungsberechtigte Hinterbliebene wird (abgesehen von den Zuschüssen zur Kranken- und Pflegeversicherung, Rn. 31) in einem zweistufigen Verfahren ermittelt. Zunächst wird die sogenannte **Zuerkennung** festgestellt. Dabei handelt es sich um die von der Sat- 26

---

6 Beachte auch die entsprechenden umfassenden Ausführungsbestimmungen.
7 Beachte auch die umfangreichen Ausführungsbestimmungen zu den §§ 8–10.

zung SK durch Mindest- und Höchstgrenzen festgelegten Beträge. Der tatsächliche **Auszahlungsbetrag** wird in einem zweiten Schritt festgestellt, indem ausgehend von der zuerst festgestellten Zuerkennung das den Freibetrag übersteigende Einkommen abgezogen wird.

a) Ordentliche Mitglieder, § 8 I Satzung SK

27 Die wiederkehrenden Leistungen für **Komponisten und Textdichter** betragen 80% des durchschnittlichen Jahresaufkommens bei der GEMA. (Zur Ermittlung des maßgeblichen Aufkommens i.e. Ausführungsbestimmungen zu § 8 I Abs. 1a Satzung SK.) Die Zuerkennung beträgt mindestens 428,– und höchstens 1.560,– € pro Monat. Sie kann um einen Zuschlag erhöht werden, wenn das Durchschnittseinkommen 15.338,76 € übersteigt, § 8 I Abs. 1b Satzung SK. Der jährliche Freibetrag beträgt 18.000 €, § 8 I Abs. 2a Satzung SK.

28 Für **Verleger** beträgt die Zuerkennung einheitlich 684,– €, § 8 I Abs. 1c Satzung SK. Der jährliche Freibetrag beträgt 54.000,– €, § 8 I Abs. 2b Satzung SK.

b) Hinterbliebene Ehegatten und minderjährige Waisen, § 8 II Satzung SK

29 Wiederkehrende Leistungen an hinterbliebene **Ehegatten** oder – falls solche nicht vorhanden sind – an minderjährige **Abkömmlinge** von Komponisten oder Textdichtern betragen 75% der Zuwendungen, die dem Mitglied gemäß § 8 I Satzung SK zustehen würde. Es gilt ein Mindestbetrag von 321,– € monatlich und ein Höchstbetrag von 1.170€ monatlich (75% von 1.560€). Die Hinterbliebenen können zudem einen gestaffelten Zuschlag erhalten, der sich nach dem angepaßten durchschnittlichen Jahreseinkommen des verstorbenen Mitglieds bemißt, § 8 II Abs. 1b Satzung SK. Der jährliche Freibetrag beläuft sich auf 13 500,– €.

30 Bei **Hinterbliebenen von Verlegern** beträgt die Höhe der wiederkehrenden Leistungen einheitlich 513,– € monatlich, § 8 II Abs. 1c Satzung SK. Der jährliche Freibetrag beläuft sich auf 40.500,– €, § 8 II Abs. 2 b Satzung SK.

c) Beitrag zur Kranken- und Pflegeversicherung

31 Auf Antrag ist den Empfängern von wiederkehrenden Leistungen zusätzlich die Hälfte der Beiträge zur Kranken- und Pflegeversicherung bis zu einem Betrag von maximal 160,– € monatlich zu erstatten, § 13 Satzung SK.

2. Einmalige Leistungen und Sterbegeld, §§ 9, 10 Satzung SK

32 Das Sterbegeld beträgt (einmalig) 1.700 €, § 9 Satzung SK.

33 Für die Höhe sonstiger einmaliger Leistungen macht die Satzung nur rahmenhafte Vorgaben. Maßgeblich ist insoweit der jeweilige konkrete Bedarf, den das zuständige Abteilungskuratorium auf Grundlage der beizubringenden Unterlagen zu ermitteln hat, § 10 S. 1 Satzung SK. Bei Anträgen auf außergewöhnlich hohe Zuwendungen – d.h. nach den Ausführungsbestimmungen zu § 10 Satzung SK: Zuwendungen über 2.100 € – ist die Entscheidung vom Gesamtkuratorium (Rn. 7) zu treffen.

VII. Leistungszeitraum, § 11 Satzung SK

Die Ausschüttung wiederkehrender Leistungen an **ordentliche Mitglieder** aus der Sozialkasse beginnt grundsätzlich zum Ersten desjenigen Monats, der auf die Vollendung des 60. Lebensjahres folgt, sofern der Leistungsberechtigte den Antrag rechtzeitig gestellt hat, § 11 Abs. 1 Satzung SK. Bei wiederkehrenden Leistungen an **Hinterbliebene** beginnen die Zahlungen grundsätzlich am ersten Tag des Monats, der auf den Tod des Mitgliedes folgt, § 11 Abs. 2 UAbs. 1 Satzung SK. Werden die Voraussetzungen (insbes. § 7, § 11 Abs. 3 Satzung SK – Antrag!; s. Rn. 16) erst später erfüllt, so beginnt die Zahlung mit dem ersten des darauffolgenden Monats, § 11 Abs. 2 UAbs. 2 Satzung SK. 34

Um dem Solidargedanken der Sozialkasse Rechung zu tragen, entfallen die Zahlungen (ggf. vorübergehend) in dem Moment, in dem die Zuwendungen nicht mehr dem Empfänger zugute kommen (Beschlagnahme, Zession, Verpfändung, Pfändung, Anrechnung), § 11 Abs. 5 Satzung SK. 35

Entfällt die Mitgliedschaft eines Leistungsberechtigten, so reduziert sich die Höhe der Zuwendungen nach Maßgabe des § 11 Abs. 4 Satzung SK. 36

VIII. Einspruchsverfahren, § 18 Abs. 3 Satzung SK

Gegen Entscheidungen der Abteilungskuratorien kann der Betroffene innerhalb von vier Wochen nach Erhalt der Entscheidung Beschwerde beim Gesamtkuratorium einlegen. Gegen die Entscheidung des Gesamtkuratoriums steht dem Betroffenen der Einspruch beim Aufsichtsrat zu, wobei wiederum eine vierwöchige Frist gilt. Die Entscheidung des Aufsichtsrats darf erst nach Anhörung des geschäftsführenden Kuratoriums ergehen. Sie ist unanfechtbar. 37

IX. Kontrolle der Mittelverwendung, § 18 Abs. 1 und 2 Satzung SK

Der **Aufsichtsrat** der GEMA hat die Aufsicht über die Sozialkasse. Zusätzlich hat das geschäftsführende Kuratorium als Vorstand der Sozialkasse einen **Wirtschaftsprüfer** zu bestellen, § 18 Abs. 1 Satzung SK. 38

4. Teil: Die Rechtsbeziehungen der GEMA zu den Nutzern

Kapitel 14
Rechtliche Grundlagen

Inhaltsübersicht Rn.

A. Rechte und Pflichten der Beteiligten

Die GEMA nimmt als Verwertungsgesellschaft eine Mittlerfunktion zwischen Rechteinhabern und Nutzern ein. Die folgende Darstellung beleuchtet den Aspekt der Rechtsbeziehungen zu den Nutzern. **1**

Das Schuldverhältnis zwischen der GEMA und den Nutzern kann auf ganz verschiedenen Grundlagen beruhen (dazu nachfolgend I.) Um der GEMA die Rechtsverfolgung zu erleichtern, sehen Gesetz und Rechtsprechung zahlreiche Vermutungen und Fiktionen der Aktivlegitimation vor (dazu II.). Die GEMA schuldet interessierten Nutzern ferner bestimmte Auskünfte, um ihnen die Möglichkeit zu geben, in Erfahrung zu bringen, ob sie die Rechte an den begehrten Werken wahrnimmt (dazu nachfolgend III.). Von besonderer Bedeutung ist der Abschlußzwang nach § 11 Abs. 1 UrhWG (IV.), der die GEMA dazu verpflichtet, jedermann auf Verlangen zu ange- **2** messenen Bedingungen Nutzungsrechte einzuräumen. Daneben bestehen jedoch auch Pflichten der Nutzer, die sich insbesondere auf bestimmte Auskünfte und Meldungen beziehen (nachfolgend V.). Endlich sind auch die Besonderheiten bei der gerichtlichen Geltendmachung der Ansprüche zu beachten (VI.).

3 Der Gesetzgeber beabsichtigt, im Zuge des **zweiten Gesetzes zur Regelung des Urheberrechts in der Informationsgesellschaft** („Korb 2“) einige Änderungen im UrhWG vorzunehmen.[1] Die bisherigen Regelungen des § 13a UrhWG sollen inhaltsgleich in einem neuen § 13b UrhWG, diejenigen des bisherigen § 13b UrhWG in einem neuen § 13c UrhWG verankert werden. Der neue § 13a UrhWG soll eine Sondertarifregelung für Geräte und Speichermedien enthalten. Des weiteren sollen die Vorschriften zum Schiedsstellenverfahren (dazu eingehend unten B, Rn. 109–205) geringfügig ergänzt bzw. geändert werden.

I. Das Schuldverhältnis zwischen der GEMA und den Nutzern

4 Die Rechte und Pflichten im Verhältnis zwischen GEMA und den Nutzern können sowohl vertraglich als auch gesetzlich begründet sein. Aufgrund des gesetzlichen Abschlußzwanges ist die GEMA gemäß § 11 UrhWG dazu verpflichtet, interessierten Nutzern zu angemessenen Bedingungen Nutzungsrechte einzuräumen.[2] Regelmäßig bestimmen sich die Pflichten daher nach dem jeweiligen **Lizenzvertrag**. Das Schuldverhältnis zwischen der GEMA und den Nutzern kann sich indes auch unmittelbar aus dem Gesetz ergeben. So verhält es sich zum einen bei den **gesetzlichen Lizenzen**, bei denen der Gesetzgeber anstelle des ausschließlichen Verwertungsrechts des Urhebers einen Vergütungsanspruch von Gesetzes wegen vorgesehen hat – etwa in den Fällen des § 45a Abs. 2 S. 1 UrhG (Werkvervielfältigung und -verbreitung zugunsten behinderter Menschen) oder des § 52 Abs. 1 S. 2 UrhG (öffentliche Wiedergabe).[3] Das gesetzliche Schuldverhältnis entsteht hier bereits durch die erlaubte Nutzung. Gleiches gilt für die Fälle, in denen dem Urheber keine gesetzliche Lizenz, sondern lediglich ein **gesetzlicher Vergütungsanspruch** eingeräumt wird (Kabelweitersendung, § 20b Abs. 2 UrhG; Folgerecht, §§ 26 f. UrhG).[4] In Fällen *unbefugter* Nutzung ergibt sich das Schuldverhältnis zwischen GEMA und Nutzer unmittelbar aus den §§ 97 ff. UrhG bzw. aus den §§ 823 ff. BGB, die als allgemeine Vorschriften aufgrund der ausdrücklichen Anordnung in § 97 Abs. 3 UrhG anwendbar bleiben **(deliktisches Schuldverhältnis)**.[5]

---

1 Vgl. den Referentenentwurf für ein Zweites Gesetz zur Regelung des Urheberrechts in der Informationsgesellschaft, S. 15–17, 73–76, im Internet einzusehen unter http://www.bundesjustizministerium.de/media/archive/760.pdf.

2 Zum Abschlußzwang sogleich näher unter IV., zum Lizenzierungsverfahren der GEMA *Kreile/Becker,* in: Handbuch der Musikwirtschaft[6], S. 703 f. sowie eingehend unten § 13.

3 Vertiefend Loewenheim-*Melichar,* § 48 Rn. 4; Schricker-*Melichar,* Vor §§ 4 ff. UrhG Rn. 17.

4 Loewenheim-*Melichar,* § 48 Rn. 5.

5 Hierzu *Rehbinder,* Urheberrecht, Rn. 450–456; *Schack,* Urheber- und Urhebervertragsrecht, Rn. 674–700.

II. Die Aktivlegitimation der GEMA

1. Die GEMA-Vermutung

a) Grund und Entstehungsgeschichte der GEMA-Vermutung

Die GEMA erteilt interessierten Nutzern in Ausübung ihrer Wahrnehmungstätigkeit Nutzungslizenzen. Darüber hinaus kommt ihr als Verwertungsgesellschaft die Aufgabe zu, die Ansprüche wegen Verletzung der ihr von den Mitgliedern übertragenen Rechte geltend zu machen. Insoweit wäre die GEMA **nach allgemeinen Grundsätzen** für alle anspruchsbegründenden Tatsachen **beweispflichtig.**[6] Sie müßte daher bei jeder Klage im einzelnen darlegen, *welche* Werke rechtswidrig aufgeführt wurden (1) und daß die verletzten Werke überhaupt *zu ihrem Repertoire gehören* (2). Und in der Tat hatten die Verwertungsgesellschaften im Prozeß lange Zeit sämtliche Voraussetzungen des Verletzungsanspruchs nachzuweisen.[7] 5

Diese Situation erwies sich indes sowohl aus Sicht der Rechteinhaber als auch aus Perspektive der Verwertungsgesellschaften als ausgesprochen unbefriedigend: Die illegalen Nutzer konnten sich der Rechtsverfolgung durch die Verwertungsgesellschaften entziehen, indem sie deren Aktivlegitimation bestritten und behaupteten, sie hätten lediglich solche Werke gespielt, an denen die klagende Verwertungsgesellschaft keine Rechte besäße.[8] Die Verwertungsgesellschaften waren somit gezwungen, die erforderlichen Nachweise unter **hohem Verwaltungsaufwand** beizubringen, was sich wiederum nachteilig auf die Gesamtsumme der zu verteilenden Einnahmen auswirkte. 6

Anders verhält es sich auf Seiten der Werknutzer: Diese sind regelmäßig ohne weiteres dazu im Stande, anzugeben, welche Werke sie verwendet haben.[9] Da bereits die Vorgängerin der GEMA, die sog. Stagma, ein (freilich rechtliches) Monopol für die Wahrnehmung musikalischer Urheberrechte inne hatte,[10] bestand von jeher eine starke Vermutung dafür, daß die Stagma/GEMA mit der Rechtewahrnehmung deutscher Musikwerke auch tatsächlich betraut war. 7

In den 1930er Jahren begann die Rechtsprechung daher, gewisse Beweiserleichterungen zugunsten der Verwertungsgesellschaften zu etablieren. So urteilte das Kammergericht im Jahre 1937 in einer Entscheidung zugunsten der Stagma: „Die [...] Musikaufführungsrechte stehen aber der Klägerin [Stagma] zu, denn es ist gerichtsbekannt, daß alle in Betracht kommenden deutschen Komponisten ihre Aufführungsrechte an 8

---

6 Vgl. nur *Baumgärtel,* Handbuch der Beweislast im Privatrecht, Bd. 1, § 249 Rn. 1; Münchener Kommentar-*Oetker*, § 249 Rn. 412–414.

7 *Riesenhuber/Rosenkranz,* UFITA 2005/II, 467–519.

8 Vgl. hierzu auch unten II. 2. a) aa).

9 So schon KG, UFITA 12 (1939), 133, 134 („Hingegen bedeutet es für den Veranstalter musikalischer Aufführungen keine besondere Schwierigkeit, nachzuweisen, welche Stücke, und daß er nur freie Stücke dargeboten hat").

10 Zur historischen Entwicklung der Verwertungsgesellschaften in Deutschland *Riesenhuber,* Die Auslegung und Kontrolle des Wahrnehmungsvertrags, S. 3–5; *ders./Rosenkranz,* UFITA 2005/II, 467–519, zur „Stagma"-Vermutung s.a. *Schneider,* GRUR 1986, 657.

sämtlichen vorhandenen und zukünftigen Werken der Klägerin übertragen haben und daß diese infolge der zwischen ihr und den ausländischen Aufführungsgesellschaften abgeschlossenen Gegenseitigkeitsverträge auch die Rechte der meisten ausländischen Komponisten wahrzunehmen hat."[11] In einer nachfolgenden Entscheidung stellte das Kammergericht weiter fest: „Bei dieser Sachlage braucht die Klägerin nicht mehr für j e d e n Fall den Nachweis der Aufführung geschützter Musikwerke zu erbringen. Würde man ihr im Prozesse solche Pflicht auferlegen, so müßte die Klägerin die Zahl ihrer Prüfer vervielfachen, und selbst dann würde es ihr noch nicht möglich sein, jede Veranstaltung zu erfassen."[12] Die Untergerichte griffen diese Rechtsprechung auf und der BGH verfestigte sie zu einer echten Vermutungsregel, die heute allgemein als **„GEMA-Vermutung"** bekannt ist.[13] Diese Vermutung greift auch dann ein, wenn das Netz von Gegenseitigkeitsverträgen Lücken aufweist und konkurrierende Verwertungsgesellschaften existieren.[14] Ungeachtet ihrer Entstehungsgeschichte findet die GEMA-Vermutung heute auch auf andere Verwertungsgesellschaften Anwendung, sofern diese eine vergleichbare Monopolstellung besitzen (etwa VG Wort und VG Bild-Kunst).[15]

9 Nach der GEMA-Vermutung ist also davon auszugehen, daß die **GEMA zur Wahrnehmung** der entsprechenden Rechte **legitimiert ist, wenn urheberrechtlich geschützte Musikwerke genutzt werden** sollen. Die Aktivlegitimation erstreckt sich dabei nicht allein auf Auskunfts-, sondern auch auf Schadensersatz- und Unterlassungsansprüche.[16] Wird also beispielsweise Tanz- und Unterhaltungsmusik öffentlich aufgeführt, so spricht eine starke Vermutung dafür, daß es sich dabei überhaupt um geschützte Werke handelt (1) – von dieser Prämisse ging bereits zu Recht das Kammergericht aus – und daß diese Rechte der GEMA zur Wahrnehmung anvertraut sind (2).[17] Entsprechendes gilt für die Wiedergabe von Schallplattenmusik in Gaststätten,[18] aber auch für die mechanische Vervielfältigung und Verbreitung von Musikwerken.[19]

---

11 KG, UFITA 11 (1938), 55. Zur Entwicklung auch *Riesenhuber/Rosenkranz,* UFITA 2005/II, 467–519.

12 KG, UFITA 12 (1993), 133, 134.

13 Eingehend *Schneider,* GRUR 1986, 657–663. Zur österreichischen AKM-Vermutung siehe § 11 Abs. 3 S. 2 des Entwurfs zu einem Bundesgesetz über Verwertungsgesellschaften (Verwertungsgesellschaftengesetz 2005 – VerwGesG 2005).

14 OLG Hamburg, Urteil v. 4.11.2004, S. 29.

15 Für die VG Wort noch ablehnend BGH, GRUR 1963, 213, 214 – Fernsehwiedergabe von Sprachwerken, bejahend jetzt hingegen OLG München, ZUM 2000, 243, 246 – Mediaspiegel.

16 OLG Hamburg, Urteil v. 4.11.2004, S. 28.

17 BGH, GRUR 1986, 62, 63 – GEMA-Vermutung I.

18 BGHZ 17, 376 – Betriebsfeiern; BGH, GRUR 1961, 97, 98f. – Sportheim; BGH, GRUR 1974, 35, 39 – Musikautomat.

19 BGH, GRUR 1964, 94, 96f. – Tonbandgeräte-Händler; BGH, GRUR 1986, 66, 67f. – GEMA-Vermutung II; BGH, NJW 1986, 1249, 1250f. – GEMA-Vermutung III. Weitere Beispiele bei Dreier/Schulze-*Schulze,* § 13b UrhWG Rn. 5.

b) Praktische und rechtliche Bedeutung

Die GEMA-Vermutung erleichtert den Verwertungsgesellschaften die praktische Rechtsverfolgung ganz erheblich. Macht die GEMA einen Verletzungsanspruch gerichtlich geltend, so hat der Nutzer zu beweisen, daß er lediglich freie Werke verwendet hat. Dies wirkt sich unmittelbar zugunsten der Rechteinhaber aus, da die Verwertungsgesellschaften insoweit keine übermäßig kostspieligen Überwachungsapparate mehr unterhalten müssen, um die Rechtsverletzungen in jedem Einzelfall ermitteln und beweisen zu können. **10**

Das Rechtsinstitut der GEMA-Vermutung läßt sich nicht ohne weiteres in die Systematik des deutschen Beweisrechts einfügen. So handelt es sich bei ihr insbesondere nicht um einen echten **Anscheinsbeweis.** Zwar gründet auch die GEMA-Vermutung auf der Wahrscheinlichkeit eines bestimmen Regelsachverhalts.[20] Anders als bei dem auf Erfahrungssätzen beruhenden Anscheinsbeweis, wie er insbesondere im Haftungsrecht angewendet wird, genügt es zur Widerlegung der GEMA-Vermutung jedoch nicht, darzulegen, daß „in einem bestimmten Bereich üblicherweise keine Musikwerke aus dem Repertoire der GEMA verwendet werden". Die GEMA-Vermutung dient vielmehr dazu, „im Hinblick auf die besondere Situation der Klägerin [GEMA] bei der Wahrnehmung der betreffenden Nutzungsrechte [...], die vom Urheberrechtsgesetz gewährten urheberechtlichen Befugnisse bei den betroffenen Arten von Musiknutzungen weithin erst voll wirksam werden zu lassen."[21] Der Werknutzer muß daher substantiiert darlegen, daß er die der GEMA übertragenen Rechte im konkreten Fall nicht verletzt hat. Demnach hat er etwa bei der Nutzung von Musik in Filmen für jeden einzelnen Film sämtliche verwendeten Musikstücke unter Angabe der an diesen Musikstücken jeweils beteiligten Bezugsberechtigten zu benennen.[22] **11**

2. Die Aktivlegitimation nach § 13b UrhWG

Die von der Rechtsprechung statuierte GEMA-Vermutung wurde im Zuge der Urheberrechtsnovelle von 1985 teilweise in Gesetzesform gegossen und findet sich heute in § 13b UrhWG. Dennoch sind GEMA-Vermutung und Regelungsgehalt des § 13b UrhWG aus zwei Gründen voneinander zu unterscheiden: Zum einen regelt § 13b UrhWG nur bestimmte Ausschnitte der GEMA-Vermutung, wobei die Vermutungswirkung teilweise sogar noch erweitert wird.[23] Zum anderen setzt die Norm – anders als die GEMA-Vermutung – keine faktische Monopolstellung der jeweiligen Verwertungsgesellschaft voraus.[24] **12**

---

20 Sie wird daher mitunter auch als ein dem Anscheinsbeweis ähnliches Rechtsinstitut eingestuft, s. *Schack,* Urheber- und Urhebervertragsrecht, Rn. 729 („rechtspolitisch motivierte Aktivlegitimation"); Loewenheim-*Melichar,* § 48 Rn. 22.

21 So zutreffend OLG München, GRUR 1984, 122, 123 – Sex- und Pornofilme.

22 BGH, GRUR 1986, 66, 68 – GEMA-Vermutung II; BGH, ZUM 1988, 199, 201 – GEMA-Vermutung III. Zur Darlegungs- und Beweislast im Verteilungsverfahren der GEMA *Riesenhuber/Bezzenberger,* GRUR 2003, 1005, 1008.

23 Vgl. Schiedsstelle, ZUM 1989, 426, 428; Dreier/Schulze-*Schulze,* § 13b UrhWG Rn. 8.

24 BGH, GRUR 1989, 819 – Gesetzliche Vermutung I; BGH, GRUR 1991, 595 – Gesetzliche Vermutung II; s.a. Dreyer/Kotthoff/Meckel-*Zeisberg,* § 13b UrhWG Rn. 12.

a) Die Aktivlegitimation für Auskunfts- und Vergütungsansprüche, § 13b Abs. 1 und 2 UrhWG

13 § 13b UrhWG enthält in seinen Absätzen 1 und 2 **Vermutungen der Aktivlegitimation** und statuiert somit eine Beweislastumkehr zugunsten der Verwertungsgesellschaften.[25] Hierbei handelt es sich um gesetzliche Vermutungen iSd § 292 ZPO, die durch entsprechenden Sachvortrag widerlegt werden können (Beweislastumkehr). Der Nutzer muß also im Prozeß substantiiert darlegen, daß die einzelnen Rechte an den von ihm genutzten Werken nicht von der klagenden Verwertungsgesellschaft wahrgenommen werden.[26] Ein lediglich pauschales Bestreiten genügt diesen Anforderungen nicht. Die Vermutungsregeln betreffen als flankierende Maßnahmen indes nur die Frage der Aktivlegitimation; die weiteren materiell-rechtlichen Voraussetzungen des geltend gemachten Anspruchs müssen demnach von der Verwertungsgesellschaft nachgewiesen werden.[27]

aa) Die Vermutung der Aktivlegitimation für verwertungsgesellschaftenpflichtige Auskunftsansprüche, § 13b Abs. 1 UrhWG

14 Macht die GEMA einen Auskunftsanspruch geltend, der nur durch eine Verwertungsgesellschaft geltend gemacht werden kann, so wird gemäß § 13b Abs. 1 UrhWG vermutet, daß sie die Rechte aller Berechtigten wahrnimmt.

15 **Zweck** dieser Regelung ist es, den *„circulus vitiosus“*[28] zu durchbrechen, dem sich die Verwertungsgesellschaften zuvor ausgesetzt sahen: Ohne die Auskunft des Nutzers darüber, welche Werke er verwendet hat, konnten die Verwertungsgesellschaften die Voraussetzungen ihres Zahlungsanspruches nicht beweisen und dessen Höhe nicht beziffern. Der entsprechende Auskunftsanspruch setzte indes wiederum voraus, daß überhaupt eine Zahlungsverpflichtung des verklagten Nutzers bestand. Bestritt der Nutzer also im Prozeß pauschal, Werke genutzt zu haben, deren Rechte von der klagenden Verwertungsgesellschaft wahrgenommen werden, so konnte er sich der Rechtsverfolgung entziehen.[29]

16 Die gesetzliche Vermutung in § 13b Abs. 1 UrhWG begegnet dieser Problematik, indem sie die faktische Durchsetzung der Auskunftsansprüche erleichtert.[30] Sie gilt

---

25 Vgl. auch BGH, ZUM 1990, 32, 33 = GRUR 1989, 819, 820 – Gesetzliche Vermutung I; BGH, GRUR 1991, 595, 596 – Gesetzliche Vermutung II; BVerfG, GRUR 2001, 48, 50.

26 BGH, ZUM 1990, 32, 34 = GRUR 1989, 819, 821 – Gesetzliche Vermutung I; BGH, GRUR 1991, 595, 596 – Gesetzliche Vermutung II.

27 BGH, GRUR 1986, 62, 64 – GEMA-Vermutung I; BGH, GRUR 1986, 66, 69 – GEMA-Vermutung II; ebenso Loewenheim-*Melichar,* § 48 Rn. 20; Schricker-*Reinbothe,* § 13b UrhWG Rn. 7, 9 (keine rechtsbegründende Funktion).

28 Fromm/Nordemann-*Nordemann*, § 13b UrhWG Rn. 2.

29 Siehe Fromm/Nordemann-*Nordemann*, § 13b UrhWG Rn. 1 mit Nachweisen aus der Rechtsprechung.

30 Amtliche Begründung zum Regierungsentwurf 1982, abgedruckt in UFITA 96 (1983), 107, 143.

auch **rückwirkend**, so daß von ihr auch Konstellationen erfaßt werden, die aus der Zeit vor Inkrafttreten der Norm rühren.[31] Da gemäß § 13b Abs. 1 UrhWG zu vermuten ist, daß die Verwertungsgesellschaft die Rechte aller Berechtigten wahrnimmt, muß der Auskunftsverpflichtete mitunter **mehrmals Auskunft an verschiedene Verwertungsgesellschaften** geben.[32] Er wird hierdurch jedoch nicht nennenswert beschwert, da er die Auskunft ohne Umstände reproduzieren kann.[33]

Die Vermutungswirkung des § 13b Abs. 1 UrhWG erfaßt indes nur **verwertungsgesellschaftenpflichtige Auskunftsansprüche**. Ausdrückliche gesetzliche Regelungen finden sich insoweit lediglich in § 26 Abs. 3 bis 6 UrhG (Folgerecht) sowie in den §§ 54g, 54h UrhG (Vergütung für Vervielfältigung im Wege der Bild- und Tonaufzeichnung sowie der Ablichtung). Bei allen übrigen Auskunftsansprüchen ist darauf abzustellen, ob der zugrundeliegende Zahlungsanspruch verwertungsgesellschaftenpflichtig ausgestaltet ist;[34] auch hier ist die Verwertungsgesellschaft auf die Auskunft des Nutzers angewiesen, um die Voraussetzungen des Zahlungsanspruchs darlegen zu können.[35] Die Vermutung der Aktivlegitimation bezieht sich in diesen Fällen jedoch nur auf den Auskunftsanspruch, nicht auch auf den zugrundeliegenden Zahlungsanspruch. 17

bb) Die Vermutung der Aktivlegitimation für bestimmte Vergütungsansprüche, § 13b Abs. 2 UrhWG

Macht die GEMA einen der in § 13b Abs. 2 UrhWG genannten Vergütungsansprüche geltend, so wird vermutet, daß sie die Rechte aller Berechtigten wahrnimmt. Falls mehrere, konkurrierende Verwertungsgesellschaften zur Geltendmachung berechtigt sind, greift die Vermutung nur, wenn diese den Anspruch gemeinsam geltend machen, § 13b Abs. 2 S. 2 UrhWG. Anders als die bloße Mehrfachauskunft würde eine Doppelvergütung den Vergütungsschuldner unbillig belasten.[36] Aus diesem Grunde hat die GEMA den Zahlungsverpflichteten ferner von Vergütungsansprüchen Dritter freizustellen, sofern sie für diese Zahlungen erhalten hat, vgl. § 13b Abs. 2 S. 3 UrhWG. 18

Die Regelung soll den Verwertungsgesellschaften einen „effektiven Rechtsschutz zur Durchsetzung der urheberrechtlichen Ansprüche in zivilrechtlichen Verfahren [...] gewährleisten".[37] Die Vermutungswirkung nach § 13b Abs. 2 UrhWG erfaßt indes nur 19

31 BGH, ZUM 1990, 32, 34 = GRUR 1989, 819, 821 – Gesetzliche Vermutung I; Dreier/Schulze-*Schulze,* § 13b UrhWG Rn. 13.

32 Eine dem § 13b Abs. 2 S. 2 UrhWG vergleichbare Einschränkung kennt § 13b Abs. 1 UrhWG nicht.

33 Dreier/Schulze-*Schulze,* § 13b UrhWG Rn. 13; Fromm/Nordemann-*Nordemann*, § 13b UrhWG Rn. 2.

34 So in den Fällen der §§ 20b Abs. 2, 26 Abs. 5 UrhG, 27 Abs. 3, 45a Abs. 2 S. 2, 49 Abs. 1 S. 3, 52a Abs. 4 S. 2 und 54h Abs. 1 UrhG. Hierzu s.a. Loewenheim-*Melichar,* § 48 Rn. 18.

35 OLG München, ZUM 2000, 243, 245f. – Mediaspiegel; Dreier/Schulze-*Schulze,* § 13b UrhWG Rn. 12; Fromm/Nordemann-*Nordemann*, § 13b UrhWG Rn. 2; Schricker-*Reinbothe,* § 13b UrhWG Rn. 9.

36 Dreier/Schulze-*Schulze,* § 13b UrhWG Rn. 17.

37 BVerfG, GRUR 2001, 48, 49.

die **Vergütungsansprüche** für **Vermietung und Verleihen** (§ 27 UrhG) sowie für die **private Vervielfältigung** (§§ 54 Abs. 1, 54a Abs. 1 oder 2 UrhG); dies jedoch hinsichtlich der Werke sowohl der Urheber als auch der Leistungsschutzberechtigten (ausübende Künstler, § 77 Abs. 2 UrhG; Tonträgerhersteller, § 85 Abs. 4 UrhG; Filmhersteller, § 94 Abs. 5 UrhG). Darüber hinaus gilt die Vermutung auch für solche Nutzungen, die regelmäßig ebenfalls nicht zu erfassen sind.[38]

b) *Die Aktivlegitimation bei der Kabelweitersendung, § 13b Abs. 3 und 4 UrhWG*

20 Die § 13b Abs. 3 und 4 UrhWG tragen dem Umstand Rechnung, daß das **Recht der Kabelweitersendung** sowohl für Urheber als auch für bestimmte Leistungsschutzberechtigte (ausübende Künstler, Filmhersteller) **verwertungsgesellschaftenpflichtig** ausgestaltet ist.[39] Um den Erwerb der notwendigen Rechte nicht übermäßig zu erschweren, erklärt § 13b Abs. 3 S. 1 UrhWG die Verwertungsgesellschaft auch hinsichtlich solcher Rechteinhaber, die *keinen* Wahrnehmungsvertrag geschlossen haben, für aktivlegitimiert.

21 Anders als bei den Vermutungsregeln der Absätze 1 und 2 handelt es sich bei der Regelung des § 13b Abs. 3 UrhWG um eine **unwiderlegliche Fiktion**.[40] Danach gilt die GEMA als berechtigt, die Kabelweitersendungsrechte auch für solche Rechteinhaber wahrzunehmen, die ihre Rechte nicht an die GEMA übertragen haben (Außenseiter). Die Vorschrift dient der Umsetzung des Art. 9 Abs. 2 S. 1 der europäischen Satelliten- und Kabel-Richtlinie[41] und verschafft derjenigen „Verwertungsgesellschaft, die Rechte dieser Art wahrnimmt“, die notwendige Sachbefugnis. Sofern mehrere Verwertungsgesellschaften in Betracht kommen, gelten sie grundsätzlich gemeinsam als berechtigt, § 13b Abs. 3 S. 1 HS 1 UrhWG. Bestimmt der Rechteinhaber indes eine Verwertungsgesellschaft, so gilt nur diese als berechtigt, § 13b Abs. 3 S. 1 HS 2 UrhWG. Für Sendeunternehmen, die ihre eigenen Sendungen weiterleiten, gilt die Fiktion der Aktivlegitimation gemäß § 13b Abs. 3 S. 3 UrhWG nicht.

22 § 13b Abs. 4 UrhWG betrifft demgegenüber das **Innenverhältnis** zwischen dem Außenseiter und der als aktivlegitimiert geltenden Verwertungsgesellschaft.[42] Der Außenseiter ist hier wie ein vertraglich gebundener Wahrnehmungsberechtigter zu behandeln.

---

38 OLG München, ZUM 2000, 243, 245 f. – Mediaspiegel; BGH, ZUM 1999, 566, 573 – Kopierversanddienst (Anwendung auch auf im Wege der Analogie begründete Vergütungsansprüche); vertiefend Dreier/Schulze-*Schulze,* § 13b UrhWG Rn. 14.

39 Vgl. §§ 20b Abs. 1, 78 Abs. 4, 94 Abs. 4 UrhG.

40 Dreier/Schulze-*Schulze,* § 13b UrhWG Rn. 21; Loewenheim-*Melichar,* § 48 Rn. 21; vgl. auch die amtliche Begründung, abgedruckt in UFITA 137 (1998), 239, 263.

41 Richtlinie 93/83 EWG des Rates v. 27. September 1993 zur Koordinierung bestimmter urheber- und leistungsschutzrechtlicher Vorschriften betr. den Satellitenrundfunk und die Kabelweiterleitung, ABl. EG Nr. L 248, 15 = UFITA 124 (1994), 285–296. Vertiefend *Dreier,* ZUM 1995, 458–463; Walter-*Dreier,* Europäisches Urheberrecht, Satelliten- und Kabel-Richtlinie.

42 Vgl. Art. 9 Abs. 2 S. 3 der Satelliten- und Kabel-Richtlinie, dazu Walter-*Dreier,* Europäisches Urheberrecht, Art. 9 Satelliten- und Kabel-Richtlinie Rn. 8.

Die Ansprüche des Außenseiters gegen die Verwertungsgesellschaft verjähren gemäß § 13b Abs. 4 S. 2 UrhWG in drei Jahren ab dem Zeitpunkt, in dem die Verwertungsgesellschaft die Abrechnung der Kabelweitersendung gemäß ihren Statuten vorzunehmen hat. Diese Dreijahresfrist darf durch die Verwertungsgesellschaft nicht einseitig beschnitten werden, § 13b Abs. 4 S. 2 HS 2 UrhWG.

III. Die Auskunftspflicht der GEMA gegenüber den Nutzern

1. Der Zweck der Auskunftspflicht nach § 10 UrhWG

Die GEMA ist als Verwertungsgesellschaft gemäß § 10 UrhWG dazu verpflichtet, jedermann auf schriftliches Verlangen hin Auskunft darüber zu geben, ob sie Nutzungsrechte an einem bestimmten Werk oder bestimmte Einwilligungsrechte oder Vergütungsansprüche für einen Urheber wahrnimmt. Diese Auskunftsverpflichtung dient dem **Zweck**, den Verwertern von Werken und Rechten die Möglichkeit zu geben, in Erfahrung zu bringen, welche Verwertungsgesellschaft die Rechte an welchen Werken wahrnimmt.[43] Bei Musikwerken war dieser Auskunftsanspruch freilich vor allem vor 1933 von Bedeutung, als es noch konkurrierende Verwertungsgesellschaften auf dem Gebiet der Wahrnehmung von Musikrechten gab, so daß nicht ohne weiteres erkennbar war, von welcher Gesellschaft die Rechte erworben werden mußten.[44] **23**

Mit dem Auskunftsrecht nach § 10 UrhWG korrespondiert eine **Obliegenheit des interessierten Nutzers**, sich um die Auskunft auch tatsächlich zu bemühen. Macht er von seinem Auskunftsanspruch keinen Gebrauch, so trägt er grundsätzlich das Risiko der Rechtsverletzung.[45] **24**

2. Voraussetzungen und Umfang der Auskunftspflicht

Auskunftsberechtigt ist grundsätzlich **jedermann**. Es ist somit nicht erforderlich, daß der Anspruchsteller ein berechtigtes Interesse oder die Umstände einer beabsichtigten Nutzung darlegt.[46] Schikanöse Anfragen, die allein dazu dienen sollen, der Verwertungsgesellschaft unnötige Verwaltungsarbeit aufzuhalsen, müssen jedoch nicht beantwortet werden, § 226 BGB.[47] Einzige formale Voraussetzung ist, daß das Auskunftsbegehren **schriftlich** iSv § 126 BGB erfolgt.[48] **25**

---

43 Amtliche Begründung, abgedruckt in UFITA 46 (1966), 271, 281.

44 Zu dieser ratio siehe die Amtliche Begründung, BT-Drs. IV/271, S. 16. Zum historischen Hintergrund in der Wahrnehmungspraxis von 1903–1933 *Riesenhuber/Rosenkranz,* UFITA 2005/II, 467–519.

45 BGH, GRUR 1988, 373, 375 – Schallplattenimport III.

46 Ganz herrschende Ansicht, vgl. nur Loewenheim-*Melichar,* § 48 Rn. 46; Wandtke/Bullinger-*Gerlach,* § 10 UrhWG Rn. 2. Anders wohl Dreier/Schulze-*Schulze,* § 10 UrhWG Rn. 3 („jedermann, der sich Nutzungsrechte einräumen lassen will").

47 Dreier/Schulze-*Schulze,* § 10 UrhWG Rn. 3 mit Beispielen; Schricker-*Reinbothe,* § 10 UrhWG Rn. 3.

48 Wandtke/Bullinger-*Gerlach,* § 10 UrhWG Rn. 2.

26 Der **Umfang** der Auskunftspflicht ist inhaltlich begrenzt. Die GEMA muß lediglich solchen Auskunftsersuchen nachkommen, die sich entweder auf Nutzungsrechte an einem **bestimmten Werk** oder auf bestimmte Einwilligungsrechte oder Vergütungsansprüche für einen **bestimmten Urheber** beziehen. Nach wohl vorherrschender Ansicht können mehrere Einzelanfragen jedoch miteinander verbunden werden.[49] Weitergehende Auskünfte, etwa über die Schutzdauer eines bestimmten Werkes oder die Zahl der an einem Werk beteiligten Berechtigten, schuldet die GEMA **nicht**. Ebensowenig muß sie ihre Auskunft etwa durch Vorlage der Wahrnehmungsverträge belegen.[50]

27 Die GEMA ist ferner nicht dazu verpflichtet, dem Auskunftsersuchenden ein aktuelles **Verzeichnis sämtlicher Wahrnehmungsberechtigten** vorzulegen, da dies in aller Regel mit unverhältnismäßig hohen Kosten verbunden ist.[51] Sie ist indes nicht daran gehindert, die begehrten Auskünfte auf diese Weise zu erteilen.

28 Die Auskunft nach § 10 UrhWG ist grundsätzlich kostenlos zu erteilen.[52] Bei besonders umfangreichen Auskunftsverlangen – insbesondere bei der Verbindung zahlreicher Einzelanfragen – kann die GEMA nach herrschender Auffassung jedoch einen angemessenen pauschalierten Aufwendungsersatz verlangen.[53]

3. Auskunftspflicht und GEMA-Vermutung

29 Die Auskunftspflicht nach § 10 UrhWG wird durch die GEMA-Vermutung und die Regelungen des § 13b UrhWG (oben II. 2. a)) nicht modifiziert. Die Vermutungsregeln dienen allein dem Nachweis der Aktivlegitimation für Auskunfts- und Vergütungsansprüche der GEMA, sie entbinden sie daher nicht von ihrer Auskunftspflicht.

IV. Der Abschlußzwang

1. Der Abschlußzwang und seine Rechtfertigung

30 Als Verwertungsgesellschaft ist die GEMA gemäß § 11 UrhWG verpflichtet, aufgrund der von ihr wahrgenommenen Rechte jedermann auf Verlangen zu angemessenen Bedingungen Nutzungsrechte einzuräumen. Da sie zudem in den Grenzen des § 6 UrhWG dazu verpflichtet ist, mit den Rechteinhabern Wahrnehmungsverträge abzuschließen, unterliegt sie einem **„doppelten Kontrahierungszwang“**.[54] § 2 Abs. 2 S. 4

49 Dreier/Schulze-*Schulze,* § 10 UrhWG Rn. 5; Schricker-*Reinbothe,* § 10 UrhWG Rn. 5, zurückhaltender Fromm/Nordemann-*Nordemann,* § 10 UrhWG; Wandtke/Bullinger-*Gerlach,* § 10 UrhWG Rn. 3.

50 Dreier/Schulze-*Schulze,* § 10 UrhWG Rn. 2. Zum Umfang der Auskunftspflicht s.a. BGH, GRUR 1988, 373, 375 – Schallplattenimport III.

51 Amtliche Begründung, abgedruckt in UFITA 46 (1966), 271, 281.

52 Amtliche Begründung, abgedruckt in UFITA 46 (1966), 271, 281.

53 Dreier/Schulze-*Schulze,* § 10 UrhWG Rn. 7; *Häußer,* FuR 1980, 57, 66; Wandtke/Bullinger-*Gerlach,* § 10 UrhWG Rn. 5.

54 Dreier/Schulze-*Schulze,* § 10 UrhWG Rn. 2; Dreyer/Kotthoff/Meckel-*Zeisberg,* § 11 UrhWG Rn. 1; *Schack,* Urheber- und Urhebervertragsrecht, Rn. 1208.

GEMA-Satzung bezieht sich ausdrücklich auf den Kontrahierungszwang des § 11 Abs. 1 UrhWG.[55]

Der Abschlußzwang stellt einen empfindlichen Eingriff in den Grundsatz der vertraglichen Privatautonomie (§ 305 BGB) auf Seiten der GEMA wie der Berechtigten dar. Diese können nicht mehr frei bestimmen, *ob* und *mit wem* sie vertragliche Beziehungen eingehen wollen **(negative Vertragsfreiheit)**.[56] Er bedarf daher einer besonderen Rechtfertigung. Diese ist im Fall des § 11 Abs. 1 UrhWG vor allem in der **Monopolstellung der Verwertungsgesellschaften** zu sehen.[57] Obwohl das UrhWG – anders als noch das sog. „Stagma-Gesetz" von 1933 – kein rechtliches Monopol der einzelnen Verwertungsgesellschaften mehr vorsieht, hielt der deutsche Gesetzgeber eine faktische Monopolstellung für wahrscheinlich und durchaus wünschenswert.[58] Da der interessierte Nutzer im Einzelfall darauf angewiesen ist, die begehrten Lizenzen auch tatsächlich erlangen zu können, spielt es letztlich keine Rolle, ob es – wie etwa auf dem Gebiet der musikalischen Verwertungsrechte – nur eine einzige oder aber – wie im Bereich der Filmrechte – mehrere konkurrierende Verwertungsgesellschaften gibt.[59] Die mit der Monopolstellung einhergehende marktmächtige Position der Verwertungsgesellschaften **in ihrer Gesamtheit** gebietet es daher, einen Kontrahierungszwang vorzusehen. So wäre beispielsweise ein Tanzlokal, das keine Lizenzen von der GEMA erhielte, ruiniert. Teilweise wird die Regelung des § 11 Abs. 1 UrhWG für überflüssig gehalten, da sich der Kontrahierungszwang bereits aus allgemeinen Vorschriften (Art. 82 EG, §§ 19, 20 GWB und aus § 826 BGB) herleiten ließe.[60] **31**

Der Kontrahierungszwang gegenüber den Nutzern wurde **anfänglich kritisiert** und gar als verfassungswidrig in Frage gestellt.[61] Zum einen verschiebe er die Chancengleichheit auf Kosten der Verwertungsgesellschaften einseitig zugunsten der Nutzer; zum anderen würden die Persönlichkeitsinteressen des Urhebers allzu leicht ins Hintertreffen geraten. Diese Bedenken lassen sich jedoch durch eine entsprechende Ausgestaltung der Wahrnehmungs- und Lizenzierungsbedingungen entkräften.[62] So wer- **32**

---

55 Dazu ausführlich oben, **Kap. 8 Rn. 10–18**.

56 Zum Grundsatz der negativen Vertragsfreiheit *Larenz/Wolf,* Allgemeiner Teil, § 4 Rn. 22–44; *Rüthers/Stadler,* Allgemeiner Teil des BGB, S. 27 f.

57 Amtliche Begründung, abgedruckt in UFITA 46 (1966), 271, 281, kritisch Loewenheim-*Melichar,* § 48 Rn. 9.

58 *Riesenhuber,* Die Auslegung und Kontrolle des Wahrnehmungsvertrags, S. 4 f.; 13–17.

59 Fromm/Nordemann-*Nordemann,* § 11 UrhWG Rn. 1. Vgl. auch die amtliche Begründung, BT-Drucks. IV/271, S. 17.

60 Dreier/Schulze-*Schulze,* § 11 UrhWG Rn. 1; Fromm/Nordemann-*Nordemann,* § 11 UrhWG Rn. 1; ähnlich Loewenheim-*Melichar,* § 48 Rn. 10, in der Bewertung zurückhaltender Schricker-*Reinbothe,* § 11 UrhWG Rn. 3. Zur kartellrechtlichen Kontrolle der Verwertungsgesellschaften oben Kap. 4 f., speziell für den Wahrnehmungsvertrag *Riesenhuber,* Die Auslegung und Kontrolle des Wahrnehmungsvertrags, S. 34–36; 123–148 sowie oben **Kap. 9 Rn. 110–135**.

61 Schricker-*Reinbothe,* § 11 UrhWG Rn. 2 mit ausführlichen Nachweisen.

62 Dreier/Schulze-*Schulze,* § 11 UrhWG Rn. 3; Fromm/Nordemann-*Nordemann,* § 11 UrhWG Rn. 5; Schricker-*Reinbothe,* § 11 UrhWG Rn. 2.

den bestimmte Rechte in der Wahrnehmungspraxis lediglich auflösend bedingt oder unter Vereinbarung eines Rückübertragungsrechts eingeräumt.[63] Die GEMA läßt sich etwa das Filmerherstellungsrecht lediglich unter der auflösenden Bedingung einräumen, daß der Berechtigte die Rechte nicht im eigenen Namen wahrnehmen will.[64]

2. Der Vertragsschluß nach § 11 Abs. 1 UrhWG

a) Voraussetzungen des Abschlußzwangs

aa) Bindung gegenüber jedermann

33 Der Abschlußzwang nach § 11 Abs. 1 UrhWG gilt grundsätzlich gegenüber **jedermann**. Einzige Voraussetzung ist ein entsprechendes „Verlangen" des potentiellen Nutzers. In der Regel werden die Individualverträge mit den GEMA-Bezirksdirektionen abgeschlossen.[65]

bb) Ausnahmen

34 Der Abschlußzwang scheint nach dem Wortlaut ausnahmslos zu gelten. In besonderen Fällen ist es jedoch mit der herrschenden Lehre zum Schutz der Rechteinhaber geboten, im Wege der teleologischen Reduktion **eng umrissene Ausnahmen vom Kontrahierungszwang** zuzulassen.[66] Auch die Rechtsprechung geht davon aus, daß im Einzelfall Konstellationen denkbar sind, die der Verwertungsgesellschaft die „Lizenzverweigerung erlauben, wenn nicht gebieten".[67] Ausschlaggebend sei insoweit, daß das Interesse der Verwertungsgesellschaft unter Berücksichtigung der Belange des Verwerters als vorrangig anzusehen ist.[68] Die Gründe hierfür sind von der Verwertungsgesellschaft substantiiert darzulegen. Freilich wird die GEMA Lizenzen im eigenen Interesse eher zurückhaltend verweigern.

(1) Der „notorische Rechtsbrecher"

35 Eine Ausnahme vom Kontrahierungszwang besteht in Fällen, in denen der interessierte Nutzer wiederholt und bewußt Rechtsverletzungen zum Nachteil der Verwertungsgesellschaft (und damit der Rechteinhaber) verübt hat **(notorischer Rechts-**

---

63 Wandtke/Bullinger-*Gerlach,* § 11 UrhWG Rn. 2.

64 § 1 i Abs. 1 GEMA-Berechtigungsvertrag, dazu oben, **Kap. 10 Rn. 250–280**. Dreier/Schulze-*Schulze,* Vor § 31 UrhWG Rn. 136.

65 *Kreile/Becker,* in: Handbuch der Musikwirtschaft[6], S. 703. Zu den verschiedenen Bezirksdirektionen vgl. die Darstellung im Internet unter www.gema.de.

66 Dreier/Schulze-*Schulze,* § 11 UrhWG Rn. 5; Dreyer/Kotthoff/Meckel-*Zeisberg,* § 11 UrhWG Rn. 3; Fromm/Nordemann-*Nordemann,* § 11 UrhWG Rn. 2; Loewenheim-*Melichar,* § 48 Rn. 12; Wandtke/Bullinger-*Gerlach,* § 11 UrhWG Rn. 8, zurückhaltender Schricker-*Reinbothe,* § 11 UrhWG Rn. 8.

67 OLG München, ZUM 1994, 303, 306 = GRUR 1994, 118, 120 – Beatles-CD. Siehe auch OLG Hamburg, NJW-RR 1999, 1133, 1136.

68 Fromm/Nordemann-*Nordemann,* § 11 UrhWG Rn. 2; OLG München, ZUM 1994, 303, 306 = GRUR 1994, 118, 120 – Beatles-CD.

brecher).[69] Verstößt ein Verwerter beispielsweise wiederholt gegen seine Pflicht zur Lizenzvergütung, so ist die GEMA nicht verpflichtet, ihm weiterhin Lizenzen zu erteilen.[70] Die ratio des Abschlußzwanges, potentielle Nutzer vor Machtmißbrauch durch die marktstarken Verwertungsgesellschaften zu schützen, ist hier nicht tangiert:

> „Mit der Einführung der Bestimmung [des § 11 Abs. 1 UrhWG] sollte jedoch lediglich verhindert werden, daß die Verwertungsgesellschaft ihre Monopolstellung zum Nachteil der Allgemeinheit ausnutzt, was nicht zutrifft, wenn sie vorrangige berechtigte Interessen geltend machen kann".[71]

Bei anhaltenden Verstößen gegen die Programmpflicht gebieten die von der GEMA wahrgenommenen Interessen des Rechtsinhabers an einer abrechnungsfähigen Werkverwertung daher eine **teleologische Reduktion** des Kontrahierungszwanges. 36

(2) Verletzung von Urheberpersönlichkeitsrechten

Weitere Ausnahmen vom Abschlußzwang sind dort anzuerkennen, wo die Lizenzerteilung erkennbar **schwere Verletzungen des Urheberpersönlichkeitsrechts** zur Folge hätte. Beabsichtigt ein Nutzer etwa, Musikwerke im Rahmen von verfassungswidrigen Veranstaltungen zu spielen, so ist die GEMA aufgrund ihrer Treuhandfunktion gegenüber dem Rechteinhaber gehalten, keine Lizenz zu erteilen.[72] Gleiches gilt, wenn der Urheber von seinem Rückrufrecht wegen gewandelter Überzeugung (§ 42 UrhG) Gebrauch macht.[73] 37

Die GEMA ist ferner nicht zur Rechteeinräumung verpflichtet, wenn die begehrte Nutzung im Innenverhältnis eine **Genehmigung des Rechteinhabers voraussetzt**.[74] Sonst bliebe der GEMA nur die Wahl zwischen zwei rechtlich unzulässigen Verhaltensweisen: Würde sie die Lizenz erteilen, so verstieße sie gegen ihre Pflichten aus dem Wahrnehmungsvertrag mit dem Rechteinhaber; würde sie die Lizenz hingegen verweigern, so verstieße sie gegen ihre gesetzliche Pflicht zur Lizenzeinräumung aus § 11 Abs. 1 UrhWG. Die GEMA ist daher in diesen Fällen berechtigt und verpflichtet, den Abschluß unter Hinweis auf die berechtigten Interessen des Rechteinhabers zu verweigern.[75] 38

---

69 Fromm/Nordemann-*Nordemann*, § 11 UrhWG Rn. 2 unter Hinweis auf den ehemaligen § 26 Abs. 2 GWB (jetzt § 20 Abs. 1 GWB). Zustimmend Dreier/Schulze-*Schulze*, § 11 UrhWG Rn. 5; Dreyer/Kotthoff/Meckel-*Zeisberg*, § 11 UrhWG Rn. 3, im Ergebnis auch *Schack*, Urheber- und Urhebervertragsrecht, Rn. 1208 Fn. 37 (unter Bezugnahme auf § 242 BGB).

70 Zur Programmpflicht unten, Rn. 71–74.

71 Vgl. OLG Hamburg, NJW-RR 1999, 1133, 1136, ähnlich Dreier/Schulze-*Schulze*, § 11 UrhWG Rn. 3.

72 Loewenheim-*Melichar*, § 48 Rn. 12.

73 Wandtke/Bullinger-*Gerlach*, § 11 UrhWG Rn. 8.

74 *Dördelmann*, GRUR 1999, 890, 893; *Pfennig*, KUR 1999, 10, 11; Wandtke/Bullinger-*Gerlach*, § 11 UrhWG Rn. 2. Vgl. auch OLG Hamburg, NJW-RR 1999, 1133, 1136 (berechtigte Erlaubnisverweigerung durch die VG Bild-Kunst hinsichtlich der Herstellung originalgetreuer Kopien von Malereiwerken).

75 Vgl. OLG Hamburg, NJW-RR 1999, 1133, 1136.

39 Möchte der Rechteinhaber verhindern, daß seine Werke von der Allgemeinheit kostenpflichtig genutzt werden können, so steht es ihm grundsätzlich frei, seinen Wahrnehmungsvertrag fristgerecht zu kündigen. Eine **spontane Kündigung**, die lediglich dazu dienen soll, **bestimmte Interessenten von der Werknutzung auszuschließen**, ist hingegen als Umgehung des Abschlußzwanges unzulässig.[76]

b) Rechtsfolgen, Art und Weise der Rechtseinräumung

aa) Erfordernis der vorherigen Einwilligung

40 Der gesetzliche Abschlußzwang entbindet die Nutzer jedoch nicht von ihrer Pflicht, **vor der beabsichtigten Nutzung die Einwilligung** (§ 183 BGB) der Verwertungsgesellschaften **einzuholen**. Das Ausschließlichkeitsrecht wird durch die Übertragung der Rechte an die GEMA nicht berührt; insoweit unterscheiden sich die dem Kontrahierungszwang des § 11 UrhWG unterliegenden Rechte von den gesetzlichen Lizenzen.[77] Unterläßt es der Nutzer, die erforderliche Einwilligung rechtzeitig einzuholen, so begeht er eine **Urheberrechtsverletzung**, die entsprechende Verletzungsansprüche des Berechtigten auslöst.[78]

bb) Umfang des Nutzungsrechts

41 Aus der gesetzlichen Konzeption des § 11 UrhWG folgt zwingend, daß die GEMA **nur einfache Nutzungsrechte** iSd § 31 Abs. 2 UrhG einräumen darf; andernfalls könnte sie dem Abschlußzwang nach einmal erfolgter Lizenzierung nicht mehr nachkommen, da alle anderen Interessenten fortan von der Werknutzung ausgeschlossen wären, § 31 Abs. 3 UrhG.[79]

42 Es ist dem Nutzer nicht erlaubt, die ihm eingeräumten Rechte **an Dritte zu übertragen**, § 34 Abs. 1 UrhG. Wollen Dritte die Rechte nutzen, so müssen sie sich vielmehr selbst an die GEMA wenden.[80]

43 Ferner kann die GEMA selbstverständlich nur hinsichtlich solcher Rechte Lizenzen einräumen, die ihr auch **tatsächlich zur Wahrnehmung übertragen** wurden. Daher beschränkt die GEMA die Rechtsübertragung in ihren Lizenzverträgen auf das ihr zur Wahrnehmung übertragene Repertoire.[81] Einen gutgläubigen Erwerb von urheberrechtlichen Nutzungsrechten kennt das deutsche Recht nicht.[82]

---

76 OLG München, ZUM 1994, 303, 306 = GRUR 1994, 118, 120 – Beatles-CD; zustimmend Schricker-*Reinbothe,* § 11 UrhWG Rn. 8.

77 Zu den gesetzlichen Lizenzen oben, Rn. 4.

78 BGH, GRUR 1983, 565, 567 – Tarifüberprüfung II; BGH, GRUR 2000, 872, 874 – Schiedsstellenanrufung; LG München I, ZUM 1985, 224, 225; Dreier/Schulze-*Schulze,* § 11 UrhWG Rn. 4, 6; Loewenheim-*Melichar,* § 48 Rn. 11.

79 Dreyer/Kotthoff/Meckel-*Zeisberg,* § 11 UrhWG Rn. 4; *Kreile/Becker,* in: Handbuch der Musikwirtschaft, S. 703; Schricker-*Reinbothe,* § 11 UrhWG Rn. 4.

80 Dreier/Schulze-*Schulze,* § 11 UrhWG Rn. 7.

81 Vgl. auch KG, Urteil v. 5. 3. 2002 – 5 U 6420/00 – Pink Floyd.

82 BGH, GRUR 1952, 530, 531; BGH, GRUR 1959, 200, 203 – Der Heiligenhof; KG, ZUM 1997, 397; 398 – Franz Hessel; *Rehbinder,* Urheberrecht, Rn. 305, 314.

Der Umfang des Nutzungsrechts ist auch **in zeitlicher Hinsicht begrenzt**. In der Regel erfolgt die Lizenzierung nur für einen konkreten Nutzungsvorgang. Mitunter wird das Nutzungsrecht aber auch für mehrere Verwertungsvorgänge eingeräumt. Dann ergibt sich die zeitliche Geltungsdauer aus der zugrundeliegenden Vereinbarung zwischen GEMA und Nutzer, wobei den Parteien regelmäßig ein vorzeitiges Kündigungsrecht eingeräumt wird.[83] **44**

cc) Angemessene Bedingungen

(1) Grundsätze

Die GEMA ist als Verwertungsgesellschaft gemäß § 11 Abs. 1 UrhWG dazu verpflichtet, die Nutzungsrechte zu **angemessenen Bedingungen** einzuräumen. **45**

Der Gesetzgeber hat diesen Begriff – ebenso wie in § 6 Abs. 1 UrhWG – nicht weiter präzisiert. Maßgeblich ist in erster Linie die Äquivalenz von **Leistung und Gegenleistung**, die im jeweiligen Einzelfall in einem ausgewogenen Verhältnis zueinander stehen müssen.[84] Die Vergütung ist so zu berechnen, daß die Berechtigten an den durch die Verwertung erzielten geldwerten Vorteilen angemessen partizipieren, vgl. § 13 Abs. 3 UrhWG.[85] Zudem muß sie es der GEMA erlauben, ihre Tätigkeit kostendeckend auszuüben, wobei auch die Kosten für Vorsorge- und Unterstützungseinrichtungen zu berücksichtigen sind.[86] **46**

Die Angemessenheit der Vergütung ist ferner durch formale Gerechtigkeitskriterien sicherzustellen: Gleichgelagerte Fälle sind grundsätzlich gleich zu behandeln **(Gleichheitsgebot)**.[87] Die GEMA ist demnach berechtigt, für regelmäßig wiederkehrende Nutzungsvorgänge im Wege typisierender Betrachtung bestimmte Tarife aufzustellen, vgl. § 13 UrhWG. Der BGH hat hierzu in der Entscheidung „Musikautomat" ausgeführt: **47**

> „Hierdurch soll im Interesse der Allgemeinheit eine gleichmäßige Behandlung aller gleichgelagerten Fälle durch die Verwertungsgesellschaft sichergestellt, zugleich aber auch der Verwertungsgesellschaft in ihrem eigenen Interesse erspart werden, in jedem Einzelfall langwierige Verhandlungen über Art und Höhe der zu zahlenden Vergütung zu führen (Begründung zum Regierungsentwurf eines Verwertungsgesellschaftengesetzes, zu § 13, UFITA 46, 282)."[88]

---

83 Vertiefend Dreier/Schulze-*Schulze,* § 11 UrhWG Rn. 14 f.

84 Dreier/Schulze-*Schulze,* § 11 UrhWG Rn. 10; Wandtke/Bullinger-*Gerlach,* § 11 UrhWG Rn. 3.

85 BGH, GRUR 1982, 102, 103 – Masterbänder; BGH, GRUR 1985, 131, 132 – Zeitschriftenauslage; BGH, GRUR 1986, 376, 378 – Filmmusik; Wandtke/Bullinger-*Gerlach,* § 11 UrhWG Rn. 3. Vertiefend zur Tarifbemessung *v. Gamm,* FS Nirk, S. 315–320; *Schulze,* GRUR 1989, 257 f. S.a. den am 12. April 2005 vom DPMA zugunsten der GEMA entschiedenen Tarifstreit mit der IFPI (Az. Sch-Urh 28/00). Das DPMA stellte fest, daß die bisherige Tonträgervergütung von 9,009 % vom Händlerabgabepreis für Tonträger angemessen ist. Die IFPI hatte demgegenüber eine prozentuale Vergütung von 6,6 % sowie weitere Abzüge für medienbeworbene Tonträger beantragt.

86 KG, GRUR 1978, 247, 248 – Verwertungsgesellschaft; *Reber,* GRUR 2000, 203, 204; Schricker-*Reinbothe,* § 11 UrhWG Rn. 5; Wandtke/Bullinger-*Gerlach,* § 11 UrhWG Rn. 3.

87 Dreier/Schulze-*Schulze,* § 11 UrhWG Rn. 11, § 13 UrhWG Rn. 1; Wandtke/Bullinger-*Gerlach,* § 11 UrhWG Rn. 4.

88 BGH, GRUR 1974, 35, 37 – Musikautomat.

(2) Tarife als Maßstab

48 Umstritten ist, ob die von der GEMA nach § 13 Abs. 1 UrhWG aufgestellten **Tarife als Maßstab für die Angemessenheitsprüfung** herangezogen werden können. Nach *einer Ansicht* sind die Tarife für die Angemessenheitsprüfung zugrunde zulegen.[89] Da die Tarife gemäß § 13 Abs. 3 UrhWG selbst angemessen sein müssen und sie zudem von der Aufsichtsbehörde überprüft werden können (vgl. § 20 S. 2 Nr. 2 UrhWG), spreche jedenfalls der erste Anschein für die Angemessenheit der Vergütung.[90] Die *Gegenauffassung* stellt darauf ab, daß die Tarife in vollem Umfang gerichtlich überprüfbar sind[91] und die Aufsichtsbehörde nur bei völlig unangemessenen Tarifen einschreiten kann.[92] Die Vermutung der Angemessenheit entbehre daher jeglicher Grundlage.

49 Die *herrschende Meinung* vertritt eine vermittelnde Position. Haben die Parteien einen bestimmten Tarif **vertraglich vereinbart** und hat dieser sich bereits durchgesetzt, so ist die Angemessenheit der Vergütung nicht mehr zu prüfen.[93] Dies folgt bereits aus dem Grundsatz der Vertragsfreiheit:

> „Den Vertragsparteien bleibt es grundsätzlich überlassen, den Inhalt eines Vertrages frei zu bestimmen. Ist ein Vertrag als wirksam zu beurteilen, so sind die Parteien daran bis zu seiner – im Streitfall durch Kündigung möglichen – Beendigung gebunden. In seinen Bestand kann grundsätzlich nicht auf dem Wege über eine gerichtliche Überprüfung der Angemessenheit eines dem Vertrag zugrunde gelegten Tarifs eingegriffen werden.“[94]

Zudem zeigt die Tatsache, daß sich ein Tarif in der Praxis durchgesetzt hat, daß beide Seiten die Regelung im Grundsatz für angemessen halten.[95] Insoweit maßgeblich ist derjenige Tarif, der „nach seinen Merkmalen der im Einzelfall vorliegenden Art und Weise und dem Umfang der Nutzung möglichst nahe kommt“.[96]

50 Können sich GEMA und Nutzer **nicht auf einen bestimmten Tarif einigen**, so muß die Vergütung eigenständig ausgehandelt und gegebenenfalls vor Gericht durchgesetzt werden.[97] In diesen Fällen ist der Tarif nicht für die Angemessenheitsprüfung heran-

---

89 BGH, GRUR 1974, 35, 37 – Musikautomat; BGH, GRUR 1983, 565, 566 – Tarifüberprüfung II; Dreier/Schulze-*Schulze,* § 11 UrhWG Rn. 12; *Schulze,* UFITA 80 (1977) 151, 152.

90 Fromm/Nordemann-*Nordemann,* § 13 UrhWG Rn. 1.

91 BGH, GRUR 1986, 377 f.– Filmmusik; OLG München, GRUR 1983, 578, 579 f. – Musiknutzung bei Videokassetten; *Reimer,* GRUR Int. 1982, 215, 217.

92 *Häußer,* FuR 1980, 57, 66; *Menzel,* Die Aufsicht über die GEMA, S. 65

93 BGH, GRUR 1984, 52, 54 – Tarifüberprüfung I; *v. Gamm,* FS Nirk, S. 317; *Becker,* FS Kreile, S. 46; *Reber,* GRUR 2000, 203, 204; Dreyer/Kotthoff/Meckel-*Zeisberg,* § 11 UrhWG Rn. 10; Loewenheim-*Melichar,* § 48 Rn. 13; Schricker-*Reinbothe*, § 11 UrhWG Rn. 6; Wandtke/Bullinger-*Gerlach,* § 11 UrhWG Rn. 5.

94 BGH, GRUR 1984, 52, 54 – Tarifüberprüfung I.

95 Zutreffend Loewenheim-*Melichar,* § 48 Rn. 28 („die Vertragspartner wissen selbst am besten, was ihnen frommt“).

96 BGH, GRUR 1976, 35, 36 – Bar-Filmmusik; vgl. auch BGH, GRUR 1983, 565, 567 – Tarifüberprüfung II.

97 Dreyer/Kotthoff/Meckel-*Zeisberg,* § 11 UrhWG Rn. 10; Schricker-*Reinbothe*, § 11 UrhWG Rn. 6.

zuziehen. Eine selbstständige Vergütungsabrede ist zudem erforderlich, wenn **kein einschlägiger Tarif existiert** und auch eine entsprechende Anwendung anderer Tarife nicht in Betracht kommt.[98] In beiden Fällen ist der Nutzer durch das Hinterlegungsverfahren des § 11 Abs. 2 UrhWG geschützt.[99]

Hat sich ein Tarif noch nicht durchgesetzt, so ist dessen Angemessenheit grundsätzlich von der GEMA zu beweisen.[100] Sofern sich der Tarif jedoch in der Praxis bewährt hat, kommt der GEMA eine **Beweiserleichterung** zugute. Trägt sie im Prozeß Gründe vor, die den Tarif als angemessen erscheinen lassen, so muß der Nutzer dezidiert darlegen, weshalb er den Tarif dennoch für unangemessen hält.[101] **51**

3. Ergänzung durch das Hinterlegungsverfahren des § 11 Abs. 2 UrhWG

a) Zweck der Regelung

Der Kontrahierungszwang wird durch das Hinterlegungsverfahren nach § 11 Abs. 2 UrhWG ergänzt, das ebenfalls der **Monopolstellung** der Verwertungsgesellschaften Rechnung trägt. Dem Nutzer sollen die begehrten Lizenzen nicht allein deswegen versagt bleiben, da sich beide Parteien nicht über die Höhe der geschuldeten Vergütung einigen können.[102] Ob die Norm darüber hinaus auch dem Schutz der Verwertungsgesellschaften dient, ist umstritten.[103] **52**

b) Der Abschluß nach § 11 Abs. 2 UrhWG

Steht die Höhe der Vergütung in Streit, so gelten die Nutzungsrechte als eingeräumt, wenn der Nutzer den geforderten Betrag **unter Vorbehalt** an die GEMA **zahlt oder** er die Summe zu ihren Gunsten **hinterlegt** (Fiktion der Rechteeinräumung). **53**

Das **Verfahren bei der Hinterlegung** bestimmt sich nach den §§ 372–386 BGB sowie nach der Hinterlegungsordung (HinterlegungsO).[104] Danach ist der Betrag beim Amtsgericht am Sitz der GEMA zu hinterlegen (vgl. § 374 Abs. 1 BGB, § 1 Abs. 2 HinterlegungsO). Da die GEMA ihren Sitz in Berlin nimmt (§ 1 S. 1 GEMA-Satzung), ist gemäß § 3 der Berliner 2. AmtsgerZustVO das Amtsgericht Charlottenburg zuständig. Der Nutzer hat die Hinterlegung unverzüglich der GEMA anzuzeigen (§ 374 Abs. 2 S. 1 BGB). Da der hinterlegte Betrag gemäß § 8 HinterlegungsO lediglich mit **54**

98 BGH, GRUR 1988, 373, 376 – Schallplattenimport III.
99 Dazu sogleich Rn. 52–58.
100 BGH, GRUR 1986, 376, 379 – Filmmusik; Dreier/Schulze-*Schulze,* § 11 UrhWG Rn. 12; Schricker-*Reinbothe*, § 11 UrhWG Rn. 6.
101 KG, GRUR 1978, 247, 248 f. – Verwertungsgesellschaft; Wandtke/Bullinger-*Gerlach,* § 11 UrhWG Rn. 6.
102 BGH, GRUR 2000, 872, 874 f. – Schiedsstellenanrufung unter Berufung auf die amtliche Begründung, abgedruckt in UFITA 46 (1966), 271, 282.
103 Vertiefend dazu unten, Rn. 58.
104 Die §§ 232–240 BGB sind hingegen nicht einschlägig, da es sich bei dem nach § 11 Abs. 2 UrhWG zu zahlenden Betrag nicht um eine Sicherheitsleistung handelt, Loewenheim-*Melichar,* § 48 Rn. 17.

einem Prozent pro Monat verzinst wird, ist die Zahlung unter Vorbehalt – z.B. auf ein Sperrkonto – für beide Parteien regelmäßig vorteilhafter.

55 Der vorenthaltene Betrag darf nach dem nunmehr eindeutigen Wortlaut des § 11 Abs. 2 UrhWG indes **nur den streitigen Teil** der Vergütung erfassen.[105] Der sog. Sockelbetrag ist demgegenüber vorbehaltlos zu entrichten, um die GEMA und ihre Berechtigten nicht zu benachteiligen. Das Hinterlegungsverfahren soll den Nutzer lediglich vor Benachteiligung schützen; ihm sollen indes keine Vorteile aus dem Streit um die Vergütungshöhe erwachsen. Als problematisch erweist sich insoweit, daß die Nutzer den Hinterlegungsbetrag massiv absenken können, indem sie die Vergütungshöhe nahezu vollkommen in Streit ziehen.[106]

56 Da die Nutzungsrechte mit der ordnungsgemäßen Hinterlegung bzw. der Zahlung unter Vorbehalt als eingeräumt gelten, muß der Nutzer nun nicht mehr auf Erteilung bzw. Ersetzung der Einwilligung nach § 894 ZPO klagen. Er schuldet jedoch diejenigen Angaben, die die GEMA benötigt, um die Zahlung auf ihre Richtigkeit hin überprüfen zu können.[107]

57 Die Fiktion des § 11 Abs. 2 UrhWG greift jedoch erst ein, wenn die Verhandlungen über die Vergütungshöhe gescheitert sind.[108] Sie setzt daher voraus, daß der Nutzer seine **Zahlungspflicht grundsätzlich anerkennt** und darlegt, welchen Betrag er zu zahlen bereit ist.[109]

58 Umstritten ist, ob die GEMA den zu hinterlegenden Betrag auch **im Wege des Schadensersatzes** geltend machen kann, um sich so vor der Insolvenz des Nutzers zu schützen. Nach Auffassung des BGH dient § 11 Abs. 2 UrhWG allein dem Schutz des Verwerters. Die Vorschrift räume ihm daher das Recht ein, den Betrag hinterlegen zu dürfen; ein damit korrespondierender Anspruch der Verwertungsgesellschaften auf Hinterlegung bestehe indes nicht.[110] Daher könne die verlangte Vergütung auch nicht als Schadensersatz gemäß § 97 UrhG geltend gemacht werden.[111]

> „Die Vorschrift des § 11 Abs. 2 UrhWG soll nicht eine Vermögensposition der Verwertungsgesellschaften begründen und sie – anders als andere Inhaber urheber- und leistungsschutzrechtlicher Befugnisse – gegen die Gefahr sichern, Ansprüche wegen Rechtsverletzungen nach Erwirkung eines Schadensersatztitels nicht mehr vollstrecken zu können. Zweck des § 11 Abs. 2 UrhWG ist vielmehr allein der Schutz des Verwerters.“[112]

---

105 Dies war früher ob des insoweit unklaren Wortlauts des § 11 Abs. 2 UrhWG a.F. jedenfalls zweifelhaft, vgl. Dreyer/Kotthoff/Meckel-*Zeisberg,* § 11 UrhWG Rn. 13; Fromm/Nordemann-*Nordemann,* § 11 UrhWG Rn. 4. Der Gesetzgeber hat § 11 Abs. 2 UrhWG daher im Zuge des Gesetzes zur Regelung des Urheberrechts in der Informationsgesellschaft neugefaßt, vgl. RegE, BR-Drs. 684/02; BGBl. 2003 I, 461774.

106 Vgl. nur den kürzlich beigelegten Streit zwischen der deutschen Landesgruppe der IFPI und der GEMA, Entscheidung des DPMA vom 12. April 2005 (Az. Sch-Urh 28/00), hierzu s.a. Fn. 85 sowie vertiefend *Kreile,* GEMA-Jahrbuch 2004/2005.

107 LG Berlin, ZUM 1985, 222, 223; Loewenheim-*Melichar,* § 48 Rn. 14.

108 LG Berlin, ZUM 1985, 222, 223.

109 Dreier/Schulze-*Schulze,* § 11 UrhWG Rn. 18.

110 BGH, GRUR 2000, 872, 874 – Schiedsstellenanrufung.

111 A.A. noch OLG Naumburg, ZUM 1997, 937, 940, hierzu *Kröber,* ZUM 1997, 927 f.

112 BGH, GRUR 2000, 872, 874 – Schiedsstellenanrufung.

Diese Ansicht ist jedoch mit dem überwiegenden Schrifttum abzulehnen.[113] Zum einen bürdet diese Lösung den Verwertungsgesellschaften ein übermäßig hohes Insolvenzrisiko auf, da sie nach Ansicht des BGH[114] zunächst die Schiedsstelle anrufen müssen, was zu einer deutlich längeren Verfahrensdauer führt.[115] Zudem ist die GEMA als Verwertungsgesellschaft nicht mit anderen Rechteinhabern vergleichbar, unterliegt sie doch einem gesetzlichen Kontrahierungszwang.[116] Sofern man einen Anspruch auf Hinterlegung ablehnt, ist jedenfalls auf das Erfordernis eines vorgeschalteten Schiedsgerichtsverfahrens zu verzichten.[117]

4. Die Pflicht zum Abschluß von Gesamtverträgen nach § 12 UrhWG

Der Abschlußzwang des § 11 Abs. 1 UrhWG wird durch die **Pflicht zum Abschluß von Gesamtverträgen** flankiert. Gemäß § 12 UrhWG ist die GEMA als Verwertungsgesellschaft verpflichtet, „mit Vereinigungen, deren Mitglieder nach dem Urheberrechtsgesetz geschützte Werke oder Leistungen nutzen oder zur Zahlung von Vergütungen nach dem Urheberrechtsgesetz verpflichtet sind, über die von ihr wahrgenommenen Rechte und Ansprüche Gesamtverträge zu angemessenen Bedingungen abzuschließen". Die Verpflichtung entfällt indes, wenn ihr „der Abschluß eines Gesamtvertrages nicht zuzumuten ist, insbesondere weil die Vereinigung eine zu geringe Mitgliederzahl hat". 59

Der Gesamtvertrag regelt lediglich die **schuldrechtlichen Rahmenbedingungen** für die später gesondert einzuräumenden Nutzungsrechte.[118] Da der Gesamtvertrag nur die jeweiligen Vertragsparteien verpflichtet, sind potentielle Nutzer nicht an die Vergütungssätze gebunden, solange sie sich der Vereinigung nicht als Mitglieder unterwerfen.[119] In diesen Fällen steht es ihnen frei, die Angemessenheit des Tarifs durch die Schiedsstelle und – nachgeordnet – durch die ordentlichen Gerichte überprüfen zu lassen.[120] 60

Die in einem Gesamtvertrag vereinbarten Vergütungssätze gelten nur für diejenigen **Nutzer**, die **der Vereinigung** angehören. Sie können jedoch nicht herangezogen werden, um die Angemessenheit von Einzeltarifen zu bestimmen. Der BGH hat hierzu in der Entscheidung „Musikautomat" ausgeführt: 61

---

113 Loewenheim-*Melichar,* § 48 Rn. 16; Wandtke/Bullinger-*Gerlach,* § 11 UrhWG Rn. 11, wohl auch Dreyer/Kotthoff/Meckel-*Zeisberg,* § 11 UrhWG Rn. 14, differenzierend Dreier/Schulze-*Schulze,* § 11 UrhWG Rn. 24.

114 BGH, GRUR 2000, 872, 874 – Schiedsstellenanrufung.

115 Loewenheim-*Melichar,* § 48 Rn. 16 („unerträgliche wirtschaftliche Belastungen und Risiken der Verwertungsgesellschaften"); Wandtke/Bullinger-*Gerlach,* § 11 UrhWG Rn. 11

116 Loewenheim-*Melichar,* § 48 Rn. 16 (§ 11 Abs. 2 UrhWG als „Korrelat zum Abschlußzwang der Verwertungsgesellschaften").

117 OLG Naumburg, ZUM 1997, 937, 940; Dreier/Schulze-*Schulze,* § 11 UrhWG Rn. 24; *Kröber,* ZUM 1997, 927 f. Eingehend zum Schiedsstellenverfahren unten, **Rn. 109 ff.**

118 Amtliche Begründung, BT-Drucks. IV/271, S. 17.

119 Fromm/Nordemann-*Nordemann,* § 12 UrhWG Rn. 2; Wandtke/Bullinger-*Gerlach,* § 12 UrhWG Rn. 3.

120 OLG München, GRUR 1990, 358, 359 – Doppelmitgliedschaft.

> „Hinsichtlich derjenigen Veranstalter, die nicht dem Verband angehören, gelten dagegen die Tarife, die die Kl. gemäß § 13 Abs. 1 Satz 1 UrhWG aufzustellen hat. Hierin liegt kein Verstoß gegen den Grundsatz der gleichmäßigen Behandlung aller gleichgelagerten Fälle. Denn mit dem Abschluß von Gesamtverträgen erzielt die Kl. eine Verringerung ihres Verwaltungs- und Kontrollaufwands. Die Verbände erbringen der Kl. gegenüber Leistungen, die sonst in deren Aufgabenbereich fallen würden“.[121]

Der mit dem Abschluß von Gesamtverträgen einhergehende „Harmonisierungseffekt in der Administration“[122] dient somit vor allem dem Interesse der in der Verwertungsgesellschaft zusammengeschlossenen Rechteinhaber an einer effektiven und kostengünstigen Verwaltung ihrer Rechte.

62 Auch die Bedingungen der Gesamtverträge müssen **angemessen** sein. Im Gegenzug für die Verringerung des Verwaltungsaufwandes ist die GEMA jedoch berechtigt, den Angehörigen der Nutzervereinigungen günstigere Nutzungskonditionen einzuräumen. Diese **Gesamtvertragsrabatte** betragen üblicherweise bis zu 20 %.[123]

63 Die Abschlußzwang nach § 12 UrhWG entfällt, wenn der GEMA ein Abschluß **nicht zuzumuten** ist. Dies ist nach dem Gesetzeswortlaut insbesondere der Fall, wenn die Nutzervereinigung eine zu geringe Mitgliederzahl aufweist.[124] Unzumutbarkeit kann jedoch nach dem Sinn und Zweck des Kontrahierungszwanges auch in allen anderen Fällen vorliegen, in denen der Abschluß eines Gesamtvertrages keine nennenswerte Vereinfachung des Verwaltungsverfahrens mit sich bringen würde. Die Tatsachen, die die Unzumutbarkeit begründen, sind von der Verwertungsgesellschaft **zu beweisen**.[125]

64 Kommt es zum Streit über den Abschluß oder die Änderung eines Gesamtvertrages, so kann jeder Beteiligte gemäß § 14 Abs. 1 lit. b) die **Schiedsstelle** anrufen.[126] Der ordentliche Rechtsweg ist erst nach Durchführung des Schiedsstellenverfahrens eröffnet, § 16 Abs. 1 UrhWG. Soweit die Gerichte den Inhalt eines Gesamtvertrages rechtsgestaltend festsetzen (§ 16 Abs. 4 S. 3 UrhWG) kommt ihnen ein **weiter Ermessensspielraum** zu.[127] Die gerichtliche Entscheidung muß jedoch die geldwerten Vorteile, die durch die Verwertung erzielt werden, berücksichtigen, wobei früher zwischen den Parteien getroffene Vereinbarungen und vergleichbare Gesamtverträge als Indiz heranzuziehen sind.[128]

---

121 BGH, GRUR 1974, 35, 37 – Musikautomat.
122 Wandtke/Bullinger-*Gerlach,* § 12 UrhWG Rn. 1.
123 Hierzu siehe auch *Schulze,* GRUR 1989, 257, 258;
124 Dazu Schiedsstelle, ZUM 1989, 314, 315; *v. Gamm,* FS Nirk, S. 316 m.w.N.
125 Fromm/Nordemann-*Nordemann,* § 12 UrhWG Rn. 1; Schricker-*Reinbothe,* § 12 UrhWG Rn. 12; Wandtke/Bullinger-*Gerlach,* § 12 UrhWG Rn. 7.
126 Näher dazu unten, **Rn. 109 ff.** Zu den geplanten Änderungen im Zuge des Gesetzes zur Regelung des Urheberrechts („Korb 2“) siehe **Rn. 204 f.**
127 BGH, GRUR 2001, 1139, 1142 – Gesamtvertrag privater Rundfunk.
128 BGH, GRUR 2001, 1139, 1142 – Gesamtvertrag privater Rundfunk.

V. Die Pflichten der Nutzer

1. Die Pflicht des Veranstalters nach § 13a Abs. 1 UrhWG

Veranstalter von öffentlichen Wiedergaben musikalischer Werke haben gemäß § 13a Abs. 1 UrhWG vor der Veranstaltung die Einwilligung der GEMA einzuholen, soweit sie die Rechte an diesen Werken wahrnimmt. Da fremde Werke ohnehin nur genutzt werden dürfen, wenn zuvor eine entsprechende Einwilligung erteilt worden ist, hat die Vorschrift in erster Linie **deklaratorischen Charakter**.[129] Der Gesetzgeber wollte den Veranstaltern diese Pflicht jedoch nochmals vor Augen rufen, insbesondere, da das UrhWG kein besonderes Überwachungssystem für die öffentliche Wiedergabe vorsieht.[130] 65

Veranstalter im Sinne der Vorschrift sind nicht allein die Organisatoren von Live-Aufführungen im Sinne des § 81 UrhG, sondern darüber hinaus auch Gastwirte, Kino- und Diskothekenbetreiber sowie Rundfunkanstalten.[131] Dabei genügt es bereits, wenn ein an der Veranstaltung Beteiligter ein eigenes wirtschaftliches Interesse hat.[132] 66

Für welche Veranstaltungen die Programmpflicht des § 13a Abs. 2 UrhWG eingreift, kann sich aus dem Begriff des Veranstalters nicht ergeben. Der **Begriff des Veranstalters ist** insoweit **„inhaltsleer"** und kann nur durch Veranstalter *von etwas* mit Inhalt gefüllt werden. Die Frage lautet daher, auf welche Veranstaltungen sich § 13a Abs. 2 UrhWG bezieht. Die Vorschrift spricht aber richtig ausgelegt auch nicht isoliert von „Veranstaltung". Wenn nämlich Absatz 2 der Norm unvermittelt damit beginnt, „nach der Veranstaltung" sei eine Aufstellung zu übersenden, so bezieht sich diese Formulierung sprachlich unzweideutig auf die Vorschrift des Absatz 1. Dort aber ist „die Veranstaltung" als „Veranstaltung öffentlicher Wiedergaben" gekennzeichnet, maW durch eine Verweisung auf § 15 Abs. 2 S. 2 UrhG. Richtig verstanden erfaßt §13a UrhWG somit sämtliche Veranstaltungen öffentlicher Wiedergaben, insbesondere auch Rundfunksendungen.[133] 67

Die **öffentliche Wiedergabe** ist in § 15 Abs. 2 und 3 UrhG legaldefiniert. Das Recht der öffentlichen Wiedergabe umfaßt daher insbesondere das Vortrags-, Aufführungs- und Vorführungsrecht (§ 19 UrhG), das Recht der öffentlichen Zugänglichmachung (§ 19a UrhG), das Senderecht (§ 20 UrhG), das Recht der Wiedergabe durch Bild- 68

---

129 Dreyer/Kotthoff/Meckel-*Zeisberg,* § 13a UrhWG Rn. 1; Schricker-*Reinbothe,* § 13a UrhWG Rn. 3.

130 Amtliche Begründung, BT-Drs. IV/271, S. 18. Anders noch die Stagma-Gesetzgebung von 1933/34, die den Verwertungsgesellschaften Verwaltungshilfe bei der Überwachung zur Seite stellte, dazu *Riesenhuber/Rosenkranz,* UFITA 2005/II, 467–519.

131 Dreier/Schulze-*Schulze,* § 13a UrhWG Rn. 2.

132 OLG Hamburg, ZUM 2001, 523, 525 f.; Dreyer/Kotthoff/Meckel-*Zeisberg,* § 13a UrhWG Rn. 3.

133 A.A. Wandtke/Bullinger-*Gerlach,* § 13a UrhWG Rn. 1; mißverständlich Schricker-*Reinbothe,* § 13a UrhWG Rn. 2. Ohne nähere Begründung falsch LG Frankfurt a.M., Urteil v. 26.11.2003.

und Tonträger (§ 21UrhG) sowie das Recht der Wiedergabe von Funksendungen und von öffentlicher Zugänglichmachung (§ 22 UrhG).[134]

69 Der Veranstalter muß der GEMA vor der Veranstaltung **sämtliche Angaben** machen, die diese benötigt, um die einschlägigen Tarife bzw. die Höhe der Vergütung ermitteln zu können.[135] Erforderlich sind insbesondere Angaben über Art und Größe der Veranstaltung, die Dauer der Nutzung sowie über die Höhe des Eintrittsgeldes.[136] Darüber hinaus muß der Veranstalter zwar nicht die einzelnen Werke selbst, wohl aber die Werkart (klassische Werke, Tanzmusik o.ä.) bezeichnen.[137] Spielt er bei der Veranstaltung dennoch Werke, die den zuvor gemeldeten Werkarten nicht unterfallen, so begeht er eine Urheberrechtsverletzung.[138]

70 Beabsichtigt der Veranstalter, allein solche Werke aufzuführen, deren **Wiedergabe** gemäß den §§ 52, 52a UrhG **privilegiert** ist (fehlender Erwerbszweck, öffentliche Zugänglichmachung für Forschungs- und Unterrichtszwecke), so hat er die GEMA dennoch über die Veranstaltung zu informieren.[139]

2. Die Auskunftspflichten des Veranstalters

a) Die Programmpflicht nach § 13a Abs. 2 UrhWG

71 Der Veranstalter ist verpflichtet, der GEMA *nach der Veranstaltung* eine Aufstellung über sämtliche gespielten Werke zu übersenden, **Programmpflicht**.[140] Während von ihm im Vorfeld der Veranstaltung nach § 13a Abs. 1 UrhWG lediglich generelle Angaben verlangt werden, hat er nun detailliert aufzuschlüsseln, welche Werke tatsächlich verwendet wurden. Die Angaben sind der GEMA unverzüglich nach der Veranstaltung schriftlich zu erteilen.[141] Diese erhebt auf Grundlage ihrer allgemeinen Geschäftsbedingungen Säumnisbeträge für die nicht rechtzeitige Übersendung der Programme.

72 Gemäß Abschnitt III. Abs. 3 lit. b) des Verteilungsplans der GEMA für das Aufführungs- und Senderecht darf der Veranstalter seine Programmpflicht auf den Bezugsberechtigten übertragen, wenn dieser ausübender Berufsmusiker ist oder er ihn vertraglich zur Ausfüllung von Programmen verpflichtet hat.

73 Die Programmpflicht soll es den Verwertungsgesellschaften ermöglichen, eine **abrechungsgenaue Verteilung** an ihre Mitglieder vorzunehmen.[142] Dies entspricht dem

---

134 Schricker-*Reinbothe*, § 13a UrhWG Rn. 2.

135 LG Erfurt, ZUM-RD 1997, 25, 26; Wandtke/Bullinger-*Gerlach,* § 13a UrhWG Rn. 3; vgl. auch BGH, GRUR 1973, 379.

136 Dreier/Schulze-*Schulze,* § 13a UrhWG Rn. 7; Schricker-*Reinbothe*, § 13a UrhWG Rn. 4; Wandtke/Bullinger-*Gerlach,* § 13a UrhWG Rn. 3.

137 Fromm/Nordemann-*Nordemann,* § 13a UrhWG Rn. 1 („Generalkonsens"), vgl. auch Schiedsstelle, ZUM-RD 1998, 197, 203 – Drei Tenöre.

138 Dreier/Schulze-*Schulze,* § 13a UrhWG Rn. 7, 9.

139 Dreier/Schulze-*Schulze,* § 13a UrhWG Rn. 5 f.

140 *Melichar,* Die Wahrnehmung von Urheberrechten durch Verwertungsgesellschaften, S. 43.

141 Dreier/Schulze-*Schulze,* § 13a UrhWG Rn. 10.

142 Amtliche Begründung, BT-Drs. IV/271, S. 19.

Leistungsprinzip des Wahrnehmungsrechts, wonach jedem Berechtigten ein Anteil an den Einnahmen gebührt, der den Einnahmen entspricht, die die Verwertungsgesellschaft aus der Verwertung seiner Rechte erzielt hat.[143]

Für Fälle, in denen der Zweck des § 13a Abs. 2 UrhWG regelmäßig nicht einschlägig ist, sieht das Gesetz **Ausnahmen von der Programmpflicht** vor. Erfolgt die *Wiedergabe mittels eines Tonträgers oder im Rahmen einer Funksendung*, so ist der Veranstalter von der Programmpflicht gemäß § 13a Abs. 2 S. 2 Alt. 1 UrhWG befreit. Die Ausnahme ist gerechtfertigt, da sich die GEMA die für die Verteilung erforderlichen Informationen in diesen Fällen bereits anderweitig – namentlich durch Rückgriff auf die Schallplattenumsätze und die Rundfunkprogramme – verschaffen kann.[144] Die Programmpflicht entfällt ferner bei *Veranstaltungen, auf denen in der Regel nicht geschützte oder nur unwesentlich bearbeitete Werke der Musik aufgeführt werden*, § 13a Abs. 2 S. 2 Alt. 2 UrhWG. Der Gesetzgeber wollte hierdurch sicherstellen, daß solche Veranstalter, die überwiegend gemeinfreie Musikwerke verwenden, von dem mit der Programmpflicht verbundenen Verwaltungsaufwand entbunden werden.[145] Die Regelung ist im Schrifttum zu Recht auf harsche Kritik gestoßen. Zum einen wird der mit ihr verfolgte Zweck nur zum Teil erreicht, da die Veranstalter nur von der Programmpflicht befreit werden, nicht aber von der Mitteilungspflicht des § 13a Abs. 1 UrhWG.[146] Spielt der Veranstalter ausschließlich nicht geschützte Werke, so unterliegt er ohnehin keinerlei Meldepflichten. Zum anderen stellt die Vorschrift die Programmpflicht ohne Not in das Belieben des Veranstalters, da er selbst darüber zu befinden hat, ob es sich um eine Veranstaltung handelt, bei der „in der Regel" keine geschützten Werke gespielt werden oder nicht.[147] Vor allem aber stellt die Ausnahme des § 13 Abs. 2 S. 2 Alt. 2 UrhWG – im Zusammenspiel mit § 3 S. 2 UrhG – einen verfassungsrechtlich bedenklichen Eingriff in das ausschließliche Verwertungsrecht des Urhebers und somit in den Schutzbereich des Art. 14 GG dar. Die herrschende Meinung hält die Regelung daher für verfassungswidrig.[148] 74

143 *Riesenhuber,* Die Auslegung und Kontrolle des Wahrnehmungsvertrags, S. 88, 93f.

144 Amtliche Begründung, BT-Drs. IV/271, S. 19; Fromm/Nordemann-*Nordemann,* § 13a UrhWG Rn. 2.

145 Amtliche Begründung, BT-Drucks. X/3360, S. 21.

146 Schricker-*Reinbothe*, § 13a UrhWG Rn. 7. Zustimmend Dreier/Schulze-*Schulze,* § 13a UrhWG Rn. 12.

147 Dreyer/Kotthoff/Meckel-*Zeisberg,* § 13a UrhWG Rn. 10; Fromm/Nordemann-*Nordemann,* § 13a UrhWG Rn. 1.

148 Dreyer/Kotthoff/Meckel-*Zeisberg,* § 13a UrhWG Rn. 10; Fromm/Nordemann-*Nordemann,* § 13a UrhWG Rn. 1; Loewenheim-*Melichar,* § 48 Rn. 53; *Schack,* Urheber- und Urhebervertragsrecht, Rn. 1213; Schricker-*Reinbothe*, § 13a UrhWG Rn. 7; zurückhaltender Dreier/Schulze-*Schulze,* § 13a UrhWG Rn. 12; Wandtke/Bullinger-*Gerlach,* § 13a UrhWG Rn. 7 („verfassungsrechtlich bedenklich"). Das BVerfG hat die gegen § 13 Abs. 2 S. 2 UrhWG eingelegten Verfassungsbeschwerden indes nicht zur Entscheidung angenommen, BVerfG, ZUM 1989, 183, 186 f.

b) Die Auskunftspflicht nach § 13a Abs. 3 UrhWG

75 Sendeunternehmen, die **Funksendungen** veranstaltet haben, bei denen geschützte Werke gespielt wurden, müssen der GEMA die verteilungsrelevanten Angaben zur Verfügung stellen. Sofern es sich um Senderechte nach § 20 UrhG handelt, die von der GEMA wahrgenommen werden, folgt diese Verpflichtung bereits aus der Programmpflicht des § 13a Abs. 2 UrhWG. Anders verhält es sich bei den Wiedergaberechten nach den §§ 21, 22 UrhG. Da die Programmpflicht hier nach § 13a Abs. 2 S. 2 Alt. 1 UrhWG entfällt, kann die GEMA im Einzelfall auf weitere Auskünfte angewiesen sein: Nimmt sie das Senderecht an diesen Werken nicht wahr, so besteht nämlich auch keine Programmpflicht des Sendeunternehmens nach § 13a Abs. 2 S. 1 UrhWG.[149]

76 Die GEMA hat den Sendeunternehmen die mit der Auskunft verbundenen **Unkosten zu erstatten.**[150] Aus diesem Grunde spielt die Regelung in der Praxis bislang nur eine untergeordnete Rolle.[151]

3. Der selbständige Anspruch auf „Grundauskünfte" nach § 242 BGB

77 Neben den bereits genannten Auskunftsrechten hat die GEMA ferner einen Anspruch darauf, daß ihr die Nutzer bestimmte „Grundauskünfte" erteilen. Die Rechtsprechung leitet diesen Ankunftsanspruch aus § 242 BGB her.[152]

78 Der Anspruch auf Erteilung von Grundauskünften setzt voraus, daß zwischen der Verwertungsgesellschaft und dem Anspruchsgegner eine **„besondere rechtliche Beziehung"** besteht, wobei insoweit auch ein Schuldverhältnis aus unerlaubter Handlung in Betracht kommt.[153] Weitere Voraussetzung ist jedoch, daß der Anspruchsteller „in entschuldbarer Weise nicht nur über den Umfang, sondern auch über das Bestehen seines Rechts im Ungewissen ist, er sich die zur Vorbereitung und Durchführung seines Zahlungsanspruchs notwendigen Auskünfte nicht auf zumutbare Weise selbst beschaffen kann und der Verpflichtete sie unschwer, d.h. ohne unbillig belastet zu sein, zu geben vermag".[154]

79 Zu den **Grundauskünften** zählen lediglich diejenigen Angaben, die die Verwertungsgesellschaft benötigt, um prüfen zu können, ob und in welchem Umfang von ihr wahrgenommene Nutzungsrechte verletzt worden sind (etwa Werktitel und deren Komponisten, Dauer der wiedergegebenen Werke in Minuten und Sekunden, Gesamtmusikspieldauer jeder Produktion in Minuten und Sekunden).[155] Gegenstand des

---

149 Dreyer/Kotthoff/Meckel-*Zeisberg,* § 13a UrhWG Rn. 11; Schricker-*Reinbothe,* § 13a UrhWG Rn. 8.

150 Insoweit kritisch Dreier/Schulze-*Schulze,* § 13a UrhWG Rn. 13.

151 Loewenheim-*Melichar,* § 48 Rn. 57.

152 BGH, GRUR 1986, 62, 64 – GEMA-Vermutung I; BGH, GRUR 1986, 66, 69 – GEMA-Vermutung II; BGH, GRUR 1988, 604, 605 = ZUM 1988, 575, 576 – Kopierwerk.

153 BGH, GRUR 1988, 604, 605 = ZUM 1988, 575, 576 – Kopierwerk.

154 BGH, GRUR 1986, 62, 64 – GEMA-Vermutung I unter Hinweis auf RGZ 108, 1,7; RGZ 158, 377, 379; BGHZ 10, 385, 387; BGHZ 81, 21, 24.

155 Vgl. BGH, GRUR 1986, 66, 69 – GEMA-Vermutung II.

Auskunftsanspruchs sind nur „die dem Auskunftspflichtigen bekannten und zugänglichen Informationen. Sind ihm Umstände, auf die sich die Auskunftspflicht bezieht, nicht bekannt und auch sonst nicht zugänglich, so kommt er der Verpflichtung durch das Bekunden seines Nichtwissens nach".[156]

4. Die Meldepflicht nach § 54f UrhG

Die Importeure von Geräten sowie Bild- und Tonträgern, die erkennbar zur Vornahme von **Vervielfältigungen im Wege der Bild- und Tonaufzeichnung** bestimmt sind, schulden den Verwertungsgesellschaften gemäß § 54f UrhG Angaben über Art und Stückzahl der eingeführten Gegenstände. Die Informationen sind monatlich bis zum zehnten Tag nach Ablauf eines jeden Kalendermonats **schriftlich** mitzuteilen. Dies gilt gemäß § 54f Abs. 2 UrhG entsprechend für Importeure von **Kopiergeräten**. 80

Die Meldepflicht soll die GEMA in die Lage versetzen, die nach den §§ 54, 54a UrhG anfallenden Vergütungen auch tatsächlich berechnen und einziehen zu können. Die Regelung wurde erforderlich, da die sog. Einfuhrkontrollmeldungen der Errichtung eines einheitlichen europäischen Binnenmarktes zum Opfer fielen.[157] Die Meldung muß daher **inhaltlich** sowohl zur Berechnung der Vergütung als auch zur Überprüfung der Richtigkeit und Vollständigkeit der gemeldeten Angaben geeignet sein. 81

Die Meldung ist – entgegen dem Wortlaut in § 54f Abs. 1 UrhG – gegenüber einer **gemeinsamen Empfangsstelle** vorzunehmen, § 54h Abs. 3 S. 1 UrhG. Für die Kopierabgabe ist dies die VG Wort, für die private Überspielung nach § 54 UrhG die ZPÜ.[158] Der Meldepflichtige hat sich hierbei der Mustervorlagen des Deutschen Patent- und Markenamtes zu bedienen, § 54h Abs. 4 S. 2 UrhG. 82

Verstößt der Meldepflichtige gegen die Meldepflicht, so kann die GEMA den doppelten Vergütungssatz verlangen, § 54f Abs. 3 UrhG. Diese **Sanktion** erfolgt unabhängig davon, ob die Meldung lediglich unvollständig oder sonst unrichtig ist. 83

5. Weitere Auskunfts- und Benachrichtigungspflichten

Zum Schutz vor **Produktpiraterie** gewährt § 101a UrhG dem Rechteinhaber einen Auskunftsanspruch hinsichtlich der Herkunft und der Vertriebswege von Vervielfältigungsstücken, die unter Verletzung des Urheberrechts hergestellt wurden. Die GEMA kann diesen Auskunftsanspruch geltend machen, soweit sie die mechanischen Rechte iSd § 16 Abs. 2 UrhG an diesen Werken wahrnimmt.[159] 84

Ferner besteht neben der allgemeinen Auskunftspflicht eine allgemeine **Meldepflicht**, die ebenfalls auf § 242 BGB gestützt wird. So haben die Nutzer die GEMA unaufgefordert über sämtliche Handlungen zu informieren, die ein gesetzliches Schuldver- 85

---

156 BGH, GRUR 1988, 604, 605 = ZUM 1988, 575, 576 – Kopierwerk. Zum Umfang der Auskunftspflicht vgl. auch Loewenheim-*Melichar,* § 48 Rn. 56 m.w.N.

157 Dreier/Schulze-*Dreier,* § 54f. UrhG Rn. 1.

158 Vertiefend zur ZPÜ siehe unten, **Kap. 16 Rn. 5–13**.

159 Loewenheim-*Melichar,* § 48 Rn. 54.

hältnis mit der GEMA begründen.[160] Danach ist etwa die tatsächliche Nutzungshandlung, die eine gesetzliche Lizenz auslöst, zu offenbaren.

6. Die doppelte Lizenzgebühr bei Pflichtverletzungen (GEMA-Zuschlag)

86 Werden von der GEMA wahrgenommene Rechte verletzt, so gewährt die Rechtsprechung regelmäßig einen pauschalen Kontrollzuschlag in Höhe des einschlägigen Tarifsatzes, **GEMA-Zuschlag.**[161] Der nach § 97 Abs. 1 UrhG schadensersatzpflichtige Urheberrechtsverletzer muß somit de facto die doppelte Tarifgebühr entrichten.

87 Diese ungewöhnliche Art der Schadensberechnung wird mit den Besonderheiten der immateriellen Urheberrechte begründet. Da Rechte an Immaterialgütern besonders leicht verletzt werden können, muß sich die GEMA eines **umfassenden Kontroll- und Überwachungssystems** – der sog. Nutzungserfassung – bedienen. Dies verursacht hohe Kosten. Der BGH führt hierzu in seiner grundlegenden Entscheidung „Doppelte Tarifgebühr" aus:

> „Würde ein Tarifzuschlag bei Rechtsverletzungen nicht gewährt, so müßten die umfangreichen Überwachungskosten entweder von den einzelnen Urhebern getragen werden oder aber es würden die Normaltarife erhöht, und die gesetzestreuen Lizenznehmer müßten für Kosten aufkommen, die ohne das widerrechtliche Verhalten anderer Benutzer nicht entstanden wären. Beides hält der erkennende Senat für unbillig".[162]

88 Die doppelte Lizenzgebühr beruht demnach in erster Linie auf gerechtfertigten **Billigkeitsüberlegungen**. In der Tat läßt sie sich nur schwer mit den Grundsätzen des deutschen Schadensersatzrechts in Einklang bringen. Zum einen widerspricht diese Form der Schadensberechung der Differenzhypothese des deutschen Schadensrechts. Danach sind nur solche Schäden ersatzfähig, die der Schädiger adäquat kausal verursacht hat. Die Kosten für den Überwachungs- und Kontrollapparat von Verwertungsgesellschaften entstehen jedoch bereits vor und vor allem unabhängig von der jeweiligen Verletzungshandlung.[163] Zum anderen sind die §§ 249–254 BGB vom Grundsatz der Naturalrestitution geprägt. Danach hat der Schädiger den Zustand wiederherzustellen, der bestehen würde, wenn das schädigende Ereignis niemals eingetreten wäre. Bei der unberechtigten Werknutzung liegt das schädigende Ereignis in der unterlassenen Einholung einer Einwilligung in die Nutzung. Demnach müßte der Urheberrechtsverletzer an sich lediglich die normale Vergütung ersetzen. Der GEMA-Zuschlag ist indes geboten, um einen effektiven Schutz des Urheberrechts zu gewährleisten. Hätte auch der Verletzer nur den normalen Lizenzsatz zu entrichten, so wäre dies ein Anreiz, fremde Urheberrechte zu verletzen und darauf zu vertrauen, daß die Verletzung unentdeckt bleibt.

---

160 Loewenheim-*Melichar,* § 48 Rn. 59; Schricker-*Melichar*, Vor §§ 45 ff. UrhG Rn. 26.

161 BGH, GRUR 1973, 379–381 – Doppelte Tarifgebühr; BGH, GRUR 1955, 549, 552 – Betriebsveranstaltungen; BGH, GRUR 1986, 376, 380 – Filmmusik; BGH, ZUM 1986, 199, 201 – GEMA-Vermutung III sowie bereits vorher KG, UFITA 11 (1938), 284, 286; KG, UFITA 12 (1939), 194, 196. Zur Entstehungsgeschichte des GEMA-Zuschlags Loewenheim-*Melichar,* § 48 Rn. 34 m.w.N.

162 BGH, GRUR 1973, 379, 381 – Doppelte Tarifgebühr.

163 *Schack,* Urheber- und Urhebervertragsrecht, Rn. 692.

Nach Auffassung des BGH ist dem GEMA-Zuschlag „nicht die Funktion einer – auch nur der Prävention dienenden – Strafe“[164] beizumessen. Der Zuschlag dürfte jedoch dennoch **pönalen Charakter** haben, da er durchaus geeignet ist, potentielle Schädiger von Urheberrechtsverletzungen abzuhalten.[165] 89

Konsequenterweise versagt die Rechtsprechung den GEMA-Zuschlag überall dort, wo die Verletzung auch ohne einen speziellen Überwachungsapparat hätte festgestellt werden können, etwa bei Verletzungen des Bühnenaufführungsrechts oder des Rechts an der Vervielfältigung und Verbreitung von Musik auf Bildtonträgern.[166] 90

VI. Die gerichtliche Geltendmachung von Ansprüchen

1. Prozeßführungsbefugnis

Die GEMA nimmt die Rechte ihrer Berechtigten treuhänderisch wahr. Sie ist somit auch prozessual befugt, die Rechte ihrer Mitglieder vor Gericht im eigenen Namen geltend zu machen. In der Regel folgt die Prozeßführungsbefugnis dabei unproblematisch aus eigenem Recht, da sich die GEMA die Rechte im Wahrnehmungsvertrag abtreten läßt. Ist der GEMA indes nur eine Inkassovollmacht erteilt worden, so kann sie die – für sie – fremdem Rechte im Wege der **gewillkürten Prozeßstandschaft** geltend machen.[167] 91

2. Das Schiedsstellenverfahren als Prozeßvoraussetzung

Für Streitigkeiten zwischen der GEMA und den Nutzern ist der **ordentliche Rechtsweg** vor den Zivilgerichten eröffnet. 92

Klagen, die die Nutzung von Werken bzw. geschützten Leistungen sowie den Abschluß oder die Änderung von Gesamtverträgen betreffen (§ 14 Abs. 1 UrhWG), dürfen grundsätzlich erst **nach Durchführung eines Schiedsstellenverfahrens** erhoben werden, § 16 UrhWG. Die Durchführung des Schiedsstellenverfahrens ist somit **Prozeßvoraussetzung** einer Klage vor den Zivilgerichten.[168] Die Klage ist demnach als unzulässig abzuweisen, wenn das erforderliche Schiedsstellenverfahren zuvor nicht durchgeführt worden ist. 93

Die Schiedsstelle ist indes nicht in allen Fällen des § 14 Abs. 1 UrhWG anzurufen, da die Absätze 2 und 3 des § 16 UrhWG bestimmte **Ausnahmen** vorsehen. So entfällt das vorgeschaltete Schiedsstellenverfahren gemäß § 16 Abs. 2 S. 1 UrhWG bei Streitigkei- 94

---

164 BGH, GRUR 1988, 296, 299 – GEMA-Vermutung IV.

165 Ebenso Loewenheim-*Melichar,* § 48 Rn. 34; *Schack,* Urheber- und Urhebervertragsrecht, Rn. 692.

166 BGH, GRUR 1966, 570, 572 – Eisrevue; BGH, GRUR 1986, 376, 380 – Filmmusik; BGH, GRUR 1988, 296, 298 – GEMA-Vermutung IV. Weitere Nachweise bei Dreier/Schulze-*Dreier,* § 97 UrhG Rn. 71; Fromm/Nordemann-*Nordemann,* § 97 UrhG Rn. 38.

167 OLG Frankfurt, GRUR 1994, 116, 117; Möhring/Nicolini-*Lütje,* Vor § 97 UrhG Rn. 107.

168 Dreier/Schulze-*Schulze,* § 16 UrhWG Rn. 2.

ten, die nicht die Anwendbarkeit und Angemessenheit des Tarifs betreffen. Wegen der besonderen Eilbedürftigkeit ist die vorherige Anrufung der Schiedsstelle ferner bei Anträgen auf Erlaß eines Arrests oder einer einstweiligen Verfügung iSd §§ 916–945 ZPO entbehrlich, § 16 Abs. 3 S. 1 UrhWG.

95 Der Gesetzgeber plant, die bisherigen Regelungen des § 14 UrhWG im Zuge des zweiten Gesetzes zur Regelung des Urheberrechts in einigen Teilen neu zu fassen. So soll nach dem bisherigen Absatz 1 Nr. 1 lit. a) eine neue lit. b) eingefügt werden, die wie folgt gefaßt sein soll: „die Vergütungspflicht nach § 54 des Urheberrechtsgesetzes oder", der bisherige Buchstabe b) wird Buchstabe c). Da zudem ein neuer Absatz eingefügt werden soll, werden die bisherigen Absätze 3 bis 7 zu den Absätzen 4 bis 8.[169]

96 Zu den Einzelheiten siehe unten, B, über das Schiedsstellenverfahren, insbesondere den Unterabschnitt über die Notwendigkeit des Schiedsstellenverfahrens, Rn. 130–146.

3. Zuständigkeit

a) Zuständigkeit bei Einzelnutzerstreitigkeiten

97 § 17 Abs. 1 UrhWG sieht einen **ausschließlichen Gerichtsstand** für Klagen einer Verwertungsgesellschaft gegen den Verletzer eines von ihr wahrgenommenen Nutzungs- oder Einwilligungsrechts vor. Danach ist entweder der besondere Gerichtsstand des Ortes der Verletzungshandlung (§ 32 ZPO) oder aber der allgemeine Gerichtsstand am Wohnsitz des Verletzers (§§ 13, 17 ZPO) gegeben. Abweichende Parteivereinbarungen über den Gerichtsstand sind unzulässig.[170]

98 Der Gesetzgeber wollte mit der Regelung der bisherigen Rechtsprechung der Berliner Gerichte entgegenwirken.[171] Diese gingen davon aus, daß bei Urheberrechtsstreitigkeiten über die unerlaubte Aufführung von Musikwerken stets der Sitz der GEMA für den Gerichtsstand nach § 32 ZPO maßgeblich sei, da der Vermögensschaden der Urheberrechtsverletzungshandlung an diesem Ort eingetreten sei und der Nutzungsvertrag hier hätte abgeschlossen werden müssen.[172] Diese Lesart war für die Nutzer jedoch mit **erheblichen finanziellen Nachteilen** verbunden, mußten sie doch eigens für den Prozeß anreisen und ggf. einen zugelassen Anwalt beauftragen. Da diese ratio im Wortlaut des § 17 Abs. 1 UrhWG jedoch keine Entsprechung gefunden hat, legte die Rechtsprechung die Vorschrift dahingehend aus, daß die Verletzungshandlung nicht als am Sitz der Verwertungsgesellschaft begangen galt.[173]

---

169 Vgl. den Referentenentwurf für ein Zweites Gesetz zur Regelung des Urheberrechts in der Informationsgesellschaft, S. 15f., im Internet einzusehen unter http://www.bundesjustizministerium.de/media/archive/760.pdf.

170 Schricker-*Reinbothe*, § 17 UrhWG Rn. 2; Wandtke/Bullinger-*Gerlach,* § 17 UrhWG Rn. 1; insoweit kritisch Fromm/Nordemann-*Nordemann,* § 17 UrhWG Rn. 1.

171 Amtliche Begründung, abgedruckt in UFITA 46 (1966), 271, 283 f.

172 LG Berlin, GRUR 1955, 552, 553.

173 BGH, GRUR 1969, 564, 565 – Festzeltbetrieb.

Begeht ein Verletzer **an mehreren Orten** Rechtsverletzungen zulasten der GEMA – etwa im Zuge einer Konzertreise –, so kann die GEMA sämtliche Ansprüche bei einem der Gerichte geltend machen, in deren Bezirken sich die Rechtsverletzungen ereignet haben, § 17 Abs. 2 UrhWG. Die GEMA ist indes auch in diesen Fällen nicht gehindert, die Ansprüche am Wohnort des Verletzers einzuklagen. **99**

Der ausschließliche Gerichtsstand des § 17 UrhWG gilt nur für Klagen der GEMA gegen die Nutzer. Bei **Klagen gegen die GEMA** findet § 17 UrhWG keine Anwendung. Der Gerichtsstand für solche Streitigkeiten ist daher nach den allgemeinen Regeln der Sitz der GEMA in Berlin. **100**

Die **Spezialzuständigkeiten nach § 105 UrhG** bleiben ausdrücklich unberührt, § 17 Abs. 1 S. 1 UrhWG. Soweit die Bundesländer also durch Rechtsverordnung Urheberrechtsstreitsachen bei bestimmten Amtsgerichten und Landgerichten konzentriert haben, bleibt deren Zuständigkeit bestehen. **101**

b) Zuständigkeit bei Gesamtvertragsstreitigkeiten und Streitigkeiten über das Kabelweitersendungsrecht

Für Streitigkeiten, die den **Abschluß von Gesamtverträgen** und das **Kabelweitersendungsrecht** (§ 87 Abs. 4 UrhG) betreffen, hat der Gesetzgeber in § 16 Abs. 4 UrhWG einen eigenen ausschließlichen Gerichtsstand vorgesehen. Über den Wortlaut hinaus gilt die Vorschrift nicht nur für den Abschluß, sondern auch für die **Änderung von Gesamtverträgen**.[174] Der Gesetzgeber plant, den Wortlaut der Vorschrift im Zuge des zweiten Gesetzes zur Regelung des Urheberrechts in der Informationsgesellschaft entsprechend anzupassen.[175] **102**

Bei Streitigkeiten, die Gesamtverträge oder das Kabelweitersendungsrecht betreffen, ist vor Klageerhebung gemäß § 16 Abs. 1 iVm § 14 Abs. 1 Nr. 1 lit. a), Nr. 2 UrhWG ein Schiedsstellenverfahren durchzuführen. Da in diesen Fällen somit regelmäßig eine **ausführliche Sachprüfung durch die Schiedsstelle** erfolgt, hielt es der Gesetzgeber für ausreichend, nur noch eine Tatsacheninstanz in Gestalt des OLG vorzusehen.[176] **103**

Örtlich zuständig ist das **OLG München** als Oberlandesgericht am Sitz der Schiedsstelle. **104**

4. Besonderheiten des Verfahrens

Für das Verfahren vor dem OLG München gelten nach § 16 Abs. 4 S. 1 UrhWG die **Vorschriften über das Verfahren vor dem Landgericht** (§§ 253–494 ZPO) entsprechend. Das OLG wird damit als reine Tatsacheninstanz tätig. **105**

---

174 Dreier/Schulze-*Schulze,* § 16 UrhWG Rn. 26; Schricker-*Reinbothe*, § 16 UrhWG Rn. 6; Wandtke/Bullinger-*Gerlach,* § 17 UrhWG Rn. 2.

175 Vgl. den Referentenentwurf für ein Zweites Gesetz zur Regelung des Urheberrechts in der Informationsgesellschaft, S. 17, im Internet einzusehen unter http://www.bundesjustizministerium.de/media/archive/760.pdf.

176 Amtliche Begründung, BT-Drucks. X/837, S. 25.

106 Das OLG **ersetzt die entsprechende Vereinbarung der Beteiligten**, indem es den Inhalt der Verträge – insbesondere Art und Höhe der Vergütung – festsetzt, § 14 Abs. 4 S. 3, 4 UrhWG. Es schafft damit ein Schuldverhältnis, das kraft Gesetzes zwischen den Parteien wie ein Vertrag wirkt. Bei der Vertragsfestsetzung ist dem Gericht ausdrücklich ein „billiges Ermessen" eingeräumt.

107 Die Festsetzung ist nur insoweit **rückwirkend** möglich, als sie frühestens mit Wirkung vom 1. Januar des Jahres erfolgt, in dem der Antrag gestellt wurde, § 16 Abs. 4 S. 5 UrhWG. Um das Vakuum eines gesamtvertragslosen Zeitraumes zu vermeiden, ist hier unter dem „Antrag" im Einklang mit § 14c Abs. 1 S. 2 UrhWG der Antrag bei der Schiedsstelle zu verstehen.

108 Die Urteile des OLG München sind gemäß § 16 Abs. 4 S. 6 UrhWG nach Maßgabe der §§ 542–566 ZPO **reversibel**.

B. Das Schiedsstellenverfahren

I. Allgemeines

1. Vorbemerkung

109 Die GEMA unterliegt dem **Abschlußzwang** (§ 11 Abs. 1 UrhWG). Sie ist verpflichtet, jedermann diejenigen Nutzungsrechte zu angemessenen Bedingungen einzuräumen, die ihr im Wege des Berechtigungsvertrags von den Urhebern oder Rechtsinhabern (z.B. Musikverlegern) zur treuhänderischen Wahrnehmung übertragen worden sind (s.a. § 12 A Rn. 30 ff.). In dieser Treuhandstellung nimmt sie wie ein Verlag, ein Agent oder ein sonstiges Verwerterunternehmen, das die Nutzungsrechte nicht selbst auswertet, sondern Dritten für diesen Zweck Nutzungsrechte einräumt, am allgemeinen Geschäftsleben teil. Außerdem muß sie die **Vergütungsansprüche aus diversen gesetzlichen Lizenzen** (z.B. §§ 20b, 27 Abs. 1, 54 UrhG) einziehen. Für beide Bereiche stellt sie **Tarife** auf, soweit die Höhe der Vergütung nicht schon im Gesetz beziffert ist (vgl. die Anlage zu § 54 d UrhG). Für welche Nutzung der jeweilige Tarif anwendbar ist und wie hoch die hierfür zu zahlende Vergütung ausfällt, bestimmt die GEMA grundsätzlich selbst. Insoweit genießt sie **Tarifhoheit**.

110 Manche Tarife werden nicht einseitig von der GEMA, sondern durch **Gesamtverträge** aufgestellt, welche die GEMA mit Nutzervereinigungen, z.B. dem Verband der Gaststätten, der Konzertveranstalter oder der Gerätehersteller, schließt. Bei Abschluß dieser Gesamtverträge haben beide Seiten die Möglichkeit, die aus ihrer Sicht maßgeblichen Kriterien einzubringen, um die Vergütung in angemessener Höhe zu bestimmen.

111 Dies schließt Streitigkeiten nicht aus, sei es über die **Angemessenheit** der Vergütungshöhe oder sei es über die **Anwendbarkeit** des Tarifs für die jeweilige Nutzung, und zwar nicht nur bei der einzelnen Nutzung, sondern auch beim Abschluß und bei der Geltung von Gesamtverträgen. Die GEMA muß gegen Nutzer vorgehen, die die von ihr wahrgenommenen Rechte nutzen, ohne sie zuvor erworben zu haben oder ohne die verlangte Vergütung zu zahlen (s.a. Rn. 91). Umgekehrt können auch die Nutzer

veranlaßt sein, gegen die Vorstellungen und Forderungen der GEMA einzuschreiten. Es handelt sich dann um **Urheberrechtsstreitigkeiten**, für die die ordentlichen Gerichte und dort meistens die speziell eingerichteten Urheberrechtskammern und Urheberrechtssenate zuständig sind (§§ 104, 105 UrhG). Ist bei einer derartigen Urheberrechtsstreitigkeit eine Verwertungsgesellschaft beteiligt, kann – und in manchen Fällen muß – zuvor ein **Verfahren bei der Schiedsstelle** durchgeführt werden (§§ 14, 16 UrhWG; s.a. Rn. 92 ff.

2. Sinn und Zweck des Schiedsstellenverfahrens

Nachdem es bei den ordentlichen Gerichten für Urheberrechtsstreitsachen idR bereits spezielle Urheberrechtskammern und -senate gibt, die ohnehin zuständig bleiben, wenn dem Einigungsvorschlag der Schiedsstelle widersprochen wird, das Schiedsstellenverfahren also erfolglos bleibt, stellt sich die Frage, weshalb dem Verfahren bei den ordentlichen Gerichten ein zusätzliches Verfahren bei der Schiedsstelle vorgeschaltet werden soll. **112**

Zum einen schließt die GEMA – und jede andere Verwertungsgesellschaft – eine Vielzahl gleichartiger Nutzungsverträge auf der Basis der von ihr aufgestellten Tarife ab. Erfahrungsgemäß zieht dies eine Vielzahl gleichartiger Rechtsstreitigkeiten nach sich. Manche Frage klärt sich dann bereits in erster Instanz. Durch das vorgeschaltete Schiedsstellenverfahren sollen die **Gerichte entlastet** werden. **113**

Zum anderen geht es bei der Aufstellung und Anwendung von Tarifen nicht nur um rechtliche, sondern auch um wirtschaftliche und praktische Fragen. Es sollte eine Instanz geschaffen werden, die aufgrund ihrer laufenden Tätigkeit, die Tarifpraxis der Verwertungsgesellschaften zu überprüfen, **besondere Erfahrungen** auf diesem Gebiet sammeln und anwenden kann. **114**

Als sachkundige Spezialinstanz ist die Schiedsstelle ein **Instrument der Vertragshilfe und der Streitschlichtung**. Soweit derartige Schlichtungsbemühungen z.B. bei geringen Streitwerten auch anderweitig vorgesehen sind (vgl. § 15a EGZPO), ist das Schiedsstellenverfahren als lex specialis vorrangig und ersetzt andere Schlichtungsverfahren oder Güteversuche.[177] **115**

3. Überblick über das Schiedsstellenverfahren

Das Schiedsstellenverfahren kommt nur dann zum Zuge, wenn eine Verwertungsgesellschaft beteiligt ist (§ 14 Abs. 1 Nr. 1 UrhWG) oder wenn im Falle der Kabelweitersendung ein Sendeunternehmen und ein Kabelunternehmen beteiligt sind (§14 Abs. 1 Nr. 2 UrhWG). In manchen Fällen muß es durchgeführt werden, bevor eine Klage bei den ordentlichen Gerichten eingereicht werden kann (vgl. § 16 UrhWG). **116**

Die Schiedsstelle ist **beim Deutschen Patent- und Markenamt** eingerichtet (§ 14 Abs. 2 UrhWG). Für das Verfahren vor der Schiedsstelle gilt die vom Bundesministerium **117**

177 Vgl. § 278 Abs. 2 ZPO; Loewenheim-*Melichar,* § 49 Rn. 36 f.

der Justiz erlassene **Urheberrechtsschiedsstellenverordnung** (UrhSchiedsV; § 15 UrhWG). Die dortigen Regelungen sind vorrangig. Im übrigen soll sich die Schiedsstelle an die **Vorschriften der ZPO** anlehnen (§ 10 UrhSchiedsV).

118 Die Schiedsstelle wird **nur auf Antrag** einer der Parteien tätig (§ 14 Abs. 4 UrhWG), wirkt auf eine **gütliche Beilegung des Streitfalls** hin (§ 14 Abs. 5 UrhWG) und macht den Parteien einen **Einigungsvorschlag** (§ 14a Abs. 2 UrhWG). Dabei kann sich die Schiedsstelle auf die Anwendbarkeit und Angemessenheit des Tarifs beschränken und andere Fragen (z.B. zur Urheberrechtsverletzung) ausklammern (§ 14b UrhWG). Wird um den Abschluß oder die Änderung eines Gesamtvertrags gestritten (§ 14 Abs. 1 Nr. 1b UrhWG), muß die Schiedsstelle mit dem Einigungsvorschlag den Inhalt eines Gesamtvertrages formulieren (§ 14c UrhWG); bei Streitfällen über die Kabelweitersendung einen entsprechenden Pauschalvertrag (§ 14d UrhWG).

119 Wird dem Einigungsvorschlag der Schiedsstelle nicht binnen eines Monats – bei Pauschalverträgen über die Kabelweitersendung binnen drei Monaten – von einer der Parteien widersprochen, gilt er als angenommen (§ 14a Abs. 3 UrhWG). Hieraus kann vollstreckt werden (§ 14a Abs. 4 UrhWG). Wurde dem Einigungsvorschlag fristgerecht widersprochen, ist das Schiedsstellenverfahren beendet. Die Parteien können ihren Streit nun bei den ordentlichen Gerichten fortsetzen (§ 16 UrhWG), sei es beim Amts- oder Landgericht bei Streitigkeiten mit Einzelnutzern (§ 16 Abs. 2 UrhWG) oder sei es beim OLG München bei Gesamtvertragsstreitigkeiten oder Pauschalverträgen (§ 16 Abs. 4 UrhWG).

II. Einzelheiten

1. Gegenstand und Voraussetzungen des Schiedsstellenverfahrens

120 Welche Streitigkeiten vor die Schiedsstelle gebracht werden können, regelt § 14 UrhWG. Diese Vorschrift steht in engem Zusammenhang mit § 16 UrhWG. Darin ist bestimmt, in welchen Fällen ein Schiedsstellenverfahren vorgeschaltet werden muß, bevor ein ordentliches Gerichtsverfahren eingeleitet werden kann. Zum einen betrifft dies **sämtliche Gesamtvertragsstreitigkeiten**, an denen die GEMA beteiligt ist (§ 14 Abs. 1 Nr. 1b UrhWG). Zum anderen betrifft dies sämtliche **Streitigkeiten mit Einzelnutzern über die Anwendbarkeit oder Angemessenheit eines Tarifs**. Nur wenn die Anwendbarkeit und Angemessenheit eines Tarifs nicht im Streit stehen, bedarf es keines Schiedsstellenverfahrens (§ 16 Abs. 2 Satz 1 UrhWG). Gleichwohl kann die Schiedsstelle auch in **anderen Streitfällen mit der GEMA** angerufen werden, bei denen es um die Nutzung von urheberrechtlich geschützten Musikwerken geht (§ 14 Abs. 1 Nr. 1a UrhWG). Im Einzelnen sind folgende Voraussetzungen zu beachten.

a) Beteiligte Parteien

121 Die Schiedsstelle kann nur in den Fällen angerufen werden, bei denen Streit zwischen der **GEMA** und **Nutzern** (Einzelnutzern oder Nutzervereinigungen) besteht. Streitigkeiten zwischen der **GEMA** und ihren **Mitgliedern** oder Wahrnehmungsberechtigten (Komponisten, Texter oder Musikverleger) können **nicht** vor die Schiedsstelle gebracht werden.[178] Nicht die Wahrnehmungsbedingungen oder die Beteiligungen auf Seiten der Rechtsinhaber und ihrer Verwertungsgesellschaften sind Gegenstand der Tarife und Gesamtverträge, sondern die Nutzungsbedingungen mit den Werknutzern. **Streitigkeiten zwischen GEMA-Mitgliedern**, die die Auslegung der Satzung, des Verteilungsplans, des Berechtigungsvertrags und andere GEMA-interne Fragen betreffen, entscheidet ein Schiedsgericht (§ 16 B der GEMA-Satzung). Für Streitigkeiten zwischen der GEMA und ihren Mitgliedern gibt es einen Beschwerdeausschuß (§ 16 C der GEMA-Satzung).

Die Schiedsstelle ist auch **nicht zuständig für Streitigkeiten unter den Verwertungsgesellschaften**, z.B. über die Aufteilung der Erlöse an die Urheber verschiedener Werkarten oder an die Berechtigten unterschiedlicher Verwertungsgesellschaften. Solche Streitigkeiten sind bei den ordentlichen Gerichten einzubringen. Geht es um die Erlaubnis für eine Verwertungsgesellschaft (§ 1 UrhWG) oder um Maßnahmen der Aufsichtsbehörde (§ 19 UrhWG), sind die Verwaltungsgerichte zuständig.[179] **122**

Für Urheberrechtsstreitigkeiten, an denen keine Verwertungsgesellschaft beteiligt ist, z.B. wenn ein Verlag oder Urheber wegen unerlaubter Nutzung seiner Werke gegen eine Filmfirma vorgehen will, ist das Schiedsstellenverfahren nicht vorgesehen. Dort kann und muß gleich bei den ordentlichen Gerichten geklagt werden. **123**

b) Streitfälle über die Nutzung von Werken

Das Schiedsstellenverfahren kann in **allen** Streitigkeiten zwischen einer Verwertungsgesellschaft und einem Nutzer eingeleitet werden, gleichviel, ob es um die Einräumung von Nutzungsrechten nach § 11 UrhWG, um einen reinen Vergütungsanspruch aus den gesetzlichen Lizenzen (z.B. §§ 20b, 27 Abs. 1, 54 UrhG), um Auskunftsansprüche (z.B. § 54g UrhG) oder um Ansprüche wegen Urheberrechtsverletzungen u.a. auf Unterlassung, Auskunft, Rechnungslegung, Schadensersatz[180] oder auch aus ungerechtfertigter Bereicherung geht.[181] Es müssen also nicht unbedingt Fragen zur Anwendbarkeit und Angemessenheit der Tarife, sondern es können **auch reine Rechtsfragen** sein, z.B. ob Readerprinter, Telefaxgeräte, PCs, Drucker oder andere Geräte i.S. von §§ 54, 54a UrhG bestimmt sind, Vervielfältigungsstücke herzustellen.[182] Nach den Vorstellungen des Gesetzgebers soll jedoch das **Schwergewicht bei der Überprüfung der Tarife** liegen. Deshalb hat die Schiedsstelle die Möglichkeit, sich hierauf zu beschränken (§ 14b UrhWG). Sie muß es nicht.[183] **124**

Es ist zwischen der **Möglichkeit** und der **Notwendigkeit** eines Schiedsstellenverfahrens zu unterscheiden. Ist die Anwendbarkeit oder Angemessenheit eines Tarifs im Streit, **125**

---

178 Vgl. amtl. Begr. BT-Drucks. 10/837, S. 23; Schiedsstelle, ZUM 1989, 312, 313.
179 Vgl. BayVGH, ZUM 2003, 78, 79.
180 Vgl. BGH, GRUR 2000, 872, 874 – Schiedsstellenanrufung.
181 Vgl. amtl. Begr. BT-Drucks. 10/837, S 23.
182 Schiedsstelle vom 27.11.2003, ZUM-RD 2004, 498, 502 – Multifunktionsgeräte.
183 Vgl. hierzu Wandtke/Bullinger-*Gerlach,* § 14 UrhWG Rn. 4; Fromm/Nordemann-*Nordemann,* § 16 UrhWG Rn. 4; Dreier/Schulze-*Schulze*, § 14 UrhWG Rn. 6.

muß ein Schiedsstellenverfahren durchgeführt werden, bevor deswegen vor den ordentlichen Gerichten geklagt wird. Dies ist eine von Amts wegen zu beachtende Prozeßvoraussetzung (s.u. Rn. 130). Ist die Anwendbarkeit oder Angemessenheit eines Tarifs nicht im Streit, z.B. weil die GEMA mit dem Nutzer vereinbart hat, daß für bestimmte Nutzungen ein Betrag nach einem bestimmten Tarif zu bezahlen ist, dann ist das Schiedsstellenverfahren zwar nicht notwendig, es kann aber gleichwohl durchgeführt werden.[184] In diesem Falle bleibt es den Parteien unbenommen, ohne vorangegangenes Schiedsstellenverfahren den Gerichtsweg zu beschreiten oder parallel hierzu Klage zu erheben (s.u. Rn. 139 f.). Desgleichen kann die Schiedsstelle in diesem Falle von einem Einigungsvorschlag absehen (§ 14b Abs. 2 UrhWG) und das Verfahren einstellen (s.u. Rn. 138).

126 Gegenstand des Schiedsstellenverfahrens können nur die Anwendbarkeit und Angemessenheit eines von der GEMA bereits aufgestellten Tarifs sowie weitere Streitigkeiten aus der Nutzung von urheberrechtlich geschützten Werken oder Leistungen sein. Der Antragsteller kann über das Schiedsstellenverfahren nicht verlangen, daß die GEMA einen bestimmten Tarif aufstellen soll oder nicht aufstellen darf.[185]

c) Streitfälle über den Abschluß oder die Änderung eines Gesamtvertrages

127 Die GEMA ist verpflichtet, mit Nutzervereinigungen Gesamtverträge abzuschließen (§ 12 UrhWG). Einigt man sich nicht, kann jeder Beteiligte den Abschluß eines Gesamtvertrages vor der Schiedsstelle geltend machen und einen dahingehenden Einigungsvorschlag beantragen. Einen **Anspruch** hierauf hat jedoch **nur die Nutzervereinigung**. Die GEMA kann zwar ebenfalls den Abschluß eines Gesamtvertrages beantragen. Erklärt die Nutzervereinigung jedoch, hierzu nicht bereit zu sein, oder schweigt sie auf einen dahingehenden Antrag länger als einen Monat, ist das von der GEMA eingeleitete Verfahren einzustellen (§ 1 Abs. 3 UrhSchiedsV). Anders verhält es sich bei der **Änderung eines bereits bestehenden Gesamtvertrages**, z.B. durch Anpassung an veränderte Umstände. Sie kann uneingeschränkt nicht nur von der Nutzervereinigung, sondern auch von der GEMA im Schiedsstellenverfahren beantragt werden (§ 14 Abs. 1 Nr. 1b UrhWG). Außerdem müssen Gesamtvertragsstreitigkeiten zunächst an die Schiedsstelle herangetragen werden, bevor der Gerichtsweg beschritten wird (§ 16 Abs. 1 UrhWG).

128 Beteiligte einer Gesamtvertragsstreitigkeit sind die Verwertungsgesellschaft (GEMA) und die Nutzervereinigung, nicht das einzelne Mitglied der Nutzervereinigung; denn durch den Gesamtvertrag ist nur die Nutzervereinigung, nicht hingegen das einzelne Mitglied gebunden, solange es keinen (zusätzlichen) Einzelvertrag mit der GEMA abgeschlossen hat. **Gesamtvertragsstreitigkeiten** und **Einzelnutzerstreitigkeiten** sind zu unterscheiden und können unabhängig voneinander durchgeführt werden. Hat der Nutzer keinen Einzelvertrag mit der GEMA abgeschlossen oder ist er kein Mitglied der Nutzervereinigung, kann über die Anwendbarkeit oder Angemessenheit des

---

184 A.A. wohl Dreyer/Kotthoff/Meckel-*Zeisberg*, § 14 WahrnG Rn. 2.
185 Schiedsstelle vom 31. 1. 2003, Schulze RzU, SchSt 9, S. 44 f. – PC-Vergütung.

Tarifs auch dann im Rahmen einer Einzelnutzerstreitigkeit gestritten werden, wenn dieser Tarif gesamtvertraglich bereits vereinbart worden war. Umgekehrt kann die GEMA gegen Nutzer der von ihr wahrgenommenen Rechte vorgehen, solange sie keine Verträge mit ihr geschlossen haben, gleichviel, ob sie Mitglieder einer Nutzervereinigung sind oder nicht.[186]

d) Streitfälle zum Abschluß eines Vertrages über die Kabelweitersendung

Verträge über die Kabelweitersendung kann ein Kabelunternehmen nicht nur mit **129**
der GEMA, sondern auch mit Sendeunternehmen abschließen (§ 20 b Abs. 1 Satz 2 UrhG). Wie die GEMA unterliegen die **Sendeunternehmen** einem **Kontrahierungszwang** (§ 87 Abs. 5 UrhG). Zur Vermittlung von Verträgen zwischen Sendeunternehmen und Kabelunternehmen ist ebenfalls das Schiedsstellenverfahren vorgesehen (§ 14 Abs. 1 Nr. 2 UrhWG; Art. 11 der EG-Richtlinie betreffend Satellitenrundfunk und Kabelweiterverbreitung vom 27. 9. 1993). Die GEMA kann hinsichtlich des Rechts zur Kabelweitersendung sowohl Einzelnutzerverträge als auch Gesamtverträge abschließen. Für Streitigkeiten hieraus ist das Schiedsstellenverfahren wie bei anderen Einzelnutzer- oder Gesamtvertragsstreitigkeiten nach § 14 Abs. 1 Nr. 1a und b möglich und notwendig, soweit letzteres § 16 UrhWG verlangt.

2. Notwendigkeit des Schiedsstellenverfahrens

In Streitfällen nach § 14 Abs. 1 UrhWG muß ein Schiedsstellenverfahren durchge- **130**
führt werden, bevor bei den ordentlichen Gerichten geklagt wird (§ 16 Abs. 1 UrhWG). Dies ist eine **von Amts wegen zu berücksichtigende Prozeßvoraussetzung**.[187] War das Schiedsstellenverfahren zuvor nicht durchgeführt worden, ist die Klage als unzulässig abzuweisen.[188] Stellt sich erst im Laufe des Rechtsstreits heraus, daß die Anwendbarkeit oder die Angemessenheit eines Tarifs im Streit ist und deshalb ein Schiedsstellenverfahren durchgeführt werden muß, setzt das Gericht den Rechtsstreit aus, um den Parteien die Anrufung der Schiedsstelle zu ermöglichen (§ 16 Abs. 2 Satz 2 UrhWG). Soll eine Klage zu den ordentlichen Gerichten erhoben werden, sei es eine Klage der GEMA oder sei es eine Klage gegen die GEMA, muß geprüft werden, ob zuvor ein Schiedsstellenverfahren durchzuführen ist oder nicht.

a) Gesamtvertragsstreitigkeiten

Wer den Abschluß oder die Änderung eines Gesamtvertrages verlangt, muß in jedem **131**
Falle das Schiedsstellenverfahren durchführen, bevor er klagt. Auf der einen Seite wirkt der Einigungsvorschlag, der den Inhalt des Gesamtvertrages enthalten soll (§ 14 c Abs. 1 UrhWG), nur inter partes. Hat die GEMA mit verschiedenen Nutzervereini-

---

186 Vgl. BGH, ZUM 1988, 575, 577 – Kopierwerk; Schiedsstelle, ZUM 1988, 351, 352; Schiedsstelle, ZUM 1988, 471, 477.

187 Dreier/Schulze-*Schulze*, § 16 UrhWG Rn. 2 m.w.N.; Dreyer/Kotthoff/Meckel- *Zeisberg*, § 16 WahrnG Rn. 7.

188 BGH, GRUR 2000, 872, 873 – Schiedsstellenanrufung.

gungen über die gleiche Nutzungsart mehrere Gesamtverträge abzuschließen und sind diese Abschlüsse strittig, müßte grundsätzlich in allen Fällen zuvor ein Schiedsstellenverfahren durchgeführt werden.[189] Auf der einen Seite müßten bei gleichgelagerten Fällen immer wieder gleichlautende Einigungsvorschläge von der Schiedsstelle gemacht werden; denn für ungleiche Regelungen ist dort kein Raum und die verlangte Angemessenheit gebietet ebenfalls eine einheitliche Regelung. Man könnte in solchen Fällen das Erfordernis eines vorgeschalteten Schiedsstellenverfahrens als Förmelei ansehen.[190] Gleichwohl kommt man um das Schiedsstellenverfahren nicht herum. Die Schiedsstelle kann sich aber auf die in vergleichbaren Fällen bereits ergangenen Einigungsvorschläge berufen und das Verfahren zügig durchführen.

132 **Pauschalverträge**, die die GEMA **mit Nutzervereinigungen von Rundfunkanstalten** abschließt, werden ebenfalls als Gesamtverträge[191] oder als **unechte Gesamtverträge**[192] angesehen, obwohl die GEMA dort keine weiteren Einzelnutzerverträge abschließen muß, weil die Nutzervereinigung ihre Mitglieder bereits verbindlich vertritt.[193] Dort ist ebenfalls ein Schiedsstellenverfahren notwendig, bevor geklagt wird.

b) Einzelnutzerstreitigkeiten

133 Bei Streitfällen mit einzelnen Nutzern ist ein vorgeschaltetes Schiedsstellenverfahren dann unumgänglich, wenn die Anwendbarkeit oder die Angemessenheit des Tarifs bestritten ist. Es genügt das Bestreiten eines der beiden, der Anwendbarkeit oder der Angemessenheit des Tarifs.[194] Die **Anwendbarkeit des Tarifs** ist streitig, wenn der Nutzer z.B. bestreitet, daß PCs, CD-Brenner oder andere Geräte, für die der Tarif vorgesehen ist, nach § 54 UrhG vergütungspflichtig sind. Ist die Vergütungspflicht der Geräte jedoch unstreitig und glaubt der Nutzer, sich ihr durch andere Vorkehrungen entziehen zu können, z.B. indem er Schilder aufstellt, daß mit diesen Geräten keine urheberrechtlich geschützten Werke vervielfältigt werden dürfen, ist der Tarif nicht strittig, so daß es keines Schiedsstellenverfahrens bedarf.[195] Ähnlich verhält es sich, wenn lediglich umstritten ist, ob der Nutzer z.B. CD-ROM-Rechte hat oder ob diese Rechte bei der Verwertungsgesellschaft liegen und letztere hieraus Ansprüche herleiten kann.[196] Will der Nutzer weniger zahlen als die GEMA verlangt, dann muß über die **Angemessenheit des Tarifs** gestritten werden.

134 Anwendbarkeit und Angemessenheit des Tarifs sind dann nicht mehr streitig, wenn die GEMA mit dem Nutzer zuvor hierüber eine **Vereinbarung** getroffen hatte. Hieran sind die Parteien grundsätzlich gebunden, so daß es für die Dauer des Vertrages kei-

---

189 Vgl. zu Einzelnutzerstreitigkeiten OLG Karlsruhe, GRUR 1993, 909, 910 – Tarifstreit.

190 Vgl. zu Einzelnutzerverträgen LG Bielefeld, ZUM 1995, 803, 804; LG Mannheim, ZUM-RD 1998, 222, 226 – Drei Tenöre.

191 BGH, ZUM 2001, 983, 988 – Gesamtvertrag privater Rundfunk.

192 Wandtke/Bullinger-*Gerlach*, § 12 UrhWG Rn. 4.

193 Dreier/Schulze-*Schulze*, § 12 UrhWG Rn. 17 ff.

194 Schricker-*Reinbothe*, § 16 UrhWG Rn. 3.

195 OLG Hamburg, ZUM-RD 1997, 19, 21.

196 LG Hamburg, ZUM 2001, 711.

nes Schiedsstellenverfahrens bedarf, wenn (Vergütungs-) Ansprüche nach dem vereinbarten Tarif nicht beglichen wurden und deshalb geltend gemacht werden sollen.[197] In Ausnahmefällen kann die vertragliche Bindung entfallen oder anzupassen sein. Dann können auch die Anwendbarkeit und Angemessenheit des Tarifs wiederum in Frage stehen, so daß ein Schiedsstellenverfahren erforderlich ist.[198]

Ein gesamtvertraglich vereinbarter Tarif schließt einen Streitfall über den gleichen Tarif im Einzelnutzervertrag zwischen GEMA und Nutzer nicht aus, wenn der Nutzer kein Mitglied der Nutzervereinigung des Gesamtvertrages ist[199] oder wenn er den Gesamtvertrag weder ausdrücklich noch konkludent anerkannt hat[200] und Streit über die Anwendbarkeit oder Angemessenheit des Tarifs besteht. **135**

c) *Schiedsstellenverfahren in jedem Einzelfall*

Die GEMA nimmt vor allem solche Rechte wahr, die massenweise genutzt werden und schwer kontrollierbar sind. Demgemäß werden auch die Tarife zum einen für derartige Nutzungen aufgestellt und zum anderen in zahlreichen vergleichbaren Fällen eingesetzt. Man könnte deshalb dazu neigen, daß ein Schiedsstellenverfahren dort nicht mehr erforderlich ist, wo die Schiedsstelle in einem vorangegangenen vergleichbaren Fall die Anwendbarkeit und Angemessenheit des Tarifs bereits bestätigt oder einen hiervon abweichenden Einigungsvorschlag gemacht hat. So wie das gerichtliche Verfahren nur inter partes gilt, hat auch das Schiedsstellenverfahren **nur inter partes** seine Wirkung. Der an früheren Verfahren nicht beteiligten Partei soll die Möglichkeit nicht genommen werden, Besonderheiten ihres Falls ebenso in einem Schiedsstellenverfahren vorzutragen und dort entscheiden zu lassen.[201] Die rechtskräftige Entscheidung eines anderen Verfahrens ändert nichts daran, daß anderswo der Tarif strittig bleibt. Anders verhält es sich, wenn die betreffende Partei in einem früheren Schiedsstellenverfahren bereits hinreichend beteiligt war, so z.B. der Geschäftsführer einer GmbH, der nach dem Schiedsstellenverfahren gegen die GmbH erst im Rahmen der Klage neben der GmbH ebenfalls verklagt worden ist.[202] **136**

Wer sich jedoch auf die Unanwendbarkeit und Unangemessenheit des Tarifs stützen will, muß dies **rechtzeitig kundtun**. Einerseits ist das gerichtliche Verfahren auszusetzen und den Parteien die Anrufung der Schiedsstelle zu ermöglichen, wenn sich erst im Laufe des Gerichtsverfahrens ein Streit über die Anwendbarkeit oder Angemes- **137**

---

197 BGH, GRUR 1984, 52, 54 – Tarifüberprüfung I; BGH, GRUR 2000, 872, 873 – Schiedsstellenanrufung; a.A. *v. Ungern-Sternberg*, Zur Durchführung des Verfahrens vor der Schiedsstelle nach dem Urheberrechtswahrnehmungsgesetz als Prozeßvoraussetzung, FS Schricker 2005, S. 567, 575 f.

198 Vgl. BGH, GRUR 1984, 52, 54 – Tarifüberprüfung I; Dreier/Schulze-*Schulze*, § 11 UrhWG Rn. 14 f und § 13 UrhWG Rn. 38 f.

199 Vgl. BGH, ZUM 1988, 575, 577 – Kopierwerk; Schiedsstelle, ZUM 1988, 351, 352; Schiedsstelle, ZUM 1988,471, 477.

200 Vgl. Schiedsstelle, ZUM 1987, 183, 184.

201 OLG Karlsruhe, GRUR 1993, 909, 910 – Tarifstreit.

202 LG Mannheim, ZUM-RD 1998, 222, 226 – Drei Tenöre.

senheit des Tarifs herausstellt (§ 16 Abs. 2 Satz 2 UrhWG). Andererseits kann es **rechtsmißbräuchlich** sein, sich hierauf erst nach Klageerhebung zu berufen, wenn der Einwand schon vorher hätte vorgebracht werden können und der Eindruck entsteht, das Verfahren solle nur verzögert werden.[203] Dieser Eindruck entsteht vor allem dann, wenn dem Anspruchsgegner frühere vergleichbare Fälle bekannt sind, in denen die Schiedsstelle oder die Gerichte die Anwendbarkeit und Angemessenheit des Tarifs bestätigt haben. Dann muß der Anspruchsgegner konkret darlegen, weshalb der Tarif in seinem Falle nicht anwendbar oder unangemessen sein soll. Desgleichen muß er konkret darlegen, welchen Betrag er für angemessen hält; denn soweit die urheberrechtliche Relevanz der Nutzung unstreitig ist, wird er idR nicht davon ausgehen können, hierfür gar keine Vergütung leisten zu müssen. Wer die Anwendbarkeit und Angemessenheit des Tarifs lediglich bestreitet, obwohl sie in vergleichbaren Fällen von der Schiedsstelle oder einem Gericht bereits bestätigt worden sind, gibt zu erkennen, daß es ihm in erster Linie darum geht, das Verfahren zu verzögern. Dies ist ebenfalls rechtsmißbräuchlich. Wer außerdem nutzt, ohne die tariflich verlangte Vergütung zu hinterlegen oder unter Vorbehalt zu zahlen (vgl. § 11 Abs. 2 UrhWG), begeht eine **Urheberrechtsverletzung**, soweit die Nutzung nicht gesetzlich gestattet ist. Ihm gegenüber können zumindest Unterlassungsansprüche ohne vorheriges Schiedsstellenverfahren gerichtlich geltend gemacht werden.[204] Es darf nicht übersehen werden, daß das Schiedsstellenverfahren dort, wo es nicht zu einem gütlichen Abschluß kommt, der das gerichtliche Verfahren überflüssig werden läßt, häufig die **Verfahrensdauer erheblich verlängert**. Mitunter wird dies ausgenutzt, einfach um für die Nutzung der Werke nicht (sofort) zahlen zu müssen. Wo sich dies abzeichnet, sollte die Schiedsstelle zumindest bei einfach gelagerten oder auf vergleichbare Weise schon mehrfach entschiedenen Fällen zügig verfahren.

d) Keine Tarifstreitigkeit, paralleles Gerichtsverfahren

138 Geht es in einer Einzelnutzerstreitigkeit nicht um die Anwendbarkeit oder Angemessenheit eines Tarifs, bedarf es nach § 16 Abs. 2 Satz 1 UrhWG keines Schiedsstellenverfahrens. Diese Ausnahmeregelung ist im Zusammenhang mit **§ 14b UrhWG** zu lesen. Danach kann die Schiedsstelle hinsichtlich Streitfragen außerhalb der Tarife ihren **Einigungsvorschlag beschränken** oder sogar von einem Vorschlag ganz absehen. Dort gibt es keinen Anlaß, gerichtliche Schritte erst nach einem Schiedsstellenverfahren zuzulassen. Es kommt also darauf an, ob die Anwendbarkeit oder Angemessenheit des Tarifs vom Anspruchsgegner bestritten wird und ob der jeweilige Anspruch tarifgestützt ist.

139 Begeht der Nutzer eine Urheberrechtsverletzung, weil die betreffende Nutzung gesetzlich nicht gestattet ist und er sich weder die Rechte beschafft noch die verlangte Vergütung hinterlegt oder unter Vorbehalt bezahlt hat (vgl. § 11 Abs. 2 UrhWG),

---

203 Vgl. LG Bielefeld, ZUM 1995, 803, 804.

204 BGH, GRUR 2000, 872 – Schiedsstellenanrufung; Dreier/Schulze-*Schulze*, § 16 UrhWG Rn. 15 m.w.N.; s.a. Rn. 40.

können ihm gegenüber **Unterlassungsansprüche** geltend gemacht werden, **ohne** zuvor die **Schiedsstelle** einschalten zu müssen.[205]

Da durch ein Verfahren vor der Schiedsstelle keine Rechtshängigkeit eintritt,[206] kann parallel hierzu ein gerichtliches Verfahren hinsichtlich derjenigen Fragen eingeleitet werden, deren gerichtliche Klärung kein vorgeschaltetes Schiedsstellenverfahren voraussetzt. Unterlassungsansprüche können also in einem parallel zum Schiedsstellenverfahren anhängigen Gerichtsverfahren geltend gemacht werden. Auf diese Weise lassen sich die durch ein Schiedsstellenverfahren zwangsläufig eintretenden Verzögerungen teilweise vermeiden. **140**

Inwieweit dies auch für **Schadensersatzansprüche** und hierzu vorbereitende **Auskunftsansprüche** gilt, ist umstritten. Auf der einen Seite vertritt der BGH den Standpunkt, die Schadensberechnung nach der angemessenen Lizenzgebühr führe regelmäßig dazu, daß die Tarifvergütung zugrunde zu legen sei, die der Rechtsverletzer bei ordnungsgemäßer Einholung der Erlaubnis der GEMA hätte entrichten müssen. Beruhe aber ein Anspruch auf dem Tarif, dann müsse dessen Anwendbarkeit und Angemessenheit durch die Schiedsstelle überprüft werden. Die Prozeßvoraussetzung der vorgängigen Durchführung des Schiedsstellenverfahrens sei deshalb auch bei einer Schadensersatzklage zu beachten.[207] Auf der anderen Seite begeht eine **Urheberrechtsverletzung**, wer sich die Rechte zuvor nicht ordnungsgemäß beschafft. Für Schadensersatzansprüche gibt es **drei Berechnungsarten**. Sie können, müssen aber nicht nach der angemessenen Lizenzgebühr berechnet werden. Deshalb sind Schadensersatzansprüche meines Erachtens **tarifunabhängig** und können ohne vorgeschaltetes Schiedsstellenverfahren geltend gemacht werden.[208] Außerdem muß zwischen der erlaubten Nutzung, für die die GEMA Tarife aufstellt, und der Urheberrechtsverletzung (also der unerlaubten Nutzung) unterschieden werden, für die die Tarife lediglich Anhaltspunkte zur Schadensberechnung sind. Sie stellen aber keine Obergrenze des zu ersetzenden Betrages dar.[209] **141**

e) Aussetzung des Gerichtsverfahrens bei nachträglicher Tarifstreitigkeit

Mitunter stellt sich erst im Laufe des Rechtstreits heraus, daß die Anwendbarkeit oder Angemessenheit des Tarifs bestritten wird. Dann muß das Gericht den **Rechtsstreit aussetzen** und den Parteien die Anrufung der Schiedsstelle ermöglichen (§ 16 Abs. 2 Satz 2 UrhWG). Dies setzt voraus, daß der Tarif tatsächlich erst im Laufe des Rechtstreits infrage gestellt worden ist. War seine Anwendbarkeit und Angemessen- **142**

---

205 BGH, GRUR 2000, 872 – Schiedsstellenanrufung; hinsichtlich des Nutzungsverbots hatte der BGH die Revision nicht angenommen; OLG Naumburg, ZUM 2004, 847, 849; vgl. ferner Dreier/Schulze-*Schulze* § 16 UrhWG Rn. 15 m.w.N.

206 Vgl. Thomas/Putzo-*Reichold*, § 261 ZPO Rn. 8; LG München I vom 26.9.2001, Az. 21 O 24574/00.

207 BGH, GRUR 2000, 872, 874 – Schiedsstellenanrufung.

208 Dreier/Schulze-*Schulze*, § 11 UrhWG Rn. 23 f. n.w.N.; kritisch zur BGH-Rechtsprechung auch Loewenheim-*Melichar,* § 49 Rn. 7; s.a. Rn. 58.

209 Vgl. BGH, GRUR 1973, 379, 381 – Doppelte Tarifgebühr.

heit schon zuvor umstritten und wurde geklagt, ohne das Schiedsstellenverfahren durchzuführen, fehlt eine Prozeßvoraussetzung, und die Klage ist als unzulässig abzuweisen. Ferner kann es rechtsmißbräuchlich sein, wenn der Tarif schon im Voraus hätte bestritten werden können, dies aber nicht geschehen ist.[210] Außerdem muß der Tarif **substanziiert bestritten**, also vorgetragen werden, weshalb er nicht anwendbar sein soll und warum er zu hoch ist, insbesondere wenn der Tarif in anderen vergleichbaren Fällen von der Schiedsstelle oder den Gerichten bereits als angemessen erachtet worden war (s.o. Rn. 137).

143 Das Gericht hat die Aussetzung des Verfahrens von Amts wegen zu beachten.[211] Gegen die Anordnung oder Ablehnung kann die sofortige Beschwerde eingelegt werden (§ 252 ZPO).

144 Mit der Aussetzung tritt ein **Stillstand des Verfahrens** ein (§ 249 ZPO). Der Lauf etwaiger Verjährungsfristen bleibt gehemmt (§ 14 Abs. 7 UrhWG; § 249 Abs. 1 ZPO; § 204 Nr. 12 BGB). Wer sich jedoch nachträglich darauf beruft, der Tarif sei nicht anwendbar oder unangemessen, muß innerhalb von 2 Monaten, nachdem das Gericht den Rechtsstreit ausgesetzt hat, die Schiedsstelle anrufen. Versäumt er dies oder weist er innerhalb besagter Frist nicht nach, daß er bei der Schiedsstelle einen entsprechenden Antrag gestellt hat, wird das gerichtliche Verfahren fortgesetzt. Untätigkeit geht also zu seinen Lasten. Sie gilt als Zustimmung des von der GEMA zugrunde gelegten und von dem Nutzer zunächst bestrittenen Tarifs.[212] Werden mit der Klage zusätzliche Ansprüche (z.B. Unterlassungsansprüche) geltend gemacht, die kein Schiedsstellenverfahren voraussetzen, ist das Verfahren insoweit fortzusetzen, es sei denn, beide Parteien beantragen das Ruhen des gerichtlichen Verfahrens (§ 251 ZPO).

f) Kein Schiedsstellenverfahren bei einstweiliger Verfügung

145 Die Schiedsstelle kann nur einen Einigungsvorschlag machen (§ 14a UrhWG), hingegen weder einen Arrest noch eine einstweilige Verfügung erlassen. Außerdem würde es der für einen Arrest oder für ein Verfügungsverfahren vorausgesetzten Eilbedürftigkeit[213] widersprechen, wenn zuvor ein zeitraubendes Schiedsstellenverfahren durchgeführt werden müßte. **Arrest** und **einstweilige Verfügung** können deshalb **ohne vorgeschaltetes Schiedsstellenverfahren** bei Gericht beantragt werden.[214] Dies gilt allerdings nur, soweit eine einstweilige Verfügung in Betracht kommt. Eilbedürftigkeit besteht insbesondere bei Unterlassungsansprüchen wegen Urheberrechtsverletzungen. Derartige Ansprüche können idR ohnehin gerichtlich geltend gemacht werden, ohne ein Schiedsstellenverfahren vorschalten zu müssen (s.o. Rn. 139). Sie sind tarifunabhängig. Eine Leistungsverfügung kommt nur ausnahmsweise in Betracht, wenn sonst schwere finanzielle Nachteile drohen, die durch eine Geltendmachung des

---

210 Vgl. LG Bielefeld, ZUM 1995, 803, 804; s.o. Rn. 137.
211 Schricker-*Reinbothe,* § 16 UrhWG Rn. 4.
212 Vgl. amtl. Begr. BT-Drucks. 10/837, S. 25.
213 Verfügungsgrund; vgl. §§ 916, 935 ZPO.
214 Amtl. Begr. BT-Drucks. 10/837, S. 25.

Erfüllungsanspruches im Hauptsacheverfahren nicht mehr aufgefangen werden können.[215] Wer sich im Wege der einstweiligen Verfügung von der Verwertungsgesellschaft Nutzungsrechte beschaffen will, wird dies idR nur gegen Hinterlegung oder Vorbehaltszahlung der hierfür verlangten Vergütung (§ 11 Abs. 2 UrhWG) durchsetzen können. Sollen lediglich Vergütungsansprüche durchgesetzt werden, fehlt meistens die erforderliche Dringlichkeit. Wurden dennoch Arrest oder einstweilige Verfügung erlassen und wurde dem Antragsteller eine Frist zur Erhebung der Hauptsacheklage gesetzt, bedarf es ebenfalls keines vorgeschalteten Schiedsstellenverfahrens; denn innerhalb der nach §§ 926, 936 ZPO zu setzenden Frist ließe sich dieses Verfahren nicht durchführen (§ 16 Abs. 3 Satz 2 UrhWG). Nach Erhebung der Hauptsacheklage muß das Gericht das Verfahren aussetzen, wenn die Anwendbarkeit oder die Angemessenheit des Tarifs im Streit ist (§ 16 Abs. 2 Satz 2 UrhWG). Will der Antragsteller von sich aus die Hauptsacheklage erheben, ohne daß ihm der Antragsgegner vom Gericht eine Frist nach § 926 ZPO setzen läßt, muß er das ggf. erforderliche Schiedsstellenverfahren zuvor durchführen, wenn die Anwendbarkeit oder Angemessenheit des Tarifs im Streit ist. Letzterenfalls wäre eine Klage ohne vorgeschaltetes Schiedsstellenverfahren unzulässig.

g) Schiedsvertrag

In dem Umfang, in dem die Parteien vereinbaren können, eine gerichtliche Auseinandersetzung durch ein schiedsrichterliches Verfahren zu klären, entfällt auch die Prozeßvoraussetzung eines zusätzlichen Verfahrens bei der Schiedsstelle. Für **Streitfälle mit Einzelnutzern** gilt dies uneingeschränkt. Geht es jedoch um den Abschluß oder die Änderung eines **Gesamtvertrages**, haben die Beteiligten weiterhin das Recht, im Einzelfall statt des Schiedsgerichts die Schiedsstelle anzurufen. Desgleichen bleibt ihnen der Weg zu den ordentlichen Gerichten erhalten. Gegenteilige Absprachen sind nichtig, soweit es sich um künftige Streitfälle handelt (§ 14 Abs. 6 UrhWG). Da Gesamtverträge nur mit Wirkung vom 1. Januar des Jahres vorgeschlagen werden können, in dem der Antrag gestellt wird (§ 14c Abs. 1 Satz 2 UrhWG), und da auch Änderungen eines Gesamtvertrages in die Zukunft wirken, hat das **Schiedsstellenverfahren** idR **Vorrang**.[216] Es steht den Beteiligten jedoch frei, von dem Vorrang des Schiedsstellenverfahrens keinen Gebrauch zu machen, so daß im konkreten Einzelfall die Zuständigkeit eines privaten Schiedsgerichts nachträglich vereinbart werden kann.[217] **146**

215 Vgl. OLG München, ZUM 1994, 303, 305 – Beatles-CDs.
216 Vgl. Dreier/Schulze-*Schulze* § 14 UrhWG Rn. 22; Loewenheim-*Melichar,* § 49 Rn. 27.
217 Vgl. Schricker-*Reinbothe,* § 14 UrhWG Rn. 11.

3. Die Schiedsstelle

a) Verwaltungsorgan

147 Die Schiedsstelle ist kein Gericht, sondern ein Verwaltungsorgan, welches bei der Aufsichtsbehörde[218] eingerichtet ist.[219] Sie arbeitet selbständig und unterliegt nicht der Aufsicht des Deutschen Patent- und Markenamts.[220]

b) Zusammensetzung der Schiedsstelle

148 Die Schiedsstelle entscheidet als **Spruchkörper**, bestehend aus einem **Vorsitzenden und zwei Beisitzern** (§ 14 Abs. 2 Satz 2 UrhWG). Die Mitglieder müssen Volljuristen sein (§ 14 Abs. 2 Satz 3 UrhWG). Sie werden vom Bundesminister der Justiz auf 4 Jahre berufen. Ihre Wiederberufung ist unbeschränkt zulässig. Das Bundesministerium der Justiz entscheidet, ob sie haupt-, neben- oder ehrenamtlich tätig werden (vgl. § 11 UrhSchiedsV). Im Jahre 2004 gab es bei der Schiedsstelle vorübergehend zwei Kammern. Seit 2005 besteht sie wieder nur aus einer einzigen Kammer. Ihre Mitglieder sind bislang überwiegend nebenamtlich für die Tätigkeit bei der Schiedsstelle bereitgestellt. Angesichts des im Laufe der Zeit erweiterten Zuständigkeitsbereichs der Schiedsstelle wird sich dieser Status auf Dauer kaum halten lassen, zumal die lange Verfahrensdauer bei der Schiedsstelle seit langem bemängelt wird. Sie wird sich wohl nur dann hinreichend verkürzen lassen, wenn sämtliche Mitglieder in vollem Umfang für diese Tätigkeit bereitgestellt werden.

c) Aufgabe der Schiedsstelle

149 Auf der einen Seite soll die Schiedsstelle Streitigkeiten, an denen die GEMA beteiligt ist, gütlich beilegen und hierzu Vorschläge unterbreiten. Sie führt ein dem gerichtlichen Verfahren vorgeschaltetes Schlichtungsverfahren durch.[221] Auf der anderen Seite trifft sie mit ihren **Einigungsvorschlägen** durchaus Entscheidungen, ob z.B. bestimmte Geräte vergütungspflichtig sind, die sich von gerichtlichen Entscheidungen nur dadurch unterscheiden, daß sie **nicht durch Rechtsmittel angreifbar** sind. Wird dem Einigungsvorschlag widersprochen, endet das Schiedsstellenverfahren, und es bleibt den Parteien unbenommen, ein gerichtliches Verfahren anzuschließen oder nicht. Der Einigungsvorschlag ist deshalb nicht wirkungslos; denn er wird im gerichtlichen Verfahren durchaus wie ein vorangegangenes Urteil als **Argumentations- und Orientierungshilfe** herangezogen.

150 Die **Zuständigkeit** der Schiedsstelle folgt aus §§ 14, 16 UrhWG (s.o. Rn. 111 ff.).

---

218 § 18 Abs. 1 UrhWG; dem Deutschen Patent- und Markenamt, Zweibrückenstrasse 12, 80297 München.

219 Amtl. Begr. BT-Drucks. 10/837, S. 24.

220 Schricker-*Reinbothe,* § 14 UrhWG Rn. 3.

221 Loewenheim-*Melichar,* § 49 UrhWG Rn. 2

d) Keine Weisungsgebundenheit

151 Die Mitglieder der Schiedsstelle sind an keine Weisungen gebunden (§ 14 Abs. 3 UrhWG). Da die Schiedsstelle kein Gericht, sondern ein Verwaltungsorgan ist, wurde hiermit die einem Richter ähnliche Funktion ihrer Mitglieder unterstrichen.[222] Die Mitglieder der Schiedsstelle können abgelehnt werden. Über Ablehnungsgesuche entscheidet das Amtsgericht München (§ 9 UrhSchiedsV). Hierfür gelten die §§ 42ff. ZPO entsprechend.

4. Durchführung des Schiedsstellenverfahrens

152 Die Schiedsstelle ist kein Gericht, sondern ein Verwaltungsorgan. Wie von der Schiedsstelle verfahren werden soll, mußte deshalb eigens bestimmt werden. Die hierfür in § 15 vorgesehene und am 20.12.1985 erlassene **Urheberrechtsschiedsstellenverordnung** (UrhSchiedsV) regelt das Verfahren vor der Schiedsstelle (§§ 1–10 und § 12 UrhSchiedsV), die **Entschädigung** für ehrenamtliche Mitglieder der Schiedsstelle (§ 11 UrhSchiedsV), die **Verfahrenskosten** (§ 13 UrhSchiedsV) und die Kostenverteilung samt Kostenfestsetzung (§§ 14, 15 UrhSchiedsV). Abgesehen hiervon soll die Schiedsstelle nach billigem Ermessen verfahren und sich dabei an die **Vorschriften der ZPO** anlehnen (§ 10 UrhSchiedsV).

a) Einleitung des Verfahrens

aa) Schriftlicher Antrag

153 Die Schiedsstelle wird nur auf Antrag tätig. Er muß bei ihr schriftlich eingereicht werden (§ 14 Abs. 4 UrhWG). Ferner muß er Namen und Anschrift des Antragsgegners sowie eine Darstellung des Sachverhalts enthalten (§ 1 Abs. 1 Satz 1 UrhSchiedsV). Der Antrag kann – ähnlich wie im gerichtlichen Verfahren – zurückgenommen werden (§ 2 Abs. 1 UrhSchiedsV). Die Kosten trägt dann der Antragsteller (§ 2 Abs. 2 UrhSchiedsV).

bb) Bestimmter Antrag

154 Mit dem Antrag wird umrissen, worüber die Schiedsstelle entscheiden soll. Es gilt die **Dispositionsmaxime**. Die Schiedsstelle ist an die Parteianträge gebunden (§ 10 UrhSchiedsV iVm § 308 ZPO).[223] Auf der einen Seite muß der Antrag z.B. im Hinblick auf die Hemmung der Verjährungsfrist (§ 14 Abs. 7 UrhWG) entsprechend konkret formuliert sein, nämlich einen bestimmten Einigungsvorschlag zu erlassen, z.B. Auskunft über die Anzahl und Leistungsfähigkeit bestimmter Geräte zu erteilen und festzustellen, daß pro Gerät die nach dem konkreten Tarif vorgesehene Vergütung zu zahlen ist. Auf der anderen Seite soll die Schiedsstelle einen Einigungsvorschlag machen, also gütlich auf die Parteien einwirken (§ 14 Abs. 5 UrhWG) und eine für beide

---

222 Schricker-*Reinbothe,* § 14 UrhWG Rn. 5.
223 Schricker-*Reinbothe,* § 14a UrhWG Rn. 8; a.A. Wandtke/Bullinger-*Gerlach,* § 14a UrhWG Rn. 9.

Seiten akzeptable Regelung vorschlagen. Hierfür benötigt sie einen **Gestaltungsspielraum**, der ihr durch einen exakt vorformulierten Antrag genommen werden kann. Insbesondere bei Gesamtverträgen wird man den der Schiedsstelle zur Verfügung stehenden Rahmen nicht zu eng ziehen dürfen, zumal die in § 5 UrhSchiedsV vorgesehene Vorbereitung der Verhandlung indiziert, daß mit den Beteiligten eine Lösung ggf. erst noch gesucht werden muß.[224] Die Schiedsstelle kann durch **Hinweise** und **Aufklärungsbeschlüsse** auf eine für sie vertretbare Lösung hinwirken.[225] Sollten die Parteien hierauf jedoch nicht eingehen und an ihren Anträgen festhalten, ist sie hieran gebunden und muß sie den beantragten Einigungsvorschlag ggf. ganz oder teilweise zurückweisen. Um dies zu vermeiden, kann es sinnvoll sein, **Hilfsanträge** zu stellen oder die Entscheidung in das Ermessen der Schiedsstelle zu legen.[226]

cc) Kein Anwaltszwang

155 Es besteht kein Anwaltszwang. Die Beteiligten können sich selbst vertreten. Wollen sie sich vertreten lassen, müssen idR Rechtsanwälte eingeschaltet werden; denn § 157 ZPO gilt entsprechend (§ 6 Abs. 3 UrhSchiedsV).

dd) Gebührenvorschuß

156 Der Antrag wird der Gegenseite erst zugestellt, nachdem der Antragsteller einen **Vorschuß in Höhe eines Drittels der vollen Gebühr** eingezahlt hat (§ 13 Abs. 7 UrhSchiedsV). Um Verzögerungen zu vermeiden, empfiehlt es sich, diesen Vorschuß zusammen mit Einreichung der Antragsschrift einzuzahlen oder die Schiedsstelle zu bitten, das Aktenzeichen mitzuteilen, damit der Vorschuß sogleich überwiesen werden kann.

157 Beantragt die GEMA den Abschluß eines Gesamtvertrages, so kann der Antragsgegner erklären, daß er zum Abschluß des Vertrages nicht bereit sei. Letzterenfalls ist das Verfahren einzustellen. Dies gilt auch dann, wenn sich der Antragsgegner innerhalb eines Monats hierzu nicht erklärt (§ 1 Abs. 3 UrhSchiedsV). Solange unklar ist, ob der Antragsgegner ein derartiges Gesamtvertragsverfahren gegen sich gelten läßt, braucht die GEMA keinen Vorschuß einzuzahlen (§ 13 Abs. 7 Satz 2 UrhSchiedsV).

b) Hemmung der Verjährung

158 Durch die Anrufung der Schiedsstelle wird die **Verjährung in gleicher Weise gehemmt wie durch Klageerhebung** (§ 14 Abs. 7 UrhWG; § 204 Abs. 1 BGB). Die Hemmung endet 6 Monate nach der rechtskräftigen Entscheidung oder anderweitigen Beendigung des eingeleiteten Verfahrens, also nach Einlegung des Widerspruchs oder nach Ablauf der einmonatigen (bei Kabelweitersendeverträgen dreimonatigen) Wider-

---

224 Vgl. BGH, ZUM 2001, 983, 986 – Gesamtvertrag privater Rundfunk; Schiedsstelle, ZUM 2005, 670, 675.

225 Vgl. *Strittmatter*, Tarife vor der urheberrechtlichen Schiedsstelle, S. 126 f.

226 *Strittmatter,* Tarife vor der urheberrechtlichen Schiedsstelle, S. 126; *Kreile,* FS Roeber 1982, S. 245, 250.

spruchsfrist (§ 14a Abs. 3 UrhWG) im Falle eines Einigungsvorschlags, nach Beendigung des Schiedsstellenverfahrens durch einen Vergleich (§ 204 Abs. 2 BGB), nach Rücknahme des Antrags (§ 2 UrhSchiedsV) oder nach Stillstand des Verfahrens (§ 204 Abs. 2 Satz 2 BGB).[227] Außerdem beschränkt sich die Hemmung der Verjährung nur auf dasjenige, was Gegenstand des Antrags ist.[228]

c) *Erwiderungsfrist*

Die Schiedsstelle stellt den Antrag dem Antragsgegner zu und fordert ihn auf, sich in- **159** nerhalb eines Monats schriftlich zu äußern (§ 1 Abs. 2 UrhSchiedsV). Ferner weist sie den Antragsgegner darauf hin, daß nach Aktenlage entschieden und der Sachverhalt des Antragstellers als unstreitig unterstellt werde, wenn innerhalb der genannten Frist keine Stellungnahme bei der Schiedsstelle eingehe (§ 10 Satz 2 UrhSchiedsV).

An diese **Monatsfrist** ist die Schiedsstelle gebunden. Sie kann grundsätzlich nicht ver- **160** längert werden. Auf der einen Seite ist es im Interesse eines zügigen Verfahrens sinnvoll und vielfach ausreichend, innerhalb eines Monats zu erwidern. Insbesondere bei zahlreichen gleichgelagerten und deshalb häufig schon entschiedenen Verfahren, z.B. zur Angemessenheit der GEMA-Tarife für die Nutzung von Unterhaltungsmusik in Gaststätten, muß das Verfahren zügig abgewickelt werden. Auf der anderen Seite geht es mitunter um Fragen grundsätzlicher Natur, z.B. wenn erstmals darum gestritten wird, ob CD-Brenner i.S. von § 54 UrhG bestimmt sind und hierfür deshalb die Geräteabgabe verlangt werden kann. In diesen Fällen kann es knapp werden, innerhalb eines Monats erwidern zu müssen, zumindest wenn sich die Schiedsstelle und die Gerichte mit diesen Fragen zuvor noch nicht befaßt haben. Es sollte dann genügen, in einer ersten Erwiderung die Gründe für die Ablehnung des Antrags zu umreißen und hinsichtlich eines ergänzenden Sachvortrags eine **weitere Erwiderungsfrist** zu **beantragen**, zumal gerade bei komplizierten Verfahren ohnehin mit einer längeren Verfahrensdauer gerechnet werden muß und die Schiedsstelle dort nicht selten auch von Amts wegen ermittelt (vgl. § 8 Abs. 1 UrhSchiedsV). Die Schiedsstelle kann nach billigem Ermessen verfahren (§ 10 Satz 1 UrhSchiedsV) und den Parteien Gelegenheit geben, in einem weiteren Schriftsatz ergänzend vorzutragen, wenn es sich um Fragen handelt, die innerhalb der Monatsfrist schwerlich beantwortet werden können. Da die Schiedsstelle versuchen soll, die Sache gütlich (§ 14 Abs. 5 UrhWG) oder durch einen Einigungsvorschlag (§ 14a UrhWG) zu schlichten, wird sie eine weitere Stellungnahme jedenfalls dann ermöglichen, wenn nicht davon auszugehen ist, daß der Antragsgegner die Sache, z.B. bei einfach gelagerten und schon mehrfach entschiedenen Fällen, nur verzögern will.

Wird die Erwiderungsfrist versäumt, gibt es **keine Wiedereinsetzung in den vorigen** **161** **Stand**. Da es den Beteiligten jedoch freisteht, einem ungünstigen Einigungsvorschlag zu widersprechen und nun sämtliche Fragen gerichtlich klären zu lassen, hat die Fristversäumnis, abgesehen von einer etwaigen Kostenlast (s.u. Rn. 197), keine einschneidende Wirkung.

---

227 Vgl. Palandt-*Heinrichs*, § 204 BGB Rn. 47.
228 Fromm/Nordemann-*Nordemann*, § 16 UrhWG Rn. 5; Loewenheim-*Melichar*, § 49 Rn. 13.

d) Ablehnungsrecht bei Gesamtverträgen

162 Den **Abschluß eines Gesamtvertrages** kann nur die Nutzervereinigung, nicht hingegen die GEMA durchsetzen. Verlangt letztere den Abschluß eines Gesamtvertrages, kann die Nutzervereinigung dies ablehnen. Hierüber ist sie von der Schiedsstelle zu belehren (§ 1 Abs. 3 Satz 2 UrhSchiedsV). Erklärt sie, nicht zum Abschluß eines Gesamtvertrages bereit zu sein, oder schweigt sie länger als einen Monat, nachdem ihr der Antrag der GEMA auf Abschluß eines Gesamtvertrages zugestellt worden ist, ist das Verfahren einzustellen (§ 1 Abs. 3 UrhSchiedsV). Die GEMA muß sich in diesem Falle mit Einzelnutzerverträgen begnügen oder gegen die Nutzer einschreiten, wenn sich letztere die erforderlichen Rechte nicht beschaffen.

163 Außerdem bleibt sie auf ihren (Anwalts-)Kosten sitzen. Einerseits mag dies unbillig sein, weil das Schiedsstellenverfahren bei Gesamtvertragsstreitigkeiten unumgänglich ist.[229] Andererseits muß sich die Nutzervereinigung ein zusätzliches Aufgabengebiet, Gesamtverträge für ihre Mitglieder abzuschließen, nicht gegen ihren Willen aufbürden lassen. Die GEMA könnte vor Einleitung des Schiedsstellenverfahren die Nutzervereinigung fragen, ob sie zum Abschluß eines Gesamtvertrages grundsätzlich bereit ist. Bejaht sie dies, ist sie hieran meines Erachtens gebunden. Zumindest wird man sie für die Kosten aufkommen lassen können, wenn sie sich nachträglich eines anderen besinnen und das Verfahren ablehnen sollte. Verneint die Nutzervereinigung die Bereitschaft oder schweigt sie auf die Anfrage, muß gegebenenfalls von einem Gesamtvertragsverfahren Abstand genommen und auf Einzelnutzerverträge ausgewichen werden.

164 Anders verhält es sich bei der **Änderung eines bestehenden Gesamtvertrages**. Sie kann auch von der GEMA gegenüber der Nutzervereinigung durchgesetzt werden; denn insoweit hat letztere kein Ablehnungsrecht (§ 1 Abs. 3 UrhSchiedsV).

e) Amtsermittlungsgrundsatz

165 Die Schiedsstelle ist nicht an Beweisanträge der Parteien gebunden, sondern sie **ermittelt von Amts wegen** und kann hierfür diejenigen Beweismittel heranziehen, die sie für geeignet erachtet (§ 8 Abs. 1 UrhSchiedsV). Sie kann nicht nur Zeugen, sondern auch die beteiligten Parteien vernehmen, Gutachten erstellen lassen sowie Nutzervereinigungen und Verwertungsgesellschaften anhören, auch wenn sie nicht am Verfahren beteiligt sind (§ 8 Abs. 2 UrhSchiedsV). Auf diese Weise soll sie sich von den jeweils einschlägigen Usancen ein umfassendes Bild verschaffen können.

166 Weigern sich Zeugen oder Sachverständige oder sollen sie vereidigt werden, so wird hierfür auf Ersuchen der Schiedsstelle das **Amtsgericht München** tätig (§ 8 Abs. 3 UrhSchiedsV). Im Übrigen gelten die Vorschriften des GVG und der ZPO (§ 8 Abs. 4 UrhSchiedsV). Beispielsweise können Zeugen auch durch den beauftragten oder ersuchten Richter vernommen werden (§ 375 ZPO).

---

229 Vgl. zur Kritik an der Kostenlast Loewenheim-*Melichar,* § 49 Rn. 26.

f) Schriftliches Verfahren

Nach § 4 Abs. 1 Satz 1 UrhSchiedsV entscheidet die Schiedsstelle bei Streitfällen, die die GEMA betreffen, grundsätzlich im schriftlichen Verfahren. Dies gilt insbesondere für Streitigkeiten über Fragen, die in anderen ähnlich gelagerten Fällen dem Grunde nach bereits entschieden sind. **167**

g) Mündliche Verhandlung

aa) Einzelnutzerstreitigkeiten

Bei Einzelnutzerstreitigkeiten kommt eine mündliche Verhandlung nur in Betracht, wenn beide Parteien es wollen oder wenn die Schiedsstelle es für erforderlich hält (§ 4 Satz 2 UrhSchiedsV). Letzteres dürfte insbesondere dann gegeben sein, wenn sich der Streitfall gütlich eher im Beisein der Parteien beilegen läßt[230] oder wenn sich die Schiedsstelle z.B. die Funktionsweise von vergütungspflichtigen Geräten erläutern lassen will. Die Notwendigkeit des Schiedsstellenverfahrens (s.o. Rn. 130 ff.) bringt es mit sich, daß die Schiedsstelle idR vor den Gerichten mit Fragen zur Vergütungspflicht neuartiger Geräte, z.B. Telefaxgeräte, Scanner, PCs, Drucker etc., befaßt wird. Solange es noch keine Entscheidungen zur Vergütungspflicht dieser Geräte gibt, ist es sinnvoll, die Standpunkte beider Seiten nicht nur schriftlich zur Kenntnis zu nehmen, sondern auch anzuhören und zu erörtern. **168**

bb) Gesamtverträge

Geht es um den Abschluß oder die Änderung eines Gesamtvertrages, wird **idR mündlich verhandelt** (§ 3 Satz 1 UrhSchiedsV). Die mündliche Verhandlung ist nur im Einverständnis der Beteiligten entbehrlich (§ 3 Satz 2 UrhSchiedsV). Außerdem kann der Vorsitzende der Schiedsstelle die Beteiligten mit ihrem Einverständnis vor der mündlichen Verhandlung zu einem **Vergleichsversuch** laden, ohne die Beisitzer der Schiedsstelle hinzuzuziehen (§ 5 Satz 1 UrhSchiedsV). Hierzu ist er sogar verpflichtet, wenn beide Beteiligten es beantragen (§ 5 Satz 2 UrhSchiedsV). Gesamtverträge sind idR so komplex, daß es sinnvoll ist, die Einzelheiten gemeinsam abzustimmen. Gegebenenfalls kommt auch eine einstweilige Regelung in Betracht (§ 14c Abs. 2 UrhWG). **169**

cc) Ladung

Die Beteiligten sind zu der Verhandlung mit einer **Ladungsfrist** von mindestens **2 Wochen** zu laden (§ 6 Abs. 1 UrhSchiedsV). In der Ladung sind sie auf die Folgen ihres Ausbleibens hinzuweisen (§ 7 Abs. 4 UrhSchiedsV). **170**

dd) Säumnis

Erscheint der Antragsteller nicht, gilt sein Antrag als zurückgenommen. Hiergegen kann jedoch die **Wiedereinsetzung** in den vorigen Stand beantragt werden (§ 7 Abs. 1 **171**

---

230 Dreier/Schulze-*Schulze*, § 14 UrhWG Rn. 21.

UrhSchiedsV). Bleibt der Antragsgegner der mündlichen Verhandlung fern, kann die Schiedsstelle **nach Aktenlage** entscheiden (§ 7 Abs. 2 UrhSchiedsV). Es gibt also **kein Versäumnisurteil**, sondern es wird so entschieden, wie die Schiedsstelle ohne mündliche Verhandlung im schriftlichen Verfahren entschieden hätte.

ee) Keine Öffentlichkeit

172 Die Verhandlung ist **nicht öffentlich** (§ 6 Abs. 2 Satz 1 UrhSchiedsV). Beauftragte des Bundesministers der Justiz, der Aufsichtsbehörde (des Deutschen Patent- und Markenamts) und des Bundeskartellamts dürfen während der Verhandlung anwesend sein (§ 6 Abs. 2 Satz 2 UrhSchiedsV). Anderen Personen außer den Verfahrensbeteiligten kann deshalb kein Zutritt zum Verhandlungsraum gewährt werden.

h) Güteversuch

173 Das Schiedsstellenverfahren dient der Vertragshilfe und der Streitschlichtung. Primäres Ziel ist deshalb auch der Versuch, die Parteien zu einer gütlichen Lösung zu führen (§ 14 Abs. 5 Satz 1 UrhWG). Dies kann sowohl schriftlich als auch mündlich geschehen. Letzterenfalls kommt bei Streitfällen, die den Abschluß oder die Änderung eines Gesamtvertrages betreffen, vor der mündlichen Verhandlung ein Vergleichsversuch allein vor dem Vorsitzenden der Schiedsstelle (also ohne Beisitzer) in Betracht (§ 5 UrhSchiedsV).

174 Ist der Güteversuch erfolgreich, kommt es zu einem **Vergleich** (§ 14 Abs. 5 Satz 2 UrhWG). Er wird einem vollstreckbaren gerichtlichen Vergleich gleichgestellt, wenn er mit dem Tag seines Zustandekommens datiert und von dem Vorsitzenden der Schiedsstelle sowie den Parteien unterschrieben wird. Der Vergleich kann auch im schriftlichen Verfahren abgeschlossen werden. Er ist ein **Vollstreckungstitel** gem. § 794 Abs. 1 Nr. 1 ZPO. Die Vollstreckungsklausel wird vom Amtsgericht München erteilt (§ 797a Abs. 1 ZPO). Diese Formalien sind für die Vollstreckbarkeit des Vergleichs erforderlich. Werden sie nicht eingehalten, kann der Vergleich materiellrechtlich durchaus wirksam sein und nun z.B. die Grundlage für den anzuwendenden Tarif bilden.[231] Auf diese Weise wird das Verfahren beendet.[232]

i) Einigungsvorschlag

175 Schlägt der Güteversuch fehl, ist die Schiedsstelle verpflichtet, einen Einigungsvorschlag zu machen (§ 14a Abs. 2 Satz 1 UrhWG).

aa) Beschluß

176 Die Schiedsstelle beschließt den Einigungsvorschlag. Sie faßt diesen **Beschluß mit absoluter Mehrheit** (§ 14a Abs. 1 Satz 1 UrhWG; § 196 Abs. 1 GVG). Alle beteiligten Mitglieder haben jeweils die gleiche Stimme. Müssen z.B. bei der Höhe der Tarife be-

231 Vgl. BGH, GRUR 1984, 52, 54 – Tarifüberprüfung I.
232 Vgl. § 1053 ZPO; BT-Drucks. 10/837, S. 34.

stimmte Summen festgelegt werden, könnte jedes der 3 beteiligten Mitglieder eine eigene, von den anderen abweichende Vorstellung haben, so daß es keine Mehrheit gibt. Dann gilt der zweithöchste vorgeschlagene Betrag (§ 14a Abs. 1 Satz 2 UrhWG iVm § 196 Abs. 2 GVG).

bb) Inhalt des Einigungsvorschlags

Man könnte meinen, das Schiedsstellenverfahren müsse in jedem Falle auf einen Kompromiß hinauslaufen, sei es auf gütlichem Wege mit den Beteiligten (§ 14 Abs. 5 UrhWG) oder sei es als Vorschlag zur Güte für die Beteiligten (§ 14a Abs. 2 UrhWG). Demnach wäre es ausgeschlossen, antragsgemäß zu entscheiden oder den Antrag abzuweisen. So eng ist der Einigungsvorschlag jedoch nicht zu verstehen. Grundsätzlich ist die Schiedsstelle an die Anträge der Beteiligten gebunden (vgl. § 308 ZPO). Ein unbegründeter Antrag kann die Schiedsstelle aber nicht so weit binden, daß diesem Antrag nur deswegen teilweise zu entsprechen sei, weil im Wege des Einigungsvorschlags ein Kompromiß gefunden werden müsse, obwohl der Antrag unbegründet ist. Außerdem ist die Schiedsstelle auch für reine Rechtsfragen zuständig. Deswegen kann sie den Streitstoff nach § 14b UrhWG beschränken oder von einem Einigungsvorschlag absehen. Geht es aber nicht lediglich um die Höhe und Angemessenheit eines Tarifs, sondern ist z.B. strittig, ob ein bestimmtes Gerät nach §§ 53, 54 UrhG vergütungspflichtig und der Tarif hierfür anwendbar ist, dann muß entschieden werden, ob dem Antrag stattgegeben oder ob er abgewiesen wird. Der Einigungsvorschlag kann also durchaus dem Antrag der das Schiedsstellenverfahren betreibenden Partei in vollem Umfang entsprechen oder ihn ebenso in vollem Umfang abweisen. **177**

Darüber hinaus hat die Schiedsstelle im Rahmen des Antrags einen **Ermessens- und Gestaltungsspielraum** für einen Vorschlag zur Lösung des Streitfalls. Sie ist wie das Gericht an Gesetz und Recht gebunden. Ihre Beschlüsse müssen angemessen sein und ein ausgewogenes Verhältnis zwischen Leistung und Gegenleistung erreichen.[233] **178**

cc) Beschränkung des Einigungsvorschlags bei Einzelnutzerstreitigkeiten

Notwendig ist das Schiedsstellenverfahren bei Einzelnutzerstreitigkeiten nur dann, wenn die Anwendbarkeit oder Angemessenheit des Tarifs streitig ist. Die Schiedsstelle kann sich **auf die tariflichen Fragen beschränken** und im Einigungsvorschlag aussprechen, welcher Tarif anwendbar und in welcher Höhe er angemessen ist. Dabei läßt sich häufig gar nicht vermeiden, auch vorgeschaltete Rechtsfragen zu entscheiden. Wird beispielsweise beantragt, Auskunft zu erteilen, wie viele CD-Brenner hergestellt oder importiert wurden, und weiterhin beantragt, für die hergestellten oder importierten CD-Brenner den einschlägigen Tarif zu bezahlen, und wird die Vergütungspflicht von dem Nutzer bestritten, dann muß die Schiedsstelle vorab prüfen, **179**

233 Vgl. OLG München, ZUM 2003, 319, 322 – Gesamtvertrag GVL/Vereinigungen der privaten Sendeunternehmen; Schricker-*Reinbothe,* § 14a UrhWG Rn. 8; *Strittmatter*, Tarife vor der urheberrechtlichen Schiedsstelle, S. 103 ff.: etwas enger wohl Wandtke/Bullinger-*Gerlach,* § 14a UrhWG Rn. 8.

ob die Geräte nach § 54 Abs. 1 UrhG bestimmt sind, Vervielfältigungen eines Werkstücks herzustellen; denn hiervon hängt die Vergütungspflicht und damit auch die Anwendbarkeit des Tarifs ab.[234]

180 Ist jedoch strittig, ob der Antragsgegner Telefaxgeräte hergestellt oder importiert hat, steht nicht nur die Vergütungspflicht der Geräte, sondern auch die Passivlegitimation in Frage. Die Schiedsstelle kann davon absehen, die Passivlegitimation ggf. durch aufwendige Beweiserhebungen zu klären, und den Einigungsvorschlag auf die Anwendbarkeit und Angemessenheit des Tarifs beschränken (§ 14b Abs. 1 UrhWG). Sie muß dies im Einigungsvorschlag entsprechend begründen.[235]

181 Sind weder die Anwendbarkeit noch die Angemessenheit eines Tarifs im Streit, sondern geht es nur um anderweitige Fragen, kann die Schiedsstelle **insgesamt davon absehen, einen Einigungsvorschlag zu unterbreiten** (§ 14b Abs. 2 UrhWG). Sie muß ihren ablehnenden Beschluß begründen und zustellen, damit das Schiedsstellenverfahren in jedem Fall beendet wird und die Parteien sich an die ordentlichen Gerichte wenden können, gleichviel, ob die Einschätzung der Schiedsstelle zutrifft oder nicht. Ein Rechtsmittel gibt es gegen die Entscheidung der Schiedsstelle nicht. Das ursprüngliche Anliegen kann aber gerichtlich verfolgt werden. Sollte sich im Gerichtsverfahren herausstellen, daß die Anwendbarkeit oder Angemessenheit des Tarifs entgegen den Vorstellungen der Schiedsstelle doch streitig war oder im Laufe des Rechtsstreits streitig wurde, muß das gerichtliche Verfahren ausgesetzt und das Schiedsstellenverfahren erneut eingeleitet werden (§ 16 Abs. 2 Satz 2 UrhWG).[236] Die Schiedsstelle ist an die gerichtliche Entscheidung nicht gebunden. Sollte sie entgegen der Auffassung des Gerichts erneut den Standpunkt vertreten, Anwendbarkeit und Angemessenheit des Tarifs stünden nicht im Streit, wird das Gericht das Verfahren nicht nochmals aussetzen können, sondern in der Sache entscheiden müssen.

dd) Textvorschlag zu Gesamtverträgen

182 Wird über den Abschluß oder die Änderung eines Gesamtvertrages gestritten, hat die Schiedsstelle einen **vollständigen Textvorschlag** für einen derartigen Vertrag zu machen (§ 14c Abs. 1 Satz 1 UrhWG).[237] Auf der einen Seite ist die Schiedsstelle an die Anträge gebunden. Deshalb hat der Antragsteller in seinem Antrag bereits konkret anzugeben, was der Gesamtvertrag oder dessen Änderung regeln und wie er formuliert sein soll. Auf der anderen Seite besitzt die Schiedsstelle einen Ermessens- und Gestaltungsspielraum, um innerhalb des durch den Antrag vorgegebenen Rahmens ihrerseits einen eigenen Textvorschlag zu formulieren, den sie für angemessen hält.[238] Mit der Komplexität der im Gesamtvertrag zu regelnden Fragen wachsen die Lösungsmöglichkeiten und der für die Schiedsstelle erforderliche Ermessensspielraum.

---

234 Zur vergleichbaren Fragestellung bei Telefaxgeräten Schiedsstelle, ZUM 1993, 149, 151 – Telefaxgeräte; BGH, GRUR 1999, 928 – Telefaxgeräte.

235 Vgl. Schiedsstelle, ZUM 1989, 312, 313; Schiedsstelle vom 31.1.2003, Schulze RzU, SchSt 9, S. 4 f. – PC-Vergütung.

236 Schricker-*Reinbothe,* § 14b UrhWG Rn. 3.

237 Dreyer/Kotthoff/Meckel-*Zeisberg,* § 14c UrhWG Rn. 2.

238 Vgl. *Strittmatter,* Tarife vor der urheberrechtlichen Schiedsstelle, S. 122 f.

Der Gesamtvertrag muß billigem Ermessen (§ 315 Abs. 3 BGB) sowie dem Gleichbehandlungsgebot entsprechen. Da ein abgeschlossener Gesamtvertrag die Wirkung eines Tarifs hat (§ 13 Abs. 1 Satz 2 UrhWG), sind die Vorgaben des § 13 Abs. 3 zu beachten. Berechnungsgrundlage sind insbesondere die geldwerten Vorteile, die durch die Verwertung erzielt werden.[239] Ein überzeugend begründeter Einigungsvorschlag hat aufgrund der Sachkompetenz der Schiedsstelle eine gewisse **Vermutung der Angemessenheit** für sich.[240]

Nach den Vorstellungen des Gesetzgebers soll die Verpflichtung zum Abschluß eines Gesamtvertrages nur für die Zukunft bestehen.[241] Infolgedessen kann auch die Schiedsstelle in Streitfällen nur einen **in die Zukunft wirkenden Gesamtvertrag** vorschlagen, nämlich mit Wirkung ab 1. Januar des Kalenderjahres, in welchem der Antrag auf Abschluß oder Änderung des Gesamtvertrages bei der Schiedsstelle eingeht (§ 14c Abs. 1 Satz 2 UrhWG). Allerdings dauern Gesamtvertragsstreitigkeiten oft mehrere Jahre, insbesondere wenn sich ein gerichtliches Verfahren anschließt. Insoweit wirkt die rechtskräftige Entscheidung meistens auch in die Vergangenheit bis zu dem Jahr, in dem das Verfahren eingeleitet worden war. Außerdem steht es den Parteien frei, einvernehmlich einen rückwirkend bindenden Gesamtvertrag zu schließen, um auch für die zurückliegende Zeit die Rechtseinräumung zu vereinfachen. Kommt insoweit kein Gesamtvertrag zustande, bleibt es der GEMA unbenommen, die Rechte und Ansprüche für die **Vergangenheit** statt in Form eines Gesamtvertrages mit Nutzervereinigungen direkt bei den einzelnen Nutzern geltend zu machen und **Einzelnutzerverträge** abzuschließen. Soweit die Nutzer fremde Rechte ohne vorherige Rechtseinräumung genutzt hatten, begingen sie **Urheberrechtsverletzungen**, so daß der GEMA sämtliche Rechte aus § 97 UrhG zustehen und sie die üblichen Ansprüche auf Unterlassung, Auskunft und Schadensersatz geltend machen kann.[242] 183

ee) Einstweilige Regelung bei Gesamtverträgen

Gesamtvertragsstreitigkeiten dauern oft recht lange. Die Schiedsstelle kann von sich aus keine **einstweilige Regelung** anordnen. Sie hat jedoch die Möglichkeit, hierfür einen Vorschlag zu machen, wenn eine der Gesamtvertragsparteien dies beantragt (§ 16 Abs. 2 Satz 1 UrhWG). Es sind dieselben formalen Erfordernisse zu erfüllen wie bei sonstigen Einigungsvorschlägen. Außerdem bleibt es beim Charakter eines Vorschlags, der **die Parteien nur bindet, wenn sie nicht widersprechen** (§ 14a Abs. 3 UrhWG). Darin unterscheidet sich die einstweilige Regelung der Schiedsstelle von der einstweiligen Verfügung, die ein Gericht ohne vorheriges Schiedsstellenverfahren erlassen kann (§ 16 Abs. 3 UrhWG). Allerdings dürfte für den Erlaß einer derartigen Verfügung bei Gesamtverträgen kaum die erforderliche Dringlichkeit bestehen.[243] 184

Wird die einstweilige Regelung der Schiedsstelle von den Parteien angenommen, gilt sie bis zum Abschluß des Schiedsstellenverfahrens, soweit nichts anderes vereinbart 185

239 Vgl. Schiedsstelle, ZUM 1988, 471, 478; Dreier/Schulze-*Schulze*, § 13 UrhWG Rn. 16.
240 BGH, ZUM 2001, 983, 986 – Gesamtvertrag privater Rundfunk.
241 Amtl. Begr. BT-Drucks. 10/837, S. 24.
242 Dreier/Schulze-*Schulze,* § 11 UrhWG Rn. 27 und § 16 UrhWG Rn. 15 ff.
243 Dreier/Schulze-*Schulze,* § 16 UrhWG Rn. 24.

wird (§ 14c Abs. 2 Satz 3 UrhWG). Wird sie nicht eingehalten, kann hieraus gerichtlich vorgegangen werden. Aus ihr kann jedoch nicht vollstreckt werden, da insoweit auf § 14a Abs. 4 UrhWG nicht verwiesen wird.

ff) Formalien

186 Der Einigungsvorschlag muß **begründet** und von sämtlichen Mitgliedern **unterschrieben** sein (§ 14a Abs. 2 Satz 2 UrhWG). Deshalb ist er insgesamt **schriftlich** abzufassen. Außerdem muß er den einer Rechtsbehelfsbelehrung gleichkommenden **Hinweis** enthalten, daß er wirksam wird, wenn hiergegen nicht binnen eines Monats ab Zustellung schriftlich bei der Schiedsstelle Widerspruch eingelegt wird (§ 14a Abs. 2 Satz 3 UrhWG). Um den Ablauf der Widerspruchsfrist feststellen zu können, muß der Einigungsvorschlag den Parteien formell **zugestellt** werden (§ 16a Abs. 2 Satz 4 UrhWG; §§ 166ff. ZPO).

gg) Annahmefiktion

187 Der Einigungsvorschlag wird stillschweigend angenommen und damit bindend, wenn nicht eine der Parteien innerhalb eines Monats nach Zustellung des Vorschlags hiergegen schriftlich Widerspruch bei der Schiedsstelle einlegt (§ 14a Abs. 3 Satz 1 UrhWG). Bei Streitfällen zu Kabelweitersenderechten beträgt die Widerspruchsfrist 3 Monate, so daß auch die Annahmefiktion dort erst nach 3 Monaten eintritt (§ 14a Abs. 3 Satz 2 UrhWG).

hh) Vollstreckungstitel

188 Wird dem Einigungsvorschlag nicht widersprochen, gilt dies als stillschweigende Annahme wie bei einem wirksam zustandegekommenen Vergleich. Er ist ein Vollstreckungstitel gem. § 794 Abs. 1 Nr. 1 ZPO, aus dem vollstreckt werden kann (§ 14a Abs. 4 UrhWG). Die Vollstreckungsklausel wird vom Amtsgericht München erteilt.[244]

j) Widerspruch

189 Will eine Partei den Einigungsvorschlag der Schiedsstelle nicht akzeptieren und die Annahmefiktion vermeiden, muß sie hiergegen Widerspruch bei der Schiedsstelle einlegen (§ 14a Abs. 3 UrhWG).

aa) Form

190 Der Widerspruch muß **schriftlich** bei der Schiedsstelle **eingelegt**, aber **nicht begründet** werden. Er hat lediglich die Funktion, die Annahme des Einigungsvorschlags zu verhindern. Auf diese Weise wird in den Fällen, die ein vorgeschaltetes Schiedsstellenverfahren voraussetzen, die Fortsetzung der Streitigkeit im gerichtlichen Verfahren ermöglicht. In anderen Fällen kann ohnehin geklagt werden, ohne ein Schiedsstellenverfahren durchführen zu müssen.[245]

---

244 § 97a Abs. 1 ZPO; Dreier/Schulze-*Schulze,* § 14 UrhWG Rn. 21.
245 Dreier/Schulze-*Schulze,* § 16 UrhWG Rn. 12ff.

bb) Teilwiderspruch

Die von der Schiedsstelle vorgeschlagene Einigung kann nur zustandekommen, wenn sich beide Parteien einigen, indem beide nicht widersprechen. Widerspricht nur eine Partei, wird der Vorschlag zur Einigung insgesamt hinfällig. So wie er auf der einen Seite die gesamte Streitigkeit bereinigen soll, kann ihm meines Erachtens auch **nur insgesamt widersprochen** werden. Der Widerspruch läßt sich – wie beim Widerruf eines Vergleichs – nicht auf einzelne Teile des Einigungsvorschlags beschränken.[246] Ergeht er zu Gunsten und zu Lasten beider Parteien, genügt der Widerspruch einer Partei; denn eine Einigung entfällt, wenn bereits eine der Parteien nein sagt. Die andere Partei wird nicht etwa teilweise an den Einigungsvorschlag gebunden, weil sie ihrerseits hiergegen keinen Widerspruch eingelegt hat. Vielmehr sind sämtliche Fragen im nun möglichen gerichtlichen Verfahren erneut in vollem Umfang zu klären.[247] **191**

cc) Widerspruchsfrist

Die Widerspruchsfrist beträgt grundsätzlich **einen Monat** ab Zustellung des vollständigen Einigungsvorschlags (§ 14a Abs. 3 Satz 1 UrhWG). Bei Streitfällen, welche die Einräumung oder Übertragung von Nutzungsrechten der **Kabelweitersendung** betreffen, beträgt sie – wegen Art. 11 Abs. 3 der EU-Satellitenrichtlinie – **3 Monate** (§ 14a Abs. 3 Satz 2 UrhWG). Wird versäumt, rechtzeitig Widerspruch einzulegen, ist eine Wiedereinsetzung in den vorherigen Stand mangels entsprechender Regelung nicht möglich.[248] **192**

dd) Rechtsfolge

Wird dem Einigungsvorschlag nicht innerhalb der Widerspruchsfrist widersprochen, **endet das Schiedsstellenverfahren** durch einen stillschweigend zustandegekommenen und vollstreckungsfähigen Vergleich mit dem Inhalt des Einigungsvorschlags. Wird letzterem fristgerecht widersprochen, endet das Schiedsstellenverfahren ebenfalls. Die Prozeßvoraussetzung des zuvor durchgeführten Schiedsstellenverfahrens ist in denjenigen Fällen erfüllt, in denen ein Schiedsstellenverfahren zuvor durchgeführt werden muß (s.o. Rn. 130 ff.). Das Anliegen der Parteien kann nun bei den Gerichten weiterverfolgt werden, sei es beim Amts- oder Landgericht (und den dortigen Urheberrechtskammern) für Einzelnutzerstreitigkeiten oder sei es beim OLG München (und den dortigen Urhebersenaten) für Ansprüche auf Abschluß eines Gesamtvertrages (§ 16 Abs. 4 UrhWG). In das Gerichtsverfahren können dann sowohl der Einigungsvorschlag der Schiedsstelle als auch die im Schiedsstellenverfahren vorgebrachten Argumente unbeschränkt vorgebracht werden. Die Gerichte sind an den Einigungsvorschlag nicht gebunden. Sie können sich aber hieran orientieren und greifen in vielen Fällen die dortige Argumentation auf. **193**

---

246 A.A. *Strittmatter,* Tarife vor der urheberrechtlichen Schiedsstelle, S. 65.
247 Dreier/Schulze-*Schulze,* § 14a UrhWG Rn. 9.
248 Dreyer/Kotthoff/Meckel-*Zeisberg* § 14b UrhWG Rn. 12.

194 6 Monate nach dem Widerspruch **endet die Hemmung der Verjährung** (vgl. § 204 Abs. 2 BGB). Die Klage zu den ordentlichen Gerichten muß also innerhalb der 6 Monate nach dem Widerspruch eingereicht werden, damit die Hemmung der Verjährung erneut beginnen und auf diese Weise fortwirken kann (§ 204 Abs. 2 Satz 3 BGB).

k) Kosten

aa) Verfahrenskosten

195 Die **Verfahrenskosten** bemessen sich weitgehend nach den Kosten gerichtlicher Verfahren. Es fällt aber nur **eine einzige Gebühr** an, deren Höhe sich nach dem Streitwert und der hierzu vorgesehenen Tabelle des Gerichtskostengesetzes richtet (§ 13 Abs. 2 UrhSchiedsV). Demgemäß setzt die Schiedsstelle den Streitwert fest (§ 13 Abs. 3 UrhSchiedsV). Ein Drittel der Verfahrensgebühr wird bereits vom Antragsteller als Vorschuß verlangt, bevor die Antragsschrift an den Antragsgegner zugestellt wird (§ 13 Abs. 7 Satz 1 UrhSchiedsV; s.o. Rn. 156).

196 Wird der Antrag zurückgenommen (§ 2 UrhSchiedsV) oder das Verfahren eingestellt, kann die Gebühr entfallen oder herabgesetzt werden (vgl. § 13 Abs. 4 UrhSchiedsV).

bb) Verteilung der Kosten

197 Die Schiedsstelle entscheidet innerhalb ihres Einigungsvorschlags **nach billigem Ermessen**, welche Partei die Verfahrenskosten trägt (§ 14 Abs. 1 Satz 1 UrhSchiedsV). Zunächst wurden idR nur die bei der Schiedsstelle angefallenen Verfahrenskosten verteilt oder einer Partei aufgebürdet. Die notwendigen Auslagen (insbesondere Anwaltskosten) trug meistens jede Partei selbst.[249] Von dieser Praxis ist die Schiedsstelle dahingehend abgewichen, daß auch die notwendigen Auslagen je nach Einzelfall gequotelt werden.[250] Unter neuer Besetzung ist die Schiedsstelle wieder zu ihrer früheren Praxis zurückgekehrt, daß die Beteiligten die ihnen erwachsenen Auslagen grundsätzlich selbst zu tragen haben.[250a]

198 Der Rechtsanwalt erhält für das Schiedsstellenverfahren eine 1,5 Geschäftsgebühr (§ 17 Nr. 7 d RVG in Verbindung mit VV 2403 Nr. 4 RVG). War er vor dem Schiedsstellenverfahren in derselben Sache tätig, so daß eine Geschäftsgebühr schon nach VV 2400 RVG angefallen ist, wird die Hälfte dieser Gebühr, soweit es sich um denselben Gegenstand handelt, bis höchstens 0,75 angerechnet. Bei einer Mittelgebühr von 1,5 gem. VV 2400 RVG sind also 0,75 Gebühren hiervon anzurechnen und die weiteren 0,75 Gebühren hinzuzurechnen, so daß insgesamt Gebühren in Höhe von 2,25 anfallen (VV 2403 Nr. 4 RVG).[251] Bei einem anschließenden Gerichtsverfahren ist wiederum die Hälfte der im Schiedsstellenverfahren angefallenen Verfahrensgebühr (höchstens 0,75) auf die im Gerichtsverfahren anfallende Verfahrensgebühr anrechenbar.[252]

---

249 Vgl. § 14 Abs. 1 Satz 2 UrhSchiedsV; kritisch hierzu *Strittmatter,* Tarife vor der urheberrechtlichen Schiedsstelle, S. 69 ff.; Loewenheim-*Melichar,* § 49 Rn. 24.

250 Schiedsstelle vom 31. 1. 2003, Schulze RzU, SchSt 9, S. 45 f. – PC-Vergütung.

250a Schiedsstelle vom 21. 6. 2005, Az.: Sch-Urh 28/03.

251 Zur Erstattungsfähigkeit der Geschäftsgebühr *Hartung,* NJW 2004, 1409, 1415.

252 VV 3100 RVG Vorbemerkung 3 Abs. 4; Hartung/Römermann-*Römermann,* VV Teil 3 RVG Rn. 11 ff. und VV Teil 2 RVG Rn. 70.

Kommt in dem Schiedsstellenverfahren eine Einigung zustande, erhält der Rechtsanwalt zusätzlich eine 1,5 Einigungsgebühr (VV 1000 RVG). 199

cc) Anfechtung der Kostenentscheidung

Die Entscheidung der Schiedsstelle über die Verteilung der Kosten kann gesondert angefochten werden, auch wenn ihr Einigungsvorschlag im übrigen angenommen wird (§ 14 Abs. 2 Satz 1 UrhSchiedsV). Eine Frist ist hierfür in § 14 UrhSchiedsV nicht geregelt. Für den vergleichbaren Fall bei der Kostenfestsetzung sieht § 15 Abs. 2 UrhSchiedsV eine 2-Wochen-Frist vor. Sie kommt der Beschwerdefrist des § 569 Abs. 1 ZPO gleich (s.a. § 10 Satz 2 UhrSchiedsV). Da über die Verteilung der Kosten jedoch innerhalb des Einigungsvorschlags entschieden wird, könnte man auch an die Monatsfrist des § 14a Abs. 3 UrhWG denken, zumal auch in einem gerichtlichen Verfahren die Kostenentscheidung zusammen mit dem Rechtsmittel angefochten werden kann. Angesichts dieser Unklarheit empfiehlt es sich, innerhalb von 2 Wochen anzufechten. Über die Anfechtung entscheidet dann das Gericht, und zwar das **OLG München** im Falle eines Gesamtvertragsverfahrens, ansonsten das **Amtsgericht München** (§ 14 Abs. 2 UrhSchiedsV). Überprüfbar ist aber nur, ob die Schiedsstelle ihr Ermessen fehlerfrei ausgeübt hat, nicht hingegen, ob der Einigungsvorschlag in der Sache zutrifft. Es bleibt bei der (angemessenen) Kostenentscheidung, auch wenn im anschließenden Gerichtsverfahren in der Sache anders entschieden werden sollte.[253] § 14 UrhSchiedsV sieht gegen die Entscheidung des Amtsgerichts keine **Beschwerde** vor. Deshalb war sie als unzulässig angesehen worden.[253a] Da sich die Schiedsstelle an die Vorschriften der ZPO anlehnen soll (vgl. § 10 Satz 2 UrhSchiedsV) und da eine Überprüfung der Kostenentscheidung durch das Amtsgericht stattfindet (§ 14 Abs. 2 Satz 1 UrhSchiedsV), spricht viel dafür, daß insoweit das Verfahren der ZPO einschlägig und die Entscheidung des Amtsgerichts nach § 104 Abs. 3 ZPO beschwerdefähig ist. Eine sofortige Beschwerde gegen die Kostenentscheidung der Schiedsstelle muß innerhalb der **Beschwerdefrist von 2 Wochen** eingelegt werden (§§ 567, 569 Abs. 1 ZPO). 200

dd) Kostenfestsetzung

Während die Schiedsstelle über die Verteilung der Kosten entscheidet (§ 14 UrhSchiedsV), wird der **Kostenfestsetzungsbeschluß** von der Aufsichtsbehörde (dem **Deutschen Patent- und Markenamt**) erlassen (§ 15 Abs. 1 UrhSchiedsV). Aus diesem Beschluß kann vollstreckt werden (§ 15 Abs. 3 UrhSchiedsV). Er kann wie ein gerichtlicher Kostenfestsetzungsbeschluß innerhalb von 2 Wochen nach Zustellung in der Weise überprüft werden, daß die gerichtliche Festsetzung der Kosten beantragt wird. Bei Gesamtverträgen entscheidet hierüber das OLG München; in allen anderen Fällen das AG München. Zuvor hat die Aufsichtsbehörde (das Deutsche Patent- und Markenamt) die Möglichkeit, dem Antrag abzuhelfen. Deshalb ist er dort einzureichen (§ 15 Abs. 2 Satz 3 UrhSchiedsV). 201

---

253 OLG München, GRUR 2003, 788 – Schiedsstellenverfahren.

253a Vgl. Loewenheim-*Melichar*, § 49 Rn. 24 mit Hinweisen auf unveröffentlichte Entscheidungen des AG München und des LG München I.

5. Vor- und Nachteile des Schiedsstellenverfahrens

202 Es hat sich bewährt, tarifliche und gesamtvertragsrechtliche Fragen zunächst gewissermaßen durch das Nadelöhr einer besonders sachkundigen und auf diesem Gebiet erfahrenen Institution – der Schiedsstelle – passieren zu lassen. Gleichgelagerte Fälle ließen sich auf diese Weise klären, ohne ein Gerichtsverfahren durchführen zu müssen. Das Schiedsstellenverfahren dient einer einheitlichen Spruchpraxis.

203 Nachteilig war aber die häufig recht **lange Verfahrensdauer**. Manches Schiedsstellenverfahren zog sich über mehrere Jahre hin. Diese Erfahrung haben diverse Nutzer der Werke mißbraucht und die Anwendbarkeit oder Angemessenheit von Tarifen bestritten, auch wenn sie durch frühere Entscheidungen der Schiedsstelle oder der Gerichte in vergleichbaren Fällen mehrfach bestätigt worden waren, allein um die Sache zu verzögern. Derartigen Verzögerungsversuchen könnte die Schiedsstelle dadurch begegnen, daß sie sich auf tarifliche Fragen beschränkt (§ 14b UrhWG) und sich auf bereits bestehende Entscheidungen zum jeweiligen Tarif bezieht. Da die Schiedsstelle bei Einzelnutzerstreitigkeiten im schriftlichen Verfahren entscheiden kann, müßte eine zügige Entscheidungspraxis möglich sein.

204 Im Zuge der **Urheberrechtsnovelle** zum sog. 2. Korb soll auch das Urheberrechtswahrnehmungsgesetz modifiziert werden[254]. Nach § 14a Abs. 2 Satz 1 RegE-UrhWG hat die Schiedsstelle den Beteiligten innerhalb eines Jahres nach Anrufung einen Einigungsvorschlag zu unterbreiten. Demgemäß muß ein Einigungsvorschlag nicht weiterhin abgewartet, sondern können die Ansprüche im Wege der Klage geltend gemacht werden, wenn das Schiedsstellenverfahren nicht innerhalb eines Jahres nach Anrufung abgeschlossen wurde. Verzögerungen soll der Antragsteller nicht mehr hinnehmen müssen. Dies ist grundsätzlich zu begrüßen. Wo das Schiedsstellenverfahren innerhalb eines Jahres nicht durchführbar ist, weil z.B. die tatsächliche urheberrechtlich relevante Nutzung im Wege von langwierigen empirischen Untersuchungen ermittelt werden muß (vgl. § 13a Abs. 1 RegE-UrhWG), bliebe es den Parteien unbenommen, das Schiedsstellenverfahren trotz Ablaufs eines Jahres weiter zu betreiben.

205 Außerdem sollen künftig auch dort **Tarife** von den Verwertungsgesellschaften aufgestellt werden, wo es bislang in der Anlage zu § 54d UrhG **gesetzliche Vergütungssätze** gab (vgl. § 13a RegE-UrhWG). Infolgedessen sollen auch diese Tarife von der Schiedsstelle überprüft werden (vgl. § 14 Abs. 1 Nr. 1b RegE-UrhWG). Im Interesse einer einvernehmlichen und schnellen Überprüfung soll das Bundesministerium der Justiz insbesondere für derartige Streitfälle eine **zusätzliche Streitschlichtung** ermöglichen. Hierfür soll ähnlich wie bei einem Mediationsverfahren eine besonders kundige Person bestimmt werden, zu der die Beteiligten weitere Beisitzer benennen können (vgl. § 14 Abs. 2 Satz 4 und Abs. 3 RegE-UrhWG). Solange der endgültige Gesetzestext nicht vorliegt, wäre es verfrüht, hierauf weiter einzugehen.

---

254 Vgl. Art. 2 des Referentenentwurfs für ein Zweites Gesetz zur Regelung des Urheberrechts in der Informationsgesellschaft vom 27.9.2004.

Kapitel 15
Die Lizenzierung

Inhaltsübersicht Rn.

A. Die Lizenzierung von öffentlichen Musikwiedergaben

I. Überblick über den Markt

1 Nahezu jedes Mal, wenn in Deutschland öffentlich Musik erklingt, ist die GEMA verpflichtet, dem Musikverwerter die Lizenz für die Inanspruchnahme des Rechts der öffentlichen Musikwiedergabe zu erteilen (§ 11 Abs. 1 UrhWG). Dies beginnt im Bereich der Live-Musik, also der sog. **lebenden Musik**, die vom Sinfoniekonzert bis zum Barpianisten reicht, von der kleinen abendlichen Tanzveranstaltung beim Wirt um die Ecke bis zum großen Bläser- oder Chorfestival, von der Musik im Rock- und Pop-Bereich bis zur Musik in den Kirchen. Es setzt sich fort für den Bereich der **mechanischen Musik**, also das Inkasso der mechanischen Musikwiedergabe, beginnend auch beim Wirt um die Ecke mit Radio, Fernseher und CD-Player bis zu der Hintergrund-

musik in Ladenlokalen und bis zu den Diskotheken.[1] Für den Bereich der Wiedergabe von in- und ausländischer Tanz- und Unterhaltungsmusik sowie von Filmmusik besitzt die GEMA angesichts ihres umfassenden In- und Auslandsrepertoires auf dem deutschen Markt eine faktische Monopolstellung – was die sog. GEMA-Vermutung[2] zur Folge hat.

II. Relevante Rechte

Der Urheber hat das ausschließliche Recht, sein Werk in unkörperlicher Form öffentlich wiederzugeben. Mit Abschluß des Berechtigungsvertrages zwischen GEMA und Autoren (Komponisten und Textdichtern) und deren Verlegern sowie aufgrund von Gegenseitigkeitsverträgen der GEMA mit ausländischen Verwertungsgesellschaften werden der GEMA die **Rechte der öffentlichen Wiedergabe** zur treuhänderischen Wahrnehmung als sog. **„kleine Rechte"** übertragen. Diese sind – wenn auch nicht abschließend – in § 15 Abs. 2 UrhG genannt. Im einzelnen handelt es sich um folgende Rechte: 2

1. Vortrags-, Aufführungs- und Vorführungsrecht

Die Rechtewahrnehmung der GEMA bezieht sich in erster Linie auf das **musikalische Aufführungsrecht** (Abs. 2, 1. Alt.), in gewissem Umfang aber auch auf das **Vortragsrecht** (Abs. 1) sowie das **Recht der bühnenmäßigen Aufführung** (Abs. 2, 2. Alt.).[3] Gemäß § 1a des Berechtigungsvertrags der GEMA werden die Rechte der bühnenmäßigen Aufführung – als sog. **„große Rechte"** – regelmäßig nicht kollektiv durch die GEMA, sondern individuell durch Bühnenverlage wahrgenommen. Soweit es bei der Vorführung eines Filmwerkes um die Wiedergabe der Filmmusik geht, ist die Abgrenzung zwischen dem Vorführungsrecht und dem Recht der Wiedergabe durch Bild- oder Tonträger strittig.[4] 3

2. Recht der öffentlichen Zugänglichmachung

Das Recht der öffentlichen Zugänglichmachung ist das Recht, das Werk **drahtgebunden oder drahtlos** der Öffentlichkeit in einer Weise zugänglich zu machen, daß es Mitgliedern der Öffentlichkeit von Orten und zu Zeiten ihrer Wahl zugänglich ist. Es ist durch das Gesetz zur Regelung des Urheberrechts in der Informationsgesellschaft vom 10. 09. 2003 neu in das Urheberrechtsgesetz aufgenommen worden und wird damit nunmehr auch ausdrücklich als ein Unterfall des Rechts der öffentlichen Wiedergabe genannt. 4

---

1 *Kreile,* Geschäftsbericht des Vorsitzenden des Vorstands der GEMA über das 69. Geschäftsjahr 2002; in: GEMA Jahrbuch 2003/2004, S. 48.

2 vgl. BGH GRUR 1961, 97, 98 – Sportheim; BGH GRUR 1964, 91, 92 – Tonbänder-Werbung I; BGH GRUR 1974, 35, 39 – Musikautomat; BGH GRUR 1977, 42, 43 – Schmalfilmrechte; BGH GRUR 1988, 296 – GEMA-Vermutung IV.

3 Schricker-*v. Ungern-Sternberg,* § 19 UrhG Rn. 27.

4 Schricker-*v. Ungern-Sternberg,* § 19 UrhG Rn. 43.

3. Senderecht

5 Wegen seiner besonderen wirtschaftlichen Bedeutung wird das Senderecht im einzelnen in § 13 C behandelt. An dieser Stelle wird auf zwei wichtige Entscheidungen des BGH[5] Bezug genommen: Überträgt z.B. eine Justizvollzugsanstalt oder aber ein Krankenhaus Musik unter Benutzung von Ton- oder Bildtonträgern über eine **anstaltseigene Verteileranlage** in die Hafträume oder in die Patientenzimmer, so fällt dies unter das Senderecht. Dasselbe gilt für die zeitgleiche Weiterübertragung von Rundfunksendungen über anstaltseigene Verteileranlagen.[6]

4. Recht der Wiedergabe durch Bild- oder Tonträger

6 Das Recht der Wiedergabe durch Bild- oder Tonträger ist das Recht, Vorträge oder Aufführungen des Werkes mittels Bild- oder Tonträgern **öffentlich wahrnehmbar** zu machen.

5. Recht der Wiedergabe von Funksendungen und von öffentlicher Zugänglichmachung

7 Das Recht der Wiedergabe von Funksendungen und von öffentlicher Zugänglichmachung ist das Recht, Funksendungen und auf öffentlicher Zugänglichmachung beruhende Wiedergaben des Werkes durch **Bildschirm, Lautsprecher** oder **ähnliche technische Einrichtungen** öffentlich wahrnehmbar zu machen. Durch das Gesetz vom 10. 09. 2003[7] erfaßt das Recht nach § 22 UrhG nunmehr auch die öffentliche Zugänglichmachung im Sinne von § 19a UrhG. Hierbei handelt es sich also um die öffentliche Wahrnehmbarmachung von Werken, die über das **Internet** oder sonstiges öffentliches Netzwerk bezogen werden.

8 Öffentlich ist die Wiedergabe von Werken in unkörperlicher Form unter den Voraussetzungen des § 15 Abs. 3 UrhG, also wenn sie für eine **Mehrzahl von Mitgliedern der Öffentlichkeit** bestimmt ist, wobei zur Öffentlichkeit jeder gehört, der nicht mit demjenigen, der das Werk verwertet, oder mit den anderen Personen, denen das Werk in unkörperlicher Form wahrnehmbar oder zugänglich gemacht wird, durch persönliche Beziehungen verbunden ist.

III. Inkassotätigkeit

1. Gesamtverträge

9 Die Inkassotätigkeit erfolgt anhand von **Tarifen**, denen nahezu ausnahmslos Gesamtverträge zugrunde liegen. Insbesondere über die Höhe der Vergütung, die die GEMA aufgrund der von ihr wahrgenommenen Rechte von den Musiknutzern fordert, hat

---

5 BGH GRUR 1994, 45 – Verteileranlagen; BGH GRUR 1994, 797 ff. – Verteileranlagen im Krankenhaus.

6 *Seifert,* Einführung in das Urheberrecht der Musik, S. 160.

7 BGBl. I S. 1774.

sie Tarife aufzustellen (§ 13 Abs. 1 UrhWG). In nahezu allen Fällen der Lizenzierung des Rechts der öffentlichen Wiedergabe stellt die GEMA den Tarif – also den Preis für die Rechtevergabe – nicht einseitig auf, sondern schließt gemäß § 12 UrhWG Gesamtverträge mit Nutzervereinigungen, deren Mitglieder Wiedergaberechte aus dem Repertoire der GEMA nutzen. Diese Vereinbarungen gelten sodann als Tarife (§ 13 Abs. 1 S. 2 UrhWG). Beispielsweise werden die wirtschaftlich bedeutendsten Vergütungssätze der GEMA wie die Tarife „U-VK für Unterhaltungs- und Tanzmusik mit Musikern" oder „M-U für Unterhaltungs- und Tanzmusik mit Tonträgerwiedergabe" mit einem Spitzenverband von herausragender Marktmacht, nämlich der Bundesvereinigung der Musikveranstalter e.V., vereinbart, dem so einflußreiche Verbände wie der Deutsche Hotel- und Gaststättenverband (DEHOGA) und der Hauptverband des Deutschen Einzelhandels (HDE) usw. angehören. Die vereinbarten Tarife tragen sehr deutlich die Handschrift dieser Verbände, die mit Nachdruck die wirtschaftlichen Interessen ihrer Mitglieder verfolgen.

Berechnungsgrundlage für die Tarife sollen in der Regel die geldwerten Vorteile sein, 10
die durch die Verwertung erzielt werden (§ 13 Abs. 3 S. 1 UrhWG). Die Tarife sind rechtlich **keine bindenden Normen**, sie stellen lediglich das von der GEMA bindend abgegebene Tarifangebot dar. Kommt eine Einigung über die Höhe der Vergütung für die Einräumung der Nutzungsrechte nicht zustande, hat der Verwerter die Möglichkeit, das Werk dennoch zu nutzen. Die Nutzungsrechte gelten dann als eingeräumt, wenn die Vergütung in Höhe des vom Nutzer anerkannten Betrages an die GEMA gezahlt und in Höhe der darüber hinausgehenden Forderung der GEMA unter Vorbehalt gezahlt oder zu ihren Gunsten hinterlegt wird. Bei den Berechnungsgrundlagen von Tarifen sind im Wesentlichen **vier gesetzliche Kriterien** zu beachten (§ 13 Abs. 3 UrhWG):

a) Geldwerter Vorteil

Berechnungsgrundlage für Tarife sollen in der Regel die **geldwerten Vorteile** der Nut- 11
zung sein. Diese Bestimmung entspricht dem Grundgedanken des Urheberrechts, daß der Urheber angemessen am wirtschaftlichen Nutzen seines Werkes zu beteiligen ist. Insofern handelt es sich hier lediglich um eine gesetzliche Konkretisierung.[8]

b) Andere Vorteile

Bei Nutzungsumständen **ohne erkennbaren geldwerten Vorteil** (z.B. in Schulen oder 12
Religionsgemeinschaften) können die Tarifbeträge auf anderer Grundlage bestimmt werden. Dies geschieht gemeinsam mit der betreffenden Nutzervereinigung.

c) Anteil der Werknutzung

Der Anteil der Werknutzung am **Gesamtumfang des Verwertungsvorgangs** muß ange- 13
messen berücksichtigt werden. So ist z.B. die Aufführung eines Werks in einer karne-

8 Schricker-*Reinbothe*, § 13 UrhWG Rn. 7; *Kröber*, in: Handbuch der Musikwirtschaft, S. 749.

valistischen Kleinveranstaltung mit 100 Personen tariflich anders abzubilden als die Aufführung desselben in einer Großveranstaltung des Showbusineß mit 1000 Personen.[9] Das Kriterium des Anteils besagt jedoch nicht, daß die Gebrauchsintensität der Werke (z.B. die Anzahl geschützter Werke bei einer Veranstaltung) zu berücksichtigen ist. Einer Verwertungsgesellschaft könnte dies schon unter dem Gesichtspunkt der Kosten, die mit der Erfassung und Kontrolle entstehen müßten, nicht zugemutet werden.[10]

d) Religiöse, kulturelle und soziale Belange

14 Bei der Berücksichtigung religiöser, kultureller und sozialer Belange für die Berechnung der Tarifbeträge handelt es sich um eine Soll-Vorschrift. Die Zurückhaltung des Gesetzgebers erklärt sich aus dem Gesetzgebungsverfahren, das Rechtseinschränkungen des alten Urheberrechtsgesetzes (§ 27 Abs. 1 LUG) beseitigt hat.[11]

2. Pauschaltarife

15 Insbesondere auf Betreiben maßgeblicher Nutzerverbände vereinbart die GEMA im Bereich der Lizenzierung der öffentlichen Musikwiedergabe im wesentlichen sog. Pauschaltarife, deren Zweck darin besteht, bestimmte Sachverhalte in ihren **typischen Gegebenheiten** schematisch zu erfassen.[12] Der aufgrund dieser Gesamtverträge vereinbarte Marktpreis hat Verkehrsgeltung und bildet die angemessene Vergütung, also ein ausgewogenes Verhältnis von Leistung und Gegenleistung. Gleichwohl hat es der einzelne Musiknutzer in der Hand, die Angemessenheit gesamtvertraglich vereinbarter Tarife zu bestreiten. Beispielsweise darf die GEMA im Streitfall erst dann Zahlungsansprüche gegen den Musiknutzer im Wege der Klage geltend machen, nachdem ein Verfahren vor der Schiedsstelle vorausgegangen ist (§ 16 Abs. 1 UrhWG). Auf diese Bestimmung kann sich der Rechtsverletzer berufen, der die Rechte weder nach § 11 Abs. 2 UrhWG noch durch einen Vertrag mit der GEMA erworben hat.[13]

16 Die Tarife sind im Einzelnen im Internet abgebildet.[14]

3. Doppelte Tarifgebühr

17 Zur Durchführung ihres Inkassoauftrags ist die ständige höchstrichterliche Rechtsprechung zum Schadenersatzzuschlag bei Rechtsverletzungen des Wiedergaberechts von maßgeblicher Bedeutung. Hiernach ist die GEMA berechtigt, die doppelte Tarifgebühr zu verlangen.[15] Die von der GEMA verwalteten sog. **kleinen Musikaufführungsrechte** werden in einer solchen Vielzahl gleichzeitig und oft an entlegensten

9 Schricker-*Reinbothe*, § 13 UrhWG Rn. 9.

10 Vgl. Antwort auf die Kleine Anfrage, BT-Drs. 10/2700, S. 6, Frage 14.

11 Vgl. Begründung des Regierungsentwurfs zum UrhWG von 1965, abgedruckt in: UFITA 46 1966, S. 282.

12 BGH GRUR 1974, 3 – Musikautomat.

13 BGH GRUR 2000, 872 – Schiedsstellenanrufung.

14 http://www.gema.de/kunden/aussendienst/tarife/.

15 BGH GRUR 1973, 379 – Doppelte Tarifgebühr; BGH GRUR 1986, 376, 380 – Filmmusik. Eingehend *Riesenhuber/v. Vogel*, **Kap. 14 Rn. 86–90**.

Orten in Hotels, Gaststätten, Barbetrieben und dergleichen genutzt, daß eine Aufdeckung von Urheberrechtsverletzungen durch die einzelnen Urheber praktisch nicht möglich ist. Derartige Urheberrechtsverletzungen können nur aufgespürt und nachgewiesen werden, wenn ein besonders geschultes Kontrollpersonal vorhanden ist und fortlaufend Stichproben bei den einzelnen Musikveranstaltungen durchgeführt werden. Diese umfangreichen **Überwachungskosten** müßten entweder von den einzelnen Urhebern getragen werden oder aber es würden die Normaltarife zu Lasten der gesetzestreuen Lizenznehmer erhöht werden müssen, wenn ein solcher Schadenersatzzuschlag bei Rechtsverletzungen nicht gewährt würde. Beides hält der Bundesgerichtshof für unbillig.

4. Inkassomandate

Die Gesellschaft zur Verwertung von Leistungsschutzrechten mbH (GVL) für die **18**
Leistungsschutzrechte der Hersteller von Tonträgern/Bildtonträgern und ihrer Interpreten und die Verwertungsgesellschaft Wort (VG WORT) für die Urheberrechte und verwandten Schutzrechte von Wortautoren, Sprechern, Verlegern etc. haben der GEMA **generelle Inkassomandate** erteilt. Die mit der urheberrechtlichen Nutzung untrennbar verbundene leistungsschutzrechtliche Nutzungsart wird regelmäßig mit einem prozentualen Zuschlag auf den GEMA-Tarifbetrag berechnet.

5. Bezirksdirektionen

Die Durchführung des Inkassos erfolgt im wesentlichen durch die Bezirksdirektio- **19**
nen, von denen die GEMA deutschlandweit 10 unterhält. In unmittelbarer Wechselwirkung zu ihrer **Inkassotätigkeit** obliegt den Bezirksdirektionen die **Beratung** und **Betreuung der Lizenznehmer**, aber auch zu einem erheblichen Teil die **Kontrolle des Musikmarkts**. Nicht zuletzt überwachen die Bezirksdirektionen die Einhaltung der Verpflichtung von Musikveranstaltern, eine Aufstellung über die bei der Veranstaltung genutzten Werke zu übersenden; anderenfalls wäre die GEMA nicht in der Lage, die vom Veranstalter bezahlten Vergütungen zu verteilen. Die Adressen der Bezirksdirektionen finden sich im Internet.[16]

B. Die Lizenzierung von Sendungen

I. Überblick über den Markt

Elektronische Medien – insbesondere das **Fernsehen**, aber auch **Radio** und zuneh- **20**
mend das **Internet** mit seinen vielfältigen Nutzungsmöglichkeiten – nehmen im Kampf um unsere Aufmerksamkeit einen herausragenden Platz ein. Davon profitieren die Komponisten, Textdichter und deren Verleger, weil elektronische Medien

16 http://www.gema.de/wirueberuns/bezirksdirektionen/index.shtml.

ohne Musik nicht vorstellbar sind. Die GEMA verlangt von dem Veranstalter für dessen Musiknutzungen eine angemessene Vergütung, die sich generell in einer Umsatzbeteiligung ausdrückt. Um die Lizenzierung von Sendungen im Sinne der §§ 20, 20a und 20b UrhG geht es dabei immer dann, wenn ein elektronisches Medium gleichzeitig einer Mehrzahl von Mitgliedern der Öffentlichkeit (§ 15 Abs. 3 UrhG) **mittels Funktechnik** im weiteren Sinn zugänglich gemacht wird. Radio und Fernsehen sind die besten Beispiele.[17] Die Bedeutung von Radio und Fernsehen für die Musikschaffenden kann man daran erkennen, daß die GEMA alleine aus der direkten Lizenzierung von Musik in Rundfunksendungen **mehr als ein Viertel ihrer Erträge** erwirtschaftet. Indirekt werden weitere Erträge erzielt, wenn Rundfunksendungen öffentlich wiedergegeben werden, also z.B. Radio in einem Kaufhaus gespielt wird.

21 Wir sind im Moment Zeitzeugen einer rasanten Entwicklung der elektronischen Medien, deren Beruhigung noch nicht abzusehen ist: Viele Medienkonsumenten sind zwar noch geprägt durch die Zeiten der Frequenzknappheit, der wenigen Programme und der damit verbundenen Dominanz der öffentlich-rechtlichen Rundfunkanstalten. Wer aber zum Beispiel heute Student ist, profitierte schon vom Ausbau der Kabelnetze durch die Regierung Kohl, welche die Frequenzknappheit beendete und damit die Einführung des privaten Rundfunks in Deutschland ermöglichte. Wer heute noch zur Schule geht, benötigt schon eine gehörige Portion „Medienkompetenz", um sich im Dschungel der elektronischen Angebote zurechtzufinden. Auf dem heimischen Bildschirm konkurrieren öffentlich-rechtliche Angebote der „Grundversorgung" mit privatem Free TV, Abo TV, Teleshopping-Angeboten, „Mitmach-Fernsehen" und Spielekanälen um die Aufmerksamkeit verschiedener Zielgruppen und um das Geld der Zuschauer. Kabelnetzbetreiber verstehen sich zunehmend nicht mehr als reine Transporteure von Programmen, sondern als Inhalteanbieter. Satellitenbetreiber werben mit über 300 frei empfangbaren Programmen. Typisch für eine Zeit des Umbruchs – mag das Fehlen von technischen Normen und das rhythmische Auftauchen (und Abtauchen) neuer Geschäftsmodelle für nicht wenige Mediennutzer verwirrend sein. Auch die GEMA wird in diesen Zeiten gefordert, denn sie muß für **jedes neue Geschäftsmodell,** welches die Nutzung von Musik vorsieht, eine angemessene Vergütung festlegen. Das Erfordernis der **differenzierenden Angemessenheit der Tarife** verbietet einen einzigen einheitlichen „Sendetarif" für alle Sendevorgänge.

II. Relevante Rechte

1. Senderecht

22 Die Lizenzierung von Sendungen impliziert die Einräumung des Senderechts gemäß §§ 20, 20a UrhG. Die GEMA räumt das Senderecht gegenüber einem Nutzer aller-

17 Im Gegenzug dazu ist das Recht der öffentlichen Zugänglichmachung nach § 19a UrhG betroffen, wenn ein elektronisches Medium eine sukzessive Öffentlichkeit herstellt. Die Abgrenzung wird vor allem bei Diensten relevant, die über das Internet angeboten werden. Webradio und Web TV werden als Sendung eingestuft. Vgl. *Staudt*, **Kap. 10 Rn. 73–94**.

dings nicht global ein, sondern je nach Bedarf **konkretisiert** hinsichtlich der **Art des tatsächlichen Sendevorgangs**: Unterschieden wird die primäre Ausstrahlung der Programmsignale über terrestrische Antennen[18], über Satellit[19], mittels Internet[20] und durch Kabel. Von der Primärausstrahlung zu unterscheiden ist die „Weitersendung" der Programmsignale, bei der bereits vorhandenen Primärsignale aufgefangen werden und – zeitgleich und unverändert – über einen zusätzlichen technischen Übertragungsweg nochmals der Öffentlichkeit dargeboten werden. Findet diese Weitersendung über das Internet statt, spricht man von „Simulcasting"; werden die Programmsignale über Kabelnetze weitergesendet, spricht man von „Kabelweitersendung".

2. Kabelweitersenderecht

Das Kabelweitersenderecht ist in § 20 UrhG verankert (Kabelfunk) und erfährt in § 20b UrhG eine Legaldefinition und eine Ausgestaltung. Die GEMA vergibt Kabelweitersenderechte an Kabelnetzbetreiber, die ihre Netze auf deutschem Gebiet betreiben. Eigenständige oder „integrierte" Kabelnetze bestehen aus einer **Kopfstation**, welche terrestrisch oder satellitär ausgestrahlte Programmsignale empfängt, und dem **eigentlichen Netz**, durch das die Signale an die Haushalte weitergeleitet werden. In Deutschland hat früher die Deutsche Bundespost Kopfstationen und überregionale Netze betrieben (sog. „Netzebene 3"), während die „letzte Meile", insbesondere die Hausinnenverteilung, von Privatunternehmern betrieben wurde (sog. „Netzebene 4"). Nach Privatisierung und Verkauf der Netze der ehemaligen Bundespost gibt es in Deutschland eine Vielzahl von Betreibern der Netzebene 3, Netzebene 4 oder integrierter Netze. Im Unterschied zur Satellitensendung handelt es sich bei der Kabelweitersendung um einen **eigenständigen Verwertungsvorgang**, weil der Netzbetreiber den Sendevorgang kontrolliert und über die Kabelentgelte einen eigenen wirtschaftlichen Vorteil generiert. Es liegt somit keine Doppelvergütung vor, wenn sowohl Sendeveranstalter als auch Kabelnetzbetreiber urheberrechtliche Vergütungen entrichten. 23

3. Vervielfältigungsrecht

Die GEMA räumt den Sendeunternehmen auch das **Vervielfältigungsrecht als Nebenrecht** ein, weil die gesetzliche Erlaubnis in § 55 UrhG in der Praxis nicht ausreicht. Die Vervielfältigungen dürfen allerdings nur „zu Sendezwecken" vorgenommen werden. 24

---

18 Terrestrisch ausgestrahlt werden vor allem Radioprogramme (analog über UKW, digital über DAB). Die klassische analoge Ausstrahlung von TV-Programmen mittels terrestrischer Signale erreichte zuletzt nur noch ca. 5 % der Bevölkerung. Die restlichen 95 % der deutschen Haushalte empfangen das Fernsehen über einen Kabelanschluß oder über Satellit. Sollte die digitale, terrestrische Ausstrahlung von TV (DVB-T) ein Erfolg werden, so wird sich dieses Verhältnis vielleicht wieder ändern.

19 40 % der Haushalte empfangen ihre TV-Programme per Satellit.

20 Im Jahr 2005 starten Pilotprojekte zur Übertragung von TV über das Internet (DSL-Technik).

4. Fernsehfilmherstellungsrecht

25 Für die Sendeunternehmen von Bedeutung ist die Praxis der GEMA, auch das Fernsehfilmerstellungsrecht für **Eigen- und Auftragsproduktionen** zu vergeben. Wenn Dritte, die nicht selber Sendeunternehmer sind, an der Herstellung beteiligt sind, sind die Filmherstellungsrechte jedoch gesondert, in der Regel über die Musikverlage, zu erwerben.

III. Inkassotätigkeit der GEMA im Sendebereich

1. Öffentlich-rechtlicher Rundfunk

26 Die GEMA hat mit den Landesrundfunkanstalten der ARD, mit dem ZDF sowie dem DeutschlandRadio Pauschalverträge abgeschlossen, welche die Musiknutzungen in allen öffentlich-rechtlichen Hörfunk- und Fernsehprogrammen erfaßt und die zuletzt alle vier Jahre – parallel zu den Gebührenperioden – neu verhandelt bzw. angepaßt worden sind. Ursprünglich sah das Vergütungssystem einen bestimmten Pfennigbetrag pro gebührenpflichtigen Haushalt vor. Dieser Betrag entsprach der Beteiligung der GEMA an den öffentlich-rechtlichen Rundfunkgebühren. Da diese Beteiligung nicht in einem Prozentsatz festgelegt war, ergab sich für die GEMA die Notwendigkeit, den Pfennigsatz nach jeder Gebührenerhöhung neu zu verhandeln.[21] Aufgrund der langen Vertragshistorie wurde das Vergütungssystem von Zeit zu Zeit **aktuellen Bedürfnissen angepaßt** mit der Folge, daß der Pfennigbetrag bzw. Centbetrag pro gebührenpflichtigen Haushalt zuletzt nur noch als Teil des Vergütungssystems im Vertrag der GEMA mit den ARD-Landesrundfunkanstalten angewendet wurde. Im Wesentlichen verhandelt die GEMA mit den ARD-Anstalten und dem ZDF zum jetzigen Zeitpunkt jedoch Vergütungspauschalen, also **feste Jahresvergütungen**. In den Verhandlungen finden die vergütungsrelevanten Parameter, insbesondere die Intensität der Musiknutzung und der von den Anstalten generierte wirtschaftliche Vorteil, in geeigneter Weise Beachtung.

2. Privater Rundfunk

a) Hörfunk

27 Nach Einführung des privaten Rundfunks entwickelte sich eine vielfältige Radiolandschaft in Deutschland auf lokaler und regionaler Ebene. Die Einzelverträge der GEMA mit den meisten Hörfunkveranstaltern werden mit den Rundfunkverbänden

---

21 In dem Verfahren GVL ./. Nutzervereinigung der öffentlich-rechtlichen Rundfunkanstalten (ARD) hatte das OLG München in seiner Entscheidung 6 AR 22/96 vom 19.11.1998 einer prozentualen Vergütung den Vorzug vor einer Pfennigvergütung pro gebührenpflichtigem Haushalt gegeben. Wesentliche Begründung war die mangelnde Praktikabilität der Pfennigvergütung, die nach jeder Gebührenanhebung für die ARD eine Nachverhandlung der GVL-Vergütung erforderlich machte.

APR[22] und VPRT[23] verhandelt und in **Gesamtverträgen** festgeschrieben. Der daneben bestehende Bürgerfunk wird **über die Landesmedienanstalten** lizenziert. Verbandsfreie Radios werden nach **Tarif** lizenziert[24]. Verbandsmitglieder erhalten einen Gesamtvertragsrabatt von derzeit 20% auf die tarifliche Vergütung.

Der Hörfunktarif der GEMA sah lange Zeit eine **einheitliche Vergütung** vor, nämlich 6,2% der Nettoumsätze der Veranstalter. Aufgrund der sich abzeichnenden Differenzierung der Radiolandschaft forderte die GEMA jedoch im Jahr 2004 – im Einklang mit dem Erfordernis des § 13 Abs. III S. 3 UrhWG, den Anteil der Werknutzung am Gesamtumfang des Verwertungsvorgangs zu berücksichtigen – von den Rundfunkverbänden die Einführung eines **Stufentarifs nach Musikanteilen**. Der neue Stufentarif sieht einen Eingangssatz von 0,78% der Einnahmen vor (bis 10% Musik) und einen Spitzensatz von 7,75% (über 80% Musik). 28

b) Fernsehen

Die großen privaten Fernsehsender sind alle Mitglieder des Rundfunkverbandes VPRT.[25] Mit diesem verhandelt die GEMA einen **Fernseh-Gesamtvertrag**, der in Vier-Jahres-Rhythmen den geänderten Entwicklungen angepaßt wird. Der Gesamtvertrag sieht **Muster-Einzelverträge** vor für Free TV, Abo TV und Teleshopping. Die Fernsehveranstalter entrichten – wie die Radioveranstalter – als Regelvergütung an die GEMA eine prozentuale Beteiligung an ihren programmbezogenen Einnahmen, die je nach Musikanteil variiert. Der Stufentarif sieht einen Eingangssatz 0,32% vor (bis 10% Musik) und einen Spitzensatz von 5,63% (ab 75% Musik, gültig ab 2006). Während sich die Fernsehveranstalter anfangs hauptsächlich auf ihre Werbeeinnahmen stützten, bemühen sie sich zunehmend um eine Diversifizierung ihrer Einnahmen, z.B. durch gebührenpflichtige Telefonanrufe der Zuschauer. Neben den klassischen Einnahmearten (Werbung, Sponsoring, Abonnementgebühren) sind auch alle neuen Einnahmearten mit Programmbezug für die Berechnung der Vergütung heranzuziehen. Gemäß § 13 Abs. III S. 1 UrhWG sollen nämlich als Berechnungsgrundlage für die Vergütung die geldwerten Vorteile dienen, die vom Nutzer der Musik durch seine Verwertungshandlung erzielt werden. 29

Für die verbandsfreien lokalen und regionalen Fernsehveranstalter gilt der **Tarif** der GEMA für **regionales Fernsehen**.[26] 30

---

22 www.privatfunk.de.

23 www.vprt.de.

24 www.gema.de/kunden/direktion_rundfunk/tarife.

25 Und kommen somit – ebenso wie die verbandlich organisierten Hörfunkveranstalter – in den Genuß eines Gesamtvertragsrabattes von derzeit 20%.

26 www.gema.de/kunden/direktion_rundfunk/tarife.

3. Kabelweiterleitung

a) Überregionale Netze

31 Zusammen mit den anderen deutschen Rechteinhabergruppen[27] hatte die GEMA Ende der achtziger Jahre einen sog. **„Kabelglobalvertrag“** mit der Deutschen Bundespost geschlossen, der die Einräumung und Abgeltung der Kabelweitersenderechte regelte und der bis zum Jahresende 2002 gültig war. Für die Folgezeit konnte ein **Vergleichsvertrag** mit den Rechtsnachfolgern des ehemaligen Post-Netzes geschlossen werden.[28]

b) Regionale Netze

32 Die Rechteinhaber haben mit den Kabelverbänden ANGA[29] und FRK[30] sowie mit dem Gesamtverband der Wohnungswirtschaft, GdW[31], **Gesamtverträge** geschlossen, um die Lizenzierung **kleinerer und mittelständischer Kabelnetzbetreiber** flächendekkend sicherzustellen. Ein Kabelnetzbetreiber erhält von der GEMA als Inkassostelle die Wort-, Bild-, Musik- und Filmrechte für die Weiterleitung jeglicher Hörfunk- und Fernsehprogramme. Zusätzlich werden die Programmrechte der öffentlich-rechtlichen Anstalten und eines Teils der privaten Rundfunksender über die GEMA eingeräumt. Die Programmrechte der meisten privaten Rundfunksender können über die VG Media erworben werden. Insoweit besteht für Kabelnetzbetreiber in Deutschland momentan ein **„two-stop-shop“** für den Erwerb der notwendigen Kabelweitersenderechte.

C. Die Lizenzierung von Tonträger-, Bildtonträger- und Multimediaträgernutzungen

I. Überblick über den Markt

33 Die **Nutzung von Musikwerken auf Tonträgern** läßt sich in folgende Elemente unterteilen: Zunächst ist die Erstellung von Musikaufnahmen (Master) zu sehen. Weiter sind die Elemente der Auswertung der Musikaufnahmen durch Tonträgervervielfältigungen und die Verbreitung der Tonträger an den Endverbraucher durch den **Fachhandel** zum privaten Gebrauch Teil der Nutzungskette. Neben der Verbreitung von Tonträgern über den Fachhandel für Tonträger gibt es auch Tonträgerverbreitungen an den Endverbraucher über andere Vertriebswege und zu anderen Zielsetzungen (z.B. zu

---

27 Beteiligt waren neben der GEMA die Verwertungsgesellschaften AGICOA, GVL, GÜFA, VFF, VG Bild-Kunst, VGF und VG Wort sowie die öffentlich-rechtlichen und privaten Rundfunkveranstalter.

28 Die wesentlichen privaten Fernsehveranstalter und eine große Anzahl privater Hörfunkveranstalter lassen ihre Rechte seit 2003 durch die VG Media wahrnehmen, die aus dem Verbund der Rechteinhaber ausgeschieden ist, vgl. www.vgmedia.de.

29 www.anga.de.

30 www.frk.de.

31 www.gdw.de.

Werbezwecken). Aus der Sicht der GEMA handelt es sich dann um sog. **„Sonderprodukte"**.

Digitaltonträger sind die Hauptumsatzträger. Gegenwärtig ist dies die Compact Disc (CD), die 1982 in den Markt eingeführt wurde. Die Digital Versitile Disc (DVD) befindet sich derzeit im Tonträgerbereich in der Markteinführung. **34**

Der **Tonträgermarkt** ist durch die Majortonträgerunternehmen Sony/BMG, EMI, Universal und Warner mit ihrem bestimmenden Marktanteil von insgesamt rund 80% geprägt. Andererseits geben dem Markt mittelgroße Tonträgerunternehmen und viele kleine Tonträgerlabels immer wieder Impulse und setzen wichtige Trends. Die Dominanz der Majortonträgerunternehmen gründet sich auf ihre Stärke im finanziellen Bereich, die es ihnen erlaubt, Künstler mit großer Marktbedeutung im internationalen Rahmen an sich zu binden. Sie sind global tätig und können über ihre national jeweils maßgeblichen Vertriebssysteme ihre Musikaufnahmen auswerten. **35**

Entsprechend der Politik der Majortonträgerunternehmen bestimmen internationale Musikaufnahmen mit Ursprung USA und UK die Tonträgermärkte. Daneben haben jedoch nationale Tonträgeraufnahmen erhebliche Bedeutung für die nationalen Märkte. Für die Erreichung der wirtschaftlichen Ziele richten die Tonträgerunternehmen ihre Vermarktungsstrategien auf die einzelnen nationalen Märkte aus. Die Entwicklung des Tonträgermarktes ist bestimmt durch technische Entwicklungen, Repertoireentwicklungen, Vermarktungsstrategien und das Konsumentenverhalten. **36**

Bei der **Nutzung von Musikwerken auf Bildtonträgern und Multimediaträgern** treten neben Musikwerken weitere Produktelemente auf, wie z.B. visuelle und textliche Beiträge. Außer der Verbreitung über den Fachhandel spielen andere Verbreitungsformen (z.B. als Zeitschriftenbeigabe) eine Rolle. Hauptumsatzträger bei Bildtonträgern ist gegenwärtig die DVD mit ihrer großen Speicherkapazität. **37**

Der **Bildtonträgermarkt** ist geprägt durch die Auswertung insbesondere US-amerikanischer Filme auf Bildtonträgern (Zweitverwertung von Kinofilmen). Aber auch deutsche und andere europäische Filme mit großem Markterfolg spielen eine Rolle. Daneben erfolgt die Auswertung von Fernsehfilmen auf Bildtonträgern und auch von Erstverwertungen von Filmproduktionen (z.B. Special Interest Filme wie Reiseführer). **38**

Der **Markt von Multimediaträgern** (z.B. PC-Spielen) ist besonders stark durch US-amerikanische Produktionen geprägt. Deutsche Produktionen erreichen durch ihre besondere Qualität im Verhältnis zur relativ geringen Zahl der Veröffentlichungen gute Marktanteile. **39**

II. Relevante Rechte

Im Falle der Nutzung von Musikwerken auf **Tonträgern** sind das Recht zur Aufnahme des Musikwerkes auf Tonträgern (§ 16 UrhG)[32] und die Vervielfältigungs- **40**

32 Masterband: Werden ohne urheberrechtliche Zustimmung Masterbänder (Aufnahme-Matri-

und Verbreitungsrechte (§ 16 und § 17 UrhG) betroffen. Bereits die Vervielfältigung eines Musikwerkes auf Tonträger stellt einen Eingriff in das Urheberrecht dar (§ 16 UrhG). Das Verbreitungsrecht (§ 17 UrhG) wird mit dem Angebot an die Öffentlichkeit in Anspruch genommen.

41 Im Falle von **Musikvideo-, Bildtonträger- und Multimediaträgernutzungen** ist darüber hinaus das Filmherstellungsrecht zu erwerben, wenn dieses durch die konkrete Nutzung betroffen ist, z.B. durch die Verbindung eines Musikwerkes mit einem Werk einer anderen Gattung (z.B. mit einem Filmwerk)[33].

42 Im Falle des **Imports** von Tonträgern oder jeder anderen Art von Trägern mit Musikwerken sind dann Rechte von der GEMA zu erwerben, wenn diese zuvor nicht für die Verbreitung in Deutschland erworben wurden[34].

43 Die GEMA macht für die Werke ihres Repertoires Ansprüche auf Vergütungen geltend. Bei Tonträger-, Bildtonträger- und Multimediaträgernutzungen sind **Urheberpersönlichkeitsrechte** zu beachten, z.B. im Falle von Bearbeitungen oder Erstveröffentlichungen. Diese Rechte sind vor der Nutzung von Musikwerken von den Berechtigten, in der Regel den Urhebern und Musikverlagen, einzuholen[35].

III. Inkassotätigkeit

1. Tonträgernutzungen

44 Die GEMA unterscheidet bei der Lizenzierung von Tonträgernutzungen zwischen **laufenden Tonträgernutzungen** und **Einzellizenzierungen** (fallweisen Tonträgernutzungen). Im Bereich der laufenden Tonträgernutzungen wird zwischen Industrieverträgen und Labelverträgen unterschieden.

45 **Industrieverträge und Labelverträge** sind das Ergebnis von Verhandlungen mit Nutzerverbänden wie z.B. IFPI (International Federation of Phonogram Industry) und VUT (Verband unabhängiger Tonträgerunternehmen, Musikverlage und Musikproduzenten). Die betreffenden Verträge regeln im wesentlichen die Bedingungen für die Rechteeinräumung durch die GEMA und die Verpflichtungen des Tonträgerherstellers (Lizenznehmers) gegenüber der GEMA. Sie gelten für die Verbreitungen von Tonträgern über den Fachhandel entsprechend den Katalog- und Preisveröffentlichungen

zen) selbstständig – nicht im Lohnauftrag Berechtigter – hergestellt und an gewerbliche Abnehmer zum Zwecke der Herstellung von Tonträgern vertrieben, ohne daß diesbezüglich eine urheberrechtliche Zustimmung vorliegt, dann stellt dies keine vergütungsfreie Vorbereitungshandlung, sondern einen Eingriff in das Vervielfältigungs- und Verbreitungsrecht gem. §§ 16, 17 UrhG dar (BGH, GRUR 1982, 102 – Masterbänder).

33 Die GEMA vergibt das Filmherstellungsrecht in den Fällen, in denen die GEMA Inhaber des betreffenden Rechtes ist. Es gelten die Tarife VR-T-F 1 (Filme) bzw. VR-T-F 2 (Bildtonträger).

34 Für Tonträgerimporte gilt der Tarif VR-T-J 1.

35 In der folgenden Darstellung zur Inkassotätigkeit wird auf diesen Sachverhalt nicht nochmals gesondert Bezug genommen.

des Tonträgerherstellers. Vergütungsgrundlage ist in der Regel der **Listenpreis für Detailhändler** (Published Price for Dealers; PPD). Es gelten bestimmte Mindestvergütungen. Der Tonträgerhersteller unterliegt bestimmten Meldeverpflichtungen im Hinblick auf die Tonträgerinhalte und die Tonträgerabrechnungen. Die GEMA hat ein vertraglich geregeltes **Kontrollrecht** beim Tonträgerhersteller.[36] Soweit Tonträger auch Musikvideo- und/oder Film- und/oder Multimediainhalte enthalten, werden diese Träger solange als Tonträger eingestuft, solange der Tonträgerinhalt überwiegt[37].

In den Fällen **industrieller Nutzung**, in denen es mit Nutzerverbänden zu Tarifstreitigkeiten und in der Folge zu Schiedsverfahren gemäß § 14 Urheberrechtswahrnehmungsgesetz kommt, bietet die GEMA Interimsvereinbarungen an, die im Zusammenhang mit § 11 Abs. 2 Urheberrechtswahrnehmungsgesetz weiterhin die industrielle Nutzung von Musikwerken auf Tonträgern erlauben sollen[38]. Der Tonträgerhersteller als Einzellizenznehmer ist verpflichtet, vor der Nutzung der Rechte, diese von der GEMA durch Meldung des Inhalts unter Angabe der Vermarktungsbedingungen und Zahlung der Rechnung der GEMA zu erwerben[39]. **46**

a) Industrie- und Labelverträge für Tonträgernutzungen

aa) IFPI und VUT

Im Rahmen der Gesamtvertragsverhandlungen zwischen GEMA und Deutscher Landesgruppe der IFPI wird der **international** zwischen BIEM (Bureau International des Sociétés Gérant les Droits d'Enregistrement et de Reproduction Mécanique[40]) und IFPI (International Federation of the Phonographic Industry) **ausgehandelte Normalvertrag** für Tonträger **national umgesetzt**. Er beinhaltet für industrielle Tonträgernutzungen sämtliche grundsätzliche Bedingungen und konkrete Tarifbestimmungen. Gemäß der Satzung des BIEM ist er für die Mitgliedsgesellschaften des BIEM der maßgebliche Industrievertrag für Tonträgernutzungen, vorbehaltlich nationaler gesetzlicher Bedingungen und Bestimmungen. Einen grundsätzlich gleichen Gesamtvertrag hat die GEMA mit dem Verband VUT (Verband unabhängiger Tonträgerunternehmen, Musikverlage und Musikproduzenten) abgeschlossen. **47**

Der im Industrievertrag, entsprechend dem Gesamtvertrag GEMA/IFPI und VUT, enthaltene Tarif ist der von der GEMA für die Verbreitung von Tonträgern über den Tonträgerfachhandel maßgebliche, veröffentlichte Tarif VR-TH 1. (Die Tarife des Abschnitts C sind im Internet unter der Webadresse: http://www.gema.de/kunden/industrie abgebildet.) **48**

---

36 Entsprechendes gilt für die anderen Nutzungen gemäß Abschnitt C und D.

37 Entsprechend erfolgen die Einstufungen als Musikvideoträger oder Bildtonträger oder Multimediaträger, wenn der entsprechende Inhalt überwiegt.

38 Dies gilt generell für Industrieverträge, unten Kap. 15 C und D.

39 Der Meldeumfang gilt generell für Einzellizenzierungen, unten Kap. 15 C und D.

40 Das BIEM ist der internationale Dachverband der Verwertungsgesellschaften im musikalischen Bereich für das mechanische Recht.

bb) VUT-, VDM- und DRMV-Labelverträge

49 Die Nutzerverbände VUT, Verband Deutscher Musikschaffender (VDM) und Deutscher Rock-Musikverband (DRMV) haben mit der GEMA zugunsten ihrer Labelmitglieder für die Fälle fortlaufender Produktionen Gesamtverträge geschlossen, die gegenüber dem IFPI-Normalvertrag vereinfachte administrative Bedingungen aufweisen. Die Grundtarifbedingungen sind die gleichen wie im IFPI-Normalvertrag. Es gilt der Tarif VR-TH 1.

cc) Sonstige Industrieverträge für Tonträgernutzungen

50 Für fortlaufende Tonträgerherstellungen und die Verbreitung über den Tonträgerfachhandel gilt zugunsten von Lizenznehmern, die nicht Mitglied der entsprechenden Nutzerverbände sind, mit denen Gesamtverträge bestehen, der Tarif VR-TH 1 im Rahmen eines vereinfachten Industrievertrages ohne die Nachlässe beim Gesamtvertrag.

dd) Sonderpressungen von Tonträgern

51 Preßwerke können mit der GEMA Verträge für die Lizenzierung von Tonträgervervielfältigungen im Auftrag Dritter, die mit der GEMA weder im Rahmen eines Industrie- oder Labelvertrages noch einzelvertraglich die Lizenz eingeholt haben, abschließen. Das Preßwerk übernimmt in diesem Rahmen die Verpflichtung zur Lizenzeinholung zugunsten des Auftraggebers durch insbesondere Anmeldung, Abrechnung und Vergütungszahlung. Es gilt der Tarif VR-TH 1 ohne die Nachlässe beim Gesamtvertrag.

b) Einzellizenzierungen von handelsüblichen Tonträgern und Sonderprodukten

52 Für Lizenznehmer, die **fallweise Tonträgernutzungen** vornehmen bzw. die Bedingungen für den Abschluß von Industrie- oder Labelverträgen nicht erfüllen, erteilt die GEMA die Lizenz im Rahmen der Einzellizenzierung. Für die Verbreitung von Tonträgern über den Fachhandel gilt der Tarif VR-TH 1. Für Sonderprodukte (z.B. Promotion-Tonträger, besondere Vertriebswege, Produktbeigaben) gilt der Tarif VR-TH 2, der immer die Einholung der Lizenz im Rahmen der Einzellizenzierung erfordert.

c) Musikvideoträger

53 Für Musikvideoträger (die Musikvideoclips und Konzertmitschnitte enthalten) gelten entweder Industrieverträge im Falle der fortlaufenden industriellen Herstellung oder die Einzellizenzierung für die fallweise Veröffentlichung von Musikvideoträgern. Es finden die von der GEMA veröffentlichten Tarife VR-BT-H 1 (VHS) und VR-TH 3 (DVD) Anwendung. (Die Tarife VR-BT-H 1 und VR-TH 3 sind gegenwärtig Gegenstand eines Schiedsverfahrens.) Für die Verbreitung von Musikvideo-DVD als Sonderprodukte (z.B. Promotion-Musikvideos, besondere Vertriebswege, Produktbeigaben) gilt der Tarif VR-TH 5.

d) Lohnfertigungen

Preßwerke sind der GEMA gegenüber zum Rechteerwerb verpflichtet, soweit der Auftraggeber die Rechte für die Pressung nicht erworben hat. Die GEMA bietet den Preßwerken den Abschluß eines **Lohnfertigungsvertrages** an. Sie wirkt gemäß diesem Vertrag bei der Klärung der Frage, ob der Auftragsgeber die Rechte erworben hat oder nicht, mit. Das Preßwerk wird vertraglich für Pressungen für Auftraggeber, die die Lizenz erworben haben, von der Mithaftung freigestellt. Im Gegenzug wird das Preßwerk verpflichtet, gegenüber der GEMA Auskunft über die erfolgten Lohnfertigungen zu erteilen[41]. **54**

2. Bildtonträgernutzungen

Für die laufende Nutzung von Musikwerken auf Bildtonträgern in Form von Zweitverwertungen von Filmen und Erstverwertungen, insbesondere Special Interest Filmen, bietet die GEMA Industrieverträge an, die sich aus dem Gesamtvertrag mit dem BVV (Bundesverband Video Vereinigung der Video-Programmanbieter) entwickelt haben. Für die fallweise Herstellung und Verbreitung von Bildtonträgern gelten die Bedingungen der Einzellizenzierung. Die Rechte sind vor ihrer Inanspruchnahme zu erwerben. **55**

a) Industrieverträge für Bildtonträgernutzungen

Im Gesamtvertrag mit dem BVV sind die Bedingungen für die industrielle fortlaufende Bildtonträgerherstellung und -verbreitung festgehalten. Es gelten die Tarife VR-BT-H 2 (VHS) und VR-BT-H 3 (DVD). **56**

b) Sonstige Industrieverträge für Bildtonträgernutzungen

Für Nicht-Verbandsmitglieder gelten bei industrieller Herstellung die Vergütungssätze VR-BT-H 2 und VR-BT-H 3 ohne Gesamtvertragsnachlässe. **57**

c) Einzellizenzierung für Bildtonträgernutzungen

Im Falle der fallweisen Herstellung von Bildtonträgern sind die Rechte vor ihrer Inanspruchnahme durch Inhaltsmeldung, Angabe der Tarifparameter (wie fakturiertes Entgelt und Stückzahl) sowie Zahlung der Vergütungen zu erwerben. Es gelten die Tarife VR-BT-H 2 und VR-BT-H 3. Für Film-DVD als Sonderprodukte ist ein Tarif in Vorbereitung. **58**

3. Multimediaträgernutzungen

Zu unterscheiden ist die fortlaufende industrielle Herstellung von Multimediaträgern, die von der GEMA im Rahmen von Industrieverträgen lizenziert werden, von den Einzellizenzierungen für die fallweise Herstellung von Multimediaträgern. Im Falle der Einzellizenzierung sind die Rechte vor ihrer Inanspruchnahme zu erwerben. **59**

---

41 Dies gilt gemäß der Rechtsprechung entsprechend auch für Bildtonträgernutzungen und Multimediaträgernutzungen.

a) Industrieverträge für Multimediaträgernutzungen

aa) Elektronische Bücher

60 Für elektronische Bücher auf Datenträgern (z.B. Sprachführer, Reiseführer) hat die GEMA mit dem Arbeitskreis Elektronisches Publizieren (AKEP) einen Gesamtvertrag abgeschlossen. Der Gesamtvertrag basiert auf dem Tarif VR-AV DT-H 1. Die Vergütung bemißt sich prozentual nach dem Endverkaufspreis pro rata entsprechend der genutzten Zahl von Werkteilen. Es bestehen Mindestvergütungen.

bb) Spiele

61 Für elektronische Spiele auf Datenträgern hat die GEMA, ausgehend vom Tarif VR-AV DT-H 1, einen Gesamtvertrag abgeschlossen. Der Gesamtvertrag sieht eine Standardvergütung für das Filmherstellungsrecht vor (mit der Möglichkeit des Vetos durch den Berechtigten). Die Vergütung für die Vervielfältigungs- und Verbreitungsrechte ist durch eine Vergütung je Werk geregelt. Für Archivmusik und für Spiele komponierte Musik ist ein eigener Spieletarif VR-AV DT-H 2 auf der Grundlage der Verhandlungen mit Spieleanbietern veröffentlicht worden.

b) Midifiles

62 Für den Bereich Audio-Datenträger (Midifilenutzungen) wurden, ausgehend vom Tarif VR-A DT-H 1, von der GEMA Bedingungen für die industrielle fortlaufende Herstellung von Audio-Datenträgern entwickelt.

c) Einzellizenzierung von Multimediaträgernutzungen

63 Für die fallweise Nutzung von Musikwerken auf Audio-Datenträgern und audiovisuellen Datenträgern gelten die entsprechenden Tarife VR-A DT-H 1 bzw. VR-AV DT-H 1. Für Audiodatenträger als Beigaben zu Produkten und Dienstleistungen gilt der Tarif VR-A DT-H 3.

64 Für Nachschlagewerke auf audiovisuellen Datenträgern ist der Tarif VR-AV DT-H 2 entwickelt worden, der im Rahmen der Einzellizenzierung gilt.

D. Die Lizenzierung von Onlinenutzungen

I. Überblick über den Markt

65 Die **Nutzung von Musikwerken Online** läßt sich in folgende Elemente unterteilen: Als Erstes zu sehen ist die Erstellung von Musikaufnahmen (Master). Die Musikaufnahme wird in ein für die Onlinenutzung geeignetes Dateiformat umgewandelt. Es erfolgt die Einstellung des Musikwerkes in den Server, von dem es den Endverbrauchern angeboten und an diese übermittelt wird. Für die Übermittlung an den Endverbraucher stehen das Internet und andere Datennetze zur Verfügung.

66 Die verschiedenen Nutzungsformen im Onlinebereich weisen unterschiedlich komplexe wirtschaftlich-technische Organisationsformen auf. Von einfacheren Nutzungsformen wie **Website-Bereithaltung** von Musikwerken, die dann im Streamingverfahren übermittelt werden, sei es für die Präsentation von Unternehmen, sei es in Form von **Onlineradios**, geht es bis zu komplexen **On-Demand Angeboten**, bei denen Bestell-, Freigabe- und Übermittlungsvorgänge sowie die Rechnungsstellung auf verschiedene getrennte Organisationseinheiten übertragen werden können. Die Geschäftsmodelle im On-Demand Bereich von Musikwerken sind gegenwärtig in einer raschen Entwicklung begriffen. Der vormalig von illegalen Nutzungen von Musikwerken dominierte Onlinemarkt wird zunehmend in einen legalen übergeführt.

Der On-Demand **Onlinemarkt** wird dominiert von **Hardwareunternehmen** wie Apple **67** und Microsoft und **Telekommunikations**- und **Mobilfunkunternehmen**. Oftmals spielen neben den Preisen für den Endverbraucher andere geldwerte Vorteile eine erhebliche Rolle, wie z.B. Access-Nutzungsentgelte, der Verkauf von tragbaren Musikspeichergeräten (z.B. I-pod), Werbung und Kundenbindungsnachlässe z.B. im Mobilfunkbereich.

Unabhängig davon, daß wesentliche Marktteilnehmer eine globale Ausrichtung **68** haben, sind die Märkte der Onlinenutzung jeweils national ausgerichtet.

II. Relevante Rechte

Bei der Onlinenutzung von Musikwerken werden das Recht zur Aufnahme von Mu- **69** sikwerken (Vervielfältigung im Sinne von § 16 UrhG), zur Einstellung in Datenbanken (ebenfalls Vervielfältigung im Sinne des § 16 UrhG), das Recht zur Zugänglichmachung und Übermittlung an den Endverbraucher (§ 19a UrhG) und im Falle von Online-Radio das Senderecht (§ 20 UrhG) berührt. Die GEMA macht Ansprüche auf Vergütungen für die Werke ihres Repertoires geltend.

In den Fällen, in denen Musikwerke mit Werken anderer Gattungen verbunden wer- **70** den, ist das Werkverbindungsrecht berührt.

Das Urheberpersönlichkeitsrecht ist z.B. im Falle von Bearbeitungen zu beachten. **71** Die Einwilligung ist vor der Onlinenutzung von Musikwerken von den Berechtigten, in der Regel den Musikverlagen, einzuholen.

III. Inkassotätigkeit

1. Interaktive Online-Nutzungen

Für die fortlaufende Nutzung von Musikwerken hat die GEMA Industrieverträge **72** entwickelt, denen die jeweils veröffentlichten Tarife zugrunde liegen. Vertragsnachlässe sind an die Einhaltung technischer Schutzmechanismen für Musikwerke und technische Schnittstellen für Meldung und Abrechnung geknüpft. In Fällen begrenzter Werknutzungen sind die Rechte von den Lizenznehmern im Wege der Einzellizenzierung vor ihrer Inanspruchnahme durch Meldung, Abrechnung und Vergütungszahlung zu erwerben.

a) *Industrieverträge für Online-Nutzungen*

73 Für **Ruftonmelodien** und für **Music-on-Demand mit Download** hat die GEMA Industrieverträge entwickelt, die den Lizenznehmern die **fortlaufende Nutzung** von Werken des GEMA-Repertoires erlauben. Den betreffenden Industrieverträgen liegen die einschlägigen Tarife für Ruftonmelodien (VR-OD 1) bzw. Music-on-Demand mit Download (VR-OD 2) und Music-on-Demand ohne Download (VR-OD 3) zugrunde. Die Vergütungen richten sich nach den Endverkaufspreisen und den sonstigen Entgelten auf der Grundlage einer Prozentvergütung mit bestimmten Mindestvergütungen. Die Tarife für Video-on-Demand sind in der Vorbereitung entsprechend der gegenwärtig einsetzenden Marktentwicklung.[42]

b) *Einzellizenzierung für Online-Nutzungen*

74 Für die Nutzung von Musikwerken auf **Websites zur Präsentation** von z.B. Unternehmen oder Produkten hat die GEMA den Tarif VR-W 1 entwickelt. Für die Nutzung von Musikwerken im Zusammenhang mit e-commerce (z.B. in Form von Prelistenings zur Unterstützung von Tonträgerverkäufen oder On-Demand Angeboten) gilt der Tarif VR-W 2. Es findet die **Einzellizenzierung** statt. Die Tarife sehen jeweils entsprechend den Abrufzahlen mit Musikwerknutzungen Vergütungen je Werk vor.

c) *Burn-on-Demand*

75 Burn-on-Demand-Angebote sind dadurch gekennzeichnet, daß der Endnutzer aus einem in einer Datenbank vorhandenen Angebot von Musikwerken bestimmte Musikwerke online bzw. in vergleichbarer Weise interaktiv auswählen kann. Es gilt der Tarif VR-T-H 4. Für fortlaufende Burn-on-Demand-Nutzungen ist ein Industrievertrag entwickelt worden.

2. Onlineradio

76 Die Veranstaltung von Webradio wird medienrechtlich im Regelfall als **Mediendienst** eingestuft und nicht als Rundfunk, sodaß die Notwendigkeit einer rundfunkrechtlichen Lizenzierung entfällt. Außerdem ist die notwendige Technik für den Veranstalter heute nicht mehr teuer. In der Folge betreiben zunehmend Privatleute Webradio als Hobby. Die GEMA legt der Lizenzierung von Webradios die **gleichen Vergütungsstrukturen** zugrunde, die sie auch bei der Lizenzierung normaler UKW-Radios anwendet.

---

42 Die Tarife des Abschnitts D sind im Internet wiedergegeben unter www.gema.de/kunden/industrie.

5. Teil: Die Rechtsbeziehungen zwischen Verwertungsgesellschaften

Kapitel 16
Die Zusammenarbeit der Verwertungsgesellschaften

Inhaltsübersicht Rn.

Die deutschen Verwertungsgesellschaften GEMA, VG Wort, VG Bild-Kunst, GVL, VG Musik-Edition, GÜFA, VFF, VGF, AGICOA und GWFF[1] arbeiten auf einer Reihe von Gebieten, die nachstehend dargestellt werden sollen, effizient und freundschaftlich im Sinn und im Interesse ihrer Wahrnehmungsberechtigten eng zusammen. Dabei geht es durchgehend um die Wahrnehmung von Vergütungsansprüchen, die individuell nicht sinnvoll möglich ist (I). Entsprechend den unterschiedlichen Vergütungsansprüchen haben die Verwertungsgesellschaften sich zu einer Mehrzahl verschiedener Kooperationsformen zusammengefunden (II). Auch insoweit unterliegt ihre Tätigkeit der staatlichen Aufsicht, wenngleich die Zusammenschlüsse der Verwertungsgesellschaften nicht selbst als Verwertungsgesellschaften anzusehen sind (III). 1

1 Siehe auch die Übersicht bei *Riesenhuber,* Die Auslegung und Kontrolle des Wahrnehmungsvertrags, S. 6 mwN. Zu den von diesen Verwertungsgesellschaften wahrgenommenen Rechten eingehend Schricker-*Reinbothe,* vor §§ 1 ff. UrhWG Rn. 14.

I. Individuelle und kollektive Rechtewahrnehmung – Vergütungsansprüche

2 Die Vergabe von urheberrechtlichen Verwertungs- und Nutzungsrechten erfolgt in der Praxis in zweifacher Weise: individuell durch den Rechteinhaber selbst oder kollektiv vornehmlich durch die von Rechteinhabern[2] gegründeten Verwertungsgesellschaften. Zwischen beiden Formen gibt es weder eine Hierarchie noch einen Qualitätsunterschied. Wo dies aus praktischen Gründen möglich ist, weil die Berechtigten die wirtschaftlichen, ebenso wie die nicht wirtschaftlichen Bedingungen für die Nutzung ihrer Werke selbst festlegen und kontrollieren können, ist die individuelle Methode der Rechtewahrnehmung und -vergabe die beste. Wo dies jedoch wegen der Technik der Nutzung oder wegen der Vielzahl der Werknutzer unmöglich ist, ist die Rechtewahrnehmung und -vergabe durch Verwertungsgesellschaften der beste Weg.

3 Jüngere Entwicklungen des Urheberrechts, die im wesentlichen durch den technischen Fortschritt bestimmt sind, namentlich im Fotokopierbereich und auf dem Gebiet der privaten Bild- und Tonaufzeichnungen mittels Geräten und Leerträgern, und einen immer leichteren und freieren Zugriff auf geschützte Werke ermöglichen – durch das Phänomen „Internet“ nimmt diese Entwicklung inzwischen dramatische Züge an –, haben den Gesetzgeber bewogen, den Rechteinhabern über die traditionellen Verwertungs- und Nutzungsrechte hinaus, gesetzliche Vergütungsansprüche für erlaubte, gesetzlich umschriebene Verwertungsarten zu gewähren. Nahezu in allen Fällen, in denen solche gesetzlichen Vergütungsansprüche bestehen, sind die Berechtigten aber nicht in der Lage, diese selbst, d.h. individuell, geltend zu machen, zumal die oben beschriebenen Nutzungsvorgänge, von der Technik gefördert, in der Privatsphäre der Nutzer erfolgen. Die Berechtigten können deshalb ihre Vergütungsansprüche nur mit Hilfe von Verwertungsgesellschaften durchsetzen, weshalb der Gesetzgeber von vornherein die meisten gesetzlichen Vergütungsansprüche verwertungsgesellschaftspflichtig ausgestaltet hat.[3]

II. Die deutschen Verwertungsgesellschaften und die Formen ihrer institutionalisierten Zusammenarbeit

4 Es gibt derzeit in Deutschland zwölf Verwertungsgesellschaften. Auf die Darstellung der einzelnen Verwertungsgesellschaften, deren Rechtsform, Struktur, Aufgabe etc. kann hier verzichtet und auf die Literatur verwiesen werden.[4] Gemeinsam ist allen

---

2 Im Gegensatz hierzu ist die „VG Werbung GmbH“, der mit Bescheid des Deutschen Patent- und Markenamts vom 26.01.2004 die Erlaubnis zum Geschäftsbetrieb einer Verwertungsgesellschaft erteilt wurde, von einem Rechtsanwalt, einem Verleger und einem Medien-Kontrollunternehmen als Gesellschafter am 20.12.2000 gegründet worden.

3 Grundlegend *Rossbach*, Die Vergütungsansprüche im deutschen Urheberrecht.

4 Rechtsform, Zweck und Aufgaben der einzelnen Verwertungsgesellschaften können ihren jeweiligen Satzungen entnommen werden, die Hans-Peter *Hillig* dokumentiert hat, *Hillig*, Urheber- und Verlagsrecht. Die Verwertungsgesellschaft „Werbung“ hat ihre Geschäftstätigkeit im Laufe des Jahres 2004 aufgenommen.

Verwertungsgesellschaften, daß sie die ihnen von ihren Mitgliedern übertragenen Verwertungs- und Nutzungsrechte sowie gesetzliche Vergütungsansprüche wahrnehmen, wobei es für die Entwicklung des Urheberrechts und des Rechts der Verwertungsgesellschaften kennzeichnend ist, daß, mit Ausnahme vornehmlich der GEMA, alle anderen Verwertungsgesellschaften vornehmlich zur Wahrnehmung von gesetzlichen Vergütungsansprüchen gegründet wurden. An der Tätigkeit dieser Gesellschaften haben jedoch nicht nur Rechteinhaber, sondern auch Verwerter ein nachhaltiges Interesse, da ihnen die „Zentralisierung des Inkassos bei einer Verwertungsgesellschaft sowie der Abschluß von Gesamt- bzw. Rahmenverträgen eine praktikable Möglichkeit (bietet), ihre gesetzliche Vergütungspflicht mit vertretbarem Verwaltungsaufwand zu erfüllen".[5]

1. ZPÜ (Zentralstelle für Private Überspielungsrechte)

a) Gründung und Rechtsnatur

5 Die älteste und aus wirtschaftlicher Sicht bedeutendste Form der Zusammenarbeit der deutschen Verwertungsgesellschaften ist ihr Zusammenschluß in der ZPÜ, deren Inkassoerträge derzeit 112.774.579.13 € (2003) betragen.[6] Da sie für die Kooperation der Verwertungsgesellschaften exemplarisch ist, soll sie hier am ausführlichsten dargestellt werden:

6 Die **Gründung** der ZPÜ als BGB-Gesellschaft geht zurück auf das Jahr 1963. Bereits vor der Einführung der gesetzlichen Leerkassettenvergütung im Jahr 1985, die neben die Gerätevergütung trat (§ 54 UrhG), gab es den gesetzlichen Vergütungsanspruch gegenüber den Herstellern und Importeuren von Tonband- und Videogeräten. Dieser hatte bei der ersten großen Urheberrechtsnovelle im Jahr 1965 Eingang in den damaligen § 53 UrhG gefunden.

7 Dies war die Geburtsstunde der ZPÜ, die mit Gesellschaftervertrag vom 3. 4. 1963 von den damals allein existierenden „traditionellen" Verwertungsgesellschaften GEMA, VG Wort und GVL gegründet wurde; in der Tat ging es ja auch nur um die musikalischen Urheber- und Leistungsschutzrechte und zum geringen Teil um literarische (ohne Musik) Rechte. Die private Überspielung von Fernsehsendungen oder gar Bildtonplatten/Kassetten zeichnete sich damals noch kaum am technischen Horizont ab. Die ZPÜ war zunächst selbst als Verwertungsgesellschaft gegründet und hatte auch die entsprechende Erlaubnis des Deutschen Patentamtes. Aufgrund einer Satzungsänderung hat die ZPÜ jedoch den Charakter einer Verwertungsgesellschaft wieder aufgegeben und sich als eine **Gesellschaft von Verwertungsgesellschaften zum gemeinsamen Inkasso** konstituiert. Die ZPÜ hat die alleinige Aufgabe, die Vergütungsansprüche (bis 1985 allein) gegenüber den Geräteherstellern und -importeuren

---

5 *Rossbach*, Die Vergütungsansprüche im deutschen Urheberrecht, S. 213. Vgl. auch die Übersicht über die verschiedenen Inkasso-/Clearingstellen bei Dreier-Schulze-*Schulze,* Vor § 1 UrhWG Rn. 17, 21; Loewenheim-*Melichar,* § 46 Rn. 11–29. Zur Inkassopraxis in den USA *Goldmann,* GRUR Int. 2001, 420, 422.

6 Vgl. hierzu den kurzen Überblick bei Loewenheim-*Melichar,* § 46 Rn. 21.

und (ab 1985 auch) gegenüber den Leerkassettenherstellern und -importeuren geltend zu machen und das Vergütungsaufkommen an ihre Gesellschafter zu verteilen.

8 Da nach der Erfindung und Verbreitung von Videorecordern auch die Werke der Filmautoren und Filmhersteller privat überspielt und ihre Rechte benutzt wurden, das Inkasso für die insoweit gegebenen Mitschnittmöglichkeiten erweitert werden mußte, traten die für die **Filmurheber und Filmleistungsschutzberechtigten** tätigen Verwertungsgesellschaften der ZPÜ zum 1.1.1988 als weitere Gesellschafter bei. Der derzeit gültige ZPÜ-Gesellschaftervertrag wurde zum 21.12.1992 mit Wirkung vom 1.1.1992, der geltende Inkassovertrag wurde zum 10.5.1989 abgeschlossen.

9 Die GEMA stellt der ZPÜ die zur Geschäftsführung notwendigen Einrichtungen zur Verfügung. Das eingegangene Vergütungsaufkommen wird – nach Abzug der mit der Geschäftsführung verbundenen Kosten – nach einem zwischen den Gesellschaftern vereinbarten Schlüssel entsprechend dem Umfang der Rechteeinbringung durch die einzelnen Gesellschafter auf diese aufgeteilt.[7]

10 Im Hinblick auf das Inkasso sowie die Verteilung der Vergütungseinnahmen bedarf es einer genauen Feststellung der vom privaten Kopieren betroffenen Rechteinhaber.

11 An einem zum Mitschnitt geeigneten Werk, das von Schallplatte oder Bildtonträger überspielt, oder das von der Sendung im Rundfunk und Fernsehen aufgezeichnet werden kann, sind vornehmlich vier **Rechtegruppen** des deutschen Urheberrechts beteiligt:

- Urheberrechte am vorbestehenden Werk (Musik mit oder ohne Text; literarische und publizistische Texte; Romanvorlagen, Drehbücher, Übersetzungen des Drehbuchs, bildnerische Vorlagen)
- Urheberrechte am Film (hier insbesondere die durch den Regisseur geschaffenen Filmwerke und evtl. die Rechte der Kameraleute und Cutter u.ä.)
- Leistungsschutzrechte der ausübenden Künstler (Schauspieler, Sänger, Tänzer, Musiker, Dirigenten)
- Leistungsschutzrechte der Schallplattenproduzenten gem. § 85 UrhG und der Filmproduzenten (einschließlich Fernsehfilmproduzenten) nach § 94 UrhG.

b) Gesellschafter der ZPÜ und ihr Rechtekatalog

12 Die nachstehenden Verwertungsgesellschaften nehmen für folgende Rechteinhaber die Rechte bei der privaten Überspielung wahr:

GEMA: Komponisten, Textdichter, Musikbearbeiter, Musikverleger.

VG Wort: 6 Berufsgruppen:

1. Autoren und Übersetzer schöngeistiger und dramatischer Literatur
2. Journalisten, Autoren und Übersetzer von Sachliteratur
3. Autoren und Übersetzer von wissenschaftlicher und Fachliteratur

---

7 Zum Gesamten, ebenso wie zur Verteilung des Vergütungsaufkommens auf die ZPÜ-Gesellschafter ausführlich *Kreile*, GRUR Int. 1992, 24, 34; Gesellschaftsvertrag abgedruckt bei *Hillig*, Urheber- und Verlagsrecht, Nr. 24c.

4. Verleger von schöngeistigen Werken und von Sachliteratur
5. Bühnenverleger
6. Verleger von wissenschaftlichen Werken und von Sachliteratur.

VG Bild-Kunst: 3 Berufsgruppen:

1. Bildende Künstler
2. Fotojournalisten, Grafiker, Designer, Karikaturisten, Pressezeichner und Bildarchive
3. Urheber und Produzenten in den Bereichen Film, Fernsehen und Audiovision (Regisseure, Kameraleute, Cutter, Filmarchitekten, Kostümbildner).

GVL:

Ausübende Künstler, Tonträgerhersteller, Bild- und Tonträgerhersteller (Hersteller von Videoclips) und Veranstalter gem. § 81 UrhG sowie Filmurheber, soweit es sich um Tonträger begleitende Bildträger (Videoclips) handelt.

VFF: Zwei Kurien der Wahrnehmungsberechtigten:

- Selbständige Filmhersteller und Fernsehfilmhersteller, z.B. Produzenten, die gem. § 94 UrhG (originäre) Rechte an den Auftrags- und Eigenproduktionen für die öffentlich-rechtlichen und privaten Fernsehunternehmen haben.
- Sendeunternehmen und deren Werberundfunkgesellschaften – soweit sie Hersteller von Filmen und Laufbildern sowie Inhaber der Synchronisationsrechte sind.

GWFF:

Filmproduzenten, Fernsehproduzenten, Videoprogrammhersteller, Urheber (originär und derivativ).

VGF:

Filmproduzenten und -hersteller, Urheber, Fernsehfilmproduzenten, Videoprogrammhersteller (originäre und derivative Rechte).

GÜFA:

Urheber- und Leistungsschutzberechtigte einschließlich der Produzentenrechte von erotischen und pornographischen Filmen.

c) Verteilungsgrundsätze innerhalb der Rechtekataloge der ZPÜ-Gesellschaften

Für die Verteilung des Vergütungsaufkommens an die einzelnen, oben durch die **13** jeweiligen Verwertungsgesellschaften vertretenen, Rechteinhabergruppen gelten die Maßgaben des UrhG und des UrhWG. Allerdings hat bei der Regelung der Vergütung für die private Vervielfältigung mit der Urheberrechtsnovelle 1985 der deutsche Gesetzgeber bewußt auf gesetzliche Vorschriften zur Verteilung des Vergütungsaufkommens verzichtet und in § 54h) Abs. 2 UrhG (früher § 54 Abs. 6 S. 2 UrhG) lediglich bestimmt, daß den Berechtigten jeweils ein angemessener Teil an der Vergütung zusteht.[8] Für diese Zurückhaltung des Gesetzgebers gibt es gute Gründe. Es war

---

8 Dazu *Riesenhuber,* Die Auslegung und Kontrolle des Wahrnehmungsvertrags, S. 18f.

praktisch kaum möglich, abstrakt und im voraus bindende Feststellungen für angemessene Verteilungsquoten zu treffen, da sich die Angemessenheit des Vergütungsanspruchs nach dem tatsächlichen Anteil der Werkschöpfung richtet. Die in diesem Zusammenhang auftretenden Fragen sind, namentlich im Filmbereich, außerordentlich kompliziert und waren (und sind) in tatsächlicher und rechtlicher Hinsicht Gegenstand von Auseinandersetzungen zwischen den Filmverwertungsgesellschaften und dann zwischen diesen und ihren Mitgesellschaftern innerhalb der ZPÜ. Das BMJ ebenso wie das Patentamt vertreten die Auffassung, daß es in erster Linie **Aufgabe der beteiligten Verwertungsgesellschaften** ist, Kriterien für die angemessene Verteilung der Vergütungen zu finden und für die Findung solcher Kriterien tragfähige Kompromisse einzugehen. Ggf. müßten streitige Rechtspositionen mit Hilfe der Gerichte geklärt werden. Bis jetzt aber haben die Beteiligten der Tragfähigkeit von in sachkundiger Interessenauseinandersetzung gefundenen Kompromissen den Vorzug gegenüber gerichtlichen Verfahren gegeben.[9]

2. ZBT (Zentralstelle Bibliothekstantieme)

14 Zweck dieser BGB-Gesellschaft ist es, für die durch ihre Gesellschafter vertretenen Berechtigten die ihnen durch den Verleih von Werkstücken, namentlich Büchern, Zeitschriften, Ton- und Bildtonträgern entstehenden **Vergütungsansprüche**, soweit sich diese **gegen Bibliotheken** der öffentlichen Hand, kirchliche Büchereien und Werkbüchereien richten, geltend zu machen (§ 27 Abs. 2 UrhG).[10] Gemäß der Rechtegruppen, deren Rechte durch den Verleih betroffen sind, sind Gesellschafter der ZBT: VG Wort, VG Bild-Kunst, GEMA, GVL, GWFF, VFF und VGF. Die Geschäftsführung liegt bei der VG Wort.[11]

3. ZVV (Zentralstelle für Videovermietung)

15 Die ZVV wurde 1989 als BGB-Gesellschaft gegründet. Zweck der ZVV ist es, für die durch ihre Gesellschafter vertretenen Berechtigten die diesen zustehenden Vergütungsansprüche aus der **Vermietung von Bildtonträgern** (§ 27 Abs. 1 UrhG) geltend zu machen. Gesellschafter sind GEMA, VG Wort, VG Bild-Kunst, GÜFA, GWFF, VGF und GVL. Die Geschäftsführung liegt bei der GEMA, das Inkasso wird durch die GEMA-Bezirksdirektionen durchgeführt.[12]

4. ZFS (Zentralstelle Fotokopieren an Schulen)

16 Die ZFS wurde 1986 als BGB-Gesellschaft gegründet. Zweck der Gesellschaft ist es, die Vergütungsansprüche gem. § 54a Abs. 2 UrhG für das **Fotokopieren an Schulen**

---

9 Zur gegenwärtigen Verteilungspraxis vgl. *Kreile*, GRUR Int. 1992, 24, 34.

10 Hierzu auch der kurze Überblick bei Loewenheim-*Melichar,* § 46 Rn. 22.

11 Gesellschaftsvertrag abgedruckt bei *Hillig*, Urheber- und Verlagsrecht, Nr. 17 (VG Wort ZBT).

12 Gesellschaftsvertrag abgedruckt bei *Hillig*, Urheber- und Verlagsrecht, Nr. 24d. Vgl. ferner die Darstellung bei Loewenheim-*Melichar,* § 46 Rn. 23.

für die durch ihre Gesellschafter vertretenen Berechtigten geltend zu machen. Gesellschafter sind VG Wort, VG Bild-Kunst und VG Musikedition. Die Geschäftsführung liegt bei der VG Wort.[13]

5. ZWF (Zentralstelle für die Wiedergabe von Fernsehwerken)

Die ZWF wurde als BGB-Gesellschaft 1992 gegründet. Zweck der Gesellschaft ist es, für die durch ihre Gesellschaft vertretenen Berechtigten die Ansprüche für die Kabelweitersendung (§ 20 b) UrhG) und die öffentliche Wiedergabe von Fernsehsendungen (§ 22 UrhG) geltend zu machen. Gesellschafter sind VG Bild-Kunst, GÜFA, VGF und GWFF. Die Geschäftsführung liegt bei der VG Bild-Kunst.[14] **17**

6. Arbeitsgemeinschaft DRAMA

Die Arbeitsgemeinschaft DRAMA wurde 1981 als BGB-Gesellschaft gegründet. Zweck der Gesellschaft ist die Wahrung der Rechte **dramatischer Autoren und Verleger** bei gleichzeitiger, vollständiger und unveränderter **Übermittlung von Ton- und Fernsehrundfunkprogrammen** durch in- und ausländische Kabelsysteme (§ 20 UrhG).[15] Gesellschafter sind GEMA und VG Wort. Die Geschäftsführung üben GEMA und VG Wort gemeinsam aus.[16] **18**

7. Inkassostelle Kabelweitersendung

Aufgrund eines Globalvertrags ist 1987 die Inkassostelle Kabelweitersendung ins Leben gerufen worden. Zweck ist das Inkasso für die Kabelweitersendung (§ 20b) UrhG) gegenüber der Deutschen Telekom AG. Gesellschafter sind GEMA, VG Wort, GVL, VG Bild-Kunst, AGICOA, VGF, GWFF, VFF sowie die öffentlich-rechtlichen Rundfunkunternehmen. Das Inkasso wird von der GEMA wahrgenommen.[17] **19**

8. CMMV (Clearingstelle Multimedia für Verwertungsgesellschaften von Urheber- und Leistungsschutzrechten GmbH)

Mit der Gründung der CMMV im Jahre 1996 haben die deutschen Verwertungsgesellschaften auf die spezifischen Bedürfnisse des Multimediamarktes geantwortet. Gegenstand der CMMV ist gem. § 1 Gesellschaftervertrag, die Verhandlungen zwischen den Herstellern bzw. Verwertern von Multimediaprodukten bzw. -leistungen und den Rechteinhabern zu fördern, u.a. durch die: **20**

- Beschaffung und Weitergabe von Informationen über die Urheberrechte und Leistungsschutzrechte an bestimmten Werken und Leistungen und deren Inhaber;

---

13 Gesellschaftsvertrag abgedruckt bei *Hillig*, Urheber- und Verlagsrecht, Nr. 17 (VG Wort ZFS). Zum Ganzen auch Loewenheim-*Melichar,* § 46 Rn. 24.

14 Gesellschaftsvertrag abgedruckt bei *Hillig*, Urheber- und Verlagsrecht, Nr. 24b. Vgl. ferner den Kurzüberblick bei Loewenheim-*Melichar,* § 46 Rn. 25.

15 Hierzu auch Loewenheim-*Melichar,* § 46 Rn. 28.

16 Gesellschaftsvertrag abgedruckt bei *Hillig*, Urheber- und Verlagsrecht, Nr. 24e.

17 Hierzu auch Loewenheim-*Melichar,* § 46 Rn. 26.

- Vermittlung von Rechten zur Herstellung bzw. Verwertung von Multimediaprodukten bzw. -leistungen zwischen Herstellern bzw. Verwertern und den Rechteinhabern bzw. deren Verwertungsgesellschaften;
- Kontaktaufnahme, Zusammenarbeit und Interessenvertretung mit ausländischen Verwertungsgesellschaften oder Organisationen mit ähnlicher Zielsetzung.

21 Die CMMV ist als reine Informationsvermittlungsstelle tätig. Ob sie, wenn dies von den Rechteinhabern gewünscht wird, auch als Lizenzvermittlungsstelle im Namen Dritter, d.h. der Rechteinhaber bzw. deren Verwertungsgesellschaften, tätig wird, ist eine Entscheidung, die die Gesellschafter in der Zukunft zu treffen haben.[18]

III. Aufsicht des DPMA über Zusammenschlüsse von Verwertungsgesellschaften

22 Die bestehenden Zusammenschlüsse und Kooperationsformen der Verwertungsgesellschaften sind nach verbreiteter Auffassung **keine eigenen Verwertungsgesellschaften** im Sinne des UrhWG. Mit Ausnahme von Arbeitsgemeinschaft DRAMA und CMMV stellen diese Einrichtungen „Inkassostellen bestehender Verwertungsgesellschaften ohne eigene Treuhandfunktion" dar.[19] Im Hinblick auf die heutige wirtschaftliche Bedeutung der Vergütungen z.B. für die private Überspielung hält es Martin *Vogel* jedoch für geboten, „die staatliche Aufsicht unmittelbar auch auf solche Gesellschaften auszudehnen, die die Verwertungsgesellschaften zur Erleichterung der ihnen obliegenden Aufgaben gegründet haben". Als Indiz für eine Tätigkeit gem. § 1 Abs. 1 UrhWG wertet *Vogel* die Tatsache, daß die Inkassostellen gegenüber den Vergütungsschuldnern Freistellungserklärungen abgeben und in Gesellschaftsbeschlüssen die auf die Mitglieder entfallenden Quoten festlegen, also gewissermaßen Verteilungspläne aufstellen.[20]

23 Die Frage der unmittelbaren Anwendbarkeit des UrhWG spielt freilich eine Rolle, da, sollte man sie bejahen, nicht nur Verwertungsgesellschaften, sondern auch natürliche Personen, d.h. Urheber und Leistungsschutzberechtigte, als Mitglieder dieser Zusammenschlüsse aufgenommen werden müßten (§ 6 Abs. 1 UrhWG), was sich aus praktischen Gründen kaum empfehlen dürfte. Unbestritten unterliegen die Verwertungsgesellschaften dem Regime des UrhWG in vollem Umfang und in voller wahrnehmungsgesetzlicher Kontrolle, die sich auf alle Handlungen der Verwertungsgesellschaften bezieht, also auch auf ihre Aktivitäten, die zu Zusammenschlüssen und Kooperationen führen. Dann erscheint es aber weder aus Rechts- noch aus Praktikabilitätsgründen geboten, die Zusammenschlüsse und Kooperationsformen der deutschen Verwertungsgesellschaften erneut dem Regime des UrhWG zu unterstellen.

---

18 Gesellschaftsvertrag abgedruckt bei *Hillig*, Urheber- und Verlagsrecht, Nr. 24g. Zum Ganzen auch Loewenheim-*Melichar,* § 46 Rn. 29.

19 So Schricker-*Reinbothe*, vor § 1 ff. UrhWG Rn. 14 mwN. Im Ergebnis ebenso Loewenheim-*Melichar,* § 46 Rn. 20; Wandtke/Bullinger-*Gerlach,* Vor §§ 1 ff. UrhWG Rn. 16.

20 *Vogel,* GRUR 1993, 513, 517.

So spielt – zum Beispiel – unter dem Gesichtspunkt der Aufsicht über Verwertungsgesellschaften durch das DPMA die Frage, ob und inwieweit Kooperationen und Zusammenschlüsse unter das aufsichtsrechtliche Regime des UrhWG fallen, kaum eine Rolle. Denn Verwertungsgesellschaften und Patentamt sind sich darin einig, die Zusammenarbeits- und Kooperationsformen (dieses gilt uneingeschränkt auch für die CMMV, die in ihrer derzeitigen Form kaum Ähnlichkeit mit einer Verwertungsgesellschaften aufweisen dürfte), faktisch so zu behandeln, als unterlägen sie den aufsichtsrechtlichen Bestimmungen des UrhWG. So nimmt ein Vertreter des Amtes regelmäßig an allen Gesellschafterversammlungen der ZPÜ, der ZVV und nunmehr auch der CMMV und von Fall zu Fall auch der Inkassostelle Kabelweitersendung teil. Das Amt erhält sämtliche Unterlagen, wie Jahresabschlüsse, Bilanzen, Berichte, Protokolle etc. dieser Gesellschaften. 24

Die Zusammenfassung aller Rechte in der Hand von Verwertungsgesellschaften hält der Gesetzgeber für notwendig, denn er weiß, daß dies gleichzeitig im Interesse der Urheber, wie im Interesse der Nutzer von urheberrechtlich geschützten Werken liegt. Das UrhWG ist also von Anfang an gleichzeitig Urheberschutzgesetz wie Verbraucherschutzgesetz. Und sowohl den deutschen wie den anderen europäischen Urheberrechtsgesetzgebern – etwa der EG-Kommission, welche die Urheberrechtsrichtlinien vorbereitet und für ihre Durchsetzung sorgt – wie aber auch den Verwertungsgesellschaften selbst ist bewußt, daß es im gemeinsamen Sinne von Urhebern wie Verbrauchern liegt, daß Verwertungsgesellschaften als faktische Monopole ausgestattet werden und sind. Obwohl ihre faktische Monopolstellung also durchaus von der Rechtsordnung „erwünscht" ist,[21] müssen sie als marktbeherrschende Unternehmen einer Kontrolle unterliegen.[22] Dieser stellen sich die deutschen Verwertungsgesellschaften durch besondere Transparenz.[23] Die Verwertungsgesellschaften stellen sich also der öffentlichen – sowohl der staatlichen, wie der publizistischen – Kontrolle und insbesondere hinsichtlich der Effizienz ihrer Tagesarbeit sowohl gegenüber den Wahrnehmungsberechtigten, wie auch gegenüber den Verbrauchern: Sinn des UrhWG ist es auch, dessen Einhaltung stets rechtfertigen zu können und zu müssen. So nehmen denn die Verwertungsgesellschaften sowohl die kritischen Hinweise der Öffentlichkeit, wie aber insbesondere die kritischen Hinweise der Aufsichtsbehörden (sowohl des DPMA, wie des Bundeskartellamts) konsequent auf. 25

---

21 *Schack*, Urheber- und Urhebervertragsrecht, Rn. 1170.

22 Eingehend *Riesenhuber,* Die Auslegung und Kontrolle des Wahrnehmungsvertrags, S. 57–166 mwN.

23 Vgl. insbesondere die (im NOMOS-Verlag) seit 1991 jährlich erscheinenden GEMA-Jahrbücher, die nicht nur die Bilanz und die Gewinn- und Verlustrechnung des jeweiligen Jahres enthalten, sondern alle für das Inkasso und für die Verteilung geltenden Rechtsvorschriften (urheberrechtliche Gesetzestexte; GEMA-Satzung, -Berechtigungsvertrag und -Verteilungspläne mit allen Anlagen; ferner die wichtigsten internationalen Vereinbarungen). Siehe auch *Riesenhuber*, ZUM 2004, 417–426.

Kapitel 17
Rechtsbeziehungen der GEMA zu ausländischen Verwertungsgesellschaften

Inhaltsübersicht Rn.

I. Gegenseitigkeitsverträge als Grundlage der Rechtsbeziehungen der GEMA zu ausländischen Verwertungsgesellschaften

Durch die Gegenseitigkeitsverträge sind die GEMA und die mit ihr diesen Vertrag schließende ausländische Verwertungsgesellschaft in der Lage, den Nutzern (Lizenznehmern) für das von ihnen wahrgenommene und übertragene Repertoire urheberrechtlich geschützter Musik Lizenzen zu erteilen. Durch Gegenseitigkeitsverträge mit anderen Verwertungsgesellschaften entstand in den letzten Jahrzehnten ein weltweites Netzwerk der musikalischen Rechtewahrnehmung. Für die Nutzer (Lizenznehmer) wird damit ein globaler, wenn auch territorial begrenzter „one-stop-shop“ im Bereich der Musik ermöglicht. Die Gegenseitigkeitsverträge der GEMA mit ausländischen Verwertungsgesellschaften sind die Grundlage für die Sicherung der Ansprüche der GEMA-Mitglieder im Ausland in allen Rechten, soweit sie der GEMA im Berechtigungsvertrag übertragen wurden. Dies sind insbesondere die Aufführungs- und Senderechte sowie das Vervielfältigungs- und Verbreitungsrecht. 1

II. Gegenseitigkeitsverträge im System der Wahrnehmungsverträge

1. Definition des Gegenseitigkeitsvertrages

Unter „Vertrag über die gegenseitige Vertretung“ (Gegenseitigkeitsvertrag) ist ein Vertrag zwischen zwei nationalen Gesellschaften zur Wahrnehmung von musikalischen Urheberrechten zu verstehen, durch den diese Gesellschaften einander das Recht gewähren, in dem Gebiet, in welchem sie jeweils tätig sind, für die lizenzpflichtige Nutzung von Musikwerken des jeweiligen Repertoires der vertragschließenden Gesellschaften, an denen Mitgliedern der anderen Gesellschaften Urheberrechte zustehen, die erforderliche Erlaubnis zu erteilen.[1] 2

Es geht insbesondere um die Zahlung von urheberrechtlichen Vergütungen, die von der einen Verwertungsgesellschaft für Rechnung der anderen Verwertungsgesellschaft erhoben werden, sowie um die Verteilungspläne der jeweiligen Verwertungsgesellschaften. Bei der Erhebung und Verteilung von den urheberrechtlichen Vergütungen 3

1 Vgl. statt aller EuGH vom 13.7.1989, verb. Rs. 110/88, 241/88 und 242/88 *Lucazeau,* Slg. 1990 I-2823 Rn. 11.

wenden die vertragschließenden Gesellschaften hinsichtlich der zum Repertoire des Vertragspartners gehörenden Musikwerke die gleichen Tarife, Methoden und Mittel wie beim eigenen Repertoire an.

4 Darüber hinaus gilt der u.a. in Art. 5 der Berner Übereinkunft festgelegte Gleichbehandlungsgrundsatz für betroffene Urheber.

5 Nach deutschem Recht handelt es sich um Dienstverträge, die eine Geschäftsbesorgung zum Gegenstand haben[2] und wirtschaftlich ein weltweites Inkasso durch eine nationale Gesellschaft ermöglichen.

2. Abgrenzung des Gegenseitigkeitsvertrages von unilateralen Wahrnehmungsverträgen mit ausländischen Verwertungsgesellschaften

6 Bei der Darstellung von Wahrnehmungsverträgen mit ausländischen Verwertungsgesellschaften ist zudem zwischen bilateralen und unilateralen Vereinbarungen zu unterscheiden:

7 Mit ausländischen Verwertungsgesellschaften wurden seitens der GEMA entweder bilaterale Mandate, also echte Gegenseitigkeitsverträge, oder unilaterale Mandate, also einseitige Rechtsübertragungen auf die GEMA, bzw. von seiten der GEMA auf den ausländischen Vertragspartner, vereinbart. Bei den unilateralen Vereinbarungen ist wiederum zwischen direkten und indirekten Mandaten zu trennen. Direkte Mandate sind solche Rechtsübertragungen des jeweils eigenen Repertoires zur Wahrnehmung durch eine ausländische Gesellschaft in deren originärem Territorium. Indirekte Mandate sind solche Rechtsübertragungen des jeweils eigenen Repertoires zur Wahrnehmung durch eine ausländische Gesellschaft außerhalb deren originären Territoriums, für das diese Gesellschaft aber wiederum einen (gegenseitigen) Wahrnehmungsvertrag mit der dortigen nationalen Verwertungsgesellschaft geschlossen hat.

8 Eine weitere Form der Mandatierung findet im Rahmen der europäischen Zentrallizenzierung statt: Eine Verwertungsgesellschaft wird von anderen Verwertungsgesellschaften mandatiert, für die Verkäufe eines bestimmten Tonträgerherstellers in den Wahrnehmungsgebieten der beteiligten Verwertungsgesellschaften Lizenzen zu erteilen.

3. Verhältnis von Gegenseitigkeitsvertrag und Berechtigungsvertrag

9 Der Berechtigungsvertrag ist ein individueller Vertrag zwischen der GEMA und ihrem Mitglied im Hinblick auf die treuhänderische Wahrnehmung der der GEMA übertragenen Rechte. Der Berechtigungsvertrag ist somit die Grundlage, auf der die Gegenseitigkeitsverträge aufsetzen. Die Gegenseitigkeitsverträge umfassen die Gesamtheit der zur Wahrnehmung via Berechtigungsvertrag übertragenen Rechte und werden kollektiv von den Verwertungsgesellschaften sich gegenseitig übertragen.

10 Dem Urheber bleibt es überlassen, ob er seine Nutzungsrechte auf eine einzige Verwertungsgesellschaft überträgt, die über das weltweite Netz von Gegenseitigkeitsver-

2 Vgl. *Mestmäcker/Schulze*, Bd. 2, Teil III (IntR), 6. Abschnitt, B § 7 VI.

trägen dessen Rechte weltweit wahrnimmt, oder ob er seine Nutzungsrechte räumlich begrenzt auf mehrere Verwertungsgesellschaften überträgt.

4. Zweck der Gegenseitigkeitsverträge

Die Gegenseitigkeitsverträge bezwecken, 11

- ein lückenloses Netz internationaler Rechtewahrnehmung durch gegenseitige Rechteeinräumung zu schaffen;
- die Gesamtheit der geschützten Musikwerke ohne Rücksicht auf ihre Herkunft einheitlichen Bedingungen und in Einklang mit dem in den internationalen Übereinkommen auf dem Gebiete des Urheberrechts niedergelegten Grundsatz für die in einem Staat ansässigen Musiknutzer zu unterwerfen;
- den Verwertungsgesellschaften zu ermöglichen, sich für den Schutz des jeweils eigenen Repertoires in einem anderen Land auf die dort tätige(n) Verwertungsgesellschaft(en) zu stützen, ohne gezwungen zu sein, diese Gesellschaft durch ein eigenes Vertragsnetzwerk mit den Musiknutzern und eigene vor Ort vorgenommene Kontrollen zu ergänzen;
- den Urheber vor der praktisch kaum zu bewältigenden Aufgabe zu bewahren, mit einer Vielzahl von Verwertungsgesellschaften Nutzungsverträge abzuschließen.

5. Aufsicht über die Gegenseitigkeitsverträge durch das Deutsche Patent- und Markenamt

Das Urheberrechtswahrnehmungsgesetz vom 9. September 1965 (UrhWG) ist die rechtliche Grundlage der Tätigkeit der GEMA und somit auch für den Abschluß von Gegenseitigkeitsverträgen. Gemäß § 1 UrhWG unterliegt die Tätigkeit der Genehmigung durch die Aufsichtsbehörde der GEMA, das Deutsche Patent- und Markenamt, **DPMA** (§ 2 iVm § 18 UrhWG). 12

Gemäß § 20 UrhWG sowie § 102a GWB hat die GEMA gegenüber der Aufsichtsbehörde bestimmte Unterrichtungs- bzw. Meldepflichten, welche neben den Auskunfts- und Vorlageanspruch der Aufsichtsbehörde nach § 19 Abs. 2 UrhWG treten, um dieser die Durchführung der Aufsicht zu ermöglichen. Gemäß § 20 Nr. 4 UrhWG hat die GEMA der Aufsichtsbehörde abschriftlich die Vereinbarungen mit ausländischen Verwertungsgesellschaften zu übermitteln. 13

6. Übersicht über die bislang abgeschlossenen Verträge der GEMA mit ausländischen Verwertungsgesellschaften

Derzeit unterhält die GEMA mit 87 Verwertungsgesellschaften vertragliche Beziehungen, und zwar mit der **ACAM** (Costa Rica), **ACDAM** (Kuba), **ACUM** (Israel), **ADDAF/ AMAR/ ASSIM/ SADEMBRA/ SBACEM/ SBAT/ SICAM/ UBC** (Brasilien), **AEPI** (Griechenland), **AGADU** (Uruguay), **AKKA-LAA** (Lettland), **AKM/ AUSTRO MECHANA/ LITERAR MECHANA** (Österreich), **ALBAUTOR** (Albanien), **AMCOS/ APRA** (Australien), **AMRA/ ASCAP/ BMI/ THE HARRY FOX AGENCY/ SESAC** (USA), **APA** (Paraguay), **APDAYC** (Peru), **ARTISJUS** (Ungarn), **BUMA/ STEMRA** (Niederlande), **CASH** (Hong Kong); **CMRRA/ SOCAN/ SO-** 14

DRAC (Kanada), **COMPASS** (Singapur), **COSGA** (Ghana), **COSOMA** (Malawi), **COTT** (Trinidad & Tobago), **EAÜ** (Estland), **FILSCAP** (Philippinen), **HDS-ZAMP** (Republik Kroatien), **IMRO** (Irland), **JASRAC** (Japan), **KCI** (Indonesien), **KODA/ NCB** (Dänemark), **KOMCA** (Südkorea), **LATGA-A** (Litauen), **MASA** (Mauritius), **MCSC** (Volksrepublik China), **MCPS/ PRS** (Großbritannien), **MCT** (Thailand), **MESAM** (Türkei), **MUSICAUTOR** (Bulgarien), **MÜST** (Taiwan), **ONDA** (Algerien), **OSA** (Tschechische Republik), **RAO** (Russische Föderation), **SABAM** (Belgien), **SACEM/ SDRM** (Frankreich), **SACM** (Mexiko), **SACVEN** (Venezuela), **SADAIC** (Argentinien), **SAMRO/ SARRAL** (Südafrika), **SAYCE** (Ecuador), **SAYCO** (Kolumbien), **SAZAS** (Slowenien), **SCD** (Chile), **SGAE** (Spanien), **SIAE** (Italien), **SOBODAYCOM** (Bolivien), **SOCOM-ZAMP** (Mazedonien), **SOKOJ** (Serbien Montenegro), **SONECA** (Demokratische Republik Kongo), **SOZA** (Slowakische Republik), **SPA** (Portugal), **STEF** (Island), **STIM** (Schweden), **SUISA** (Schweiz), **TEOSTO** (Finnland), **TONO** (Norwegen), **UACRR** (Ukraine), **UCMR-ADA** (Rumänien), **ZAIKS** (Polen).[3]

III. Abschluß von Gegenseitigkeitsverträgen

1. Standardisierung der Gegenseitigkeitsverträge: CISAC/BIEM-Standardvertrag

15 Die Gegenseitigkeitsverträge werden praxisnah so ausgestaltet, daß sie den bestmöglichen Schutz der Urheberrechte und der Urheberinteressen gewährleisten, und zwar durch Harmonisierung der Vertragsbedingungen, unter welchen die Verwertungsgesellschaften sich in ihren jeweiligen Wahrnehmungsgebieten gegenseitig vertreten.

16 Federführende Dachorganisation der Verwertungsgesellschaften ist die „Confédération Internationale des Sociétés d'Auteurs et Compositeurs", **CISAC**, die gemäß ihrer Satzung die Interessen der Geistesschaffenden wahrt. Dachorganisation der Verwertungsgesellschaften für die spezifischen Belange des mechanischen Vervielfältigungsrechts ist das „Bureau International des Sociétés gérant les Droits d'Enregistrement et de Reproduction Mécanique", **BIEM**, dessen Aufgabe es gemäß Art. 2 Ziff. 1 und 2 Satzung des BIEM u.a. ist, im Hinblick auf das mechanische Vervielfältigungsrecht den Text eines Gegenseitigkeits- oder unilateralen Vertrages aufzustellen, der zwischen den assoziierten Gesellschaften abzuschließen ist, um die Verwaltung der Repertoires der anderen assoziierten Gesellschaften durch jede assoziierte Gesellschaft in ihrem Verwertungsgebiet sicherzustellen. Zum Zwecke der Vereinheitlichung haben CISAC und BIEM im Lichte einer Harmonisierung der Vertragsbedingungen einen Standardvertrag zur gegenseitigen Rechtewahrnehmung für das Aufführungs- und Senderecht, sowie einen Standardvertrag für das Vervielfältigungsrecht ausgearbeitet, welche allerdings aufgrund der unterschiedlichen rechtlichen, wirtschaftlichen, kulturellen und sozialen Umfelder, in denen die Gesellschaften operieren, für die Mitgliedsgesellschaften nicht bindend sind und daher im Einzelfall Anpassungen erforderlich machen.

---

3 GEMA-Jahrbuch 2004/2005, S. 204–206.

2. Voraussetzungen für den Vertragsabschluß

Erste Voraussetzung zum Abschluß eines Gegenseitigkeitsvertrages mit der GEMA ist die **Mitgliedschaft des Vertragspartners bei der CISAC** (im Hinblick auf das Aufführungs- und Senderecht) bzw. die **Mitgliedschaft im BIEM** (im Hinblick auf das Vervielfältigungsrecht), um einen internationalen Mindeststandard für das Ziel einer funktionierenden gegenseitigen Rechtewahrnehmung zu wahren: 17

Jede urheberrechtliche Verwertungsgesellschaft ohne Gewinnerzielungsabsicht, die nicht auch die Rechte der ausübenden Künstler, der Hersteller von Tonträgern, der Sendeunternehmen oder anderer Rechtsinhaber wahrnimmt, kann als sogenanntes ordentliches Mitglied in die CISAC aufgenommen werden, wenn sie die Förderung der immateriellen Urheberinteressen und den Schutz deren vermögensrechtlichen Interessen zum Zweck hat und dies vor allem im Hinblick auf Werkedokumentation, Inkasso und Verteilung von Lizenzgebühren wirksam sicherstellen kann (wirksamer Inkasso- und Verteilungsapparat sowie Belege über die finanzielle Geschäftsführung, aus denen die regelmäßige und zuverlässige Förderung der Urheberinteressen hervorgeht). Hinzu kommt die Übernahme der vollen Verantwortung für diejenigen Tätigkeiten, die mit der Verwaltung der übertragenen Rechte zusammenhängen.[4] 18

Die Mitgliedschaft im BIEM setzt die Befugnis einer Gesellschaft zur Wahrnehmung mechanischer Vervielfältigungsrechte und die Verfügung über einen **entsprechenden Verwaltungsapparat voraus.**[5] 19

Zweite Voraussetzung ist gemäß internationalem Standard für die GEMA bei Vertragsabschluß mit ausländischen Verwertungsgesellschaften, daß die ausländische Verwertungsgesellschaft in ihrem Wahrnehmungsgebiet die Interessen ihrer eigenen Mitglieder und diejenigen der GEMA-Mitglieder in gleichem Maße gewährleistet. **Eine weitere Voraussetzung** im Rahmen der CISAC und des BIEM ist, daß eine Kooperation auf Gegenseitigkeit zwischen der GEMA und ihren Vertragspartnergesellschaften sichergestellt ist, beispielsweise durch den Austausch internationaler Dokumentation in standardisierten Formaten und bei der Pirateriebekämpfung. Damit soll eine effektive, weltweite Zuordnung von Urhebertantiemen an die berechtigten Urheber gewährleistet werden. 20

Der Abschluß der Gegenseitigkeitsverträge erfolgt schriftlich. 21

IV. Rechtsfolgen der Gegenseitigkeitsverträge

1. Ausschließliche/nichtausschließliche Rechtsübertragung

Ausschließliche Rechteübertragung ist regelmäßig die Folge eines Vertragsabschlusses, so daß die jeweilige Verwertungsgesellschaft nicht (mehr) auch die unmittelbare 22

4 Vgl. Art. 5 Satzung der CISAC, abgedruckt im GEMA-Jahrbuch 2004/2005, S. 223, zuletzt geändert im Juli 2004.
5 Vgl. Art. 2 Satzung des BIEM, abgedruckt im GEMA-Jahrbuch 2004/2005, S. 207.

Erteilung von Lizenzen auf dem Territorium der jeweils anderen Gesellschaft vornehmen kann.

23 Es gibt allerdings Ausnahmen, und zwar

- in Gegenseitigkeitsverträgen mit den US-amerikanischen Verwertungsgesellschaften ASCAP, BMI, SESAC und THE HARRY FOX AGENCY;
- in Gegenseitigkeitsverträgen mit Verwertungsgesellschaften innerhalb der EU;
- bei Verwertungsgesellschaften, deren Mitglieder per Berechtigungsvertrag lediglich nichtausschließliche Rechte übertragen.

2. Inkasso und Verteilung

24 Auf der Basis der Gegenseitigkeitsverträge hat die GEMA als nationale Verwertungsgesellschaft und spiegelbildlich die ausländische Verwertungsgesellschaft als ihr Vertragspartner eine weltweite Inkassoberechtigung, d.h. durch die Lizenzierung von Nutzern erfüllen die einzelnen Verwertungsgesellschaften ihre vertraglichen Pflichten gegenüber den anderen Verwertungsgesellschaften. Dies beinhaltet auch ein zuverlässiges Verwaltungs- und Kontrollsystem gegenüber den Musiknutzern im Auftrag der jeweils anderen Verwertungsgesellschaft. Gleichzeitig sind die GEMA und ihre Vertragspartner über das weltweite Vertragsnetz verpflichtet, kassierte urheberrechtliche Vergütungen weltweit zu verteilen sowie in diesem Zusammenhang die Lizenzierungspraxis und die Abrechnungen im Hinblick auf die Werke des eigenen Repertoires zu kontrollieren.

V. Inhalt von Gegenseitigkeitsverträgen

25 Die GEMA schließt Verträge zur (gegenseitigen) Rechtewahrnehmung durch ausländische Verwertungsgesellschaften im Aufführungs- und Senderecht sowie im Vervielfältigungsrecht ab.

1. Umfang der Rechteübertragung

26 Art. 1 Abs. I–III des Mustervertrages im EU-Bereich für das Aufführungs- und Senderecht gemäß CISAC-Standardvertrag („CISAC-Standardvertrag“)[6] bzw. Art. I Abs. 1–4 des Mustervertrages im EU-Bereich für das Vervielfältigungsrecht gemäß BIEM-Standardvertrag („BIEM-Standardvertrag“)[7] sieht zunächst die ausschließliche oder eben nichtausschließliche Rechteübertragung im Bereich Aufführungs- und Senderecht bzw. Vervielfältigungsrecht in nachstehend im jeweiligen Vertrag präzisierten und abgegrenzten Gebieten (Art. 6 des CISAC-Standardvertrages, Art. III des BIEM-Standardvertrages) vor, und steckt somit den Umfang der Rechteübertragung ab, wobei Art. 1 Abs. III des CISAC-Standardvertrages primär die Definition des

---

6 Abgedruckt im GEMA-Jahrbuch 2004/2005, S. 245 ff.

7 Abgedruckt im GEMA-Jahrbuch 2004/2005, S. 26 ff.

Ausdruckes „öffentliche Aufführung“ enthält und Art. I Abs. 4 des BIEM-Standardvertrages die Begriffe „Aufnahme“ und „mechanische Vervielfältigung“ spezifiziert.

Ob eine ausschließliche oder nichtausschließliche (gegenseitige) Rechteübertragung vereinbart wird, hängt zunächst wesentlich davon ab, ob die fraglichen Gesellschaften ihrerseits per Berechtigungsvertrag ausschließliche oder nichtausschließliche Rechte von ihren Mitgliedern übertragen bekommen. Im letzteren Fall kann keine Garantie darüber erfolgen, daß ein eigenes Mitglied nicht selber direkt Lizenzen im Land der anderen Gesellschaft einräumt. **27**

Klauseln, die eine ausschließliche Rechteübertragung vorsehen, sind des weiteren aus US-wettbewerbsrechtlichen Gründen in den Gegenseitigkeitsverträgen mit den US-amerikanischen Gesellschaften BMI, ASCAP, SESAC sowie THE HARRY FOX AGENCY nicht möglich. Darüber hinaus kann aufgrund der binnenrechtlichen Struktur der Europäischen Union keine Ausschließlichkeit bei der Rechteübertragung in Verträgen mit Verwertungsgesellschaften innerhalb der Europäischen Union vereinbart werden. Ursprünglich waren die Ermächtigungen in den Verträgen auch hier ausschließlich, die Ausschließlichkeitsklauseln mußten aber auf Veranlassung der Europäischen Kommission 1971 beseitigt werden.[8] **28**

2. Umfang der Rechteübertragung im Online-Bereich

Die europäischen Verwertungsgesellschaften haben in den letzten Jahren Ergänzungen zu den traditionellen Gegenseitigkeitsverträgen entwickelt, und zwar zunächst das sog. **„Santiago Abkommen“**, welches anläßlich des CISAC-Kongresses 2000 in Santiago de Chile unterzeichnet wurde, und auf dessen Grundlage die Verwertungsgesellschaften Lizenzen auch für Werke ihrer Partnergesellschaften zur Nutzung von Musik im Internet auch über ihre jeweiligen Verwaltungsgebiete hinaus erteilen können. Die Nutzung des ausländischen Aufführungsrechts im Sinne des Rechts der Zugänglichmachung wird den deutschen Anbietern von der GEMA auf der Basis dieses Abkommens eingeräumt, welches der GEMA erlaubt, die Aufführungsrechte der Mitglieder ihrer ausländischen Partnergesellschaften ebenfalls weltweit zu vergeben. Gleiches gilt für die ausländischen mechanischen Vervielfältigungsrechte, die auf der Basis des sog. **„Barcelona-Abkommens“**, das dem Santiago-Abkommen nachgebildet und für die mechanischen Rechte am 28. September 2001 in Barcelona von der Mitgliederversammlung des BIEM verabschiedet wurde, eingeräumt werden. **29**

Das Santiago Abkommen wurde am 17. April 2001 im Hinblick auf Art. 181 EGV (Kartellverbot) der Europäischen Kommission zur Erlangung eines sog. Negativattestes gemäß Art. 2 und 4 der VO Nr. 17 vorgelegt. Ebenso wurde auch das Barcelona Abkommen am 28. Februar 2002 der Kommission vorgelegt. Allerdings hat die Generaldirektion Wettbewerb der Europäischen Kommission diesbezüglich noch nicht ent- **30**

---

8 Bericht über die Wettbewerbspolitik (1971), S. 84 Ziff. 85, Fn. 1, letzter Absatz; s.a. die Antwort vom 9. Dezember 1971 auf die schriftliche Anfrage Nr. 349/71 des Abgeordneten *Vredeling* an die Kommission der Europäischen Gemeinschaften vom 12. Oktober 1971, ABl. EG Nr. C 125 v. 18.12.1971, S. 8 f.

schieden. Es wurde ein umfangreicher Fragenkatalog den betroffenen Verwertungsgesellschaften vorgelegt, durch den die Kommission sich weitere Aufklärung verschaffen will. Die Santiago- und Barcelona-Verträge sind damit derzeit nicht in Kraft.

31 Inhaltlich werden in den Zusatzvereinbarungen die Bedingungen der Internetnutzung von Musikwerken kurz skizziert, nämlich daß es sich um die intensive Nutzung von Musikwerken ohne Grenzen handelt, und daß im Interesse der Urheber zwischen den Parteien eine Grundlage sowohl für die Lizenzierung als auch für die Verteilung vereinbart wird.

32 Letztlich erlauben die Zusatzvereinbarungen den jeweiligen Verwertungsgesellschaften, die in ihrem Wahrnehmungsgebiet ansässigen Content Provider zu lizenzieren und das Inkasso durchzuführen. Dies gilt grundsätzlich auch für Online Angebote dieses Content Providers über die Grenzen des Verwaltungsgebietes der jeweiligen Gesellschaft hinaus. Es kassiert also nicht zwingend die Verwertungsgesellschaft, in deren Territorium der sog. Download erfolgt. Jedoch muß bei grenzüberschreitenden Angeboten der Tarif im Land des Download Anwendung finden. Die Zusatzvereinbarung legt also fest, daß die Lizenz an den Content provider zu erteilen ist. Hierbei werden alle gegenwärtig bekannten Möglichkeiten im technischen und wirtschaftlichen Bereich berücksichtigt, um im Urheberinteresse dort den Content Provider zu lizenzieren, wo dieser seinen wirtschaftlichen Schwerpunkt hat.

33 Für anglo-amerikanisches Repertoire gilt allerdings folgendes: Die GEMA kann Lizenzen für das Aufführungsrecht, das sie von ihren amerikanischen und britischen Partnergesellschaften erhält, weltweit erteilen. Für das mechanische Vervielfältigungsrecht am anglo-amerikanischen Repertoire ist die GEMA berechtigt, auf der Basis ihrer Berechtigungsverträge mit den jeweiligen anglo-amerikanischen Subverlagen in Deutschland, dieses Recht nur für die Nutzung in Deutschland zu lizenzieren. Downloads aus den USA in Deutschland können nur nach dem deutschen Tarif genehmigt werden. Über eine Erlaubnis zur weltweiten Lizenzierung auch des anglo-amerikanischen Vervielfältigungsrechts durch die für den Content Provider zuständige Verwertungsgesellschaft gibt es noch keine Verständigung mit den anglo-amerikanischen Originalverlagen und Verwertungsgesellschaften.

34 Bis zum Abschluß der Prüfung der Europäischen Kommission wird jedoch vorerst jede Verwertungsgesellschaft, zumindest in Europa, nur das jeweils eigene Territorium und die dort ansässigen Content Provider lizenzieren. Grenzüberschreitende Angebote können nur nach Zustimmung der Gesellschaft erfolgen in deren Territorium der grenzüberschreitende Download stattfindet. Bei iTunes beispielsweise handelt derzeit jede Verwertungsgesellschaft für ihr eigenes Wahrnehmungsgebiet. Downloads aus den USA in Deutschland können nur nach dem deutschen Tarif genehmigt werden.

3. Umfassende Inkassoberechtigung

35 Art. 2 des CISAC-Standardvertrages bzw. Art. I Abs. 2 des BIEM-Standardvertrages räumt den Verwertungsgesellschaften zunächst eine umfassende Inkassoberechtigung ein.

Insbesondere sind die vertragsschließenden Gesellschaften zu diesem Zweck auch berechtigt, für die jeweils andere Gesellschaft im eigenen Namen Rechtsschritte gegen unrechtmäßige Nutzung des übertragenen Musikrepertoires im eigenen Territorium einzuleiten und durchzuführen. 36

Eine Verfügung über die der Verwertungsgesellschaft von ihren Mitgliedern anvertrauten Rechte ist nur rechtmäßig, wenn sie mit den Pflichten vereinbar ist, welche die Gesellschaften gegenüber ihren Mitgliedern aufgrund Satzung oder Gesetz haben. Diese Pflichten haben sich im internationalen und im neuen digitalen Kontext nur insofern geändert, daß sie unter erschwerten Marktbedingungen durchzusetzen sind. 37

4. Gleichbehandlungsgrundsatz

Art. 3 Abs. I sowie Art. 11 Abs. I des CISAC-Standardvertrages legen fest, daß sich die Vertragsparteien aufgrund der in den Art. 1 und 2 des Vertrages erteilten Vollmachten verpflichten, in ihren jeweiligen Wahrnehmungsgebieten Urheber der anderen Gesellschaft ebenso zu behandeln wie die eigenen Mitglieder. 38

Der Grundsatz der Inländerbehandlung, den die Gegenseitigkeitsverträge verwirklichen, gewährleistet, daß die Urheberinteressen ohne Diskriminierung in Übereinstimmung mit den national verschiedenen Urhebergesetzen gewahrt werden. 39

Angesichts ihrer Pflicht, für die Urheber (und deren Berechtigte) einzutreten, verpflichten sich die Verwertungsgesellschaften, den Schutz aller Urheber und ihrer Berechtigten zu sichern, die ihre Leistungen in Anspruch nehmen möchten und die ihre Satzungen, Geschäftsordnungen und ihre Tätigkeitsgrundsätze akzeptieren. Insbesondere verpflichten sich die Gesellschaften, ihre Leistungen nicht aufgrund der Nationalität oder des Domizils der Rechteinhaber zu verweigern. 40

Art. 11 Abs. II des CISAC-Standardvertrages bestimmt zwar, daß während der Dauer des Vertrags keine der beiden vertragschließenden Gesellschaften ohne Einwilligung der anderen irgendein Mitglied der anderen Gesellschaft als Mitglied aufnehmen kann, auch keine natürliche Person, Firma oder Gesellschaft, die die Staatsangehörigkeit eines der Länder hat, die zum Verwaltungsgebiet der anderen Gesellschaft gehören. Es bleibt aber dem Urheber überlassen, ob er Nutzungsrechte räumlich begrenzt auf eine bzw. mehrere Verwertungsgesellschaften überträgt. Es sind im Standardvertrag bzw. in den individuell geschlossenen Verträgen zwischen der GEMA und ihren Partnergesellschaften keine Bestimmungen enthalten, die die Möglichkeiten der GEMA, ausländische Mitglieder aufzunehmen, beschränken. Die GEMA schließt auf Antrag mit jedem Komponisten, Textdichter und Musikverleger aus dem EU-Bereich einen Wahrnehmungsvertrag, sofern dieser nicht diejenigen Rechte, die er der GEMA zur treuhänderischen Wahrnehmung einräumen möchte, bereits einer anderen Verwertungsgesellschaft zur Wahrnehmung übertragen hat. Beschränkungen für Antragsteller aus dem EU-Bereich bestehen nicht. 41

Der Vertrag sieht ferner vor, daß die Verwertungsgesellschaften die ausländischen Repertoires auf gleiche Weise wie ihr eigenes Repertoire behandeln. Insbesondere darf keine Gesellschaft Tarife oder Verteilungsregeln einführen, welche die Mitglieder der 42 von ihr vertretenen ausländischen Gesellschaften benachteiligen würden, vgl. Art. 3 Abs. I des CISAC-Standardvertrages.

43 Auch Art. IV und VI des BIEM-Standardvertrages[9] sind insofern Ausfluß des Gleichbehandlungsgrundsatzes.

5. Informations- und Mitteilungspflichten (Kontrollen)

44 Ein fundamentaler Grundsatz der Gegenseitigkeitsverträge ist das Vertrauensprinzip.

45 Gegenseitigkeitsverträge sind nur dann möglich, wenn die Verwertungsgesellschaften im Grundsatz auf die ordnungsgemäße Rechtewahrnehmung vertrauen. Dieses Vertrauen ist indes kein „blindes Vertrauen“. Es erfolgt auf Grundlage einer Einigkeit über die Regeln guten Geschäftsverhaltens (siehe z.B. Art. 7 Abs. I des CISAC-Standardvertrages).

46 Mit Art. 3 Abs. II des CISAC-Standardvertrages besteht eine gegenseitige Informationspflicht über anzuwendende Tarife, mit Art. 4 des CISAC-Standardvertrages verpflichten sich die vertragschließenden Gesellschaften zum Nachweis von Inkassoberechtigungen zur Rechtsverfolgung. Mit Art. 5 des CISAC-Standardvertrages, Art. VIII des BIEM-Standardvertrages geht die gegenseitige Verpflichtung der vertragschließenden Gesellschaften so weit, daß sie die Möglichkeit der Durchführung von Kontrollen bei der jeweils anderen Gesellschaft einräumt und eigene Prüfungen erlaubt. Die Gesellschaften machen davon auch Gebrauch. Es besteht somit eine Vorlagepflicht von Geschäftsunterlagen zu Kontrollzwecken. Darüber hinaus leiten die Verwertungsgesellschaften etwaige Abrechnungsanfragen an die betroffene ausländische Partnergesellschaft weiter. Gegenseitige Mitteilung der zur Durchführung der Verträge erforderlichen Dokumentation ist in diesem Zusammenhang Voraussetzung, Art. V des BIEM-Standardvertrages, Art. 5 Abs. I des CISAC-Standardvertrages. Art. 10 Abs. I des CISAC-Standardvertrages schließlich sieht eine Mitteilungspflicht der Vertragsparteien hinsichtlich des jeweiligen Mitgliederbestands vor.

47 Art. 10 Abs. II des CISAC-Standardvertrages sieht die Verpflichtung der vertragsschließenden Verwertungsgesellschaften zum gegenseitigen Austausch ihrer Statuten, ihrer Verteilungspläne, den Ausführungsbestimmungen sowie die Benachrichtigung von allen während der Vertragsdauer vorgenommenen Änderungen in diesem Zusammenhang vor.

6. Verteilung und Abrechnung

a) Einführung

48 Für den internationalen Austausch von Informationen über Rechteinhaber, musikalische Werke, audiovisuelle Werke bzw. Filme, über Subverlagsverträge und Katalogvereinbarungen, d.h. die Vertretung von Verlagskatalogen in bestimmten Gebieten sowie für den Abrechnungsverkehr mit dem Ausland gelten insbesondere die Vor-

9 Vgl. GEMA-Jahrbuch 2004/2005, S. 257.

schriften der Gegenseitigkeitsverträge zwischen den Gesellschaften bzw. der unilateralen Mandate. Ferner gelten dafür Regeln, auf die sich die Mitgliedsorganisationen in der CISAC und im BIEM verständigt haben.

b) Grundsatz der Gleichbehandlung und der Verteilungsautonomie

Die Verteilungs- und Abrechnungsvorschriften in Art. 7–11 des CISAC-Standardvertrages beruhen auf dem Grundsatz der Gleichbehandlung (Art. 3 Abs. I UAbs. 1 S. 2 CISAC-Standardvertrag) und der Verteilungsautonomie. Danach richtet sich die Verteilung der Erträgnisse grundsätzlich nach dem Verteilungsplan der abrechnenden Gesellschaft, Art. 7 Abs. II CISAC-Standardvertrag. Die Verteilungsmethoden einer Gesellschaft finden insofern auf in- und ausländisches Repertoire gleichermaßen Anwendung, Art. 3 Abs. I UAbs. 2 CISAC-Standardvertrag. Daraus ergibt sich als Konsequenz für die vertragschließenden Gesellschaften, daß sie ihren Mitgliedern keine Mindesteinkommen garantieren dürfen, Zusatzvereinbarung zu Art. 7 Abs. I des Protokolls. Es wird also erwartet, daß nach Programmen und vergleichbaren Nutzungsmeldungen abgerechnet und stets derjenige beteiligt wird, dessen Leistung tatsächlich genutzt worden ist. **49**

c) CISAC- und BIEM-Regeln für die Verteilung und Abrechnung

Die Verteilungs- und Abrechnungsbestimmungen in den CISAC- und BIEM-Standardverträgen sind im Laufe von Jahrzehnten durch eine Reihe von Regeln ergänzt worden. Obgleich diese von CISAC und BIEM beschlossenen Änderungen und Regeln für den internationalen Dokumentations- und Abrechnungsverkehr für die einzelnen Gesellschaften in rechtlicher Hinsicht nicht bindend sind und daher im Grunde nur den Charakter von Empfehlungen haben, darf festgestellt werden, daß sie sich in der Praxis durchgesetzt und bewährt haben. Standardisierung und Harmonisierung von Verfahrensweisen tragen den globalen Nutzungsmöglichkeiten urheberrechtlich geschützter Werke sowie den praktischen Erfordernissen eines Massengeschäfts mit komplexen Daten Rechnung. **50**

Die GEMA hat sich mit den Verwertungsgesellschaften in der CISAC und im BIEM zur Anwendung dieser Regeln und Beschlüsse verpflichtet, um den weltweiten Im- und Export der Repertoires zu fördern und den mit internationaler Dokumentation, Verteilung und Abrechnung auf allen Seiten verbundenen Verwaltungsaufwand durch Standardisierung und Automatisierung zu verringern. **51**

Einige der von CISAC und BIEM beschlossenen Regeln sind in den Verteilungsplan der GEMA aufgenommen worden bzw. entsprechen im Verteilungsplan der GEMA bereits vorhandenen Bestimmungen. Die Regeln beziehen sich auf grundsätzliche Fragen der Abrechnungsmethode, auf die Zuordnung von Pauschalerträgen im Rundfunkbereich, insbesondere aber auf Werke ausländischen Ursprungs, an denen Mitglieder der GEMA vertraglich beteiligt sind. Zu diesen internationalen Regeln gehören: **52**

– die Erfassung von Programmen als Grundlage für die Abrechnung der aufgeführten und gesendeten Werke, Art. 7 Abs. I CISAC-Standardvertrag; Abschn. III

Ziff. 1 und Abschn. V Ziff. 1, 3a) Abs.1 und 5 der Ausführungsbestimmungen zum Verteilungsplan A.;

- die Aufteilung der Pauschalvergütungen im Rundfunkbereich auf das Senderecht und das mechanische Vervielfältigungsrecht, auf welches „zumindest ein Drittel" entfallen soll, Art. IV Abs. 2 BIEM-Standardvertrag; § 1 Abs. 1 der Allgemeinen Grundsätze zum Verteilungsplan A;
- das sog. Subverlags-Statut bzw. die Regelungen von Vertragsabschlüssen zwischen deutschen und ausländischen Verlegern, Anhang zu den Ausführungsbestimmungen zum Verteilungsplan A und zum Verteilungsplan B;
- die Begrenzung der Beteiligung von Verlegern und Subverlegern auf höchstens 50% der auf das Werk entfallenden Anteile im Aufführungs- und Senderecht, Anhang zu den Ausführungsbestimmungen zum Verteilungsplan A, Abschn. I Ziff. 2, Abs. 2;
- die Bestimmungen für die Beteiligung von Subtextdichtern (sog. Amalfi Rule) und Subbearbeitern im Aufführungs- und Senderecht, Abschn. II Ziff. 1 (Abs. nach lit. B) mit Fußnote 2 des Anhangs zu den Ausführungsbestimmungen zum Verteilungsplan A.

53 Soweit die von CISAC und BIEM aufgestellten Dokumentations- und Verteilungsregeln von den Verteilungsbestimmungen der GEMA abweichen und nicht ausdrücklich in den Verteilungsplan aufgenommen wurden, sind sie für die Praxis der GEMA im internationalen Abrechnungsverkehr als Ergänzung der Verteilungspläne A, B und C der GEMA gleichwohl von großer praktischer Bedeutung. Diese Regeln werden im Folgenden zusammengefaßt und erläutert:

d) Die Abrechnung von ausländischem und sog. gemischtem Repertoire

54 Die Abrechnung von Werken, an denen die abrechnende Gesellschaft nicht beteiligt ist, richtet sich nach der Dokumentation der ausländischen Gesellschaft(en), Art. 7 Abs. II lit. a) und b) UAbs. 1 CISAC-Standardvertrag. Diese Regel hat Bedeutung vor allem für die Beteiligungsquoten der Berechtigten, die von den Grundsätzen des GEMA-Verteilungsplanes abweichen können.

55 Divergieren die Dokumentationsangaben mehrerer Gesellschaften, kann die abrechnende Gesellschaft nach ihrem eigenen Verteilungsplan vorgehen. Ausgenommen hiervon sind Fälle, in denen mehrere Berechtigte einen gleichen Anteil beanspruchen. Bei solchen Konfliktfällen kann der strittige Anteil von der Verrechnung zurückgestellt werden, bis eine Einigung unter den beteiligten Gesellschaften erzielt worden ist, Art. 7 Abs. II lit. b) UAbs. 2 CISAC-Standardvertrag.

56 Für die Abrechnung von Werken sog. gemischter Repertoires, an dem ausländische Gesellschaften und die abrechnende Gesellschaft beteiligt sind, gilt der Verteilungsplan der abrechnenden Gesellschaft. In diese Regelung eingeschlossen sind auch autorisierte Subbearbeitungen, -textierungen und subverlegte Werke, Art. 7 Abs. II lit. c) und f) CISAC-Standardvertrag.

e) Abrechnung bei fehlender Dokumentation

Fehlen für ausländische Werke die erforderlichen Dokumentationsangaben und kann ein Berechtigter als Mitglied einer Schwestergesellschaft identifiziert werden, sind die auf das Werk entfallenden Tantiemen im Aufführungsbereich nach dem sog. Warschauer-Beschluß der CISAC von 1934/1993 (Art. 7 Abs. II lit. e) CISAC-Standardvertrag) bzw. im Bereich des mechanischen Vervielfältigungsrechts nach dem sog. Rom-Beschluß des BIEM von 1976/1993 zu 100% an diese Schwestergesellschaft abzurechnen. Für die Bildung von sog. Ausfall bleibt, auch wenn es sich um Werke mit urheberrechtlich freien Anteilen handelt, für Werke, die nach dem sog. Warschauer-Beschluß abgerechnet werden, kein Raum. **57**

Die empfangende Gesellschaft soll in Fällen, die nach Warschauer- bzw. Rom-Beschluß abgerechnet worden sind, der abrechnenden Gesellschaft umgehend die vervollständigten Dokumentationsunterlagen zur Verfügung stellen, falls sie nicht berechtigt ist, 100% des Werkertrags zu kassieren und Anteile davon an eine dritte Gesellschaft weiterverrechnen muß oder aus anderen Gründen nicht in der Lage ist, die Tantiemen an ihre Berechtigten abzurechnen. Damit wird sichergestellt, daß die abrechnende Gesellschaft ihre Dokumentation berichtigen und künftig ordnungsgemäß abrechnen kann. **58**

f) Unverteilbare Beträge

Die kassierende und verteilende Gesellschaft ist vertraglich zur Abrechnung verpflichtet. Sie darf keine für das Repertoire anderer Gesellschaften kassierten Erträge als unverteilbar behandeln, Art. 8 Abs. IV CISAC-Standardvertrag. Ausgenommen hiervon sind Verwaltungskostenabzüge (Art. 8 Abs. I), Abzüge für soziale und kulturelle Zwecke (Art. 8 Abs. II) sowie Steuern (Art. 8 Abs. III). **59**

g) Beteiligung von Subbearbeitungen und Subtextierungen außerhalb des Subgebiets

Der Grundsatz, daß an den Erträgnissen derjenige zu beteiligen ist, dessen urheberrechtlich geschützte Leistung verwertet worden ist, sichert autorisierten Subbearbeitern und Subtextdichtern nach dem sog. Las-Palmas-Beschluß der CISAC von 1970 auch außerhalb des Subgebiets resp. nach dem zeitlichen Ablauf von Subverlagsverträgen einen Anspruch auf Verrechnung, CISAC doc. CA/70/36-692. Voraussetzung ist in jedem Falle der Nachweis für die Verwertung des betreffenden Werkes in einem Programm. **60**

h) Beteiligung von Subverlagen bei Kabelweiterleitung ausländischer Programme

Von den für die Weiterleitung ausländischer Sendeprogramme in Kabelnetzen anderer Länder kassierten Vergütungen dürfen nach Abzug der Kosten für das Inkasso und eines Abzugs von 10% für soziale und kulturelle Zwecke bis zu 15% für die Beteiligung von Subverlegern einbehalten werden, CISAC doc. CT-R/99/563. **61**

Der verbleibende Betrag ist an die Gesellschaft weiterzuleiten, in deren Wahrnehmungsgebiet das Sendeprogramm lizenziert worden ist. Der Einbehalt für Subverle- **62** ger von bis zu 15% wird damit begründet, daß die für die Lizenzierung des Sendeprogramms zuständige Gesellschaft die Verteilung nur nach dem Stand ihrer eigenen Dokumentation vornimmt bzw. vornehmen kann. Die Rechte der Subverleger in den Ländern der Kabelweiterleitung bleiben bei der Verteilung der Lizenzerträge unberücksichtigt und sollen durch den Abzug von bis zu 15% von den Kabelerträgen für die Weiterleitung des Programms kompensiert werden.

i) Abrechnungstermine und -fristen

63 Die Abrechnung an andere Gesellschaften soll mindestens einmal pro Jahr, ansonsten zu den gleichen Terminen vorgenommen werden, die für Mitglieder der abrechnenden Gesellschaft gelten. Die Zahlung soll innerhalb von 90 Tagen nach jeder Abrechnung erfolgen, Art. 9 Abs. I iVm Abs. V CISAC-Standardvertrag; Art. VI BIEM-Standardvertrag. Für Fehler oder Unterlassung bei der Abrechnung bleibt jede Gesellschaft der anderen verantwortlich, Art. 9 Abs. IV CISAC-Standardvertrag.

64 Bei Fristüberschreitungen entstehende Kursverluste müssen von der Gesellschaft, die das Fristversäumnis zu verantworten hat, so kompensiert werden, daß die zum Empfang der Zahlung „berechtigte Gesellschaft in ihrer Landeswährung denselben Betrag erhält, den sie bei Zahlung zu dem am 90. Tag der erwähnten vertraglichen Frist geltenden Wechselkurs erhalten hätte." Voraussetzung ist, „daß die berechtigte Gesellschaft gegenüber der abrechnenden Gesellschaft alle notwendigen Verwaltungsformalitäten erfüllt hat, damit diese ihren Verpflichtungen nachkommen kann", Art. 9 Abs. I UAbs. 1 CISAC-Standardvertrag. Zu den notwendigen Verwaltungsformalitäten gehören insbesondere die laufende bzw. zeitnahe Unterrichtung über Änderungen des Mitgliederbestandes, die Information über Dokumentationsunterlagen von Werken und Filmen sowie die Klärung von Dokumentationskonflikten und strittigen Ansprüchen.

j) Abrechnungsformate

65 Die im CISAC-Standardvertrag (Art. 9 Abs. II) festgelegte Form und Beschreibung des Inhalts für die Übermittlung von Abrechnungen sind überholt. Sie stammen aus einer Zeit, als der Versand gedruckter Listen üblich war, die längst ersetzt wurden durch einheitliche Formate für den Austausch von Datenträgern. Gegenwärtig sind für den internationalen Abrechnungsverkehr folgende Formate im Gebrauch:

- E4 für die Abrechnung öffentlicher Aufführungen und Sendungen, CISAC doc. CT-R/99/524;
- F2 für die Abrechnung von Filmaufführungen und -sendungen, von Serien, Werbespots für Kino und TV, CISAC doc. CT-R/99/523;
- M3 für die Abrechnung mechanischer Vervielfältigungen, CISAC doc. CT-R/99/522;
- UP-1 v3 für nicht identifizierte Werke, CISAC doc. IS/SC/101. Dieses Format zirkuliert als sog. Inquiry List unter den Verwertungsgesellschaften. Die von jeder Verwertungsgesellschaft zu erstellende Inquiry List enthält (ausländische) Werke, für die keine oder nur ungenügende Dokumentation vorhanden ist. Nicht identifi-

zierte Werke mit Umsätzen von mehr als USD 20.00 müssen grundsätzlich in die Liste aufgenommen werden. Werden darin enthaltene Werke von einer anderen Verwertungsgesellschaft identifiziert, stellt diese der abrechnenden Gesellschaft Dokumentationsunterlagen zur Verfügung, damit abgerechnet werden kann.

k) CIS und CIS-Net

Mit der Verabschiedung des Common Information System (CIS) unternahm die CI- 66
SAC Mitte der 90er Jahre den entscheidenden Schritt, um die Vereinfachung und Beschleunigung des Dokumentations- und Abrechnungsverkehrs zwischen den Gesellschaften durch den Einsatz modernster Datentechnik zu erreichen. CIS besteht aus mehreren Komponenten bzw. Teilsystemen, deren Entwicklung weitgehend abgeschlossen ist und die den Gesellschaften inzwischen operativ zur Verfügung stehen. Zwei dieser Teilsysteme, ISWC und ISAN, haben den Rang weltweiter (ISO-) Standards bekommen und sind im Gegensatz zu den anderen CIS-Komponenten nicht nur den CISAC-Gesellschaften, sondern der Öffentlichkeit uneingeschränkt zugänglich:

- ISWC (International Standard Work Code) – internationaler Code für Werke der Musik mit Angabe des Titels, der beteiligten Urheber und Verlage;
- ISAN (International Standard Audiovisual Work Number) – Code für audiovisuelle Werke mit Angabe des Filmtitels, des Produzenten, des Herkunftslandes und ggf. des Entstehungsjahrs.

CIS-Komponenten, die nur den CISAC-Gesellschaften zugänglich sind: 67

- IPI (Interested Parties Information) – internationaler Code für Rechteinhaber mit Angaben der Gesellschaftszugehörigkeit, der Pseudonyme, ggf. des Todesdatums, der Rechtekategorien (Musik AR/VR, kleines/großes Recht, Wort, Bild etc.). IPI ersetzt die veralteten Vorschriften der Gegenseitigkeitsverträge, nach denen für den Austausch von Mitgliederinformationen Listen und Nachtragslisten vorgesehen sind, Art. 10 Abs. I CISAC-Standardvertrag;
- TIS (Territory Information System) – internationale Codierung für Länder und Gebiete;
- AVI (Audiovisual Index) – Suchsystem für audiovisuelle Werke bzw. Musikaufstellungen (cue sheets);
- ASI (Agreements and Schedules Information) – internationales Verzeichnis der Subverlags- und Generalverträge (Katalogvereinbarungen).

Während die Entwicklung des Internationalen Verzeichnisses der Sub- und General- 68
verträge (ASI) in der CISAC noch nicht abgeschlossen ist, stehen die übrigen CIS-Komponenten als CISAC-Standards für das operative Tagesgeschäft zur Verfügung. Soweit diese Werkzeuge der Identifizierung von Werken dienen, hat die GEMA dieselben in ihr Dokumentations- und Abrechnungssystem DIDAS integriert. Werke sind dort inzwischen mit internationaler Werknummer (ISWC), die Rechteinhaber mit internationaler Berechtigtennummer (IPI), Länder und Gebiete mit der internationalen Codierung (TIS) versehen. Die Einführung internationaler Nummern für audiovisuelle Werke (ISAN) ist in Vorbereitung.

69 Die Integration von CIS-Standards in die Datenbanken aller Verwertungsgesellschaften ist eine ihrer vorrangigen Aufgaben und die Voraussetzung für die Verwirklichung des CIS-Net, d.h. der Vernetzung regionaler und lokaler Datenbanken für den weltweiten elektronischen Dokumentationsaustausch zwischen den CISAC-Gesellschaften. Die GEMA und andere an FastTrack[10] beteiligte Gesellschaften können heute schon Suchvorgänge in den angeschlossenen Dokumentationsdatenbanken anderer Gesellschaften online durchführen. Die Bearbeitung von internationalen Werkanfragen, in der Vergangenheit ein Massengeschäft in allen Gesellschaften, gehört ab sofort der Vergangenheit an und beschränkt sich nur noch auf Einzelfälle.

70 Neben FastTrack sind in Skandinavien (NordDoc) und in Übersee (LatinNet, MIS@Asia, WID etc.) weitere vergleichbare Dokumentationsnetzwerke und -datenbanken entstanden. Die Vernetzung der Dokumentationsbestände aller Gesellschaften im Rahmen des CIS-Net ist beschlossene Sache, die praktische Verwirklichung nur noch eine Frage der Zeit.

7. Kosten- und Kommissionsabzüge

71 Gemäß Art. 8 des CISAC-Standardvertrages, Art. VII des BIEM-Standardvertrages verpflichten sich die Vertragsparteien, die ihnen übertragenen Rechte möglichst kostengünstig wahrzunehmen, wobei sie die entsprechenden personellen und materiellen Mittel aufzubringen und einzusetzen haben, um je nach Art der ausgeübten Rechte einen wirksamen Schutz der Urheber und ihrer Berechtigten gegenüber jeder Verwertung ihrer Werke sicherzustellen. Bei Anwendung der Kostensätze ist wiederum der Gleichbehandlungsgrundsatz einschlägig.

72 Nach Art. VII Abs. 1 des BIEM-Standardvertrages werden die Kommissionssätze unter den vertragschließenden Verwertungsgesellschaften vereinbart und festgeschrieben.

73 In der Zusatzvereinbarung Ziff. 3 lit. c) zu Art. 8 Abs. I des CISAC-Standardvertrages gemäß Protokoll zum CISAC-Standardvertrag sowie entsprechend Art. VII des BIEM-Standardvertrages wird explizit das Verbot einer Querfinanzierung festgeschrieben: verwaltet eine vertragschließende Gesellschaft sowohl das öffentliche Aufführungs- und Senderecht als auch das mechanische Vervielfältigungsrecht, so können die Verwaltungskosten eines der beiden Rechte nicht durch sämtliche oder Teilabzüge gedeckt werden, die für die Kosten des anderen Rechts vorgenommen werden.

74 Sollte eine Vergabe mechanischer Vervielfältigungsrechte im Verwaltungsgebiet des Vertragspartners erfolgen, so hat der Vertragspartner das Recht auf eine angemessene Entschädigung, Zusatzvereinbarung Ziff. 2 lit. d) zu Art. VII des BIEM-Standardvertrages gemäß Protokoll zum BIEM-Standardvertrag.

75 Im Rahmen des sogenannten Cannes Agreements haben die europäischen Verwertungsgesellschaften sich verständigt, die Kommissionssätze für die Lizenzierung von

---

10 Siehe unter www.fasttrackdcn.net.

Industrietonträgern zu vereinheitlichen[11]. In der Sparte PHO VR gilt derzeit für die Lizenzierung von Industrietonträgern ab der Abrechnung per 1. Januar 2003 ein Kommissionssatz von 7%. Ab diesem Zeitpunkt entfällt die Kommission von 2% in der Sparte Abrechnung Ausland Vervielfältigungsrechte für die Länder des Cannes Agreements (Belgien, Frankreich, Griechenland, Italien, Niederlande, Österreich, Portugal, Schweiz, Skandinavien, Spanien, UK).

Art. 8 Abs. II des CISAC-Standardvertrages bezieht sich darauf, daß die von den Ge- **76**
sellschaften bei den eingenommenen Beträgen praktizierten Abzüge nur zur Deckung ihrer Betriebskosten dienen dürfen, außer daß sie in begrenztem Umfang bestimmten sozialen und/oder kulturellen Zwecken zugeführt werden dürfen, vorausgesetzt, die in- und ausländischen Empfangsberechtigten der betreffenden Beträge bzw. der sie vertretenden Organe und Organisationen haben ihre vorherige, ausdrückliche Zustimmung hierzu erteilt. Die Höchstgrenze eines solchen Abzuges liegt bei 10% von der durch die Gesellschaft kassierten und auf die vertragschließende Gesellschaft entfallenden Summe.

8. Vertragsdauer und Kündigung

Art. 12 des CISAC-Standardvertrages, Art. IX des BIEM-Standardvertrages legt die **77**
Dauer der Vereinbarung fest, wobei die GEMA Verträge regelmäßig für die Dauer von einem Jahr mit automatischer Verlängerung um jeweils ein weiteres Jahr abschließt, sofern die Vereinbarung nicht in der Regel binnen eines halben Jahres vor Ablauf der Vereinbarung gekündigt werden.

9. Sofortiges Kündigungsrecht

Art. 13 des CISAC-Standardvertrages nennt Gründe für eine sofortige Kündigungs- **78**
möglichkeit bei Satzungsänderung für eine Gesellschaft, durch welche die Rechte von Mitgliedern der anderen Gesellschaft wesentlich beeinträchtigt werden oder wenn eine Rechts- oder Sachlage im Land einer der vertragsschließenden Gesellschaft entsteht, die Mitglieder der anderen Gesellschaft ungünstiger stellt, bzw. Maßnahmen getroffen werden, die einem Werkeboykott aus dem Repertoire der anderen Gesellschaft gleichkommen. Ein sofortiges Kündigungsrecht besteht also, wenn Verstöße gegen den das ganze Vertragswerk durchziehenden Gleichbehandlungsgrundsatz festgestellt werden.

10. Rechtsstreitigkeiten und Gerichtsstand

Gerichtsstand ist gemäß Art. 14 des CISAC-Standardvertrages der Sitz der beklagten **79**
Gesellschaft, sollten die Vertragsparteien sich nicht einem Schiedsspruch zur Beilegung eines etwaigen Streites unterwerfen.

11 Vgl. GEMA-Brief Ausgabe 44, Dezember 2002.

VI. Weiterentwicklung der Gegenseitigkeitsverträge

80 Das System der Gegenseitigkeitsverträge wird derzeit unter verschiedenen Aspekten überprüft:

1. Erfordernisse des europäischen Binnenmarktes

81 Die EU-Kommission will die Organisation und Praxis urheberrechtlicher Verwertungsgesellschaften an die Erfordernisse des Binnenmarktes anpassen. Dazu gehört die Überprüfung der Gegenseitigkeitsverträge. Die Kommission hält die Neubewertung für notwendig, um den durch das Internet und die Digitaltechnik veränderten Bedingungen der Wahrnehmung und Kontrolle von Urhebern Rechnung zu tragen.

2. Veränderung der Mitgliederstruktur der Verwertungsgesellschaften

82 Einige Musikverlage erwägen, die Online-Rechte in Europa zentral zu bündeln und dann einer einzigen Verwertungsgesellschaft zur Verwertung innerhalb Europas zu überlassen. Ziel dieser Pläne ist in erster Linie, Tarifhöhe und Tarifdurchsetzung europaweit auf hohem Niveau abzusichern. Dies kann neue administrative Strukturen für die europaweite Rechtewahrnehmung erfordern und insoweit die bestehenden Gegenseitigkeitsverträge durch zwischen den Verwertungsgesellschaften gesondert abzuschließende Verträge ergänzen.

3. Territoriale Begrenzung der von den Verwertungsgesellschaften erteilten Lizenzen als Widerspruch zum europäischen Binnenmarkt

83 Die EU-Kommission prüft auch, inwieweit das Territorialitätsprinzip für die Tätigkeiten von Verwertungsgesellschaften noch gilt unter dem Aspekt, daß die Verwertungsgesellschaften mit der Verwaltung von Rechten Dienstleistungen erbringen, die auch grenzüberschreitend erbracht werden sollten und inwieweit die Gegenseitigkeitsverträge dem entgegenstehen.

6. Teil: Die Aufsicht über die GEMA

Kapitel 18
Die Aufsicht über die GEMA*

Inhaltsübersicht Rn.

---

* Die folgenden Ausführungen stellen die persönliche Meinung des Verfassers dar und binden das Deutsche Patent- und Markenamt nicht.

A. Die Aufsicht durch das DPMA

I. Einführung

1. Historische Wurzeln der Staatsaufsicht über Verwertungsgesellschaften

1 Bereits § 1 des **Gesetzes über die Vermittlung von Musikaufführungsrechten** vom 4. Juli 1933[1] unterwarf die „Vermittlung von Rechten zur öffentlichen Aufführung von Werken der Tonkunst mit oder ohne Text (kleine Rechte)" einer Genehmigungspflicht. Diese Vermittlungstätigkeit sollte nur einer einzigen staatlich autorisierten Organisation erlaubt sein. § 1 der entsprechenden Durchführungsverordnung[2] normierte das gesetzliche Monopol für die Verwertungsgesellschaft STAGMA,[3] einem rechtsfähigen wirtschaftlichen Verein. Auf diesem Wege sollte kraft Gesetzes nur eine einzige Monopol-Verwertungsgesellschaft Musikaufführungsrechte wahrnehmen können. Polizei und Verwaltungsbehörden hatten der STAGMA bei ihren Kontrollaufgaben Verwaltungshilfe zu leisten, § 3 des Gesetzes. Konnten STAGMA und der Musikveranstalterverband sich über „Art und Höhe der Tarife" nicht einigen, entschied eine „paritätisch zusammengesetzte Schiedsstelle", deren Errichtung § 4 des Gesetzes mit § 2 der Durchführungsverordnung regelte.[4]

2 Nachdem dieses Gesetz nach 1945 teilweise **außer Kraft gesetzt** worden war, bestand keine rechtliche Handhabe mehr für eine staatliche Einflußnahme auf die Verwertungsgesellschaften. Der Genehmigungszwang für die Tätigkeit und das gesetzliche Monopol für die STAGMA, die nach 1945 in GEMA umbenannt wurde, wurden durch die Kontrollratsgesetzgebung außer Kraft gesetzt. Die vom BGH[5] ausdrücklich als politisch neutral bewerteten übrigen gesetzlichen Bestimmungen galten zunächst weiter.[6]

3 Nachdem die GEMA, die damals einzige Verwertungsgesellschaft in Deutschland, ihre Tätigkeit wieder aufgenommen hatte, zeigte sich bald das Bedürfnis für eine **Neuregelung** des Rechtsgebiets der Verwertungsgesellschaften. Das Bundesjustizministerium begann daher mit der Ausarbeitung eines besonderen Gesetzes über Verwertungsgesellschaften auf dem Gebiet des Urheberrechts.

---

1 RGBl. I S. 452.

2 Verordnung zur Durchführung des Gesetzes über die Vermittlung von Musikaufführungsrechten vom 15. Februar 1934 (RGBl. I S. 100). Die Durchführungsverordnung wurde mit Inkrafttreten des UrhWG am 1. Januar 1966 (§ 28 Abs. 2 UrhWG) aufgehoben, § 26 Nr. 2 UrhWG.

3 Staatlich genehmigte Gesellschaft zur Verwertung musikalischer Urheberrechte.

4 *Strittmatter*, Tarife vor der urheberrechtlichen Schiedsstelle, S. 17 f.; Schricker-*Reinbothe*, Vor §§ 1 ff. UrhWG Rn. 3.

5 BGHZ 15, 338, 350 ff. – Indeta.

6 Mit Inkrafttreten des UrhWG am 1. Januar 1966 (§ 28 Abs. 2 UrhWG) wurde das Gesetz über Vermittlung von Musikaufführungsrechten vom 4. Juli 1933 – soweit es nicht bereits außer Kraft getreten war – gänzlich aufgehoben, § 26 Nr. 1 UrhWG.

Bis zum Inkrafttreten dieses Gesetzes erklärte sich die GEMA in einer **Vereinbarung vom 10. Januar 1952** bereit, dem Bundesjustizministerium jede gewünschte Auskunft über ihre Geschäftsführung und Organisation zu erteilen und einen Vertreter des Ministeriums zu den Sitzungen ihrer Gesellschaftsorgane einzuladen.[7] Das Bundesjustizministerium übertrug seinerzeit diese Aufgabe dem Präsidenten des Deutschen Patentamtes, dessen Behörde wegen der praktischen Erfahrungen im Bereich des geistigen Eigentums hierfür besonders geeignet erschien.[8] 4

2. Das DPMA als Aufsichtsbehörde über die Verwertungsgesellschaften, § 18 Abs. 1 UrhWG

Aufsichtsbehörde über die Verwertungsgesellschaften ist nach § 18 Abs. 1 UrhWG das Patentamt, das zum 1. November 1998 in „Deutsches Patent- und Markenamt" **(DPMA)** umbenannt wurde. Die Zuweisung der Aufsicht über die Verwertungsgesellschaften an das DPMA lag aus drei Gründen nahe: Zum einen beaufsichtigte das Patentamt bereits seit 1952 die GEMA auf der Grundlage der erwähnten Vereinbarung. Zum anderen ist das Bundesministerium der Justiz, dem das DPMA als Bundesoberbehörde nachgeordnet ist, innerhalb der Bundesregierung für das Urheberrecht federführend zuständig.[9] Und schließlich sollte die Aufsicht einer Bundesbehörde (wie dem DPMA) und nicht einer Behörde des Bundeslandes zugewiesen werden, in der die Verwertungsgesellschaft ihren Sitz hat. Verwertungsgesellschaften üben ihre Tätigkeit nämlich nicht nur in einem Bundesland, sondern im ganzen Bundesgebiet aus. Und dies geschieht – jedenfalls bei der GEMA – nicht zentral vom Ort ihres Sitzes aus, sondern durch Bezirksdirektionen in allen Bundesländern. Auch im Hinblick auf die häufig bestehenden Beziehungen der Verwertungsgesellschaften untereinander, namentlich bei Inkassovereinbarungen bei einheitlichen Verwertungsvorgängen, erschien dem Gesetzgeber eine zentrale Aufsichtsbehörde für alle Verwertungsgesellschaften geboten.[10] 5

3. Monopol- und Treuhandstellung als Gründe einer staatlichen Aufsicht über urheberrechtliche Verwertungsgesellschaften

In Bezug auf sein eigenes Werk gewährt das Urheberrecht dem Urheber ein ausschließliches Nutzungsrecht und verhilft ihm so zu einer **Monopolstellung**. Räumen die Urheber eines Landes einer von ihnen gegründeten Verwertungsgesellschaft ihre urheberrechtlichen Nutzungsrechte zur kollektiven Wahrnehmung ein, erlangt die 6

---

7 Amtl. Begr. RegE UrhWG, BT-Drs. IV/271, S. 10; Loewenheim-*Melichar*, § 45 Rn. 16; *Möhring*, UFITA 36 (1962), 407, 409.

8 *Dördelmann*, GRUR 1999, 890, 891; Wandtke/Bullinger-*Gerlach*, § 18 UrhWG Rn. 1; Fromm/Nordemann-*Nordemann*, § 18 UrhWG Rn. 1; Schricker-*Reinbothe*, § 18 UrhWG Rn. 1, 3.

9 Amtl. Begr. zu § 18 RegE UrhWG, BT-Drs. IV/271, S. 20; Schricker-*Reinbothe*, § 18 UrhWG Rn. 3.

10 Amtl. Begr. zu § 18 RegE UrhWG, BT-Drs. IV/271, S. 20; Dreier/Schulze-*Schulze*, § 18 UrhWG Rn. 2; *Meyer*, Verwertungsgesellschaften und ihre Kontrolle, S. 30.

Verwertungsgesellschaft das Monopol für eine Vielzahl gleicher Rechte. Existiert in einem Staat nur eine einzige Verwertungsgesellschaft für bestimmte Arten von Urheberrechten, erlangt diese Verwertungsgesellschaft das Monopol für alle Rechte der betreffenden Art. Hat die Verwertungsgesellschaft ein dichtes Netz von Gegenseitigkeitsverträgen mit ausländischen Verwertungsgesellschaften gesponnen, verfügt sie in ihrem Tätigkeitsbereich auf ihrem nationalen Gebiet über das Weltmonopol.

7 Der Gesetzgeber des UrhWG hielt diese Zusammenfassung aller Rechte in der Hand einer Verwertungsgesellschaft zwar für „notwendig", „zweckmäßig und wünschenswert",[11] weil sie gleichermaßen den Interessen der Urheber und der Verwerter diene. Nur so könne nämlich eine Verwertungsgesellschaft wirtschaftlich agieren und zugleich den Verwertern alle Rechte aus einer Hand anbieten. Auf der anderen Seite dürfe aber nicht übersehen werden, daß den Verwertungsgesellschaften eine Machtfülle zukomme, die **mißbraucht** werden könne.

8 Die Verwertungsgesellschaft kann diese Macht im **Innenverhältnis** zum Wahrnehmungsberechtigten und im **Außenverhältnis** zum Nutzer mißbrauchen. Würde die Verwertungsgesellschaft einzelnen Urhebern oder Inhabern verwandter Schutzrechte die Wahrnehmung ihrer Rechte verweigern, würden diese wirtschaftlich schwer geschädigt, weil regelmäßig die individuelle Wahrnehmung nicht möglich oder – im Bereich verwertungsgesellschaftspflichtiger Rechte – rechtlich unzulässig ist. Verwertern gegenüber könnte die Verwertungsgesellschaft ihre Macht durch das Verlangen nach unangemessen hohen Vergütungen oder – allgemein – durch das Aufstellen unbilliger Bedingungen mißbrauchen.

9 Weitere Gefahren können sich aus der **Treuhandstellung** der Verwertungsgesellschaften ergeben. Urheber und Leistungsschutzberechtigte vertrauen der Verwertungsgesellschaft häufig den wesentlichen Teil ihres Vermögens an. Deshalb muß sichergestellt sein, daß die Verwertungsgesellschaften mit den ihnen zur Wahrnehmung übertragenen Rechten ordnungsgemäß verfahren und die mit der Wahrnehmung dieser Rechte erzielten Einnahmen gerecht verteilen.

10 Diesen geschilderten Gefahren konnte nach Auffassung des Gesetzgebers wirksam nur durch eine **staatliche Aufsicht** über die Verwertungsgesellschaften begegnet werden.[12] Die Verpflichtungen, die das UrhWG den Verwertungsgesellschaften auferlegt und auf deren Einhaltung das DPMA zu achten hat, sind größtenteils als Antwort auf die hier aufgezeigten Gefahren zu verstehen.

---

11 So ausdrücklich Amtl. Begr. RegE UrhWG, BT-Drs. IV/271, S. 9.

12 Amtl. Begr. RegE UrhWG, BT-Drs. IV/271, S. 9f., 19f.; Schricker-*Reinbothe*, § 18 UrhWG Rn. 1, Vor §§ 1 ff. Rn. 6 ff.; Loewenheim-*Melichar*, § 50 Rn. 11.

II. Erlaubnis zum Geschäftsbetrieb

1. Erlaubnispflicht, § 1 UrhWG

a) Gründe für die Erlaubnispflicht

§ 1 Abs. 1 UrhWG unterwirft die Tätigkeit der Verwertungsgesellschaften einer Erlaubnispflicht. Diese Erlaubnispflicht findet ihren Grund zum einen in der **treuhänderischen** Wahrnehmung von Urheberrechten durch die Verwertungsgesellschaft.[13] Bei der Einräumung von Urheberrechten an eine Verwertungsgesellschaft handelt es sich um ein Treuhandgeschäft in Form der Verwaltungstreuhand. Bei der Verwaltungstreuhand überträgt der Treugeber bestimmte Gegenstände aus seinem Vermögen als Treugut dem Treuhänder. Der Treuhänder verwaltet das Treugut gemäß dem vereinbarten Zweck. Vereinbarter Zweck bei der Einräumung von Urheberrechten an eine Verwertungsgesellschaft ist die Wahrnehmung dieser Rechte. Bei der Ausübung der Treuhand gegenüber den Verwertern tritt die Verwertungsgesellschaft im eigenen Namen auf, wird dabei also selbst Geschäftspartei. Die Verwaltungstreuhand dient nicht den Interessen des Treuhänders, sondern anderen Zwecken und Personen. Sie ist daher fremdnützig. Charakteristisch für die Treuhandstellung ist, daß die nach außen geschaffene volle Rechtsstellung durch beschränkende Abreden im Innenverhältnis eingeschränkt ist. Das rechtliche Können im Außenverhältnis übersteigt das rechtliche Dürfen im Innenverhältnis. Treuhänderische Rechtsgeschäfte sind dadurch gekennzeichnet, daß sie dem Treuhänder nach außen hin ein Mehr an Rechten übertragen als er nach der gleichzeitig mit dem Treugeber getroffenen schuldrechtlichen Abrede ausüben darf. 11

Als weiterer Grund für die Erlaubnispflicht tritt die **Monopolstellung** hinzu, die Verwertungsgesellschaften regelmäßig innehaben. Im Referentenentwurf eines Verwertungsgesellschaftengesetzes aus dem Jahr 1954 hatte das Bundesministerium der Justiz vorgeschlagen, ein gesetzliches Monopol einzuführen. Zwar wurde dieser Vorschlag von den beteiligten Kreisen begrüßt, doch ließ man ihn später wegen verfassungsrechtlicher Bedenken wieder fallen, weil – unter Verweis auf das „Apotheken-Urteil" des BVerfG[14] – in ihm eine unzulässige Beschränkung des Grundrechts der freien Berufswahl nach Art. 12 Abs. 1 S. 1 GG gesehen werden konnte.[15] Für die Erlaubnispflicht setzt § 1 Abs. 1 UrhWG zwar kein Monopol, also die Verfügung über sämtliche gleichartigen Rechte an bestimmten Werkarten oder geschützten Leistungen, voraus. Die Erlaubnispflicht besteht vielmehr auch dann, wenn die Verwertungsgesellschaft nur einen Teil der in Betracht kommenden Rechte kontrolliert. Auch die teilweise Zusammenfassung von Urheberrechten in einer Hand stelle nämlich – so die Amtl. Begr. des Regierungsentwurfs[16] – eine monopolartige Machtstellung dar, die mißbraucht werden könne, und in Verbindung mit dem Treuhandcharakter die An- 12

13 S. dazu unten, Rn. 22 ff.
14 BVerfGE 7, 377.
15 Amtl. Begr. RegE UrhWG, BT-Drs. IV/271, S. 11.
16 Amtl. Begr. RegE UrhWG, BT-Drs. IV/271, S. 13 f.

wendung der Bestimmungen des Entwurfs erforderlich macht. Die monopolartige gemeinsame Auswertung von Urheber- und Leistungsschutzrechten könne für sich allein zwar nicht Grundlage der Staatsaufsicht und damit der Erlaubnispflicht sein. Diese besondere Aufsicht begründe und rechtfertige sich aber aus dem Zusammentreffen der Monopolstellung mit der treuhänderischen Wahrnehmung der Rechte, wie sie für Verwertungsgesellschaften typisch sei.

b) Voraussetzungen der Erlaubnispflicht

13 Wer Nutzungsrechte, Einwilligungsrechte oder Vergütungsansprüche, die sich aus dem UrhG ergeben, für Rechnung mehrerer Urheber oder Inhaber verwandter Schutzrechte zur gemeinsamen Auswertung wahrnimmt, bedarf dazu der Erlaubnis, gleichviel, ob die Wahrnehmung in eigenem oder fremdem Namen erfolgt, § 1 Abs. 1 UrhWG. Die Erlaubnispflicht hängt also von folgenden **Voraussetzungen** ab: (aa) Es müssen Urheberrechte wahrgenommen werden; (bb) Gegenstand der Wahrnehmung müssen Nutzungsrechte, Einwilligungsrechte oder Vergütungsansprüche sein, die sich aus dem UrhG ergeben; (cc) diese Rechte müssen zur gemeinsamen Auswertung wahrgenommen werden; (dd) die Rechte müssen für Rechnung mehrerer Urheber oder Inhaber verwandter Schutzrechte wahrgenommen werden.

aa) Wahrnehmungstätigkeit

14 Jegliche **Wahrnehmung** von Urheberrechten unterliegt der Erlaubnispflicht. Übt eine Verwertungsgesellschaft neben der Wahrnehmung weitere Tätigkeiten aus, und handelt es sich bei diesen Tätigkeiten nicht um die Wahrnehmung von Urheberrechten, bedarf die Verwertungsgesellschaft gleichwohl der Erlaubnis. Denn § 1 Abs. 1 UrhWG unterwirft jede Wahrnehmung von Urheberrechten der Erlaubnispflicht und bestimmt nicht, daß der Erlaubnis nur bedarf, wer nur und ausschließlich Urheberrechte wahrnimmt.

15 Bietet beispielsweise eine Verwertungsgesellschaft den Nutzern ihres Repertoires Dienstleistungen (wie etwa die Benutzung einer Suchmaske für eine elektronische Repertoirerecherche) an, ändert das an ihrer Erlaubnispflicht nichts. Die gegenteilige Auffassung würde zu untragbaren Konsequenzen führen: Erlaubnispflichtige Verwertungsgesellschaften könnten sich der Aufsicht des DPMA leicht entziehen, wenn sie neben ihrer Wahrnehmungstätigkeit noch eine **andere Tätigkeit** ausüben würden.

16 Im übrigen bieten Verwertungsgesellschaften, die mit einer Erlaubnis des DPMA tätig sind, **Dienstleistungen** an, die über den engen Bereich der Wahrnehmung von Urheberrechten hinausgehen, ohne daß dies an ihrer Eigenschaft als Verwertungsgesellschaft etwas ändert. So vermittelt beispielsweise die „Clearingstelle Multimedia für Verwertungsgesellschaften von Urheber- und Leistungsschutzrechten GmbH“ (CMMV), deren Gesellschafter die Verwertungsgesellschaften GEMA, GVL, VG Wort, GÜFA, GWFF, VG Bild-Kunst, VFF, VGF und AGICOA sind, Informationen an Nutzer. Die CMMV ist eine zentrale Anlaufstelle für Multimedia-Produzenten zur Bestimmung der Rechteinhaber der urheberrechtlich geschützten Werke bzw. Inhalte, die sie bei einer Multimedia-Produktion verwenden möchten. Die CMMV leitet die vom Kunden gestellte Anfrage an die Verwertungsgesellschaften weiter und teilt die von den Verwertungsgesellschaften zur Verfügung gestellten Informationen gegen Zahlung einer Nutzungsgebühr dem Anfragenden mit. Die Beteiligung der vorstehend genannten Verwertungsgesellschaften an dieser Informationsvermittlungsstelle führt freilich nicht dazu, daß diese Verwertungsgesellschaften nicht mehr der Aufsicht des DPMA unterliegen.

bb) Gegenstand der Wahrnehmung

Gegenstand der Wahrnehmung sind nach § 1 Abs. 1 UrhWG „Nutzungsrechte, Einwilligungsrechte oder Vergütungsansprüche, die sich aus dem Urheberrechtsgesetz … ergeben". Das sind zunächst einmal solche Rechte, die kraft Gesetzes nur durch eine Verwertungsgesellschaft geltend gemacht werden können, nämlich das Kabelweitersenderecht (§ 20 Abs. 1 UrhG), der Vergütungsanspruch für Kabelweitersendung (§§ 20 Abs. 2, 71 Abs. 1, 72 Abs. 1, 78 Abs. 4, 94 Abs. 4 UrhG), die Auskunftsansprüche beim Folgerecht (§ 26 Abs. 3 bis 5 UrhG), der Vergütungsanspruch für Vermietung und Verleihen (§§ 27 Abs. 3, 71 Abs. 1, 72 Abs. 1, 77 Abs. 2, 85 Abs. 4, 87b Abs. 2, 94 Abs. 4 UrhG) sowie die Auskunfts- und Vergütungsansprüche aus gesetzlichen Lizenzen (§§ 49 Abs. 1, 54, 54a, 54f Abs. 3, 54g, 54 h UrhG). Daneben nehmen Verwertungsgesellschaften traditionell diejenigen Rechte wahr, die der einzelne Urheber oder Leistungsschutzberechtigte individuell faktisch nicht geltend machen kann, also insbesondere Rechte aus für den einzelnen schwer kontrollierbaren Massennutzungen. Meistens handelt es sich hierbei um Zweitverwertungsrechte. Doch können und werden auch Erstverwertungsrechte, die ihre Inhaber durchaus individuell wahrnehmen könnten, von Verwertungsgesellschaften geltend gemacht, so z.B. die mechanischen Rechte der Musikurheber (Vervielfältigungs- und Verbreitungsrecht, §§ 16, 17 UrhG), die die GEMA wahrnimmt (s. § 1 lit. h) GEMA-Berechtigungsvertrag). Weil der Begriff der durch Verwertungsgesellschaften wahrnehmbaren Rechte weit gefaßt ist, zählen hierzu sämtliche Ansprüche wie die auf Unterlassung, Auskunft, Rechnungslegung, Schadensersatz und Bereicherung gerichteten. Selbst Urheberpersönlichkeitsrechte können kollektiv wahrgenommen werden, auch wenn dies in der Praxis relativ selten geschieht.[17] Entscheidend für die Anwendbarkeit des UrhWG ist nach der Amtl. Begr. zum RegE.[18] die Tatsache der treuhänderischen gemeinsamen Wahrnehmung, nicht aber die Notwendigkeit oder Zweckmäßigkeit dieser Wahrnehmungsform für die betreffenden Rechte oder Ansprüche. 17

17 S. § 1 lit. p Berechtigungsvertrag-VG Bild-Kunst für Bildende Künstler (BG I) sowie Fotografen und Designer (BG II): „Der Berechtigte überträgt hiermit der Verwertungsgesellschaft BILD-KUNST (…): Ansprüche aus der Verletzung von Urheberpersönlichkeitsrechten und Verwertungsrechten im Zusammenhang mit der Digitalisierung von Lichtbildern und Lichtbildwerken oder der digitalen Bearbeitung, Umgestaltung und Nutzung solcher Bilder, soweit den Berechtigten solche Ansprüche neben den Inhabern der ausschließlichen Nutzungsrechte zustehen".

18 Amtl. Begr. RegE UrhWG, BT-Drs. IV/271, S. 14.

18 Eine Verwertungsgesellschaft kann auch **einfache Nutzungsrechte** wahrnehmen, auch wenn es nach der Amtl. Begr. zu § 35 UrhG[19] gerade Aufgabe von Verwertungsgesellschaften ist, „das ausschließliche Recht durch Vergabe von einfachen Nutzungsrechten auszuwerten“, und Rechteinhaber im Wahrnehmungsvertrag Verwertungsgesellschaften regelmäßig ausschließliche Nutzungsrechte einräumen. Der Rechteinhaber kann freilich ein Interesse daran haben, seine Rechte (auch) auf andere Weise als durch die Verwertungsgesellschaft wahrzunehmen. Räumt er der Verwertungsgesellschaft lediglich ein einfaches Nutzungsrecht ein, ist die Nutzung durch andere – anders als beim ausschließlichen Nutzungsrecht – nicht ausgeschlossen, § 31 Abs. 2 und 3 UrhG. Zwar kann – jedenfalls nach h.M.[20] – nach § 35 Abs. 1 S. 1 UrhG nur der Inhaber eines ausschließlichen Nutzungsrechts, nicht auch derjenige eines einfachen Nutzungsrechts, ein weiteres Nutzungsrecht einräumen. Diese Vorschrift ist freilich dispositiv: Abweichende Vereinbarungen zwischen dem Inhaber des Nutzungsrechts und dem Urheber sind nach § 35 Abs. 2 in Verbindung mit § 34 Abs. 5 S. 2 UrhG zulässig. Eine Verwertungsgesellschaft wird also wohl auch ihr von Wahrnehmungsberechtigten eingeräumte einfache Nutzungsrechte durch Vergabe einfacher Nutzungsrechte an Nutzer auswerten können.

cc) Kollektive Wahrnehmung

19 Die Erlaubnispflicht setzt nach § 1 Abs. 1 UrhWG die Wahrnehmung der Urheberrechte und Vergütungsansprüche „**zur gemeinsamen Auswertung**“ voraus. Das bedeutet regelmäßig die Wahrnehmung zahlreicher Rechte und Ansprüche durch pauschale oder einheitliche Nutzungsbedingungen. Der Begriff der gemeinsamen Auswertung ist weit auszulegen. Selbst die einheitlich ausgeübte Kontrolle, Verwaltung oder Geltendmachung von Auskunftsansprüchen stellt eine Wahrnehmung von Rechten zur gemeinsamen Auswertung dar.[21] Auch wenn die Amtl. Begr.[22] den Abschluß von Pauschalverträgen für ein „typisches Merkmal“ einer Verwertungsgesellschaft hält, verlangt § 1 Abs. 1 UrhWG für die gemeinsame Auswertung nicht den Abschluß solcher Verträge über das gesamte Repertoire als zwingende Voraussetzung für eine Verwertungsgesellschaft.

20 Das Kriterium der gemeinsamen Auswertung grenzt Verwertungsgesellschaften von **Verlagen** und Bühnenvertrieben ab. Verlage schließen Nutzungsvereinbarungen über die Rechte einzelner Urheber ab. Sie vergeben jedes ihnen anvertraute Recht individuell. Verwertungsgesellschaften dagegen verfügen über die ihnen eingeräumten Rechte pauschal.[23] So hält § 13 Abs. 1 UrhWG Verwertungsgesellschaften dazu an, Tarife

---

19 UFITA 45 (1965), 273.

20 In diesem Sinne Schricker-*Schricker*, § 35 UrhG Rn. 1 a.E. mwN; anderer und wohl richtiger Ansicht nach (Dreier/Schulze-*Dreier*, § 35 UrhG Rn. 5) können auch einfache Nutzungsrechte analog § 35 Abs. 1 S. 1 UrhG weiter eingeräumt werden.

21 Schricker-*Reinbothe*, § 1 UrhWG Rn. 7 mwN; Fromm/Nordemann-*Nordemann*, § 1 UrhWG Rn. 3.

22 Amtl. Begr. RegE UrhWG, BT-Drs. IV/271, S. 13.

23 Schricker-*Reinbothe*, § 1 UrhWG Rn. 7 mwN; Fromm/Nordemann-*Nordemann*, § 1 UrhWG Rn. 3.

aufzustellen und verpflichtet sie, mit Nutzervereinigungen Gesamtverträge abzuschließen, § 12 UrhWG. Anders als Verlage differenzieren Verwertungsgesellschaften in ihren Tarifen und Gesamtverträgen nicht zwischen einzelnen Werken, etwa im Hinblick auf ihre Beliebtheit oder Qualität.[24]

In der **Praxis** muß die Aufsichtsbehörde insbesondere prüfen, ob es sich bei den wahrgenommenen Rechten um solche handelt, die wegen der Vielzahl der in Betracht kommenden Verwerter und der Schwierigkeiten der Nutzer, sich von den zahlreichen einzelnen Rechteinhabern die Nutzungserlaubnis individuell einzuholen, sinnvollerweise nur gemeinschaftlich wahrgenommen werden können. Ist dem so, spricht viel dafür, daß diese Rechte kollektiv und nicht individuell wahrgenommen werden. **21**

dd) Treuhandstellung

Die Erlaubnispflicht nach § 1 Abs. 1 UrhWG setzt weiter voraus, daß die Rechte oder Ansprüche **„für Rechnung mehrerer Urheber oder Inhaber verwandter Schutzrechte"** wahrgenommen werden. Damit ist die Treuhandstellung gemeint, die Verwertungsgesellschaften zukommt.[25] Dieser Treuhandstellung wegen können und wollen Verwertungsgesellschaften für sich selbst keine Gewinne erzielen. **22**

In der **Praxis** ist die Abgrenzung zwischen treuhänderischer und auf Gewinnerzielung gerichteter Tätigkeit häufig sehr schwierig. Ab welchem Grad der Gewinnerzielungsabsicht ein Unternehmen, daß Urheber- oder Leistungsschutzrechte gemeinsam auswertet, keiner Erlaubnis nach § 1 Abs. 1 UrhWG bedarf, ist ungeklärt. Bei der Prüfung ist zu bedenken, daß sich ein Unternehmen, das im Übrigen alle typischen Merkmale einer Verwertungsgesellschaft aufweist, allein durch die (vielleicht nur behauptete) Absicht Gewinn erzielen zu wollen, der Erlaubnispflicht, dem Abschluß- und Wahrnehmungszwang sowie der ständigen Aufsicht durch das DPMA leicht entziehen könnte. Vor diesem Hintergrund prüft die Aufsichtsbehörde in jedem Einzelfall, ob im Wege einer Gesamtbetrachtung das Unternehmen als gewinnorientiertes Gebilde agiert oder zu treuen Händen Urheberrechte wahrnimmt. **23**

Nach Ansicht des VG München und – ihm folgend – dem BayVGH[26] wird ein Unternehmen nur dann als Verwertungsgesellschaft tätig, wenn es **originäre** Urheber- oder Leistungsschutzrechte wahrnimmt. Die ausschließliche Wahrnehmung **derivativ** erworbener Rechte soll nicht erlaubnispflichtig sein. Ein Unternehmen, das nur mit von Verlagen erworbenen Urheberrechten Geschäfte mache, werde wohl – so die Bayerischen Verwaltungsgerichte – nicht „für Rechnung mehrerer Urheber oder Inhaber verwandter Schutzrechte" tätig (§ 1 Abs. 1 UrhWG), weil die Verlage, für die das Unternehmen tätig werde, weder Urheber noch Inhaber verwandter Schutzrechte seien. Diese Verlage seien lediglich Inhaber so genannter abgeleiteter Rechte, die ihnen von den Urhebern eingeräumt worden sind. **24**

24 Dreier/Schulze-*Schulze*, § 1 UrhWG Rn. 16.
25 Amtl. Begr. RegE zu § 1 UrhWG, BT-Drs. IV/271, S. 13 f.; zur Treuhandstellung s.o. Rn. 11 f.
26 VG München, Beschluß vom 17.5.2002 (M 16 S 021 186 – unveröffentlicht); BayVGH, ZUM 2003, 78, 80.

25 Dieser Auffassung ist Folgendes entgegenzuhalten: Im Rahmen der Auslegung des § 6 Abs. 1 UrhWG ist umstritten, ob der Wahrnehmungszwang auch gegenüber **Zessionaren** (also Inhabern abgetretener Nutzungsrechte) besteht. Teilweise wird der Wahrnehmungszwang nicht auf Zessionare erstreckt.[27] Nach wohl richtiger Auffassung besteht er auch ihnen gegenüber.[28] Wenn sich nun aber der Wahrnehmungszwang, dem eine Verwertungsgesellschaft nach § 6 Abs. 1 UrhWG unterworfen ist, auch auf Inhaber abgeleiteter Rechte erstreckt, dann muß auch ein Unternehmen, das abgetretene Rechte kollektiv wahrnimmt, der Erlaubnispflicht nach § 1 Abs. 1 UrhWG unterliegen. Dasjenige, was in § 6 Abs. 1 UrhWG richtig ist, kann nicht im Zusammenhang des § 1 Abs. 1 UrhWG falsch sein.

26 Die Auffassung des BayVGH würde darüber hinaus zu ganz unpraktikablen und **unverständlichen Ergebnissen** führen: Die GEMA und die VG Wort nehmen seit langem Rechte kollektiv wahr, die Verleger (also Inhaber derivativ erworbener Rechte) dort eingebracht haben. Die Aufsicht über diese beiden Verwertungsgesellschaften durch das DPMA müßte sich nach Auffassung der Bayerischen Verwaltungsgerichte auf die von originären Rechteinhabern (also den Komponisten und Textdichtern bei der GEMA und den Wortautoren bei der VG Wort) eingeräumten originären Rechte beschränken. Bei allen Verwertungsgesellschaften entzöge sich die Wahrnehmung der Urheberrechte von Erben (§ 28 Abs. 1 UrhG) der Aufsicht des DPMA. Praktisch wäre das gar nicht durchführbar, weil die Wahrnehmung von originären und derivativ erworbenen Urheberrechten durch eine Verwertungsgesellschaft untrennbar miteinander verschränkt ist. Zudem fehlt jeder Grund, derivativ erworbene Urheberrechte, die kollektiv wahrgenommen werden, vom Anwendungsbereich des UrhWG auszunehmen. Warum sollte ein Unternehmen, das ausschließlich derivativ erworbene Urheberrechte wahrnimmt, ohne Rücksicht auf die Pflichten, denen Verwertungsgesellschaften unterworfen sind, legal eine faktische Monopolstellung erringen und diese rechtsmißbräuchlich ausnutzen können?[29] Das würde Sinn und Zweck des UrhWG geradezu konterkarieren.[30]

c) Gelegentliche oder kurzfristige Wahrnehmung

27 In § 1 Abs. 2 UrhWG hat der Gesetzgeber die gelegentliche oder kurzfristige Wahrnehmung von Urheber- und Leistungsschutzrechten von der Erlaubnispflicht aus-

---

27 Fromm/Nordemann-*Nordemann*, § 6 UrhWG Rn. 3; Wandtke/Bullinger-*Gerlach*, § 6 UrhWG Rn. 14; *Schack*, Urheber- und Urhebervertragsrecht, Rn. 1197; zwischen Verlegern und sonstigen Zessionaren differenzierend Loewenheim-*Melichar*, § 47 Rn. 8 f.

28 DPA, UFITA 94 (1982), 364 ff.; Schricker-*Reinbothe*, § 6 UrhWG Rn. 11; Dreier/Schulze-*Schulze*, § 6 UrhWG Rn. 19.

29 Die gegenteilige Ansicht von *Schack*, Urheber- und Urhebervertragsrecht, Rn. 1197, der als Argument dafür, daß der Wahrnehmungszwang des § 6 Abs. 1 UrhWG sich nicht auf Zessionare erstreckt, darauf hinweist, daß § 1 Abs. 1 UrhWG „eindeutig nur die originären Rechtsinhaber vor Augen hat“, führt freilich dazu, daß solche Organisationen ihre Geschäfte außerhalb des Anwendungsbereichs des UrhWG betreiben können.

30 Wie hier Loewenheim-*Melichar*, § 50 Rn. 2a.

drücklich ausgenommen. Nur wer **geschäfts- und regelmäßig** Urheberrechte wahrnimmt, bedarf der Erlaubnis.[31]

d) Rechtsform der Verwertungsgesellschaft; Legaldefinition

In welcher **Rechtsform** die Verwertungsgesellschaft betrieben wird, schreibt das UrhWG nicht vor. Beispielhaft nennt § 1 Abs. 4 S. 1 UrhWG eine juristische Person und eine Personengemeinschaft. Selbst eine einzelne Person kann die Tätigkeit einer Verwertungsgesellschaft ausüben, § 1 Abs. 4 S. 2 UrhWG. In der Praxis treten Verwertungsgesellschaften als wirtschaftliche Vereine kraft staatlicher Verleihung (wie z.B. die GEMA) oder als Gesellschaften mit beschränkter Haftung auf. **28**

§ 1 Abs. 4 S. 1 UrhWG **definiert** zugleich eine Verwertungsgesellschaft im Sinne des UrhWG als juristische Person oder Personengemeinschaft, die die in § 1 Abs. 1 UrhWG bezeichnete Tätigkeit ausübt. Für die Zwecke der Kabel- und Satellitenrichtlinie[32] „bedeutet ‚Verwertungsgesellschaft' jede Organisation, die Urheber- oder verwandte Schutzrechte als einziges Ziel oder als eines ihrer Hauptziele wahrnimmt oder verwaltet", Art. 1 Abs. 4 Kabel- und Satellitenrichtlinie. **29**

2. Erteilung und Versagung der Erlaubnis, §§ 2 und 3 UrhWG

a) Formelle Voraussetzungen der Erlaubniserteilung, § 2 UrhWG

Die Erlaubnis zum Geschäftsbetrieb einer Verwertungsgesellschaft wird von der Aufsichtsbehörde, dem DPMA (§ 18 Abs. 1 UrhWG), im Einvernehmen mit dem Bundeskartellamt (§ 18 Abs. 3 UrhWG) auf schriftlichen, im Übrigen aber formlosen Antrag erteilt. Dem Antrag sind die in § 2 S. 2 Nr. 1 bis 3 UrhWG genannten **Unterlagen und Angaben** beizufügen, die mit den Versagungsgründen des § 3 Abs. 1 UrhWG korrespondieren. Die Verwertungsgesellschaft muß ihre Satzung (bei einer GmbH: den Gesellschaftsvertrag) vorlegen und Angaben über ihre Vertretungsberechtigten machen, § 2 S. 2 Nr. 1 und 2 UrhWG. In der Praxis besonders wichtig ist § 2 S. 2 Nr. 3 UrhWG: Die Verwertungsgesellschaft hat eine Erklärung über die Zahl ihrer Wahrnehmungsberechtigten sowie über Zahl und wirtschaftliche Bedeutung der ihr zur Wahrnehmung anvertrauten Rechte abzugeben. **30**

b) Materielle Voraussetzungen der Erlaubniserteilung, § 3 UrhWG

Während § 2 UrhWG die formellen Voraussetzungen der Erlaubniserteilung normiert, regelt § 3 die materiellen Voraussetzungen: Die Erlaubnis darf nur versagt werden, wenn **Satzung** oder Gesellschaftsvertrag nicht dem UrhWG entsprechen (§ 3 Abs. 1 Nr. 1 UrhWG), wenn Tatsachen Zweifel an der **Zuverlässigkeit** eines Vertre- **31**

---

31 Fromm/Nordemann-*Nordemann*, § 1 UrhWG Rn. 4; Dreier/Schulze-*Schulze*, § 1 UrhWG Rn. 21.

32 Richtlinie 93/83/EWG des Rates zur Koordinierung bestimmter urheber- und leistungsschutzrechtlicher Vorschriften betreffend Satellitenrundfunk und Kabelweiterverbreitung vom 27.9.1993 (ABl. Nr. L 248, S. 15).

tungsberechtigten der Verwertungsgesellschaft mit Blick auf die Ausübung seiner Tätigkeit rechtfertigen (§ 3 Abs. 1 Nr. 2 UrhWG) oder wenn die wirtschaftliche Grundlage der Verwertungsgesellschaft eine wirksame Wahrnehmung der ihr anvertrauten Rechte oder Ansprüche nicht erwarten läßt (§ 3 Abs. 1 Nr. 3 UrhWG). Andernfalls muß das DPMA die Erlaubnis erteilen.

32 Wichtigster Versagungsgrund in der aufsichtsrechtlichen Praxis ist § 3 Abs. 1 Nr. 3 UrhWG. Wendet man ihn positiv, setzt die Erteilung der Erlaubnis voraus, daß die **wirtschaftliche Grundlage** der Verwertungsgesellschaft eine wirksame Wahrnehmung der ihr anvertrauten Rechte oder Ansprüche erwarten läßt.

33 Der Gesetzgeber hielt diesen Versagungsgrund **„im Interesse der Urheber**, die oft auf Einnahmen aus diesen Rechten angewiesen sind, (für) unerläßlich. Der einzelne Urheber ist selbst meist nicht in der Lage zu prüfen, ob die Verwertungsgesellschaft über die nötigen Verbindungen oder das für die wirksame Wahrnehmung mancher Rechte unbedingt erforderliche Kontrollsystem verfügt. Auch kommt es vor, daß eine wirksame Auswertung nur möglich ist, wenn auch für das Ausland Bewilligungen erteilt werden können, also entsprechende Gegenseitigkeitsverträge mit ausländischen Verwertungsgesellschaften abgeschlossen sind. In diesen Fällen muß einer Verwertungsgesellschaft, die die genannten Voraussetzungen nicht erfüllt, die Erlaubnis versagt werden.“ [33]

34 § 3 Abs. 1 Nr. 3 UrhWG bezweckt also den **Schutz der Urheber** und Leistungsschutzberechtigten. Einer Verwertungsgesellschaft kann die Erlaubnis nur dann erteilt werden, wenn sie über die erforderlichen Verbindungen und ein effektives System zur Kontrolle der Nutzung der ihr anvertrauten Rechte verfügt, sowie gegebenenfalls Gegenseitigkeitsverträge abgeschlossen hat.

35 Aus der **parallelen Struktur von § 3 und § 2 UrhWG** leitet der Bayerische Verwaltungsgerichtshof ab, daß eine hinreichende wirtschaftliche Grundlage iSd § 3 Abs. 1 Nr. 3 UrhWG für eine wirksame Urheberrechtswahrnehmung jedenfalls auch dann zu verneinen ist, wenn in dem Erlaubnisantrag keine hinreichende Zahl von Auftraggebern oder keine hinreichend bedeutsamen Aufträge benannt worden sind (§ 2 S. 2 Nr. 3 UrhWG).[34] Für die Erlaubniserteilung kommt es deshalb zudem auf die Zahl der Wahrnehmungsberechtigten, die Zahl der wahrgenommenen Rechte und vor allem auf die wirtschaftliche Bedeutung der wahrgenommenen Rechte an.

36 In der Vorinstanz dagegen hatte das Bayerische Verwaltungsgericht München[35] **verfassungsrechtliche Bedenken** gegen eine Auslegung von § 2 S. 2 Nr. 3 UrhWG geäußert, wonach für eine Erlaubniserteilung nur solche juristischen und natürlichen Personen in Frage kommen, die bereits Rechte anderer wahrnehmen und eine Anzahl von Auftraggebern haben:

> „Die im UrhWahrnG enthaltene Einschränkung der Freiheit der Berufsausübung nach Art. 12 Grundgesetz ist vor allem durch das Bestreben gerechtfertigt, die Urheber bei der

---

33 Amtl. Begr. zu § 3 RegE UrhWG, BT-Drs. IV/271, S. 14 f.

34 BayVGH, Bl.f.PMZ 1978, 261, 262.

35 Bay. VG München v. 2. 6. 1976 (Az. M IX–XIII 230 V 75 – unveröffentlicht).

> Wahrnehmung ihrer Rechte vor ungeeigneten Vertretern zu schützen, wie vor allem aus den §§ 3 und 4 hervorgeht. Wollte man nun einen bestehenden Betrieb und eine gewisse Anzahl von Auftraggebern zur Voraussetzung der Erlaubnis machen, so würde das bedeuten, daß der nicht überprüfte, möglicherweise unzuverlässige Erlaubnisbewerber erst eine Anzahl von Auftraggebern finden müßte, die ihm ihre Rechte anvertrauen und dann um Erlaubnis nachsuchen müßte. Dies würde bedeuten, daß sich Urheber zunächst einem möglicherweise nicht geeigneten Vertreter anvertrauen, also ein dem Schutzzweck des Gesetzes widersprechendes Ergebnis; umgekehrt würde es auch bedeuten, daß die Erlangung der Erlaubnis erschwert wäre, die Prüfung der Voraussetzungen nach § 2 (S. 2) Nr. 3 käme einer unzulässigen Bedürfnisprüfung gleich. (...)
>
> Die Beklagte (=Aufsichtsbehörde) kann somit die beantragte Erlaubnis nicht mit der Begründung versagen, der Kläger (=Antragsteller) (...) sei nicht in der Lage gewesen, eine entsprechende Zahl bzw. wirtschaftliche Bedeutung von Aufträgen nachzuweisen."[36]

37 Der Bayerische Verwaltungsgerichtshof hat diese verfassungsrechtlichen Bedenken im Ergebnis nicht geteilt. § 3 Abs. 1 Nr. 3 UrhWG enthalte zwar eine Beschränkung der Berufswahlfreiheit, weshalb bei der Auslegung der Vorschrift die Grundsätze der Notwendigkeit und Verhältnismäßigkeit besonders sorgfältig zu berücksichtigen seien. Dennoch sei eine **hinreichende wirtschaftliche Grundlage** für eine wirksame Urheberrechtswahrnehmung – jedenfalls auch – dann zu verneinen (§ 3 Abs. 1 Nr. 3 UrhWG), wenn in dem Erlaubnisantrag keine hinreichende Zahl von Auftraggebern oder keine hinreichend bedeutsamen Aufträge benannt worden sind (§ 2 S. 2 Nr. 3 UrhWG). Mit Blick auf die genannten Grundsätze würde allenfalls eine allzu strenge Handhabung des § 3 Abs. 1 Nr. 3 UrhWG an verfassungsrechtliche Grenzen stoßen. Wörtlich führt der Bayerische Verwaltungsgerichtshof dann aus:

> „Hinsichtlich der Zahl und der Bedeutung der im Erlaubnisverfahren zu fordernden Aufträge dürfen deshalb keine überspannten Anforderungen gestellt werden; der Begriff der gelegentlichen oder kurzfristigen Auftragswahrnehmung ist großzügig auszulegen. Wo im einzelnen die Grenzen dessen liegen, was gemäß § 3 Abs. 1 Nr. 3, § 2 Satz 2 Nr. 3 UrhWahrnG für eine Erlaubnis vorauszusetzen ist, kann vorliegend indessen offen bleiben. Sicher und hier entscheidend ist, daß die Erlaubnis jedenfalls dann versagt werden kann, wenn der Antragsteller überhaupt keine – bereits vorhandenen oder konkret absehbaren – Aufträge von nennenswertem Gewicht angeben kann und dem Unternehmen damit von vorneherein die wirtschaftliche Grundlage fehlt."[37]

38 Die Prognoseentscheidung der Aufsichtsbehörde nach § 3 Abs. 1 Nr. 3 UrhWG ist also im Lichte der durch Art. 12 Abs. 1 GG verfassungsrechtlich garantierten Berufswahlfreiheit zu treffen. Freilich kann die Berufswahlfreiheit des Antragsstellers nicht höher bewertet werden als der Schutz der ihm anvertrauten Berechtigten,[38] und zwar schon deshalb nicht, weil die Wahrnehmungsberechtigten (also die Urheber und bestimmte Leistungsschutzberechtigte) sich ihrerseits auf den grundrechtlichen Schutz ihres geistigen Eigentums (Art. 14 GG) berufen können. Das DPMA muß beide betroffenen Grundrechte bei seiner Entscheidung beachten und Wertungswidersprüche im Wege der sog. **„praktischen Konkordanz"** ausgleichen.

---

36 Bay. VG München, v. 2.6.1976 (Az. M IX–XIII 230 V 75 – unveröffentlicht), S. 12 f.

37 BayVGH, Bl.f.PMZ 1978, 261, 263.

38 So mit Recht Schricker-*Reinbothe*, § 3 UrhWG Rn. 10 a.E.

39 Bei der Auslegung von § 3 Abs. 1 Nr. 3 UrhWG iVm § 2 S. 2 Nr. 3 UrhWG ist § 4 Abs. 1 Nr. 1 UrhWG zu beachten. Nach dieser Vorschrift muß die Aufsichtsbehörde die (einmal erteilte) Erlaubnis **widerrufen**, wenn einer der Versagungsgründe des § 3 Abs. 1 nachträglich eintritt. Freilich kann das DPMA auch mit Blick auf den ihr möglichen Widerruf der Erlaubnis nach § 4 Abs. 1 Nr. 1 die Versagungsgründe des § 3 Abs. 1 UrhWG wegen der Beschränkung der Berufswahlfreiheit (Art. 12 Abs. 1 GG) nicht lax handhaben. Auch in diesem Kontext findet nämlich Art. 14 GG Beachtung: Eine Verwertungsgesellschaft, die die ihr anvertrauten Urheberrechte nicht wirksam wahrnimmt, kann in dem Zeitraum, in dem sie mit Erlaubnis des DPMA agiert, Urhebern und Leistungsschutzberechtigten, deren Eigentumsrechte nach Art. 14 GG grundrechtlich geschützt sind, großen Schaden zufügen. Gerade um solchen Schaden von den Rechteinhabern abzuwenden, hat der Gesetzgeber dem DPMA den Versagungsgrund nach § 3 Abs. 1 Nr. 3 UrhWG an die Hand gegeben. Auch hier wird man also die durch Art. 12 Abs. 1 GG geschützte Berufswahlfreiheit des Antragstellers abwägen müssen mit dem durch Art. 14 GG geschützten geistigen Eigentum der Urheber und Leistungsschutzberechtigten.

40 Die Prognoseentscheidung, ob die wirtschaftliche Grundlage der Verwertungsgesellschaft eine wirksame Wahrnehmung der ihr anvertrauten Rechte und Ansprüche erwarten läßt, ist anhand des von der Verwertungsgesellschaft vorgelegten Konzeptes, namentlich Satzung/Gesellschaftsvertrag, Organisations- und Finanzplan, zu treffen. Insbesondere dann, wenn in dem Tätigkeitsbereich der den Antrag stellenden Verwertungsgesellschaft bereits eine andere Verwertungsgesellschaft agiert, ist darauf zu achten, daß die Verwaltungskosten der neuen Verwertungsgesellschaft nicht eine Höhe erreichen, die ihr die wirksame Wahrnehmung der ihr anvertrauten Rechte unmöglich machen. Weil ihre Tätigkeit auf die Zukunft gerichtet ist, die Verwertungsgesellschaft ihre Leistungsfähigkeit also noch gar nicht unter Beweis stellen konnte, kann es im Erlaubniserteilungsverfahren nicht auf ihre wirtschaftliche Grundlage zum Zeitpunkt der Antragstellung ankommen. Entscheidend ist vielmehr, daß das vorgestellte **Konzept** die wirksame Wahrnehmung in der Zukunft erwarten läßt. Als Startkapital müssen lediglich soviel Mittel bereitstehen, daß die Verwertungsgesellschaft ihren Geschäftsbetrieb aufnehmen kann.[39]

c) Verfahrensrechtliches

41 Erteilung und Versagung der Erlaubnis zum Geschäftsbetrieb einer Verwertungsgesellschaft sind **Verwaltungsakte**, über die das DPMA im Einvernehmen mit dem Bundeskartellamt entscheidet, § 18 Abs. 3 UrhWG. Die Versagung der Erlaubnis ist nach § 3 Abs. 2 UrhWG zu begründen und der Verwertungsgesellschaft nach den Vor-

---

39 S. zum Ganzen Schricker-*Reinbothe*, § 3 UrhWG Rn. 10ff.; Loewenheim-*Melichar*, § 50 Rn. 5f.; Dreier/Schulze-*Schulze*, § 3 UrhWG Rn. 5; Fromm/Nordemann-*Nordemann*, § 3 UrhWG Rn. 3f.; Wandtke/Bullinger-*Gerlach*, § 3 UrhWG Rn. 4f.; *Meyer*, Verwertungsgesellschaften und ihre Kontrolle, S. 51ff.; *Wirtz*, Die Kontrolle von Verwertungsgesellschaften, S. 40ff.; *Löhr*, Die Aufsicht über Verwertungsgesellschaften, S. 35; *Menzel*, Die Aufsicht über die GEMA, S. 66f., 71f.

schriften des Verwaltungszustellungsgesetzes zuzustellen. Dieser steht gegen die Versagung der Verwaltungsrechtsweg offen, § 40 Abs. 1 S. 1 VwGO. Hilft das DPMA einem entsprechenden Widerspruch nach den §§ 68, 69 VwGO nicht ab, erläßt es nach § 73 Abs. 1 S. 2 Nr. 2 VwGO einen Widerspruchsbescheid, gegen den die Verwertungsgesellschaft Verpflichtungsklage (§ 42 VwGO) beim Bayerischen Verwaltungsgericht München erheben kann. Gegen dessen Urteil steht den Beteiligten grundsätzlich die Berufung an den Bayerischen Verwaltungsgerichtshof in München zu, § 124 VwGO.

3. Widerruf der Erlaubnis, § 4 UrhWG

a) Bekanntwerden oder Eintritt von Versagungsgründen, § 4 Abs. 1 Nr. 1 UrhWG

Treten Gründe, die nach § 3 Abs. 1 UrhWG zur Versagung der Erlaubnis berechtigten, nachträglich ein oder werden solche Gründe dem DPMA erst nach Erteilung der Erlaubnis bekannt, „ist" die Erlaubnis zu widerrufen. Bei dieser Entscheidung kommt dem DPMA also kein Ermessensspielraum zu. Vor Ausspruch des Widerrufs muß die Aufsichtsbehörde freilich der Verwertungsgesellschaft Gelegenheit geben, den Mangel binnen einer angemessenen Frist zu beheben. Die Frist muß so lang sein, daß die Verwertungsgesellschaft den konkreten Mangel beheben kann, und so kurz, daß den Wahrnehmungsberechtigten und Nutzern des Repertoires der Verwertungsgesellschaft kein Schaden entsteht.[40] § 4 Abs. 1 Nr. 1 UrhWG übernimmt damit die **Versagungsgründe** des § 3 Abs. 1 UrhWG als **Widerrufsgründe**. 42

b) Zuwiderhandlung gegen Verpflichtungen des UrhWG, § 4 Abs. 1 Nr. 2 UrhWG

Die Erlaubnis „ist" auch dann zu widerrufen, wenn die Verwertungsgesellschaft das **UrhWG hartnäckig mißachtet**, indem sie einer ihr nach diesem Gesetz obliegenden Verpflichtung trotz Abmahnung durch die Aufsichtsbehörde wiederholt zuwiderhandelt. Dies kann durch aktives Tun oder Unterlassen geschehen. Auf die Schwere des Gesetzesverstoßes kommt es nicht an, weil § 4 Abs. 1 Nr. 2 UrhWG nicht zwischen schwerwiegenden und geringfügigen Zuwiderhandlungen differenziert.[41] Das bedeutet freilich nicht, daß das DPMA Verstößen gegen Lappalien mit der einschneidendsten aller denkbaren Maßnahmen, nämlich dem Widerruf der Erlaubnis, begegnet.[42] Wie bei jeder aufsichtsrechtlichen Maßnahme hat das DPMA den Grundsatz der Verhältnismäßigkeit zu beachten. Bevor die Aufsichtsbehörde die betroffene Verwertungsgesellschaft nach § 4 Abs. 1 Nr. 2 UrhWG förmlich abmahnt, weist das DPMA auf den Mißstand formlos hin. 43

---

40 Schricker-*Reinbothe*, § 4 UrhWG Rn. 5; Dreier/Schulze-*Schulze*, § 4 UrhWG Rn. 2;. Wandtke/Bullinger-*Gerlach*, § 4 UrhWG Rn. 4; *Vogel*, GRUR 1993, 513, 530.

41 Allerdings spricht die Amtl. Begr. zu § 19 Abs. 1 RegE UrhWG, BT-Drs. IV/271, S. 20, davon, daß sich die Verwertungsgesellschaft bei *„schweren* Verstößen" der Gefahr aussetzt, daß ihr die Erlaubnis zum Geschäftsbetrieb nach § 4 Abs. 1 Nr. 2 entzogen wird.

42 Diese Befürchtung hegt *Melichar,* Die Wahrnehmung von Urheberrechten durch Verwertungsgesellschaften, S. 54.

44 Nach dem Inkrafttreten von § 19 Abs. 2 S. 2 UrhWG n.F., der durch das Gesetz zur Regelung des Urheberrechts in der Informationsgesellschaft vom 10. September 2003 Eingang in das UrhWG gefunden hat, dürfte unter dem Gesichtspunkt der **Verhältnismäßigkeit** die Aufsichtsbehörde verpflichtet sein, vor dem Widerruf nach § 4 Abs. 1 Nr. 2 UrhWG auf der Grundlage von § 19 Abs. 2 S. 2 UrhWG zunächst alle erforderlichen Maßnahmen zu ergreifen, um sicherzustellen, daß die Verwertungsgesellschaft ihre Verpflichtungen aus dem UrhWG ordnungsgemäß erfüllt. Erst wenn diese Maßnahmen fehlschlagen, wird als ultima ratio der Widerruf der Erlaubnis nach § 4 Abs. 1 Nr. 2 UrhWG wegen wiederholten Verstößen gegen ein und dieselbe Verpflichtung trotz erfolgloser, vorhergehender Abmahnung in Betracht kommen.[43]

c) *Begründung, Zustellung, Wirksamkeit, § 4 Abs. 2 UrhWG*

45 Wie die Erteilung und Versagung ist auch der Widerruf der Erlaubnis ein **Verwaltungsakt**, der nach § 4 Abs. 2 S. 1 UrhWG, der § 3 Abs. 2 entspricht, zu begründen und der Verwertungsgesellschaft zuzustellen ist.[44]

46 Der Widerruf wird frühestens drei Monate, nachdem er unanfechtbar geworden ist, **wirksam**, § 4 Abs. 2 S. 2 UrhWG. Durch die Hinausschiebung des Zeitpunkts, zu dem der Widerruf wirksam, d.h. die Erlaubnis als entzogen anzusehen ist, soll den Wahrnehmungsberechtigten der Verwertungsgesellschaft ermöglicht werden, ihre Urheber- und Leistungsschutzrechte ununterbrochen wahrnehmen zu lassen, sei es durch Gründung einer neuen Verwertungsgesellschaft, sei es durch die Einbringung dieser Rechte in eine andere Verwertungsgesellschaft.[45]

d) *Aufsichtsrechtliche Praxis*

47 Der Widerruf der Erlaubnis nach § 4 Abs. 1 Nr. 2 UrhWG stellt sich nach der Amtl. Begr. des Regierungsentwurfes bei „schweren Verstößen“ als „äußerste Maßnahme“ dar, die „nur in seltenen Ausnahmefällen“ zur Anwendung komme.[46] Das **DPMA** mußte bisher weder wegen Zuwiderhandlung gegen Verpflichtungen des UrhWG (§ 4 Abs. 1 Nr. 2 UrhWG) noch wegen Bekanntwerden oder Eintritt von Versagungsgründen (§ 4 Abs. 1 Nr. 1 UrhWG) einer Verwertungsgesellschaft die einmal erteilte Erlaubnis widerrufen.

---

43 Dreier/Schulze-*Schulze*, § 19 UrhWG Rn. 14 plädiert dafür, vor dem Widerruf der Erlaubnis der Verwertungsgesellschaft die Fortsetzung des Geschäftsbetriebs auf der Grundlage des § 19 Abs. 2 S. 1 UrhWG zu untersagen.

44 Die verfahrensrechtlichen Ausführungen zur Erteilung und Versagung der Erlaubnis (s.o. Rn. 41) gelten für den Widerruf der Erlaubnis entsprechend.

45 Amtl. Begr. zu § 4 RegE UrhWG, BT-Drs. IV/271, S. 15.

46 Amtl. Begr. zu § 19 Abs. 1 RegE UrhWG, BT-Drs. IV/271, S. 20.

4. Bekanntmachung, § 5 UrhWG

Wegen der Bedeutung für die Öffentlichkeit ist die Aufsichtsbehörde nach § 5 UrhWG verpflichtet, die Erteilung sowie den wirksam gewordenen Widerruf der Erlaubnis zum Geschäftsbetrieb einer Verwertungsgesellschaft (nicht dagegen ihre Versagung) im **Bundesanzeiger** bekanntzumachen.[47] 48

III. Aufgaben der Aufsichtsbehörde

1. Ständige Aufsicht, § 19 Abs. 1 UrhWG

Aufgabe der Aufsichtsbehörde ist es **darauf zu achten**, daß die Verwertungsgesell- 49
schaften den ihnen nach dem Urheberrechtswahrnehmungsgesetz obliegenden **Verpflichtungen ordnungsgemäß nachkommen**, § 19 Abs. 1 UrhWG. Verpflichtungen der Verwertungsgesellschaften bestehen zum einen gegenüber ihren Wahrnehmungsberechtigten, zum anderen gegenüber den Nutzern ihres Repertoires und Nutzervereinigungen, aber auch gegenüber der Allgemeinheit.[48] Wegen der Bezugnahme auf die aus dem UrhWG folgenden „Verpflichtungen", unterliegt die Einhaltung von Sollvorschriften nicht der Kontrolle der Aufsichtsbehörde. Im Hinblick auf Sollvorschriften können seitens der Aufsichtsbehörde lediglich Empfehlungen ausgesprochen werden. Auch die Einflußnahme auf die Geschäftsführung der Verwertungsgesellschaften gehört nicht zu den Aufgaben der Aufsichtsbehörde.[49]

2. Erlaubnispflicht, § 1 UrhWG

Davon, daß derjenige, der das Geschäft einer Verwertungsgesellschaft betreibt, nach 50
§ 1 Abs. 1 UrhWG der Erlaubnis bedarf, war schon die Rede.[50] Die amtliche Überschrift des § 1, die von „Erlaubnispflicht" spricht, stellt das heraus.

Aufgabe der Aufsichtsbehörde in diesem Zusammenhang ist es darauf zu achten, daß 51
ein Unternehmen, das das Geschäft einer Verwertungsgesellschaft betreibt, auch **über die erforderliche Erlaubnis verfügt**. Der dem DPMA nach § 19 Abs. 1 UrhWG zugewiesenen Aufgabe, darauf zu achten, daß die Verwertungsgesellschaften ihrer Erlaubnispflicht nach § 1 UrhWG genügen, kann die Aufsichtsbehörde freilich nur nachkommen, wenn ihr Befugnisse zustehen, die ihr die Aufgabenerfüllung ermöglichen. Davon wird an anderer Stelle ausführlich die Rede sein.[51]

---

47 Amtl. Begr. zu § 5 RegE UrhWG, BT-Drs. IV/271, S. 15.
48 Schricker-*Reinbothe*, § 19 UrhWG Rn. 1.
49 Amtl. Begr. zu § 19 RegE, BT-Drs. IV/271, S. 20.
50 S. oben, Rn. 11 ff.
51 S. dazu unten, Rn. 149 ff.

3. Verpflichtungen der Verwertungsgesellschaft im Innenverhältnis zu Wahrnehmungsberechtigten

a) *Der Wahrnehmungszwang, § 6 Abs. 1 UrhWG*

aa) Allgemeines. Einschränkung der Vertragsfreiheit

52 § 6 Abs. 1 UrhWG verpflichtet die Verwertungsgesellschaft, die Rechte und Ansprüche der Berechtigten wahrzunehmen. Verwertungsgesellschaften müssen also im Innenverhältnis mit den Rechteinhabern **kontrahieren**. Dem Wahrnehmungszwang im Innenverhältnis tritt im Außenverhältnis zu Nutzern der Abschlußzwang an die Seite. Die Verwertungsgesellschaften unterliegen somit einem doppelten Kontrahierungszwang.

53 Der Wahrnehmungszwang stellt sich einerseits als Ausgleich und Folge der ausnahmsweise tolerierten faktischen **Monopolstellung** von Verwertungsgesellschaften dar und erklärt sich andererseits aus der Verwertungsgesellschaftspflicht einiger Urheberrechte, die kraft Gesetzes oder zumindest rein faktisch nur durch eine Verwertungsgesellschaft wahrgenommen werden können. Könnte in einem solchen Fall eine Verwertungsgesellschaft die kollektive Wahrnehmung von Rechten verweigern, könnte dies beim einzelnen Rechtsinhaber zu schweren wirtschaftlichen Schäden führen.[52]

bb) Einschränkungen

54 Der Wahrnehmungszwang wird freilich in mehrfacher Hinsicht eingeschränkt:

(1) Tätigkeitsbereich der Verwertungsgesellschaft

55 § 6 Abs. 1 S. 1 UrhWG verpflichtet die Verwertungsgesellschaft lediglich, „die zu ihrem Tätigkeitsbereich gehörenden Rechte und Ansprüche auf Verlangen der Berechtigten" wahrzunehmen. Diese „Rechte und Ansprüche" sind begrenzt auf die Nutzungsrechte, Einwilligungsrechte und Vergütungsansprüche, die sich aus dem **Urheberrechtsgesetz** ergeben. Denn nur für die Wahrnehmung dieser Rechte besteht die Erlaubnispflicht nach § 1 UrhWG und nur für ihre Wahrnehmung wird die Erlaubnis nach § 2 UrhWG von der Aufsichtsbehörde erteilt.

56 Ihren **Tätigkeitsbereich** legt die Verwertungsgesellschaft selbst in ihrer Satzung oder in ihrem Gesellschaftsvertrag fest, je nach dem, ob sie – wie die GEMA – als wirtschaftlicher Verein auftritt oder als GmbH tätig wird. Die Satzung oder den Gesellschaftsvertrag muß die Verwertungsgesellschaft schon dem schriftlichen Antrag auf Erlaubniserteilung beifügen (§ 2 S. 2 Nr. 1 UrhWG) und die Erlaubnis kann nur erteilt werden, wenn das Regelwerk den Vorschriften des UrhWG entspricht, § 3 Abs. 1 Nr. 1 UrhWG.

57 Je nach ihrem Tätigkeitsbereich beschränken die Verwertungsgesellschaften die kollektive Wahrnehmung auf Rechte an bestimmten **Werkarten** iSd § 2 Abs. 1 UrhG. So

52 Amtl. Begr. zu § 6 RegE, BT-Drs. IV/271, S. 15.

nimmt die GEMA Werke der Musik iSv § 2 Abs. 1 Nr. 2 UrhG kollektiv wahr.[53] Häufig tritt eine Beschränkung auf die Wahrnehmung bestimmter Nutzungsarten hinzu, wie beispielsweise nach § 1 lit. a) GEMA-Berechtigungsvertrag, der die sog. großen Rechte an dramatisch-musikalischen Werken von der Wahrnehmung durch die GEMA ausnimmt.[54]

(2) Deutsche, EU-Bürger, Unternehmen; Angehörige von RBÜ- und WUA-Staaten

Einen Anspruch auf Wahrnehmung haben **Deutsche** iSd Grundgesetzes (s. Art. 116 GG) und Personen, die ihren Wohnsitz im Geltungsbereich des UrhWG, also in der Bundesrepublik Deutschland, haben. 1995 stellte der Gesetzgeber klar, daß sich der Wahrnehmungszwang auch auf **Staatsangehörige** eines anderen Mitgliedsstaates der Europäischen Union **(EU)** und Staatsangehörige eines anderen Vertragsstaates des Abkommens über den europäischen Wirtschaftsraum **(EWR)** erstreckt.[55] Unternehmen mit Sitz in einem Mitgliedstaat der EU oder des EWR können sich dann auf den Wahrnehmungszwang berufen, wenn ihr Inhaber Berechtigter ist, § 6 Abs. 1 S. 2 UrhWG. 58

Der **Grundsatz der Inländerbehandlung** nach Art. 5 RBÜ Pariser Fassung und Art. II WUA Pariser Fassung verpflichtet deutsche Verwertungsgesellschaften verwertungsgesellschaftspflichtige Rechte von Angehörigen aus Verbandsländern dieser internationalen Urheberrechtskonventionen, die nicht Angehörige von EU- und EWR-Staaten sind, wahrzunehmen, auch wenn die praktische Bedeutung dieser Verpflichtung wegen des Netzes von Gegenseitigkeitsverträgen, das die Verwertungsgesellschaften weltweit gesponnen haben, gering sein dürfte.[56] 59

---

53 § 3 Ziff. 1 der GEMA-Satzung iVm § 1 des GEMA-Berechtigungsvertrages. S. z.B. auch § 2 Abs. 1 VG Wort-Satzung: „Sprachwerke"; § 2 Abs. 1 VG Bild-Kunst-Satzung: „Werke, … nach § 2 Abs. 1 Ziff. 3–7, § 4 sowie § 72 UrhG"; § 2 GVL-Gesellschaftsvertrag: „Rechte und Ansprüche, … für ausübende Künstler, Tonträgerhersteller".

54 Der Berechtigte überträgt der GEMA nach § 1 lit. a) Berechtigungsvertrag „Die Aufführungsrechte an Werken der Tonkunst mit oder ohne Text, jedoch unter Ausschluß der bühnenmäßigen Aufführung dramatisch-musikalischer Werke, sei es vollständig, als Querschnitt oder in größeren Teilen. Bühnenmusiken, soweit sie nicht integrierender Bestandteil des Bühnenwerkes sind, Bühnenschauen, Filmbegleitmusik, Einlagen in Revuen, Einlagen in Operetten, Possen und Lustspielen, melodramatische und Kabarettaufführungen sind Gegenstand dieses Vertrages, soweit es sich nicht um die Aufführung von Bestandteilen dramatisch-musikalischer Werke in anderen Bühnenwerken handelt." Zur Terminologie der „großen" und „kleinen" Rechte s. Schricker-*v. Ungern-Sternberg*, § 19 UrhG Rn. 29.

55 Gesetz vom 23. 6. 1995, BGBl. I S. 842.

56 So mit Recht Schricker-*Reinbothe*, § 6 UrhWG Rn. 9, Fromm/Nordemann-*Nordemann*, § 6 UrhWG Rn. 2 jeweils mwN; Dreier/Schulze-*Schulze*, § 6 UrhWG Rn. 24; *Vogel*, GRUR 1993, 513, 518. A.A. – unter Verweis auf die Entstehungsgeschichte von § 6 UrhWG, die m.E. freilich die zwingende Inländerbehandlung der Urheberrechtskonventionen nicht aushebeln kann – Wandtke/Bullinger-*Gerlach*, § 6 UrhWG Rn. 11. *Melichar,* Die Wahrnehmung von Urheberrechten durch Verwertungsgesellschaften, S. 36 f., argumentiert, für einen Wahrnehmungszwang aufgrund der Konventionen bestehe wegen des internationalen Netzes von

60 Wer nicht zu diesem Personenkreis zählt, kann sich nicht auf den Wahrnehmungszwang des § 6 Abs. 1 UrhWG berufen. Seine Rechte muß die deutsche Verwertungsgesellschaft – also auch die GEMA – nicht wahrnehmen.

(3) Andere Möglichkeiten der wirksamen Wahrnehmung

61 Die Verwertungsgesellschaft – also auch die GEMA – unterliegt dem Wahrnehmungszwang nach § 6 Abs. 1 UrhWG nur, wenn eine wirksame Wahrnehmung der Rechte oder Ansprüche **anders nicht möglich** ist.

62 Außer den verwertungsgesellschaftspflichtigen Rechten kann der Berechtigte theoretisch seine Urheber- und Leistungsschutzrechte auch **individuell** wahrnehmen. Wirksam wird die Geltendmachung von Urheber- und Leistungsschutzrechten in vielen Fällen freilich nur sein, wenn diese Rechte kollektiv durch eine Verwertungsgesellschaft wahrgenommen werden. Die Entstehung von Verwertungsgesellschaften ist ja gerade Folge der Entwicklung des Urheberrechts, das Urhebern und Leistungsschutzberechtigten Rechte an die Hand gegeben hat, die sie in der Praxis selbst individuell nicht wahrnehmen können, sondern für deren effektive (kollektive) Wahrnehmung sie auf eine Verwertungsgesellschaft angewiesen sind.[57] So dürfte der einzelne Urheber die Rechte an musikalischen Werken, die die GEMA nach § 1 ihres Berechtigungsvertrages kollektiv wahrnimmt, also insbesondere das Aufführungsrecht (§ 19 Abs. 2 UrhG), das Senderecht (§ 20 UrhG), das Vorführungsrecht (§ 19 Abs. 4 UrhG), das Recht der Wiedergabe durch Bild- oder Tonträger (§ 21 UrhG) und das Vervielfältigungsrecht (§ 16 UrhG), kaum wirksam individuell wahrnehmen können, so daß sich die GEMA – als Ausnahme vom Wahrnehmungszwang – gegenüber einem einzelnen Komponisten oder Textdichter kaum darauf wird berufen können, der Berechtigte könne seine Rechte wirksam anders als durch die GEMA, nämlich individuell wahrnehmen.[58] Viele Vergütungsansprüche, namentlich die nach §§ 54 ff. UrhG, sind ohnehin verwertungsgesellschaftspflichtig.

Gegenseitigkeitsverträgen keine Veranlassung. Die Zugehörigkeit zur eigenen nationalen Verwertungsgesellschaft reiche deshalb aus, um über den Weg eines Gegenseitigkeitsvertrages mit der betreffenden Verwertungsgesellschaft im Ausland die effektive Wahrnehmung der Rechte auch dort zu garantieren. (S. auch Loewenheim-*Melichar*, § 47 Rn. 11.) Die Frage der praktischen Relevanz des Wahrnehmungszwangs auf der Grundlage der internationalen Urheberrechtskonventionen ist freilich von seiner rechtlichen Beurteilung zu trennen. Auch kann der ausländische Verbandsurheber nicht sicher sein, daß seine nationale Verwertungsgesellschaft mit der deutschen Verwertungsgesellschaft, von der er seine Rechte in Deutschland wahrnehmen lassen möchte, tatsächlich einen Gegenseitigkeitsvertrag geschlossen hat, so daß die Berufung auf den aus den Urheberrechtskonventionen folgenden Wahrnehmungszwang durchaus praktisch bedeutsam werden kann.

57 Amtl. Begr. RegE UrhWG, BT-Drs. IV/271, S. 8; Loewenheim-*Melichar*, § 45 Rn. 1 ff.

58 Die Amtl. Begr. zu § 6 RegE UrhWG, BT-Drs. IV/271, S. 15, führt dagegen aus, der Urheber oder Leistungsschutzberechtigte sei nicht immer auf die Wahrnehmung seiner Rechte durch eine bestimmte Verwertungsgesellschaft angewiesen. Die Rechte der mechanischen Vervielfältigung oder die Senderechte ließen sich beispielsweise meistens individuell wahrnehmen, weil die Zahl der interessierten Schallplattenhersteller oder Sendeunternehmen für den einzelnen Rechtsinhaber überschaubar sei. Dem wird man freilich entgegenhalten müssen, daß

Nach der Amtl. Begr. zum Regierungsentwurf des UrhWG, der Verwertungsgesellschaften keine Monopolstellung gewährt, soll ein Rechtsinhaber dann, wenn auf dem gleichen Gebiet **mehrere Verwertungsgesellschaften** tätig sind, sich auf den Wahrnehmungszwang nach § 6 UrhWG erst dann berufen können, wenn er bei allen Verwertungsgesellschaften erfolglos um die Wahrnehmung seiner Rechte nachgesucht hat, weil er zuvor auf andere Verwertungsgesellschaften ausweichen könne.[59] Diese Ansicht ist schon deshalb abzulehnen, weil der Berechtigte unter Berufung auf den Wahrnehmungszwang die Möglichkeit haben muß, zwischen konkurrierenden Verwertungsgesellschaften diejenige auszuwählen, von der er glaubt, daß sie seine Rechte am effektivsten wahrnimmt. Zudem würde der Berechtigte seine Rechte nicht sofort kollektiv wahrnehmen lassen können, sondern erst dann, wenn sich eine Verwertungsgesellschaft zur Wahrnehmung seiner Rechte bereit erklären würde oder – bei Ablehnung durch alle anderen Verwertungsgesellschaften – der Wahrnehmungszwang gegenüber der letzten verbleibenden Verwertungsgesellschaft, der er vermutlich seine Rechte erst an letzter Stelle einräumen will, griffe.[60] Dieser praxisferne, zeitraubende und umständliche Weg, den die Amtl. Begr. weist, würde den Rechtsinhaber freilich schädigen können und damit dem von der Amtl. Begr. selbst hervorgehobenen Schutzzweck zuwiderlaufen; er ist daher abzulehnen.[61] 63

(4) Wahrnehmung zu angemessenen Bedingungen

§ 6 Abs. 1 S. 1 UrhWG verpflichtet die Verwertungsgesellschaft, Rechte und Ansprüche zu **angemessenen Bedingungen** wahrzunehmen. Hierin liegt in erster Linie das an die Verwertungsgesellschaft adressierte Gebot, die Rechte nicht irgendwie, sondern in angemessener Weise wahrzunehmen. Erst in zweiter Linie besteht darin – wie die Amtl. Begr. einseitig hervorhebt[62] – eine weitere Einschränkung des Wahrnehmungszwangs. Angemessen sollen in der Regel diejenigen Bedingungen sein, die die Verwertungsgesellschaft ihren Mitgliedern auferlegt. M.E. entfalten freilich diese Bedingungen keine Indizwirkung ihrer Rechtmäßigkeit. Auch die Mitgliedern gegenüber geltenden Regelungen können unangemessen sein.[63] Daß diese Regelungen von den 64

---

der einzelne Urheber regelmäßig einer öffentlich-rechtlichen Rundfunkanstalt oder einem privaten Fernseh- oder Rundfunksender, aber auch einem Tonträgerhersteller gegenüber sich in einer ungleichen, ihn benachteiligenden Verhandlungsposition befindet. Erst die kollektive Wahrnehmung seiner Rechte durch eine Verwertungsgesellschaft stellt Parität zwischen den Vertragsparteien her. Die GEMA wird sich deshalb aus diesem Grunde nicht dem Wahrnehmungszwang des § 6 Abs. 1 UrhWG entziehen können.

59 Amtl. Begr. zu § 6 RegE UrhWG, BT-Drs. IV/271, S. 15.

60 Die von Loewenheim-*Melichar*, § 47 Rn. 7 zu Recht aufgeworfenen Frage, ob der Wahrnehmungszwang sich in diesem Fall gegen alle Verwertungsgesellschaften oder nur gegen die letzte verbleibende richtet, kann offen bleiben.

61 Einhellige Meinung s. Loewenheim-*Melichar*, § 47 Rn. 7; Schricker-*Reinbothe*, § 6 UrhWG Rn. 12; Fromm/Nordemann-*Nordemann*, § 6 UrhWG Rn. 3d; Dreier/Schulze-*Schulze*, § 6 UrhWG Rn. 26; Wandtke/Bullinger-*Gerlach*, § 6 UrhWG Rn. 15.

62 Amtl. Begr. zu § 6 RegE UrhWG, BT-Drs. IV/271, S. 15.

63 So zutreffend *Vogel*, GRUR 1993, 513, 519; a.A. Loewenheim-*Melichar*, § 47 Rn. 13, der aus der Bemerkung in der Amtl. Begr. zu § 6 RegE UrhWG, als angemessen seien in der Re-

Vereinsmitgliedern und – bei GmbHs – den Beiräten kraft ihrer satzungsmäßigen Rechte selbst aufgestellt werden, vermag daran nichts zu ändern. Denn auch die Mitglieder können für sich selbst oder doch für eine Minderheit von Mitgliedern, die überstimmt wird, Regelungen beschließen, die dem Angemessenheitsgebot des § 6 Abs. 1 UrhWG nicht genügen. Die Aufsichtsbehörde hat deshalb die Angemessenheit aller Regelungen zu prüfen und zwar unabhängig davon, gegenüber welcher Art von Berechtigten die Verwertungsgesellschaft sie zuerst aufgestellt hat. Die Angemessenheitskontrolle des DPMA beschränkt sich deshalb keineswegs auf Wahrnehmungsverträge zwischen der Verwertungsgesellschaft und Berechtigten, die keine Mitglieder oder Gesellschafter der Verwertungsgesellschaft sind, sondern erfaßt auch die Berechtigungsverträge, die die Verwertungsgesellschaft mit ihren Mitgliedern oder Gesellschaftern schließt. Eine Beschränkung der genannten Art verbietet sich schon deshalb, weil die staatliche Aufsicht ihren Grund in der Monopol- und Treuhandstellung der Verwertungsgesellschaften findet.[64] Diese Stellung hat die Verwertungsgesellschaft allen Berechtigten gegenüber inne – unabhängig von ihrem vereins- oder gesellschaftsrechtlichen Status.[65] Hinzu tritt, daß § 6 Abs. 1 UrhWG, anders als Absatz 2, nicht zwischen Mitgliedern und Nichtmitgliedern differenziert.

65 **Angemessen** sollen nach einhelliger Meinung Bedingungen sein, die ausgewogen und verhältnismäßig sind, zur Äquivalenz von Leistung und Gegenleistung führen und das Gleichbehandlungsgebot beachten.[66] Angesichts dieser einerseits selbstverständ-

---

gel die Bedingungen anzusehen, die die Verwertungsgesellschaft allgemein auch ihren Mitgliedern auferlege, eine Umkehr der Beweislast ableitet: Nicht die Verwertungsgesellschaft müsse belegen, daß ihre Bedingungen angemessen seien, sondern ein Beschwerdeführer müsse deren Unangemessenheit beweisen. Anders als in zivilgerichtlichen Auseinandersetzungen wird in der aufsichtsrechtlichen Praxis diese Beweislastregel freilich kaum Bedeutung entfalten, weil das DPMA die Angemessenheit der Bedingungen der Verwertungsgesellschaft von Amts wegen prüft und Beschwerden lediglich als Anregungen zu einer solchen Prüfung begreift, s. dazu näher u. Rn. 163. A.A. auch *Riesenhuber,* Die Auslegung und Kontrolle des Wahrnehmungsvertrags, S. 64 ff., insbesondere S. 66, der aus teleologischen Gründen das Angemessenheitsgebot nur auf Berechtigte, die der Verwertungsgesellschaft bereits durch Wahrnehmungsvertrag verbunden sind, und außenstehende Berechtigte, die in keiner Vertrags- oder Mitgliedschaftsbeziehung zur Verwertungsgesellschaft stehen, anwendet, nicht aber auf Berechtigte, die Mitglieder im korporationsrechtlichen Sinne sind. Die These von *Riesenhuber* (aaO, S. 70 f.), daß die Verwertungsgesellschaft, die mit einem Mitglied im vereinsrechtlichen Sinne einen Wahrnehmungsvertrag schließt, die Vertragsbedingungen mit einem „gleich starken Partner" aushandelt, und deshalb für diese Vertragsbedingungen eine „Richtigkeitsgewähr" bestehe, weshalb das Angemessenheitsgebot des § 6 Abs. 1 UrhWG auf Mitglieder keine Anwendung finde, scheint mir an den Machtverhältnissen in der Realität doch vorbeizugehen. Die Aufsichtsbehörde wird daher auch die Bedingungen, die die Verwertungsgesellschaft ihren Mitgliedern stellt, auf deren Angemessenheit hin prüfen müssen.

64 S.o. Rn. 6 ff.

65 So zutreffend Schricker-*Reinbothe*, § 6 UrhWG Rn. 13; Loewenheim-*Melichar*, § 47 Rn. 12.

66 Schricker-*Reinbothe*, § 6 UrhWG Rn. 13; Wandtke/Bullinger-*Gerlach*, § 6 UrhWG Rn. 16. Zu Recht kritisch *Riesenhuber,* Die Auslegung und Kontrolle des Wahrnehmungsvertrags, S. 68 ff., der wegen der Rechtsnatur des Wahrnehmungsvertrags als Auftrag das Angemessenheitsgebot iSe Äquivalenzgebots nicht für anwendbar hält („konzeptionelle Schwäche") und statt dessen auf das urheberrechtliche Leistungsprinzip abstellt. *Riesenhuber* mißt dem Kon-

lichen, andererseits aber wenig griffigen Kriterien, muß die Aufsichtsbehörde die Angemessenheit in jedem Einzelfall konkret prüfen.[67] Dabei ist zu berücksichtigen, daß die Verwertungsgesellschaften wegen der Vielzahl der Rechte, die sie für zahlreiche Rechteinhaber kollektiv wahrnehmen, auf Pauschalierungen angewiesen und durch das Angemessenheitsgebot des § 6 Abs. 1 S. 1 UrhWG auch rechtlich zu Vereinfachungen angehalten sind, um die Verwaltungskosten möglichst niedrig zu halten.[68] Nur wegen dieser rechtlich gebotenen Vereinfachungen kann die GEMA die Rechte für ihre über 60.000 Rechteinhaber zu einem Kostensatz von ca. 14,5% der Erträge wahrnehmen.

cc) Wirtschaftliche Verwertung und Wahrnehmungszwang

Neuerdings schränkt der **BGH** den Wahrnehmungszwang weiter als in § 6 Abs. 1 **66**
UrhWG normiert ein: Die GEMA hatte von einem dreijährigen Wahrnehmungsberechtigten, der als Komponist ernster Musik aufgetreten war und an dem Wertungsverfahren, das dazu dient, kulturell bedeutende Werke zu fördern (s. § 7 S. 2 UrhWG), teilnehmen wollte, nach § 3 Ziff. I Abs. 3 der Geschäftsordnung des Wertungsverfahrens der Komponisten in der Sparte E verlangt, sein berufsmäßiges Können durch die Ableistung einer Klausur nachzuweisen.[69]

Zutreffend stellt der BGH auf die **Beweislast** ab: Wer am Wertungsverfahren der **67**
GEMA teilnehmen wolle, müsse im Zweifel, die bei einem dreijährigen Komponisten angebracht seien, nachweisen, daß er die Voraussetzungen für die Inanspruchnahme der Leistungen erfülle, hier also, daß er tatsächlich der Komponist der betreffenden Werke sei. Diesen Nachweis aber habe der Kläger nicht erbracht. Die GEMA habe ihn deshalb zu Recht nicht am Wertungsverfahren beteiligt. Zugleich aber führt der BGH aus:

> „Die Wahrnehmungsverpflichtung greift nicht bereits dann ein, wenn zwischen der Beklagten (GEMA) und dem Anspruchsteller (Kinderkomponist) ein Berechtigungsvertrag besteht. Die Beklagte ist nicht verpflichtet, jede ‚Schöpfung', die ein Vertragspartner eines Berechtigungsvertrages als urheberrechtlich geschütztes Werk bezeichnet, treuhänderisch zu verwalten und bei formaler Erfüllung der Voraussetzungen des Verteilungsplanes bei der Verteilung der Einnahmen zu berücksichtigen. Die Beklagte ist auch nicht verpflichtet, Rechte an geistigen Schöpfungen wahrzunehmen, die zwar noch unter den Begriff eines Werkes im Sinne des § 2 Abs. 2 UrhG fallen, bei denen eine wirtschaftliche Verwertung aber nicht ernsthaft in Betracht gezogen werden kann."[70]

---

trahierungszwang und mit ihm dem Angemessenheitsgebot freilich erst dann Bedeutung zu, wenn der Rechteinhaber, anders als die Verwertungsgesellschaft, auf die kollektive Wahrnehmung angewiesen ist.

67 Ähnlich wie hier *Riesenhuber,* Die Auslegung und Kontrolle des Wahrnehmungsvertrags, S. 73.

68 Diesen Aspekt hebt zutreffend Loewenheim-*Melichar*, § 47 Rn. 13 mwN hervor.

69 Hintergrund der gerichtlichen Auseinandersetzung dürften wohl zwei Regelungen in § 5 der genannten Geschäftsordnung gewesen sein: Der Wertungszuschlag wird danach ab einer bestimmten Grenze vom Aufkommen in den Sparten R (Tonrundfunk) und FS (Fernsehrundfunk) berechnet. Zudem erhält kein Mitglied aus den Mitteln des Wertungsverfahrens mehr als 2% des zur Verfügung stehenden Gesamtbetrages.

70 BGH, ZUM 2002, 379, 382 – Klausurerfordernis.

68 Diese Beschränkung des Wahrnehmungszwangs auf **wirtschaftlich verwertbare Werke**, die in § 6 Abs. 1 S. 1 UrhWG keinen Rückhalt findet, ist nicht unproblematisch und m.E. abzulehnen. Mit dieser Argumentation könnten nämlich beispielsweise auch Werke moderner E-Musik oder moderne Klangexperimente aus dem Bereich des Jazz von der Wahrnehmung ausgeschlossen werden, weil die wirtschaftliche Verwertbarkeit auch solcher Werke in vielen Fällen nicht zu erwarten ist. Die GEMA wird sich der Wahrnehmung dieser Werke aber nicht durch Berufung auf eine Einschränkung des Wahrnehmungszwangs entziehen können. Zur Lösung des vom BGH zu entscheidenden Falles war eine Einschränkung des Wahrnehmungszwangs wegen der Bezugnahme auf die Beweislastverteilung darüber hinaus gar nicht geboten.

dd) Zessionare als Wahrnehmungsberechtigte der GEMA

69 Auch **Zessionare**, also Inhaber derivativ erworbener urheberrechtlicher Nutzungsrechte, Einwilligungsrechte und Vergütungsansprüche, haben nach § 6 Abs. 1 UrhWG Anspruch auf kollektive Wahrnehmung ihrer Rechte und Ansprüche durch eine Verwertungsgesellschaft. Hierfür spricht zum einen der Wortlaut des § 6 Abs. 1 S. 1 UrhWG, der von „Berechtigten" spricht, und nicht zwischen originären Rechteinhabern und solchen, die Rechte derivativ erworben haben, differenziert, und in § 6 Abs. 1 S. 2 UrhWG ausdrücklich die Verpflichtung von Verwertungsgesellschaften zur Rechtewahrnehmung gegenüber Unternehmen normiert. Noch gewichtiger sind zum anderen die urhebervertragsrechtlichen Regelungen der §§ 31 ff. UrhG: Diese Vorschriften erlauben grundsätzlich die Einräumung von Nutzungsrechten. Der Inhaber der Nutzungsrechte muß dann aber die Möglichkeit haben, diese Rechte kollektiv von einer Verwertungsgesellschaft wahrnehmen zu lassen.[71]

70 Die Gegenauffassung weist darauf hin, daß die Wahrnehmung der betroffenen Rechte oder Ansprüche durchaus **auf andere Weise möglich** sei, nämlich dadurch, daß der Urheber sie selbst in die Verwertungsgesellschaft einbringe. Die Nichtberücksichtigung von Zessionaren liege im wohlverstandenen Interesse der Urheber. Sie verhindere, daß geschäftstüchtige Verwerter die Rechte von Urhebern gegen Pauschalabfindungen erwerben und sodann die Früchte fremden geistigen Schaffens ernten.[72]

71 Will man freilich den Urheber vor dem Abschluß ihn übervorteilender urheberrechtlicher Verträge, in denen er Verwertern seine Rechte unter Wert einräumt, schützen, muß dieser Schutz im **Urhebervertragsrecht** (§§ 31 ff. UrhG) bei der Einschränkung

---

71 Bescheid des DPA vom 26.10.1981, GEMA-Nachrichten Heft 116, Dezember 1981 = UFITA 94 (1982), 364 ff.; Schricker-*Reinbothe*, § 6 UrhWG Rn. 11; Dreier/Schulze-*Schulze*, § 6 UrhWG Rn. 19.

72 Fromm/Nordemann-*Nordemann*, § 6 UrhWG Rn. 3 f; Wandtke/Bullinger-*Gerlach*, § 6 UrhWG Rn. 14; *Schack*, Urheber- und Urhebervertragsrecht, Rn. 1197. Zwischen Verlegern und sonstigen Zessionaren differenzierend Loewenheim-*Melichar*, § 47 Rn. 8 f.; die von *Melichar* ins Feld geführten Abtretungsverbote in § 4 des Berechtigungsvertrags der GEMA und ähnlichen Regelungen in den Berechtigungsverträgen der VG Wort und der VG Bild-Kunst können m.E. die von den §§ 31 ff. UrhG erlaubten Verfügungen nicht im Wege eines erst-recht-Schlusses beschränken.

der urheberrechtlichen Vertragsfreiheit ansetzen, nicht aber beim Wahrnehmungszwang des § 6 Abs. 1 UrhWG. Um dem Urheber die gesetzlichen Vergütungsansprüche des Sechsten Abschnitts des Ersten Teils des UrhG, also die Vergütungsansprüche der §§ 44a ff. UrhG zu sichern, hat deshalb der Gesetzgeber durch das Gesetz zum Schutz der Urheber und ausübenden Künstler mit § 63a UrhG genau diesen Weg beschritten: Auf die dort normierten Vergütungsansprüche kann der Urheber im Voraus nicht verzichten und sie im Voraus nur an eine Verwertungsgesellschaft abtreten. § 63a UrhG aber wäre überflüssig, wenn es keinen Wahrnehmungszwang auch für Zessionare gäbe, weil sich die Vorschrift größtenteils auf verwertungsgesellschaftspflichtige Vergütungsansprüche bezieht.[73]

Wird der Zessionar für Zedenten selbst treuhänderisch tätig,[74] wird die Aufsichtsbehörde prüfen müssen, ob der Zessionar nicht selbst eine Verwertungsgesellschaft betreibt, für die er eine **Erlaubnis zum Geschäftsbetrieb** nach den §§ 1 und 2 UrhWG benötigt und – wenn er ohne diese Erlaubnis tätig wird –, ob ihm die Fortsetzung des Geschäftsbetriebs nach § 19 Abs. 2 S. 1 UrhWG untersagt werden muß. 72

Die kollektive Wahrnehmung abgeleiteter Rechte kann freilich zu einer **inakzeptablen Besserstellung** des Zedenten gegenüber dem originären Rechteinhaber, der seine Rechte unmittelbar durch eine Verwertungsgesellschaft wahrnehmen läßt, führen. So muß der Zedent, der seine Rechte von einem Zessionar, der Wahrnehmungsberechtigter der GEMA ist, wahrnehmen läßt, keine Aufnahmegebühr zahlen und, kann sich der Entrichtung des Mitgliedsbeitrags und der Erhebung einer Verwaltungsgebühr, die die GEMA für die Bearbeitung von Abtretungen verlangt, entziehen.[75] Vor allem aber stehen der GEMA gegenüber Zedenten, mit denen sie in keiner Vertragsbeziehung steht, nicht die Rechte zu, die sie gegenüber ihren Wahrnehmungsberechtigten aus der Satzung, dem Berechtigungsvertrag und dem Verteilungsplan hat. Dies gilt z.B. für das Recht zur Kündigung des Berechtigungsvertrages,[76] aber auch für den Nachweis des berufsmäßigen Könnens im Rahmen der Wertungsverfahren. Aus diesem Grund nehmen weder der Zedent noch der Zessionar für abgetretene Rechte an Wertungsverfahren teil, wenn ein Nicht-GEMA-Mitglied seine urheberrechtlichen Nutzungsrechte einem GEMA-Mitglied eingeräumt hat.[77] Zedenten können jedenfalls nicht besser behandelt werden als Wahrnehmungsberechtigte, die als originäre 73

---

73 A.A. *Schack*, Urheber- und Urhebervertragsrecht, Rn. 1197.

74 S. Nr. 8 des GEMA-Anmeldebogens für Originalwerke (GEMA-Jahrbuch 2004/2005, S. 413). Dort heißt es: „Sind dem Verleger die Aufführungs- und mechanischen Vervielfältigungsrechte von den Urhebern für den Fall, daß diese keiner Verwertungsgesellschaft angehören, vorsorglich zur treuhänderischen Verwaltung übertragen worden?"

75 Die Aufnahmegebühr nach § 8 Abs. 1 GEMA-Berechtigungsvertrag beträgt gegenwärtig 51,13 € für Urheber und 102,26 € für Verleger, der Mitgliedsbeitrag nach § 8 Abs. 2 25,56 € und die Verwaltungsgebühr nach § 4 Abs. 1 S. 2 gegenwärtig 12,78 € als jährliche Verwaltungsgebühr und für jede Zahlung 2‰ des Zahlungsbetrages.

76 S. § 10 GEMA-Berechtigungsvertrag und § 2 Ziff. 2 Abs. 3 GEMA-Satzung.

77 S. § 3 Ziff. III Geschäftsordnung des Wertungsverfahrens der Komponisten in der Sparte E und § 3 Abs. 8 Geschäftsordnung des Wertungsverfahrens in der Unterhaltungs- und Tanzmusik.

Urheber ihre Rechte unmittelbar der GEMA zur kollektiven Wahrnehmung eingeräumt haben.

b) Angemessene Wahrung der Belange der außerordentlichen und angeschlossenen Mitglieder der GEMA, § 6 Abs. 2 UrhWG

aa) Allgemeines

74 Die GEMA unterscheidet nach § 6 Abs. 1 ihrer Satzung zwischen **ordentlichen, außerordentlichen und angeschlossenen Mitgliedern**. Ordentliche und außerordentliche Mitglieder sind Urheber oder Musikverleger, angeschlossene Mitglieder sonstige Wahrnehmungsberechtigte. Nur die ordentlichen Mitglieder sind Mitglieder im Sinne des Vereinsrechts.

bb) § 6 Abs. 2 UrhWG

75 Diese Situation fand der Gesetzgeber des Urheberrechtswahrnehmungsgesetzes vor. Mit Blick auf die GEMA führt die Amtl. Begr. zum Regierungsentwurf[78] aus:

> „Der Entwurf verpflichtet die Verwertungsgesellschaft nicht dazu, die Wahrnehmungsberechtigten als Mitglieder aufzunehmen. Es gibt zahlreiche Urheber oder Inhaber verwandter Schutzrechte, die nur gelegentlich Werke schaffen oder schutzfähige Leistungen erbringen. Müßte die Verwertungsgesellschaft diesen allen volle Mitgliedschaftsrechte gewähren, so würden sie die verhältnismäßig kleine Zahl der Urheber oder Schutzrechtsinhaber, die mit ihren Rechten das wirtschaftliche Fundament der Verwertungsgesellschaft bilden, majorisieren können und einen Einfluß erhalten, der außer Verhältnis zu der Bedeutung ihrer Rechte stände.“

76 Das Urheberrechtswahrnehmungsgesetz knüpft also das Recht zur Einflußnahme der Wahrnehmungsberechtigten in einer Verwertungsgesellschaft an die **Bedeutung der Rechte**, die die Wahrnehmungsberechtigten in die Verwertungsgesellschaft zur kollektiven Wahrnehmung einbringen.[79] Vor diesem Hintergrund ist die Differenzierung der Wahrnehmungsberechtigten der GEMA in ordentliche, außerordentliche und angeschlossene Mitglieder, aufsichtsrechtlich nicht nur hinnehmbar, sondern geboten.

77 Die Amtl. Begr. zu § 6 UrhWG führt freilich weiter aus:[80]

> „Allerdings erscheint es geboten, eine angemessene Wahrung der Interessen der Wahrnehmungsberechtigten hinsichtlich der Verwaltung ihrer Rechte oder Ansprüche durch die Verwertungsgesellschaft zu gewährleisten. Absatz 2 bestimmt daher, daß eine gemeinsame Vertretung der Wahrnehmungsberechtigten zu bilden ist und die Satzung der Verwertungsgesellschaft Bestimmungen über die Wahl der Vertretung durch die Berechtigten sowie den Umfang der Befugnisse der Vertretung enthalten muß. Bei der Ausgestaltung der Vertretung verbleibt der Verwertungsgesellschaft ein weiter Ermessensspielraum. Die Vertretung kann – wie es zur Zeit bei der GEMA der Fall ist – etwa in der Weise gebildet

---

78 Amtl. Begr. zu § 6 RegE, BT-Drs. IV/271, S. 16 l. Sp.

79 Ebenso *Riesenhuber,* Die Auslegung und Kontrolle des Wahrnehmungsvertrags, S. 100: „Dementsprechend darf man eine Gewichtung der Stimmrechte nach wirtschaftlichen Maßstäben für zulässig halten.“

80 Amtl. Begr. zu § 6 RegE, BT-Drs. IV/271, S. 16 l. Sp.

werden, daß der Gesamtheit der Nichtmitglieder das Recht zugestanden wird, aus ihrer Mitte eine bestimmte Zahl von Personen zu wählen, die dann stimmberechtigt an der ordentlichen Mitgliederversammlung teilnehmen dürfen."

Nach § 6 Abs. 2 UrhWG muß deshalb die Verwertungsgesellschaft zur angemessenen **78**
Wahrung der Belange der Berechtigten, die nicht als Mitglieder der Verwertungsgesellschaft aufgenommen werden, eine **gemeinsame Vertretung** bilden und in ihrer Satzung die Wahl der Vertretung durch die Berechtigten sowie die Befugnisse der Vertretung regeln. Bei der GEMA ist diese gemeinsame Vertretung die Versammlung der außerordentlichen und angeschlossenen Mitglieder, die getrennt nach Berufsgruppen 34 Mitglieder als Delegierte für die Mitgliederversammlung der ordentlichen Mitglieder wählt. Den Delegierten stehen nach § 12 der GEMA-Satzung grundsätzlich alle Rechte der ordentlichen Mitglieder zu. Besondere Bedeutung kommt der gemeinsamen Vertretung der Wahrnehmungsberechtigten bei Verwertungsgesellschaften zu, die in der Rechtsform der GmbH betrieben werden.[81]

Die Gefahr der Majorisierung der Wahrnehmungsberechtigten, die das wirtschaft- **79**
liche Fundament der Verwertungsgesellschaft bilden, muß freilich nicht nur theoretisch, sondern auch **praktisch** gebannt sein. Die Anzahl der Delegierten der außerordentlichen und angeschlossenen Mitglieder muß sich deshalb an der Anzahl der Mitglieder orientieren, die erfahrungsgemäß an der ordentlichen Mitgliederversammlung teilnehmen und nicht an der absoluten Zahl der ordentlichen Mitglieder.[82] Freilich muß sichergestellt sein, daß alle Berechtigten unabhängig von ihrem vereinsrechtlichen Status an der Willensbildung teilnehmen und die Geschicke der Verwertungsgesellschaft **beeinflussen** können. Unvereinbar mit diesem Postulat wäre es, das *aktive* Wahlrecht der Nicht-Mitglieder/Nicht-Gesellschafter einer Verwertungsgesellschaft bei der Wahl von Delegierten oder Beiräten an ein Mindestaufkommen zu knüpfen, weil dann diejenigen Wahrnehmungsberechtigten, die diese Aufkommensgrenze nicht erreichen, sich an der Willensbildung überhaupt nicht beteiligen und auf die Entscheidungsprozesse der Verwertungsgesellschaft keinerlei Einfluß nehmen könnten. Die *passive* Wahlberechtigung an ein angemessenes Mindestaufkommen zu knüpfen, begegnet dagegen keinen aufsichtsrechtlichen Bedenken. Eine solche Regelung, die

---

81 *Dördelmann,* GRUR 1999, 890, 895 und *ders.*, FS Hertin, S. 31 ff.

82 Schricker-*Reinbothe*, § 6 UrhWG Rn. 15; Fromm/Nordemann-*Nordemann*, § 6 UrhWG Rn. 10; Dreier/Schulze-*Schulze*, § 6 UrhWG Rn. 33; *Vogel*, GRUR 1993, 513, 519 f.; *Riesenhuber,* Die Auslegung und Kontrolle des Wahrnehmungsvertrags, S. 100. A.A. *Rehbinder*, DVBl. 1992, 216, 220 f., der die Zahl der Delegierten nach dem Aufkommen der Nichtmitglieder bestimmen will; dagegen *Nordemann*, GRUR 1992, 584, 587. Die GEMA hatte am 31.12.2003 2840 ordentliche, 6163 außerordentliche und 51374 angeschlossene Mitglieder, s. GEMA-Jahrbuch 2004/2005, S. 58. Die Begriffe „Mitglieder" und „Satzung" sind in diesem Zusammenhang wie auch an anderen Stellen des Gesetzes untechnisch zu verstehen: „Mitglieder" sind unabhängig von der jeweiligen Rechtsform der Verwertungsgesellschaft, die kein Verein zu sein braucht, alle Personen, die in ihrem Verhältnis zu der Gesellschaft eine entsprechende Stellung haben wie Vereinsmitglieder (z.B. die Genossen einer Genossenschaft); „Satzung" ist jede der Vereinssatzung entsprechende Organisationsgrundlage der Gesellschaft (z.B. bei einer GmbH der Gesellschaftsvertrag), Amtl. Begr. zu § 6 RegE, BT-Drs. IV/271, S. 16 l. Sp.

sich in § 7 Abs. 2 S. 1 GVL-Satzung findet und über die bei der GEMA diskutiert wird, soll nämlich gewährleisten, daß die Interessen der Nicht-Mitglieder/Nicht-Gesellschafter angemessen und mit entsprechendem Sachverstand vertreten werden. Dazu halten es die genannten Verwertungsgesellschaften für erforderlich, daß die Interessenvertreter der Nicht-Mitglieder/Nicht-Gesellschafter deren Probleme und Anliegen aus eigener Anschauung kennen und beurteilen können, was dann der Fall sein soll, wenn sie selbst über ein – wenn auch geringes – Aufkommen der Verwertungsgesellschaft verfügen. Außerdem wird so vermieden, daß insbesondere Rechtsanwälte sich in Gremien von Verwertungsgesellschaften drängen, um Mandanten zu akquirieren anstatt die Interessen von Wahrnehmungsberechtigten zu vertreten.

c) *Willkürfreie Verteilung der Einnahmen, § 7 S. 1 UrhWG*

aa) Die gesetzliche Regelung

80 § 7 S. 1 UrhWG verpflichtet die Verwertungsgesellschaft, die Einnahmen aus ihrer Tätigkeit nach festen Regeln (**Verteilungsplan**) aufzuteilen, die ein willkürliches Vorgehen bei der Verteilung ausschließen. Mit dieser Regelung wollte der Gesetzgeber gewährleisten, daß die Einnahmen aus der Wahrnehmung der anvertrauten Rechte und Ansprüche gerecht verteilt werden.[83]

bb) Gegenstand und Maßstab der aufsichtsrechtlichen Kontrolle

81 Der aufsichtsrechtlichen Kontrolle des DPMA in diesem Zusammenhang unterliegt zum einen die Verpflichtung der Verwertungsgesellschaft, überhaupt einen Verteilungsplan aufzustellen, zum anderen die **„abstrakte Kontrolle“**[84] der willkürfreien Verteilung, und zwar unabhängig davon, ob der Verteilungsplan von den Gremien der Verwertungsgesellschaft ordnungsgemäß beschlossen wurde oder nicht.

82 Maßstab dieser Kontrolle ist nach dem eindeutigen Wortlaut des § 7 S. 1 UrhWG das **Willkürverbot**. Zwar gehört auch die Verteilung der Einnahmen zu den Bedingungen der Wahrnehmung von Urheber- und Leistungsschutzrechten durch eine Verwertungsgesellschaft, die nach § 6 Abs. 1 S. 1 UrhWG angemessen sein müssen. Die Willkürkontrolle der Aufsichtsbehörde nach § 7 S. 1 UrhWG über die Verteilung der Einnahmen ist aber gegenüber der weiterreichenden Angemessenheitskontrolle des § 6 Abs. 1 S. 1 UrhWG lex specialis. Neben diesen beiden formalen Argumenten spricht für die Anlegung des Maßstabes der Willkür vor allem, daß das DPMA nicht in der Lage ist, jeden einzelnen Verteilungsplan der zwölf Verwertungsgesellschaften im Detail auf seine Angemessenheit hin zu überprüfen.

83 Die Verwertungsgesellschaften verteilen ihre Einnahmen zum großen Teil auf der Grundlage pauschaler Verteilungspläne, die zahlreiche, wohlüberlegte und von den Wahrnehmungsberechtigten selbst mit entsprechend qualifizierten Mehrheiten beschlossene Wertungen enthalten. Vor der Beschlußfassung in Mitgliederversammlung oder Beirat erarbeiten – wie auch bei der GEMA – regelmäßig **Verteilungsplankom-**

---

83 Amtl. Begr. zu § 7 RegE, BT-Drs. IV/271, S. 16 l. Sp.

84 So BGH, GRUR 1988, 782, 785 – GEMA-Wertungsverfahren = BGH, ZUM 1989, 80, 84.

missionen, die aus sachkundigen Vertretern der Wahrnehmungsberechtigten zusammengesetzt sind, Vorschläge zur Änderung der Regelwerke. Den Betroffenen und ihren Vertretern selbst kommt hier für gewöhnlich der größte Sachverstand zu. Sie können meistens selbst am besten entscheiden, welcher Werk- und Nutzungsart welcher Anteil an den Einnahmen der Verwertungsgesellschaft zusteht. An diese Stelle können nicht Bewertungen des DPMA treten, die bei jeder Pauschalverteilung unvermeidlich sind. Dies gilt insbesondere für Beurteilungen über den kulturellen Wert von Werken nach § 7 S. 2 UrhWG.[85]

cc) Pauschalverteilung, Direktverrechnung

Müßte die Aufsichtsbehörde im Detail überwachen und prüfen, ob die einzelnen Regeln der Verteilungspläne „angemessene Bedingungen" im Sinne des § 6 Abs. 1 UrhWG darstellen und zu den Rechten und Ansprüchen der Berechtigten in einem ausgewogenen Verhältnis stehen, würde dies zudem eine Abkehr von dem System der Pauschalverteilung und den direkten Weg zur **Direktverrechnung** bedeuten. Weil nämlich die Aufsichtsbehörde Werke nicht bewerten kann, an die Stelle der pauschalen Verteilung durch die Verwertungsgesellschaft also nicht die des DPMA treten könnte, müßten die Einnahmen der Verwertungsgesellschaften in wesentlich größerem Umfang als zur Zeit direkt verrechnet werden, also die Einnahmen für die Nutzung eines bestimmten Werkes nach Abzug der Verwaltungskosten und der Zuwendung an Kultur- und Sozialeinrichtungen als Verteilung ausgeschüttet werden. Freilich ist in vielen Nutzungsbereichen eine konkrete Zuordnung von Einnahmen für urheberrechtliche Nutzungen an einzelne Berechtigte unmöglich, wie namentlich bei den gesetzlichen Vergütungsansprüchen für die gesetzlich zulässige private Vervielfältigung, §§ 54, 54 a UrhG. Dort orientiert sich die Verteilung an der objektiven Nutzungsmöglichkeit.[86] In anderen Bereichen, ist zwar die Zuordnung möglich, aber nur um den Preis unverhältnismäßig hoher Verwaltungskosten, die zur Ermittlung der konkreten Einnahmen für die Nutzung eines Werkes aufgebracht werden müßten. Hier zwingt das Gebot der sparsamen Verwaltung zu Pauschalierungen. Dann lehnt sich – wie die Ausschüttung der GEMA in den Sparten Aufführungs- und Senderecht – die Verteilung unter Bezugnahme auf bestimmte Kriterien bzw. ein Punktesystem an den tatsächlichen Nutzungsvorgang an.[87] In diesen Bereichen „müssen die Berechtigten 84

85 So zu Recht auch *Riesenhuber,* Die Auslegung und Kontrolle des Wahrnehmungsvertrags, S. 67f., 80ff., 93f., insbesondere S. 94: „Gerechtigkeit bei der Verteilung läßt sich (…) nicht absolut bestimmen und von einem Staatsapparat dekretieren."

86 So zutreffend Loewenheim-*Melichar*, § 47 Rn. 31 unter Hinweis auf BGH, GRUR 1966, 567 – GELU und Rn. 40. Dies berücksichtigt unzureichend Dreier/Schulze-*Schulze*, § 7 UrhWG Rn. 5, der als Argument für eine Angemessenheitskontrolle über die Verteilung nach § 6 Abs. 1 S. 1 UrhWG auf § 54h Abs. 2 UrhG verweist, demzufolge jedem Berechtigten ein „angemessener Anteil" an den nach § 54 und § 54a UrhG gezahlten Vergütungen zusteht. Gerade bei der Verteilung der Einnahmen für die private Vervielfältigung ist aber eine am Ausmaß der Werknutzung orientierte Ausschüttung mangels konkreter Zuordnung der Werknutzung an einzelne Berechtigte unmöglich.

87 *Kreile/Becker*, in: Handbuch der Musikwirtschaft, S. 687, 705.

im Interesse eines möglichst geringen Verwaltungsaufwandes Schätzungen, Pauschalierungen und sonstige Vereinfachungen in der Berechnung hinnehmen, die sich aus dem wirtschaftlichen Gebot der Verhältnismäßigkeit ergeben, selbst wenn sie in Einzelfällen zu Benachteiligungen führen können."[88]

85 Zwar besteht – wie *Melichar* mit Recht betont[89] – das Ideal der Verteilung darin, die Einnahmen einer Verwertungsgesellschaft nach Abzug der Verwaltungskosten und der Zuwendung an Kultur- und Sozialeinrichtungen individuell an die Rechteinhaber der benutzten Werke entsprechend deren Nutzung auszuschütten. Gerecht ist eine solche Verteilung freilich nur dort, wo die Verwertungsgesellschaft für die Nutzung ihres Repertoires gerechte Einnahmen, mithin angemessene Vergütungen erzielt. Die Direktverrechnung ist also nur dann gerecht, wenn **Tarifgerechtigkeit** besteht. Da dies nicht stets der Fall ist, müßte das Prinzip der Direktverrechnung ohnehin wertend korrigiert werden. Umgekehrt muß und wird das Prinzip der Pauschalverteilung im konkreten Einzelfall korrigiert, auch durch die Möglichkeit der Nettoeinzelverrechnung.[90] Wertende Elemente bei der Verteilung sind also stets unumgänglich.

86 Eine präzise individuelle Verteilung findet sich bei der GEMA insbesondere im Bereich des **mechanischen Vervielfältigungsrechts**, wo mit vertretbarem Kostenaufwand die tatsächliche Nutzung des Repertoires der GEMA durch detaillierte Meldungen und Abrechnungen seitens der Nutzer ermittelt werden kann.

dd) Das Willkürverbot

87 Das Willkürverbot, das seine Grundlage in Art. 3 GG findet, verbietet nach der Rechtsprechung des BVerfG[91] ohne zureichenden sachlichen Grund wesentlich Gleiches ungleich oder wesentlich Ungleiches gleich zu behandeln. Für die Differenzierung oder Gleichbehandlung in Verteilungsplänen von Verwertungsgesellschaften muß deshalb ein vernünftiger, sich aus der Sache ergebender sachlich **einleuchtender Grund** bestehen. Die Verteilungspläne der Verwertungsgesellschaften unterscheiden deshalb – wie die Verteilungsplanregelungen der GEMA – zwischen Werk- und Nut-

---

88 BGH, GRUR 1988, 782, 783 – GEMA-Wertungsverfahren = BGH, ZUM 1989, 80, 82. *Riesenhuber,* Die Auslegung und Kontrolle des Wahrnehmungsvertrags, S. 90 ff., führt das auf das Prinzip der kollektiven Rechtewahrnehmung zurück, Wandtke/Bullinger-*Gerlach*, § 7 UrhWG Rn. 2 argumentiert mit dem Solidargedanken.

89 Loewenheim-*Melichar*, § 47 Rn. 38. Schon die Amtl. Begr. zu § 16 RegE, BT-Drs. IV/271, S. 19 linke Spalte, erklärt die jetzt in § 13a Abs. 2 UrhWG geregelte Pflicht des Veranstalters, nach der Veranstaltung der Verwertungsgesellschaft eine Aufstellung über die bei der Veranstaltung benutzten Werke zu übersenden, damit, der Verwertungsgesellschaft die gerechte Verteilung der Einnahmen unter ihren Mitgliedern zu erleichtern. *Riesenhuber,* Die Auslegung und Kontrolle des Wahrnehmungsvertrags, S. 88, sieht darin das von ihm so benannte „Leistungsprinzip" bestätigt.

90 S. Abschnitt XIII. Ausführungsbestimmungen zum Verteilungsplan der GEMA für das Aufführungs- und Senderecht.

91 BVerfGE 1, 14, 52; 4, 144, 155; BVerfG ZUM 1997, 555. S. hierzu *Riesenhuber,* Die Auslegung und Kontrolle des Wahrnehmungsvertrags, S. 84 ff., der sich zu Recht gegen eine Bindungswirkung dieser Entscheidungen ausspricht.

zungsarten, enthalten aber auch unumgängliche und deshalb zulässige Pauschalierungen sowie andere Vereinfachungen.[92]

ee) Aufsichtsrechtliche Praxis

Auch wenn das Willkürverbot nicht zu einer centgenauen Abrechnung zwingt, sondern der Verwertungsgesellschaft einen gewissen Spielraum bei der Verteilung eröffnet, weil die Verteilungspläne lediglich der Willkürkontrolle des § 7 S. 1 UrhWG und nicht der – weitergehenden – Angemessenheitskontrolle nach § 6 Abs. 1 UrhWG unterliegen, dürften Angemessenheits- und Willkürkontrolle in der Praxis **häufig zu den selben Ergebnissen** führen.[93] Der Streit um die Anwendung der Angemessenheitskontrolle des § 6 Abs. 1 UrhWG auch auf Verteilungspläne sollte deshalb nicht überbewertet werden.[94] **88**

Als mit dem Willkürverbot nur schwer zu vereinbaren hat die Aufsichtsbehörde z.B. die 50%-ige Beteiligung der Verleger an den Einnahmen aus der Wahrnehmung des mechanischen Vervielfältigungsrechts an Musikwerken beanstandet.[95] **89**

d) Förderung kulturell bedeutender Werke und Leistungen, § 7 S. 2 UrhWG

Nach § 7 S. 2 UrhWG „soll" der Verteilungsplan dem Grundsatz entsprechen, daß **kulturell** bedeutende Werke und Leistungen zu **fördern** sind. Die Amtl. Begr. zum Regierungsentwurf des UrhWG führt zur Begründung an, die Schöpfer wertvoller Werke würden das Ansehen der Verwertungsgesellschaft in der Öffentlichkeit heben und auf diese Weise mittelbar zu einer wirtschaftlichen Stärkung der Verwertungsgesellschaft beitragen. Wegen verfassungsrechtlicher Bedenken sei die Förderung kulturell bedeutender Werke und Leistungen nicht zwingend vorgeschrieben.[96] **90**

---

92 S. hierzu BGH, GRUR 1988, 782, 783 – GEMA-Wertungsverfahren = BGH, ZUM 1989, 80, 82.

93 So zutreffend Schricker-*Reinbothe*, § 7 UrhWG Rn. 5; a.A. wohl Loewenheim-*Melichar*, § 47 Rn. 33.

94 Für die Angemessenheitskontrolle von Verteilungsplänen durch die Aufsichtsbehörde nach § 6 Abs. 1 UrhWG plädieren *Nordemann*, GRUR Int. 1973, 306, 308; Fromm/Nordemann-*Nordemann*, § 7 UrhWG Rn. 2; *Vogel*, GRUR 1993, 513, 521; wohl auch BVerfGE 79, 1, 17 f. = ZUM 1989, 183, 187; Dreier/Schulze-*Schulze*, § 7 UrhWG Rn. 5 verweisen auf § 54 h Abs. 2 UrhG, demzufolge jedem Berechtigten ein „angemessener Anteil" an den nach § 54 und § 54a UrhG gezahlten Vergütungen zusteht. Gegen eine Angemessenheitskontrolle und für die Beschränkung des DPMA auf eine Willkürkontrolle argumentieren *Melichar*, UFITA 117, (1991) 5, 15f.; Loewenheim-*Melichar*, § 47 Rn. 32ff. mwN; Schricker-*Reinbothe*, § 7 UrhWG Rn. 5; Wandtke/Bullinger-*Gerlach*, § 7 UrhWG Rn. 4; *Häußer*, FuR 1980, 57, 68; *Ulmer*, GEMA-Nachrichten 1978, 99, 107; *Riesenhuber,* Die Auslegung und Kontrolle des Wahrnehmungsvertrags, S. 67 f., 80 ff., der freilich (aaO, S. 83 f.) einer nivellierenden Auslegung des Angemessenheitsgebots in § 6 Abs. 1 UrhWG und des Willkürverbots in § 7 S. 1 UrhWG entgegentritt und dem Unterschied beider Prüfungsmaßstäbe praktisch ganz erhebliche Auswirkungen beimißt. Speziell zur Verteilung zwischen Urhebern und Ersterwertern Loewenheim-*Melichar*, § 47 Rn. 35.

95 DPA, UFITA 81 (1978), 348 ff.

96 Amtl. Begr. zu § 7 RegE, BT-Drs. IV/271, S. 16 r. Sp.

91 Weil nach § 19 Abs. 1 UrhWG die Aufsichtsbehörde darauf zu achten hat, daß die Verwertungsgesellschaft den ihr nach dem UrhWG obliegenden „Verpflichtungen" ordnungsgemäß nachkommt, kann das DPMA die Einhaltung von Sollvorschriften **nicht erzwingen**, sondern im Hinblick auf diese nur Empfehlungen abgeben.[97] „Ob" die Verwertungsgesellschaft kulturell bedeutende Werke und Leistungen überhaupt fördert, unterliegt daher nicht der Aufsicht. Hier beschränken sich die Einflußmöglichkeiten des DPMA auf Empfehlungen. Fördert die Verwertungsgesellschaft aber solche Werke, unterfällt das „Wie" der Förderung der Aufsicht. Die kulturelle Förderung speist sich nämlich aus den Einnahmen der Tätigkeit der Verwertungsgesellschaft, die nach § 7 S. 1 UrhWG nach festen Regeln, die ein willkürliches Vorgehen bei der Verteilung ausschließen, aufzuteilen sind.[98]

92 Auch wenn das DPMA die Kulturförderung nicht erzwingen kann, handelt es sich bei der Sollvorschrift des § 7 S. 2 UrhWG doch nicht bloß um einen „moralischen Appell".[99] Mit *Lerche* wird man vielmehr in § 7 S. 2 „eine **grundsätzliche Rechtsverpflichtung**" der Verwertungsgesellschaft sehen müssen, „der nur in besonders gelagerten Fällen aus überwiegenden Gründen nicht gefolgt zu werden braucht".[100]

93 Die GEMA kommt dieser Verpflichtung durch **Wertungs- und Schätzungsverfahren** nach, wobei der Wertung in der Sparte E besondere Bedeutung zukommt.[101] Insbesondere der „Mittelstand" der Komponisten, Textdichter und Verleger könnte ohne die kulturelle Förderung der GEMA in diesem Bereich wohl kaum kreativ tätig sein.

94 Die auf dem Solidaritätsgedanken fußende Förderung kulturell bedeutender Werke und Leistungen birgt freilich die **Gefahr des Mißbrauches** in sich und kann zu Verwerfungen und Verzerrungen führen. Um diesen Mißbrauch einzudämmen, hat die GEMA insbesondere die Berechnung des Wertungszuschlags in § 5 des Wertungsverfahrens der Komponisten in der Sparte E an das Aufkommen in den Sparten Rundfunk und Fernsehen geknüpft und die privilegierte Verteilung für kulturell bedeutende Werke dadurch gedeckelt, daß kein Mitglied aus den Mitteln des Wertungs-

---

97 So ausdrücklich Amtl. Begr. zu § 8 RegE, BT-Drs. IV/271, S. 16 und zu § 19 RegE, BT-Drs. IV/271, S. 20. A.A. Wandtke/Bullinger-*Gerlach*, § 7 UrhWG Rn. 6, der Sollvorschriften für grundsätzlich zwingend hält.

98 *Vogel*, GRUR 1993, 513, 529 stellt auf den Treuhandgedanken ab. Mit Blick auf die Aufsicht der Förderung kultureller Werke und Leistungen ist m.E. das Willkürverbot des § 7 S. 1 UrhWG richtiger Prüfungsmaßstab. Erst bei den Sollvorschriften des § 8 und § 13 Abs. 3 S. 4 UrhWG ist auf den Treuhandgedanken des § 6 Abs. 1 S. 1 UrhWG zu rekurrieren. S. auch Schricker-*Reinbothe*, § 8 UrhWG Rn. 3.

99 So aber Fromm/Nordemann-*Nordemann*, § 7 UrhWG Rn. 1 im Anschluß an *Reischl*, GEMA-Nachrichten 1978, 79, 83.

100 *Lerche*, GEMA-Jahrbuch 1997/98, S. 80, 108 f. So auch Loewenheim-*Melichar*, § 47 Rn. 36; Schricker-*Reinbothe*, § 7 UrhWG Rn. 10; *Riesenhuber,* Die Auslegung und Kontrolle des Wahrnehmungsvertrags, S. 93 f.

101 S. § 1 Ziff. 4 lit. a) Verteilungsplan für das Aufführungs- und Senderecht sowie die Geschäftsordnungen des Wertungsverfahrens der Komponisten in der Sparte E, des Wertungsverfahrens der Textdichter in der Sparte E, des Wertungsverfahrens der Verleger in der Sparte E, des Wertungsverfahrens in der Unterhaltungs- und Tanzmusik und des Schätzungsverfahrens der Bearbeiter.

verfahrens mehr als 2% des zur Verfügung stehenden Gesamtbetrages erhalten kann. Die Schwierigkeit bei der Bekämpfung von Mißbräuchen im Bereich der Kulturförderung besteht generell darin, nur diejenigen zu treffen, die das Solidarsystem unsolidarisch ausnutzen, nicht aber auch diejenigen, die das Wertungsverfahren tatsächlich fördern will. Bevor Maßnahmen zur Eindämmung von Mißbräuchen ergriffen werden, müssen deshalb stets die Auswirkungen auf die redlichen Wahrnehmungsberechtigten bedacht werden. Die völlige Bannung von Mißbrauchsgefahren könnte zugleich das Ende der Förderung kulturell bedeutender Werke und Leistungen bedeuten.

e) Aufnahme der Grundsätze des Verteilungsplans in die Satzung, § 7 S. 3 UrhWG

Nach § 17 S. 2 GEMA-Satzung sind die allgemeinen Grundsätze des Verteilungsplans[102] **Bestandteil der Satzung**. Die GEMA genügt damit der Verpflichtung aus § 7 S. 3 UrhWG, die Grundsätze des Verteilungsplans in die Satzung aufzunehmen. Diese Regelung bezweckt, die Änderung der Eckdaten, der maßgeblichen Parameter der Einnahmeverteilung im Interesse und zum Schutz der Wahrnehmungsberechtigten den Regeln zu unterwerfen, die für Satzungsänderungen gelten.[103] Dieser Schutzzweck spielt für die GEMA freilich keine Rolle, weil sowohl Satzungs- als auch Verteilungsplanänderungen nach § 11 lit. b GEMA-Satzung nur bei Einstimmigkeit der drei Berufsgruppen wirksam sind und innerhalb der Berufsgruppen die Änderungen eine Zweidrittelmehrheit finden. Bedeutung kommt § 7 S. 3 UrhWG im Erlaubniserteilungsverfahren zu, weil zur Prüfung der Satzung der Verwertungsgesellschaft (s. § 2 S. 2 Nr. 1, § 3 Abs. 1 Nr. 1 UrhWG) auch die Prüfung der Grundsätze des Verteilungsplans zählt.[104] **95**

f) Vorsorge- und Unterstützungseinrichtungen, § 8 UrhWG

Schon vor dem Inkrafttreten des UrhWG bestand bei der GEMA eine **Sozialkasse**, aus der ihre Mitglieder eine Alterversorgung und Unterstützungen in Notfällen erhielten. Der Gesetzgeber war der Auffassung, daß diese Einrichtung sich bewährt habe und in entsprechender Weise von allen Verwertungsgesellschaften geschaffen werden sollte. Auch die Wahrung der sozialen Belange der Inhaber der von ihr wahrgenommenen Rechte oder Ansprüche gehöre zu den „Aufgaben" einer Verwertungsgesellschaft.[105] Deshalb „soll" nach § 8 UrhWG die Verwertungsgesellschaft Vor- **96**

---

102 Das sind die Allgemeinen Grundsätze des Verteilungsplans A für das Aufführungs- und Senderecht, des Verteilungsplans B für das mechanische Vervielfältigungsrecht und des Vorläufigen Verteilungsplans C für den Nutzungsbereich Online.

103 Schricker-*Reinbothe*, § 7 UrhWG Rn. 9; Wandtke/Bullinger-*Gerlach*, § 7 UrhWG Rn. 7.

104 *Vogel*, GRUR 1993, 513, 521; Dreier/Schulze-*Schulze*, § 7 UrhWG Rn. 16.

105 Amtl. Begr. zu § 8 RegE, BT-Drs. IV/271, S. 16. Trotz dieser deutlichen Worte bezeichnet *Hauptmann*, UFITA 126 (1994), 149ff., § 8 UrhWG als „Fremdkörper". Nach Ansicht von *Schack*, Urheber- und Urhebervertragsrecht, Rn. 1224, verstößt die bisher geübte Praxis gegen Art. 14 Abs. 1 und Art. 3 Abs. 1 GG. *Augenstein*, Grundlagen des Verteilungsplans, S. 124ff., 142, hält die doppelte Sicherung durch die Pflichtversicherung nach dem Künstlersozialversicherungsgesetz und durch § 8 UrhWG für mit Art. 3 Abs. 1 GG unvereinbar. Anderer und zutreffender Ansicht *Melichar*, in: Josef Kohler und der Schutz des geistigen Eigentums, S. 101, 108; *Lerche*, GEMA-Jahrbuch 1997/98, S. 80, 102ff.

sorge- und Unterstützungseinrichtungen für die Inhaber der von ihr wahrgenommenen Rechte oder Ansprüche einrichten. Obwohl § 8 UrhWG lediglich als Sollvorschrift gefaßt ist, geht es doch um mehr als einen Appell oder eine Empfehlung, nämlich um die Erfüllung einer „Aufgabe" der Verwertungsgesellschaft.[106]

97 Auch wenn die Aufsichtsbehörde nicht erzwingen kann, daß Einrichtungen der genannten Art geschaffen werden,[107] unterliegt ihrer Aufsicht jedenfalls die **Kontrolle** der Angemessenheit der Bereitstellung, der Höhe und der Verwendung der zur Versorgung und Unterstützung eingesetzten Mittel. Denn die Gelder, die in die Vorsorge- und Unterstützungseinrichtungen fließen, haben die Verwertungsgesellschaften mit den ihnen zu treuen Händen übertragenen Urheber- und Leistungsschutzrechten erwirtschaftet. Diese Rechte muß die Verwertungsgesellschaft nach § 6 Abs. 1 S. 1 UrhWG zu angemessenen Bedingungen wahrnehmen. Die Aufsichtsbehörde hat nach § 19 Abs. 1 UrhWG deshalb auch darauf zu achten, daß die Verwaltung von Vorsorge- und Unterstützungseinrichtungen sowie die Verwendung der für diese Einrichtungen zur Verfügung gestellten Mittel zu angemessenen Bedingungen iSv § 6 Abs. 1 UrhWG erfolgt.[108] Ob – wie die GEMA-Sozialkasse und die Alterssicherung der GEMA – diese Einrichtungen in die Strukturen der Verwertungsgesellschaft integriert oder – wie bei VG Wort und VG Bild-Kunst – rechtlich verselbständigt sind, macht mit Blick auf das Erfordernis der Aufsicht keinen Unterschied.[109]

g) Rechnungslegung und Prüfung, § 9 UrhWG

98 Schon der Gesetzgeber des UrhWG wollte 1965 der Allgemeinheit und den Wahrnehmungsberechtigten der Verwertungsgesellschaften einen Überblick über deren Geschäftsführung ermöglichen. Ein ähnliches Bestreben, nämlich die Forderung nach „Transparenz", findet sich in Erwägungsgrund 17 der Info-RL[110] und neuerdings auch in der Mitteilung der Kommission vom 16. April 2004 über „Die Wahrnehmung von Urheberrechten und verwandten Schutzrechten im Binnenmarkt".[111] Das deutsche UrhWG kommt diesen Anliegen in § 9, der Ausfluß der Treuhandstellung der Verwertungsgesellschaften ist, nach: Die Verwertungsgesellschaft hat durch einen sachverständigen Wirtschaftsprüfer einen klaren und übersichtlichen **Jahresabschluß**

---

106 So mit Recht Loewenheim-*Melichar*, § 47 Rn. 42; Dreier/Schulze-*Schulze*, § 8 UrhWG Rn. 2; *Lerche*, GEMA-Jahrbuch 1997/98, S. 80, 109, 125; Wandtke/Bullinger-*Gerlach*, § 8 UrhWG Rn. 2; *Meyer*, Verwertungsgesellschaften und ihre Kontrolle, S. 104.

107 So ausdrücklich Amtl. Begr. zu § 8 RegE, BT-Drs. IV/271, S. 16; Schricker-*Reinbothe*, § 8 UrhWG Rn. 2; a.A. *Becker*, FS Kreile, S. 27, 32ff.

108 Schricker-*Reinbothe*, § 8 UrhWG Rn. 3; Fromm/Nordemann-*Nordemann*, § 8 UrhWG Rn. 1f.; Dreier/Schulze-*Schulze*, § 8 UrhWG Rn. 7.

109 Loewenheim-*Melichar*, § 50 Rn. 24 mwN.

110 Richtlinie 2001/29/EG des Europäischen Parlaments und des Rates zur Harmonisierung bestimmter Aspekte des Urheberrechts und der verwandten Schutzrechte in der Informationsgesellschaft vom 22.5.2001 (ABl. Nr. L 167 S. 10, ber. ABl. Nr. L 6 2002 S. 71).

111 Mitteilung der Kommission der Europäischen Gemeinschaften, Die Wahrnehmung von Urheberrechten und verwandten Schutzrechten im Binnenmarkt, vom 16.04.2004, KOM(2004) 261 endg., S. 5, 10, 12, 13, 18, 19, 21, 23.

sowie einen **Lagebericht** aufzustellen. Über das Ergebnis ihrer Prüfung haben die Abschlußprüfer schriftlich zu berichten und den Bericht mit einem Prüfvermerk zu versehen. Weitergehende gesetzliche Vorschriften über die Rechnungslegung und Prüfung bleiben dabei unberührt, § 9 Abs. 7 UrhWG. Jahresabschluß und Lagebericht sind im Bundesanzeiger zu veröffentlichen und der Aufsichtsbehörde mit dem Prüfungsbericht unverzüglich abschriftlich zu übermitteln, § 20 S. 2 Nr. 6 UrhWG. Auf die Einhaltung der Verpflichtung nach § 9 UrhWG hat das DPMA nach § 19 Abs. 1 UrhWG zu achten.[112]

4. Verpflichtungen der Verwertungsgesellschaft im Außenverhältnis zu Nutzern

a) Auskunftspflicht, § 10 UrhWG

§ 10 UrhWG verpflichtet die Verwertungsgesellschaft, jedermann auf schriftliches Verlangen **Auskunft** darüber zu geben, ob sie Nutzungsrechte an einem bestimmten Werk oder bestimmte Einwilligungsrechte oder Vergütungsansprüche für einen Urheber oder Inhaber eines verwandten Schutzrechts wahrnimmt. Nutzer sollen insbesondere dann, wenn in einem Wahrnehmungsbereich mehrere Verwertungsgesellschaften tätig sind, erfahren können, welche Verwertungsgesellschaft die von ihnen benötigten Rechte wahrnimmt. Die Auskunft soll nach der Vorstellung des Gesetzgebers grundsätzlich kostenlos erteilt werden.[113] Dies gilt freilich nur für die von § 10 UrhWG erfaßten Einzelanfragen. Wird Auskunft mit Blick auf ganze Werkkataloge verlangt, stellen die Verwertungsgesellschaften mit Recht die entstandenen Kosten dem Anfragenden in Rechnung. Nach § 6 Abs. 1 S. 1 UrhWG hat nämlich die Verwertungsgesellschaft die ihr anvertrauten Rechte und Ansprüche zu angemessenen Bedingungen wahrzunehmen, weshalb sie sparsam haushalten muß. Zwar hat der Gesetzgeber selbst aus Kosten- und Effizienzgründen von einer Verpflichtung zur laufenden Veröffentlichung eines Wahrnehmungsberechtigtenverzeichnisses abgesehen, doch bedienen sich im digitalen Zeitalter die Verwertungsgesellschaften solcher Verzeichnisse, um in gerichtlichen Auseinandersetzungen ihre Aktivlegitimation darzulegen ohne die einzelnen Wahrnehmungsverträge vorlegen zu müssen.[114] Für Auskünfte über die Rechtsinhaberschaft bei Multimediaproduktionen haben die Verwertungsgesellschaften GEMA, GVL, VG Wort, GÜFA, GWFF, VG Bild-Kunst, VFF, VGF und AGICOA die „Clearingstelle Multimedia für Verwertungsgesellschaften von Urheber- und Leistungsschutzrechten GmbH" (kurz: CMMV) gegründet, die einen ersten Schritt in Richtung eines one-stop-shop für Multimedianutzung darstellen soll.[115] Probleme im Zusammenhang mit der Auskunftspflicht nach § 10 UrhWG spielen in der aufsichtsrechtlichen Praxis so gut wie keine Rolle. 99

112 Zum Ganzen s. Loewenheim-*Melichar*, § 48 Rn. 48 f.; Schricker-*Reinbothe*, § 9 UrhWG Rn. 2; ausführlich *Riesenhuber*, ZUM 2004, 417 ff.

113 Amtl. Begr. zu § 10 RegE, BT-Drs. IV/271, S. 17.

114 OLG Köln, GRUR 1980, 913, 915 – Presseschau CN.

115 S. zum Ganzen Loewenheim-*Melichar*, § 48 Rn. 46 f.; zur CMMV Loewenheim-*Melichar*, § 46 Rn. 29.

b) Abschlußzwang, § 11 Abs. 1 UrhWG

aa) Allgemeines. Einschränkung der Vertragsfreiheit

100 § 11 Abs. 1 UrhWG verpflichtet die Verwertungsgesellschaft, jedermann auf Verlangen zu angemessenen Bedingungen (einfache)[116] Nutzungsrechte an den von ihr wahrgenommenen Urheber- und Leistungsschutzrechten einzuräumen.

101 Der Abschlußzwang richtet sich freilich nur auf die von der Verwertungsgesellschaft **wahrgenommenen Rechte**. So überträgt der Berechtigte der GEMA nach § 1 lit. i) GEMA-Berechtigungsvertrag die Rechte zur Benutzung eines Werkes der Musik zur Herstellung von Filmwerken unter einer auflösenden Bedingung, die eintritt, wenn der Berechtigte der GEMA mitteilt, daß er die Rechte in eigenem Namen geltend machen möchte. Insoweit ist der Abschlußzwang von vornherein beschränkt.[117]

102 Die Einschränkung der Vertragsfreiheit (§ 311 Abs. 1 BGB) durch den Kontrahierungszwang nach § 11 Abs. 1 folgt aus der (absoluten oder relativen) **Monopolstellung**, die eine Verwertungsgesellschaft in ihrem Tätigkeitsbereich inne hat,[118] und verletzt nicht die Ausschließlichkeitsrechte des Urhebers und Leistungsschutzberechtigten. Denn mit dem Abschluß des Wahrnehmungsvertrags, mit dem der Rechteinhaber seine Rechte der Verwertungsgesellschaft zur kollektiven Wahrnehmung überträgt, erklärt er sich mit der Nutzung dieser Rechte auf der Grundlage der von der Verwertungsgesellschaft gesamtvertraglich ausgehandelten und tariflich aufgestellten pauschalen Bedingungen einverstanden.[119] Zudem kann er – wie dies beispielsweise § 1 lit. i) des GEMA-Berechtigungsvertrags ermöglicht – seine Rechte der Verwertungsgesellschaft unter einer auflösenden Bedingung zur Wahrnehmung einräumen oder den Rückruf der Rechte vereinbaren.[120]

103 Verwertungsgesellschaften, die neben dem Abschlußzwang des § 11 Abs. 1 UrhWG im Außenverhältnis zu Nutzern auch dem Wahrnehmungszwang nach § 6 Abs. 1 Urh-

116 Wenn „jedermann" Nutzungsrechte eingeräumt werden müssen, kann es sich nicht um ausschließliche Nutzungsrechte handeln, weil diese den Inhaber berechtigen, das Werk unter Ausschluß aller anderen Personen zu nutzen (§ 31 Abs. 3 UrhG), sondern nur im einfache Nutzungsrechte iSv § 31 Abs. 2 UrhG.

117 Dreier/Schulze-*Schulze*, § 11 UrhWG Rn. 8; Schricker-*Reinbothe*, § 11 UrhWG Rn. 8; *Dördelmann,* GRUR 1999, 890, 893.

118 Verwertungsgesellschaften unterliegen neben dem (speziellen) Abschlußzwang des § 11 Abs. 1 UrhWG dann, wenn sie als marktbeherrschende oder marktstarke Unternehmen durch die Ablehnung eines Vertragschlusses Nutzer diskriminieren, zudem dem (allgemeinen) Kontrahierungszwang nach § 826 BGB und § 20 GWB, s. dazu Loewenheim-*Melichar*, § 48 Rn. 10; Schricker-*Reinbothe*, § 11 UrhWG Rn. 3.

119 So zutreffend Fromm/Nordemann-*Nordemann*, § 11 UrhWG Rn. 1; nach Schricker-*Reinbothe*, § 11 UrhWG Rn. 2, wird das Werk ab dem Zeitpunkt, in dem es der Verwertungsgesellschaft zur Verwertung anvertraut ist, zum Bestandteil des Kulturgutes, das allen zugänglich sein muß. Daraus ergebe sich ein schutzwürdiges Interesse der Allgemeinheit daran, daß die Nutzung dieses Kulturgutes von der Verwertungsgesellschaft ungehindert ermöglicht werde. Die Sozialbindung des Urheberrechts verdichte sich in der Hand der Verwertungsgesellschaft zur Weitergabeverpflichtung.

120 Wandtke/Bullinger-*Gerlach*, § 11 UrhWG Rn. 2.

WG im Innenverhältnis zu Rechteinhabern unterworfen sind, unterliegen also einem **doppelten Kontrahierungszwang**.

bb) Angemessene Bedingungen

So wie die Verwertungsgesellschaft nach § 6 Abs. 1 UrhWG gegenüber ihren Wahrnehmungsberechtigten die ihr anvertrauten Rechte zu angemessenen Bedingungen wahrnehmen muß, muß sie Nutzern Nutzungsrechte zu **angemessenen Bedingungen** einräumen. Die Vergütung, die sie für die Nutzung ihres Repertoires verlangt, muß also in angemessenem Verhältnis zu den von der Verwertungsgesellschaft eingeräumten Rechten stehen. Ausgangspunkt zur Bestimmung der Angemessenheit ist § 11 S. 2 UrhG: Das Urheberrecht dient dem Urheber zur Sicherung einer angemessenen Vergütung für die Nutzung seines Werkes. Urheber und Leistungsschutzberechtigte sind an der wirtschaftlichen Nutzung ihrer Werke, an den geldwerten Vorteilen, die durch die Verwertung erzielt werden (s. § 13 Abs. 3 S. 1 UrhWG), angemessen zu beteiligen. Angemessen sind die Bedingungen der Verwertungsgesellschaft nur, wenn sie für gleichgelagerte Nutzungsvorgänge eine gleich hohe Vergütung verlangt. Aus der Verpflichtung der Angemessenheit der Nutzungsbedingungen folgt also das Gebot zur Gleichbehandlung der Nutzer,[121] auf dessen Einhaltung die Aufsichtsbehörde zu achten hat. Dem **Gebot der Gleichbehandlung** kommen die Verwertungsgesellschaften durch den Abschluß von Gesamtverträgen (§ 12 UrhWG) und der Aufstellung von Tarifen (§ 13 UrhWG) nach. **104**

cc) Ausnahmen vom Abschlußzwang in der aufsichtsrechtlichen Praxis

In Extremfällen, insbesondere gegenüber notorischen Rechtsbrechern, die Verträge nicht einhalten und wiederholt zu Lasten der Verwertungsgesellschaft und ihrer Berechtigten Urheberrechtsverletzungen begehen, besteht in **Ausnahme vom Abschlußzwang**, die in § 11 UrhWG und auch in der Amtl. Begr. des Regierungsentwurfs allerdings nicht vorgesehen ist, keine Verpflichtung der Verwertungsgesellschaft Nutzungsrechte einzuräumen.[122] **105**

Die **Aufsichtsbehörde** hatte sich mit dem Problem einer Ausnahme vom Abschlußzwang in folgendem Zusammenhang zu befassen: Eine Musikagentur veranstaltete in einem Zeitraum von sieben Wochen 150 Konzerte (also im Schnitt drei Konzerte pro Tag), in denen zeitgenössische E-Musikwerke von einem Orchester in Schulen, Kirchen und sozialen Einrichtungen öffentlich aufgeführt wurden. Die Agentur hatte die Veranstaltungen der GEMA zwar pauschal angekündigt, hatte aber – entgegen § 13a **106**

121 Schricker-*Reinbothe*, § 11 UrhWG Rn. 5 a.E.; Dreier/Schulze-*Schulze*, § 11 UrhWG Rn. 11; Wandtke/Bullinger-*Gerlach*, § 11 UrhWG Rn. 4.

122 OLG München, ZUM 1994, 303, 306 – Beatles-CD; LG Erfurt, ZUM-RD 1997, 25, 26; Schricker-*Reinbothe*, § 11 UrhWG Rn. 8; Fromm/Nordemann-*Nordemann*, § 11 UrhWG Rn. 2; Wandtke/Bullinger-*Gerlach*, § 11 UrhWG Rn. 8; Dreier/Schulze-*Schulze*, § 11 UrhWG Rn. 5; *Kreile/Becker*, in: Handbuch der Musikwirtschaft, S. 593, 618; *Vogel*, GRUR 1993, 513, 526; Loewenheim-*Melichar*, § 48 Rn. 12 verweist neben den berechtigten Interessen der Verwertungsgesellschaft mit Recht auch auf das Urheberpersönlichkeitsrecht der Wahrnehmungsberechtigten.

Abs. 1 UrhWG – die Einwilligung der GEMA nicht *vor* den Veranstaltungen eingeholt. Die GEMA hatte sich auf den Standpunkt gestellt, sie müsse dem Veranstalter Nutzungsrechte an ihrem Repertoire nur einräumen, wenn dieser *vor* der jeweiligen Veranstaltung die Einwilligung der GEMA einhole. Die Agentur müsse die GEMA *vor* der Veranstaltung über diese selbst und über deren Ort und Zeit informieren, insbesondere um der Verwertungsgesellschaft Kontrollen zu ermöglichen. Mit der Begründung, die GEMA habe keine Nutzungsrechte an ihrem Repertoire eingeräumt und deshalb auch keinen Anspruch auf Vergütung, hatte die GEMA ihr von dem Veranstalter überwiesene Vergütungen zurückgezahlt. Möglichen Tarifeinnahmen der GEMA stand nämlich die 25fache Summe als Verteilung, insbesondere in Form der sog. Wertung,[123] an die Rechteinhaber der aufgeführten Werke gegenüber.

107 Der Fall berührte auch die Verpflichtung der GEMA aus § 6 Abs. 1 S. 1 UrhWG, die ihr anvertrauten Rechte zu angemessenen Bedingungen wahrzunehmen: Hätte die GEMA nämlich die Nutzungsrechte nicht eingeräumt, weil sie hierzu in Ausnahme vom Abschlußzwang nicht verpflichtet gewesen wäre, hätte sie keine Einnahmen erzielt, die sie hätte verteilen können. Ausnahmen vom Abschlußzwang berühren insofern auch die betroffenen Wahrnehmungsberechtigten und sind unter dem Aspekt des **Wahrnehmungszwangs** nach § 6 Abs. 1 S. 1 UrhWG zu prüfen. Die GEMA hat schließlich von dem Veranstalter wegen dessen unrechtmäßiger Nutzung ihres Repertoires nach § 97 UrhG die doppelte tarifliche Vergütung als Schadensersatz verlangt.[124] Diese Einnahmen mußte sie nach § 7 S. 1 UrhWG dann freilich entsprechend ihrem Verteilungsplan an die Berechtigten ausschütten. Ein Verstoß der GEMA gegen § 6 Abs. 1 UrhWG war deshalb nicht zu befürchten. Die Verteilung an die Wahrnehmungsberechtigten war auch deshalb geboten, weil die Werke dieser Berechtigten faktisch genutzt worden waren. Auch die Gleichbehandlung mit anderen Rechtsverletzern, von denen die GEMA jedenfalls bei wiederholtem Verstoß gegen die Verpflichtung des § 13a Abs. 1 UrhWG zur vorherigen Einwilligung die doppelte tarifliche Vergütung als Schadensersatz nach § 97 UrhG verlangt und diese Einnahmen dann nach ihrem Verteilungsplan verteilt, erforderte dieses Vorgehen.

108 Ob der **Verstoß eines Veranstalters gegen § 13a Abs. 1 UrhWG** eine Ausnahme vom Abschlußzwang nach § 11 Abs. 1 UrhWG darstellt, mußte von der Aufsichtsbehörde letztlich nicht entschieden werden, weil die GEMA mit dem Veranstalter nachträglich einen Vertrag mit Blick auf die genannte Tournee schloß. *Reinbothe*[125] scheint der Pflicht des Veranstalters zur Einholung der Einwilligung vor der Veranstaltung den Rang einer Bedingung zum Greifen des Abschlußzwangs einzuräumen.

---

123 S. § 1 Ziff. 4 lit. a) Verteilungsplan für das Aufführungs- und Senderecht iVm den Geschäftsordnungen des Wertungsverfahrens der Komponisten in der Sparte E und des Wertungsverfahrens der Verleger in der Sparte E.

124 S. hierzu Schricker-*Wild*, § 97 UrhG Rn. 64, Dreier/Schulze-*Dreier*, § 97 UrhG Rn. 71 und mit rechtspolitischen Hinweisen Loewenheim-*Melichar*, § 48 Rn. 33 ff. jeweils mwN.

125 Schricker-*Reinbothe*, § 13a UrhWG Rn. 4: „Die Anzeige ist aber nur dann ordnungsgemäß mit der Folge, daß die Verwertungsgesellschaft nach § 11 zur Einräumung der Nutzungsrechte verpflichtet wird, wenn der Veranstalter dabei die Angaben macht, die zur Ermittlung der anzuwenden Tarif- und Vergütungssätze erforderlich sind."

Die Brisanz des Falles bestand freilich in der gravierenden Differenz zwischen den Einnahmen der GEMA für die Veranstaltungen und der für diese zu verteilenden Summe, die sich als Konsequenz des GEMA-Wertungsverfahrens darstellte. Abhilfe gegen dieses Auseinanderfallen konnte allerdings nicht eine Einschränkung des Abschlußzwangs des § 11 Abs. 1 UrhWG schaffen. Erforderlich war vielmehr eine **Korrektur des Wertungsverfahrens** der GEMA. Inzwischen bestimmt Ziff. XIII A. Nr. 7 der Ausführungsbestimmungen zum Verteilungsplan der GEMA für das Aufführungs- und Senderecht, daß Werkaufführungen in Bildungsanstalten, in Einrichtungen der Gesundheitspflege und in sozialen Einrichtungen netto einzelverrechnet werden, also nicht mehr am Wertungsverfahren teilnehmen. **109**

Neuerdings hat sich die Aufsichtsbehörde mit einer möglichen Ausnahme vom Abschlußzwang im Zusammenhang mit sog. **Handy-Klingeltönen** zu befassen: Nach § 1 lit. h) GEMA-Berechtigungsvertrag erfolgt die Rechtsübertragung zur Nutzung der Werke der Tonkunst auch als Ruftonmelodien. Die GEMA steht auf dem Standpunkt, vor der Lizenzierung durch die GEMA müsse der Nutzer, der Klingeltöne auswerten wolle, die *„Bearbeitungsrechte"* mit den Rechteinhabern (Urheber oder Musikverlag) abklären. Dementsprechend bestimmt der Mustervertrag der GEMA, daß die zur Klingeltonauswertung erforderlichen Nutzungsrechte unter der aufschiebenden Bedingung eingeräumt werden, daß der Nutzer mit dem Inhaber des Urheberpersönlichkeitsrechts, das nicht bei der GEMA, sondern bei dem Urheber (oder seinem Musikverlag) liege, eine Vereinbarung über Änderungen und Bearbeitungen, zu denen es bei der Klingeltonauswertung kommt, getroffen habe. Einige Klingeltonproduzenten sind dagegen der Auffassung, die Wahrnehmungsberechtigten hätten der GEMA nach § 1 lit. h) GEMA-Berechtigungsvertrag die umfassenden exklusiven Rechte zur Klingeltonnutzung vorbehaltlos eingeräumt. Darüber hinaus seien die Änderungen der Musikwerke, die bei der Herstellung von Klingeltönen unumgänglich seien, zulässig, weil der Urheber (bzw. sein Verleger) nach § 39 Abs. 2 UrhG seine Einwilligung zu solchen Änderungen nach Treu und Glauben nicht versagen könne. Die GEMA beruft sich auf eine Ausnahme vom Abschlußzwang: Jede Einräumung von Nutzungsrechten durch eine Verwertungsgesellschaft erfolge unter dem gesetzlich gebotenen Vorbehalt, daß bei der Auswertung der eingeräumten Rechte keine Urheberpersönlichkeitsrechte verletzt werden. **110**

Die GEMA hat in der ordentlichen Mitgliederversammlung vom 28./29. Juni 2005 ihren Berechtigungsvertrag geändert und in § 1 lit. k) ihres Berechtigungsvertrags folgenden Passus eingefügt: **111**

> „Nicht vom Berechtigten werden der GEMA übertragen die Rechte zur Bearbeitung, Umgestaltung und/oder Kürzung eines Werkes der Tonkunst (mit oder ohne Text) zur Verwendung als Ruftonmelodie und/oder Freizeichenuntermalungsmelodie. Die Befugnis des Berechtigten, die Einwilligung in die Verwendung solcher Werkfassungen im Einzelfall zu erteilen, bleibt unberührt. Es bleibt bei der Übertragung der unter Ziff. 1h) aufgeführten Nutzungsrechte an die GEMA."

Ob hier eine Ausnahme vom Abschlußzwang des § 11 Abs. 1 UrhWG zu machen ist, muß noch entschieden werden.[126] **112**

---

126 S. zur Klingeltonproblematik LG Hamburg, ZUM 2005, 483; LG Hamburg, ZUM 2005,

c) *Zahlung unter Vorbehalt, Hinterlegung, § 11 Abs. 2 UrhWG*

113 Können sich Verwertungsgesellschaft und Nutzer über die Höhe der Vergütung für die Einräumung der Nutzungsrechte nicht einigen, gelten diese als eingeräumt, wenn der Nutzer den unstreitigen Betrag gezahlt und den streitigen Betrag **unter Vorbehalt** an die Verwertungsgesellschaft **gezahlt** oder zu ihren Gunsten **hinterlegt** hat, § 11 Abs. 2 UrhWG. Der Gesetzgeber wollte verhindern, daß sich die Verwertungsgesellschaft dem Abschlußzwang entzieht, indem sie unangemessen hohe Forderungen stellt sowie bei Streit über die Vergütungshöhe die Einräumung der gewünschten Rechte bis zur gerichtlichen Entscheidung des Streits hinauszögert und dadurch Druck auf ihren Vertragspartner ausübt.[127]

114 Die **umgekehrte Gefahr** hat der Gesetzgeber freilich nicht bedacht: Nutzer können Verwertungsgesellschaften durch Vorbehaltszahlungen und Hinterlegungen massiv unter Druck setzen und zur Akzeptanz von geringen Vergütungssätzen zwingen. Verwertungsgesellschaften ist es nämlich nicht möglich, die unter Vorbehalt gezahlten oder hinterlegten Gelder an ihre Wahrnehmungsberechtigten zu verteilen. Die meisten Wahrnehmungsberechtigten sind aber auf die zeitnahe Verteilung der Einnahmen ihrer Verwertungsgesellschaft angewiesen und regelmäßig nicht in der Lage, einen mehrjährigen Rechtsstreit um die angemessene Vergütung für die Nutzung ihrer Rechte durchzustehen.[128] Bei Hinterlegung nach den §§ 372 ff. BGB tritt ein Zinsverlust hinzu, weil nach § 8 HinterlegungsO hinterlegte Gelder mit nur 1‰ pro Monat verzinst werden, auch wenn weitergehende Zinsansprüche der Verwertungsgesellschaft im Umfang ihres Obsiegens als Verzugsschaden geltend gemacht werden können.[129] Als jüngstes Beispiel ist der Lizenzstreit zwischen der deutschen IFPI und der GEMA über die Höhe der Tonträgervergütung zu nennen. Es ging um die Forderung der IFPI, den bisherigen Vergütungssatz von 9,009% (vom Herstellerabgabepreis für CDs) abzusenken auf 5,6%. Die GEMA beharrte auf der bisherigen vertraglich vereinbarten Vergütungshöhe. Den Differenzbetrag hinterlegte die IFPI und versuchte auf diese Weise, die GEMA zu einer Absenkung ihrer Vergütungsforderung zu bewegen. In einem inzwischen angenommenen Einigungsvorschlag der Schiedsstelle[129a] hat die GEMA ihre Position voll durchsetzen können.

115 Immerhin hat der Gesetzgeber mit dem Gesetz zur Regelung des Urheberrechts in der Informationsgesellschaft vom 10. September 2003 klar gestellt, daß der **unstreitige Betrag vorbehaltlos** an die Verwertungsgesellschaft zu zahlen ist.[130]

485; *Poll*, MMR 2004, 67; *Hertin*, KUR 2004, 101; *Castendyk*, ZUM 2005, 9; *von Einem*, ZUM 2005, 540.

127 Amtl. Begr. zu § 11 RegE, BT-Drs. IV/271, S. 17. BGH GRUR 2000, 872, 874 – Schiedsstellenanrufung; s. auch die Vorinstanz OLG Naumburg ZUM 1997, 937 ff. m. Anm. v. *Kröber*, ZUM 1997, 927 f.

128 Ähnlich wie hier Fromm/Nordemann-*Nordemann*, § 11 UrhWG Rn. 4.

129 S. Loewenheim-*Melichar*, § 48 Rn. 17 und *Melichar*, Die Wahrnehmung von Urheberrechten durch Verwertungsgesellschaften, S. 38.

129a ZUM 2005, 670.

130 S. Amtl. Begr. RegE, BT-Drs. 15/38, S. 29. Zur alten Rechtslage Schricker-*Reinbothe*, § 11 UrhWG Rn. 10; Fromm/Nordemann-*Nordemann*, § 11 UrhWG Rn. 4; *Melichar*, Die Wahrnehmung von Urheberrechten durch Verwertungsgesellschaften, S. 38.

d) *Verpflichtung zum Abschluß von Gesamtverträgen, § 12 UrhWG*

aa) Allgemeines. Sinn und Zweck von Gesamtverträgen. Einschränkung der Vertragsfreiheit

§ 12 UrhWG verpflichtet die Verwertungsgesellschaft, mit Vereinigungen von Nutzern und von zur Zahlung von Vergütungen nach den UrhG Verpflichteten **Gesamtverträge** zu angemessenen Bedingungen abzuschließen. Der Gesetzgeber hielt es für unzweckmäßig wenn die Verwertungsgesellschaft angesichts der großen Zahl von Nutzern mit jedem von ihnen besondere, auf den Einzelfall abgestimmte Verträge schließen müßte. Schon vor Inkrafttreten des UrhWG hatte die GEMA in großem Umfang mit Verwertervereinigungen Gesamtverträge abgeschlossen, in denen in Form von Rahmenverträgen allgemein die Bedingungen festgelegt waren, zu denen den Mitglieder der Nutzervereinigung Nutzungsrechte eingeräumt wurden. In dem Rahmenvertrag wird der Inhalt der Einzelverträge im wesentlichen festgelegt. In den Einzelverträgen müssen dann nur noch wenige Besonderheiten geregelt werden. Gesamtverträge, die die Einräumung von Nutzungsrechten wesentlich erleichtern, liegen deshalb im Interesse der Verwertungsgesellschaft und der Verwerter.[131] Dennoch hat § 12 UrhWG ihren Abschluß zur Pflicht gemacht. Auch dieser – neben § 6 Abs. 1 und § 11 Abs. 1 UrhWG – dritte Kontrahierungszwang ist Folge der ausnahmsweise tolerierten faktischen Monopolstellung von Verwertungsgesellschaften, zu der der Gesetzgeber ein Gegengewicht schaffen und zugleich die Gleichbehandlung von Nutzervereinigungen sicherstellen wollte.[132] 116

bb) Rechtsnatur und Inhalt von Gesamtverträgen

Parteien von Gesamtverträgen sind Verwertungsgesellschaften auf der einen und Vereinigungen von Nutzern und Vergütungsschuldnern auf der anderen Seite. Gesamtverträge sind **Rahmenverträge**, in denen selbst keine Nutzungsrechte eingeräumt oder Vergütungsvereinbarungen getroffen werden. Vielmehr standardisieren Gesamtverträge durch die Aufstellung schuldrechtlicher Normen die Einzelverträge, in denen die Verwertungsgesellschaft den Mitgliedern der Nutzervereinigung ihr Repertoire zur Nutzung einräumt bzw. Vergütungsansprüche geltend macht. Der Gesamtvertrag regelt insbesondere die Höhe der Vergütung, aber auch Zahlungsweise (namentlich Zahlungsfristen) sowie Art und Umfang von Auskunfts- oder Meldepflichten. 117

Der Hauptvorteil von Gesamtverträgen für Verwertungsgesellschaften dürfte in der **Akzeptanz der Vergütungssätze** für die Nutzung ihres Repertoires bestehen: Diese 118

131 Amtl. Begr. zu § 12 RegE, BT-Drs. IV/271, S. 17.

132 Schricker-*Reinbothe*, § 12 UrhWG Rn. 1; kritisch gegenüber diesem Kontrahierungszwang *Melichar,* Die Wahrnehmung von Urheberrechten durch Verwertungsgesellschaften, S. 40 und Dreier/Schulze-*Schulze*, § 12 UrhWG Rn. 2, der den Abschlußzwang nach § 11 UrhWG als Gegengewicht zur Monopolstellung der Verwertungsgesellschaft für ausreichend erachtet und die durch den verringerten Aufwand der Verwertungsgesellschaft bei Abschluß von Gesamtverträgen eingesparten Kosten bei der Verteilung den Berechtigten zugute kommen lassen will.

sind nämlich nicht – wie tarifliche Vergütungssätze nach § 13 UrhWG – von der Verwertungsgesellschaft einseitig aufgestellt, sondern mit dem Gesamtvertragspartner, der Nutzervereinigung, die als Interessenvertreter ihrer Verbandsmitglieder auftritt, einvernehmlich vereinbart. Regelmäßig verpflichtet der Gesamtvertrag die Nutzervereinigung darüber hinaus, ihre Mitglieder über den Abschluß und Inhalt des Gesamtvertrags zu informieren und zum Abschluß von Einzelverträgen auf der Basis und damit zu den Konditionen des Gesamtvertrags anzuhalten. Es liegt auf der Hand, daß von der eigenen Interessenvertretung ausgehandelte und empfohlene Vergütungssätze auf größere Akzeptanz bei Verwertern stoßen als von der Verwertungsgesellschaft einseitig in Tarifen aufgestellte.[133] Nicht minder wichtig für die Verwertungsgesellschaften sind die **administrativen Vereinfachungen** durch Gesamtverträge: Die Verwertungsgesellschaft muß nicht mit jedem einzelnen Nutzer langwierige Vertragsverhandlungen führen, um einen auf den Einzelfall abgestimmten Vertrag über die Einräumung von Nutzungsrechten oder die Höhe der Vergütung zu schließen. Mitgliederlisten, die die Nutzervereinigung regelmäßig der Verwertungsgesellschaft zur Verfügung zu stellen hat, erleichtern darüber hinaus der Verwertungsgesellschaft die Kontrolle der Nutzer und ersparen mühevolle und kostspielige eigene Nachforschungen.

119 Für die Nutzer, die Mitglieder der Nutzervereinigung sind, liegt der Hauptanreiz von Gesamtverträgen in einem **Gesamtvertragsnachlaß** von regelmäßig 20% gegenüber der tariflichen Vergütung. Teilweise verpflichten Gesamtverträge die Verwertungsgesellschaft, eine Liste ihrer Wahrnehmungsberechtigten u.ä. der Nutzervereinigung zur Verfügung zu stellen.[134]

cc) Angemessene Bedingungen

120 Die Verwertungsgesellschaft muß Gesamtverträge zu **angemessenen Bedingungen** abschließen. Wie in § 11 Abs. 1 UrhWG müssen deshalb die Leistungen beider Gesamtvertragspartner (Verwertungsgesellschaft und Nutzervereinigung) in einem ausgewogenen Verhältnis stehen. Angemessen sein müssen zum einen die von der Verwertungsgesellschaft eingeräumten Nutzungsrechte im Verhältnis zu der hierfür von den Einzelnutzern verlangten Vergütung, zum anderen aber auch die von der Verwertungsgesellschaft gewährten Vorzugsbedingungen im Verhältnis zu den von der Nutzervereinigung zu erbringenden Hilfestellungen.[135]

---

133 Nach Dreier/Schulze-*Schulze*, § 12 UrhWG Rn. 8, indiziert die Vereinbarung die Angemessenheit der Vergütungssätze, die nach § 13 Abs. 1 S. 2 UrhWG als Tarife gelten. Ähnlich Loewenheim-*Melichar*, § 48 Rn. 28. Zu den praktischen Schwierigkeiten der Durchsetzung von Tarifen gegenüber Einzelnutzern s. *Melichar,* Die Wahrnehmung von Urheberrechten durch Verwertungsgesellschaften, S. 84 f.

134 S. zum Ganzen Loewenheim-*Melichar*, § 48 Rn. 37 ff.; Schricker-*Reinbothe*, § 12 UrhWG Rn. 4; Dreier/Schulze-*Schulze*, § 12 UrhWG Rn. 3 ff.

135 S. Loewenheim-*Melichar*, § 48 Rn. 40; Schricker-*Reinbothe*, § 12 UrhWG Rn. 9.

dd) Zumutbarkeit

Ist der Verwertungsgesellschaft der Abschluß eines Gesamtvertrags nicht zuzumuten, insbesondere weil die Nutzervereinigung eine zu geringe Mitgliederzahl hat, besteht der Kontrahierungszwang nach § 12 UrhWG nicht. Entscheidend für die **Zumutbarkeit** in diesem Zusammenhang dürfte sein, ob im Einzelfall der von der Verwertungsgesellschaft in Gesamtverträgen gewährte 20%-ige Tarifnachlaß durch entsprechende Gegenleistungen der Nutzervereinigung gerechtfertigt ist.[136] Kann die Verwertungsgesellschaft ohne großen Verwaltungsaufwand mit den Mitgliedern der Nutzervereinigung Einzelverträge schließen, kann sie nicht zum Abschluß eines Gesamtvertrags gezwungen werden. Vielmehr muß sie dann die tarifliche Vergütung verlangen. Denn das Gebot des § 6 Abs. 1 UrhWG, die ihr zur Wahrnehmung eingeräumten Rechte zu angemessenen Bedingungen wahrzunehmen, gebietet ihr, diese Rechte nicht unter Wert einzuräumen. Auch das aus § 11 Abs. 1 UrhWG folgende Gebot zur Gleichbehandlung der Nutzer wäre verletzt, würde die Verwertungsgesellschaft von Nicht-Mitgliedern einer Nutzervereinigung 100% der tariflichen Vergütung verlangen und für die gleiche Nutzung Mitgliedern dieser Vereinigung einen 20%-igen Tarifnachlaß gewähren, ohne daß der mit der Nutzervereinigung abgeschlossene Gesamtvertrag der Verwertungsgesellschaft die oben beschriebenen Vorteile brächte. **121**

ee) Bedeutung von Gesamtverträgen in der Praxis der Verwertungsgesellschaften

In der **Praxis** spielen Gesamtverträge eine bedeutende Rolle. Das belegt schon ihre Zahl: Für die GEMA berichtet *Becker* von ca. 343 Gesamtverträgen, die mit unterschiedlichsten Verbänden und Vereinigungen abgeschlossen wurden.[137] Die VG Wort hat allein zur Abwicklung der Betreibervergütung nach § 54a Abs. 2 UrhG mit 18 Nutzervereinigungen identische Gesamtverträge abgeschlossen.[138] **122**

Noch wichtiger sind Gesamtverträge für die **Festlegung von Vergütungssätzen**: Mit Blick auf neue Nutzungen ihres Repertoires oder die Anpassung von bestehenden Vergütungssätzen an neue Umstände stellen Verwertungsgesellschaften regelmäßig nicht einseitig neue Tarife nach § 13 Abs. 1 UrhWG auf, sondern handeln diese Vergütungssätze in Gesamtverträgen nach § 12 UrhWG mit Nutzervereinigungen aus, die sich – falls sich nicht schon bestehen – spätestens bilden, wenn Gesamtvertragsverhandlungen mit einer Verwertungsgesellschaft zu führen sind. Die in Gesamtverträgen vereinbarten Vergütungssätze gelten dann als Tarife, § 13 Abs. 1 S. 2 UrhWG. Erst wenn in diesen Verhandlungen einvernehmlich Vergütungssätze mit der Nutzervereinigung gesamtvertraglich vereinbart worden sind, stellt die Verwertungsgesellschaft für **Außenseiter**, also für Einzelnutzer, die nicht Mitglied der Nutzervereinigung sind, durch **Tarife** einseitig Vergütungssätze auf, deren Höhe der gesamtvertraglich vereinbarten Vergütung entspricht. So hatte die GEMA schon vor dem Inkraft- **123**

136 So mit Recht Schricker-*Reinbothe*, § 12 UrhWG Rn. 11; Loewenheim-*Melichar*, § 48 Rn. 40; Dreier/Schulze-*Schulze*, § 12 UrhWG Rn. 12.
137 *Becker*, FS Kreile, S. 45.
138 Loewenheim-*Melichar*, § 48 Rn. 41 a.E.

treten des UrhWG den einzelnen Tarifen ihres umfassenden Tarifwerks größtenteils die in Gesamtverträgen vereinbarten Vergütungssätze zugrunde gelegt.[139] Außenseiter können mangels Gegenleistung an die Verwertungsgesellschaft freilich nicht in den Genuß des 20%-igen Tarifabschlags kommen.[140] Insofern relativiert sich im Außenverhältnis zu Nutzern die angebliche Allmacht der monopolistischen Verwertungsgesellschaften.

ff) Aufsichtsrechtliche Praxis

124 Auch wenn nach § 14 Abs. 1 Nr. 1b) UrhWG die Schiedsstelle angerufen werden kann bei Streitfällen, die den Abschluß oder die Änderung eines Gesamtvertrags betreffen, zählt § 12 UrhWG doch eindeutig zu den Verpflichtungen einer Verwertungsgesellschaft, auf deren Einhaltung die Aufsichtsbehörde nach § 19 Abs. 1 UrhWG zu achten hat. Dafür spricht auch, daß Gesamtverträge der Aufsichtsbehörde unverzüglich zu übermitteln sind, § 20 S. 2 Nr. 3 UrhWG. Insofern unterliegt die Verpflichtung der Verwertungsgesellschaften, zu angemessenen Bedingungen Gesamtverträge abzuschließen (auch) der **Staatsaufsicht** des DPMA. Dies gilt namentlich für die gesamtvertraglich vereinbarten Vergütungssätze, die als Tarife gelten (§ 13 Abs. 1 S. 2 UrhWG).

125 Obwohl so gut wie alle Vergütungssätze der Verwertungsgesellschaften auf mit den Interessenvertretern der Nutzer ausgehandelten Vereinbarungen beruhen, beschweren sich zahlreiche Einzelnutzer über diese Vergütungssätze bei der Aufsichtsbehörde. Meistens handelt es sich um Beschwerden „kleiner" Gaststätten, Hotels, Pensionen etc.; zu Beschwerden „großer" Hotel- oder Gaststättenketten kommt es dagegen so gut wie nie. Bei den Gesamtvertragspartnern der Verwertungsgesellschaften handelt es sich regelmäßig um Zusammenschlüsse größerer oder professioneller Nutzer. Deshalb besteht die Gefahr, daß die besonderen **Interessen „kleinerer" Nutzer** nicht immer angemessen berücksichtigt werden. Das DPMA hat deshalb insbesondere deren Belange im Auge zu behalten.[141]

e) Pflicht zur Aufstellung von Tarifen, § 13 Abs. 1 UrhWG

126 § 13 Abs. 1 UrhWG verpflichtet die Verwertungsgesellschaften zur **Aufstellung von Tarifen** über die Vergütung, die sie auf Grund der von ihr wahrgenommenen Rechte und Ansprüche fordern. Der Gesetzgeber wollte auf diesem Wege einerseits im Interesse der Allgemeinheit eine gleichmäßige Behandlung aller gleichgelagerten Fälle durch die Verwertungsgesellschaft sicherstellen und andererseits es den Verwertungsgesellschaften in ihrem eigenen Interesse ersparen, in jedem Einzelfall langwierige Verhandlungen über die Vergütung zu führen.[142] Stellen die Verwertungsgesellschaften Tarife auf, müssen sie also das Gebot der Gleichbehandlung der Nutzer beach-

139 Amtl. Begr. zu § 13 RegE, BT-Drs. IV/271, S. 17.
140 Loewenheim-*Melichar*, § 48 Rn. 42; Schricker-*Reinbothe*, § 13 UrhWG Rn. 3.
141 *Dördelmann,* GRUR 1999, 890, 895.
142 Amtl. Begr. zu § 13 RegE, BT-Drs. IV/271, S. 17 und BGH, GRUR 1974, 35, 37 – Musikautomat.

ten.[143] Weil § 13 Abs. 1 S. 1 UrhWG primär die Gleichbehandlung der Nutzer im Auge hat und nach der Vorstellung des Gesetzgebers Tarife in jedem Fall einen großen Personenkreis erfassen,[144] verpflichtet die Vorschrift die Verwertungsgesellschaften nicht, für jede denkbare Nutzung, die nur in geringem Umfang in Anspruch genommen wird, einen eigenen Tarif aufzustellen. In einem solchen Fall ist der Tarif anzuwenden, der der Nutzung am nächsten kommt. Ist das nicht möglich, muß die Vergütung einzelfallbezogen bestimmt werden.[145]

Bindend sind die in den Tarifen aufgestellten Vergütungen **nicht**. Der Gesetzgeber hat ausdrücklich darauf hingewiesen, daß ein einzelner Verwerter, der den von der Verwertungsgesellschaft aufgestellten Tarif für unangemessen hoch hält, die Verwertungsgesellschaft nach § 11 UrhWG auf Einräumung der betreffenden Rechte zu angemessenen Bedingungen verklagen und auf diese Weise eine gerichtliche Nachprüfung der Angemessenheit der Tarife herbeiführen kann. Einfacher dürfte es freilich sein, nach § 11 Abs. 2 UrhWG vorzugehen, also die Vergütung in Höhe des nicht anerkannten Betrages unter Vorbehalt an die Verwertungsgesellschaft zu zahlen oder zu hinterlegen. Die Nutzungsrechte gelten dann als eingeräumt. Im Anschluß kann der Verwerter die Schiedsstelle anrufen (§ 14 Abs. 1 Nr. 1a) UrhWG) und den Tarif danach durch die ordentlichen Gerichte prüfen lassen. **127**

Aufsichtsrechtliche Probleme im Zusammenhang mit der Tarifpflicht gibt es nur sehr selten, liegt es doch im Interesse der Verwertungsgesellschaft selbst mit der Aufstellung von Tarifen Nutzer über die geforderten Vergütungssätze möglichst effizient zu informieren und sich langwierige Verhandlungen zu ersparen. **128**

f) Veröffentlichungspflicht, § 13 Abs. 2 UrhWG

Mit der Verpflichtung, die Tarife (einschließlich der gesamtvertraglichen Vergütungssätze) und ihre Änderungen unverzüglich, also ohne schuldhaftes Zögern (§ 121 BGB), im Bundesanzeiger zu veröffentlichen (§ 13 Abs. 2 UrhWG), wollte der Gesetzgeber erreichen, daß der große Kreis der von den Tarifen betroffenen Nutzer sich über die geltenden Tarife **leicht unterrichten** kann.[146] Ob die Veröffentlichung im Bundesanzeiger, der von vielen Verwertern sicherlich nicht zur Kenntnis genommen wird, tatsächlich dazu geeignet ist, mit Blick auf die von der Verwertungsgesellschaft für die Nutzung ihres Repertoires verlangte Vergütung für Transparenz zu sorgen, muß freilich bezweifelt werden. Im Zeitalter des Internet wäre es sinnvoller die Verwertungsgesellschaften zu verpflichten, Einblick in ihre Tarife auf ihrer home-page zu gewähren, was die GEMA ohnehin schon tut.[147] Aufsichtsrechtliche Probleme in diesem Zusammenhang bestehen nicht. **129**

---

143 Schricker-*Reinbothe*, § 13 UrhWG Rn. 1.

144 Amtl. Begr. zu § 13 RegE, BT-Drs. IV/271, S. 18.

145 So auch Schricker-*Reinbothe*, § 13 UrhWG Rn. 1 a.E.; Fromm/Nordemann-*Nordemann*, § 13 UrhWG Rn. 2 a.E.; Dreier/Schulze-*Schulze*, § 13 UrhWG Rn. 6 mwN; Wandtke/Bullinger-*Gerlach*, § 13 UrhWG Rn. 2.

146 Amtl. Begr. zu § 13 RegE, BT-Drs. IV/271, S. 18.

147 Ähnlich Loewenheim-*Melichar*, § 48 Rn. 27; kritisch auch Schricker-*Reinbothe*, § 13 UrhWG Rn. 5.

g) Tarifgestaltung, § 13 Abs. 3 UrhWG

aa) Geldwerte Vorteile als Berechnungsgrundlage, § 13 Abs. 3 S. 1 UrhWG

130 Berechnungsgrundlage für die Tarife sollen in der Regel die **geldwerten Vorteile** sein, die durch die Verwertung erzielt werden, § 13 Abs. 3 S. 1 UrhWG. Der Gesetzgeber greift damit die jetzt in § 11 S. 2 UrhG formulierte Forderung auf, der zufolge das Urheberrecht dem Urheber zur Sicherung einer angemessenen Vergütung für die Nutzung seines Werkes dient. Dies ist eine Manifestation des durch die höchstrichterrechtliche Rechtsprechung aufgestellten urheberrechtlichen Grundsatzes, demzufolge der Urheber „tunlichst an dem wirtschaftlichen Nutzen zu beteiligen ist, der aus seinem Werk gezogen wird", und zwar bei jeder einzelnen Nutzung seines Werkes.[148] Gemeint sein können mit den geldwerten Vorteilen, dem wirtschaftlichen Nutzen nur die **Bruttoumsätze**, die der Verwerter mit der Nutzung eines Werkes macht. Ob der Verwerter mit der Nutzung Gewinn erzielt, hängt davon ab, wie er wirtschaftet. Dieses Risiko kann aber der Urheber nicht tragen. Zudem lassen sich die Bruttoumsätze – anders als der Gewinn – leichter erfassen und überprüfen und sind deshalb im Massengeschäft der Verwertungsgesellschaften praktikabler. Die von der Verwertungsgesellschaft geforderten Vergütungen müssen aber nach § 11 Abs. 1 UrhWG stets angemessen sein. Die Sätze 1 bis 3 des § 13 Abs. 3 UrhWG, die 1985 eingeführt wurden, sollten die Tarifgestaltung „durchschaubarer" machen und konkretisieren insoweit das Angemessenheitsgebot des § 11 Abs. 1 UrhWG.[149]

bb) Andere Berechnungsgrundlagen, § 13 Abs. 3 S. 2 UrhWG

131 Insbesondere dann, wenn **staatliche oder kirchliche Einrichtungen** das Repertoire von Verwertungsgesellschaften nutzen, etwa durch die Ausleihe von Büchern durch Büchereien (s. § 27 Abs. 2 UrhG) oder durch die Nutzung von geschützten Werken der Musik in Gottesdiensten, versagt der Bruttoumsatz als Vergütungsparameter. In solchen Fällen können sich nach § 13 Abs. 3 S. 2 UrhWG die Tarife auf andere (pauschale) Berechnungsgrundlagen stützen, wenn diese ausreichende Anhaltspunkte für die durch die Verwertung erzielten Vorteile ergeben. In dem Tarif muß deshalb der Zusammenhang zwischen der Höhe der Vergütung und dem Vorteil der Verwertung erkennbar sein.[150]

---

148 BGHZ 11, 135, 143 – Lautsprecherübertragung; BGHZ 17, 266, 282 – Grundig-Reporter; BGH, GRUR 1974, 786, 787 – Kassettenfilm; BGH, GRUR 1976, 382, 383 – Kaviar. S. dazu Schricker-*v. Ungern-Sternberg*, § 15 UrhG Rn. 6 mit umfangreichen weiteren Nachweisen.

149 S. zum Ganzen Schricker-*Reinbothe*, § 13 UrhWG Rn. 7; Loewenheim-*Melichar*, § 48 Rn. 29; Fromm/Nordemann-*Nordemann*, § 13 UrhWG Rn. 4, der auf den Umsatz als Bezugsgröße aus schadensersatzrechtlichen Erwägungen abstellt; Dreier/Schulze-*Schulze*, § 13 UrhWG Rn. 16ff.; Wandtke/Bullinger-*Gerlach*, § 13 UrhWG Rn. 7ff. jeweils mwN.

150 Dreier/Schulze-*Schulze*, § 13 UrhWG Rn. 19 stellt auf den Werkgenuß ab, von dem er Anhaltspunkte für die Bemessung der Vergütungshöhe, insbesondere solche die die Nutzungsintensität betreffen, ableitet. Fromm/Nordemann-*Nordemann*, § 13 UrhWG Rn. 5 rekurriert auf den nächststehenden Tarif und im übrigen auf den Umfang der Nutzung.

cc) Anteil der Werknutzung, § 13 Abs. 3 S. 3 UrhWG

Bei der Tarifgestaltung müssen die Verwertungsgesellschaften auf den **Anteil der Werknutzung am Gesamtumfang des Verwertungsvorganges** angemessen Rücksicht nehmen, § 13 Abs. 3 S. 3 UrhWG. Dieses im Rahmen der Tarifgestaltung des § 13 Abs. 3 UrhWG einzig als zwingend ausgestaltete Gebot konkretisiert wiederum die „angemessenen Bedingungen" nach § 11 Abs. 1 UrhWG. Bedeutung kommt ihm in zweifacher Weise zu: Zum einen muß das Verhältnis zwischen dem Gesamtumfang des Verwertungsvorganges und der für die Nutzung von Urheber- und Leistungsschutzrechten verlangten Vergütung in einem angemessenen Verhältnis stehen. Die bei einem Silvesterball vom Veranstalter erzielten Einnahmen sind nicht nur auf die dort aufgeführte Tanzmusik zurückzuführen, sondern auch auf andere Faktoren, wie beispielsweise das Silvestermenü. Auf diese Umstände muß die Verwertungsgesellschaft angemessen Rücksicht nehmen.[151] Zum anderen geht es um die zahlreichen Fälle, in denen durch einen Verwertungsvorgang das Repertoire mehrerer Verwertungsgesellschaften genutzt wird, wie bei der öffentlichen Wiedergabe von Hörfunksendungen oder beim Film. Hier müssen die Verwertungsgesellschaften bei der Aufstellung ihrer Tarife den Anteil der Nutzung ihres Repertoires im Verhältnis zur Nutzung des Repertoires anderer Verwertungsgesellschaften angemessen berücksichtigen. Die Addition der von allen beteiligten Verwertungsgesellschaften verlangten Vergütungen darf insgesamt nicht unangemessen sein. In der Praxis orientieren sich meistens die Tarife einer Verwertungsgesellschaft prozentual an dem Tarif der Verwertungsgesellschaft, deren Repertoire am intensivsten genutzt wird.[152] **132**

dd) Rücksichtnahme auf religiöse, kulturelle und soziale Belange, § 13 Abs. 3 S. 4 UrhWG

In Form einer Sollvorschrift legt § 13 Abs. 3 S. 4 UrhWG den Verwertungsgesellschaften nahe, bei der Tarifgestaltung und der Einziehung der tariflichen Vergütung auf **religiöse, kulturelle und soziale Belange** der Nutzer angemessen Rücksicht zu nehmen. Die GEMA befolgt diese Empfehlung durch die Aufstellung besonderer Tarife, Gewährung von Nachlässen und anderen Vergünstigungen. **133**

ee) Aufsichtsrechtliche Praxis

Die Verwertungsgesellschaften haben der Aufsichtsbehörde neben den Gesamtverträgen (§ 20 S. 2 Nr. 3 UrhWG) auch ihre Tarife und jede Tarifänderung unverzüglich zu übermitteln, § 20 S. 2 Nr. 2 UrhWG. Die Aufsichtsbehörde prüft, ob die Tarife und die in Gesamtverträgen vereinbarten Vergütungssätze, die als Tarife gelten (§ 13 Abs. 1 S. 2 UrhWG), **„angemessene Bedingungen" iSv § 11 Abs. 1 UrhWG** darstellen und den Konkretisierungen dieser „angemessenen Bedingungen" in § 13 Abs. 3 UrhWG entsprechen. Zwar kann das DPMA die Einhaltung der Bestimmungen der Sätze 1, 2 **134**

---

151 Fromm/Nordemann-*Nordemann*, § 13 UrhWG Rn. 6 spricht davon, daß die Verwertungshandlung manchmal nur einer unter mehreren Umsatzträgern ist.

152 Loewenheim-*Melichar*, § 48 Rn. 34; Dreier/Schulze-*Schulze*, § 13 UrhWG Rn. 21 mwN.

und 4 des § 13 Abs. 3, die als Sollvorschriften konzipiert sind, nicht erzwingen. Ihre Nichtbeachtung ohne sachlichen Grund dürfte aber regelmäßig unangemessen iSd § 11 Abs. 1 UrhWG sein. Das DPMA hat einen Tarif jedenfalls dann als unangemessen zu beanstanden, wenn Leistung und Gegenleistung in einem groben Mißverhältnis stehen, was freilich die Kontrolle durch die Schiedsstelle und die Gerichte nicht präjudiziert.[153]

135 Die Tarife der Verwertungsgesellschaften sind dabei nicht nur mit Blick auf ihre **Rechtmäßigkeit**, sondern auch auf ihre **Zweckmäßigkeit** hin zu prüfen. Da die Tarife für eine Vielzahl von Nutzungsvorgängen konzipiert sind und massenhafte Nutzungen schematisch erfassen müssen, kommen sie ohne Pauschalierungen, z.B. Mindestvergütungsregelungen und andere Vereinfachungen, nicht aus. Diese erleichtern den Rechtserwerb und reduzieren die Verwaltungskosten der Verwertungsgesellschaften. Würde nicht pauschaliert, stünden Erträge und Kosten in einem Mißverhältnis. In vielen Fällen sind deshalb Standardisierungen geboten. Dabei auftretenden Härten sollen in bestimmten Umfang als „systemimmanent" hingenommen werden.[154]

136 Gerade aber aus den Bereichen, in denen solche Härten auftreten, stammen zahlreiche Eingaben an die Aufsichtsbehörde. Viele Tarife der GEMA, insbesondere die Tarife M-U (Unterhaltungs- und Tanzmusik mit Tonträgerwiedergabe) und U-VK (Unterhaltungs- und Tanzmusik mit Musikern), enthalten pauschale Vergütungssätze. Angesichts der großen Zahl relevanter Nutzungshandlungen ist nämlich auch und gerade die GEMA im Rahmen ihrer Tarifgestaltung auf Pauschalierungen angewiesen. Unausgewogenheiten bei der Tarifanwendung im Einzelfall berücksichtigt die GEMA für die Musikwiedergabe bei Veranstaltungen über die sog. **Mißverhältnisklausel**, die folgenden Wortlaut hat: „Im Einzelfall kann die tarifliche Vergütung ermäßigt werden, wenn der Veranstalter nachweist, daß seine Einnahmen im groben Mißverhältnis zu der Höhe der Tarifgebühren der GEMA stehen."[155] Entgegen ihrem Wortlaut („kann") dürfte es sich freilich um eine zwingende Vorschrift handeln: Besteht zwischen den Einnahmen des Nutzers und der Höhe der tariflichen Vergütungsforderung der GEMA ein *grobes* Mißverhältnis, *muß* die GEMA die Mißverhältnisklausel anwenden und die tarifliche Vergütung ermäßigen. Bei einem groben Mißverhältnis hat die Verwertungsgesellschaft keinen Ermessensspielraum. Die Anwendung dieser Klausel dürfte regelmäßig zu angemessenen Ergebnissen führen, wenn im Einzelfall zwischen den Einnahmen des Nutzers und der Höhe der tariflichen Vergütungsforderung ein grobes Mißverhältnis besteht.

137 Auf die Beachtung des § 13 Abs. 3 S. 4 UrhWG zielende Eingaben an die Aufsichtsbehörde, namentlich solche von **Trägern offener Kinder- und Jugendarbeit**, stehen

---

153 Schricker-*Reinbothe*, § 13 UrhWG Rn. 11; § 11 UrhWG Rn. 6; § 19 UrhWG Rn. 2.

154 BGH, GRUR 1988, 373, 376 – Schallplattenimport III; BGH, GRUR 1974, 35, 37 – Musikautomat; Schiedsstelle, ZUM 1990, 259, 260; Schiedsstelle, ZUM 1987, 183, 185; Schricker-*Reinbothe*, § 13 UrhWG Rn. 6; Loewenheim-*Melichar*, § 48 Rn. 29; Dreier/Schulze-*Schulze*, § 13 UrhWG Rn. 15, 25; Wandtke/Bullinger-*Gerlach*, § 13 UrhWG Rn. 6 jeweils mwN.

155 Die Mißverhältnisklausel ist im Bundesanzeiger Nr. 61 vom 2. 4. 1997, S. 4300 veröffentlicht und findet sich im Internet unter „http://www.gema.de/kunden/aussendienst/tarife/".

häufig im Zusammenhang mit § 52 Abs. 1 S. 3 UrhG, der bestimmte Veranstaltungen von der Vergütungspflicht für die öffentliche Wiedergabe erschienener Werke befreit, die unter den in § 52 Abs. 1 S. 1 UrhG genannten Voraussetzungen zulässig sind. Ein vor kurzem zwischen der GEMA und der Bundesarbeitsgemeinschaft Offene Kinder- und Jugendeinrichtungen e.V., Köln, abgeschlossener Gesamtvertrag hat sehr zur Beilegung von Meinungsverschiedenheiten beigetragen. Mit dieser Vereinbarung soll nach ihrer Präambel bei der Tarifgestaltung nach Maßgabe des § 13 Abs. 3 S. 4 UrhWG der Offenen Kinder- und Jugendarbeit angemessen entsprochen werden.

h) Berücksichtigung technischer Schutzmaßnahmen, § 13 Abs. 4 UrhWG

Unter Hinweis auf Art. 5 Abs. 2 lit. b) der Info-Richtlinie[156] will der durch Gesetz zur **138** Regelung des Urheberrechts in der Informationsgesellschaft vom 10. 9. 2003 eingeführte § 13 Abs. 4 UrhWG **Doppelvergütungen** für Vervielfältigungen zum privaten Gebrauch nach den §§ 54 und 54a UrhG verhindern. Bei der Gestaltung von Tarifen für die private Vervielfältigung sollen technische Schutzmaßnahmen iSd § 95a UrhG, die Vervielfältigungen unmöglich machen, ebenso (mindernd) berücksichtigt werden wie Vergütungszahlungen für die nach § 95b UrhG ermöglichte private Vervielfältigung.[157]

Mangels in der Praxis eingesetzter wirksamer *Digital Rights Management Systeme* **139** bestand bisher kein Anlaß zu Nachlässen. Die Aufsichtsbehörde hat sich deshalb mit diesen Fragen bislang nicht beschäftigen müssen.

5. Unterrichtungspflicht, § 20 UrhWG

Um dem DPMA die Aufsicht überhaupt zu ermöglichen, haben Verwertungsgesell- **140** schaften der Aufsichtsbehörde jeden Wechsel der zu ihrer Vertretung berechtigten Personen anzuzeigen (§ 20 S. 1 UrhWG) und dem DPMA die in § 20 S. 2 Nr. 1 bis 6 UrhWG genannten Beschlüsse und Regelungen[158] unaufgefordert und unverzüglich zu übermitteln. Bei Entscheidungen in gerichtlichen oder behördlichen Verfahren, in denen die Verwertungsgesellschaft Partei ist (§ 20 S. 2 Nr. 7 UrhWG), dürfte die Information über Verfahren von grundsätzlicher Bedeutung genügen.[159]

---

156 Richtlinie 2001/29/EG des Europäischen Parlaments und des Rates zur Harmonisierung bestimmter Aspekte des Urheberrechts und der verwandten Schutzrechte in der Informationsgesellschaft vom 22. 5. 2001 (ABl. Nr. L 167 S. 10, ber. ABl. Nr. L 6 2002 S. 71).

157 Die Bezugnahme in § 13 Abs. 4 UrhWG auf „Tarife, die auf den §§ 54 und 54a des Urheberrechtsgesetzes beruhen", ist zumindest mißverständlich, weil der Gesetzgeber in der Anlage zu § 54d Abs. 1 UrhG die Vergütungssätze für Vervielfältigungsgeräte und Leerträger selbst festgelegt hat. Deshalb zu Recht kritisch Loewenheim-*Melichar*, § 48 Rn. 32a. Ausführlich hierzu Dreier/Schulze-*Schulze*, § 13 UrhWG Rn. 28 ff.

158 Dabei handelt es sich um jede Satzungsänderung (§ 20 S. 2 Nr. 1 UrhWG); die Tarife und jede Tarifänderung (Nr. 2); die Gesamtverträge (Nr. 3); die Vereinbarungen mit ausländischen Verwertungsgesellschaften (Nr. 4); die Beschlüsse der Mitgliederversammlung, eines Aufsichtsrats oder Beirats und aller Ausschüsse (Nr. 5) sowie den Jahresabschluß, den Lagebericht und den Prüfungsbericht (Nr. 6).

159 So Loewenheim-*Melichar*, § 48 Rn. 25 gegen Schricker-*Reinbothe*, § 20 UrhWG Rn. 3.

141 Die Verwertungsgesellschaften befolgen regelmäßig diese Unterrichtungspflicht. Neuerdings gibt es in diesem Bereich freilich Schwierigkeiten, die das DPMA zum Einschreiten veranlaßt haben.

6. Pflicht zur Durchführung des Inkassos einer Verwertungsgesellschaft für andere Verwertungsgesellschaften zu angemessenen Bedingungen?

142 Eine ausdrückliche Verpflichtung einer Verwertungsgesellschaft, für eine andere Verwertungsgesellschaft das **Inkasso** zu angemessenen Bedingungen zu betreiben, findet sich im UrhWG nicht. Im Gesetzgebungsverfahren hatten Verwertungsgesellschaften den Wunsch geäußert,

> „für den Fall, daß mehrere ungleichartige Verwertungsgesellschaften an einem einheitlichen Verwertungsvorgang – etwa der öffentlichen Wiedergabe einer Schallplattenaufnahme oder einer Rundfunksendung – beteiligt sind, ein einheitliches Inkasso vorzuschreiben, um auf diese Weise die mit der Einziehung verbunden Unkosten zu vermindern und eine gerechte Verteilung der für die Verwertung gezahlten Gesamtvergütung unter den beteiligten Gesellschaften zu ermöglichen.
>
> Die geforderten Regelungen lägen nicht nur im Interesse der Urheber und Leistungsschutzberechtigten selbst, sondern auch im Interesse der Allgemeinheit; (...) das gemeinsame Inkasso aller an einem Verwertungsvorgang beteiligten Verwertungsgesellschaften würde zugleich dem betroffenen Verwerter den Erwerb der erforderlichen Rechte erleichtern. Gleichwohl erscheinen sie nicht durchführbar:
>
> (...) gegen eine gesetzliche Verpflichtung aller an einem einzelnen Verwertungsvorgang beteiligten Verwertungsgesellschaften zu einem gemeinsamen Inkasso bestehen Bedenken; es erscheint angemessener, das Zusammenwirken der Verwertungsgesellschaften untereinander freien Vereinbarungen zu überlassen, die bereits in Vorbereitung sind.“ [160]

143 Die Amtl. Begr. deutet an anderer Stelle allerdings darauf hin, Inkassovereinbarungen zwischen Verwertungsgesellschaften der staatlichen Aufsicht zu unterwerfen:

> „Auch im Hinblick auf die häufig bestehenden Beziehungen der Verwertungsgesellschaften untereinander, z.B. die Vereinbarungen über ein gemeinsames Inkasso bei einheitlichen Verwertungsvorgängen (…), erscheint eine zentrale Aufsichtsbehörde für alle Verwertungsgesellschaften geboten.“ [161]

144 Vor diesem Hintergrund hatte sich das DPMA mit der Frage zu befassen, ob die GEMA, die in vielen Bereichen für andere Verwertungsgesellschaften das Inkasso betreibt,[162] namentlich das Recht der öffentlichen Wiedergabe (das sog. Kneipenrecht) auch für die GVL und die VG Wort realisiert, **zum Inkasso verpflichtet** ist, und dieses Inkasso zu angemessenen Bedingungen, insbesondere zu einer angemessenen Inkassokommission, für andere Verwertungsgesellschaften durchführen muß.

145 Zunächst war freilich bezweifelt worden, ob die **Aufsichtsbehörde** sich dieses Themas überhaupt annehmen könne. Hier ginge es nämlich um die Frage, wie eine Verwertungsgesellschaft zu wirtschaften habe, die sich der staatlichen Aufsicht entzöge.[163]

---

160 Amtl. Begr. RegE, Einleitung, BT-Drs. IV/271, S. 13.

161 Amtl. Begr. zu § 18 RegE, BT-Drs. IV/271, S. 20.

162 S. hierzu den instruktiven Überblick von Loewenheim-*Melichar*, § 46 Rn. 30ff.

163 S. Amtl. Begr. zu § 19 RegE, BT-Drs. IV/271, S. 20.

Die GEMA selbst hatte sich aber im Zusammenhang mit der Frage, ob sie eine Erlaubnis nach § 1 Rechtsberatungsgesetz benötigt, wenn sie für andere Verwertungsgesellschaften das Inkasso betreibt, auf den Standpunkt gestellt, daß zu den der GEMA nach § 1 UrhWG treuhänderisch übertragenen Rechten auch diejenigen Rechte und Ansprüche zählen, die der GEMA von anderen Verwertungsgesellschaften zur Wahrnehmung anvertraut wurden; denn das UrhWG nehme insoweit keine Unterscheidung vor. Im selben Sinn hatte der Präsident des Amtsgerichts Berlin mitgeteilt, die von der GEMA ausgeübte Inkassotätigkeit stelle sowohl für einzelne Mitglieder wie auch für andere Verwertungsgesellschaften eine Tätigkeit im Rahmen des § 1 UrhWG dar. Insofern hatte sich die Aufsichtsbehörde durchaus mit dieser Frage zu befassen.

Ob Verwertungsgesellschaften miteinander überhaupt Inkassoverträge abschließen, 146
bleibt ihnen überlassen. Sind solche Vereinbarungen jedoch getroffen worden, darf ihre Anwendung nicht dazu führen, daß Verwertungsgesellschaften ihre **Verpflichtungen nach dem UrhWG** verletzen.

Das **Interesse** der GEMA, für andere Verwertungsgesellschaften das Inkasso durch- 147
zuführen (möglicherweise sogar zu einem geringeren Kommissionssatz als für ihre eigenen Wahrnehmungsberechtigten), dürfte darin bestehen, mit Hilfe der Inkassobeiträge der anderen Verwertungsgesellschaft, die regelmäßig über den effektiven Zusatzkosten liegen, die Inkassoquote der GEMA abzusenken. Das Interesse der anderen Verwertungsgesellschaft, über diese effektiven Zusatzkosten hinaus Inkassokommission an die GEMA zu zahlen, dürfte zum einen darin liegen, sich bei dem Einzug eigener Forderungen des sehr effektiven Außendienstes der GEMA zu bedienen, und zum anderen von der Verhandlungsmacht der GEMA bei dem Abschluß von Tarifen zu profitieren, an die sich die andere Verwertungsgesellschaft anlehnen kann. Für Nutzer ist diese Konstruktion allemal von Vorteil, haben sie es doch mit nur einer einzigen Organisation zu tun.

Grundsätzlich müssen die Verwertungsgesellschaften selbst entscheiden, was ihnen 148
die genannten Vorteile wert sind. Insofern kann die Aufsichtsbehörde keinen angemessenen **Kommissionssatz** festsetzen. Bewegt sich der vereinbarte Kommissionssatz zwischen den tatsächlichen Inkassokosten der das Inkasso durchführenden Verwertungsgesellschaft als Obergrenze und den effektiven Mehraufwendungen, die durch das Inkasso auch für die andere Verwertungsgesellschaft entstehen, als Untergrenze, bestehen mit Blick auf das Gebot des § 6 Abs. 1 S. 1 UrhWG, die zu dem Tätigkeitsbereich der Verwertungsgesellschaft gehörenden Rechte und Ansprüche zu „angemessenen Bedingungen" wahrzunehmen, aufsichtsrechtlich keine Bedenken.

IV. Befugnisse der Aufsichtsbehörde

1. Untersagung der Fortsetzung des Geschäftsbetriebs, § 19 Abs. 2 S. 1 UrhWG

Nach § 19 Abs. 2 S. 1 UrhWG kann die Aufsichtsbehörde einer Verwertungsgesell- 149
schaft, die ohne eine Erlaubnis nach § 1 Abs. 1 UrhWG tätig wird, die **Fortsetzung des Geschäftsbetriebs untersagen**. Dem DPMA wurde diese ausdrückliche Befugnisnorm

durch das Gesetz zur Regelung des Urheberrechts in der Informationsgesellschaft vom 10. 9. 2003 an die Hand gegeben. Hintergrund für die gesetzliche Regelung war die Auseinandersetzung der Aufsichtsbehörde mit der PMG Presse-Monitor Deutschland GmbH & Co. KG: Das DPMA hatte der PMG untersagt, sich ohne Erlaubnis der Aufsichtsbehörde als urheberrechtliche Verwertungsgesellschaft im Sinne des § 1 UrhWG zu betätigen, und die sofortige Vollziehung dieser Verfügung angeordnet. Im Verfahren nach § 80 Abs. 5 VwGO stellte der Bayerische Verwaltungsgerichtshof (BayVGH) die aufschiebende Wirkung des Widerspruchs der PMG wieder her, insbesondere weil „für den Verwaltungsgerichtshof (…) sehr zweifelhaft (sei), ob für das DPMA eine Befugnisnorm dafür existiert, eine Betätigung als Verwertungsgesellschaft iSd § 1 UrhWG, die ohne Erlaubnis des DPMA ausgeübt wird, zu untersagen“.[164] Das Bayerische Verwaltungsgericht München hatte in der Vorinstanz unter Hinweis auf den Grundsatz des Vorbehalts des Gesetzes festgestellt, § 19 Abs. 1 UrhWG stelle eine bloße Aufgabenzuweisungsnorm, aber keine Befugnisnorm dar.[165]

150 Zutreffend führt der Gesetzgeber zur **Begründung** des neuen § 19 Abs. 2 S. 1 UrhWG aus:

> „Nach § 19 Abs. 1 Urheberrechtswahrnehmungsgesetz hat das Deutsche Patent- und Markenamt (DPMA) als Aufsichtsbehörde (s. § 18 Abs. 1), darauf zu achten, daß Verwertungsgesellschaften den ihnen nach diesem Gesetz obliegenden Verpflichtungen ordnungsgemäß nachkommen. Diesen gesetzgeberischen Auftrag kann das DPMA nur erfüllen, wenn dem Amt die (ausdrückliche) Befugnis zusteht, Verwertungsgesellschaften, die ohne die nach § 1 erforderliche Erlaubnis tätig sind, den Geschäftsbetrieb zu untersagen. Die Regelungen über die Staatsaufsicht über Verwertungsgesellschaften liefen sonst in wesentlichen Punkten leer.
>
> Zum einen blieben die §§ 1 bis 5, die die Erlaubnispflicht, die Erteilung, Versagung und den Widerruf der Erlaubnis regeln, bedeutungslos und unverständlich, wenn das DPMA gegenüber demjenigen, der ohne diese Erlaubnis eine Verwertungsgesellschaft betreibt, keine wirksamen Maßnahmen ergreifen könnte. § 3, der die Gründe aufzählt, die das DPMA zur Versagung einer nach § 2 beantragten Erlaubnis berechtigen, bliebe bedeutungslos, wenn auch derjenige, dem das DPMA die Erlaubnis versagt hat, eine Verwertungsgesellschaft betreiben könnte. Das DPMA hätte im übrigen auch keine hinreichenden Befugnisse gegenüber Verwertungsgesellschaften, die mit Erlaubnis der Aufsichtsbehörde tätig sind, aber den ihnen nach dem Wahrnehmungsgesetz obliegenden Verpflichtungen trotz Abmahnung durch das DPMA nicht nachkommen.
>
> Das Urheberrechtswahrnehmungsgesetz wird daher durch eine Befugnisnorm für das DPMA ergänzt, Verwertungsgesellschaften, die ohne Erlaubnis tätig sind, den Geschäftsbetrieb zu untersagen.“[166]

151 Die Befugnis richtet sich **gegen** Verwertungsgesellschaften, die tätig werden, ohne die Erlaubnis nach § 2 UrhWG zu beantragen, denen die Erlaubnis nach § 3 UrhWG versagt worden ist und denen die Erlaubnis nach § 4 UrhWG widerrufen wurde.[167]

---

164 BayVGH, ZUM 2003, 78, 79; s. hierzu Wandtke/Bullinger-*Gerlach*, § 19 UrhWG Rn. 1 f.

165 VG München, Beschluß v. 17. 5. 2002 (M 16 S 021 186 – unveröffentlicht), S. 13. Zum Streitstand s. Dreier/Schulze-*Schulze*, § 19 UrhWG Rn. 12 mwN.

166 Beschlussempfehlung und Bericht des Rechtsausschusses, BT-Drs. 15/837, S. 36.

167 Ebenso Dreier/Schulze-*Schulze*, § 19 UrhWG Rn. 14.

2. Ergreifen aller erforderlichen Maßnahmen, § 19 Abs. 2 S. 2 UrhWG

Neben der Befugnis, einer „wilden" Verwertungsgesellschaft die Fortsetzung ihres Geschäftsbetriebs zu untersagen (§ 19 Abs. 2 S. 1 UrhWG), hat der Gesetzgeber dem DPMA zugleich mit § 19 Abs. 2 S. 2 UrhWG eine **Generalbefugnis** zur Verfügung gestellt: Die Aufsichtsbehörde kann alle erforderlichen Maßnahmen ergreifen, um sicherzustellen, daß die Verwertungsgesellschaft die sonstigen ihr obliegenden Verpflichtungen ordnungsgemäß erfüllt. Mit dieser Norm „wird klargestellt, dass das DPMA alle Maßnahmen ergreifen kann, um die ordnungsgemäße Erfüllung der den Verwertungsgesellschaften obliegenden Pflichten sicherzustellen", und „den Anforderungen der neueren verwaltungsgerichtlichen Rechtsprechung (…) Rechnung getragen."[168] Zugleich macht die Formulierung deutlich, daß der Aufsichtsbehörde auch auf der Grundlage des § 19 Abs. 2 S. 2 UrhWG kein Selbsteintrittsrecht zusteht.[169] 152

Welche Maßnahmen die Aufsichtsbehörde ergreift, kann sie nach pflichtgemäßem Ermessen unter Berücksichtigung der Grundsätze der Verhältnismäßigkeit und Angemessenheit selbst bestimmen.[170] In der **aufsichtsrechtlichen Praxis** sorgen die Verwertungsgesellschaften freilich regelmäßig selbst für Abhilfe, wenn sich ein Fehlverhalten erkennen läßt. Einer ausdrücklichen aufsichtsrechtlichen Weisung bedarf es in den seltensten Fällen. Die Zusammenarbeit zwischen Aufsichtsbehörde und Verwertungsgesellschaften kann in allen Bereichen insgesamt als gut und vertrauensvoll bezeichnet werden. Auch die weitaus meisten Berechtigten sind anscheinend mit den Leistungen ihrer jeweiligen Gesellschaft zufrieden; aus der Art und der gemessen an der Zahl der Berechtigten und Nutzer vergleichsweise geringen Zahl der Eingaben, die die Aufsichtsbehörde erhält, sowie aus dem offenbar zufriedenen Schweigen der meisten Berechtigten läßt sich dies durchaus schließen.[171] Als aufsichtsrechtliche Intervention genügt deshalb meistens ein formloser Hinweis.[172] In jüngster Zeit mußte das DPMA freilich von der Befugnisnorm des § 19 Abs. 2 S. 2 UrhWG in Form einer formellen Weisung Gebrauch machen. Dabei hat sich die neue Regelung in der Praxis bewährt. 153

3. Auskunft und Vorlage, § 19 Abs. 3 UrhWG

Die Aufsichtsbehörde kann von der Verwertungsgesellschaft jederzeit Auskunft über alle die Geschäftsführung betreffenden Angelegenheit sowie Vorlage der Geschäftsbücher und anderen geschäftlichen Unterlagen verlangen, § 19 Abs. 3 UrhWG. Damit 154

---

168 Beschlußempfehlung und Bericht des Rechtsausschusses, BT-Drs. 15/837, S. 36.

169 Schon die Amtl. Begr. zu § 19 Abs. 1 RegE, BT-Drs. IV/271, S. 20 führt aus, daß eine Einflußnahme auf die Geschäftsführung der Verwertungsgesellschaften nicht möglich ist; s. auch Dreier/Schulze-*Schulze*, § 19 UrhWG Rn. 11; Schricker-*Reinbothe*, § 19 UrhWG Rn. 2f.; Loewenheim-*Melichar*, § 50 Rn. 17 mit umfangreichen weiteren Nachweisen.

170 Dreier/Schulze-*Schulze*, § 19 UrhWG Rn. 15; Schricker-*Reinbothe*, § 19 UrhWG Rn. 2.

171 *Landfermann*, KUR 2000, 33.

172 S. die zutreffende Schilderung von Loewenheim-*Melichar*, § 50 Rn. 20. S. auch *Arnold/Rehbinder*, UFITA 118 (1992), 203, 211; *Vogel*, GRUR 1993, 513, 530; Schricker-*Reinbothe*, § 19 UrhWG Rn. 2; Dreier/Schulze-*Schulze*, § 19 UrhWG Rn. 14.

soll dem DPMA die Ausübung der Aufsicht ermöglicht werden.[173] An diesem Zweck orientiert sich der Umfang des **Auskunfts- und Vorlagerechts**: über alles, was für die Durchführung der Aufsicht erforderlich ist, hat die Verwertungsgesellschaft die Aufsichtsbehörde zu unterrichten. Deshalb erstrecken sich diese Rechte auch auf von der Verwertungsgesellschaft rechtlich verselbständigte Vorsorge- und Unterstützungseinrichtungen.[174] Ergänzt wird das Auskunfts- und Vorlagerecht nach § 19 Abs. 3 UrhWG durch die Unterrichtungspflicht des § 20 UrhWG. In der aufsichtsrechtlichen Praxis bereitet die Durchsetzung dieser Rechte selten Probleme.

4. Teilnahme an Gremiensitzungen, § 19 Abs. 4 UrhWG

155 § 19 Abs. 4 UrhWG berechtigt das DPMA an den **Gremiensitzungen** der Verwertungsgesellschaften **teilzunehmen**. Aus diesem Recht der Aufsichtsbehörde ergibt sich für die Verwertungsgesellschaft die Pflicht, das DPMA rechtzeitig über diese Sitzungen zu informieren, um der Aufsichtsbehörde die Teilnahme überhaupt zu ermöglichen.[175] In der aufsichtsrechtlichen Praxis ist die Teilnahme an diesen Sitzungen von außerordentlich großer Bedeutung. Von den Wahrnehmungsberechtigten und ihren Repräsentanten erhalten die Mitarbeiter der Aufsichtsbehörde im Verlauf und am Rande der Gremiensitzungen viele für die Durchführung der Aufsicht wichtige (Hintergrund-) Informationen, die sich allein aus dem Aktenstudium nicht erschließen.

5. Abberufung von Vertretungsberechtigten, § 19 Abs. 5 UrhWG

156 Als milderes Mittel gegenüber dem Widerruf der Erlaubnis nach § 4 Abs. 1 Nr. 1 iVm § 3 Abs. 1 Nr. 2 UrhWG kann die Aufsichtsbehörde eine Frist zur Absetzung eines unzuverlässigen Vertretungsberechtigten einer Verwertungsgesellschaft setzen und zur Abwendung schwerer Nachteile ihm die weitere Ausübung seiner Tätigkeit bis zum Ablauf dieser Frist untersagen. Maßnahmen auf der Grundlage des § 19 Abs. 5 UrhWG mußte das DPMA bisher nicht ergreifen.

6. Festsetzung von Zwangsgeld, § 21 UrhWG

157 Die Aufsichtsbehörde kann Verwaltungsakte, insbesondere solche, mit denen sie die Verwertungsgesellschaften zur Einhaltung der ihnen nach dem UrhWG obliegenden Verpflichtungen anhält, nach dem Verwaltungsvollstreckungsgesetz (VwVG) **vollstrecken**, § 21 UrhWG. Als Vollstreckungsmaßnahme ist regelmäßig nur das Zwangsgeld anwendbar. Die Ersatzvornahme (§ 10 VwVG) paßt schon deshalb nicht, weil dem DPMA kein Selbsteintrittsrecht zusteht; unmittelbarer Zwang (§ 12 VwVG) kommt ebensowenig in Betracht.

158 Mit Blick auf die Höhe der Einnahmen der Verwertungsgesellschaften hielt der Gesetzgeber die seinerzeit in § 11 Abs. 3 VwVG normierte Begrenzung des Zwangsgeldes

---

173 S. *Dördelmann,* GRUR 1999, 890, 892: „Das Sammeln von Informationen stellt sich als ein wesentliches Element der Aufsichtstätigkeit dar."

174 Loewenheim-*Melichar*, § 50 Rn. 24 mwN.

175 So mit Recht Schricker-*Reinbothe*, § 19 UrhWG Rn. 5.

auf DM 2.000 für zu gering, um in allen Fällen eine Durchsetzung der Maßnahmen der Aufsichtsbehörde zu gewährleisten, und erhöhte diesen Betrag deshalb auf DM 10.000.[176] Allein angesichts der jährlichen Einnahmen der GEMA, die bei rund € 815 Mio. liegen, wurde diese aus den 60er Jahren stammende Begrenzung insbesondere von *Dördelmann*[177] mit Recht als deutlich zu niedrig kritisiert. Mit dem Gesetz zur Regelung des Urheberrechts in der Informationsgesellschaft vom 10.9.2003 hat der Gesetzgeber nun reagiert und die **Obergrenze** für das **Zwangsgeld** auf € 100.000 unter Hinweis auf die Höhe der Einnahmen der Verwertungsgesellschaften[178] und mit Blick auf „Fälle der Untersagung des Geschäftsbetriebes ohne die nach § 1 erforderliche Erlaubnis“[179] angehoben.

Wegen der guten und vertrauensvollen Zusammenarbeit zwischen Aufsichtsbehörde und Verwertungsgesellschaften waren Vollstreckungsmaßnahmen bisher unnötig. Kürzlich mußte das DPMA freilich die Verhängung eines Zwangsgeldes nach § 21 UrhWG iVm §§ 6, 9, 11 und 13 VwVG androhen. **159**

7. Widerruf der Erlaubnis, § 4 UrhWG

Schärfstes Schwert der Aufsichtsbehörde ist der **Widerruf der Erlaubnis**, das der Bayerische Verwaltungsgerichtshof dem DPMA freilich aus der Hand geschlagen hatte. Stünde nämlich – wie der BayVGH in dem PMG-Verfahren meinte[180] – dem DPMA keine Befugnis zu, einer Verwertungsgesellschaft, die ohne Erlaubnis nach § 1 UrhWG tätig ist, den Geschäftsbetrieb zu untersagen, liefe der Widerruf der einmal erteilten Erlaubnis ins Leere. Die Verwertungsgesellschaft könnte ihre Geschäfte auch ohne Erlaubnis fortsetzen, ohne daß das DPMA hiergegen eine Handhabe hätte. Das DPMA könnte dann freilich nicht mehr seiner Aufgabe nach § 19 Abs. 1 UrhWG nachkommen, darauf zu achten, daß die Verwertungsgesellschaften den ihnen nach dem UrhWG obliegenden Verpflichtungen ordnungsgemäß nachkommen. Die Staatsaufsicht über Verwertungsgesellschaften würde zur Farce. **160**

Dem neu eingefügten **§ 19 Abs. 2 S. 1 UrhWG**, der nunmehr ausdrücklich klarstellt, daß die Aufsichtsbehörde in einem solchen Fall die Fortsetzung des Geschäftsbetriebs untersagen kann, kommt daher elementare Bedeutung im Gesamtgefüge der Staatsaufsicht über die Verwertungsgesellschaften zu.[181] **161**

Zu den Einzelheiten des Widerrufs der Erlaubnis ist schon oben das Nötige gesagt.[182] **162**

---

176 Amtl. Begr. zu § 21 RegE, BT-Drs. IV/271, S. 21.

177 *Dördelmann,* GRUR 1999, 890, 894: Zahlung „aus der Portokasse“; ihm zustimmend *Meyer,* Verwertungsgesellschaften und ihre Kontrolle, S. 139; ablehnend Wandtke/Bullinger-*Gerlach,* § 21 UrhWG: „nicht erforderlich“.

178 Die Einahmen der Verwertungsgesellschaften betrugen im Jahr 2003 rund € 1,18 Mrd., s. DPMA Jahresbericht 2004, S. 26.

179 Amtl. Begr. RegE, BT-Drs. 15/38, S. 71. Auch insofern hat die Auseinandersetzung des DPMA mit der PMG Presse-Monitor GmbH & Co. KG den Gesetzgeber zum Handeln bewegt.

180 BayVGH, ZUM 2003, 78, 79; s. dazu die Ausführungen oben, Rn. 149 ff.

181 So auch Wandtke/Bullinger-*Gerlach,* § 19 UrhWG Rn. 1 f.

182 S.o. Rn. 42 ff.

V. Rechtsnatur der Staatsaufsicht. Recht auf Einschreiten

1. Rechtsaufsicht, Fachaufsicht, Aufsicht sui generis

163 Die Verwertungsgesellschaften in Deutschland agieren – wie die GEMA – in der Rechtsform des wirtschaftlichen Vereins oder als Gesellschaften mit beschränkter Haftung. Das DPMA beaufsichtigt also privatrechtliche Organisationen. Deshalb passen die aus dem Verwaltungsrecht stammenden und für die staatliche Aufsicht über juristische Personen des öffentlichen Rechts und Träger öffentlicher Verwaltungsaufgaben verwendeten Begriffe der Rechtsaufsicht und der Fachaufsicht nicht auf die spezielle Aufsicht des DPMA über die Verwertungsgesellschaften. Die Aufsicht nach den §§ 18ff. UrhWG stellt deshalb eine **Aufsicht sui generis** dar. Will man dennoch die Staatsaufsicht über die Verwertungsgesellschaften mittels der verwaltungsrechtlichen Terminologie qualifizieren, steht die Fachaufsicht der Aufsicht des DPMA näher als die Rechtsaufsicht, weil im Rahmen der Fachaufsicht auch die Zweckmäßigkeit überprüft wird, die Rechtsaufsicht aber auf eine Kontrolle der Rechtmäßigkeit des Handelns beschränkt ist. Das DPMA kontrolliert nämlich nicht nur die Rechtmäßigkeit des Handelns der Verwertungsgesellschaften, sondern berücksichtigt auch dessen Zweckmäßigkeit.[183] Anders als bei der Fachaufsicht steht dem DPMA aber kein Recht zur Ersatzvornahme, also kein Selbsteintrittsrecht zu.[184] Von praktischer Bedeutung ist die Qualifizierung der Rechtsnatur der Aufsicht über die Verwertungsgesellschaften freilich nicht.[185]

2. Subjektiv-öffentliches Recht auf Einschreiten der Aufsichtsbehörde?

a) Wahrnehmungsberechtigte

164 Wesentlich wichtiger dagegen ist die Frage, ob einzelnen Wahrnehmungsberechtigten, die sich mit einer Beschwerde über ihre Verwertungsgesellschaft an das DPMA wenden, ein **subjektiv-öffentliches Recht auf Einschreiten der Aufsichtsbehörde** und ein Anspruch auf ermessensfehlerfreie Ausübung der Aufsicht zusteht mit der Folge, daß Antwortschreiben des DPMA an Beschwerdeführer Verwaltungsakte darstellen, die mit Rechtsmitteln vor den Verwaltungsgerichten angegriffen werden können. Diese Frage ist in der Rechtsprechung bisher nicht entschieden worden und in der Literatur umstritten.

165 Das **DPMA** vertritt die Position, daß die Aufsicht den Zweck verfolgt, Gefahren zu bannen, die für die Gesamtheit der Urheber und Leistungsschutzberechtigten sowie der Nutzer entstehen können, wenn die Verwertungsgesellschaften ihre Tätigkeit nicht sorgfältig und unter Einhaltung der gesetzlichen Bestimmungen ausüben. So-

---

183 Speziell für die Prüfung von Tarifen s.o. Rn. 134 ff. mwN; s. auch Schricker-*Reinbothe*, § 19 UrhWG Rn. 2.

184 S.o. Rn. 152 f. mit umfangreichen Nachweisen.

185 So mit Recht *Löhr,* Die Aufsicht über Verwertungsgesellschaften, S. 59 und Loewenheim-*Melichar*, § 50 Rn. 14. S. auch *Vogel*, GRUR 1993, 513, 529; Schricker-*Reinbothe*, § 19 UrhWG Rn. 3; Fromm/Nordemann-*Nordemann*, § 19 UrhWG Rn. 2 jeweils mwN.

weit hierdurch gleichzeitig der einzelne Berechtigte begünstigt wird, handelt es sich um bloße Rechtsreflexe der im Interesse der Allgemeinheit erlassenen Schutzvorschriften des UrhWG. Ein subjektiv-öffentliches Recht des Wahrnehmungsberechtigten auf Einschreiten besteht nicht, da das DPMA bei Ausübung der Staatsaufsicht allein im öffentlichen Interesse tätig wird. Unter Zugrundelegung dieser Auffassung wertet das DPMA Anträge auf aufsichtsrechtliches Einschreiten, Beschwerden oder sonstige Eingaben, die die Tätigkeit von Verwertungsgesellschaften betreffen, als Anregung für eine Prüfung von Amts wegen. Antwortschreiben an Einsender stellen deshalb keine Verwaltungsakte dar; sie haben vielmehr den Charakter von Mitteilungen darüber, wie das DPMA als Aufsichtsbehörde das Verhalten der Verwertungsgesellschaft beurteilt. Deshalb können diese informatorischen Schreiben nicht mit dem Rechtsmittel des Widerspruchs angegriffen werden.

Würde Wahrnehmungsberechtigten ein subjektiv-öffentliches Recht auf Einschreiten **166**
der Aufsichtsbehörde zustehen, könnten die von einem Wahrnehmungsberechtigten – nach erfolglosem Widerspruchsverfahren[186] – mit der Verpflichtungsklage nach § 42 VwGO angerufenen **Verwaltungsgerichte** die Aufsichtsbehörde zum Erlaß eines abgelehnten oder unterlassenen Verwaltungsaktes verurteilen. Das Bayerische Verwaltungsgericht München könnte dann beispielsweise das DPMA verurteilen, als Aufsichtsbehörde die GEMA anzuweisen, einem Wahrnehmungsberechtigten eine höhere Summe als Verteilung auszuschütten als ihm nach dem Verteilungsplan der GEMA zusteht, weil der Verteilungsplan – entgegen der Ansicht des DPMA – gegen das Willkürverbot des § 7 S. 1 UrhWG verstoße. Parallel dazu könnte derselbe Wahrnehmungsberechtigte dasselbe Anliegen auf der Grundlage des Berechtigungsvertrags,[187] den er mit der GEMA geschlossen hat, vor den **Zivilgerichten** mit einer Klage gegen die GEMA verfolgen. Völlig ungeklärt aber ist die Frage, was geschehen würde, wenn das Zivilgericht zu dem Ergebnis käme, der Verteilungsplan der GEMA genüge den Anforderungen des UrhWG und dem Kläger stünde keine höhere Ausschüttung zu.

Wollte man Wahrnehmungsberechtigten dennoch eine gerichtliche Überprüfung der **167**
Entscheidungen des DPMA als Aufsichtsbehörde über die Verwertungsgesellschaften ermöglichen, müßten jedenfalls **divergierende Entscheidungen** in derselben Sache **ausgeschlossen** sein, die sich aus der Eröffnung des Verwaltungsrechtswegs nach § 40 VwGO und der Eröffnung des Zivilrechtswegs nach § 13 GVG ergeben können. Hier böte sich an, die Entscheidungen der Aufsichtsbehörde durch das Bundespatentgericht (**BPatG**) prüfen zu lassen. Das BPatG entscheidet über Beschwerden gegen Beschlüsse der Stellen und Abteilungen des DPMA betreffend Patente, Marken, Gebrauchsmuster, Topographien und Geschmacksmuster. Mit Wirkung vom 1. Januar 2002 hat das Gericht eine befristete neue Zuständigkeit erhalten: Die bis zum 30. Juni 2006 eingelegten Einsprüche gegen Patenterteilungen werden nicht mehr vom

186 Den Widerspruchsbescheid würde das DPMA als Widerspruchsbehörde erlassen, weil die nächsthöhere Behörde des DPMA eine oberste Bundesbehörde, nämlich das Bundesministerium der Justiz ist, § 73 Abs. 1 S. 2 Nr. 2 VwGO.

187 Nach § 6 lit. a) GEMA-Berechtigungsvertrag bildet der Verteilungsplan, auch soweit er künftig geändert werden sollte, einen Bestandteil des Berechtigungsvertrags.

DPMA, sondern vom BPatG bearbeitet.[188] Im Bereich der gewerblichen Schutzrechte überprüft das BPatG also Verwaltungsakte des DPMA. Möglich wäre deshalb auch eine Überprüfung von Verwaltungsakten des DPMA in seiner Eigenschaft als staatliche Aufsichtsbehörde über die Verwertungsgesellschaften. Zwar kann nach Art. 96 Abs. 1 GG der Bund (nur) „für Angelegenheiten des gewerblichen Rechtsschutzes ein Bundesgericht errichten“, eben das BPatG, doch könnte dessen Zuständigkeit durch den Zusatz in Art. 96 Abs. 1 GG „und des Urheberrechts“ auf die Entscheidungen des DPMA als Aufsichtsbehörde über die Verwertungsgesellschaften erweitert werden.[189] Einem mit Urheberrechtlern besetzten Senat des BPatG käme bei der Überprüfung der Entscheidungen der Aufsichtsbehörde sicherlich wesentlich größere Fachkunde zu als den Verwaltungsgerichten. Weil „eine einwandfreie Rechtsprechung auf dem Gebiet des Urheberrechts (…) Erfahrungen voraus (-setzt), die das erkennende Gericht nur gewinnen kann, wenn es ständig mit Rechtsstreitigkeiten dieser Art befaßt ist“,[190] ermöglicht § 105 UrhG durch entsprechende Ermächtigungen bereits im Bereich der Zivilgerichtsbarkeit die Konzentration von Urheberrechtsstreitigkeiten, also Streitigkeiten, bei denen eine Vorschrift des UrhG jedenfalls mitbetroffen ist, auf bestimmte Gerichte. Bei den gegenüber Urheberrechtsstreitigkeiten noch spezielleren Streitigkeiten nach dem UrhWG sind Fachkenntnisse in noch größerem Maße erforderlich.[191]

168 Neben der größeren Fachkenntnis des BPatG gegenüber den Verwaltungsgerichten käme als weiterer Vorteil hinzu, daß letztinstanzlich der **I. Zivilsenat** des **BGH**, der generell in Urheberrechtsfragen letztinstanzlich urteilt, über Maßnahmen der Aufsichtsbehörde beschließen könnte. Das würde die oben beschriebene Divergenz der Entscheidungen in parallelen, auf verschiedenen Rechtswegen geführten Gerichtsverfahren, vermeiden helfen und für Einheitlichkeit der Rechtsprechung sorgen. Sowohl die gerichtliche Auseinandersetzung des Wahrnehmungsberechtigten mit der Aufsichtsbehörde als auch die mit der Verwertungsgesellschaft würden letztinstanzlich vom BGH entschieden werden können. Im Bereich des gewerblichen Rechtsschutzes kann nämlich gegen Beschlüsse des BPatG Rechtsbeschwerde eingelegt werden, über die der BGH im Rechtsbeschwerdeverfahren befindet. Der Gesetzgeber hat im Bereich des gewerblichen Rechtsschutzes das BPatG, obwohl es im Beschwerdeverfahren über Verwaltungsakte entscheidet, der ordentlichen Gerichtsbarkeit eingegliedert und ihm nicht das BVerwG, sondern den BGH übergeordnet.

---

188 § 147 Abs. 3 PatG idF des Gesetzes zur Änderung des Patentgesetzes und anderer Vorschriften des gewerblichen Rechtsschutzes vom 9.12.2004, BGBl. 2004 Teil I, S. 3232 ff.

189 Möglicherweise ist ein solcher Zusatz nicht einmal erforderlich: Art. 73 Nr. 9 GG nennt als Gegenstände der ausschließlichen Gesetzgebung des Bundes den gewerblichen Rechtsschutz in einem Atemzug mit dem Urheber- und dem Verlagsrecht. Man kann Art. 96 Abs. 1 GG deshalb auch so verstehen, daß mit den „Angelegenheiten des gewerblichen Rechtsschutzes“ alle Streitigkeiten über Tatbestände gemeint sind, deren gesetzliche Regelung ihre Grundlage in Art. 73 Nr. 9 GG findet.

190 Amtl. Begr. zu § 105 UrhG RegE, BT-Drs. IV/271, S. 106 r.Sp.

191 Nach § 17 Abs. 1 S. 2 UrhWG bleibt § 105 UrhG von der Bestimmung des ausschließlichen Gerichtsstands in § 17 Abs. 1 S. 1 UrhWG unberührt.

Mangels subjektiv-öffentlichen Rechts bleibt es jedenfalls nach geltendem Recht dabei, daß der einzelne Wahrnehmungsberechtigte Entscheidungen des DPMA als Aufsichtsbehörde über die Verwertungsgesellschaften zwar nicht von den Verwaltungsgerichten, wohl aber ihn belastende Bestimmungen seiner Verwertungsgesellschaft von den **ordentlichen Gerichten** prüfen lassen kann.[192] **169**

b) Nutzer

Mit Blick auf Nutzer besteht in der Literatur dagegen weitgehend Einigkeit: Weil Nutzer zur Wahrung ihrer Rechte nicht allein auf ein Vorgehen gegen die Aufsichtsbehörde angewiesen sind, sondern ihnen das **Schiedsstellenverfahren** bzw. der Weg zu den **Gerichten** offen steht, steht jedenfalls Nutzern kein subjektiv-öffentliches Recht auf Einschreiten der Aufsichtsbehörde und kein Anspruch auf ermessensfehlerfreie Ausübung der Aufsicht zu.[193] *Melichar*[194] weist zu Recht darauf hin, daß Entsprechendes auch für die Wahrnehmungsberechtigten gilt: sie haben die Möglichkeit, die sie belastenden Maßnahmen der Verwertungsgesellschaft durch die (fachkundigen) ordentlichen Gerichte überprüfen zu lassen. **170**

VI. Finanzierung der Staatsaufsicht

Die Sachverständigenkommission für Gebührenstrukturfragen im Bereich des Deutschen Patentamts und des Bundespatentgerichts ist im Mai 1994 zu dem Ergebnis gekommen, daß bei der Berechnung der Kosten des DPMA für die Gebührenbemessung solche Bereiche auszunehmen sind, die in besonderem Maße einer allgemeinen staatlichen Verpflichtung zuzuordnen sind. In diesem Zusammenhang wurde insbesondere die Staatsaufsicht über die Verwertungsgesellschaften genannt. Die **Kosten** **171**

---

192 Für ein subjektiv-öffentliches Recht auf Einschreiten der Aufsichtsbehörde und einen Anspruch auf ermessensfehlerfreie Ausübung der Aufsicht für Wahrnehmungsberechtigte plädieren unter Hinweis auf die Rechtsprechung des BGH zur drittschützenden Wirkung der staatlichen Aufsicht über Kreditinstitute *Häußer*, FuR 1980, 57, 59 f.; Schricker-*Reinbothe*, § 18 UrhWG Rn. 2; *Arnold/Rehbinder*, UFITA 118 (1992), 203, 213 f.; *Vogel*, GRUR 1993, 513, 530; *Ruzicka*, 2. FS Roeber, S. 355, 357 ff.; *Fritsch*, GRUR 1984, 22, 24 ff.; *Meyer,* Verwertungsgesellschaften und ihre Kontrolle, S. 128 ff.; *Wirtz,* Die Kontrolle von Verwertungsgesellschaften, S. 53 f.; *Riesenhuber,* Die Auslegung und Kontrolle des Wahrnehmungsvertrags, S. 75 f., 95. Generell gegen ein subjektiv-öffentliches Recht sprechen sich zu Recht aus Loewenheim-*Melichar*, § 50 Rn. 21 f.; Wandtke/Bullinger-*Gerlach*, § 18 UrhWG Rn. 2; Fromm/Nordemann-*Nordemann*, § 19 UrhWG Rn. 3. Differenzierend Dreier/Schulze-*Schulze*, § 19 UrhWG Rn. 10. § 6 Abs. 4 Kreditwesengesetz („Das Bundesaufsichtsamt nimmt die ihm nach diesem Gesetz und nach anderen Gesetzen zugewiesenen Aufgaben nur im öffentlichen Interesse wahr.") ist durch die Neufassung des KWG vom 9. September 1998 (BGBl. I S. 2776) weggefallen.

193 So Schricker-*Reinbothe*, § 18 UrhWG Rn. 2. S. auch Dreier/Schulze-*Schulze*, § 19 UrhWG Rn. 10; *Meyer,* Verwertungsgesellschaften und ihre Kontrolle, S. 130; *Wirtz,* Die Kontrolle von Verwertungsgesellschaften, S. 54.

194 Loewenheim-*Melichar*, § 50 Rn. 21.

dieser **Aufsicht** dürften nicht den Gebührenzahlern des DPMA auferlegt werden. Deshalb ist darüber nachgedacht worden, die Verwertungsgesellschaften an den Kosten der Aufsicht in Form eines Promillesatzes ihres jeweiligen Haushaltsvolumens zu beteiligen. Auch die Parallelität zur Aufsicht über Banken und Versicherungen legt die Belastung der beaufsichtigten Verwertungsgesellschaften mit einer Umlage nahe.

172 Derzeit tragen nach wie vor mittelbar die Anmelder gewerblicher Schutzrechte zur Finanzierung über die Staatsaufsicht über die **Verwertungsgesellschaften** bei, die sich an den Kosten dieser Aufsicht bisher selbst nicht **beteiligen** müssen. Die Aufsicht liegt freilich auch im Interesse der Verwertungsgesellschaften selbst: ihre Legitimation wird durch die Staatsaufsicht des DPMA gestärkt. Die GEMA reagiert nach eigenem Bekunden nicht nur auf aufsichtsrechtliche Beanstandungen; die Kontrolle rückt der GEMA vielmehr stets ihre Verantwortlichkeit gegenüber ihren Mitgliedern, gegenüber Nutzern und gegenüber der Gesellschaft ins Bewußtsein.[195] Das sollte man sich etwas kosten lassen. Über die Finanzierung der Staatsaufsicht wird daher weiter nachzudenken sein.

B. Andere Aufsichten, insbesondere die Aufsicht durch das Bundeskartellamt

I. Andere Aufsichten über Verwertungsgesellschaften

173 Soweit aufgrund anderer gesetzlicher Vorschriften eine Aufsicht über Verwertungsgesellschaften ausgeübt wird, ist sie nach § 18 Abs. 2 UrhWG im **Benehmen** mit dem DPMA auszuüben. Um im Bereich der Vereinsaufsicht eine verfassungsrechtlich problematische Mischverwaltung zwischen Bund und Ländern zu vermeiden, verzichtete der Gesetzgeber ausdrücklich auf das Erfordernis des Einvernehmens. Das DPMA sei vor Durchführung von Maßnahmen lediglich zu hören; ein Mitspracherecht komme ihm nicht zu.[196]

174 Verwertungsgesellschaften, die – wie die GEMA – in der Rechtsform des wirtschaftlichen Vereins tätig sind, unterliegen nach den §§ 22, 33, 55 ff. BGB der **vereinsrechtlichen Aufsicht**, die GmbH-Verwertungsgesellschaften der **Gewerbeaufsicht** (§ 15 Abs. 2 S. 1, § 35 GewO) und den gesellschaftsrechtlichen Bestimmungen der §§ 53 ff. GmbHG. Für alle Verwertungsgesellschaften tritt die **kartellrechtliche Aufsicht** nach den §§ 19 ff. GWB hinzu.[197] Eine solch geballte staatliche und überstaatliche Aufsicht ist auf Kritik gestoßen. Die Kumulierung der Aufsichten sei nicht nur (verfassungs-) rechtlich

---

195 So *Becker*, FS Kreile, S. 27, 51; *Becker/Kreile*, FS Mestmäcker, S. 97. Zum Thema der Finanzierung der Staatsaufsicht s. *Dördelmann,* GRUR 1999, 890, 896.

196 Amtl. Begr. zu § 18 RegE, BT-Drs. IV/271, S. 20. S. auch BGH, GRUR 1988, 782, 784 – GEMA-Wertungsverfahren.

197 Zu ihr sofort Rn. 175.

bedenklich, sondern auch überflüssig.[198] In der Praxis geht es regelmäßig um Satzungsänderungen, die die vereinsrechtliche Verleihungsbehörde lediglich auf ihre formelle Rechtmäßigkeit prüft und genehmigen muß (§ 33 Abs. 2 BGB), bei den GmbH-Verwertungsgesellschaften um die Einhaltung der Bestimmungen des GmbHG.

II. Kartellrechtliche Aufsicht

1. § 102 a GWB a.F.

175 Mit § 24 UrhWG (a.F.) wurde 1966 das Gesetz gegen Wettbewerbsbeschränkungen durch § 102 a GWB a.F. ergänzt. Diese Vorschrift stellte Verwertungsgesellschaften von den §§ 1 und 15 GWB a.F., also dem Kartellverbot und dem Verbot von Vereinbarungen über Preisgestaltung und Geschäftsbedingungen, frei; sie sollten aber der allgemeinen kartellrechtlichen Mißbrauchsaufsicht (§ 22 GWB a.F.) und dem kartellrechtlichen Diskriminierungsverbot (§ 26 Abs. 2 GWB a.F.) unterworfen sein.[199] § 102a Abs. 2 S. 1 GWB a.F. gab dem Bundeskartellamt zugleich die Befugnis, den Verwertungsgesellschaften Mißbräuche der durch die Freistellung von den §§ 1 und 15 GWB a.F. erlangten Stellung zu untersagen. Mit Einführung dieser Bereichsausnahme war zugleich die zuvor umstrittene Frage bejaht, ob das GWB auf Verwertungsgesellschaften überhaupt anwendbar ist.

2. Die 6. GWB-Novelle: § 30 GWB a.F.

176 Mit Blick auf die Rechtsprechung des Europäischen Gerichtshofs ersetzte 1998 die 6. GWB-Novelle § 102a durch § 30 GWB a.F. ohne damit eine grundlegende inhaltliche Änderung herbeizuführen. Zwar knüpfte § 30 Abs. 1 GWB a.F. die **Freistellung für Verträge und Beschlüsse** von Verwertungsgesellschaften u.a. daran, daß sie zur wirksamen Wahrnehmung der Rechte iSv § 1 UrhWG „erforderlich" sind. § 102a GWB a.F. dagegen hatte verlangt, daß solche Verträge und Beschlüsse „sich auf die erlaubnisbedürftige Tätigkeit (der Verwertungsgesellschaften) beziehen". Dieses in Anlehnung an die Rechtsprechung des EuGH eingeführte unterschiedliche Erfordernis hatte aber grundsätzlich nichts geändert, weil das, was „erforderlich" iSd § 30 Abs. 1 GWB a.F. war, in unmittelbaren Zusammenhang mit der „erlaubnisbedürftigen Tätigkeit" iSd § 102a GWB a.F. stand.[200] Nachdem mit der 6. GWB-Novelle die spezielle Mißbrauchsaufsicht nach § 102a Abs. 2 S. 1 GWB a.F, die in der Praxis

---

198 *Melichar,* Die Wahrnehmung von Urheberrechten durch Verwertungsgesellschaften, S. 60, 80; zurückhaltender jetzt Loewenheim-*Melichar*, § 47 Rn. 2 f.

199 Amtl. Begr. zu § 24 RegE, BT-Drs. IV/271, S. 21. Zum Ganzen s. *Fikentscher*, FS Schricker, S. 149, 182 ff.

200 So Schricker-*Reinbothe*, § 24 UrhWG/§ 30 GWB Rn. 7, 2; Loewenheim-*Loewenheim*, § 50 Rn. 27; *Riesenhuber,* Die Auslegung und Kontrolle des Wahrnehmungsvertrags, S. 125. A.A. *Dördelmann,* GRUR 1999, 890, 894, der befürchtet, daß im Hinblick auf den Aspekt der Erforderlichkeit die Kontrollbefugnisse der generellen kartellrechtlichen Aufsicht viel weiter als die der Spezialaufsicht nach dem UrhWG reichen.

keine Rolle gespielt hatte, verschwunden war, unterlagen Verwertungsgesellschaften zwar wie zuvor der Mißbrauchsaufsicht bei marktbeherrschender Stellung nach § 19 GWB und dem kartellrechtlichen Diskriminierungsverbot des § 20 GWB, wegen der nunmehr in § 30 GWB a.F. beheimateten Bereichsausnahme aber unter den dort genannten Voraussetzungen bei ihrer Bildung und mit Blick auf Verträge und Beschlüsse, also auf ihre Tätigkeit, nicht dem Kartellverbot des § 1 GWB und dem Verbot von Vereinbarungen über Preisgestaltung und Geschäftsbedingungen nach § 14 GWB, vorausgesetzt, die Verträge und Beschlüsse waren der Aufsichtsbehörde gemeldet. (Das DPMA leitet die Meldungen an das BKartA weiter, § 30 Abs. 1 S. 2 GWB a.F.) Insoweit haben die Wertungen des UrhWG Vorrang vor dem GWB. Im übrigen sind die Bestimmungen des GWB und des UrhWG auf Verwertungsgesellschaften nebeneinander anwendbar.[201]

3. Die 7. GWB-Novelle: Aufhebung des § 30 GWB a.F.

177 Mit der am 1. Juni 2005 in Kraft getretenen 7. GWB-Novelle ist **§ 30 GWB a.F. aufgehoben** worden,

> „da die Vorschrift im Hinblick auf den Vorrang des europäischen Rechts keine eigenständige Bedeutung mehr hat. In der Sache bedeutet dies keine Änderung. Es bleibt dabei, dass Bildung und Tätigkeit von Verwertungsgesellschaften, soweit dies zur Wahrnehmung ihrer Aufgaben erforderlich ist, wie bisher nicht dem Kartellverbot unterfallen.
>
> Die Notwendigkeit zur Aufhebung von § 30 Abs. 1 ergibt sich aus der Weiterentwicklung des europäischen Kartellverfahrensrechts und dem durch Artikel 3 der VO 1/2003 erweiterten Vorrang des europäischen Rechts." (…) Nach dem 1. Mai 2004 „müssen nationale Behörden und Gerichte auf zwischenstaatlich relevante Sachverhalte in jedem Fall zwingend auch europäisches Wettbewerbsrecht anwenden, wenn sie nationales Wettbewerbsrecht anwenden. Daraus folgt, dass auch für Bildung und Tätigkeit der Verwertungsgesellschaften das nationale Wettbewerbsrecht von dem vorrangigen europäischen Recht im Ergebnis in keiner Weise mehr abweichen darf. Da im europäischen Recht keine Sonderregelung für Verwertungsgesellschaften existiert, gibt es für eine eigenständige nationale Regelung eines Ausnahmebereichs keine Berechtigung mehr.
>
> Durch die künftige Anwendung des europäischen Wettbewerbsrechts werden die Bildung und Tätigkeit der Verwertungsgesellschaften und ihre gegenwärtige Organisationsform nicht infrage gestellt. Der Europäische Gerichtshof erkennt die Rechtmäßigkeit der Bildung von Verwertungsgesellschaften zum Zwecke der wirkungsvollen Vertretung der Urheberinteressen an. Nach gefestigter Rechtsprechung werden die auf Abtretung der Rechte ihrer Mitglieder beruhende Stellung und die Tätigkeiten der Verwertungsgesellschaften, soweit sie zur Wahrnehmung der Urheberrechte ihrer Mitglieder unerlässlich sind, nicht als wettbewerbsbeschränkend im Sinne des europäischen Wettbewerbsrechts betrachtet. (…) Im Ergebnis wird die rechtliche Absicherung der Verwertungsgesellschaften und ihrer Tätigkeiten durch die Aufhebung des § 30 Abs. 1 nicht verschlechtert. (…)
>
> Auch für die Regelung in dem bisherigen Absatz 2 des § 30 besteht kein Bedürfnis mehr. Die Befugnis der Oberlandesgerichte zur Tariffestsetzung nach dem Urheberrechtswahrnehmungsgesetz bleibt erhalten. Da diese Tariffestsetzung zwischenstaatliche Auswirkungen hat, ist für die wettbewerbsrechtliche Beurteilung künftig ebenfalls ausschließlich das europäische Recht maßgebend. Danach bestehen gegen die Festsetzung der Tarife durch

---

201 Amtl. Begr. RegE, BT-Drs. IV/271, S. 12 r. Sp.

Entscheidung der Oberlandesgerichte grundsätzlich keine Bedenken. Das europäische Wettbewerbsrecht ist wegen der unmittelbaren Geltung und des Vorrangs gegenüber nationalem Recht auch vom Oberlandesgericht zu beachten. Durch die Aufhebung des § 30 Abs. 2 erhält das Bundeskartellamt keine zusätzlichen Befugnisse. Nach allgemeinen Rechtsgrundsätzen kommt dem Bundeskartellamt nicht die Befugnis zu, eine Entscheidung des Oberlandesgerichts aufzuheben oder abzuändern, mit der die Tarife für Verwertungsgesellschaften konstitutiv festgelegt sind."[202]

Angesichts dieser klaren Worte in der Amtl. Begr. des Regierungsentwurfs wird es auch nach der Aufhebung von § 30 GWB a.F. bei dem oben beschriebenen Rechtszustand bleiben. **178**

4. Einvernehmen mit dem BKartA nach § 18 Abs. 3 UrhWG

Da bei der Erteilung und dem Widerruf der Erlaubnis kartellrechtliche Fragen eine Rolle spielen können, sollen nach § 18 Abs. 3 S. 1 UrhWG solche Maßnahmen nur im **Einvernehmen** mit dem Bundeskartellamt getroffen werden können.[203] Das Erfordernis des Einvernehmens erstreckt sich dabei nicht nur auf die ausdrücklich genannte Erteilung der Erlaubnis zum Geschäftsbetrieb nach § 2 und den Widerruf nach § 4 UrhWG, sondern auch auf die Versagung nach § 3 UrhWG. Denn auch die Versagung der Erlaubnis ist eine Entscheidung über einen Antrag auf Erteilung der Erlaubnis zum Geschäftsbetrieb iSd § 18 Abs. 3 S. 1 UrhWG.[204] **179**

Hiergegen wird vorgebracht, nach **Sinn und Zweck** der Vorschrift sei das Erfordernis des Einvernehmens auf die Erteilung (§ 2) und den Widerruf der Erlaubnis (§ 4) beschränkt. Versage das DPMA die beantragte Erlaubnis aus einem der in § 3 Abs. 1 UrhWG genannten Gründe, sei eine Prüfung des BKartA auf etwaige Verstöße der Verwertungsgesellschaft gegen das GWB überflüssig. Kartellrechtliche Bedenken des BKartA würden das Ergebnis des DPMA lediglich bestätigen. Die vom BKartA attestierte kartellrechtliche Unbedenklichkeit der Erteilung der Erlaubnis könne andererseits nicht die Versagungsgründe des § 3 Abs. 1 UrhWG relativieren. Auch allgemeine wettbewerbspolitische Erwägungen, die es aus Sicht des BKartA beispielsweise wünschenswert erscheinen lassen könnten, neben einer bereits bestehenden Verwertungsgesellschaft einer weiteren die Erlaubnis zu erteilen, könnten die Bestimmungen des § 3 Abs. 1 UrhWG nicht außer Kraft setzen.[205] **180**

Dieselben Argumente, die gegen das Einvernehmen des BKartA bei der Versagung der Erlaubnis nach § 3 UrhWG sprechen, ließen sich aber auch gegen das Einvernehmen bei dem **Widerruf** der Erlaubnis nach § 4 UrhWG ins Feld führen, die der Gesetzgeber in § 18 Abs. 3 S. 1 UrhWG jedoch ausdrücklich anordnet. Die Zustimmung des BKartA zum vom DPMA beabsichtigten Widerruf der Erlaubnis würde ebenso die Entscheidung des DPMA lediglich bestätigen. Auch bei kartellrechtlichen Beden- **181**

202 Amtl. Begr. RegE, BT-Drs. 15/3640, S. 49 f.
203 So Amtl. Begr. zu § 18 RegE, BT-Drs. IV/271, S. 20.
204 Insoweit wie hier *Meyer,* Verwertungsgesellschaften und ihre Kontrolle, S. 62 f.
205 *Menzel,* Die Aufsicht über die GEMA, S. 83; *Meyer,* Verwertungsgesellschaften und ihre Kontrolle, S. 63; Dreier/Schulze-*Schulze*, § 19 UrhWG Rn. 4.

ken des BKartA gegen den Widerruf wären die Widerrufsgründe nach § 4 UrhWG nicht außer Kraft gesetzt. Auch eine mögliche allgemeine wettbewerbspolitische Erwägung des BKartA, neben einer bestehenden einer weiteren Verwertungsgesellschaft weiterhin den Geschäftsbetrieb zu ermöglichen, könnte das nicht. Mit Blick auf das Einvernehmen des BKartA Versagung und Widerruf gleich zu behandeln folgt auch daraus, daß § 4 Abs. 1 Nr. 1 UrhWG die Versagungsgründe des § 3 Abs. 1 UrhWG als Widerrufsgründe übernimmt.

182 Die Erteilung (§ 2 UrhWG), die Versagung (§ 3 UrhWG) und der Widerruf der Erlaubnis (§ 4 UrhWG) sind daher nur mit **Zustimmung** des BKartA, das auf die Einhaltung der Vorschriften des GWB achtet, wirksam. Kann das Einvernehmen nicht hergestellt werden, entscheidet das Bundesministerium der Justiz im Benehmen mit dem Bundesministerium für Wirtschaft und Arbeit, § 18 Abs. 3 S. 2 UrhWG. In der Praxis gibt es bei Entscheidungen, die die Erlaubnis zum Geschäftsbetrieb einer Verwertungsgesellschaft betreffen, keine Probleme zwischen dem DPMA und dem BKartA.

C. Europäische Entwicklungen: Harmonisierung des Rechts der Verwertungsgesellschaften in Europa

I. Binnenmarktmandat des Gemeinschaftsgesetzgebers

183 Zur Angleichung der Rechtsvorschriften innerhalb der Europäischen Union erläßt der Rat nach Art. 94 EG Richtlinien für die Angleichung derjenigen Rechts- und Verwaltungsvorschriften der Mitgliedstaaten, die sich unmittelbar auf die Errichtung oder das Funktionieren des Gemeinsamen Marktes auswirken. Abweichend von Art. 94 EG erläßt der Rat zur Verwirklichung der Ziele des Art. 14 EG[206] nach Art. 95 Abs. 1 EG Maßnahmen zur Angleichung der Rechts- und Verwaltungsvorschriften der Mitgliedstaaten, welche die Errichtung und das Funktionieren des Binnenmarktes zum Gegenstand haben. In diesem rechtlichen Rahmen nimmt der Gemeinschaftsgesetzgeber sein Mandat für die Schaffung des **urheberrechtlichen Binnenmarktes im digitalen Zeitalter** der Informationsgesellschaft wahr.

184 Die sieben bisher in diesem Bereich verabschiedeten Richtlinien konzentrieren sich auf das **materielle Urheberrecht**. Zwar gibt es unter den Mitgliedstaaten der Europäischen Union mit Blick auf die kollektive Wahrnehmung von Rechten erhebliche Unterschiede. Eine europäische Harmonisierung der kollektiven Wahrnehmung von Urheber- und Leistungsschutzrechten durch Verwertungsgesellschaften und deren Kontrolle fehlt aber bisher.

---

206 Nach Art. 14 EG trifft die Gemeinschaft die erforderlichen Maßnahmen, um den Binnenmarkt schrittweise zu verwirklichen. Der Binnenmarkt umfaßt einen Raum ohne Binnengrenzen, in dem der freie Verkehr von Waren, Personen, Dienstleistungen und Kapital gemäß den Bestimmungen dieses Vertrags gewährleistet ist.

II. Konsultationen auf Gemeinschaftsebene

Allerdings ist es im Anschluß an das Grünbuch Urheberrecht und verwandte Schutzrechte in der Informationsgesellschaft[207] auf Gemeinschaftsebene zu einigen Konsultationen zu diesem Thema gekommen. Teilweise wurde gefordert, die Bestimmungen über die **Kontrolle von Verwertungsgesellschaften** zu **harmonisieren**. Die Kommission hielt es deshalb für erforderlich, u.a. die Mechanismen zur Überwachung der Verwertungsgesellschaften auf Gemeinschaftsebene festzulegen.[208] Eine von der Europäischen Kommission in Auftrag gegebene Studie zur Aufsicht über Verwertungsgesellschaften regte im Frühjahr 2000 an, in allen Mitgliedstaaten einheitliche Kriterien für die Zulassung von Verwertungsgesellschaften sowie für die Kontrolle von Tarifen und die Verteilung der Einnahmen zu schaffen. Eine europäische Initiative würde – so das Ergebnis der Studie – wesentlich zu einem verbesserten Funktionieren der kollektiven Wahrnehmung in der Europäischen Gemeinschaft beitragen.[209] **185**

III. Anhörung über die kollektive Verwaltung von Schutzrechten (Europäische Kommission, Brüssel, 13./14. November 2000)

Vor diesem Hintergrund fand am 13. und 14. November 2000 in Brüssel die von der Europäischen Kommission veranstaltete Anhörung über die kollektive Verwaltung von Schutzrechten statt, deren Ziel es war, der Kommission bei ihrer Entscheidung zu helfen, ob im Bereich der kollektiven Wahrnehmung von Urheber- und Leistungsschutzrechten ein Bedürfnis zur Rechtsharmonisierung in Europa besteht. Das Thema „**Aufsicht und Schlichtung**" wurde unter drei Aspekten beleuchtet: (1) Kontrolle durch staatliche Behörden auf drei Ebenen, nämlich: (a) Mißbrauchsaufsicht durch die Kartellbehörden, (b) Aufsicht entsprechend der Rechtsform der Verwertungsgesellschaft (z.B. Vereinsaufsicht), (c) Spezialaufsicht über Verwertungsgesellschaften; (2) Interne Kontrolle durch die Wahrnehmungsberechtigten der Verwertungsgesellschaft; (3) Schlichtung durch Gerichte oder Schiedsstellen. Einige Delegierte empfahlen der Kommission das seit 1966 bestehende, ausgefeilte System der Staatsaufsicht in Deutschland als Modell für eine europäische Regelung. **186**

Reinbothe hat als **Ergebnis** der Anhörung festgehalten, daß es weder erforderlich noch realistisch sei, eine EG-Aufsichtsbehörde über Verwertungsgesellschaften zu schaffen und auf EG-Ebene einen Schlichtungsmechanismus für Streitigkeiten über die kollektive Wahrnehmung vorzusehen. Regelungsbedarf könne es dagegen mit Blick auf die Harmonisierung der Kriterien für die Zulassung von Verwertungsgesellschaften in den EG-Mitgliedstaaten, die Kontrolle von Verwertungsgesellschaften durch ihre **187**

---

207 KOM(95) 382 endg. vom 19.7.1995.

208 Initiativen zum Grünbuch über Urheberrecht und verwandte Schutzrechte in der Informationsgesellschaft, Mitteilung der Kommission, KOM(96) 568 endg. vom 20.11.1996, S. 26f.

209 „Etude sur la gestion collective des droits d'auteur dans l'Union Euopéenne", Deloitte & Touche, Brüssel 2000 (nicht veröffentlicht); „Conclusion genérale", aaO, S. 111; zitiert nach *Reinbothe*, FS Dietz, S. 517, 525 Fn. 22, 23.

Wahrnehmungsberechtigten über die Organisationsform und/oder im Wege der staatlichen Aufsicht sowie den Zugang zu den staatlichen Gerichten oder Schlichtungsorganen geben.[210]

IV. Communication from the Commission on Management of Rights in the Internal Market. The Management of Copyright and Related Rights in the Internal Market vom November 2003[211]

188 In der „Communication from the Commission on the Management of Copyright and Related Rights in the Internal Market (EN MARKT/170/2003)“[212] vom November 2003 sieht die EU-Kommission mit Blick auf die Verantwortung, die den Verwertungsgesellschaften zukommt, weitgehende Übereinstimmung dahingehend, daß sie überhaupt einer **Kontrolle** unterworfen werden. Die existierenden Differenzen bei der Kontrolle von Verwertungsgesellschaften seien signifikant und könnten nicht ignoriert werden. Es sei erforderlich, eine gemeinsame Basis für Kontrollbestimmungen zu schaffen, die sowohl das Innenverhältnis zum Wahrnehmungsberechtigten als auch das Außenverhältnis zum Nutzer regeln müßten. Verwertungsgesellschaften müßten Strukturen für eine interne Kontrolle durch ihre Wahrnehmungsberechtigten schaffen und diesen die Möglichkeit geben, aktiv Einfluß auf die Entscheidungen der Verwertungsgesellschaft, namentlich auf die Verteilungspläne, die Höhe der Verwaltungskosten und die Bedingungen der Mitgliedschaft sowie Wahrnehmung zu nehmen. Als generelles Prinzip müsse die Geschäftsführung der Verwertungsgesellschaft sich gegenüber ihren Wahrnehmungsberechtigten verantworten. Eine staatliche Aufsichtsbehörde müsse bei Fehlverhalten der Verwertungsgesellschaften im Innenverhältnis zu Wahrnehmungsberichtigten und im Außenverhältnis zu Nutzern eingreifen. Auch eine Schiedsstelle könne eingerichtet werden. In jedem Fall müsse Wahrnehmungsberechtigten der Weg zu den Gerichten und Schieds- oder Schlichtungsstellen offen stehen. Zusätzlich könnten staatliche Aufsichtsbehörden Anliegen der Wahrnehmungsberechtigten berücksichtigen. Die Kontrolle im Außenverhältnis Verwertungsgesellschaft – Nutzer sei eine externe Kontrolle mit Blick auf Mißbräuche bei der Aufstellung von Tarifen. Nutzer müßten die Möglichkeit haben, Tarife und Lizenzierungsbedingungen von Gerichten sowie Schieds- oder Schlichtungsstellen prüfen zu lassen. Daneben könnte auch eine staatliche Aufsichtsbehörde die Nutzerinteressen berücksichtigen. Diese Aufsichtsbehörde müsse Zugang zu den Geschäftsunterlagen der Verwertungsgesellschaft haben und berechtigt sein, an den Gremiensitzungen der Verwertungsgesellschaft teilzunehmen. Im Ergebnis entsprechen diese Forderungen dem auf der Grundlage des **UrhWG** geltenden Recht in Deutschland.

---

210 *Reinbothe*, FS Dietz, S. 517, 529.

211 S. zuvor bereits *Reinbothe*, ZUM 2003, 27, 31 ff.

212 Dort unter „3.5.5. The Control of Collecting Societies“.

V. Bericht des Europäischen Parlaments über einen Gemeinschaftsrahmen für Verwertungsgesellschaften im Bereich des Urheberrechts vom 11. Dezember 2003[213]

Der Bericht des Europäischen Parlaments vom 11. Dezember 2003 konstatiert, daß **189**
eine Aufsicht/Kontrolle über Verwertungsgesellschaften und ihre Tätigkeiten in einigen Ländern gar nicht vorhanden, in einigen erst im Aufbau und in manchen musterhaft sei. „Die **ideale Kontrolle** wäre das Zusammenspiel von Selbstkontrolle durch die Bezugsberechtigten und Kontrolle durch ein effizientes, unabhängiges, transparentes und sachkundiges Expertenorgan unter Miteinbeziehung aller Aspekte: wirtschaftlich, kulturell, sozial und juristisch."[214] Der Ausschuß für Wirtschaft und Währung hielt „die Schaffung einer effizienteren Aufsicht" für erforderlich.[215]

VI. Mitteilung der Kommission, Die Wahrnehmung von Urheberrechten und verwandten Schutzrechten im Binnenmarkt vom 16. April 2004[216]

Als ein Ergebnis der Sondierungen über kollektive Rechtewahrnehmung im Binnen- **190**
markt berichtet die Mitteilung der Kommission vom 16. April 2004 u.a. von der **Kritik** von Nutzern an der Aufsicht über die Verwertungsgesellschaften.[217] Für Nutzer sei es von zentraler Bedeutung, Vergütungssätze vor Gericht, vor einer speziellen Schiedsstelle oder mit Unterstützung einer staatlichen Aufsichtsbehörde über die Verwertungsgesellschaften anfechten zu können.[218]

In dem Abschnitt **„Die externe Kontrolle der Verwertungsgesellschaften"** heißt es: **191**

> „In einigen Mitgliedstaaten unterliegen Verwertungsgesellschaften der staatlichen Aufsicht bzw. einer besonderen Kontrolle, dies allerdings nach Umfang und Wirksamkeit sehr uneinheitlich. Die externe Kontrolle umfasst das Verhalten der Gesellschaften, ihre Funktionsweise, die Kontrolle der Gebührensätze und Lizenzierungsbedingungen und auch die Regelung von Streitigkeiten. Aus Binnenmarktsicht sind die bestehenden Unterschiede bei der Kontrolle von Verwertungsgesellschaften beträchtlich und können nicht ignoriert werden. Von Mitgliedstaat zu Mitgliedstaat unterschiedliche Vorschriften über die Kontrolle der Gesellschaften errichten Schranken für die Wahrung der Interessen der Rechteinhaber und Nutzer gleichermaßen angesichts der Ausschließlichkeitsstellung der meisten Verwertungsgesellschaften und ihres Netzes von Gegenseitigkeitsvereinbarungen. Folglich sollten in allen Mitgliedstaaten geeignete externe Kontrollmechanismen zur Verfügung stehen.
>
> Aus Binnenmarktperspektive wäre es nützlich, eine gemeinsame Grundlage für bestimmte Parameter der externen Kontrolle zu schaffen und bestimmte Behörden (z.B. besondere

---

213 Europäisches Parlament, A5-0478/2003, endg., v. 11. 12. 2003.

214 Europäisches Parlament, A5-0478/2003, endg., v. 11. 12. 2003, S. 18.

215 Europäisches Parlament, A5-0478/2003, endg., v. 11. 12. 2003, S. 21.

216 Mitteilung der Kommission, Die Wahrnehmung von Urheberrechten und verwandten Schutzrechte im Binnenmarkt v. 16. 4. 2004 (KOM(2004) 261 endg.). S. hierzu *Riesenhuber,* Die Auslegung und Kontrolle des Wahrnehmungsvertrags, S. 150 ff.

217 Mitteilung der Kommission v. 16. 4. 2004 (KOM(2004) 261 endg.), 3.3., S. 18.

218 Mitteilung der Kommission v. 16. 4. 2004 (KOM(2004) 261 endg.), 3.5.2., S. 21.

Gerichte, Verwaltungsbehörden oder Schiedsstellen) in allen Mitgliedstaaten einzuführen sowie eine gemeinsame Grundlage für ihre Zuständigkeiten, ihre Zusammensetzung und den Status ihrer Entscheidungen (bindend oder nicht bindend) zu schaffen.“[219]

192 Die Kommission scheint damit etwas zu fordern, was es in Deutschland nach dem **UrhWG** bereits gibt.

VII. Europäische Kommission, Arbeitsdokument, Studie über eine Initiative der Gemeinschaft über die grenzüberschreitende kollektive Wahrnehmung von Urheberrechten vom 7. Juli 2005[220]

193 Das Arbeitspapier der Europäischen Kommission vom 7. Juli 2005 befaßt sich mit Fragen der Staatsaufsicht über Verwertungsgesellschaften nicht, sondern stellt lediglich fest, daß in Bezug auf die externe Prüfung von Tarifen nur in zwei Mitgliedstaaten (dem Vereinigten Königreich und Deutschland) Schiedsstellen eingerichtet seien, vor denen Vergütungssätze angefochten werden könnten.[221] Die von der Kommission in ihrem Arbeitsdokument favorisierte **Option 3** dürfte zu einem Verdrängungswettbewerb führen, den in Europa nur wenige sehr große Verwertungsgesellschaften überleben könnten. Dann aber würde die zur Zeit jedenfalls in Deutschland etablierte und funktionierende Mitwirkung und interne Kontrolle durch die Wahrnehmungsberechtigten der Verwertungsgesellschaft selbst sicherlich geschwächt werden.

VIII. Vorschlag für eine Richtlinie des Europäischen Parlaments und des Rates über Dienstleistungen im Binnenmarkt vom 25. Februar 2004[222]

194 Art. 16 Abs. 1 des Vorschlags für eine Dienstleistungsrichtlinie normiert das **Herkunftslandprinzip**, dem zufolge Dienstleistungserbringer lediglich den Bestimmungen ihres Herkunftsmitgliedstaates unterfallen. Bei Anwendung des Herkunftslandprinzips unterläge jede Verwertungsgesellschaft mit Sitz in einem EU-Mitgliedstaat im Hinblick auf ihre Tätigkeit in einem anderen EU-Mitgliedstaat weder einer wahrnehmungsrechtlichen Aufsicht in ihrem Herkunftsland noch einer wahrnehmungsrechtlichen Aufsicht in dem Land ihrer Tätigkeit:

195 Das sachrechtliche **Territorialitätsprinzip** beschränkt nationale Urheberrechte in ihrer Geltung auf das Territorium desjenigen Staates, der sie bei Vorliegen der nationalen gesetzlichen Voraussetzungen anerkennt. Dem Territorialitätsprinzip folgen auch die internationalen urheberrechtlichen Konventionen (s. insbesondere Art. 5 Abs. 2

219 Mitteilung der Kommission vom 16. 4. 2004 (KOM(2004) 261 endg.), 3.5.4., S. 22.

220 http://europa.eu.int/comm/internal_market/copyright/docs/management/study-collectivemgmt_en.pdf.

221 Commission Staff Working Document, Study on a community initiative on the cross-border collective management of copyright, vom 7. 7. 2005, 1.3., S. 20.

222 Vorschlag für eine Richtlinie des Europäischen Parlaments und des Rates über Dienstleistungen im Binnenmarkt (von der Kommission vorgelegt), vom 25. 2. 2004 (KOM(2004) 2 endg./2).

RBÜ). Der Urheber erwirbt ausländische Urheberrechte deshalb, weil sich der ausländische Staat konventionsrechtlich dazu verpflichtet hat, ihn in seinem Territorium den eigenen Inländern gleich zu behandeln (Grundsatz der Inländerbehandlung, s. insbesondere Art. 5 Abs. 1 RBÜ) bzw. aufgrund freiwilliger ausdrücklicher fremdenrechtlicher Regelung. Auf diese Weise entsteht in der Person des Urhebers ein Bündel nationaler Urheberrechte, deren einzelne Voraussetzungen und Inhalt sich nach dem jeweiligen nationalen Recht richtet.[223] Eine deutsche Verwertungsgesellschaft nimmt deshalb in einem anderen EU-Mitgliedstaat die Urheber- und Leistungsschutzrechte ihrer Wahrnehmungsberechtigten auf der Grundlage des dort geltenden Urheberrechts wahr.

Nach § 1 Abs. 1 UrhWG bedarf der Erlaubnis, wer „Nutzungsrechte, Einwilligungsrechte oder Vergütungsansprüche, die sich aus dem Urheberrechtsgesetz vom 9. September 1965 (BGBl. I S. 1273) ergeben“, wahrnimmt. Nur die Wahrnehmung dieser Rechte unterliegt der ständigen **Aufsicht** des DPMA nach § 19 Abs. 1 UrhWG. Die Wahrnehmung von Urheber- und Leistungsschutzrechten deutscher Verwertungsgesellschaften in anderen EU-Mitgliedstaaten auf der Grundlage der dortigen Urheberrechtsgesetze unterfällt also nicht der Aufsicht durch das DPMA. Gleiches dürfte für wahrnehmungsrechtliche Aufsichten in anderen EU-Mitgliedstaaten gelten. **196**

Verwertungsgesellschaften eines EU-Mitgliedstaats unterfallen also im Hinblick auf ihre Tätigkeit in einem anderen EU-Mitgliedstaat wegen des Herkunftslandprinzips nicht der wahrnehmungsrechtlichen Kontrolle des EU-Mitgliedstaats, in dem sie tätig werden, und wegen des Territorialitätsprinzips nicht der wahrnehmungsrechtlichen Kontrolle in ihrem Herkunftsland. Dieses Ergebnis, das aus dem **Zusammenspiel von Herkunftslandprinzip und Territorialitätsprinzip** folgt, muß vermieden werden: Verwertungsgesellschaften müssen vom Anwendungsbereich einer Dienstleistungsrichtlinie durch eine Bereichsausnahme nach Art. 2 des Vorschlags ausgenommen werden. Schutz vor dem Herkunftslandprinzip gewährt möglicherweise schon Art. 17 Nr. 13: danach findet Art. 16, also das Herkunftslandprinzip, keine Anwendung auf „die Urheberrechte“. Damit dürfte die kollektive Wahrnehmung dieser Rechte durch Verwertungsgesellschaften gemeint sein. **197**

Eine **Bereichsausnahme** ist aber dennoch geboten, weil die Art. 5, 9, 13, 14 und 15 des Vorschlags die Regelungen der §§ 1 bis 5 UrhWG zur Erlaubnis zum Geschäftsbetrieb einer Verwertungsgesellschaft obsolet machen könnten. Insbesondere könnte Art. 14 Nr. 5 des Vorschlags mit dem in § 3 Abs. 1 Nr. 3 UrhWG normierten wichtigsten Grund für die Versagung der Erlaubnis zum Geschäftsbetrieb einer Verwertungsgesellschaft kollidieren, der auch als Widerrufsgrund nach § 4 Abs. 1 Nr. 1 UrhWG eine gewichtige Rolle spielt. Das Recht der Verwertungsgesellschaften ist eine so komplizierte Spezialmaterie, daß die Europäische Kommission diesen Rechtsbereich durch eine eigene Richtlinie harmonisieren will. Diesem Bestreben kann nicht durch die viel weiter angelegte Richtlinie zu „Dienstleistungen im Binnenmarkt“ vorgegriffen werden. **198**

---

223 So Dreier/Schulze-*Dreier*, Vor §§ 120 ff. UrhG Rn. 28; Schricker-*Katzenberger*, Vor §§ 120 ff. UrhG Rn. 120.

Literaturverzeichnis

A

Addor, Felix/Govoni, Carlo, Die Harmonisierung des europäischen Urheberrechts aus schweizerischer Perspektive, ZUM 1995, 464–471

Allner, Uwe, Die tatsächliche Vermutung mit besonderer Berücksichtigung der GEMA-Vermutung, Pfaffenweiler (Centaurus) 1993 (zitiert *Allner,* GEMA-Vermutung)

Anstalt für Musikalisches Aufführungsrecht (Hrsg.), Denkschrift der Genossenschaft Deutscher Tonsetzer, Berlin (Heymanns) 1904

Arminger, Gerhard, Gutachten zur Ermittlung der Aufführungsziffern in Live U-Musikveranstaltungen der GEMA, GEMA-Jahrbuch 1998/1999, Baden-Baden (Nomos) 1998, S. 87–93

Arnold, Claudius/Rehbinder, Manfred, Zur Rechtsnatur der Staatsaufsicht über die deutschen Verwertungsgesellschaften, UFITA 118 (1992), 203–215

Augenstein, Christof, Rechtliche Grundlagen des Verteilungsplans urheberrechtlicher Verwertungsgesellschaften, Baden-Baden (Nomos) 2004 (zitiert *Augenstein,* Grundlagen des Verteilungsplans)

B

Barta, Janusz/Markiewicz, Ryszard, Aktuelle Probleme der kollektiven Wahrnehmung von Urheberrechten, in: Jürgen Becker/Reto M.Hilty/Jean-Fritz Stöckli/Thomas Würtenberger (Hrsg.), Recht im Wandel seines sozialen und technologischen Umfeldes – Festschrift für Manfred Rehbinder, München/Bern (C.H. Beck/Stämpfli) 2002, S. 177–185

Baumgärtel, Gottfried, Handbuch der Beweislast im Privatrecht, Band 1, 2. Auflage, Köln (Heymanns) 1991

Baumbach, Adolf/Hopt, Klaus J. (Hrsg.), Handelsgesetzbuch mit GmbH & Co., Handelsklauseln, Bank- und Börsenrecht, Transportrecht (ohne Seerecht), Kommentar, 31. Auflage, Müchen (C.H. Beck) 2003 (zitiert Baumbach/Hopt-*Bearbeiter,* § Gesetz Rn.)

Bechtold, Rainer, Kartellgesetz – Gesetz gegen Wettbewerbsbeschränkungen – Kommentar, 3. Auflage, München (C.H.Beck) 2002 (zitiert *Bechtold,* §§ GWB Rn.)

Bechtold, Stefan, Multimedia und Urheberrecht – Einige grundsätzliche Anmerkungen, GRUR 1998, 18–27

Becker, Jürgen, Gewaltenteilung im Gruppenstaat ein Beitrag zum Verfassungsrecht des Parteien- und Verbändestaates, Baden-Baden (Nomos) 1986

Becker, Jürgen, Der Schutz des schöpferischen Menschen bei der privaten Vervielfältigung seiner Werke, in: VG WORT (Hrsg.), Geist und Recht – Eine Tagung über Urheberrechtsschutz im technischen Zeitalter, 14.–15. Oktober 1992, München (Privatdruck) 1992, S. 33–46 (zitiert *Becker*, in: VG WORT (Hrsg.), Geist und Recht)

Becker, Jürgen, Rechtsprobleme aus der Sicht der GEMA, in: Jürgen Becker (Hrsg.) Musik im Film, VI. Münchner Symposium zum Film- und Medienrecht am 26. Juni 1992, Baden-Baden (Nomos) 1993, S. 53–75, (zitiert *Becker*, in: Musik im Film)

Becker, Jürgen, Verwertungsgesellschaften als Träger öffentlicher und privater Aufgaben, in: Jürgen Becker (Hrsg.), Wanderer zwischen Musik, Politik und Recht: Festschrift für Reinhold Kreile zu seinem 65. Geburtstag, Baden-Baden (Nomos) 1994, S. 27–51

Becker, Jürgen, Die digitale Verwertung von Musikwerken aus der Sicht der Musikurheber, in: Jürgen Becker/Thomas Dreier (Hrsg.), Urheberrecht und digitale Technologie. Arbeitssitzung des Instituts für Urheber- und Medienrecht am 22. April 1994, Baden-Baden (Nomos) 1994, S. 45–76

Becker, Jürgen, Kollektive Wahrnehmung in einem neuen Umfeld – Zur aktuellen Situation – Gesetzgebungs- und Regelungskontext, GEMA-Nachrichten 152 (1995), 131–137

Becker, Jürgen, Neue Übertragungstechniken und Urheberrechtsschutz, ZUM 1995, 231–249

Becker, Jürgen, Konsequenzen für die Verwertungsgesellschaften und deren Lizenzierungssystem, in: Hanns Prütting/Jörg Reinbothe/Volker Schöfisch u.a. (Hrsg.), Die Entwicklung des Urheberrechts im Europäischen Rahmen. Expertentagung vom 2. und 3. Oktober 1998 in Köln, München (C. H. Beck) 1999, S. 53–63 (zitiert *Becker,* in: Entwicklung des Urheberrechts im Europäischen Rahmen)

Becker, Jürgen, Die Schöpfer von Filmmusik und die Verwaltung ihrer Rechte durch die GEMA, ZUM 1999, 16–24

Becker, Jürgen, Die Lizenzierungspraxis der GEMA bei Rufmelodien – Rechteeinräumung und Rechtefluß, in: Jürgen Becker/Reto M. Hilty/Jean-Fritz Stöckli/Thomas Würtenberger (Hrsg.), Recht im Wandel seines sozialen und technologischen Umfeldes – Festschrift für Manfred Rehbinder, München/Bern (C.H. Beck/Stämpfli) 2002, 187–198

Becker, Jürgen, Begrüßung und Einführung zum Symposium „Die Verwertungsgesellschaften im Europäischen Binnenmarkt" des Instituts für Urheber- und Medienrecht am 18. Oktober 2002, ZUM 2003, 1–2

Becker, Jürgen, Urheberrecht und Internet – Praktische Erfahrungen aus dem Bereich der Musik, in: Jürgen Schwarze/Jürgen Becker (Hrsg.), Regulierung im Bereich von Medien und Kultur – Gestaltungsmöglichkeiten und rechtliche Grenzen, Baden-Baden (Nomos) 2002, S. 57–71 (zitiert *Becker*, in: Schwarze/Becker, Regulierung im Bereich von Medien und Kultur)

Becker, Jürgen (Hrsg.), Musik im Film – VI. Münchener Symposium zum Film- und Medienrecht am 26. Juni 1992, Baden-Baden (Nomos) 1993

Becker, Jürgen (Hrsg.), Die Wahrnehmung von Urheberrechten an Sprachwerken-Symposium für Ferdinand Melichar zum 60. Geburtstag, Baden-Baden (Nomos) 1999

Becker, Jürgen/Rehbinder, Manfred (Hrsg.), Die Verwertungsgesellschaften im Europäischen Binnenmarkt, Baden-Baden (Nomos) 1990

Becker, Jürgen/Dreier, Thomas (Hrsg.), Urheberrecht und digitale Technologie – Arbeitssitzung des Instituts für Urheber- und Medienrecht am 22. April 1994, Baden-Baden (Nomos) 1994 (zitiert *Bearbeiter* in: Becker/Dreier, Urheberrecht und digitale Technologie)

Becker, Jürgen/Lerche, Peter/Mestmäcker, Ernst-Joachim (Hrsg.), Wanderer zwischen Musik, Politik und Recht – Festschrift für Reinhold Kreile zu seinem 65.Geburtstag, Baden-Baden (Nomos) 1994

Becker-Bender, Walter, Das Urheberpersönlichkeitsrecht im musikalischen Urheberrecht, Diss.. Heidelberg 1940

Benda, Ernst/Klein, Eckart, Verfassungsprozeßrecht, 2. Auflage, Heidelberg (C.F.Müller) 2001

Beseler, Hans-Friedrich, Die Harmonisierung des Urheberrechts aus europäischer Sicht, ZUM 1995, 437–441

Bezzenberger, Gerold/Riesenhuber, Karl, Rechtsprechung zum „Binnenrecht" der Verwertungsgesellschaften – dargestellt am Beispiel der GEMA, GRUR 2003, 1005–1014

Bing, Friederike, Die Verwertung von Urheberrechten – Eine ökonomische Analyse unter besonderer Berücksichtigung der Lizenzvergabe durch Verwertungsgesellschaften, Berlin (Zeitungs-

Verlag) 2002 (Besprechung von *Riesenhuber,* ZUM 2004, 87) (zitiert *Bing*, Die Verwertung von Urheberrechten)

Block, Ulrich, Die Lizenzierung von Urheberrechten für die Herstellung und den Vertrieb von Tonträgern im Europäischen Binnenmarkt, Baden-Baden (Nomos) 1997 (zitiert *Block,* Lizenzierung von Urheberrechten)

Böckenförde, Ernst-Wolfgang, Geschichte der Rechts- und Staatsphilosophie, Tübingen (Mohr Siebeck) 2002

Brockmann, Dirk, Volksmusikbearbeitung und Volkmusikschutz im Lichte der Urheberrechtsnovelle 1985, Baden-Baden (Nomos) 1998

Brugger, Gustav, Kartellrecht und Urheberrecht, UFITA 27 (1959), 189–232

Brugger, Gustav, Kartellrechtliche Beurteilung von Urheberrechtsgesellschaften, WuW 3 (1959), 159–169, 244–254

Brugger, Gustav, Der Begriff der Bearbeitung und Verfilmung im neuen Urheberrechtsgesetz – Unter Berücksichtigung der Verwendung von Musikwerken im Film und Fernsehen, UFITA 51 (1968), 89–125

Brüning, Christoph, Widerspruchsfreiheit der Rechtsordnung – Ein Topos mit verfassungsrechtlichen Konsequenzen, NVwZ 2002, 33–37

Bundesministerium der Justiz, Bundesregierung zur Tarifgestaltung der GEMA (Stellungnahme), DB 1982, 1261

Bunte, Hermann-Josef, Kartellrecht, München (C.H.Beck) 2003 (zitiert *Bunte*, Kartellrecht)

Burhoff, Detlef, Vereinsrecht – Ein Leitfaden für Vereine und ihre Mitglieder, 5. Auflage Berlin (nwb) 2002

Bydlinski, Franz, Juristische Methodenlehre und Rechtsbegriff, 2. Auflage, Wien/New York (Springer) 1991

C

Canaris, Claus-Wilhelm, Die Feststellung von Lücken im Gesetz, 2. Auflage Berlin (Duncker & Humblot) 1983

Canaris, Claus-Wilhelm, Systemdenken und Systembegriff in der Jurisprudenz – Entwickelt am Beispiel des deutschen Privatrechts, 2. Auflage, Berlin (Duncker & Humblot) 1983 (zitiert *Canaris*, Systemdenken und Systembegriff im deutschen Privatrecht)

Canaris, Claus-Wilhelm, Die Bedeutung der iustitia distributiva im deutschen Vertragsrecht, München (C.H. Beck) 1997 (zitiert *Canaris,* Iustitia distributiva)

Canaris, Claus-Wilhelm, Das Rangverhältnis der „klassischen“ Auslegungskriterien – Demonstriert an Standardproblemen aus dem Zivilrecht, in: Volker Beuthien/Maximilian Fuchs/Herbert Roth/Gottfried Schiemann/Andreas Wacke (Hrsg.) Festschrift für Dieter Medicus, Köln/Berlin/Bonn/München (Heymanns) 1999, S. 25–61

Canaris, Claus-Wilhelm, Grundrechte und Privatrecht – Eine Zwischenbilanz –, Berlin/New York (de Gruyter) 1999

Canaris, Claus-Wilhelm, Wandlungen des Schuldvertragsrechts – Tendenzen zu seiner „Materialisierung“, AcP 200 (2000), 273–364

Canaris, Claus-Wilhelm, Verfassungs- und europarechtliche Aspekte der Vertragsfreiheit in der Privatrechtsgesellschaft, in: Peter Badura/Rupert Scholz (Hrsg.), Wege und Verfahren der Verfassungslebens – Festschrift für Peter Lerche zum 65. Geburtstag, München (C. H. Beck) 1993, S. 873–891

Canaris, Claus-Wilhelm, Schuldrechtsreform 2002, München (C. H.Beck) 2002

Capubianco, Antonio, Licensing of Music Rights: Media Convertions, Technological Developments and EC Competition Law, EIPR 2004, 113–121

Castendyk, Oliver, Neue Ansätze zum Problem der unbekannten Nutzungsart in § 31 Abs. 4 UrhG, ZUM 2002, 332–348

Cherpillod, Ivan, Die Aufsicht über die Verwertungsgesellschaften, in: Reto M. Hilty (Hrsg.), Die Verwertung von Urheberrechten in Europa, Basel (Helbing und Lichtenhahn) 1995, S. 33–45 (zitiert *Cherpillod,* in: Die Verwertung von Urheberrechten in Europa)

Coates, Kevin/Finnegan, John, in: *Jonathan Faull/Ali Nikpay* (Hrsg.), The EC Law of Competition, Oxford (Oxford University Press) 2000

D

Dauner-Lieb, Barbara/Heidel, Thomas/Lepa, Manfred/Ring, Gerhard, Schuldrecht, Bonn (Deutscher Anwaltverlag) 2002

Dietz, Adolf, Das Urheberrecht in der Europäischen Gemeinschaft – Studie im Auftrag der Generaldirektion „Forschung, Wissenschaft und Bildung" der Kommission der Europäischen Gemeinschaften, Baden-Baden (Nomos) 1978

Dietz, Adolf, Möglichkeiten der Harmonisierung des Urheberrechts in Europa, GRUR Int. 1978, 101–109

Dietz, Adolf, Harmonisierung des Urheberrechts in der Europäischen Gemeinschaft, FuR 1984, 343–361

Dietz, Adolf, Das Urheberrecht in Spanien und Portugal – Rechtsvergleichende Studie erstellt im Auftrag der Kommission der Europäischen Gemeinschaften, Baden-Baden (Nomos) 1990

Dietz, Adolf, Das Urheberrecht in der Europäischen Gemeinschaft, in: Friedrich-Karl Beier/Alfons Kraft/Gerhard Schricker/Elmar Wadle (Hrsg.), Gewerblicher Rechtsschutz und Urheberrecht in Deutschland – Festschrift zum hundertjährigen Bestehen der Deutschen Vereinigung für gewerblichen Rechtsschutz und Urheberrecht und ihrer Zeitung, Band II, Weinheim (VCH) 1991, S. 1445–1484 (zitiert *Dietz*, FS 100 Jahre GRUR)

Dietz, Adolf, Das Urheberpersönlichkeitsrecht vor dem Hintergrund der Harmonisierungspläne der EG-Kommission – Einführungsreferat zur Arbeitssitzung des Instituts für Urheber- und Medienrecht am 23. April 1993, ZUM 1993, 309–324

Dietz, Adolf, Die EU-Richtlinie zum Urheberrecht und zu den Leistungsschutzrechten in der Informationsgesellschaft – Vorstoß in den Kernbereich des Urheberrechts- und Leistungsschutzes und seine Folgen, ZUM 1998, 438–451

Dietz, Adolf, Die Entwicklung des Rechts der Verwertungsgesellschaften in Mittel- und Osteuropa am Beispiel des neuen ungarischen Urheberrechtsgesetzes von 1999, in: Helmuth Tades/Karl-Heinz Danzl/Gernot Graninger (Hrsg.), Ein Leben für Rechtskultur – Festschrift für Robert Dittrich zum 75. Geburtstag, Wien (Manz) 2000, S. 21–38

Dietz, Adolf, Kinderkomponisten und die GEMA – Zugleich Anmerkung zum Urteil des BGH vom 13.12.2001 – I ZR 41/99 – Klausurerfordernis, ZUM 2003, 41–44

Dillenz, Walter (Hrsg.), Materialien zum Verwertungsgesellschaftengesetz, Wien (Manz) 1987

Dillenz, Walter, Harmonisierung des Rechts der Verwertungsgesellschaften in Europa, GRUR Int. 1997, 315–329

Dillenz, Walter, Die EG-Wettbewerbsregeln und die österreichischen Verwertungsgesellschaften, ZfRV 1990, 161–177

Dillenz, Walter/Gutman, Daniel, Praxiskommentar zum Urheberrecht – Österreichisches Urheberrechtsgesetz und Verwertungsgesellschaftsgesetz, 2. Auflage, Wien/New York (Springer) 2004

Donhauser, Daniela, Der Begriff der unbekannten Nutzungsart gemäß § 31 Abs. 4 UrhG, Baden-Baden (Nomos) 2001 (zitiert *Donhauser*, Der Begriff der unbekannten Nutzungsart)

Donle, Christian, Die Bedeutung des § 31 Abs. 5 UrhG für das Urhebervertragsrecht, München (VVF) 1993 (zitiert *Donle,* Die Bedeutung des § 31 Abs. 5 UrhG)

Dördelmann, Jörg-Eckhard, Gedanken zur Zukunft der Staatsaufsicht über Verwertungsgesellschaften, GRUR 1999, 890–896

Dördelmann, Jörg-Eckhard, Die gemeinsame Vertretung der Wahrnehmungsberechtigten nach § 6 Abs. 2 WahrnG, in: Christian Schertz/Hermann-Josef Omsels (Hrsg.), Festschrift für Paul W. Hertin zum 60. Geburtstag am 15. November, München (C. H. Beck) 2000, 31–52 (zitiert *Dördelmann,* FS Hertin)

Drauz, Götz, Aktuelle Probleme bei der Anwendung des europäischen Wettbewerbsrechts, in: Jürgen Schwarze/Jürgen Becker (Hrsg.), Regulierung im Bereich von Medien und Kultur, Gestaltungsmöglichkeiten und rechtliche Grenzen, Baden-Baden (Nomos) 2002, S. 103–114 (zitiert *Drauz*, in: Schwarze/Becker, Regulierung im Bereich von Medien und Kultur)

Dreier, Thomas, Die Umsetzung der Richtlinie zum Satellitenrundfunk und zur Kabelweiterleitung, ZUM 1995, 458–463

Dreier, Thomas/Schulze, Gernot, Urheberrechtsgesetz, Urheberwahrnehmungsgesetz, Kunsturhebergesetz – Kommentar, München (C. H. Beck) 2004 (zitiert Dreier/Schulze-*Bearbeiter*, §§ Gesetz Rn.)

Drewes, Stefan, Neue Nutzungsarten im Urheberrecht, Baden-Baden (Nomos) 2002

Drexl, Josef, Die wirtschaftliche Selbstbestimmung des Verbrauchers – Eine Studie zum Privat- und Wirtschaftsrecht unter Berücksichtigung gemeinschaftsrechtlicher Bezüge, Tübingen (Mohr Siebeck) 1998

Dreyer, Gunda/Kotthoff, Jost/Meckel, Astrid, Heidelberger Kommentar zum Urheberrecht, Heidelberg (C. F. Müller) 2004 (zitiert Dreyer/Kotthoff/Meckel-*Bearbeiter,* §§ Gesetz Rn.)

Dümling, Albrecht, Musik hat ihren Wert – 100 Jahre musikalische Verwertungsgesellschaften in Deutschland, Regensburg (ConBrio Verlagsgesellschaft) 2003

Dünnwald, Rolf, Zum GEMA-Berechtigungsvertrag – Begriffe und Rechte, FuR 1974, 554–560

Dünnwald, Rolf, Die Verpflichtung der Verwertungsgesellschaften zur Rechtswahrnehmung zu angemessenen Bedingungen, in: Jürgen Becker/Peter Lerche/Ernst-Joachim Mestmäcker (Hrsg.), Wanderer zwischen Musik, Politik und Recht: Festschrift für Reinhold Kreile zu seinem 65. Geburtstag, Baden-Baden (Nomos) 1994, S. 161–167

Dünnwald, Rolf, GVL, in: Rolf Moser/Andreas Scheuermann (Hrsg.), Handbuch der Musikwirtschaft, 4. Auflage München (Josef Keller) 1997, S. 680–685 (zitiert *Dünnwald,* in: Handbuch der Musikwirtschaft[4])

Dünnwald, Rolf, Neufassung des künstlerischen Leistungsschutzes, ZUM 2004, 161–181

Dünnwald, Rolf/Gerlach, Tilo, GVL, in: Rolf Moser/Andreas Scheuermann (Hrsg.), Handbuch der Musikwirtschaft, 6. Auflage, Starnberg, München (Josef Keller) 2003, S. 708–714 (zitiert *Dünnwald/Gerlach,* in: Handbuch der Musikwirtschaft)

E

Ehlers, Dirk, Empfiehlt es sich, das Recht der öffentlichen Unternehmen im Spannungsfeld von öffentlichem Auftrag und Wettbewerb national und gemeinschaftsrechtlich neu zu regeln? Gutachten zum 64. Deutschen Juristentag, München (C. H. Beck) 2002, S. E1–E166

Eilmansberger, Thomas, Der Umgang marktbeherrschender Unternehmen mit Immaterialgüterrechten im Lichte des Art. 86 EWGV, EuZW 1992, 625–634

Emmerich, Volker, Kartellrecht, 9. Auflage, München (C. H. Beck) 2001

Engisch, Karl, Einführung in das juristische Denken, 9. Auflage, Stuttgart u. a. (Kohlhammer) 1997

Erdmann, Willi, Schutz von Werbeslogans, GRUR 1996, 550–558

Erdmann, Willi, Das urheberrechtliche Vermiet- und Verleihrecht, in: Gerd Pfeiffer/Joachim Kummer/Silke Scheuch (Hrsg.), Festschrift für Hans Erich Brandner, Köln (Dr. Otto Schmidt) 1996, S. 361–374

Erichsen, Hans–Uwe/Ehlers, Dirk (Hrsg.), Allgemeines Verwaltungsrecht, 12. Auflage, Berlin/New York (De Gruyter) 2002 (zitiert *Bearbeiter* in: Erichsen/Ehlers, Allgemeines Verwaltungsrecht, § Rn.)

Esser, Josef, Vorverständnis und Methodenwahl in der Rechtsfindung: Rationalitätsgrundlagen richterlicher Entscheidungspraxis, Frankfurt (Main) (Athenäum Fischer Taschenbuch Verlag) 1972

Everling, Ulrich, Buchpreisbindung im deutschen Sprachraum und Europäisches Gemeinschaftsrecht, Baden-Baden (Nomos) 1997

Eyermann, Erich/Fröhler, Ludwig/Kornmann, Joachim, Verwaltungsgerichtsordnung. Kommentar, 11. Auflage, München (C. H. Beck) 2000

F

Fahrmeir, Ludwig, Gutachten zu einem neuen Hochrechnungsverfahren PRO zur Ermittlung der Aufführungsziffern in Live U-Musikveranstaltungen der GEMA, GEMA-Jahrbuch 1998/1999, Baden-Baden (Nomos) 1998, S. 94–98

Feindor, Ursula, Die medienübergreifende Verwertung von Werktiteln, Baden-Baden (Nomos) 2004

Ferber, Christian, Ein Lohn – Der Arbeiter nicht wert – Biographische Belichtung der Urheberfrage, in: GEMA (Hrsg.), Musik und Dichtung – 50 Jahre deutsche Urheberrechtsgesellschaft, München (Münchner Buchgewerbehaus GmbH) 1953, S. 49–51

Figge, Gustav, Sind die Leistungen der GEMA-Sozialkasse Versorgungsbezüge im Sinne der gesetzlichen Krankenversicherung?, Die Beiträge 1987, 225–229

Fikentscher, Wolfgang, Urhebervertragsrecht und Kartellrecht, in: Friedrich- Karl Beier/Horst-Peter Götting/Michael Lehmann/Rainer Moufang (Hrsg.), Urhebervertragsrecht: Festgabe für Gerhard Schricker zum 60. Geburtstag, München (C. H. Beck) 1995, S. 149–192 (zitiert *Fikentscher*, FG Schricker)

Fink-Hooijer, Florika, Schutz des Urheberrechts und der verwandten Schutzrechte in der Informationsgesellschaft – Ein Zwischenstandsbericht über jüngere Entwicklungen auf europäischer Ebene, in: Bernward Zollner/Uwe Fitzner (Hrsg.), Festschrift für Wilhelm Nordemann, Baden-Baden (Nomos) 1999, S. 37–50

Finscher, Ludwig, Die Musik in Geschichte und Gegenwart – Allgemeine Enzyklopädie der Musik, 2. Auflage Kassel Basel London New York Prag (Bärenreiter) und Stuttgart Weimar (Metzler) 1994

First, Harry, Online Music Joint Ventures – Taken for a Song, New York (Manuskript) 2004

Fiscor, Mihály, Collective Management of Copyright in the International Environment, ZUM 2003, 3–15

Fitzek, Sebastian Die unbekannte Nutzungsart, Berlin (Berlin Verlag) 2000

Flume, Werner, Allgemeiner Teil des Bürgerlichen Rechts, Band I, Teil 1, Die Personalgesellschaft, Berlin/Heidelberg/New York (Springer Verlag) 1977

Flume, Werner, Allgemeiner Teil des Bürgerlichen Rechts, Band I, Teil 2, Die juristische Person, Berlin/Heidelberg/New York/Tokio (Springer Verlag) 1983

Flume, Werner, Allgemeiner Teil des Bürgerlichen Rechts, Band II, Das Rechtsgeschäft, 4. Auflage, Berlin/Heidelberg/New York/London/Paris/Tokio/Hongkong/Barcelona/Budapest (Springer) 1992 (zitiert *Flume*, Rechtsgeschäft)

Franzen, Martin, Privatrechtsangleichung durch die Europäische Gemeinschaft, Berlin (Walter de Gruyter) 1999

Fritsch, Klaus, Besteht ein subjektiv-öffentliches Recht auf ermessensfehlerfreie Ausübung der Staatsaufsicht über die Verwertungsgesellschaften?, GRUR 1984, 22–27

Fritzsche, Jörg, „Notwendige" Wettbewerbsbeschränkungen im Spannungsfeld von Verbot und Freistellung nach Art. 85 EGV, in ZHR 160 (1996), 31–58

Fromm, Friedrich Karl/Nordemann, Wilhelm, Urheberrecht – Kommentar zum Urheberrechtsgesetz und zum Urheberrechtswahrnehmungsgesetz, 9. Auflage, Stuttgart/Berlin/Köln (Kohlhammer) 1998 (zitiert Fromm/Nordemann-*Bearbeiter*, §§ Gesetz Rn.)

G

Gamm, Otto Friedrich Freiherr von, Urheberrechtliche Verwertungsverträge und Einschränkungen durch den EWG-Vertrag, GRUR Int. 1983, 403–409

Gamm, Otto Friedrich Freiherr von, Die Tariffestsetzung durch die urheberrechtlichen Verwertungsgesellschaften, in: Karl Bruchhausen (Hrsg.), Festschrift für Rudolf Nirk zum 70. Geburtstag am 11.Oktober 1992, München (C. H. Beck) 1992, 315–320

Gamm, Otto Friedrich Freiherr von, Urheberrechtsgesetz, Kommentar, München (C. H. Beck) 1968 (zitiert *v. Gamm*, §§ Rn.)

Gebhardt, Gerd, Die Erwartungen der Tonträgerwirtschaft an den zweiten Korb, ZUM 2003, 1022–1025

Geiger, Rudolf, EUV/EGV – Vertrag über die Europäische Union und Vertrag zur Gründung der Europäischen Gemeinschaft, 4. Auflage, München (C. H. Beck) 2004

GEMA (Hrsg.), Musik und Dichtung – 50 Jahre deutsche Urheberrechtsgesellschaft, München (Münchner Buchgewerbehaus GmbH) 1953

GEMA, Ermittlung der Aufführungsziffern der Werke in Live U-Musikveranstaltungen der GEMA, GEMA-Jahrbuch 1998/1999, Baden-Baden (Nomos) 1998, S. 86

Genthe, Barbara, Der Umfang der Zweckübertragungstheorie im Urheberrecht, Frankfurt (Lang) 1981 (zitiert *Genthe*, Der Umfang der Zweckübertragungstheorie)

Gentz, Günther, Kollektive und individuelle Wahrnehmung von Rechte, GRUR 1964, 422–425

Gerhardt, Andreas, Die Verwertungsgesellschaften im Europäischen Binnenmarkt – Diskussionsbericht zum gleichnamigen Symposium des Instituts für Urheber- und Medienrecht vom 18. Oktober 2002 im Rahmen der Medientage München, ZUM 2003, 38–40

Gerlach, Tilo, Verwertungsgesellschaften und europäischer Wettbewerb, in: Helmuth Tades/Karl-Heinz Danzl/Gernot Graninger (Hrsg.), Ein Leben für Rechtskultur – Festschrift für Robert Dittrich zum 75. Geburtstag, Wien (Manz) 2000, 119–132

Gerlach, Tilo, Tarife der GVL, in: Rolf Moser/Andreas Scheuermann (Hrsg.), Handbuch der Musikwirtschaft, 6. Auflage, Starnberg, München (Josef Keller) 2003, S. 761–768 (zitiert *Gerlach*, in: Handbuch der Musikwirtschaft)

Goldbaum, Wenzel, Urheberrecht und Urhebervertragsrecht, 1. Auflage Berlin (Verlag von Georg Stilke) 1922

Goldmann, Bettina C., Die Regulierung der Urheberverwertungsgesellschaften in den USA – Kollektive Wahrnehmung im Konflikt mit dem Wettbewerbsrecht, GRUR Int. 2001, 420–438

Goldmann, Bettina C., Die kollektive Wahrnehmung musikalischer Rechte in den USA und in Deutschland – Eine vergleichende Studie zu Recht und Praxis der Verwertungsgesellschaften, München, Heft 39, München (C. H. Beck) 2001 (zitiert *Goldmann,* Die kollektive Wahrnehmung musikalischer Rechte) (Besprechung von *Riesenhuber,* ZUM 2003, 888–890)

Goldmann, Bettina C., Die Regulierung der Urheberverwertungsgesellschaften in den USA – Kollektive Wahrnehmung im Konflikt mit dem Wettbewerbsrecht, GRUR Int. 2001, 420–437

Gorscak, Robert, Der Verlagsvertrag über U-Musik, Baden-Baden (Nomos) 2003

Götz, Volkmar, Die Betrauung mit Dienstleistungen von allgemeinem wirtschaftlichen Interesse (Art. 86 Abs. 2 EG) als Akt der öffentlichen Gewalt, in: Max-Emanuel Geis/Dieter Lorenz (Hrsg.), Festschrift für Maurer, München (C. H. Beck) 2001, S. 921–933

Götz, Wolfgang, Die kollektive Wahrnehmung geistiger Eigentumsrechte in Spanien – Wettbewerbsrechtliche Aspekte und europäischer Kontext, Frankfurt (Lang) 2000 (zitiert *Götz,* Kollektive Wahrnehmung geistiger Eigentumsrechte)

Groeben, Hans v.d./Schwarze, Jürgen (Hrsg.), Vertrag über die Europäische Union und Vertrag zur Gründung der Europäischen Gemeinschaft, Kommentar, 6. Auflage, Baden-Baden (Nomos) 2003 (zitiert Groeben/Schwarze-*Bearbeiter,* Art. EU/EG Rn.)

Grossman, Cornelius, Die Schutzfähigkeit von Bearbeitungen gemeinfreier Musikwerke: § 3 Satz 2 UrhG, Baden-Baden (Nomos) 1995

Grundmann, Siegfried, Die GEMA – ein marktbeherrschendes Unternehmen?, NJW 1954, 297–298

Grundmann, Stefan, Europäisches Gesellschaftsrecht – Ius Communitatis, Heidelberg (C. F. Müller) 2003 (zitiert *Grundmann*, Europäisches Gesellschaftsrecht)

Grundmann, Stefan, Privatautonomie im Binnenmarkt – Informationsregeln als Instrument, JZ 2000, 1133–1143

Grundmann, Stefan, Europäisches Schuldvertragsrecht – Das europäische Recht der Unternehmensgeschäfte, Berlin/New York (de Gruyter) 1999

Grunewald, Barbara, Die Auslegung von Gesellschaftsverträgen und Satzungen, ZGR 1995, 68–92

Grunewald, Barbara, Die in § 23 AGBG vorgesehene Bereichsausnahme für Gesellschaftsrecht, in: Marcus Bierich/Peter Hommelhoff/Bruno Kropff (Hrsg.) Festschrift für Johannes Semler zum 70. Geburtstag am 28. April 1993 – Unternehmen und Unternehmensführung im Recht, Berlin (de Gruyter) 1993, S. 179–193

Grunewald, Barbara, Gesellschaftsrecht, 5. Auflage, Tübingen (Mohr Siebeck) 2002

H

Haensel, Carl, Die sozial-staatlichen Ansprüche der Autoren auf Verwertungshilfe, UFITA 40 (1963), 1–20

Haensel, Carl, Stellungnahme zu dem Gutachten von Hubmann über die Frage, ob die in § 1c), e) und i) des GEMA-Berechtigungsvertrages erwähnten Wiedergabearten von dramatisch-musikalischen Werken unter den Begriff „großes Recht“ fallen, GEMA-Nachrichten 43 (1959), 22–50

Haensel, Carl, Die Verankerung der Verwertungsgesellschaften im neuen Urheberrecht, UFITA 33 (1961), 288–307

Haensel, Carl, Das Verwertungsgesellschaftengesetz in der Urheberrechtsreform, UFITA 45 (1965), 68–84

Haertel, Kurt, Verwertungsgesellschaften und Verwertungsgesellschaftsgesetz, UFITA 50 (1967), 7–22

Haertel, Kurt/Schiefler, Kurt, Urheberrechtsgesetz und Gesetz über die Wahrnehmung von Urheberrechten und verwandten Schutzrechten – Textausgabe mit Verweisungen und Materialien, Köln/Berlin/Bonn/München (Heymanns) 1967

Hagen, Hans, Wenn die GEMA die GEMA vergißt, KUR 2002, 121–122

Hamilton, Alexander/Madison, James/Jay, John, The Federalist – A Commentary on the Constitution of the United States, Introduction by Edward M. Earle, New York (Random House) 1937

Harte-Bavendamm, Henning/Henning-Bodewig, Frauke, Gesetz gegen den unlauteren Wettbewerb (UWG), München (Verlag C. H. Beck) 2004 (zitiert Harte/Henning-*Bearbeiter*, § Rn.)

Hartstein, Reinhard/Ring, Wolf-Dieter/Kreile, Johannes/Dörr, Dieter/Stettner, Rupert, Rundfunkstaatsvertrag – Kommentar, Berlin/München (Jehle Rehm) Stand: September 2004 (zitiert *Hartstein/Ring/Kreile/Dörr/Stettner,* Teil §§ Gesetz Rn.)

Hartung, Wolfgang, Das neue Rechtsanwaltsvergütungsgesetz – Ein Überblick über praxisrelevante Neuerungen des Vergütungsrechts, NJW 2004, 1409–1420

Hartung, Wolfgang/Römermann, Volker, Praxiskommentar zum Rechtsanwaltsvergütungsgesetz, München (C. H. Beck) 2004 (zitiert Hartung/Römermann-*Bearbeiter*, §§ Gesetz Rn.)

Hauptmann, Christian, Der Zwangseinbehalt von Tantiemen der Urheber und ihre Verwendung für soziale und kulturelle Zwecke bei der GEMA und der VG Wort, UFITA 126 (1994), 149–177

Hauptmann, Christian, Die Vergesellschaftung des Urheberrechts – Das ausschließliche Recht, Entindividualisierung und Vergesellschaftung bei Wahrnehmung durch Verwertungsgesellschaften am Beispiel der GEMA und der VG Wort, Baden-Baden (Nomos) 1994

Häußer, Erich, Aufsicht über Verwertungsgesellschaften und Vereinsautonomie, in: Wilhelm Herschel/Heinrich Hubmann/Manfred Rehbinder (Hrsg.), (2.) Festschrift für Georg Roeber zum 10. Dezember 1981, Freiburg i.Br. (Hochschulverlag) 1982, S. 113–130

Häußer, Erich, Die Verteilung der im Rahmen der Wahrnehmung von Urheberrechten und Leistungsschutzrechten erzielten Einnahmen an Ausländer, in: Jürgen Becker (Hrsg.), Wanderer zwischen Musik, Politik und Recht – Festschrift für Reinhold Kreile zu seinem 65. Geburtstag, Baden-Baden (Nomos) 1994, S. 281–290

Häußer, Erich, Praxis und Probleme der Aufsicht der Verwertungsgesellschaften – eine Bestandsaufnahme mit Blick auf die Zukunft, FuR 1980, 57–71

Have, Harro von/Eickmeier, Frank, Das Lied eines Boxers – Eine Erwiderung auf Russ, ZUM 1995, 32 ff., ZUM 1995, 321–324

Heck, Philipp, Gesetzesauslegung und Interessenjurisprudenz, Tübingen (Mohr Siebeck) 1914

Hefermehl, Wolfgang, Zum Thema: Freier und unlauterer Wettbewerb, GEMA-Nachrichten 33 (1957), 5–10

Heiderhoff, Bettina, Grundstrukturen des nationalen und europäischen Verbrauchervertragsrechts – Insbesondere zur Reichweite europäischer Auslegung, München (Sellier) 2004

Heinemann, Andreas, Immaterialgüterschutz in der Wettbewerbsordnung, Tübingen (Mohr Siebeck) 2002

Heister, Hans-Werner/Klein, Hans-Günther, Musik und Musikpolitik im faschistischen Deutschland, Frankfurt a. M. (Fischer) 1984

Held, Stefan, Fragen der kartellrechtlichen Mißbrauchsaufsicht über Verwertungsgesellschaften – Kontroll- und Eingriffsfunktionen des Bundeskartellamts, FuR 1980, 71–78

Henke, Wilhelm, Das subjektive öffentliche Recht, Tübingen (Mohr) 1968

Herschel, Wilhelm, Die Verwertungsgesellschaften als Träger staatsentlastender Tätigkeit, UFITA 50 (1967), 22–32

Hertin, Paul W., AGB-Gesetz und Urhebervertragsrecht, AfP 1978, 72–79

Hesse, Konrad, Die verfassungsrechtliche Stellung der politischen Parteien im modernen Staat, VVDStRL 17 (1959), 11–52

Hesse, Konrad, Grundzüge des Verfassungsrechts der Bundesrepublik Deutschland, 20. Auflage, Heidelberg (C. F. Müller) 1995

Hiestand, Thomas, Der Wahrnehmungsvertrag, Bern (Staempfli 1994)

Hillig, Hans-Peter, Urheber- und Verlagsrecht – Textausgabe, 10. Auflage, München (C. H. Beck) 2003

Hilty, Reto M. (Hrsg.), Die Verwertung von Urheberrechten in Europa, Basel (Helbing und Lichtenhahn) 1995

Hilty, Reto M./Peukert, Alexander (Hrsg.), Interessenausgleich im Urheberrecht, Baden-Baden (Nomos) 2004

Hirsch, Günther, Die Aufnahme der Grundrechtscharta in den Verfassungsvertrag, in: Jürgen Schwarze (Hrsg.), Der Verfassungsentwurf des Europäischen Konvents – Verfassungsrechtliche Grundstrukturen und wirtschaftsverfassungsrechtliches Konzept, Baden-Baden (Nomos) 2004, S. 111–125 (zitiert *Hirsch*, in: Schwarze, Der Verfassungsentwurf des Europäischen Konvents)

Hirsch, Günther, Die Rechtsprechung des EuGH zum Binnenmarkt im Medien- und Kulturbereich, in: *Jürgen Schwarze/Jürgen Becker*, Geistiges Eigentum und Kultur im Spannungsfeld von nationaler Regelungskompetenz und europäischem Wirtschafts- und Wettbewerbsrecht, S. 159–167

Hoeren, Thomas, Urheberrecht in der Informationsgesellschaft – Überlegungen zu einem Rechtsgutachten von Gerhard Schricker et al., GRUR 1997, 866–875

Hoeren, Thomas, AGB-rechtliche Fragen zum Wahrnehmungsvertrag der VG Wort, AfP 2001, 8–13

Hoeren, Thomas/Becker, Jürgen (Hrsg.), Handbuch Multimedia-Recht. Rechtsfragen des elektronischen Geschäftsverkehrs, München (C. H. Beck), (Stand: April 2004) (*Bearbeiter* in: Handbuch Multimedia-Recht)

Hoffmann, Willy/Ritter, Wilhelm, Das Recht der Musik – Eine erläuternde Darstellung der für das Urheberrecht geltenden Gesetze, Verordnungen und Anordnungen in alphabetischer Form, Leipzig (Moeser Buchhandlung) 1936

Holeschofsky, Peter, Gedanken zur urheberrechtlichen Verwertungsgesellschaft als Interessenvertretung, ÖBl. 1979, 145–149

Holeschofsky, Peter/Huber, Werner, Zur Mißbrauchsaufsicht über urheberrechtliche Verwertungsgesellschaften, ZfRV 1979, 30–40

Holeweg, Annette, Europäischer und internationaler gewerblicher Rechtschutz und Urheberrecht – Tabellarischer Überblick und aktuelle Entwicklungen, GRUR Int. 2001, 141–165

Honegger, Marc/Massenkeil, Günther (Hrsg.), Das große Lexikon der Musik in 8 Bänden, Freiburg in Br. (Herder) 1987

Hubmann, Heinrich, Gutachten über die Frage, ob die in § 1c), e) und i) des GEMA-Berechtigungsvertrages erwähnten Wiedergabearten von dramatisch-musikalischen Werken unter den Begriff „großes Recht“ fallen, GEMA-Nachrichten 43 (1959), 10–22

Hubmann, Heinrich, Das Verwertungsgesellschaftsgesetz und die Berner Übereinkunft, UFITA 48 (1966), 22–45

Hubmann, Heinrich, Urheber- und Verlagsrecht, 6. Auflage, München (C. H. Beck) 1987

Hübner, Heinz/Stern, Klaus, Zur Zulässigkeit der Aufsicht des Deutschen Patentamtes über die Verwertungsgesellschaften nach dem Gesetz über die Wahrnehmung von Urheberrechten und verwandten Schutzrechten vom 9. 9. 1965 (WahrnG), GEMA-Nachrichten 106 (1978), 85–98

Hüffer, Uwe, Aktiengesetz. Kommentar, 6. Auflage, München (C. H. Beck) 2004

I/J

Immenga, Ulrich/Mestmäcker, Ernst-Joachim (Hrsg.), EG-Wettbewerbsrecht – Kommentar, München (C.H. Beck) 1997 (Band I und II sowie Ergänzungsband) (zitiert Immenga/Mestmäcker-*Bearbeiter* Art. EG, Rn.)

Immenga, Ulrich/Mestmäcker, Ernst-Joachim (Hrsg.), GWB – Gesetz gegen Wettbewerbsbeschränkungen – Kommentar, 3. Auflage, München (C. H. Beck) 2001 (zitiert Immenga/Mestmäcker-*Bearbeiter,* § GWB Rn.)

Internationale Gesellschaft für Urheberrecht (Hrsg.), Schutz von Kultur und geistigem Eigentum in der Informationsgesellschaft – XIII. INTERGU-Kongreß, Wien 1997, Baden-Baden (Nomos) 1998

Isacker, Franz van, Vom tieferen Sinn des Urheberrechts und der Rolle, die die Verwertungsgesellschaften dabei spielen, in: Wilhelm Herschel/Friedrich Klein/Manfred Rehbinder (Hrsg.), (1.) Festschrift für Georg Roeber, Berlin (Schweitzer) 1973, S. 221–235

Isensee, Josef, Normalfall oder Grenzfall als Ausgangspunkt rechtsphilosophischer Konstruktion? in: Winfried Brugger/Görg Haverkate (Hrsg.), Grenzen als Thema der Rechts- und Sozialphilosophie, Stuttgart (Franz Steiner Verlag) 2002, S. 51–74

Isensee, Josef/Kirchhof, Paul, Handbuch des Staatsrecht, Heidelberg (C. F. Müller) 10 Bände 1987–2000

Isensee, Josef/Kirchhof, Paul, Handbuch des Staatsrechts, Bände I bis IX, Heidelberg (C. F. Müller) – Band III, 2. Auflage, Heidelberg (C.F.Müller) 1996; Band IV, 1. Auflage, Heidelberg 1989 (zitiert Isensee/Kirchhof – *Bearbeiter* Handbuch des Staatsrechts, Bandangabe, § Rn.)

Jarass, Hans D., Die Widerspruchsfreiheit der Rechtsordnung als verfassungsrechtliche Vorgabe – Zugleich ein Beitrag zum Verhältnis von Sachgesetzgeber und Abgabengesetzgeber, AöR 126 (2001), 588–607

Jarass, Hans D./Pieroth, Bodo, Grundgesetz für die Bundesrepublik Deutschland, 7. Auflage, München (C. H. Beck) 2004

Jauernig, Othmar (Hrsg.), BGB, 11. Auflage, München (C. H. Beck) 2003 (zitiert Jauernig-*Bearbeiter*, §§ Rn.)

Jones, Alison/Sufrin, Brenda E., EC Competition Law, 2. Auflage, Oxford (Oxford University Press) 2004

K

Käller, Anja, Die Verweigerung einer immaterialgüterrechtlich geschützten Leistung und das Mißbrauchsverbot des Art. 82 EG – Die Anwendung europäischen Wettbewerbsrechts auf Immaterialgüterrechte (Diss. Freiburger i.B.), Baden-Baden (Nomos) i.Vorb.

Kann, Berit, Musikpiraterie – Ansätze zur Lösung der praktischen und juristischen Probleme unter besonderer Berücksichtigung des Urheberstrafrechts, Münster (Lit-Verlag) 1995

Kant, Immanuel, Kritik der reinen Vernunft, 1781, in: Wolfgang von Weischedel (Hrsg.), Immanuel Kant. Werke, Band II, Wiesbaden (Insel-Verlag) 1957

Karbaum, Michael, Kleines Recht, Großes Recht, Kollektive und individuelle Wahrnehmung von Urheberrechten in der Musik, GEMA-Nachrichten 152 (1995), 116–119

Karnell, Gunnar, Die Verwertungsgesellschaften in einem zusammenwachsenden Europa, GRUR Int. 1991, 583–592

Katzenberger, Paul, Prozessuale Hilfen bei der Durchsetzung von Rechten der urheberrechtlichen Verwertungsgesellschaften in Fällen der Aktivlegitimation, des Auskunftsverlangens und der Vergütungsansprüche, FuR 1981, 236–249

Katzenberger, Paul, Die verschiedenen Systeme des Aufsichtsrechts über die kollektive Verwertung von Urheberrechten in den Europäischen Staaten, in: Reto M. Hilty (Hrsg.), Die Verwertung von Urheberrechten in Europa, Basel (Helbing und Lichtenhahn) 1995, S. 1–15 (zitiert *Katzenberger,* in: Verwertung von Urheberrechten in Europa)

Kaufmann, Arthur/Hassemer, Winfried/Neumann, Ulfrid, Einführung in Rechsphilosophie und Rechtstheorie der Gegenwart, Heidelberg (C. F. Müller) 2004

Kischel, Uwe, Die Kontrolle der Verhältnismäßigkeit durch den Europäischen Gerichtshof, EuR 2000, 380–402

Klauer (ohne Vornamensangabe), Die Vermittlung von Musikaufführungsrechten nach dem Gesetz vom 4. Juli 1933, UFITA 6 (1933), 291–298

Klauer, Irene, Die Europäisierung des Privatrechts – Der EuGH als Zivilrichter, Baden-Baden (Nomos) 1997

Kirchhof, Paul, Der verfassungsrechtliche Gehalt des geistigen Eigentums, in: Walther Fürst/Roman Herzog/Dieter C. Umbach (Hrsg.), Festschrift für Wolfgang Zeidler, Berlin (De Gruyter) 1987, S. 1639–1661

Knieps, Günter, Wettbewerbsökonomie, Berlin/Heidelberg/New York/Barcelona/Hongkong/London/Mailand/Paris/Singapur/Tokio (Springer) 2001

Koch, Justus, Eine Verwertungsgesellschaft für bildende Kunst und ihre rechtlichen Voraussetzungen, GRUR 1933, 395–402

Koizumi, Naoki, Die Treuhandverwaltung von Urheberrechten durch Verwertungsgesellschaften in Japan, GRUR Int. 1998, 579–583

Kopp, Ferdinand O./Schenke, Wolf-Rüdiger, Verwaltungsgerichtsordnung (VwGO) – Kommentar, 13. Auflage München (C. H. Beck) 2003 (zitiert *Kopp/Schenke*, § Rn.)

Kornmeier, Udo/Cichon, Caroline, Nutzungsrechte bei Multimedia-Auswertungen, in: Rolf Moser/Andreas Scheuermann (Hrsg.), Handbuch der Musikwirtschaft, 6. Auflage, München (Josef Keller) 2003, S. 864–907 (zitiert *Kornmeier/Cichon*, in: Handbuch der Musikwirtschaft)

Kötz, Hein, Europäisches Vertragsrecht, Bd. I: Abschluß, Gültigkeit und Inhalt des Vertrages, Die Beteiligung Dritter am Vertrag, Tübingen (Mohr Siebeck) 1996

Kreile, Johannes, Die Berechtigten am Film: Produzent/Producer – Statement aus der Sicht der Verwertungsgesellschaften, ZUM 1999, 59–62

Kreile, Reinhold, Technischer Fortschritt und Urheberrecht, in: Wilhelm Herschel (Hrsg.), Festschrift für Georg Roeber zum 10. Dezember 1981, Freiburg i. Br. (Hochschulverlag 63) 1982, S. 245–255

Kreile, Reinhold, Vervielfältigung zum privaten Gebrauch, eine Herausforderung an den Kulturstaat und seine Urheberrechtsgesetzgebung, ZUM 1991, 101–115

Kreile, Reinhold, Einnahme und Verteilung der gesetzlichen Geräte- und Leerkassettenvergütung für private Vervielfältigung in Deutschland, GRUR Int. 1992, 24–36

Kreile, Reinhold, Die Sozialbindung des geistigen Eigentums, in: Peter Badura/Rupert Scholz (Hrsg.), Wege und Verfahren des Verfassungslebens – Festschrift für Peter Lerche zum 65. Geburtstag, München (C. H. Beck) 1993, S. 251–266

Kreile, Reinhold, Bericht über die WIPO Sitzungen zum möglichen Protokoll zur Berner Konvention und zum „neuen Instrument" vom 22.–24. Mai 1996, ZUM 1996, 964–966

Kreile, Reinhold, Rechtsdurchsetzung und Rechtsverwaltung in der Informationsgesellschaft, in: Internationale Gesellschaft für Urheberrecht (Hrsg.), Schutz von Kultur und geistigem Eigentum in der Informationsgesellschaft – XIII. INTERGU-Kongreß, Wien 1997, Baden-Baden (Nomos) 1998, S. 135–148 (zitiert *Kreile*, in: Schutz von Kultur und geistigem Eigentum)

Kreile, Reinhold, Die Zusammenarbeit der Verwertungsgesellschaften unter der Aufsicht des Deutschen Patent- und Markenamtes, GRUR 1999, 885–890

Kreile, Reinhold, Rechtedurchsetzung und Rechteverwaltung durch Verwertungsgesellschaften in der Informationsgesellschaft, in: Manfred Rehbinder/Martin Schaefer/Peter Zombik (Hrsg.), Aktuelle Rechtsprobleme des Urheber- und Leistungsschutzes sowie der Rechtewahrnehmung – Festschrift für Norbert Thurow, Baden-Baden (Nomos) 1999, S. 41–51

Kreile, Reinhold, Einnahme und Verteilung der gesetzlichen Geräte- und Leerkassettenvergütung für private Vervielfältigung in Deutschland – Ein System hat sich bewährt, in: Reinhold Kreile (Hrsg.), GEMA-Jahrbuch 2001/2002, Baden-Baden (Nomos) 2001, S. 94–126

Kreile, Reinhold (Hrsg.), GEMA-Jahrbuch 2003/2004, Baden-Baden (Nomos) 2003

Kreile, Reinhold (Hrsg.), GEMA-Jahrbuch 2004/2005, Baden-Baden (Nomos) 2004

Kreile, Reinhold/Becker, Jürgen, Stand der Harmonisierungsbemühungen der EG auf dem Gebiet des Urheberrechts am Vorabend des Europäischen Binnenmarkts, ZUM 1992, 581–594

Kreile, Reinhold/Becker, Jürgen, Neuordnung des Urheberrechts in der Europäischen Union, GRUR Int. 1994, 901–911

Kreile, Reinhold/Becker, Jürgen, Multimedia und die Praxis der Lizenzierung von Urheberrechten, GRUR Int. 1996, 677–692

Kreile, Reinhold/Becker, Jürgen, Verwertungsgesellschaften in der Informationsgesellschaft – Wirtschaftliche und rechtliche Standortbestimmung, in: Ulrich Immenga/Werner Möschel/Dieter Reuter (Hrsg.), Festschrift für Ernst-Joachim Mestmäcker zum siebzigsten Geburtstag, Baden-Baden (Nomos) 1996, S. 77–99

Kreile, Reinhold/Becker, Jürgen, Tarife für Multimedianutzung, in: Rolf Moser/Andreas Scheuermann (Hrsg.), Handbuch der Musikwirtschaft, 4. Auflage München (Josef Keller) 1997, S. 715–741 (zitiert *Kreile/Becker,* in: Handbuch der Musikwirtschaft[4])

Kreile, Reinhold/Becker, Jürgen, GEMA und GVL, in: Rolf Moser/Andreas Scheuermann (Hrsg.), Handbuch der Musikwirtschaft, 4. Auflage, München (Josef Keller) 1997, S. 663–679 (zitiert *Kreile/Becker,* in: Handbuch der Musikwirtschaft[4])

Kreile, Reinhold/Becker, Jürgen, Wesen der Verwertungsgesellschaften – Verwertungsgesellschaften, in: Rolf Moser/Andreas Scheuermann (Hrsg.), Handbuch der Musikwirtschaft, 4. Auflage München (Josef Keller) 1997, S. 621–647 (zitiert *Kreile/Becker,* in: Handbuch der Musikwirtschaft[4])

Kreile, Reinhold/Becker, Jürgen, Wesen der Verwertungsgesellschaften – Verwertungsgesellschaften, in: Rolf Moser/Andreas Scheuermann (Hrsg.), Handbuch der Musikwirtschaft, 4. Auflage München (Josef Keller) 1997, S. 593–597 (zitiert *Kreile/Becker,* in: Handbuch der Musikwirtschaft[4])

Kreile, Reinhold/Becker, Jürgen, Rechtsdurchsetzung und Rechteverwaltung in der Informationsgesellschaft, in: Reinhold Kreile (Hrsg.), GEMA-Jahrbuch 2000/2001, Baden-Baden (Nomos) 2000, S. 84–104

Kreile, Reinhold/Becker, Jürgen, GEMA, in: Rolf Moser/Andreas Scheuermann (Hrsg.), Handbuch der Musikwirtschaft, 6. Auflage, Starnberg/München (Josef Keller) 2003, S. 687–707 (zitiert *Kreile/Becker,* in: Handbuch der Musikwirtschaft)

Kreile, Reinhold/Becker, Jürgen, Wesen und Aufgaben von Verwertungsgesellschaften, in: Rolf Moser/Andreas Scheuermann (Hrsg.), Handbuch der Musikwirtschaft, 6. Auflage, Starnberg, München (Josef Keller) 2003, S. 593–598 (zitiert *Kreile/Becker,* in: Handbuch der Musikwirtschaft)

Kreile, Reinhold/Becker, Jürgen, Legitimation, Praxis und Zukunft der privaten Vervielfältigung – dargestellt am System der privaten Vervielfältigung in Deutschland, in: Ulrich Loewenheim (Hrsg.), Urheberrecht im Informationszeitalter – Festschrift für Wilhelm Nordemann zum 70. Geburtstag, München (C. H. Beck) 2004, S. 279–298

Kreile, Reinhold/Becker, Jürgen, Digital Rights Management und private Vervielfältigung aus der Sicht der GEMA, in: Theo Bodewig/Thomas Dreier/Peter Götting/Maximilian Haedicke/Michael Lehmann/Ansgar Ohly (Hrsg.), Festschrift für Gerhard Schricker zum 70. Geburtstag, (München (C. H. Beck) 2005, S. 373–385

Kröber, Christian, Stärkt das neue Vermietrecht die Position der schöpferischen Menschen?, ZUM 1995, 854–857

Kröber, Christian, Anspruch von Verwertungsgesellschaften auf Hinterlegung? – Anmerkung zum Urteil des Oberlandesgerichts Naumburg vom 19. 8. 1997, ZUM 1997, 927–928

Krüger, Christof, Zur Wahrnehmung des sog. Filmherstellungsrechts durch die GEMA, in: Andreas Scheuermann (Hrsg.), Urheberrechtliche Probleme der Gegenwart – Festschrift für Ernst Reichardt zum 75. Geburtstag, Baden-Baden (Nomos) 1990, S. 79–100

Kuhn, Martin, Recht und Praxis der Verwertungsgesellschaften in Italien im Vergleich zu Deutschland, München (VFF) 1998 (zitiert *Kuhn,* Verwertungsgesellschaften in Italien)

Kühn, Manfred, Zur grenzüberschreitenden Lizenzierung von Urheberrechten innerhalb der europäischen Gemeinschaft und die Stellung der Verwertungsgesellschaften, GRUR 1986, 670–671

Kukuk, Gerd, Urheberrechtswahrnehmung in den USA, Diss. Berlin 1995

L

Landfermann, Hans, Zur Staatsaufsicht über die urheberrechtlichen Verwertungsgesellschaften, KUR 2000, 33–35

Lane, Robert C., EC Competition Law, Harlow (Longman) 2000

Langen, Eugen/Bunte, Hermann-Josef/Baron, Michael, Kommentar zum deutschen und europäischen Kartellrecht, Band 1, 9. Auflage, Neuwied (Luchterhand) 2001 (zitiert Langen/Bunte-*Bearbeiter*, § oder Art. Gesetz Rn.)

Larenz, Karl, Methodenlehre der Rechtswissenschaft, 2. Auflage Berlin/Heidelberg/New York (Springer) 1969 (zitiert *Larenz* Methodenlehre²)

Larenz, Karl, Methodenlehre der Rechtswissenschaft, 6. Auflage, Berlin/Heidelberg/New York/London/Paris/Tokyo/Hong Kong/Barcelona/Budapest (Springer) 1991 (zitiert *Larenz* Methodenlehre²)

Larenz, Karl/Wolf, Manfred, Allgemeiner Teil des Bürgerlichen Rechts, 8. Auflage, München (C. H. Beck) 1997 (zitiert *Larenz/Wolf,* Allgemeiner Teil)

Larenz, Karl/Wolf, Manfred, Allgemeiner Teil des Bürgerlichen Rechts, 9. Auflage, München (C. H. Beck) 2004 (zitiert *Larenz/Wolf,* Allgemeiner Teil)

Lauber, Anne/Schwipps, Karsten, Das Gesetz zur Regelung des Urheberrechts in der Informationsgesellschaft, GRUR 2004, 293–300

Leisner, Walter, Urheberrechtsverwertung und Verfassungsrecht, UFITA 48 (1966), 46–81

Lerche, Peter, Rechtsfragen der Verwirklichung kultureller und sozialer Aufgaben bei der kollektiven Wahrnehmung von Urheberrechten, insbesondere im Blick auf den sogen. 10%-Abzug der GEMA, GEMA-Jahrbuch 1997/98, Baden-Baden (Nomos) 1997, 80–127

Lerche, Peter, Verwertungsgesellschaften als Unternehmen „sui generis“, ZUM 2003, 34–38

Lewinski, Silke v., Europäisches Urheberrecht in der Informationsgesellschaft, in: Josef Drexl/ Karl F.Kreuzer/ Dieter H. Scheuing/ Ulrich Sieber (Hrsg.), Europarecht im Informationszeitalter, Baden-Baden (Nomos) 2000, S. 55–74 (zitiert *v. Lewinski,* in: Urheberrecht im Informationszeitalter)

Lichte, Walter, Musikverlagsverträge, in: Rolf Moser/Andreas Scheuermann (Hrsg.), Handbuch der Musikwirtschaft, 6. Auflage, München (Josef Keller) 2003, S. 1067–1090 (zitiert *Lichte*, in: Handbuch der Musikwirtschaft)

Lieberecht, Ehrhard, Die Zweckübertragungslehre im ausländischen Urheberrecht, München (C. H. Beck) 1983

Liebs, Detlef, Lateinische Rechtschreibregeln und Rechtssprichwörter, München (C. H. Beck) 2004

Loewenheim, Ulrich, Urheberrecht und Kartellrecht – Überlegungen zur Anwendung des GWB bei der Verwertung von Urheberrechten und verwandten Schutzrechten, UFITA 79 (1977), 175–211

Loewenheim, Ulrich, Urheberrechtliche Probleme bei Multimediaanwendungen, GRUR 1996, 830–836

Loewenheim, Ulrich, (Hrsg.), Handbuch des Urheberrechts, München (C. H. Beck) 2003 (zitiert Loewenheim-*Bearbeiter,* § Rn.)

Loewenheim, Ulrich, Urheberrecht im Informationszeitalter – Festschrift für Wilhelm Nordemann zum 70. Geburtstag, München (C. H. Beck) 2004

Löhr, Joachim, Die Aufsicht über Verwertungsgesellschaften, München (VVF) 1992 (zitiert *Löhr,* Die Aufsicht über Verwertungsgesellschaften)

Lukes, Rudolf, Erstreckung der Vereinsgewalt auf Nichtmitglieder durch Rechtsgeschäft, in: Wolfgang Hefermehl/Rudolf Gmür/Hans Brox (Hrsg.), Festschrift für Harry Westermann zum 65. Geburtstag, Karlsruhe (C. F. Müller) 1974, S. 325–345

Lutter, Marcus/Hommelhof, Peter, GmbH-Gesetz-Kommentar, 16. Auflage, Köln (Dr. Otto Schmidt) 2004

Lux, Herwig, Verwertungsgesellschaften, Kartellrecht und 6. GWB-Novelle, WRP 1998, 31–38

M

Maaß, Günther, Der Kontrollzuschlag der GEMA bei unberechtigter Musikwiedergabe und seine Erweiterungsfähigkeit, Pfaffenweiler (Centaurus) 1986* (zitiert *Maaß,* Kontrollzuschlag der GEMA)

Madison, s. Hamilton

Mauhs, Angela, Der Wahrnehmungsvertrag, Baden-Baden (Nomos) 1991

Maurer, Hartmut, Allgemeines Verwaltungsrecht, 15. Auflage, München (C. H. Beck) 2004

Mäger, Thorsten, Die Abtretung urheberrechtlicher Vergütungsansprüche in Verwertungsverträgen, Berlin (BWV) 2000

Medicus, Dieter, „Geld muß man haben" – Unvermögen und Schuldnerverzug bei Geldmangel, AcP 188 (1988), 489–508

Medicus, Dieter, Allgemeiner Teil des BGB, 8. Auflage, Heidelberg (C. F. Müller) 2002

Melichar, Ferdinand, Die Wahrnehmung von Urheberrechten durch Verwertungsgesellschaften – am Beispiel der VG Wort, München (Schweitzer) 1983

Melichar, Ferdinand, Verleger und Verwertungsgesellschaften, UFITA 117 (1991), 5–19

Melichar, Ferdinand, Notwendige Maßnahmen auf dem Gebiet der Reprographieregelung, in: VG WORT (Hrsg.), Dokumentation der VG WORT zum Kongreß „Geist und Recht", München (Privatdruck) 1992, S. 61–70

Melichar, Ferdinand, Zur Sozialbindung des Urheberrechts, in: Johann Adrian/Wilhelm Nordemann/Artur Wandtke (Hrsg.), Josef Kohler und der Schutz des geistigen Eigentums in Europa, Berlin (BWV) 1996, S. 101–111(zitiert *Melichar,* in: Josef Kohler und der Schutz des geistigen Eigentums)

Melichar, Ferdinand, Verwertungsgesellschaften und Multimedia, in: Michael Lehmann (Hrsg.), Internet- und Multimediarecht (Cyberlaw), Stuttgart (Schäffer-Pöschel) 1997, S. 205–218 (zitiert *Melichar*, in: Internet und Multimediarecht)

Melichar, Ferdinand, Schöpfer vorbestehender Werke aus der Sicht der VG WORT, ZUM 1999, 12–15

Melichar, Ferdinand, Urheberrecht in Theorie und Praxis, Tübingen (Mohr Siebeck) 1999

Melichar, *Ferdinand*, Kehrtwende im Urheberrecht?, Musikforum 2005, 58–60

Mensching, Jürgen/Echerer, Raina A. Mercedes (Committee on Legal Affairs and the Internal Market), Draft Report on a Community Framework for Collective Managment Societies in the Field of Copyright and Neighbouring Rights, and on the Commission Report to the Council, the European Parliament and the Economic and Social Committee on the Question of the Authorship of Cinematographic or Audiovisual Works in the Community, Strasbourg, 30. September 2003, PROVISIONAL 2002/2274 (INI), PE 332.581, PR/506630EN.doc, abrufbr unter www.union-network.org/unimei.nsf/0/47bffdcdc3ef4e7dc1256dec004b5a74/$FILE/506630en.pdf (zuletzt abgerufen am 04. 05. 2005)

Menzel, Hans-Jürgen, Die Aufsicht über die GEMA durch das Deutsche Patentamt: ein Beispiel für die Aufsicht über Verwertungsgesellschaften, Heidelberg (Decker & Müller) 1986 (zitiert *Menzel,* Die Aufsicht über die GEMA)

Merkel, Jörg, Möglichkeiten und Grenzen einer Anwendung der Zweckübertragungstheorie in Erfinder-, Patent- und Gebrauchsmusterrecht, Berlin (Lang) 1974

Merz, Eduard, Durchsetzung von Urheberrechten – Rechtsschutz für den Urheber und für den Urheberrechtsnutzer, ZUM 1987, 309–320

Mestmäcker, Ernst-Joachim, Gewerbliche Schutzrechte und Urheberrechte in der Eigentums- und Wirtschaftsordnung, in: Andreas Fuchs/Hans-Peter Schwintowski/Daniel Zimmer (Hrsg.), Festschrift für Ulrich Immenga, München (C. H. Beck) 2004, S. 261–276

Mestmäcker, Ernst-Joachim, Sind urheberrechtliche Verwertungsgesellschaften Kartelle?, Berlin/ Frankfurt a. M. (Vahlen) 1960

Mestmäcker, Ernst-Joachim, Urheberrechte und Verwertungsgesellschaften im europäischen Gemeinschaftsrecht, Sonderdruck aus: Ernst-Joachim Mestmäcker/Erich Schulze, Kommentar zum deutschen Urheberrecht, Frankfurt (Metzner) 1982

Mestmäcker, Ernst-Joachim, Zur Anwendung von Kartellaufsicht und Fachaufsicht auf urheberrechtliche Verwertungsgesellschaften und ihre Mitglieder, in: Herbert Leßmann/Bernhard Großfeld/Lothar Vollmer (Hrsg.), Festschrift für Rudolf Lukes zum 65. Geburtstag, Köln/Berlin/Bonn/München (Heymanns) 1989, S. 445–460

Mestmäcker, Ernst-Joachim, Zur Rechtsstellung urheberrechtlicher Verwertungsgesellschaften im europäischen Wettbewerbsrecht, in: Manfred Löwisch/Christian Schmidt-Leithoff/ Burkhard Schmiedel (Hrsg.), Beiträge zum Handels- und Wirtschaftsrecht – Festschrift für Fritz Rittner zum 70. Geburtstag, München (C. H. Beck) 1991, S. 391–404

Mestmäcker, Ernst-Joachim, Rechtstellung und Marktstellung der Inhaber gewerblichen und kommerziellen Eigentums im europäischen Gemeinschaftsrecht – zum Verhältnis von Art. 36 und Art. 86 EGV, in: Jürgen Becker (Hrsg.), Wanderer zwischen Musik, Politik und Recht – Festschrift für Reinhold Kreile zu seinem 65. Geburtstag, Baden-Baden (Nomos) 1994, S. 419–428

Mestmäcker, Ernst-Joachim, Geistiges Eigentum und Kultur im Spannungsfeld von nationaler Regelungskompetenz und europäischem Wirtschafts- und Wettbewerbsrecht aus Sicht der Verwertungsgesellschaften, in: Jürgen Schwarze/Jürgen Becker (Hrsg.), Geistiges Eigentum und Kultur im Spannungsfeld von nationaler Regelungskompetenz und europäischem Wirtschafts- und Wettbewerbsrecht, Baden-Baden (Nomos) 1998, S. 53–74 (zitiert *Mestmäcker,* in: Geistiges Eigentum und Kultur im Spannungsfeld)

Mestmäcker, Ernst-Joachim, Gegenseitigkeitsverträge von Verwertungsgesellschaften im Binnenmarkt, WuW 2004, 754–769

Mestmäcker, Ernst-Joachim/Schulze, Marcel, Kommentar zum deutschen Urheberrecht unter Berücksichtigung des Internationalen Rechts und des Gemeinschaftsrechts in den Mitgliedstaaten der EG, Neuwied, Kriftel, Berlin (Luchterhand) Stand 2004 (zitiert [Band 1:] Mestmäcker/Schulze-*Bearbeiter,* §§ Gesetz Anmerkungsnummer, [Bände 2 und 3:] *Mestmäcker/Schulze,* Band, Teil, Abschnitt, Gliederungspunkt)

Mestmäcker, Ernst-Joachim/Schweitzer, Heike, Europäisches Wettbewerbsrecht, 2. Auflage, München (C. H. Beck) 2004

Meyer, Katrin, Verwertungsgesellschaften und ihre Kontrolle nach dem Urheberrechtswahrnehmungsgesetz – Unter besonderer Berücksichtigung der Anforderungen und Möglichkeiten des digitalen Zeitalters, Baden-Baden (Nomos) 2001 (zitiert *Meyer,* Verwertungsgesellschaften und ihre Kontrolle)

Michael, Lothar, Der allgemeine Gleichheitssatz als Methodennorm komparativer Systeme – Methodenrechtliche Analyse und Fortentwicklung der Theorie der „beweglichen Systeme“ (Wilburg), Berlin (Duncker & Humblot) 1997 (zitiert *Michael,* Gleichheitssatz als Methodennorm)

Mogg, John, Eröffnungsrede der Konferenz „European Copyright Revisited“, Santiago de Compostela, 16.–18. 6. 2002, zu finden unter http://europa.eu.int/comm/internal_market/copyright/conferences/2002-06-conference-speech-mogg_en.htm

Möhring, Philipp, Der Regierungsentwurf eines Gesetzes über Verwertungsgesellschaften auf dem Gebiet des Urheberrechts (Verwertungsgesellschaftengesetz), UFITA 36 (1962), 407–427

Möhring, Philipp/Nicolini, Käte, Urheberrechtsgesetz – Kommentar, 2. Auflage, München (Franz Vahlen) 2000 (zitiert Möhring/Nicolini-*Bearbeiter,* §§ Gesetz Rn.)

Möhring, Philipp/Schulze, Erich/Ulmer, Eugen/Zweigert, Konrad (Hrsg.), Quellen des Urheberrechts, Band 6 – Europäisches Gemeinschaftsrecht I und II, Neuwied (Luchterhand), Loseblattausgabe ab 1961

Möller, Margret, Die Urheberrechtsnovelle ’85 – Entstehungsgeschichte und verfassungsrechtliche Grundlagen, Heidelberg (C. F. Müller) 1986 (zitiert *Möller,* Urheberrechtsnovelle 1985)

Möller, Margret, Urheberrecht oder Copyright? – Author’s Right or Copyright?– Droit d’auteur ou Copyright?, ZUM 1990, 65–70

Möschel, Wernhard/Bechtold, Stefan, Copyright-Management im Netz, MMR 1998, 571–576

Möschel, Wernhard, Service public und europäischer Binnenmarkt, JZ 2003, 1021–1027

Moser, Rolf/Scheuermann, Andreas (Hrsg.), Handbuch der Musikwirtschaft, 6. Auflage, München (Josef Keller Verlag) 2004

Movessian, Vera/Seifert, Fedor, Einführung in das Urheberrecht der Musik, 2. Auflage, Wilhelmshaven (Noetzel) 1995

Müller, Bernd, Die verfassungsrechtliche Problematik des Gesetzes über die Wahrnehmung von Urheberrechten und verwandten Schutzrechten, Diss. Frankfurt a.M., 1968

Müller, Friedrich, Juristische Methodik, 9. Auflage, Berlin (Duncker & Humblot) 2004

Müller, Ulf, Verwertungsgesellschaften im digitalen Umfeld, in: Thomas Hoeren/Ulrich Sieber, (Hrsg.), Handbuch Multimedia-Recht – Rechtsfragen des elektronischen Geschäftsverkehrs, München (C.H.Beck) Stand: April 2004 (zitiert *Müller*, in: Handbuch Multimedia-Recht)

Münch, Ingo von/Schmidt-Aßmann, Eberhard/Badura, Peter, Besonderes Verwaltungsrecht, 9. Auflage, Berlin/New York (De Gruyter) 1992

Münchener Kommentar, s. Säcker/Rebmann/Rixecker

N

Nelle, Andreas, Neuverhandlungspflichten – Neuverhandlungen zur Vertragsanpassung und Vertragsergänzung als Gegenstand von Pflichten und Obliegenheiten, München (C. H. Beck) 1993

Neumann, Till, Urheberrecht und Schulgebrauch, Baden-Baden (Nomos) 1994

Neuner, Jörg, Die Rechtsfindung contra legem, München (C. H. Beck) 1992

Neuner, Jörg, Privatrecht und Sozialstaat, München (C. H. Beck) 1999

Nipperdey, Hans Carl, Marktbeherrschende Unternehmen beim musikalischen Urheberrecht?, NJW 1953, 881–884

Nordemann, Wilhelm, Der Begriff der „angemessenen Bedingungen" in § 6 Absatz 1 Wahrnehmungsgesetz, GRUR Int. 1973, 306–310

Nordemann, Wilhelm, Die Urheberrechtsreform 1985, GRUR 1985, 837–843

Nordemann, Wilhelm, Entwicklung und Bedeutung der Verwertungsgesellschaften, in: Friedrich-Karl Beier/Alfons Kraft/Gerhard Schricker/Elmar Wadle (Hrsg.), Gewerblicher Rechtsschutz und Urheberrecht in Deutschland – Festschrift zum hundertjährigen Bestehen der Deutschen Vereinigung für gewerblichen Rechtsschutz und Urheberrecht und ihrer Zeitung, Band I und II, Weinheim (VCH) 1991, 1197–1210 (zitiert *Nordemann,* FS 100 Jahre GRUR)

Nordemann, Wilhelm, Mängel der Staatsaufsicht über die deutschen Verwertungsgesellschaften?, GRUR 1992, 584–589

Nordemann, Wilhelm, Die Veränderung der Prinzipien des nationalen Urheberrechts unter dem Einfluß des Europäischen Rechts, in: Josef Drexl/Karl F. Kreuzer/Dieter H. Scheuing/Ulrich Sieber (Hrsg.), Urheberrecht im Informationszeitalter, Baden-Baden (Nomos) 2000, S. 43–54 (zitiert *Nordemann,* in: Urheberrecht im Informationszeitalter)

Nordemann, Wilhelm/Vinck, Kai/Hertin, Paul W., Urheberrecht – Kommentar zum Urheberrechtsgesetz (UrhG) und zum Urheberrechtswahrnehmungsgesetz (UrhWG) mit den Texten der Urheberrechtsgesetze der DDR, Österreichs und der Schweiz, 9. Auflage, Stuttgart (Kohlhammer) 1998 (zitiert Nordemann/Vinck/Hertin-*Bearbeiter*, §§ Gesetz Rn.)

Nordemann, Axel/Nordemann, Jan Bernd/Czychowski, Christian, Die Entwicklung der Gesetzgebung und Rechtsprechung zum Urheberrecht in den Jahren 1998 und 1999, NJW 2000, 620–634

Nordemann, Axel/Nordemann, Jan Bernd/Czychowski, Christian, Die Entwicklung der Gesetzgebung und Rechtsprechung zum Urheberrecht in den Jahren 2000 und 2001, NJW 2002, 562–572

O

Ochsner, Beat, Die kollektive Verwertung urheberrechtlicher Nutzungsbefugnisse, Diss. Basel 1980

Ohly, Ansgar, Geistiges Eigentum?, JZ 2003, 545–554

Ory, Stephan, Das neue Urhebervertragsrecht, AfP 2002, 93–104

P/Q

Palandt, Otto (Hrsg.), Kommentar zum Bürgerlichen Gesetzbuch, 64. Auflage, München (C. H. Beck) 2005 (zitiert Palandt-*Bearbeiter*, § Rn.)

Pawlowski, Hans-Martin, Methodenlehre für Juristen – Theorie der Norm und des Gesetzes, 3. Auflage, Heidelberg (C. F. Müller) 1999 (zitiert *Pawlowski*, Methodenlehre)

Peinemann, Berthold, Die Pflichten der Verwertungsgesellschaften gegenüber den Urhebern und Leistungsschutzberechtigten, UFITA 52 (1969), 153–168

Pereira, Miguel Mendes, From Discothèques to Websites – A New Approach to Music Copyright Licensing – The Simulcasting Decision, EC Competition Policy News Letter 2003, 44–49

Petersdorff-Campen, Thomas v., Videozweitauswertung, ZUM 1996, 1037–1048

Petersdorff-Campen, Thomas v., Anmerkungen zu LG München I vom 4.10.2001 – 7 O 3154/01, ZUM 2002, 74–76

Pfennig, Bruno, Kartellrechtliche Fragen im urheberrechtlichen Geschäftsverkehr – Ein Beitrag darüber aus Anlaß des Erscheinens des Buches „Die Wettbewerbsbeschränkung" von Oswald Lehnich, UFITA 25 (1958), 129–151

Pfennig, Gerhard, Die Entwicklung der Verwertungsgesellschaften für Bildende Kunst, Fotografie und Film im europäischen Rahmen, in: Jürgen Becker (Hrsg.), Die Verwertungsgesellschaften im Europäischen Binnenmarkt – Symposium für Reinhold Kreile zum 60. Geburtstag, Baden-Baden (Nomos) 1990, 63–77

Pfennig, Gerhard, Anmerkung zu LG Köln v. 9.4.1997 – 28 O 55/96, ZUM 1998, 170

Pfennig, Gerhard, Rechtstellung und Aufgaben der VG Bild-Kunst, KUR 1999, 10–16

Pfennig, Gerhard, Digital Rights Management Systeme aus der Sicht von Verwertungsgesellschaften, ZUM 2004, 198–203

Pickrahn, Günter, Verwertungsgesellschaften nach deutschem und europäischem Kartellrecht, Frankfurt a.M. (Lang) 1996

Pietzko, Joachim, GEMA-Tarife auf dem Prüfstand – Zur Angemessenheit und Systematik von GEMA-Tarifen nach § 13 Abs. 3 WahrnG aus Sicht des Werknutzers, in: Christian Schertz/Hermann-Josef Omsels (Hrsg.), Festschrift für Paul W. Hertin zum 60. Geburtstag am 15. November, München (C.H. Beck) 2000, 171–196

Pilny, Karl H., Missbräuchliche Marktbeherrschung gemäß Art. 86 EWGV durch Immaterialgüterrechte – Die Magill-Entscheidung des EuGH als Schnittstelle zwischen europäischem Wettbewerbs- und nationalem Urheberrecht, GRUR Int. 1995, 954–962

Plate, John-Christian, Die Verwertungsgesellschaftenpflicht für urheberrechtliche Vergütungsansprüche und ausschließliche Verwertungsrechte, Berlin (BWV) 2003 (zitiert *Plate,* Verwertungsgesellschaftenpflicht)

Platho, Rolf, Die nachträgliche Erweiterung des Rechtekatalogs in den Wahrnehmungsverträgen der Verwertungsgesellschaften – Diskussionsbeitrag in der Arbeitssitzung des Instituts für Urher- und Medienrecht am 24.10.1986, ZUM 1987, 77–79

Platho, Rolf, Sind Kabel-, Satelliten- und Pay TV-Sendung eigenständige Nutzungsarten nach § 31 UrhG?, ZUM 1986, 572–578

Plugge, Walter/Roeber, Georg, Das musikalische Tantiemenrecht in Deutschland, Berlin (Hobbing) 1930

Poll, Günter, Aktuelle Rechtsfragen bei der Videoauswertung von Spielfilmen, FuR 1981, 505–513

Popp, Alexander, Verwertungsgesellschaften – Ihre Stellung im Spannungsfeld zwischen Urheberrecht und Kartellrecht, Wien (Manz) 2001 (zitiert *Popp*, Verwertungsgesellschaften)

R

von Rauscher auf Weeg, Hans Hugo, Das Urheberrecht und seine Verwertung, in: Friedrich-Karl Beier/Alfons Kraft/Gerhard Schricker/Elmar Wadle (Hrsg.), Gewerblicher Rechtsschutz und Urheberrecht in Deutschland – Festschrift zum hundertjährigen Bestehen der Deutschen Vereinigung für gewerblichen Rechtsschutz und Urheberrecht und ihrer Zeitschrift, Band I und II, Weinheim (VCH) 1991, S. 1265–1302 (zitiert *von Rauscher auf Weeg*, FS 100 Jahre GRUR

Rawls, John, A Theory of Justice, Cambridge/Massachusetts (Harvard University Press) 1971

Reber, Nikolaus, Die Bekanntheit der Nutzungsart im Filmwesen – ein weiterer Mosaikstein in einem undeutlichen Bild, GRUR 1997, 162–169

Reber, Nikolaus, Digitale Verwertungstechniken – neue Nutzungsarten – Hält das Urheberrecht der technischen Entwicklung noch stand?, GRUR 1998, 792–798

Reber, Nikolaus, Die Substituierbarkeit von Nutzungsformen im Hinblick auf § 31 Abs. 4 und 5 UrhG, ZUM 1998, 481–484

Reber, Nikolaus, Aktuelle Fragen zu Recht und Praxis der Verwertungsgesellschaften, GRUR 2000, 203–211

Rehbinder, Manfred, Mängel der Staatsaufsicht über die deutschen Verwertungsgesellschaften, DVBl. 1992, 216–222

Rehbinder, Manfred, Multimedia und das Urheberpersönlichkeitsrecht, ZUM 1995, 684–687

Rehbinder, Manfred, Urheberrecht, 13. Auflage, München (C. H. Beck) 2004

Rehbinder, Manfred, Aufsätze zum schweizerischen Urheber- und Medienrecht, Bern (Stämpfli) 1995

Rehbinder, Manfred/Schaefer, Martin/Zombik, Peter (Hrsg.), Aktuelle Rechtsprobleme des Urheber- und Leistungsschutzes sowie der Rechtewahrnehmung, Festschrift für Norbert Thurow, Baden-Baden (Nomos) 1999

Reichert, Bernhard, Handbuch Vereins- und Verbandsrecht, 10. Auflage, Neuwied (Luchterhand) 2005

Reimer, Dietrich, Schiedsstellen im Urheberrecht – Rechtsvergleichende Betrachtungen anläßlich der Pläne zur Reform des deutschen Rechts, GRUR Int. 1982, 215–226

Reinbothe, Jörg, Schlichtung im Urheberrecht – Die Schiedsstelle nach dem Wahrnehmungsgesetz, Funktion, Rechtsnatur und kartellrechtliche Problematik (§ 102a GWB), München (C. H. Beck) 1978

Reinbothe, Jörg, Entwicklungen auf dem Gebiet des Urheberrechts in der Europäischen Union, in: Bernhard Großfeld/Rolf Sack/Thomas M. J. Möllers/Josef Drexl/Andreas Heinemann (Hrsg.), Festschrift für Wolfgang Fikentscher zum 70. Geburtstag, Tübingen (Mohr Siebeck) 1998, 695–722

Reinbothe, Jörg, Die kollektive Wahrnehmung von Rechten in der Europäischen Gemeinschaft, in: Peter Ganea/Christopher Heath/Gerhard Schricker (Hrsg.), Urheberrecht – Gestern – Heute – Morgen, Festschrift für Adolf Dietz zum 65. Geburtstag, München (C. H. Beck) 2001, 517–531

Reinbothe, Jörg, Der EU-Richtlinienentwurf zum Urheberrecht und zu den Leistungsschutzrechten in der Informationsgesellschaft, ZUM 1998, 429–437

Reinbothe, Jörg, Geistiges Eigentum und die Europäische Gemeinschaft, ZEuP 2000, 5–28

Reinbothe, Jörg, Die EG-Richtlinie zum Urheberrecht in der Informationsgesellschaft, GRUR Int. 2001, 733–745

Reinbothe, Jörg, Rechtliche Perspektiven für Verwertungsgesellschaften im Europäischen Binnenmarkt, ZUM 2003, 27–33

Reinbothe, Jürgen, Das Urheberrecht im Wandel der Zeiten, ZEuS 2004, 367–386

Reiners, Fritz, Das Bühnenwerk und sein urheberrechtlicher Schutz, Leipzig (Deichert) 1927

Reischl, Gerhard, Zum Umfang der Staatsaufsicht nach dem Gesetz über die Wahrnehmung von Urheberrechten und verwandten Schutzrechten vom 9. September 1965 (BGBl. I S. 1294), GEMA-Nachrichten 106 (1978), 79–84

Reischl, Gerhard, Gewerblicher Rechtsschutz und Urheberrecht in der Rechtsprechung des Europäischen Gerichtshofs, GRUR Int. 1982, 151–158

Reupert, Christine, Der Film im Urheberrecht – Neue Perspektiven nach hundert Jahren Film, Baden-Baden (Nomos) 1995

Riekert, Stehpan, Der Schutz des Musikurhebers bei Coverversionen, Berlin (BWV) 2003 (zitiert *Riekert,* Schutz bei Coverversionen)

Riesenhuber, Karl, Die Rechtsbeziehungen zwischen Nebenparteien, Berlin (Duncker & Humblot) 1997

Riesenhuber, Karl, Beim Abschluß des Wahrnehmungsvertrags sind die Berechtigten Unternehmer iSv § 14 BGB – Zur AGB-Kontrolle des Wahrnehmungsvertrags, ZUM 2002, 777–781

Riesenhuber, Karl, Die Richtlinie zum Urheberrecht in der Informationsgesellschaft als Ausgangspunkt für einen Konsolidierungsprozeß, in: Hanns Martin Schleyer-Stiftung (Hrsg.), Europa der Bürger? – Nach der Euro-Einführung und vor der EU-Erweiterung – Zwischenbilanz und Perspektiven, Köln 2002, S. 160–161

Riesenhuber, Karl, Der Einfluß der RBÜ auf die Auslegung des deutschen Urheberrechtsgesetzes, ZUM 2003, 333–342

Riesenhuber, Karl, Die Vermutungstatbestände des § 10 UrhG, GRUR 2003, 187–196

Riesenhuber, Karl, System und Prinzipien des Europäischen Vertragsrechts, Berlin (de Gruyter) 2003

Riesenhuber, Karl, Europäisches Vertragsrecht, Berlin (De Gruyter) 2003

Riesenhuber, Karl, Besprechung von: Bettina C. Goldmann, Die kollektive Wahrnehmung musikalischer Rechte in den USA und in Deutschland – Eine vergleichende Studie zu Recht und Praxis der Verwertungsgesellschaften, ZUM 2003, 888–890

Riesenhuber, Karl, Besprechung von: Friederike Bing, Die Verwertung von Urheberrechten – Eine ökonomische Analyse unter besonderer Berücksichtigung der Lizenzvergabe durch Verwertungsgesellschaften, ZUM 2004, 87–88

Riesenhuber, Karl, Besprechung von: Sabine Siebert, Die Auslegung der Wahrnehmungsverträge unter Berücksichtigung der digitalen Technik – Erläutert am Beispiel der GEMA, GVL, VG WORT und der VG BILD KUNST, ZUM 2004, 246–247

Riesenhuber, Karl, Besprechung von: Bernd Weichhaus, Das Recht der Verwertungsgesellschaften in Deutschland, Großbritannien und Frankreich, ZUM 2004, 335

Riesenhuber, Karl, Die doppelte Vorausverfügung des Arbeitnehmer-Urhebers zugunsten von Verwertungsgesellschaften und Arbeitgeber, NZA 2004, 1363–1368

Riesenhuber, Karl Die Auslegung und Kontrolle des Wahrnehmungsvertrages, Berlin (de Gruyter) 2004

Riesenhuber, Karl Transparenz der Wahrnehmungstätigkeit – Die Pflicht der Verwertungsgesellschaft zu Rechnungslegung, Publizität und zur Information ihrer Berechtigten –, ZUM 2004, 417–425

Riesenhuber, Karl/Vogel, Alexander von, Europäisches Wahrnehmungsrecht, Zur Mitteilung der Kommission über die Wahrnehmung von Urheberrechten und verwandten Schutzrechten im Binnenmarkt, EuZW 2004, 519–523

Riesenhuber, Karl/Rosenkranz, Frank, Das deutsche Wahrnehmungsrecht 1903–1933 – Ein Streifzug durch Rechtsprechung und Literatur, UFITA 2005/II, 467–516

Riesenkampff, Alexander, Wie sind urheberrechtliche Verwertungsgesellschaften nach dem GWB zu beurteilen?, Köln (Dr. Otto Schmidt) 1966

Rodríguez Iglesias, Gil Carlos, Die Bedeutung der Rechtsprechung des Europäischen Gerichtshofes für die Errichtung des Binnenmarktes, in: Jürgen Schwarze (Hrsg.), Unverfälschter Wettbewerb für Arzneimittel im europäischen Binnenmarkt – Pharmazeutische Produkte im Widerstreit von freiem Warenverkehr und nationalen Preiskontrollen, Baden-Baden (Nomos) 1998,

S. 9–21 (zitiert *Rodriguez Iglesias*, in: Unverfälschter Wettbewerb für Arzneimittel im europäischen Binnenmarkt)

Roeber, Georg, Betrachtungen zum Projekt einer Verwertungsgesellschaft für Filmrechte, UFITA 74 (1975), 109–125

Rohleder, Bernhard, Für eine zukunftsfähige Urhebervergütung, ZUM 2003, 1061–1063

Rohleder, Bernhard, DRM – Herausforderung und Chance in der digitalen Welt, ZUM 2004, 203–204

Rom, Katharina von, Digital Rights Management – Rechtliche und wirtschaftliche Aspekte – Diskussionsbericht zum gleichnamigen Symposion des Instituts für Urheber- und Medienrecht vom 24.Oktober 2003 im Rahmen der Medientage München, ZUM 2004, 204–206

Rossbach, Claudia Die Vergütungsansprüche im deutschen Urheberrecht – Praktische Wahrnehmung, Rechtsverkehr und Dogmatik, Baden-Baden (Nomos) 1990

Rossbach, Claudia/Joos, Ulrich, Vertragsbeziehungen im Bereich Musikverwertung unter besonderer Berücksichtigung des Musikverlags und der Tonträgerhersteller, in: Friedrich-Karl Beier (Hrsg.), Urhebervertragsrecht: Festgabe für Gerhard Schricker zum 60. Geburtstag, München (C. H. Beck) 1995, S. 333–387 (zitiert *Rossbach/Joos*, FG Schricker)

Ruete, Matthias, Copyright, geistiges Eigentum und britische Verwertungsgesellschaften, München (Schweitzer) 1986 (zitiert *Ruete,* Britische Verwertungsgesellschaften)

Rumphorst, Werner, Harmonisierung des Urheberrechts in der Europäischen Gemeinschaft – Koreferat, FuR 1984, 361–369

Russ, Christian Das Lied eines Boxers – Grenzen der Rechtswahrnehmung durch die GEMA am Beispiel des Falles „Henry Maske“, ZUM 1995, 32–35

Rüthers, Bernd/Stadler, Astrid, Allgemeiner Teil des BGB, 13. Auflage, München (C. H. Beck) 2003

Rüthers, Bernd, Rechtstheorie, 2. Auflage, München (C. H. Beck) 2005

Ruzicka, Peter, Zur individualrechtlichen Konzeption des Gesetzes über die Wahrnehmung von Urheberrechten und verwandten Schutzrechten, in: Wilhelm Herschel/Heinrich Hubmann/Manfred Rehbinder (Hrsg.), (2.) Festschrift für Georg Roeber zum 10. Dezember 1981, Freiburg i.Br. (Hochschulverlag) 1982, S. 355–361

S

Sachs, Michael (Hrsg.), Grundgesetz, 3. Auflage, München (C. H. Beck) 2003 (zitiert Sachs-*Bearbeiter,* Art. GG Rn.)

Säcker, Jürgen/Rebmann, Kurt/Rixecker, Roland (Hrsg.), Münchener Kommentar zum BGB, 4. Auflage München (C. H. Beck) seit 2001 (zitiert Münchener Kommentar-*Bearbeiter,* §§ Rn.)

Samson, Benvenuto, Die urheberrechtliche Regelung in Dienst- und Tarifverträgen, UFITA 64 (1972), 181–193

Samson, Benvenuto, Das neue Urheberrecht– Eine Einleitung, UFITA 47 (1966), Seite 1–133

Sandberger, Georg/Treeck, Joachim, Fachaufsicht und Kartellrecht nach dem Gesetz über die Wahrnehmung von Urheberrechten und verwandten Schutzrechten, UFITA 47 (1966), 165–210

Saitô, Hiroshi, Das neue System der Rechtewahrnehmung im japanischen Urheberrecht, in: Jürgen Becker/Reto M. Hilty/Jean-Fritz Stöckli/Thomas Würtenberger (Hrsg.), Recht im Wandel seines sozialen und technologischen Umfeldes – Festschrift für Manfred Rehbinder, München/ Bern (C. H. Beck/Stämpfli) 2002, 335–344

Sasse, Helge/Waldhausen, Hans, Musikauswertung im Internet und deren vertragliche Gestaltung – MP3, Streaming, Webcast, On-demand-Service etc. – Anforderungen an die Vertragsgestaltungen aus der Sicht des Künstlers, ZUM 2000, 837–848

Schack, Haimo, Der Vergütungsanspruch der in- und ausländischen Filmhersteller aus § 54 I UrhG, ZUM 1989, 267–285

Schack, Haimo, Europäisches Urheberrecht im Werden, ZEuP 2000, 799–819

Schack, Haimo, Neuregelung des Urhebervertragsrechts – Kritische Anmerkung zum Professorenentwurf, ZUM 2001, 453–466

Schack, Haimo, Private Vervielfältigung von einer rechtswidrigen Vorlage?, in: Hans-Jürgen Ahrens/Joachim Bornkamp/Wolfgang Gloy/Joachim Starck/Joachim von Ungern-Sternberg (Hrsg.), Festschrift für Willi Erdmann zum 65. Geburtstag, Köln/Berlin/Bonn/München (Heymanns) 2002, S. 165–172

Schack, Haimo, Urheber- und Urhebervertragsrecht, 3. Auflage, Tübingen (Mohr Siebeck) 2005

Schenke, Wolf-Rüdiger, Schadensersatzansprüche des Versicherungsnehmers bei der Verletzung staatlicher Versicherungsaufsichtspflichten – Zur Frage der Drittgerichtetheit von Versicherungsaufsichtspflichten, in: Ulrich Hübner/Elmar Helten/Peter Albrecht (Hrsg.), Recht und Ökonomie der Versicherung, Festschrift für Egon Lorenz zum 60. Geburtstag, Karlsruhe (VVW) 1994, 473–514

Schippan, Martin, Die EU-Richtlinie zum Urheberrecht und zu den Leistungsschutzrechten in der Informationsgesellschaft – Diskussionsbericht der gleichlautenden Arbeitssitzung des Instituts für Urheber- und Medienrecht am 27. Februar 1998, ZUM 1998, 487–489

Schippan, Martin, Die Harmonisierung des Urheberrechts im Zeitalter von Internet und digitaler Technologie, Baden-Baden (Nomos) 1999

Schippan, Martin, Die Klärung von „Multimediarechten" in Europa – Das VERDI-Projekt und andere von der EU-Kommission unterstütze MMRCS-Projekte, ZUM 1999, 135–143

Schlechtriem, Peter, Die sogenannte Unklarheitenregel des § 5 AGBG, in: Andreas Heldrich/Peter Schlechtriem/Eike Schmidt (Hrsg.), Recht im Spannungsfeld von Theorie und Praxis, Festschrift für Helmut Heinrichs zum 70. Geburtstag, München (C. H. Beck) 1998, 503–510

Schmidt, Karsten, Gesellschaftsrecht, 4. Auflage, Köln/Berlin/Bonn/München (Heymanns) 2002

Schmidt, Manuela Maria, Die Anfänge der musikalischen Tantiemenbewegung in Deutschland – Eine Studie über den langen Weg der Genossenschaft Deutscher Tonsetzer (GDT) im Jahre 1903 und zum Wirken des Komponisten Richard Strauss (1864–1949) für Verbesserungen des Urheberrechts, Berlin (Duncker & Humblot) 2005

Schmidt-Rimpler, Walter, Grundfragen der Erneuerung des Vertragsrechts, AcP 147 (1941), 130–197

Schmidt-Rimpler, Walter, Zum Vertragsproblem, in: Fritz Baur/Josef Esser/Friedrich Kübler/Ernst Steindorf (Hrsg.), Funktionswandel der Privatrechtsinstitutionen, Festschrift für Ludwig Raiser zum 70. Geburtstag, Tübingen (Mohr Siebeck) 1974, 1–26

Schmieder, Hans-Heinrich, Werkintegrität und Freiheit der Interpretation, NJW 1990, 1945–1950

Schneider, Albrecht, GEMA – Vermutung, Werkbegriff und das Problem sogenannter „GEMA-freier Musik" – Anmerkungen zu einigen neueren Entscheidungen, GRUR 1986, 657–663

Schneider, Hans, Gesetzgebung, 3. Auflage, Heidelberg (C. F. Müller) 2002

Schricker, Gerhard, Zu Inhalt und Umfang der GEMA-Rechte bei der Zweitauswertung von Spielfilmen zu Videozwecken, EWiR 1988, 403–404

Schricker, Gerhard (Hrsg.),Urheberrecht auf em Weg zur Informationsgesellschaft, Baden-Baden (Nomos) 1997

Schricker, Gerhard (Hrsg.), Urheberrecht – Kommentar, 2. Auflage, München (C.H.Beck) 1999 (zitiert Schricker-*Bearbeiter,* §§ Gesetz, Rn.)

Schricker, Gerhard, Kurzkommentar zu BGH – „Musical-Gala", Urteil vom 14.10.1999 – I ZR 117/97 (OLG Hamburg), EWiR 2000, 99–100

Schricker, Gerhard, GEMA-Berechtigungsvertrag und AGBG, EWiR 2002, 309–310

Schrittmatter, Angelika, Tarife von der urheberrechtlichen Schiedsstelle – Angemessenheit, Berechnungsgrundlagen, Verfahrenspraxis, Berlin (Berlin-Verlag) 1994

Schulz, Peter F., Filmmusik-Lizenzverträge, in: Rolf Moser/Andreas Scheuermann (Hrsg.), Handbuch der Musikwirtschaft, 6. Auflage, München (Josef Keller) 2003, S. 1260–1282 (zitiert *Schulz*, in: Handbuch der Musikwirtschaft)

Schulze, Erich, Der neue Berechtigungsvertrag der GEMA, GEMA-Nachrichten 11 (1951), 7– 10

Schulze, Erich, Zur Frage des freien und lauteren Wettbewerbs beim Schlager, GEMA-Nachrichten 34 (1957), 3–6

Schulze, Erich, Urhebervertragsrecht, UFITA 29 (1959), 209–213

Schulze, Erich, Die ersten Erfahrungen mit der neuen deutschen Urheberrechtsgesetzgebung, UFITA 50 (1967), 476–491

Schulze, Erich, Urteilsanmerkung zu EuGH 27.3.1974 Rs. 127/73 „SABAM III", GRUR Int. 1974, 342–345

Schulze, Erich, Das Gesetz über die Wahrnehmung von Urheberrechten und verwandten Schutzrechten verlangt eine Reform, in: Wolfgang Hefermehl/Rudolf Nirk/Harry Westermann (Hrsg), Festschrift für Philipp Möhring zum 75. Geburtstag: 4. September 1975, München (C. H. Beck) 1975, 427–431

Schulze, Erich, Tarife und Gesamtverträge der Verwertungsgesellschaften, UFITA 80 (1977), 151–158

Schulze, Erich, Verleger werden ist nicht schwer, Verleger sein dagegen sehr – Zur Stellung des Musikverlegers in der GEMA, FuR 1980, 179–181

Schulze, Erich, Urheberrecht in der Musik, 5. Auflage, Berlin/New York (de Gruyter) 1981

Schulze, Erich, Auswirkungen der Urheberrechtsnovelle, ZUM 1987, 47–56

Schulze, Erich, Tarife und Gesamtverträge von urheberrechtlichen Verwertungsgesellschaften, GRUR 1989, 257–258

Schulze, Erich, Mitgliedsausschluß aus einem wirtschaftlichen Verein am Beispiel der GEMA, NJW 1991, 3264–3265

Schulze, Erich, Geschätzte und geschützte Noten – Zur Geschichte der Verwertungsgesellschaften, Weinheim (VCH) 1995

Schulze, Erich (Hrsg.), Rechtsprechung zum Urheberrecht – Entscheidungssammlung mit Anmerkungen, München (C.H. Beck), Stand 48. Ergänzungslieferung 2003

Schulze, Gernot, Teil-Werknutzung, Bearbeitung und Werkverbindung bei Musikwerken – Grenzen des Wahrnehmungsumfangs der GEMA, ZUM 1993, 255–269

Schulze, Gernot, Urheber- und Leistungsschutzrechte des Kameramanns, GRUR 1994, 855–871

Schulze, Gernot, Zur Tarifhoheit der GEMA – Zugleich eine Erwiderung auf den Aufsatz Klassik Open Air Konzerte im Dschungel der GEMA-Tarif von Dr. Wolfgang Witz und Dr. Esther Schmidt, ZUM 1999, 827–834

Schulze, Marcel (Hrsg.), Materialien zum Urheberrechtsgesetz, Texte – Begriffe – Begründungen, Band 1 und 2, Weinheim, Berlin, New York, Chichester, Toronto, Brisbane, Singapore (Wiley-VCH-Rechtstexte) 1997 Band 3 München/Berlin (Luchterhand) 2003 (Besprechung *Riesenhuber,* KUR 2003, 107)

Schulze, Marcel, Die GEMA-Vermutung in der jüngsten Rechtsprechung des BGH, ZUM 1988, 232–233

Schulze, Reiner/Dörner, Heinrich/Ebert, Ina/Ecker, Jörn/Hoeren, Thomas/Kemper, Rainer/Saenger, Ingo/Schulte-Nölke, Hans/Staudinger, Ansgar, Bürgerliches Gesetzbuch – Handkommentar, 4. Auflage, Baden-Baden (Nomos) 2005 (zitiert HK-BGB-*Bearbeiter*, § Rn.)

Schulze-Rossbach, Ulrich, Anmerkung zum Urteil des BGH vom 13. Dezember 2001 – I ZR 41/99 – „Klausurerfordernis", KUR 2002, 135–139

Schuppert, Gunnar Folke, Die Erfüllung öffentlicher Aufgaben durch verselbständigte Verwaltungseinheiten, Göttingen (O. Schwartz) 1981

Schwab, Roland, Recht und Praxis der Urheberverwertungsgesellschaften in Frankreich, München (Florenz) 1989 (zitiert *Schwab,* Urheberverwertungsgesellschaften in Frankreich)

Schwarze, Jürgen, Das Staatsrecht in Europa, JZ 1993, 585–594

Schwarze, Jürgen (Hrsg.), Der Netzzugang für Dritte im Wirtschaftsrecht, Baden-Baden (Nomos) 1999

Schwarze, Jürgen, Der Schutz des geistigen Eigentums im europäischen Wettbewerbsrecht – Anmerkungen zur jüngsten Entscheidungspraxis, in: *Jürgen Schwarze/Jürgen Becker* (Hrsg.), Regulierung im Bereich von Medien und Kultur – Gestaltungsmöglichkeiten und rechtliche Grenzen, Baden-Baden (Nomos) 2002, S. 81–102

Schwarze, Jürgen, Europäische Rahmenbedingungen für die Verwaltungsgerichtsbarkeit, NVwZ 2000, 241–252

Schwarze, Jürgen (Hrsg.), Daseinsvorsorge im Lichte des Wettbewerbsrechts, Baden-Baden (Nomos) 2001

Schwarze, Jürgen, Der Schutz des geistigen Eigentums im europäischen Wettbewerbsrecht, EuZW 2002, 75–81

Schwarze, Jürgen Die Haltung der EG-Kommission zum Schutz des geistigen Eigentums im europäischen Wettbewerbsrecht – Perspektiven ihrer künftigen Politik und vorläufige Bewertung, Stellungnahme (unveröffentlicht) 2002 (zitiert *Schwarze,* Stellungnahme)

Schwarze, Jürgen, Die europäische Dimension des Verfassungsrechts, in: Ole Due/Marcus Lutter/Jürgen Schwarze (Hrsg.), Festschrift für Everling, Bd. II, Baden-Baden (Nomos) 1995, S. 1355–1378

Schwarze, Jürgen, Die Kompetenzen der Europäischen Gemeinschaft auf dem Gebiet der Kultur, Jürgen Schwarze/Jürgen Becker (Hrsg.), Geistiges Eigentum und Kultur im Spannungsfeld von nationaler Regelungskompetenz und europäischem Wirtschafts- und Wettbewerbsrecht, Baden-Baden (Nomos) 1998, S. 125–158

Schwarze, Jürgen, Wirtschaftsverfassungsrechtliche Garantien für Unternehmen in der Europäischen Grundrechtscharta, in: Landesvereinigung der Arbeitgeberverbände Nordrhein-Westfalen e.V./Verband der Metall- und Elektro-Industrie Nordrhein Westfalen e.V. (Hrsg.), Festschrift für Jochen F. Kirchhoff zum 75. Geburtstag, Köln (Dr. Otto Schmidt) 2002, S. 245–261

Schwarze, Jürgen, Urheberrechte und deren Verwaltung im Lichte des europäischen Wettbewerbsrechts, ZUM 2003, 15–26

Schwarze, Jürgen (Hrsg.), Der Verfassungsentwurf des Europäischen Konvents, Verfassungsrechtliche Grundstrukturen und wirtschaftsverfassungsrechtliches Konzept, Baden-Baden (Nomos) 2004

Schwarze, Jürgen/Becker, Jürgen (Hrsg.), Geistiges Eigentum und Kultur im Spannungsfeld von nationaler Regelungskompetenz und europäischem Wirtschafts- und Wettbewerbsrecht, Baden-Baden (Nomos) 1998

Schwenzer, Oliver, Die Rechte des Musikproduzenten, 2. Auflage, Baden-Baden (Nomos) 2001

Schweyer, Stefan, Die Zweckübertragungstheorie im Urheberrecht, München (C. H. Beck) 1982

Seibt, Christoph H./Wiechmann, Peter Probleme der urheberrechtlichen Verwertungsgemeinschaft bei der Werkverbindung, GRUR 1995, 562–566

Seifert, Fedor, Wahrnehmungsverträge, in: Rolf Moser/Andreas Scheuermann (Hrsg.), Handbuch der Musikwirtschaft, 6. Auflage, Starnberg, München (Josef Keller) 2003, S. 981–1004 (zitiert *Seifert,* in: Handbuch der Musikwirtschaft)

Senger, Michael, Wahrnehmung digitaler Rechte, Wien/Graz (Neuer Wissenschaftlicher Verlag) 2002

Siebert, Sabine, Die Auslegung der Wahrnehmungsverträge unter Berücksichtigung der digitalen Technik – erläutert am Beispiel der GEMA, GVL, VG Wort und VG BILD KUNST, München (C. H. Beck) 2002 (zitiert *Siebert*, Auslegung der Wahrnehmungsverträge)

Sikorski, Hans Wilfred, Musikverlage, in: *Hermann Rauel/Christine Demmer (Hrsg.),* Kulturmanagement, Theorie und Praxis einer professioneller Kunst, Berlin, New York (de Gruyter) 1994, S. 319–331 (zitiert *Sikorski*, Musikverlage)

Singer, Reinhard, Selbstbestimmung und Verkehrsschutz im Recht der Willenserklärungen, München (C. H. Beck) 1995 (zitiert *Singer,* Selbstbestimmung und Verkehrsschutz)

Spoendlin, Kaspar, Zur staatlichen Prüfung der Tarife der urheberrechtlichen Verwertungsgesellschaften – Angemessenheits- oder nur Mißbrauchskontrolle?, UFTITA 102 (1986), 41–61

Staats, Robert, Aufführungsrecht und kollektive Wahrnehmung bei Werken der Musik, Baden-Baden (Nomos) 2004

Staudinger, Julius von, Kommentar zum BGB, Berlin (Sellier – de Gruyter) (zitiert Staudinger-*Bearbeiter* (Erscheinungsjahr), §§ Rn.)

Stavridou, Sylvia, Die kollektive Wahrnehmung von Urheberrechten und verwandten Schutzrechten im neuen griechischen Urheberrecht, GRUR Int. 1999, 31–40

Steden, Robin Christian, Das Monopol der GEMA – Zur Frage der kollektiven Wahrnehmung von Musikverwertungsrechten im 21. Jahrhundert, Baden-Baden (Nomos), 2003

Steding, Klaus, Der Kartellcharakter der Gesellschaft für musikalische Aufführungs- und mechanische Vervielfältigungsrechte, Diss. Münster 1964

Steinberg, Katrin, Urheberrechtliche Klauseln in Tarifverträgen, Baden-Baden (Nomos) 1999

Steiner, Udo, Kulturauftrag im staatlichen Gemeinwesen, VVDStRL 42 (1984), 7–41

Sternberg-Lieben, Detlev, Musikdiebstahl, Köln (Dr. Peter Deubner Verlag) 1985

Stieper, Malte/Frank, Andreas, DVD als neue Nutzungsart?, MMR 2000, 643–647

Stöber, Kurt, Handbuch zum Vereinsrecht, 9. Auflage Köln (Dr. Otto Schmidt) 2004

Stockmann, Kurt, Die Verwertungsgesellschaften und das nationale und europäische Kartellrecht, in: Jürgen Becker (Hrsg.), Die Verwertungsgesellschaften im Europäischen Binnenmarkt – Symposium für Reinhold Kreile zum 60. Geburtstag, Baden-Baden (Nomos) 1990, S. 25–45 (zitiert *Stockmann,* in: Die Verwertungsgesellschaften im Europäischen Binnenmarkt)

Stolz, Frank, Die Rechte der Sendeunternehmen nach dem Urheberrechtsgesetz und ihre Wahrnehmung, Baden-Baden (Nomos) 1987 (zitiert *Stolz,* Rechte der Sendeunternehmen)

Stolz, Frank, Die Rechte der Sendeunternehmen nach dem Urheberrechtsgesetz und ihre Wahrnehmung, Baden-Baden (Nomos) 1987

Streinz, Rudolf (Hrsg.), EUV/EGV Kommentar, München 2003 (zitiert Streinz-*Bearbeiter* Art. EU/EG Rn.)

Strittmatter, Angelika, Tarife vor der urheberrechtlichen Schiedsstelle, Berlin (BWV) 1994

Stroh, Heinz, Der Rechtsschutz von Musiknoten vor unerlaubter Vervielfältigung, Berlin (Berlin Verlag) 1995 (zitiert *Stroh,* Rechtsschutz von Musiknoten)

T

Tietzel, Manfred/Weber, Marion, Zur Ökonomik von Verwertungsgesellschaften am Beispiel der VG Wort, in: Claus Ott/Hans-Bernd Schäfer (Hrsg.), Ökonomische Analyse der rechtlichen Organisation von Innovation – Beiträge zum IV. Travemünder Symposium zur ökonomischen Analyse des Rechts (23.–26. März 1994), Tübingen (Mohr S) 1994, S. 128–147

Thomas, Heinz/Putzo, Hans, Zivilprozeßordnung mit Gerichtsverfassungsgesetz, den Einführungsgesetzen und europarechtlichen Vorschriften, 26. Auflage, München (C. H. Beck) 2004 (zitiert Thomas/Putzo-*Bearbeiter,* §§ Gesetz Rn.)

Thurow, Norbert, Lizenzierung von Tonträgern durch Verwertungsgesellschaften für den Bereich der EG, in: Jürgen Becker (Hrsg.), Die Verwertungsgesellschaften im Europäischen Binnenmarkt – Symposium für Reinhold Kreile zum 60. Geburtstag, Baden-Baden (Nomos) 1990, 95–108 (zitiert *Thurow*, in: Die Verwertungsgesellschaften im europäischen Binnenmarkt)

Tolkmitt, Jan Christoffer, Tauschgerechtigkeit im kollektiven Urheberrecht, Baden-Baden (Nomos) 2003

U

Ulmer, Eugen, in: Der Bundesminister der Justiz, Gutachten zum Urhebervertragsrecht – insbesondere zum Recht der Sendeverträge – erstattet im Auftrag des Bundesministers der Justiz, Bonn (Deutscher Bundes-Verlag) 1977 (zitiert *Ulmer,* Gutachten zum Urhebervertragsrecht)

Ulmer, Eugen, Zur Rechtsstellung der Musikverlage in der GEMA – Rechtsgutachten, GEMA-Nachrichten 106 (1978), 99–108

Ulmer, Eugen, Urheber- und Verlagsrecht, 2. Auflage Berlin/ /Heidelberg/New York (Springer) 1960 (zitiert *Ulmer*, Urheber- und Verlagsrecht^2)

Ulmer, Eugen, Urheber- und Verlagsrecht, 3. Auflage Berlin/Heidelberg/New York (Springer) 1980

Ulmer, Eugen/Bußmann, Kurt/Weber, Sibylle, Das Recht der Verwertungsgesellschaften – Vergleichende Darstellung der gesetzlichen Bestimmungen, Weinheim/Bergstraße (Verlag Chemie) 1955 (zitiert *Ulmer/Bußmann/Weber,* Recht der Verwertungsgesellschaften)

Ulmer, Peter/Brandner, Erich/Hensen, Horst-Diether/Schmidt, Harry, AGB-Gesetz – Kommentar, 9. Auflage, Köln (Dr. Otto Schmidt) 2001 (zitiert *Ulmer/Brandner/Hensen,* §§ Rn.)

Ulmer-Eilfort, Constanze, US-Filmproduzenten und deutsche Vergütungsansprüche, Baden-Baden (Nomos) 1993

Ungerer, Herbert, Application of Competition Law to Rights Management in the Music Market, Some Orientations, Brüssel 11. Juni 2003, COMP/C2/HU/rdu

Ungerer, Herbert, Vortrag auf der Tagung der „Independent Music Companies Association (IMPALA)“, 11. 6. 2003, zu finden unter http://europa.eu.int/comm/competition/speeches/text/sp2003_018_en.pdf;

Ungerer, Herbert, Vortrag beim „Regulatory Forum European Cable Communication Association (ECCA)“, Brüssel, 23. 6. 2004, zu finden unter http://europa.eu.int/comm/competition/speeches/text/sp2004_010_en.pdf

Ungern-Sternberg, Joachim v., Die Wahrnehmungspflicht der Verwertungsgesellschaften und die Urheberrechtskonventionen, GRUR Int. 1973, 61–65

V

Ventroni, Stefan, Das Filmherstellungsrecht, Baden Baden (Nomos Verlagsgesellschaft) 2001

Vesterdorf, Bo, The Role of Copyright and related Rights as a Policy as compared to other Policies, Rede anläßlich der Konferenz „European Copyright Revisited“, Santiago de Compostela, 16.–18. 6. 2002, http://europa.eu.int/comm/internal_market/copyright/conferences/2002-06-conference-speech-vesterdorf_en.htm

VG Wort (Hrsg.), Geist und Recht – Eine Tagung über Urheberrechtsschutz im technischen Zeitalter, 14.–15. Oktober 1992 in Bonn, München (Privatdruck) 1992

VG Wort (Hrsg.), Geist und Geld – Eine Tagung über die Zukunft des geistigen Eigentums in Europa, 25.–27. Oktober 1989 in Bonn, München (Privatdruck) 1990

VG Wort (Hrsg.), Ein Korb für Künstler … – Ein Symposion über das Urheberrecht in der Informationsgesellschaft, 17. Januar 2005 in Berlin, München (Privatdruck) 2005

Vieweg, Klaus/Röthel, Anne, Verbandsautonomie und Grundfreiheiten, ZHR 166 (2002), 6–34

Vogel, Martin, Wahrnehmungsrecht und Verwertungsgesellschaften in der Bundesrepublik Deutschland – Eine Bestandsaufnahme im Hinblick auf die Harmonisierung des Urheberrechts in der Europäischen Gemeinschaft, GRUR 1993, 513–531

Vogel, Martin, Kollektives Urhebervertragsrecht unter besonderer Berücksichtigung des Wahrnehmungsrechts, in: Friedrich-Karl Beier/Horst-Peter Götting/Michael Lehmann/Rainer Moufang (Hrsg), Urhebervertragsrecht – Festgabe für Gerhard Schricker zum 60. Geburtstag, München (C. H. Beck) 1995, 117–147 (zitiert *Vogel,* FG Schricker)

Vogel, Martin, Verwertungsgesellschaften, in: Gerhard Schricker/Eva-Marina Bastian/Adolf Dietz (Hrsg.), Konturen eines europäischen Urheberrechts/8. Ringberg-Symposium des Max-Planck-Instituts für Ausländisches und Internationales Patent-, Urheber- und Wettbewerbsrecht, 25. bis 30. September 1994, Schloß Ringberg, Tegernsee, Baden-Baden (Nomos) 1996, 79–86 (zitiert *Vogel,* in: Konturen eines europäischen Urheberrechts)

Vogel, Martin, Zur Geschichte der kollektiven Verwertung von Sprachwerken, in: Jürgen Becker (Hrsg.), Die Wahrnehmung von Urheberrechten an Sprachwerken – Symposium für Ferdinand Melichar zum 60. Geburtstag, Baden-Baden (Nomos) 1999, 17–36

Vogelaar, Floris O. W., The European Competition Rules: landmark cases of the European Courts and the Commission, Groningen (Europa Law) 2004

W

Wainwright, Richard/Castillo de la Torre, Fernando, IP Transactions and Infringements of Articles 81 and 82 – New Developments in EU Law, Paper presented at the 2nd Conference on Competition Law and IP related Aspects, Alicante, 14. März 2003, abrufbar unter www.ml.ua.es/webprom/Jornadas/documentos/wainwright-developments%20in%20EU%20Law.pdf (zuletzt abgerufen am 12. 05. 2005)

Wallace, William, Control over the Monopoly Exercise of Copyright, GRUR Int. 1973, 357–360

Walter, Michel, Zur Klagslegitimation der musikalischen Verwertungsgesellschaft, MR 1986, 14–15

Walter, Michel, Die vier Säulen des Urheberrechts – Zugleich eine Standortbestimmung der österreichischen Urheberrechtsreform nach der UrhGNov 1997, ZfRV 1999, 88–97

Walter, Michel (Hrsg.), Europäisches Urheberrecht – Kommentar, New York, Wien (Springer) 2001 (zitiert Walter-*Bearbeiter*)

Wandtke, Artur-Axel, Die Kommerzialisierung der Kunst und die Entwicklung des Urheberrechts im Lichte der Immaterialgüterrechtslehre von Josef Kohler, GRUR 1995, 385–392

Wandtke, Artur-Axel, Zur Entwicklung der Urhebergesellschaften in der DDR bis zur Wiedervereinigung Deutschlands, in: Jürgen Becker (Hrsg.), Wanderer zwischen Musik, Politik und Recht: Festschrift für Reinhold Kreile zu seinem 65.Geburtstag, Baden-Baden (Nomos) 1994, 789–797

Wandtke, Artur-Axel/Bullinger, Winfried (Hrsg.), Praxiskommentar zum Urheberrecht, München (C. H. Beck) 2002 (zitiert Wandtke/Bullinger-*Bearbeiter,* §§ Gesetz Rn.)

Weichhaus, Bernd, Das Recht der Verwertungsgesellschaften in Deutschland, Großbritannien und Frankreich, Hamburg (Verlag Dr. Kovač) 2002 (Besprechung *Riesenhuber*, ZUM 2004, 335)

Weitbrecht, Andreas, To Harmonize or Not to Harmonize – Zur Diskussion um die 7. GWB-Novelle, EuZW 2004, 449–449

Welser, Marcus von, Die Wahrnehmung urheberpersönlichkeitsrechtlicher Befugnisse durch Dritte, Berlin (BWV) 2000

Wiedemann, Herbert, Die Auslegung von Satzungen und Gesellschaftsverträgen, DNotZ 1977, Sonderheft, S. 99–111

Wiese, Günter, Zulässigkeit und Grenzen von Auskünften der GEMA über Daten ihrer Mitglieder – Rechtsgutachten, GEMA-Nachrichten 106 (1978), 109–119

Winghardt, Stefan, Gemeinschaftsrechtliches Diskriminierungsverbot und Inländerbehandlungsgrundsatz unter dem Blickwinkel der kollektiven Wahrnehmung urheberrechtlicher Ansprüche, GRUR Int. 2001, 993–1011

Winghardt, Stefan, Kopiervergütug für den PC, ZUM 2002, 349–362

Wittweiler, Bernhard, Der Geltungsbereich der schweizerischen Verwertungsgesetzgebung, Bern (Staempfli) 1988

Wirtz, Martin, Die Kontrolle von Verwertungsgesellschaften – Eine rechtsvergleichende Studie des Deutschen, Britischen und Europäischen Rechts, Frankfurt a.M. (Lang) 2002 (Besprechung *Waldenberger* AfP 2002, 554–555)

Wolf, Manfred/Horn, Norbert/Lindacher, Walter, AGB-Gesetz – Kommentar, 4. Auflage München (C. H. Beck) 1999 (zitiert Wolf/Horn/Lindacher *Bearbeiter*, §§ Rn.)

Wolff, Hans J./Bachof, Otto, Verwaltungsrecht, Band 1, 9. Auflage, München (C. H. Beck) 1974 (zitiert *Wolff/Bachof*, Verwaltungsrecht I[9])

Wolff, Hans J./Bachof, Otto/Stober, Rolf, Verwaltungsrecht, Band 1, 11. Auflage, München (C. H. Beck) 1999, Band 2, 6. Auflage, München (C. H. Beck) 2000

Wood, David, Collective Management and EU Competition Law, Rede auf der V. SGAE (Spanish Society of Authors, Composers and Publishers) Conference on Intellectual Property Competition and Collective Agreement vom 12.–14. November 2001 (unveröffentlicht)

Wünschmann, Christoph, Die kollektive Verwertung von Urheber- und Leistungsschutzrechten nach europäischem Wettbewerbsrecht, Baden-Baden (Nomos) 2000 (zitiert *Wünschmann,* Kollektive Verwertung von Urheber- und Leistungsschutzrechten)

X/Y/Z

Zimmermann, Reinhard, The Law of Obligations – Roman Foundations of the Civilian Tradition, Cape Town/Wetton/Johannesburg (Juta) 1990

Zöllner, Richard, Zivilprozessordnung, Kommentar, Köln (Dr. Otto Schmidt) 2005

Entscheidungsregister

I. EuGH

Datum	Rs.	Amtl. Slg.	Kurzbez.	GRUR	GRUR Int.	NJW	Schulze	ZIP	ZUM	ZUM-RD	Parteien
30.1.1974	127/73	1974, 51									BRT ./. SABAM u. NV Fonior
27.3.1974	127/74	1974, 313	BRT II								BRT ./. SABAM u. NV Fonior
14.2.1978	27/76	1978, 207	Chiquita-Bananen			1978, 2439					United Brands ./. Kommission der Europäischen Gemeinschaften
18.3.1980	62/79	1980, 881			1980, 602	1980, 2011					Coditel u.a. ./. Cine-Vog Films u.a.
6.10.1982	262/81	1982, 3381	Coditel II								Coditel u.a. ./. Cine-Vog Films u.a. (Coditel II)
14.12.1983	319/82	1983, 4173				1984, 555					Societé de Vente de Ciments et Bétons ./. Kerpen und Kerpen
18.12.1986	10/86	1986, 4071			1988, 772	1988, 620					V.A.G. France ./. Magne
15.10.1987	222/86	1987, 4097									Unectef ./. Heylens u.a.
13.7.1989	395/87	1989, 2521	Tournier		1990, 622				1990, 239		Ministère Public ./. Tournier
13.7.1989	110/88	1989, 2811									Lucazeau u.a. ./. SACEM
3.7.1991	C-62/86	1991, I-3359	AKZO			1992, 677					AKZO Chemie ./. Kommission der Europäischen Gemeinschaften

Datum	Rs.	Amtl. Slg.	Kurzbez.	GRUR	GRUR Int.	NJW	Schulze	ZIP	ZUM	ZUM-RD	Parteien
20.10.1993	C-92/92, C-326/92	1993, I-5145	Phil Collins	1994, 280	1994, 53	1994, 375			1993, 612		Phil Collins ./. Imtrat Handelsges. mbH u.a. und Kraul ./. EMI Electrola GmbH
6.4.1995	C-241/91 P C-242/91 P	1995, I-743	Magill	1995, 490					1996, 78		RTE u. ITP ./. Kommission der Europäischen Gemeinschaften
14.11.1996	C-333/94	1996, I-5951									Tetra Pak ./. Kommission der Europäischen Gemeinschaften
28.4.1998	C-200/96	1998, 1953		1998, 596	-CoR 1998, 304				1998, 490		Metronome Musik GmbH ./. Music Point Hokamp GmbH
28.5.1998	C-7/95 P	1998, I-3111	Deere								John Deere Ltd. ./. Kommission der Europäischen Gemeinschaften
26.11.1998	C-7/97	1998, I-7791			1999, 262	1999, 2259				1999, 105	Bronner ./. Mediaprint
21.1.1999	C-215/96, C-216/96	1999, I-135	Bagnasco			1999, 2029					Bagnasco u.a. ./. BNP und Carige
20.9.2001	C-453/99	2001, I-6297	Courage u. Crehan	2002, 367		2002, 502					Courage Ltd. ./. Crehan und Crehan ./. Courage Ltd. u.a.
29.4.2004	C-418/01	2004, I-5039		2004, 524	2004, 644	2004, 2725				2004, 391	IMS Health GmbH & Co. OHG ./. NDC Health GmbH & Co. KG

II. EuG

Datum	Rs.	Amtl. Slg.	Kurzbez.	GRUR	GRUR Int.	NJW	Schulze	ZIP	ZUM	ZUM-RD	Parteien
27.10.1994	T-35/92	1994, II-957									John Deere Ltd. ./. Kommission der Europäischen Gemeinschaften
15.9.1998	T-374/94, T-375/94, T-384/94, T-388/94	1998, II-3141									ENS, Eurostar Ltd., UIC, NS und SNCF ./. Kommission der Europäischen Gemeinschaften
22.11.2001	T-139/98	2001, II-3413									Amministrazione Autonoma dei Monopoli di Stato (AAMS) ./. Kommission der Europäischen Gemeinschaften
30.1.2002	T-54/99	2002, II-313									max.mobil Telekommunikationsservice GmbH ./. Kommission der Europäischen Gemeinschaften

III. Kommission

Datum	Az.	Amtl. Slg.	Kurzbez.	GRUR	GRUR Int.	NJW	Schulze	ZIP	ZUM	ZUM-RD	Gegenstand der Entscheidung
2.6.1971	71/224/ EWG	ABl 1971 L 134, 15	GEMA-I								
6.7.1972	72/268/ EWG	ABl 1972 L 166, 22	GEMA-II								
28.12.1981	81/1030/ EWG	ABl 1981 L 370, 49	GVL								
8.4.1982	82/204/ EWG	ABl 1982 L 94, 12	GEMA-Satzung								

IV. Bundesverfassungsgericht

Datum	Az.	Amtl. Slg.	Kurzbez.	GRUR	GRUR Int.	NJW	Schulze	ZIP	ZUM	ZUM-RD	Gegenstand der Entscheidung
23.10.1951	2 BvG 1/51	1, 14									Zur Auslegung von Verfassungsgrundsätzen
7.7.1971	1 BvR 775/66	31, 255	Tonbandvervielfältigungen			1972, 488			1971, 2167		Verfassungsmäßigkeit von § 53 Abs. 5 UrhG
7.12.1977	1 BvR 734/77	46, 325				1978, 368					Zwangsversteigerung zum Schleuderpreis als Eingriff in das Eigentum
25.10.1978	1 BvR 352/71	49, 382		1980, 44		1979, 2029					Wiedergabe eines geschützten Werkes bei Gottesdienst
11.10.1988	1 BvR 777/85	79, 1				1992, 1303			1989, 183		Verfassungsmäßigkeit der Vergütungsregelung für Vervielfältigung ur-

Datum	Az.	Amtl. Slg.	Kurzbez.	GRUR	GRUR Int.	NJW	Schulze	ZIP	ZUM	ZUM-RD	Gegenstand der Entscheidung
											heberrechtlich geschützter Werke
10.12.1996	1 BvR 1858/96								1997, 555		Pauschale Abgeltung von Einnahmen aus Bandübernahmeverträgen
4.9.2000	1 BvR 142/96			2001, 48		2001, 1200			2001, 159		Gesetzliche Vermutung

V. Bundesgerichtshof (BGH)

Datum	Az.	Amtl. Slg.	Kurzbez.	GRUR	GRUR Int.	NJW	Schulze	ZIP	ZUM	ZUM-RD	Gegenstand der Entscheidung
12.2.1952	I ZR 115/51	BGHZ 5, 116		1952, 530							Zeitlich beschränktes Verfilmungsrecht
22.4.1953	II ZR 143/52	BGHZ 9, 273									Schließung einer Vertragslücke
28.10.1953	II ZR 149/52	BGHZ 10, 385									Offenbarungseid nach Rechnungslegung
18.5.1955	I ZR 8/54	BGHZ 17, 266	Grundig-Reporter								Begriff der Vervielfältigung iSd LUG
24.6.1955	I ZR 178/53	BGHZ 17, 376	Betriebsveranstaltungen			1955, 1356					Aufführungen bei Betriebsveranstaltungen
19.6.1956	I ZR 104/54		Tanzkurse			1956, 1553					Begriff der öffentlichen Aufführung

Datum	Az.	Amtl. Slg.	Kurzbez.	GRUR	GRUR Int.	NJW	Schulze	ZIP	ZUM	ZUM-RD	Gegenstand der Entscheidung
21.3.1957	II ZR 172/55	BGHZ 24, 47									Rechte des Vereinsvorstands
21.11.1958	I ZR 98/57			1959, 200 u. 569							Vertrieb in Buchgemeinschaften; Auslegung von Lizenzen
18.3.1960	I ZR 121/58		Eisrevue I	1960, 604		1960, 1900					Darbietungen von Musikstücken in einer Eisrevue
7.10.1960	I ZR 17/59		Sportheim			1961, 121					Öffentliche Hörbarmachung von Rahmen- und Zwischenmusik
19.1.1962	I ZR 71/60		Im weißen Rössl	1962, 256							Übertragung von Aufführungsrechten gegen geringes Pauschalentgelt kein Verstoß gegen § 138 BGB
2.11.1962	I ZR 48/61		Mit Dir allein	1963, 441							Recht des Urhebers, Vervielfältigungen seines Werkes auch in der bearbeiteten Form zu untersagen
18.12.1962	I ZR 54/61	BGHZ 38, 356		1963, 213		1963, 651					Fernsehwiedergabe von Sprachwerken
12.6.1963	Ib ZR 23/62		Tonbänder-Werbung	1964, 91							Hinweispflicht der Magnettonbandhersteller

Datum	Az.	Amtl. Slg.	Kurzbez.	GRUR	GRUR Int.	NJW	Schulze	ZIP	ZUM	ZUM-RD	Gegenstand der Entscheidung
19.6.1963	Ib ZR 127/62		Tonbandgeräte-Händler	1964, 94		1963, 1739					Erforderlichkeit des GEMA-Hinweises im Einzelhandel mit Tonbandgeräten
9.3.1966	Ib ZR 36/64		Eis revue III	1966, 570							Schadensschätzung
25.2.1966	Ib ZR 30/64		GELU	1966, 567							Befugnis des Konkursverwalters der GELU, Ansprüche weiterhin geltend zu machen
3.11.1967	Ib ZR 123/65		Haselnuß	1968, 321		1968, 594					Aufrechnung eines Rechtsverletzers gegenüber der GEMA
14.5.1969	I ZR 24/68	BGHZ 52, 108	Festzeltbetrieb	1969, 564							Gerichtsstand für Schadensersatzansprüche einer Verwertungsgesellschaft
11.6.1969	I ZR 54/67		Musikverleger	1970, 40		1969, 2239					Ausübungspflicht des Musikverlegers
10.3.1972	I ZR 160/70	BGHZ 59, 286	Doppelte Tarifgebühr	1973, 379		1973, 96					Doppelte Tarifgebühr bei ungenehmigter Musikwiedergabe
11.5.1973	I ZR 145/71		Musikautomat	1974, 35							GEMA-Gebühren für Musikautomaten
23.5.1975	I ZR 51/74		Bar-Filmmusik	1976, 35							Berechnung des Schadensersatzanspruchs

Datum	Az.	Amtl. Slg.	Kurzbez.	GRUR	GRUR Int.	NJW	Schulze	ZIP	ZUM	ZUM-RD	Gegenstand der Entscheidung
30.6.1976	I ZR 63/75	BHGZ 67, 56	Schmalfilmrechte	1977, 42							Urheberrechtliche Beschränkungen bei Verwertung von Schmalfilmrechten
7.11.1980	I ZR 24/79	BGHZ 79, 350	Kabelfernsehen in Abschattungsgebieten	1981, 413		1981, 1042					Senderecht und Erschöpfung
4.6.1981	III ZR 31/80	BGHZ 81, 21				1981, 2000					
3.7.1981	I ZR 106/79		Masterbänder	1982, 102							Herstellung und Vertrieb von Masterbändern ohne Zustimmung des Urhebers
18.9.1981	I ZR 43/80		Tonfilmgeräte	1982, 104		1982, 642					Vergütungspflicht für Tonfilmgeräte
21.1.1982	I ZR 182/79		Kunsthändler	1982, 308							Befugnis einer Verwertungsgesellschaft zur Geltendmachung urheberrechtlicher Ansprüche nach Beendigung des Wahrnehmungsvertrags
19.5.1983	I ZR 74/81	BGHZ 87, 281	Tarifüberprüfung I	1984, 52		1984, 1113					Unzulässigkeit der Tarifüberprüfung, wenn Einigung über Vergütung vorliegt

Datum	Az.	Amtl. Slg.	Kurzbez.	GRUR	GRUR Int.	NJW	Schulze	ZIP	ZUM	ZUM-RD	Gegenstand der Entscheidung
1.6.1983	I ZR 98/81		Tarifüberprüfung II	1983, 565							Prüfung der Angemessenheit durch das Revisionsgericht
28.6.1984	I ZR 84/82		Zeitschriftenauslage	1985, 131		1985, 437					Zeitschriftenauslage beim Friseur: Verleihen iSd § 27 Abs. 1 UrhG
29.11.1984	I ZR 58/83		Herstellerbegriff III	1985, 284		1985, 1637			1985, 168		Herstellerbegriff iSd § 53 Abs. 5 S. 1 UrhG
5.6.1985	I ZR 53/83	BGHZ 95, 274	GEMA-Vermutung I	1986, 62		1986, 1244			1986, 48		Zweitauswertung von Spielfilmen für Videozwecke zum persönlichen Gebrauch
13.6.1985	I ZR 35/83	BGHZ 95, 285	GEMA-Vermutung II	1986, 66		1986, 1247			1986, 53		Musikvertonung von Pornofilmen
5.12.1985	I ZR 137/83		GEMA-Vermutung III	1986, 13		1986, 1249			1988, 199		Entkräftungsbeweis, Schadensberechnung, Subsidiarität des § 96 UrhG
22.1.1986	I ZR 194/83	BGHZ 97, 37	Filmmusik	1986, 376		1987, 1495			1986, 280		Schadensberechnung auf Grundlage einer angemessenen Lizenzgebühr
6.3.1986	I ZR 208/83		Schallplattenvermietung	1986, 736		RR 1986, 1183			1986, 678		Erschöpfung des Verbreitungsrechts des Tonträgerherstellers

Datum	Az.	Amtl. Slg.	Kurzbez.	GRUR	GRUR Int.	NJW	Schulze	ZIP	ZUM	ZUM-RD	Gegenstand der Entscheidung
4.6.1987	I ZR 117/85		Kabelfernsehen II	1988, 206		1988, 1022			1988, 35		Kabelweiterübertragung von Rundfunksendungen durch die Deutsche Bundespost
15.10.1987	I ZR 96/85		GEMA-Vermutung IV	1988, 296		1988, 1847			1988, 241		Videoverwertung von Film- und Unterhaltungsmusik
28.10.1987	I ZR 164/85		Schallplattenimport III	1988, 373		RR 1988, 829			1988, 410		Darlegungs- und Beweislast für staatsgrenzenüberschreitende Lizenzvergabe
21.4.1988	I ZR 210/86		Kopierwerk	1988, 604		1989, 389			1988, 575		Auskunftsanspruch der GEMA gegenüber dem in ihrem Auftrag Videokopien fertigenden Kopierwerk
3.5.1988	KVR 4/87		GEMA-Wertungsverfahren	1988, 782		RR 1988, 1187			1989, 80		Entscheidung zur Kontrolle des Verteilungsplans von Verwertungsgesellschaften sowie zur Aufsicht von BKartA und DPMA.
2.2.1989	I ZR 100/87		Kauf mit Rückgaberecht	1989, 417		1990, 450			1990, 80		
29.6.1989	I ZR 179/87		Gesetzliche	1989, 819		1990, 451			1990, 32		Vermutung der Wahrnehmungsbefugnis aus-

Datum	Az.	Amtl. Slg.	Kurzbez.	GRUR	GRUR Int.	NJW	Schulze	ZIP	ZUM	ZUM-RD	Gegenstand der Entscheidung
			Vermutng								ländischer urheberrechtlicher Vergütungsansprüche durch inländische Verwertungsgesellschaft
11.10.1990	I ZR 59/89		Videozweitauswertung	1991, 133		RR 1991, 429					Umfang der Einräumung des Nutzungsrechts an Kinospielfilm im Jahr 1968
13.12.1990	I ZR 21/89	BGHZ 113, 159	Einzelangebot	1991, 316		1991, 1234			1991, 363		Verletzung des urheberrechtlichen Verbreitungsrechts
24.1.1991	I ZR 72/89		Brown Girl II	1991, 533		RR 1991, 80			1992, 41		Bearbeitung eines gemeinfreien Volkslieds und Nutzung der Bearbeitung
31.1.1991	I ZR 101/89		Gesetzliche Vermutung II	1991, 595		1991, 2025			1991, 586		Gesetzliche Vermutung der Wahrnehmungsbefugnis von vertraglich geregelten Vergütungsansprüchen für Vermietung und Verleih
28.1.1993	I ZR 34/91	BGHZ 121, 215	Readerprinter	1993, 553		1993, 2118			1994, 497		Lesekopierer als vergütungspflichtige Vervielfältigungsgeräte
8.7.1993	I ZR 196/91	BGHZ 123, 142	Videozweitauswertung II	1994, 41		1993, 2939			1994, 506		Unbearbeitete Videokopien von Kinospielfilmen ohne selbständi-

Datum	Az.	Amtl. Slg.	Kurzbez.	GRUR	GRUR Int.	NJW	Schulze	ZIP	ZUM	ZUM-RD	Gegenstand der Entscheidung
											ges Videoverfilmungsrecht
8.7.1993	I ZR 124/91	BGHZ 123, 149	Verteileranlagen	1994, 45		1993, 2871			1994, 503		Musikübertragung in Justizvollzugsanstalten
9.6.1994	I ZR 23/92		Verteileranlagen im Krankenhaus	1994, 797		RR 1994, 1328			1994, 585		Urheberrechtsschutz für Hörfunksendung über Verteileranlage
26.1.1995	I ZR 63/93	BGHZ 128, 336	Videozweitauswertung III	1995, 212		1995, 1496			1995, 713		Voraussetzungen der wirksamen Übertragung von Filmrechten für neue Nutzungsarten
4.7.1996	I ZR 101/94	BGHZ 133,281	Klimbim	1997, 215		1997, 320			1997, 128		Satellitendirektübertragung als neue Nutzungsart
11.7.1996	I ZR 22/94		Zweibettzimmer im Krankenhaus	1996, 875		1996, 3084			1996, 783		Begriff der öffentlichen Wiedergabe von Funksendungen
12.11.1998	I ZR 31/96	BGHZ 140, 94	Sendeunternehmen als Tonträgerhersteller	1999, 577		1999, 1961			1999, 402		
10.12.1998	I ZR 100/96	BGHZ 140, 183	Elektronische Pressearchive	1999, 325					1999, 240		Vervielfältigungsprivileg für unternehmenseigene Pressearchive

Datum	Az.	Amtl. Slg.	Kurzbez.	GRUR	GRUR Int.	NJW	Schulze	ZIP	ZUM	ZUM-RD	Gegenstand der Entscheidung
28.1.1999	I ZR 208/96	BGHZ 140, 326	Telefaxgeräte	1999, 928		1999, 3561			1999, 649		Faxgeräte als vergütungspflichtige Vervielfältigungsgeräte
25.2.1999	I ZR 118/96	BGHZ 141, 13	Kopierversanddienst	1999, 707		1999, 1953			1999, 566		Verletzung des urheberrechtlichen Vervielfältigungs- und Verbreitungsrechts durch Kopienversanddienst öffentlicher Bibliotheken
14.10.1999	I ZR 117/97	BGHZ 142, 388	Musical-Gala	2000, 228		2000, 2207			2000, 234		Bühnenmäßige Aufführung iSv § 19 UrhG, § 1a BerV
15.6.2000	I ZR 231/ 97		Schiedsstellenanrufung	2000, 872		2001, 228			2000, 952		Schiedsstellenverfahren nach UrhWG als Prozeßvoraussetzung
5.4.2001	I ZR 132/98		Gesamtvertrag privater Rundfunk	2001, 1139		2002, 603			2001, 983		Rechtsgestaltende Festsetzung des Inhaltes eines Gesamtvertrages zwischen Verwertungsgesellschaft und Nutzervereinigung
7.6.2001	I ZR 21/99		Kauf auf Probe	2001, 1036		2001, 3789			2001, 793		Umfang des Vermietrechts für Tonträger
5.7.2001	I ZR 335/98		Scanner	2002, 246		2002, 964			2002, 218		Geräteabgabepflicht für Hersteller und Importeure

Datum	Az.	Amtl. Slg.	Kurzbez.	GRUR	GRUR Int.	NJW	Schulze	ZIP	ZUM	ZUM-RD	Gegenstand der Entscheidung
13.12.2001	I ZR 41/99		Klausurerfordernis	2002, 332		2002, 1713			2002, 379		Inhaltskontrolle des Berechtigungsvertrages und des Verteilungsplans der GEMA
13.6.2002	I ZR 1/00	BGHZ 151, 92	Mischtonmeister	2002, 961		2002, 3549			2002, 821		Miturheberschaft eines Mischtonmeisters an einem Filmwerk
17.7.2003	I ZR 259/00		Paperboy	2003, 958		2003, 3406			2003, 855		Internet-Suchdienst für Presseartikel
13.7.2004	KZR 40/02	BGHZ 160, 67	Standard-Spundfaß	2004, 966		RR 2005, 269					Fehlende Ausschlußwirkung der Befugnis zur Erteilung einer Zwangslizenz
19.5.2005	I ZR 299/02		PRO-Verfahren	2005, 757							Hochrechnungsverfahren bei der Verteilung

VI. Reichsgericht

Datum	**Az.**	**Amtl. Slg.**	**Kurzbez.**								**Gegenstand der Entscheidung**
3.10.1882	III 269/82	RGZ 8, 15									Umfang des Schadensersatzes
18.9.1915	I 45/15	RGZ 87, 215									Rechtlicher Charakter eines Vertrages, durch den das Aufführungsrecht zwecks gemeinsamer Verwertung an Verein übertragen wird
4.5.1923	II 310/22	RGZ 108, 1									Begriff des Motivschutzes im Warenzeichenrecht
5.4.1933	I 175/32	RGZ 140, 231									Anwendbarkeit der Vorschriften über mechanische Wiedergabe von Tonkunstwerken auf Tonfilme
19.11.1938	II 69/38	RGZ 158, 377									Verpflichtung zur Auskunftserteilung

VII. Oberlandesgerichte

1. Kammergericht Berlin

Datum	**Az.**	**Amtl. Slg.**	**Kurzbez.**	**GRUR**	**GRUR Int.**	**NJW**	**Schulze**	**ZIP**	**ZUM**	**ZUM-RD**	**Gegenstand der Entscheidung**
4.5.1936	27 U 7231/35		Carmen				KGZ 13				
24.11.1953	5 U 1377/53		Musikalischer Bilderbogen				KGZ 17				
20.9.1977	5 U 2384/76			1978, 247							Verwertungstarife gegenüber Lesezirkeln
28.4.1989	Kart U 5680/86										
3.5.1994	5 U 2523/93								1997, 397		Wirksamkeit der Zweitvergabe des Verlagsrechts an Einzelerzählungen für Autorengesamtausgabe
30.7.1999	5 U 3591/99	KGR Berlin 2000, 161				RR 2000, 270			2000, 164		Herabsetzung der Kappungsgrenze für E-Komponisten bei Verteilung der Lizenzeinnahmen
23.2.2000	Kart U 1557/99	KGR Berlin 2000, 412									Herabsetzung der Kappungsgrenze für E-Komponisten bei der Verteilung von Lizenzeinnahmen

Datum	Az.	Amtl. Slg.	Kurzbez.	GRUR	GRUR Int.	NJW	Schulze	ZIP	ZUM	ZUM-RD	Gegenstand der Entscheidung
25.2.2000	5 U 5573/98	KGR Berlin 2000, 325								2000, 384	Übertragung der Werknutzungsrechte an Filmen in der ehem. DDR
29.8.2000	5 U 4352/99										
4.4.2001	Kart U 4329/00										Kinderkomponistin
23.10.2001	5 U 1983/00										
10.5.2002	5 U 5185/00								2004, 380		Wertungszahlungen in Verteilungsplan der GEMA
8.7.2002	5 U 96/01								2003, 308		PRO-Verfahren
15.8.2003	5 U 8/03										

2. Frankfurt a. M.

Datum	Az.	Amtl. Slg.	Kurzbez.	GRUR	GRUR Int.	NJW	Schulze	ZIP	ZUM	ZUM-RD	Gegenstand der Entscheidung
12.12.1991	6 U 100/90			1994, 116					1993, 97		Prozeßführungsbefugnis der deutschen VG Bild-Kunst
19.6.2001	11 U 66/00										Urheberrechtsschutz für Datenbankwerke

3. Hamburg

Datum	Az.	Amtl. Slg.	Kurzbez.	GRUR	GRUR Int.	NJW	Schulze	ZIP	ZUM	ZUM-RD	Gegenstand der Entscheidung
28.10.1971	U 108/70		Polydor II	1972, 375							Begriff des Inverkehrbringens iSd §§ 17, 85 UrhG
18.4.1991	3 U 146/90		Piccolo Bolero						1992, 303		Umfang der Rechtsübertragung bei Musikstücken für Fernsehproduktionen
27.6.1996	3 U 158/95									1997, 19	Urhebervergütung gegen den Betreiber eines Kopierladens wegen der Vervielfältigung schutzfähiger Werke
29.1.1998	3 U 244/94			1999, 373		RR 1999, 1133			1998, 938		Urheberrecht durch „echte Fälschungen“
5.11.1998	3 U 212/97		Spiegel-CD-ROM						1999, 78		Verbreitung von Zeitschriftenjahrgängen auf CD-ROM
11.5.2000	3 U 269/98					RR 2001, 123			2000, 870		Nutzungsrecht von überlassenem Nachrichtenmaterial für Internetzeitung
21.12.2000	3 U 83/99			2001, 832					2001, 523		Pflicht eines Konzertveranstalters zur Anmeldung geschützter Werke ausländischer Künstler

Datum	Az.	Amtl. Slg.	Kurzbez.	GRUR	GRUR Int.	NJW	Schulze	ZIP	ZUM	ZUM-RD	Gegenstand der Entscheidung
4.2.2002	5 U 106/01		Handy-Klingelton	RR 2002, 249		RR 2002, 1410			2002, 480		Verwendung eines geschützten Werks als Klingelton

4. Karlsruhe

Datum	Az.	Amtl. Slg.	Kurzbez.	GRUR	GRUR Int.	NJW	Schulze	ZIP	ZUM	ZUM-RD	Gegenstand der Entscheidung
28.10.1992	6 U 159/91			1993, 909					1993, 236		Verfahrensvoraussetzung für Klage einer Verwertungsgesellschaft

5. Köln

Datum	Az.	Amtl. Slg.	Kurzbez.	GRUR	GRUR Int.	NJW	Schulze	ZIP	ZUM	ZUM-RD	Gegenstand der Entscheidung
22.9.2000	6 U 19/96								2001, 166		CD-Pressung als neue Nutzungsart einer Tonaufnahme

6. München

Datum	Az.	Amtl. Slg.	Kurzbez.	GRUR	GRUR Int.	NJW	Schulze	ZIP	ZUM	ZUM-RD	Gegenstand der Entscheidung
22.3.1979	6 U 3229/78		Zeitschriftenauslage II	1979, 546							Begriff des Verleihens iSd § 27 UrhG
14.7.1983	6 U 3437/82		Musiknutzung bei Videokassetten	1983, 578							
1.12.1983	6 U 1082/83		Sex- und Pornofilme	1984, 122							GEMA-Vermutung gilt auch bei Sex- und Pornofilmen
11.4.1991	29 U 6719/90		Gaby wartet im Park						1991, 432		Verletzung der Rechte an einer Werkverbindung
10.12.1992	29 U 6173/89			1994, 115					1993, 367		Auslegung einer Formularklausel in Filmdrehbuchvertrag
22.4.1993	29 U 2194/93		Beatles-CDs	1994, 118		RR 1994, 432			1994, 303		Vorläufige Durchsetzung einer Zwangslizenz gegen eine Verwertungsgesellschaft
28.11.1996	6 U 2551/96		Trailer-Werbun			1998, 1413			1997, 275		Musikunterlegung im Trailer als Teilwerknutzung
19.3.1998	29 U 2643/97					RR 1999, 988			1998, 413		Übertragung des Rechts zur Auswertung durch Video-on-demand

Datum	Az.	Amtl. Slg.	Kurzbez.	GRUR	GRUR Int.	NJW	Schulze	ZIP	ZUM	ZUM-RD	Gegenstand der Entscheidung
23.12.1999	29 U 4142/99		Mediaspiegel						2000, 243		Vergütung für Pressespiegel
16.5.2002	6 AR 22/96									2002, 474	Vergütungsbemessung Gesamtvertrag GVL/ARD-Anstalten
31.10.2002	6 U 5487/01		Der Zauberberg	2003, 50							Filmverwertung auf DVD als neue Nutzungsart
5.12.2002	29 U 3069/02		Alpensinfonie	2003, 420		2003, 683			2003, 235		Filmaufzeichnung eines Konzerts
30.1.2003	6 AR 01/97								2003, 319		Gleichbehandlungsgrundsatz für öffentlich-rechtliche und private Rundfunkanstalten bei der Vergütungsfestsetzung im Gesamtvertrag
20.1.1977	6 U 4589/76		Pol(h)itparade				OLGZ 178				
12.6.2003	6 WG 1/03		Schiedsstellenverfahren	2003, 788						2003, 423	Anfechtung einer Kostenentscheidung der Schiedsstelle

7. Naumburg

Datum	Az.	Amtl. Slg.	Kurzbez.	GRUR	GRUR Int.	NJW	Schulze	ZIP	ZUM	ZUM-RD	Gegenstand der Entscheidung
19.8.1997	11 U 348/97			1999, 373					1997, 937		Schadensersatzanspruch einer Verwertungsgesellschaft und Durchführung eines Schiedsverfahrens vor Klageerhebung
8.9.2004	6 U 68/04								2004, 847		Schiedsstellenverfahren keine Prozeßvoraussetzung für Unterlassungsklage

8. Stuttgart

Datum	Az.	Amtl. Slg.	Kurzbez.	GRUR	GRUR Int.	NJW	Schulze	ZIP	ZUM	ZUM-RD	Gegenstand der Entscheidung
4.9.2001	4 U 142/01										Stufenklage auf urheberrechtliche Vergütung gegen Importeur von CD-Brennern

VIII. Landgerichte

1. Bayerischer Verwaltungsgerichtshof

Datum	Az.	Amtl. Slg.	Kurzbez.	GRUR	GRUR Int.	NJW	Schulze	ZIP	ZUM	ZUM-RD	Gegenstand der Entscheidung
13.8.2002	22 CS 02/1347								2003, 78		Untersagung der Betätigung als Verwertungsgesellschaft nach dem Urheberrechtswahrnehmungsgesetz

2. Berlin

Datum	Az.	Amtl. Slg.	Kurzbez.	GRUR	GRUR Int.	NJW	Schulze	ZIP	ZUM	ZUM-RD	Gegenstand der Entscheidung
10.3.1955	17 O 15/55			1955, 552							GEMA-Vermutung
27.7.1955	170 64/55		Ich küsse Ihre Hand Madame				LGZ 91				
20.9.1983	16 O 562/83								1985, 222		Einräumung von Nutzungsrechten
31.3.1998	16 O 639/97								1999, 252		Annahme einer urheberrechtsschutzfähigen Bearbeitung von Musikwerken
15.12.1998	16 O 683/97										Glockenrequiem
7.1.1999	16 O 385/99										

Datum	Az.	Amtl. Slg.	Kurzbez.	GRUR	GRUR Int.	NJW	Schulze	ZIP	ZUM	ZUM-RD	Gegenstand der Entscheidung
23.5.2000	16 O 8/00										
19.11.2002	16 O 303/02										
10.2.2004	36 O 392/03										

3. Bielefeld

Datum	Az.	Amtl. Slg.	Kurzbez.	GRUR	GRUR Int.	NJW	Schulze	ZIP	ZUM	ZUM-RD	Gegenstand der Entscheidung
31.3.1995	4 O 493/94								1995, 803		Tarifstreitigkeit

4. Düsseldorf

Datum	Az.	Amtl. Slg.	Kurzbez.	GRUR	GRUR Int.	NJW	Schulze	ZIP	ZUM	ZUM-RD	Gegenstand der Entscheidung
13.2.1985	12 O 438/83								1986, 158		Verwertung eines musikalischen Werkes zur Hörfunkwerbung

5. Erfurt

Datum	Az.	Amtl. Slg.	Kurzbez.	GRUR	GRUR Int.	NJW	Schulze	ZIP	ZUM	ZUM-RD	Gegenstand der Entscheidung
21.3.1996	3 u S 1/96									1997, 25	Pflichtumfang des Veranstalters

6. Frankfurt am Main

Datum	Az.	Amtl. Slg.	Kurzbez.	GRUR	GRUR Int.	NJW	Schulze	ZIP	ZUM	ZUM-RD	Gegenstand der Entscheidung
26.11.2003	2/6 O 263/03, 2-06 O 263/03								2004, 394		Sendung eines Ausschnitts aus dem hr-Programm in „TV-Total“

7. Hamburg

Datum	Az.	Amtl. Slg.	Kurzbez.	GRUR	GRUR Int.	NJW	Schulze	ZIP	ZUM	ZUM-RD	Gegenstand der Entscheidung
18.6.1996	308 O 334/95								1996, 980		Schutz der Bühnenaufführung eines Musicals
19.11.1996	308 O 302/95					RR 1998, 556				1997, 256	Videoherstellung
15.6.2001	308 S 7/00								2001, 711		Wahrnehmung von Urheberrechten

8. Köln

Datum	Az.	Amtl. Slg.	Kurzbez.	GRUR	GRUR Int.	NJW	Schulze	ZIP	ZUM	ZUM-RD	Gegenstand der Entscheidung
15.11.1995	28 S 5/95								1996, 703		Widerlegung der GEMA-Vermutung
9.4.1997	28 O 55/96		Kunstklotz						1998, 168		Rechtsnatur und Wirkungen eines Wahrnehmungsvertrages

9. Leipzig

Datum	Az.	Amtl. Slg.	Kurzbez.	GRUR	GRUR Int.	NJW	Schulze	ZIP	ZUM	ZUM-RD	Gegenstand der Entscheidung
23.12.1939	3 Q 37/39		Hänsel und Gretel					UFITA 13 (1940), 79			

10. Mannheim

Datum	Az.	Amtl. Slg.	Kurzbez.	GRUR	GRUR Int.	NJW	Schulze	ZIP	ZUM	ZUM-RD	Gegenstand der Entscheidung
13.3.1998	7 O 445/97		Drei Tenöre			1998, 1417				1998, 222	Urheberrechtsverletzung durch ungenehmigtes Konzert

11. München

Datum	Az.	Amtl. Slg.	Kurzbez.	GRUR	GRUR Int.	NJW	Schulze	ZIP	ZUM	ZUM-RD	Gegenstand der Entscheidung
10.4.1984	7 O 350/84								1985, 224		
3.8.1992	21 O 12232/92		Michael Jackson-Show						1993, 289		
26.9.2001	21 O 24574/00										
4.10.2001	7 O 3154/01		DVD					MMR 2001, 828	2002, 71		
23.12.2004	7 O 18484/03								2005, 241		Pflicht der PC-Hersteller zur Zahlung der Geräteabgabe

IX. Schiedsstelle beim Deutschen Patent- und Markenamt

Datum	Az.		Kurzbez.	GRUR	GRUR Int.	NJW	Schulze	UFITA	ZUM	ZUM-RD	Gegenstand der Entscheidung
26.10.1981								94 (1982), 364			
13.10.1986	Sch-Urh 1/86								1987, 183		Überprüfung der Angemessenheit eines GEMA-Tarifs
3.5.1988	Sch-Urh 8/87								1988, 351		Angemessenheit einer GEMA-Tarifentscheidung trotz eines anhängigen Gesamtvertragsverfahrens
14.7.1988	Sch-Urh 14/15/41/42/88								1988, 471		Einigungsvorschlag für Gesamtvertrag
21.11.1988	Sch-Urh 73/88								1989, 312		Zuständigkeit der Schiedsstelle bei Auskunftsklagen nach UrhG § 54 Abs 5 S 2
12.3.1992	V-Sch-Urh 124/90		Telefaxgeräte						1993, 149		Herstellerabgabe für Telefaxgeräte
7.7.1997	Sch-Urh 29/96		Drei Tenöre							1998, 197	

Datum	Az.	Amtl. Slg.	Kurzbez.	GRUR	GRUR Int.	NJW	Schulze	UFITA	ZUM	ZUM-RD	Gegenstand der Entscheidung
16.3.1989	Sch-Urh 4/86								1989, 426		Berechnung der GEMA-Vergütung bei Vermietung von Videofilmen (auch) aus amerikanischer Produktion
26.11.2003	Sch-Urh 16/01		Multifunktionsgeräte							2004, 498	Umfang der Herstellerabgabe für sog. Multifunktionsgeräte
31.1.2003	Sch-Urh 8/2001		PC-Vergütung				SchSt 9, 41				
12.4.2005	Sch-Urh 28/00		IFPi./. GEMA						2005, 670		

Stichwortverzeichnis

fette Zahlen = Kapitel, magere Zahlen = Rn.